TEXTES DE LA RENAISSANCE
sous la direction de Mireille Huchon

149

Les Euenemens singuliers

Jean-Pierre Camus

Les Euenemens singuliers

Édition de Max Vernet

PARIS
ÉDITIONS CLASSIQUES GARNIER
2010

ISBN : 978-2-8124-0057-5

Max Vernet, *Professor Emeritus* à Queen's University, a publié de nombreux travaux sur Jean-Pierre Camus, dont *Jean-Pierre Camus, théorie de la contre-littérature* (Paris – Sainte-Foy [Québec], 1994).

REMERCIEMENTS

La liste des collègues qui m'ont accompagné et aidé dans la lente constitution de cette édition est trop longue pour figurer sur cette page. Mais sa dimension est à la mesure de ma gratitude, que j'espère pouvoir leur témoigner d'autre manière. Cependant, lorsque je leur suis redevable d'un renseignement précis, leur nom figure en fin de la note que je mets au texte.

Il faut pourtant que j'adresse des remerciements particuliers à Élodie Vignon, qui a collaboré à pratiquement toutes les étapes de cette édition : depuis la saisie initale du texte jusqu'à la constitution du Glossaire, qui est largement son œuvre. Et à Bernard Barc, qui a longuement et patiemment cherché les innombrables passages de la Bible auxquels Camus renvoie de manière quelquefois très allusive.

Le Fonds ARP du Collège Militaire Royal de Kingston a plusieurs fois contribué au financement des recherches nécessaires pour cette édition, et l'apport du Vice-Principal (Research) de Queen's University a permis la constitution du Glossaire.

INTRODUCTION

Jean-Pierre Camus, ou la disparition

Elle n'a probablement jamais su, la jeune bru de Letizia Bonaparte, d'où provenait le marbre de la petite table, don de sa belle-mère, sur laquelle elle prenait le thé. Et même, l'aurait-elle su, l'ébéniste qui avait sur ordre de l'Empereur confectionné la table lui aurait-il montré l'inscription tronquée qu'on pouvait lire sur la surface inférieure du disque de marbre bleu turquin, elle n'aurait au grand jamais reconnu le nom. Car les mots encore lisibles[1] qui identifient un défunt qui se voulut pauvre entre les pauvres prouvent que Jacob Desmalter, l'ébéniste de Napoléon, avait découpé pour Madame Mère la (une) dalle de la tombe de Jean-Pierre Camus.

Curieux destin d'un monument sans permanence, dont l'ironie n'aurait sans doute pas déplu à ce Camus non dénué d'humour qui s'attacha, toute sa vie, à disparaître dans la communauté du commun des mortels. Curieux destin d'une migration finalement euphorique de ce marbre, froid témoin d'une mort exemplaire, devenu scène d'intimes petites cérémonies chaleureuses pour la jeune Impératrice Marie-Louise. Dans cette anecdote, bien moins macabre et bizarre que toutes celles dont Camus a fait son

---

1   Albert Garreau nous dit que ce «guéridon» est aujourd'hui au Grand Trianon. *Jean-Pierre Camus [...]*, p. 273.

pain, nous allons reconnaître un mode de circulation de l'œuvre artistique qui finalement n'a peut-être été interrompu que par notre modernité[1].

Mais auparavant, il faut bien prendre la mesure de ce phénomène unique dans la littérature française qu'est Jean-Pierre Camus. Voici un auteur d'une prodigieuse fécondité et d'une capacité de travail inouïe, à qui les recherches les plus récentes ont attribué 265 titres[2], et qui se serait même permis d'en égarer 15 ; dont les libraires publient en la *seule* année 1642 au moins 46 ouvrages[3] qui ont dû connaître un grand succès, puisque sur ces 46 titres, 17 sont des rééditions ou des contrefaçons, ce qui doit bien compter pour le plus grand succès de librairie de tous les temps et fait sans conteste de Camus l'auteur le plus lu du siècle que nous persistons à appeler classique.

La partie « littéraire » de l'œuvre n'est pas, de loin, la plus importante : une soixantaine d'œuvres que nous appellerions *narratives* et que Camus appelle *historiques*, romans (30) et recueils de nouvelles (dont une demi-douzaine semblent s'être perdus[4]) se répartissant nettement de part et d'autre de l'année 1628, date de la parution des *Euenemens singuliers*[5]. Mais les *Homélies* sont aussi un grand succès, constamment réimprimées entre 1615 et 1630, et l'*Esprit [du Bienheureux] François de Sales*, dans une version abrégée parue au XVIIIe siècle, est le livre qui a assuré que Camus passe à la postérité.

---

1   Au sens où l'entendent les historiens qui distinguent histoires moderne et contemporaine ; celle-là, dans son extension maximale, y compris ses limites très floues (plus ou moins un demi-siècle), allant de 1550 à la fin du dix-neuvième siècle. Ce « flou » n'est pas dû à une imprécision de la mesure, mais au fait que la modernité n'advient, ni ne se termine, au même moment dans les différents domaines du savoir ou de l'art. Elle est le « lieu » de la mécanique classique (Galilée), du sujet (Descartes) et de l'auteur.

2   Jean-Pierre Descrains, *Bibliographie des Œuvres de Jean-Pierre Camus*, Publications de la Société d'Étude du XVIIe siècle, 1971.

3   *Ibid.*, p. 70.

4   *Ibid.*, p. 62.

5   Désormais désignés par les initiales *ES*.

Car après son extraordinaire succès, qui dut donner bien des tentations aux libraires[1], et qui explique que Camus se plaigne d'être imprimé sans qu'il y consente, Camus disparaît. De 1682 à nos jours, ne seront réédités que les *Homélies* et l'*Esprit de Saint-François de Sales*. Des œuvres narratives, rien, sinon une ou deux adaptations de l'*Agathonphile*, et une édition chacune de *Palombe* et d'*Alcime*[2].

Il disparaît en tant qu'auteur, il disparaît en tant que mort : disparue, la première (?) tombe. En marbre noir, entouré d'une bande de marbre blanc, c'était une simple dalle où étaient gravées l'épitaphe et les armes du défunt, de 2,75 sur 1,80 m, qui fut payée 350 livres à Buyster, « avec les armes et les escritures » le 7 mai 1658. Elle était placée dans la chapelle de l'hôpital des Incurables au pied des marches du grand autel, à côté de la petite tombe en marbre pour les viscères et le cœur du cardinal François de La Rochefoucauld[3]. Disparu, son buste ; il est vrai qu'il est là en bonne compagnie : de nouveau le cardinal de la Rochefoucauld, puis Saint Charles Borromée et Saint-François de Sales ; décrits par les historiens de Paris comme des œuvres de Buyster, ces bustes étaient placés sur des piédouches de marbre noir aux angles de la « salle des hommes » de l'hôpital des Incurables[4]. Disparu aussi le

---

1 En 1659-1660 paraissent dix éditions des *ES*.
2 *Ibid.*, p. 63-65.
3 Elle est représentée dans le manuscrit latin 17024 de la Bibliothèque nationale, fol. 592. *Archives de l'Assistance publique*, 5ᵉ carton, 1658-59, publié par Verlet, *Épitaphier*, V 2, 1985, p. 324. Si Camus vivait vraiment, comme le dit Depéry, avec 1 500 livres par an aux Incurables, il n'est peut-être pas étonnant que cette tombe (qui coûte l'équivalent de trois mois de sa vie) ait disparu, si les administrateurs des Incurables étaient le moins du monde attentifs aux dispositions du testament de Camus.
4 Buyster reçut le 2 mars 1658 un paiement de 400 livres pour un buste en marbre blanc représentant le cardinal de La Rochefoucauld avec son piédestal en marbre noir. Cette commande lui fut passée parce qu'il avait sculpté le monument funéraire du cardinal à Sainte-Geneviève. En revanche, on n'a pas retrouvé la trace de commande ou de paiement pour le buste de Camus. [...] Sa tombe (par Buyster) et celle du cœur du cardinal étaient placées dans la chapelle au pied du maître-autel. Deux autres bustes prirent place dans la même Salle des Hommes, sculptés plus tard par

cercueil qui revit brièvement la lumière au milieu du XIXe siècle
lors de travaux d'égout dans le jardin des Incurables[1], mais rien
ne permet de penser que la tombe, rue de Sèvres, dans la nef de
l'ex-hôpital des Incurables, est vide.

En fait, dans cet acharnement à disparaître, il faut bien reconnaître la volonté souvent réitérée de Camus[2], ou bien une Providence
secondant ses volontés. Toute tentative de « ressusciter » Camus,
dont cette édition-ci, ne peut se faire sans le sentiment d'être
profondément infidèle aux règles de vie – et de mort – qu'il s'était
fixées. Tels sont les paradoxes de la singularité, que nous avons
bien oubliés, mais que Camus a explorés à propos de son maître
François de Sales[3] : comment ne pas se distinguer, comment être
le seul à être commun.

Il a donc aussi, volontairement cette fois, parce qu'il semble
avoir été un grand original[4], disparu comme individu. Essayer

---

Philippe Durand (auteur de dalles dans la chapelle en 1671 et 1677), représentant
Saint François de Sales, béatifié en 1659 et canonisé en 1665, et Saint Charles
Borromée. La charité manifestée par ces deux saints, le premier visitant les malades,
le second secourant les pestiférés pendant la grande épidémie de peste à Milan,
justifiaient leur évocation en cet endroit. En 1791, l'hôpital continua à fonctionner
bien que les administrateurs aient été relevés de leurs fonctions ; les hommes furent
transférés aux Récollets du faubourg Saint-Martin en 1801 et les femmes à Ivry en
1869. L'hôpital, alors fermé, fut rouvert en 1878 sous le nom d'hôpital Laënnec.
Les bustes ont disparu à une date non connue. http ://www.latribunedelart.com/
Etudes/Etudes_2007/Buyster/Buyster_Catalogue_p3.htm#9-4n.

1   A. Garreau, p. 275.

2   « Pleust à Dieu que ces Histoires fussent desia bannies & bruslées, à condition que
l'on bannist & bruslast toutes celles qui sont pires. Heureux exil, semblable à celui
que Lycurgus prit volontairement, après avoir donné de bonnes loix aux Athéniens,
& les en auoir faict iurer solennellement l'observation jusques à son retour. O que
ie souhaitterois de bon cœur auecque le grand Apostre estre anatheme pour mes
freres ! […] ie ne penserais pas auoir peu gagné, si en exterminant mes Histoires,
on interdisoit aussi par auctorité publique la lecture de celles qu'elles s'essayent
de supplanter. » « Dilude » de *Pétronille* (1626), p. 450.

3   V. M. Vernet, A. Duggan, S. Robic, É. Vignon « Tranquillité et représentation
François de Sales vu par Jean-Pierre Camus », *Origines*, Actes du 39e Congrès de la
NASSCFL, *Biblio 17*, Tübingen, Günther Narr, 2009, p. 325-338.

4   Tallemant des Réaux, qu'on peut difficilement soupçonner d'indulgence, résume
ainsi les originalités de Camus : son incorrigible penchant pour les jeux de mots,

de le deviner, de le débusquer au détour d'une phrase est quelquefois possible, mais un peu vain et de peu d'utilité pour la compréhension des textes. Si le temps n'est plus où toute édition de Camus se devait de comporter une rapide introduction biographique et des éléments d'histoire intellectuelle, puisque le renouveau d'intérêt qui entoure son œuvre fait que cela a été fait récemment[1], il reste qu'on peut encore trouver utile, pour la compréhension des *ES*, une ou deux hypothèses sur son «caractère» et ses habitudes de pensée.

Il y a bien trace dans les *ES* d'un jeune homme qui fut l'aîné d'une famille très aisée et très bien placée auprès du pouvoir, authentiquement noble depuis près d'un siècle, même si ses origines «de robe» sont claires[2]. Ce jeune homme, qui semble avoir gardé le goût des armes, est fier d'avoir eu un père qui en

---

sa vie irréprochable, sa lutte incessante contre les moines et son courage en chaire devant les grands. *Les Historiettes de Tallemant des Réaux*, édition Monmerqué, Paris, Garnier, Tome cinquième, CLIV, p. 149-153.

1 Par exemple par Sylvie Robic dans son beau livre de 1999, et Stéphan Ferrari en tête de son édition de *L'Amphithéâtre sanglant* qui date de 2001. V. ci-dessous la note 3 p. 17. Mais la meilleure source de renseignements sont encore la «Notice» que Georges Dupéry a placée en tête de son édition de *L'Esprit [...]* de 1840, et le livre d'Albert Garreau, *Jean-Pierre Camus parisien Évêque de Belley 1594-1652*, Éditions du Cèdre, 1968. Même si la volonté d'être complet conduit A. Garreau a être extrêmement rapide – et même répétitif – sur les recueils de nouvelles postérieurs à 1630, son livre rassemble ce qu'on sait de Camus, en évitant à la fois le penchant hagiographique et superficiel des biographies coutumières et le mépris à peine déguisé des quelques lignes que consacrent à Camus les histoires de la littérature.

2 Par cette famille, et ensuite par sa fonction, ce rejeton des Camus de Pontcarré est très lié aux grands bourgeois lyonnais et à la bonne société parisienne : on n'est pas surpris de le retrouver au détour d'une note de l'éditeur de *La Pretieuse* de l'abbé de Pure, sur la manie des contrats de mariage au XVIIe, où il semble qu'effectivement on s'efforce de faire signer les personnages les plus hauts placés : « [...] Pierre Séguier, Louis Phelipeaux de Pontchartrain, Jean Pierre Camus, évêque de Belley, Lefevre de Caumartin, Louis Phelipeaux de la Vrillière, secrétaire d'État, Gaspard de Fieubet, trésorier de l'épargne, Dreux d'Aubray, lieutenant civil, Théodore de Nesmond, premier président au Parlement, et plus de *trente* parents et amis signent le contrat de Marie Bonneau, fille de financier, et de Jean-Jacques de Beauharnais, seigneur de Miramion.» *La Pretieuse*, édition Magne, Paris, Droz, 1938, v. I, p. 201. Que du beau linge, même s'il est entièrement de robe.

connaissait le maniement et, en contradiction avec l'évêque qui les condamne, décrit de près, termes du métier à l'appui[1], les duels dans lesquels s'affrontent ses personnages. L'auteur Camus garde, avec tout son siècle, l'orgueil de la race[2], et la fierté d'être dépositaire d'un «nom» pointe dans la façon qu'il a d'assurer qu'il est homme de parole, son nom «autorisant» les histoires qu'il raconte[3]. Mais tout ceci est bien rare et de peu de poids devant l'évident renoncement qui le guide constamment. Pourtant, au cas où cela se trouverait avoir une quelconque importance, il faut bien noter que, par l'origine et la proximité au Roi de sa famille, Camus plane loin au-dessus de tous les auteurs de son époque, y compris ces incorrigibles provinciaux que sont d'Aubigné et d'Urfé, même s'ils sont d'épée.

Maintenant, pour ce qui est de l'auteur, s'agissant ici de ce domaine de l'autorité – *auctoritas* –, de ce supplément immanquablement attaché pour nous à la notion d'auteur, le dilemme de Camus semble être celui-ci : comment être un auteur sans l'être ; et si cette disparition de l'homme risque d'emporter dans l'oubli une vie dont rien ne permet de dire qu'elle fût autre qu'exemplaire, que dire de la disparition de l'auteur ? Pas d'entrée *Jean-Pierre Camus*

---

1   Par exemple : «entrer de pointe» (IV, [416]).

2   «Aussi voyons-nous par les effects, comme les timides colombes n'engendrent pas des aigles genereuses, que ceux qui sortent de ces races ennoblies par l'or & l'achapt des charges, sont bien esloignez de ce courage qui accompagne ceux qui sont issus d'vn estoc ancien & belliqueux.» II, 7 [300].

3   «Ouy, mon nom y paroistra, il sera escrit de moy à la teste du livre […] prest à vous rendre raison de ce que j'aurai proposé […] *La Pieuse Iullie*, Dessert au Lecteur, p. 568 (*in JPCtcl* p. 99-100). On notera la proximité de «rendre raison» avec les habitudes aristocratiques qui gouvernent l'appel en duel. Mais il y a aussi ceci : «[…] de certaines personnes diront en leur patois : Voire, mais toutes ces Histoires icy sont-elles vraies ? Ne sont-ce point des imaginations faites à plaisir, & plutost pour recréer que pour enseigner ? Ceste ciuilité est toute semblable à celle de celuy qui diroist apres auoir ouy parler serieusement et grauement […] un honneste homme : Voire, Monsieur, ne mentez-vous point ? certes la niaiserie porte son excuse en son front […] et sa grossiereté est plus digne de compassion que de mespris, et de mespris que de colere.» *La Pieuse Iullie*, Dessert au Lecteur, p. 572.

dans l'*Encyclopædia Universalis*. Il n'a droit au petit Panthéon du
Petit Larousse que comme « évêque réformateur » qui consacra « un
ouvrage à son ami François de Sales », ce qui est joindre l'inexactitude
au laconisme. Et *l'Encyclopédie catholique*, qui depuis longtemps l'a
accueilli dans ses pages en toute charité, ne transmet de lui qu'un
portrait condescendant d'un ennemi des moines, dont il est finalement à déplorer du bout des lèvres qu'il ait été emporté par un
zèle plus brouillon qu'avisé. Rien, dans tout cela, du romancier[1].
Ce n'est que tout récemment[2], dans les cinq dernières années, que
les encyclopédies en ligne (e.g. *Wikipédia*) ont rétabli une image
de sa vie et de son œuvre un peu complète[3].

De nouveau, Camus accepterait sans barguigner de disparaître
derrière son œuvre, nous laissant avec un ensemble de volumes sans
auteur, idée peu acceptable pour notre critique contemporaine,

1 Le *Dictionnaire des Lettres Françaises* (1954, pour le premier volume), du Cardinal
Grente, ne consacre qu'un seul paragraphe sur sept au romancier. Cet article est
par contre utile pour la bibliographie des ouvrages consacrés à Camus avant 1950.
Antoine Adam consacre par contre cinq pages (419-423) à l'auteur Camus dans
le premier volume de l'*Histoire de la Littérature française au XVIIᵉ siècle*, bizarrement
classé dans « l'époque de Richelieu, 1628-1642 ».
2 Il faut pourtant saluer la perspicacité d'Henri Coulet, qui dès 1967 faisait une
place à Camus dans *Le Roman jusqu'à la Révolution*, Paris, Armand Colin, Tome I
p. 157-160, et II p. 29-31. Et l'article *Camus*, signé Alain Viala, du *Dictionnaire des
Littératures de langue française*, Paris, Bordas, 1984, qui crayonne rapidement mais
objectivement un romancier « humaniste et optimiste ».
3 Sans nul doute à cause d'un net renouveau des ouvrages consacrés à Camus,
après les études pionnières de Jean Descrains, *Jean-Pierre Camus, 1564-1652 et ses
« Diversités », 1609-1618 ou La culture d'un évêque humaniste*, Paris : A. G. Nizet,
1985 ; *Essais sur Jean-Pierre Camus*, Paris : Klincksieck, 1992. Et celle de John Costa,
Le conflit moral dans l'œuvre de Jean-Pierre Camus, New York, B. Franklin, 1975. Par
ordre chronologique : Max Vernet, *Jean-Pierre Camus, théorie de la contre-littérature*,
Paris, Nizet-Sainte-Foy (Québec), les Ed. le Griffon d'argile, 1994. Sylvie Robic-De
Baecque, *Le salut par l'excès : Jean-Pierre Camus (1584-1652), la poétique d'un évêque
romancier*, Paris, H. Champion, 1999. José Reyes, *La seducción del arte barroco. Las
novelas trágicas de Jean-Pierre Camus*, Universidad de Cordoba, 2004 ; Joël Zufferey,
Le Discours fictionnel : autour des nouvelles de Jean-Pierre Camus, Louvain-Paris-Dudley,
Ma, Peeters, 2006. Et des éditions de recueils de nouvelles : Stephan Ferrari,
L'Amphithéâtre sanglant, Paris, H. Champion, 2001. C. Venesoen, *Le Divertissement
historique*, Tübingen, Günther Narr, 2002.

mais que la Renaissance finissante a bien mise en pratique, dans des volumes qui regroupent sans ordre apparent anecdotes, citations, faits divers et curiosités, chaque «histoire» migrant et circulant de recueil en recueil, dans un dispositif bien établi mais fluide, où il n'est pas vraiment possible de parler, pour ceux qui réemploient et/ou traduisent, d'auteurs.

Depuis toujours l'œuvre n'existait que pour être réemployée : dans les constants exercices de l'*inuentio* rhétorique et littéraire ; puis dans les collections d'*exempla*, ceux-ci ayant été largement constitués par la dissémination d'œuvres des autorités antérieures ; puis, peu de temps avant Camus, dans une floraison de livres qui hésitent entre l'hagiographie, le recueil d'anecdotes de la vie d'un grand homme, et l'histoire proprement dite, au moment où celle-ci cherche à se constituer comme discipline. *Res gestae* d'un homme ou d'un peuple, *Choses advenues* du temps d'un règne, *Mémoires* et *Histoire de nostre temps* sont les titres d'œuvres qui se veulent proches de la linéarité de la chronique, mais qui, sur le modèle de Plutarque, ne s'interdisent ni les commentaires, ni les jugements, ni les digressions sur les sujets les plus inattendus. Puis, intermédiaires en quelque sorte, viennent les livres qui gardent le mot histoire, mais au pluriel : *Histoires remarquables de nostre temps*. Enfin, perdant toute prétention à l'histoire, ces recueils étonnants qui semblent bien être un phénomène de la fin de la Renaissance, plus proches d'Aulu-Gelle que de Plutarque, dont les grands représentants sont la *Silva de varia lección* de Pero Mexìa[1] et les *Dies caniculares* de Simone Maioli[2]. Ici, plus aucune sujétion à

---

1   Pero Mexìa, *Silva de varia lección* (1540). Traduit en français sous le titre : *Les diverses leçons de Pierre Messie, avec trois dialogues dudit auteur, contenans variables & memorables histoires / mises en françois par Claude Gruget Parisien ; augm. outre les precedentes impressions de la suite d'icelles faite par Antoine du Verdier*, Lyon, Estienne Michel, 1580.
2   *Dies caniculares, hoc est colloquia tria et viginti, physica, nova et penitus admiranda*, 1597. Une édition de 1614 a pour titre : *Dies caniculares [...] hoc est colloquia physica nova et admiranda, tum lectu iucunda & supra fidem recreabilia, tum cognitu insignia & penitus necessaria, quibus pleraque natura admiranda, qua aut in aethere sunt aut in Europa, Asia atque Africa. Magonza, Johannis Theobaldus Schonwetter, 1614*. Traduit en français

un quelconque fil directeur ou à une période de l'histoire ; plus d'intention discernable d'être utile, comme dans les ancêtres renaissants de nos dictionnaires ou encyclopédies ; ce qui est recueilli (le mémorable) est le singulier, le remarquable et l'« admirable » (l'étonnant), répondant à un penchant « mariniste » du début du siècle vers le surprenant, cette fois dans le sujet et non dans le style.

En fait, notre notion d'œuvre est là bien caduque : ni les *Nuits attiques*, ni la *Silua de varia lección*, ni les *Histoires admirables et memorables*[1] ne peuvent répondre au critère d'unité qui gouverne notre concept d'œuvre. Ces recueils prouveraient s'il en était besoin que la dimension du texte n'est pas celle du livre : l'œuvre est faite pour ne pas être une, pour être dispersée et vagabonde, constituée au fond sur le modèle de l'entrepôt marchand ou de l'auberge relais de poste : y voisinent « temporairement » des anecdotes de toute sorte et de toute provenance qui attendent de repartir vers d'autres relais.

Le Camus des nouvelles, celui qui apparaît en 1628 avec *Les euenemens singuliers*, est bien de la lignée de ceux qui, comme Montaigne, voient l'écriture comme voyage et le texte comme rencontre : il n'y a pas vraiment de différence de statut énonciatif entre la nouvelle qu'il nous transmet parce qu'il l'a personnellement entendue (dit-il)[2], et celle qu'il reprend d'un autre recueil[3]. Toutes deux sont une « rencontre[4] », fruit des voyages des textes et des hommes, et mise en acte de l'*eutrapelie*[5] renaissante. Au

---

sous le titre : *Les Jours caniculaires, c'est-à-dire Vingt et trois excellents discours des choses naturelles et surnaturelles… composez en latin par Messire Simon Maiole,… mis en françois par F. de Rosset*, Paris, R. Fouet, 1609.

1 *Thresor d'histoires admirables et memorables de nostre temps, Recueillies de plusieurs Autheurs, Memoires, & Auis de diuers endroits, Mises en lumière par Simon Goulart, Senlisien*, par Paul Marceau, M.DC.X à Cologne. Voir ci-dessous Sources, p. 53.

2 Ainsi III, 11 ; III, 17 ; IV, 1.

3 V. ci-dessous Sources, p. 54.

4 Au double sens, dans la langue de Camus, d'*événement fortuit* et de *relation interpersonnelle*.

5 « Et ce n'est pas sans raison que les Philosophes Moraux mettent entre les vertus morales celle de la bonne conuersation, que les Grecs appellent Eutrapelie, en laquelle chacun contribue pour escot son opinion, afin de rendre le change à ceux

matin, l'anecdote est déjà en route dans la mémoire d'un autre, et le voyageur reparti riche d'une autre histoire[1]. Il n'y a pas si longtemps, au temps des aèdes et des troubadours, que l'œuvre était un voyageur.

Tout ceci aboutit à un tout autre statut de l'œuvre écrite.

Un tout autre statut. Que nous avons minorisé, oublié et traité de haut à la fois, peut-être pour ne pas nous souvenir que notre œuvre-monument, *aere perennius*, est faite du débris de telles œuvres et que l'Art, saisi depuis les classicismes par la pulsion maniaque de la permanence, est enfermé dans les temples que nous lui élevons sans que son œil vide aperçoive le grouillement qui à ses pieds apporte les matériaux de son assise.

C'est aussi un tout autre statut de la mort.

Il y a celle du minéral, du marbre qui dure pour dire la brièveté du vivant et qui sur les tombeaux élevés du temps de Camus se répète dans les squelettes qui les ornent. La mort comme interruption, suspension, immobilité, éternité. Comme mémoire.

Il y a celle de l'organique, la mort comme démembrement, grouillement et dissémination.

La mort comme passage, étape, scansion du temps. Comme réécriture.

Il ne faut pas alors être grand clerc pour s'apercevoir qu'il y a un lien profondément nécessaire entre le dispositif « disséminant » du recueil de nouvelles auquel s'arrête finalement Camus[2], la répéti-

---

qui ont essayé de luy apporter du contentement par l'estalement de leurs pensees. » *ES* II, 4 p. 259-260. Il faut bien sûr rendre à Camus la métaphore marchande et hôtelière amenée ci-dessus, comme l'indiquent dans cette phrase les mots *escot*, *rendre le change*, *estalement* (mise à l'estal).

1   « Nous continuerons doncque nostre entreprise & nostre voyage, Lecteur, sans nous soucier de cét ondee qui ne fait que passer, celuy qui mouille, seiche [...] » « Dessert au Lecteur » de *La Pieuse Iullie*, p. 580. L'« ondée » est celle causée par l'« orage » des attaques des Censeurs ; celui qui mouille et sèche le voyageur est bien sûr Dieu.

2   Il est tentant de penser que la forme du recueil de nouvelles, que les *ES* inaugurent dans l'œuvre narrative de Camus, est, outre le genre populaire des années Henri IV, la rencontre, le croisement, la synthèse de la forme des *Diuersitez* héritée

tion obsessive des descriptions de mort, et la vocation exemplaire de ses récits. Comment l'œuvre peut-elle être féconde (Camus et tout son temps l'apprenaient dans les Évangiles) si elle ne meurt ? Et quelle vanité alors que toutes ces morts réelles, si elles n'étaient reprises par un récit qui leur redonne le souffle de vie (l'Esprit) en les faisant revivre dans la dissémination de la Charité, mettant ainsi en œuvre le travail de recueillement, de récolte, qui avait fait voisiner quelque temps des anecdotes singulières.

Une telle féconde disparition, dont les lettres classiques donnent maint exemple[1], Camus l'aurait acceptée sans balancer, comme il aurait sans doute été amusé par la réapparition du marbre de sa tombe en guéridon dans l'appartement d'une jeune impératrice. Mais ce sont les canons de l'esthétique moderne à la fois individualiste (création de la notion d'Auteur) et désintéressée (l'œuvre d'Art ne doit avoir d'autre finalité qu'elle-même) qui vont nécessairement vouer Camus à l'oubli, en qui, avec la meilleure volonté du monde, cette esthétique ne peut discerner ni originalité ni désintéressement.

Tout le reste est causes secondes : il est vrai que Camus s'est mis à dos les Jésuites qu'il a pourtant soigneusement cultivés[2]. Il est vrai que la personnalité pugnace du pourfendeur de moines nuisait assez souvent à la suavité attendue d'un évêque, et qu'il tient de son époque un penchant pour le burlesque[3], les jeux de

---

de Montaigne et du genre romanesque. En tout cas, les trois «genres» occupent trois périodes bien distinctes dans la production de Camus. Les *Diuersitez* depuis son adolescence jusqu'en 1613-14, les romans de 1620 à 1628 (de 1615 à 1620, Camus publie ses *Homélies*), et enfin les nouvelles à partir de 1628, avec les *ES*.

1 Combien d'œuvres de l'Antiquité ne sont connues que par les citations qu'en ont fait les «Grammairiens» ?

2 Il faut le voir, pourtant, bien proche des Jansénistes vers la fin de sa vie (Garreau, p. 258-259), ce qui ne suffira pas à le faire rentrer en grâce auprès de Sainte-Beuve.

3 Témoin cet antiportrait assez réussi, mais tout à fait conforme à la veine satirique et burlesque du début du siècle : «[...] l'homme le plus mal faict, & le plus hideux que l'on puisse imaginer, il estoit aussi rond que long, car il estoit toute panse, pareil à ces poissons de mer qui sont tout ventre. Vn visage à faire peur, des yeux enuironnez d'escarlate, vn nez dont on n'osoit approcher qu'auec des gants d'Espagne, vne

mots pénibles et les métaphores baroques, dont la délicatesse et le sérieux du siècle se détourneront très vite. Il est vrai aussi que la résistance de toute l'Église à toute production romanesque, dont Camus a été amplement averti, n'a jamais vraiment diminué et que même les efforts louables de Mgr Jean-Irénée Depéry au XIXᵉ siècle[1] n'ont pas réussi à faire de Camus un auteur de fiction.

Il reste, en tout cas, un mystère : que sont devenus les milliers de volumes publiés par Camus ? Tous titres confondus, il n'y en a pas un millier dans la *Bibliographie* de Descrains. Sur vingt ans, il n'en est venu en vente dans le monde qu'une petite douzaine, alors que l'*Esprit*, dans sa version Collot, est offert par centaines. On ne peut donc tout mettre au compte des pillages des bibliothèques ecclésiastiques pendant la Révolution ; c'est bien toute la modernité qui s'est étudiée à oublier Camus. Ou alors faut-il imaginer de nombreuses caves comme celles de Belley, où reposent paraît-il 40 volumes, soumis à la critique rongeuse des souris ?

Mais comment mesurer l'autre disparition : celle de l'œuvre passée dans les autres œuvres du XVIIᵉ siècle ? Car Camus a été beaucoup lu ; il a dû même être un des grands centres de propagation de ces anecdotes dont finalement on ne sait plus d'où elles viennent, ni où elles vont, comme celle du Songe du Veillant (*ES* IV, 4) transmise à Camus sans doute par Goulart (1610) à partir

---

bouche qui estoit vn vrai entonnoir : car il estoit tellement addonné à l'yurognerie, que comme le iour ne lui estoit pas assez long pour boire, la nuict estoit trop courte pour le desenyurer. Homme neantmoins auec tout cela qui sçauoit son conte, tacquin & espargnant en tout, sinon à emplir son ventre.» III, 4 [43].

1   «Notice sur la vie et les écrits de Jean-Pierre Camus, évêque de Belley», en tête de son édition de l'*Esprit du Bienheureux François de Sales* (1840). Depéry était évêque de Gap ; la publication fut approuvée d'innombrables évêques, dont les approbations figurent toutes en tête de l'édition de Depéry, signe que peut-être Camus recontrait encore quelque résistance au sein de l'Église. Cette notice mérite d'être lue ; en sera seulement tirée cette phrase : «Sans s'exposer au ridicule, on ne peut [...] rien changer au style si pittoresque de Camus : il a son coin, comme les monnaies de son époque. Vient-il à personne l'idée de réformer les types des médailles anciennes ?» (p. 7).

peut-être de Heuterus (1584)[1], mais qui a aussi un avatar dans les *Mille et une Nuits*, et surtout fait l'histoire-cadre de *The Taming of the Shrew* de Shakespeare, pièce écrite entre 1590 et 1594. Comment parler d'auteur devant cette sorte de scène primitive fondamentale pour toute cette époque qui croit que la vie est un songe ?

Il y a là un statut de l'œuvre et de l'auteur qui suppose une « sociabilité » de l'écrit, profondément liée au dialogisme renaissant et à la reprise de parole qu'implique celui-ci : écouter une histoire engage presque à la redire. La circulation de la parole tisse le social, comme la circulation des hommes et des correspondances tisse la république des lettres d'alors. Statut de l'œuvre encore proche de l'oral, peut-être : l'écrit s'attacherait un temps à mimer la liberté des échanges sans permanence des conversations, avant de se fermer en œuvre attribuable à un auteur. Ces recueils sont au fond des *Décaméron* ou des *Heptaméron* sans histoire-cadre, cette dernière introduisant dans le dispositif dialogique la première forme d'unité, l'assignation à un lieu et à un temps, et donc une sorte de degré zéro de l'énonciation, fantôme, annonce, de l'Auteur.

Dans cette histoire un peu fantasmée de l'évolution vers l'œuvre une, il n'est pas malaisé de retrouver Camus, qui doit sa réticence au statut de Sujet de son œuvre[2] autant à sa vocation pastorale, à son voisinage salésien, qu'à cet « air du temps » qui prend plaisir à la dispersion et aux diversités. Mais il est loin d'avoir simplement accepté les conditions de son écriture : Camus s'est engagé dans une longue, constante et cohérente réflexion sur le statut de l'auteur[3], réflexion en partie induite par la posture

---

1 Voir les notes au Résumé de la nouvelle 3 du Quatrième Livre, ci-dessous p. 942.

2 Bien analysé et mis en contexte par Sylvie Robic, qui parle d' « amuïssement » du sujet (p. 31).

3 V. l'Introduction de Max Vernet, *Jean-Pierre Camus : théorie de la contre-littérature*. Le livre de Sylvie Robic, *Le Salut par l'excès*, est aussi pratiquement entièrement consacré à la relation auteur-lecteur. Seules, ici, seront prises en considération les questions dont la compréhension est nécessaire pour aborder sans contresens ce recueil de nouvelles. Pour une vue d'ensemble sur la théorie de Camus, se reporter aux deux ouvrages mentionnés ci-dessus.

militante qu'il a adoptée et dont il pense, non sans raison, avoir à se justifier, ce qu'il fait dans de nombreux textes[1], mais aussi par de constantes incises intérieures au récit. Camus arrive en fait à une conception du système auteur-texte-lecteur qui n'est ni celle de son époque ni celle de la nôtre, mais qu'il faut saisir dans sa singularité pour décider, entre autres, de ce qu'est exactement cette exemplarité qu'il revendique, et qui semble-t-il lui a coûté une place en Littérature.

Autorité et Charité

Ce sont bien, effectivement, ces qualités que l'on attend d'un évêque, et dont Camus ne semble pas avoir manqué dans sa vie apostolique. Mais, selon un piège que l'œuvre de Camus tend constamment au lecteur contemporain, les deux termes, appliqués au domaine de la production de textes, n'ont pas exactement le sens que nous leur prêtons spontanément. En fait, comme nous le verrons quand nous examinerons de plus près la langue de Camus[2], ce n'est pas tellement que le terme ait changé de sens, c'est plutôt qu'il a un autre sens « en plus » et comme impliqué, replié, à l'intérieur du nôtre.

C'est assez clair dans le cas de *Charité*, parce que la définition de cette vertu théologale, prise au sens ancien et large d'*agapè*, a été maintenue par bien des traditions théologiques, dont la salésienne. Mais notre sens moderne ordinaire est par rapport à celles-ci bien réduit. La charité de Camus n'a guère à voir avec le don, sinon le don de soi, ni n'est réduite même au partage. Elle est la première des vertus, à laquelle se rapportent toutes les autres, et se nomme Amour, qui est bien une traduction du grec plus fidèle que ce que nous avons repris du latin *charitas*, et qui dans la tradition salésienne « est l'un des noms de Dieu[3] ». Elle

---

1   Dont les plus importants sont donnés dans la seconde partie de *J-PC : tcl*.
2   V. ci-dessous la section Langue, p. 34.
3   « Dilude » de *Petronille*, p. 483. Aussi *J-PC : tcl*, p. 162.

fait aussi, cette vertu, le nœud de la défense de Camus contre ceux qui l'attaquent pour avoir fait de l'amour le thème de ses Histoires dévotes[1].

Comment condamner l'amour humain, alors qu'il est la figure de l'Amour de Dieu (celui que Dieu nous porte, et celui que nous portons à Dieu) ?

Au vu de cette mise au point, il faut donner tout son sens à l'expression récurrente par laquelle Camus interpelle son lecteur : «mon Lecteur» (le plus souvent), «mon cher Lecteur[2]», «mon Lecteur mon amy[3]». Cette proximité affectueuse de l'auteur qui tutoie son lecteur (figure dans l'écrit d'un échange oral *in praesentia* que Camus regrette et s'efforce ainsi de maintenir), c'est bien la relation d'*agapè*, de la Charité comme Pur Amour. Dans le domaine de l'écriture, alors, les rapports auteur-lecteur en sont complètement modifiés, en un dispositif que nous ne reconnaissons plus. Ce n'est ni l'invite à prendre à son tour le «dé» de la conversation qui règne dans les œuvres dialogiques prémodernes, depuis le *Décaméron* jusqu'à *La Pretieuse* de l'abbé de Pure[4], ni le «contrat de lecture» contemporain qui est une transaction sur les conditions de lisibilité d'un texte ; c'est un dispositif finaliste, qui place la conversion du lecteur en cause finale.

Camus en effet, il faut le rappeler, écrit «contre» : il répète à qui veut l'entendre (mais il n'a pas encore l'oreille de nos universitaires) qu'il n'écrit que parce que d'autres répandent «dans toute l'Europe», sous le nom de romans, des récits «vains et creux» qui flattent la passion de lire, elle-même «amorcée» par le plaisir de la lecture. Bien que ce soit peut-être ce que Camus répète le plus souvent, on passe généralement là-dessus fort légèrement, comme si cela faisait partie de ces «excuses» que bien des auteurs du XVIe

---

1   V. de nouveau le Dilude de *Petronille, passim,* et *Le Salut par l'excès,* p. 121.
2   Par exemple à la p. [14] de la Préface des *ES.*
3   «Dessert au Lecteur» de *La Pieuse Iullie,* p. 519 (*JPC : tcl* p. 69).
4   Dont on peut avancer qu'il est la dernière tentative pour opposer le dialogue à l'Œuvre classique. V. Max Vernet «La conversation contre la littérature : le cas de *La Pretieuse*», *Seventeenth Century French Studies,* Volume 28 (2006), p. 147-160.

et du XVIIe siècles mettent en tête de leur œuvre pour justifier leur démangeaison d'écrire. On a tort : Camus est bon théoricien, il a lu Aristote, et voit clairement dans ces romans profanes des œuvres qui, conformément aux préceptes de la *Poétique*, mettent le plaisir du récepteur comme finalité de la poésie (l'activité de création)[1]. La fin de l'écriture est donc d'effectuer une *transformation* interne au lecteur[2].

Le dispositif camusien sera exactement le contrepied chrétien : mettre à la place du plaisir, mais toujours comme cause finale, une autre transformation du lecteur, la *conversion*. Substituer, à ce qui est suscité par la passion, qui est toute naturelle mais seulement naturelle et passive, l'effort actif du fidèle vers ce qui est sa fin chrétienne : le salut.

Pourtant, dans ce qui semble une symétrie, la *conversion* demande autre chose pour le fidèle. Car – et ce n'est pas là le moins intéressant de la théorie de Camus – le fidèle est libre. Libre de choisir la droite ou la gauche, le bien ou le mal. « Toute chose a deux anses[3] », répète souvent Camus après Épictète, et peut être prise « en bonne ou en mauvaise part, *selon l'humeur & la disposition de celui qui les regarde* ». C'est donc cette humeur et cette *disposition* sur laquelle il faut travailler, tout en ne perdant jamais de vue que c'est la grâce qui opérera la conversion, non le livre ; Dieu, et non le monde ; le sens précisément de cette

---

1   « Il est bien clair que, comme dans la tragédie, les histoires doivent être construites en forme de drame et être centrées sur une action une [mian praxin] qui forme un tout et va jusqu'à son terme [teleian], avec un commencement, un milieu et une fin [telos], pour que, semblables à un être vivant un et qui forme un tout [hèn holon], elles produisent le plaisir qui leur est propre [...] » *Poétique*, chap. 23, 59a20.

2   Tout ce qui suit est aussi exposé, de manière différente mais plus complète, dans Max Vernet, *Jean-Pierre Camus, Théorie de la contre-littérature*, désormais : *JPCtcl*.

3   « Tovtes les actions humaines (disoit l'ancien Philosophe Épictete) ont deux anses, & peuuent estre prises en deux sens. Ce sont des medailles à deux reuers, des tableaux à deux perspectiues, & elles sont semblables au double visage de Ianus. On les peut prendre de la droitte ou de la gauche, en bonne ou en mauuaise part, selon l'humeur & la disposition de celui qui les regarde. » *ES* IV, 11 [386].

liberté du fidèle étant de s'en remettre à la grâce ou de lui résister. La conclusion inévitable est que Camus sait que le sens de tous ses textes dépend en dernière instance de ce à quoi le lecteur est « disposé » : toute « poésie » est sujette à un risque, qui est celui de la lecture, lieu et temps d'une autre transformation, insaisissable, mais symétrique et complémentaire de celle que fait subir au récit l'auteur :

> Un sujet ne seroit pas ainsi appelé s'il n'estoit sujet à celuy qui le manie, qui en fait comme le Potier de son argile, en luy donnant telle forme qu'il veut, & il n'en est point de profane qui ne puisse estre sanctifié, ny de si rude qui ne puisse estre adoucy, ni de si fabuleux, qui ne puisse estre reduict à une moralité profitable [...][1]

Il y a là quelque chose de profondément différent de ce que notre *doxa* pense être la relation de lecture : le texte est au risque de la lecture ; l'auteur ne contrôle pas le sens qui n'est pas *dans* le texte, qui n'est pas ce qui rassemble ce dernier sous une unité plus ou moins attribuable à l'Auteur, mais un *événement* dans le lecteur[2]. Événement bien sûr chaque fois singulier, issue au coup par coup d'un petit combat singulier avec le Tentateur pour sauver une âme.

La position de Camus est sans faille. Lui, l'évêque, est par sa vocation en position d'autorité : il est *auctorisé*[3] par sa dignité, qui en retour lui impose le devoir de Charité. Mais l'auteur ici est moins le « poète », le manieur d'argile, que celui qui garantit

---

1 *Alcime*, « Issue aux Censeurs », p. 645-646. On voudra bien prendre garde que « reduict », c'est *ramener, reconduire (re-ducere)*.
2 Insistons sur cette constatation que ce dispositif finaliste (que l'auteur de ces lignes reprend en utilisant au début de cette note, une fois n'est pas coutume, la première personne plurielle) qui lie ainsi auteur et lecteur dans un événement, est très proche de la vision de la lecture qu'a produite la pragmatique contemporaine. Et aussi très lointain : chez Camus, l'auteur est une première personne plurielle – parce qu'elle « contient » le lecteur – qui dit pourtant *je*, ce qui est bien une des définitions de la Charité.
3 Voir ce mot dans le Glossaire.

l'histoire[1] à un lecteur aimé en Charité. Depuis la revendication au droit de mettre son nom en tête de ses ouvrages[2] jusqu'à l'espoir d'une action bénéfique sur le salut du lecteur, en passant par la relation familière avec son Lecteur[3], par la présence vigilante des passages de «leçon» avant, pendant et après le récit, le fil déductif est continu.

On peut donc comprendre que Camus combat contre ce qu'il voit comme une invention nouvelle qu'il situe quelque part entre le scandale et l'impossibilité : celle de textes racontés pour le plaisir, celle d'*exempla* sans exemplarité donc sans finalité. Camus répète souvent que ceux-ci sont «faits à plaisir», ce qu'il faut prendre dans ses deux sens : faits pour le plaisir (et le plaisir seulement), mais aussi faits n'importe comment, puisque si le texte n'est pas contraint par sa fin dernière, on peut raconter n'importe quoi n'importe comment.

Il y a bien chez Camus, effectivement, une sorte d'esthétique du retranchement, de la soumission des épisodes au sujet principal qui peut sembler classique : en fait, elle est gouvernée par une vision finaliste du monde et de l'écriture, celle-là même que le classicisme va s'efforcer d'abandonner. C'est ce qui fait de Camus, profondément, un prélat et un écrivain de la Contre-Réforme : le souci de revenir sur les schismes, les divisions (ici celle du récit et de la leçon), de restaurer une unité perdue. Ce qu'il fait dans

---

1   Nous avons oublié ce sens-là, mais il est bien présent chez Camus : une anecdote dont il dit qu'il l'a apprise «d'un Gentil-homme Allemand estant à Padoüe», commence ainsi : «[...] La femme de l'vn de ces grands Seigneurs (mon autheur ne me sceut pas asseurer duquel) estant sur le poinct d'accoucher, comme l'on cherchoit des nourrices bien propres, & qui eussent de bonnes qualitez pour donner la mammelle à son fruict, Ermige fut choisie pour l'vne des meilleures qui fussent à Breslau.» III, 11 [133]. L'«autheur» n'est donc pas celui qui écrit, mais celui qui garantit l'histoire; la sienne, mais aussi celle de Camus : *mon* autheur.
2   «Ouy, mon nom y paroistra, & il sera escrit de moy a la teste du livre [...]» *Alcime*, Dessert au Lecteur, p. 568. *In JPCtcl*, p. 99.
3   S'il est bien personnage des nouvelles de Camus, on ne peut, on l'aura compris, réduire ce Lecteur au *narrataire* de notre narratologie.

une posture que nous pouvons juger nostalgique : celle qui chez ce prédicateur et directeur de conscience, privilégie le rapport personnel de la vive voix, la proximité familière de l'oral qui, comme espèrent l'avoir montré les paragraphes précédents, est à hue et à dia avec notre conception de l'auteur assigné à une identité et à une originalité.

LE TEXTE

Les éditions

Le curieux destin éditorial du recueil *Les Euenemens singuliers*, qui connaît 18 éditions entre 1628 et 1660, mais n'a jamais été réédité depuis, simplifie grandement la tâche de l'éditeur contemporain.

Il n'y a au fond que deux éditions fondamentales en français[1] :

- celle de J. Caffin et Fr. Plaignard à Lyon en 1628[2] : LES / EVENEMENS/SINGULIERS/DE/Mr DE BELLEY. *Diuisez en quatre Liures./* A LYON/ En la Boutique de Iean Pillehotte. CHEZ IEAN CAFFIN & FRANCOIS PLEIGNARD./ En ruë Merciere à l'Enseigne du nom de Iesus. M.DC.XXVIII./ *Auec privilege du Roy*, sur laquelle est basée cette édition-ci.
- et celle de 1660 à Paris chez les Cotinet : *Les Evenemens singuliers de Monsieur de Belley divisez en quatre livres. Rev. et cor. en cette derniere edition.* Cette édition est reproduite par les autres éditions de 1660 (Paris, Villery ; Paris,

---

1   J. Descrains signale aussi deux éditions d'une traduction en anglais en 1639 : *Admirable Events*, London, Th. Harper.
2   Pour l'identité des libraires, v. la note 2 p. 61.

Guignard ; Paris, Rocolet ; Paris, Savreux) et toutes quatre sont imprimées chez J. Cotinet.

Cette édition, entièrement recomposée, avec une pagination différente de celle de 1628, corrige effectivement la plupart des coquilles évidentes de celle de 1628. Mais malheureusement, elle introduit d'autres erreurs[1], ce qui ne la rend pas plus fiable que celle de 1628. Elle élimine aussi systématiquement les tildes[2], nombreux dans l'édition Caffin. Les féminins pluriels en –ees sont changés en –ées, et les finales en -i deviennent –y (e.g. cestui-ci [p. 110] devient cestuy-cy [106]). Et quelques rares changements indiquent que certains mots n'étaient plus en usage normal en 1660 : e.g. sentiment (II, 7 [301]) changé en odeur ; Somme (en tête de phrase [332]) éliminé au profit de bref. Toutes les autres éditions, entre 1628 et 1660, sont recomposées à l'identique sur celle de 1628[3].

---

1   Par exemple l'Evenement IV du Livre III, est donné en titre comme « III ».
2   Utilisés pour remplacer un n dans on, en, an : par exemple grāds (I [32]) pour grands. Leur utilisation dans l'édition de 1628 est entièrement gouvernée par la facilité qu'ils donnent au prote de raccourcir sa ligne. On peut en trouver deux ou trois par ligne, mais il n'y a aucune cohérence dans le choix des mots qui portent le tilde.
3   C'est-à-dire qu'elles correspondent ligne à ligne, et que la pagination est identique. Les protes on été mis devant le problème de savoir quoi faire de l'erreur de pagination de la fin du Livre II : dans l'édition Caffin on passe de 447, 448 à 439, 440, 441, 442, après quoi commence le Livre III. Mais les pages dites 439 à 442 sont imprimées en un corps plus petit, ce qui change le nombre de lignes à la page de 32 à 37. L'erreur de pagination est reproduite dans les éditions postérieures, mais celle de 1638 garde les 32 lignes par page, ce qui fait que le Livre II se termine à la p. 443. L'édition de 1638 (La Motte, Rouen) est curieusement faite : le prote « aère » son texte en ajoutant une espace avant et après les signes de ponctuation, et introduit même à l'occasion un paragraphe. Ce qui fait qu'il ne peut garder la correspondance ligne à ligne, ni la pagination ; qu'à cela ne tienne ; il coupera du texte, et les dernières pages de nouvelles sont parfois lacunaires (e.g. III, 488-489). Autrement, les seules variantes entre ces éditions sont sur la place et la présence du Privilège et de l'approbation, et sur les réclames et les impositions. Les éditions de 1659 (Rouen, David Berthelin ; Rouen, Veuve Daré) sont identiques (mêmes caractères cassés ou abîmés) et de qualité inférieure : petites marges, mauvaise qualité de papier, fautes plus nombreuses, erreurs de pagination (107, 145, 152, 155…).

Il n'y a donc pas vraiment de problème de choix de l'édition, puisque des deux éditions fondamentales, seule celle de 1628 est publiée du vivant de Camus. Le texte donné ici est donc celui de 1628.

Le texte

Le principe directeur de cette édition a été de rester fidèle au texte de 1628, jusque dans les leçons douteuses. Autrement dit, elle n'introduit que le strict minimum de corrections, lorsque l'erreur semble manifeste[1], et reproduit le texte même dans les cas où il y a doute, quitte à laisser au lecteur le soin de décider. Les corrections de coquilles ont été faites, mais ne sont pas signalées.

On se rend compte finalement que cette édition de 1628 est assez fiable, ne présentant pas plus d'une dizaine de cas où le texte est manifestement fautif. Une note infrapaginale signale alors la correction proposée. La langue de Camus, qui semble proche de la nôtre à première lecture[2], offre aux lecteurs d'innombrables occasions de contresens ; en plus, comme tous les textes de l'époque, celui-ci présente des variations d'orthographe, et des habitudes syntaxiques différentes des nôtres ; il faut donc être extrêmement prudent avant de modifier en quoi que ce soit ce texte, et de rétablir ce qui semble par exemple une lacune.

LA PONCTUATION

Ce qui rend la lecture plus difficile, c'est le caractère pour nous inhabituel et incohérent de la ponctuation. Il n'est pas vraiment possible de mettre cette incohérence sur le dos d'un secrétaire auquel Camus aurait dicté ses récits[3] : jusqu'à preuve du contraire, l'auteur

---

1 L'expérience montre que même lorsque dans un premier mouvement il semble que l'erreur soit évidente, ce n'est pas toujours le cas.
2 Voir ci-dessous la section : Langue.
3 On a avancé souvent cette hypothèse, pour pouvoir accepter sa prodigieuse fécondité.

ne donne aucune indication dans ce sens, non seulement dans les *ES*, mais dans les autres écrits paratextuels, où il avait pourtant bien des occasions de se laisser voir au travail. Au contraire, nous avons bien des occurrences de «j'écris», bien qu'évidemment, au début du xviiᵉ siècle, ceci n'exclue nullement la dictée.

Il faut abandonner, pour lire les récits de Camus sans trop d'inconfort, beaucoup de nos habitudes de segmentation du texte. Pour les signes de ponctuation, les différences principales sont les suivantes :

- le point ne signale pas toujours la fin d'une unité syntaxique qui semble lacunaire mais continue au-delà du point. Le point-virgule aussi :

> Ceste horrible boucherie estant faite il enfouyt son couteau dans la terre, & d'vn sang aussi froid & reposé que s'il n'eust rien faict ; se charge de ce qu'il auoit à porter aux champs & tirant la porte de la maison apres soy va trouuer son maistre & sa maistresse […] (III [24])

- les deux points (:), assez constamment, indiquent une pause importante, et particulièrement celle placée entre la protase et l'apodose d'une période longue et équilibrée :

> Au lieu donc que les autres amoureux se parent pompeusement, se frisant, se parfumant, & employant de semblables artifices pour s'insinuer par ces attraits aux volontez de celles qu'ils recherchent : ceux de Celia negligeans toutes ces mignardises, parce qu'ils sçauoient combien ces mugueteries lui estoient en horreur, n'estoient veus qu'auec des liures spirituels, ou des chappelets à la main, comme s'ils eussent eu à courtiser le ciel, plustost qu'vn obiect terrestre. (IV [261])

Ils peuvent aussi (mais pas toujours, le point remplissant aussi ce rôle) introduire, comme dans les textes modernes, les paroles rapportées d'un personnage, ou

---

Mais comme Camus a depuis toujours la réputation de faire «un roman en une nuit», il semble qu'on doive se retenir d'imaginer Camus dictant ses nouvelles, dans la chaleur des nuits d'été, à un secrétaire tombant de sommeil (ce qui par contre justifierait beaucoup plus d'erreurs).

introduire une nouvelle phrase à l'intérieur du discours du personnage.

> [...] Sergio, le vint trouuer, & lui dissuadant autant qu'il pouuoit ce voyage, lui dict. Vous iouëz à quitte ou à double, ie veux dire à tout perdre ou à tout gaigner : mais prenez garde à n'imiter pas le chien de la fable, qui perdit le morceau de chair, pour courir apres l'image qui lui en paroissoit plus grande dedans l'eau. (IV [304])

– les virgules jouissent d'une belle liberté, dont il faut s'accommoder. Elles ont été laissées à leur place d'origine, qui a été vérifiée lorsqu'elle était trop inhabituelle. Dans les cas les plus difficiles, une note indique une leçon probable.

La conclusion générale qui pourrait se dégager de tout ceci est que la ponctuation de Camus n'est pas plus instable que celle de nombreux textes de son époque, et que son évidente parenté avec les pauses de la parole orale indique moins un passage à l'écrit sous la dictée que la rémanence dans l'écrit des habitudes de l'oralité, le statut encore instable de l'écriture, et le fait que Camus n'est pas prêt à abandonner dans le passage à l'écrit les avantages de la «vive voix».

TEMPS DU RÉCIT

Le lecteur aura aussi quelque difficulté à s'adapter à la rapidité avec laquelle alternent dans le récit les passages aux temps du passé habituels, et le présent dit «historique», qui est en fait la marque de l'«hypotypose» si chère aux récits du XVIIᵉ siècle. Il n'est pas rare que dans une même phrase on fasse l'aller-retour entre les deux régimes de récit, sans que semble se dégager une quelconque loi de leurs emplois respectifs.

La langue

C'est de loin le vocabulaire de Camus qui présente le plus de difficulté pour le lecteur de nos jours. Mais avant de lui présenter la longue mise en garde qui va suivre, il faut dire un mot de la phrase.

Les problèmes de ponctuation évoqués ci-dessus ne sont parfois pas solubles en eux-mêmes, parce qu'ils sont compliqués par l'usage très laxiste – mais est-ce vraiment du laxisme ? – des pronoms et des possessifs.

Camus ne semble pas porter grande attention à la proximité relative des antécédents pour l'emploi des pronoms, au point que *son, sa,* et *ses* peuvent renvoyer à des personnages qui ne sont pas mentionnés dans la phrase, ou que deux possessifs consécutifs peuvent renvoyer à deux noms différents.

On se trouve devant des possibilités de confusion semblables avec les pronoms personnels : *il* et *elle* ne renvoient pas nécessairement au nom le plus proche, et deux pronoms personnels successifs peuvent également renvoyer à deux noms différents.

Dans les deux cas, il est peut-être possible d'en rendre responsable le bilinguisme de Camus, qui comme tous ses contemporains éduqués[1] lisait, pensait et écrivait indifféremment dans les deux langues[2]. C'est peut-être en effet la disparition de la distinction entre les trois pronoms latins (*hic, iste, ille*), et de la distinction entre les genres, qui conduit à ce qui apparaît comme une négligence en français, de même que pour la possession, de la distinction entre *eius* et *suus*[3]. Quoi qu'il en soit, bien des passages jugés à

---

1   Par exemple ses partenaires dans l'Académie Florimontane, François de Sales et le Président Favre, tous deux éduqués en Italie et trilingues : français, italien et latin.

2   Pour parler d'un texte, Camus emploie indifféremment *texte* et *tissu*, ce qui semble indiquer qu'il a bien en tête le *textum* latin.

3   De même, on trouve, mais rarement, des instances de construction syntaxique latine, par exemple celle qui énonce d'abord les deux sujets, puis les deux verbes, chacun des verbes n'ayant qu'un seul des substantifs pour sujet.

première lecture incompréhensibles s'éclairent si on prend le soin de rendre les pronoms personnels et les possessifs à leurs antécédents.

Mais c'est le vocabulaire qui a demandé le plus d'attention dans cette édition, comme en témoignera le glossaire important qui lui est joint.

Le problème n'est pas tant que la langue de Camus contienne des mots qui ne sont plus en usage. La langue de Camus est bien loin déjà de celle de Montaigne, par exemple, et nous semble plus plane d'accès. Mais c'est bien ce qui nous perd : ces textes sont pleins de faux-amis, de termes dont nous pensons connaître le sens par notre emploi contemporain, mais aussi, ce qui est beaucoup plus grave, par les définitions des dictionnaires du XVIIᵉ siècle. Tout lecteur de Camus devrait avoir, gravé sur sa cheminée, la sentence suivante : *Il n'est pas possible de comprendre Camus à partir des dictionnaires de Furetière*[1] *et de l'Académie Française.* Et *a fortiori* de Littré. Ce sont Nicot, Cotgrave et Huguet qui fournissent les sens les plus appropriés[2]. Il ne faut nullement en conclure à l'archaïsme de cette langue : il est tout simplement impossible de comprendre la langue de 1620 avec les dictionnaires construits sur celle de 1670 : ce demi-siècle, on le sait de reste, est le moment de tels changements dans le français que cette impossibilité ne devrait pas surprendre[3]. Et donc, en

---

1 Un exemple : «Voila en un instant Ormin & Leonce appointez par le travail de Colomban […]» (I [187]) Dans Huguet *Appointement* est au premier sens : «arrangement, accord, conciliation, réconciliation». On trouve aussi *appointer*, sens 6 : «Régler un débat, un procès, par conciliation ou par jugement.» et *s'appointer* : «se mettre d'accord, se réconcilier, faire la paix.»(qui est clairement le sens dans la phrase de Camus). Ce sens a complètement disparu du dictionnaire de Furetière (ce qui ne veut d'ailleurs pas dire qu'il n'existait plus).

2 Et heureusement pour nous, l'excellent outil de travail qu'est maintenant le *Dictionnaire du Moyen-Français*, mis en ligne sur le site Lexilogos par l'*atilf* : http ://www.atilf.fr/dmf/.

3 *respir* en III, 4, [45] est corrigé par l'éditeur de 1660 en *repit* (le correcteur pense à *respit). Respir* est un mot qu'il ne comprend pas ou qui est devenu inacceptable.

l'absence de dictionnaires entre 1610 et 1680, on ne peut que réserver son jugement sur ce que serait ce prétendu archaïsme[1].

En fait, tant qu'il ne s'agit que de rétablir dans le Glossaire un mot ou un sens qui a disparu de notre langue, la difficulté n'est pas grande ; toutefois, il a bien fallu se rendre compte qu'ici aussi les problèmes de lecture possibles étaient bien plus nombreux[2] que ne voulaient le dire les éditions précédentes[3]. On se rend vite compte, cependant, que la constitution d'un glossaire est aussi affaire d'interprétation, et que souvent il est difficile de savoir si l'on doit attribuer à une occurrence un sens contemporain ou non (ce qui conduirait à l'omettre), et/ou choisir entre deux sens disparus ou peu usuels. C'est pourquoi, sous chaque entrée, on trouvera la liste de toutes les occurrences pour chaque sens, la lectrice au besoin pouvant reconstituer les nuances d'emploi du mot chez Camus. Car, en attendant de verser les résultats des découvertes sur la langue de Camus au dossier des études sur la langue française de la première modernité, il vaut mieux traiter la langue des *ES* comme un idiolecte, et constituer les sens à partir de la totalité de leurs occurrences.

La plus grande difficulté est celle de savoir comment traiter ce qui apparaît d'abord comme le flou, l'ambiguïté, le double sens de nombreux mots. Il est impossible de recourir à la solution habituelle, qui élude en fait le problème en évoquant soit l'étymologie soit une imprécision congénitale de la langue de l'époque. C'est en fait un problème d'*histoire*, que rencontre finalement toute tentative d'interprétation des textes anciens, et peut-être

---

1   On oublie aussi que dans cette Académie Florimontane **fondée** à Annecy par François de Sales et le Président Favre, fréquentaient aussi **Camus** (si l'on considère que les réunions à Chambéry, une fois le Président rentré **chez** lui, sont encore celles de l'Académie), et le fils du Président, un certain **Vaugelas**, qui a le même âge que Camus.

2   Le Glossaire comporte environ 800 entrées. Ce glossaire est **aussi** une concordance des occurrences des mots dont le sens diffère du nôtre, **listées** sous l'entrée.

3   Y compris celle des paratextes donnée dans *JPCtcl*.

même toute tentative d'interprétation[1]. Nombre de nos mots, retrouvés dans les *ES*, semblent avoir un sens «intermédiaire» entre deux de nos sens contemporains, sans qu'on puisse non plus assigner un sens premier et par exemple une connotation seconde. C'est le cas par exemple pour *miserable* : dans les *ES*, le mot peut être bien sûr défini comme «qui doit inspirer la pitié», en rétablissant (correctement) l'étymologie. Mais la difficulté ne fait que commencer, car on a beaucoup d'occurrences où les personnages ne semblent pas vraiment dignes de pitié : *miserable* est employé pour désigner les personnes qui se sont engagées dans le crime, dans un sens qu'on redécouvre proche de l'expression contemporaine : «Que fais-tu, misérable ?». Et donc *miserable* dans les *ES* veut rarement dire qu'un personnage est pauvre (ce qui est de notre langue), mais signifie souvent digne de pitié en tant que victime du *mal-heur* (de la malchance), tant pour les personnes que pour les actions, et aussi *criminel, en rupture de loi.* Le personnage *miserable* est donc tout aussi bien l'innocente victime que le criminel résolu.

Devons-nous comprendre que le mot *miserable* avait effectivement trois sens (pauvre, digne de pitié, criminel) du temps de Camus, et que l'usure sémantique en a éliminé deux à partir du moment où, la richesse devenant la préoccupation principale des nations, la misère devient la malchance de ne pas participer à la prospérité ? Peut-être. Mais ceci ne résout pas le problème du double sens dans les *ES*, qui doit être maintenu non comme une ambiguïté, non comme l'étayage d'une connotation sur le sens premier de «digne de pitié», mais comme un sens unique qui dit *en même temps* que celui que nous appelons le criminel est digne de pitié *et* a manqué de chance en commettant l'acte pour lequel il est condamnable ; et de plus qu'il n'en est pas moins condamnable pour cela, Camus insistant constamment sur la

---

1   Comme le montre P. Ricœur : «Le problème du double-sens comme problème herméneutique et comme problème sémantique», *in Le Conflit des interprétations*, Paris, Seuil, 1969, p. 64-79.

nécessité de punir le crime, et sur le fait que l'Histoire dévote n'existe que pour éloigner du crime ses lecteurs.

Il faut donc se résoudre à accepter que deux interprétations du mot *miserable* sont ici impossibles : celle qui voudrait limiter le sens à celui qu'il prend dans l'idéologie de la richesse, et celle qui voudrait que Camus avoue une quelconque positivité du crime, comme lorsqu'on tente de faire de Camus une sorte de précurseur de Sade.

Ce phénomène du double sens est présent partout dans l'œuvre de Camus[1], et pas seulement parce que nous sommes chez un auteur qui connaît et pratique les quatre sens de l'herméneutique religieuse ; ni non plus parce que Camus ne peut résister à faire les jeux de mots les plus pénibles ou à vagabonder de métaphore en métaphore.

Cet «effet de double sens», que d'autres attribueraient à une déficience de l'auteur Camus manquant à la clarté classique, est en fait la mesure de la distance historique. Dans l'évolution du vocabulaire, les sens se sont différenciés, puis ont divergé, se sont séparés, puis certains ont disparu. Revenir dans la vision du monde de Camus donne l'impression que les sens «convergent» à partir de notre modernité vers un univers sémantique où les mots sont ceci *et* cela. Il faut pouvoir recréer un état de langue et de pensée d'*avant* la différence.

Dans le cas qui nous occupe, accepter que la victime et le criminel soient tous deux *miserables*, c'est au fond accepter de franchir le seuil d'un univers gouverné par la Charité : si la victime est à plaindre d'être assaillie des malheurs et des crimes dans lesquels la Chute a précipité l'humanité, le criminel ne l'est pas moins de

---

1 Ainsi *perfection* dénote aussi bien l'achèvement (la perfection d'un bâtiment) que la conformité à un modèle idéal, ce qui nous reconduit dans l'univers finaliste. *Patience* est aussi bien la capacité d'endurer la douleur (la *passion* du moyen-français), que la capacité d'attendre. *Malin* et *malice* gardent aussi leur association avec le Diable.

n'avoir pas su, du fond de la faiblesse où le laisse cette même Chute, collaborer à la Grâce qui l'aurait maintenu hors du crime.

On le voit, l'enjeu est bien l'appréciation correcte de la distance historique qui est l'affaire de toute herméneutique des textes du passé. La langue du passé n'est pas une sorte de calque, lacunaire ici, là surabondant, de notre système : les oppositions s'y gèrent dans une répartition des sens différente de la nôtre. Accepter un tel dépaysement est le prix pour comprendre Camus, qui nous est certainement reconnaissant de nous «informer de la langue et du païs[1]» pour entreprendre le voyage.

Il y a maintenant un cas, dans le glossaire, pour lequel il a été impossible de constituer une concordance un peu fiable : celui du «doublet» *cœur/courage*, parce que la répartition des sens de *courage* dans les *ES* pose des problèmes qui ne peuvent être résolus par une simple liste d'équivalents modernes.

Car d'une part il est très clair que l'usage n'y correspond pas à l'usage moderne. Ainsi la phrase : «ce fut par la qu'Octavian s'insinua dans le courage de Pauline» (IV, [413]), ne peut en aucun cas être acceptable en français contemporain. Mais d'autre part, s'il est facile de substituer dans cette phrase *cœur* à *courage* pour pouvoir reconstruire le sens que donne Camus, il n'est pas possible de généraliser une telle substitution, et de dire que pour *courage*, en dehors des occurrences où courage est employé dans son sens contemporain, il faut lire *cœur*. En fait, il semble bien que *cœur* et *courage* soient employés indifféremment l'un pour l'autre, ou du moins que les habitudes de langue qui en régissent l'usage soient difficilement discernables, comme le montre le fait que Nicot traduit les deux mots par *animus*.

Partons des deux extrémités temporelles.

Pour nous, le courage est une qualité d'âme qui permet de faire face à l'adversité, et le cœur est un organe, plus ou moins concret, ses fonctions allant de la circulation du sang aux élans et catastrophes

---

1   *ES* Préface [14].

que lui fait subir par exemple l'amour. Il est ainsi par métonymie, disons-nous,[1] le «siège» de sentiments comme la joie, l'amour et la tristesse, sans que nous imaginions que les «élans» du cœur, ou sa «lourdeur» soient des phénomènes observables. Cette définition est si générale qu'il n'est souvent pas possible de décider que telle occurrence de *cœur* chez Camus a un sens différent du nôtre. Donc le Glossaire de cette édition n'a pas de liste d'occurrences de *cœur*, mais simplement un renvoi à *courage*.

Pour le début du XVIIe, ni l'opposition *cœur/courage*, ni les sens de *courage* et de *cœur* ne sont les mêmes.

Nicot, pour le grand nombre d'expressions qu'il liste sous *courage*, traduit systématiquement par *animus*, ce qui recouvre bien la qualité de *courageux* moderne, mais dans un sens dont nous saisissons mal au premier abord combien il est secondaire. Le courage du soldat, ou de la femme courageuse dans son malheur, est, en latin comme en français du début du XVIIe un sens spécialisé d'un terme qui désigne dans ses débuts latins (*animus*) quelque chose de beaucoup plus large et qui est d'abord le principe, le souffle de vie, puis la disposition générale d'un organisme. Mais il s'en suit que chez Nicot le courage est un terme qui ne prend sens que par l'épithète qui l'accompagne : les expressions *de mauuais courage*, par exemple, ou *changer son courage*,[2] montrent bien cette sorte de neutralité du mot qui s'est alors spécialisé en moyen-français pour exprimer non plus la disposition organique, mais la disposition d'esprit, l'attitude, l'humeur ou l'*habitus*.

Plus tard, à suivre les définitions successives des dictionnaires de l'Académie, on voit bien disparaître cette neutralité du terme capable d'accepter des épithètes péjoratives aussi bien que mélioratives. C'est la qualité positive qui prend le dessus : ne

---

1 C'est bien sûr le cas de toute une «anatomie métonymique» de notre français classique, qui comprend aussi le *bra*s, siège de la vigueur, et aussi *les yeux*, *la main*, *l'oreille*, etc.

2 Impossibles en français moderne, qui a par contre gardé «de bon cœur».

reste pour le négatif en 1798 qu'une seule ligne : « Il se détermine quelquefois en mauvaise part par des épithètes. *Foible courage. Courage mou. Courage brutal.* »

Comme souvent, il faut alors, pour vraiment comprendre la prose de Camus, « remonter » à un état de langue que nous jugeons vague, ou ambigu, tout simplement parce que l'évolution de la langue a séparé, distingué des sens qui cohabitaient alors sans problèmes, et, dans le cas précis de *cœur* et *courage*, rétablir une intrication des deux mots telle que l'un n'est pas descriptible sans l'autre. Mais encore une fois, il ne s'agit pas ici d'imprécision, ni d'emploi peu soigneux du vocabulaire, mais d'une vision du monde qui retient les deux mots dans un même « bassin » de sens. De plus, il est important de « penser » cette indistinction, antérieure aux différences dont nous avons l'habitude, pour pouvoir atteindre la description de l'homme que suppose toute l'anthropologie de Camus, sans se laisser piéger lors d'une lecture hâtive par des mots qui se révèlent être des « faux amis ». C'est ce principe qui a dicté la constitution du *Glossaire* de cette édition, puisque celui-ci ne contient pas les occurrences où Camus emploie les termes dans leur sens qui nous est familier ; ainsi, lorsque *courage* a le sens de *vaillance*, l'occurrence n'a pas été listée.

Cependant, il est bien sûr possible de remarquer que les occurrences de *courage* se groupent en ensembles très flous, autour de notions qu'il est difficile de répertorier sous un seul de nos mots contemporains, mais qui sont pourtant distinguables. En sens inverse, les co-occurrences (ainsi : *courage/vaillance*, ou *cœur/ amour*) montrent la proximité de notions telles que l'intimité ou la noblesse, qui « étirent » les sens de *courage* dans des directions que le français moderne n'explore souvent plus. Il faut alors constater (sous réserve d'une étude plus rigoureuse que cette première saisie « à vue de pays ») qu'on peut facilement avancer qu'il n'y a dans la langue de Camus aucune occurrence de *cœur* où *courage* ne pourrait être substitué. De plus, la relation entre les deux termes est compliquée par la présence quasi-constante d'une métonymie sous-jacente et quelquefois implicite, joignant le « contenant » et le « contenu », l'organe et la qualité. Ainsi dans la phrase : « La seule espee les pouuoit esgaler : mais il n'auoit pas le cœur ni le bras correspondans au courage & à l'addresse de son Riual. » (IV, 26 [502]), c'est le cœur qui est l'organe, et le courage la qualité, mais il n'est pas impossible que dans une même phrase des *ES* le courage (organe) « contienne » le courage (qualité, vertu).

On trouvera ci-dessous, pour montrer que les deux mots sont employés indifféremment l'un pour l'autre, un essai de répartition des sens non-modernes de *cœur* et *courage* qui donnera côte à côte des occurrences équivalentes de chacun de ces mots. Ceci ne veut pas dire qu'une étude de linguistique statistique rigoureuse des quasi-synonymes ne détecterait pas des fréquences très différentes pour les deux mots. Mais ceci déborde de loin le projet de présentation du texte de la présente édition, et devra prendre rang parmi les nombreuses études qui devront être entreprises pour donner à Camus sa spécificité d'auteur.

Courage/cœur :

1 : Organe vital : « [...] d'vn stilet qu'il tira de sa pochette, il lui perça la mammelle & le cœur, la laissant morte de ce seul coup. » I, 5 [110]. Aussi souffle vital : « [...] soustenant son Ami, à qui le cœur manquoit en perdant le sang [...] IV, 14 [417]
2 : Disposition naturelle, quasi-corporelle, d'un individu ; proche de ce que nous appellerions le *caractère*, surtout lorsqu'il s'agit de noblesse.
« Foible vengeance certes à vn homme de courage comme luy. » IV, 24 [487]
« Le coup est hazardeux, mais la fortune aime les gens de cœur, & se retire des lasches. » I, 3 [70]
Le *cœur* et le *courage* sont le siège naturel de la vertu de vaillance qui distingue les individus nobles, mais aussi de leur sens de l'honneur :
« Aussi voyons-nous par les effects, comme les timides colombes

n'engendrent pas des aigles genereuses, que ceux qui sortent de ces races ennoblies par l'or & l'achapt des charges, sont bien esloignez de ce courage qui accompagne ceux qui sont issus d'vn estoc ancien & belliqueux.» II, 7 [300]

«Ceste femme qui estoit & de bonne maison, & fort honneste, & d'vn courage esleué, iettoit le feu & la flamme par la gorge, & ne parlant que de sang & de carnage.» I, 8 [185]

«Mais bien qu'Octauian ne fut pas si riche, ni de noblesse si ancienne, si estoit-il Gentil-homme, ayant le cœur assis en si bon lieu, qu'il n'estoit pas d'humeur à souffrir des brauades.» IV, 14 [413]

3 : Siège des sentiments

a : de l'amour.

«Blesille commençoit par sa patience & sa mansuetude à reconquerir le courage de cet homme.» IV, 23 [479]

«[…]mais l'amour de Pacatule auoit ietté de si longues & fortes racines en son cœur, […], qu'il n'y auoit plus de place vuide pour aucun autre.» III, 1 [16]

C'est donc aussi la source du mouvement du croyant vers Dieu.

b : de tous les sentiments, des pensées

«Son gentil courage plein de courtoisie & d'humilité, lui faisoit rendre des respects & des soumissions à Olinde I, 5 [93]

«[…]le diable lui ietta vn tel desespoir dans le cœur, qu'il resolut de finir par vn licol sa miserable vie.» IV, 15 [423].

4 : Disposition d'esprit.

«[…] à la fin il descouurit tout à fait son mauuais courage, & declara ouuertement à sa mere, qu'il ne seroit iamais mari de Cecile I, 3 [61]

«tous les tourmens que la barbarie pourroit inuenter, […] il les endureroit de bon cœur […]» I, 6 [139]

5. Intériorité. (souvent opposé à *visage*, qui est l'extérieur, l'apparence)

«Cette mere, mais plustost ceste Megere, comme vne furie enragee, remplit tout le voisinage de ses cris, & si sa force eust secondé son courage, elle eust esté à son fils vne autre Medee[1]. » IV, 18 « Mais las ! il n'y a que Dieu qui puisse penetrer les cachettes du cœur, les hommes ne voyent que le visage. » IV, 26 [498]

À dresser ainsi la carte des sens de *cœur* et de *courage*, force est bien de constater que nous sommes dans une langue où les contresens sont pour nous faciles. Camus n'écrit plus comme son Mentor Montaigne, dont la langue plus distante nous force à l'attention. La sienne nous semble plus aisée d'accès, mais elle cache entre Camus et nous une distance « mentale » qu'il faut bien prendre en compte.

Sur le cas de *cœur/courage*, ce que nous saisissons mal est cet « ambigu » de concret et d'abstrait qu'est ce à quoi réfèrent les deux termes. Le courage pour Camus est bien une vertu ou une qualité – abstraite – de l'individu bien né, mais elle tient à la constitution physique du « courage » dont cette naissance lui a permis d'hériter. Pour longtemps encore, les sentiments ou les passions de l'homme seront ce qui paraîtra en surface des actions subies par ce « courage » ou ce « cœur » matériels, qui pourront être échauffés par la colère, resserrés par l'avarice, endurcis par le péché et enflés par l'orgueil. La coupure entre l'anatomique et le psychologique ne passe pas où nous la voyons, mais surtout elle n'est pas aussi nette. Tout aussi bien, l'orgueil n'est que la conséquence quasi-mécanique d'un « courage » trop « haut », et l'avarice, celui d'un cœur étroit ; et la vaillance, tout simplement le « gentil courage » transmis par les gènes de la *gens* en acte.

---

1   On peut voir sur cet exemple combien les problèmes de vocabulaire et d'interpréta-tion sont liés. Une première lecture pourrait donner, de façon tout à fait plausible, le sens de *vaillance* à *courage*. La mère serait courageuse, mais physiquement faible. Mais il est plus probable que l'opposition se fait entre les moyens d'exécution (force) et ce qu'en son for intérieur elle voudrait faire, ce qu'elle a « à cœur » de faire, en son *courage*.

La modernité, en diversifiant ses sciences, a institué une nette différence entre l'organique et le psychologique, répétant la coupure fondatrice entre la substance étendue et la substance pensante. Camus se situe en deçà de cette division, et l'indistinction que l'on peut pointer dans ses textes ne fait que le situer dans une autre répartition du concret et de l'abstrait.

C'est pourquoi il faut se garder de voir trop vite dans sa langue trop de métonymies et de figures. Nos analyses rhétoriques s'adossent (à tort) à cette répartition historiquement déterminée du concret et de l'abstrait qui conditionne la «métonymie» qui en retour lie ces deux notions : il faut se convaincre que le «bras» n'est pas toujours «la vigueur» par métonymie, ni le cœur l'amour, ni le courage la vaillance. Le bras est le bras, le cœur est le cœur, et le courage le courage, dans une anthropologie où le matériel et le moral, l'organique et le psychologique sont encore indistincts ; bien mieux, où leur «indistinction», qui est un *artefact* de notre remontée de l'histoire, n'est même pas perçue.

Dans le cas précis de *cœur/courage*, on risque de manquer ce vers quoi pointe cette indifférenciation : cette vision du monde sourdement matérialiste qui continue pendant tout le siècle d'attribuer les qualités «d'âme» à une disposition physique des organes, et la supériorité morale à la transmission par le corps dans la «générosité» (la lignée) ; vision favorable à l'aristocratie de race qui trouve là de quoi justifier sa prééminence. Il est peut-être surprenant de la retrouver chez Camus[1], mais elle est bien présente, en dépit des difficultés qu'il y trouve[2].

RHIZOMES

Avec autant d'indécidable, la langue de Camus ne manque pas de susciter chez le lecteur un sentiment vague d'inconfort, de familiarité dangereuse qui ressemble étrangement aux pays

---

1   Voir note 2 p. 16 ci-dessus.
2   Voir tout le début de I, 2, p. [28-29].

du rêve et de l'*Unheimlich* freudien[1]. Vouloir éviter cet inconfort, réduire le vocabulaire, clarifier les différences, trouver des sens propres et des sens figurés, c'est peut-être comme toutes les stratégies d'évitement un symptôme, celui d'une névrose assez répandue : le classicicisme[2].

Mais si on se retient de se laisser gagner par la crispation malherbienne, alors on pourra suivre les parcours inusités, les bifurcations soudaines que Camus ouvre pour nous, par ses curieux enchaînements de métaphores, par ses jeux de mots qui ricochent parfois un peu longuement, dans cette langue que nous connaissons mal.

Camus joue très souvent sur les quasi-homophones et les quasi-homographes[3]. La lecture de Camus devient alors une sorte de jeu de marelle, d'où l'enfer et le ciel ne sont même pas absents, très euphorique, qui saute à cloche-pied d'image en image, prenant de biais une syntaxe peu contraignante. Que Camus préfère l'image au concept, la métaphore à la déduction, le narratif au logique n'est que la conséquence attendue de la vocation exemplaire de ses écrits, l'*exemplum* étant depuis toujours la forme imagée,

---

1 Que le français a toujours traduit par «l'inquiétante étrangeté». Dans la langue de Camus, où est «domestique» ce qui est de la maison, ce serait peut-être «indo-mestique», même «indomestiqué».

2 Qui frappe les classicistes.

3 Ainsi : «: Lors que le temps l'eut rendue & mere & plus meure [*mûre*] de iugement […] II, 2 [235]. «Ie me treuue maintenant comme vn fer entre deux calamites, & partagé entre l'espoir de reuoir bien tost ma fidele espouse en la presence de mon Createur, & le regret de vous laisser en ce val de pleurs & de miseres.» I, 1 [12] (le jeu est ici sur *calamites* – une sorte d'aimant – et *calamitez* – malheurs). On voit combien il est important de conserver l'orthographe d'origine ; la modernisation par exemple rendrait complètement opaque le jeu de mots *verrue/verrue* en IV [455], le premier étant bien notre «imperfection de la peau», mais le second étant une des orthographes de *verue* (verve). Mais bien sûr, comme Camus ne serait pas Camus s'il ne versait dans l'à-peine croyable, il ose ceci : «Et comme ce que l'on graue sur de tendres courges, croist & s'aggrandit auec ce fruict, ainsi en prit-il à leurs cœurs grauez des plus nobles & vertueux characteres de ceste passion.» III, 6 [69] (on se souviendra que Camus emploie indifféremment *cœur* et *courage* : il joue ici sur courge/courage !)

charnelle, offerte à ceux qui ont peu de goût ou de capacité pour l'abstraction[1]. Pour nous, ce sont les parcours inusités, les chemins de traverse qu'il ouvre ainsi dans la langue qui sont à la fois l'obstacle et la récompense d'une lecture de Camus.

Poussons même la pierre un peu loin : la distance historique qui nous fait apercevoir, à l'autre bout de la modernité, une langue où les métonymies (deux mots voisins) convergent, se replient en métaphores (deux sens en un), ne mime-t-elle pas le travail que Jakobson assignait, au niveau de la phrase, à la fonction poétique ?

C'est ce *travail* de la langue de Camus sur la nôtre, sa *poésie*, qui nous aide à comprendre comment l'univers macabre de Camus parle maintenant directement à notre inconscient, et pourquoi nous ne savons nommer l'attirance avec laquelle nous reconnaissons la parenté profonde de ces morts cruelles et criminelles avec la langue qui les a portées vers nous.

Le titre

Si l'on pouvait douter de la stratégie délibérée de bifurcation à l'œuvre dans les *Euemens singuliers*, il suffirait de considérer le titre, qui est un des plus géniaux de tous les temps.

Car il suffit de lire la Préface pour se rendre compte qu'il est à double fond, à double entente ; au moins, on va le voir. Mais le premier étonnement passé quand on se rend compte du double sens et de *euenemen* et de *singulier*, c'est avec un sourire admiratif qu'on reconnaît la profondeur de la ruse de ce diable d'évêque. Car quelle que soit notre perspicacité, il nous force

---

1   « […] non solum ad edificationem sed ad recreationem, maxime quando fatigati et tedio affecti incipiunt dormitare » Jacques de Vitry, *Sermones uulgares, in* Th. Crane, *The Exempla or Illustrative stories from the* Sermones vulgares *of Jacques de Vitry*, London : David Nutt for the Folk-Lore Society, 1890. p. xlii, note. Et ceci, à son tour, in John D. Lyons, *Exemplum, the rhetoric of example in early modern France*, Princeton, Princeton University Press, 1989.

à revenir sur ce titre, à le réexaminer, dans un mouvement qui instaure dès l'orée du recueil l'*après-coup* comme essence de l'événement[1].

La découverte est tellement proche de ce que la philosophie des dernières années du vingtième siècle a consacré à la réflexion sur l'événement[2] qu'on est en droit de se demander comment ce texte vieux de presque 400 ans peut résonner si près de nous. La réponse est d'abord que l'histoire, et particulièrement l'histoire des idées, n'a plus la linéarité qu'on lui a en général attribuée[3]. Si l'histoire est scandée de « changements de paradigmes », de mutations rapides entre épistèmès, alors il est moins étonnant que de part et d'autre de la modernité[4] se retrouvent et se répondent d'une part ce que celle-ci a occulté pour se constituer, et d'autre part la nouveauté qui cherche à s'en démarquer. Rien ne ressemble plus à une aube qu'un crépuscule. Mais aussi, dans le cas de la modernité, ce qui relie ses deux extrémités, c'est un certain écho aristotélicien, et il n'est pas étonnant que notre époque, revenant sur l'élimination de l'aristotélisme au XVIIe siècle, retrouve un Camus singulièrement proche de ses préoccupations, lui qui a été nourri dans le sérail. On pourrait même avancer que le « désensablement » de Camus

---

1   L'après-coup est une notion d'abord freudienne *(Nachträglichkeit)* qui essaye de cerner le rôle de l'événement d'abord dans la constitution de la sexualité, puis dans celle du symptôme. L'événement, à l'«origine», quand il arrive, semble de pas emporter de conséquences. C'est seulement plus tard, quand il est repris dans la structuration du moi, qu'il devient originel. Plus généralement, dans la réflexion sur l'histoire et le récit, l'événement ne devient «ce qui arrive» que lorsqu'il est «accueilli» par une structure de récit.
2   L'événement est tellement au centre de la philosophie contemporaine qu'il est difficile de donner des noms : il s'agit de tous ceux qui reprennent Heidegger en philosophie d'une part, et Blanchot dans la réflexion sur l'écriture d'autre part (mais les deux lignées se rejoignent souvent) : Lyotard, Derrida, Cixous, Badiou pour ne nommer que les chefs de file.
3   À vrai dire, elle ne l'a peut-être jamais eue.
4   Rappelons que pour cette étude, la modernité a pour limites floues le milieu du XVIe siècle et la fin du XIXe. V. note 4 p. 12 ci-dessus.

n'est pas possible avant que les paramètres fondamentaux de la modernité soient remis en cause. De l'influence décisive de Freud et Heidegger sur Camus (Jean-Pierre)[1].

Car il y a chez celui-ci une réflexion aisément repérable sur la singularité ; d'abord la singularité éthique, sur le besoin de se singulariser[2]. Mais aussi, ce qui n'en est que l'image dans le domaine du récit, sur ce qui constitue l'événement, le remarquable, le « digne d'être raconté », réflexion approfondie lors de son passage à la nouvelle comme genre littéraire. On en a une première présentation dans la Préface des *ES* (p. [15]) :

---

1 Voici ce qu'on peut lire sur le Web, tiré presque au hasard des documents consacrés à l'événement (mis en ligne par le Centre d'Études en Rhétorique, Philosophie et Histoire des Idées) : « En bonne logique aristotélicienne, ce qui arrive est un singulier, contrairement à l'universel (en tout lieu, en tout temps). En tant que cela arrive, c'est un accident, qui s'oppose à une logique du nécessaire. Le problème est donc d'expliquer à quelles conditions la pensée et son expression dans le langage peuvent rendre compte de l'événement comme accident. Or la définition logique d'un accident, c'est ce qui n'appartient pas nécessairement au sujet. L'accident marque la rupture, synonyme de désordre, entre le prédicat et son sujet : c'est en ce sens que l'accident est toujours crise qui sépare le sujet de ses prédicats essentiels et ouvre dans la permanence de la substance l'altération du changement. Du coup, l'accident n'est pas seulement contingent, inessentiel (Socrate a une fourmi sur le bras), il devient l'altération (contingente) qui transforme pourtant le sujet (Socrate boit la ciguë) : la crise qui séparait le prédicat de son sujet d'inhérence marque maintenant la rupture qui sépare l'avant et l'après (d'où le sens du mot « accident » dans la langue, qui marque le malheur, parce que le malheur, plus que le bonheur, fait apparaître l'irréversibilité comme subie). Il n'appartient donc pas à l'essence de Socrate de boire la ciguë, et pourtant l'accident clôt une époque et en inaugure une nouvelle : il produit son destin (la figure de Socrate, sa postérité dans l'histoire de la philosophie). Pourtant la mort de Socrate n'est pas immédiate : c'est rétrospectivement qu'on assigne à l'événement « avoir bu la ciguë » le sens d'événement décisif. Il a d'abord fallu attendre que Socrate meure (c'était bien de la ciguë, Socrate l'a bien bue). L'événement est toujours rétrospectif. C'est après coup qu'il apparaît. Il est en même temps prospectif : il ouvre une époque. Il est donc en même temps singulier et mémorable. » http ://www.cerphi.net/lec/even2.htm.

2 V. Max Vernet, Anne Duggan, Sylvie Robic, Élodie Vignon « Tranquillité et représentation François de Sales vu par Jean-Pierre Camus », *Origines*, Actes du 39ᵉ Congrès de la NASSCFL, Biblio 17, Tübingen, Günther Narr, 2009, p. 325-338.

> Tous ces Euenemens que i'appelle Singuliers, tant pour estre rares &
> notables, que pour n'auoir point de connexité les vns auec les autres,
> chascun faisant son corps, ont comme à prix fait ou vn vice à descrier,
> ou vne vertu à paranympher [...]

Présentation remarquable dans sa discrétion, qui fait qu'on peut
aisément manquer le lien nécessaire[1] qu'il y a entre la singularité
de l'événement, son historicité, et sa reprise dans la structure de
l'exemple.

C'est la position qu'expose maintes fois Camus dans ses paratextes et dans les incises adressées au lecteur, et qui est au fond
résumée par la succession des titres des recueils de nouvelles, qui,
on le constate après avoir compris que *Euenemens* et *singuliers* ont
chacun deux sens, sont les *interprétants* les uns des autres ; ainsi
s'entreglosent les titres, *Les Occurrences remarquables* (1628), *Les
Succez differens* (1630), *Les Observations historiques* (1631), *Les Leçons
exemplaires* (1632), *Les Speculations historiques* (1643), et tous à leur
tour nous aident à comprendre *Les Euenemens singuliers*.

Car *euenement* dans la langue de l'époque veut dire aussi bien ce
que nous entendons par *événement* (le « ce qui arrive » qui est
l'unité de base du récit historique ou littéraire) que la *conséquence
finale, le résultat*, l'*issue*.

Ainsi donc les *Succez differens* ne sont que le titre « caché » pour
nous des *Euenemens singuliers* (*succez*, « ce qui succède », n'étant
que le synonyme de *euenement*).

On peut presque tirer toute une théorie de l'histoire (de la
nouvelle) dévote de la « *conference*[2] » de tous ces titres : l'événement
est ce qui est *aussi* sa fin : il n'a de sens que par sa cause finale
qui est d'être une *leçon exemplaire* ; l'adjectif *singulier*, appliqué à

---

1   Cette liaison organique est dissimulée dans l'expression « à prix fait », qui signifie
    au premier sens qu'on s'est déjà entendu sur le prix et que l'affaire est conclue. La
    tâche qui incombe donc obligatoirement à ces « événements », c'est de mener à la
    vertu, d'être exemplaires.
2   « Mise ensemble, rassemblement » ; mais aussi bien sûr, « dialogue, entretien ».

l'événement-unité (l'*occurrence*, «quod occurrit»), décrit ce qui est historique mais *aussi* ce qui est inhabituel, donc remarquable; appliqué à l'événement-conséquence, il désigne ce qui n'est pas dans la logique de la prévision habituelle, ce qui ne correspond pas au *conseil* (ce que l'on se propose).

Telle est la vision de Camus, résumée en quelques titres, et ce n'est pas la moindre leçon de cette «conférence» que de nous montrer encore combien la pensée de Camus est «entre», dans l'entre-deux des sens et dans l'entre-tien, le dialogue[1].

Résumons : les faits divers[2] (événements, occurrences), sont *remarquables* (surprenants, mais aussi susceptibles d'être écrits : *re-marquer*) en ceci qu'ils attirent l'attention (*singuliers, remarquables*) par la rareté avec laquelle ils se détachent sur le banal, mais aussi parce que leur fin est imprévisible. C'est ce qui leur permet d'être exemplaires, de porter une leçon, qui est que Dieu vient bien souvent contrecarrer les intentions humaines. C'est donc bien leur *fin*, *terminus* et cause finale, qui leur donne leur statut d'événement.

Ce qu'il fallait démontrer.

Rien dans tout ceci n'est affaire d'interprétation; tout est à mettre au compte de Camus qui révèle ainsi une position forte de théoricien dont il est impossible de ne pas tenir compte pour l'histoire du récit au XVIIe siècle. L'histoire dévote est bien une nouveauté dans les années 1620, mais pour comprendre cette époque de la littérature, il faut maintenir qu'elle était alors une possibilité du récit comme genre, même si, probablement pour les raisons exposées ci-dessus[3], elle en a été éliminée.

---

1 Voir ci-dessus p. 24-28.
2 Pour être complète, cette revue des titres de recueils devrait mentionner qu'il y a une autre série qui pointe la *diversité* de ces faits (presque tous les titres qui comportent l'adjectif *historique*), et une autre qui en signale l'horreur (*sanglant, funeste, horreur*).
3 P. 21-23.

Sources

On a souvent dit qu'il serait un peu vain de rechercher les sources de Camus, et que de toute façon l'énormité de la tâche la rendrait assez inutile, puisque le but de toute étude de sources étant de mesurer l'originalité d'un auteur et d'avoir une idée des influences possibles sur sa pensée[1], il serait impossible de conclure sur l'une ou sur les autres sans explorer la majorité de ses nouvelles. S'agissant de la pensée, nous avons pourtant toute la production pastorale de Camus, et pour ses opinions littéraires, tous les paratextes et toutes les incises inclues dans ses récits. Cette introduction a aussi donné ci-dessus[2] d'autres raisons qui font que dans le cas de nouvelles, les « sources » sont multiples ou indécidables, et que vers le début du XVIIᵉ siècle, en cette matière, la notion d'originalité n'a guère cours. Camus lui-même en repousserait la suggestion avec un sourire indulgent.

Pourtant, dans un genre comme la nouvelle « historique » dans lequel certains titres de Camus semblent placer ses recueils, la recherche des sources tend plutôt à décider ce que l'auteur prend de son temps, la découverte d'une source livresque servant à prouver que l'auteur pratique cet « art de l'éloignement[3] » sans lequel il n'est pas d'art, ou du moins de classicisme. À l'inverse, pour Camus, il est coutumier de dire que c'est la dureté des temps des guerres de religion et de la Ligue qui le mènent « naturellement » à aligner autant d'histoires sanglantes[4].

À ces interrogations, ou à ces réponses trop rapides, il ne sera pas possible d'apporter ici beaucoup de solutions.

---

1   C'est ce que fait Jean Descrains dans *Jean-Pierre Camus, 1584-1652, et ses Diversités, 1609-1618, la culture d'un évêque humaniste,* Paris, Nizet, 1985.

2   P. 20-22.

3   Thomas Pavel, *L'art de l'éloignement, essai sur l'imagination classique,* Paris : Gallimard, folio essais, 1996.

4   Il faut cependant rappeler que le Privilège du Roi des *ES* (q.v. après le Livre IV) est « […] donné au Camp devant La Rochelle. »

Il y pourtant trois points sur lesquels une information un peu plus précise peut être fournie, étant entendu qu'il n'y a aucune raison de douter de la parole de l'évêque quand il dit avoir entendu telle anecdote;[1] étant entendu aussi que la transcription dans l'écrit d'une anecdote transmise de bouche à oreille n'est pas une raison pour reléguer l'auteur hors littérature parmi les chroniqueurs, les mémorialistes ou les rédacteurs de canards.

- Les événements racontés prennent place entre le milieu du XVe siècle[2] et 1627, l'année précédant la publication des *ES*. Le gros de ces événements tient dans le dernier tiers du XVIe. Il est donc vraisemblable que pour toutes celles-ci, il y a un relais imprimé entre l'événement et Camus. Au moins une ou des chronique(s) italienne(s), et une ou plusieurs autres sources nordique(s) pour les récits «allemands», «belges» ou «bourguignons».
- Camus avoue une fois[3] – pour la repousser – une parenté avec Belleforest.
  On peut par contre retrouver quelques traces de ses lectures de Cervantes, que résume pleinement José Manuel Losada Goya[4]. Les rapprochements certains concernent la nouvelle III, 13 («Le Chaste desespoir») de Camus et «La ilustre fregona» des *Novelas ejemplares*, dans lesquelles le lieu de l'action est le même, et les aventures assez semblables, quoi que le dénouement soit tout

---

1 On trouvera, chaque fois que cela aura été possible, en tête des résumés de chaque *Événement* donnés en appendice : une mention indiquant si Camus assure avoir entendu l'anecdote ; la date approximative et le lieu où prend place l'histoire ; ou la source livresque du récit de Camus.
2 La nouvelle IV, 25 fait nettement exception, car elle raconte un épisode de la fin de la Troisième Croisade (1192).
3 IV, 9 [372-373].
4 José Manuel Losada Goya, *Bibliographie critique de la littérature espagnole en France au XVIIe siècle*, Genève, Droz, 1999, notice 463 p. 549.

à fait différent. Et aussi la nouvelle III, 12 des *ES*, en raison d'un rapprochement peu convaincant avec *La fuerza del Sangre* qui tient à quelques lignes décrivant une promenade estivale et un enlèvement sur lesquels Camus est remarquablement succinct[1].

– Par contre, les emprunts massifs et répétés au *Thresor d'Histoires admirables*[2] de Simon Goulart pour le Livre IV des *ES* sont plus surprenants. D'abord par leur taille : outre un petit emprunt pour la dernière nouvelle du Livre II (La Courte Ioye), et pour III 2, Camus a puisé à pleines mains dans le *THA* : les nouvelles 3 à 23 (sauf une ; donc 20 nouvelles successives !) du Livre IV sont sans conteste prises dans Goulart, l'une d'elles, «Le Soldat robuste», étant même largement copiée. Il n'est pas vraisemblable que Camus ait lu tous ces faits divers dans les textes originaux, puisqu'ils se trouvent avec une telle densité dans le *THA*[3]. Ensuite à cause du protestantisme militant dont fait preuve Goulart établi à Genève, après une première période où comme beaucoup – parmi eux François de Sales avec qui il est en relation – il croit qu'un rapprochement est encore possible.

Quoi qu'il en soit, on comprendrait que Camus ne tienne pas à divulguer cette source (ce torrent) qui alimente son œuvre : il avait déjà assez d'ennuis à cause du simple fait d'écrire, sans avoir à se justifier de copier un protestant combatif.

1　*Ibid.*, Notice 177.
2　Simon Goulart, *Thresor d'Histoires admirables et memorables de nostre temps, Recueillies de plusieurs Autheurs, Memoires, & Avis de diuers endroits. Mises en lumiere par Simon Goulart Senlisien*. Par Paul Marceau, M.DC.X A Cologne.
3　On trouvera en appendice, à la suite des résumés des nouvelles empruntées au *THA*, le texte de Goulart. Un coup d'œil à la pagination du *THA* et à la référence donnée par Goulart à la plupart de ses histoires montre que c'est bien à celui-ci que Camus doit la majorité de son Livre IV.

Le *THA* est tout à fait de la lignée de ces « recueils » fourre-tout de la période dans lesquels s'accumulent côte à côte une tératologie étonnante, des rapports de médecins sur les plus extraordinaires maladies ou difformités humaines, des relations complaisantes et impassibles des crimes les plus horribles, des comptes-rendus des plus frappants météores, et des souvenirs de lecture des auteurs anciens. Les emprunts sans attribution qu'y fait notre évêque classent hélas celui-ci parmi les récidivistes trop endurcis pour qu'on songe à l'excuser. Mais ces anecdotes ne viennent-elles pas toutes d'autres recueils ?

Si l'on songe à la circulation généralisée de ce genre de faits « remarquables » évoquée ci-dessus[1], alors on s'attachera moins à condamner Camus qu'à tirer de ce recours à la reproduction deux aperçus sur les intentions de Camus.

Car ceci prouve que Camus fait attention à ce qui a du succès, comme la forme courte[2] qui chez Goulart n'est pas encore la nouvelle et n'est déjà plus le canard. Et ceci nous conduit aussi à conclure que Camus ne veut pour son ouvrage que le sort qu'il a réservé à celui de Goulart : la dissémination, sans laquelle l'œuvre est inutile. Il faut penser que l'évêque écrivain se réjouirait de voir son recueil « exporté » au détail dans d'autres formes littéraires à succès. La volonté apostolique est indissociable d'une définition finaliste de l'œuvre que nous avons perdue, ou repoussée : celle qui fait que l'œuvre n'est pas le volume produit, mais son efficacité extralittéraire et mondaine, le changement qu'elle induit dans le lecteur, qui chez Aristote se nommait plaisir et purgation, et qui chez Camus est la conversion. Dans son cas, ce n'est qu'une des *œuvres* pies que demande la Charité et auxquelles le voue sa vocation

---

1 P. 18-19.
2 Que Camus passe soigneusement en revue dans la *Preface* des *ES* (p. [11] sq.). Pourquoi alors passer Goulart sous silence ? Pour dissimuler un emprunt trop important ? Parce qu'il est protestant ? Plus probablement, parce qu'il n'est pas un auteur, statut que Camus repousse fréquemment pour lui-même, à condition qu'on le lui ait d'abord accordé. Ajoutons – mais-est-ce une excuse – que Goulart meurt le 3 février 1628, quatre mois avant la date de l'autorisation des *ES*.

apostolique ; l'œuvre ne deviendra exemple que si le recueil est démembré, et ne donnera pas de fruit si le grain ne meurt.

La conclusion de cette Introduction retrouve ainsi son point de départ, bouclant un parcours qui aura voulu montrer que l'écriture de Camus est la mise en œuvre d'un projet d'une grande cohérence, et non pas du primesaut capricieux d'un tempérament mal contrôlé. Même si l'œuvre narrative de l'évêque n'était que la figure de la Contre-Réforme dans le domaine de la littérature, elle mériterait toute notre attention pour ce qu'elle nous dit de la formation de celle-ci, et de l'abandon de l'articulation finaliste du système auteur-texte-lecteur, dont on conviendra sans peine qu'elle avait bien sa place dans l'œuvre d'art, sinon dans l'Univers. Cette évolution massive hors de l'aristotélisme, nous la connaissons bien, et l'avons appelée « changement de paradigme », « laïcisation du savoir » ou « désenchantement du monde ». Camus nous en montre le verso, pour nous faire aussi comprendre que tout « progrès » est l'envers d'une catastrophe. Ce serait là une authentique conquête de l'histoire de la littérature au XVIIᵉ siècle : à la fois la compréhension d'une période de notre littérature qui attend encore son histoire, et la saisie d'une histoire autre, procédant par catastrophes imprévisibles. Camus, qui semble bien avoir l'espoir que la forme romanesque « laïque » est une forme monstrueuse, instable et résorbable, est en cela profondément exemplaire de la Contre-Réforme. Qu'il se trompe n'en fait pas un auteur dont on puisse se passer dans l'appréciation de la théorie et de la pratique littéraire des années 1610-1640.

Mais on doit accorder à M. de Belley bien plus, à condition de se plier de bonne grâce aux exercices préliminaires à toute interprétation. Car les lectures de Camus sont, comme on dit, « sensibles aux conditions initiales », elles divergent sans retour à partir de petites négligences ou de petits oublis. Cette introduction et cette édition, qui ont constamment essayé d'éviter toute interprétation de l'œuvre elle-même, n'ont pas eu d'autre but que de mettre en place les conditions de lecture nécessaires à ce que se reforme sous nos yeux l'œuvre d'un authentique écrivain.

LES EVENEMENS SINGVLIERS

A Monsievr,
Monsievr de Chaponay[1], Seigneur de l'Isle de Mean, Beauregard & la
Chartonniere, Conseiller du Roy, Lieutenant General en la Seneschaussee,
& Siege presidial de Lyon.

Monsievr,

Cet ouurage que les rares qualitez de son Auteur rendoient
d'ailleurs assez recommendable, pour* la consideration du subjet
qu'il traitte va prendre le saufconduit de vostre autorité pour
obtenir heureusement la fin qu'il se propose. Qui [2] est, de
faire triompher la Vertu, & de renuerser, ou au moins affoiblir
l'empire du Vice. Ceux que le Ciel a placez, comme vous, aux
charges de Iustice & du gouuernement politique n'ont point
de plus grande ambition que d'y contribuer par toutes sortes
de moyens. Fauorisé de vostre aduœu & protection, il le fera
d'autant plus asseurement, que l'ont sçait que c'est de la Pieté
& de la Iustice, dont les reglez mouuemens des Estats depen-
dent. L'vne, il la tient principalement de son Auteur : l'autre,
il l'implore de vostre part. Autorisé* de la sorte, ses sentences &
maximes obtiendront la creance d'autant d'Arrests infaillibles
& necessaires*.

---

1 François de Chaponay, élu prévôt des marchands de Lyon en 1627. Les Chaponay
   (Chaponnay), prévôts à Lyon depuis des siècles, alternent au XVIᵉ à la prévôté avec
   les Camus et les Sève. L'Isle-Mean mentionnée dans ses titres est sans doute un
   domaine breton (nommé Plé Mean dans les titres de certains de ses descendants)
   situé au sud de la Grande Brière et devenu quartier de Saint-Nazaire ; et non pas
   l'île de Man, comme le dit Albert Garreau, qui la situe bizarrement « au large de
   la Normandie » (*Jean-Pierre Camus parisien évêque de Belley*, p. 135). La seigneurie
   de l'île de Man a été anglaise de façon ininterrompue depuis le XIVᵉ siècle. La
   Chartonnière (sur la rive droite de la Saône) et Beauregard (sur la rive gauche)
   sont tous deux près de Villefranche (Rhône). V. Introduction note 2 p. 15.

Vous passerez sans doute en ce sentiment, repassant les yeux
sur cette piece, que ce genre d'escrire [3] attirera, ie le sçay bien,
à sa lecture par ses charmes ineuitables de nouueauté & d'vtilité.
Car si l'on peut maintenant exercer son style, il semble qu'il ne
reste quasi plus d'autre carriere, en la condition* de nostre siecle,
où tout ce qui se peut imaginer de docte & d'vtile est eueté, &
mille fois rebatu. Il n'y a plus que les obseruations des choses
particulieres* & accidens iournaliers* qui puissent apporter vn
contentement & profit tel que l'on doit rechercher en l'occupation* des liures. Cetuy-cy y aspire par vn air autant delectable,
que peu vsité : par vn denombrement d'illustres accidens, où
l'on peut voir les estranges saillies* de toutes sortes de passions
& vne eslite[1] de vertus heroïques. Ces exemples extraordinaires,
curieusement* recherchez dans la di[4]uersité des nations, & la
plus part de nostre siecle, qui les rendent d'autant plus aggreables,
ioincts à tant de preceptes salutaires, seront capables d'esmouuoir
ceux-là mesmes qui auroient renoncé à la raison. Au demeurant
vous y contemplerez aussi vn nombre de graues iugemens, dic-
tez à l'idée* de ceux que l'instinct* de la supreme Iustice vous
suggere[2].

---

1   Malgré le contexte, il faut garder le sens de *choix*. *Elite* au sens de «groupe supé-
     rieur en qualité» n'existe pour Huguet et Nicot que comme connotation dans
     l'expression : *d'elite*.
2   Ce membre de phrase présente trois mots dont on peut aisément manquer le sens,
     mais qui forment un réseau qui permet de justifier l'hypothèse suivante : *idée* est
     assez régulièrement pris pour signifier ce qui est *image* en français moderne. Il
     faudrait donc rétablir pour *dictez* le sens de *composés*, bien attesté pour référer à
     une composition littéraire. Enfin *instinct* est ici l'*instigation* (lat. : *instinctus*; *cf. ins-
     tiguo*). Ainsi, les «graves jugements» que rend François de Chaponay, guidé par la
     Justice divine *(cf.* «la Pieté et […] la Justice» ci-dessus p. [2]), ont servi de modèle
     à ceux qu'il trouvera dans le recueil. À noter que le mot *instinct*, qui figure quatre
     fois dans les *ES*, n'a nulle part ailleurs le sens qu'il a ici et dénote bien ce que le
     français moderne appelle ainsi. Ce fait, de même que, dans la phrase suivante,
     le sens de *faire présent de* pour *presenter*, qui n'a pas ce sens dans le reste des *ES*,
     pourrait confirmer que l'Épître est bien d'une autre main que celle de Camus.

Outre ces respects[1] du dessein de cet œuure, celuy de mon zele m'a encores incité de vous le presenter : car armé de vostre nom, il conseruera à la posterité celuy que ie porteray auec gloire, MONSIEVR

De Vostre tres-humble & obeyssant seruiteur
IEAN CAFFIN[2]. [5]

---

1 *Considerations.* Comprendre : en plus de ces considérations sur l'intention de l'œuvre, ce qui m'incite aussi à vous l'offrir, c'est le zèle avec lequel je suis à votre service.

2 Jean Caffin s'est associé à un certain P. Plagnard, venu d'Aix en Provence en 1624 pour acheter le fonds Pillehotte (Simone Legay, *Un milieu socio-professionnel : les libraires lyonnais au XVIIᵉ siècle*, Thèse, Université Lumière Lyon 2, non publiée, 1995). François Pleignard, dont le nom figure avec celui de Caffin au bas des pages de titre, est sans doute un fils ou un parent, le nom Plagnard étant aussi orthographié (mais rarement) Plaignard. Les Plagnard feront une longue dynastie de libraires lyonnais durant tout le siècle (*ibid.*, p. 87). Les Caffin ont peut-être eu moins de chance : le quatrième fils de J. Caffin part à l'armée en 1658 et répartit entre ses sept frères et sœurs les 35 livres qui constituent son avoir (*ibid.*, p. 119). La thèse de S. Legay, qui se penche plus volontiers sur la fin du siècle plus riche en documents, donne peu de renseignements sur les Pillehotte, les Caffin et les Plagnard. L'éditeur Pillehotte dont il reprennent le fonds, à l'enseigne du Nom-de-Jésus, a été l'éditeur des Jésuites et de la Sainte Union (la Ligue). Voici un de ses titres de 1592 : « *Manifeste des consulz, eschevins, bourgeois et habitans de la ville de Lyon, sur le faict de la prise de Vienne, rupture de la tresve, et entrée de l'armée de monseigneur le duc de Nemours dans le pays de Dauphiné.* À Lyon, par Jean Pillehotte, libraire de la Sainte Union. 1592. Avec privilège». Jean Pillehotte est un ligueur militant qui accumulera une grande fortune estimée à deux millions (*La Revue lyonnaise*, T. VIII, déc. 1884, p. 569-571). Les Pillehotte ont édité en 1608 la *Somme* de Saint-Thomas, et, en 1611 et 1619, 5 des ouvrages de Camus. Comme beaucoup de leurs confrères lyonnais, ils doivent leur prospérité aux Jésuites (S. Legay, p. 182), qui alimentent le gros de la production lyonnaise. Camus, dont la famille est très bien implantée à Lyon, est sans aucun doute au courant de ce patronage jésuite. Il est à noter cependant que les *ES* sont le seul ouvrage de Camus que publiera la maison Caffin et Plagnard.

PREFACE

L'ENTREPRISE que i'ay faite de contreluitter*, ou plustost de contrebutter[1] ces Liures ou friuoles ou dangereux qui s'enuelopent tous sous ce nom de Romans, demanderoit ou les mains que les fables attribuent à Briaree[2], ou les forces que les Poëtes donnent à Hercule. Les mains de ce Geant pour manier autant de plumes : & la vigueur de cet Heros pour soustenir vn travail si penible. Mais que ne peut vn courage* animé du zele de servir le prochain, & poussé du desir d'auancer le regne de la Vertu, & d'amoindrir celui du Vice, principalement s'il est soustenu d'vne grande confiance en Dieu, qui en de semblables desseins n'inspire iamais le vouloir, qu'il ne donne le pouvoir de les parfaire*. Quant à moy, disoit Dauid, auec l'aide de mon Dieu ie donnerois de la teste contre vne muraille, & penserois la trauerser[3] ; c'est-à-dire, ie tenterois l'impossible. Si i'auois vne armee en teste*, ie ne redouterois rien : & quand elle viendroit fondre sur moi, i'en espererois d'au[6] tant plus en l'aide de celui qui a fait le ciel & la terre[4]. Ie ne craindrois

---

1 *Buter*, c'est viser un but (H). *Contrebutter* est probablement un néologisme de Camus, créé pour indiquer qu'il s'efforce d'aller à contre-sens de la visée des romans.

2 L'un des trois Hécatonchires (pour les grecs) ou Centimanes (pour les Romains), fils de Gaia et d'Ouranos, qui comme leurs noms l'indiquent, avaient «cent mains». «Briaree, fils de Titan, ou du Ciel, & de la Terre, avoit cent bras, selon les poëtes, & cinquante têtes. Après que Junon, Pallas, Neptune, & les autres dieux eurent fait dessein de lier Jupiter, cet Egeon monta au ciel, à la persuasion de Thetis, pour prendre son parti. C'est ce que rapporte Homere, dans le premier livre de l'Iliade, où il dit que les habitans du ciel donnoient le nom de Briarée à cet homme extra-ordinaire, & que ceux de la terre l'appeloient Egeon. Moreri, *Le Grand Dictionnaire Historique [...]*, Paris, Coignard, 1725 (désormais *LGDH*), art. Briaree.

3 Ps 18, 29.

4 Ps 124, 8.

pas des milliers de mains armees quand ie m'en verrois enuironné[1], &
quand ie les sçaurois toutes coniurees à ma ruine. Vn seul Sanson vint
bien à bout de tous les Philistins : & toute la Toscane fut contrainte de
ceder à la braue resistance d'vn seul Horace[2]. Quand Dieu le veut, vn
homme vaut vne armee, & toute vne armee ne vaut pas vn homme,
comme il parut au iour de Madian[3]. O que n'a ma plume la vertu
de la baguette du Legislateur des Hebreux[4], pour guerir les playes que
ces mauvais Liures causent dans l'égypte du monde : ou du moins
que ne peut-elle comme celle-là deuorer ces serpens[5] que les Escriuains
de ces ouurages là, vrais enchanteurs d'esprits, font paroistre en forme
de Liures, ou comme celle de l'aigle ronger ces autres plumes. Que ne
puis-ie comme vn S. Pierre tuer & manger les inmondicitez[6] qui se
descouurent dans les fueilles de ces trauaux profanes ? Quand sera-ce
que la lumiere de la vertu & de la verité dissipera les ombres du vice &
de la vanité ? Iamais les faux Dagons[7] ne tomberont-il en pieces deuant
l'Arche des entretiens* & serieux & vtiles & veritables. Au moins si
ces serpens d'airain sans venin & non nuisibles, pouuoyent par leur
veuë guerir ceux qui sont miserablement picquez de l'autre pernicieuse
[7] lecture, ou au moins les destourner d'vn si malheureux employ* (si
la perte du temps peut estre appellee occupation) ie n'estimerois point
mon trauail ingrat, ni ma peine inutile. Mais quand ie voy cet arbre
malencontreux que ie m'essaye de couper, poussant d'autant plus de
reiettons, que plus ie le retranche*, & faire comme la vigne qui ne
iette iamais tant de pampres que quand elle est taillee, c'est ce qui me

---

1   Ps 3, 7.
2   Horatius Cocles – le borgne – est dit avoir, vers 509 av. J.C., à lui seul ou avec
    un ou deux compagnons, interdit le passage du pont Sublicius qu'il fit ensuite
    détruire, sauvant ainsi Rome de l'invasion du roi étrusque Porsenna.
3   Juges 7, 1-25.
4   La verge de Moïse, au moyen de laquelle il fait des prodiges avec l'aide de l'Éternel :
    Exode et *Nombres, passim.*
5   Ex 7, 12.
6   Ac 10, 9-14.
7   I S 5, 4.

faict apprehender vn labeur pareil à celui des Danaides[1], ou vne peine
semblable à celle de Sisiphe[2]. Qui ne souhaitteroit autant de mains que
Briaree, pour contre-pointer* tant de stiles qui s'exercent en ce genre
d'escrire si folastre & si vain* ? Et qui ne desireroit le bras d'Hercule
pour venir à bout de ceste Hydre, dont on n'a pas plutost abbatu vne
teste, que d'autres en renaissent ? Vous diriez que la fable de Cadmus[3]
est vne verité en ce suiet, & que des dents de l'ancien serpent il naist
des hommes armés pour combattre pour la mensonge. Et que ce soit le
puits de l'Apocalypse d'où sortent des sauterelles[4], & aussi des vapeurs
qui obscurcissent l'air & enuient* aux yeux des mortels la veuë du
Soleil & des estoiles. Que si Hercule, selon le prouerbe, ne pouuoit rien
contre deux, que pensons-nous faire contre ces legions ? Toutefois comme
Ioseph qui ceda au commencement à la violence de ses freres[5], [8] par sa
patience* deuint leur maistre à la fin[6], pourquoi n'espererons-nous pas

1   ou Belides : les cinquante «filles de Danaus, qui épouserent leurs cinquante
     cousins germains […] Ces cruelles femmes, par ordre de leur pere qui craignoit,
     selon l'oracle, d'être dépossédé d'Argos par un gendre, dès la première nuit de
     noces égorgèrent leurs maris, excepté la seule Hypermnestre qui sauva Lincée […]
     La fable dit que leur supplice en enfer, étoit de remplir éternellement une cuve
     percée.» Moreri : *LGDH*, art. Danaides.
2   «[…] soit pour [s]es crimes, soit pour le brigandage qu'il exerçoit sur les passans,
     soit pour avoir révélé le secret des dieux, il fut condamné aux enfers, à rouler une
     pierre très-pesante au haut d'une montagne, d'où elle descendoit avec rapidité : il
     étoit obligé de la remonter avec un travail qui ne finissoit jamais.» Moreri, *LGDH*,
     art. Sisyphe.
3   Fondateur de Thèbes, qui selon une légende constestée «s'étant mis en devoir, avant
     toutes choses, de sacrifier aux dieux, […] envoya ses compagnons à la fontaine
     de Dircé, qui étoit proche, afin d'avoir de l'eau, mais ils furent dévorés par un
     dragon […] Minerve, pour consoler & venger Cadmus de cette perte, lui ordonna
     d'aller tuer ce monstre et d'en semer les dents sur la terre ; ce qu'ayant exécuté, il
     en vit naître un grand nombre de soldats armés, qui s'entretuerent l'un l'autre, à
     l'exception de cinq, qui étant restés de ce carnage, lui aidèrent à bâtir une ville,
     qui fut Thèbes […].» Moreri *LGDH*, art. Cadmus.
4   Ap 9,2 : «Et il monta du puits une fumée, comme la fumée d'une grande four-
     naise ; et le soleil et l'air furent obscurcis par la fumée du puits. [9.3] De la fumée
     sortirent des sauterelles, qui se répandirent sur la terre […].»
5   Gn 37.
6   Gn 44, 16.

au secours du Dieu des batailles, qui choisit ordinairement les choses foibles pour dompter les fortes, estalant* le theatre de sa puissance sur nostre infirmité ? Non ie ne perds point courage, & puisque i'ay ceste commission d'vn Sainct de Dieu[1] & par son entremise, ainsi que ie croy du Dieu des Saincts, ie veux courir en ceste lice autant que i'auray d'haleine, deusse-ie defaillir en la voye. Esguillonné à cela par la gloire qui en peut reuenir à la vertu, ou plutost au Dieu des vertus, & par le profit qui en peut arriuer au prochain. Courez, dict le grand Apostre, en sorte que vous parueniez au but[2]. Ie cours donc au combat qui m'est proposé pour pouuoir dire. I'ay bataillé selon mon pouuoir, i'ay parfourni* ma course.

Or pour terrasser* tant de Liures fabuleux*, ie n'entreprends pas mon combat de droict front, comme si ie refutois des Heresies. Car il n'est point de besoin de se mettre en peine de prouuer l'obscurité des tenebres, ni de monstrer la fausseté de ces Romans, Bergeries, Auantures, Cheualeries & autres tels fatras, qui se confessent fabuleux* en leurs Prefaces, & dont la lecture pleine de caprices, de vers, de feintes*, d'impossibilitez, d'absurditez, d'enchantemens, d'extrauagances, [9] et pareilles bagatelles, faict assez cognoistre l'impertinence*. Ce seroit, comme dict l'Apostre, combattre contre l'air & courir sans but[3], ou tout au plus imiter cet Empereur faineant, qui ne faisoit la guerre qu'aux mousches[4]. De quelle façon est-ce donc que ie tasche de deffaire mes Aduersaires ? C'est par diuersion, & comme Iacob fit Esau, par supplantation[5] : mettant des

---

1   Camus dit souvent qu'il a été encouragé à la production d'œuvres narratives par François de Sales. Celui-ci est mort en décembre 1622, et le 21 juin 1626 Camus a été nommé commissaire pour sa canonisation. Déclaré Bienheureux en 1661, il devint Saint François de Sales en 1665. Il est le saint patron des écrivains et des journalistes.
2   Saint Paul : I Co 9, 24.
3   I Co 9, 26.
4   C'est un bruit qui court sur Domitien, empereur de Rome (81-96). Authentiquement cruel dans la façon dont il se débarrassait de ses ennemis politiques, il est aussi resté dans la tradition chrétienne comme un persécuteur des chrétiens, et l'anecdote qui veut qu'il aimait perforer avec un poinçon les mouches qu'il attrapait au vol a servi à établir sa réputation de cruauté.
5   Gn 27.

Relations Chrestiennes, veritables & vtiles en la place de celle qui sont prophanes, fabuleuses* & non seulement inutiles, mais pour la plus grande part pernicieuses. Afin que ceux à qui le grand loisir faict rechercher ces diuertissemens, soyent sans excuse pouuans estendre leur main au feu ou à l'eau, aller à droitte ou à gauche, & choisir le bien ou le mal en des entretiens* profitables ou dommageables.

Or comme la vérité est constante & pareille au quarré parfaict qui est tousiours sur son cube. Aussi le faux est ondoyant & diuers[1], & est susceptible de plus de differentes formes, que la matiere premiere ou le Prothee[2] des Poëtes. Ce qui est cause que ces Autheurs qui aiment la vanité* & suiuent la mensonge diuersifient leurs ouuvrages en autant de façons qu'il leur plaist, ceste varieté ne seruant pas d'vn petit attraict à ceux qui sont passionnes de semblable lecture. Et ce n'est pas [10] vn petit auantage qu'ont les narrations fantastiques sur les vrayes, de ce que celles-là estans faites à plaisir* comme des regles de plomb, ou comme des images de cire, on en faict ce que l'on veut, on les emplit de rencontres monstrueuses & qui surmontent la vrai semblance[3] & l'imaginative, choses qui delectent & suspendent merueilleusement les esprits. Bref on les farcit de tant d'amorces*, que la friandise de la sauce faict perdre le goust la viande, qui est en elle mesme sans aucune saueur, & pour l'ordinaire nuisible. Au lieu que les narrez qui se font de choses vraiment arriuees ont plus de sujettion*. Et bien que l'on y puisse glisser quelques agencemens*, la conscience oblige neantmoins à se tenir religieusement au fonds & au tronc de l'Histoire : & encor aux particularitez* que

---

1 On se souviendra que, dans le tout premier des *Essais* de Montaigne, c'est l'homme qui est «un sujet merveilleusement vain, ondoyant et divers», toutes épithètes que Camus associe constamment à la fiction.

2 Protée, vieillard gardien des troupeaux de la mer, connaissait le passé, le présent et l'avenir, mais n'aimait pas révéler ce qu'il savait. Ceux qui désiraient le consulter étaient obligés de le surprendre pendant sa sieste et de le ligoter ; et même, lorsqu'il était pris, il essayait encore de s'échapper en prenant toutes sortes de formes. Mais, si celui qui l'avait capturé ne lâchait pas prise, il revenait finalement à sa forme première, donnait la réponse désirée, puis plongeait dans la mer. *Encyclopædia Universalis* 2006.

3 Dans l'édition Villery de 1660 (désormais « 1660 ») : *vraye semblance. Cf.* dix lignes ci-dessous.

l'on adiouste, ou pour la liaison, ou pour l'embellissement du recit, est-on estroittement attaché aux bornes de la vray-semblance, de laquelle on ne se peut pas escarter de la largeur d'vn ongle sans decrediter tout l'ouurage, & reduire en fumee tout le profit qui s'en peut retirer. Car bien que les fables, les paraboles, les feintes* poëtiques cachent quelquefois de bons preceptes & des doctrines serieuses, si est-ce que les enseignemens perdent beaucoup de leur creance, quand ils sont meslez parmi de [11] vaines* inuentions, & quand ils ne sont point appuyez sur le solide fondement de la verité. En la mesme façon de la manne de Calabre¹, laquelle perd beaucoup de sa vertu quand elle est cueillie sur des fleurs qui croissent en des lieux trop humides.

Or parmi la multitude de ces Escrits qui n'ont comme les roseaux, qu'vne agreable verdeur & vne belle apparence de paroles pompeuses, creux & vuides au-dedans, & sans aucune substance solide : Il y en a vne espece que l'on peut appeller vne fourmilliere & vne pepiniere de ces folastres inuentions. C'est celle qui porte pour tiltre le nom de NOVVELLES. Parmi les Italiens celle du Boccace pour la pureté de la langue sont fort estimees : mais au reste elles sont remplies de tant d'impuretez, d'impietez, de fadaises & d'absurditez, que ie me suis quelquefois esmerueillé comme vn esprit tel que celui-là, capable de tant de bonnes choses se soit amusé* à faire des contes (laissant à part leur vilenie*) plus dignes d'vne vieille qui veut endormir vn enfant, que d'vne personne qui faict profession des lettres. Ils font encor estat de celle du Bandel, que ie n'ay iamais veuës, & les estiment à cause du stile. Mais à ce que i'ay appris de ceux qui les ont leuës, il y a de telles ordures & abominations, que non [12] seulement elles ont esté supprimees par l'auctorité du Magistrat comme pernicieuses aux bonnes mœurs², mais encore par la detestation publique. Il est vray qu'il y auoit entre les autres des Euenemens funestes, qui ont esté recueillis & traduits en nostre langue par Belle-forest, dont

---

1 La manne est un suc secrété par certains arbres. Celle que l'on a longtemps importée de Calabre provient du frêne.
2 Boccace a bien été mis à l'*Index Librorum prohibitorum* de 1559, le premier et le plus restrictif. Mais non pas, semble-t-il, Bandello.

il a façonné ses Histoires Tragiques. Encore y en a-t-il qui meriteroyent de la correction, & qui sont aussi pleines de chair que de sang. Ils ont aussi celles de Gyraldi, de Sansonin & de Straparolle, pleines de tant de libertinages* & de deshonnestetez, que c'est vne pitié de voir ces escrits entre les mains de la ieunesse, qui succe ce miel d'Heraclee, doux mais venimeux[1]*, par la veuë, & qui apprend en ceste lecture des corruptions & des saletez que la pratique des personnes les plus dissoluës ne leur enseigneroit iamais.*

Au demeurant par tout ces contes pour la plus part faits à plaisir il y a vne si manifeste sottise, & vn si grand defaut de iugement aux Autheurs, & de vray-semblance au recit, que c'est vne chose estrange que des esprits raisonnables se puissent payer d'vne monnoye de si faux alloy, & de si peu de mise*. Certes nous ne sommes hommes que par la raison, & depuis que ceste lumiere de nostre ame est hors de son ecliptique, & escartee de son droict sentier, nous tombons en des abysmes [13] d'absurditez. Mais que feroit-on pour guerir ceux qui se plaisent en leurs folies ?

Entre les Espagnols grands faiseurs de Romans & grands conteurs de Nouuelles, celles de Ceruantes sont fort prisees. Et certes les ayant leuës, i'ay trouué cet esprit fort grand en ces petites choses, vn homme du monde & railleur, & qui estale* proprement & fait bien valloir sa marchandise. Diego Agrada les a suiuies, adioustant aux siennes le sur-nom de Morales, à cause des moralitez qu'il tire à la fin des Occurrences

---

1   « On raconte [...] que les Heptacomètes exterminèrent trois cohortes de l'armée de
    Pompée pendant qu'elles traversaient la chaîne des monts Moschikes : ils avaient
    placé sur le passage des troupes romaines des vases pleins d'un breuvage fait avec
    ce miel enivrant que distillent les branches de certains arbres ; puis ils avaient
    attendu l'effet de ce breuvage, et, quand ils avaient vu les soldats romains dans
    un état de démence complète, ils les avaient massacrés tout à leur aise. » Strabon,
    Géographie, XII, 3, 18. Cf. Saint François de Sales, *Introduction à la Vie dévote, chap. xx* :
    « Voici donc le grand avertissement, ma Philothée. Le miel d'Héraclée, qui est si
    vénéneux, ressemble à l'autre qui est si salutaire[...] » Dans ce dernier texte, tout
    le paragraphe est une comparaison entre l'amitié et l'amour vrais d'une part, et
    d'autre part le miel d'Héraclée, plus doux mais vénéneux, et le miel ordinaire.

qu'il recite. Cestui-ci à mon gré est iudicieux & moins insolent*, encore qu'il se relasche quelquefois auec vn peu de licence. Parmi nos François vn bel esprit à la verité, & qui a vn beau stil, s'est esgayé à tracer des NOVVELLES FRANÇOISES¹, qui surpassent de bien loin les Italiennes, & qui ne doiuent rien aux Espagnoles. Il est moderé en ses imaginations, & modeste² en ses paroles. Il a mesprisé de mettre son nom en cest ouurage, où il semble n'auoir qu'essayé* sa plume qu'il destine à quelque trauail plus haut & plus serieux. Vn autre nous a donné vn goust de DIVERSITEZ HISTORIQVES³. Mais ce liure est si petit, que ce n'est qu'vne monstre*, qui fait desirer vne plus ample piece. A ceste espece se peuuent ioindre les Histoires Tragiques de Belle-forest, celles de mesme tiltre faites par Rosset. [14]

Voila les Escrits de ceste forme, qui sont tombez sous ma veuë. Non que ie me sois donné la patience de les lire distinctement* mais i'en ay couru quelques pieces comme pour leur taster le pouls, & m'informer de la langue & du païs. Mais pour dire en general ce qu'il m'en semble, ie ne puis mieux comparer ces Nouuelles Rapsodies, qu'à de beaux parterres, mais qui ont des serpens cachez sous leurs fleurs. A des prairies agreables à l'œil, mais ionchees de ciguë & d'aconit. A des salades où il y a des herbes venimeuses. A ces ouurages d'orpheurerie, où il y a du faux alloi & des happelourdes*. A ces mets que les friands appellent potspourris, delicats au goust, mais preiudiciables à la santé. Et au cheual de Troye, d'où sortirent les soldats qui mirent en cendre ceste belle ville. Ceci ie ne le dis point tant pour descrier mes Aduersaires, que pour rendre tesmoignage à la verité.

---

1   Charles Sorel, dont les *Nouvelles Françoises* sont de 1623. Un autre recueil portant le même titre, dont l'auteur est Segrais, paraîtra en 1656.
2   *Cf.* Glossaire : Modestie sens 2.
3   Jean Baudoin fait paraître ses *Diversités Historiques* en 1621, l'année même de sa traduction des *Nouvelles Morales* de Diego de Agreda qui avaient paru l'année précédente en espagnol et que Camus vient de mentionner immédiatement après Cervantès. Le but moral et le dispositif pragmatique (relations avec le lecteur) des *Nouvelles Morales* sont très proches de ceux de Camus. V. Laurence Plazenet, «Jean Baudoin et le genre romanesque», *XVIIᵉ siècle*, 216, 2002-2003, p. 397-415.

Or mon cher Lecteur, c'est ceste espece de Romans que ie m'efforce de supplanter par ces EVENEMENS SINGVLIERS, que i'offre à ta veuë. Tu n'y verras pas ces fards d'eloquence, & ces industrieux ornemens, dont mes Antagonistes parent leurs contes ridicules pour les faire couler plus doucement dans les esprits de ceux qui s'amusent* apres leurs chimeres. Mais tu y verras des beautez naïues* & sans art, ie veux dire des [15] Exemples qui empruntent toute leur grace & leur valeur de la force de la verité qui les soustient, & dont les tesmoignages se voyent dans les temps, les lieux & les personnes.

Tous ces Euenemens que i'appelle Singuliers, tant pour* estre rares & notables, que pour n'auoir point de connexité les vns auec les autres, chascun faisant son corps, ont comme à prix fait* ou vn vice à descrier, ou vne vertu à paranympher*, mon but estant (& c'est aussi la fin de toute bonne Histoire) de retirer du mal, & d'exciter au bien, de donner vne sainte horreur des actions mauuaises, & vn iuste desir des bonnes, y adioustant à tous propos des traicts courts, mais pressans comme autant d'aiguillons qui poussent à bien faire, & autant de mords qui retiennent de faire le mal. Tantost faisant voir la recompense de la bonté, tantost le chastiment de la malice*, afin que l'Amour & la Crainte maintienne les Bons & retienne les Meschans en leur deuoir¹. Voyla le blanc* où vise cet Ouurage, duquel au moins l'intention ne peut estre improuuee.*

Quant à la conduitte*, ie te doibs auertir que ie m'y estudie autant que ie puis à la briefueté, retranchant* à ceste occasion* tous les aiencemens* auec lesquels i'estends mes autres Histoires² : où laschant [16] mon esprit come en pleine mer, ie mets les voyles aux vents, & vogue largement où m'emporte le cours* de ma plume. Icy ie taille ma vigne & en esbourgeonne les pampres, mesme ie me coupe les aisles pour ne faire point d'essor. Ie me serre aupres du faict, & donne peu de liberté

---

1 Construction de la phrase calquée sur le latin, qui permet aux verbes d'être au singulier : c'est l'Amour qui maintient les Bons, et la Crainte qui retient les Meschans.
2 Ses romans, effectivement remplacés à partir de 1628 par les recueils de nouvelles.

à ma pensee de s'espandre en des digressions si elles ne sont necessaires,
& comme nees dans le suiect¹. A raison de quoy ie me suis seuré de ce
laict si doux de la Poësie, & me suis interdit de mettre des vers en ces
Euenemens. I'ay osté aussi les autres aiencemens*, comme les apostrophes,
les dialogismes, les plaintes, les pourparlers, les lettres, les harangues,
bref tout ce qui pouuoit aggrandir ou embellir. Si bien que ce sont ici
à comparaison de nos autres Relations, des abbregez d'Histoires, &
comme des squelettes, où ne restent que les os de l'Euenement, descharnez
& despoüillez des ornemens qui eussent pû faire paroistre leur corps
en plus belle forme. En la peinture les raccourcissemens ont leurs graces
aussi bien que les portraits qui ont toutes leurs dimensions. Aussi ont les
abbregez en leur genre, ainsi que les discours plus amples. Et comme les
armes courtes donnent des attaintes* plus fortes que les longues, vn coup
de poignard n'estant pas moins dangereux que celui [17] d'vne espee :
Souuent il arriue que l'esprit tire plus d'vtilité d'vn exemple resserré
dans les bornes de son suiet, que d'vn autre dont la narration superfluë*
aura rendu l'attention ou languissante, ou distraitte. Souuent les petits
ruisseaux sont plus delectables que les grands fleuues, & les moindres
fontaines plus agreables que les torrens. Et les viandes coupees en menus
morceaux s'auallent plus facilement. Il y a des esprits qui se rebuttent à
la lecture d'vne Histoire de longue haleine, la patience humaine n'estant
pas de longue portee : mais quand les Euenemens sont couchez en sorte

---

1   La prescription est toute aristotélicienne : «[…] de même que dans les autres arts de
     représentation, l'unité de la représentation provient de l'unité de l'objet, de même
     l'histoire, qui est représentation d'actions, doit l'être d'une action une et qui forme
     un tout ; et les parties que constituent les faits doivent être agencées de telle sorte
     que si l'une est déplacée ou supprimée, le tout est disloqué.» *Poétique 8, 51a30*, trad.
     Lallot-Dupont-Roc. Elle sera souvent reprise plus tard dans le siècle, comme par
     exemple dans la Préface d'*Ibrahim* : «[…] il est toujours nécessaire, que l'adresse de
     celui qui les [les Épisodes et les histoires] emploie, les fasse tenir en quelque façon
     à cette action principale afin que par cet enchaînement ingénieux, toutes ces parties
     ne fassent qu'un corps ; et que l'on n'y puisse rien voir de détaché ni d'inutile.»
     G. et M. de Scudéry, Préface d'*Ibrahim* (1641), *in* Camille Esmein, *Poétiques du roman.*
     Scudéry, Huet, Du Plaisir et autres textes théoriques et critiques du XVIIᵉ siècle sur le genre
     romanesque, Paris, Champion, «Sources classiques», 2004, p. 138.

que la fin n'est pas esloignee du commencement[1] cela encourage le Lecteur
& luy donnant l'enuie de la[2] voir le soulage en la lecture. Ioinct que la
diuersité est toujours plus delectable que l'vniformité, & le plaisir est vne
amorce* que ceux qui escriuent ne doiuent pas mespriser.

 Ce liure d'Euenemens est vn ciel estoilé, dans lequel on pourra remar-
quer diuerses estoiles & plusieurs constellations, sur lequelles on pourra
faire des iugemens, & plus vtiles & plus certains que ceux des iudiciai-
res[3]. C'est vne guirlande tissuë de beaucoup de fleurs, vn miel composé de
quantité d'herbes dont les sucs sont differens : vne [18] theriaque[4] faite
de plusieurs ingrediens, & où le serpent du vice est assaisonné de tant
d'antidotes, qu'au lieu de nuire il apportera de l'vtilité. C'est vn ouurage
de marquetterie, où chasque piece faisant son corps a vne couleur &
vne vertu particuliere*, & toutes ensemble feront vne prospectiue* qui
ne sera point desplaisante. Si ce n'est à ces esprits bourrus, à qui rien ne
peut plaire de l'autrui, estans desplaisans, ou comme dict Dauid, pesans
à eux-mesmes, & fascheux à tout le monde. Ce seront ceux-là, ie m'en
asseure*, qui regarderont ces Euenemens de costé, ainsi que Balaam
l'armee d'Israel[5] pour auoir suiet sinon de les maudire, au moins d'en
mesdire. Mais que peut-on faire à ces gens sombres, qui ont peur de leurs

---

1 Aristote : « Ainsi de même que les corps et les êtres vivants doivent avoir une certaine étendue, mais que le regard puisse embrasser aisément [*eusunopton*], de même les histoires doivent avoir une certaine longueur, mais que la mémoire puisse retenir aisément [*eumnèmoneuton*]. » Aristote, *Poétique* 7, 50b34-52a5.

2 *Le* dans le texte original.

3 L'astrologie judiciaire est celle qui fait des jugements, c'est-à-dire des prédictions sur les événements qui dépendent de causes non-naturelles, comme les guerres ; l'Astrologie naturelle combine une partie de notre astronomie avec une partie de notre météorologie pour prédire le retour des phénomènes naturels. V. aussi I, 2 [28].

4 Médicament dont la formule a beaucoup varié depuis sa légendaire invention par Mithridate. Il passait pour souverain contre les venins. Camus utilise souvent l'exemple de la thériaque, parce qu'il pense avec son siècle que ses vertus d'antidote sont dues au fait qu'elle contient de la chair de vipère : c'est pour lui la preuve que le remède est le poison même, ce que nous a fait redécouvrir récemment la réflexion sur le *pharmakon*.

5 Balaam : Devin convoqué par Balac, roi des Moabites, pour maudire Israël que Balac lui fait voir des hauts lieux de Baal [Nb 22, 41 et 23, 13]. Il finit par ne pouvoir s'empêcher de bénir les Israëlites, selon le commandement de Dieu. Nb 22-24.

ombres, sinon les laisser perir en la contradiction* de Coré¹, & aller au train de Cain, & leur laisser suiure les pistes de l'erreur de Canaam² ? Si i'escriuois ces Histoires plutost pour plaire aux hommes, que pour seruir au prochain selon Dieu, peut estre me faudroit-il redouter leurs censures, & tascher de les coniurer ou d'appaiser leur mauuaise humeur. Mais si i'auois ceste vaine* pensee d'acquerir de la reputation dans le monde, ie me mettrois en vne autre desmarche, & donnerois à ma plume vn suiet qui eust plus d'esclat & de vogue. Mais estant trop foible pour [19] faire essor en de hautes matieres, ie me contente qu'elle rase la terre ; & qu'apportant plus de profit au prochain, elle rende peu ou point de gloire à son Autheur.

Fasse le ciel que seul ie regarde en ce dessein plus serieux & plus vtile qu'il ne semble, que ces Euenemens Singuliers que ie ramasse en ces pages, ressemblent aux verges de Iacob³, auec lesquelles il donna à ses agneaux des toisons de telle couleur qu'il luy plaisoit. Les exemples des bien ou des maux ont la mesme vertu, pourueu qu'ils rencontrent de la disposition dans les ames de ceux qui les voyent. Mais las ! plusieurs lisent les liures par curiosité*, d'autres par diuertissement, & au defaut de quelqu'autre entretien*, d'autres par vanité, d'autres auec malignité*, peu auec since-rité*, peu auec desir de faire leur profit, & de mettre en pratique les bons enseignemens qu'ils y trouuent. De là vient que les Autheurs sont traittez

---

1   Jaloux de l'autorité qu'avait acquise Moïse, il conduisit la révolte d'une partie des Israélites contre lui. Dieu ayant assuré Moïse qu'il ferait connaître qui devait être grand-prêtre, Coré fut englouti tout vivant dans la terre. Nb 16, 1-35.

2   Chanaan, fils de Cham et petit-fils de Noé, fut maudit par celui-ci (par erreur ?) au sortir de son ivresse, à la place de Cham qui «vit la nudité de [Noé] son père». Cette «erreur» retombe sur la lignée entière de Cham. (Gn 9, 20-27). Le texte qui regroupe ces trois épisodes (Balaam, Coré, Chanaan) est *l'Épître de Saint Jude*, 11. *Cf.* note 7 p. 692 en IV, 7 [341]. Voir aussi la suite du texte de IV, pour l'interpré-tation de ces passages.

3   Gen 30, 37-42. Ces «verges» sont « des branches vertes de peuplier, d'amandier et de platane», que Jacob place dans les auges et les abreuvoirs des brebis qui peuvent concevoir. Elles donnent alors naissance à des agneaux rayés ou tachetés. Comme son entente avec Laban dit que seront à celui-ci seulement les agneaux qui ne sont pas tachetés ou rayés, et que Jacob ne place les branches que devant les brebis les plus vigoureuses, il s'enrichit rapidement.

auec tant & d'ingratitude & de cruauté, que mettre vn liure au iour,
c'est s'exposer à la merci des mocqueurs & des mesdisans, freslons qui
ne font que bourdonner autour des fleurs sans en tirer le miel, araignees
qui font venin de tout ce qu'ils lisent.

    Mais qu'ils disent ce qu'il leur plaira, encore [20] y aura-t'il quelque
bonne ame, dont la disposition portee à la vertu, sera bien aise de trouuer
icy des auertissemens salutaires, couchez & coulez doucement en des
diuertissemens qui seront à son goust. Le nom Sacerdotal d'Aaron ne fut
pas plutost graué sur l'vne des baguettes mises au sanctuaire, qu'aussi
tost elle poussa des fueilles, des fleurs & des fruicts[1]. Et ce fut le signe de
sa vocation à la sacrificature. Si la verge florissante d'Aaron le fit grand
Prestre ; Estant, bien qu'à ma confusion, par la prouidence de Dieu, au
rang, quant au charactere*, de ces Prestres que les Anciens ont appelez
grands, i'aurois à desirer que ma plume fust vne verge de vertu, & qu'auec
vn stile fleuri elle pust auec des fleurs donner des fruicts d'edification au
peuple. Veu que ma condition m'oblige à imiter le sel & la lumiere, &
à donner vn bon exemple. Mais si ie suis si miserable* de ne pouuoir
faire aucune action digne d'estre imitee, au moins à l'aide de ma plume
m'essaye-ie de publier des exemples dignes d'estre notez, afin de nous faire
sages par le bon-heur* ou le mal-heur* d'autruy. C'est à quoy battent
tous ces Euenemens, que i'ay recueillis dans le grand champ du monde, où
l'yvraye est meslee auec le froment, le grain auec la [21] paille, les iustes
auec les iniustes. C'est à vous, mon lecteur, de tirer le miel de la pierre,
& l'huille du caillou, estudiant en ceste escole des actions humaines à la
reformation de vos mœurs. En vous souuenant que le secret, & s'il faut
ainsi dire, le grand œuure de la prudence* & de la iustice, est de fuyr le
mal & embrasser le bien. [22]

---

1   Nb 17, 8.

TABLE
DES EVENEMENS
de ce premier Liure.

LIVRE PREMIER
DES
EVENEMENS
SINGVLIERS
DE
MR DE BELLEY.

L'Ami Desloyal.
EVENEMENT PREMIER.

PEVT-ESTRE me dira-on que ie range mal à propos parmi les Euenemens Singuliers l'Ami desloyal, puis qu'en vn temps corrompu comme est le nostre, c'est vne chose si singuliere de rencontrer vn Ami fidelle, que la loyauté entre les Amis plutost que la desloyauté doit estre mise dans les singularitez remarquables. En cette lie & fin des siecles, pour parler [2] auec l'Apostre[1], où nous sommes arriuez, c'est merueille quand parmi tant de fer & de plomb il se trouue quelques grains de cet or de sincerité*, dont on nous dit qu'estoit composé le premier âge. Et certes ie ne sçai pourquoy on luy a donné le surnom de doré, puis que dans l'ignorance de ce metal, qui n'auoit point encore esté tiré du sein de la terre, il estoit impossible que ce furieux appetit de le posseder, qui est comme le premier mobile de nos iours, possedast les esprits de cet heureux* siecle : veu que le desir ne porte la volonté que vers ce qu'elle cognoist en qualité de bien.

---

1   Thème constant chez Saint Paul ; par exemple 1Co 10,11, ou He 9,26.

Mais il est à croire que ce nom luy a esté imposé par les siecles suiuans, d'autant que comme l'or est la plus pure substance que l'influence du Soleil produise en la terre, la plus solide & la moins corruptible matiere, elle peut seruir de vrai symbole à la candeur & naiueté de ce premier temps, auquel la chair n'auoit pas encore corrompu sa voye, & où l'innocence estant en regne, la malice* & la duplicité n'exerçoient pas dans le monde vn si tyrannique empire qu'elles ont à present : temps aimable & plein de bon-heur* plus certes à regretter qu'à desirer, & plus à desirer qu'à esperer. Car puis que la loyauté & la fidelité, compagnes inseparables de cette belle Astree¹, à qui le vice des hommes a fait faire vn essor vers le ciel, ne se treuuent plus en la terre, selon qu'il est escrit qu'au declin & à la consommation des siecles il n'y aura plus de foy ny de preud'homie entre les mortels, pourquoi espererions nous rencontrer de la franchise, où il n'y a que de l'infidelité & [3] de la loyauté, où l'interest* est la seule regle d'or de toutes les actions humaines ?

Vraiment c'est à nostre temps mieux qu'au berceau, & à l'enfance du monde qu'est deub, non point par allegorie ou par symbole ; mais reellement & litteralement le titre de siecle d'or, puis que ce metal ou par sa poudre, ou par la splendeur de ses rayons aueugle tellement & les yeux & la raison de ceux qui viuent, qu'il n'est ny respect de parentage, ny de païs, ny de subiection* ny d'estroitte amitié (chose entre toutes la plus saincte & inuiolable) qui ne ploye sous l'effort* de la propre* vtilité. O mes Amis, disoit cet Ancien, il n'est plus d'Ami², cette

---

1 Astrée, la fille-étoile de Zeus et de Thémis, est la dernière des immortels à quitter la terre quand la corruption fait entrer les hommes dans l'Âge de fer. *Cf.* Ovide *Métamorphoses*, I, 150. On notera, au vu de ce qu'ajoute Camus sur la disparition de la justice, qu'Astrée, comme sa mère la déesse de la Justice, avait pour attribut la Balance, qui devint constellation lorsque Zeus mit sa fille au ciel sous la forme de la constellation de la Vierge.

2 Diogène Laërce (*Vies et doctrines des philosophes illustres* V, 21) raconte qu'Aristote disait : «ô philoi, oudeis philos», reprenant ce qu'il dit être un adage connu. Contrairement à son mentor Montaigne qui écrit «[...] le mot qu'Aristote auoit tres familier. O mes amis, il n'y a nul amy.» (*Essais* I, 27 De l'Amitié), Camus

Amitié, le Sel & le Soleil du monde, est fondue & eclipsee, & qui la cherche ici bas, cherche la parfaitte Republique de Platon, l'Orateur accompli de Ciceron, en somme cherche ce peut qui se peut à peine rencontrer en idee*. On ne sçait plus à qui se fier, le pere n'est pas asseuré* de son fils, le gendre de son beau-pere, le mari est ordinairement trompé de sa femme, entre les freres ce ne sont que partages de biens & diuisions de cœurs. Où est le thresor, là le lucre paroist, toute alliance, toutes amitiés sont mises sous les pieds. De sorte que de trouuer vn vrai ami en ce temps, c'est rencontrer vne corneille blanche, ou vn cygne noir. Et pour reuenir à ma premiere proposition, les Amis desloyaux sont des marchandises communes, non des Singularitez notables, estant mal-aisé de tenir registre de ceux qui gardent leur foy, à cause de leur multitude, & aussi aisé de nombrer ceux qui la conseruent, que dire les noms des [4] bons Empereurs, lesquels cet Ancien disoit se pouuoir grauer dans le chaton d'vne petite bague.

Vne seule raison m'a fait resoudre de mettre cet Evenement que ie vai descrire entre mes Singuliers, c'est le iuste chastiment que le ciel en a inspiré à ceux qui tiennent la balance de l'equité en la terre, veu que la desloyauté est vne erreur si commune, qu'elle est rarement punie, la Iustice fermant les yeux à ce qui se commet si ordinairement, pour n'auoir point sans cesse la main aux corrections, lesquelles ont toujours ie ne sçay quoy d'odieux, encores qu'elles soient legitimes. En quoy certes on ne doit pas tant accuser les Iuges de lascheté, que les louër de clemence, veu qu'ils imitent Dieu en cette conduitte*[1] lequel ne lasche pas ses foudres sur la teste des pecheurs toutes les fois qu'il en est outragé*, n'exerçant les traits de sa iustice exemplaire

---

infléchit dans le sens de la décadence («plus d'amis») ce qui chez Aristote est une vérité gnomique (pas d'ami). *Cf.* note 3 p. 228 ci-dessous. Il est peut-être utile de noter que les commentateurs d'aujourd'hui sont moins ŝurs de l'interprétation de la phrase d'Aristote, qui prend un sens différent selon que le *ô* est pris comme l'interjection ou bien comme le datif du relatif.

1   Littré donne aussi les sens de «voie divine, dessein divin», effectivement présents ailleurs dans le texte – v. Glossaire – mais peu probable ici.

que rarement, se contentant de tonner beaucoup auant que le feu tombe, afin que la peur s'estende à plusieurs, & la peine à vn seul. Non seulement certes ceux-là sont blasmables qui offensent* l'amitié, le plus sacré lien de la societé ciuile* : mais ceux-là ont tousiours esté en execration, qui ont violé les dernieres volontez des mourans, que toutes les nations, mesme les infidelles, ont tenues pour sainctes & inuiolables.

Combien donc sera reprehensible ce faux Ami, dont ie veux despeindre le mauuais courage*, qui a voulu d'vn seul coup & rompre le nœud d'vne amitié solennellement iuree, & frauder vne volonté testamentaire, dont l'execution luy auoit [5] esté confiee auec vne franchise* sans exemple ? Mais la iustice du ciel qui veille tousiours, parce que celui qui garde Israël, ne dort iamais ; ce grand œil de la Prouidence, qui regarde attentiuement les bons pour les recompenser, & non moins fixement ceux qui font mal, pour effacer leur memoire de la souuenance des hommes, ne permit pas que l'impunité accompagnast cette fraude, faisant suiure cette ingratitude d'vne si digne correction, que i'espere que d'vne mauuaise action, & d'vne equitable punition nous formerons vn vtile exemple, & comme les meilleures loix se font sur les mœurs les plus deprauees, que par le defaut d'autrui nous apprendrons à corriger les nostres, & remarquerons qu'vn homme sans foy est vn corps sans ame, vn monstre en la nature, & vne peste du genre humain. Ce que tu verras, mon Lecteur, dans le tableau que ie vai presenter à tes yeux.

En l'vne des villes qui sont au riuage de ce beau lac de la Lombardie, que les Anciens ont appelé Benacus, & qui maintenant porte le nom de Guarde, (la Relation ne dit point si ce fut à Salo, à Pesquiera ou à Guarde mesme) deux Citoyens lierent leurs cœurs du nœud d'vne si estroitte amitié, qu'elle estoit en administration à leurs voisins, & en benediction à tout le monde. Entr'eux selon la grande loy de la vraye bienueillance tout estoit en commun, biens, honneurs, fortunes, ioyes* & desplaisirs, iusques à leurs plus intimes pensees. Et ce qui est de singulier en cette association, est que l'on ne peut bonnement dire que ce fust [6] la ressemblance des mœurs qui l'eust faitte, veu qu'en l'vn & en l'autre il y auoit vne extreme disconuenance; car quant au corps, l'vn estoit de grande, l'autre de petite stature; l'vn d'vn naturel doux & attrempé, l'autre d'vn temperament prompt & cholerique; l'vn estoit gracieux & affable, l'autre aspre & retiré, sinon enuers son Ami; l'vn se maria, l'autre pour viure plustost en libertinage* qu'en liberté, ne se voulut point ranger sous cet honorable ioug; l'vn estoit riche, l'autre pauure; l'vn en sa richesse extremement liberal* & mesprisant les bien du monde, l'autre en sa pauureté merueilleusement auare, & attaché à son profit particulier*.

C'est vn abus ou plustost vn axiome fautif, de croire que l'amitié ne se forme qu'entre les semblables. Il est bien vrai qu'elle esgale ceux qui s'aiment, ce qui a fait dire qu'elle trouue ou qu'elle rend les Amis esgaux. Mais quand nous voyons des humeurs, des conditions, des fortunes & dyspatiques* & opposees se ioindre & s'allier, en la mesme façon que les metaux differens s'vnissent par le moyen du feu. Quand nous considerons la commune inclination qu'ont les vieillards vers les petits enfans, & ceux-ci enuers les vieillards, voudrons nous soustenir obstinement, que l'amitié se forme qu'entre semblables? Telle fut celle qui se forma entre Pandulfe & Alarque; ainsi appellerons nous ces deux Amis, pour en parler plus distinctement*. Celui-là plein des biens, qui sont en la disposition de la fortune, mais encore plus riche de courage* & de vertus, exerçoit en-[7]vers Alarque vne amitié d'autant plus pure, qu'elle estoit moins interessee*, & tous les jours le secourant en ses besoins, & preuenant ses necessitez sans qu'il luy donnast le loisir de les luy dire, il le combloit de tant de bien-faits (qui sont les chaisnes des cœurs) qu'il eust fallu renoncer à l'humanité*[1], si Alarque ne se fust ressenti* de tant de faueurs & de courtoisies*.

---

1 Renoncer à l'humanité, à la bienséance… Ne plus observer les règles de. L'*humanité* est l'ensemble des devoirs fondamentaux que l'on doit à tout être humain, proche de ce qui est la «compassion» (ici : *ressentir*), solidarité affective, instinctive et fondamentale, des êtres humains entre eux.

Que si Pandulfe estoit l'obligeant, il deuoit cela au bon-heur*
qui l'auoit fait naistre dans l'opulence. Mais d'autre part Alarque
recueilloit cette manne de si bonne grace, & sçauoit auec tant
d'accortise*, d'humilité, de soumission & d'autre deuoirs rendre
le reciproque à Pandulfe, qu'il sembloit que l'obligé fust l'obligeant, & que les seruices & suiettions d'Alarque ne se pussent
payer pour tous les biens de la terre. Aussi Pandulfe le pensoit-il
de la sorte, & quand il se fust despouillé iusques à la chemise
pour l'acquest ou la conseruation d'vne si pretieuse amitié, il eust
tousiours esté le reliquataire*.

Que c'est vne harmonie melodieuse, que celle qui naist du
concert de deux ames parfaitement vnies ! que les accords en
sont delicieux. Ou pour vser de la comparaison du Prophete
Roy, que c'est vn parfum delectable[1], & qui recree de sa suauité
Dieu & les hommes, que celui qui prouient de deux cœurs, qui
comme vn encens sacré bruslent sur les ardens brasiers d'vne
dilection* saincte & vertueuse ! Certes il n'y a ni de Phenix,
ni feu de Vestales, qui doiue estre comparé à vn si glorieux
embrasement. [8]

C'est à ce spectacle que deuroient accourir tous les yeux de
l'vniuers, comme à la chose du monde la plus excellente & la
plus remarquable. Aimez vous (disoit le grand Apostre à ces
premiers Chrestiens, qui sont dicts pour leur grande charité &
mutuelle dilection*, n'auoir eu qu'vn cœur & vne ame) mais
aimez vous comme freres, puis que vous n'auez qu'vn pere
dans le ciel[2], & vne mere en terre, la saincte Eglise : preuenez
vous les vns les autres par toute sorte d'honneur, parce que le
respect est l'element de la vraye & vertueuse dilection*. Voiez
vous en ces paroles vne naïue* peinture de celle qui regnoit
entre nos deux Amis ?

---

1   Ps 133.
2   Éph 4, 1-6.

Mais en cette disparité d'humeurs & de fortunes, comme se pouuoit faire cette si estroitte iointure, cet accord si parfait ? He ! qui ne sçait que la varieté des tons & des voix fait la bonne musique ? que de la contrarieté des elemens toutes les choses qui sont sur la terre sont composees ? que les fruicts aspres se confisent auec le succre ? & qu'il se trouue des mariages fort accomplis, bien que l'homme & la femme soient de complexions differentes ? Quand Dieu crea nos premiers parens, il les fit masle & femelle, dit le texte sacré. La diuersité des sexes, & en ces sexes la varieté des temperamens n'empesche pas que le bon accord & vne amitié accomplie ne se puisse former entre les mariez. Au contraire Dieu qui a fait toutes choses fort bien, & dont les œuures sont parfaittes, a voulu que l'humeur rude & vn peu sauuage de l'homme fust moderee par la douceur naturelle de la [9] femme : & que la foiblesse de celle-ci fust appuyee par la fermeté & la force de celui-là. Nous pouuons dire le semblable de nos deux amis, dont l'inegalité quant aux fortunes & aux conditions rendoit la bienveillance d'autant plus accomplie, que l'vn trouuoit en son ami ce qui lui manquoit. Alarque de l'appui en Pandulfe, & Pandulfe des seruices & des deuoirs en Alarque.

Pandulfe n'ayant pu faire resoudre Alarque à chercher vn parti qui pust releuer vn peu sa fortune, à cause de l'auersion qu'il auoit du mariage, s'y engagea soi-mesme soit par inclination, soit pour l'attirer à son exemple à ce lien, qui se peut appeler le port* des erreurs de la ieunesse. En cela pareil au Dauphin, qui ameine apres soy les autres poissons dans les rets. Tant s'en faut que l'honneste* amour d'vne femme tres-vertueuse qu'il rencontra diminuast ou rallentist en son ame l'ardeur de son amitié enuers Alarque, qu'au contraire il l'augmenta par la comparaison qu'il faisoit quelquefois de la foiblesse de l'esprit d'vne femme, auec la force & la vigueur de celui d'vn homme, beaucoup plus capable de soustenir le nœud & l'estrainte* d'vne parfaicte amitié.

Et à dire le vray, le cœur humain n'est pas comme ces vaisseaux qui ne peuuent tenir qu'vne certaine mesure, il se dilate à
mesure qu'il s'emplit, & il est en quelque façon d'vne capacité
sans limite : & semblable au miroir, il peut receuoir diuers objects
sans l'interest* l'vn de l'autre. Il peut aimer le pere, la mere, les
parens, la femme, les enfans, les amis sans que l'vne des affections
preiu- [10]dicie à l'autre, pourueu que le iugement soit le niueau
de sa conduitte*¹.

Tandis que Pandulfe nage dans vne mer de felicitez, aimant &
reciproquement aimé tant de son ami, que de sa chere partie*,
pratiquant l'amour & l'amitié en vn haut degré d'excellence &
de vertu : voici que la mort (qui a vne ialousie perpetuelle contre
l'amour, parce que ses cendres ne peuuent estoufer les charbons
de celui-ci) vint troubler ses ioyes par la mort de sa femme, de
laquelle ayant eu quelques enfans il ne lui en resta qu'vne petite
fille tendre & floüette à l'aage de quatre ans. Ie ne me veux point
arrester à descrire ses regrets, puisque sa douleur estant à l'extremité, les paroles que i'y pourrois employer l'offenseroyent* en
l'amoindrissant. Son vnique consolation fut en ce que si le Ciel
luy auoit raui son espouse, au moins lui auoit-il laissé vn ami,
dans le cœur duquel il pourroit trouuer de la douceur en son
amertume. Le Sage a eu grande raison de dire, que qui a rencontré
l'ami fidele, a trouué vn thresor & thresor inestimable², & que
celui qui l'a trouué, le doit precieusement conseruer, puisque
c'est vn medicament souuerain contre toutes les playes de l'ame.
Pandulfe traina encore quatre ou cinq ans vn triste vefuage, tantost
souspirant apres celle qui estoit la moité de son corps (selon ce
qui est escrit, ils seront deux en vne chair)³ tantost addoucissant
ses ennuis auec celui qui estoit la moité de son ame.

1　«Sa conduitte» ne doit pas être compris comme : «la façon dont le cœur se conduit»
　　(puisque le jugement n'est pas une de ses fonctions), mais comme «la façon dont il est
　　conduit», conformément à la soumission habituelle du domaine affectif à la raison.
2　Ecc 6, 14.
3　Plusieurs formulations dans la Bible : «C'est pourquoi l'homme quittera son père
　　et sa mère, et s'attachera à sa femme, et ils deviendront une seule chair» (Gn 2, 24,

A la fin l'amere mort qui separe le corps d'auec l'ame, separa encore ces deux parfaicts amis, [11] priuant Pandulfe de la lumiere du iour, & Alarque de celui qui estoit plus la clarté de ses yeux, que celle du iour mesme. Pandulfe pareil à la chandelle qui iette vne splendeur d'autant plus grande, qu'elle est plus voisine de s'esteindre, ayant fidelement aimé Alarque durant sa vie, redoubla ses affections sur le point qu'il estoit prest de rendre à la terre des mourans le tribut que lui doiuent tous ceux qui viuent. Comme il auoit tousiours vertueusement vescu, aussi l'extremité de ses iours respondit à leur suitte, estant l'ordinaire que celui-la fasse vne belle mort, qui a faict vne bonne vie.

Apres auoir donc rendu au soin de son ame les deuoirs que le Chrestien desireux de son salut eternel a de coustume de pratiquer en ce dernier passage, il crut estre obligé disposer de ses biens & donner ordre à son heritage, selon le conseil qui fut donné à Ezechias de la part de Dieu par le Prophete[1]. Et parce qu'il ne laissoit de son mariage que la petite Emilie sa fille, qui par droict de nature deuoit recueillir sa succession, il voulut tesmoigner en sa fin que les droits de la chair & du sang sont au dessous de ceux de l'amitié, dont la communication est toute pure & spirituelle. Car ayant appellé Alarque, dont l'ame estoit triste iusques au mourir, se voyant sur le point de perdre celui, sans qui la lumiere du iour lui deuoit estre ennuyeuse. Mon cher frere, lui dict-il, vous voyez, que i'ay tantost l'ame sur le bord des leures & que ie suis forcé par la violence du mal qui me conduit au cercueil de perdre la dou[12]ceur de vostre conuersation*. Ie me treuue maintenant comme vn fer entre deux calamites*, & partagé entre l'espoir de reuoir bien tost ma fidele espouse en la presence de mon Createur, & le regret de vous laisser en ce val de

---

reprise en Matthieu 19, 5 et Éph 5, 31 : «Ainsi ils ne sont plus deux, mais ils sont une seule chair. Que l'homme donc ne sépare pas ce que Dieu a joint» (Mt 19, 6) ; «et les deux deviendront une seule chair. Ainsi ils ne sont plus deux, mais ils sont une seule chair» Mc 10, 8.

1   2 R 20,1.

pleurs & de miseres. Toute ma resolution est de vouloir en ceste occurrence* le bon plaisir de ce grand & celeste Capitaine, qui me peut leuer de sentinelle en la mesme façon qu'il m'y a mis. Sans ceste determination i'aurois de la peine à digerer l'amertume que ie ressens en me separant de vous. Mais mon cher ami, ce n'est que pour vn temps, ie ne vous laisse pas, seulement ie vous precede. Et comme vous laisserois-ie, puisqu'en vous demeurent mes plus sinceres affections ? Ie veux donc croire que ie viurai à moitié en vous, & que vous prendrez la moitié de ma mort, de sorte que ie ne descendrai pas tout seul dans le sepulcre. Toutesfois ie ne voudrois pas que le regret d'vne si legere perte que la mienne interessast* vostre santé, ni abregeast vostre vie, qui m'a tousiours esté precieuse. Viuez doncques pour l'amour de moi, cher Alarque, & conseruez-vous au moins pour l'eleuation* de ceste petite image de moi-mesme que ie remets entre vos bras, & que ie consigne à vostre fidelité. C'est tout ce que i'ay apres vous de plus precieux en la terre : car pour* les richesses i'en ay tousiours faict trop peu d'estat pour les mettre en quelque rang, neantmoins puisqu'elles sont en quelque sorte les nerfs & le soustien de la vie, vous voulez bien que ie partage celles dont le ciel m'auoit fauorisé entre vous & ceste [13] innocente creature, qui n'aura plus desormais ici bas d'autre pere que vous.

Il disoit ceci en remettant entre les mains d'Alarque sa fille vnique Emilie, qui auoit à peine attaint l'âge de neuf à dix ans, & continuoit ainsi. Son enfance vous doit donner de la compassion, mais plus encore la qualité d'orfeline, si elle peut estre ainsi appellee vous ayant pour pere & pour tuteur. C'est donc ma volonté, laquelle i'ay amplement declaree dans mon testament, que vous soyez possesseur & maistre absolu de tous mes biens, iusques à ce qu'estant arriuee au temps qui la rendra nubile vous la mariez selon sa condition & sa naissance, & que vous lui en donniez la moitié pour sa dotte, à condition neantmoins pour vous la rendre entierement sousmise & suiette, qu'elle ne prendre vn mari que par vostre choix. Que si elle estoit si temeraire (ce que ie ne croy pas d'vne fille bien nee) de se ranger à quelque parti sans vostre consentement, ie veux comme pere que vous ayez le pouuoir de la desheriter, et moy mesme pour* ce sujet la declare indigne de ma succession & descheuë de mon heritage. Et afin de lier tellement sa fortune à la vostre & ses desirs à vostre volonté, que la chaisne en soit inseparable, ie veux par vne substitution declaree en mon testament, qu'au defaut d'heritiers vous succediez l'vn à l'autre, & mesme que tous mes biens reuiennent en vostre main, si Dieu par vne vocation speciale attiroit ceste fille à la profession Religieuse, qui est vne mort ciuile*.

En suitte de ce discours il en fit vn autre à sa [14] petite fille, proportionné à la foiblesse de son âge, ne lui recommandant autre chose qu'vne parfaite & entiere obeyssance à Alarque, duquel desormais elle deuoit absolument despendre comme de son pere. Il eut aussi auec Alarque d'autres propos* si tendres & si aimables, qu'il faudroit auoir les mesmes fortes et douces affections qu'il auoit pour cet ami pour les representer : parce que nul n'entend le langage de l'amitié, que celui qui aime. Tandis qu'Alarque fait de ses yeux deux riuieres de larmes, taschant de suffocquer sa vie & sa douleur dans ces torrens, Pandulfe ferme les siens au sommeil, qui ne doit finir qu'au resueil general de ceux qui dorment dans les sepulcres.

Voila donc Alarque hors de la pauureté, & en la iouyssance du riche heritage de son ami. Mais ceste richesse lui est aussi desagreable que les bonnes viandes au malade : on a beau traitter celui-ci de mets delicats, tout lui est à degoust & à contrecœur.

Alarque voudroit estre dans la disette par dessus la teste, & posseder encore le thresor de l'amitié de Pandulphe[1], parce que possedant ce cœur, & aimant & aimé il sçauoit bien qu'il tenoit par ce moyen la clef de tous les coffres. Toutesfois comme les saisons aussi changent les volontez, il n'est rien de constant sous

---

1   *Sic.* Ce nom n'est orthographié ainsi que deux fois dans la nouvelle.

le Soleil, & de toutes les choses muables il n'en est point de plus
changeante que l'homme. Ce qui a faict dire à Iob, que le comble
de ses miseres estoit de ne demeurer iamais en vn mesme estat[1],
le corps change insensiblement selon les âges, & l'estroitte liai-
[15]son qui est entre l'esprit & le corps faict que selon les temps
l'ame change ses desseins & ses inclinations. Ioint que les sens ont
vn tel empire sur l'entendement, que comme la presence sert de
bois au feu de l'amitié, l'absence en est vn amortissement*presque
necessaire*. Ie sçai qu'il se treuue de grands et genereux* esprits,
dont les affections passent le tombeau & suruiuent les cendres,
& dont la memoire ne perd iamais le souuenir de ceux qu'ils ont
aimez en leur vie, estant vne regle infaillible en l'amitié, que celle
qui peut prendre fin ne fut iamais veritable : parce que celle qui
est vraye, allume dans les cœurs vn feu, que le temps & l'oubli
ne peuuent amortir. Mais ces ames sont clair-semees, & ces bons
Genies sont si rares, qu'à peine vn siecle en peut-il produire deux.

Les fortunes changent les mœurs, autre temps autre soin,
autres objects autres pensees. Ie ne sçai pas si ce que les Chimistes
disent est vrai, que qui auroit trouué le secret de l'or potable
chasseroit toutes les maladies des corps humains, & auroit rencontré le remede pour conseruer vne perpetuelle santé. Mais ie
sçay fort asseurément que le breuuage de l'or ou plustost la soif
des richesses est la source de tous les maux de l'ame. Ce qui a
faict dire au grand Apostre, que la conuoitise des biens, qu'il
nomme Philargyrie[2], estoit le principe & la racine de tout mal.
Aussi les Poëtes qui ont faict sortir toutes les miseres de la boëtte
de Pandore, ont dict qu'elle estoit d'or, pour monstrer que l'or
estoit la source de toutes calamitez. [16]

Infame appetit (s'escrie cet Ancien) à quoi de deshonneste &
de blasmable ne portes-tu les esprits de ceux qui sont poussez du
desir de te posseder ? O ! de quelle façon ceste bourse, ceste regle

---

1   Thème récurrent dans la bouche de Job, par exemple Jb 12, 14.
2   1 Tm 6, 10.

d'or renuersa-t'elle l'entendement de nostre Alarque, lui faisant violer sa foy promise, & ietter au vent les cendres & le souuenir de son cher ami ? S'il auoit esté d'vn naturel auare estant pauure, il le fut encore plus estant deuenu riche ; si cela se peut appeler riche, qui monstre sa vacuité en desirant se remplir. Aussi est-ce le propre de ceste hydropisie spirituelle d'augmenter la soif à mesure que l'on boit, la possession des biens en dilatant la conuoitise.

Alarque auoit sainctement promis à Pandulphe d'auoir vn soin plus exact d'Emilie, que si elle eust esté sa propre fille, & que lui tenant lieu de pere & de tuteur, elle seroit vrayment sa pupille, puisqu'il la conserueroit plus soigneusement que la prunelle de son œil. Qu'au reste il vouloit qu'elle fust son heritiere vniverselle, afin que les fleuues retournassent à la mer d'où ils procedoyent, & tous les biens de Pandulfe à celle à qui les loix en donnoyent la succession. Il vouloit mesme selon son dicours les lui rendre auec l'vsure de son trauail, & se ressentir* en elle de tant de bienfaits qu'il auoit receus du pere. Mais combien sont vaines* les pensees des hommes, & que leurs dispositions sont differentes de leurs propositions ? Alarque se voyant tant de facultez* à manier en englua les aisles de ses desirs, & perdant auec le temps & les regrets & le souuenir de son [17] ami, retourna ses yeux sur soi-mesme, & sans penser d'auantage à edifier la maison d'autrui, prit dessein d'en bastir vne pour soi-mesme, & de trauailler pour vne posterité qui pust pousser son nom bien auant dans la suitte des âges. Ce desir certes est naturel, & ne peut estre blasmé, pourueu qu'il soit conduit par des regles iustes & des moyens legitimes.

Celui qui auoit tousiours tant euité le mariage iusques à le descrier comme vn piege & vne prison, le souhaitte auec vne passion incroyable. Comme les pauures treuuent rarement des bons partis, ceux qui ont des commoditez* les rencontrent facilement. Ses affaires l'ayans acheminé à Verone, ville des plus celebres de l'Estat de Sainct Marc, il y prit feu à la premiere, diray ie, flamme ou femme qu'il apperceut conforme à son desir. Vne

vefue Veronoise de moyen âge le prit & par les yeux & par les
oreilles ; par la veuë à cause de sa beauté, qui n'estoit point encore
descheuë, bien qu'elle panchast à son declin ; par l'ouye à cause
des grands biens qu'il entendit estre en sa maison. La conuoitise
des yeux se prend aussi bien pour l'auarice, que pour le desir de
la volupté. Il fut surpris de l'vne et de l'autre. Il est vrai que ce
qui rallentit vn peu sa ioye, ce fut d'apprendre que les richesses
qu'elle auoit en maniement appartenoyent à ses enfans plus qu'à
elle, parce qu'elles venoyent de son defunct mari. Neantmoins
voyant ses enfans ieunes, & s'imaginant que dans ceste succession il pourroit auancer ses affaires, il recherche & l'obtient sous
l'esperance [18] qu'il lui donna de faire espouser sa pupille à son
fils ainé. Ce fils de quelque annee plus ieune qu'Emilie n'estoit
pas en vn âge qui fust capable de nopces, ceste alliance fut donc
differee au temps de la nubilité des parties*. Mais entre le verre
& les leures il arriue beaucoup d'accidens.

   Sofonisbe non plus vefue, mais deuenue femme d'Alarque,
n'estoit pas encore hors de la saison qui fait reclamer Lucine[1]
à celles qui sont dans le mariage. Elle fit donc deux enfans à
Alarque, l'vn masle, & l'autre femelle : sur lesquels il arresta tout
à faict ses yeux, & son cœur, mettant en arriere tout le soin qu'il
deuoit auoir d'Emilie. Sur ces deux bases il iette les fondemens
de grands desseins, pense à faire vne maison riche, opulente
& splendide. Tant s'en faut qu'il songe à pouruoir Emilie & à
l'auancer, qu'au contraire non content de la moitié du bien de
Pandulfe qu'il possedoit par testament, il veut attrapper l'entier
heritage & supplanter celle qui le partageoit auec lui. Il ne parle
plus de la donner en mariage au fils de Sofonisbe, au contraire
il tasche d'escarter du cœur de la mere les affections qu'elle a
pour les enfans du premier lict, selon la coustume ordinaire des
parastres. Chose qui lui fut aisee, parce que les femmes n'ont

---

1   Déesse que les femmes romaines invoquaient pour être protégées lors de leur
    accouchement.

volontiers des passions que pour les derniers nais*, & ceux qui leur pendent aux mammelles, tant leur esprit est foible & attaché aux sens. De sorte qu'ayant destaché Sofonisbe de la douce inclination qu'elle auoit pour ses premiers enfans, il la fit conspirer auec lui à l'auancement de ceux qui estoyent de [19] son lict, quelque desauantage qui en pust arriuer aux autres. Lesquels il commença à traitter si rudement, & la mere mesme deuenuë marastre à les tempester si cruellement, que las d'endurer tant de rigueurs & de cruautez, les vns se retirerent chez leurs parens à Verone, & l'aisné plein de courage* s'en alla chercher à la guerre la paix qu'il n'auoit pû trouuer dans la maison.

D'autre part Emilie n'estoit pas mieux traittee, parce que n'ayant plus ni pere ni mere, & estant comme vn pampre debile qui rampe contre terre, ayant perdu son soustien, & son propre tuteur estant deuenu son Tyran, abbayee* sans cesse de Sofonisbe qui n'auoit pas moins de soif de ses biens que son mari, qu'eust faict vn fresle vaisseau sur vne mer si pleine de vagues & d'orages ? L'artificieux Alarque ioignant la peau du renard à celle du lyon [1], lui faisoit suggerer par des personnes attitrees & mesme reuestues d'vn manteau de pieté pour rendre leurs persuasions plus efficaces, que c'estoit dans vn Cloistre qu'elle trouueroit vn haure &

---

1   « Le tyran de Sicile Dionysius avoit envoyé deux robbes de femme à Lysander, à fin qu'il en choisist laquelle il aimeroit mieux pour porter à sa fille : il dit, qu'elle mesme sçauroit mieux choisir celle qui luy seroit plus à propos, et les emporta toutes deux. » Cestuy Lysander fut homme fort ruzé et grand trompeur, qui conduisoit la plus part de ses affaires par finesses et par ruzes, estimant qu'il n'y eust point d'autre justice que l'utilité, ny autre honnesteté que le profit : confessant bien que la verité estoit meilleure que la faulseté, mais que la dignité et le pris de l'une et de l'autre se devoit mesurer et terminer à la commodité. Et à ceux qui le reprenoient et blasmoient de ce qu'il conduisoit ainsi la plus part de ses entreprises par tromperies et par fallace, et non pas par vive force, qui estoit chose indigne de la magnanimité d'Hercules, il respondoit en riant, que « là où il ne pouvoit advenir avec la peau de lion, il y falloit coudre un peu de celle du regnard. » Et comme d'autres l'accusassent grandement de ce qu'il avoit faulsé et violé ses serments qu'il avoit faicts en la ville de Milet : « Il faut, dit-il, tromper les enfans avec des osselets, et les hommes avec des jurements. » Plutarque, *Œuvres morales et meslées*, trad. Amyot p 221r. *Cf.* Montaigne *Essais*, I, 5.

vn abri contre tant de tourmentes. Mais le poisson ne mordoit point à ceste amorce*. Comme elle estoit en reputation d'auoir des biens, & outre cela vne beauté & plus que tout des vertus qui estoyent fort considerables, elle estoit le commun desir de plusieurs poursuiuans. Mais Alarque veillant comme vn dragon sur ceste pomme d'or[1], mettoit en ieu tant de ruses & de finesses, que tantost desgoustant les vns, tantost rebuttant les autres il les escartoit tous. Si bien que ceste fille deuenuë nubile, [20] quoi que desiree de plusieurs ne pouuoit estre recherchee ny approchee de personne. Iamais la fille d'Acrise[2] ne fut gardee auec tant de seuerité. Mais l'amour encore plus penetrant que la pluye d'or : se trouua plus subtil en inuentions d'attacquer, qu'Alarque pour defendre, pour nous apprendre que c'est en vain que les hommes veulent combattre la nature & les ordonnances du Ciel.

Parmi ceux qui prirent Emilie pour visee de leurs desirs, il n'y en eut point qui atteignist au blanc*, comme fit Horace ieune Gentil-homme de Bergame. Pour* les rebuts d'Alarque, pour toutes les oppositions qu'il faisoit à ses desseins, pour les difficultez de voir & d'abborder Emilie, il ne perdit ni l'amour qu'il auoit conceuë pour elle, ni l'espoir de venir à bout de ses pretensions*. A iuste cause cet Ancien disoit que c'estoit vn commencement de vic-toire, que de s'asseurer*. Cet amant ayant dissipé les artifices* du tuteur, mesprisa encore ses menaces, & fit par des industries, que la Relation ne marquant point, ie ne puis aussi particulierement remarquer, qu'en fin il fit connoistre à ceste fille le tourment qu'il souffroit pour elle. Et non seulement luy fit aggreer sa passion, mais la rendit susceptible de la mesme peine.

---

1   Ce dragon à cent têtes qui ne dormait jamais, quelquefois appelé Ladon, qu'Héra avait placé pour garder les pommes d'or des Hespérides. Il fut le onzième travail d'Hercule.

2   Acrise (Acrisios) est le père de Danaé, qu'il avait enfermée dans une tour aux por-tes d'arain gardée par des chiens féroces. Jupiter la séduisit en se transformant en pluie d'or, engendrant ainsi Persée qui, conformément à l'oracle qui avait motivé l'enfermement de Danaé, tuera (mais involontairement) son grand-père.

Elle qui au desir naturel d'estre mariee, ioignoit celui de sortir de la tyrannie d'vn tuteur cruel, & d'vne espece de marastre
malicieuse*, prit ceste occasion* aux cheueux, & n'ayant rien
treuué que d'honneste* & de legitime dans les affections & [21]
les desseins d'Horace : ne fit point de difficulté de lui tesmoigner
de la bien-veillance, & que s'il la desiroit pour femme, elle ne le
souhaittoit pas moins pour mari.

Horace asseuré* de ce costé-là qu'il estimoit le principal, met
sa teste dans les nuées, & croit estre au dessus de ses entreprises. Il
faict sonder l'esprit d'Alarque, mais c'estoit vn Prothee, vn vieux
renard, qui auoit mille malicieuses* excuses, dont il payoit tous
les poursuiuans de sa pupille. Tantost il luy attribuoit de secret
deffauts, qu'elle n'auoit point. Tantost il raualoit ses richesses, &
les rendoit comme nulles, & sans dotte vne fille perd la moitié
de son lustre & de sa beauté. Tantost il faisoit croire qu'elle auoit
desir d'estre Religieuse, & l'impie qu'il estoit contrefaisant le
superstitieux, il protestoit que sa conscience ne luy permettoit de
troubler ceste saincte inclination. Traistre Herodes, qui demande
où est le Roy des Iuifs, non pour l'adorer, mais pour le perdre[1].
Tantost il trouuoit des defectuositez ou au corps, ou en l'esprit,
ou en la race, ou en la reputation, ou aux mœurs, ou aux facultez*
de ceux qui recherchoyent sa pupille. Et comme il n'y a miroir
si poli, où vne mousche ne treuue où asseoir son pied, n'y ayant
rien de parfaict en ce monde, il lui estoit aisé de treuuer quelque
chose à redire en tous ceux qui se presentoyent. Il ne manqua pas
d'en rencontrer au Seigneur Horace. Le seul nom de Bergamasque
descrié non pour sa malice* (car il n'est rien de plus fidele que
le Bergamois) mais pour sa simplicité qu'il tire [22] du voisinage
de la Suisse ; luy donne sujet de le rebuter. Mais le Bergamois
braue* & vertueux luy apprendra à ses despens que la candeur
est vn Soleil, dont les rayons dissipent aisement les brouillas des
artifices* & supercheries, & que la plus grande finesse du monde
c'est d'estre fidele, courageux & homme de bien.

---

1   Mt 2, 8.

Se voyant donc reietté du costé du tuteur, il tasche par lettres, par messages & par d'autres soupplesses* que sa passion
lui enseigna, à se maintenir en la bien-veillance de la pupille.
A laquelle malgré toutes les defenses & les vigilances d'Alarque
plusieurs aspiroyent : mais Horace estoit le seul possesseur des
inclinations de son ame. Le subtil Argus s'en douta. Et pour
euiter vne surprise se resolut, à la façon ordinaire des Italiens, de
la mettre dans vn Monastere comme en vn lieu de franchise* &
de seureté, desseignant* en suitte de faire courir le bruit qu'elle
auroit pris le voile Religieux, pour escarter d'elle toute sorte de
pretendans. Emilie qui en eut le vent, & qui crût que ce port*
seroit vn escueil pour luy faire faire naufrage de ses affections &
vn piege pour la contraindre à embrasser vne vie qu'elle n'auoit
aucune pensee de suiure, en aduertit Horace, & le pria s'il aimoit
sa vie de destourner d'elle cet orage qui mettoit tous leurs iustes
& chastes desseins au tombeau.

Horace qui le redoutoit autant que la foudre, ne s'endormit
pas sur cet aduis, & ayant disposé le courage* timide d'Emilie
à vne fuitte necessaire*, il effectua ce project, l'enleuant de son
consen[23]tement & l'emmenant sur le territoire de Bergame en la
maison d'vne Dame de ses parentes qui estoit fort honnorable.

Si Alarque fut troublé de ceste fuitte, ie le demande à ceux
qui liront ceste Histoire. L'autheur de l'enleuement ne se cela
point, au contraire il se decela par l'entremise d'vn de ses amis,
qui presenta à la Iustice vn acte authentique signé d'Emilie & de
lui, par lequel la fille remonstrant les violences de son tuteur, &
descouurant les artifices* dont il se seruoit pour empescher qu'elle
ne fust mariee, les desseins qu'il auoit de la ietter dans vn Cloistre
pour se rendre maistre de son bien, l'auoyent contrainte de se
ietter entre les bras d'Horace, Gentil-homme de naissance & de
fortune semblable à la sienne, sur la foi qu'elle lui auoit donnee
& qu'elle auoit receuë de lui en qualité de mari & de femme ;
Suppliant la iustice de l'auoir en sa protection, & de iuger entre
elle & son tuteur selon les loix & l'equité.

Ceste protestation dressee par vn habile Iurisconsulte des amis d'Horace, ietta bien des marteaux* dans la teste d'Alarque. D'vn costé il se voyoit enleuer vn bien dont il pensoit estre le maistre, & dont il auoit iouy plusieurs annees fort absolument & sans en rendre aucun conte, de l'autre il voyoit prescher sur les toicts, ce qu'il auoit pratiqué à cachettes, & rien ne tourmente tant vn esprit malicieux*, que quand on met en euidence ce qu'il a mesnagé en tenebres, & quand on iette ses honteuses menees dessus sa face. Il a beau faire du bruit & menacer, accuser ceste [24] deposition de calomnie, protester de violence & de rapt, parler de desheriter Emilie selon le pouuoir que lui en donnoit le testament de Pandulfe, iurer que iamais il ne consentiroit à vn mariage brassé de ceste façon, crier à l'outrage*, à l'escorne*, à l'affront, & ietter par la gorge feux & flamme contre Horace. Sa conscience qui lui seruoit de mille tesmoins, & d'autant de bourreaux, dementoit la moitié de ses paroles, & ses discours faisoyent assez ouuertement cognoistre, qu'il parloit plus par le ressort & le mouuement de son interest* propre, que de soin qu'il eust de la memoire de son ami & du soin de sa pupille[1]. Somme il en fallut venir à la iustice, laquelle (sans faire ici l'en- nuyeux & importun narré d'vne procedure) ayant meurement* & pondereusement examiné & balancé toutes les circonstances, iugea Alarque coulpable de desloyauté & de perfidie enuers son ami, mauuais administrateur de sa tutelle, descheu de la grace du testament de Pandulfe, le condamnant à rendre conte de tout le bien, à faire restitution du total à Horace, dont elle declara le mariage legitime auec Emilie, qui auoit lors attaint l'âge de vingt & deux ans. Peut estre qu'vne sentence de mort eust semblé moins rigoureuse à Alarque, parce qu'il n'eust perdu que la vie tout d'vn

---

1 Anacoluthe : on attendrait un *par* à la place du *de* après *que*. *Eust* est un imparfait du subjonctif, irréel du passé : «que poussé par un quelconque soin qu'il aurait eu de la mémoire […]».

coup : mais celle-ci lui faisoit perdre l'honneur & les biens, & lui laissoit vne vie miserable* & honteuse, pire que mille morts. Il a beau despiter* contre la iustice, & appeller le ciel & la terre à son secours ; la terre & le ciel detestent les amitiez violees : & Dieu qui est le pere des orfelins, faict [25] tousiours tomber le mal-heur* sur la teste de ceux qui proiettent leur ruine.

Le voila despouillé de tout le bien de Pandulfe, & encore du sien propre, qui n'estoit pas grand : encore se trouua-il reliquataire* de son administration, & ce fut par pitié qu'Emilie le sauua de la prison, où le Iuge le vouloit confiner. Voila comme ayant voulu despoüiller l'innocente, & la ietter dans vne grille[1], le mesme mal lui auient qu'il preparoit à autrui, tombant dans la mesme fosse qu'il auoit creusee. Il eut tout le monde pour contraire, & la voix du peuple, qui est souuent celle de Dieu, fit vne clameur contre lui. Ceux qui auoient esté tesmoins de l'estroitte & exemplaire amitié qu'ils lui auoient veu prattiquer auec Pandulfe, l'appeloient tout haut ingrat, perfide, cruel, & de tant d'opprobres* le nom d'Ami desloyal lui demeura pour tiltre, chascun se resiouït de voir cette vengeance, & benissant la iustice de Dieu en celle de la terre. Cela fut cause que mocqué & detesté de ses concitoyens, il vint auec Sophonisbe sa femme demeurer à Verone. Horace vint en sa place prendre possession de la maison & de l'heritage de Pandulfe, & habiter auec sa femme Emilie sur les beaux & ver-doyans riuages de ce beau lac de Guarde, tous couronnez d'Oran-gers, de Citronniers, de Grenadiers, de Lauriers & de Myrthes. Tandis qu'auec son Espouse il moissonne en ioye* ce qu'il auoit semé en pleurs, voyons la fin du miserable* Alarque. La perte de ses biens & de sa reputation, le rendit si chagrin & farouche, qu'il estoit insupportable à tout le mon[26]de & à soy-mesme. Son humeur naturellement aspre & rude deuint aigre & bigearre* à l'extremité. Et comme il ne s'estoit marié que par interest* & consideration* d'auarice, il n'auoit iamais esté trop bon mari,

---

1   La mettre dans un couvent sans son consentement.

en la fin de ses iours il deuint tout de fiel & de bile, si bien que tourmentant sa femme, aux despens de laquelle il viuoit, elle ne pouuoit plus durer aupres de lui. La mort lui enleua son fils, & ne lui laissa qu'vne fille, qu'il laissa heritiere des miseres & des pauuretez qu'il auoit voulu procurer* à sa pupille. O Dieu que vos iugemens font equitables, & que vous estes iuste en vostre saincte seuerité !

A la fin voulant ietter les mains sur le bien des enfans du premiers lict de Sophonisbe, ressemblant à ceux qui se noyent, & se prennent à tout ce qu'ils rencontrent, il en fut empesché par les tuteurs subrogez*, & encore par l'aisné, qui reuenu des armees auec autant de gloire qu'il y auoit porté de courage, se fit emanciper en vn âge voisin de la maiorité. En cette qualité il chassa Alarque de sa maison paternelle, & le reduisit auec Sophonisbe à vn mesnage* si deplorable*, que la description en feroit pitié, si l'on ne voyoit en ce vieillard vne malice* iustement punie, & vn pecheur poursuiui de Dieu en la mesme façon que le furent nos premiers parens par l'Ange exterminateur, qui les chassa auec vne espee flamboyante du Paradis terrestre.

Sophonisbe lasse de se voir en vn estat si desastré, & de souffrir les humeurs insupportables de cet homme, qui ne parloit plus que par la bouche [27] du desespoir, se separa de lui & se retira auec ses enfans, qui la receurent comme leur mere, auec toute sorte d'honneur & de charité, oublians les mauuais traittemens qu'ils auoient receus d'elle, comme n'estans pas prouenus d'vn mouuement libre & volontaire, mais forcé par les persuasions de leur parastre.

Ainsi demeura seul, pauure & necessiteux, & sans ami celui qui auoit manqué de foi & de parole à son Ami. S'il se repentit à la fin de sa vie, c'est ce que la Relation ne m'enseigne point, & que ie veux croire pieusement : bien qu'il y ait de violentes coniectures du contraire, & mesme l'Escriture m'apprenant, qu'vn cœur dur & impitoyable, comme il s'estoit monstré enuers Emilie, termine sa vie mal-heureusement.

Cependant qui n'admirera ici, & qui n'adorera le iuste iugement du Tres-haut sur le chastiment de ce perfide? Certes le grand
Apostre a grande raison de dire, que celui qui n'a point de soin
de ses amis & de ses domestiques* (qui sont d'humbles* amis,
comme dit le Stoique[1]) est infidelle, & pire qu'vn Payen[2]. Car si la
loy de la charité oblige le Chrestien à aimer son prochain comme
soi-mesme, & ne lui faire ce que nous ne voudrions pas nous
estre fait. Certes l'Amitié, qui est vn lien de charité particuliere*,
va bien plus auant, & nous recommande de bien plus estroits
deuoirs enuers nos amis. Et certes en cela les Payens nous en ont
laissé des exemples si memorables, & des actions tant illustres,
que leurs rayons esblouïssent les yeux de plusieurs [28] enfans de
lumiere. Apprenons au moins de l'Euenement que nous venons
de representer, d'estre loyaux & fidelles à nos Amis, & en la vie
& en la mort, si nous ne voulons estre chastiez exemplairement
de celui qui a en ses mains les clefs de la mort & de la vie.

L'Ascendant de la Naissance.
EVENEMENT II.

Vne des plus certaines coniectures qui se treuue dans l'incer-
taineté de l'Astrologie iudiciaire[3], c'est celle qui se tire de l'Astre,
que les faiseurs d'horoscope appellent Ascendant. Car bien que
l'influence des astres n'ait aucun pouuoir sur la volonté, qui est
libre de sa nature, ce qui a donné lieu à l'axiome, que le Sage
regente les astres & se les assuiettit, si faut-il auouër que sur les
corps inferieurs les celestes ont vne grande impression, & par
l'vnion & la ioincture si serree qui est entre le corps & l'ame, ils

---

1   Sénèque, *Lettres à Lucilius*, V, 47, 1.
2   Co 4,1 ; mais aussi 1 Tm 5, 8.
3   V. note 3 p. 73 (Préface [17]).

sont dits non pas contraindre, mais incliner les esprits ; non pas oppresser, mais presser & allecher les volontez. Ioint qu'il y a des ames si basses, & s'il faut ainsi dire si terrestres, & qui ont vne telle sympathie* auec leurs temperamens corporels, qu'il semble que leurs mœurs & leurs humeurs soient vne mesme, tant la partie inferieure[1] est attachee, & comme [29] soumise à l'inferieure. Or que l'astre qui se leue sur l'horison du ciel au poinct de la naissance de quelqu'vn ne marque viuement quelles doivent estre ses complexions naturelles, il ne se peut nier sans donner du pied* à vne manifeste experience. Ce n'est pas que de cela ie tire vne consequence pour appreuuer tant de friuoles diuinations & presages que tirent les iudiciaires* sur la composition* du ciel, sur la situation des planetes, sur l'ordre des constellations, sur les diuers aspects des estoiles, comme si c'estoit vn liure qui contint en gros & luisans* characteres toute la suitte de la vie d'vn homme. Car les actions libres, comme sont les humaines, ne se peuuent lier à cette regle sans establir vn destin, qui ruine de fond en comble toute la Religion Chrestienne[2]. Ie m'arreste seulement là, de dire que l'astre ascendant de la naissance de quelqu'vn est comme le piuot, la clef de la voute, & le poinct auquel se rapportent, comme à leur centre, toutes les coniectures que l'on peut tirer de ses humeurs & dispositions*. Voila pour ce qui regarde le ciel. Mais il y en a vn autre en la terre, qui est le lieu de sa naissance, qui se peut dire vn poinct dans vn poinct, s'il est vray que toute la terre ne soit qu'vn poinct si elle est comparee au ciel. Et certes il est impossible que l'homme ne se ressente* du temperament de sa nation, & ne porte empraintes* en soi les humeurs qui dominent au climat où il est naī*. De là vient que les vns sont Saturniens, les autres legers, ceux-là vains*, ceux-ci hardis, ceux-là subtils, ceux-ci grossiers, ceux-là grands beuueurs ou [30] mangeurs, ceux-ci sobres. Que si les

---

1 Il faut bien sûr corriger : « tant la partie supérieure est attachée [...] ».
2 Ceci est dans l'Église sujet à un long débat (V. note 1 p. 165) à propos de l'étoile que suivent les Mages, que rappelle l'étoile que Camus mentionne en début de p. [29].

faiseurs de natiuitez rapportent toute la forme du ciel au poinct de l'astre ascendant, pourquoi ne dirons nous pas suiuant ce que nous voyons tous les iours, que quelques voyages que face l'homme hors de son païs, quelque habitude*, quelque establissement qu'il prenne, quelque fortune qu'il rencontre en vne terre estrangere, il regarde tousiours en arriere vers le lieu de sa naissance, & souspire & desire quelquefois d'y retourner, & de le reuoir. Tant il est vrai que le lieu où l'on a premierement humé* l'air & apperceu la lumiere du iour a des charmes secrets, & des attraits ineuitables aux esprits les plus vigoureux & les plus sages. On a beau dire que toute contree est le païs du vertueux, que le païs est par tout où l'on est à son aise[1], l'on n'est à son aise qu'à moitié quand on est hors de son païs. Que les fleuues coulent sur la terre tant qu'ils voudront, ils n'auront iamais de repos qu'estans arriuez en la mer, d'où ils tirent leur origine. Et vne des raisons qui rend l'esprit humain inquiete*, c'est qu'il fait de continuels eslans vers son païs, qui est le lieu de sa naissance, en la mesme façon que la flamme attachee à la matiere, laquelle par son mouuement* perpetuel monstre qu'elle souspire apres son centre, qui est le feu elementaire, que les Philosophes mettent sous la sphere de la Lune. Amenez vn de ces sauuages du Peru ou de Canada en l'Europe, il languira parmi nos delices, & n'aura iamais de plaisir qu'estant retourné à la chasse dans les bois, où il a commencé de viure. Et la cause pour laquelle vne [31] aiguille frottee d'aimant par la pointe, la retourne vers le Nort, c'est parce que la vertu de l'aimant qui y est demeuree regarde la contree où l'aimant croist en plus grande abondance, comme estant son vrai païs. Ie dis ceci comme le fondement de l'histoire que ie vai proposer, où nous verrons par diuers exemples, attachez en vne mesme chaisne, comme autant d'anneaux inseparables, que pour* grands que soient & les plaisirs & les auantages que la fortune nous offre

---

1   *Cf.* note 1 p. 207 ([166]).

hors du lieu de nostre naissance, nous n'y pouuons arrester le pied de nostre affection, non plus que la colombe de Noé sur les eaux du deluge.

Vincenze ville fameuse de l'estat des Venitiens, est situee entre Verone & Padouë, & participe de la bonté de l'vn & l'autre territoire, pour la beauté des edifices, pour la somptuosité des temples, pour la quantité de la Noblesse, & pour la fertilité du terroir, soit que l'on considere celui qui se hausse en montagnes, ou celui qui s'estend en plaines, ou celui qui se releue doucement en collines, il n'y a rien que l'œil treuue de desagreable ou infructueux. Dans ceste belle demeure habitoient deux Gentils-hommes de race & ancienne & illustre, de tiltres esleuez, de richesses amples, & qui auoient toutes les qualitez qui les pouuoient signaler en leur païs. Il n'y a rien qui se supporte plus mal-aisement que le trop d'aise, les lampes s'esteignent de trop d'huile, & l'esprit se lasse dans la commodité*. Le iour & la nuict, les espines & les roses, le bien & le mal sont les contrepointes* qui font paroistre agreable en sa varie[32]té la face de la nature. Nul n'est content de sa propre condition, celle des autres nous semble tousiours plus heureuse*, & la moisson de nostre voisin plus grasse & plus espaisse que celle de nostre champ. Ceux qui sont nez à la ville, & que l'estat de leur vie oblige d'y demeurer, ne louënt rien tant que le bel air de la campagne, le bon heur* des villageois, & les felicitez de la vie rustique. Ceux qui sont d'vne condition champestre ne tiennent heureux* que ceux qui habitent les villes, prisent les honneurs, les pompes & les magnificences qui y paroissent, & s'estiment miserables* d'estre priuez de la veuë & de la iouïssance* de tant de belles choses. Ceux qui sont nez sous vn Estat Monarchique font vn grand conte de ce rayon de liberté, qui paroist dans les Republiques. Et ceux qui viuent en des Republiques prisent les Cours des Potentats comme des Paradis. Et à dire la verité, la Monarchie a de si grands & notables auantages sur les Gouuernemens, ou Democratique ou Aristocratique, & a vne si viue image de la Diuinité, que mesme dans les Republiques ils sont contraints d'eslire vn personnage qui en soit comme le chef, & qui ait quelque idee* de principauté, afin de rapporter tout à l'vnité, comme le centre de l'vnion & l'ame de la vie ciuile*. Il est vrai comme toutes les choses humaines sont imparfaittes, qu'il y a des defauts par tout, & que les faueurs qui regnent dans les Cours des Monarques, coupent la gorge au merite. Comme les brigues qui sont inseparables des Republiques, auancent les moins dignes aux dignitez. [33] Mais s'il est vrai que les plus parfaits sont ceux qui ont le moins d'imperfection, il faut auouër que la monarchie comme plus voisine de l'vnité, est plus accomplie qu'vn corps composé de tant de testes, comme ce monstre de l'Apocalypse. Il faut auouër aussi que dans la dependance d'vn seul il y a moins de desordre que dans le gouuernement d'vne multitude, principalement d'vne populace inseparable de la confusion. Que si l'on dit que dans l'Aristocratie se treuue ce milieu, qui fait le temperament accompli, on respondra, que pour vn chef on en a plusieurs, & pour vn Potentat qui surchargera ses suiects, on aura vn grand nombre de Seigneurs, qui sont autant de petits Tyrans, qui tirent insensiblement le sang du peuple par des subtilités d'autant plus pernicieuses, qu'elles sont moins apperceuës, & d'autant moins remediables, qu'elles sont moins cognues. Certes entre les Republiques (si l'estat Aristocratique se doit appeler ainsi) il faut recognoistre, soit pour la longueur de sa duree, soit pour la sagesse de sa conduite*, soit pour la bonté de la police, soit pour la douceur du gouuernement, qu'il y en a peu qui se puissent comparer à celle de Sainct Marc. Neantmoins comme toute l'auctorité & la puissance est restrainte à certaines familles de Noblesse qui sont à Venise, lesquelles seules possedent toutes les charges de l'Estat, tous les gouuernemens, tous les offices de Iustice, toutes les capitaineries des places, tous les manimens des finances & des armes, le reste des Gentils-hommes & des Seigneurs qui sont dans les territoires de Padouë, de Vincenze, de Creme, de Verone, de Bresse, de Treuis, [34] de l'Istrie, du Friul & de Candie, bref dans tout le domaine de Sainct Marc, se treuuent despouillez d'honneur, de puissance & d'auctorité, ne leur restant que la gloire d'obeir, gloire en ce temps assez mesprisee. Cependant la plus part tirent la grandeur & l'origine de leurs maisons du temps des Princes, qui les ont autrefois dominez, ou de celui auquel ces Citez comme libres, faisoient membre de l'Empire[1], du desmembrement duquel la Seigneurie de Venise s'est aggrandie, & des plumes duquel le Lyon de Sainct Marc a fait ses plumes[2]. Cependant rien ne chatouillant si fort les esprits des Nobles que le desir de commander, & d'auoir part à la conduite* d'vn Estat, cela desplait fort à la Noblesse du païs, qui se voit reduitte à vne suiettion si basse, qu'ils ne peuuent iamais arriuer ni au maniement, ni aux hautes dignitez de la Republique. Ce qui fait que plusieurs poussez d'vn genereux* desir de paroistre, & de se faire vn grand nom dans le monde, quittent la douce tranquillité de leurs familles pour aller ou dans les armes tesmoigner leur valeur*, & acquerir les rangs qu'ont autrefois tenu leurs Ancestres, ou dans les Cours des Princes estrangers, rechercher des charges & des honneurs qu'ils ne peuuent esperer, non pas mesme y aspirer dans l'Estat où ils sont nez. Peut-estre que cette digression faite dés le sueil de l'huis semblera & ennuyeuse & estrange à vn Lecteur precipité, dont l'auide desir court apres la cognoissance d'vn faict, dont il desire cognoistre le succés* auec impatience. Mais s'il veut vn peu moderer son ar[35]deur, ie croi qu'à la fin il iugera ce destour non vtile seulement, mais necessaire à la parfaite cognoissance de l'Euenement que ie lui propose.

Deux Gentils-hommes donc & Seigneurs de marque, que nous ferons cognoistre sous les noms d'Oronce & Tirtee, las de croupir dans l'aise de leur foyer, & desireux d'obtenir vn autre nom que de casaniers, se resolurent de quitter le sejour de Vincenze & d'aller à Ferrare auec leurs femmes & leur famille, aupres de ce grand

---

1   Syntaxe tout à fait régulière : *faire membre* est invariable : « [...] du temps [...] où ces Cités faisaient partie de l'Empire en tant que libres ».

2   Allusion à la fable du geai paré des plumes du paon (le Lion de Saint Marc, emblème de Venise, est ailé).

& fameux Hercule, la gloire de la maison d'Est¹, qui sous vne
qualité de Duc estaloit* vne magnificence de Roy. Ses hauts faits
d'armes le rendent assez signalé* dans l'histoire. Mais en la paix il
tenoit vne Cour si splendide, que de toutes parts* on y accouroit
comme à vn theatre de pompe & d'honneur, & à vn sejour de
vertu, de ciuilité & de courtoisie*. Oronce & Tirtee aborderent à
cet heureux* riuage avec vn si beau train, qu'ils parurent comme
deux grands Astres, qui s'esleuerent sur l'horizon de ceste Cour.

Le Prince ioyeux de voir aggrandir le nombre de ses Courtisans
de deux si braues* & riches Gentils-hommes, estant de lui-mesme
fort obligeant, desploya encore largement les artifices* honorables,
dont les Grands sont si bons ouuriers, quand à peu de frais ils se
veulent acquerir des creatures. Ce bon accueil charma tellement
à l'abbord nos Cheualiers, qui n'experimentoient* d'ordinaire
que les froides receptions d'vn Podesta, d'vn Capitanio, & d'vn
Castellan, qu'ils se dedierent entierement & cœurs & corps &
biens au seruice, & à [36] la suitte de ce Prince, dont les merites
estoient au dessus de ses louanges, bien que ses louanges allassent
iusques au ciel.

Les pompes ordinaires de cette Cour, les conuersations* aggreables, les assemblees des Cheualiers & des dames, les exercices de
cheualerie, les tournois ; les bals, les academies, les passetemps, les
receptions des Ambassadeurs, les festes, les ioustes & mille semblables galanteries* rauissoient tellement leurs cœurs, qu'ils croyoient
n'auoir vescu que depuis le temps qu'ils auoient abandonné leurs
païs & leurs maisons pour viure en ce lieu de perpetuelles delices.
Voila pour le plaisir. Adioustez à cela, que voyans tous les iours
de petites gens s'auancer à la faueur du Prince, qui estoit liberal*
à merueilles, & curieux* de faire des creatures, ils s'imaginoient
qu'à la fin les rayons de ce Soleil meuriroient* leurs esperances, &

---

1   Hercule I d'Este (1431-1505), qui est duc de Ferrare à partir de 1471 et qui, après
    avoir guerroyé contre l'alliance de Venise et du Pape (1482-1484), fera de Ferrare
    une cité moderne et une cour brillante où il attire entre autres le jeune Arioste.
    Josquin des Prés lui dédie une *Missa Hercules Dux Ferrariae*.

que leurs moissons iauniroient comme celle des autres se doroient.
Voila pour l'vtile. Quand à l'honorable, qui estoit l'aimant le plus
fort de leurs cœurs, soit qu'ils fissent reflexion sur leurs naissances,
sur leurs qualitez & leurs biens, soit sur les estimables conditions*
qui estoient en leurs personnes, ils ne voyoient aucun grade en
cette Cour auquel ils ne pussent aspirer, & qu'ils ne pussent esperer.
L'œil du Prince, & mesme le cœur leur estoit fauorable ; mais à
vn si grand courage*, il falloit vn plus grand Estat. Ce genereux*
Hercule, capable d'aider à Atlas à porter le ciel, n'auoit qu'vne
petite espace de terre. Son aisle estoit forte, son vent puissant,
son essor esleué, mais l'esten-[37]due estoit estroitte. Vn monde
entier, comme à vn autre Alexandre, n'eust pas esté suffisant pour
seruir de theatre à sa magnificence.

Contraint donc d'accommoder* la pierre à la regle, estant aussi
iudicieux que genereux*, & prudent que vaillant, il taschoit que
de presens, que de parole, que d'estats, que d'honneurs, que de
biens selon son pouuoir, de donner satisfaction à vn chascun[1].
Mais si Iupiter mesme, selon l'ancien prouerbe, ne peut contenter
tout le monde, de quelle sorte vn Prince pour grand qu'il soit,
pourra-il contenter l'insatiable ambition & conuoitise de tant de
corbeaux, qui aspirent à sa curee, & qui ne le suiuent que pour
tirer de lui quelque plume ? Voir la mer sans ondes, & les Cours
sans des mal contens, c'est vne mesme chose.

Nos Vicentins pour se mettre en vogue & en reputation,
firent à leur arriuee des despenses incroyables, ce qui leur donna
du credit aupres du Prince, l'entrée par tout (car quelle serrure
n'ouure vne clef d'or ?) & la bienueillance du peuple, parce que
despensant largement chascun les iugeoit dignes d'auoir part à
la munificence du Prince. Les petits desirent ordinairement que

---

1 Après avoir cité Régnier ; «Qui casse le museau, qui son rival éborgne [...]», le
   Précis de Grammaire Historique de F. Brunot et Ch. Bruneau, Paris, Masson, 1961,
   p. 295, continue : «L'ancien français connaissait aussi que…que : Et avoit bien,
   que seur le crupe du cheval, que seur le teste, que entor, dis aires de hairons (Robert
   de Clari, p. 86, I, 16) [...] Les deux constructions semblent d'origine populaire, la
   première survit dans la langue littéraire de caractère plaisant.»

ceux-là soient en faueur, qui ont les mains percees, & ne seruent que de canaux par où l'or coule sans s'y arrester : non ceux qui pensans à auenir & à l'establissement de leurs maisons, serrent tout ce qui leur vient, & ne laschent rien, dissemblables à la mer, qui fait les sources à mesure qu[1]'elle reçoit les fleuues. Mais la fortune qui a vne perpetuelle ialousie contre la vertu, ne per-[38] met pas tousiours que ses biens tombent en la disposition de ceux qui les sçauent bien dispenser, l'or venant de la terre, se plaisant en la possession de ceux qui le sçauent cacher. Adioustez à cela que l'enuie, cette cantharide, qui ne s'attache qu'aux belles fleurs, & qui tient son siege ordinaire dans les Cours des Princes, seruoit d'vn perpetuel obstacle à l'auancement de ces deux Cheualiers, qui estoient regardez de trauers des Ferrarois, comme des gens qui venoient pour manger leur pain & occuper leurs places. Ainsi les Seigneurs qui enuironnoient Pharaon enuioient la grandeur où Ioseph estoit esleué. Ainsi Aman ne pouuoit supporter l'estime qu'Assuere faisoit de Mardochee[2]. Et chascun sçait iusques à quelle rage cette furieuse passion porta les Satrapes de Perse contre Daniel[3].

Cela estoit cause que ces arbres transplantez d'vn autre terrain, soufflez de ces mauuais vents, ne pouuoient ni paroistre si verdoyans, ni porter des fruicts en abondance & en leur saison. Ce n'est pas que le Prince plein de iugement, n'eust vne grande cognoissance de leur merite, & ne leur rendit des tesmoignages de l'estime qu'il faisoit de leur vertu : mais pour conseruer ses rameaux naturels, & les seruiteurs qui estoient nez ses suiects, il ne faisoit pas à ces estrangers tout le bien qu'il eust peut-estre pû, & que sans doute il desiroit. Ce n'est pas que ces taons qui s'attachent aux oreilles des Princes, ne bourdonnassent quelquefois contre ces Vicentins à celles d'Hercule, & ne taschassent de lui donner de mauuaises & [39] sinistres impressions de leur

---

1   Dans la proportion où ; selon la quantité d'eau qu'elle reçoit des fleuves.
2   Est 5-6.
3   Dn 2-5.

sincerité*, tantost les appelans d'honorables espies*, tantost des
gens qui machinoient quelque menee contre l'Estat. Mais ce Duc
vrai dompteur de monstres, & qui auoit en horreur les flatteurs
& les rapporteurs, & sur tout les mesdisans & calomniateurs,
reiettoit tous ces traicts sur leurs visages à leur confusion, prenant
la defense d'Oronce & Tirtee, comme le sale esmeut* de ces
Harpies, qui vouloient flestrir & souiller leur reputation. Certes
il en est des Courtisans comme des chasseurs, plusieurs courent
& peu attrappent ; plusieurs tirent & peu donnent au blanc* de
leurs pretensions*.

Ceux-ci après auoir employé beaucoup d'annees en ce vain*,
inutile, & (si ie l'ose dire) seruile mestier de courtiser, & consumé
leur âge & leur bien à la suitte de ce Prince, & à honorer sa Cour,
se treuuerent en fin payez de reuerences, sans auoir amassé autre
chose que des cheueux blancs, seuls restes de tant de iours passez,
comme vn songe, & esuanouïs comme des ombres. Voila ce que
c'est de semer du vent, on n'en moissonne que des tourbillons.
N'est-ce pas cela auoir edifié en l'air, & ietté des fondemens sur
du sable ? O que trop tard ils cognurent que de leurs vanitez*
passees la vergoigne* estoit le fruict, fruict semblable à ces pommes du lac d'Asphalte, qui se reduisent en poudre quand on les
touche. Que le repentir leur fit tard cognoistre, que tout ce qui
plaist aux hommes & aux Princes de la terre n'est qu'vne fumee
que le vent dissipe, & qui se perd plus elle s'esleue. Lors que
les amandiers commence-[40]rent à fleurir en leur terre, leurs
montagnes à se couurir de neige, ie veux dire leurs temples à
blanchir, ils pouuoient bien regretter leurs iours mal employez
en de fausses folies, mais non pas les rappeler ; car de faire reuenir
le temps escoulé, c'est vne chose impossible.

Tout ce qui les affligeoit dauantage, n'estoit pas tant d'auoir
manqué d'acquerir les biens & les honneurs qu'ils s'estoient promis
au commencement de leur entreprise, & dont ils pensoient que se
deust couronner leur longue seruitude, comme de se voir chargez
de debtes, & tous leurs biens & possessions en desordre par le

mauuais mesnage* qui procede necessairement de l'absence du Maistre. Tout ce qui les console, c'est la bienueillance du Prince qu'ils ont acquise, & (comme l'esperance ne meurt iamais en l'ame des Courtisans) qu'ils se promettent deuoir vn iour estre auantageuse à leurs enfans. Pauures gens mal instruits de ceste leçon d'vn grand Roy selon le Cœur de Dieu, qui a escrit cette maxime de prudence*, de ne se fier aucunement aux Princes, n'y s'appuyer sur les enfans des hommes, ausquels il n'y a non plus de fermeté ny d'asseurance, qu'en des roseaux creux & vuides, qui sont le iouët des vents[1].

Resolus donc de retourner en leur terre natale pour remedier par l'espargne au desbris* de leurs maisons, & reparer les bresches que leurs inutiles despenses y auoient faites, ils prindrent conge du Duc, sous les plus specieux* pretextes qu'ils purent inuenter, & à la mode de la Cour, cachans de profonds mescontentemens sous les visages* les [41] plus serains & satisfaicts qu'ils purent contrefaire, & lui laisserent pour gages de leur affection à son seruice deux des enfans qui leur estoyent nez à Ferrare. Oronce vn fils appellé Cesarin, qu'il fit page de son Altesse ; & Tirtee mit vne de ses filles nommee Aurelie entre les Damoiselles de qualité, qui estoyent à la suitte de la Princesse.

Le Duc receut tres-volontiers ces deux ieunes creatures à son seruice, & ayant faict quelques presens aux peres accompagnez d'vne infinité de complimens, que le vulgaire* nomme de l'eau benite-de-Cour, il leur permit de reuoir la Cité de Vincenze. Reprenans leur air naturel leur ieunesse se renouuella comme celle de l'aigle, leur santé se rendit plus vigoureuse, & ils firent comme le serpent, qui reprend vne nouuelle peau aux rayons du Soleil. Ils ressemblerent à ceux, qui des troubles d'vne guerre tumultueuse se voyent remis dans le repos d'vne profonde paix. Ou bien aux nautonniers, qui apres beaucoup d'orages & de tem-pestes mettent le pied en la terre ferme. Il est vray que comme

---

1   1 R 14-15 ; 2 R 18-21 ; Ez 29, 6.

ceux-ci estans accoustumez au bransle & au mouuement* du
vaisseau s'ennuyent aussi tost en vne demeure immobile, aussi
l'accoustumance qu'ils auoyent prise dans les agitations & passetemps dont la Cour amuse* ses pretendans, les rendit vn peu
estonnez au changement de vie qui leur sembla solitaire, bien
qu'ils fussent retirez dans vne bonne ville, & au milieu de leur
parentage. Sans doute il leur en prit au commencement comme
à Israel, qui sans se soucier de la Manne du desert, ni des delices
de la [42] terre de promesse, regrettoit les chairs d'Egypte[1] où il
auoit enduré vn si fascheux esclauage. Ils ne se pouuoyent tenir
de regarder en arriere comme ceste femme qui deuint statuë[2], &
de souspirer quelquefois apres les vanitez* qu'ils auoyent quittees,
& dont la fumee leur sembloit vn parfum odorant. Que le monde
est vn grand enchanteur, & que sa magie ensorcelle d'esprit pipez
de ses illusions & impostures ! Neantmoins comme les poissons
desgorgent dans les fleuues d'eaux douces l'amertume de l'eau
salee, peu à peu ces fantaisies s'effacerent de leur memoire, &
comme le monde passe, aussi faict sa conuoitise. Ce qu'ils auoyent
abhorré, comme à Iob, leur vient en delices, & ce qu'ils auoyent
eu à plaisir, leur tourne à contrecœur. Quelque effort que l'on
fasse pour chasser la nature par la coustume, elle reuient aisement
à son point, & à ses humeurs. L'air du pays par transpiration leur
inspira ie ne sçai quelle aise, qui les seura doucement de ce laict
empoisonné du monde trompeur. Les maladies viennent à cheual,
& s'en retournent à pied ; dittes le mesme des debtes. Les aisles
d'vn oyseau s'engluent aisement, se nettoyent difficilement. Il est
en ceci comme des nasses, on n'en sort pas si tost comme l'on y
entre. Mais quand elles sont de vieille datte, il en prend comme
des vlceres enuieillis, dont la guerison si elle n'est desesperee, est
d'vne duree fort longue.

---

1   Ex 16, 2-3.
2   Gn 19, 26.

Tandis qu'ils se retirent de ce bourbier & qu'ils se repentent à loisir d'auoir aualé auec douceur le hameçon qui leur deschire les entrailles, re-[43]tournons à Ferrare voir de quelle façon se comportent en ceste Cour les enfans qu'ils y ont laissez, apres auoir appris aux despens de l'exemple de ces deux Gentils-hommes à se tenir où l'on est bien, à ne quitter le corps du bien certain pour l'ombre des pretensions* incertaines, à ne changer la tranquillité d'vne vie douce & priuee aux orages de la Cour, plus inconstante en ses changemens que n'est l'astre qui faict la mesure des mois. En somme que quelque part* que l'on aille, on n'est iamais si bien que chez soy.

Desia Cesarin estoit sorti hors de page*, & s'estoit rendu si agreable en ses ieunes seruices au grand Hercule, qu'il lui auoit donné en sa maison vne place d'Escuyer, les enuieux (ombres inseparables du Soleil de la vertu) ne pouuoyent pas lui donner par reproche la qualité d'estranger, car il estoit né Ferrarois. Aurelie ne se rendit pas moins complaisante à la Princesse, estant cruë en beauté aussi bien qu'en vertus, de telle sorte qu'elle estoit tenuë pour vne des plus accomplies Damoiselles qui fust à la Cour. Soit la cognoissance & la familiarité, soit l'amitié de leurs parens, soit le cours d'vne mesme fortune, soit vne pareille education, soit la sympathie* de leur naturel forma entre ces deux ieunes creatures des leur âge plus tendre vne inclination si puissante, qu'elle dura iusques à la mort.

Hercule qui n'estoit pas de complexion moins amoureuse que genereuse*, prenoit plaisir à leur voir pratiquer vne affection si pure, que les lys ont moins de blancheur qu'elle n'auoit de can-[44]deur & d'innocence. A la fin ceste mutuelle propension estant deuenuë amour, & amour qui ayant des fondemens legitimes ne pouuoit estre desappreuuee que par des esprits farouches, leurs peres en estans auertis & du desir que ces deux ieunes amans auoyent de se voir par vn sainct mariage en la possession l'vn de l'autre, y consentirent volontiers & plus encore le Prince & Princesse, qui donnerent vne dotte à Aurelie selon sa qualité, &

vne recompense à Cesarin selon son merite. Ils s'habituerent* à
Ferrare, & y dresserent leur maison & leur mesnage* : mais maison
& mesnage*, qui sans la benediction des enfans demeura sept ou
huict ans comme en solitude.

En ce temps-la Oronce ayant nettoyé son bien de debtes rendit
libre à ses enfans l'héritage qu'il auoit receu de ses peres, & à la
terre le tribut qu'il lui deuoit de son corps. Ceste mort appella
Cesarin à Vincenze pour recueillir la part qui lui arriueroit de
la succession de son pere. Dans le partage lui escheut vne belle
terre à la campagne, où ses predecesseurs auoyent autrefois bien
basti, & pris leurs principales delices. Outre la possession qu'il
alla prendre de ceste Seigneurie l'estat de ses affaires l'obligea d'y
demeurer vn an, durant lequel Aurelie qui estoit ordinairement
malade à Ferrare deuint fort saine, & sa sterilité se changea en
vne fecondité qui la rendit mere d'vn beau fils, qui fut appellé
Herculin en memoire du Duc leur bon Seigneur & maistre. Cet
air pur & salutaire de la campagne estant visiblement plus vtile à
la santé d'Aurelie, que le gros [45] & marescageux de Ferrare, où
la bouë & les brouillas font vne residence presque perpetuelle,
fit resoudre Cesarin de continuer son seiour en ce lieu plus long
temps qu'il ne pensoit & qu'il n'eust desiré : mais la santé est vne
chose si precieuse, qu'il la faudroit rechercher iusques au bout
du monde, & n'y a delices de ville ou de Cour qui lui soyent à
preferer, puisque sans elle il n'y a point de plaisir au monde, & la
vie mesme est importune. En la seconde annee de leur residence
Aurelie conceut de nouueau & enfanta vne fille, qui receut sur
les sacrez fonts le nom de Lucie.

Desia ils s'accoustumoyent petit à petit à ceste vie champestre,
& se desempestroyent des fers dorez qui les auoyent toute leur vie
retenus à la Cour. Mais quoi ? ce vent d'interest* vint trauerser
leur calme, & les tirant du port les reietta en la haute mer des
agitations mondaines. Cesarin ne pouuoit oublier la vie ciuile*,
les habitudes qu'il auoit à Ferrare, ni seurer son esprit des esperances qui le tourmentoyent. A quoi il fut d'autant plus poussé

se voyant pere & desireux de procurer* l'auancement des siens, adioustez à cela la charge qu'il auoit chez le Duc, les semonces* de retourner que lui faisoyent ses amis, l'accusans qu'il perdoit sa fortune. Les Princes se souuenans à peine de ceux qui sont tous les iours sous leurs yeux, & oublians facilement ceux qui sont absens. Vn chien vif vaut mieux qu'vn l'yon mort, dict le Sage[1] : aussi vne personne presente, quoi que pleine d'indignité ; obtient plus de faueurs, qu'vne [46] absente comblee de merites. Ceux qui estoyent paresseux en Israel pour recueillir la manne quand elle tomboit de grand matin entre deux rosees, auoyent disné pour ce iour[2]. Ceux qui à la Cour ne sont pas soigneux de mesnager* les occasions* quand elles se presentent, esperent en vain des auancemens. Nous ne sommes plus au temps auquel on aille prendre des Dictateurs au derriere de leur charruë. La seule consideration de la santé de sa chere Aurelie le retenoit, mais Aurelie mesme contribuera à son dessein, desireuse qu'elle estoit de reuoir l'aimable seiour de tant de Dames ses compagnes, & la grande Princesse, dont elle estoit la nourriture*. Les marchands qui se iettent sur la mer pour s'enrichir par le traffic, ne considerent ni la douceur du repos qu'ils quittent, ni la solidité des biens de la terre, ni la conuersation* amiable de leurs femmes & de leurs enfans, beaucoup moins pensent-ils à la longueur du chemin qu'ils vont faire, aux perils qu'ils vont courir tant par la mutinerie des flots que par la fureur des Corsaires, moins à la barbarie des peuples qu'ils vont visiter, & à tant d'autres circonstances, qui bien pesees les arresteroyent en leur propre demeure. L'odeur du lucre & la crainte de la pauureté les faict courir çà & là au trauers de mille risques. Disons le mesme de nos Courtisans. L'enuie de pousser leur fortune bien auant, & celle de leur posterité leur faict mespriser leur santé & leur commodité* propre. Ainsi le soldat auide de gloire va dans les hazards par le mespris de sa vie, moissonnant des victoires & de l'honneur. [47]

---

1   Ecc 9, 5.
2   Ex 16, 19-20.

Que ce fust la vn puissant motif pour faire que nos mariez retournassent à Ferrare, ie le croy, mais ie pense aussi que l'ascendant de la naissance ne poussoit pas moins leur inclination à ce retour. Car en fin ils n'estoyent nez ni esleuez, ni à Vincenze ni au village : ils n'auoyent iamais eu autre object que la ville & la Cour, c'estoit leur element, hors de là ils estoyent hors de leur centre. En quoi nous remarquerons en passant combien est fort l'ascendant de la naissance, & violente la propension de couler nos iours où nous les auons commencez. A quoi si vous adioustez la nourriture* qui est vne autre nature, vous treuuerez que par de doubles liens ils estoyent attirez au seiour de à Ferrare, & au doux climat de cette Cour, en laquelle ils estoyent nez & auoyent esté esleuez & nourris.

Ils ramenerent donques tout leur train à leur premiere demeure. Mais voila que le changement d'air remit aussi tost Aurelie en ses premieres infirmitez, & de plus ses deux enfans furent attaquez de si violentes maladies, que la fille n'y pouuant resister en mourut, & le fils fut iusques aux portes de la mort. Les Medecins attribuerent son mal au changement de lieu en vn âge si tendre, & parce qu'il languissoit plutost que de reuenir à conualescence, ils conseillerent qu'on le remenast à la campagne au lieu où il estoit né. Grand combat dans le cœur des parens entre l'amour paternelle & celle de la patrie, neantmoins celle-la comme plus pressante, & qui tenoit plus du sang & de la matiere l'emporta sur l'autre, qui [48] consiste plus en opinion. Ils reuont donc au terroir Vincentin, où aussi tost l'enfant reprit son premier enbompoint, & la mere ceste vigueur qui la rendit feconde pour la troisiesme fois. En ce second seiour qui fut d'vne annee, elle accoucha d'vne autre fille, à qui elle donna le nom de Renee, comme si en elle l'autre fust retournee en vie. Et parce que leurs affaires & la charge de Cesarin les rappelloyent necessairement à la Cour, ils se garderent bien d'y remener leurs enfans, ayans cognu par experience combien il leur auoit cousté de transporter en vn autre territoire des plantes encore si ieunes & tendres. Ils

les laisserent donc aux champs, afin que s'y esleuans auec plus
de santé, ils y deuinssent plus robustes. Et afin de les confier à
des personnes & fidelles & soigneuses, ils s'auiserent auant que
de partir de leur Seigneurie de faire vn double mariage. Cesarin
auoit vn seruiteur qu'il aimoit beaucoup & qui le seruoit depuis
plusieurs annees, & Aurelie vne seruante qui estoit sa confidente
& à qui elle portoit beaucoup d'amitié.

Au lieu de les marier ensemble, comme il s'en estoit quelquefois parlé, & comme l'Euenement[1] monstrera qu'il eust esté plus
conuenable*, ils crûrent procurer* leur bien d'auantage de les marier
l'vne au fils, l'autre à la fille d'vn fort riche laboureur, qui outre
les grandes possessions qu'il cultiuoit, faisoit encore vn tel traffic
de bestail, qu'il estoit tenu pour vne des meilleures bourses de la
contree. Le respect que ce bon homme portoit à son Seigneur le
fit consentir à ces maria-[49]ges, bien que ces desirs eussent esté
d'allier ses enfans en son voisinage, n'ignorant pas que les meilleures
alliances sont celles qui se sont entre semblables.

Orsat donc domestique* de Cesarin espousa Mirtille, & Clotilde
seruante d'Aurelie eut Leonic pour mari. Et pour obliger ces
personnes à vn soin particulier de leurs enfans, Cesarin fit Orsat
concierge de sa maison, & en donna la ferme à Leonic, afin
que demeurans ensemble comme beaux freres & bons amis,
ils eussent tousiours & principalement leurs femmes l'œil sur
Herculin & Renee. Cela faict ils s'en retournent à Ferrare mener
ceste vie de la Cour, en laquelle ils auoyent passé tout leur âge.
Et bien qu'elle soit beaucoup plus inquiete & embarrassee que
celle qu'ils venoyent de quitter dans le beau & fertile champ de
Vincenze, neantmoins ces espines leur estoyent des roses, & ces
inquietudes des entretiens*. Tant la nature & l'accoustumance
ont vn puissant empire sur les esprits.

---

1 Impossible de décider ici si Camus parle de la nouvelle ou du dénouement de
   l'histoire : Euenement, avec une majuscule, réfère dans la très grande majorité des
   cas aux nouvelles du recueil ; mais on a quelques occurrences – ainsi ci-dessous
   p. [75] – désignant la fin d'une histoire.

Or voyons comme il regne aussi bien sur les petits, que sur ceux qui sont d'vne condition plus esleuee. Bien qu'Orsat & Clotilde fussent dans les commoditez* de la vie plus qu'ils n'eussent iamais osé esperer dans Ferrare, neantmoins ils s'ennuyent tellement à la campagne, & le regret d'auoir quitté leur pays les ronge tellement, qu'ils en deuiennent comme languissans. Rien ne leur peut plaire, rien ne les satisfaict, tousiours les compagnies Ferraroises, les festes & les pompes, dont ils souloyent repaistre leurs yeux & recreer [50] leurs esprits, leur roulent dans la memoire : & comme le souuenir des maux passez est delectable, celui des biens perdus n'est pas moins poignant*. Bien que l'homme soit obligé d'adherer à sa femme aussi bien que la femme à l'homme dans le mariage, neantmoins il est clair & par la parole de Dieu, & par l'vsage des loix, que la femme soumise à l'homme a vne subjection* bien plus grande. Clotilde attachee aupres d'vn mari, qui auoit tous ses biens & toute sa fortune en ceste campagne, ne peut seulement esperer de reuoir Ferrare, dont ce villageois se soucie aussi peu que de visiter le nouueau monde, ce qui la rend triste iusques à la mort. Orsat y va quelquefois sous diuers pretextes du seruice de son maistre. Et quand il lui faut quitter ce seiour aimé pour retourner dans les champs Vicentins, il croit aller ou en exil, ou en prison.

En fin las de ceste demeure champestre, & impatient de reuoir les hauts murs de Ferrare, il quitta sur quelque sujet cet office de Concierge, qui estoit pour luy vne vraye conciergerie, & amena sa femme à la ville de sa naissance, où il se mit à traffiquer en diuerses marchandises, & à faire profiter le talent qu'il auoit eu du bon Laboureur. O ascendant de la naissance ! Il n'est plutost dans le lieu de son repos, que voila sa femme qui auoit esté esfleuee aux champs qui commence à s'attrister à la ville : l'empressement de tant de monde lui desplaist, elle y est sauuage & agreste, tant de complimens & de ceremonies dont le vulgaire* mesme abonde dans les citez [51] d'Italie lui sont à contrecœur ; elle regrette son village & la maison de son pere, elle souspire apres la liberté des champs, elle deuient chagrine & riotteuse*, ce qui la rend mal-gracieuse enuers son mari & deplaisante à tous ses voisins. Si chascun lui desplaist, ses mœurs agrestes & peu ciuiles*[1] desagreent à chascun : cela est cause qu'on se mocque d'elle, qu'elle sert de but de risee & de sujet de mocquerie en toutes les assemblees, aux Eglises, aux places, en la ruë : chascun regarde la contenance* de ceste villageoises reuestuë[2], & se gausse de son port*, de ses gestes & plus encore de son langage. Orsat en est assés fasché. Mais quoi ? s'il vouloit vne femme ciuilisee, il la deuoit prendre à la ville. En somme le gros air de Ferrare ayant occupé ses esprits vitaux, accoustumez à la respiration d'vn plus pur & delié, les viandes mesmes qui n'estoyent pas selon son goust, auec la melancholie qui la saisit, la donnerent en proye à vne cruelle maladie, qui la mit presque au tombeau. Neantmoins sa ieunesse, le soin de son mari, l'assistance des Medecins, l'abondance des remedes, la garantirent de la mort : mais ne pouuant recouurer sa parfaitte santé si elle ne reprenoit l'air de sa naissance, Orsat fut contrainct de la ramener en la maison de son pere, & de reuenir à Ferrare exercer son commerce. Voila des gens mariez comme s'ils ne l'estoyent point.

D'autre costé Clotilde n'est pas moins à charge à Leonic son mari ; ayant accoustumé à Ferrare où elle estoit nee, & aupres de sa maistresse [52] Aurelie, d'estre nourrie delicatement, d'euiter le soleil & le serain, & tout plein d'autres mignardises, ce n'estoit pas pour estre propre* à vn mesnage* des champs, où il faut à toute heure estre à l'air, où les viandes sont grossieres, la nourriture rude, les personnes agrestes, les mœurs sauuages, où il faut que le corps trauaille, & sur tout vn soin exacte[3] de mille petites choses, ausquelles consiste le fort & l'vtile de la mesnagerie*. A tout cela elle ne s'entendoit nullement. Au contraire elle vouloit

---

1 Le mot garde ici ses deux sens : *conforme à la politesse*, mais aussi *de la ville*.
2 Travestie.
3 N'est pas corrigé dans 1660 ; les deux formes *exact* et *exacte* pour le masculin sont bien attestées toutes deux.

se parer, estre bien nourrie, bien vestue, se leuer tard & auec des affetteries* de ville paroistre tousiours la premiere & la plus belle ; sottises insupportables aux gens de la campagne. Et parce que les Rustiques sont d'ordinaire peu courtois* & condescendans*, ces façons de faire estoyent cause que Leonic la traittoit assez mal. Et bien qu'elle fust dans la richesse, elle n'estoit pas dans le contentement qu'elle eust eu à la ville dans vn moindre parti. Voila ce que c'est d'apparier par le mariage des naturels & des nourritures* qui ont de la contrarieté. Certes si deux bœufs ne tirent vn ioug auec egalité, ils ont bien de la peine & n'auancent gueres, le mesme se doit dire du mariage : s'il n'y a de la conformité entre les parties*, il est impossible qu'il reüssisse & qu'vn mesnage* soit bien conduit. L'vn qui bastit, & l'autre qui destruict (dict le Sage)[1] que font-ils sinon vne ruine ? Mais laissons-là les seruiteurs, & reuenons aux maistres.

Aurelie continua sa fecondité encores à Ferrare, & y eut d'autres enfans, qu'elle fit esleuer [53] aupres de soy, & se porterent bien sous ce climat où ils estoyent nez. Mais parce que Cesarin[2] estoit l'aisné, quand il eut attainct vn âge assez ferme, son pere le fit venir à la Cour pour le faire esleuer aupres des Princes de Ferrare, & lui faire apprendre les exercices qu'vn Gentil-homme doit sçauoir pour estre de mise dans le monde. Mais outre que sa santé deuenoit tous les iours plus debile, il ne fut iamais possible de lui faire gouster ceste vie courtisane, n'estant present à Ferrare que de corps, & son esprit & ses desirs estans tousiours à la campagne. Renee gousta plus la ville, mais ce fut aux despens de sa santé, qui en fut notablement interessée*, de sorte qu'estant arriuee à l'âge qui rend les filles nubiles, & vn parti s'estant presenté pour elle à Ferrare, elle ne vescut que deux ans auec son mari.

Herculin ne se trouuant donc aucunement propre* à la Cour, ni par nature, ni par inclination, son pere le destina au terroir de Vincenze, où il retourna auec la mesme ioye que s'il fust allé

---

1 Ecc 3, 3.
2 Camus se trompe de nom. Il s'agit d'Herculin.

prendre possession d'vn Empire, à quoi mesme aida beaucoup vn de ses oncles, qui n'ayant point d'enfans le choisit pour son heritier. Les enfans que Cesarin & Aurelie eurent à Ferrare y demeurerent & possederent les biens que leur pere y auoit acquis au seruice des Ducs ses maistres.

Ainsi chascun fut content & trouua son repos au lieu de sa naissance, tant il est vray que le monde estant d'vne forme ronde tout ce qui y est, a beau tourner, il n'a point de tranquillité qu'en se reünissant au point qui ioint la fin au commen-[54]cement : à la façon du compas & de la rouë, qui en leur mouuement reuiennent tousiours à leur principe. Ainsi les lieures pourchassez des veneurs viennent las, harassez & recreus chercher leur tombe dans leur berceau, & rendre les abois au lieu où ils sont nez. Quelques grandeurs que la nymphe Calipso promist à Vlysse, il les mesprisa pour retourner à son Isle d'Itaque, laquelle n'estoit qu'vn petit escueil au milieu de la mer, & là il s'estimoit aussi heureux* que le Roy des Grecs dans le superbe palais de Mycene. De tous les fruicts il n'y a que les Persiques à qui la transplantation soit vtile. Vn homme hors de son pays, est vn poisson sur le sable. Quelque bonne nourriture* que l'on donne à vn oyseau dans vne cage, il aimeroit mieux auoir moins & iouyr de la liberté de son air naturel : Les Cerfs rendus domestiques par vn long temps en moins de rien laschez dans les bois reprennent leur premiere nature. Comme les os se plaisent en leur emboiture naturelle, ainsi les hommes au pays qui les a veu naistre*. Retenez les en vne terre estrangere auec des fers dorez, & tous les auantages que vous voudrez imaginer, tousiours, selon le Prophete[1], leur esprit se retournera vers leur terre natalle, comme au siege de son repos. Ie sçai neantmoins que plusieurs la quittent poussez de diuers motifs ou d'acquerir des biens, ou de remporter de l'honneur, ou pour se donner du plaisir en voyageant. Mais ceste impetuosité

---

1 Jr 46, 16 (?).

estant passee, ils reuiennent tousiours à desirer ce qu'ils ont laissé, & ne sont iamais tant à [55] leur aise, que quand ils sont reuenus. Celui certes n'a pas merité de sauourer la douceur des choses agreables, qui n'a essayé* l'amertume des deplaisantes : ni n'est capable d'estimer le prix de la paix, qui n'a senti les desolations de la guerre : ny n'est iuge competent du repos, que celui qui a beaucoup trauaillé. Aussi nul ne sçait quelles sont les amorces*, quels les attraicts, ni quelle force a l'ascendant du lieu de la naissance, que celui qui par de longs & penibles voyages en a esté priué par vn espace notable. Car comme la soif faict treuuer des gousts dans l'eau, qui d'elle-mesme est sans saueur, & la faim donne des friandises* aux viandes les plus grossieres & insipides : aussi les pelerinages & la veuë des regions estrangeres nous font estimer nostre terre. Ce que ne peut faire celui qui n'a rien veu, & qui croit que le monde est borné des limites de son village. Heureux* qui peut apprendre ceste verité par enseigne-ment, non par experience. Mais ou est cet heureux* ? Certes il est malaisé d'en trouuer vn, parce que l'aise mesme est mal-aisee à supporter, peut estre autant que l'incommodité. Qu'ainsi ne soit, qui ne sçait que ceux qui sont d'vne complexion chatouilleuse supporteront plus long temps vne excessiue douleur, qu'vn long chatouillement ? & que les pointes* aigues d'vne playe, ne donnent pas tant d'impatience qu'vne demangeaison ? Qu'vn lict soit si mol qu'il vous plaira, si l'on y demeure plus que ne permet le repos ordinaire, on y deuient comme tout rompu, & ce qui est faict pour delasser, donne la lassitude. [56]

Voire mesme est-il difficile d'estre couché long temps sur vn mesme costé. En toutes choses la vicissitude soulage, & comme le repos reuigore le trauail, le labeur est la saulse de la tranquillité.

L'Euenement que nous venons de representer & qui en embrasse plusieurs en vne mesme chaisne, verifie tout cela & faict voir que quelques essais qu'ayent faict ceux dont nous auons parlé de treuuer en diuers lieux le contentement qui se peut moins rencontrer ici bas que la pierre philosophale, ils n'en ont point gousté de tel, que de se tenir au lieu, où comme des arbres raisonnables Dieu les auoit premierement plantez pour faire du fruict en leur saison. Ce qui me faict estendre à la demeure du pays, ce que l'Apostre dict de la vocation, conseillant vn chascun de demeurer en celle en laquelle il a esté appellé[1]. C'est peut estre ce que vouloit dire le Roy Prophete, quand il disoit, que son contentement estoit de chanter les iustifications diuines, au lieu que Dieu auoit destiné à son pelerinage & quand il appelle bien-heureux* celui qui a esleué son cœur à Dieu en ceste vallee de larmes au lieu où la diuine prouidence l'a establi[2]. [57]

L'Imprecation Maternelle.
EVENEMENT III.

Nos peres et nos meres sont les plus viues images de Dieu que nous ayons en la terre, ou pour mieux dire, ce sont nos Dieux terrestres. Nous leur deuons par la loi de la nature & du ciel honneur & obeissance, si nous voulons iouyr longuement de la vie qu'ils nous ont donnee. Si nous leur sommes ingrats, le retranchement* du fil de nos iours est la punition de ceste mescognoissance. Ils sont cooperateurs de Dieu en l'œuvre de nostre creation. D'eux nous tenons le corps, & l'ame de la main de Dieu, qui la cree & la respand dans les organes* comme vne celeste rosee, ou comme vne perle dans vne nacre. Tout de mesme donc que ceux dont la volonté se depart* & se separe de Dieu, courent infailliblement à leur perte, ces enfans-là vont à perte

---

1   1 Co 7 20 et 24.
2   Ps 84, 5.

d'haleine à leur ruine, qui s'emancipent de la reuerence qu'ils doiuent à leurs parens. Certes nous sommes en leur main comme l'argille en celle du potier, ils peuuent faire de nous ce qu'il leur plaist, leurs doigts filent nos bonnes ou mauuaises fortunes. Leurs benedictions ou maledictions sont les principes & les sources de nos felicitez, ou de nos malheurs*. Le zephyre n'est point plus doux aux fleurs, que les benedictions des peres sont profitables aux enfans. Et c'est ce qu'ils ne deuroient point [58] espargner, quand ils sont vertueux & dociles : & quand ils sont dyscoles*, les ramener doucement à leur deuoir par remonstrances & corrections, en suspendant les maledictions, si ce n'est à l'extremité : à l'imitation de l'Eglise cette bonne mere, qui ne iette iamais les siennes sur les incorrigibles qu'apres beaucoup d'admonitions. Car l'experience ordinaire nous fait voir par mille exemples, que comme les meres impriment aux corps des enfans qu'elles portent les marques de leurs vehementes imaginations, aussi les maledictions & imprecations des parens, faites souuent à la legere, & en l'ardeur du courroux, se tournent en effects sinistres, dont ceux-là mesme qui les ont faites se repentent, mais trop tard & hors de saison. L'Euenement que ie vai proposer confirmera cette verité, & apprendra aux parens à moderer vn peu leur cholere, & mettre vn frein à leurs langues.

En l'vne des villes maritimes de la coste de Prouence, il n'y a pas encore six lustres, que viuoit vne vefue, qui estoit certes vraiment vefue, & sans aucun dessein ny desir de se remarier. Tout son soin estoit d'esleuer le mieux qu'elle pouuoit deux enfans, que son mari lui auoit laissez en assez bas âge. Elle estoit douce, amiable, deuote, & honoree de tous ses voisins, en consideration de ses vertus. Quand tout à coup elle se trouua comme engagee en de secondes nopces, où elle fut portee par ses parens comme insensiblement. Si elle eust esté seule, son inclination la portoit plus à passer sa vie en cet heureux estat de viduité, que [59] de tenter* vn second naufrage, & se reduire sous vne nouuelle subjection*. Mais que ne peut au cœur des parens le desir d'auancer ceux qu'ils ont mis sur la terre ? Leur estant auis qu'en les poussant dans le monde, ils leur donnent vne seconde vie plus illustre que la premiere.

Vn vieillard, à qui la viduité estoit aussi onereuse, que gracieuse à celle-ci, desira l'auoir pour femme, & acheuer ses iours auec elle, attiré par l'odeur de sa reputation & de sa vertu. Cestui-ci s'appeloit Onofre, homme riche selon sa qualité, & qui n'auoit qu'vne seule fille, appelee Florentine[1]. La vefue qui n'estoit pas pour se rendre aux poursuittes de ce vieil amoureux, mesme sous le ioug d'Hymen, sans quelque pressant motif, y fut induite par le leurre de cette fille vnique, laquelle Onofre promettoit de donner à son fils, & mesme de faire espouser sa fille à vn de ses parens, qui estoit vn marchand fort accommodé*.

Onofre ne pouuant auoir accez à Marcelle (ainsi se nommoit ceste vefue) parce qu'elle viuoit fort retiree, & fuyoit l'abbord des hommes comme vne timide Colombe les approches du Gerfault ; fit ioüer ses ressorts par ses parens, qui lui mirent à si haut prix la fortune de ses enfans, que desireuse de l'auancer comme la mere des fils de Zebedee[2], elle presta l'oreille à ceste recherche, & en fin deuint en secondes nopces femme d'Onofre. La ieunesse de Maximin fils de Marcelle, & plus encore l'aage & la complexion debiles & infirmes de Cecile fille d'Onofre firent differer leur mariage en vne plus meure* & plus commode saison. [60] Le pere sçachant que sa fille ne contrediroit iamais à ses volontez, & qu'elle prendroit sans difficulté le mari qu'il lui donneroit, & la mere iugeant le mesme de son fils, qu'elle auoit tousiours esleué en crainte, & de la docilité duquel elle se promettoit toute sorte d'obeissance. Mais autre chose pense le prisonnier, autre celui qui le meine.

---

1 Seul endroit du texte où l'héroïne porte ce nom : désormais elle s'appelera Cécile.

2 Salomé, mère des apôtres Jacques et Jean (Mt 4, 21), qui demande à Jésus de les placer auprès de lui (Mt 20, 20-22).

Bien que Cecile fust vne fille fort recommandable* pour* les bonnes qualitez de son ame, elle l'estoit peu pour celles de son corps, & bien que les traicts de sa face ne pussent estre appelez difformes ; ils estoient despourueus de ceste grace pleine d'attraicts, qui reluit d'ordinaire parmi les fleurs d'vn ieune visage. Quant à la taille du corps elle l'auoit gastee[1], mais non si excessiuement qu'vn moins delicat que Maximin, n'eust mesprisé ce deffaut. Mais la ieunesse, qui n'a des yeux qu'en la teste, ne sçait pas que la droitture de l'ame est plus à desirer que celle du corps, & que la vertu est plus recommandable* que de beaux traicts de visage qui passent soudain, & qui sont subjects aux rides & aux sillons que le temps y apporte.

Il se desgousta donc tellement de cette douce & innocente creature, qu'à peine pouuoit-il sousfrir sa presence, comme si ceste figure eust blessé ses yeux, ou s'il eust eu peur à force de la regarder de deuenir vouté comme elle. Ces mines* & ces mespris venus à la cognoissance d'Onofre, offenserent* son courage*, & ialoux de sa fille, qu'il voyait ainsi desdaignee, conçoit d'autres desdains contre Maximin. Il auoit ce qu'il desiroit en la [61] possession de sa chere Marcelle, dont il receuoit des deuoirs & des amitiez, qui le faisoient raieunir, aussi le prix d'vne honneste* & vertueuse femme, dit Salomon, vaut plus que tout l'or, qui vient des extremitez de la terre[2]. Le cœur de son mari se confie tellement en elle, que ses trauaux en sont soulagez de la moitié.

Marcelle tança quelquefois son fils, de ce qu'il faisoit si peu de conte de celle qui deuoit estre sa femme. Mais endurcissant son cœur par ces remonstrances, comme l'enclume par le battement des marteaux, à la fin il descouurit tout à fait son mauuais courage*, & declara ouuertement à sa mere, qu'il ne seroit iamais mari de Cecile, & qu'elle ostast ceste creance de son esprit. Marcelle qui sçauoit le grand auantage qui lui deuoit reuenir de

---

1 Elle est «voûtée». V. huit lignes ci-dessous.
2 Pr 31, 10.

cette alliance, & qui s'estoit comme sacrifiee à vn second Hymen,
pour lui procurer* ceste bonne fortune, le reprit* aigrement de
ceste legereté, & lui fit des menaces que la cholere lui suggera,
lesquelles ne firent qu'augmenter d'autant plus l'auersion que
Maximin auoit prise contre Cecile. Et à dire la verité, ce n'est pas
auec la force que l'on fait entrer les oiseaux, & les poissons dans
les filets, c'est auec douceur & industrie : les camorres* desesperent
les cheuaux, qu'vn doux frein rameine à leur manege. Peut estre
que si ceste bonne femme s'y fust conduitte de meilleure grace,
ce fils fust venu à la cognoissance du bien qu'il perdoit, & pour
se mettre à son aise, eust fermé les yeux à vn leger defaut. Mais
l'esprit humain est plein d'vne telle franchise*, & la volonté d'vne
na[62]ture si libre, que qui la presse la perd, qui la violente la
destruit. Principalement il n'est rien qui se fasse si mal que l'amour
par obeissance, veu que le principe de ceste passion prouient
d'vn mouuement libre du cœur, qui se porte de soi-mesme vers
un bien, qu'il estime ou honorable, ou vtile, ou delectable. Voila
donc Maximin rendu encore plus desdaigneux & rebours* par
les remonstrances de sa mere.

Onofre qui sçait ceci, entre en telle cholere, qu'il proteste que
sa fille ne sera iamais à lui, & que les partis ne lui manqueront
pas, veu qu'il la peut faire toute d'or.

Tout ceci ne se passa point sans de grandes tempestes, qui
firent resoudre Maximin à desemparer*, non seulement de la
maison, mais encore de la ville, & d'aller chercher sa fortune en
quelque autre demeure. Sa condition l'obligeoit au traffic maritime. Il delibere de faire quelque commerce sur mer, & estant
assez proche de sa maiorité, il se fit emanciper par auctorité de la
Iustice, afin d'auoir le maniment du bien que son pere lui auoit
laissé, & le faire profiter selon son industrie. Sa mere pour auoir
la paix auec son mari & en sa maison, consent à lui remettre
entre les mains la part qui lui appartenoit du bien de son pere,
encore qu'elle presageast (en quoi elle fut vne Sibylle) qu'il la

gouuerneroit mal, elle retint celle qui arriuoit à vne fille qu'elle auoit de son premier mari, sœur de Maximin, & qui portoit le nom de Marthe.

Voila nostre Prodigue auec la portion de la [63] substance qui lui appartenoit, qui se prepare pour aller en vne region lointaine, d'où il ne reuiendra pas mieux accommodé* que celui de l'Euangile. Le traffic ordinaire de la coste de Prouence est à Genes, Cité fameuse pour ses richesses & son or plus que pour son territoire qui est fort sterile. L'Italie est assez descriee parmi les autres nations pour l'incontinence*, & outre les contrees d'Italie les femmes des Liguriens ont vne qualité que ie n'oserois dire ouuertement sans vergoigne*, bien que ie la die couuertement. Maximin estant abbordé en ce beau riuage tout couronné d'orangers, & où les fleurs sont perpetuelles, riuage où les chaleurs des corps ne sont pas moindres que celles du climat, prit sa part à l'influence de ceste temperature, & commença à s'addonner à des desbauches que ie ne puis honnestement nommer, non pas mesme en les blasmant.

C'estoit là le grand chemin pour arriuer au point de l'imprecation que Marcelle auoit faitte contre lui, lors que prenant congé d'elle, elle lui dict transportee de cholere : Va mal-heureux*, tu sçais que la plus grande raison que i'aye euë de me remarier a esté pour te mettre à ton aise, tu refuses maintenant ce que tu desireras vn iour, mais inutilement : tu ne meritois pas d'auoir vne si honneste* femme que la fille de mon mari, ie m'estois promis toute autre chose de ton obeyssance apres auoir pris tant de peine à t'esleuer & à conseruer ton bien. Ie preuoy que tu en seras mauuais mesnager*, parce que les enfans desobeissans [64] ne prosperent iamais. Mais ie prie Dieu, puisque tu as mesprisé le parti auantageux que ie t'auois choisi, que tu puisses estre trompé en femme, si tu en prends vne de ta teste, & sans l'auis des tiens. Auec ces paroles, que Maximin ne prit que comme le bruit d'vn tonnerre, mais qui estoient autant de foudres, elle le laissa aller.

Estant donc en ceste superbe ville de Genes, où les personnes sont si fines & rusees, ce ne fut pas grande merueille s'il y fut aisement abusé*. Vraiment c'estoit bien à vn ieune homme de commencer son traffic par la riuiere* de Genes. Et puis au train de vie que menoit Maximin, que lui pouuoit-il arriuer que honte & confusion ? Son commerce estoit auec les Dames, quelles Dames ? ie le laisse à deuiner à celui qui a veu la contree. En fin (pour imiter les voyageurs, qui se depeschent de franchir vn mauuais passage) il tomba entre les mains d'vne femme de mauuaise vie, qui non contente de le ruiner de corps & de biens, le voulut encore faire tomber dans vn piege, d'où il ne sortira de sa vie. Remettez vous deuant les yeux les folles despenses du prodigue Euangelique, & representez vous celles de Maximin, car de les particulariser, il n'est ni de mon humeur, ni de la bienseance. Comme le mal-heur* n'est iamais seul, aussi n'est la folie, car vn abysme en appelle vn autre en la voix des cataractes.

Maximin cognoissant qu'il menoit vne vie qui ne pouuoit pas estre de longue duree, & voyant tous les iours baisser les eaux, & tarir l'argent dans sa bourse, parce qu'il exerçoit vne marchandise [65] où il y a plus à perdre qu'à gagner, pensant à se bastir quelque fortune dans Genes, dont le sejour lui plaisoit fort, il ietta les yeux sur la fille d'vn riche marchand, fille fort honorable ; & s'imagina, tant il estoit vain*, que par l'entremise de cette mauuaise femme qu'il frequentoit, il la pourroit auoir en mariage. Il descouure ceste pensee à celle dans le sein de laquelle il se perdoit, & elle aussi perfide que Dalila, soit par ialousie, soit par pure malice*, brassa contre lui vne trahison la plus insigne qui puisse sortir d'vn tel organe* de Sathan.

Il y auoit dans la maison de ce riche marchand, appelé Polycrate, vne seruante affettee*, qui auoit des intelligences* (Dieu sçait quelles) auec ceste fausse femelle qui amusoit* Maximin, soit qu'elle se voulust defaire de son pigeon, qui n'auoit tantost plus de plumes, soit qu'elle se voulust vanger de son inconstance par vne trousse* digne de sa ruse, soit qu'elle eust quelque desir

d'auancer cette fille, estimant qu'elle deust rencontrer quelque
bonne fortune au païs & en la compagnie de Maximin, elle lui
fit iouër vn personnage admirable[1].

Ayant fait croire à ce pauure aueuglé, que le desir qu'il auoit de
posseder Agathe comme sa femme (c'estoit la fille de Polycrate)
estoit non seulement iuste, mais de facile execution : elle feignit
d'auoir beaucoup d'accez vers la mere & la fille, & qu'estant toute
de ceste maison là il lui seroit aisé de manier ceste affaire, & de
la conduire au poinct desiré. Maximin coiffé de ceste femme,
tient ses propos trompeurs pour des oracles de verité : car que ne
croyent les amans de la part de [66] ceux qu'ils aiment ? Remettant
donc tout son bonheur* en sa conduitte*, que fait cette bonne
beste ? Elle feint qu'elle auoit treuué de grands obstacles dans
les esprits du pere & de la mere, mais que dans celui de la fille,
elle auoit rencontré de si grandes inclinations pour lui, que s'il
auoit autant de courage* qu'il tesmoignoit auoir d'amour, rien
ne lui seroit impossible.

Voila les amorces* que ceste fausse beste iettoit deuant cet
inconsideré ieune homme, pour le faire donner dans les filets
qu'elle lui tendoit. Ils estoient tels. Elle desiroit lui faire prendre le change comme à vn ieune chien mal ameuti*, & lui faire
espouser ceste bonne piece de seruante qu'elle cognoissoit, en la
place de la maistresse, & ainsi abuser* cet Amant, en recompense*
des biens qu'elle auoit tirez de lui, & puis que la ieunesse se fie

---

1   Ce dernier paragraphe est un bon exemple de la désinvolture avec laquelle Camus
     utilise souvent les pronoms personnels (les trois premiers et le cinquième *elle* repré-
     sentant la « fausse femelle » et le quatrième la « fille ») et les possessifs (*son* et *sa* dans
     « se vanger de son inconstance par une trousse digne de sa ruse » référant tous deux
     à Maximin). De même au paragraphe suivant, dans « remettant tout son bonheur
     en sa conuitte », le premier *son* renvoie clairement à Maximin, mais par contre le
     sa, à « ceste femme ». Il y a de même quelque négligence dans la parataxe de « elle
     lui fit jouer un personnage admirable ». Tout cette nouvelle d'ailleurs demande
     une lecture un peu plus attentive que d'habitude, et le déchiffrement des pronoms
     n'est pas rendu plus facile par la décision de Camus de ne pas donner de nom à
     « cette femme, qui n'a point d'autre nom que celui qui est commun à toutes les
     vicieuses, sçauoir de pecheresse ».

à de telles furies[1]. Elle trama sa toile de la sorte, ayant auerti de
tout ce qu'elle vouloit ourdir, ceste fille qui seruoit Agathe, &
lui ayant persuadé que c'estoit pour son auancement, & mesme
que ce ieune homme auoit de la passion pour elle, voila qu'elle
eniolle si bien nostre Prouençal, qu'encore qu'elle n'eust aucune
creance en la maison de Polycrate, qui n'ignoroit pas sa mauuaise
vie, elle lui faisoit croire qu'elle y estoit absolue, & qu'elle auoit
vne telle creance sur les volontez de la fille, qu'elle en disposoit
comme de la sienne. Chascun sçait comme en Italie les filles qui
font profession d'honneur sont resserrees*, & si estroittement
gardees, qu'à peine les laisse-on voir à leurs plus proches parens,
beaucoup moins [67] aux estrangers, qui à peine les peuuent voir
en peinture, ou plustost en idee*.

Maximin qui commençoit à perdre terre[2], visoit plus aux
commoditez* qu'à la beauté, & à establir sa fortune, qu'à son
plaisir : c'est pourquoi s'accommodant* à l'humeur & à la façon
du païs, il ne pressoit pas autrement de voir Agathe, content
(disoit-il à ceste femme, qui ne merite pas de nom en cette histoire) de sçauoir ses volontez, ou par son rapport, ou par escrit.
Aux lettres qu'il lui escriuoit, pleines des passions que l'on peut
imaginer, ceste trompeuse qui n'eust osé les presenter à Agathe,
à laquelle seulement elle ne parloit pas, faisoit faire des responses si auantageuses, que Maximin en estoit raui, & croyoit estre
voisin de la conqueste de Iason. Quoi plus ? elle lui promit de le
faire parler à Agathe, faueur extraordinaire : mais ce fut auec des

---

1   Le français moderne séparerait ce membre de phrase par un point et mettrait un
    point d'exclamation : Et puis que la jeunesse se fie à de telles furies ! Dans la phrase
    suivante, la virgule avant «ceste fille» n'a pas grande raison d'être.
2   «On dit qu'on a fait perdre terre à quelqu'un, pour dire, qu'on l'a mis en déroute,
    soit en plaidant soit en disputant contre luy.» Furetière. Mais les Dictionnaires de
    l'Académie plus tardifs donnent deux sens : perdre la terre de vue (pour un navire),
    ou perdre pied (quand on avance dans l'eau). Le second semble ici plus apte, au vu
    de «donnant desia de la teste dans le ciel» à la fin du paragraphe suivant : Maximin
    commence à ne plus toucher terre, à avoir des espérances en dépit du bon sens.

circonstances du païs, la nuict, par vne fenestre, en vne petite rue,
lui estant desguisé & parlant bas & peu. Maximin accorda toutes
ces ceremonies, donnant desia de la teste dans le ciel.

Que fit la trompeuse? elle persuada à Caride (c'estoit cette
seruante, que ie deurois plustost appeler Caribde) de prendre
les habits & le nom d'Agathe, & en se presentant à la fenestre,
de parler à Maximin, & lui promettre toute sorte d'affection,
auec protestation que ce fust auec dessein de l'epouser. Tout ce
badinage qu'il suffit de marquer sans s'amuser* autrement à le
descrire, se passa si dextrement, & Caride ioüa si accortement*
son personnage, que Maximin reuint de ce pourparlé [68] & de
ceste entreueuë (car durant l'ombre & l'obscurité de la nuict il ne
pouuoit qu'entreuoir) si content & si satisfait, qu'il ne pouuoit
tenir dans sa peau. N'ayant iamais ouy parler Agathe, ni bien
apperceu son visage, il fut aisé à tromper de la sorte. Ils continue-
rent assez long temps ces visites nocturnes, durant lequel la bourse
de Maximin diminuoit fort, & ses affaires ne s'auançoient point.
Les paroles ne le satisfont pas si les effects n'y correspondent. On
lui forge pour dilayer* & gaigner pays*, les meilleures excuses
que l'on pouuoit inuenter, mais les meilleures ne valoient rien.
On lui disoit que ceste qualité d'estranger estonnoit* les parens
d'Agathe, qui aimoient si tendrement leur fille, qu'à peine la
laisseroient-ils sortir de Genes. Il repart que son dessein est, de
quitter son païs, & de demeurer aupres de sa femme, dans ceste
superbe cité, reine de la mer Ligustique. Aueugle qu'il estoit &
peu iudicieux, ne considerant pas que les Geneuois sont tenus
pour peuple qui aiment peu l'estranger, & qui ont en prouerbe,
que Genes n'est que pour ceux qui en sont. Et puis quelle raison
y auoit-il, qu'vn ieune homme incognu, venant d'vn autre païs,
de mœurs & de coustumes dissemblables, de qui l'on ignoroit
les biens & la naissance, menant vne vie assez licentieuse, osast
hausser les yeux vers vn parti plus auantageux qu'il n'eust osé
esperer en sa propre patrie? Mais qu'est-ce que l'amour & le desir

de s'establir ne persuadent à vn esprit preoccupé* de la bonne opinion qu'il a de lui-mesme, & qui croit que chascun l'estime autant comme il se prise ? [69]

Tandis que Maximin se repaist de vaines* esperances, Carideme ieune citadin Geneuois, de maison & de fortune conforme à celle d'Agathe, se presente pour la rechercher. Polycrate le reçoit auec des applaudissemens & des ioyes, qui tesmoignent l'estat qu'il faisoit de son merite. L'vne & l'autre parenté s'assemble, l'alliance est aussi tost conclue, on n'attend que les iours propres* à la conclusion du traitté pour la consommation du mariage. Les recherches honorables comme celle-là sont œuvres du iour, & qui cheminent en la lumiere, bien differentes de celle des tenebres, qui ne cherchent que les ombres, & qui redoutent les yeux & la cognoissance des hommes.

Selon la forme des amans, Carideme passe souuent deuant le logis de Polycrate, pour espier si en passant il ne seroit point eclairé de quelque rayon de son estoile, & si la fenestre ne feroit point vn horison à son orient[1]. La nuict il fait de belles musiques deuant sa porte, chascun le reconnoist pour seruiteur d'Agathe, & benit ceste future alliance. De quel œil Maximin voyoit tout ceci, ie le laisse à coniecturer. Il presse celle qui iusqu'à lors l'auoit abusé*, de destourner cet orage, qui menaçoit d'vn naufrage euident ses pretensions*. La rusee faisant seruir cette occurrence* à son dessein, tout cooperant au mal à ceux qui sont mauuais, prend cette occasion* par les cheueux, tant pour se deffaire de Maximin, qui estoit à la fin de ses finances, mais non pas elle de ses finesses, que pour faire à Caride le plaisir qu'elle desiroit.

Feignant donc de trauailler beaucoup pour [70] empescher le mariage de Carideme & d'Agathe, encore qu'elle n'en dist pas vn mot, & qu'Agathe fust entierement ignorante de ceste menee, elle reuint vn iour trouuer Maximin, & faisant l'empressee & la

---

1   Le texte porte bien *feroit*. Si on pense que *son* renvoie à *estoile*, on peut alors rétablir un *concetto* comme : si la fenêtre ne pourrait pas servir de point où se montre son astre.

troublee. Tout est perdu pour vous, lui dit-elle, si vous ne faites esperance du desespoir, & rempart de vostre courage. Polycrate est engagé si auant auec les parens de Carideme, qu'il est impossible, sans perdre l'honneur, qu'il retracte sa parole. Agathe en est au mourir, & resolue d'en venir à toute extremité plustost que de manquer à celle qu'elle vous a donnee, elle est preste de vous suiure par tout, si vous auez la hardiesse de l'emmener. Le coup est hazardeux, mais la fortune aime les gens de cœur, & se retire des lasches. L'amour lui seruira tousiours d'excuse, & à vous aussi, le temps remediera aisement à ceste playe. La patience* est le remede des maux qui n'en ont point. Les cœurs des peres sont tendres vers leurs enfans, vne larme leur arrache la cholere, & leur tire le pardon du cœur. Vous serez en vostre païs à l'abri de la Iustice de celui-ci, & hors des prises de la cholere & de la premiere fureur de Polycrate, peu à peu il s'adoucira & s'appaisera. Vous aurez tousiours la personne en vostre possession, les biens vous arriueront en la saison que le ciel ordonnera. La mer vous ouure son sein & facilite vostre entreprise, louez vne tartane* ou vn caramouzel*. Agathe prendra des habits d'homme, ainsi desguisee, vous l'emmenerez sur le soir auec le vent qui est fauorable sur la mer à la deesse de Cypre qui en est nee, & à ceux qui ont pour phare [71] son flambeau. Vous toucherez incontinent la coste de Provence, & vous voyla en sauueté.

Ceste pipeuse sceut si bien colorer ses persuations, & attiser par ses discours le feu & le desir de Maximin, que quand il eust esté de glace, il se fust eschaufé & animé à cette entreprise, quand il eust esté le plus poltron de la terre. Il n'est pas seulement resolu, mais il brusle d'impatience d'en venir à l'execution, & de rauir sa belle Helene, de son consentement. Il voit durant la nuict la feinte Agathe & la veritable Caride[1] au lieu où il auoit accoustumé de lui parler. Ils se determinent de partir le lendemain au soir en la façon que nous auons dit. La barque est preparee, la fille

---

1 La feinte Agathe qui est la vértitable Caride.

desguisee sort du logis de Polycrate, & se rend en celui de cette femme, qui n'a point d'autre nom que celui qui est commun à toutes les vicieuses, sçauoir de pecheresse. La Caride instruite de cette bonne piece[1] fait vn peu la troublee & la rencherie, & roulant de ses yeux des larmes de crocodille, que Maximin crut estre de douleur, bien qu'elles fussent de ioye : elle lui tint des propos qui estoient de l'huile sur son feu. Faisant des regrets sur l'abandonnement de son païs & de sa maison paternelle, sur la tache qu'elle faisoit à sa reputation & à toute sa famille par cette suite. Et reiettant tout cela sur la vehemence de sa passion & sur la saincteté inuiolable de la foi donnee, elle demanda deux choses à Maximin, qu'elle voulut qu'il lui promist solennellement auant qu'elle s'engageast plus auant à sa suite. Ie vous prie en ces alteres*, où tout estoit à craindre, & si peu de temps à perdre, que ne lui eust promis [72] Maximin pour lui faire haster le pas ? La premiere chose fut qu'il lui donnast la main, & par paroles de present lui promist la foy de mariage en presence de cette bonne beste, qui auoit esté la mediatrice de ceste fourbe. La seconde, qu'il lui iurast solennellement qu'il modereroit la vehemence de ses desirs, & n'attenteroit point de la posseder entierement, qu'ils ne fussent arriuez en Prouence, & que ce mariage clandestin n'eust esté solennellement contracté. Bien que Maximin eust de la repugnance à ce second article, il s'y accorda neantmoins sur l'espoir qu'il auoit d'arriuer en Prouence auec promptitude sur les aisles des vents. Quant au premier, cet aueugle Sanson[2] le iura sur le champ, & la prit pour son espouse sans autre consideration.

   Cela fait, les voila dans la fregate, & le vent comme conspirant à leurs desirs les encline* incontinent à la coste desiree de la belle

---

1 Ici, probablement *bon tour, tromperie. Bonne pièce* en parlant des personnes est courant dans le langage comique classique (v. Littré), pour dire *personne rusee*, sens qu'on trouve bien ci-dessus p. [66] en parlant de Caride : « cette bonne piece de servante ». Mais ici il faudrait supposer, pour que cela s'applique à une personne, que le *de* veut dire *par*. Ce qui semble improbable, *piece* étant bien attesté avec le sens de « bon tour joué à quelqu'in ».

2 Jg 16, 21.

Prouence. De vous dire les rauissemens d'aise que ressentoit
Maximin en ce rauissement, se voyant auoir si prosperes & fauorables les vents & les eaux, elemens si perfides, & quels estoient
les fremissemens de son cœur, quand il descouuroit quelque
voile, croyant qu'on lui vint arracher sa proye, & lui faire sentir
la peine de la faute qu'il pensoit commettre, il seroit mal-aisé.

Arriué donc qu'il fut à la ville de sa naissance, faisant gloire
de sa confusion, & vanité de sa honte, il va treuuer sa mere, & lui
raconte son action, comme vne victoire signalee* & digne d'vn
triomphe. La bonne Marcelle, qui d'abbord [73] deteste ce rapt,
ne presage rien de bon d'vne fille qui a consenti à vne telle folie.
Et quoi qu'il lui iure de sa chasteté, & qu'il n'a encore eu aucune
part en elle, ceste sage ne le peut croire, & croit que quelque
grand mal-heur* doit accueillir* son fils apres ceste temerité. Les
criminels sont coulpables par tout, & la iustice les suit par tout,
comme vne ombre inseparable de leur forfaict. Ils peuuent estre
cachez, iamais assez ; impunis pour vn temps, mais non pour
tousiours. Ce ieune estourdi lui representant des monts d'or qui
lui deuoyent venir de ce parti, elle croyoit que ces montaignes
n'enfanteroyent qu'vne souris, comme d'effect il en nasquit vn
sousris quand la verité fut descouuerte.

Malgré donc sa mere & ses parens qui desiroyent estre mieux
informez de ce faict, il espousa solennellement Caride, laquelle
se rendit à ses volontez & deuint sa femme. Quelques mois se
coulerent sans que les Geneuois (qu'il croyoit tousiours auoir en
queuë) vinssent demander iustice de son rapt. A la fin quelques
marchands reuenans de Genes & s'estans enquis sous main du
rapt de la fille de Polycrate rapporterent qu'elle estoit mariee à
Carideme, & qu'vne seruante s'estoit euadee de sa maison sans
sçauoir où elle estoit allee, parce qu'on n'auoit pas pris la peine
d'en faire grande enqueste.

Quand ceste nouuelle vint aux oreilles de Maximin, iugez quelle
sueur lui monta au visage, son cœur lui disant qu'il auoit esté
trompé par celle qui l'auoit plumé & en qui il se fioit. L'amour [74]

maternelle tousiours accompagnee de souci & de crainte frappa
aussi tost les entrailles de la bonne Marcelle, & la rendit curieuse de
s'esclaircir* de la verité. Elle enuoye à Genes vn messager expres,
qui confirme les mesmes nouuelles que les marchands auoyent
rapportees. Caride est appellee, laquelle se voyant descouuerte
se iette à genoux deuant son mari, & sa belle mere. Estant à
leurs pieds elle leur dict que portee par les persuasions de ceste
femme de Genes ouuriere d'iniquité & desireuse de son propre
auancement, elle auoit contribué son industrie à ceste fraude,
mais qu'elle n'auoit pas pourtant menti en tout, d'autant qu'elle
estoit fille de Polycrate, mais non legitime : & qu'estant chez lui
en qualité de seruante, il la vouloit marier par force* à vn valet
qu'elle n'aimoit point, & que se voyant aimee & recherchee de
Maximin, auec de si grands tesmoignages d'affection qu'il lui
auoit faict croire, elle s'estoit donnee à lui en la façon que l'on
auoit veu. Qu'encore que sa naissance eust quelque chose de
repprochable, elle estoit pourtant fille de bien, & tascheroit de
recompenser* par ses seruices & son humilité les defauts de ses
moyens & ceste douce tromperie, par laquelle elle s'estoit acquis
vn mari.

Bien que Maximin se voyant trompé fust en la plus grande
cholere que se puisse imagner, il s'abstint neantmoins de l'offenser*, soit qu'il fust retenu par la presence de sa mere & d'Onofre
son beau-pere, que[1] parce qu'il y auoit plus de sa faute en ceste
tromperie que de ceste fille, ioint qu'il [75] eust eu peu d'honneur
de se vanger sur son infirmité. Le voila la fable de sa ville, la risee
d'vn chascun & specialement d'Onofre, dont il auoit mesprisé
l'vnique & riche heritiere. Nonobstant cela, ce fut à lui à ronger
son frein, & à digerer comme il put son amertume, ne lui estant
pas possible ni à homme du monde de rompre ce que Dieu
auoit lié. I'obmettois vne singularité remarquable. Comme on
reprochoit vn iour à Caride qu'elle l'auoit trompé sous le nom

---

1   *Sic.*

d'Agathe, elle respondit qu'à son nom qui n'estoit pas autrement Chrestien, elle auoit ioint en la confirmation celui d'Agathe, qui lui auoit esté donné par la fille legitime de Polycrate qui l'auoit presentee à ce Sacrement.

Cependant Maximin se voit ruiné, & sans l'assistance de sa mere, dont le sang ne pouuoit mentir, il eust eu de la peine à viure. Pour renouër vn peu sa fortune & en releuer le desbris* il reua à Genes, où la Relation ne dict point comme il traitta le principal instrument de sa ruine, & de sa tromperie : ouy bien qu'il fit parler à Polycrate par l'entremise d'vn ami, afin qu'il lui pardonnast sa faute, & qu'il lui donnast quelque somme pour la dotte de Caride. Polycrate bien estonné de cet Euenement*, & qui ne se soucioit pas beaucoup de ceste fille qu'il auoit perduë, respondit que bien que ce rapt meritast selon les loix vne seuere punition, & vn extreme supplice, le dessein qu'il auoit eu d'attenter sur sa fille legitime[1], il vouloit neantmoins pour l'amour de Dieu luy pardonner comme Chrestien, & auoir pitié de lui comme pauure. [76]

En ceste consideration pour ne faire point d'auantage de bruit, & empescher que ceste rumeur ne seruist d'entretien* & de iouët parmi les compagnies, il le renuoya auec vne somme d'argent si legere, que le vaisseau n'en estant pas beaucoup chargé, la voile fut prompte à le ramener en Prouence, où il ne fut pas plustost de retour, que pour acheuer son mal de cœur il vit marier Cecile qu'il auoit tant desdaignee à vn riche Citoyen nommé Victor. Encore que la necessité* lui ouurist l'appetit, si est-ce que ce bon morceau lui passa deuant le bec, lequel auoit esté en sa puissance. O tardiue repentance & hors de repos ! ô ieunesse ! ô folie ! Comme si Onofre n'eust pas encore esté assez vangé, il fit espouser à Marthe sœur de Maximin vn de ses parens nommé Armentaire, homme fort accommodé* des biens de fortune. Le

---

1   Tel est bien le texte. Comprendre : le rapt mérite une sévère punition, et le dessein […] mérite un extreme supplice (la peine de mort).

pauure & mocqué Maximin demeure auec sa seruante, comme vn Tantale au milieu des eaux, le rebut & la balieure* du monde. Certes la bonté de Marcelle parut en le receuant à merci, le recueillant tout moite de son naufrage : & comme vne mere poule le cachant sous ses aisles à l'abri de la necessité, comme aussi sa femme, qui pour combler sa pauureté, ne manqua pas d'estre fertile.

Bel exemple, duquel les enfans apprendront l'obeyssance enuers leurs parens, principalement en faict de mariage, & à redouter leurs maledictions comme des foudres. Et aussi aux parens à ne lancer pas legerement des imprecations contre ceux qu'ils ont mis au monde. [77]

Le Vieillard Passionné.
EVENEMENT IV.

C'est vne chose peu conuenable* à vn vieillard que de faire la guerre, moins encore de traitter l'amour. Mars & Venus (deux deïtez d'assez bonne intelligence* chez les Poëtes) sont irreconciliablement courroucez contre les vieux, qui sont comme licentiez de leur seruice. Ie ne dis pas qu'il n'y ait des vieillards courageux, mais quand les forces manquent, à quoi sert le courage ? Ie ne dis pas que comme ce sont des Cygnes blancs qui trainent le chariot de la Deesse de Cypre, il n'y ait aussi des vieillards qui se veuillent mesler d'vne passion qui n'est pardonnable qu'aux ieunes. Mais si au maniement des armes les vieux font mille fautes, quelles folies ne commettent-ils quand cet auorton, que l'on appelle amour, les faict rentrer en enfance ? De combien d'impertinences* & de dangereuses sottises ceste frenesie fut cause en la personne d'vn vieillard, voyez-le en ceste Histoire.

En vne ville de nostre France de celles qui sont assises sur
l'impetueux courant du Rosne (ie ne veux point la specifier
autrement) vn homme sexagenaire, & à qui les ans deuoyent
auoir meshuy* faict vne bonne & authentique leçon de froideur
& temperance, esleuoit assez doucement & auec beaucoup de
paix plusieurs enfans qu'il [78] auoit eus de sa femme morte, il
y auoit quelques annees. Il auoit deux grands garçons & deux
filles plus que nubiles. Sa famille & son mesnage* alloyent vn
assez bon train, lors que ce petit Demon à qui l'on donne vn
arc, vne trousse*, des aisles & des flambeaux, vint ietter dans ses
os vn feu* artificiel, qui s'esprit à sa glace, & fit voir que mesme
dans la cendre il y a des charbons cachez, & que la flamme n'est
iamais si viue que dedans vn bois sec. Il auoit en son voisinage
des enfans orphelins, mais enfans (au moins les masles) assez
grands pour gouuerner leur bien. C'estoyent deux ieunes freres
que la necessité* rendoit vnis, parce que s'ils eussent faict partage, chascun d'eux eust eu de la peine à viure de sa portion.
Ils auoyent vne sœur assez grandette, qui faisoit leur mesnage*,
ils viuottoyent ainsi petitement, partie de leur industrie, partie
de leur reuenu. Pour parler plus clairement & auec moins de
confusion, nous nommerons le vieillard Sostene, les deux freres
Tibere & Willerme, & leur sœur Eufronie. Cette fille ayant esté
fort bien instruitte de feu sa mere en toutes sortes d'ouurages
à l'aiguille, en estoit deuenuë maistresse, & les enseignoit aux
autres filles auec beaucoup de dexterité. Sostene en ayant deux
qui desiroyent se perfectionner en ces occupations* si seantes
à celles de leur sexe, appelloyent[1] ordinairement aupres d'elles
Eufronie, qui leur monstroit ce qu'elle sçauoit auec beaucoup de
grace & de sincerité*. Elle estoit belle, mais elle n'estoit pas moins
vertueuse, & ceste vertu estoit accompagnee d'vne accortise* si
gracieuse, [79] que sa conuersation* non seulement estoit sans
amertume, mais pleine de charmes & d'attraits. Le bon vieillard

---

1 *Sic.*

Sostene n'eust iamais pensé à la trahison que lui dressa ce petit Demon que nous auons dict, mis en embuscade dans les yeux d'Eufronie.

Durant les longues nuicts d'vn hyuer elle alloit veiller tous les soirs auec les trois[1] filles de Sostene (car il en auoit autant & deux enfans masles) le bon personnage accroupi aupres de son feu auec sa robe fourree prenoit plaisir à entendre les contes que ces filles faisoyent en trauaillant, à ouyr chansons & autres telles gaillardises*, toutes bornees dans les termes de l'honnesteté. Mais en tout cela, comme aux exercices des mains & des ouurages, Eufronie estoit tousiours la maistresse & paroissoit comme vne Diane au milieu de ces nymphes. Peu à peu (car ce n'est qu'auec le temps que le feu faict fondre la glace, & puis bouillir l'eau qui en vient) les actions, les paroles, la contenance*, l'entretien* d'Eufronie lui donnerent de la complaisance, en suitte les traicts de son visage, son ris, ses regards & ses autres graces s'imprimerent sur son cœur, de sorte qu'il vouloit qu'elle fust tousiours auec ses filles, & lui au milieu d'elles, bel Apollon à la perruque non doree, mais argentee au milieu des Muses. Il estoit en impatience quand Eufronie ne paroissoit point, & quand le soin de son mesnage* & du seruice de ses freres l'appelloit : il estoit si triste & si chagrin, que rien ne le pouuoit satisfaire. De deuiner la cause de ceste humeur [80] il estoit mal-aisé, car on l'eust plutost attribué à son âge qu'à sa passion.

En fin pour ne faire point ici vne longue & inepte description de ses inepties, apres beaucoup de iours ayant lui-mesme mis la main à sa playe, & recognu que le traict lui estoit si auant entré dans le cœur qu'il ne l'en pouuoit retirer, il se resolut de rechercher le remede dans le suiet de son mal, & de tenter* par la pluye de Iuppiter, la tour de ceste Danaé[2]. Encor si sa pensee eust eu pour visee le mariage, bien que pour lui Hymen ne fust plus de saison, encore y eust-il eu suiet de iustifier son dessein,

1   Camus oublie qu'il lui en a seulement donné deux à la page précédente.
2   V. note 2 p. 94.

& peut estre n'en fut-il pas auenu tant de desordres. Mais Dieu permit par son iuste iugement, qu'il tomba[1] dans les pieges qu'il preparoit à l'honnesteté d'Eufronie. De vous dire de quelle sorte il lui fit connoistre le tourment qu'il souffroit pour elle, & les repugnances qu'il eut à lui declarer ses honteuses pretensions*, c'est ce que ie ne sçai pas, & quand ie le sçaurois, ie ne voudrois pas sallir le papier de ces noires procedures. Tant y a qu'Eufronie ne doutant plus que ce vieux tison ne visast à l'embrasement de son honnesteté, plutost qu'à vn embrassement legitime, fit ce que deuoit faire vne fille sage & bien auisee, telle qu'elle estoit, auertissant ses freres de la passion que ce vieillard lui auoit des-couuerte, les priant de trouuer quelque pretexte specieux* pour la destourner d'aller desormais dans ceste maison, où sa presence ne faisoit que ietter de l'huile dans vn feu, qu'il estoit à propos d'esteindre auec l'eau de l'absence. [81]

Mais Tibere & Willerme prirent d'vn autre biais l'auis que leur sœur leur donnoit, car subtils & rusez qu'ils estoyent, estimans que c'estoit là vne bonne occasion pour bien loger leur sœur & auancer leurs propres affaires, ils la loüent premierement de leur auoir si franchement, & en fille de bien declaré ce qui se passoit, mais luy font entendre que ce n'estoit pas leur auis, qu'elle esteignist ce feu par son absence, estant plus à propos de le fomenter & de le changer en vne legitime pretension* de mariage. Chose qu'ils lui firent voir estre facile, si elle sçauoit conduire son dessein auec prudence* & discretion*.

Elle qui auoit vne grande creance en ses freres, qu'elle sçauoit ne souhaitter que son bien, & mesme (chose naturelle) estant desireuse de son propre auancenment, & donnant sa creance à leur persuasion, se comporta si dextrement enuers Sostene, qu'elle mit sa flamme iusques à tel point, qu'il ne pouuoit plus viure sans la posseder. Rien ne donne tant d'amour que l'honnesteté, par là elle le conquit entierement, lui faisant connoistre qu'elle

---

1 *Sic.*

faisoit plus d'estat de son honneur, que de toutes les offres qu'il lui faisoit, ni que de tous les biens de la terre, & que le seul moyen de la conquerir estoit de l'espouser, à quoi elle pourroit entendre*, nonobstant l'extreme disparité de leurs âges, si ses freres l'auoyent agreable.

Le vieillard à qui l'amour d'vn costé, & la honte de l'autre donnoyent vne peine inimaginable, desiroit tout & craignoit tout. Il desiroit l'espouser pour la posseder plus à son aise : mais il redoutoit [82] & les discours du monde, & plus encor le mescontentement de ses enfans, & le trouble de sa famille. Si est-ce que de deux maux il pense deuoir choisir le moindre, & qu'il vaut mieux qu'il se marie, que de se consumer à petit feu[1]. Son plaisir lui semble plus cher qu'vn bruit de ville, & puis reuenant à soy, & pensant que c'estoit se precipiter de gayeté de cœur au tombeau[2]. Et faire vne ridicule closture de vie, il se retenoit, pauure roseau, pauure vaisseau battu de vents contraires. Il cherche des expediens qui lui donnent vn moyen entre ces extremitez, & il a peine d'en rencontrer. Il croit en fin qu'vn mariage clandestin satisfera à son appetit & à sa renommee. Il le propose à Eufronie, & ceste fille à ses freres, qui ne se soucians pas de quelle façon, pourueu que ce sanglier donnast dans leurs toiles : lui conseillent de prendre du vieillard vne promesse de mariage. Sostene la luy bailla bien promptement, croyant que cet escrit suffiroit pour posseder ceste fille. Mais elle qui ne vouloit point qu'il eust accés à elle que par la porte de Eglise, lui declara franchement qu'elle ne seroit iamais sa femme que par les formes que la Religion prescrit.

Ce fut donc dans la maison d'Eufronie, qu'en la presence de ses freres & d'vn ou deux de leurs parens il la prit pour femme & receut la benediction nuptiale, ce qui le mit en possession de ce qu'il auoit tant desiré. Apres quoi il lui fut impossible de celer son feu qui s'estoit plutost accreu qu'esteint par la iouyssance.

---

1   Variation sur 1 Co 7, 9.
2   1660 corrige : [...] tombeau, & faire [...].

Il veut qu'Eufronie soit tousiours en sa maison, il ne peut durer [83] s'il ne la voit, & se comporte en somme autour d'elle de telle sorte, que les moins clairuoyans y apperceuoyent vne passion si extraordinaire qu'il en falloit necessairement conclurre qu'elle estoit sa femme, ou quelque chose de pis. Eufronie ialouse de son honneur, ne peut supporter ces mauuais iugemens, pressant sans cesse son mari de declarer leur mariage. Comme femme elle en laschoit quelquefois des paroles qui faisoyent assez clairement entendre aux enfans de Sostene, ou qu'elle estoit leur belle mere, ou qu'elle pretendoit de l'estre ; ce qui leur mettoit la puce dans l'oreille. En fin, dict le sacré texte, il n'y a rien de si caché qui ne se manifeste, ni de si secret qui ne se sçache[1]. Eufronie prend vn tel empire dans la maison de Sostene, & y demeure si ordinairement, que ce vieillard n'ayant plus aucun voile pour couurir ce qu'il auoit tousiours celé, dict franchement à ses enfans qu'elle estoit sa femme, & qu'il entendoit qu'ils l'honorassent comme telle.

Les voila dans les mescontentemens aussi auant que les freres d'Eufronie eurent d'aise quand ils virent leur conseil* heureusement reüssi. Les voila en qualité de beaux freres de la maison de Sostene, duquel ils tirent de grands soulagemens en leurs necessitez. Ce qui augmentoit l'ennuie & la ialousie des enfans qui en conceurent vne rage desesperee. Tadee, & Androge fils de Sostene croyans que ces gens-ci leur ostoyent le pain de la main, & que leur sœur deust engloutir leur heritage, conçoiuent en douleur des pensees d'iniquité, qui produiront des actes d'iniustice que [84] nous allons entendre. Ils sceurent qu'Eufronie en sa procedure qu'ils appelloyent piperie, auoit suiui le conseil de ses freres, qui lui auoyent si dextrement faict ourdir sa trame, qu'en fin le vieillard auoit esté attrapé : aussi tost accoururent en leurs esprits des pensees de vengeance, & comme ils croyoyent auoir esté trahis par subtilité, ils deliberent d'assassiner en trahison les deux freres de leur marastre. Entreprise & execrable & deshonorable tout ensemble.

---

1   Mt 10, 26.

D'effect s'estans associez de quelques garnemens de leur connoissance, vn soir que Tibere & Willerme sortoient de la maison de Sostene pour se retirer en la leur qui estoit voisine : Voici qu'à l'improuiste Tadee & Androge accompagnez de cinq ou six autres viennent fondre sur eux l'espee à la main. Les deux freres ne s'estonnent* point de ceste tempeste, mais se serrans l'vn contre l'autre, & se ioignans à la muraille se mirent en defense, crians à l'aide & au meurtre : ce qui allarma tout le voysinage. Ils furent blessez en diuers lieux, se defendans courageusement : mais ils rendirent bien le change* à ceux qui les attacquenrent, car deux y furent blessez & Tadee blessé à mort.

Le monde sort & vient au secours. Les attacquans craignans d'estre surpris en vn assassinat si manifeste, se mettent en fuitte excepté Tadee, couché sur le carreau, & vn autre blessé à la cuisse qui ne pût se sauuer à la course. A peine le miserable* Tadee fut-il remis en la maison de son pere, qu'apres auoir confessé sa faute & demandé [85] pardon à Dieu & à son pere, il mourut deux heures apres. Tibere & Willerme sont deschargez par ceste deposition, & tenus pour innocens, puisqu'en se defendant & sans dessein ils auoyent commis ce meurtre.

Androge s'escarta pour quelque temps. Mais pour changer de territoire, il ne perdit pas le maltalent*qu'il auoit conceu contre les deux freres de sa marastre. Au contraire doublement animé par la mort de son frere, & tenant à deshonneur s'il ne la vengeoit, il se resout de les perdre : de les prendre ensemble, il auoit experimenté* à ses despens combien il estoit[1] dangereux, il se determine auec ses affidez de les prendre separement, & de s'en deffaire l'vn apres l'autre.

Reuenant donc à cachettes en sa ville, & ayant guetté plusieurs fois ses ennemis, il fit en fin rencontre de Willerme qui alloit seul par la ruë, & qui ne pensoit à rien moins qu'au mal-heur qui lui

---

1   Impersonnel (Anne Spica) : il savait d'expérience combien il estoit dangereux de les prendre ensemble. *Cf.* p. [98] «il lui succeda».

arriva : car il perdit la vie sans auoir seulement le loisir de mettre
la main à l'espee, par vn coup de pistolet qu'Androge luy donna
dans la teste, & lui mit la ceruelle sur le paué. Acte infame, &
tout à faict indigne & d'vn Chrestien, & d'vn homme qui a tant
soit peu d'honneur devant les yeux. Aussi tost il prend la fuitte,
& se sauue. Car s'il fust tombé entre les mains de la iustice, rien
n'estoit capable de lui sauuer la vie, les graces n'estans pas pour
de semblables coups. On sceut neantmoins que c'estoit lui qui
auoit faict ce vilain coup, dont Sostene ne fut pas moins affligé,
que sa nouvelle femme d'auoir perdu son frere. [86]

L'autre qui estoit Tibere, iure par tout ce qu'il y a d'estoiles
au ciel qu'il en aura sa raison, ou par iustice, ou par voye de
faict, le sang de son frere lui demandant tous les iours qu'il
en recherchast la vengeance. Le temps medecin de toutes les
playes de l'esprit, modera vn peu la fureur de Tibere, & relacha
la poursuitte de la Iustice.

Sostene priué de son fils aisné par la mort, & du second par
l'exil : void maintenant, mais trop tard, que sa passion peu iudicieuse & son amour hors de saison, est cause de tous ces esclandres*. Encore ne veut-il pas ietter le manche apres la coignee, ni
laisser esteindre l'estincelle de sa race qui lui reste en Androge.
Pour coniurer ceste tempeste, il se sert de l'esprit de sa femme,
laquelle modera les bouillons de la cholere de son frere, & en fin
pour l'adoucir tout à faict, Sostene lui donna en mariage sa fille
aisnee auec vne dotte si notable, que Tibere auoit raison d'estre
satisfaict. On accommode* donc les affaires par ceste alliance,
& la misericorde se mettant en la place de la iustice, Androge
par vne abolition est remis en ses biens, lors qu'on estoit sur le
point de l'executer en effigie.

Mais quelque accord qu'il y eut, il ne fut iamais possible de
reunir les cœurs diuisez de ces deux beaux freres, ni l'alliance de
leurs sœurs, ni les miseres souffertes, ni les prieres de leurs amis,
ni les larmes du pauure vieillard ne purent faire sage le furieux

Androge. Tousiours il regardoit Willerme[1] de trauers, & lui faisoit la morgue. L'autre voyant ces mines*, ne pouuoit pas le voir [87] de bon œil, n'estant pas moins hautain que lui, par de semblables mespris il se mocquoit de son arrogance. Ces esclairs des regards, precederent les tonnerres des menaces, les tonnerres des paroles les foudres des effects.

En plain* iour & en plaine* ruë s'estant vn iour & rencontrez & querellez sur le champ, ils mirent la main à l'espee, & Willerme estant blessé en l'espaule perça Androge de deux coups, dont le second l'estendit roide mort sur le paué. Bien que ce fust vne rencontre & vn combat faict à la chaude*, neantmoins Willerme gaigna la campagne, aimant mieux se iustifier de loing que de pres. Iugez des regrets du pauure vieillard, quand il vid son der-nier fils, le baston de sa vieillesse, tout son espoir, ensanglanté & mort deuant ses yeux, & qui plus est, tué par celui qui estoit & son beau-frere & son gendre tout ensemble.

Laissons là ses pleurs & ses desespoirs, le mal est contagieux, & peut estre que sa douleur pourroit passer en celui qui passe les yeux sur ces lignes, plus pour se recreer que pour s'affliger. Il se void sans heritier masle, & son heritage prest à passer entre les mains des estrangers, & de ceux-là mesme qui sont couuerts du sang de ses enfans. Quel creuecœur! Ce fut trop tard que les tayes tomberent de ses yeux, & qu'il connut que sa folle amour estoit la source & l'origine de ces Euenemens* funestes. Abbatu de langueur & accablé de douleur & de desplaisir, vne maladie le vint saisir & dans peu de iours le versa au sepulchre, y emportant ceste fascherie de voir toute sa maison [88] renuersee, son bien en desordre, sa seconde femme en prenant où elle pouuoit, ses deux filles non pourueuës, ses enfans morts, & sa fille aisnee mariee à vn fugitif.

---

1   Tibere (Willerme est déjà mort : p. [85]). Dans tout le paragraphe suivant, lire Tibere au lieu de Willerme.

O vieillards apprenez ici à moderer vos flammes, ou plutost à estre si prudens & si auisez d'euiter les surprises de cette folle passion, qui en vous deshonnorant abbrege vos iours & vous conduit en haste au sepulchre. Ne vous fiez point à la neige de vostre teste, ni à la glace de vostre sang, ni aux froideurs de vostre estomac. La chair est vn ennemi domestique, lequel ne cesse de nous trauailler* iusques à la mort. Ce grand Roy que d'vn si haut faiste de grace elle fit trebuscher dans vn abysme d'adultere & d'homicide, en sçauoit bien des nouuelles, quand il disoit que ses reins estoyent remplis d'illusions, & sa chair infirme. Aussi prioit il Dieu son salutaire* qu'il le deliurast de la chair & du sang[1]. La chair est cet ennemi qui dresse des embusches au talon, c'est-à-dire, l'extremité de nostre vie : tant qu'il y a vne hallenee de vie en nos leures, il y a vne bluette* de ce feu là dans nos os. Ioint que c'est vne chose & ridicule & non pardonnable, que de voir vn vieillard follement passionné, & qui au lieu de songer à vn tombeau, qui[2] pense à vne couche. C'estoit vne des choses que le Roy des sages haissoit à mort & ne pouuoit souffrir, qu'vn vieux fol. Car si vn homme n'est auisé en sa vieillesse, quand le sera-t-il ? [89]

Le Mauuais Dessein.
EVENEMENT V.

LA verité a fait naistre vn prouerbe fort ancien, que le conseil malin* est dangereux à qui le reçoit, & pire à qui le donne. C'est ce que dit le Prophete Roi : La fraude du meschant retournera sur sa teste[3], & son iniquité descendra sur son visage ; parce

---

1 Ps 51, 16. Selon l'interprétation commune qui rapprochait Vg 50, 16 (libera me de sanguinibus) de «la chair et le sang» décrivant la nature humaine. Cf. 1 Co 15, 50.
2 *Sic.*
3 Ps 7, 16.

que ceux-là sont ordinairement confondus*, qui trament des menees malicieuses*, & qui abusent de la simplicité des ames candides pour ourdir leurs mauuais desseins. Le ciel est trop iuste pour laisser arriuer à leur but ceux qui y vont par mauuais sentiers, mais selon le sacré texte, le chemin des peruers perira[1]. Vous l'allez voir aussi clairement que le iour en l'Euenement que ie vay tracer.

Il arriua sur cette coste de la Mediterranee, qui va de Barcelonne à Valence, c'est tout ce que marque pour le lieu l'autheur Espagnol, lequel ne parle point du temps. Mais ayant escrit sur la fin du regne de Philippes Second[2], il est probable que ce tragique succez* n'estoit pas estoigné de son aage. Vn Gentil-homme Valentian, qu'il nomme Titian, eut deux filles aussi differentes d'esprit que de corps. L'aisnee appellee Olinde ioignoit à vne beauté sans exemple vn esprit doux & facile, Andriette la puisnee dans vne forme qui n'estoit [90] ni si belle qu'elle rauist, ni si laide qu'elle effrayast, portoit vn esprit transcendant* & aigu, & qui eust pû faire de grandes choses, si ceste subtilité eust esté bien appliquee : mais dès son enfance elle ne songeoit qu'à des malices*, & à mesure qu'elle croissoit en âge, elle augmentoit en artifices* & en finesses. Mais à la fin apres vne longue patience la iustice d'en-haut la paya de ses demerites, selon que dit la parole qui ne peut mentir, que Dieu retribue abondamment à ceux qui operent l'iniquité. Comme elle n'auoit aucune grace au visage qui pust arrester les yeux, beaucoup moins engager le cœur de ceux qui la consideroient, elle auoit recours à certaines affetteries* & petites inuentions qui estoient aussi tost descouuertes, & s'esuanouïssoient comme la rosee à la presence du Soleil. Au contraire dans vne beauté qui charmoit les regards, & sur vn visage angelique Olinde faisoit paroistre vne ame si candide, vne si extreme bonté, qu'vn

---

1   Ps 1, 6.
2   Mort en 1598.

flambeau n'est point plus visible au trauers d'vn pur crystal, que l'ingenuité de son ame estoit apparente sur sa face. Aussi effaçoit-elle tellement par sa presence tout ce qu'on eust peu treuuer d'agreable en Andriette, qu'il sembloit que celle-ci ne fust aupres d'elle que comme vne couleur sombre aupres d'vne claire pour releuer d'auantage son lustre. Dans vn esprit naturellement fin, double et malicieux*, comme estoit celui de ceste cadette, il ne se faut pas esbahir si l'enuie, qui naist de la malice*, comme le ver du bois pourri, se forma incontinent. Mais vne enuie qui armee de subtilité & d'accortise*, [91] monstrera combien sont puissans ses effects en vn mauuais courage*.

Aussi tost que les ans eurent espanouy, comme vne excellente rose, ceste eminente beauté qui reluisoit en Olinde, la renommee s'en respandit bien loin, & plusieurs attirez de ceste amorce* venoient comme papillons approcher leurs yeux & leurs aisles de ce flambeau, dont ils estoient esblouys & embrasez en mesme temps : car la voir & l'aimer, estoient deux choses qui se suiuoient d'aussi pres que l'esclair & le tonnerre. Que si elle auoit de si grands charmes dans sa presence* pour se faire aimer, sa modeste grauité, son extreme honnesteté & sa seuere vertu n'auoient pas moins de force pour se faire craindre. D'vn costé elle portoit à l'amour, & de l'autre à la reuerence. C'estoit neantmoins auec tant d'attrempance* & de moderation, que son abbord n'estoit point mesprisant, mais plein d'affabilité & de courtoisie* : car son naturel estoit & simple debonnaire. Aussi ceste douce colombe fut-elle aisee à seduire, ainsi que vous entendrez.

Ce miel de sa conuersation* ioint à l'esclat de ceste belle face, attiroit tant de mouches, que souuent elle en estoit importunee. Ie veux dire que la presse des poursuiuans, & de ceux qui en estoient transportez ou qui feignoient les transis, lui donnoit vne peine non mediocre*. Neantmoins comme en vn parterre de diuerses fleurs, il y en a tousiours quelques vnes plus remarquables que les autres : aussi entre ceux qui se portoient pour seruiteurs de ce rare suject, Cleobule & Leoncin y tindrent les premiers rangs, soit pour [92] l'excez de leur passion, soit pour les qualitez qui les rendoient recommandables*. Quant à celle de la personne, Leoncin deuançoit incomparablement tous ses competiteurs. Il auoit de la grace & de la bonne mine* autant qu'vn Espagnol en est capable. Vn esprit gentil*, des mœurs gracieuses & traittables*, accort* en son procedé, discret* en ses actions, courageux en ses entreprises, habile au maniment des armes & des cheuaux, non ignorant des bonnes lettres*, bref autant bien esleué & accompli que Gentil-homme de sa condition. En despit de tout cela la fortune lui estoit moins fauorable, & lui faisoit peu de part de ces commoditez* qu'elle distribue (aueugle qu'elle est) plus souuent aux mal habiles qu'aux galants* hommes. Cleobule au contraire fier pour ses biens (car la richesse forme la vanité, & la presomption en l'ame qui la possede) non seulement desdaignoit ses competiteurs, mais au lieu de s'humilier deuant celle qui le rauissoit, il croyoit l'honorer beaucoup de sa recherche, & que Titian son pere deust tenir sa poursuitte à beaucoup d'honneur. Aussi faisoit-il, pour dire le vrai, & peut-estre l'estimoit-il plus qu'il ne deuoit. Mais quoi ? l'or a vn certain esclat si grand, que si l'on en fait vn veau, il fera aussi tost adoré comme vn Dieu.

Olinde toute douce & simple qu'elle est, n'en fait pas de mesme : mais semblable à l'aimant blanc qui reiette le fer, lequel est attiré par le noir, elle se monstre aussi peu soucieuse de la recherche de Cleobule, que s'il eus testé vn homme de bouë. Et à dire le vrai, tout de mesme que l'aimant [93] en la presence du diamant perd la vertu naturelle qu'il a d'attirer le fer, aussi l'amour perd ses attraicts deuant l'orgueil figuré par l'herbe appellee Basilic, dont l'odeur enteste, & comme on dit que l'ambre attire les pailles exceptee celle de cette herbe, aussi les cœurs s'inclinent volontiers à aimer ceux qui les aiment, pourueu qu'ils ne soient point arrogans & presomptueux. C'est ce qui fait dire à la Reine des humbles dans son Cantique, que Dieu reiette les superbes de l'esprit de son cœur[1]. Et quel est l'esprit du cœur de Dieu ?

---

1   Luc 1, 51-52.

C'est sans doute l'esprit d'humilité selon que dict l'Escriture. Dieu regarde volontiers les humbles, & regarde de loin, c'est-à-dire mesprise les orgueilleux[1].

Leoncin estoit bien esloigné de ceste sorte humeur, odieuse à Dieu & aux hommes, & insupportable au ciel & en terre. Son gentil* courage* plein de courtoisie* & d'humilité, lui faisoit rendre des respects & des soumissions à Olinde, qui tenoient, à n'en mentir point, vn peu de l'idolatrie, & il eust fallu renoncer à la bienseance[2] pour n'auoir à gré tant de deuoirs & d'honneurs. Ce fut auec ce charme sans enchantement, qu'il attira sur soy premierement les yeux, & en fin le cœur & les affections de sa belle & vertueuse maistresse. Laquelle estant d'vn esprit franc & peu capable de dissimulation, ne se pût tenir de descouurir à sa sœur par ses discours quelques estincelles de cette secrette, mais honneste* flamme, qu'elle nourrissoit pour Leoncin.

Cette sœur qui estoit tousiours aux aguets [94] pour surprendre cette innocente, & qui n'estoit iamais si aise que quand elle ourdissoit quelque malice*, au lieu de lui remonstrer comme eust fait vne bonne sœur & desireuse de son bien, que s'engageant en cette affection elle alloit contre la volonté de leur pere, qui la destinoit pour Cleobule, se mit à souffler cette flammesche en sorte qu'elle en fit vn grand embrasement, qui mit en feu le courage* d'Olinde naturellement bonasse & credule. Elle flattoit les desirs de son aisnee, & aggrandissoit tellement les merites de Leoncin, qu'elle lui faisoit croire que la possession de ce Gentilhomme estoit vne espece de Paradis. Qu'il est aisé de persuader vn cœur que son inclination dispose à la creance ! & que ne croid d'auantageux en la chose aimee vn esprit preoccupé* de cette passion ! Or voyez le mauuais dessein d'Andriette, & comme retenant pour soi le bon de la noix, elle lui en vouloit donner les coquilles.

---

1 Ps 138, 6.
2 V. note 1 p. 81.

Elle s'imaginoit que cette aisnee estant mariee à Leoncin de quelque façon que ce fust, cela obligeroit Cleobule à retourner les yeux sur elle, & que par ce parti elle deuiendroit si grande Dame, que sa fortune seroit toute autre que celle de sa sœur. Mais l'aueuglement de cet ambitieux desir en l'esleuant, la portera au precipice de sa ruine. Ceux qui marchent en des lieux hauts sont subiects à se rompre le col, & ceux qui aspirent au dessus de ce qu'ils doiuent, font ordinairement des cheutes espouuantables. Pour accomplir son dessein, elle ne se contenta pas de grauer auec vn burin de feu sur le cœur d'Olinde l'image du [95] beau Leoncin : elle voulut encore prendre le parti de ce Gentil-homme, & lui tesmoigner les bons offices qu'elle lui rendoit aupres de sa sœur. Ce qui le rauit tellement, qu'il lui en rendit des graces en des termes que ie ne puis rendre si elegans, que ceux que sa passion lui dicta.

Cajollant* ainsi la cadette pour s'insinuer, & pour se maintenir aux bonnes graces de l'aisnee, il alloit comme auec double rame, & à pleines voiles au port desiré. Car bien que discourant auec celle qui estoit son idole, il recognust bien à ses regards, à ses paroles & à ses contenances*, qu'il estoit bien auant dans son cœur, quelque contrainte qu'elle se fist pour ne trahir sa propre modestie*, si est-ce que ce qu'il apprennoit, n'estoit rien en ces entretiens* à comparaison de ce que lui enseignoit Andriette, laquelle ne crochetoit tous les secrets du cœur d'Olinde, que pour les rapporter à Leoncin. Mais il vogue trop à son aise, & s'il faut ainsi parler, auec le vent & la maree. Le monde comme la mer a ses bourrasques & ses orages, vn tourbillon vient tout à coup menacer sa barque d'vn naufrage euident. Cleobule fait solennellement demander Olinde en mariage à Titian, & Titian la lui accorde auec des complimens qui tesmoignoient à combien de faueur il tenoit son alliance.

Voila vne froide bize, vne gelee qui en vn matin gele en bouton & en bourre* toutes les fleurs des esperances de Leoncin. De remede à cela il n'en void non plus que ceux qui faisans naufrage en plein mer, ne voyent que le ciel & l'eau, & [96] n'ont que leurs bras pour nager, de la foiblesse desquels ils ont raison d'entrer en deffiance. Mais l'ouuriere des artifices* qui void d'vn œil enuieux l'auancement de sa sœur, & auec regret la perte de sa pretension*, met en ieu tous les ressorts de sa malice* pour empescher ce mariage. Elle r'allume dans l'esprit d'Olinde l'amour de Leoncin, elle y augmente la haine qu'elle a de la vanité de Cleobule, & fait bander sa volonté contre celle de son pere, ne laisse rien d'intenté pour la rendre rebelle aux desirs de Titian. D'autre part elle pousse Leoncin à des desseins hazardeux & comme desesperez, elle aiguise la cholere, la ialousie, la fureur, passions aueugles & precipitees, en ce ieune courage*. A la fin elle le fait resoudre à toutes les extremitez qui se peuuent imaginer, plustost que de souffrir qu'Olinde vienne en la puissance de son Riual. Ils concluent vn rapt, Andriette se promet d'y faire consentir Olinde : dequoi Leoncin la coniure, & la prie comme de la plus grande grace qu'il pust iamais esperer d'elle.

Mais elle auoit conté sans son hoste*. Car quelques persuasions qu'elle employast, elle ne pût iamais faire condescendre sa sœur à vne enterprise si folle & deshonorable. Elle auoit la vertu tellement empreinte* en l'ame, & vne si forte resolution à conseruer non seulement son honnesteté, mais sa bonne renommee, que pour estre Reine elle n'eust pas fait vn si lasche tour. Ioint qu'elle auoit le cœur naturellement timide & pusillanime, & plein de crainte enuers Dieu, & de respect enuers son pere. [97]

Se voyant donc descheuë de ce costé là, et que c'estoit prescher aux sourds que de vouloir induire ceste fille à vne action disconuenable à son deuoir, elle ne perd point pourtant sa malice*, mais ayant disposé Leoncin à iouër de son reste, & à enleuer Olinde de son gré ou de son consentement, & à l'arracher à Cleobule à quelque prix que ce fust : Voici le stratageme qu'elle inuenta.

Nous allons, dit-elle à Leoncin, assez souuent nous promener ma sœur & moi à vn iardin que nous auons hors la ville, & où mon pere prend ses delices. Si vous auez autant de hardiesses que vous dites auoir d'amour, faites tenir vn carrosse sur les auenues, & vn vaisseau prest au riuage de la mer, vous la pourrez de ceste façon enleuer facilement. Le temps r'accommodera toutes choses. Il n'est rien que l'on n'excuse en la ieunesse, & en ceux qui aiment. Ma sœur vous cherit, & elle sera bien aise de se rendre à vos volontés, sous quelques images de contrainte, cela sauuera son honneur, & suppleera à sa timidité. Il n'y a point de doute que si elle osoit, elle consentiroit à ce dessein, mais la lascheté lui abbat le cœur, & elle ne peut y penser sans fremir, c'est à vous à monstrer que vous estes homme. Ce qui sera forcé au commencement, à la fin deuiendra volontaire. Ie tascherai de faire vostre paix auec Titian, & ie m'asseure* que ie gagnerai tant sur son esprit, qu'il ne se rendra point irreconciliable.

Leoncin tout resolu d'auoir Olinde, ou de mourir, prit feu à ce conseil, & sans songer à ce qui en pourroit auenir, se dispose à l'execution. Et [98] comme les mauuais desseins reussissent quelque fois pour le chastiment de ceux qui les entreprennent, il lui succeda[1] si heureusement, Andriette ayant filé ceste trame auec vne extreme dexterité, qu'il enleua Olinde sans beaucoup d'effort, & l'ayant mise sur mer, s'en alla auec sa chere proye en l'Isle de Maiorque. Là il sceut si bien reietter la faute sur la force du ciel, des astres, du destin, de l'amour, excuses ordinaires des Amans, & neantmoins blasphematoires, qu'Olinde faisant vertu de la necessité, & de plus qui auoit beaucoup d'affection pour lui, ainsi que nous auons dit, fut doucement contrainte de lui pardonner, & de se rendre à ses volontez apres l'auoir espousée en Eglise. Le voila, ce lui semble, au faiste de ses desirs : mais puisqu'il estoit arriué au haut de la rouë, il n'auisoit pas qu'il n'y auoit plus pour lui qu'vne horrible cheute.

Tandis qu'il nage dans l'aise de sa nouuelle possession, ne le troublons point en ce peu de temps qu'il a à en iouïr. O momens de plaisir que vous lui apporterez d'amertumes ! ô contentemens

---

1 Impersonnel.

passagers que vous lui serez cherement vendus ! ô soudaine entreprise que vous lui produirez vne longue & honteuse repentance ! ô roses que vous passez viste ! ô espines que vous durez long temps ! Retournons au Royaume de Valence, pour y voir les pleurs de crocodille, ie veux dire les feintes larmes, les faux regrets, les cris dissimulez d'Andriette. Plus elle estoit coulpable, plus elle se monstroit innocente. Et bien qu'elle eust brassé tous ces esclandres*, elle tesmoignoit de n'en rien sça[99]uoir, elle racontoit comme ce rapt s'estoit passé d'vne façon si artiste*, qu'on n'eust iamais creu qu'elle eust eu tant de part en ceste affaire comme elle auoit, bien loin de penser qu'elle en eust esté la cause, le motif, & l'inuentrice du stratageme. Sa mere en entre en desespoir, car rien n'outre* tant vne mere, que le rauissement d'vne fille. Titian s'en arrache la barbe, & les cheveux, & appelle mal-heureux* ceux qui ont des enfans à cause de semblables desastres*. Toute la famille est en allarme.

Mais que toutes ces douleurs sont foibles, comparees à l'assaut que ceste nouuelle donna au passionné Cleobule, estant frappé à l'endroit le plus sensible, & de son amour, & de sa vanité tout ensemble ? Il entra en vne telle fureur, qu'il en pensa perdre le sens, apres auoir vomi contre le voleur de ses contentemens tout ce que dicte la rage en de pareilles occurrences*. Ce qui lui resta de iugement, ne fut employé qu'à chercher les moyens d'en prendre vne haute vengeance.

Les tristes parens ne peuuent auoir recours qu'à la Iustice, laquelle aussi tost selon les loix decrete contre Leoncin. Cleobule s'en rend l'executeur, & proteste d'estre lui mesme le bourreau de son Rival, & de lauer cet affront dans son sang. L'enqueste se fait de la route du carrosse, on apprend qu'il s'est embarqué proche d'Alicant. Et quoy que la trace d'vn vaisseau ne se puisse connoistre sur la mer, on apprend neantmoins de quelques nautonniers qui connoissoient le patron du vaisseau qu'auoit loüé Leoncin, qu'ils auoient [100] fait voile du costé de Maiorque.

Aussi tost Cleobule monte sur mer, resolu d'aller plustost iusques aux Indes, qu'il n'eust des nouuelles de sa belle Europe.

Mais il ne lui fut pas necessaire d'aller si loin : car à peine fut il arriue à Maiorque, qu'il apprit que son Riual y estoit abbordé, & qu'il auoit espousé celle qu'il auoit enleuee. Que de furies vengeresses s'emparerent de son cerueau à ce recit, c'est merueille qu'il ne lui tournast. Il iure de mettre Leoncin en plus de pieces qu'vn Lyon ne met vn Toreau, quand il le deschire en son courroux, & de l'ecraser de plus de foudres que Iupiter n'en vsa en la bataille contre les Geans.

Leoncin ayant le vent de son arriuee, & mesme ayant appris qu'il venoit auctorisé* de la Iustice, & auec pouuoir de le prendre, crût qu'il lui seroit plus seur de fuir auec Olinde, que de l'attendre, se promettant que la mer seroit fauorable à ses vœux. Mais Cleobule pour marcher plus seurement en son execution, alla aussi tost qu'il eut touché la terre, trouuer le Viceroy, & lui ayant monstré le decret de la Iustice de Valence, & remonstré l'enormité du crime : le Viceroy ne voulant pas qu'il demeurast impuni, fit aussi tost fermer tous les ports auec defense à aucun vaisseau de faire voile. Cela empescha Leoncin & Olinde de se ietter en mer, & la recherche fut faite si chaude & si exacte en la terre, qu'en fin ces deux Amans furent treuuez.

Peu auant leur prise Leoncin dit à sa chere Olinde, qu'elle tenoit les clefs de sa mort ou de sa [101] vie, & qu'il ne pouuoit auoir de confiance qu'en son amour. Olinde qui l'aimoit veritablement, & qui ne le regardoit pas comme Rauisseur, mais comme espoux : lui demanda pourquoy il lui tenoit ce langage. Parce, repart il, que si vous deposez que ie vous aye enleuée contre vostre gré & prise à force*, ma faute sera sans remission. Que si vous voulez ma vie, il faut que vous disiez que vous auez esté rauie de vostre consentement, & que ie vous ay emmenee par l'intelligence* que i'auois auec vous.

Alors Olinde. Bien que vostre inconsideration* nous ait plongez en ce labyrinthe, toutefois considerant que vostre amour, dont la gloire est en l'excez, & la perfection* en l'aueuglement, vous a porté auec tant d'impetuosité à me desirer, apres vous auoir pardonné i'espere vous faire voir qu'il ne me reste aucun sentiment de ceste offense*, & que ie vous aime auec toute la puissance & la sincerité* qu'vne honneste* femme doit aimer son mari, ie serai vostre fidelle & inseparable compagne en l'adversité & en la prosperité, en la mort & en la vie. Leoncin pleurant de ioye de se voir si fortement aimé par vn sexe infirme, lui rendit des graces infinies d'vne telle affection.

Les voila pris & amenez en la presence du Viceroy. Leoncin ne nie point d'avoir enleué Olinde, mais declaré que c'est du consentement de la fille, qu'il l'auoit espousee, & qu'il estoit prest d'en faire aux parens & à la Iustice telle satisfaction que l'on iugeroit equitable. Olinde confirma ce discours, & protesta qu'elle auoit espousé volon[102]tairement Leoncin, sans auoir esté forcee.

Ceste response faite en la presence de Cleobule, irrita d'auantage cet esprit enragé, voyant que sa maistresse lui auoit preferé son Riual, & estoit complice de la trahison qui lui auoit esté faite. Bien prit à Leoncin de n'estre pas tombé dans les mains, & en la puissance de ce forcené : car sans doute il l'eust mis en pieces.

Le Viceroy ayant fait mettre les deux Amans en prison, sans prendre autrement connoissance de ceste cause, les renuoya dans vn vaisseau à Valence, afin que le iugement se fist où le delict auoit esté fait. Les voiles n'estoient point si pleines de vent, que le cœur de Leoncin de bonnes esperances, croyant que ses parens feroient tant auec ceux d'Olinde, que tout se passeroit plus amiablement qu'il n'auint. En fin, disoit-il en soi-mesme, ce qui est fait est fait, & n'est pas mesme en la puissance du ciel de la reuoquer. C'est vne folie de ieunesse, on aura pitié de mon amour, mon action est digne de grace, l'honneur d'Olinde n'est point offensé*, ie suis Gentil-homme, i'ay des biens honnestement*, Titian a l'esprit traittable*, il se rangera à la raison. Il a encore vne fille, qu'il pourra donner à Cleobule s'il iuge son alliance si auantageuse. De semblables raisons il flattoit son mal, & quelquefois il en consoloit Olinde.

Arriuez qu'ils sont en la ville de leur naissance, dont le Narré ne m'apprend point le nom, Leoncin est ietté dans vne prison, & pour la bienseance, Olinde est mise en sequestre chez vn des parens de Titian. Cleobule qui estoit arriué aussi, [103] & qui à cause de ses richesses & de sa naissance, estoit fort apparenté* & auctorisé dans la ville, esmeut* le ciel & la terre contre l'infortuné Leoncin : & pour empescher que Titian n'inclinast à sa grace, & l'aimast mieux conseruer pour gendre, que d'estre pere d'vne fille, dont le mari auroit esté executé par la Iustice, il lui protesta que si Leoncin auoit la teste tranchee, il auoit tant d'amour pour la belle Olinde, qu'il ne laisseroit pas de l'espouser en qualité de vefue d'vn Gentil-homme.

Titian voyant ceste alliance renoüee, de laquelle il esperoit vn grand appui, & le chemin ouuert pour se vanger de l'inso-lent* outrage* de Leoncin, employe tous ses amis auec ceux de Cleobule pour faire acheuer le procez de Leoncin, & lui mettre la teste sur vn eschafaut.

Que fera ici la malicieuse* Andriette, se voyant frustree de sa pretension* d'espouser Cleobule, à quoi son ambition la portoit, parce que ce Gentil-homme faisoit dessein de prendre Olinde pour femme, Leoncin estant mort ? Elle tasche premierement de lui dissuader des nopces, qu'elle appelle pour lui honteuses & desauantageuses, lui remonstre qu'il n'aura que le reste de son ennemi, que sa sœur l'a trop mesprisé, qu'il la doit desdaigner de mesme, que iamais il n'aura de contentement auec elle, qu'elle l'aura tousiours en haine, & mesme que peut-estre par poison ou autrement elle voudra vanger sur lui la mort de son Adonis. Que ceste fleur de beauté qui paroissoit en son visage se flestriroit dans peu de temps, & qu'il demeure[104]roit auec le repentir d'auoir à ses costez vne femme qui auroit couru apres son Riual, & dont la renommee auoit quelque espece de tache.

Mais elle eut beau employer toutes les subtilitez que sa finesse lui pût suggerer, elle ne pût diuertir* Cleobule de son amour, ny de sa vengeance. Elle tourne ses machines vers sa sœur, dont l'esprit doux & mol estoit de cire & de paste entre ses mains, elle

la voyoit tous les iours en la maison où l'auctorité de la Iustice
l'auoit sequestree. Elle la fortifie en la resolution qu'elle a prise
de sauuer son Leoncin, & d'attirer sur elle vne bonne partie
de la faute. La coniure de tenir secrette la cognoissance qu'elle
auoit du dessein de Leoncin en son enleuement. Lui remonstre
que Cleobule alteré du sang de son Riual, le veut faire mourir
honteusement par la Iustice, promettant de l'espouser apres ceste
execution* : mais que c'estoit le moindre de ses desirs, la cholere
l'animant plustost à la vengeance, que l'amour au mariage, son
but estant de perdre Leoncin, & de la laisser vefue & deshonoree.
Que la surprise de Leoncin lui deuoit apprendre que les hommes
auoient vn cœur double & traistre, & qu'elle ne se deuoit iamais
fier à vn homme offensé. Qu'elle n'auroit iamais d'honneur
d'espouser celui qui auroit procuré* la mort à son premier mari.
Qu'elle auoit assez de cognoissance de l'insupportable arrogance
de Cleobule, pour esperer iamais de lui autre chose que des mespris, & vn traittement cruel ioint à de perpetuelles reproches. En
somme elle sceut si bien mesnager* l'esprit facile d'Olinde, &
fortifier [105] l'auersion qu'elle auoit contre Cleobule, qu'elle la
fit resoudre à mourir plustost d'vne mort ou naturelle ou ciuile*
entrant en vn Cloistre, que d'estre iamais sa femme.

Durant qu'elle dispose ainsi ceste creature, le procés se faict
si viuement & si chaudement à Leoncin, que le pauure Gentil-
homme se voit sans misericorde condamné à perdre la teste.
Chacun sçait combien la Iustice est rigoureuse en Espagne en
semblables cas, ici elle fut executee sans misericorde. Pour rapporter
les discours qu'il fit en mourant contre ceste aueugle passion qui
l'auoit amené à vn si honteux supplice, & representer les regrets
que fit Olinde sur la cruauté de ce trespas, il faudroit auoir la
liberté d'escrire vne histoire entiere, non pas estre restrainct dans
les bornes de la briefueté, que ie ne suis prescritte au recit de ces
Euenemens. Ie dirai seulement que la Pitié & l'Amour, allumerent
vne si furieuse auersion contre Cleobule dedans le cœur d'Olinde,
que comme il n'y a rien de si chaud, que le miel quand il est
bouïllant, il n'y eut point de courroux esgal, à celui de ceste ame

naturellement douce & debonnaire. Elle entra en vn tel desespoir se voyant priuee de son Leoncin, que la lyonne à qui on a osté son lyonceau ne monstre point tant de fureur ni de rage. Si on l'en eut empeschee, mille fois elle se fust donné la mort. Elle appelloit cruels ceux qui l'empeschoyent d'estre cruelle à elle mesme. Elle maudissoit la rigueur de son pere. Le ciel mesme & les astres n'estoyent pas exempts de ses impreca[106]tions, tant impetueux estoit ce torrent surmontant toutes les digues de la raison & de la modestie*.

Apres que l'escoulement de quelques plaintes eut rendu non pas sa playe moins sensible, mais ses cris moins aigus, & sa contenance* plus moderee, on lui voulut parler des nopces de Cleobule. Ce fut lors que reprenant sa premiere rage, elle vomit contre luy tout ce que l'on pourroit dire d'outrages* au plus noir demon des enfers. Elle demande à le voir pour luy sauter au collet, l'estrangler si elle peut, ou le deschirer auec les dents & les ongles. En somme tout ce que la haine & le transport peuuent produire d'extrauagant, fut poussé par la gorge de ceste femelle desesperee. Titian la pense arrester. Mais que dict-elle à ce pere? Certes ce qu'elle ne deuoit pas dire & que ie n'oserois rapporter. L'outrage* de denaturé estoit le moindre de ceux dont elle essaya* sa patience.*

Durant que toutes ces choses se passoyent, sa mere qui s'estoit mise au lict accablee de desplaisir lors qu'elle fut enleuee, cessa de viure peu de iours apres la fin tragique de Leoncin. Voila Titian dans les angoisses de toutes parts. La perte de sa femme, la fureur de sa fille, le battent de diuers vents. S'il eust sceu la malice* de la Cadette, cela l'eust acheué de peindre. Elle regarde toute ceste tragedie d'vn œil non sec seulement, mais riant & allegre : semblable à l'Aigle, qui s'esbat en l'air parmi les esclairs & les tonnerres : & au Dauphin, qui se resiouyt dans la mer lors que la tourmente est la plus forte. Elle void à son gré [107] meurir* ses desseins, & aux semences qu'elle auoit iettees, produire les fruicts qu'elle souhaittoit. Tant que sa sœur fera de la sorte, il ne faut pas qu'elle apprehende de la voir femme de Cleobule : car elle proteste sans cesse de choisir plutost le tombeau.

En fin les personnes deuotes & religieuses qui furent employees à sa consolation, ne purent iamais mettre son esprit en quelque sorte de repos, ni lui oster cet appetit enragé qu'elle auoit de mourir, qu'en lui proposant le tombeau des viuans & la sepulture ciuile* du Cloistre. La peur de se damner, le regret de la mort de Leoncin, la haine & la honte du monde, & parmi tout cela l'inspiration diuine la porterent à ce genre de vie, qui faict mourir à eux-mesme ceux qui le suiuent pour ne viure plus qu'à Dieu & en Dieu, selon que dict l'Apostre : Vous estes morts, & vostre vie est enseuelie en IESVS CHRIST en Dieu[1].

Voila les esperances de Cleobule, qui brusloit tousiours pour ceste beauté, entierement fauchees, ou plustost tranchees en leur racine. Il ne sçait par quel moyen empescher ce coup, ni adoucir ce courage* indomptable. Le monde mesme le blasme de se vouloir faire aimer par force*, & de vouloir auoir vne femme contre son gré, violence aussi blasmable que celle qu'il auoit si seuerement faict punir en Leoncin. Vn murmure court contre lui de ce qu'il s'estoit trop ardamment porté contre son Riual, & auoit recherché de s'abbreuuer de son sang auec trop d'alteration. La pieté mesme & ceux qui en font profession se bandent [108] contre lui, & demandent s'il veut par vn attentat impie rauir vne espouse au Fils de Dieu, & arracher de la Croix vne femme qui s'y dedie. Ses propres* parens s'opposent à son dessein, ne trouuans pas bon qu'il prist la relaissee* d'vn homme iusticié & son ennemi. Il a le ciel & la terre opposez.

Tous ces ressorts ne vous semblent-ils pas fauoriser le dessein d'Andriette ? Mais tout ainsi que Dieu sauue les bons de leurs tribulations par des voyes inopinees, lors que tout humain secours leur defaut*, & qu'ils se croyent sur le point d'estre engloutis

---

1   Col 3, 3.

de l'orage : aussi faict-il tomber sa main punissante sur la teste des mauuais, lors qu'ils pensent estre arriuez au comble de leur felicité. Ceci arriua de la sorte sur celle d'Andriette.

La simple & innocente Olinde auant que de se consacrer à Dieu comme vne hostie viue, immaculee, agreable au ciel, pour vn seruice raisonnable, declara franchement & simplement* à son pere par quels degrez elle estoit tombee dans l'abysme des mal-heurs* qui l'enuironnoyent : & sans intention mauuaise contre sa sœur, declare les conseils qu'elle lui auoit donnez, & comme elle auoit appris de Leoncin qu'elle estoit complice de son rauissement, & en suitte de toutes les calamitez qui en estoyent prouenues. Le suppliant de n'en vouloir faire aucun ressentiment*, mais de lui pardonner d'aussi bon cœur qu'elle lui remettoit* ces offenses*.

Le pere qui n'estoit pas nouveau en la cognoissance de l'esprit de ses filles, & qui auoit en assez [109] d'occurences experimenté* les malices*, les sinuositez, les duplicitez, les dissimulations & les subtilitez de celui d'Andriette, vit bien que de là venoyent les pieges où Olinde auoit donné. Il n'eust pas le pouuoir de retenir sa cholere, mais ayant tesmoigné à ceste malicieuse* & de la langue & des mains son indignation, il tesmoigna au dehors par ses plaintes le ressentiment* qu'il en auoit.

Ceci vint aux oreilles de Cleobule, lequel estoit entretenu & cajollé* par la rusee cadette, comme vn homme qu'elle preten-doit de gagner. Dans le desepoir où il estoit de posseder ceste beauté d'Olinde si ardamment desiree, si longuement attendue, si vainement esperee : ceste nouuelle le mit tellement hors de luy, qu'outré* d'vne douleur qui se cognoistra mieux par son action, que par mes paroles : la premiere fois qu'il vit Andriette, laquelle l'accueilloit auec des doux yeux & vne mine* à son ordinaire artificieuse & affettee*. Ha !traistresse (luy dict-il) & tison fatal de ta maison & de mon bon-heur. C'est donc sous le miel de ces gracieuses apparences que tu as caché vn fiel de tigre

& vn venin de serpent. C'est donc toy qui par tes malicieux*
& detestables artifices*, as ourdi la trame de tant de funestes
accidens. Mal-heureuse* deuois-tu voir le iour pour trahir si laschement ton propre sang, & estre cause de tant de desespoirs, de
fureur, de rages & de desordres? Et la terre te soustient, & le ciel
reserue ses foudres pour vne autre teste! Il dict, & sans donner
loisir à Andriette ni[1] de lui repliquer, d'vn stilet qu'il tira de sa
pochette, il lui perça la mammelle & le cœur, la laissant morte
de ce seul coup. La [110] peur & le mal tomberent ainsi en vn
mesme instant sur ceste miserable* fille, qui finit ses iours sans
dire vn seul mot.

Cleobule se sauue à la suitte, & honteux d'vn acte & si enragé
& si cruel & si lasche, redoutant la honte & le reproche autant que
la iustice, prit la poste & sortit d'Espagne, & de là trauersant la
France se rendit en Flandres, où dans les armes il fit vne mort de
soldat, à qui la fureur faict mespriser la vie & chercher les perils.

Ceste mort d'Andriette si sanglante & si espouuantable, ne fut
pas vn moins pressant aiguillon à Olinde, que celle de Leoncin
pour la confirmer au desir de sortir du monde & d'embrasser la
vie Religieuse, où elle vesquit depuis sainctement & paisiblement
comme en vn haure de grace, en vn port de paix & de tranquillité,
apres auoir souffert tant d'horribles bourrasques.

Cet Euenement nous peut apprendre diuerses leçons, qui
se tireront aisement de sa lecture. Mais cestui-ci est le grand,
le principal & general. Que Dieu a en haine & abomination les
personnes trompeuses, & violentes, & deteste la bouche qui a
deux langues & le cœur double. Que la prudence* de la chair,
selon l'Apostre, est vne mort[2] & vne pure folie deuant Dieu[3], qui
se plaist à perdre la prudence* des prudens[4], & à se mocquer des

1   *Sic.* Omis dans 1660.
2   Rm 8, 6.
3   1 Co 3, 19.
4   1 Co 1, 19.

conseils* de ceux qui sont sages en eux-mesmes. Qu'il confond*
ceux qui cheminent aux desirs de leurs cœurs & selon leurs pensees.
Bref que rarement les conseils* malicieux* & les mauvais desseins
ont de bonnes issues, les malins* tombans ordinairement dans
les fosses qu'ils ont creusees. [111]

L'Amour & La Mort.
EVENEMENT VI.

Chascvn sçait l'embleme de la mort & de l'Amour, qui
changerent leurs traicts[1], & pour parler plus sainctement, l'histoire de Iacob croisant ses bras pour benir l'aisné des enfans
de Ioseph de la gauche, & le cadet de la droitte[2]. Souuent il
arriue que l'Amour se met en la place de la Mort, & la Mort
en celle de l'Amour, lors que les succés* auiennent au rebours
de ce qui est, ou desesperé, ou attendu. Venez voir en l'Euenement que ie vous propose, vn singulier effect de la fortune,
arrachant deux Amans des mains de la Mort, pour les mettre
en la plaine* possession de leur honneste* Amour, & vne
amour deshonneste donnee iustement en proye à la mort, &
cela par vne façon d'autant plus extraordinaire & admirable
qu'elle estoit moins premeditee. O changement adorable de

---

1 Alciat, *Les Emblemes*, LXV, De Mort et Amour. « Mort & Amour apres vin
   boire, / Changerent de flesches & d'arcs : / Et sur cecy devez vous croire. / Qu'aussi
   firent de forces & d'arts : / Mort cuidant tuer les vieillards, / Vieilles gents en
   amours mettoit : / Et Cupidon jettant ses dards, / Aux jeunes gens la vie ostoit. »
   L'*Emblematum Liber* d'Andrea Alciato, dont la première édition, dépourvue d'images,
   est de 1531, a en France et ailleurs de nombreuses éditions et traductions. Le texte
   cité est celui de la traduction de 1615 chez Jean II de Tournes, qui a reproduit
   les vers de Jean Le Febvre (1536). On peut voir la gravure et le texte complet à :
   http ://www.emblems.arts.gla.ac.uk/french/emblem.php ?id=FALd065.
2 Gn 48, 8-20. V. Préface [9].

la droitte de Dieu! car en fin par ces mots de sort, fortune, destin, nous n'entendons que les secrets occultes de l'eternelle prouidence[1].

Durant ceste fameuse Ligue ou plustost ceste hydre à tant de testes, vaincuë par nostre Hercule Alexicaque[2] le Grand HENRI de glorieuse & triomphante memoire, la confusion estoit si horrible en la France, qu'il sembloit à ses ennemis qu'elle fust

---

1   Dans la longue lutte contre les devins et les magiciens, l'Église a dû débattre de la croyance ici évoquée en un Destin, qu'il soit ou non inscrit dans la position des astres comme pour l'Astrologie, et notamment à propos de l'Étoile que suivent les Mages à la naissance de Jésus (Mt 2, 1-10). Mais beaucoup de chrétiens semblent avoir adopté cette demi-croyance en l'influence astrale dont Camus, ici et ailleurs (*e.g* I, 2 [28-29]), se défend mal. Le débat est ancien, comme en témoigne cette page de la *Catena Aurea* de Saint Thomas, commentant les chapitres 7 et 9 de la *Cité de Dieu* de Saint Augustin : «Aux chapitres 7 et 9 : Quelques-uns appellent du nom de destin non pas les différentes positions des astres, mais la réunion et l'enchaînement des causes secondes qu'ils font dépendre de la volonté et de la puissance de l'Être souverain. Or, si vous soumettez au destin les choses humaines, tout en appelant de ce nom la volonté et la puissance de Dieu, je vous dirai : Conservez votre manière de penser, mais modifiez vos expressions, car, dans le langage ordinaire on est convenu d'appeler destin, l'influence qui résulte de la position des astres ; et nous ne donnons pas ce nom à la volonté de Dieu à moins que nous ne fassions venir le mot destin ou fatalité, du mot parler *(fatum,* en latin vient de *fando) ;* car il est écrit : «Dieu a parlé une fois, j'ai entendu ces deux choses.» Ce n'est donc pas la peine de nous épuiser avec eux dans une vaine dispute de mots». Saint Thomas *Catena Aurea* Commentaire sur l'Évangile de Saint Matthieu Chap. II. (Commentaires sur Matthieu 2, 1-2). Tout le début de ce chapitre est consacré au vocabulaire de la destinée, de la fortune et de l'Astrologie.

2   Qui écarte les maux : Huguet ; qui cite aussi : «C'est ce qui fait feindre par l'antiquité cest hercule celtique, alexicaque et dompteur de monstres. L'Hospital, Reforme de la Justice, 6e partie (V, 257). Alexicacos (en grec ; alexicacus en latin) est un des surnoms d'Hercule.» À partir de la seconde moitié du XVIe siècle, la propagande monarchiste répand l'image de l'Hercule gaulois (représenté avec des chaînes attachant de petites figures humaines à la langue d'Hercule) comme représentation de la monarchie française, puis de la Maison de Navarre, dont Hercule aurait été l'ancêtre. Les chaines symbolisent la parole par laquelle cet Hercule éloquent attachait à lui ses sujets : il figure déjà dans les *Emblemes* d'Alciat, auxquels Camus a fait allusion au début de cette nouvelle, avec la devise *Eloquentia fortitudine praestantior. Cf.* http ://www.champfleury.org/litterature_francaise/siecle16/etude16/renaissance/defendre.htm, où l'on pourra voir quelques reproductions de gravures dans le chapitre sur l'«Hercule françois».

arriuee à la derniere periode de tous [112] ses mal-heurs*, & que l'an climacterique[1] de l'immortelle fleur de lys fust proche. L'homicide, la fraude, l'iniustice, l'infidelité estoyent en campagne, qui comme des furies infernales portoyent le flambeau de la discorde ciuile* par tous les coins de ceste Monarchie. Le sang touchoit le sang, ie je veux dire que les propres* parens sans respect de consanguinité estoyent bandez les vns contres les autres, & exerçoyent des hostilitez & des inimitiez inusitees parmi les barbares. Chasque quartier faisoit son canton, & chasque ville son corps[2], où regnoyent des tyranneaux qui mescognoissans vn Roy, sous vn pretexte specieux*, se faisoyent Rois eux-mesme. Mais cet Auguste Monarque, à qui nous donnons à iuste raison le tiltre de Grand, comme l'Ange tutelaire de la France & le vainqueur & restaurateur de cet Estat, aidé de ce Dieu des armees, qui est le salut & la force des Potentats, dissipa heureusement tous ces nuages, redonnant à ce premier & plus ancien de tous les Royaumes Chrestiens sa serenité & sa face venerable. Ie dis ceci, parce qu'il semble que cet Euenement ait quelque dependance du bon heur* de ce Victorieux, & nous face voir vn rayon de la bonne fortune de ce grand Astre. Donc en ce temps calamiteux, & qu'il ne faut, ni descrire ni descrier, mais enseuelir par la loy d'Amnestie[3] dans vne profonde oubliance, en vne des villes de la haute Aquitaine (ie ne veux, ni la nommer ni la specifier autrement

---

1 Année critique, dangereuse à passer. Se disait en particulier des années multiples de 7 ou de 9.
2 Faire corps : former un tout complet, être indépendant. C'est l'expression qu'emploie Camus pour décrire la singularité de chaque nouvelle des son recueil : « [...] ces Euenemens [...] Singuliers [...] chascun faisant son corps [...].» Préface p. [15].
3 Dans ce que l'on appelle l'Édit de Nantes, l'Édit Général, signé le 30 avril 1598, a comme Article I un texte d'amnistie (étymologiquement : non mémoire) : « *Premièrement, que la mémoire de toutes choses passées d'une part et d'autre, depuis le commencement du mois de mars 1585 jusqu'à notre avènement à la couronne et durant les autres troubles précédents et à leur occasion, demeurera éteinte et assoupie, comme de chose non advenue.* » 1585 est la date du Traité de Nemours (7 juillet), signé par Henri III sous la pression de la Ligue, qui interdit le culte protestant, barrant ainsi à Henri de Navarre le chemin du trône.

pour quelques considerations*) estoit vne ieune Damoiselle, que nous nommerons Claudiane, laquelle n'ayant plus de [113] pere viuoit sous la conduitte* de sa mere, sage & vertueuse, en la compagnie de deux freres qu'elle auoit, dont l'vn portoit les armes, & l'autre enclin aux lettres s'estoit addonné à l'estude des loix pour arriuer à quelque office de Iudicature.

Ceste ville tenoit pour la Ligue, ie veux dire que les Ligueurs y estoyent les plus forts, bien qu'il y eust au dedans beaucoup de personnes affectionnees au seruice du Roy, mais secrettes, & qui n'osoyent se manifester, non plus que les disciples du Sauueur, pour la crainte de Iuifs. Là dedans commandoit vn Seigneur qui estoit d'vne prouince de la Gaule Celtique, voisine des Belges[1], homme qualifié pour sa naissance, illustre, riche en biens, puissant en force, esleué en tiltres, & qui plein de gloire & de force*, regnoit là dedans comme vn petit Roy, ne recognoissant le parti de l'Vnion qu'en idee*, parce qu'il le rendoit plus absolu dans sa place, que s'il eust despendu du Roy. Homme à qui le manteau de Religion ne seruoit que le pretexte, parce qu'il n'en auoit point, vicieux en ses mœurs, extrauagant en ses humeurs, personnage sanguinaire, qui se soucioit aussi peu de la vie des hommes que de celle des bestes, cruel & barbare en ses deportemens*, licentieux en paroles, & plus encore en effects, violant, pillant, rançonnant, & tourmentant tout le monde, comme s'il eust esté, comme Attila, vn fleau de Dieu. Pour comble de ses vices qui auoit raui la femme d'vn de ses parens, & l'entretenoit esloignee de son mari, au veu & scandale de tout le monde. Nous lui donnerons le nom de Galerio pour [114] quelque raison que nous ne manifesterons point. Voila les qualitez & les conditions de ce petit tyran, qui sera vn des principaux personnages de nostre Histoire.

---

1 Pour la Gaule romaine, la frontière entre celle-ci et la Belgique s'étend de la Manche (juste au Nord de ce qui est aujourd'hui Le Havre) à Lyon, ce qui n'aide pas l'identification du personnage.

Or auant cet horrible bouleuersement qui suiuit les Estats
de Blois[1] (car ce que nous racontons arriua au commencement
du regne de HENRI Quatriesme) vn ieune Gentil-homme du
voisinage appellé Palmire, auoit ietté les yeux sur Claudiane, & la
trouuant à son gré auoit graué son image dans son cœur auec vn
burin de flamme. Ce parti lui estoit sortable*, & lui à elle, toutes
les conuenances qui peuuent rendre vne alliance heureuse, se
trouuans entre ces deux Amans. Ie les appelle ainsi, parce que s'il
aima Claudiane, elle l'aima aussi, & leurs cœurs reciproquement
aimans & aimez brusloyent d'vn mesme feu, comme deux pures
victimes sur l'autel de l'Honneur & de la Vertu.

Lors que ceste amour commença, ce fut dans l'annee du deuil du
pere de Claudiane, temps plutost donné aux regrets & aux larmes,
qu'aux ris & aux ioyes. Mais tout ainsi que les rayons du Soleil ne
sont iamais plus estincellans que quand ils sortent de dessous vn
obscur nuage, ni les charbons plus ardans que quand ils viennent
du milieu de la cendre, aussi les beautez voilees sous ces crespes
noirs que les Dames portent par ceremonie, sont si brillantes que
leur esclat iette vn feu subtil qui penetre viuement les cœurs.

Ce ne fut pas peu à Palmire de faire agreer son seruice à celle
qui l'auoit conquis, & d'auoir re[115]connu que ses vœux estans
bien receus il ne perdroit point le temps en sa recherche, mais il
en falloit attendre la declaration manifeste en vne autre saison
plus conuenable*. D'autant que la bien-seance ne permettant
que dans vn nouueau vefuage sa mere pensast à la marier, ni

---

1   Convoqués en 1588 par Henri III qui tente de résister aux menées du duc de
     Guise. Celui-ci, depuis la mort du duc d'Anjou (1584), dernier héritier des Valois,
     cherche ouvertement à succéder à Henri III sur le trône de France, et se trouve à la
     tête du mouvement ligueur. À Blois, Henri III, constatant que les États tournent à
     l'avantage des Guise, fait assassiner le duc et son frère (23, 24 décembre). Ceci est
     suivi immédiatement d'une révolte d'une grande partie des villes de France, dont
     Paris, qui font sécession. Six mois plus tard, Henri III est lui-même assassiné, et
     c'est en ralliant petit à petit divers groupes de belligérents pour remédier à l'anarchie
     régnante que Henri IV va accéder au pouvoir : sacre de février 1594.

la fille à faire des nopces sur le tombeau de son pere. Vn an se passa de ceste façon. Apres lequel la vefue commença à voir les affaires, & à en prendre le soin, le maniement & conduitte*. Il y auoit deux ou trois filles en ceste famille, & deux masles, tous en l'adolescence, & nul en maiorité. Si bien que le faix de la tutele de tous tomba sur les bras de Sabee la mere, Dame toute pleine d'honneur & de vertu.

Les visites frequentes de Palmire & ses conuersations* ordinaires chez Sabee, firent coniecturer qu'il auoit du dessein : mais ce dessein estoit de soy si iuste, si honneste*, si raisonnable, qu'il ne se mettoit en peine de le dissimuler. Il en auertit Montan & Clarin freres de sa maistresse, qui cognoissans sa maison, ses biens, ses bonnes qualitez & son merite furent tres-aises de ceste bonne pensee qu'il auoit pour leur sœur. Mais il falloit attendre que la mere eut pris vne entiere cognoissance des affaires de la maison, que le pere auoit laissee vn peu embrouillees, s'estant par sa bonté engagé en la caution de quelques amis qui l'auoyent trompé & endebté. Et parce que les debtes sont des chancres*, qui rongent & perdent le plus beau bien, elle fut conseillee* de les nettoyer auant que de penser à marier ses filles. Ce retar[116]dement fut de l'eau sur le vin de Palmire, mais vin puissant qui n'en perdit pas vn point de sa force, au contraire ceste difficulté aiguisoit d'auantage son desir, estoit vne amorce* à ses souhaits & vn moyen glorieux de monstrer son amour par sa patience.

Cependant il obtient la permission de rechercher Claudiane à camp ouuert, & de se dire son seruiteur, & Claudiane receuant ses affections par la permission de sa mere, & l'auis de ses freres, tenoit à honneur de maistriser & de ranger sous ses loix vn si gentil* courage*. Aussi à dire la verité Palmire estoit vn Gentilhomme, que la nature & l'art, ie veux dire l'acquis, auoyent enrichi de tant de belles & remarquables parties, qu'il estoit tout à faict aimable. Il auoit les cheueux si blonds qu'ils paroissoyent plus argentez que dorez, des yeux dont l'azur donnoit de la ialousie au ciel, & leurs regards de l'enuie aux plus brillantes estoiles, la taille droitte & haute comme la Palme, qui lui donnoit le nom, vn teint blanc & vermeil, où les lys & les roses disputoyent à l'enui la preference. Au reste vn esprit animoit ce bel organe*[1] d'vne si agreable maniere, que sa façon estoit charmante, sa grace incroyable, sa conuersation* si douce & pleine d'attraicts, que peu de gens l'abordoyent dont il ne desrobast les courages*. Il n'estoit pas de ces Nobles impertinens, qui croyent que le sçauoir rauale la generosité* : car à la bonne teincture qu'il auoit prise aux lettres*, il auoit ioint vne si accomplie connoissance des exercices qui regardent la guerre, & à vne main adroit-[117]te aux armes il ioignoit vn cœur si braue*, qu'il estoit tenu pour tous ceux de sa contree, pour le miroir des autres Gentil-hommes. Aussi auoit-il toutes les conditions* requises pour s'acquerir les volontez ou par force*, ou par amour.

Claudiane qui n'estoit pas de de pierre, ni de quelque autre matiere insensible, se trouua rauie des perfections* de son Amant, & s'estimoit heureuse* qu'vn si gentil* Cheualier parmi tant d'autres objects qu'elle estimoit plus meritans, eust daigné arrester ses vœux & ses yeux en elle. Mais quoy ? l'amour a vn bandeau sur les yeux, au trauers duquel il entreuoit de telle façon, que sans en apperceuoir les defauts il voit en la chose aimee des graces & des raretez, que ceux qui n'aiment pas ne peuuent descouurir.

Ceste honorable recherche estoit en ces termes quand le tour-billon de la Ligue vint mettre la nauire de la France à deux doigts de son naufrage. Palmire se rangea du bon parti qui estoit celui du Roy, & leuant vne compagnie pour le seruice de son Prince, eut sa retraitte dans vne ville qui n'estoit qu'à trois ou quatre lieuës de celle où Claudiane se treuua engagee. Encores que dans les effects de Mars il acquist tous les iours comme vn Palmier, de nouuelles branches de Palme, il ne pouuoit euiter les assauts de son amour : tousiours ceste belle image de Claudiane le poursuit, & la nuict & le iour lui donne mille alarmes. L'absence, le fleau

---

1   Le mot garde aussi dans cette occurrence son sens d'instrument (instrument de musique) «animé» par un souffle («esprit»).

des amans, le trauaille* iusques au mourir. Car l'amour tourmente autant que la mort, & ses flammes en leur [118] poincte sont comparees aux sacrez cahiers à celles de l'enfer, ses flambeaux sont dicts estre tout de feu & de flamme. L'impossibilité ou au moins l'extreme difficulté de voir ce cher object, dont la presence le blesse & l'absence le tue, le met au desespoir. Mais que ne peut l'amour sur vn gentil* courage*? Certes il rend les montagnes applanies, les chemins rudes aisez, les difficultez faciles, & l'impossible faisable. Ce ne lui est point assez de sçauoir par lettres* & par messagers secrets, que Claudiane n'est point ligueuse pour lui, & qu'encore qu'elle soit de corps dans vne ville rebelle, elle a l'ame & Royale & Loyale.

Il estoit tous les iours auec ses compagnons faisant des courses iusques aux portes de ceste ville reuoltee, y portant le pistolet, & demandant que quelqu'vn de dedans vint contre lui donner vn coup d'espee, tantost il y prenoit des prisonniers, tantost il empeschoit qu'on n'y menast des viures ou des munitions de guerre, bref il donnoit mille trauerses aux soldats de Galerio, qui reconnoissoit franchement que parmi toute la noblesse circonuoisine il n'auoit point de plus aspre ni fascheux ennemi. Ce tyran qui faisoit la guerre en renard, plus qu'en lyon, lui tendit souuent des embuscades : mais sa valeur* le tiroit tousiours du milieu des dangers auec de legeres blesseures, qui n'estoyent que des perles pour la couronne de sa gloire.

A la fin que ne peut l'amour, dont le feu subtil a des effects non moins merueilleux que celui de la foudre ? Ne pouuant ni mourir par l'absen-[119]ce, ni viure d'auantage sans repaistre ses yeux de l'object aimé, il se resolut d'entrer en la ville où estoit Claudiane en habit desguisé, se faisant fort d'y trouuer des amis, quand ce ne seroit que Montan & Clarin freres de sa maistresse. Cela lui fut aisé se changeant le teinct & les cheueux par artifice*, & sous vn habit de paysan portant au marché quelques volailles qu'il donna à bon conte.

Entré qu'il fut logis de Sabee, & s'estant faict connoistre, ceste mere, ses fils & Claudiane mesme blasmerent sa temerité : mais d'autre part ils louërent l'excés de son amour. Lui qui se soucioit peu d'estre accusé comme temeraire, pourueu qu'il fust excusé comme amant : se met à boire à longs traicts par ses regards ce doux venin, dont son cœur estoit hydropique. Il demeura quelques iours caché dans ceste maison, comme vn Achille ou comme vn Hercule parmi les filles[1] les entretenant de discours si gracieux, que les iours leur estoyent des moments en sa conuersation*. O comme il benissoit la guerre qui lui donnoit vn bien qu'il n'eust osé ni demander, ni seulement esperer durant la paix, qui estoit de dormir sous le mesme toict, où reposoit celle qui estoit, & le repos & l'inquietude de son ame ! Auec combien de regret laissa-t'il cet heureux* seiour, qui parmi vn si euident danger de mort, ou au moins de prison lui sembloit vn Paradis de delices ? Iamais il ne l'eust desemparé* si la mere & les freres qui cherissoyent son amitié, qui desiroyent son alliance, & qui n'estoyent pas ligueurs [120] en l'ame, mais seulement dans vne ville ligueuse pour la conseruation de leurs biens & de leur fortune, si dis-je on ne lui eust promis de conclurre au plutost son mariage auec Claudiane, se contentant de remettre le payement de la dotte en vne meilleure saison, estant certain que la guerre est vn temps mal propre* à payer des debtes, & à donner des mariages aux filles, veu que tout est tellement brouillé, qu'il n'y a point de revenus clairs & liquides, ni desquels on puisse viure commodement.

Le ciel luy continua sa faueur à la sortie qu'il luy auoit prestee à l'entree, & auec tant d'heur* que cela l'amorça à vne seconde visite, sans penser qu'il faut reuerer la fortune, ou pour mieux

---

1   Thetis, sachant que son fils Achille va être tué s'il part en guerre contre Troie, le confie à Lycomède, roi de l'île de Scyros ; celui-ci habille Achille en femme et le cache parmi ses filles, qui l'appellent Pyrrha, «la rousse, couleur de flamme». Hercule, vendu par Hermès comme esclave à Omphale, passe sa captivité chez elle parmi les suivantes de celle-ci, vêtu de vêtements féminins et occupé à des travaux de filature.

parler, qu'il ne faut pas tenter* Dieu. Bien que Sabee, ses enfans
et plus que tous sa chere Claudiane l'eussent coniuré de ne se
mettre plus en ce hazard : lui qui estimoit moins sa vie que la
priuation des yeux qui luy faisoyent trouuer agreable la lumiere
du iour, mesprisa ces auertissemens, & tenta* vne seconde fois le
naufrage sans aucun peril. Aussi à la verité estoit-il desguisé de telle
sorte, & d'autre part auec son accortise* il sçauoit si dextrement
se contrefaire, qu'Argus mesme y eust esté trompé.

Que fait-il ? Non content de faire l'amour à la fille, son courage* esleué & Martial lui suggera le desir de faire encor l'amour
à la ville, & de faire quelque belle entreprise dessus pour le
seruice du Roy son maistre, & la remettre en son obeyssance.
Taisant ce secret à sa maistresse & à sa mere, [121] parce que
ce sexe est aussi peu capable de celer ce qu'il faut taire, qu'vn
crible de tenir de l'eau. Il le descouurit à Montan & à Clarin,
qu'il sçauoit estre ennemis du parti de la Ligue. Ils trouuerent
d'abbord tant de difficulté à ce dessein, parce que la ville estoit
bonne & soigneusement gardee, qu'ils le prierent de mettre ce
project hors de sa fantaisie, et de ne les trainer point auec lui à
vne ruine manifeste. Mais lui qui estoit ingenieux[1] & hardi, qui
entendoit parfaitement les fortifications & l'art militaire, leur fit
toucher au doigt les defauts de la place, & combien il estoit aisé
de la surprendre pour peu d'intelligence* qu'on eust au dedans.
Et parce que les coups, comme celui-là, qui se font auec peril,
s'acheuent auec vne gloire d'autant plus signalee*, que le peril
a esté plus grand : il leur faisoit voir tant d'honneur & tant de
bien au bout de ceste carriere, que ces ieunes hommes amorcez*
du desir de paroistre & de faire fortune, qui sont deux pressans
aiguillons, se ioignirent à la resolution de Palmire. Et parce que
pour vn semblable effect il falloit que plusieurs s'en meslassent,
il y alla beaucoup de iours pour practiquer les vns & les autres,

---

1 L'adjectif a bien le sens de «inventif» ; mais le substantif a le sens d'*ingénieur* (H)
   qui est bien d'abord celui qui «entend [...] les fortifications».

pour reconnoistre ceux qui estoient affectionnez au seruice du
Roy, ennemis de la tyrannie de Galerio, & capables de faire seruice
en cette occurence.

Cependant que Montan & Clarin instruits par Palmire, qui
alloit de nuict chez les vns & les autres, faisoient au dedans leur
secrette menee, Palmire à l'ayde de son desguisement, entroit &
sortoit facilement, & alloit au dehors, preparant [122] les choses
necessaires pour vne si belle entreprise. Mais le ciel qui se rit du
conseil* & de la prudence* des hommes, & qui a ses desseins*
au dessus de toute humaine portee, disposoit vn autre moyen,
& semblant euenter ceste mine*, la fit iouër en temps & lieu par
vne façon inconceuable. Il est mal-aisé qu'vne affaire qui doit
arriuer à la cognoissance de plusieurs, ne trouue ou quelque faux
frere, ou quelque esprit foible, par où elle vient à estre connue :
& venant à perdre le secret, elle s'esuanouït & perd sa force.

Comme que ce soit nostre Renard, qui estoit tousiours aux
aguets pour la defense de sa place, theatre de son empire & de
sa tyrannie, en eut quelque vent. Prudent qu'il est, il ne neglige
rien, il s'enquiert, il profonde* l'affaire, il est auerti que ceste
cabale se practique par Palmire, mais il ne sçait de quelle façon.
Il sçait que tous les iours il est à ses portes, qu'il rode sans cesse
autour de la ville, mais il ne sçait pas encore qu'il entre si souuent
au dedans.

Palmire pour s'asseurer d'autant de Montan & de Clarin & de
toute leur parenté, & mesme pour mettre sa maistresse à l'abri du
sac & de la surprise d'vne ville, chose tousiours suiette à de grandes insolences*, parce que la force* regne, desire la tirer dehors,
faire son mariage, croyant qu'vne cause si fauorable que celle
des nopces lui feroit obtenir sauf-conduit du Gouuerneur pour y
espouser Claudiane, y faire vne feste & des tournois, où pourroit
continuer ses prattiques sans aucune defiance. Mais il se trouue
des[123]cheu de son espoir, car ayant promesse de la mere, des
freres, de la fille, & le consentement des autres parens : comme
il demande vn passe-port & vne asseurance à Galerio, ou pour

l'aller fiancer & espouser à la ville, ou pour la faire sortir, afin de la prendre à femme dans la ville voisine, qui estoit de l'obeissance du Roy, Galerio lui refuse tout à plat* ceste grace, & passant plus outre, defend à Sabee de donner sa fille en mariage à vn homme de parti contraire, à peine d'estre declaree ennemie de l'Vnion, & ses biens saisis & confisquez au profit de la Ligue.

Ce coup de foudre estonna* la mere, la fille, les parens, & mit Palmire en vne cholere qui n'estoit pas petite. Neantmoins son entreprise lui promettant le moyen de se vanger de ce barbare en temps & lieu, lui fait mascher plus doucement son frein. Voila son mariage retardé. Mais Galerio pour le rompre tout à fait, voulut selon la coustume des tyranneaux, destiner ce morceau pour vn de ses confidens, & lui faire espouser ceste fille. A quoy si vous adioustez le desir qu'il auoit de faire deplaisir à Palmire, qu'on lui auoit dit en estre extremement amoureux, vous aurez trouué les motifs de son dessein. Comme cet homme estoit cruel & lascif, il hantoit en peu de lieux où il ne laissast des marques de l'vne ou de l'autre de ces qualitez : & comme on dit que la dent du Lyon iette la pourriture au corps où elle se plante, il frequentoit en peu de maisons, où aussi tost s'il y auoit quelque belle fille on ne soupçonnast quelque mal ou en effect, ou en pretension.

[124] Pour faire despit* à Palmire, ou peut-estre pour parler en faueur de son confident, il alla quelquefois au logis de Sabee, qui se fust bien passee de ces honneurs, & soit qu'il le feignist, ou qu'il fust vray, il tesmoigna que la beauté de Claudiane lui aggreoit, & en parloit tout haut auec beaucoup d'auantage. Ces louanges-là en la bouche de cet homme estoient prises pour les étincelles du feu qu'on croyoit qu'il eust au dedans, parce qu'il est mal-aisé de celer les perfections* de ce que l'on aime. Ceste mauuaise femme qui auoit quitté son mari (Seigneur de marque & de qualité) pour le suiure, en prit l'alarme & la mousche, & s'alluma en vn instant d'vne si extreme ialousie, qu'elle eust voulu voir l'innocente Claudiane dans le tombeau.

Galerio bien aise de la voir en ceste humeur, & qui prenoit plaisir à lui donner de semblables assauts pour allumer son amour pour lui par la ialousie, continue ses propos* & ses visites. Ce qui met ceste furieuse femelle en vne rage deseperee, & comme la ialousie est vn feu qui s'allume de tout bois, & vn mal auquel tout sert d'entretien*, & peu de choses de remede : quoi que Galerio die qu'il recherche ceste fille pour la faire espouser à vn de ses amis, elle croit que ce n'est qu'vn voile pour la posseder plus couuertement, & pour donner quelque couleur à sa propre passion. Et à la verité outre la passion qu'elle auoit pour cet homme, son propre interest* ne lui estoit pas peu considerable. Car s'il l'eust abandonnee, iamais Ariadne quittee par Thesee en vn riuage estranger, [125] n'eust eu rien d'esgal à son infortune : car elle auoit laissé maison, païs, espoux, enfans, parens, & qui plus est son propre honneur, pour se rendre aupres de lui : on eust¹ peu treuuer vne retraitte, non pas commode*, mais seulement asseuree* s'il eust cessé de l'aimer & de l'auoir à ses costez. Aussi estoit-elle si chatouilleuse en ce poinct, que le moindre soupçon lui mettoit mille marteaux* en la teste. Tant il est vrai qu'vn esprit coulpable est ensemble & le iuge & le bourreau de soi-mesme, rongé de perpetuels remors, & accompagné d'vne continuelle crainte.

Elle met mille espies* en campagne pour remarquer les mines*, les contenances*, les regards, & les moindres paroles de Galerio, quand il est en la presence de Claudiane. Et Dieu sçait si les rapporteurs, ou pour flatter son humeur, ou pour ne paroistre inutiles en leur emploi, lui en faisoient croire de belles. Ce qui la met en vne humeur si estrange, qu'elle ne pense plus qu'aux moyens de se defaire de sa Riuale. Elle se persuade que ceste fille glorieuse de se voir caiollee* d'vn Gouuerneur, tasche de l'engager en son affection, & de la supplanter. Galerio n'estoit point marié, c'est ce qui redoubloit sa fiebure, & plus on lui dit

―――――――――
1   *Sic.* Il faut corriger en *n'eust.*

que Claudiane est honneste*, plus elle a d'apprehension que Galerio ne l'espouse, & ne la reiette. Elle sçait que le feu des folles & iniustes passions, est vn feu volage & de peu de duree. Vn feu qui consomme les biens, les corps & l'honneur, & que l'humeur changeante des hommes se lasse bien tost de cel[126]les qu'ils ne peuuent posseder qu'auec honte. C'est ce qui la met en frenesie. Palmire de son costé auerti des deportemens* de Galerio aupres de Claudiane, & qu'il la veut faire espouser à vn de ses fauoris, n'a pas moins de fieure qu'Asterie (appelons ainsi ceste femme que Galerio entretenoit) s'il est ialoux, ie vous demande s'il en a du suject. Non qu'il se defie de la loyauté, ni de la constante amitié de Claudiane, ou de son propre merite : mais quand il pense aux violences & à la cruauté de son Riual, il iuge quand[1] il en viendroit à la force* & à la tyrannie en ceste occasion, ce ne seroit pas tant en lui vne action extraordinaire que sa coustume. En la puissance absolue que les armes lui donnent en ceste ville, tout est à redouter : parce que celui qui peut tout ce qu'il veut, veut ordinairement plus qu'il ne doit. Si ce n'estoit l'esperance qu'il a de faire bien tost reussir son entreprise, sa passion le pousseroit comme vn autre Sceuole à aller attaquer ce Porsenne au milieu de ses soldats[2].

Tandis que Sabee tremble, que Claudiane est transie de frayeur, ne sçachant à quoy doiuent aboutir ces desseins de Galerio,

---

1 *Sic.* Même en tenant compte de la souplesse de la syntaxe de Camus, il faut bien corriger ici en : «[...] il (Palmire) iuge bien *que*, quand il (Galerio) en viendroit [...]».

2 Mucius Scaeuola (Caïus), voulant par un assassinat hardi sauver Rome, sa patrie, assiégée par Porsenna, s'introduisit dans le camp ennemi mais frappa par erreur un secrétaire de celui-ci. Porsenna lui ayant demandé ce qui l'avait poussé à cette entreprise, il répondit : «sache que nous sommes trois cents jeunes hommes qui avons juré devant les dieux de mourir tous, ou de te poignarder parmi tes gardes». Son surnom – Scaevola, le gaucher –, est dû aux conséquences du supplice que lui infligea Porsenna. Condamné à être brûlé, il mit de lui-même sa main dans le brasier et la regarda se consumer avec tant de constance que Porsenna lui accorda la vie et le renvoya à Rome. V. Tite-Live, *Ab Urbe condita (Histoire romaine)*, II, 12-13).

Montan & Clarin trauaillent tant qu'ils peuuent à auancer leur intelligence* pour preuenir les proiects du tyran, qui ne vise qu'à la ruine de leur maison, & peut-estre de leur honneur. Mais comme ils se fient à plus de gens qu'il ne faut, quelqu'vn dont le nom est ignoré, craignant la perte de ses biens dans la desolation d'vne ville surprise, donne des auis si particuliers* à Galerio de ce que Palmire dessei[127]gnoit*, que nonobstant son desguisement il fut surpris à la porte comme il vouloit entrer chargé de volailles, & sous son habit de paysan.

Ce grand courage* ne s'effraya point dans ce peril, qui mena-çoit euidemment sa teste : mais mené deuant le Gouuerneur, il auoüa franchement que sa ialousie & son amour l'auoient ainsi precipité au milieu de ses ennemis pour voir sa maistresse, & empescher qu'elle ne receust les offres d'vn autre seruice que du sien, veu mesme qu'elle lui estoit promise, & que sans vne expresse perfidie elle ne pouuoit estre à d'autre qu'à lui. Au demeurant son affection redoublant son courage, il parla si hautement & si hardiment à Galerio de la violence qu'il vouloit faire à la volonté de ceste fille, & du refus qu'il auoit fait de la laisser sortir, selon qu'il l'en auoit supplié, pour accomplir leur mariage ; acte de discourtoisie, peu honorable à vn Cheualier : qu'il sembloit, non seulement que ce prisonnier fust en pleine liberté, mais mesme qu'il eust celui qui le tenoit en sa puissance. Tant sont esleuez les effects de l'amour & de la valeur*.

Galerio qui estoit vn vieux matois, ayant laissé couler en sousriant ceste impetuosité de ieunesse, & ceste ardeur amoureuse, qui auoit fait parler Palmire si haut, venant à l'interroger sur la trahison (ainsi appeloit-il son entreprise) qu'il brassoit contre la ville : Palmire pour n'enueloper par son aueu beaucoup de personnes dans son mal-heur* nia tout à plat* qu'il eust autre entreprise que celle de son amour, & quand il en auroit sur la [128] ville, que ce seroit plustost vn louable stratageme de guerre, qu'vne trahison blasmable, celui-là ne pouuant estre appelé traistre, qui tasche autant qu'il peut d'auancer le seruice de son

Roy, & d'abattre & diminuer ses ennemis. Galerio le pressant d'auantage, & lui ne voulant respondre autre chose, il commanda qu'on le menast en prison, afin qu'il pensast à sa conscience, & moderast ses ardeurs.

Palmire piqué de ce traict de mocquerie, repliqua en allant où les satellites le menoient, d'vn ton plus apsre que le temps & le lieu ne le requeroient, que sa conscience estoit plus nette* que celle de celui qui l'exhortoit d'y penser, & que ces¹ ardeurs estoient si pures, si honnestes* & si legitimes, qu'elles n'auoient ni noirceur, ni fumee, ni rien qui offençast & scandalisast le prochain.

O Seigneur iusques à quand permettrez vous que l'impie s'enorgueillisse, tandis que le iuste est en peine ? Iusques à quand vostre patience souffrira-elle les brauades des meschans, qui parlent iniquement & auec abus contre les gens de bien ? vous qui auez promis de ne laisser pas long temps la verge de la puissance du pecheur sur la teste du iuste. Mais quand ie considere le precurseur du Messie² sous la tyrannie d'vn Herode, & le Messie mesme souffrant sous les iniustes iugemens d'vn Caïfe & d'vn Pilate : que puis-ie sinon adorer les decrets de la diuine prouidence, sans m'en enquerir, puis que celui qui veut sonder vne si haute maiesté, est opprimé* de la grandeur de sa gloire, & offusqué* de sa lumiere ? Viendra neantmoins [129] l'heure & le temps qui nous descouurira la iustice de Dieu, & que s'il sçait marcher à la vengeance à pas de plomb, il sçait redoubler par la seuerité de la peine le retardement du supplice.

Tandis que Palmire trempe* dans la prison, auec vn cœur inuincible, il fait comme la palme, qui se releue contre le poids qui la veut accabler, & espere contre l'esperance de sortir de ceste captiuité par vne autre voye que par la mort. Cependant Galerio ne dort pas, mais veillant comme vn dragon & comme vn lyon, il fait toutes sortes d'enquestes pour descouurir plus amplement

---

1   *Ses*, plus probablement.
2   Saint Jean-Baptiste, décapité sur la demande de Salomé : Mc 6, 17-25.

l'embrasement de ceste entreprise dont il n'a apperceu qu'vne flammesche. Car bien qu'il fust auerti que l'on brassoit vn dessein contre sa place, il n'en auoit pû apprendre autre particularité*, sinon que Palmire en estoit l'autheur, le rapporteur n'ayant pû lui en dire dauantage. Il ressemble au chien de chasse, qui ayant treuué la fumee* suit la beste à la piste pour la prendre en son giste. Il auoit des ruses & des artifices* à merueilles, mais il n'est point de conseil* contre le Seigneur. Il ne sçauroit euiter sa destinee, l'arrest y est : ceux qui commettent des fornications periront, beaucoup plus les adulteres, & les hommes de sang, qui de plus sont menacez de ne faire point la moitié du cours naturel de leur vie[1].

Pendant que durent ces enquestes, desquelles despend comme d'vn filet* la vie ou la mort du braue* Palmire, Galerio va souuent chez Sabee, desireux de sçauoir si la mere ou la fille n'auoient point quelque part à ceste menee, sçachant bien [130] que l'amour ouvre le cœur, & qu'il est mal aisé de celer son secret à ce que l'on aime, selon ce que disoit Dalila ceste fausse Philistine au pauure Sanson[2], perdu de son amour. Mais il n'auoit garde d'en rien apprendre, puis qu'elles en estoient entierement ignorantes, & il n'y a rien que les femmes celent mieux que ce qu'elles ne sçauent pas. Galerio pour la difficulté qu'il auoit de descouurir ce secret, iugeant que c'estoit vn faux auis, en estoit bien aise pour sa seureté, & aussi pour auoir suject de ruiner Palmire par vne excessiue rançon, dont il preferoit l'vtilité à la vie de ce Cheualier. En suitte pour lui donner plus de creuecœur, & satisfaire en cela à sa vengeance, il vouloit marier sa maistresse à vn autre sur son visage*, & deuant ses yeux durant qu'il le tiendroit en prison, & apres le renuoyer priué de biens & de femme. Pour cela il presse Sabee & Claudiane de penser au mariage d'vn Capitaine de ses

---

1 Ps 102, 24-25.
2 Dalila est bien vraiment Philistine ; mais elle est «en plus» fausse. Les Philistins l'ont persuadée de trahir Samson, et elle lui demande quatre fois le secret de sa force. Il ment trois fois. Jg 16, 4-19.

plus confidens, appelé Marius. La mere n'osant ouuertement contredire pour euiter la ruine de sa maison, s'en rapporte à sa fille, dont elle dit ne vouloir ni ne deuoir forcer la volonté, puis qu'elle se deuoit marier pour elle-mesme, tout le bien & le mal de son choix retombant sur elle.

Claudiane s'excuse sur sa foi promise, & prie le Gouuerneur de lui donner au moins quelque temps pour y penser, & pour se despoüiller d'vne si iuste affection. La prudence* lui enseigna pour ceste fois de gauchir au coup, & ne s'opposer pas droittement aux absolues & imperieuses volontez du tyran, qui comme vn torrent se fust enflé [131] contre ses oppositions, & les eust renuersees pour faire de son desir vne loi. Dilayant* ainsi sa response, & se voyant plustost oppressee que pressee de se resoudre, à quoi ne la porte la force de son amour ? Certes comme l'on voit vne machine qui rampe contre terre s'esleuer en l'air contre son natu-rel quand on donne le feu à la poudre cachee au dedans : aussi quand l'amour s'empare viuement du cœur d'vne fille bien nee, il l'esleue au dessus de la foiblesse de son sexe, & la porte à des actions que les hommes admirent plustost que de les imiter. De cela font foi tant de Sainctes Martyres qui ont autrefois, esprises d'vn feu sacré, mesprisé les bestes sauuages, les roües, les glaiues, & tous les supplices des tyrans, allans à la mort comme aux nopces. Belles ames qui lirez ces lignes, apprestez vos rauissemens sur l'inuention que trouua ceste genereuse* Amante pour tirer son Amant de prison, & conseruer sa vie aux despens de la sienne. O honneste* amour, que ton empire est puissant !

Vn iour sçachant que Galerio auoit esté trauaillé* d'vne colique qui le tourmentoit assez souuent, elle prend ce temps à propos, & en la compagnie d'vne de ses sœurs auec le congé de sa mere le va treuuer en son logis, qui estoit au milieu de la ville. Elle demande à parler à lui. Asterie qui en eut l'auis, troublee de ceste venue, lui fit respondre que Monsieur estoit malade, & qu'on ne pouuoit parler à lui. Au moins, reprit la sage fille, que ie puisse parler à quelqu'vn qui lui soit confident, pour chose qui lui est de grande importan[132]ce. Ce mot fit ouurir les oreilles à

Asterie, qui estoit en allarme aussi bien que Galerio, sur le faict de ceste entreprise. Elle lui enuoya donc d'elle-mesme Marius, celui qui desiroit Claudiane pour femme, comme si Monsieur l'eust ainsi commandé. Cestui-ci voulant faire l'officieux & le courtois selon la coustume des seruiteurs enuers leurs maistresses, la vient accueillir auec beaucoup de complimens, se dit enuoyé de la part du Gouuerneur pour sçauoir ce qu'elle lui veut dire, marri disoit-il, que Galerio n'estoit en estat de la pouuoir ouïr lui-mesme, sa colique le serrant de si pres qu'il en estoit presque hors du sens.

Alors Claudiane pareille au sage enchanteur qui veut endormir le serpent, ou à l'oyseleur qui veut auec ses appeaux surprendre l'oisillon : elle lui commence à dire, qu'encore qu'elle eust autrefois quelque inclination pour Palmire, que c'estoit deuant le trouble de la guerre, & que les diuers partis fussent formez, que depuis ceste diuision ceste passion s'estoit alteree, lui estant mal-aisé sans offenser* sa Religion & son païs, d'aimer vn homme d'vn parti contraire. Que l'amour de la patrie comme plus grande & generale deuoit aller deuant les affections particulieres*, & que pour cela si Palmire se trouuoit coulpable d'entreprise contre la ville, elle ne pourroit iamais aimer le traistre de son païs : que ce lui seroit vn iuste pretexte de rompre auec lui, & de retirer la parole qu'elle lui auoit donnee. Que l'amour estant la plus forte de toutes les gesnes* pour tirer la verité d'vne bouche, elle pensoit que s'il lui estoit permis [133] de lui parler, elle feroit tant par ses coniurations*, que de sçauoir de lui le secret de ceste affaire si importante au public, en quoi elle desiroit faire seruice à Galerio & à sa patrie. Ceci, dit auec vne contenance* si candide & pleine de naiueté, qu'aucune trace de feinte ne paroissoit dans ceste feinte, fut aussi tost crû par l'amoureux Marius, selon la maxime de ceux qui aiment, lesquels ont les propos de la bouche aimee pour des oracles celestes.

Apres les remercimens qu'il lui fit de sa bonne volonté pour la conseruation de la ville, & les louanges que son eloquence lui dicta, il alla faire son rapport à Monsieur, ce disoit-il ; mais ce ne

fut qu'à Asterie, laquelle curieuse comme vne femme, & desireuse
d'estre la premiere qui auertist Galerio de ceste menee qu'elle
pretendoit descouurir, commanda aussi tost à Marius mesme de
mener Claudiane à la prison, & de la laisser parler à Palmire en
toute liberté, afin que le prisonnier donnast plus aisement dans
les pieges qu'elle croyoit que Claudiane lui voulust tendre pour le
surprendre en ses paroles. Sotte femme qui ne sçauoit pas qu'en
la guerre & en l'amour les stratagemes sont des actes heroïques.

   Quand Palmire vit luire son astre dans les tenebres de sa prison,
il crut que c'estoit vne lumiere de vie qui le venoit trouuer dans
l'ombre de la mort. Autant de temps que i'employerois à despeindre
ses aises, & à descrire les complimens qu'ils se firent, ce ne seroit
qu'augmenter l'impatience du Lecteur, qui meurt de desir de voir
le [134] succez* de ceste memorable auenture. Claudiane ayant
donné charge à sa sœur, à qui elle auoit manifesté son dessein,
d'amuser* Marius, & s'il estoit possible de l'inuiter à se tenir à
la porte, pour ne perdre point des momens si precieux que ceux
qui peuuent faire perdre ou sauuer la vie à vn homme : raconte
en peu de mots à Palmire, qu'elle estoit venue là pour lui donner
ses habits & prendre les siens, ne croyant pas que Galerio fust si
cruel de vouloir agir contre elle criminellement, qu'en tout cas son
affection lui rendroit ses souffrances douces & glorieuses.

   Palmire non moins raui de la fidelité que de la beauté de sa
maistresse, refuse à l'abord ce parti, comme estant vne espece
de lascheté à vn homme, de mettre pour soy vne fille en peine.
Que de belles paroles employa-il pour destourner Claudiane de
ceste resolution ? Mais ce fut en vain : car aux prieres qu'elle luy
en fit, elle adiousta de si seueres menaces de son indignation,
que la peur de la courroucer plustost que celle de mourir le fit
condescendre à se seruir de ceste ruse. Cependant sans qu'elle
l'en enquist*, iugeant de sa fermeté par cet acte heroique, il lui
communiqua en peu de mots toute son entreprise, & comme
ses freres estoient des principaux, lui promettant de la mettre en
execution, aussi tost qu'il seroit sorti, & qu'elle se verroit aussi
tost deliuree que prisonniere.

A ce discours Claudiane fremit, redoutant plus le hazard où s'alloit exposer son Amant, que celui où elle se mettoit ; admirable effect d'amour, [135] qui donne plus de peur de la perte de la chose aimee, que de la sienne propre. Et taschant de lui oster ceste resolution, en pensant plustost à sortir de la ville qu'à la prendre : I'aurois bonne grace (lui dit-il) de vous auoir mis en prison, & ne tascher pas vous en deliurer. Vous voyez que ie fai ce qu'il vous plaist, ie vous prie de me laisser faire le soldat à mon tour, puis que maintenant vous me faites faire la fille.

Les habits estans changez, Claudiane demeure dans le fonds de la prison sous ceux de Palmire, & Palmire sous ces harnois feminins, le masque sur le visage, & vne grande escharpe noire sur la teste s'auance pour sortir. Marius prend ceste feinte fille sous les bras, laquelle craignant d'estre reconnue à la voix, lui dit tout bas à l'oreille, Venez me voir chez moy, & ie vous dirai des merueilles & en suitte le baisa en la iouë, faueur qui rauit tellement nostre Capitaine, que sans autre replique il la mit en la rue, & alla aussi tost porter ce qu'il auoit appris à Asterie. Il n'attendoit que l'apresdinee pour aller recueillir de ceste bouche qui l'auoit si amoureusement baisé, les secrets admirables : mais il ne trouua chez Sabee que des larmes & des regrets, que faisoit ceste mere sur sa fille Claudiane qu'elle croyoit perdue, parce qu'elle ne paroissoit point : la cadette disoit qu'en reuenant de la prison auec elle, elle l'auoit laissee dans vne Eglise, où elle auoit esté fort longue à faire ses deuotions, & disoit-elle cette mensonge de si bonne grace, qu'il ne sembloit pas qu'elle sceust rien du stratageme que sa sœur auoit ioué. [136]

Qui fut bien estonné ce fut Marius, il crût que l'on faisoit cacher Claudiane à dessein, de peur qu'elle ne reuelast ce qu'elle auoit appris de l'intelligence*. Il tempeste, il menace, mais n'auançant rien, il retourne à Asterie, qui se douta aussi tost qu'il y auoit de la tromperie dans ce mystere. Elle en auertit Galerio, lequel intelligent aux subtilitez, auant que d'en sçauoir d'auantage, dit qu'il y auoit de la cabale (car la peur est le glaiue de Damocles, qui pend sans cesse sur la teste des tyrans.) On va à la prison, où l'on descouurit aussi tost la finesse, Claudiane y estant trouuee en la place de Palmire.

A ceste nouuelle Galerio s'escrie qu'il est vendu, qu'il est trahi, commande que toute sa garnison se mette en armes, fait faire la ronde, double les gardes, braque les canons, fait garder les portes & les places, toute la ville est en rumeur & en allarme. Claudiane est interrogee, elle respond qu'elle ne sçait point d'autre entreprise que celle qu'elle a faite, de sauuer son Amant de prison, que c'estoit vne folie de croire qu'vn prisonnier voulust prendre une ville, que tout le dessein de Palmire ne visoit qu'à la tirer dehors pour l'espouser : & puis que pour cela il s'estoit desguisé & s'estoit mis au hazard, elle auoit crû que son affection l'obligeoit à lui rendre vn semblable office.

Tandis qu'elle se moque ainsi des interrogatoires, & mesme de la question dont on la menace, on cherche Palmire en diligence, on visite, on fouille toutes les maisons où l'on soupçonnoit [137] qu'il se fust retiré. Galerio faict prendre plusieurs citoyens par coniecture, principalement ceux qu'il estimoit fauoriser le parti du Roy. Il ne manqua pas de se saisir de Montan & Clarin, freres de Palmire ; se figurant que si Palmire auoit quelque intelligence* dans la ville, ils en deuoyent estre, puisqu'ils fauorisoyent son mariage auec leur sœur.

L'emprisonnement de ces deux Gentils-hommes mit toute la ville en combustion*, & presque en mutinerie, à cause qu'ils y estoyent fort aimez, & tellement apparentez*, qu'ils touchoyent de consanguinité aux principales familles. Qu'arriua-t'il ? On les interroge separement. Montan resolu comme vn homme qui manie les armes, nie ceste intelligence*, mais le bon Clarin, hardy comme vn homme de lettres*, & pensant estre desia en spectacle sur vn eschaffaut, à la premiere menace de la question, moins genereux* que sa sœur, demanda la vie promettant de reueler tout ce qu'il sçauoit de l'entreprise. C'est la coustume en semblables occurrences de promettre aux criminels ce qu'on

ne leur veut pas tenir. Il dict donc sur ceste promesse tout ce
qu'il sçauoit, & descouurit vne partie de ceux qui estoyent de la
conspiration.

Galerio les vouloit tous emprisonner, mais craignant vne
émotion populaire, parce que c'estoyent personnes des plus
apparentes*[1], feignit de n'en sçauoir pas tant, resolu de s'en saisir
doucement les vns apres les autres ; ruse politique assez auisee. Il
croyoit desia nager dans vne mer de sang & de [138] confiscations :
car l'auarice n'estoit pas moins en ses delices, que la cruauté.

Palmire bien qu'il fust dans les caues, tantost d'vne maison,
tantost d'vne autre, ne dormoit pas : mais bandant tout son
esprit, & remuant tous ses efforts pour faire iouër la mine* de
son intelligence*, escriuoit au dehors pour auoir du secours,
& au dedans il animoit les courages* de ses partisans. En fin il
n'y a rien de si caché qui ne se descouure. Galerio le tambour
battant, & l'enseigne* desployee pour se rendre redoutable, fit
vne patrouille si generale & si exacte, qu'il n'y eut caue, grenier,
cabinet, recoin, garderobe, coffre qu'il ne fit ouurir pour y chercher Palmire. Neantmoins il ne put estre trouué, s'estant faict
mettre dans vn grand tonneau où il y auoit encore du vin, duquel
quand on vit sortir ceste liqueur*, on ne iugea point qu'il y eust
vn homme dedans. Galerio desesperant de le trouuer, se saisit de
deux ou trois des conspirateurs, allant ainsi reseruè en sa pensée
pour n'effaroucher point le peuple.

Mais Palmire qui auoit euité d'estre pris, ayant sceu que
Galerio auoit iuré qu'il feroit trancher la teste à Claudiane,
comme estant complice de la trahison brassee contre la ville, &
aussi à ses freres : il sortit de sa cachette, & s'alla volontairement
rendre entre les mains de Galerio, pour protester l'innocence
de ceste fille, & tirer toute la coulpe*, & en suitte toute la
peine sur soy. Mais de quel air parla-t'il à ce tyran ? de quelle
contenance* l'abborda-t'il ? de quel œil le regarda-t'il ? [139] de

---

1   Ne pas confondre avec *apparenté*, dix lignes plus haut.

quelle façon tesmoigna-t'il que son amour brauoit la mort? Il
auoüa franchement son entreprise, & au lieu de s'en repentir, il
la loüa, ne se faschant que de ce que sa prise ayant precipité le
temps, il n'auoit pû la conduire à sa fin. Il declara que lui seul
auoit suborné ceux qui luy auoyent presté l'oreille, & que s'il ne
vouloit faire flotter la ville dans le sang des Citoyens, & en faire
rougir la riuiere qui la baignoit, il deuoit restreindre le supplice
à lui seul, & lui faire sentir tous les tourmens que la barbarie
pourroit inuenter, qu'il les endureroit de bon cœur, pourueu que
sa maistresse, ses freres & ses autres amis eussent la vie sauue, &
ne fussent chastiez que par leurs biens. Galerio ioyeux de reuoir
Palmire en sa puissance le fit serrer soigneusement, & ne pût
se tenir d'admirer ce grand courage*, bien qu'en son discours
il attribuast ceste saillie* au desespoir pour en ternir le lustre.
Car ce brutal* auoit encore parmi tant de vices celui de l'enuie
en vn tel degré, qu'il ne pouuoit ouyr parler de la valeur* ni
du courage d'vn autre, lui estant auis que la louange d'autrui
diminuoit celle qui lui estoit deuë, & qu'estant le phœnix des
braues, toute la vaillance estoit enclose dans sa poictrine.

 Tenant ainsi le Chef de l'entreprise il la crut dissipee, & ne
songe plus qu'à se saisir des coniurez : Mais comme les flesches de Seleucus, il les vouloit rompre l'vne apres l'autre, non
en faisseau. Sa finesse fut euentee par ceux qui auoyent des
amis aupres de lui, & parce qu'il estoit impos[140]sible de fuyr,
les portes & les murailles estans gardees : ils s'assemblerent de
nuict, & conclurent de iouër à tout perdre, ou à tout gaigner,
veu qu'ils n'auoyent point d'autre espoir que d'en auoir point.
Certes il faudroit auoir les coudees plus franches, que ne m'en
donne la briefue narration d'vn Euenement, pour representer
ici le contraste amiable des deux Amans à qui se rendroit seul
coulpable, à qui seul tireroit la peine sur soy, à qui mettroit sa
vie pour la personne aimee. Ceux qui nagent dans le vaste sein
d'vne Histoire, representent de semblables occurrences* auec tant
d'art, qu'il n'est point d'yeux si secs dont ils ne tirent des larmes.

Voire mesme ceux qui animent les Scenes ont en de pareilles rencontres vn si beau champ de discours, & vn moyen si propre* pour toucher les lieux des plus tendres affections du cœur, que sur des doctes fables & des suiets feints* ils arrachent des pleurs veritables. Ce que S. Augustin dict lui estre arriué en lisant dans le prince des Poëtes Romains les regrets & la mort de la Reine de Carthage[1]. Mais sans donner des paroles feintes* à vn vrai sujet, nous pouuons dire que Claudiane sentit plus de desplaisir quand elle sceut que Palmire s'estoit remis en la puissance de Galerio, que si on lui fust venu prononcer l'arrest de sa mort : car elle estoit si contente d'estre prisonniere, & de mourir en sa place, qu'à peine pouuoit-elle contenir sa ioye.

Tandis que Galerio prepare toutes ses machines pour exterminer tous ses coniurateurs, resolu qu'il est de faire mourir Palmire d'vn honteux [141] supplice, & encore Montan & Clarin, & quelques autres dont il se vouloit vanger & auoir le bien, Asterie l'abborde en ceste humeur, & comme vne autre Herodias[2] lui demande vne grace. Quelle grace (lui dict-il) à ceux qui surprenans la ville, nous eussent vous & moy les premiers donnez en proye à la mort ? Point de grace à des traistres, adiousta-t'il, & continuant, point de grace à des traistres. Ie les tuerois moi-mesme s'il n'y auoit point de bourreau, & ie les ferois mourir fussent-ils sur l'autel. C'est ceste grace là que ie vous demande (reprit la ialouse Asterie) & ie vous prends par vostre parole, afin que sans esgard de sexe ni de beauté, si Claudiane que vous cajollez* si bien se trouue complice, comme sans doute elle est, & mesme ses sœurs ou sa mere, vous fassiez passer tout cela par le tranchant, & qu'elles sentent la mesme peine que Palmire & ses partisans. A ceste priere elle adiousta les larmes, & les blandices*, dont de semblables femmes sont puissantes maistresses.

---

1   *Les Confessions*, Livre premier, XIII, 20-21.
2   Mère de Salomé, qui lui conseille de demander à Hérode la tête de Saint Jean-Baptiste (Mt 14, 1-10). V. ci-dessus note 100 p. [128].

Galerio assotté de ceste femme, lui protesta que iamais il n'auoit eu pour ceste fille aucunes pensees qui fussent preiudiciables à l'amour qu'il luy portoit, que s'il auoit pris plaisir à luy donner de la ialousie, c'estoit pour imiter les forgerons qui allument leur braise auec l'eau : mais qu'il lui feroit paroistre en lui faisant trancher la teste, aussi bien qu'à Palmire, combien ce qu'il disoit estoit veritable, & combien faux les ombrages qu'elle auoit pris contre lui.

Ceci ne put estre si caché, qu'il ne vint à la con[142]noissance de Marius, grand confident de Galerio. Lui qui aimoit Claudiane, & qui voyoit par ce coup sa fortune & son amour par terre, faict tous ses efforts, pour oster ce cruel dessein de l'esprit du Gouuerneur : duquel il ne put tirer autre parole, sinon qu'il lui promettoit de lui faire espouser vne des autres filles de Sabee, & ainsi de le rendre par la mort de Claudiane & de ses freres comme possesseur de tout l'heritage.

Marius qui regardoit autant la personne que le bien de Claudiane, ne se put contenter de ceste response. Mais desireux de ne rien obmettre pour sauuer ceste fille, il crût que par l'entremise de quelques Dames principales de la ville il pourroit obtenir sa grace. Dire quelque chose à des femmes, & le mettre en la bouche de la Renommee qui a vne infinité de bouches & de langues, n'est-ce pas vne mesme chose ? Ces Dames auant qu'aborder en compagnie Galerio, font retentir par toute la ville la cruauté de cet homme, & plus encore de ceste odieuse femme qu'il entretenoit. Ils forment les plaintes[1] des deux Amans, qui demandoyent bien que separez, à mourir l'vn pour l'autre. Ce qui attendrissoit le cœur de tous les habitans, & faisoit comme ces sourdes marestes* qui esmeuuent* petit à petit la mer, & qui à la fin poussent ses vagues iusques au ciel, & font vne horrible tempeste. La voix du peuple qui est celle de Dieu, appelloit tout haut cet acte vne tyrannie. Ce qu'estant rapporté à Galerio, il marche lentement à sa vengeance, sage qu'il estoit : mais pour faire mal, ainsi que parle l'Escriture.

---

1 Expression juridique : déposer une plainte.

[143] Les Dames de la ville s'estans assemblees, l'allerent voir ainsi en troupe, afin que l'assaut fust plus pressant, & leurs prieres plus fortes, estans ainsi ioinctes. Elles lui demandent en general grace de la vie pour tous les accusez de la ville, le supplians de les punir par la bourse, non par la teste : & s'il estoit necessaire* qu'ils vuidassent*, que ce fust plutost par l'exil que par la mort : lui remonstrent que ce sang par l'affinité rejaillira presque contre tous ceux de la ville, & que cela seroit cause de quelque grand mal-heur*

A cela l'implacable Galerio ne fit autre response, sinon qu'il feroit ce qu'il iugeroit estre vtile pour la seureté de sa place & du public, que de pareilles trahisons ne se iustifioyent pas si facilement qu'elles se brassoyent, & que le pardon ne s'en obtenoit si aisement, comme il se demandoit. Qu'il sçauoit les loix de la guerre, mais que iamais elles ne faisoyent grace aux traistres, parce qu'il les falloit exterminer, comme les pestes du genre humain. Neantmoins qu'il auroit esgard à la courtoisie* qui regnoit dans le courage* des Cheualiers, principalement enuers les Dames, & qu'en leur consideration il feroit tout ce qu'il seroit conuenable* pour le salut commun.

Ce peu de miel dont ce faux homme dora la conclusion de sa rigoureuse response donna courage* aux Dames de le prier, qu'au moins il les asseurast de la vie de Claudiane. A quoy Asterie prenant la parole, comme à ce qui la touchoit dans l'œil ; C'est là, reprit-elle, la pierre de scandale & d'achoppement : car sans ces belles amours [144] auec le traistre, ceste conspiration ne se fust pas brassee. Quand ce seroit ma fille, en consideration du salut public ie serois la premiere à la condamner, & à lui ietter la pierre.

Ha ! bonne beste, quand tu parles du salut du peuple, que tu te couures bien d'un sac mouillé*, puisque tu n'agis que par le mouuement de ton particulier*. Il est vrai qu'vne femme deshonneste, comme celle-là, a raison d'auoir autant de soin du public que de son particulier*, puisqu'en son particulier* elle est au public. Va mal-heureuse* effrontee, Dieu te retribuera abondamment ton fast*, ta ialousie & ton impudicité.

Galerio se voyant pressé & importuné de diuers lieux de pardonner à ses prisonniers, ou au moins à Claudiane, & à ses freres
(car pour* Palmire c'estoit la victime qui deuoit tout expier) estant
continuellement sollicité par ceste furie qu'il auoit à ses costez,
de se deffaire des deux Amans, se determina de les faire mourir
à la sourdine, & leur faire trancher la teste dans la prison, dés le
matin, lors que chascun & lui mesme seroit encore au lict. Que
Dieu est admirable en ses voyes ! il tire ordinairement le contraire
du contraire, pour faire dauantage paroistre son pouuoir extraordinaire & absolu. Ce qu'il fit ici, faisant à Palmire tirer son salut
de son ennemi, & rendant son riual, Marius cause principale de
sa liberté, & de sa victoire ; voici comment.

Marius auerti de ceste execution*, & ne pouuant souffrir que
ceste belle teste, où estoit ce visage qu'il aimoit, fust tranchee
par la main d'vn bour[145]reau, il remuë ciel & terre pour destourner cet orage : mais il trouue & Galerio & Asterie inflexibles.
Ce lui eust esté vne chose inutile d'offrir la sienne pour celle de
Claudiane. D'y aller par la force*, il n'en auoit ni le vouloir, ni le
pouuoir : car il respectoit trop Galerio, duquel despendoit toute sa
fortune. Que fera-t'il ? Il va à la derniere ancre*, il court à Sabee,
lui declare ceste secrette deliberation, afin que toute esploree
elle s'aille ietter aux pieds de Galerio, & implore sa misericorde
sur ses enfans : car Montan & Clarin estoyent destinez à tenir
compagnie à leur sœur & à Palmire.

Sabee estourdie de ceste nouuelle comme d'vn coup de massuë,
pert le sentiment* & le iugement, & s'esuanouyt. Reuenue de sa
pamoison, on lui dict qu'il n'y a point de temps à perdre, si elle
ne veut tout perdre en perdant ce peu de temps. Elle reprend
vigueur, rappelle ses esprits, faict venir vn frere qu'elle auoit, lui
conte son desastre*, afin de se conduire selon son auis.

Cestui-ci, que nous appellerons Curtio, & qui se va signaler par
vn acte des plus heroiques. Non non, ma sœur, lui respondit-il,
il n'est pas temps de pleurer, mais de parler : non de parler, mais
de faire. Allez employer vostre langue & vos larmes pour le salut

de vos enfans, & moy pour mes nepueux, ie m'en vais employer mes mains, mes armes, mes amis & ma vie. Auec ces trois mots il la laisse là.

Elle court chez le Gouuerneur, crie, prie, se desespere, se lamente. Galerio pour la remettre*, [146] lui dict, qu'on lui a donné vne fausse allarme, qu'il est homme desireux de la iustice, qu'il veut que les formalitez soyent gardees, & que rien ne se fasse qu'à la veuë de chascun, lui promet d'apporter du sien à la consolation tout ce qui lui sera possible, sans offenser* le public. Auec ses paroles il charme & adoucit son mal, & se despestre de ceste femme.

Mais Curtio y va bien d'vn autre air. Il ramasse tous ses parens & amis, leur dict, qu'il y va de l'honneur de leur sang & de la liberté de la ville. Que c'est trop souffert sous le ioug d'vn si cruel tyran que Galerio, & trop enduré le scandale de l'impudicité d'Asterie, que ces deux monstres violent toutes les loix diuines & humaines, & ressemblent à vn Pluton & à vne Proserpine, qui font de leur cité vn enfer. Que le dessein de ce barbare est de se deffaire de tous les principaux, & de se rendre possesseur de leurs biens, comme il l'est de leur liberté. Qu'il valloit mieux mourir d'vne mort honnorable, que de trainer vne vie honteuse & seruile. Que le peril estoit pressant, & qu'il ne falloit point consulter dauantage, que ses nepueux & sa niepce deuoyent estre les premices des sacrifices de ce Scylla, qui voudroit que tous les citoyens n'eussent qu'vne teste pour la trancher d'vn reuers, que le matin à cachette & dans la prison ceste execution* se deuoit faire, qu'il estoit temps ou iamais d'y remedier. Mais qu'est-ce que ie m'arreste ici à raconter ses raisons, comme si ie ne sçauois pas que les harangues sont les enrichissemens d'vne plaine* histoi[147]re, & des discours hors d'œuure pour le simple recit d'vn Euenement ? Somme il sceut si bien toute la nuict ramasser & exhorter ses gens, ausquels se ioignirent tous ceux qui estoyent affectionnez au seruice du Roy, dont le nombre n'estoit pas petit, qu'ils se resolurent à la Diane de iouër des couteaux, & se mettre en deuoir de conseruer leur vie & leur liberté. Selon le conseil* qu'ils prindrent entr'eux, le feu fut mis en vne meschante maison escartee, afin que cela amusast* les soldats, & ceux qui estoyent pour Galerio.

Le feu mis la cloche de l'Eglise, selon la coustume, sonne le tocsin, chascun court au feu, Galerio se reueille, demande quelle allarme c'est. On lui dict, que c'est le feu pris assez loin en vne meschante maison. Il en voit la fumee de sa fenestre, & se remet au lict. Cependant Curtio & les siens bien armez gaignent la place & l'Eglise, crient aux armes, animent le peuple à la vengeance contre Galerio, lui remonstrent les tyrannies de ce cruel, qu'il va faire mourir secrettement Montan, Clarin & des principaux de la ville, dans la prison sans forme de procez, qu'il veut violer Claudiane (car vne inuention odieuse comme celle-la sert à la chaude*, & dans le trouble où l'esprit est disposé à receuoir toute sorte d'impressions) & apres cet acte infame de la mettre entre les mains d'vn bourreau. Tout ceci & plusieurs autres choses dittes au peuple, & par des personnages ausquels il auoit creance, firent comme les vents en la mer vne soudaine esmeu[148]te. Tous courent apres ces Messieurs, la fureur leur donne les premieres armes qu'ils rencontrent.

Ils vont en ceste chaleur au logis de Galerio, & tandis que les soldats de la garnison croyent qu'ils vont au secours du feu, ils enfoncent la porte, bouleuersent comme vn torrent enflé tout ce qui s'oppose à leur rage. Marius fut tué des premiers d'vn coup d'harquebuse. A ce bruit Galerio saute du lict tout en chemise, & tenant vne pertuisane se veut mettre en defense, mais vn coup de mousquet lui faict en vn instant perdre la parole & la vie. On entre dans la chambre où Asterie estoit encore dans le lict, criant misericorde, mais point de misericorde à celle qui ne respiroit que feu & que sang, selon qu'il est escrit : Iugement sans misericorde à celui qui n'en a point faict. Plusieurs coups de lame luy firent sortir l'ame du corps, & peut-estre plus de trente luy furent donnez apres sa mort, tant elle estoit en haine à tout le monde. Apres

ceste sanglante execution l'on court aux prisons, où on enfonce
les portes quelque resistance que fit le Geollier, on crie par tout
tuë, arme, liberté, Galerio est mort, viue le Roy, & semblables
hurlemens si confus, qu'à peine les pouuoit-on discerner.

La prison estant ouuerte que le iour estoit desia grand, que
trouue-t'on ? spectacle pitoyable ; Palmire, Claudiane, Montan,
Clarin, & encore vn des plus apparens* de la ville, qui se dispo-
soyent à la mort. Ils estoyent dans vne sale où ils confessoyent
leurs pechez au Prestre, afin de receuoir [149] l'absolution, auant
que de donner leur gorge au couteau de l'executeur qui les attendoit. Si i'en auois le loisir, il me seroit bien aisé de transcrire icy
quelques vnes des douces & pitoyables paroles que se tenoyent les
deux Amans pour s'encourager à la mort. Qu'aimables estoyent les
reproches de la fidelle Claudiane, blasmant son Palmire de s'estre
volontairement remis dans les liens dont elle l'auoit tiré ? Que
pressans estoyent les regrets de Palmire sur la mort de Claudiane,
dont il se disoit la cause ? Qu'il eust bien desiré auoir mille vies
pour rachetter par leur perte celle de sa maistresse & de tant d'amis ?
Ces lieux ou la pitié n'a point d'accès en furent touchez, & les
pierres en tesmoignerent du ressentiment* par le retentissement
de leurs Echos. Les voutes des cachots en furent touchees, & leurs
parois humides en distillerent des pleurs. Montan se resolut à la
mort en Chrestien & en Cheualier. Il n'y auoit que Clarin qui ne
pouuoit digerer ce morceau. Il prouuoit par toutes les loix de son
Digeste & de son Code, que l'on violoit en lui la foy promise,
qu'au reste on les faisoit mourir sans forme de procés, & contre
la façon ordinaire dans l'enclos de la prison. Mais il auoit beau
dire, toutes ses allegations eussent eu peu d'efficace sans le bras
& la resolution de Curtio. La prison se remplit de nouueaux
cris, tout ce monde mutiné entre en foule les armes à la main,
& demande les prisonniers. Le bourreau qui eut le vent de leur
deliurance se sauua dans la presse.

Palmire d'abbord voyant tant de gens armez, [150] creut
que c'estoyent les satellites de Galerio venus pour assister à son

execution*, & y prester main-forte. Et voyant tant d'espees nuës,
Auons nous (dict-il) plus d'vne vie pour nous donner plus d'vne
mort ? Mais quand il entrouyt crier liberté, liberté, Galerio est
mort, Viue le Roy, sauuez Palmire, donnez la vie à Claudiane,
destachez Montan, desliez Clarin. Et en suitte quand il vit trancher
les cordes qui attachoyent ses bras, si bons ouuriers à vaincre & à
moissonner dedans le champ de Mars, des lauriers & des palmes :
alors il creut que ce n'estoit point vne illusion ny vn songe, mais
qu'en effect il entroit en la vie, & sortoit de la mort : il quittoit
la prison, & reprenoit la liberté. O Dieu que de ioye quand il
se vit vne espee à la main ! Son premier soin ce fut de sauuer
sa maistresse, & de la mettre en lieu d'asseurance. De là auec le
braue Curtio autheur de sa liberté, & de celle de la ville, ils vont
à la teste du peuple, & cherchent les lieux où il semble qu'il se
fasse de la resistance, mais toutes les ruës leur sont ouuertes.

Les soldats de la garnison sçachans la mort de Galerio & de
Marius, perdent courage & ne sçauent sous qui se r'allier. Ils
pensent tenir fort aux portes & dans leurs corps de garde. Mais
voyans venir le peuple rugissant comme faict vn lyon en sa
fureur, ou plustost comme vn brandon de feu, ou vne foudre qui
fracasse tout ce qui lui resiste, ils ne treuuerent rien de plus seur
que d'ouurir les portes & de gaigner la campagne pour mettre
leur salut en leur fuitte.

[151] Alors on commença tout haut & tout d'vne voix à crier,
Viue le Roy. Et de cette façon les Amans furent deliurez, la ligue
chassee, les tyrans abbatus, & la ville vint en l'obeissance de son
vrai & legitime Prince.

Double auanture non moins admirable, que peu attenduë.
Mais quoy ? en peu de temps Dieu trauaille, en vn clin d'œil,
en vn instant. Et vous diriez qu'il se plaist à attendre les extremitez du peril, pour faire dauantage esclater les emerueillables
effects de sa prouidence. Comme il fit à Israel, auquel il ouurit
vn chemin au trauers de la mer, lors qu'il pensoit receuoir le fer
ennemi au trauers de ses entrailles. Mais n'admirez-vous point
entre autres choses par quelle voye Dieu amena ceste ville sous

la puissance de ce grand Monarque, qu'il fit asseoir au throsne de ses peres par des routes incomprehensibles, contre l'attente de tout le monde?

Ainsi mourut Galerio, fin tragique & ordinaire de ceux, qui en leur puissance se gouuernent tyranniquement. Ainsi perit la miserable* Asterie, faisant voir la main iuste & vangeresse de Dieu sur ses impuretez. Elle laissa vne renommee en sa mort pareille à la suitte de sa vie, odeur de mort à la mort, comme la reputation des bons est vne odeur de vie à la vie. Ainsi se verifie ce mot des sainctes pages, que Dieu fera pleuuoir sur les pecheurs des liens de feu & de soulfre, & fera que le tourbillon d'orage & de tempeste sera la part de leur calice¹, parce que le Seigneur est iuste & aimant la iustice, & ne regardant de bon [152] œil que l'équité. Au contraire les bons sont en sa garde, il est leur protecteur, leur refuge, leur asyle, parce qu'ils mettent toute leur esperance en lui. Il les deliure des pieges de ceux qui les pourchassent à mort; il les met sous l'ombre de ses aisles, & les couure du bouclier de sa vertu, il les preserue des fleches qui volent de iour, des menees tenebreuses, & de l'impetuosité du demon du midi. Le mal voltige bien autour de leur tabernacle, mais il ne les attaint pas, parce que Dieu les recommande à ses Anges, afin qu'ils les preseruent de chopper*. Il les faict chemi-ner sur les testes des dragons & des lyons, & fouler aux pieds les basilics & les aspics. Quand ils le reclament, il les exauce, il est auec eux comme participant à leurs tribulations, & les en deliure auec gloire. Il allonge leurs iours, & à la fin leur faict voir son salutaire*. Iusques icy sont les paroles sacrees, qui me semblent estre vne recapitulation de nostre Euenement.

Le Roy ayant appris ceste admirable reddition de ville, en donna le Gouuernement à Curtio, & la Lieutenance à Palmire : & ceux qui auoyent serui à ceste reduction*, furent diuersement recompensez.

---

1   Ps 11, 6.

De vous dire qu'apres tant de frayeurs & de vacarmes* Claudiane par vn sainct mariage vint entre les bras aimez de Palmire, vous le pouuez iuger. O Hymen, que de douceurs apres tant d'amertumes ! ô Amour que tes roses sont enuironnees d'espines ! ô souuenir des maux passez, combien redoublastes-vous les liesses de ces heureux* amans, qui se voyent tirez de [153] la gorge de la mort, & r'appelez à vne vie si douce & si heureuse, que pour n'amoindrir leur felicité par vne description trop basse : ie veux bien trancher ici cet Euenement, sur lequel ie pourrois faire plusieurs vtiles remarques, & en tirer de bonnes instructions pour les mœurs. Mais i'aime mieux laisser cela au iugement du Lecteur, qui les glanera comme des espics* pour vne simple Relation, cette-ci ne me semblant que trop ample.

L'Heureux Artisan.*
EVENEMENT VII.

Il y en a qui sont tellement heureux*, que tout leur succede*, & vrais enfans de la fortune, ils se trouuent au haut de sa rouë, non seulement sans y employer ni soin, ni industrie, mais mesme sans y penser. Ainsi l'ancien Capitaine Timothee[1] prenoit les villes sans combattre, son nom & sa vertu lui rendant souples les cœurs des habitans, dont ses forces n'eussent pû abbattre les

---

1 « Timothée, fils de Conon l'Athénien, [...] étoit éloquent, fort expérimenté dans les affaires de la guerre, & fut surtout très-heureux dans ses entreprises [...] On lui dressa une statue dans la place publique d'Athènes [...]. Quelques envieux mirent son image auprès de celle de la Fortune, qui lui apportoit les villes toutes prises & enveloppées dans des filets, pendant qu'il dormoit : il s'en fâcha, disant que cet honneur lui étoit dû, & non pas à la Fortune. On ajoute que la Fortune, irritée de son ingratitude, fit depuis échouer tous ses desseins. » Moréri, *Le Grand Dictonnaire Historique.*

murailles. Ainsi Polycrate[1] retrouua dans vn poisson l'anneau qu'il auoit ietté dans la mer. Ainsi celui à qui ce Roy donna vn benefice le trouuant endormi, receuoit du bien en dormant[2]. Ce n'est pas sans raison que l'on dit qu'il ne faut iamais desesperer de sa bonne fortune, principalement quand on s'attache fermement à Dieu, & que l'on met en [154] lui son esperance : car ceux qui esperent en lui, ne manqueront iamais de rien, & ceux qui sont fidelles en sa dilection*, seront comblez de biens, selon cet Oracle sacré : Cherchez deuant toutes choses le royaume de Dieu, & voila que tout vous sera donné en suitte de ceste recherche[3]. L'Euenement que nous allons deduire*, confirmera ces veritez diuines. Et bien qu'il soit arriué en vn pays estranger, nous le pouuons dire François, puis qu'il est auenu à vn Artisan de nostre nation.

Au temps que Ferrare fut remise sous le domaine de Sainct Pierre[4], plusieurs Seigneurs & habitans de la ville en desemparerent*, partie pour suiure la fortune & la Cour du Serenissime

---

1   « Tyran de Samnos, régnoit [...] vers l'an 532 avant J.C. On dit qu'il fut si fortuné, que toutes choses lui réussissoient, au-delà même de ses vœux ; jusques-là qu'ayant jeté un bijou de grand prix dans la mer, on le retrouva quelque temps après dans un poisson qu'un de ses cuisiniers éventrait. Sa fin fut néanmoins très-malheureuse ; car Orontes, gouverneur de Sardes, l'ayant surpris, le fit mourir sur une croix [...] » Moréri, *Le grand Dictionnaire Historique.*

2   « On prétend que ce proverbe fut inventé par Louis XI qui, ayant trouvé un prêtre endormi dans un confessionnal, dit aux seigneurs de sa suite : « Afin que cet ecclésisatique puisse un jour se vanter que le bien lui est venu en dormant, je lui donne le premier bénéfice vacant. » Mention en est faite dans le *Thresor d'Histoires admirables* de Simon Goulart : v. texte du *THA* sous le résumé de IV, 21. Mais ce proverbe était en usage chez les Anciens ; il se trouve dans les *Apophtegmes* de Plutarque, et dans la phrase suivante de la dernière *Verrine* de Cicéron : *Non idem mihi licet quod iis qui nobile genere nati sunt, quibus omnia populi romani beneficia dormientibus deferuntur. Je n'ai pas le même privilège que ces nobles, à qui toutes les faveurs du peuple romain viennent en dormant.* C'est une allusion aux pêcheurs dont les nasses restant la nuit dans la rivière, se remplissent de poisson pendant qu'ils dorment. » P.M. Quitard, *Dictionnaire Étymologique, Historique et Anecdotique des proverbes [...]*, Paris, Bertrand, 1842, p. 140.

3   Mt 6, 33.

4   Le 22 janvier 1598.

Duc de Modene, partie pour d'autres considerations*, chascun cherchant naturellement son auantage où il le pense rencontrer. Il y eut entre les autres vn Seigneur portant le tiltre de Comte, & que nous appellerons Fabrice, que son humeur & quelques particuliers* interests* firent resoudre à se retirer dans les Estats du Serenissime Duc de Parme, non pas certes en sa Cour à Parme, mais à l'autre œil de cet Estat, qui est Plaisance. Sa femme qui en estoit, y ayant vne belle maison, & d'autres commoditez* de l'heritage de ses parens, l'y porta par l'inclination qu'elle auoit à son païs. Y estant donc allé auec sa femme Fuluia ; & vne partie de son train, il laissa le reste à Ferrare, en attendant que son establissement y fust bien fait, & qu'il ne manquast rien aux accommodemens necessaires à vne grande famille comme la sienne. Apres quelque temps iugeant que toute sa mai[155]son estoit en ordre conuenable* pour auoir tous ses domestiques* & ses enfans aupres de soy, il enuoye son Maistre d'hostel pour affermer* les biens qu'il auoit dans le Ferrarois, louër son Palais de Ferrare, & amener dans vne grande barque sur le Po le reste de ses gens & de ses meubles. Tout ce qu'il auoit ordonné de faire à ce Maistre d'hostel estant acheué, il fait tout mettre dans deux barques, dont il y en auoit vne si chargee de meubles, & mesmes de vins & de grains, choses pesantes & massiues, qu'elle voguoit presque à fleur d'eau. L'autre, où estoient les enfans, & les seruiteurs & seruantes, y estoit attachee, & le tout tiré par de bons cheuaux. Ce fleuue le plus grand qui soit en Italie, est rapide & impetueux, principalement quand les neiges fondent dans les Alpes, & viennent à grossir son cours : car alors non seulement il sort de son lict, & noye les campagnes voisines, mais furieux en son cours* il abbat les ponts, il desracine les arbres, entraine les maisons, & fait mille rauages. C'estoit à la sortie de l'hyuer que se faisoit ce voyage, qu'il faut appeler funeste pour l'accident qui arriua. Sur le soir vn vent impetueux s'estant leué, qui faisoit sousleuer les ondes demesurement, il s'esmeut vn si grand orage auec vent & pluye, qu'il sembloit que tout deust abysmer*. Le conducteur de ces barques (selon l'humeur des gens de marine)

se moquant de ceste tempeste, & croyant qu'il n'y eust point plus
de danger sur l'eau du Po que sur celle de la mer, ne voulut iamais
leur faire prendre terre, desirant tirer païs* pour gagner vn bon
logement. Sur ceste conte[156]station la tourmente se renforce,
& de telle sorte que la barque qui estoit si chargee coula à fonds
en vn instant, & sans qu'on eust loisir de couper les cordes qui
la lioient auec celle qui estoit pleine de monde. Ce naufrage fut
si soudain, que les cheuaux mesme qui tiroient le cordage furent
attirez dans le fleuue, & le valet aussi qui les conduisoit, fut
enseueli auec tout cet attirail de gens, de cheuaux & de meubles
dans les ondes, sans qu'il en eschapast vn seul. Ceux qui ont
voyagé sur le Po, le Mince, le Tesin & la Brente, sçauent que les
barques de voiture*[1] y sont faites comme des chambres qui se
ferment si bien, que quand le vaisseau se tourne, ou va à fonds :
il n'y a point de moyen de se ietter à la nage. La pluye mesme
auoit fait resserrer* les mariniers à l'abry, de sorte que tout perit
comme dans vn gouffre. Mais Dieu qui perfectionne sa louange
par la bouche des enfans qui pendent à la mammelle[2], voulut
encore monstrer ici vn traict de sa protection sur l'innocence
d'vne petite creature. C'estoit vne fille du Comte, appelee Ozane,
que sa nourrice, intimidee de l'orage auoit mise sur la proüe dans
son berceau. En cet engloutissement soudain des deux batteaux,
ce berceau flotta sur les vagues, qui le porterent tantost cruelles,
tantost pitoyables*, à plus d'vn mille de là, où le vent le ietta
d'impetuosité parmi des ioncs qui estoient au riuage.

Ce naufrage auint autour des lieux, où le Mince grossi des eaux
du lac de Mantouë, entre dans le Po & en redouble le cours*.
Les batteaux furent trouuez au mesme lieu où ils auoient esté
[157] engloutis, parce que la pesanteur du premier qui estoit
extremement chargé, les auoit fait couler à fonds, tous les morts
furent trouuez dans l'autre, spectacle pitoyable. Il y a bien huict
ou neuf iournees de Ferrare à Plaisance à remonter ainsi contre

---

1   V. Glossaire : Tartane.
2   Ps 8, 3.

le cours du Po, de sorte que ce desastre* n'arriua que long temps
apres aux oreilles du Comte, veu mesme qu'il estoit auenu assez
loin & de Ferrare & de Plaisance, & sur la fin du iour, & en vn
temps & en vn lieu qui lui auoit fait auoir peu de spectateurs &
de tesmoins qui en pussent dire des particularitez*, que l'on n'a
sceuës depuis que par coniectures. Outre tous les domestiques*,
Fabrice y perdit deux enfans, vn fils & ceste fille que la prouidence
du ciel reserua par miracle.

Ayant souffert toute la nuict tout ce qu'vn petit corps peut
endurer en semblable occasion, le lendemain ce berceau fut
apperceu parmi ces ioncs, & recueilli par quelques païsans, qui
touchez d'vne compassion naturelle la porterent en leurs cabannes,
où l'ayant reschauffee & allaittee ils retindrent ceste petite ame,
qui estoit sur le poinct de laisser ce petit corps. La beauté du
berceau & des langes, outre de petites chaisnettes d'argent où
pendoient ces bagatelles dont on amuse les enfans, leur firent
iuger qu'elle deuoit appartenir à quelques personnes de qualité :
mais de sçauoir à qui, c'est ce qui surpassoit leur connoissance.
Les plus malicieux* iugerent que c'estoit quelque fille miserable*
qui auoit ainsi exposé son fruict à la merci des eaux. Et comme
les païsans sont si peu curieux, qu'à peine sçauent-ils [158] ce
qui se passe au village qui leur est voisin, ils ne sceurent rien du
naufrage que nous auons descrit.

Cependant ils esleuent doucement ceste petite fille par pure
charité. Estant sortie de l'enfance, & la delicatesse de sa complexion ne pouuant compatir* auec le trauail & les exercices de
la vie des champs, elle deuint à charge à ces bonnes gens, dont la
pauureté estoit telle, qu'ils cessoient de viure quand ils cessoient
de trauailler : encore en se mettant au labeur auoient-ils bien de
la peine à viure. Ils vont à l'oracle pour sçauoir ce qu'ils feront
de ceste fille trouuee. Leur oracle c'estoit leur Pasteur. Ce bon
Curé se trouua homme de bien, pieux & charitable, au demeurant
personnage assez entendu tant aux lettres*, qu'aux choses du
monde. Il estoit du territoire de Ferrare, & auoit fait ses estudes
dans la cité. Il sçauoit de quelle façon l'on y receuoit les zitelles*

orphelines, ou celles dont le pere & la mere sont incertains. Il leur donna conseil de l'y porter, à quoy il aida par des lettres de creance. Ce qui reussit en sorte, que ces bonnes gens furent deschargés, & la fille remise en son air naturel, & esleuee en des exercices plus conformes à sa complexion.

Le principal de ceste action, & comme le ressort dont la prouidence se seruit pour la faire reconnoistre, ce fut vn petit iouët d'argent attaché à vne petite chaisne, où il y auoit des petits clarins ou sonnettes, & sur le manche des armes* grauees, qui estoient vn cheuron accompagné de trois croix fichettes[1], deux en teste & l'autre en pointe, et au-dessus au lieu de timbre[2] il y auoit comme [159] vne bande auec vn rang de perles, de la sorte que l'on peint les couronnes de Comte. Le Curé qui estoit vn seruiteur de Dieu, prudent & fidelle, commanda aux païsans, bien qu'à leur regret, qu'ils eussent à rendre ce signe auec la fille, & ensemble le berceau, & quelque eschantillon des langes & draps qui l'enueloppoient quand elle fut trouuee, leur promettant (en quoi il fut Prophete) que si à l'acte de charité qu'ils auoient fait en recueillant & esleuant ceste petite creature, ils adioustoient celui de iustice en ceste restitution, que le Dieu de iustice & de charité leur feroit gouster des effects de sa grace & de sa misericorde ; ce que l'Escriture appelle voir la gloire de Dieu. Ils obeirent auec simplicité & confiance à l'ordonnance de leur Pasteur, & certes ce grain-là qu'ils sement ne leur sera point infructueux, comme l'issue de ceste Narration le fera voir.

Le nom de la fille estant ignoré, on lui en donna vn autre, qui fut celui de Moysette, à cause qu'elle auoit couru mesme fortune que le petit Moyse, exposé sur les eaux. Mais elle lui fut differente, en ce que Moyse, dont la naissance estoit pauure, fut esleué en grandeur ; & celle-ci, dont la naissance estoit illustre,

---

1   « Fiché : se dit de meubles, tels que croix, pals etc. dont le pied est aiguisé [...] et principalement de petites croix dont le pied effilé. » J.-B Rietstap, *Dictionnaire des termes du blason*, in *Armorial général*, Gouda, G.B. van GOOR ZONEN, p. XXII.
2   Nom collectif de tout ce qui se place au-dessus de l'écu des armes [...] *id.* p. X.

fut nourrie dans la pauureté & l'obscurité. Rangee parmi ces pauures petites zitelles*, elle monstroit bien en la delicatesse de son teinct & en sa composition* ie ne sçai quoy de releué, & le rayon de Noblesse qu'elle auoit sur le front, quoy que voilé d'vn espais nuage, ne laissoit pas de briller aux yeux de ceux qui la consideroient attentiuement. Ce n'est pas que [160] ceste petite grauité qui se monstroit en son port* procedast de vanité, ni allait au mespris de ses compagnes : mais c'estoit vne certaine modestie* qui prouenoit de ce sang noble qui ne peut mentir, & qui comme l'huile surnage les liqueurs* vulgaires*. Au reste elle estoit si douce, si craintiue & si docile, que ses maistresses en faisoient comme d'vne cire molle, tout ce qu'elles vouloient. A mesure qu'elle croissoit en aage, la beauté de son corps s'augmentoit, & celle de son esprit se descouuroit de iour en iour. Sa prudence* & sa discretion* estoient admirees, son honnesteté exemplaire, bref c'estoit vn terrain où les vertus se multiplioient abondamment. Adroitte tout ce qui se peut aux ouurages de la main, & diligente à faire les seruices & les labeurs qui lui estoient enioints. En fin aimee de Dieu & de ses Superieurs, elle estoit comme vne belle plante assise sur les courans de la grace[1], & qui promettoit de bons fruicts en sa saison.

Tandis qu'elle pousse de si belles fleurs & de si vertes fueilles de bonne esperance, voyons venir de loin celui que le Ciel lui destine pour espoux, & sur lequel au defaut des biens de fortune (dont il est comme le Soleil de ses rayons, autant liberal* aux mauuais qu'aux bons) il verse de si louables qualitez, que si la Noblesse n'est autre que la vertu, il peut estre appelé noble de vertu, encore qu'il ne le fust pas de race.

Celidoine né de parens assez obscurs*, d'vne bourgade de Prouence, de laquelle ie n'ay peu apprendre le nom, apprit dés son ieune aage l'art [161] poli & comme liberal* de faire des horloges. Et

---

1 Ps 1, 1-3.

comme il auoit l'esprit bon & gentil*, il y reüssit auec tant d'heur*
& de dexterité, que les meilleurs maistres disputoient à qui l'auroit
en leur boutique. Il ne croupit pas long temps au foyer paternel,
mais faisant essor de bonne heure apres auoir esté esleué par ses
parens en la crainte de Dieu, il alla par le monde en vn aage si
tendre, & puis en vn si glissant que sans vn bon naturel, aidé de
l'assistance de Dieu, il estoit pour courir beaucoup de dangers &
de risques. Mais bien-heureux celui que Dieu eslit & prend pour
soi, d'autant qu'il le tient par la main, & le conduit selon les loix
de sa volonté. O Seigneur, s'escrie le diuin Chantre, qu'heureux*
se peut dire celui que vous endoctrinez*, & à qui vous enseignez
vos voyes, parce qu'eternellement il ne sera point esmeu*[1]. Ie dis
ceci, parce que ce ieune homme (certes il faut louër la vertu en
quelque personne qu'elle se rencontre, & blasmer le vice, fust-il
sous vne Thiare & sous vn Diademe) ainsi que ce fleuue d'Elide[2]
trauersa la mer amere du monde tout corrompu de malignité*
sans deprauer ses mœurs, & sans alterer la candeur de son ame.
Au monde, comme sur la mer, il se faut conduire en regardant le
ciel. Ainsi faisoit Celidoine, ayant tousiours Dieu deuant les yeux :
aussi estoit-il sans cesse à sa droitte, pour empescher qu'il ne fust
emporté par le torrent des mauuaises compagnies, ou des obiects
dangereux dont le siecle forme ses illusions & ses pieges.

Il courut les principales villes de France, auec vn si vehement
desir d'apprendre & de se rendre [162] parfait en son art, que cela
estouffa en lui toute autre mauuaise conuoitise. De France il fut en
Flandres, où il ioignit à son art, dont il auoit acquis la delicatesse
& la mignardise en France, la connoissance des Mathematiques,
pour sçauoir comme vont les heures par le mouuement du Soleil &
des Astres, si bien qu'il faisoit des cadrans de toutes les sortes auec

---

1   Ps 25, 4 ; 94, 12 ; 112, 6.
2   Il s'agit du fleuue Alphée, amoureux d'Aréthuse qu'il poursuit jusqu'à ce qu'elle soit
    en Sicile métamorphosée en fontaine pour lui échapper. *Cf.* Ovide, *Métamorphoses*,
    5, 572-641. Et Virgile : « On raconte que le fleuve Alphée d'Élide est parvenu
    jusqu'ici, creusant sous la mer des routes secrètes ; et maintenant, Aréthuse, par
    ta bouche, il mêle ses eaux aux ondes siciliennes. » *Énéide* 3, 695.

excellence. Il passa en Allemagne, où il apprit à manier les metaux, cizeler, grauer, tailler, buriner, hacher, auec tant de soupplesse* qu'il se faisoit estimer de tous ceux qui entendent les mechaniques. Ayant parcouru ces belles villes qui sont sur les riuages du Rhin & du Danube, il voulut voir l'Italie, & il y entra par l'Estat de S. Marc qui confine auec la Germanie. Mais ayant trouué dans ceste cité, qui semble flotter sur la mer Adriatique, & qui n'est vierge que de pillage, parce qu'il semble que l'estoile de Venus lui ait donné son nom auec ses influences, ayant dis-ie rencontré dans ce seiour aquatique trop de Sirenes, pour n'estre pipé de leurs enchantemens, il s'en retira au plustost pour mettre le pied en terre ferme. Il ne se contenta pas d'imiter l'homme sage de l'Escriture, qui bastit sa maison sur la ferme Pierre[1], il voulut mettre la sienne sur le fer. Estant donc arriué par les barques à Ferrare, il prit goust à ce seiour, tant pour la beauté de la ville, qui est l'vne des principales d'Italie, que pour la bonté du peuple qui y est peu malicieux*, comme aussi pour les bons reglemens de police & de mœurs qu'y faisoit obseruer vn Cardinal Legat, dont la vie estoit fort exemplaire, & duquel on [163] ne faisoit autre plainte, sinon que sa vertu estoit trop austere[2].

Y ayant fait quelque seiour, il auoit dessein de poursuiure son voyage d'Italie par Boloigne, la Romaigne, Lorette, Rome, Naples, & reuenir par la Toscane, & la riuiere* de Genes en la Prouence, qui estoit sa patrie : mais les iniuisibles chaisnes de la prouidence l'arresterent à Ferrare, en la façon que vous allez lire.

---

1   Mt 7, 25.
2   Pietro Aldobrandini (1571-1621), fait Cardinal en 1593 par son oncle Clément VIII. La « dévolution » de Ferrare en 1598, par laquelle Clément VIII rattache Ferrare au domaine du Pape ressemble beaucoup à une spoliation : Clément VIII excommunie César d'Este, l'héritier du duc défunt, et le cardinal Aldobrandini son neveu entre à Ferrare à la tête de 1 000 cavaliers et 5 000 fantassins (v. Voltaire, *Des droits des hommes et de l'usurpation des autres*, 1768, Chap. IV : « DeFerrare » ; http ://perso. orange.fr/dboudin/VOLTAIRE/Droits.htm). Beaucoup des historiens de Ferrare font dater le déclin de cette ville de l'arrivée des cardinaux-légats qui l'administrèrent. Il semble que, malgré ce qu'en dit Camus, les murmures des Ferrarois contre Aldobrandini aient eu d'autres causes que l'austère vertu du cardinal. Mais Camus, chaud partisan d'Henri IV, ne pouvait sans doute pas dire autre chose sur un épisode auquel le roi de France avait donné son appui.

Il parut en son art si excellent à ceux de la ville, que l'on chercha tous les moyens de l'y retenir. Car soit pour faire des spheres, des Astrolabes, des instrumens de Mathematique, des graueures exquises, des monstres*, des horloges de toutes les façons, des cizeleures & autres inuentions curieuses* & polies, il n'y auoit artisan qui ne lui cedast, non seulement sans contradiction*, mais encore sans enuie. Parce que comme le Soleil ne fait point d'ombre quand il est au plus haut du Zenit : aussi il est vn certain degré de vertu ou de perfection si eminent, qu'il met l'admiration en la place de la ialousie. Le vrai moyen d'attacher vn homme, c'est de le marier, parce qu'vne femme a des liens si puissans pour retenir vn homme en vn lieu, que comme les nauires chargees de fer aupres des rochers d'aimant, n'ont que faire d'ancre pour se tenir : aussi vn homme qui a pris femme, & qu'vne femme a pris, a faict tous ses voyages. Les estrangers sont regardez par tout comme des oiseaux de passage, & mal-aisement treuuent-ils des partis esleuez. Toutefois en Italie il y a ceste commodité pour les Artisans estrangers, [164] qu'ils trouuent des femmes, ie dis tres-honnestes quand ils veulent, parce que dans la plus part des bonnes villes il y a des maisons, qui sont comme des Hospitaux, destinees à esleuer les pauures filles qui n'ont point de pere ny de mere, & apres qu'elles sont nourries à la vertu, & à l'apprentissage des ouurages de leur sexe, il y a des fondations ou bien des Confrairies, ou des personnes signalees* en biens & en pieté, qui leur donnent la dotte pour les marier quand quelque party raisonnable se presente. Or en Italie comme en Espagne, où la faineantise est tellement en regne, que c'est le mestier des honnestes* gens, quand il se treuue quelque François ou Polonnois ou Allemand qui sçait quelque bon mestier, on leur donne volontiers de telles filles, parce que l'on sçait que ce sont personnes laborieuses, & qui ont en leurs mains vn art capable de les faire viure. Et ne faut pas croire que les filles y ayent de la repugnance : car ce sont des pauurettes, qui n'ont iamais rien veu qu'au trauers d'vne grille comme des Religieuses, & que l'on meine ainsi que des victimes au sacrifice en la façon que l'on veut. Ioint que, & pour sortir de captiuité, & pour ne tomber point entre les mains des Italiens, qui sont pour l'ordinaire ialoux & cruels maris, elles ne font aucune difficulté de se donner pour femmes à des estrangers, & il y a peu de Citez où il n'y ait de semblables mariages, lesquels reussissent fort heureusement.

On lui parla donc de ce mariage, & comme il estoit fort honneste* & esloigné des desbauches, qui diffament assez l'Italie, il y presta librement [165] l'oreille, pourueu que ce fust vn party qui lui aggreast. On lui fit estat de la bonne & vertueuse nourriture* des Virginettes (car c'est ce que veut dire le mot de Zitelles*) de Ferrare, & entre les autres on lui raconta merueilles de la beauté & des excellentes qualitez de la petite Moysette, on lui fit recit de sa fortune, qui lui fit pitié, & par cet attendrissement de cœur la bienueillance s'empara de son ame. Il desira la voir, mais ceste veuë fut sa prise : car la regarder, l'aymer, la souhaitter, la demander, ce furent en lui quatre choses en vne. Et l'accord suiuit si promptement sa demande, qu'ouurir l'œil & voir ne sont point deux actions plus voysines.

Tous ceux qui connoissoient Celidoine, & qui faisoient estat de son industrie & de son merite, estimoient heureuse* ceste pauure fille, d'auoir fait vne si bonne rencontre. Et ceux qui sçauoient les louables conditions* de la fille, mettoient iusques au ciel la felicité de Celidoine. Somme ce mariage fut beni du ciel & de la terre, & en consideration du merite des parties*, Moysette apporta à Celidoine vne dotte plus grande que celle qu'on donne d'ordinaire à ces pauures filles quand on les marie. Ses nopces faites auec beaucoup d'honneste* ioye* & de reciproque consentement, il loüa vne maison, leua vne boutique*, & se mit à trauailler auec tant de bon-heur* & de diligence, & Moysette à donner vn si bon ordre au petit mesnage* & à faire de beaux ouurages de son costé, qu'il sembloit comme en la maison de Iacob, que Dieu y fist de tous costez plueuuoir l'abon[166]dance. Le païs, dit cet Ancien, est par tout où l'on se treuue à son aise[1]. Celidoine

---

1 *Ubi bene, ibi patria.* C'est en fait un adage, qui n'est pas vraiment attribuable à un auteur.

l'ayant rencontree à Ferrare, oublie la Prouence & les caresses de sa nouuelle espouse, que mille considerations* lui rendoient aimable, font en lui l'effect de ceste herbe Lothos, qui osta la memoire de leur patrie aux compagnons d'Vlysse[1]. Il est employé de tous ceux qui auoient besoin de son art, autant qu'vn homme de sa condition le pouuoit estre, & heureux* celui qui pouuoit auoir quelque ouurage de sa main, tant son trauail estoit estimé. Cependant Dieu benit son lict, & lui donne des enfans, selon qu'il est escrit, que la generation des gens de bien sera benite[2].

Tandis que les prosperitez l'accueillent* autant qu'il les pouuoit desirer selon sa vacation, fidellement secondé par vne aide semblable à lui : Voyons vn peu comme la Prouidence trauaille à son aggrandissement sans qu'il y pense. Bien que le Comte Fabrice demeurast ordinairement à Plaisance, si est-ce qu'ayant le plus beau de son bien à Ferrare il y faisoit vn voyage tous les ans, l'œil du maistre estant la meilleure graisse d'vne terre. Le temps auoit effacé de son esprit par son esponge insensible le regret de la perte qu'il auoit faite au naufrage dont nous auons parlé, tant de ses meubles que de ses deux enfans. Il en auoit d'autres, & mesme deux fils qui estoient nez deuant Moysette (appelons-la ainsi iusques à ce qu'elle reprenne son premier nom.) Les Italiens ont ceste coustume de marier leurs enfans, & principalement leurs aisnez, le plustost qu'ils peuuent, tant pour le [167] desir qu'ils ont de se voir renaistre en leur posterité, comme pour les retirer des dissolutions, ausquelles la ieunesse de ce païs n'est que trop encline.

Ayant trouué vn party à Ferrare pour son aisné, qui auoit nom Lucio, il fit ce mariage promptement, & lui remit le gouuernement des biens qu'il possedoit dans le Ferrarois. Ce ieune Comte qui auoit assez bien estudié en Mathematique, prit plaisir aux ouurages de la

---

1   Le lotus. Les éclaireurs qu'Ulysse envoie sur l'Ile des Lotophages ne revenant pas, il va les retrouver et constate qu'ayant mangé de ce fruit au goût de miel, ils ont perdu la mémoire et ne veulent plus partir. *Odyssée* IX, 84-105.
2   Ps 112, 2.

main de Celidoine, & fut bien aise d'auoir rencontré vn Artisan, dont l'esprit fust si liberal* que d'estre imbu de ces belles sciences. Il l'en faisoit quelquefois parler, & Celidoine en discourant assez pertinemment; Cet homme certes, disoit Lucio, meriteroit vne meilleure fortune. Il l'aimoit donc, le fauorisoit & protegeoit en tout ce qu'il pouuoit, lui donnant mesme de l'employ en son art autant qu'aucun autre dans la ville. Il fit des monstres* à la ieune Comtesse qui furent admirees, il cizela des armes* au Comte qui estoient exquises, bref il estoit fort affectionné de ceste maison, où il auoit vn accez aussi libre qu'vn domestique*.

Il auint au bout de quelques annees que la ieune Comtesse deuint enceinte, & Lucio desirant que Fabrice son pere fust parrain de son premier enfant, l'en supplia par lettres, ce que le grand-pere lui promit de fort bon cœur, tant il estoit ioyeux de voir son fils deuenir pere. Elle accoucha d'vn fils, auquel le grand-pere donna son nom, & fit de belles despenses en la solennité de ce Baptesme. Ceste amour paternelle, dont le feu descend auec tant de vehemence, le retint à Ferrare auec [168] sa femme Fuluia, beaucoup plus de temps qu'il n'auoit accoustumé d'y seiourner, l'hyuer en partie en fut cause, qui l'accueillit* en ceste ville, dont sur toutes les autres le Carneual est en grande reputation. Il y fut six mois, durant lesquels le petit Fabricin croissoit à veuë d'œil dans les caresses extraordinaires de ce grand-pere & de ceste grande-mere, qui le vouloient auoir aupres d'eux à Plaisance, & qui ne se pouuoient rassasier de le voir. Admirable traict de la Prouidence, qui se sert de choses petites & comme ridicules pour en faire de grandes & serieuses : comme d'vne houssine* pour dompter Pharaon[1], d'vne maschoire d'asne pour terrasser* les Philistins[2], d'vne fonde* pour renuerser Goliath[3], du bras d'vne femme pour oster la teste à Holoferne[4]. Il fut question d'auoir

---

1   Ex 7-10.
2   Jg 15, 15-16.
3   1 S 17, 40-51.
4   Jdt 13, 6-9.

des iouëts pour pendre au col de cet enfant, qui commençoit à estendre ses petits bras hors de ses langes, ainsi qu'vne tortue pousse ses pieds hors de son toict.

Celidoine qui estoit (comme nous auons dit) fort familier dans la maison de Lucio, & qui mesme s'estoit rendu agreable à Fabrice & à Fuluia, tant sa vertu le rendoit recommandable* à vn chascun, ne sçachant ce qu'il alloit faire, & ayant ouy que l'on vouloit acheter de petits iouëts pour pendre au col de ce poupon. Ie vous prie (dit-il) d'en prendre de ma main, i'en ay de fort conuenables*. Quoy (lui dit Lucio deuant Fabrice) depuis quand estes vous deuenu orfeure ? Seigneur Comte (reprit Celidoine) ce n'est pas vn ouurage de ma main, mais i'en ay d'vne façon admirable [169] & fort belle, & c'est tout l'heritage que ma femme ait iamais eu de ses pere & mere, que iamais elle n'a veus comme vous sçauez.

A ce discours (telle est la secrette force du sang) Fabrice & Fuluia confesserent depuis que leurs entrailles furent esmeuës. Lucio ayant commandé à Celidoine de luy faire voir ceste bagatelle, & qu'il la luy payeroit bien (il parloit mieux qu'il ne pensoit) Celidoine tout à la bonne foy l'alla querir. La chaisnette d'argent estoit fort propre*, les clarins fort gentils*, mais la graueure des armes* de la maison fit dire à Lucio, Ie croy Celidoine que vous y auez graué ces armoiries expressement, & cependant le marché n'est pas encore faict. Seigneur (reprit Celidoine) ceste graueure est plus ancienne que moy, & ie n'ay iamais mis la main. Quand on me donna ma femme aux Virginettes (qui est vne pauure fille trouuee parmi les champs au bord du Po) on me bailla aussi ces ioüets, & son berceau, & quelques langes dont elle estoit eneuloppee comme les marques de son ester*, ie les ay gardez iusques icy sans m'en soucier beaucoup, parce que ce sont de foibles signes. Tant y a telle qu'elle est & moy aussi, nous sommes les tres-humbles & pauures seruiteurs de vostre Illustrissime Seigneurie. Ces petits iouëts, s'il vous plaist, seront au petit Comtin, auquel ie souhaitte toute sorte de bon-heur* : ie ne vous en demande aucun prix que l'honneur de vostre protection & bien-veillance.

Vrayment, dit Fabrice, qui se sentit extraordinairement esmeu, voila le plus courtois* Artisan [170] que i'aye iamais rencontré. Il s'en trouue bien peu qui facent des presens d'argenterie, mais ie les lui veux payer au double. Il regarda ces iouëts, & dict à sa femme. M'amie, voyez nos armes*, diriez-vous pas que cela a esté faict expressement pour nostre petit fils?

Alors Fuluia les considerant attentiuement, sa memoire la fit escrier en pleurant : Helas! voila les iouëts que portoit ma fille Ozane, qui fut noyee dans le Pò, il y a tant d'annees. A ces mots les yeux furent ouuerts à Fabrice, & s'enquerant de Celidoine quel âge pouuoit auoir sa femme, il lui dict simplement* ses annees, qui se trouuerent conformes à ce temps. En la chasse dez que le limier a senti la moindre passee* du Cerf, il ne cesse qu'il ne l'ait faict sortir de son lict, & la meutte sur les erres*, le met en fin aux abois. Ayant rencontré le bout du fil, il est facile de deuider tout le peloton. L'on s'enquiert aux Zitelles*, on trouue le registre de l'annee de la reception de Moysette, on monstre son berceau, ses langes, tout ceci est reconnu : on va au village d'où elle auoit esté amenee, les paysans, gens sans feinte, disent naïuement* où ils l'auoyent trouuee, & comme ils l'auoyent esleuee. Le Curé qui viuoit encore, confirma ces veritez. En fin Moysette est veuë & reconnuë à tant de marques, & mesmes aux traicts de visage qui auoyent beaucoup de l'air de Fuluia. Dieu que de ioye dans tous ces cœurs, que d'embrassemens, que d'exclamations, que d'admirations par la cité de Ferrare sur vne si prodigieuse auenture! Tant s'en faut que Celi[171]doine fust mesprisé par ces Seigneurs pour sa condition, qu'au contraire Fabrice benit Dieu qui seul auoit procuré* vn si honneste* & vertueux gendre, duquel les bonnes qualitez valoyent mieux que la noblesse. Il le fit ennoblir, & auec vn bon doüaire, il lui donna vne belle terre aux champs, des reuenus de laquelle il vescut depuis en Gentil-homme. Sans oublier neantmoins ses premiers artifices*, parce qu'en secret il se plaisoit à faire des ouurages de telle mignardise, qu'il en fit vn des plus rares cabinets & des plus curieux* qui fust à Ferrare. Ainsi Agathocles estant deuenu Roy, se faisoit seruir en plats de terre pour se souuenir de son premier mestier, & ne s'enorgueillir point[1]. Ozane de mesme pour se voir esleuee en honneur, n'en perdit rien de sa simplicité, douceur & modestie*, faisant voir que ce n'est qu'aux ames foibles, que ce prouerbe a lieu, qui dict que les dignites nouuelles changent les mœurs anciennes.

Cependant nous remarquerons en cet Euenement, que c'est vne bonne chose que de s'attacher fermement au tronc solide d'vne vraye vertu, d'vne essentielle preud'homie, parce que tost ou tard elle l'emporte, Dieu ouurant tousiours ses yeux sur les iustes pour les auancer. O! s'escrie le Sage, que c'est vne chose notable qu'vne generation chaste, certes elle sera illustre & deuant Dieu & deuant les hommes[2]. Arrestons-nous à ce sainct Oracle. Ie n'ay iamais veu, dict le diuin Chantre, le iuste delaissé, ni sa semence cherchant le pain[3]. [172]

La Malice* & La Bonté.
EVENEMENT VIII.

La plus grande & la meilleure finesse qui soit au monde, c'est d'estre homme de bien, c'est d'aller franchement, & de proceder rondement en ses actions, attendu que Dieu meine le iuste par des voyes qui sont droittes, les obliques ne lui plaisent nullement. Le serpent ne marche qu'à replis, & à pas tortus. La prudence* qui n'a que du serpent, est dangereuse : c'est pour cela que pour estre bonne, l'Escriture la mesle auec la candeur &

---

1   Agathocles (361-289 av. J.C.), tyran et roi de Syracuse, était fils de potier.
2   Sg 4, 1. Texte de la Vulgate : O quam pulchra est casta generatio, cum claritate ! immortalis est enim memoria illius, quoniam et apud Deum nota est, et apud homines. Toutes les traductions ne s'accordent pas sur le sens de *casta generatio*.
3   Ps 37, 25.

naïueté de la colombe[1]. Il y en a de prudens, dict le Sage, mais
ce n'est que pour faire mal, & l'Apostre distingue soigneusement
la prudence* de la chair & celle de l'esprit, appellant celle-là vne
mort, comme s'il vouloit dire vicieuse : car le vice est la mort
du Cœur, & l'autre par consequence est vne vie, parce qu'elle
est vertueuse. Or la vertu de prudence* presuppose la prud'homie : car sans ceste qualité c'est vne pure finesse & accortise*.
Et ceste prud'homie est vne bonté d'ame, qui va rondement
en ses intentions, qui a l'œil droict & nullement biaisé par la
malice*, qui a les intensions saines, & qui se conduit par des
maximes de bonne & nette* conscience. Qui ne faict point mal
quelque bien qui en puisse arriuer, & qui mesme s'abstient de
faire quelques biens, dont les maux s'ensuiuent necessairement.
[173] Qui ne chemine point par destours, & ne faict iamais de
supercheries. Le monde est tout destrempé en malice*, & pour
ce sujet sa prudence* ne vaut rien : mais celle des enfans de
lumiere prouenant d'enhaut du pere des clairtez, de celui qui
est toute splendeur, & que les tenebres ne peuuent accueillir*,
reiette les œuures des tenebres pour cheminer honnestement
aux rayons d'vn beau iour. Il y a des esprits si fins, si rusez,
si matois, & si cauteleux, qu'ils ne pensent rien faire de bien
s'ils n'ont plusieurs cordes en leur arc, & comme les renards
plusieurs trous en leurs tasnieres, personnes couuertes, cachees,
dissimulees, dont la vie est vne continuelle masquarade. Qui
se plaisent à tirer des fleches en cachette aux bons, pour parler
auec le Psalmiste[2], qui pratiquent toutes leurs menees dans les
obscuritez, qui lancent la pierre & cachent le bras, bref qui ne
pensent qu'à des malices*, & à des inuentions subtiles pour
tromper ceux qui ne sont point en defiance de leurs trames.
Le meilleur est de marcher naïuement* ; parce que celui qui va
simplement*, chemine auec plus d'asseurance. Au contraire ceux

---

1   Mt 10, 16.
2   Ps 64, 4-5.

qui œuurent l'iniquité par des routes esgarees, sont ordinairement confondus*. Les plus grands Capitaines ont mesme vsé
de franchise* enuers leurs ennemis, & pouuans les surmonter
par intelligences* ne l'ont pas voulu. Ce qui faisoit dire à l'vn
d'entr'eux, qu'encore qu'il se seruist quelquefois de trahisons,
il ne pouuoit aimer les traistres. Il est vrai qu'il faut excepter
les stratagemes & ruses de guerre, qui ne peuuent porter le nom
de trahi[174]sons, parce qu'il n'importe comme l'on vienne à
bout de son aduersaire, par prudence* ou par valeur*. Quand au
gouuernement politic, lequel aussi bien que la pasture des ames,
peut estre appellé l'art des arts : ceux qui se conduisent par ces
fausses & execrables maximes, dont Machiauel & ses semblables
ont empoisonné le monde, ils se trouuent ordinairement courts
en leurs desseins, & remplis de confusion en leurs entreprises. Il
n'est que d'aller le grand chemin des bonnes & vrayes maximes,
qui ont leurs fondemens sur la Pierre ferme & la base asseuree*
de la verité, que la Religion & la Pieté nous enseignent, par
les destours on se fouruoye & n'arriue-t'on iamais au but. A
la fin la beauté naturelle l'emporte sur l'artificielle, le fard ne
dure qu'vn iour, & s'il a pour quelque temps vne douceur &
vne polisseure qui esblouyt la veuë, la moindre sueur la faict
fondre & tomber, à la honte de celle qui s'en estoit paree. La
verité triomphe tousiours de la mensonge, la vertu du vice, la
bonté de la malice*. Ce que ie desire faire voir en ce double
Euenement que ie vay deduire*. L'vn sera moderne, & l'autre
ancien : desquels ie ferai vne conference*, comme pour faire
paroistre le iour plus clair par l'obscurité de la nuict, & releuer
vne haute couleur en la mettant sur vne brune. Le vespre & le
matin ont faict vne iournee, dict le texte sainct[1] : Voyez comme
le brun du vespre marche deuant la splendeur du matin, parce

1　Dans Gn 1, la formule «Ainsi, il y eut un soir, et il y eut un matin» est répétée
　　pour chacun des jours de la Création, par exemple : «Ainsi, il y eut un soir, et il
　　y eut un matin : ce fut le premier jour».

que l'amertume qui precede faict trouuer la douceur suiuante plus suaue. Ce qui me fera proposer l'e[175]xemple d'vne malice* ruineuse le premier, afin que son obscurité*¹ serue à releuer l'esclat d'vne bonté profitable.

Vn Seigneur de nostre France (duquel ie veux & dois taire le nom pour plusieurs respects, tant pour n'offenser* sa memoire estant mort du temps des troubles qui suiuirent les Estats de Blois², que pour ne heurter aucun de ceux qui le touchent) fut pourueu par le ROY CHARLES Neufuiesme du Gouuernement d'vne Prouince de ceste Monarchie. Estant né dans vne autre que celle où il alloit commander, bien qu'il fust François, & qu'il eust rendu des preuues de sa valeur* & de son courage, en beaucoup d'occasions* pour le seruice du Roy, si est-ce que ceux de ceste prouince, soit pour ne gouster ses humeurs, soit par pure enuie le tenoyent en consideration d'estranger. Ie ne sçai mesme si à la Cour il auoit eu quelque brouillerie* à desmesler auec vn des principaux Seigneurs, & des plus alliez & auctorisez* de ceste Prouince-là, ou si c'estoit la ialousie de ceste charge que l'on voyoit mal volontiers en sa main, tant y a qu'il eut vne infinité de peines & de trauerses en son establissement en ceste dignité. Mais il fallut comme la raison le vouloit, que la puissance Royale fust la maistresse, & que ses contrarians ployassent le col sous le ioug de la volonté du Souuerain. Les Rois ont les mains longues & fortes, & sçauent bien les moyens de ranger à l'obeyssance ceux qui s'en voudroyent escarter sous les pretextes de quelques mescontentemens particuliers*. [176]

Establi donc & instalé que fut ce Seigneur en sa charge, il voulut faire comme le feu, qui ne s'attache au bois qu'apres en

---

1 Le premier exemple est celui d'un homme – Colomban – de naissance peu relevée («obscure»; *q.v.*), alors que le second a comme héros un Empereur. La bonté de Colomban est donc «relevée» par le fait qu'il n'est pas de naissance *illustre* (v. ci-dessus [160]), Camus exploitant (*obscurité/esclat*) le champ sémantique de la lumière, qui commande à l'origine l'opposition *obscur/illustre*. Cf. IV, 25 [491].
2 V. note p. 168 ci-dessus.

auoir chassé son contraire qui est l'humidité. Pour se rendre
absolu en son Gouuernement, il crût qu'il falloit commencer
par ceux qui lui auoyent esté contraires, & les affoiblir en sorte,
qu'ils n'eussent aucun moyen de s'esleuer contre lui, ni de lui
faire teste. Au lieu donc de viser au seruice du Potentat, dont il
auoit l'honneur de representer la personne, & de tenir tous les
cœurs des sujets des trois Estats vnis au seruice du Monarque,
il fit comme Sinon, chez le grand Poëte des Romains, qui sema
par tout Ilion des feux Gregeois pour mettre ceste belle cité en
cendres[1]. Car comme il auoit l'esprit fin & cauteleux, il ietta
tant de diuisions & de partialitez* dans les compagnies, dans les
communautez, dans les familles, que tous les iours l'on n'entendoit que querelles, procés, batteries*, inimitiez, outrages*, &
combustions*. Cependant il estoit l'Eole qui serroit & laschoit la
bride à ces vents comme il lui plaisoit, esmouuant* & appaisant
les tempestes à son plaisir, & se faisant employer à refaire ce que
lui mesme auoit desfaict, à deffaire ce que lui mesme auoit faict,
passant ainsi son temps à faire, deffaire, & refaire des affaires,
comme s'il eust ioué aux eschecs ou aux dames. Cependant par ces
artifices* il auançoit son auctorité, & tiroit pays* dans vne grande
puissance : car de ceste sorte se rendant l'arbitre des differens
qu'il auoit faict naistre, il rendoit ses ennemis foibles, il acqueroit
des amis, faisoit des creatures, abbaissoit l'vn & releuoit l'autre,
exer[177]cice de Dieu dans le ciel, & des Souuerains ses viues
images en la terre. Ces conseils* qu'ils pratiquoit lui estoyent
suggerez par ceste prudence* mondaine qu'il auoit apprise à
la Cour, où elle regne en plein theatre, tenant le haut bout aux
conseils des Princes, sous ce beau nom de raison ou consideration* d'Estat : mais raison & consideration* souuentefois peu

---

1   Sinon est le personnage qui dans l'*Énéide* (2, 57 *sq.*) convainc les Troyens de faire
    entrer le Cheval dans la cité en prétendant avoir été abandonné par les Grecs, puis,
    la nuit tombée, ouvre les flancs du cheval pour laisser sortir ses compatriotes, et
    parcourt la ville en l'incendiant et en insultant les Troyens (2, 329).

raisonnable & consideree. Car quand la malice* s'y mesle tout est perdu : tout de mesme que quand on prend la ciguë auec le vin, c'est vne poison irremediable. I'appelle malice*, quand la conduite* se fouruoye des regles de la Religion & de la pieté, & sur tout de la charité qui est incompatible auec la ruse & malignité*. Parce que la charité est patiente, benigne, endurante, sans supercherie, amiable, paisible. Au contraire la malice* est impatiente, vindicatiue, cruelle, hargneuse, riotteuse*, querelleuse, & qui ne pense iamais rien faire à son gré, que quand elle brouille & gaste tout. La bonté est comme l'abeille qui ne vole, ne trauaille, n'agit que pour faire du miel. La malice* comme le freslon, qui ne faict que bourdonner & poindre*, qui ne faict que gaster les fleurs sans faire aucun rayon. Le Roy & son Conseil n'auoyent tous les iours les oreilles battues, que des bruits & des mauuais mesnages* qui estoyent en ceste Prouince, & bien qu'ils en vissent les effects, la cause en estoit inconnuë : d'autant qu'Altobrand (cachant sous ce nom celui de ce Gouuerneur) sçauoit si accortement* cacher son ieu, qu'il acqueroit de la louange de ce qui lui deuoit apporter du blasme, parce qu'il [178] faisoit semblant de recoudre en apparence ce qu'il descousoit dessous main, imitant le cordier de l'Embleme, dont l'asne rongeoit l'ouurage à mesure qu'il le tissoit[1]. Et faisant comme l'horloge qui faict voir par le dehors l'aiguille qui monstre les heures & le marteau qui bat le timbre, mais qui cache les ressorts qui font aller tout cela. Il faisoit entendre à la Cour les diligences qu'il apportoit,[2] à assoupir toutes les querelles & diuisions, il faisoit sonner haut ses arbitrages, ses appointemens*, mais il ne manifestoit pas les subtilitez dont il se seruoit pour faire iouër toutes ces mines* au desauantage du seruice de son maistre & du repos public. A

---

1 Alciati, *Emblematum liber*, Emblema XCII : Ocni effigies, de iis qui meretricibus donant, quod in bonos usus verti debeat. Image d'Ocnus, à propos de ceux qui donnent aux prostituées ce qui pourrait être mis à de bons usages.
2 1660 omet cette virgule.

la fin comme le lyon se connoist à l'ongle, par vne malice on descouurit toute sa mauuaise conduitte*. Ce qui obligea le Roy à mettre vn autre en sa place, en le recompensant, à la mode de France, pour auoir mal serui.

Il y a dans les Prouinces des grandes & anciennes maisons illustres, tant pour le rang & le sang, que pour leurs alliances, leur credit & leurs richesses. Deux Seigneurs se trouuerent en celle-là, qui se tenans clos & couuerts en leurs maisons, n'auoyent point voulu venir à l'adoration, ni espauler par leur assistance l'auctorité d'Altobrand : les ancestres de l'vn d'entr'eux auoyent autrefois gouuerné ceste prouince, & eu des charges de la Couronne ; l'autre estimé pour sa valeur* auoit eu de beaux commandemens dans les armes, & mesme y tenoit vne place forte en tiltre de Gouuernement. Ces deux Seigneurs, que [179] nous appellerons Ormin & Leonce, outre quelque affinité qui estoit entre leurs maisons, se trouuerent lors en assez bonne intelligence*, sur le mescontentement qu'ils auoyent en commun de la venuë d'Alto-brand au Gouuernement de leur Prouince. Ces deux testes vnies estoyent deux puissantes colonnes, & qui trainoyent vne grande suitte. Altobrand desireux de les sapper, ou du moins d'affoiblir leur pouuoir, pour regner plus imperieusement quand il les auroit amoindris, essaya tous les moyens, tantost de les attirer à soi, tantost de les diuiser entr'eux, mais ses essais furent vains* pour quelque temps, à la fin sa malice* lui suggera ce stratageme.

Rien n'est à comparer à l'honneur, c'est la prunelle de l'œil, qui ne se peut toucher sans vn grand ressentiment*. Pour semer de la discorde entre ces deux familles, il y ietta ceste pomme, pourrie certes au dedans, mais qui paroissoit doree au dehors. Il fit en sorte par diuerses fois de les faire venir en la ville, où estoit sa residence ordinaire, tantost pour prendre leur auis sur des occurrences*, qui regardoyent le bien de la Prouince, tantost pour les employer en des appointemens* de querelles importantes. Vne fois qu'ils y estoyent tous deux, il fit mettre en auant par vn de ses confidens vn propos* qui touchoit à l'honneur de la

femme d'Ormin, l'autre s'auançant iusques là de dire, qu'il auoit
entendu que l'estroitte amitié que Leonce lui tesmoignoit, n'estoit
qu'à dessein de l'amuser* ou plustost de l'abuser*, tandis qu'il
voyoit sa femme. Altobrand faisant [180] semblant de s'estonner
de cela, bien qu'il fust lui-mesme l'inuenteur de cet artifice*, &
l'eust mis en la bouche de l'autre, dict que c'estoit vn faux bruit,
& qu'il n'y falloit adiouster non plus de foi qu'à vn vent qui
passe, que comme il n'est point de Soleil sans ombre, il n'est
point de si eminente vertu qui ne soit suiette à la calomnie, &
qu'il tenoit & la femme d'Ormin trop honneste*, & Leonce trop
sage, pour commettre vne action si lasche & si deshonnorable. Il
ne contredisoit à celui qu'il auoit embouché* que pour se tirer
hors du ieu, & aussi pour attirer les escoutans à donner leur auis
sur vn suiet si chatouilleux. Ils n'y manquerent pas, d'autant que
les plus ordinaires entretiens* qui se passent deuant les Grands,
sont tousiours aux despens de la reputation de quelqu'vn. Qui
par complaisance se rangea du costé d'Altobrand, en quoi il
s'esloignoit autant de lui plaire, que le Nort est loin du Midi ;
Qui voulant faire l'entendu aux secrets du monde, se mit de la
part du detracteur : tous espanouyrent diuersement leurs pensees,
& comme d'ordinaire le dé tombe sur la mauuaise chance, la
conclusion fut au desauantage de l'honneur d'Ormin, chascun
se fondant sur la foiblesse & fragilité des femmes.

Ce propos* ne tomba pas à terre, & soit qu'il fust recueilli par
l'industrie d'Altobrand, soit que le hazard aidast à son dessein,
vn de la troupe qui affectionnoit l'honneur d'Ormin, lui pensant
faire vn bon office, lui alla porter ces fascheuses nouuelles, des
discours qu'on auoit tenus de sa femme chez le Gouuerneur,
adioustant deux [181] choses, l'vne qu'il n'auoit pas vn meilleur
ami au monde qu'Altobrand, lequel comme tel, auoit soustenu
son parti, & parlé pour l'honneur de sa femme, & en outre rabroué
le rapporteur qu'il ne voulut iamais nommer, pour ne se mettre
en peine à ce qu'il disoit. L'autre chose fut qu'il auoit esté dict,
que Leonce mesme se plaisoit qu'on eust ceste creance de lui, &

se donnoit couuertement à entendre qu'il auoit part aux bonnes
graces de la femme d'Ormin. Au reste celui qui fit ce discours à
ce Seigneur, fit comme les chirurgiens qui trempent dans l'huile
le bout de leur lancette, afin qu'elle entre mieux, faisant tant de
protestations de seruice & d'amitié à Ormin, & mesme lui offrant
son espee & sa vie, & tesmoignant auoir vn desplaisir incomparable de voir en compromis l'honneur d'vn Seigneur de sa qualité,
qu'Ormin qui estoit haut à la main*, de grand courage* & prompt
à la cholère, se laissant tellement surprendre à ce propos*, qu'il
y adiousta de la creance, & iura de se vanger sollennellement de
Leonce & de se reuancher des tesmoignages d'amitié qu'Altobrand
lui auoit rendus en reiettant ceste mesdisance. Imaginez-vous si
la trame n'estoit pas ourdie, & la trape tendue iustement comme
la vouloit le Gouuerneur.

Ormin par vne inconsideration*, qui ne peut estre excusee,
au lieu de s'esclaircir* de ceci, s'embrouillant dans la confusion
des pensees que son courroux lui suggeroit, assemble ses amis
& ses partisans de tous costez. Et se retirant de la conuersation*
de Leonce, lui faict sçauoir qu'il le [182] tuera en quelque part*
qu'il le rencontrera, & qu'il le tient pour son plus mortel ennemi.
Leonce qui ne se sent coulpable de rien enuers Ormin, se rit de
ces brauades, & au lieu de se iustifier ne sçachant encore dequoi
on l'accusoit, respond par d'autres menaces, & de ces Echos rap-
portez par la concauité de diuerses bouches, qui aigrissent plutost
que d'adoucir les propos, firent des esclairs & des tonnerres qui
attiroyent des foudres à leur suitte.

Voila Altobrand dans le grain* iusques à la gorge*, & au but
de son dessein. Il a allumé ce feu de diuision, il faict semblant
de crier à l'eau : mais au lieu d'eau pour l'esteindre, il y verse de
l'huille pour l'embraser. Il offre son seruice & son espee à Ormin,
iure auec lui par vn de ses confidens qu'il lui enuoye, la ruine de
Leonce, lui faict mettre le feu dans les oreilles par cet Ambassadeur,
si bien qu'Ormin se dict obligé à celui qui tasche de le perdre, &
poussant les flammes par la gorge ne respire que la mort de Leonce.

Tandis qu'Altobrand fomente cet embrasement à couuert, il faict monstre* au dehors de vouloir pacifier ce different, enuoye (couteau à deux tranchans) vers Leonce lui faire des complimens, & charge le porteur de l'animer à la defensiue, en lui representant les menaces, les brauades & les preparatifs d'Ormin, n'estant plus question, lui faisoit-il dire, si la femme de son ennemi estoit honneste* ou non, mais de le faire desdire des propos insolens & outrecuidez qu'il auoit tenus de lui, & qui ne se pouuoyent lauer que dans le sang [183] de l'vn ou de l'autre. Somme Altobrand sceut si bien attiser & souffler ce feu, qu'il s'en fit vn incendie qui partagea presque toute la Prouince, de sorte qu'il n'estoit plus question d'vne querelle, mais presque d'vne bataille. Le Gouuerneur despesche au Roy pour le supplier de lui permettre d'armer pour ranger ces querelleux à leur deuoir, & dissiper leurs assemblees : Priere fort esloignee de son intention, qui estoit comme celle du Corbeau de la fable, qui perché sur vn arbre voyoit battre le loup & le chien, & disoit de quelque costé que tombe la victoire, i'auray ma part de la proye. Car si le loup estrangle le chien, ou le chien le loup, i'auray le reste de la curee. Le rusé Altobrand ratiocinoit de la sorte, lequel des deux qui meure en ceste querelle, en l'vn ie serai deffaict d'vn ennemi ; & de l'autre i'auray la despouille*, parce que le Roy ne m'en refusera pas la confiscation. Ainsi ie ruinerai l'vn de biens, & l'autre de vie : & tous deux estans hors de ce Gouuernement, ne seruiront plus d'obstacle à mes desseins, ni de contrepoids à mon auctorité.

Mais que le iugement des hommes est faux en sa balance, & que la vanité les trompe lourdement, parce que sa fraude retomba sur sa teste, & sa malice* fut reiettee sur sa face, cela mesme qu'il mettoit pour base de son affermissement, seruant de fondement pour sa ruine. Il eut du Roy la permission de leuer des gens de guerre pour dissiper ceste querelle, qui trainoit vne si longue suitte : mais il s'en seruoit à contrepoil pour l'exciter d'auantage, & par ce moyen se monstrer neces[184]saire & se deffaire de ses opposans.

Comme il falloit pour cela qu'il parlast à beaucoup de gens
pour faire iouër diuers ressorts, il y eut vn Seigneur, ami commun
d'Ormin & de Leonce, qui traittant auec Altobrand descouurit
aucunement* ceste mesche. Il s'apperceut que le Gouuerneur ne
marchoit pas d'vn pied sincere en son procedé, & que soufflant
tantost le froid, tantost le chaud d'vne mesme bouche, comme pour
se monstrer neutre, il se descouuroit ennemi de l'vn & de l'autre
des aduersaires, & n'aspiroit qu'à leur ruine. Cet esprit paisible
& iudicieux poursuiuit ceste pointe*, & en fin trouua qu'il ne
s'estoit point trompé en sa coniecture, & qu'Altobrand tranchant
des deux costez, se vouloit esleuer en abaissant ces deux familles.
Que faict-il? Separément il va parler à Ormin, & à Leonce, les
prie d'examiner bien le fonds de leur different, auparauant que
d'en venir aux extremitez, & de chercher le filet* de la prudence*
pour se tirer du labyrinthe où leur passion les embarrassoit, qu'il
auoit recognu qu'Altobrand tiroit son auantage de leurs diuisions,
& se rendoit fort par leur foiblesse. Qu'il falloit s'entendre &
s'expliquer, & sçauoir qui estoit ce mal-auisé qui auoit entamé le
propos* d'où estoit prouenuë ceste brouillerie*.

Ormin qui se disoit outragé à la mort, ne voulant prester
l'oreille à aucune raison, poussé à cela & par sa propre fureur, &
encore par sa femme, qui comme vne furie domestique estoit à
toute heure apres lui pour le presser à la vengeance d'vn [185]
tel affront. Ceste femme qui estoit & de bonne maison, & fort
honneste*, & d'vn courage* esleué, iettoit le feu & la flamme par
la gorge, & ne parlant que de sang & de carnage, estoit comme la
trompette qui animoit au combat. Elle pleuroit, crioit, se deses-
peroit, comme ne voulant plus viure si on ne lui donnoit pour
pasture le cœur de Leonce. Lequel de sa part se rendoit vn peu
plus traittable*, mais s'eschapoit aussi tost qu'on lui rapportoit les
menaces de son ennemi, & les desseins qu'il faisoit de lui nuire.

Colomban (appelons ainsi cet Entremetteur, qui comme la
Colombe du Patriarche, portoit le rameau de paix en sa bouche)
ayant trouué plus d'amertume dans cet esprit, le prie de se souuenir s'il s'est eschappé en des paroles qui pussent donner soupçon

qu'il eust eu de la femme d'Ormin des faueurs extraordinaires. Leonce qui le respectoit comme personne de marque & de rang, lui declara tout à la bonne foi que iamais il n'auoit eu autre priuauté auec ceste Dame, que ces familiaritez que l'honnesteté permet en nostre nation en vne conuersation* ciuile*. Qu'au reste il la tenoit non seulement pour femme de bien, mais pour vne des plus sages & vertueuses qu'il eust iamais prattiquees¹. Pleust à Dieu (reprit Colomban) que ces paroles sonnassent à ses oreilles & à celles de son mari comme aux miennes, vous feriez bien tost d'accord & tous ces tumultes accoisez*.

Ie ne commettrai iamais ceste lascheté (repliqua Leonce) parce qu'il sembleroit que la peur de ses paroles me les tirast de la bouche, ie suis homme [186] de main plus que de langue, & à² repousser des brauades par des effects. Ce que ie vous ay dit a esté pour rendre tesmoignage à la verité, dont vous m'auez enquis, & pour satisfaire à mon humeur plustost que pour contenter Ormin, les discours duquel m'ont tellement offensé, que la mesme raison qu'il veut de moi pour vne offense imaginaire, ie le veux de lui pour m'auoir querellé de gayeté de cœur.

Et que sçauez vous (repartit Colomban) si tout cet orage n'est point suscité par les artifices* d'Altobrand pour diuiser vos affections, & ruiner vos familles, qui donnent de l'ombrage à sa naissante auctorité? Ie n'ay point de suiect de me plaindre d'Altobrand (respondit Leonce) lequel m'a offert toute sorte d'assistance en ceste affaire.

Il fait le mesme à Ormin (repart Colomban) & cependant il souffle de part & d'autre le feu dans vos veines, ie l'ay fort bien remarqué en ses discours. Ce qui m'a fait soupçonner qu'il y eust de l'artifice* en ceci, & que ce ne soit vne partie faite expres. Sçachons qui est l'imprudent, & encore l'impudent, qui a ietté en auant ce discours odieux, & de là il nous sera aisé de remonter à la source.

---

1 Malgré le sens sexuel bien attesté de *pratiquer une femme,* il faut ici comprendre : *fréquenter* : L.
2 Anacoluthe : et homme à.

Ayant fait approuuer son auis à Leonce, il va retrouuer Ormin,
lequel il presse si fort & presche tant qu'il le lui fait encore gouster. Et comme il arriue quelquefois qu'au milieu de la pluye les
rayons du Soleil percent vn nuage, & se fait voir pour peu de
temps, dans le trouble de ceste furieuse passion qui les possedoit,
ceste lumiere de raison trouua place. On s'enquiert tant que l'on
[187] apprend le nom de cet indiscret*. On le tire à part, il nie
le faict, en fin la peur de mourir, qu'vn poignard dans la gorge
lui donna, lui fit auouër la verité & descouurir le stratageme
d'Altobrand. Il supplia qu'on tint secrette sa deposition si l'on
vouloit conseruer sa fortune comme sa vie, ce qu'on lui promit
& lui tint-on fidellement la promesse.

Voila en vn instant Ormin & Leonce appointez* par le trauail
de Colomban au grand estonnement d'Altobrand, qui faisoit le
despité* de ce qu'on n'auoit point eu de recours à son entremise.
Ces deux Seigneurs retirez en leurs maisons se visitent plus que
deuant sans ombrage, & sans ialousie, ceste querelle ayant serui
comme de vent pour allumer d'auantage le feu de leur ancienne
affection. Mais ils n'en demeurent pas là, ils s'vnissent & se rendent
forts contre Altobrand, comme contre leur ennemi commun, &
l'artifice* dont il s'estoit serui pour les mettre aux couteaux, ayant
porté le flambeau dans la connoissance de plusieurs autres, ils
allerent à la Cour ensemble auec de si bons, veritables & amples
memoires, qu'ils firent connoistre au Roy qu'il estoit necessaire*
pour son seruice & pour le repos de la Prouince, qu'il y mist vn
autre Gouuerneur. Ce que le Roy (apres auoir en son Conseil
estroit meurement* examiné toutes les preuues) se resolut de faire,
& lui ayant commandé de prendre recompense* de sa charge, afin
de le deposer auec moins d'infamie, & que l'vtilité lui adoucit
l'amertume de ce ca[188]lice, il lui permit de se retirer dans vne
petite ville assez forte dont il acheta le Gouuernement.

Ainsi se retira & de la Cour, & de sa Prouince ce Courtisan
disgracié, pour auoir voulu conduire la barque de sa fortune selon
les fausses maximes de la prudence* mondaine, verifiant ce mot

des pages sacrees : Leur malice* les perdra¹. Et cet autre : Ceux
qui s'esloignent des voyes de Dieu periront, car il dissipera tous
ceux qui s'escartent de ses sentiers².

Vous qui auez pris la peine de passer vos yeux sur les noires
traces de la malicieuse* prudence* d'Altobrand, venez les esgayer
sur la prudente bonté d'vn Empereur, qui lui rend ami & sousmis
vn fascheux ennemi & vn puissant aduersaire. O force de la vertu
qui brises les cœurs les plus endurcis ! O aimant aimable de la
bonté, qui attires à toi les courages* les plus ferrez* !

Lors que Conrad³ estoit assis sur le throsne de l'Empire d'Allemagne, il eut de grandes guerres à desmesler auec les Princes qui
vouloient secouër tout à faict le ioug de la dignité Imperiale. Et à
dire le vray, depuis que l'Empire a esté transporté en la Germanie,
il a tousiours esté en declinant, tous les Princes de ceste nation
s'estans rendus Souuerains dans leurs fiefs, de sorte qu'il semble
que l'Aigle de l'Empire & la Corneille d'Horace ayent vne grande
ressemblance. Entre les premiers qui se voulurent affranchir de
toute reconnoissance, furent les Ducs de Pologne, le titre de
Royaume n'ayant esté attribué à ceste contree que longtemps
depuis. Misico Prince fier & hautain, comman[189]dant ceste
nation, & courageuse & belliqueuse, ne voulant releuer que du
Roy des Roys qui regne dans le ciel, ne se pouuoit sousmettre à
aucun autre en la terre, porté à cela tant par son humeur altiere
& ambitieuse, que par ses flatteurs (tignes qui s'attachent ordinairement aux oreilles des Grands) qui applaudissoient à son
inclination, soufflans dans son ame le feu de la guerre & de la
reuolte, sous ce beau nom de liberateur de la Pologne. Voulans
dire qu'il acquerroit vne gloire immortelle s'il l'affranchissoit

---

1   Plusieurs passages de la Bible peuvent correspondre à cette phrase, *e.g.* Pr 11, 16.
2   Pr 2, 12-22.
3   Conrad II le Salique, qui appuya dans une querelle de succession les frères rivaux
    de Mieszko II (990-1034) – le Misico de Camus, sera en guerre avec celui-ci entre
    1026 et 1033, date à laquelle Mieszko renonce à son titre de roi, devient duc de
    Pologne et reconnaît la suzeraineté de Conrad.

de toute seruitude, sans considerer l'oracle sacré, qui veut que l'on rende à Cesar ce qui est deu à Cesar, & à Dieu ce qui est à Dieu. Quelques iniustes que soient les entreprises des Grands, ils ne manquent iamais de pretextes specieux* pour colorer leurs mauuaises causes, & encores moins de fauteurs de leurs desseins.

Misico ayant donc resolu d'oster la Pologne de dessous les aisles de l'Aigle Imperiale, leue vne armee prodigieuse, qui ne se mit pas seulement en termes de defendre la liberté du païs, mais qui porta de la terreur dans l'Allemagne, & obligea l'Empereur à armer, non pour l'attaquer seulement & le remettre en son deuoir, mais au commencement pour se defendre. Le Duc de Pologne plein de fougue & de vigueur, se rendit redoutable aux premieres rencontres, mais ceste boutade* violente ne fut pas de duree, & l'Empereur Conrad qui le vouloit matter par prudence* & par patience, fit contre lui cela-mesme que Fabius Maximus contre Hannibal[1], en temporisant il le mor[190]fondit, & ce monstrueux nombre de gens de cheual dont il auoit couuert la terre, se dissipa comme s'escoule la cire deuant le feu.

Alors Conrad commença à entrer dans l'heureux* succez * de ses armes, & tous les iours il menoit battant son rebelle, & le reduisit en fin iusques aux extremitez de la Pologne, où Misico ayant recueilli du debris de tant de pertes, ce qu'il pût mettre ensemble, voulut tenter vn dernier effort pour remonter au dessus de la roüe, dont son outrecuidance l'auoit fait descendre. Mais la fortune qui se plaist à faire boire son vinaigre iusques à la lie, ne donnant iamais des prosperitez entieres, & encore ne les departant* que rarement & sobrement, voulut que Misico fust deffait en ce dernier combat, sans esperance de se releuer. Il est contraint d'abandonner le païs, où il s'estoit veu esleué au degré supreme, & de chercher sinon de l'appuy, au moins de l'abry vers les partisans

---

1   Quintus Fabius Maximus, qui, après les désastres des batailles du Lac Trasimème (217 av. J.C.) et Cannes (216 av. J.C.) face à Hannibal, sut imposer une tactique de refus constant du combat, et fut pour cela surnommé Cunctator : le Temporisateur.

de sa rebellion. Les reuoltes ne se font iamais qu'il n'y ait des ligues secrettes & des intelligences* qui les soustiennent, autrement ce seroit bastir auec la chaux & l'areine* seules, sans pierres solides & sans fermeté. Parmi ceux qui s'estoient plus estroittement liez auec lui, & auoient iuré de courir sa mesme fortune, Odoric[1] Prince de Boheme (ce n'estoit pas encore vn Royaume, non plus que la Pologne) estoit des principaux : & comme la Boheme est au centre de l'Allemagne, il auoit promis à Misico de faire des souleuemens dans le cœur, tandis que l'Empereur seroit aux extremitez occupé à le poursuiure. Mais le rusé qu'il [191] estoit : auparauant que de rien brouiller contre l'Empereur, il se tint quelque temps en armes comme pour la defense de son Estat, mais en effect pour donner contre Conrad s'il eust veu que le sort de la guerre luy eust esté desauantageux. Mais comme il vit le contraire, & que Misico estoit tellement battu qu'il panchoit à vne ruine sans resource, non seulement il l'abandonna, trahissant laschement la parole qu'il lui auoit donnee de l'assister en sa necessité*, mais il enuoya vers l'Empereur pour luy offrir ses forces, & les ioindre aux siennes pour l'extermination de ce pauure Prince.

L'Empereur estant victorieux, & qui n'ignoroit pas leur intelligence* passee, le remercia en termes qui lui firent entendre qu'il auoit cognoissance du traict qu'il luy vouloit iouër s'il eust eu du pire contre Misico. Lequel battu de tous costez, & persecuté de la fortune, ne sçachant en quel azyle se refugier, ietta les yeux sur Odoric comme à la derniere table[2] de son naufrage. Il luy estoit non seulement confederé par la raison d'Estat, mais encore allié par parentage & consanguinité : de sorte que mis en route*, & fuyant deuant les forces de l'Empereur, il se retira en Boheme entre les bras d'Odoric, lequel par bienseance le receut, luy promettant de prendre soin du desbris* de sa fortune, & sinon pour la guerre (puis que Conrad estoit le plus puissant, & auoit le vent

---

1   Oldrich, duc de Boheme entre 1012 et 1034.
2   Planche d'un bateau (DMF).

en poupe) au moins par des traittez amiables de le faire remettre en vne condition plus heureuse*. Mais ce qu'il lui promettoit estoit au [192] plus loin de son proiect : car voulant tesmoigner à l'Empereur qu'il n'auoit point eu auec Misico la correspondance*1 dont Conrad l'auoit taxé, il fit dessein de se preualoir de ceste venue du Duc de Pologne en ses terres, & de le remettre entre les mains de l'Empereur, qui ne tenoit point sa victoire accomplie iusques à ce qu'il eust son rebelle en sa puissance².

Voila comme Odoric se monstroit estre des amis de Cour & du siecle, semblables aux poux & aux rats, qui se retirent, ceux-là d'vn corps qui va mourir, ceux-ci d'vne maison qui va tomber ; & aux arondelles & aux mousches, qui ne se tiennent qu'aux païs & aux lieux chauds. Ie veux dire que les amitiez mondaines n'ont pour regle & pour duree que l'interest* particulier* lequel venant à cesser, aussi tost elles s'esuanoüissent. Lasche façon d'aimer, & qui a fait naistre ce precepte indigne d'entrer en l'escole de la vraye amitié. Aime comme ayant vn iour à haïr, & haïs comme ayant vn iour à aimer³. Maxime pleine de soupçon & de defiance, & ennemie de toute sincerité*.

Tandis qure Misico pense dormir en asseurance à l'ombre de la fidelité d'Odoric, & renoüer sous cet abri les restes de ses esperances & de sa deplorable* fortune, que fait cet infidelle ? Il despesche vers l'Empereur, & pour lui oster de l'esprit l'impression qu'il auoit de son intelligence* auec la rebellion de Misico, il offre de lui mettre entre les mains celui qui de bonne foy s'estoit rendu entre les siennes. Traict si perfide & si honteux, qu'à peine se peut-on imaginer qu'vne telle [193] desloyauté puisse entrer en l'ame d'vn Prince.

---

1   Il faut maintenir le sens de *accord*, *union*, malgré les lettres mentionnées au début de [193].

2   On dit que Mieszko fut émasculé durant son séjour chez Oldrich.

3   « Aymez le (disoit Chilon) comme ayant quelque jour à le haïr : haïssez le, comme ayant à l'aymer. Ce precepte qui est si abominable en cette souveraine et maistresse amitié, il est salubre en l'usage des amitiez ordinaires et coustumieres : A l'endroit desquelles il faut employer le mot qu'Aristote avoit tres familier, O mes amys, il n'y a nul amy. » Montaigne, *Essais* I, 27 De l'Amitié. *Cf.* note 2 p. 80.

Conrad qui estoit plein de bonté, & ensemble de courage*, detesta vne si abominable trahison, & ayant honte d'en faire son profit, auertit Misico de ceste trame en lui enuoyant les lettres mesmes qu'Odoric lui auoit escrites, & lui donnant auis de se retirer s'il estoit sage, en vn païs de plus grande asseurance. La bonté & franchise extraordinaire de l'Empereur, & la malice* prodigieuse d'Odoric toucherent en mesme temps le cœur de Misico de deux si differens efforts*, que detestant la desloyauté de celui qu'il tenoit pour ami, & admirant la magnanimité de son ennemi, il crût (& il ne se trompa point en sa creance) qu'il ne pouuoit rien faire de mieux que de se rendre volontairement entre les mains de Conrad, qui lui estoient ineuitables, pour esprouuer ou les chastimens de sa iustice, ou la suauité de sa clemence. S'imaginant qu'en vne si naïue* candeur que celle qu'il lui venoit de tesmoigner, il rencontreroit plustost de la misericorde que de la seuerité. Ce conseil* lui fut plus vtile que celui de sa reuolte, parce que Conrad imitant la generosité* du lyon, qui pardonne aux animaux qui se rendent à lui, & deschire ceux qui lui resistent, non seulement recueillit Misico gracieusement, mais le remettant en son Estat, auec les conditions conuenables* à la dignité de l'Empire, d'vn ennemi farouche il en fit vn ami tres affectionné & tres fidelle. Et parce que le grand courage* que Misico possedoit par son naturel, ne lui permettoit pas de supporter la perfidie d'Odoric sans ressentiment* : [194] de là à quelque temps les pretextes ne lui manquerent pas pour faire vne querelle d'Estat au Prince de Boheme. Et comme ils armoient de part & d'autre, & estoient prests d'entrer en vne sanglante guerre, l'Empereur se pouuant ioindre à Misico, ou seulement en auctorisant* ses armes, chastier Odoric de la mauuaise volonté qu'il lui auoit tesmoignee par la puissance du Polonnois, il ne voulut pas se preualoir de ceste occasion* : mais comme pere commun, il se rendit mediateur de ces differens qui alloient troubler le repos de l'Allemagne. Bonté qui lui gaigna de telle sorte les cœurs des peuples, & encore de ces deux Princes, que comme ils auoient

esté les premiers instrumens des reuoltes au commencement de
son regne, il n'eut point depuis de plus forts arcs-boutans de son
auctorité. Le Polonnois & le Bohemien estans comme ses deux
bras executeurs de ses volontez en toutes ses entreprises.

Nous apprendrons de ces contraires Euenemens combien sont
differens les succez* de la malice* & de la bonté, & combien
diuerses leurs maximes. Et que si pour vn temps les prudens du
monde se glorifient en leur malice*, & par leurs industries subtiles
se rendent puissans en leur iniquité : ils ressemblent à ces enfans
qui bastissent de petits chasteaux de terre & de bouë que par apres
ils ruinent à coups de pierre, parce que ce qu'ils ont tramé par
supercherie, se renuerse par les propres* principes de son establissement. Selon la verité de ces paroles sacrees, que l'iniquité se
desment elle-mesme, & se ferme la bouche apres l'a[195]uoir mise
contre les regles du Ciel[1]. Lesquelles sont celles là mesmes de la
bonté & de la discipline* de la vertu. Altobrand pour auoir mis
ses pas dans celles de la malignité*, se treuue comme l'araignee
embarrassé dedans son propre ouurage, & defaict par les mesmes
moyens qu'il employoit pour s'auctoriser*. Au contraire Conrad
cheminant franchement, & à cœur ouuert par le chemin Royal de
la candeur & de la sincerité*, accroist ses triomphes des trophees
des cœurs & des affections de ceux, des despouilles* desquels il
auoit enrichi ses gensdarmes. Victoire d'autant plus signalee*,
qu'elle ne releue ni de la fortune, ny du sort des armes, mais de
sa propre valeur* & magnanimité.

---

1   Ps 107, 42.

Le Cruel Orgueilleux.
EVENEMENT IX.

L'ORACLE de l'infaillible verité nous apprend, que Dieu a en abomination les personnes de sang & cruelles[1]. Le mesme nous enseigne, que l'orgueil est odieux à Dieu & aux hommes. Combien donc sera execrable au ciel & à la terre celui qui aura ces deux qualitez ? Qualitez qui sont germaines. Car d'où vient la cruauté sinon de l'arrogance ? & qui ne sçait que les esprits superbes sont ordinairement cruels ? Nous en [196] pourrions produire quantité d'exemples anciens, mais i'en ay vn qui est ancien parmi les nouueaux, & nouueau parmi les anciens, dans lequel nous verrons vn iuste iugement de Dieu & des hommes sur vn Cruel Orgueilleux.

Au temps que le Grand Alexandre de Medicis changea en Monarchique, l'Estat de Florence qui estoit Aristocratique[2], parmi les Officiers de sa maison il en eut vn qui le seruoit en qualité de Secretaire appelé Amulio, homme que la beauté & subtilité de son esprit auoit esleué à ceste charge, plustost que sa naissance qui estoit assez basse. Il auoit vn tel talent en cet exercice, que contentant son maistre il se poussa bien auant en ses bonnes graces. O que cet Ancien l'entendoit bien, qui disoit que rien n'estoit de plus superbe & de moins supportable qu'vn homme de bas lieu quand il estoit auancé ! Car comme les cerueaux foibles & debiles ne peuuent supporter beaucoup de vin, ni cheminer en des lieux esleuez que la teste ne leur tourne : aussi les esprits dont la naissance est vulgaire* ne sont

---

1 Ps 5, 6.
2 En 1532, les Médicis reprennent le contrôle de Florence après un intervalle de cinq ans et Alessandro devient le premier duc de Florence. Florence avait gardé jusqu'alors des institutions apparemment républicaines, mais en fait depuis 1511, les Medici administraient la ville comme leur bien personnel.

pas capables de soustenir de grandes fortunes, ni de manier des affaires importantes. Cependant les plus graues qui se passassent en tout l'Estat de Toscane, en cet establissement nouueau de la maison de Medicis à la Principauté de Florence, tomboient par vne espece de necessité sous la connoissance d'Amulio, qui y apporta tant de fidelité & de prudence*, qu'il donna tout suject à son Maistre de se louër de ses seruices, & comme il estoit liberal* & genereux*, de l'en recompenser largement. Cestui-ci auparauant que [197] d'estre appelé à ceste fonction, auoit pris vne femme à Pistoye, selon la condition de sa naissance, de laquelle il auoit quelques enfans.

Ayant donc establi sa fortune à Florence, & pris vne maison conuenable* à sa qualité, il y fit venir sa femme Orestille, & tout son mesnage*, lequel au commencement fleurit en toute sorte de prosperité. C'est vne belle chose que de s'attacher au tronc solide d'vne ferme & vraye vertu, toute sorte de biens suiuent celui qui ne s'en separe point. Mais quand on vient à s'en distraire*, vne ruine subite vient accueillir* de la part* qui est la moins preueuë. Tant qu'Amulio se tint dans les termes de son deuoir enuers Dieu & enuers son Maistre, toutes les felicitez qu'vn homme de sa qualité pouuoit souhaitter l'enuironnoient. Tout le secret des Cours c'est de posseder l'oreille du Prince, & qui sont ceux qui la tiennent mieux que les Secretaires, desquels il ne se peut non plus passer que de ses propres mains, puis qu'ils escriuent de sa lettre*, ce qui s'appelle en termes de l'art, auoir la main du Maistre. Mais que l'esprit humain est leger, & que la chair est infirme! Celui qui tente* le surprit par le costé qui estoit le moins en defense. Car s'il est vray que les flambeaux de l'Amour ne luisent que parmi les ombres de l'oisiueté, de quelle façon pouuoient-ils eschauffer vn courage* qui estoit dans vne occupation* presque continuelle? Mais quoi? La vanité le perdit, & l'honneur qu'on lui rendoit à la Cour à cause de la faueur que le Prince lui tesmoignoit, & de l'accez qu'il auoit aupres de sa personne, lui fit en[198]fler le cœur en sorte qu'il se mesconnut*,

& de ceste mesconnoissance* de soi-mesme, il commença à mespriser les autres. Celle qui fut la premiere desdaignee, ce fut Orestille sa femme, laquelle bien que pleine de vertu, lui sembla de trop bas alloi* pour vn homme esleué comme il pensoit estre. Il l'auoit prise lors que la mediocrité de sa premiere condition la lui fit choisir comme égale : mais il se figura que s'il estoit libre, il rencontreroit vn parti qui le porteroit en des commoditez* bien plus amples. Vne ame desgoustee d'vne affection a vne grande disposition à s'esprendre d'vne nouuelle, comme il cherchoit son naufrage, voici qu'vn escueil s'offre à ses yeux, où il estima faire vne grande conqueste de se briser. Il y en a qui en leurs passions cherchent le plaisir, d'autres l'interest*, & d'autres encores la vanité, choses qui ont vn grand effect separees, mais vn tres-grand quand elles sont iointes.

Vne fille de race assez noble, mais pauure, pauureté neantmoins qu'elle recompensoit* par vne beauté assez considerable, donna dans les yeux du superbe Amulio : & sans m'arrester à descrire les particularitez* de ceste iniuste & adultere passion, il n'eut iamais de cesse, soit par presens, soit par promesses qu'il n'eust porté à la ruine de son honnesteté ceste fille inconsideree. L'impudicité a vne qualité presque inseparable, qui est l'impudence, d'où est venu le prouerbe, tu as le front d'vne femme perdue, lequel ne peut rougir. Non content de quitter & mespriser sa femme pour s'attacher à ceste affettee*, qui ne s'estoit donnee à lui [199] que sous l'espoir de l'espouser par les mal-heureux* moyens que nous dirons tantost, impatient* de l'entretenir en vne maison separee, il l'introduit dans la sienne à la veuë de son espouse légitime. Laquelle douce & patiente qu'elle estoit, enduroit ceste indignité, non sans creuecœur, mais sans murmure. L'insolence & l'orgueil ressemblent à la fumee, qui s'esleue sans cesse iusques à son entiere dissipation.

Hortensia ceste vicieuse concubine, non contente d'auoir desbauché Amulio des legitimes affections qu'il deuoit à sa femme, commence à se porter comme maistresse de la maison, & à traitter

Orestille, non comme vne seruante simple, mais comme vne pauure esclaue. Imaginez vous si ceste sorte de traittement auctorisé* par son mari, n'estoit pas vn couteau de douleur perçant le cœur de la deplorable* Orestille. Mais douleur miserable*, puis qu'ayant assez de vie pour la ressentir, elle n'auoit point de voix pour s'en plaindre. Car outre que ses parens n'estoient pas à Florence, elle voyoit Amulio tellement en credit à la Cour, qu'elle auoit peur que ses iustes doleances venans à aigrir son esprit, il ne l'outrageast* encore plus cruellement. Ce desordre ne se passoit pas seulement entre les murailles de sa maison, mais le scandale s'en estendoit au voisinage. Il est vray que les murmures ou s'en faisoient à basse voix, ou s'estoufoient entre les dents, n'y ayant celui que son particulier* interest* ne rende reserué à parler de ceux qui sont en faueur aupres des Princes.

Le barbare mari non content de voir souffrir à [200] ceste chetiue*[1] creature tous les tourmens qui peuuent en pareille occurrence affliger vne honneste* femme, complotta auec sa concubine de lui donner le bouccon*, pour apres sa mort, contre toutes les loix diuines & humaines, se marier ensemble. Mais Dieu protecteur des innocens, & iuste vangeur de si grands outrages*, empescha ce mal-heur par deux fois : & soit par miracle, ou autrement, bien qu'Orestille eust aualé le venin, il ne fit point en elle de mortelle operation. La Relation dit, que la premiere fois les conuulsions que lui causa la poison lui donnerent de tels vomissemens, qu'elle la reietta comme elle l'auoit prise, sur quoy pouuant esclatter en de grandes & iustes plaintes, elle aima mieux supporter cet outrage* auec vne patience* insigne, que de remuer ceste affaire, de peur que son mari qu'elle aimoit & honoroit selon le deuoir d'vne honneste* femme, ne se trouuast complice en cet attentat de la malicieuse* Hortensia. La seconde fois, aux premiers signes qu'elle eut d'estre empoisonnee, elle prit vn antidote qu'elle auoit tout prest de si bonne heure, que le remede se treuua de saison & le plus fort.

---

1   Ici et dans les trois pages suivantes, ce mot garde aussi son sens originel : *captive*.

Apres deux si furieux essais ne voulant pas tenter* le troisiesme,
le desir naturel de conseruer sa vie l'obligea de demander congé à
son mari de se retirer à Pistoye chez ses parens, tant pour lui oster
de deuant les yeux en s'absentant, vn obiect qui ne lui estoit pas
aggreable, que pour le laisser en la pleine & libre possession de ses
infames plaisirs auec Hortensia.

Mais tant s'en faut qu'elle obtint ceste faueur, [201] disgraciee*
de cet impitoyable, qu'au contraire animé par les instigations de
ceste furie domestique dont il estoit possedé, il se resolut auec elle
de se deffaire d'Orestille en quelque façon que ce fust. Mais parce
qu'il connoissoit combien le Duc son maistre auoit l'esprit doux
& iuste, & estoit ennemi des meurtres & du sang, il n'osa pas se
seruir du glaiue pour exterminer ceste pauure femme : mais pour
lui faire sentir mille morts qui lui en causassent vne, il l'emprisonna
dans vne caue, où enchaisnee comme vne criminelle, ou comme
vne beste farouche, elle estoit dans les obscuritez entre les morts
du siecle, & comme vne Vestale coulpable mise toute viue dans vn
cercueil, elle n'auoit que la terre pour lict, vne pierre pour oreiller,
auec vn peu de pain noir, sec & moisi, & de l'eau de douleur[1], non
tant pour soustenir, que pour abbreger sa vie. Elle n'entreuoyoit
la lumiere qu'vne fois le iour, quand on lui portoit ceste chetiue*
pitance. Voila comme Dieu met quelquefois les iustes entre les
mains des pecheurs, pour les esprouuer comme l'or dans la braise,
permettant pour vn temps que l'impie s'enorgueillisse, tandis que
l'homme de bien est accablé de douleur. Mais en fin l'Eternel est
iuste, & aimant la iustice, & son visage se tourne vers l'equité, il
ne laisse pas tousiours la verge ou plutost le sceptre tyrannique
des meschans sur la teste des iustes, de peur que l'impatience ne
les detraque* du droict sentier. Ne pensez pas pourtant que ceste
prison sousterraine, ces chaisnes, ceste triste nourriture, ceste
priuation de la clarté, fussent les [202] extremitez de la misere,

---

1   Les condamnés à la prison la plus sévère sont, selon une expression courante, « au
     pain de douleur et à l'eau d'angoisse ».

où la cruauté de cet Herode & de sa maudite Herodias[1] eussent
reduit la deplorable* Orestille. Elle viuoit encore trop au souhait
de ces impitoyables, & comme si elle eust esté trop à son aise,
Hortensia pour redoubler son martyre plutost que par pitié, l'alloit
voir quelquefois, à la façon d'vne furie, auec des flambeaux qui
iettoyent vne fumee si espaisse & si puante, qu'elle estoit capable
d'estoufer ceste pauure prisonniere dans cet estroict cachot. Là
elle l'outrageoit* de telles iniures, & l'accusoit d'actions tellement
deshonnorables, ausquelles elle n'auoit iamais pensé, que cela
seul estant pris à cœur estoit capable de faire mourir de regret vne
honneste* femme. Non contente des paroles elle y adioustoit les
coups, battant ceste chetiue* si cruellement, qu'il sembloit qu'elle
en fist vn blanc* à toutes les fleches de sa cruauté. Mais Dieu qui a
promis en sa parole, que la patience* des pauures ne perira point à
la fin, permit qu'vne fois que ceste Megere descendit dans cet Enfer
sousterrain pour aller affliger ceste miserable*, vn de ses enfans, sans
qu'elle y pensast, la suiuit & fut spectateur des barbares inhuma-
nitez qui furent exercees sur cette pauurette. Et certes elles furent
telles qu'Orestille lasse de viure, & pressee d'vn violent desespoir,
lui demanda en grace ce que tout le monde fuit naturellement, qui
est la mort. Mais ceste cruelle tygresse lui eust pû respondre, ce que
cet Empereur ancien, vn monstre en cruauté, disoit à ceux qu'il
faisoit tourmenter en prison, & qui lui presentoyent de pareilles
requestes, depuis quand [203] cestui-là est-il rentré en grace auec
moi[2]? Il n'en sera pas quitte à si bon conte, ie veux qu'il gouste
la mort longtemps, & que tous les iours il se sente descendre au
cercueil. Que si quelqu'vn venoit à defaillir* sous la violence des
gesnes*, ou pour se faire quitte* de tant de souffrances, se laissant
mourir de faim, celui-là (disoit-il) m'est eschapé. Si l'impitoyable
Hortensia eust esté souueraine comme cest Empereur, & qu'elle
n'eust point redouté les chastimens de la Iuftice, elle eust sans doute

---

1   V. note 2 p. 188.
2   Domitien. V. IV, 22, [469].

exaucé ces funestes prieres, & comme vne Parque inexorable, elle eust tranché le fil des iours de la deplorable* Orestille. Mais les meschans sont ordinairement retenus, de faire tout le mal qu'ils voudroyent, plus par la crainte de la peine, que par l'horreur de la coulpe*. Tout son desir estoit donc de faire en sorte par ses battures, & par ses iniures atroces de conuier Orestille à se laisser mourir de faim, afin que iouyssant de l'effect de sa mort, la faute en fust imputee à ceste miserable*.

Ce petit enfant qui estoit inopinement arriué à se triste spectacle, bien qu'il n'eust que cinq ou six ans, touché neantmoins du ressentiment* du sang, qui n'est pas seulement aux hommes, mais encore aux animaux, pleurant de tendresse sur les douleurs qu'il voyoit iniustement souffrir à sa pauure mere, ne pouuant faire mieux se mit à genoux deuant Hortensia, la suppliant d'auoir pitié de ceste chetiue*, & de ne l'outrager* pas si demesurement. Mais ceste femme sans pitié, au lieu de se laisser toucher aux cris de la mere, & aux pleurs [204] de ce ieune enfant, redoublant sa forcenerie* se iette sur cet innocent, & lui donne tant de coups qu'elle le laisse pasmé & presque mort sur la place. Cet assaut fut plus sensible à Orestille que toutes ses peines passees, parce que souffrant en elle-mesme, elle enduroit en vn corps extenué, languissant, dont elle mesprisoit la vie, & desiroit la dissolution. Mais voyant commettre cet excés sur cet enfant bien-aimé, & à son occasion*, ses entrailles estoyent deschirees, & elle enduroit en vn corps dont elle desiroit la conseruation plus que la sienne propre. Quel creuecœur à ceste mere affligee, de se voir garrottee comme vne criminelle, & incapable en ceste extremité de donner secours à son enfant ? Non seulement la loy ancienne est ici violee, qui defendoit de faire bouillir le cheureau dans le laict de la cheure : mais toutes les loix diuines & humaines, sont profanees par ceste inhumaine & plus que barbare impieté. La briesue narration d'vn Euenement ne me permet pas de coucher icy les tristes accens de ceste mere esploree. Ceste caue insensible par le retentissement de sa voute, tesmoigna qu'elle auoit du ressentiment* à ce spectacle tragique.

Orestille parmi ses chaisnes n'ayant que la langue desliee, la lascha en toutes les iniures dont elle se pût auiser, pour tesmoigner que la rage maistrisoit son sens, & pour attirer sur soy le dernier effect d'vne sanglante vengeance. Mais elle n'auoit que des paroles, & Hortensia des effects ; foible luitte* de la langue contre la main. Elle l'assomme presque à coups de poing & de baston, [205] lui defigure le visage auec ses ongles de Harpie, & la met toute en sang. On dict que quand la lyonne faict son fan*, il sort de ses entrailles tout assoupi. La lyonne qui le croit mort se met à faire des rugissemens si espouuantables, que le petit lyonceau les entendant, commence à ouurir ses yeux, & à estendre ses pattes, comme si ceste voix l'appelloit à la vie.

Aux cris d'Orestille les esprits reuindrent à son enfant, que la cruelle Hortensia tira dehors, laissant la prisonniere en des tenebres interieures & exterieures, & en des afflictions inconsolables. Mais Dieu qui commence à monstrer son pouuoir où la force humaine finit, & qui tirant sa gloire de la bouche des enfans, faict que le ieune Daniel confond* les faux vieillards accusateurs de la chaste Susanne[1], ce Dieu dont le bras ne se raccourcit ni affoiblit iamais, & qui seul faict des merueilles : se seruit de la bouche de ce petit enfant pour descouurir tout ce mystere d'iniquité qui se passoit en la maison d'Amulio.

Ioüant auec ceux des voisins qui estoyent de son âge, il entra dans vne de leurs maisons, où estant enquis qu'estoit deuenuë sa mere Orestille, laquelle depuis quelque temps ne paroissoit plus, il raconta ce qu'il lui auoit veu souffrir, & mesme les coups, dont il auoit eu sa bonne part, auec la mesme simplicité que peut & doit auoir vn enfant de sa sorte. Il n'est rien de plus certain, ni par consequent de plus fort, que le tesmoignage d'vn enfant (dict cet Ancien :) parce qu'estant arriué en vn temps auquel il peut remarquer & [206] dire ce qu'il voit, il

---

1   Dn 13, 45-64.

n'est pas encore venu à ce degré de malice* de pouuoir feindre & desguiser la verité. Aussi fut-il ouy comme vn oracle, & ce voisin lui ayant faict repeter deuant d'autres cette pitoyable* histoire, il n'y eut celui qui ne fust touché de compassion, & du desir de l'en deliurer.

Mais de heurter Amulio homme auctorisé* par le credit & la faueur qu'il auoit aupres du Prince, c'estoit la difficulté : & s'entre-regardans les vns les autres, il n'y en eut aucun qui voulust estre le premier à rompre ceste glace. Et à dire le vrai, Amulio s'estoit rendu si necessaire aupres du Duc, & comme il estoit accort*, il sçauoit si bien estendre sa reputation en faisant croire qu'il possedoit tout à faict son maistre, qu'il n'y auoit aucun à la Cour pour grand qu'il fust, qui ne redoustast de le chocquer*, & de l'auoir pour contraire. De fortune se trouuerent lors à Florence quelques Citoyens de Pistoye, dont il y en auoit vn qui tou-choit d'alliance à Orestille : mais son interest* particulier* lui fit renoncer aux deuoirs du sang, craignant que s'il prenoit en main la cause d'Orestille, d'autre costé Amulio ne ruinast son affaire. Ce n'est pas seulement entre les Princes que la raison d'Estat se prefere aux sentimens de la consanguinité, puisqu'entre les particuliers* on voit les biens causer tant de contestations & de querelles. Ce que fit ce parent pressé par la multitude de ceux qui l'exhortoyent à se porter pour Orestille, c'est qu'il trouua moyen de faire venir à Florence vn oncle d'Orestille, auquel il fit [207] prendre ce faict en main. Ce bon personnage poussé d'vn vrai zele, & desireux de rendre vn office de bon parent à sa pauure niepce, sans se soucier de la faueur qu'Amulio auoit à la Cour, le fit comparoistre en Iustice, & aussi tost la prisonniere fut tiree de son cachot, & mise en sequestre dans vn Monastere, en attendant l'entiere decision du different. Ceste pauurette se voyant en lieu de seureté, commença à se desgorger* & à parler de l'abondance de son cœur. Ses depositions entendues toucherent l'esprit de ses Iuges, & les esmeurent* à faire vne iustice exemplaire. Les fauoris des Princes ne sont iamais sans des enuieux, ou au moins sans des ialoux : parce que l'esprit humain a cela de propre de supporter auec impatience la bonne fortune d'autrui, & de voir auec regret esleuez au dessus de soi ceux qui lui ont esté ou inferieurs ou esgaux.

En ce desbris* de la Republique Florentine, il n'y a point de doute, que ceux qui auoyent auparauant beaucoup d'auctorité dans le Senat, ne fussent marris de voir des estrangers (ainsi appel-loyent-ils ceux qui n'estoyent pas nez dans la Cité) en credit aupres du Prince, & ayans plus de part qu'eux au gouuernement. Si bien que se voyans ceste occasion en main, de tesmoigner leur ressenti-ment* sous le manteau de la iustice, ils instruisent ce procés auec beaucoup de soin & de diligence : tout ce que depose Orestille, est fidellement escrit, entre les autres vne particularité* que la Relation remarque, & que ie ne veux pas omettre. Le desespoir ayant faict souuentesfois [208] desirer la mort à ceste prisonniere, & n'ayant pû irriter la fureur de la malicieuse* Hortensia iusques au point de la tuer, elle la prioit au moins de lui faire ceste cruelle faueur de lui fournir dequoi se deffaire. A quoi Hortensia respon-doit qu'elle lui eust esté bien volontiers liberale* d'vn couteau, d'vne corde, ou de poison si elle n'eust point redouté qu'Orestille venant à mourir de ceste sorte, la Iustice ne lui eust imputé ceste mort, veu qu'elle deuoit estre sans tesmoins, mais que venant à perir de douleur, de tristesse & d'ennui, en taisant les rigueurs du mauuais traittement : on la pouuoit faire voir dans son lict, comme decedee d'vne Mort naturelle. En quoi Hortensia instruitte peut estre par le rusé Amulio, tesmoignoit combien elle estoit subtile en sa cruauté, autant que cruelle en sa subtilité.

Les procedures dont les gens de Iudicature se seruent comme de pistes pour trouuer le giste de la verité & de l'equité estans en estat, les Iuges voyans qu'ils auoyent à agir contre vn des Secretaires du Duc qui estoit de ses plus confidens, furent trouuer Alexandre (à qui certes on peut donner le nom de Grand pour plusieurs heroïques vertus qui se remarquent en sa vie) & apres lui auoir

faict entendre les crimes dont Amulio estoit accusé, le Prince
preuenant la demande qu'ils lui vouloyent faire, de permettre que
l'on procedast contre lui & contre ceste mal-heureuse* femme qu'il
entretenoit, & qui estoit cause de tout ce desastre*. Messieurs, leur
dict le Duc, encore que Dieu m'ait appellé à la Souueraineté de
cet Estat [209] par les voyes qui ne peuuent estre ignorees, que de
ceux qui sont estrangers en Toscane : ie veux neantmoins que la
Iustice regne si absolument dessus mes volontez, qu'il semble que ie
releue d'elle. C'est pourquoi non seulement ie vous permets, mais
ie vous prie, & de plus ie vous commande que vous exerciez ce qui
est de vos charges & contre ce Secretaire, & contre le plus esleué de
tous ceux de ma Cour, fust-il de mes plus proches parens. Et par
la liberté que mon pouuoir vous maintiendra en cet exercice, vous
recognoistrez que si la Republique de Florence a acquis vn Duc
perpetuel, elle n'a rien perdu de sa vigueur en l'administration de
la iustice. C'est ainsi que ce grand Prince ietta sur l'équité pour lui
& ses successeurs, les fondemens de sa Principauté, fondemens qui
lui promettoyent vn Empire sans fin. Car comme par les iniustices
les Estats se desolent selon que nous asseure le sacré texte[1], aussi
est-ce la Iustice qui maintient leur duree & les rend florissans.

Si les Officiers de la Iustice se retirerent contens de deuant
le Duc, ie le laisse à iuger. Aussi tost ils citent Amulio, qui se
riant de leur adiournement*, sur la confiance qu'il auoit en la
faueur de son maistre par ce mespris des loix, se vit dans peu de
iours, lors qu'il y pensoit le moins, dans vne estroitte prison &
Hortensia dans vne autre.

O Eternel, c'est ainsi que vous croisez les bras, & que vous
changez le sort des iustes & des iniustes[2] ! Ceux qui persecu-
toyent l'innocente sont maintenant en prison pour leurs coulpes*.
Malheur* [210] à toi qui affliges les autres, dict la supreme verité,
parce que tu seras affligé à ton tour, & tu seras mesuré de la mesme

---

1   Ez 28, 18.
2   V. I, 6, [111].

mesure dont tu as mesuré ton prochain¹ : Les voila qui ressentent l'effect de la loy du talion, captiuité pour captiuité : mais auec ceste difference qu'ils endurent auec suiet, ce que sans raison ils auoyent faict souffrir à la pauure Orestille.

Interrogez sur les depositions de celle-ci, ils sont trouuez diuers en leurs responses, parce que ceste maxime est tousiours vraye ; que la verité est vne, & la mensonge inconstante & varia-ble comme vn Prothee. Tantost Hortensia nioit, tantost elle auöuoit, mais Amulio menaçant mesme dans sa captiuité ceux qui l'interrogeoyent, non seulement confessoit tout, mais encore en disoit auec vn sousris de courroux & d'orgueil, plus qu'on ne lui en demandoit, tenant pour des ioyeusetez tous les maux qu'il auoit faict souffrir à sa femme. Mais la balance de la Iustice bien differente de celle de son iugement, les sçauoit peser au poids du sanctuaire² puisque ceste cruauté execrable offensoit* les loix, & de l'humanité* & d'vn Sacrement, qui entre les autres est appellé grand. Certes comme ce qui paroist esleué deuant les hommes, est abominable & raualé deuant Dieu : aussi ce qui nous paroist le moindre en faict de coulpe*, est fort grief deuant les yeux de celui qui a trouué de l'iniustice en ses Anges, & à la veuë duquel les Astres les plus brillans ont de l'obscurité. Si Amulio ne s'estimoit point digne de punition pour les barbaries qu'il auoit exercees [211] sur Orestille, il se tenoit encore moins coulpable pour l'adultere public & scandaleux dont il estoit assez conuaincu*, & par mille tesmoins, & par son propre aueu, auec Hortensia. Tant est veritable ce mot sacré, que quand l'impie est arriué au comble de tout mal, il mesprise & les remonstrances, & la crainte des chastimens. Ne se contentant pas seulement de pecher auec impunité, si encore il ne faict gloire de sa propre* confusion, ou du moins il se pense & parer & sauuer par la multitude des exemples de ceux qui lui

---

1   Mt 7, 2 ; Mc 4, 24 ; Lc 6, 38.
2   Peser au poids véritable. H.

sont semblables, comme si enuelopant plusieurs autres dans ses crimes, il se desuelopoit* du sien. Certes il faut confesser que selon le depraué iugement du monde, les fornications & les adulteres sont les passe-temps des mauuaises Cours, les scandales & les iouëts des cœurs malicieux*. Mais Dieu, dont les yeux considerent les actions autrement que ceux des hommes, sans prononcer vn si grand anatheme contre les larrons & les blasphemateurs, faict predire vn mal-heur*, & mal-heur* eternel à ceux par qui le scandale se respand, iusques à leur faire declarer, qu'il leur vaudroit mieux estre iettez dans la mer auec vne pierre au col, que de scandalizer le moindre des mortels[1]. Et quant aux adulteres, il leur annonce par la bouche du grand Apostre, qu'ils seront forclos du Royaume des Cieux[2]. Cependant les loix humaines, conformes en cela aux diuines, condamnent à la mort ceux qui violent la foy maritale, & encore ceux qui attentent sur la vie d'autrui, bien qu'ils ne viennent pas à bout de leur pernicieux dessein. Car bien [212] que la volonté malicieuse* en la iustice humaine ne soit pas tousiours prise pour l'effect, si est-ce que quand on s'est mis en termes de l'executer, les chastimens sont ordonnez de la mesme façon que si l'action l'auoit suiuie. La raison de cela est que la racine des bonnes ou mauuaises œuures estant au cœur; c'est des monumens[3] de celui-ci qu'elles prennent leur qualité, & par consequent qu'elles sont dignes de peine ou de recompense.

Amulio donc & sa concubine, estans suffisamment conuaincus* d'auoir par diuerses voyes essayé de faire perdre la vie à Orestille, & de plus d'auoir croupi par vn long temps dans vn detestable adultere, se virent selon les loix condamnez à perdre la teste sur vn eschafaut, & de seruir de honteux spectacle à toute la ville de Florence.

---

1   Mt 18, 6.
2   1Co 6, 9-10.
3   1660 corrige, probablement avec raison, en *mouuemens*.

Quelques vns des amis d'Amulio ayans pressenty le vent du bureau*[1], & reconnu que les Iuges estoyent portez à le rendre victime de l'exemple, & à exercer sur lui la rigueur des ordonnances, pour voir si le Prince leur laisseroit vne plaine* liberté & auctorité en leurs iugemens, lui donnerent auis de preuenir ce coup là, qui mesme quand il auroit grace du Duc, flestriroit tousiours sa renommee, comme ayant esté sententié à mort. Mais il se mocqua de cet auertissement, & comme la malice* & la volupté l'auoyent aueuglé, l'orgueil donna la dernière main à sa ruine : parce que ne croyant pas que les Iuges osassent le condamner selon la seuerité des ordonnances, ou s'ils le condamnoyent, que son Maistre vsant de son auctorité Souueraine ne le laisseroit iamais perir : [213] s'estant arresté à ceste opinion, il ne voulut iamais ni prier, ni solliciter les Iuges de lui estre fauorables, ni auoir recours à la faueur d'Alexandre, dont il se tenoit trop asseuré.*

L'Arrest fut donc rendu, & selon la coustume lui fut prononcé le mesme iour, afin qu'il se disposast à la mort. Il l'escouta en riant, non que la constance ou le desespoir lui armassent le courage*, pour lui faire contempler d'vn front serain l'image horrible de cet affreux passage : mais parce qu'il s'imaginoit que son maistre, dont il cognoissoit l'esprit porté à la clemence, & qui estoit accoustumé de chastier ses domestiques* par de gratieuses corrections, se contenteroit de lui faire peur sans lui faire mal, & de lui faire entendre le tonnerre, sans lui faire sentir la foudre.

Et ce fut ici vn iuste iugement & de la terre & du ciel en mesme temps, parce que l'illusion de l'esperance dans laquelle se mesla ce demon, qui dresse des embusches à nostre talon, c'est-à-dire, à l'extremité de nostre vie, lui fit oublier en mourant ce Dieu, duquel il n'auoit point eu de souuenir, ni de crainte durant sa vie. On lui fit venir vn Confesseur pour l'exhorter à bien mourir, & à se remettre en grace par la repentance. Mais il mesprisa ses remonstrances, disant d'vne façon mocqueuse, qu'il

---

1   Ayant pressenti dans quel sens penchaient les juges. *Cf.* II, 15 [425].

feroit mentir les faux Prophetes, & qu'il n'estoit pas si malade qu'vn bon medecin (il faisoit allusion au nom de son maistre) d'vne seule parole ne le pust guerir. On lui remonstre que son attente est vaine*, & que la volonté du Duc est que la Iustice soit la maistresse, [214] & l'arrest executé. Mais il respond, que lui mesme comme Secretaire des Commandemens du Prince auoit expedié des graces pour des crimes moins remissibles, & à des personnes moins necessaires qu'il n'estoit. Durant toutes ces contentions* il demeure impenitent, effect merueilleux de la malice*, & qui monstre la verité de ces mots sacrez : Le cœur malicieux* & inflexible à la repentance, s'amasse vn thresor de courroux pour le iour de la vengeance du Seigneur[1]. Et cet autre : Que le courage* impitoyable fera vne mauuaise fin[2].

Cependant l'heure du funeste spectacle arriue, on le tire de la prison pour le mener au supplice. Alors il commença à se douter de sa perte, & il la tint asseuree*, lors qu'vn de ses plus confidens amis lui declara que le Duc, ou irrité de ce qu'il auoit par orgueil retardé de recourir de bonne heure à sa misericorde, ou bien pour faire voir au public, qu'il ne vouloit pas que ses Courtisans se promissent tant de sa faueur que de lui faire violer la iustice, estoit allé hors de la ville à la chasse pour n'estre importuné de lui sauuer la vie. Alors il fit comme ceux qui voyans leur vaisseau menaçant vn euident naufrage, n'ont plus de recours qu'au ciel dont ils reclament les bontez par des vœux & des prieres. Il eust bien desiré auoir vn temps plus long pour penser à sa conscience d'vne façon plus reposee & plus tranquille.

Helas ! pecheurs souuent vous perdez le plus beau de vos iours en des vanitez*, & quand vne [215] mort precipitee vous accueille* comme vn soudain tourbillon, vous souhaittez en vain vn espoir pour vous repentir. Voila ce que c'est d'abuser de la patience & longanimité de Dieu. Amulio se voyant perdu, demande, mais

---

1 Rm 2, 5.
2 Rm 1, 31-32.

trop tard, du temps pour reuenir à son cœur, & se remettre bien
auec Dieu : Mais la Iustice est inexorable, & les Officiers qui le
doiuent conduire à la peine où ses fautes le meinent, croyans
qu'il demande ce delay plutost pour attendre la grace de la terre,
que pour atteindre à celle du ciel : lui respondent qu'ils ne le
peuuent dispenser du temps ordonné par les loix à l'execution*
des criminels. Si bien qu'en cette confusion de pensees, suspendu entre vne fausse esperance & vne veritable crainte, parmi
le trouble de son esprit il fit tumultuairement* l'accusation de
ses fautes, & aussi tost il fut trainé au lieu où il deuoit souffrir la
peine de ses forfaits.

Mais ne dirons-nous rien de l'impie Hortensia, encore plus
troublee qu'Amulio ? Elle pût auec difficulté, estre arrachee des
fureurs du desespoir, qui lui faisoyent & dire & faire des paroles
& des actions, dont ie ne veux point souiller ces pages, & qui la
rendoyent aux spectateurs plus digne d'execration que de pitié.
Amulio l'auoit tousiours amusee* & repeüe du faux espoir de
l'impunité. Si bien qu'asseuree* d'auoir grace, elle ne songeoit
à rien moins qu'à perdre la vie : Au contraire elle n'auoit dans
l'esprit autre chose que des pensees de vengeance, contre ceux
qu'elle estimoit lui auoir esté contraires. Mais [216] quand elle
vid que ses attentes estoyent de pures vanitez* & des fausses
folies, que ne vomit elle contre le ciel, contre la terre, contre le
Prince, contre les Iuges, contre Amulio, contre les loix, contre
tout le monde ? Dieu se seruit de sa propre bouche pour reietter
sa honte sur son visage, à la façon d'vn tonneau qui se salit de
l'escume du vin qui bout au dedans. Ce qu'elle auoit commis
en tenebres auec Amulio, fut mis au iour par son aueu, & elle
prescha sur les toits, ce qu'elle auoit faict de plus honteux en
secret. Encore si c'eust esté par le mouuement de la penitence
& de la componction, cela lui eust serui d'vn bain salutaire, &
de la lexiue blanchissante du Prophete[1], auec lequel elle eust pû

1　Ml 3, 2.

dire. Ie confesserai mon iniustice contre moi-mesme, & Dieu m'en fera remission[1]. Mais ce n'estoit que la rage & le desespoir qui la faisoit ainsi tempester, s'excusant au lieu de s'accuser, & se portant en ces termes de precipitation que le diuin Chantre estime pires qu'aucun mal, lors que la langue cherche des pretextes pour parler des fautes qui ne se peuuent pardonner, si elles ne sont franchement auouëes.

Entre autres choses (afin que par l'ongle on connoisse la lyonne) elle se plaignoit de ce qu'ayant esté mille fois en sa puissance de faire mourir Orestille, & ne l'ayant pas faict, on la chastioit pour de simples attentats qui n'estoyent pas arriuez à leur dernier effect. Et quant au crime d'adultere, qui estoit le principal chef de sa condamnation elle crioit à l'iniustice de ce qu'on punissoit [217] en elle ce que l'on pardonnoit ou dissimuloit en tant d'autres, disant tout haut le nom de plusieurs & (comme dit la Relation) de quelques vns de ses Iuges, qui entretenoient des Courtisanes au veu & au preiudice de leurs espouses. Cependant il lui fallut verifier le prouerbe qui dit, que les gibets ne sont pas faits pour les plus coulpables, mais pour les plus mal-heureux*. Si c'est vne expresse temerité de iuger durant la vie ceux qui sont dignes d'amour ou de haine, c'en est vne plus grande de deuiner l'estat auquel les personnes meurent, c'est vn secret reserué à celui qui sonde les cœurs & les reins, & qui voit clairement la cachette des tenebres. Tant y a que ces miserables* adulteres payerent par la perte de leur vie & de leur honneur les interests* des maux qu'ils auoient fait souffrir à l'innocente Orestille. Laquelle (par vn traict d'excessiue bonté) estoit resolue de se ietter aux pieds du Duc pour luy demander la vie de son barbare mari, si elle n'en eust esté empeschee par ses parens, & par la closture de ce Monastere, où pour sa seureté on l'auoit renfermee. Elle en sortit de là à quelques temps pour administrer la tutelle de ses enfans, ausquels le Prince remit la confiscation des biens de leur pere,

---

1 Ps 31, 6 (?).

monstrant par le iuste abandonnement de ce sien Officier &
domestique*, & pour ceste pieuse liberalité enuers ses successeurs
innocens, qu'il ne vouloit point que les Courtisans commissent
des iniustices sous l'ombre de sa faueur, pour ne se rendre point
fauteur & complice des fautes d'autruy : participation de laquelle
Dauid demande pardon à Dieu, [218] autant que de ses propres
fautes. Et bien que la parole sacree menace d'estendre iusques sur
la posterité les chastimens des crimes des deuanciers¹, il voulut
que sa clemence se monstrast vers les orphelins, comme il auoit
laissé l'exercice à la Iustice libre sur le pere.

Allez Courtisans, & desormais appuyez vous sur la faueur,
baston de roseau, gros & verd en apparence, mais creux et fragile.
Mettez vostre confiance sur vn bras de chair, & vostre esperance
sur les Princes, & les enfans des hommes, sur lesquels il y a
tousiours fort peu d'asseurance. Car si les Princes sont mauuais,
qui vous pourra garantir de leur mauuaise humeur, & asseurer
de ceux-là dont le vice fait voir l'inegalité de leurs esprits ? Que
s'ils sont bons, fiez vous-y encore moins en vos crimes, parce
que la iustice qui regne dans leurs intentions, est vne regle droitte
qui ne leur permet pas de vous laisser impunis. Ioinct que les
Souuerains ont deux qualitez à soustenir, celle de leur Estat, &
celle de leur personne ; mais l'interest* de leur condition surpasse
tousiours celui de leur inclination particuliere*. Tesmoin ce Roy
d'Assyrie, qui liura Daniel qu'il aimoit beaucoup, à la fureur de
ses Satrapes², & le fit vn autre Ionas, le iettant dans la mer de leur
esmotion, pour en coniurer la tempeste.

Outre les propensions qu'Alexandre, dont nous parlons, auoit
à la iustice³, son establissement nouueau dictoit à sa prudence*,
qu'il ne deuoit aucune protection à ceux que leurs crimes rendoient odieux au public.[219] Mais la principale consideration*
que ie fasse sur cet Euenement, est celle de la conduite* de Dieu,

1   Jr 31, 29 ; Ez 18,2.
2   Dn 6, 16 et Jon 1, 15-16.
3   Alexandre de Médicis est aussi loué pour sa justice par Bandello.

ramenant ces coulpables à la peine qui leur estoit deuë par des voyes admirables. Il n'y a point de doute que tous les vices, comme forlignans* du sentier de l'équité, & s'escartans de la regle de la droitture ne soient egalement vices, mais pourtant ils ne sont pas esgaux vices. Cependant il arriue souuentefois que nous voyons des miserables* amenez au gibet pour de legers larcins, qui sur le poinct de mourir se confessent coulpables de meurtres, de sacrileges & de crimes beaucoup plus horribles que ceux pour lesquels ils se voyent trainer à vn honteux supplice. En quoi reluit sur eux la Iustice Diuine pleine de clemence & de longanimité, laquelle differant leur punition, les attendoit à repentance, sans vouloir leur mort.

Sur l'Euenement que nous venons de raconter, il faut auouër que l'adultere est vn très-grand peché, & vn de ceux-là, comme remarque vn Père de l'Eglise, pour lesquels Dieu noya tout le monde par les eaux du deluge[1]. Il est grand, parce qu'il viole vn grand Sacrement, parce qu'il confond* les heritages, parce qu'il des-honore les familles, parce qu'il brise & offense le plus sacré lien qui soit entre les mortels. Il est vray aussi que le scandale est vn grand peché, puis que Dieu maudit le monde à cause du scandale, & foudroye tant d'anathèmes contre les scandaleux[2]. Mais que la cruauté & l'orgueil ne soient deux defauts plus odieux aux hommes et à la Diuinité :ie croy que le sens commun est capable de faire ce iugement. [220] Car la cruauté viole directement les lois de l'humanité*, et la superbe s'attaque à Dieu immediatement* & tasche de lui ravir ceste gloire qui est deuë à lui seul, & qu'il a iuré solennellement de ne communiquer à aucun autre. Si bien qu'il est loisible, non de iuger presomptueusement (car qui est iamais entré dans les puissances du Seigneur, & qui a esté son conseiller ?) mais de coniecturer respectueusement du principal

---

1   Gn 6, 1-7. L'union des fils de Dieu avec les filles des hommes a été considérée illicite par certains Pères de l'Eglise. (B. Barc).

2   Mt 18, 7.

suject qui a donné cours* à la ruine de ces miserables*, bien que selon l'opinion des hommes l'adultere et le scandale en soient les causes, ie penserois neantmoins que Dieu, qui voit autrement que nous, & dont les yeux voient les iustices et les iniustuces, que l'Orgueil et la Cruauté lui auroient esté plus desagreables, & que pour ceste occasion il auroit precipité ces deux miserables* pecheurs dans l'abysme de la honte et de la confusion, où ils ont fini leur vie. Ce qui m'a inuité de donner pour titre à cet Eueuement le Cruel Orgueilleux. [222]

TABLE
DES EVENEMENS
de ce Second Liure.

XVI. L'Attentat.

XVII. La Courte Ioye*. [223]

LIVRE SECOND
DES
EVENEMENS
SINGVLIERS
DE
MR DE BELLEY.

Les Heureuses Contrarietez. *
EVENEMENT PREMIER.

CEVX qui admirent l'antipathie qui est entre les François & les Espagnols donneroient treues à leur estonnement s'ils sçavoient l'extreme contrarieté naturelle qui est entre les Castillans & les Portugais. Car elle est bien telle, qu'appeler vn Castillan Portugais, ou vn Portugais Castillan, c'est à l'vne & l'autre de ces nations vne espece d'outrage* : tant ceux qui sont nez dans ces con-[224]trees se mesprisent entr'eux, & tant chascun estime la sienne par vne vanité extraordinaire. Et ce qui estonne d'auantage, est de voir vne telle auersion parmi des peuples de mesme langue, de mesme terre, de mesme climat, & qui viuent sous vn mesme ciel. Ceux neantmoins qui les ont tant soit peu pratiquez, sçauent qu'il n'y a rien de si odieux aux Portugais que la domination de Castille, dont l'arrogance leur semble insupportable : & que les Castillans par reuanche tiennent les Portugais pour personnes peu iudicieuses & extrauagantes. Et pour le dire en vn mot apres les meilleurs Politiques, la vanité estant le commun air des vns & des autres, elle semble plus iouiale & plaisante entre les Portugais, plus fiere

& plus hautaine entre les Castillans, & parmi tous esgalement impertinente* & ridicule. Ce ne fut donc pas vn petit traict de sagesse en PHILIPPE SECOND, à qui l'on a donné le surnom de PRVDENT, lors que par la conqueste du Portugal il se fit Monarque absolu des Espagnes[1], de mesnager* si accortement* les esprits des Portugais, qui auoient tellement en horreur le ioug de l'Empire de Castille, que tout se passa auec plus de douceur & de suauité que l'on n'eust iamais esperé d'vne telle entreprise. Ie laisse à l'histoire le narré de l'vnion de ces deux Couronnes, & des industries dont se seruit ce iudicieux & auisé Monarque pour rendre moins des-agreable aux Portugais leur nouuelle seruitude, ne voulant toucher que la corde qui donne le ton à l'Euenement que ie vai descrire. Comme pour ioindre vn corps de logis à vn autre les [225] architectes ont de coustume d'enter les pierres des angles les vnes aux autres, afin que la liaison en soit plus ferme & plus asseuree*, aussi pour vnir les cœurs diuisez de ces nations, & ioindre leurs volontez auparavant si contraires, le Roy procura* diuerses alliances entre les grands de Castille & de Portugal. Si bien que les armes qu'il auoit preparees en cas de rebellion, se trouuerent employees en tournois de plaisir, & les combats & batailles ne furent que des ioustes de delices, & des magnificences pompeuses. Par cet artifice* il engagea plusieurs Castillans à la demeure de Portugal, qui lui seruirent comme autant de sentinelles pour veiller sur la fidelité de ces peuples nouuellement conquis : & il attira plusieurs Portugais en Castille, comme autant d'ostages de la suiettion de leur patrie.

Entre les autres vn Grand de Portugal, dont ie n'ay pû sçauoir le nom au vray, & qui en vn âge assez auancé n'auoit que deux filles pour heritieres, se trouua engagé par les semonces* & les caresses du Roy d'en donner vne à vn Seigneur Castillan qui estoit d'vne maison tres-illustre. Le Roy qui eust desiré l'aisnee pour

---

1   (1527-1598) Fils de Charles-Quint, il est roi d'Espagne en 1556, et roi du Portugal en 1580.

son Castillan, comme celle que regardoient les fiefs principaux, en fit diuerses instances*, mais le Portugais qui pressentoit bien où visoient toutes ces festes*, & que ce n'estoient qu'autant de raisons d'Estat, ou pour mieux dire, autant de ruses politiques, & autant de filets tendus pour surprendre les libertez, auança en peu de iours vn traitté de mariage proposé il y auoit assez long temps entre vn Sei-[225]gneur de Portugal & sa fille aisnee. Ce qui l'auoit iusqu'alors empesché de passer outre en ceste alliance, estoit l'humeur du personnage qui deuoit estre son gendre, humeur Portugaise, c'est-à-dire selon l'explication des Castillans, bigearre*, fanstasque, folastre & desbauchee. Mais se voyant pressé par le Roy de donner son aisnee, qui deuoit estre sa principale heritiere, à vn Castillan, dont la seule naissance lui estoit plus odieuse que toutes les extrauagances d'vn Portugais : il resolut de clorre ce traitté afin de ne perdre point de veuë celle de ses filles, qui lui estoit la plus chere, & ne voir posseder par vn estranger ses plus notables heritages.

Zenon (nous appellerons ainsi le Seigneur Portugais qui auoit de la passion pour ceste aisnee, que nous nommerons Demetrie) sçachant que la volonté de ce pere, dans laquelle il auoit trouué de la resistance à ses desirs, se rendoit pliable & commençoit à auoir des inclinations pour luy, redoublant sa poursuitte & le faisant supplier par tous ceux qu'il estimoit auoir de la creance sur son ame, obtint en fin la promesse tant souhaittee, mais à condition qu'il se deporteroit* de sa recherche ouuerte, de peur que le Roy auerti de cet accord n'y apportast de l'empeschement. Demetrie n'estoit pas la plus belle des deux sœurs, mais sans faire tort à Adelle sa cadette, elle estoit la plus prudente & la mieux auisee. Vne certaine maiesté reluisoit en son port*, & vne certaine humble* douceur en son visage, qui imprimoit du respect & de la bienueillance dans les [227] esprits de ceux qui la consideroient. Adelle estoit beaucoup plus belle, & auoit dans les yeux des attraits capables d'amorcer, ou plustost de charmer les moins sensibles, & vne façon si gaye et si esueillee, qu'elle eust esté capable de

resiouïr la mesme* melancholie. Le Portugais neantmoins, soit
qu'il aspirast autant aux biens de l'aisnée qu'à sa possession, estoit
plus porté vers Demetrie, & la demandoit à son pere auec des
instances* telles que les Amoureux ont accoustumé d'employer
en de semblables occasions. A la fin Aristodeme (appelons ainsi
le pere de ces deux filles) la luy accorda en la façon que nous
auons dite. Et en mesme temps, tant pour ne desplaire au Roy,
que pour* iuger l'alliance d'Almery (ce Seigneur de Castille dont
nous auons parlé) luy estre vtile & auantageuse, il luy fit parler de
sa seconde fille auec vne grande dotte en argent, dont le Castillan
se contenta, soit qu'il trouuast plus de graces & de mignardises
sur le visage d'Adelle que sur celui de Demetrie ; soit qu'il eust
plus de besoin d'argent que de posseder des heritages en Portugal.
Aristodeme conduisit la trame de ceste double alliance auec tant
de dexterité, que les deux mariages se trouuerent presque aussi
tost consumez que publiez. Dequoy le Roy vn peu estonné, &
voyant que l'accortise* Portugaise auoit pour ce coup encheri sur
la prudence* Castillane, lors qu'Aristodeme parut deuant lui selon
l'vsage de la Cour, dissimulant à la façon des Princes, les vrais
ressentimens* de son ame, le congratula d'auoir si promptement
& si à propos logé ses [228] deux filles. A quoy Aristodeme qui
estoit un vieux Courtisan, & duquel pour sa finesse on pouuoit
dire selon l'ancien prouerbe, qu'il auoit un nez de Rinocerot, fit
vne repartie signalee* & digne de remarque. Sire, dit-il au Roy, ie
ne sçay si i'en serai blasmé de vostre Maiesté, & repris* comme
peu iudicieux des plus auisez de la Cour : mais i'ay logé ensemble
les contraires, dequoy quelques-vns de mes amis augurent que
naistront de mauvais mesnages*. Le Roy luy demandant l'explication de ce discours, qui sembloit & embrouillé & obscur,
il luy donna une glose plus courte & plus obscure que le texte.
D'autant, repliqua-il, que i'ai donné la sage au fol, & la folle au
sage. Le Roy riant de ceste brusque repartie, & rendu encore plus
desireux d'en sçauoir l'intelligence* : Aristodeme s'estant vn peu
fait presser pour rendre la pointe de son mot encore plus aiguë

& subtile, l'expliqua de la sorte. Ceux qui ont veu mes filles &
recognu leurs qualitez & leurs humeurs, donnent à l'aisnee le tiltre
de sage, & à la ieune celui de belle, & moy de folle : parce qu'elle
a vne viuacité qui luy fait faire mille petites folastreries plustost
legeres que malicieuses*, & plustost ioyeuses que mauuaises.
Ceux aussi qui sçauent les desbauches & les bigearreries* de
Zenon, à qui i'ai donné mon aisnee, recognoissent que si tous
les Portugais lui ressembloient, le tiltre de fols que les Castillans
nous donnent auroit beaucoup d'apparence. Au rebours l'humeur
graue, froide & reseruee d'Almeri lui peut faire attribuer le nom
de sage, sinon en effect, au moins en appa-[229]rence, selon
iugement de l'Empereur Charles Cinquiesme, qui disoit que les
Portugais sembloient fols, & ne l'estoient nullement, & que les
Castillans paroissoient sages, & ne l'estoient pas. De sorte que
donnant Demetrie à Zenon, i'ay marié la sage au fol : & mariant
Adelle à Almeri, i'ay donné la folle au sage. Le Roy trouua ceste
interpretation pleine de iugement & de subtilité. Et parce que ces
alliances ne s'accordoient pas en tout à ce qu'il auoit proietté,
par maniere de deuis* il voulut soustenir à Aristodene qu'il eust
peut estre mieux fait de bailler son aisnee au Castillan Almeri,
& mettre ensemble Zenon & Adelle, fondé en son discours sur
cette maxime assez ordinaire : que la ressemblance des mœurs
rend plus fortes les amitiez, & les mariages plus aggreables.

  Aristodeme qui iugeoit à ce propos* les mouvemens de l'ame
du Roy, lequel cachoit sous des termes assez moderez le ressentiment* qu'il auoit de ces alliances, estima, prudent qu'il estoit,
que la chose estant faite, il valloit mieux par ioyeuseté diuertir*
le Roy de sa mauuaise humeur, que s'y opposer par des discours
serieux, en lui descouurant les veritables raisons qui auoient fait
ainsi disposer de ses deux filles. Si bien que cachant finement son
ieu deuant vn beau ioueur, il repartit en riant : Qu'il y auoit assez
de Catons en Castille sans en augmenter la race, & trop de fols
en Portugal pour en accroistre le nombre. Argutie subtile, & qui
en parant dextrement enuoyoit bien loin la pointe de l'obiection

qui lui estoit faite. Le ris fit ici perdre la grauité à ce Roy, dont la
[230] contenance* presque tousiours esgale, tesmoignoit l'extreme
empire qu'il auoit sur les mouuemens de son exterieur.

En fin le propos* s'estant diuerti* de l'hypothese particuliere
à la these generale, s'il estoit expedient* pour rendre vn mariage
heureux, que la femme fust de mesme humeur que le mari. Les
vns ayans soustenu que ceste conformité mettoit l'accord &
la paix dans vne famille, & rendoit plus douce l'harmonie de
ceste saincte societé*. Aristodeme se sentit obligé de soustenir
l'opinion contraire, & de faire voir qu'auec raison il auoit fait
les deux alliances en la façon que nous auons dite. Ce qu'il fit
de fort bonne grace, en monstrant qu'il auoit imité en ceci la
conduite* de la nature, qui façonne les corps composez de qualitez contraires, qui fait subsister nostre vie par l'opposition de
l'humidité radicale à la chaleur naturelle, qui attache le iour à
la nuict, & les roses aux espines, ce qui auoit fait soustenir à vn
ancien Philosophe, que l'accord & le discord estoient les vrais
principes de l'vnivers[1], & comme les deux bases & fondemens de
sa subsistance, que la maxime de la sympathie*, mise par quelques
vns pour le piedestal de l'amitié, n'estoit pas si generale qu'elle
n'eust des exceptions, veu que l'on remarquoit de la correspondance* entre les vieillards & les enfans, bien qu'ils soient d'âges,
d'humeurs & de conditions fort esloignees. Que parmi les choses
insensibles, la vigne & l'orme, l'aimant & le fer, n'ayans point de
rapport, ne laissoient pas d'auoir beaucoup d'vnion, que l'harmonie parfaite [231] se faisoit de tons non seulement differens,
mais contraires, & que l'egalité du mouvement & de la fonction
de la main procedoit de l'inegalité des doigts. Qu'en vn mariage
il estoit bon de ioindre ensemble des humeurs dissemblables,
afin que l'vne temperant les excez de l'autre, il en nasquist vne
mediocrité doree, en laquelle on met la perfection. Et par ceste

---

1 Héraclite.

regle qu'il esperoit qu'en ceux qu'il auoit fait, la sagesse de son
aisnee rameneroit Zenon à quelque meilleure habitude*, & la
trop esueillee humeur de sa cadette seroit moderee par la froide
grauité d'Almeri. Il appliqua à ce discours ce que dit l'Apostre en
quelque lieu, que le mari infidelle estoit sanctifié par la femme
fidelle, & la femme infidelle sanctifiee par le mari fidelle. Ces
raisons aggreerent au Roy, & adoucirent vn peu le mescontente-
tement qu'il auoit conceu de ces alliances. Et comme il estoit
infiniment prudent, il dissimula finement son deplaisir, & fit
semblant de ne voir pas les vrayes raisons d'Aristodeme, qu'il
couuroit de ces belles fueilles. Et certes s'il faut iuger des conseils*
par les euenemens*, les succés* de ces deux mariages, firent voir
qu'Aristodeme les auoit faits auec vne admirable prudence*. Car
quelque temps apres Zenon reuenant à son premier naturel porté
à la desbauche, la sagesse de Demetrie lui fut bien necessaire pour
souffrir beaucoup de choses que iamais Adelle n'eust pû endurer.
Si bien que qui eust logée ceste cadette auec Zenon, eust fait vn
vrai enfer de ce mariage. Ceux qui ont tant soit peu prattiqué
le Portugal, ne peuuent ignorer combien [232] ceste nation est
portee à l'amour, & volage en ses affections. Zenon se laissant
aller à l'inclination qu'il y auoit, & emporter aux desirs de son
cœur, commit en ce subject des fautes & des insolences*, dont
l'honnesteté me defend de raconter les particularitez*, estant
assez pour satisfaire à la verité de ceste Histoire, de marquer son
intemperance. Au commencement ce furent de grands assauts
au cœur de la sage & vertueuse Demetrie. Mais comme il n'y a
point de si pesant fardeau que l'accoustumance ne rende lesger,
il n'est point de si dure affliction que la patience n'adoucisse. Par
ceste vertu elle posseda premierement son ame, & puis à la fin
celle de son mari, lequel parmi tous ses desreiglemens respecta
tousiours sa vertu & redouta de l'offenser*, fuyant ses yeux & se
cachant à sa presence quand il se portoit à des actions de tenebres.
Il est vray que la ialousie qui donne à l'amour des yeux de Linx,

faisoit descouurir à Demetrie ses plus secrettes licences : mais elle les supportoit auec tant de modestie* & si peu de chagrin, que par ceste douce voye elle le rappelloit tousiours à vn meilleur train, & le retira souuent de plusieurs abismes de mal-heurs*. Elle eut de luy plusieurs enfans, qui seruirent de ciment à leur amitié, si bien qu'à la fin elle luy fit quitter sa mauuaise vie & abandonner le luxe & le jeu, qui estoient comme les deux pieds auec lesquels il couroit à sa ruine. En somme la sage r'appela le fol de ses folies auec tant de prudence*, que pour ceste vertu elle peut estre comparee à vne autre Abigail[1], & Zenon reuenu à vn meilleur sens, [233] se vantoit de deuoir son salut à sa femme qu'il honnora depuis comme son Ange tutelaire.

Comme les humeurs des deux sœurs estoyent bien differentes, la fortune d'Adelle fut bien diuerse, car arriuee en Castille où Almeri retourna à la suitte du Roy, elle n'eut pas plutost humé cest air contagieux de la Cour dont les meilleures ames sont aussi tost infectees, que les dispositions de son esprit, naturellement leger & libre, la porterent à regarder & puis à affectionner les vanitez* & les fausses folies du siecle. Là elle rencontra plusieurs Ardans qui eussent consumé son cœur, reduict sa reputation en cendre, & qui l'eussent portee en d'estranges precipices, si la sagesse d'Almery n'eust preueu, & en mesme temps preuenu sa perte par des moyens, d'autant plus doux & efficaces qu'ils estoient moins apperceus par cet esprit malade. Les belles femmes sont ordinairement vaines*, selon ce que dict cet Ancien, que l'orgueil suit la beauté comme l'ombre du corps : Et rien ne les flatte tant que de trouuer des admirateurs qui esleuent leurs graces iusques au ciel. Adelle ne manqua pas de rencontrer de ces mousches, qui s'attacherent à ses oreilles : & comme ceste melodie lui aggreoit, elle entra dans ceste complaisance si ordinaire & si dangeureuse

---

1   Souvent prise comme exemple de femme sage, Abigail peut ici être comparée à Demetrie parce que toutes deux sont les épouses d'un mari peu sage. Mais l'histoire de l'épouse de Nadal (le fol) (I S 25) n'a pas grand-chose à voir avec celle de Démétrie.

à celles de son sexe, de se voir cajollee* & muguetee*. Almery
qui cognoissoit la foiblesse d'vne femme, incapable de soustenir
sans se rendre l'effort* du siege d'vne longue recherche, & qui
se voyoit mary d'vne beauté qui meritoit bien d'estre voilee &
conseruee, [234] se seruit fort à propos de la regle de prudence*,
qui conseille d'aller au deuant du mal & d'obuier aux principes
des iniustes affections. C'est pourquoi il fit comme ceux qui craignans la pestilence se retirent tost, vont bien loin & reuiennent
tard aux lieux qui en sont infectez. La Cour estoit bien l'element
de l'humeur d'Adelle : mais ce n'eust pas esté l'aliment de son
honneur, puisqu'elle y rencontroit tant d'allumettes, & d'amorces*
perilleuses & tant d'escueils qui menaçoient sa renommee de
naufrage. Deuant donc que ces estincelles formassent aucun
embrasement, Almery esteignit tous ces feux volages par ceste
industrie. Sous le pretexte de faire voir à sa nouuelle espouse les
terres de son heritage, & les belles possessions que ses ancestres
lui auoyent laissé : il l'escarta de la Cour sans beaucoup d'effort,
veu l'esperance qu'il lui donnoit d'vn prompt retour. Mais il n'en
est pas de la Cour d'Espagne, comme de celle de France : car
en celle-ci les Seigneurs viennent, & s'en retirent quand il leur
plaist, mais en celle-là il y a bien plus de façons & de mysteres,
parce que les Grands & les Seigneurs de marque n'y peuuent
arriuer, & ne s'en peuuent aller sans vn expres congé du Roy,
congé qui ne s'obtient pas aisément & sans de bonnes causes.
Almeri retint donc facilement sa femme dans ses terres par ceste
raison, feignant de ne pouuoir obtenir du Roy la licence d'aller à la Cour où il n'auoit aucunes affaires si pressees, qu'elles
demandassent necessairement sa presence. Au commencement
[235] Adelle receut ces excuses auec vn peu d'impatience : mais
le temps pere de toutes les habitudes, l'ayant en fin rangee a se
plaire en vn seiour retiré plus par l'accoustumance qui est vne
autre nature, que par inclination, elle s'accoisa*. Et n'ayant plus
d'autre object pour arrester ses pensees que son mari, elle n'eut
des yeux & des affections que pour lui. Voila comme ce prudent

Castillan corrigea subtilement & suauement les defauts de sa femme, qui volage & plus imprudente que malicieuse* se fust peut estre dans les occasions portee à des extremitez ou vicieuses ou dangereuses. Lors que le temps l'eut rendue & mere & plus meure* de iugement : elle s'attacha si bien à l'eleuation* de ses enfans & à la conduitte* de sa famille, & se rendit si complaisante à son mary, qu'elle deuint vne excellente matrone. En quoy nous remarquerons qu'il n'est point de naturel si extrauagant, que le soin & l'industrie ne puissent cultiuer & porter à de bonnes & louables habitudes*, comme il n'est poit de terroir si sterile, qui ne se rende fertile par le trauail & l'artifice*.

De tout cet Euenement nous pouuons recueillir qu'il est quelquefois des contrarietez* heureuses*, & que la vertu iointe à la bonne conduitte* acheminent toutes choses à bonne fin, par des moyens d'autant plus admirables qu'ils sont moins ordinaires. [236]

La Justification Criminelle.
EVENEMENT II.

LES Politiques tiennent qu'il faut quelquefois faire vne iniustice particuliere*, pour faire iustice publique. Et que la rigueur & la seuerité des loix, que l'on faict esprouuer à quelques miserables* donne de la peine à peu, de la peur à plusieurs, & range vn chascun à son deuoir. Il est des vlceres incurables si l'on n'y applique les extremes remedes du fer & du feu. Et des crimes qui ne se peuuent expier que par des chastimens extraordinaires. Encore faut-il souuent employer la ruse où la force ne peut rien, & attacher la peau du renard où celle du lyon est trop courte[1].

Dieu se vange de ses ennemis par ses ennemis, & menaçant de faire perir par le glaiue celui qui frappera de glaiue, il permet quelquefois vn meurtre pour la punition d'vn autre. Il est vray selon la maxime des Casuistes, qu'il ne faut point faire les maux dont il peut suiure quelque bien, toutefois il peut auenir que la Iustice auctorise* des actions particulieres*, qui ne se peuuent iustifier que par le bien public. Tout ceci se verifiera par l'histoire suiuante, où vous verrez vn homme qui se rend, sinon innocent, au moins absous comme tel par vn entassement de crimes.

Au temps que le Pape SIXTE Cinquiesme estoit [237] assis en la chaire de Sainct Pierre[2], l'Italie se trouua pleine d'vne si grande quantité de brigands & de Bandouliers, qu'en ceste contree-là ils appellent Bandis, que le commerce en estoit troublé, & ne pouuoit-on voyager auec seureté, & à peine sans grand danger se trouuer à la campagne. Ces volleurs s'assemblans en grandes troupes, tenoyent les grands chemins destroussans les passans et tuans sans misericorde tous ceux qui leur faisoyent tant soit peu de resistance. Ce torrent de brigandages estoit si desbordé, que rien ne se pouuoit opposer à sa fureur, les Preuosts & les Archers n'osoyent & ne pouuoyent leur tenir teste, & desia ils ne cherchoyent plus les bois, les montagnes & les cauernes pour leurs retraittes : mais ils occupoyent les villages, les chasteaux & les bourgades, cet embrasement menaçant presque les villes. On ne sçauoit quel remede apporter à ce mal extreme, & toute la sagesse humaine estoit trop foible pour trouuer les moyens d'exterminer ceste mauditte engeance. Les Princes qui voyoyent la desolation de leurs Estats, s'il n'y estoit promptement remedié, commencerent à conspirer entr'eux & à coniurer l'extirpation de ceste vermine, en mettant les armes entre les mains des peuples,

---

1 V. note en I, 1, p. 93.
2 Sixte-Quint est pape de 1585 à 1590.

& permettant aux communes de se ietter sur ces monstres, qui comme des vipereaux rongeoyent les entrailles de leur pays. Mais ceste violence populaire les ayant rendus plus furieux par le desespoir de se voir poursuiuis à outrance comme des bestes farouches, ils mettoyent le feu par tout, & faisoyent des carna[238]ges & des rauages, que sans horreur on ne peut lire en l'histoire.

Lors qu'vn sage mondain & rusé Politique, mit en auant ce conseil*, qui fut trouué fort estrange à l'abbord, mais que l'experience fit connoistre salutaire : ce fut de mettre à certain prix les testes de ces assassins, & de promettre impunité & abolition à ceux qui les apporteroyent. Cela mit vne telle diuision & deffiance parmi ceste canaille, qu'ils estoyent en continuel soupçon les vns contre les autres, ce qui rompit ceste intelligence* en laquelle consistoit leur plus grande force. Et comme iadis Dieu ne se seruit pour defaire les Madianites que de leurs propres mains[1] : ainsi tous les iours ces brigands s'entretuoyent les vns pour r'auoir leur rappel de ban, les autres pour auoir le salaire proposé à qui apporteroit la teste d'vn banni. Or entre les traicts les plus hardis & determinez que l'on en raconte, en voici vn execrable, certes en son execution, toutefois rempli d'vn stratageme remarquable, & dans lequel on void reluire la main de Dieu sur les scelerats. Il y auoit trois de ces voleurs estroitement associez & attachez d'vne telle liaison que toutes leurs entreprises & leurs butins estoyent en commun. Ils rouloyent par les monts Appennins où ils exerçoyent de merueilleux brigandages. Vn marchand estant tombé entre leurs mains en fut deualisé, dans la malette duquel ils trouuerent enuiron mille escus. Il y en auoit vn de ces trois qui ne correspondant pas autrement au courage des autres, ne laissoit pas neantmoins [239] d'estre aussi aspre au butin qu'il se monstroit lasche aux entreprises hazardeuses. Les deux autres qui s'exposoyent plus librement au peril, conceurent de là quelque indignation contre lui, mais elle estoit secrette, iusques à ce vol celebre qu'ils firent à ce marchand. Sur le partage duquel

---

1   Jg 7, 22.

le poltron qui n'auoit serui que comme de sentinelle, tandis
que les deux autres faisoyent l'execution, se rendant opiniastre
à vouloir auoir le tiers pour sa part, il y en eut vn qui s'auança*
de dire en particulier* à celui qui l'auoit secondé en ce coup là,
que faisons-nous de ce lasche vilain ? il fuit les coups & le peril,
& cependant il veut auoir autant que nous, qui courons risque
de nostre vie. Le meilleur sera de s'en defaire, & de partager entre
nous sa despouille*. De plus tu as vn extreme desir de retourner
au pays, tu y pourras porter sa teste, & obtenir ton r'appel de
ban & de plus cent escus que tu m'enuoyeras pour t'auoir aidé
à faire ceste execution*. Il y a des ames si peruerses, & tellement
abandonnees à tout vice, qu'il ne faut que leur monstrer le mal
pour les y faire voler plus promptement, que le feu au naphthe.
Ceste proposition plût au second voleur, parce qu'il y vit deux
notables auantages. Ils tomberent donc d'accord de massacrer ce
troisiesme, & d'executer ce mal-heureux* dessein en cheminant. Le
second promit de commencer, & le premier promit de l'acheuer
au cas qu'il ne le tuast du premier coup. Comme ils marchoyent
ensemble montez sur d'assez bons cheuaux, & en contestant sur
le partage de l'ar-[240]gent du marchand, celui qui auoit donné
parole de commencer tirant son pistolet, le lascha dans la teste
de ce poltron & lui emporta toute la ceruelle. Celui qui auoit
donné le conseil tirant le sien comme pour l'acheuer, le deschargea
à dessein dans la teste de ce meurtrier, & le porta* roide mort
en terre. De ceste sorte il demeura seul maistre du butin, ce qui
estoit son dessein : & outre cela possesseur des deux testes de ses
compagnons. L'vne desquelles il donna à quelqu'autre banni de sa
connoissance dont il eut son r'appel de ban, se reseruant les cent
escus promis pour le surplus de la recompense. Il porta l'autre,
pour laquelle auec vne autre centaine d'escus, il eut l'abolition de
ses crimes, rendu de ceste façon comme innocent par vn entassement d'horribles fautes. Qui ne voit en cet exemple vn euident
tesmoignage de la foiblesse de la Iustice humaine, contrainte de se
seruir de si estranges voyes pour faire perir la race des meschans ?

Mais celle du Dieu des vengeances va bien d'vn autre air, parce que tout estant en la main de l'Eternel, il n'y a point de lieu où les criminels se puissent mettre à l'abri de ses foudres. Tandis que ce sanglant autheur de tant de meurtres, glorieux de son impunité, marche la teste leuee & au lieu de se repentir se vante de ses meschancetez faisant gloire de sa confusion : le marchand qui le reconnut outré* de la douleur de sa perte, secondé de quelques vns de ses amis, l'attacqua & le poursuiuit si viuement, qu'apres auoir receu quelques blesseures, il fut contraint de chercher sa vie dans sa fuitte [241] & par vn iuste iugement de Dieu, dans ceste fuitte il rencontra sa mort, parce que s'estant sauué dans vne maison où il fut poursuiui par ses aduersaires, se voulant ietter d'vne galerie en bas, il se brisa en diuerses pieces mourant parmi des rages, des douleurs & des desespoirs espouuantables. Ainsi celui qui auoit eschapé le iugement des hommes tomba en celui de Dieu, deuant lequel les crimes ne se iustifient pas.

Apprenons de cet Euenement à redouter ceste haute Iustice, & retenons la verité de ceste parole sacree qui nous apprend, que comme la mort des iustes est precieuse deuant Dieu, la mort des pecheurs est tres-pernicieuse.

La Munificence Cardinale.
EVENEMENT III.

SELON l'idiome Latin vne chose Cardinale veut dire vne chose principale. Ainsi appelle-t'on en l'escole les Vertus Cardinales, comme qui diroit les principales & ausquelles toutes les vertus Morales se rapportent. Et les quatre vents principaux sont nommez Cardinaux, comme ceux ausquels tous les autres sont subordonnez. Ainsi appelle-t'on du tiltre de Cardinaux les principaux Prelats ou Princes de la Cour de Rome, comme ceux qui y tiennent les

premiers rangs & y sont les plus considerables. La Munificence
que [242] i'ay à representer en cet Euenement, peut estre doublement nommee Cardinale, & parce qu'elle a esté exercee par
vn grand & fameux Cardinal, & parce qu'entre les munificences
elle tient vn rang principal, & comme vne action genereuse* &
illustre elle merite d'estre transmise à la memoire de la posterité.

Il y a si peu de temps que le tres-Illustre Cardinal Montalte
qui estoit Vice-Chancelier de la Saincte Eglise est mort, que le
souuenir de ses actions heroïques est encore frais parmi ceux
qui ont eu le bon-heur* de le cognoistre. Il estoit nepueu de ce
prudent & iudicieux Pape SIXTE Cinquiesme, lequel estant né de
bas lieu comme chascun sait, monstra en cinq ans de Pontificat
tout ce que la sagesse peut desployer de plus magnifique en faict
de gouuernement & Ecclesiastic & Politic. Faisant glorieusement
mentir le prouerbe qui dict que les desseins esleuez ne regnent
pas volontiers en vne personne dont la naissance est obscure*.
Vn Agathocles en Sicile, vn Seruius Tullius à Rome ont esté des
Rois signalez* en iustice & en bonne conduitte*, encore que
celui-là ne fust que fils d'vn potier, & cestui-ci né de condition
seruile, c'est-à-dire, fils d'vn esclaue. Comme au retour de la
captiuité de Babylone, le feu sacré se trouua dans la bouë[1] &
tout ainsi que les pierres les plus precieuses se rencontrent parmi
des rochers & dans les excremens de la mer : aussi quelquefois
sous des conditions moins que mediocres*, il y a des esprits
plus qu'eminens. Le nepueu comme vous pouuez penser [243]
ne pouuoit pas estre de meilleure maison que son oncle, mais
on peut dire que s'il n'a point esté assis sur la chaire de Sainct
Pierre, que son courage* lui a faict excercer sous vn chapeau de
Cardinal vne charité conuenable* à vn Pape, & vne magnificence
digne d'un Roy. Son oncle luy donna le chapeau assez long
temps apres sa promotion au souuerain Pontificat, & plustost à
l'instance de quelques Cardinaux & autres grands Seigneurs de

---

1   2 M 1, 19-22.

la Cour de Rome, que de son mouuement, ou à la sollicitation
de son nepueu, de qui la ieunesse n'aspiroit pas encore à ce haut
degré[1]. Mais si la bonté des mœurs rend l'homme chenu auant
terme, & le met au rang des vieilles & plus sages testes, ce ieune
homme deuançant ses annees par sa maturité, donna tant de
satisfaction au sacré College, & à tous ceux qui eurent à negotier
auec lui, que le Pape eut sujet de se contenter du choix qu'il auoit
faict de lui en l'esleuant à ceste dignité, & en se seruant de luy
par maniere de descharge en l'expedition de beaucoup d'affaires.

Mais n'ayant pas faict dessein de representer icy sa vie, mais
seulement vn ongle de ce lyon, & vne ligne de son pourtraict,
ie me contenterai par vne seule action de faire voir comme il
auoit la munificence (vertu qui approche les grands Princes de
la ressemblance de dieu autant que la clemence) en vn degré si
heroïque, qu'il faut necessairement conclurre[2], que c'estoit un
Prelat fort accompli selon la maxime des Philosophes, qui mettent
vne telle connexité entre les vertus, [244] qu'on n'en peut auoir
vne en eminence, que toutes les autres ne l'accompagnent. Il est
vrai que nous ne pouuons pas auoir toutes les vertus en leur haut
appareil, soit que les occasions de pratiquer les heroïques soyent
rares, soit que la foiblesse de l'esprit humain soit incapable de
soustenir vn si grand poids, d'où vient que l'Espoux sacré dans
son Epithalame louë son Amante de ses yeux, & de ses cheueux[3],
pour monstrer que les vertus esclattantes marquees par les yeux
lui sont agreables, & aussi les petites & basses representees par la
debilité des cheueux. Mais si fort est le parfum d'vne vertu qui
se pratique d'vne façon extraordinaire, que comme la Panthere
attire les autres animaux à sa suitte par la suauité de l'odeur qui

---

1   Le cardinal Montalte meurt en 1623. Alessandro Damasceni Peretti, cardinal
    Montalto, est le petit-neveu de Sixte-Quint, qui l'a fait Cardinal le 13 mai 1585,
    dix-neuf jours après avoir été élu pape. Alessandro avait alors 14 ans. La lecture
    que fait Camus de l'épisode semble être charitable.
2   L'édition de 1660 ne corrige pas. *Conclurre* est attesté dans Montaigne.
3   Ct 4, 1.

sort de sa peau : de mesme les autres bonnes habitudes* vont
apres ceste grande & puissante, comme les Damoiselles apres
leur Reine. Et à dire la verité, comme en la composition* de nos
corps il y a tousiours quelque humeur qui domine, & comme
la maistresse du Chœur, qui bat la mesure en ceste harmonie :
aussi entre les qualitez de l'ame, il y a quelque vertu plus aimee
dont l'exercice plaist dauantage, & à laquelle comme au tronc
se rapportent toutes les fleurs dont on compose la guirlande de
la perfection. En nostre Cardinal ce fut la vertu de Munificence,
c'estoit sa cherie, sa fauorite ; & comme il est à croire, c'est l'eschelle
par laquelle il s'est esleué dedans le sein de Dieu, selon ce qu'a
chanté le diuin Psalmiste, parlant de l'homme liberal*. Il a dis-
pensé largement ses biens aux pauures, c'est [245] pourquoi sa
iustice demeurera en l'eternité, & son nom sera exalté en gloire. Et
selon la parole du Sage, fils de ce sainct Roy : Ses œuures seront
louées aux portes de la fille de Sion[1], & toute l'Eglise annoncera
ses aumosne. Il me souuient qu'au premier voyage que ie fis à
Rome il y a enuiron douze ans[2], toute ceste grande ville, le pays
de tout le monde, la gloire de la Hierusalem Militante, la clef de
la voute & le centre de l'vnité de l'Eglise n'estoit pleine que du
bruict de la Munificence de ce grand Prelat : lequel, quoi qu'il
eust de grands reuenus, donnoit quelquefois plus qu'il n'auoit
de rente, & comme si par miracle le pain se fust multiplié en ses
mains, il en auoit tousiours de reste. C'estoit vn puits d'eaux
viues, vne source intarissable, vne mammelle qui se remplissoit
à mesure qu'elle estoit succee par les pauures dont il estoit le
pere ou plutost vne douce mere. De moi ie ne le voyois iamais,
tant ceste vertu le rendoit illustre, qu'auec de nouuelles admirations, & sans me représenter en lui ces admirables Diacres de
l'Eglise primitiue S. Estienne & S. Laurens (& son tiltre & son

---

1   Ps 9, 15.
2   En 1616. Il y a rencontré le cardinal Borromée. Ceci amène à conclure que Camus
    écrit cette nouvelle quelques mois au plus avant la publication.

palais comme Vice-Chancelier est aupres de l'Eglise S. Laurens que l'on surnomme en Damas) qui ont esté si liberaux & iustes dispensateurs enuers les pauures des richesses dont ils estoyent les depositaires. Ie me souuiens encore qu'estant appellé pour officier Pontificalement en vne Eglise qui porte dans Rome le tiltre de nostre Dame de Laurette, & dont la feste estoit celle de la Natiuité de la S. Vierge qui se rencontre en Septembre, les Confreres de ceste [246] Saincte Confrairie qui m'auoyent employé à ceste fonction, firent distribuer à l'offertoire selon la coustume cinquante bourses à autant de pauures filles, conduittes par des Dames Romaines, où estoit vne honneste* somme pour les marier : & i'appris que le seul Cardinal Montalte en qualité de Confrere en auoit donné la moitié, cachant ainsi sainctement le bien qu'il faisoit, à la façon du cerf poursuiui d'vne meute, qui pour oster son sentiment* aux chiens qui le pourchassent, n'a point de plus forte ruse que de se mesler dans vne troupe d'autres. Mais où m'emporte, ou plustost où me transporte l'admiration d'vne si héroïque vertu, me faisant espancher dés le seuil de l'huis en des digressions que l'on iugera d'abbord[1] inutiles ? Mais le dessein que i'ay que l'exemple, que i'ay à proposer porte coup* & face vne bonne impression, m'a faict faire toutes ces preparations. Et ie vous prie, à vn diamant de haut prix doit-on plaindre* l'enchasseure ? Oyez donc vn traict de munificence, plein de tant de generosité* & de gentillesse*, que vous iugerez qu'il va du pair auec plusieurs dont l'antiquité faict grande feste*, si mesme il ne les surpasse.

Il y auoit à Rome vne pauure vefue mere d'vne seule fille, qui prenant ses necessitez de la main de Dieu, & les supportant auec beaucoup de patience* viuoit auec beaucoup de peine du trauail de ses mains, employant les iours de feste à visiter les Eglises & autres exercices de deuotion. Mais outre sa pauureté, ce qui la rendoit encore plus miserable*, estoit que son âge & sa complexion [247]

---

1   1660 corrige : *d'abord.*

la rendoyent sujette à de grandes maladies, durant lesquelles cessant de trauailler, & sa fille ne pouuant vacquer qu'à la seruir, elle
estoit reduitte à des disettes qui feroyent horreur à reciter. Parce
qu'autrefois du viuant de son mari qui gagnoit assez bien sa vie,
elle s'estoit veuë à son aise, & en quelque petit degré d'honneur,
elle auoit honte de descendre à la mendicité : & ceste sotte vergoigne* estoit cause que n'osant manifester ses besoins, ni demander
secours, elle demeuroit en des abandonnemens deplorables*. La
fille d'autre part n'osant la perdre de veuë, & moins aller çà & là
chercher des charitez pour soulager sa pauure mere, auoit sa part
à ses souffrances, & souuent ces deux pitoyables* creatures des-
tituees d'assistance humaine ne viuoyent que du pain de douleur,
& ne s'abbreuuoyent que de leurs larmes.

Apres vne de ces maladies, durant laquelle elles auoyent vendu
tout ce qu'elles auoyent de plus considerable parmi leurs petits
meubles, le comble de leur disgrace fut vn creancier sans pitié,
qui les menaça de les mettre sur le carreau. C'estoit le maistre de
la maison où elles auoyent vne petite chambre, & quelque cabinet
qu'il leur loüoit vingt escus par an. Cet homme cruel sans auoir
esgard à leur condition, à leur misere, à la maladie dont releuoit
ceste bonne mere, ayant auec beaucoup de prieres & de larmes
patienté vn mois apres le terme, il resolut de leur faire leuer par
la Iustice ce peu qui leur restoit. Et voyant qu'elles estoyent tellement desgarnies, que leurs vtensilles valloyent à peine le loüage
de [248] leur logement, il se resolut de les chasser pour mettre
en leur place des personnes plus soluables.

Que feront ces simples colombes deuant ce gerfault, apres
l'auoir trouué inexorable, & cherché en vain tous les moyen
de le satisfaire ? Le diable ce lyon rugissant, qui rode sans cesse
pour chercher de la proye[1], ayant faict descouuir ceste pressante
necessité* à ces hommes de sang & de matiere, qui ne viuent

---

1   1P 5, 8 : « [...] estote vigilate quia adversarius vester diabolus tamquam leo rugiens
    circuit quaerens quem devoret ». Soyez vigilants car votre adversaire le diable
    comme un lion rugissant tourne autour de vous cherchant qui dévorer.

comme des escarbots* que dedans la corruption & l'ordure, ne manqua pas d'en susciter quelques vns qui commencerent à solliciter l'integrité de la fille qui auoit iusqu'alors esté esleuee par sa mere en la crainte de Dieu, & auec toute sorte d'honneur. Imaginez-vous si celui qui tente* auoit sceu prendre son temps, attendant ceste extremité pour rendre plus susceptible de ses mauuaises impressions ce chaste courage*. Mais comme ce sont les petits feux que le vent esteinct, lequel enflamme les grands & les petits arbres qu'il abbat¹, les grands s'enracinans par les bouf-fees : aussi sont-ce les legeres habitudes* de vertu qui se laissent aller aux tentations, les fortes au contraire prennent vigueur par ces esbranlemens.

Ceste vertueuse fille, pareille au poussin qui se iette sous les aisles de la poule quand il voit l'oyseau de proye, auertit aussi tost sa mere de ces execrables sollicitations, remede souuerain, mais peu pratiqué par les filles mal-aisees, & qui courent à leur perte. Ceste bonne femme qui eust mieux aimé voir sa fille, son vnique soutien, entre les [249] bras de la mort, qu'en ceux d'vn homme qui ne l'eust pas espousee : lui fit vne remonstrance, que le Sainct Esprit sans doute lui dicta, & qui reuenoit au plus pres à celle de l'ancien Tobie à son fils quand il lui disoit, pressé de necessitez semblables : Mon cher enfant, nous menons maintenant vne pauure vie ² ; mais i'espere que si nous ne perdons point la crainte de Dieu, que nous aurons vn iour beaucoup de biens. En quoy ce bon Patriarche ne fut point deceu*, car par le mariage du ieune Tobie auec Sara fille de Raguel, l'abondance reuint en leur maison. Et ceste vertueuse mere s'estant monstree genereuse* & fidelle en ceste occurrence, ressentira selon sa condition quelque changement semblable, & aura occasion de reconnoistre que

---

1 Le & dans cette phrase coordonne non pas les deux adjectifs voisins (*grands, petits*), mais deux membres de phrase qui mettent en parallèle deux actions du vent : il éteint les petits feux mais augmente les grands, et (&) de même il abat les petits arbres et fortifie les grands.

2 Tb 4, 21.

Dieu ne permettoit qu'elle perdist terre, que pour la tirer de ce naufrage d'vne façon plus auantageuse à sa gloire.

Estant donc en ceste haute mer d'angoisse, où elle ne descouuroit que l'eau des amertumes & le ciel, son bon-heur* la fit addresser* à vn bon Religieux, plus pour estre consolee spirituellement de lui en ceste tribulation que temporellement soulagee. Apres auoir compati à sa misere, Dieu lui suggera de conseiller à ceste femme, qu'elle eust recours au commun azyle des miserables*, au pere des vefues & des orphelins le tres-Illustre Cardinal Montalte. Ce fut vn calice bien amer qu'il lui proposa, deux considerations* retenans ceste affligee d'essayer ce remede. L'vne la honte qu'elle auoit de demander, mestier qu'elle n'auoit iamais fait, n'ayant accoustumé d'emprunter que de son [250] trauail dequoi subuenir à ses besoins. Mais l'autre estoit la grandeur du personnage qui l'esblouïssoit, lors qu'elle venoit à penser à la bassesse de sa propre condition. Mais ce bon Religieux lui ayant remonstré qu'il n'y auoit rien de si humain, de si affable & de si pitoyable* que ce Seigneur, & que son contentement estoit de donner audience aux plus petits & moins considerables qui fussent parmi le peuple : cela lui donna vn peu de courage pour surmonter ceste derniere difficulté, & la premiere fut aussi vaincuë par ceste dure loy de la necessité*, de laquelle on peut dire mieux que de l'austruche, qu'elle fait aualer & digerer le fer des plus grandes difficultez.

Estant donc allee auec sa fille priere Dieu en l'Eglise de S. Laurens en Damas, & de là estant montee en la sale du Palais du Cardinal, qui estoit semblable aux portiques de la probatique[1] piscine pour la multitude des personnes miserables* qui lui alloient representer leurs necessitez : ceste pauure vefue fut introduite à l'audience à son rang. Et ayant auec toute simplicité & humilité representé au bon Prelat ce qui lui faisoit besoin, pour

---

1 Probatique (grec : probatikos) : des moutons. La piscine probatique était le lieu où étaient lavés les animaux destinés à être sacrifiés ; s'y rassemblaient un grand nombre de malades, dont le paralytique que Jésus guérit : Jn 5, 2.

n'estre point mise hors de sa chambre, sa requeste aboutit à lui demander les cinq escus qu'elle deuoit à son cruel hoste, afin qu'il la laissast en paix, esperant, puis que Dieu lui auoit rendu la santé, trauailler auec la fille si assiduellement*, qu'elle se pourroit remettre en estat de contenter ce creancier, & de n'importuner plus le Cardinal de si grandes sommes. Adioustant des excuses, & demandant des pardons à genoux & auec larmes de [251] sa trop grande hardiesse & de son importunité.

Le Cardinal iugea bien à ses propos, que ceste femme auoit plus de peine à lui demander que lui à donner. Et sans qu'elle eust fait, (ce que plusieurs autres n'eussent pas obmis) vne grande instance* sur le peril de l'honnesteté de sa fille, sollicitee en ceste extremité : Le Cardinal iugea bien du danger, & l'interrogeant là dessus, lui[1] respondit auec vne naïueté si pleine de modestie*, qu'il reconnut que ceste mere & ceste fille estoient pleines de vertu, & dignes d'estre secourues. Ayant donc selon son accoustumee humanité*, consolé ceste bonne femme, il lui promit de lui faire promptement deliurer la somme qu'elle lui auoit demandee, & lui commandant de l'attendre au lieu où il donnoit audience, il passe en sa chambre, & escriuit vn billet à son Argentier, selon sa coustume, par lequel il lui commandoit de conter tout à l'heure 50. escus à ceste bonne femme. Cet Officier tenoit son bureau aupres de la porte du Palais, comme si la maison du cardinal eust esté vn Mont de Pieté.

Aussi tost qu'elle eut receu le billet, & commandement du Cardinal, qu'elle eust librement recours à lui en ses necessitez, & qu'elle le trouueroit tousiours prest à l'assister, elle descend au contoir de l'Argentier, qui voyant la main* de son Maistre, lui conta promptement 50. escus. Ceste bonne vefue voyant cette grande somme, esblouye de tant d'argent, comme celle qui n'auoit pas accoustumé d'en voir tant ensemble, croyant qu'il se

---

1   *Sic.* Mais Camus est si laxiste dans l'emploi des pronoms qu'il est difficile de savoir s'il faut ajouter ici *elle.*

fust trompé, lui dit : Seigneur, lisez bien le billet, [252] & vous treuuerez qu'il ne vous est commandé de me donner que 5. escus : car ie n'ay pas demandé plus à Monseigneur, & il ne m'a pas promis d'auantage. A Dieu ne plaise que i'abuse ainsi de sa bonté. L'Argentier ayant releu le billet lui dit : Signora si vous sçauez lire, voyez il y a 50. escus. Ie ne sçay pas si Monseigneur s'est mespris : mais ie sçay bien que mes yeux ne me trompent point. Toutefois nous ne sommes pas si esloignez de lui, que nous ne soyons bien tost esclaircis* de cette difficulté. Allons ensemble le trouuer.

Ils remontent en la sale, & l'Argentier ayant fait venir la vefue & sa fille deuant le Cardinal, lui dit. Monseigneur ceste bonne femme m'a apporté ce billet de la part de vostre Illustrissime Seigneurie, mais nous sommes en vne difficulté. A ce mot, quelle difficulté, interrompit le Cardinal, lui faites vous de lui payer ce que ie vous commande ? Monseigneur, reprit l'Argentier tout troublé, ie n'ay pas fait difficulté de lui payer ce qui est porté par cet escrit, veu qu'aussi tost ie lui ay conté la somme : mais c'est elle qui a fait difficulté de la prendre, parce qu'elle dit ne vous auoir demandé que 5. escus, & il y en a 50. sur le billet, ie ne vis iamais femme plus estonnee, elle pensoit que ceste somme fust vne montagne d'or. Le Cardinal sousriant à ce discours, & pensant au gentil* traict qu'il vouloit faire. Il est vray, dit-il voyant cet escrit, que ma main a esté plus viste* que ma langue. Mais attendez ici, & i'iray reformer ce billet. Il entre dans sa chambre, & au lieu d'effacer le zero qui estoit apres le 5. & faisoit 50. il en ad-[253]iousta vn autre qui faisoit 500. escus, & reuenant en l'antichambre, il dit à l'Argentier d'vn ton comme indigné. Allez, & depeschez vous de conter ceste petite somme à ceste pauure femme, sans la faire tant languir pour si peu de chose. Et comme s'il se fust souuenu de quelqu'autre plus grande affaire qu'il eust à lui communiquer, il le r'appela de quelques pas, & lui parlant en particulier*, lui dit qu'il donnast sans le reuenir trouuer les 500. escus à ceste femme, ou qu'il les fist porter chez elle si elle ne les vouloit prendre, & qu'il l'asseurast qu'il seroit tousiours plus disposé à lui faire du bien, qu'elle à lui demander, que se presentant vn party pour sa fille il lui commandast de l'en auertir, afin qu'il contribuast à sa dotte.

Cela dit il laissa aller auec ceste vefue, qui lui disoit en allant. Seigneur ie sçavois bien que Monseigneur s'estoit mesconté, voyez vn peu si i'eusse pris ce que vous me presentiez la peine où ie vous eusse mis. L'Argentier rioit de ceste candeur & simplicité. Mais il y eut bien plus de contestation lors qu'il vint à lui conter les 500. escus portez par le mandat. Ce fut lors que ceste pauure femme crût que cet Argentier se mocquoit d'elle, & la vouloit par quelque artifice* priuer de l'aumosne du Cardinal. Il auoit beau la presser de prendre ceste somme, & lui protester que c'estoit la volonté de Monseigneur l'Illustrissime, auec le reste de ce qu'il auoit charge de lui dire de sa part, elle n'en vouloit rien croire. Plus il la prioit de se taire, & de ne rien dire de cela, selon l'intention du Maistre, qui ne vouloit pas que ses charitez [254] se publiassent à son de trompe, plus elle parloit. Au moins, lui disoit-il, prenez cela sur ma parole, & si i'en suis en peine, vous me le rendrez. Encore moins se vouloit-elle fier à lui, craignant qu'il n'y eust quelque serpent de sinistre intention sous les fleurs de tant de belles paroles. Tantost elle auoit peur d'estre mocquee, tantost elle craignoit qu'il n'eust regardé sa fille autrement qu'il ne falloit. Certes celui qui porte quelque pierrerie de grande valeur passe malaisement sans trembler au trauers d'vn bois diffamé* de brigandages. Le monde & la Cour sont des forests où la pudicité, ceste perle precieuse, court vne grande risque : il faut tousiours estre aux aguets & sur ses gardes pour la conseruer. La Mere de Dieu se trouble voyant vn Ange en forme d'homme, quoy qu'il la salue de la part du Tres-haut. Comme donc ne s'estonnera vne chaste fille se voyant pousuiuie par cajolleries*, ou par presents par des hommes qui ont des cœurs de diable ? En fin le parti qu'elle prit fut celui de l'honneur, & d'vne insigne moderation. Seigneur, dit-elle à cet Officier, ne me parlez point d'emporter

ceste monstrueuse somme, qui me fait plus de peur que d'enuie.
I'aime mieux mourir en ma pauureté, que de m'engager mal à
propos pour des biens. Ceste fille sera tousiours assez riche si
elle est sage. S'il vous plaist de me ponner[1] les 5. escus que i'ay
demandez à Monseigneur, & qu'il m'a liberalement accordez, ie
les prendray, de plus ie n'en ay pas affaire, ie seray suffisamment
à mon aise quand ie ne deuray rien. [255]

  L'Argentier ne sçachant quelle de tant de vertus qui lui parurent
en ce peu de paroles, il deuoit estimer d'auantage, ou l'amour de
l'honnesteté, ou le mespris des richesses en vne si grande neces-
sité*, ou vne telle moderation, ou vne si exquise prudence*, ou
vne si absoluë confiance en Dieu, ou vne crainte si loüable, ou
vne si sage conduite*, ou vne si auisee defiance de soi-mesme,
ou vn courage* si resolu, ou vne generosité* si constante, ou vne
simplicité si candide, ou vne innocence si pure, lui donna les 5.
escus qu'elle demandoit, se reseruant de lui porter le reste en sa
maison. Quelques heures apres accompagné d'vn des Cameriers
du Cardinal, il va chez elle pour lui remettre la somme, elle la
refuse tout à plat*, se deffiant de ce ieune homme : Lequel ayant
auerti le Cardinal de ce refus, il la fit remettre entre les mains
d'vn bon & sainct Religieux, qui la fit prendre à ceste vefue, à
condition qu'elle se teust de ceste aumosne, lui promettant en
outre toute sorte d'ayde de la part du Cardinal, soit en ses besoins
particuliers*, soit pour marier sa fille.

  Comment, dit ceste bonne femme, pour marier ma fille ? Helas !
mon Pere, ie n'eus iamais que cinquante escus en mariage, & ma
fille qui n'est pas plus que moy se contentera bien d'autant : il
y a donc ici beaucoup plus qu'il ne faut pour la doter, & pour
nous faire riches elle et moi le reste de nos iours. Certes ce seroit
estre & insatiable & importune de vouloir dauantage des biens de
ce bon Seigneur, dont la liberalité a surpassé de bien loin & nos

---

1 Il semble si évident de corriger en *donner* qu'on oublie qu'il existe un verbe *poner*
   (ponner)(H) qui veut dire *mettre, poser* (du latin *ponere* ?). Mais il est rare, et la correction ci-dessus est en fait très probable.

pensees & nos desirs. Et d'effect à peu [256] de iours de là il se
presenta vn honneste* parti pour ceste fille d'vn ieune artisan[1],
duquel ie n'ay pû sçauoir au vray le mestier, lequel retirant auec
sa femme sa belle-mere aupres de soy, fit vn tres-heureux mesnage*, & rendit à ceste bonne femme iusques à sa mort le deuoir,
non de gendre seulement, mais de vray fils. Et le Cardinal auerti
par le Religieux de ce mariage, enuoya vne bourse à ce nouueau
marié pour la dotte de la fille, auec defense expresse de dire ce
qui estoit dedans. Mais par les commoditez* qui parurent depuis
entre les mains de ce ieune artisan, l'on a iugé que la somme
n'estoit pas petite. Si elle est ignoree en ce monde, elle ne l'est
pas de celui qui voit & qui sçait tout, & qui rendra vn iour à vn
chascun selon ses œuures.

De moy ie ne puis iamais repenser à la gentillesse*, à la generosité*, à la singularité, & à tant d'autres rares circonstances,
qui sont autant de rayons sortant de la splendeur de ceste
Munificence Cardinale, que ie n'y trouue comme à la manne de
nouueaux gousts. Soit que ie considere l'industrieuse subtilité
du Prelat, soit l'integrité de son Officier, soit la prudence* de
ceste Abigail[2], soit la moderation, soit sa iuste crainte, soit son
honorable refus. Seneque releue bien l'industrieux bienfaict de
celui qui ietta vne bourse derriere le cheuet de son ami malade
pour le soulager en la necessité* qu'il auoit eu honte de lui
descouuir. Et nos legendes font grande estime du demi manteau de S. Martin, & des trois bourses que S. Nicolas Euesque
de Myrre ietta dans le logis d'vne [257] vefue qui auoit trois
filles à marier, & qui estoient en danger de se perdre. Et les
sainctes liberalitez de S. Charles Cardinal Borromee sont fort
renommees en nos iours. Toutes ces actions sont & pieuses &
dignes d'eternelle memoire. Mais comme il y a des visages qui

---

1 C'est bien sûr le jeune artisan qui est le parti, et non le père, de la jeune fille.
2 Abigail pour Camus est le modèle de la femme prudente. V. note 2 p. [232]
   ci-dessus.

ont des graces particulieres qui rient aux yeux qui les regardent. Ce traict de plume que ie viens de descrire, ce double zero fait à mon gré bondir si haut la genereuse* munificence de nostre Cardinal, & luy donne vn tel prix, que n'ayant point d'assez dignes paroles pour en soustenir l'estime, ie ne me renfermerai dans le silence, & me contenterai de contribuer à son honneur, de l'admiration. Si toutefois il la faut comparer à quelqu'autre de l'antiquité, il me semble qu'elle a quelque traict de ressemblance à celle du Grand Alexandre, qui prié par vn Gentil-homme de lui faire donner cinq talens pour marier ses deux filles, il lui en ordonna cinquante. Et l'autre, lui disant que c'estoit trop pour sa qualité : Et c'est trop peu pour la mienne, repartit ce puissant Monarque. Et à dire le vray, 500. escus estoient vne grande somme pour vne pauure vefue, mais c'estoit peu pour la liberalité de nostre Cardinal, nourri en l'escole Chrestienne, où l'on tient pour maxime ce mot du S. Esprit. Si l'homme donne tout son reuenu pour la charité, il estimera encore n'auoir rien fait à l'esgal de ce qu'il voudroit faire. [258]

La Ioyeuseté Religieuse.
EVENEMENT IV.

CELVI qui ne voudroit parler qu'en chantant, ni marcher qu'en dansant, ou bien qui ne voudroit discourir qu'auec des termes artistes*, & cheminer qu'à pas contez, ne seroit-il pas importun au reste des hommes, & n'euiteroit-on pas sa rencontre & sa conuersation* comme vn escueil ? Ceux qui sont tousiours tendus sur le serieux, & tellement attachez à la secte d'Heraclite triste & chagrine, que le moindre ris de Democrite les scandalise,

ne sont pas moins fascheux & insupportables. L'arc tousiours
bandé ne fit iamais vn bel effect ni vn bon coup. Comme le
trauail du iour est assaisonné du repos de la nuict, aussi l'esprit
humain doit estre quelquefois honnestement relasché, & relasché des sujects graues, lesquels le greuent* à la longue, & non
seulement l'ennuyent, mais le lassent, & s'il faut ainsi dire, le
foulent & l'oppressent. Il y a temps & temps, dit le Sage [1] ; &
c'est vn traict de sagesse, dit vn Ancien, que de dire en temps
& lieu des choses recreatiues & plaisantes. Car comme la verité
se peut dire en riant, aussi la deuotion n'est point incompatible
auec la ioyeuseté. Au contraire, comme le ris des meschants
est Sardonien, & accompagné d'vn remords perpetuel, qui leur
sert de rabat-[259]ioye : aussi vne bonne conscience, selon le
Sage, est vn banquet perpetuel, où la liesse est en son plus haut
poinct[2]. Aussi remarque-on que S. Anthoine & S. Romuald
parmi leur solitude & leurs austeritez auoient tousiours vne face
riante, vne chere* gaye & ouuerte, image visible de l'inuisible
serenité & tranquilité de leurs ames. De là vient que dans les
maisons Religieuses, ie dis les plus austeres & Reformees, il y a
des heures (& ce sont ordinairement celles qui suiuent le repas)
destinees aux Recreations, qui se prennent dans les deuis* familiers
d'vne modeste conuersation*. Et bien que ceux qui president
en ces assemblees ayent l'œil, que non seulement les ris y soient
moderez, & les actions decentes, mais aussi que les sujets sur
lesquels on s'entretient, ne soient ni profanes ni mondains, mais
conformes à la pieté de la vocation Religieuse : si est-ce qu'ils
ne laissent pas d'exhorter ceux qui se recreent auec ces mots de
l'Apostre : Soyez ioyeux, mes freres, encor vne fois ie vous dis
que vous soyez ioyeux[3] : mais dans les termes de la modestie*
& de la bien-seance. Et à ceste occasion la prudence* de ceux

---

1   Ecc 3, 1.
2   Pr 15, 15.
3   Ph 4, 4.

qui gouuernent ces aggreables conferences* met d'ordinaire en
auant quelques propositions gentilles*, & neantmoins edifiantes,
pour entretenir* mesme dans la recreation l'esprit de la saincte
deuotion : & à ces ouuertures les esprits dressent & tirent leurs
pensees comme à des buts ; & qui ne peut emporter la bague,
s'essaye au moins de faire vne bonne course. Et ce n'est pas
sans raison que les Philosophes Moraux mettent entre les vertus
morales [260] celle de la bonne conuersation*, que les Grecs
appellent Eutrapelie*, en laquelle chacun contribue pour escot
son opinion, afin de rendre le change* à ceux qui ont essayé de
luy apporter du contentement par l'estalement* de leurs pensees. La pensee que ie vay descrire est de ceste nature, & bien
qu'elle semble serieuse, & peut-estre trop sombre pour porter
le nom de ioyeuseté, si est-ce qu'elle fut traittee en vn temps de
recreation, & prise pour telle par ceux qui l'entendirent, & qui
en demeurerent consolez & edifiez. Bien que l'aloës, la rubarbe
& l'agaric* soient des medicamens fort amers, neantmoins les
Pharmaciens par le sucre & le miel en rendent la prise facile. La
mort est la plus affreuse chose entre les terribles, & cependant
les ames pieuses changent son absinthe en douceur, & en son
horreur trouuent des beautez desirables. Mais pour ne vous tenir
pas dauantage en suspens, disons.

Qu'en vne ville de Prouence, & en vne maison Religieuse, dont
ie ne veux point nommer l'ordre, vn Pere Maistre assistant à la
recreation de ses Nouices, & par sa presence les tenant & dans le
respect & dans les termes des sujects dont on se peut entretenir
en ceste heure-là, commanda à vn de la troupe de faire vne proposition, qui fust ensemble & pieuse & gracieuse pour exercer les
esprits de l'assistance. Celui-là faisant, sans beaucoup marchander,
l'obeissance qui lui estoit eniointe, demanda que chascun eust à
dire en quel iour il aimeroit mieux mourir, si cela dependoit de
son choix. Tout ainsi que les abeilles se iettent [261] en foule sur
vn rayon de miel aussi tost qu'elles l'ont rencontré, de mesme

ces ieunes esprits, comme animez d'vn mesme esprit, choisirent la gorge du Lyon mystique de Sanson, esgorgé, deschiré, & mis en pieces sur le Caluaire[1], desireux de mourir tous aux pieds du Sauueur crucifié, & le iour mesme de la Passion, que nous appelons le Vendredi sainct, ce fut là le but & le blanc* des fleches de leurs souhaits. Mais le Moderateur de ceste conference* qui vouloit qu'ils prissent le large, & fissent essor sur diuers iours, mettant celui-là à part, auquel toute ame vraiment amoureuse de Iesus crucifié deuoit souhaitter de mourir auec lui, & d'enseuelir sa vie aux pieds du terebinthe de sa Croix. Car si le Sauueur, dit le grand Apostre, est mort pour nous tous, nous deuons tous mourir pour lui & en lui[2], & ne plus viure en nous, mais en celui qui nous a esté prodigue de son sang & de sa vie. Leur commandant donc de choisir quelque autre iour que celui-là, auquel le Redempteur auoit desployé les thresors de la trop grande charité qu'il nous a portee. Chascun commença à declarer simplement* son choix, accompagné de quelque raison qui l'eust conuié à cela. L'vn choisissoit de mourir le iour de la commemoration des trespassez, afin d'estre aidé des prieres qui se font lors abondamment par les fidelles pour ceux qui sont morts. L'autre souhaittoit de sortir de ce monde en la feste du Sainct qu'il auoit pour patron, afin de l'auoir fauorable, & d'aller celebrer ceste solennité dans le ciel, alleguant l'exemple du B. Stanislas Kostka Nouice [262] de la Compagnie de Iesus, qui desira ardemment de mourir le iour de l'Assomption de Nostre Dame, à laquelle il estoit extremement deuot, afin de solenniser son triomphe auec les Anges[3]. Vn autre

---

1 Jg 14, 5. En Jg 14, 8, Samson qui a, animé par l'esprit de Yahwé, déchiré un jeune lion «comme on fait un chevreau» (Jg 14, 6), trouve à son retour qu'un essaim d'abeilles a élu domicile dans la gorge du cadavre du lion. Même avec la référence biblique, il est difficile de voir où tend cette comparaison des novices avec les abeilles mentionnées tout à la fin de la p. [260].

2 2 Co 5, 14-15.

3 Une *Vie de Saint Stanislas Kostka* (Lyon, 1836) décrit ainsi ses derniers moments : [...] il demeura assez longtemps dans le silence et dans un recueillement profond, pendant lequel la Mère de Dieu s'étant présentée à lui, suivie d'une nombreuse

le iour de la Pentecoste, pour estre assisté abondamment en ce dernier & dangereux passage des graces du S. Esprit. Cestui-ci le iour de S. Michel, afin qu'il escartast les demons qui tendent lors des embusches à notre talon, c'est-à-dire à l'extremité de nostre vie, & qui redoublent les efforts de leurs tentations, sçachans que peu de temps leur reste pour nous gaigner ou pour nous perdre. Celui-là desiroit de mourir en Caresme, temps de penitence, temps acceptable & de salut.

Après que chascun eut choisi sa feste, on appliqua le temps à l'aage. Les vns desiroient mourir en la ieunesse, afin de pecher moins, afin d'estre plustost auec Dieu, afin de quitter tout à faict les miseres & les vices du monde, afin de mourir auec plus de vigueur & de recognoissance de leurs fautes, afin que la malice* & l'inconstance ne vinssent point alterer leur bon propos*, afin d'imiter Iob, qui desiroit auoir esté transporté du berceau dans la tombe. Les autres choisissoient le temps de la virilité pour mourir auec plus de iugement, pour mourir en l'aage où nostre Seigneur estoit mort, pour offrir à Dieu vn fruict plus meur*, pour souffrir dauantage en l'agonie pour l'expiation de leurs fautes, & pour beaucoup d'autres gentilles* raisons qui sont eschappees à ma memoire. D'autres desiroient mourir en la vieillesse, soit pour iouïr de la promesse que Dieu [263] fait à ceux qui honoreront pere & mere, soit pour suiure l'instinct naturel qui fait fuir la mort, & rechercher vne longue vie, soit pour auoir plus d'espace pour faire penitence & se charger, comme la bonne Lidie[1], de bonnes œuures, soit pour mourir plus suauement, soit pour atteindre à ceste prudence*, que Dieu desire en ce fidelle seruiteur qu'il veut

---

troupe de Vierges, comme on l'apprit à l'heure même par sa propre bouche, il rendit l'esprit entre les mains de sa bonne Maîtresse, un peu après trois heures du matin, le quinzième jour d'août de l'année mil cinq cent soixante-huit (75), sur la fin de la dix-huitième de son âge, et dans le dixième mois depuis son entrée au noviciat.

1   Ac 16, 14-15.

faire entrer en sa ioye*[1]. Chascun alleguoit ainsi sa petite raison, & à l'imitation des auettes*, contribuoit sa fleur pour faire le miel de la pieuse conuersation*.

De là on vint aux saisons. Les vns vouloient mourir au Printemps, parce que nostre Sauueur expira sur la Croix en ce temps là. Il y en eut vn qui prenant le Cantique par les cheueux, dit que quand les fleurs apparoissoient sur la terre, le temps de trancher le fil de la vie estoit arriué[2]. L'interpretation neantmoins de ce Docteur ne fut pas receuë du Concile, non plus que celle d'vn autre, qui dit qu'il desireroit mourir en ce temps là de la langueur de la charité, afin qu'on l'enuironnast de fleurs. D'autres vouloient mourir en Esté, parce que c'est le temps auquel les bleds blanchissent pour la moisson : parce que les ardeurs du Soleil nous inuitent à celles de la charité : parce que nostre Dame estoit morte en ceste saison là : les oyseaux font leurs nids durant ce temps-là, & que Iob disoit qu'il vouloit mourir en son nid, & multiplier ses iours comme la palme, ou selon vne autre lecture, comme le Phénix[3]. D'autres choisissoient l'Automne, [264] parce ce que c'est la saison des fruicts, & qui inuite à faire des fruicts dignes de penitence, d'autant que tout arbre qui ne fera point de fruict sera coupé & ietté au feu : parce que c'est la saison, en laquelle les fueilles tombent, & plus de gens meurent : parce que c'est la saison, en laquelle on foule le vin, symbole de mortification. Et semblables petites raisonnettes. D'autres desiroient mourir en Hyuer, parce que c'est vne saison morte, & en laquelle tout

---

1   Bien qu'il y ait aussi une expression bien attestée «donner joie de quelque chose», qui, s'agissant de Dieu, signifie «faire entrer en possession de», il s'agit ici de la joie céleste, la béatitude.

2   Ct 2, 12 : «Les fleurs paraissent sur la terre, Le temps de chanter est arrivé […]»; le jeune novice fait une interprétation «tirée par les cheveux», qui est rejetée. Mais celle-ci est «probablement fondée sur la Septante qui parle du «temps de la coupure» (kairos tès tomès). B. Barc.

3   Jb 29, 18. La première lecture est celle de la Vulgate («comme la palme»). «La Septante a ici *phoinix* qui signifie à la fois *palmier* et *Phénix*.» B. Barc.

paroist mort : parce que ceste saison lui deplaisoit : parce que nostre Seigneur estoit né en terre en ce temps-là pour nous faire renaistre au ciel. Bref autant de testes, autant d'opinions, afin de rendre la conuersation plus delectable par ceste varieté.

Apres cela on proposa de quel genre de mort. Plusieurs emportez de zele, la desiroient violente pour imiter nostre Seigneur. D'autres se deffians de leurs forces, & se retenans dans l'humilité, la desiroient sombre & iudicieuse, c'est-à-dire sans esclat, mais aussi sans assoupissement. D'autres courte, comme Cesar la souhaittoit, mais non pas impreueuë. Plusieurs souhaittoient la grace du Martyre, comme l'acte de la plus grande charité. D'autres de languir long temps pour se preparer à loisir à ce passage, & pour se purger de leurs fautes. D'autres desiroient de mourir par l'excez de l'amour de Dieu, mort desirable sur toutes les morts. Chascun donnoit ainsi carriere à son esprit selon que son affection le portoit. Mais l'heure de la recreation approchant de son terme, on reuint à la fin à la première propo[265]sition, & on la reduisit aux iours de la sepmaine. Tous vouloyent mourir le Vendredy pour la raison de la mort du Sauueur. Mais en venant aux autres, les vns choisis-soyent le Dimanche, parce qu'en ce iour là nostre Seigneur auoit triomphé de la mort par sa Resurrection glorieuse : parce que c'est vn iour qui nous represente en la terre l'eternel repos, dont on iouyt dans les cieux : parce que c'est le iour du Seigneur. Ceux-là souhaittoyent de mourir le Lundy, parce que c'est vn iour parti-culierement affecté à la memoire des trespassez, & auquel on prie dauantage pour eux. Ceux-ci vouloyent le Mecredi, comme vn iour de penitence & de mortifictaion pour ceux qui font profession de la vie deuote & Religieuse. D'autres prenoyent le Ieudy, qui est celui de l'institution du Sainct Sacrement de l'Autel, desireux d'expirer apres auoir receu le sacré viatique, & comme d'autres Moyses, au baiser du Seigneur. Plusieurs choisirent le Samedy, qui est deuoüé à la Saincte Vierge Mere de nostre Redempteur, souhaittans de se refugier sous sa protection en ceste derniere angoisse. Ie ne sçai de quelle façon le Mardi demeura, & ne fut choisi d'aucun.

Chose qui fut bien agreable à celui qui par obeyssance auoit faict
la proposition. Touchant* donc à lui de clorre le ieu comme il
l'auoit ouuert, il dict que de tous les iours de la sepmaine il n'y
en auoit aucun auquel il desirast plutost mourir que le Mardy.
La nouueauté de ce choix fit que tous ceux de l'assemblee tour-
nerent les yeux vers lui : & pour sçauoir la rai[266]son presterent
vne attention extraordinaire. Alors ce ieune Religieux d'vn visage
plein de ioye en vn sujet de lui-mesme si triste : Ie n'ay point, dict
il, faict ceste election* par singularité, ni par caprice : car quand
vn autre eust choisi ce iour-là ie l'eusse pris aussi pour ma part, &
me semble qu'en cela ie suis poussé par mon deuoir. Car si nostre
vie consiste en action, & quand nous cessons d'agir, nostre mort
commence : ne vous semble-t'il pas qu'vn arbre qui ne porte point
de fruit doit estre arraché ou coupé comme occupant inutilement
la terre ? Ie sçai bien qu'en tout temps & quoi que nous fassions
nous sommes des seruiteurs inutiles, parce que nos œuures sont
tellement imparfaites & de si peu de consideration, que Dieu ne
les estime que par pure misericorde, veu que ce qu'il y a de bon en
nous est de lui, & nous ne meritons qu'en lui & par lui, & autant
qu'il nous rend dignes de meriter deuant sa clemence. Ie sçai assez
qu'il n'a que faire de nos biens, & que ce que nous faisons pour
sa gloire reuient à nostre vtilité, comme nos propres iniquitez
retombent sur nos testes. Mais quand on ne faict rien du tout,
quand on est oisif attendant qu'on soit loué pour aller trauailler
en la vigne : il me semble que c'est le vray temps de mourir. C'est
pour cela que S. Martin ne refusoit point le trauail de la vie, pourueu qu'il pust seruir en Dieu,[1] son prochain. Et à ceste occasion
la B. Mere Terese auoit pour deuise, ou souffrir ou mourir, comme
si elle eust voulu dire, que le temps de mourir est celui auquel on
ne faict, ou l'on n'en[267]dure rien pour l'amour de celui qui a
tant faict & souffert pour nous. Quand ie viens donc à penser à

---

1   L'édition de 1660 supprime ici, à juste titre, la virgule : Saint Martin veut servir
    son prochain en Dieu.

l'employ auquel ie suis occupé par nos Superieurs, ie trouue que le Dimanche i'accompagne à la ville le pere Predicateur, ou ceux qui vont faire la doctrine Chrestienne, le Lundi ie sers les Messes, le Mecredi ie suis celui qui va visiter les prisonniers & les malades de l'Hospital, le Ieudy ie sers à la cuisine & au refectoir, le Vendredy à l'infirmerie ou à la porte, le Samedy au Iardin. Le Mardy nostre pere me laisse reposer & ne me commande rien. Il me semble que i'aurois en ce iour là plus de loisir de penser à ma conscience, & plus de commodité* de mourir, puisque ie n'ay autre chose à faire. Ceste petite raison ioyeuse, & ensemble iudicieuse, instructiue & d'edification donna tant de consolation à tous les Confreres, que d'vne commune voix ils confesserent, & mesme le Pere Maistre, que c'estoit celui qui auoit le plus heureusement rencontré. Eu esgard aux circonstances du lieu, du temps & du sujet ; veu qu'il auoit meslé le serieux auec l'agreable, l'vtilité auec le plaisir & la modestie* auec la ioye.

Cependant ne remarquez-vous point en ceste Religieuse recrea-tion comme les abeilles font du miel qui est si doux, auec le thim qui est vne herbe si amere, & que la mort, dont le souuenir est si plein d'amertume, depose son front farouche deuant les seruiteurs de Dieu de qui la mort est precieuse ? Ce serpent espouuantable deuient vne verge & verge de direction au Royaume eternel [268] en la main des bons. Ouy les ames des iustes sont en la main de Dieu : le tourment de la mort, l'effroy de ce passage ne les touchera point. Ce qui faict peur aux autres, au lieu de troubler leur paix, sert d'entretien* à leurs recreations, semblables à ceux qui aiguisent leur appetit en mangeant de la chicoree sauuage. Ce qui est en horreur aux mauuais, leur est en souhait. Ie desire estre deslié de ce corps, disoit S. Paul [1] ; Quand apparoistrai-je deuant la face de Dieu, chantoit Dauid. Et S. André : O bonne Croix, que i'ay tant desiree. Ces grands poissons se plaisoyent dans l'eau amere de ce souuenir, & y trouuoyent des sources d'eau douce.

---

1   Rm 7, 25 ; 2 Co 5, 8.

Au demeurant i'ay appris en vn deuis* familier ceste ioyeuseté Religieuse d'vn tres-docte & tres deuot Religieux, & qui est comme ie croy l'vn des plus saincts & renommez Predicateurs de nostre France. Il estoit encore Nouice & faisoit sa partie au gratieux concert de ceste Recreation. Et peut estre que ce fut lui qui fit ceste gentille* rencontre : mais par humilité & par modestie* il ne s'en donna pas l'inuention. [269]

La Calomnie Descouuerte.
EVENEMENT V.

ENTRE les eloges que le Psalmiste Roy donne à la diuine bonté, il l'appelle vne aide opportune en la tribulation[1]. Et le mesme nous apprend que les yeux de Dieu veillent principalement sur la conseruation des iustes, & que ses oreilles sont attentiues à leurs prieres, & ses mains promptes à leur secours. Il a esgard à ceux qui le craignent, dict-il en autre lieu, & à ceux qui esperent en sa misericorde[2]. O ! le Dieu des vertus, que bien-heureux est l'homme qui espere en vous. Certes il faict bon s'attacher à vous, & mettre en vous toute son attente. Ces veritez reluiront comme des diamans dans l'enchasseure de l'Euenement que ie vay deduire*, où nous verrons vne calomnie descouuerte à la honte de son autheur, vne verité aueree à la gloire de l'innocent, & vne integrité virginale comme miraculeusement preseruee.

Le Comté Venaissin, dont Auignon est la ville capitale, est possédé en Souueraineté par le Sainct Siege. Ce qui est cause

---

1   Ps 94, 18 (?). Mais pourrait être une allusion à bien d'autres passages des Psaumes.
2   Ps 115, 11. Même remarque que pour le précédent.

qu'en beaucoup d'occurrences* les habitans de ceste contree
sont contraincts de recourir à Rome pour la decision de leurs
differens. Non que la Iustice establie sur les lieux ne soit suffisante*, & en capacité & en pou[270]uoir, de les terminer : mais
pour* l'opiniastreté des parties qui iroyent quelquefois au bout
du monde pour immortaliser leurs querelles & contenter leurs
passions. Vne Dame de ce pays-là (ie ne sçay pas precisement
de quelle ville) & dont nous voilerons le nom sous celui de
Delfine, s'estimant interessee* en vne affaire de grande importance, & n'ayant pas trouué dans le iugement qui en fut faict,
la satisfaction qu'elle desiroit, se resolut de passer en Italie, &
d'aller à Rome chercher la raison dont elle ne se pouuoit payer
sur les lieux. Accompagnee selon sa qualité de quelques hommes
& seruantes, elle monte sur vn vaisseau Marseillois qui estoit
prest de faire voile vers Genes. Ceste nauire se deschargeant en
ce port pour se recharger d'autres marchandises selon l'vsage
ordinaire du commerce, il fut necessaire à ceste Dame de se
pouruoir d'vn autre vaisseau pour se rendre ou à Ligorne, ou à
Ciuitauecchia. Cela fut cause qu'elle seiourna quelque temps
en ceste cité, à qui la magnificence & la pompe de ses palais a
donné le surnom de Superbe.

Tandis qu'elle se promeine çà & là rauie en admiration par
la veuë de tant de somptueux edifices, de tant de colonnes, de
peintures, de marbres, de meubles precieux : elle pense estre en
vn autre Paradis terrestre. Mais d'autre costé considerant la laideur
& la sterilité des montagnes, l'extrauagance de la situation, les
mauuais vins & les pires viandes, elle reconnut que la fable de
Midas est vne histoire en ceste contree, où la faim est dans l'or,
& la disette dans l'opulence : Ie veux [271] dire où la richesse
n'est qu'artificielle, & la necessité* des choses qui seruent à la vie
est très-grande. Ie laisse à part les mœurs de ces Liguriens tous
attachez à leurs interests*, & si peu fauorables aux estrangers : &
pour n'auancer rien de plus fascheux, on peut dire de ceste terre

comme de celle de Megare, qu'elle ronge ses hostes : ou comme de celle de Canaam, qu'elle deuore ses habitans[1], puisque le desir d'amasser, que l'Apostre appelle Philargyrie[2], est vn vlcere qui s'estend & qui mange la nuict & le iour. De sorte que l'on en peut dire comme de la ville d'Athenes, où il faisoit bon passer, & non pas demeurer, ou comme des Courtisanes que les imprudens voyent, & que les prudens euitent.

Delfine commençant à s'ennuyer dans ce seiour, où comme parmi ces peuples que les Cosmographes appellent Astomes[3], on ne vit que d'odeurs, se despitoit* contre les Mariniers du vaisseau, où elle se deuoit embarquer qui differoyent leur depart de iour à autre. En ceste mauuaise humeur estant desia assez fascheuse & criarde de son naturel, elle tempestoit apres ses domestiques* plus que de coustume. Elle auoit à sa suitte vne ieune fille dont le vray nom (puisqu'il n'importe point de le desguiser) estoit Marthe. Elle estoit assez belle, & selon l'air de nostre nation d'vne façon fort gaye & d'vn esprit prompt & reueillé. Sa maistresse la criaille comme les autres, & ce qui estoit le pis, c'estoit sans cause ou pour quelque sujet friuole. Ceste fille qui auoit vne teste, & ceste teste trop de langue & trop peu [272] de ceruelle, son age ne lui donnant pas beaucoup de iugement : se mit à repliquer à Delphine, laquelle esleuant la voix & enflant sa cholere par ces oppositions, vint des paroles aux coups. Et apres auoir exercé sa langue en toute sorte d'iniures contre ceste fille, employa encore ses mains à l'outrager*, & de telle furie, que ceste fille pressee de ceste extremité se mit sur la defense que la nature enseigne aux moindres vermisseaux. Si bien que la Maistresse prenant vn baston, & la seruante voulant le lui oster des mains : en ce debat Delphine se blessa

1   Nb 13, 32.
2   1 Tm 6, 10.
3   Peuple fabuleux d'hommes sans bouche (a-stoma), que Pline place aux Indes et d'autres en Afrique.

legerement au visage, & pres de l'œil, ce qui la mit en la plus grande cholere qu'elle eust iamais ressentie. Ie descris ces petites particularirtez, parce que cest esclandre* estant fraischement arriué en la mesme hostellerie où ie logeay à Genes au retour de mon dernier voyage de Rome[1], elles me furent ainsi racontees par des tesmoins oculaires.

Bien que Delfine fust & vefue & en vn âge auquel les femmes changent ou doiuent changer la qualité de belles en celle de bonnes : si est-ce que parmi les femmes le desir de conseruer leur beauté & de paroistre agreables, ne peut vieillir, ni mesme mourir qu'auec elles : De sorte que Delfine qui auoit tousiours eu vn extreme soin de celle que la nature luy auoit prestee, entra en vn extreme desplaisir de se voir vn emplastre au visage, & de la deformité en vne partie si delicate & precieuse comme est l'œil. Ce n'est pas que la playe fust grande ni dangereuse, mais elle redoutoit que la marque de la cicatrice ne demeurast, [273] & que ceste flestrisseure ne luy rauist tout à faict ce peu qui lui restoit de fleurissant sur la face. La voilà donc la plus indignee du monde, & si Marthe ne se fust ostee de deuant elle par vne prompte fuitte, elle l'eust deschiree en autant de pieces que Penthee fut mis par les Bacchantes forcenees[2]. Elle ne voulut plus ouyr parler de la reuoir, & moins de la reprendre à son seruice. Et ce qui fut le comble de l'iniustice, c'est que peu de iours apres elle monta sur mer auec sa suitte sans payer les gages à ceste pauure fille ; peché qui crie vengeance vers le ciel, & sans lui donner dequoi[3] se faire conduire en France. Laissant ceste chetiue* sans argent, sans appui, sans secours, sans connoissance en vne terre estrangere dont elle ignoroit la langue, semblable à vn vaisseau sans timon,

---

1 1627, si l'on pense que Camus écrit ses nouvelles peu avant leur publication.
2 Découvert alors qu'il observait les rites bacchiques des femmes de Thèbes, Penthée fut par elles déchiqueté.
3 *Dequoi*, en un seul mot, est bien attesté au sens de *argent, moyens* (*le dequoy*). Le relatif lui-même est partout dans ce texte écrit en un seul mot lorsqu'il est, comme ici, introduit par *de*.

sans voile & sans rame au milieu d'vne violente tempeste. Ce que les Poëtes content d'Ariadne abandonnee sur vn escueil, est vne fable qui faict pitié : qui n'en auroit de la verité de ceste Histoire ? Mais Dieu qui a soin des petits des corbeaux delaissez de leurs meres, en aura vn particulier de ceste miserable* creature, qui se noyant dans ses larmes en cet extreme desespoir où elle se voit reduitte, ne peut prendre autre vengeance que sur ses cheueux. Les hosteliers qui n'ont de l'humanité* que sur le visage*, & qui comme des harpies cachent des ongles crochuës sous de beaux semblans, voyans qu'il n'y auoit rien à gaigner autour de ceste fille despourueuë de tous moyens, la firent sortir de l'hostelerie. La voila parmi la ruë sans sçauoir où elle deuoit donner de la [274] teste, ne pouuant pas seulement faire entendre sa neces-sité*. Le diable, ce lyon rugissant, qui veille sans cesse & rode tousiours pour attraper de la proye¹, ne manqua pas de tendre des embusches au talon de ceste pauurette, ainsi que vous verrez.

En ce delaissement plusieurs personnes s'offrirent pour la receuoir : mais c'est le propre des vierges de craindre & de se defier à cause du thresor inestimable de leur integrité dont la perte est irreparable. Elle n'estoit pas ignorante du prouerbe qui se dict des hommes, des femmes, des montagnes & de la mer de Genes² : elle sçauoit que les filles les plus sages sont mal asseurees* parmi ceste chaude & fine nation. Elle redoutoit que sous ceste apparente charité il n'y eust de la malice* cachee, & que l'aspic ne fust sous la fueille du figuier. Elle aima mieux addresser* ses pas vers l'hospital, qui est l'hostel ou la maison de Dieu, que d'entrer en aucune demeure particuliere*. Mais on n'y reçoit que des malades. Helas ! elle est en vne condition* d'autant plus dangereuse que la perte de l'honneur est plus à craindre que celle de la vie. Elle trouua neantmoins en ce lieu quelque soulagement, parce que les gouuerneurs de ceste celebre maison touchez de

1 V. note 1 p. 271 ci-dessus.
2 Mare senza pesce, monti senza legno, uomini senza fede, donne senza vergogna.

pitié sur ses larmes & sa misere, la mirent entre les mains d'vne
bonne vefue pour y auoir sa vie en seureté iusques à ce que l'on
eust trouué les moyens de la renuoyer en France. Il y auoit bien
au port quelques vaisseaux François qui faisoyent estat de leuer
bien tost les ancres pour tirer du costé de la Prouence. Mais de
remettre ceste fille entre les mains [275] de Mariniers, gens qui
voguent sur vn element d'où Venus a pris sa naissance, ce n'eust
pas esté sagement faict. Marthe mesme n'y eust iamais consenti,
ne voulant point se mettre au hazard du chemin qu'en la compagnie de quelque femme d'honneur, ou de quelques personnes
Religieuses qui peussent estre gardiennes de son integrité.

Mais tandis que de semblables occasions*, qui sont assez
rares, s'attendent : Satan qui estoit en sentinelle, lui suscita par
ses suppots d'horribles tempestes. Elle estoit en la garde d'vne
honneste* femme : mais elle estoit de Genes. Et puis quel toict
peut resister à ceste pluye d'or, qui penetra la tour de la fille
d'Acrise[1] ? Plusieurs ieunes hommes desbauchez dont il n'y a
qu'vn trop grand nombre en ceste ville & sçachans la necessité*
où elle estoit reduitte, firent dessein de la perdre. Marthe mesme
sans y penser contribuoit aucunement* à sa perte. Car estant
nourrie dans la liberté de nostre nation, elle se laissoit voir assez
ordinairement aux Eglises, & (ce qui est de plus dangereux en
Italie) aux fenestres : & de la licence de ses regards, ces amans
inconsiderez* allumoyent les feux qui en consumant leurs cœurs
de desirs nourrissoyent leurs esperances. Ceux qui ont pratiqué
ceste nation sçauent que les moindres estincelles d'apparence
font de grands embrasemens, & que les œillades & les moindres
signes font comme la foudre des effects prodigieux. Marthe
ignoroit toutes ces choses, & bien que ses regards fussent de
colom[276]be & simples & innocens, ils portoyent sans dessein

---

1 Acrise (Acrisios) est le père de Danaé, qu'il avait enfermée dans une tour aux portes
   d'airain gardée par des chiens féroces. Jupiter la séduisit en se transformant en
   pluie d'or, engendrant ainsi Persée qui, conformément à l'oracle qui avait motivé
   l'enfermement de Danaé, tuera (mais involontairement) son grand-père.

des feux* artificiels qui reduisoyent en cendre ces poictrines inconsiderees*. Toutes les fois qu'elle s'amusoit* à la fenestre, & que ces esclaues passoyent, elle faisoit le mesme qu'Archimede au siege de Syracuse, bruslant de loing les nauires des Romains auec ses miroirs ardans. De ceste facilité à se laisser voir, que ne promettent-ils à leurs folles pensees?

Cependant ils se trompoyent bien en leur conte : car celles qui sont nourries sous la liberté de l'air François, sont beaucoup plus difficiles à peruertir, que celles qui sont esleuees dans les contraintes de delà les monts. Car là le moindre signe est vn engagement absolu, & vne paction expresse : mais parmi nous les mugueteries*, les cajolleries, & mesme les presens sont des vagues contre des rochers. Ces mal-heureux* poursuiuans tentent* toute sorte de voyes pour arriuer au but de leur pernicieux dessein. L'hostesse mesme de Marthe commençoit à parlementer, & esblouye de la poudre d'or qui voltigeoit deuant ses yeux, estoit tentee de porter ceste fille à sa perte. Hé! Dieu que fera vn roseau du desert contre tant de vents & tellement impetueux? A dire la verité il y a du miracle manifeste en la façon dont ceste brebis euita la gueule de tant de loups disposez à faire curee de son honneur. La vieille desia corrompuë par les presens, estoit tousiours attachee à ses oreilles comme vn taon importun pour lui souffler le venin* dans la volonté, & lui faire prester consentement à sa ruine. [277]

Que fera ce fresle vaisseau parmi tant d'escueils? Certes elle pouuoit bien dire auec le Psalmiste : Ie suis arriuee en la haute mer, où la tempeste est sur le point de me faire faire naufrage. Mais celui qui garde Israel ne dort pas, celui qui a sauue Susanne, Daniel, & Ionas est disposé à la secourir, pourueu qu'elle ne perde point la confiance qu'elle doit auoir en sa bonté. Comme les simples oisillons se prennent par les appasts & se surprennent par les appeaux, ceste fille pressee d'vn costé par les durs aiguillons de la necessité*, & de l'autre par les doux chatouillemens de la volupté & de la vanité, ne sçauoit plus que faire, lors que recueillant toutes

les forces de son esprit, & tenant fort dans la plus haute partie de
son ame & dans le donjeon de sa volonté, du profond abysme
de ses miseres[1], elle cria vers Dieu qui escouta aussi tost sa voix,
voix qui resonna d'vn ton pitoyable* à ses oreilles, & aussi tost il
exauça sa priere & descendit à son aide. Seigneur, luy dict elle en
l'excés de son esprit & de sa douleur, vous voyez comme ie suis
violentee, ie n'en puis plus si vous ne respondez pour moy, & si
vous ne vous monstrez mon protecteur. A ceste courte & ardante
priere elle ioignit vne ferme resolution de mourir plustost auec
l'honneur sur le front, que de viure auec honte & ignominie. Et
se repentant amerement d'auoir presté l'oreille aux discours de
ceste mal-heureuse* hostesse qui la tentoit comme vne autre Eue,
& d'auoir attisé & nourri par ses regards, ses complaisances & ses
affetteries*, les feux qui embrasoyent ses miserables* [278] poursuiuans, elle baignoit son lict de larmes & ne faisoit que souspirer
la nuict & le iour. Ceste femme qui l'auoit prise en sa garde (et
Dieu sçait quelle garde) croyant qu'elle souspirast pour se voir
esloignee de son pays & de ses parens, taschoit de la consoler, en
lui representant les auantages du seiour de Genes, & les esperances
d'vne bonne fortune & d'vne delicieuse vie. Mais Marthe entendoit
aussi peu ses consolations, qu'elle les plaintes de la fille. Laquelle
en fin se voyant trahie & venduë par ceste vieille, & preste d'estre
liuree à ceux qui la desiroyent pour assouuir leurs infames desirs,
par vne saincte horreur de ce precipice elle recourut au grand
hospital : où s'addressant* à l'vn des Recteurs, elle l'auertit au
mieux qu'elle put de l'extremité du peril & du malheur* où elle
se trouuoit, le suppliant à chaudes larmes d'auoir pitié d'elle & de
la mettre en quelque asyle de plus grande asseurance. Adorable
conduitte* de l'eternelle prouidence, qui ameine toutes choses
à leur fin par des routes impreueuës, & neantmoins suaues, ô
hautesse des richesses de la sagesse de Dieu, que vos iugemens
sont esmerueillables*, & vos sentiers incomprehensibles ! Elle

---

1 Ps 130, 1.

vient en cet hospital au mesme temps que deux bons & notables Ecclesiastiques François de la prouince de Bourgogne, le venoyent visiter comme vne des principales choses de la cité, & venerer le corps de la B. Catherine de Genes qui s'y voit encore tout entier. Sous ce nom de François qui vint frapper l'oreille de ceste fille, elle se resolut de les aborder & d'implorer [279] leur secours en vne si pressante necessité*. Ce n'est pas sans raison que les Prestres en l'Escriture sont appelez les Anges du Seigneur des armees, parce que leur ministere comme celui des Anges, vise à la conduitte* & à la conseruation des hommes. Ceux-ci furent comme enuoyez de Dieu à ceste fille, ainsi que Rafaël au ieune Tobie pour la preseruer des Demons[1]. Ils estoyent d'vn âge moyen, & tirant vn peu sur la vieillesse, comme l'on pouuoit coniecturer à leur poil qui commençoit à grisonner. Leur façon estoit graue & modeste, leur aspect doux & humble*, leur contenance* posee, leur presence* venerable & d'vne composition* exterieure si bien reglee, qu'elle tesmoignoit la bonne disposition* de leur interieur. Ils estoyent vestus en Pelerins, auec le bourdon & l'esclamme*[2] mais proprement & honorablement. Ceste decence monstroit qu'ils n'estoyent pas de ces coureurs que la curiosité* & l'oisiueté plustost que la deuotion portent parmi le monde. Ils auoyent visité la saincte chambre de Lorette, & puis les Saincts lieux de la ville de Rome, d'où ils reuenoyent par Florence, & apres auoir passé les fascheuses montagnes qui sont entre Lucques & Genes,

---

1   Tb 6, 10-fin.
2   Le substantif n'est dans aucun dictionnaire sauf Nicot : *"C'est une façon de manteau long que les pelerins portoyent anciennement, comme se void au roman de Guy de Waruich. Aucuns l'appellent Escluine. Penula chlamys. Mais on peut dire que au lieu de Esclamme & d'Escluine, il faut lire Esclauine, ou Sclauine, voyez Esclauine.[…]* (suit le sens de l'adjectif en vénerie). *Esclauine : Est une maniere de robe longue jusques à demi-jambe, à collet haut & quarré & manches courtes, d'estoffe grossiere, dont les mariniers, matelots et barquerots vsent l'hyver allans sur mer. Le mot vient du pays et peuple d'Esclauonie, & l'vsage de tel vestement aussi, l'Italien dit* Schiavina, & Ischiavina, *Toutefois ce n'est l'estoffe grossiere qui fait le nom de Esclauine, comme de* Gausape *latin : ains la façon de la robe. Car les Capitaines & autres chefs des vaisseaux de mer en portent de si riche estoffe qu'ils veulent.*

ils estoyent arriuez en ceste magnifique cité maistresse du riuage Ligustique. Il y en auoit vn plus ieune que l'autre, & quoy qu'il deferast beaucoup à l'âge du vieillard, si est-ce que cestui-ci lui rendoit de tels deuoirs, qu'il estoit aisé à remarquer qu'il y auoit entr'eux quelque notable différence de qualitez ou de naissances. Quoy que fasse vn homme de maison [280] pour se desguiser & pour voyager inconnu auec plus de liberté, il a tousiours vn rayon de Noblesse sur le front, qui lui sert de lettre d'entree. Mais quand la vertu & la pieté accompagnent ceste bonne mine*, il ne faut point d'autre recommandation ni connoissance pour estre bien veu & bien venu par tout. Ceux-ci alloyent inconnus par le monde, ne voulans auoir autre tesmoin que Dieu de leurs bonnes actions, pour ce sujet ils se disoyent Prestres simples, quoy qu'ils parussent de quelque plus haute qualité en l'Eglise, & se faisoyent appeler l'vn Hierôme, l'autre Paulin pour* leur deuotion particuliere*. Ils s'entraimoyent d'vne dilection* vraiment fraternelle, & s'estoyent promis durant leur voyage vne assistance mutuelle, & vne société inuiolable, se preuenans l'vn l'autre auec beaucoup d'honneur, ciment & element de la vraye amitié. Soit que le plus ieune respectast l'âge & la vertu du plus âgé, ou que le plus vieil honorast la noblesse ou la qualité du plus ieune : cestui-ci neantmoins alloit tousiours le dernier, bien que celui-là ne passast le premier qu'apres auoir rendu à l'autre vne profonde reuerence. Ie dis toutes ces particularitez* pour* en estre bien informé, & auoir sçeu depuis quels estoyent ces Pelerins.

Marthe les ayant abordez, & leur ayant faict entendre en son langage l'extreme peril où elle estoit de perdre son honneur, & imploré instamment leur secours en vn besoin si vrgent, de quelle ioye fut-elle saisie quand elle entendit en sa mesme langue, la promesse qu'ils lui firent de [281] l'assister pour l'amour de Dieu de tout leur pouuoir, & de la faire conduire en seureté entre les bras de ses parens ? Sans s'arrêter à de plus longues cajolleries, ils la laisserent dans l'hospital au departement* destiné pour les femmes, & allerent de ce pas aux Theatins Religieux de saincte &

exemplaire vie, où le matin ils auoient fait leurs deuotions, &
celebré la saincte Messe, & par le moyen d'vn de ces Peres ils
logerent Marthe pour quelques iours chez vne Dame vefue,
qui estoit fort deuote & de grande qualité, en attendant qu'il
se presentast quelque occasion* pour la renuoyer en Prouence.
Mais ne se trouuant point de compagnie asseuree*, ny de femme
qui fist ce voyage & à qui l'on pust remettre ceste fille, ces bons
Ecclesiastiques poussez d'vn grand zele pour sauuer ceste creature
de sa perte euidente, se resolurent de l'accompagner en Prouence :
où apres l'auoir rendue à ses parens, ils se promettoient de faire
le pelerinage de Sainct Maximin & de la Saincte Baume, & puis
par Lyon de reprendre la route de leur païs. Il part tous les iours
des fregates ou des tartanes* Prouençales du port de Genes. Ils
se mettent auec Marthe en l'vne de ces petites barques, asseurez*
qu'en vn petit vaisseau à la veuë des mariniers on ne pourrait faire
aucun mauuais iugement de leur sincere charité. Aussi ne fut-ce
pas de la part de ceux qui les virent que prouint leur trauerse. Mais
le Diable, & ceux qu'il auoit charmez par la beauté de ceste fille,
se voyans eschaper ceste proye, se seruirent d'vn artifice* d'autant
plus abominable, qu'il estoit auctorisé* par la Iustice. [282]

Entre les mal-heureux* poursuiuans ce ceste creature Stilico
& Perille, ieunes Gentils-hommes Geneuois, estoient les plus
passionnez, c'estoient des compagnons de desbauche, qui ne se
resiouïssoient que quand ils faisoient mal, & faisoient gloire de
leur honte. Ces perdus & addonnez à tout vice se seruirent de la
premiere hostesse de Marthe pour lui faire addresser sa plainte au
Iuge sur la fuitte (ainsi appeloit-elle le depart) de Marthe, qu'elle
disoit auoir esté subornee & enleuee par deux Prestres François,
donnant auis que l'on pourueust à ce scandale, & que l'on allast
apres ces Rauisseurs, qui ne pouuoient encore estre à Sostri de
Ponant, qui n'est qu'à cinq ou six mille[1] de Genes.

---

1   Mil, mile ou mille est invariable.

Le Iuge n'eust pas plustost permis de remedier à ce Rapt, que Stilico & Perille armez de ce decret, sautent dans vne felouque à six rames, & vont volant apres la Tartane* Prouençale, qui alloit à voyle sous vn vent assez foible, de sorte qu'ils l'attrapperent auant qu'elle fust à Loan. L'ayans abbordee, & fait commandement aux Mattelots de la part de la Seigneurie de rendre la fille & les deux Pelerins, suiuant l'ordonnance dont ils faisoient monstre. Le marchand à qui estoit le vaisseau n'estant pas homme de defense, & mesme les Prestres ne voulans pas que l'on fist aucune resistance, & Marthe & les Ecclesiastiques descendirent dans la felouque, & reprindrent la route de Genes. Il estoit lors au pouuoir de ces mauuais garçons* de se deffaire de ces bons Prestres, & de faire de la fille ce qu'ils eussent voulu, & mesme [283] il est à croire qu'ils auoient de mauuais desseins, puis qu'ils consulterent long temps à basse voix en l'vn des bouts de la felouque, où ils s'estoyent retirez. Mais Dieu protecteur de l'innocence confondit* leurs proiects, & troubla leurs esprits, & selon le mot du Psalmiste, empescha de reüssir le conseil* des impies[1]. Vn vent frais secondé des rames les ramena dans le port de Genes plustost qu'ils ne pensoient : où se voyans comme engagez à voir la fin de ce qu'ils auoient iniustement commencé, ils enuoyerent les Ecclesiastiques chez l'Official de l'Archeuesque, afin qu'il les mist en prison, & iugeast de leur crime : & menerent Marthe chez sa premiere hostesse, esperans par son moyen venir à bout de leurs pretensions*. Mais leur iniquité retombera sur leurs testes, & ils tomberont dans les pieges qu'ils preparent.

Cette fille perdant de veuë les deux Astres, sous l'aspect desquels elle pensoit se sauuer de naufrage, commença à crier, à se debattre* & à tempester si extraordinairement, que plusieurs s'amasserent autour d'elle, & la suiuirent par la rue. Elle auoit beau deduire* ses raisons, demander secours, & dire qu'on la

---

1 Ps 1, 1 ; Ps 1, 5.

trainoit à la voirie*[1], & à la merci de ceux qui n'aspiroient qu'à la ruine de son honneur : elle n'estoit pas entendue de la populace, ignorante de nostre langue. Neantmoins dans ceste multitude il se trouua par bonne rencontre vn artisan François appelé Marc, donc l'art estoit de faire des ornemens d'Eglise. Celui-là enten-dant les plaintes de ceste fille, se fit faire place dans la presse, & lui parlant François il sceut [284] d'elle, que s'il ne la secouroit promptement, on l'alloit mettre entre les mains d'vne femme, qui la vendroit à ces ieunes hommes qui la conduisoient.

Marc fit aussi tost entendre ceci au peuple en langue Italienne, & voilà vne rumeur qui s'esleue & vn tel tumulte pour defendre ceste fille, & empescher qu'elle ne fust trainee à son mal-heur*, que Stilco & Perille n'en purent estre les maistres. Elle pria Marc de la conduire ou à la prison, ou chez sa seconde hostesse, pour mettre son honneur en seureté. La voix du peuple qui fut celle de Dieu, voulut qu'elle fust menee chez ceste Dame deuote, où elle auoit esté mise par l'addresse* des Theatins.

Cependant, Hierosme & Paulin sont interrogez par l'Official, auquel ils respondent auec tant de verité & de pertinence, qu'il ne leur ordonna point d'autre geolle que sa maison, lisant sur leur front leur probité & leur innocence. En suite (pour ne faire ici des procedures de procez) Marthe fut interrogee par le Iuge, laquelle ayant exposé naifuement* & sans fard, & plus encore sans art, la cause & la suitte de son desastre*, les infames persuasions de sa premiere hostesse, & les mal-heureuses* poursuittes de ces deux ieunes hommes, qui auoient sur la mer couru apres elle, qu'elle fit connoistre pour Stilico & Perille, en fin pour la iustification de Hierosme & Paulin elle s'offrit à la visite des matrones, afin

---

1   Deux sens possibles ici : voie publique, ou décharge publique où l'on emporte les immondices. Mais il faut se souvenir que la sépulture des plus démunis des pauvres, et celle qui est imposée par la justice à certains criminels pour les marquer d'infamie, est bien la décharge publique. Seule, démunie et ayant eu peut-être à l'avenir recours à la prostitution, c'est effectivement un sort que peut craindre Marthe. *Cf.* III, 13 [188].

qu'elles iugeassent de son intégrité. Sa seconde hostesse qui voulut estre esclaircie* de ceste verité, fit en elle faire ceste espreuue. Treuuee vierge, & le rapport en estant fait, [285] la calomnie fut descouuerte, l'innocence des Ecclesiastiques aueree, leur zele loué, la pureté de Marthe & sa constance honorees, & les calomniateurs Stilico & Perille condamnez solidairement à mille escus d'amende, sçauoir cinq cens escus pour faire conduire Marthe en son pays, & la marier, & les autre cinq cens pour les deux Pelerins, lesquels refuserent genereusement ceste somme (ce qui fit coniecturer que c'estoient des personnes notables en qualité, ou de grande vertu) mais pour appliquer à bien ceste punition de l'iniquité des deux desbauchez, ils consentirent que Marthe eust les mille escus, dotte honorable pour vne pauure fille.

Stilico & Perille aussi honteux que les Vieillards accusateurs de Susanne, furent saisis[1] : & comme on les conduisoit en prison pour le payement de ces derniers, ils euiterent de passer le guichet, en les faisant compter promptement, parce qu'ils estoient riches. La premiere hostesse de Marthe fut bannie de la ville. Et le bon Marc qui s'estoit marié à Genes, s'offrit auec sa femme de reconduire Marthe en Prouence. Les Pelerins voyans ceste fille en bonne main, suiuirent leur chemin par terre, & par le Piedmont se vindrent rendre en la Franche-Comté païs de leur naissance, où i'ay depuis appris quels ils estoient, & certes ils sont Ecclesiastiques, remarquables en qualité & en naissance, mais plus encore en vertu, quelques raisons m'empeschent d'en dire dauantage. Quelques iours apres leur depart vn grand vaisseau de la coste de Languedoc faisant voile vers Marseille, [286] Marc & sa femme se mirent dessus auec Marthe, qu'ils remirent entre les mains des siens au Comté d'Auignon. Ils furent satisfaits de leur peine, & peu de iours apres leur retour à Genes Marthe auec ses mille escus trouua vn honneste* parti.

---

1 Dn 13, 60-61.

Voila comme la Vertu trauersee par tant d'espreuues eut à la fin sa recompense. Il n'en prit pas ainsi à sa mauuaise Maistresse. Car soit que le peché de retenir le salaire des seruices criast vengeance vers le ciel, ou celui d'auoir laissé au hazard & comme en proye la chasteté d'vne fille, attirast le courroux du ciel sur sa teste : elle courut vne telle fortune sur la mer entre Genes & Ligorne, qu'elle se vit cent fois sur le poinct d'estre enseuelie sous les ondes. Ayant en fin gagné la terre, elle n'y trouua pas plus de seureté : car entre Florence & Rome elle & son train furent desualisez par des voleurs, qui furent sur le poinct de luy oster & l'honneur & la vie. En fin arriuée à Rome en l'equipage* que l'on peut imaginer, elle eut vn aussi mauuais succez* de son affaire qu'en Auignon & aussi contraire à ses pretensions*. A son retour, elle tomba de cheual, & se bleça en la teste, & s'estant embarquee à Genes elle fut tellement battue de la tourmente sur la mer, qu'elle pensa visiter les costes de Barbarie en punition de la barbarie dont elle auoit vsé enuers Marthe. A la fin abordant à Marseille apres beaucoup de fatigues, & de là le Comté Venaissin, elle fut blasmee de tous ceux qui sçauoient l'histoire de Marthe. Et les parens de ceste fille non contens de ce blasme, [287] la tirans en instance*, la firent condamner par la Iustice, non seulement à payer les gages dont elle estoit redeuable à Marthe : mais encore à vne bonne amende, pour auoir abandonné ceste fille en vn pays estranger, où elle auoit esté en si grand hazard de se perdre.

Voila comme le peché, & sur tout l'inhumanité, attire sur la teste de ceux qui s'en trouuent coulpables vne infinité de miseres. Delfine qui estoit vne femme hautaine, cholerique, & vindicatiue entroit pour tout ceci en vne rage demesuree, ne souffrant pas moins de douleur des maux qui lui estoient arriuez, que des biens qui estoient auenus à Marthe. L'amour d'elle-mesme lui faisoit beaucoup ressentir ses propres desplaisirs, & la haine & l'enuie qu'elle auoit contre Marthe lui faisant regarder d'vn œil de trauers, & d'vn cœur rongé de despit, les prosperitez de ceste creature. Ce qui me fait souuenir de ce que dit le Roy Prophete de celui qui craint Dieu, & qui se tient à l'obseruance de sa loy, c'est que la gloire & les richesses sont chez lui, & sa iustice demeure à iamais ; que la lumiere lui vient parmi les plus espoisses tenebres. Que sa memoire est en benediction : Qu'il ne craint point la mauuaise renommee. Que son cœur estant disposé d'esperer en Dieu, en est tellement fortifié, qu'il ne peut estre esbranlé par tous ses ennemis. Que sa corne, c'est-à-dire sa reputation sera releuee en honneur ; Que le pecheur verra tout cela, & en sera courroucé & marri, que mesme il en grincera des dents & fremira de rage, mais que son desir [288] perira[1]. Ne diriez vous pas que ces paroles sacrees font vn piuot sur lequel tourne tout cet Euenement ?

L'Vsurier Incontinent.*
EVENEMENT VI.

PASSONS de Genes à Milan, où nous verrons vne iniustice remarquable pour vn attentat que l'Incontinence* fit commetre à vn vilain Vsurier.

Souuent les vices s'entrechoquent dans le cœur d'vn mesme homme, comme Esaü & Iacob dans les flancs de Rebecca[2], & lui donnent d'estranges conuulsions. Et parce qu'ils consistent aux extremitez, souuent ils sont incompatibles. Par exemple les biens sont attachez au cœur de l'auare, comme le poil l'estoit aux mains d'Esaü, d'où il ne pouuoit estre arraché sans douleur. Mais ils ne sont collez au cœur des voluptueux que comme celui qui estoit sur les peaux de cheureau, dont les mains de Iacob estoient couuertes[3], & dont elles pouuoient estre despouillees

---

1 Ps 111. Toutes les allusions de cette dernière phrase peuvent renvoyer à ce Psaume.
2 Gn 25, 22.
3 Gn 27, 16.

sans ressentiment* d'aucun mal. De là vient que les Poëtes & les
Peintres representent l'Amour tout nud, pour marquer sa liberalité,
& donner à entendre que ceux qu'il possède se despouillent de
tout ce qu'ils ont pour posseder le suject qu'ils desirent. Ce qui
a fait dire à l'Amante sacree, que si l'homme donne toute [289]
la substance de ses biens pour la saincte dilection*, il estimera
encore n'auoir rien fait à comparaison de ce qu'il voudroit faire.
Au contraire l'auarice resserre* le cœur & les mains, d'où vient
que les auaricieux sont appelez tenans & taquins*, & comparez
aux bestes enragees, qui ne laschent iamais la piece où elles plan-
tent la dent. Nous allons voir ces deux differentes passions en vn
mesme homme auec la iuste punition de ces deux imperfections
d'auarice & de des-honnesteté.

I'appris passant par Milan il n'y a pas long temps[1], que quelques
annees auparauant mon passage vn miserable* Vsurier auoit esté
chassé de la ville pour le suject que ie vay deduire*. Non loin de
la maison de ce Trasille (voylons sa honte sous ce nom) logeoit
vne vefue fort honorable appelee Ormilde, mere de deux garçons
& d'vne fille d'exquise beauté. Elle esleuoit ses enfans à la vertu
auec tout le soin qu'elle pouuoit, n'ayant autre pensee que de
les rendre gens de bien, & non de biens. Car la fortune ennemie
iuree des personnes vertueuses, qu'elle met pour buttes ordinaires
aux fleches de ses persecutions, l'auoit tellement despourueuë des
ses faueurs, que si elle estoit exempte des attaintes* de l'extreme
necessité*, c'estoit plustost par sa vigilance & son bon mesnage*,
que pour l'abondance de ses reuenus, qui estoient fort petits.
Mais comme elle auoit la crainte de Dieu, qu'elle taschoit de
grauer tous les iours sur les cœurs de ses enfans, la benediction
du ciel se respandant sur sa famille, lui donnoit dequoi[2] pouuoir
à ses besoins selon la parole diuine, qui promet que [290] rien ne

---

1   Camus fait un voyage en Italie en 1625, et un autre en 1627. S'il s'agit du voyage
    de 1627, cette indication corrobore l'hypothèse que Camus rédige très peu de
    temps avant la publication. *Cf.* notes 2 p. 269 et 1 p. 291.
2   V. note 3 p. 291.

manquera à ceux qui chercheront le Royaume de Dieu & sa iustice. Neantmoins son fils aisné desireux de chercher vne meilleure
fortune, & de soulager de son entretien* la maison de sa mere,
se mit dans les armes & s'enroolla dans vne compagnie de celles
que le Roy d'Espagne entretient tousiours dans le Milanois : de
sorte qu'elle n'auoit aupres d'elle que Dorinne sa fille, & le cadet
qui s'appeloit Seluage, dont elle receuoit toute sorte de seruice
& d'assistance. Selon la coustume du voisinage Dorinne alloit
quelquefois en la maison de Trasille faire son ouurage aupres
des filles de cet vsurier & de leur mere : & comme elle auoit de
merveilleux auantages de beauté, elle paroissoit parmi ces autres
comme vn lis au milieu des espines. A ceste bonne grace qui
reluisoit sur son front & en son maintien se ioignoit vne humeur
si complaisante & si aggreable, que sa conuersation* estoit toute
remplie d'attraits & de charmes. Bien que Trasille, selon la coustume de ces sangsuës qui ne pensent à autre chose qu'à leurs
interests*, n'eust des yeux que pour le liure de ses changes : le
diable neantmoins, qui est tousiours aux aguets pour surprendre
les inconsiderez*, lui fit prendre le change, & sans qu'il y pensast
lui fit arrester sa veuë, & puis sa complaisance sur les gentilles*
façons dont Dorinne auoit de coustume d'entrenir la troupe
de ses compagnes. C'estoit vn vieillard, qui n'ayant iamais esté
beau, mesme en sa plus verte ieunesse, ne l'estoit pas deueunu
sur ses derniers iours, au contrauire qui estoit si difforme, que
sa propre femme ne le [291] pouuoit regarder qu'à contrecœur,
ni souffrir aupres d'elle que par penitence. Ce feu subtil, qui se
fait mieux sentir qu'il ne se peut descrire, & qui s'esprend aussi
tost au bois sec qu'au verd, se mit dans les veines de ce vieux
tison, & lui faisoit sentir vne cuisson* d'autant plus poignante*
qu'elle estoit plus cachee. Car & la honte d'vn costé, & la crainte
d'estre rebutté, seruoient de mords & de camorre* à cet appetit
desreiglé, auquel tant de hors saison il s'estoit donné en proye.
    Tandis qu'il cele son feu qui le deuore petit à petit, Dorinne
croist en âge & en graces, mais sa mere ne croist pas en moyens

pour la pouruoir, estant impossible qu'vne personne puisse amasser, qui se defend de la dure necessité* auec beaucoup de soin & de peine. Si bien qu'auec toutes ses beautez & ses vertus elle fust deuenue vieille fille, si le ciel qui veilloit sur elle n'y eust pourueu par la voye qui ie vous vay descouuir.

Vn ieune homme Milanois apres beaucoup d'autres en deuint espris, mais il pensa faire comme ceux qui l'auoient precedé en ceste passion pour cet obiect : lesquels ayant sceu le peu ou presque point de dotte qu'ils en pouuoient esperer, mettoient aussi tost des glaçons dans leur sein, qui esteignoient leurs flammes. Ceux qui sçauent combien le plaisir est court & la beauté fragile, & qui considerent au mariage autre chose que cela, ne sousmettront pas aisement leur col à ce ioug s'il n'est doré de quelques commoditez*, de peur de se mettre auec vne femme & des enfans en des necessitez deplorables*. Alphee neantmoins fut si [292] viuement touché des perfections* de Dorinne, qu'esblouy de leur esclat il deuint aueugle à toutes ces considerations*. Et quoy qu'il n'eust pas plus de bien que ce qui lui faisoit besoin, il crût qu'en la possession de ceste fille il auroit des contentemens qui surmonteroient les thresors des plus riches. Il s'addresse* à Seluage frere de Dorinne, & ayant contracté auec lui vne ferme amitié, il lui declara le dessein qu'il auoit d'espouser sa sœur. Ce que Seluage tint à beaucoup de grace, & lui promit d'en porter parole à sa mere, & de la disposer à permettre ce mariage autant qu'il pourroit. Seluage[1] n'estoit point encore tant enyuré de ce vin d'Amour, qui fait tourner les cerueaux les mieux timbrez, qu'il ne songeast à tirer ou en argent, ou en fonds quelque sorte de dotte. En quoy il montroit que sa douce folie estoit meslee de quelque dragme de sagesse.

Seluage ayant proposé à Ormilde ce mariage de sa sœur auec Alphee, ceste mere le trouua sortable*, & desireuse de pouruoir sa fille auant que l'âge ternist en elle ceste fleur de beauté qui se flestrit

---

1   *Sic.* Lire Alphee, comme corrige l'édition de 1660.

si soudain, voulut faire vn effort pour lui faire quelque dotte qui contentast Alphee. Mais las! où eust-elle pris de l'argent sinon en l'empruntant & engageant son bien? C'est là le recours de ceux qui panchent vers la misere, à quoy la necessité* la fait resoudre : estimant sa fille de si bon naturel, que comme elle se despouille pour la loger, elle l'assistera aussi en sa vieillesse. Ayant là dessus pris conseil de son fils, ils ne trouuerent rien de plus expedient* que d'emprunter de Tra[293]sille leur voisin mille ou douze cens escus en lui payant les interests*, & hypothequans tout leur bien pour acheuer ce mariage d'Alphee & de Dorinne. Seluage se charge de demander ceste somme à cet Vsurier, ce qu'il fit en lui faisant le bien[1] de leur maison pour asseurance de ceste partie*.

Trasille comme vne cauteleuse araignee, voyant que ces mousches donnoient dans ses toiles, les attend de pied ferme, & selon la coustume de telles gens se fait vn peu prier. A la fin croyant auoir trouué l'occasion de faire esclorre son mauuais dessein, apres beaucoup de tournoyemens & de propos ambigus, ils descouure à Seluage par la puante vapeur de ses propos la vilaine ardeur qui embrasoit sa poictrine. Si Seluage detesta en son ame, qui estoit vraiment genereuse*, ceste infame proposition, il n'en faut pas douter : & il y a dequoy s'esmerueiller, qu'en vne bouillante ieunesse il eust tant de retenue & d'empire sur soy-mesme, de s'empescher de repartir à ce vieux fol selon sa folie. Mais recueillant sa prudence*, il crût que trompant cet homme qui faisoit possession de tromper les autres, il ne feroit pas plus de mal que de faire tomber vn renard ou vn loup dans vn piege. Il ne reietta donc pas tant loin le discours de ce bouc, lequel croyant que la necessité* le fist mordre à l'appast, se descouure plus à plein, & lui promet 2. ou 300. escus en son particulier*, & de prester la somme de 1200. escus pour quelques annees sans interest* sous vne condition que ie laisse à penser, ne la pouuant escrire sans blesser la modestie*.

---

1   Faire le bien : Faire don *DMF*. Selvage «donne» la maison pour garantir l'hypothèque.

Seluage accort* & ruzé, pour faire donner ce [294] sanglier dans les toiles, met la chose à des difficultez qui auoisinoient l'impossible : ce qui aiguisoit dauantage le desir du Satyre, & lui representant qui c'estoit vne chose qui despendoit de la volonté de Dorinne plustost que de la sienne, ne lui vouloit rien promettre, sinon de s'entremettre en sa faueur pour le rendre content. Trasille croyant desia tenir la proye, l'embrasse, & le coniure de luy estre fauorable, redoublant ses caresses, & luy promettant des montagnes d'or. En somme pour ne marcher point dauantage sur ceste bouë, Seluage conduisit si finement la trame, qu'il prit cet oyseau au miroir, ainsi que vous entendrez, & le pluma dextrement.

Tirant l'affaire en longueur, il arrachoit tousiours de bons escus des mains de cet auare, luy representant les difficultez de l'affaire, les contrarietez* de sa sœur, car d'en parler à sa mere c'estoit à quoy il ne falloit pas penser. Et bien qu'il ne parlast ni à l'vne ni à l'autre, il faisoit croire à cet aueuglé vieillard tout ce qu'il vouloit. A la fin pour le faire trebucher en sa fosse, & chastier d'vn mesme coup son auarice & son impudicité, il s'addresse* à Alphee, & lui descouurit l'affaire, & les moyens qu'il vouloit tenir pour accommoder ce vilain comme il meritoit. Alphee autant interessé* en ceci que Seluage, appreuuant son dessein lui promit de l'assister en l'execution de sa puissance & de ses amis. La trape est donc dressee de la sorte.

Seluage fait entendre à Trasille qu'auec vne peine infinie il a fait condescendre Dorinne à luy [295] complaire, pourueu que cela se tramast si secrettement que son honneur n'y fust point interessé*, ni son mariage auec Alphee empesché. Voyla Trasille qui met son front dans les nuees, & à qui toute difficulté semble foible, tout hazard petit pour arriuer à ce poinct. Seluage qui le voit coiffé, battant fer tandis qu'il estoit chaud, auant que de lui descouuir le secret pour paruenir à sa pretension* lui fit faire tout ce qu'il voulut. Il se fit donner trois cens escus en pur don, qui furent payez contant. Et bien que l'Vsurier les tirast de sa bourse

auec autant de douleur qu'en ressent vne femme qui enfante,
ou vn homme à qui on arrache les entrailles : neantmoins le
plaisir imaginé luy banda tellement les yeux, qu'il se deffit de
ceste somme. Quant aux douze cens escus, il les presta pour six
ans sans interest* ; liberalité extraordinaire à de telles personnes,
qui pensent donner beaucoup quand elles ne prennent rien, &
qui fut admiree de Dorinne & Ormilde, la cause leur en estant
inconnuë. Tout ceci estant fait, il fut question de satisfaire au desir
de Trasille. La nuict est choisie, sous le voile de laquelle seroit
caché ce deshonneste larcin. Seluage fit croire à ce vieillard, que
sa sœur, bien qu'elle couchast auec sa mere, couchoit en vne garderobe où se retiroit vne vieille seruante de la maison, qui faisoit
la cuisine. La fenestre respondant sur la rue il promit à Trasille
de le faire entrer là dedans par vne eschelle, ayant auparauant
ouuert le verrou qui serroit la fenestre. Nostre Sanson aueuglé
croyoit aux paroles de celui, qui non content de le [296] tromper,
le vouloit encore bien chastier : & apres l'auoir chargé de bois, le
faire tomber entre les mains de la Iustice. A ce dessein Alphee se
mit en embuscade auec quelques Archers du guet qui estoient de
ses amis, pour faire le coup que vous allez entendre.

Seluage ayant dit en sa maison qu'il n'y coucheroit point ceste
nuict-là, la mere, la fille & la seruante se r'enfermerent le soir, &
se retirerent de bonne heure. Assez auant en la nuict Seluage vint
auec Trasille, & dressant l'eschelle le vieillard monte tandis que
l'autre la tient. Il n'est pas plustost entré dans ceste fenestre, que
la vieille seruante se resueillant en sursaut, commence à crier aux
voleurs, & esueillant ses maistresses, toutes ensemble font vn bruit
& vn vacarme comme des femmes effrayees. Elles allarmerent
tout le voisinage. Trasille bien estonné veut regagner l'eschelle :
mais comme il est dessus, Seluage le faisant glisser, il prit vn tel
sault* que se froissant tout le corps il se desmit vn bras. A ce bruit
accourent les voysins, & auec eux les Archers du guet enuoyez
par Alphee, lequel se retirant assez loin auec Seluage, voyoient
sans estre veus tout ce qui se passoit autour du miserable* Vsurier,

estendu comme mort sur le carreau, & pris comme vn larron sur le faict. Demi mort & fracassé qu'il estoit, il pensa estre acheué par la populace, des furieuses mains de laquelle il fut preserué par les charitables Archers qui l'emporterent en la prison, où sa chambre fut vn cachot, & son lict de la paille.[297]

Imaginez-vous quelles furent ses douleurs corporelles, & quel le trouble de son ame toute la nuict. Encore ne pouuoit-il se persuader qu'il eust esté trompé par Seluage, bien qu'il en eust quelque ombrage. Le lendemain ses playes furent pensees* & son bras disloqué remis auec d'extremes efforts. Interrogé il ne sçauoit que respondre, sinon des choses autant esloignees d'apparence que de verité. Tout ce qu'il protestoit, c'estoit qu'il n'auoit aucune intention de desrober, comme si le larcin de l'honneur qu'il auoit en pensee, n'estoit pas plus important que celui des biens. Mais la Iustice ne se contente pas de ses petites raisonnettes. On le presse de respondre pertinemment, ou autrement il est menacé de la question. Mais il n'en faut point d'autre que celle de sa propre conscience, dont le remords est, & iuge & tesmoin & bourreau. Il se vit donc contrainct de prescher sur les toicts ce qu'il auoit tramé en secret, & de renuerser sa honte sur son propre visage. Il est vrai que ce fut sous ceste vaine* esperance que l'on ne puniroit que de risee son entreprise des-honneste*. Mais parce qu'il accusoit Dorinne comme consentante à son crime : Seluage autheur de la trousse* se presenta en iugement, & par la claire declaration de sa tromperie, telle que nous l'auons racontee, fit voir l'innocence de sa sœur, & la folie de Trasille. Lequel conuaincu* assez à plain* de son attentat contre l'honneur de Dorinne, fut comdamné à vn exil de trois ans, & à perdre les trois cens escus donnez à Seluage, & les douze cens qui [298] seruirent de dotte à Dorinne, qu'Alphee espousa aussi tost.

Ainsi fut chastiee de douleur, de honte, d'ignominie & de perte la des-honneste entreprise de cet Vsurier Incontinent*.

La Chasteté Charitable.
EVENEMENT VII.

Vovs qui auez eu en horreur l'incontinence* de cest auare que nous auons faict voir en l'Euenement qui precede, venez adoucir vos esprits en l'admiration de la gloire d'vne Chasteté Charitable. Ce sera passer de la consideration de la laideur du vice, en la douce contemplation de la beauté de la vertu. Et ce sont les deux buts où visent toutes ces Histoires. Et certes comme la face florissante de l'agréable printemps paroist d'autant plus plaisante, que celle de l'hyuer qui l'a précédé a semblé rude & farouche : i'espere que la continence dont nous allons crayonner la gloire, paroistra d'autant plus illustre, que celle de l'vsurier est infame & detestable. Ainsi les roses redoublent la bonté & la force de leur odeur au voisinage des aulx, & la blancheur des lys n'esclatte* iamais tant que parmi la noirceur des brossailles[1]. Aussi certes y a t'il bien de la difference entre les productions d'vn cœur noble & genereux*, & [299] celles d'vn vil & roturier suffocqué de sang & de matiere. Les abeilles & les araignees font des ouurages bien dissemblables. Vn Gentil-homme de nostre France né, & esleué dans ceste Prouince que les anciens appelloyent Armorique, & dont la reputation merite d'estre tiree du tombeau de l'oubli, aima tendrement & honnorablement vne Damoiselle du mesme pays, qui à de mediocres* moyens ioignoit vne beauté non vulgaire*. Nous l'appellerons Heliette, & celui qui l'affectionna Sosipatre. Rien ne se peut esgaler à la pureté & à l'excellence de leur amitié, parce qu'elle se conduisoit à vne fin honnorable par des moyens si iustes, que pour en blasmer la candeur il faudroit accuser le Soleil d'obscurité. Le Gentil-homme n'auoit pas encore accompli son cinquiesme lustre, terme qui met les hommes selon les loix

---

1 C'est la seule orthographe que donne aussi H.

dans leur maiorité, & par ceste maiorité au maniment absolu de leur bien. Cestui-ci neantmoins fut trouué si sage, & auoit coulé ses plus ieunes ans auec tant de moderation, que par le commun consentement de ses parens, auctorisé* par la Iustice, il eut la conduitte* de l'heritage, auquel l'appelloit la succession de ses pere & mere par ceste formalité qu'ils nomment emancipation. En quoi il ne trompa ni le iugement, ni l'attente des siens : car & en ce gouuernement, & en ses autres actions il marchoit auec tant de regle & de discretion*, que ceux qui le consideroyent estoyent esmerueillez de voir vne si grande prudence* en vn âge qui n'en est pas ordinairement si pouruen. Mais ce qui estoit plus digne d'admiration, c'estoit de luy [300] voir guider par la voye, & la bride de la raison ceste passion vehemente que l'on appelle Amour, & qui enleue de leur droitte assiette les ames les plus fortes. Car il fit choix d'Heliette pour asseoir en elle ses preten-sions* auec tant de consideration*, qu'il pratiqua en ce dessein le conseil des plus sages, qui veulent qu'en faict de mariage on auise sur tout à l'egalité des partis. Ceste fille estoit encore sous la conduitte* de sa mere, & auoit encore son pere esleué en quelque rang à cause d'vn Office de finance qu'il auoit acheté selon la coustume de France. Ie ne sçai si ie iugerai temerairement en disant ce mot, que par le moyen des Offices la noblesse semble estre à l'incant* & en vente en ce Royaume, d'autant que par le moyen des Offices vn tas de personnes s'ennoblissent & se tirent de l'estat roturier auquel ils sont nez, ce qui oste vn grand lustre à la vraye noblesse, laquelle ne s'acqueroit autrefois parmi nos majeurs*, que par le prix du sang, & seruoit de recompense à la generosité* militaire. Aussi voyons-nous par les effects, comme les timides colombes n'engendrent pas des aigles genereuses*, que ceux qui sortent de ces races ennoblies par l'or & l'achapt des charges, sont bien esloignez de ce courage* qui accompagne ceux qui sont issus d'vn estoc* ancien & belliqueux*. Ceci se connoistra par la difference des humeurs de Sosipatre & Heliette, & par la varieté de leur conduitte*.

Au commencement que ce Gentil-homme se mit à frequenter chez Crantor pere de ceste fille, il y fut accueilli selon le rang de sa naissance, qui [301] estoit signalé* en la Prouince, bien que ses biens ne fussent pas tant signalez*. Mais depuis que sa conuersation* eust faict esclatter ses vertus aux yeux de ceux à qui il se donnoit à connoistre, on y trouua tant de charmes que chascun se pressoit à entrer en son amitié. Et à dire la verité, la modestie* a cela de propre, qu'elle respand des parfuns qui attirent à sa suitte tous ceux qui en ont le sentiment[1]*, c'est vn rayon de miel, autour duquel s'amassent à grosses troupes les abeilles raisonnables. Crantor n'eust pas plutost reconnu les bonnes mœurs de Sosipatre, qu'il l'aima, & deuant qu'il eust arresté ses yeux & ses desirs sur sa fille, il le souhaitta pour gendre. Ce financier n'estoit pas de ceux qui suiuent, mais de ceux qui attrapent les finances, l'or estoit l'aimant de son esprit. Tout ce qu'il trouuoit à redire en ce Gentil-homme, est qu'il lui sembloit n'auoir pas des richesses correspondantes à la noblesse de sa race. Mais Heliette qui n'auoit par tant d'attention aux biens qu'à la personne, voyant tant de perfections*, qui comme autant de rayons brilloyent sur Sosipatre, fut aussi tost esprise de bien-veillance pour ce Cheualier, si bien que l'on peut dire que leur amour eut vn mesme point de naissance. Bien que Crantor n'eust pas expressement permis ceste recherche, il la souffroit neantmoins si ouuertement, que ceste conniuence tacite valloit vn aueu declaré. Si bien que ces ieunes cœurs croyans qu'il n'y auroit aucune difficulté ni contradiction* en leur alliance, alloyent tous les iours attisans par leur mutuelle inclination leurs flammes [302] reciproques. Mais comme en la mer il n'est point de si fauorable nauigation, qui ne puisse estre trauersee par quelque fascheuse bourrasque : dans le monde il n'est point de fortune si prospere, qu'vn fortunal* ne puisse renuerser. Encore que Crantor fist beaucoup d'estime du merite

---

1   1660 corrige en *odeur*.

de Sosipatre, si est-ce qu'il estoit de ceux qui mettent la vertu apres les biens, & auoit mal estudié en l'escole de ce sage ancien, qui aimoit mieux marier sa fille à vn homme qui eust faute de biens, qu'à des biens qui eussent faute d'homme. De sorte que lors que ces Amans pensoyent estre sur le point de voir esclorre l'effect de leurs chastes desirs, il furent rendus semblables à ces Nochers*, qui de l'emboucheure du port sont reiettez en haute mer, & portez malgré eux par l'impetuosité du vent en des costes estrangeres.

En la ville où demeuroit Crantor, ville riche par le trafic, & dont ie tay le nom, il y auoit vn marchand qui estoit tenu pour vn des opulens de la Prouince, les grands mariages qu'il don-noit à ses filles, les despenses de sa maison, ses intelligences* & correspondances* aux contrees lointaines, la sumptuosité en laquelle il entretenoit son fils vnique, auquel nous donnerons le nom de Theombre, donnoyent vn grand lustre à sa famille. Ce Theombre homme addonné au ieu & à la desbauche, ayant parmi les compagnies attaché son regard sur le visage d'Heliette, en deuint esperdu, & sans s'amuser à luy faire la cour, pria son pere de la demander à Crantor en mariage pour lui. [303]

Otile pere de ce prodigue enfant, pensant par ceste alliance le ramener à vn meilleur train de vie, & le retirer de ses desre-glemens, faict sonder la volonté de Crantor, lequel esblouy de l'esclat des grandes richesses qui paroissoyent en la maison de ce marchand, tourna aussi tost ses pensees de costé-là, & promit de consentir à ce mariage, pourueu que Theombre eust vn Office. Otile qui estoit resolu d'en acheter vn à son fils, accorda aussi tost ceste condition, & l'effectua mettant Theombre sur le theatre des honneurs par la porte doree. C'est à ceste heure la mode en France de ne faire estat des hommes, que quand par vn Office ils sont constituez en dignité, la Noblesse ancienne n'ayant plus aucune charge, & estant comme releguee à la campagne pour seigneurier des paysans. Ceste raison est cause que mal-aisément treuuent-ils de bons partis dans les villes. En moins de rien voila le mariage de Theombre à d'Heliette conclu, resolu, arresté entre Otile & Crantor, sans que ni les supplications de Sosipatre, ni les larmes d'Heliette pussent flechir la rigueur de ceste cruelle destinee. La briefueté à laquelle ie me restraincts en la deduction de ces Euenemens, ne me permet pas de representer les plaintes de ces deux cœurs, qui se sentent destacher auec non moins de douleur, que si leurs ames estoyent separees de leurs corps. Tant y a que leur ressentiment* fut autant pitoyable*, que l'amitié qui les vnissoit estoit grande, iuste, & veritable.

Quelque modestie* qui reglast les actions du sage [304] Sosipatre, si est-ce que la patience* lui pensa eschapper en ceste occurrence, n'estant pas dedans ceste impassibilité Stoique, aussi facile à despeindre, que difficile à pratiquer. Il se retint neantmoins pour* des considerations* que la prudence* lui dicta, soit qu'il ne voulust point insister à auoir vne fille contre le gré de ses parens, soit qu'il estimast par quelque stratageme empescher ce mariage de Theombre. Mais qu'eust faict la pauure Heliette, sinon se laisser aller ou plutost entrainer selon la foiblesse de son sexe, où ceux qui auoyent toute la puissance sur elle l'engageoyent contre sa volonté? Quelque mine* qu'elle fist à Theombre, quelque mauuais visage* qu'elle lui montrast, ce traittement si rude ne rallentit point la passion que cet homme auoit pour elle, au contraire ses flammes s'augmentoyent comme il se voit sur la montagne d'Etna, au milieu des glaces que luy tesmoignoit Heliette.

Les accords faicts ceste innocente victime est menee au sacrifice, & arrosee de l'eau de ses pleurs est contrainte de l'[1]immoler aux volontez de Theombre sous la loy de ce lien qui ne peut estre brisé que par la mort de l'vne ou l'autre des parties*. Comme Sosipatre estoit entré iudicieusement en ceste recherche, auec le mesme iugement il s'en retira, cherchant dedans l'absence la guerison des agreables playes que son cœur auoit receuës par

---

1   1660 ne corrige pas. Mais lire s'immoler.

la presence d'Heliette : remede souuerain contre ceste sorte de blesseures. Le temps luy ayant donc redonné sa premiere liberté & serenité, il ietta les yeux sur vn autre suiet, en la [305] poursuitte duquel il reüssit si heureusement, que sous les regles d'Hymen il en deuint legitime & honnorable possesseur.

Tandis qu'auec Alinde sa chere partie* il meine vne vie aussi douce que paisible, & aussi delicieuse que contente, beni de Dieu d'vne belle & heureuse* lignee, Heliette en traine vne aussi remplie de mescontentemens qu'accompagnee de miseres. Parce que Theombre retournant comme le chien à son vomissement, & comme le pourceau à sa fange, se remit dans ses premieres desbauches, que ie ne puis honnestement nommer, puisqu'elles estoyent autant iniustes que deshonnorables. Et non content de quitter son espouse legitime pour courir apres des ambrassemens defendus, comme vn abysme en appelle vn autre, il consommoit mal-heureusement auec ces vilaines ses biens, son honneur et sa santé. Outrages* & pertes extremement sensibles à Heliette, qui peu endurante de son naturel, ne pouuoit sans vn creuecœur incomparable, souffrir les insolences* qui se commettoyent presque sur son visage*. A quoy adjoustant la dissipation de beaucoup de bien, que pouuoit-elle esperer sinon vne misere future encore plus deplorable* que la presente ?

Sosipatre venoit pour l'ordinaire passez l'hyuer à la ville, & comme il voyoit auec vn œil de compassion, les desastres* de ceste creature qu'il auoit autrefois si cordialement aimee, elle d'autre costé voyoit non sans enuie les felicitez dont ce Gentil-homme iouyssoit en son mariage auec Alinde, car c'est la coustume que les mal-heureux* [306] facent pitié, & les heureux* enuie. A la fin le temps pere de la verité, & qui met les choses les plus cachees en euidence, fit connoistre par la mort d'Otile que les marchands qui font vne plus grande monstre* de richesses, ne sont pas tousiours les mieux fondez, d'où est venu ce prouerbe Toscan, donnez-le moy mort : pour nous faire sçauoir que les vrais biens ou les debtes d'vn homme ne paroissent qu'apres son decés.

Otile laissa donc la succession tellement embrouillee, que
Theombre n'ayant pas voulu selon le conseil de ses parens receuoir
l'heritage sous le benefice d'inuentaire, se trouua en vn mesme
temps accablé de ses propres debtes & de celles de son pere. Si
bien que succombant à vn si grand faix, il se vit despouiller de sa
charge, qui fut venduë au profit de ses creanciers, & de peur de
pourrir dedans vne prison, il fut contrainct de vuider* le pays, &
de se refugier en Angleterre. Il ne laissa autre chose à sa femme
dont il auoit consumé le mariage, que deux enfans comme pour
surcroist de misere. Crantor estoit mort quelque temps auant
Otile. Si bien que la deplorable* Heliette ne sçauoit où se mettre
à l'abry de la necessité* qui la pressoit. Elle fit comme celui qui
se noye, lequel se prend à tout ce qu'il rencontre. Se souuenant
de l'ancienne et parfaicte amitié que Sosipatre lui auoit portee,
elle crût qu'ayant recours à lui, il ne l'abandonneroit point en
ceste extremité : en quoi elle ne fut pas deceuë*, ouy bien en ce
que vous allez entendre.

Estant allé trouuer ce Gentil-homme, & luy [307] ayant representé sa misere en la forme que nous l'auons depeinte, il en eut
vne telle pitié que les larmes lui en coulerent des yeux. Mais ce
n'estoit pas des larmes vaines*, inutiles & sans effect. Car aussi
tost ses mains se porterent aux effects, luy faisant connoistre par
l'assistance charitable qu'il luy fit, que l'amitié qu'il luy auoit
portee n'estant point finie, auoit este veritable. Iusques icy tout
alloit bien, mais le Diable ce tentateur accort*, & dont la malice*
met des busches dans le meilleur pain, & tend des embusches
aux lieux qui semblent les plus asseurez*, dressa vne batterie*
contre Sosipatre, dont la violence redouble la gloire de celui qui
se defendit si genereusement, que sa vertu héroïque merite de
viure à iamais en la memoire des hommes.

Non content d'allumer de la ialousie (ce funeste flambeau des
plus saincts mariages) dedans le cœur d'Alinde, il r'alluma dans le
sein d'Heliette les premieres flammes qu'elle auoit euës autrefois
pour Sosipatre, lors que sa condition* estoit dans vne fortune

plus prospere. Sans considerer donc l'iniustice de ce second feu, qu'elle ne pouuoit nourrir dans son sein sans commettre le crime de ceux qui adulterent en leur cœur : elle se mit sur des affetteries* pour tascher de ressusciter par ses attraicts ce brandon amorti dans l'esprit de Sosipatre. Ce Gentil-homme n'estoit pas si peu auisé, qu'il ne s'apperceust bien où tendoyent toutes ces façons de faire, & que c'estoyent autant de mines* pour faire prendre le saut*1 à la resolution qu'il auoit faicte de garder sa foy [308] inuiolable à celle que le ciel & son contentement luy auoyent donnee pour compagne. Mais ce ne sont pas les pensees d'Alinde, laquelle laissant troubler son imagination à la ialousie, croit estre trahie par son mary, & que l'assistance qu'il faict à la miserable* Heliette, n'est autre chose que la couuerture de sa perfidie. Elle n'ignore pas leurs premieres & anciennes affections, & elle sçait que les flambeaux esteints se r'allument aisement, & que les playes du cœur sont faciles à renouueller. De plus elle n'est pas si aueugle qu'elle ne s'apperçoiue des sottises d'Heliette, ni si simple qu'elle pense qu'elles soyent sans dessein & sans intelligence* : & cependant elle se trompe en son iugement, parce qu'elles sont sans correspondance* de la part de Sosipatre. Alinde sur ces ombrages deuient de si estrange humeur, qu'elle faict faict voir à ses contenances* & aux alterations de son visage le trouble de son ame, & les inquietudes qui la trauaillent*. Il ne fut pas difficile à Sosipatre de deuiner le mal qui tourmentoit Alinde, & comme il estoit innocent il y apporta promptement le remede, de peur qu'il ne se rendist incurable.

Faisant donc d'vne pierre deux coups, & pour desabuser & l'vne & l'autre de ces femmes de leur erreur, & se tirer du laby-rinthe où il se voyoit entrer : Il parla vn iour à part à Heliette de ceste sorte. Ie ne puis nier que ie ne vous aye autrefois aimee auec tout l'honneur & toute la perfection qui se peut desirer en vne sincere amitié, & qui ie ne vous aye passionnement desiree

---

1   Jeu de mot avec le sens militaire de *mine* (*q.v.*) qui fait *sauter* une muraille. *Cf.* IV, 10 [382].

pour [309] espouse lors que nous estions & l'vn & l'autre en la
liberté de contracter vn si beau lien : mais depuis que le Ciel
vous eust donnee à vn autre, ie vous regarday comme sœur,
changeant non mon amitié, qui a tousiours esté sincere & fondee
sur la iustice, mais seulement le dessein de mon amitié. Depuis
m'estant attaché à vn autre sujet plein d'honneur & de vertu, &
pour la rencontre duquel ie dois infiniment à la Prouidence, il
ne m'est iamais tombé en pensee de violer la foi que ie luy ay
promise. Ie voy neantmoins que son esprit s'altere, & que son
affection s'aliene* de moy sur l'ombrage qu'elle a conceu du
secours que ie vous rends en vostre affliction, c'est pourquoi &
pour guerir cet esprit malade, & pour me mettre en repos, i'ay
pensé qu'il seroit bon que vous vous retirassiez en lieu où tous
les soupçons pussent estre estouffez, & ma sincerité* & vostre
reputation conseruee. Ie ne suis point tellement affranchi des
symptomes de ceste passion qui nous porte à la bien-veillance,
que ie ne reconnoisse à vos regards, à vos actions, à vos paroles
& à vos contenances*, qu'il vous reste quelque alteration de
ceste fiebure qui nous a esté commune autrefois lors que nostre
liberté rendoit nos affections legitimes. Le remede en est en la
separation, puisque ce mal contagieux se nourrit & prend force
de la communication. Si vous m'aimez, ie vous prie que ce soit
de la façon que ie vous cheris, sainctement & honnorablement.
C'est ce que ie croy de la bonté de vostre ame, & que ie vous
prie de croire de la candeur de la mienne. De ceste [310] sorte
vous aurez en moy vn frere qui ne vous manquera iamais, &
i'auray en vous vne sœur, de qui l'amitié me sera precieuse, autant
qu'elle sera fondee sur la vertu & sur la raison. Faictes doncques
resolution de vous mettre auec quelqu'vne de vos parentes, &
en lieu où estant à l'abry des mesdisances, vous donniez sujet
de plaindre vostre desastre* à ceux qui vous en iugeroyent digne
s'ils entroyent en quelque deffiance de vostre honnesteté. En cet
estat n'ayez pas peur que la Prouidence vous manque, ni que ie
vous abandonne : car ie m'osterois le pain de la bouche pour le
mettre en la vostre, & en celle de vos enfans.

Le Sage dict, que la douce parole rompt l'impetuosité de la cholere[1]. Celles-ci proferees d'vne façon douce, graue & modeste, furent des glaçons salutaires qui amortirent les iniustes flammes que le tentateur auoit r'attisees dans le sein d'Heliette, laquelle confessant ingenuement à Sosipatre l'iniustice de ses pensees, lui promit de se ranger en toute sorte de deuoir, le conjurant par les entrailles de la misericorde de celui auquel nous esperons tous, de ne la laisser point sans assistance en ce grand besoin, auquel elle se voyoit reduitte. Ce que Sosipatre lui promit saintement, & lui garda religieusement.

Ceste retraitte d'Heliette remit en santé l'esprit d'Alinde, laquelle reconnut à la fin qu'elle auoit eu tort de se deffier de la fidelité d'vn mary, qui auoit sceu par sa prudence* conseruer sa chasteté auec la charité, sans abuser, comme eussent [311] faict beaucoup d'autres, de l'honnesteté d'vne femme pressee de la necessité*.

Apprenons de cet Euenement, que l'amitié qui a la vraye vertu pour fondement, pour niueau & pour regle a de merueilleux moyens pour se conseruer entiere, malgré les diuers accidens de la vie. Et que c'est vne belle harmonie que celle qui naist de ces deux excellentes vertus, de Chasteté & de Charité, qui nous sont representees en la parabole Euangelique, qui met des vases d'huile en la main des vierges prudentes[2].

L'Obeyssance Filiale.
EVENEMENT VIII.

COMME il n'est rien de plus recommandé* par les loix diuines & humaines que l'auctorité paternelle, veu que par le droict ancien les peres auoyent puissance de vie & de mort sur leurs enfans.

---

1   Pr 15, 1.
2   Mt 25, 1-13.

Aussi n'est-il rien de plus estimé que l'obeyssance filiale, à qui le precepte & la parole de Dieu promet la benediction d'vne longue vie sur la terre. Or tout de mesme qu'il y a des animaux dont la veuë est extrememement forte & penetrante, ce que l'on dict estre en l'aigle qui soustient les rayons du soleil, il y en a d'autres qui ne se laissent pas d'estre parfaicts en leur espece, encore qu'ils soyent aueugles, ce que nous voyons en la taupe. Il y a aussi des vertus dont la perfection [312] consiste à voir de loin, comme la prudence* ; ou clairement, comme la sagesse : mais il y en a d'autres, comme la simplicité & l'obeyssance, dont la gloire consiste en l'aueuglement. Principalement ceste derniere, laquelle comme vn pauure aueugle se laisse mener où l'on veut, laissant la garantie de ses actions à celui qui conduit & qui commande. Quand l'obeyssance filiale est arriuee à ce point, elle a atteint le but de sa perfection, & les peres se doiuent estimer heureux* à qui Dieu a donné des enfans raisonnables, qui s'aueuglent volontairement pour n'auoir autre loy que leurs desirs. I'ay dict expressement ce mot de raisonnables, après l'Apostre : parce que cet aueuglement doit estre tel, qu'il n'excluë pas la lumiere de la raison, pour contenir leurs actions dans les bornes de ce seruice, que le mesme Apostre appelle raisonnable, parce que ce seroit vne iniuste & imparfaitte obeyssance qui porteroit à l'execution d'vn commandement où il y auroit du peché[1]. Mais hors cela le vray obeyssant doit estre indifferent à toutes choses. Et c'est ce degré d'obeyssance, qui est tant desiré des enfans par leurs peres pour le regard du choix de leurs vacations. Parce que les parens pourueus d'vne sagesse que l'experience des choses du monde leur a acquise, sont sans doute meilleurs iuges de ce qui est propre* à leurs enfans, que ne sont ceux-ci dont l'ignorance est peu capable de ceste election*. Aussi voit-on que les filles bien nees & bien nourries se remettent* ordinairement au iugement

---

1   Rm 12, 1.

de ceux qui les ont mises au monde pour le choix du parti [313] qu'ils estimeront leur estre conuenable*. En quoy elles se trouuent tousiours mieux pourueuës, que celles qui se veulent eslire des maris à leur poste*, & selon la¹ caprice de leurs esprits. Quant aux masles, comme leur vie & leur education sont plus libres, ils se donnent aussi plus de licence pour ce regard. Mais quand ils s'abbattent entierement sous la disposition de leurs parens, ils en sont d'autant plus loüables. L'Histoire sacree esleue si haut la gloire de l'obeissance de la fille de Iephté², & celle d'Isaac³, qui soumit franchement son col au glaiue de son pere, qu'il semble que rien ne peut arriuer à la perfection de ces exemples. Plusieurs interpretes disent que ceste fille ne mourut que de la mort ciuile*, estant renfermee dans vne closture perpetuelle. Quant au fils d'Abraham, chascun sçait que Dieu se contentant de la volonté du pere & du fils, aggrea leur obeissance en arrestant ce sacrifice inhumainement humain, & subrogeant* vn mouton en la place d'Isaac. L'Euenement que ie vay deduire* imitera quoi que foi-blement & mystiquement l'vne & l'autre de ces heroïques obeis-sances, que l'Escriture propose pour modelles, & i'espere qu'il treuuera quelque grace deuant les yeux du Lecteur, quand ce ne seroit que pour sa nouueauté, & que les enfans qui passeront les yeux sur ces lignes y verront vn miroir d'vne Obeissance Filiale, dans lequel ils reconnoistront leurs defauts, & combien ils sont esloignez de ceste perfection*.

---

1   1660 corrige en *le*. Huguet note : italianisme ; existe au féminin : « [il] estimet que j'eusse le plus grand tort du monde de ce que je le reprenes quand il diset *Sa* caprice : et ne voulet croire aucunement qu'il falet dire *Son* caprice » H. Estienne, *Dialogue du français italianisé [...]* I, 166 *in* Huguet, art. Caprice).

2   Jephté avant la bataille contre les Ammonites, fait vœu que, s'il est vainqueur, il donnera en holocauste à Yahvé la première personne qui viendra à sa rencontre après le combat. C'est sa fille qui, dansant, sort de la maison pour l'accueillir, et convaincra son père d'accomplir sur elle son vœu, quand il lui aura donné deux mois pour « pleurer sa virginité ». Jug. 11 : 30-40.

3   Gn 22, 7-9.

A Cesene, ville de ceste prouince d'Italie, qui s'appelle Romagne, Eliante notable Bourgeois, [314] & Theolimpe sa femme demeurerent mariez plusieurs annees sans pouuoir esleuer aucun enfant. Ce n'est pas que Theolimpe fust sterile : mais ou son indisposition*, ou la delicatesse de sa complexion ne lui permettoit pas d'amener vn fruict à son terme. Si bien que plusieurs enfans moururent dans ses entrailles sans estre regenerez de l'eau & de l'esprit : & ceux qui receurent ceste misericorde, eurent si peu de vie, que leur estre sur terre passa comme vn souffle & vne ombre, ou comme vne fueille que le vent emporte, & furent de debiles vapeurs aussi tost dissipees qu'esleuees, du ventre ils furent portez au tombeau. En toutes ces mauuaises couches Theolimpe alloit tousiours aux portes de la mort, & souffroit des tourmens qui se peuuent à peine imaginer, & nullement descrire. Cela estoit cause qu'aussi tost qu'elle se sentoit enceinte, elle ne faisoit que pleurer & souspirer, ses larmes lui seruant de pain iour & nuict, mais de pain de douleur & d'vn breuuage d'absinthe. Elle se laissoit aller aux frayeurs de la mort, & à l'horreur de la sepulture, & au lieu de se confier en Dieu, & d'esperer pour son fruict vne naissance heureuse* & vitale, elle se songeoit qu'à la perte de sa propre vie. Que Dieu est bon, qui nous fait tirer profit de nos dommages, & felicité de nos tribulations. Cet estat lui seruit pour la seurer du laict empoisonné des vanitez* du monde, ausquelles en sa ieunesse elle auoit esté addonnee, suiuant ceste folle complaisance qui accompagne pour l'ordinaire les belles filles. Et comme celle qui auoit tousiours la mort à sa porte & deuant [315] les yeux (remede souuerain contre le peché selon l'auis du Sage) elle se mit à la deuotion, & à la frequentation des Sacremens de Penitence & d'Eucharistie comme celle qui se preparoit à desloger de ceste terrestre habitation à la premiere sommation du grand Iuge. De ceste sorte elle alloit à Dieu par les liens d'Adam, & par vne voye enuironnee d'espines, qui l'empeschoient de s'escarter de costé ni d'autre. Quand elle sentoit arriuer les douleurs, que pour faire connoistre extremes il faut seulement dire d'vne femme qui veut enfanter[1], aussi tost elle se mettoit aux prieres & aux vœux, dont elle se sentoit de grands soulagemens & de manifestes assistances du ciel.

D'autre part Eliante qui estoit riche, & qui parmi ceste abondance s'estimoit miserable* s'il n'auoit vn heritier à qui laisser tant de biens, ne souhaittoit rien tant que d'auoir vn enfant. Apres donc plusieurs couches infortunees, ces deux parties* d'vn commun accord se voüerent à S. Nicolas de Tolentin (ville assez voisine de Cesene) esperans par l'intercession de ce Sainct (dont les parens attribuerent la naissance au vœu qu'ils auoient fait à S. Nicolas Euesque de Mirrhe, dont le corps repose à Barri en l'Apouille) qu'ils obtiendroient vn enfant qui pust estre leur successeur. Ils visiterent ensemble son sepulcre, où ils firent leurs deuotions, & à leur retour il leur arriua vne chose qui leur seruit d'heureux* presage de l'enterinement de leurs requestes. Ils rencontrerent sur les chemins vn pauure enfant enueloppé en de meschans langes, que sa miserable* mere [316] auoit abandonné, soit par necessité*, soit pour sauuer son honneur, n'y ayant en cela rien de certain qu'vne foible coniecture. Ils se persuaderent que c'estoit vn present que le ciel leur faisoit pour consoler leur sterilité, & que ne pouuant auoir d'enfans propres, ils se pourroient approprier cestui-ci par la loi de l'adoption. Apres vne soigneuse enqueste aux lieux circonuoisins, n'ayans peu descouuir le pere ni la mere de cet enfant, ils firent estat de le garder, & de l'esleuer pour l'honneur de Dieu & du Sainct dont ils venoient de visiter & venerer les sainctes reliques. Ils le nommerent Thaumaste, & en prindrent vn soin si grand, qu'il sembloit qu'il fust sorti de leur mariage.

L'enfant estant arriué en vn âge, auquel on pouuoit reconnoistre quelques bluëttes* de son esprit & de son naturel, fut trouué si doux, si docile, si complaisant, que ce mari & ceste femme le

---

1 Il suffit de dire que ce sont les douleurs d'une femme qui veut enfanter pour faire connaître combien elles sont extrêmes.

prindrent en vne extreme affection, de sorte qu'ils n'espargnoient rien pour son esleuation & nourriture*. Et Dieu qui a soin des petits des corbeaux, leur sceut si bon gré de cette œuure charitable, que ce fut le principe & la source de leur benediction, ainsi que vous verrez.

Theolimpe lors qu'elle y pensoit le moins, se sentit grosse, & contre son ancienne coustume, si forte & si vigoureuse, & de plus si comblee de la ioye* du salutaire* de Dieu, qu'il estoit aisé à iuger que Dieu la fortifioit de son Esprit principal. Les larmes & les apprehensions la quitterent, & en leur place ce n'estoient que liesses & contentemens. [317] Mais son allegresse n'estoit point encore comparable à celle d'Eliante, qui la pouuoit à peine retenir dans vne contenance* moderee. En somme ceste grossesse se passa auec tant de bon heur*, que les femmes les plus robustes admiroient de quelle façon la foible & delicate Theolimpe la supportoit auec si peu d'incommodité. Si bien que l'aide extraordinaire de Dieu se monstroit visiblement en ceste occurrence, dequoy les mariez lui rendoient de continuelles actions de grace. La fin couronna l'œuure, & elle eut vn accouchement si heureux*, que contre l'esperance de tous ceux qui connoissoient ses infirmitez, elle fut aussi peu malade que les plus vigoureuses. Quand elle se vit mere d'vn fils, sa ioye redoubla & effaça en vn instant le souuenir de toutes ses douleurs passees. Il est vray que cet enfant tenant la complexion de la mere, estoit si flouët & si tendre, qu'il sembloit que ce fust vne foible rosee qui se deuoit secher au premier vent, ou aux premiers rayons du Soleil. C'est ainsi que Dieu pour nostre profit mesnage* ses graces, les dispensant auec des contrepoids qui nous font adorer son infinie sagesse, autant que son incomparable bonté. Ainsi donna-il aux Israëlites, son peuple aimé, en les tirant d'esclauage, non vne terre comme l'Egypte, arrosee des desbords ordinaires du Nil, mais vne qui attendoit des pluyes du ciel pour les obliger à y leuer les yeux & à implorer son assistance.

Il est mal-aisé d'exprimer les soins que Theolimpe & Eliante employerent à l'eleuation* de [318] leur fils Anatole (car c'est ainsi qu'il fut nommé.) A la fin la nourriture* surmonta la nature, & contre l'opinion de plusieurs qui ne pensoient pas que cet enfant deust demeurer long temps sur la terre, il arriua à son adolescence auec beaucoup de peine, mais auec plus de santé que l'on ne s'estoit promis.

La venue de cet heritier naturel effaça le lustre du pauure Thaumaste, & le rendit si peu estimé, que d'enfant d'adoption qu'il estoit auparauant, il deuint vn chetif* seruiteur, à qui l'on ne donnoit aucun salaire que sa vie & son vestement, encore pensoient-ils faire vne œuure de misericorde, bien que le trauail qu'il employoit à seruir ceste maison, meritast vne plus ample recognoissance. Il auoit vn naturel si doux, si craintif & si patient, que non seulement il souffrit d'estre ainsi raualé & mesprisé, mais il sembloit que comme le chien fidelle, plus il estoit mal traitté, plus s'efforçoit-il de bien faire & de rendre ses deuoirs à ses bien-faitteurs auec toute sorte de loyauté & de diligence. Pour le maintenir en vn estat de vertu si accomplie, seruoit beaucoup l'inclination qu'il eut dés ses plus tendres ans à la pieté. A quoy il estoit porté par un grand mouuement de reconnoissance de la misericorede diuine qui l'auoit si amiablement recueilli du milieu de la bouë, lors que son pere & sa mere, qu'il ne connut iamais, l'auoient delaissé. Certes c'estoit à lui de dire apres le Psalmiste, que Dieu estoit son protecteur dés le ventre de sa mere, & qu'en sortant des flancs maternels, Dieu l'auoit recueilli en son sein paternel[1]. [319] Plus il pensoit à ce bien-faict signalé* de sa conseruation, plus il se perdoit en soy-mesme pour se retrouuer heureusement en Dieu. Et Dieu trouuant en ceste ame docile des ouuertures aisees, y faisoit doucement distiller sa grace. Si bien que l'on peut dire auec le Psalmiste, qu'il luy enseigna ses voyes dés sa ieunesse[2], & qu'il dressa ses pas en ses sentiers, le tenant

---

1   Vg Ps 70, 6.
2   Vg Ps 70, 17.

par la main droitte, & le conduisant en sa verité, pour l'acheminer à sa gloire[1] par des addresses* admirables. Certes Dieu est
admirable en ses Saincts, & il en a de toutes les sortes & de toutes
les qualitez, la maison de ce grand potier c'est le monde, où de
la mesme fange il fait des vaisseaux d'honneur & d'ignominie.
Il preuint cestui ci de benedictions de douceur si remarquables,
que lui faisant posseder son ame en patience*, il l'addressa* à
la fin à laquelle il l'auoit destiné, que vous verrez plus glorieuse
que celle d'Anatole. Lequel à mesure qu'il s'auançoit en aage,
croissoit en l'affection qu'il conceut dés sa plus tendre enfance
pour Thaumaste, qu'il ne regardoit point comme seruiteur, mais
comme frere & singulier ami. Et certes comme les perdrix de
nos Alpes à force de voir & de becqueter la neige deuiennent
blanches : aussi Anatole par la continuelle conuersation* de
Thaumaste, receut en son ame les impressions de la crainte de
Dieu & de la pieté : & le mesme respect que ce pauure seruiteur
portoit à ses bien-faitteurs, Anatole le portoit à ses parens, l'vn
& l'autre n'apprehendant rien plus que de desplaire à Eliante &
Theolimpe. Il n'en estoit pas des esbats de ces ieunes enfans, [320]
comme de ceux d'Ismaël, & Isaac : parce que cet enfant d'Agar
faisoit tousiours quelque mal à celui de Sara, ou lui apprenoit
quelque malice*, comme disent quelques Autheurs[2]. Mais ceux de
Thaumaste & d'Anatole estoient pleins de reuerence d'vn costé,
& d'innocence de l'autre, de simplicité & de candeur de toutes
parts. Bref on peut dire que le commerce de Thaumaste fut vne
escole de vertu pour Anatole. Ce fut la benediction que Dieu
donna à Eliante & à Theolimpe pour auoir vsé de misericorde
vers cet enfant abandonné. A quoy on peut adiouster vne felicité
temporelle, que ce Iacob attira sur la maison de ces Labans[3].

---

1 Vg Ps 72, 24.
2 Gn 21, 9. Pour ce verset : «Sara vit rire le fils qu'Agar, l'Égyptienne, avait enfanté
   à Abraham», la Septante donne : « [...] vit le fils qu'Agar l'égyptienne avait donné
   à Abraham "taquiner" Isaac». Sara demande alors à Abraham de chasser Agar et
   son fils.
3 Gn 30, 29-30.

Par l'entresuite des ans ces deux enfans contracterent vne si
parfaite amitié, que l'ame de Dauid n'estoit point plus estroitement
colee à celle de Ionathas[1], que celle d'Anatole s'attacha à celle de
Thaumaste. Il ne pouuoit durer sans lui, il ne voyoit que par ses
yeux, & ne respiroit que par son haleine, surpassant de beaucoup
ses pere et mere en l'affection qu'ils auoient autrefois tesmoignee
à cet enfant trouué. Et ce qui estoit de louable en ceste estroite
amitié, c'est que le ciment de leurs cœurs n'estoit autre que la
vertu fondee sur vne solide pieté. On les voyoit ordianirement
en leurs ieux enfantins faire des Oratoires, & se recreer en faisant
des processions à la mode des enfans, & chantans les loüanges de
Dieu, qui les perfectionne, comme dit le Prophete, en la bouche
de ceux de cet aage[2]. Plus grandelets ils frequentoient les Eglises
& les [321] Monasteres, & ne s'entretenoient que du seruice de
Dieu & du mespris du monde. Iusque là qu'Eliante et Theolimpe
entrerent en defiance de Thaumaste, redoutans qu'il ne voulust
porter leur fils à se faire Religieux, ce qu'ils craignoient extremement, n'ayans que cet vnique heritier. Mais c'est en vain que les
hommes estriuent* contre Dieu, & que la prudence* humaine
veut contrecarrer la prouidence diuine.

A peine Anatole estoit-il entré dans sa quinziesme annee,
quand Dieu tira Eliante des miseres de ceste vie pour luy faire
part d'vne meilleure. Il mourut en vray fidelle, & fit vne fin fort
exemplaire, ne recommendant rien tant à son fils, que d'obeir en
toutes choses à sa mere, ne le benissant qu'à ceste condition. Le
bon enfant fondit en pleurs sur la perte prochaine de son cher
pere, promit entre ses mains vne solennelle obeissance à sa mere,
protestant de n'agir desormais que par ses volontez.

Eliante fort content de ceste protestation, recommanda fort
affectueusement à sa femme & à son fils le pauure Thaumaste,
ordonnant qu'il fust traitté, non comme seruiteur, mais comme
enfant adoptif de la maison, & que l'on luy fist vne telle condition,

---

1   1 Sam 18.
2   Es 59, 21 (?).

qu'il eust occasion de s'en contenter, & de prier Dieu pour ceux qui l'auoient tiré de la gorge de la mort, & sauué de la misere de la vie. Apres cela il reposa en Dieu doucement & en paix.

La douleur de Theolimpe n'eust point admis de consolation, si dans le visage d'Anatole elle [322] n'eust reueu à tous momens les traicts de celui de son cher Eliante. Ce fils vnique estoit tout son appui & toute son esperance. Mais ceste amour maternelle qui est si louable estant bien reglee, deuient vicieuse par l'excez. Ce Dieu ialoux, qui est plus grand que nostre cœur, & qui le veut tout entier, n'a pas aggreable de le partager auec vn autre, ce lict est trop estroit pour y coucher la creature auec le Createur, il faut qu'vn seul l'occupe. Eliante se faisant vne idole de son fils, Dieu la voulant retirer de ceste idolatrie, & purifier son imparfaite amour, la toucha par le lieu de son cœur, qui estoit le plus sensible. Vne grosse maladie attaque Anatole, & dans peu de iours le mit sur le bord du tombeau. Les douleurs de la mere en ceste occurrence* se doiuent mettre sous le voile du silence, parce qu'elles ne se peuuent despeindre.

Les Medecins de la terre ayans condamné à mort cet enfant, & l'ayans abandonné comme vne personne sans esperance de resource, & qui ne pouuoit reuenir à la vie que par miracle, Theolimpe leua les yeux vers les montagnes celestes pour en attirer le secours diuin, dans ce grand deluge d'affliction, qui la troubloit en la fereuur & en l'excez de son esprit, sur l'opinion qu'elle eut que la vie de son fils estoit abbregee, parce qu'elle auoit redouté qu'il ne se iettast dans vn Cloistre. Et se fondant sur l'imitation des parens de Sainct Nicolas de Tolentin, qui consacrerent à la vie Religieuse ce fils que Dieu auoit donné à leurs prieres, elle fit vœu à Dieu, que s'il redonnoit la [323] santé au sien, elle le donneroit à l'ordre des freres Hermites de Sainct Augustin, auquel à cause de S. Nicolas qui en estoit, elle auoit vne particuliere* deuotion. On fait beaucoup de choses en la chaleur d'vn zele peu iudicieux, qu'on n'entreprendroit iamais de sang froid, & d'vn sens bien rassis.

A peine son vœu fut-il exprimé, que son fils commença à se mieux porter, & peu à peu à donner des signes manifestes de conualescence. Pour n'estendre point d'auantage cet Euenement, & ne sortir point des bornes de la briefueté que nous nous sommes prescrits, il reuint en vne parfaite conualescence. Alors la pieuse mere s'auisa, mais trop tard, de la temerité de son vœu, & peut-estre ne fut-elle pas si long temps sans s'en repentir, non plus que Iephté[1] voyant sa fille, de celui qu'il auoit fait en l'ardeur du combat. Mais craignant d'attirer sur elle & sur ce cher enfant le courroux de Dieu, auquel il vaut mieux ne point vouër, que de ne lui rendre point ce qu'on lui a promis : elle declara à Anatole le vœu qu'elle auoit fait pour lui au plus fort de sa maladie. I'ay appelé ce vœu temeraire, parce qu'il promettoit vne chose qui dependoit de la volonté d'autruy, laquelle n'est pas en nostre puissance : & à le prendre à la rigueur, Anatole n'estoit aucunement obligé de l'accomplir s'il n'eust voulu, veu mesme que pour embrasser la Vacation Religieuse, il faut vne vocation fort particuliere* & bien esprouuee. Neantmoins la souplesse*, ou s'il faut ainsi dire, la simplesse & docilité de ce fils, fut si grande, qu'en [324] vertu de ceste protestation d'obeissance qu'il auoit faite à sa mere entre les mains de son pere mourant, il crût estre obligé à l'execution de ce vœu que Theolimpe auoit fait il pour lui. Et de faict il ne fut pas plustost en vne santé accomplie, que nonobstant sa foiblesse naturelle, & la delicatesse de sa complexion, contrecarrant l'imbecillité* de son corps par la vigueur de son esprit, il se resolut d'embrasser la vie austere des Augustins Reformez, qui approche fort de celle des Capucins.

Sa mere qui se sentoit arracher les entrailles en ceste separation, lui conseillant de choisir plustost la Congregation de Lombardie, qui est plus mitigee, pour s'y retirer : il lui respondit, qu'il se sentoit porté où la perfection estoit plus grande, & que rien n'estoit difficile à vn bon courage*, c'est au plus pres

---

1   V. ci-dessus note 2 p. 322.

ce que dit le Psalmiste : Ceux qui esperent en Dieu, prendront vne nouuelle force*, & auec des aisles d'aigle, ils voleront sans r'abbattre leur essor[1].

Thaumaste son fidelle Achate[2] le voulut suiure en ce dessein Religieux : mais Theolimpe le coniura de ne l'abandonner point en ceste solitude, où la priuation de son fils l'alloit plonger, veu qu'il estoit informé de toutes les affaires de la maison, & qu'elle n'auoit personne à la fidelité de qui elle se pust remettre* pour leur conduite*.

Anatole voyant sa mere en ces angoisses & toute esploree, pria Thaumaste de demeurer encore quelque temps au siecle pour l'assister, suppliant Theolimpe de le prendre pour fils, & recommandant à Thaumaste de la reconnoistre pour mere [325] en sa place, & lui rendre toute sorte d'honneur, d'obeissance & de seruice.

Ie tay ici les pitoyables* Adieux de ces trois personnes, ne sçachant de ma part à qui donner le plus haut prix de vertu. Car si nous considerons l'obeissance du fils, elle est sans doute heroïque, entreprenant vne vie qui surpassoit ses forces naturelles pour executer les vœux d'autruy, & sans examiner sa vocation, il lui sembloit que Dieu l'appeloit à la Croix Reguliere par la bouche de Theolimpe ; heureux* aueuglement, & qui rend sa soumission extremement accomplie. D'autre costé si nous considerons le zele & la magnanimité de la mere, sacrifiant à Dieu ses propres entrailles, & se priuant pour son amour de ce qu'elle auoit de plus cher au monde, nous serons contraints de dire qu'elle imitoit en quelque façon Saincte Felicité, ou la mere des Machabees[3], & qu'elle suiuoit quoi que de loin, & à pas inesgaux les traces du grand Patriarche Abraham. En fin si nous contemplons Thaumaste suspendu entre les desirs du ciel & les considerations* de la terre, & balancé entre la mere & le fils comme vn fer entre deux aimans : nous serons obligez d'admirer le courage d'vn pauure garçon, mesprisant les

1   Ps 103, 5.
2   Achate (*«fidus Achates»*) est dans l'*Eneide* le fidèle ami d'Enée.
3   2 M 7.

biens du monde, qui le regardoient par l'adoption & la succession
de Theolimpe, pour suiure tout nud l'estendard de la Croix, & par
vn contraire effort se seurant du repos du Cloistre, & de la tranquilité de la vie Religieuse, qui lui ouuroit les bras pour demeurer
parmi les perils, les orages & les tempestes du siecle, retenu par les
seuls [326] liens de la charité, n'estant pas son intention d'y faire
long seiour, apres qu'il auroit fermé les yeux à Theolimpe. De
moy ie voy tant de choses à contempler & à examiner en la vertu
de ces trois personnes, qu'il me semble que ie suis en des ceps*,
ne pouuant m'estendre en vn si beau suiect, ny courir en vne si
ample carriere. Mais en fin Dieu croisa les bras comme Iacob sur
Ephraim & Manassé[1], & par vn changement heureux* & amiable
apres ces soumissions, magnanimitez & resignations, il rendit le fils
vnique à sa mere, & logea Thaumaste au lieu qu'il auoit tousiours
vniquement desiré & demandé auec instance* au Seigneur, qui
estoit de passer sa vie en quelque maison Religieuse consacree à
son seruice. Ceci auint de la sorte.

Anatole fut receu entre les Augustins Reformez pour faire son
an d'espreuue sous l'habit de Nouice. Son courage plus grand que
ses forces, luy faisoit trouuer de la vigueur dans ses foiblesses. Mais
en fin sa nature trop debile succomba sous le poids de l'austerité,
& apres auoir esté quelques mois dans l'infirmerie, il fut au regret
des Religieux, qui admiroient la bonté de son ame, & la docilité
de son esprit, & contre son gré renuoyé chez lui & congedié du
Cloistre. Les Medecins ayans esté plus auant en leur iugement,
lui dirent qu'il deuoit chercher son salut dans quelque vocation
seculiere, la vie Religieuse estant tout à faict contraire à sa santé. Ce
bon enfant indifferent à tout, & dont le cœur estoit prest à vouloir
tout ce qu'il plairoit à Dieu, vie ciuile* ou Religieuse, [327] mort
ciuile* ou corporelle, selon qu'en ordonneroit la diuine bonté,
reuint entre les bras aimez de sa chere mere, qui le receut comme
le pere du Prodigue, auec des tendresses incomparables.

---

1   Gn 48, 14. V. Préface [9].

A ce retour, Thaumaste se voyant deschargé de la garde de Theolimpe, & se cognoissant d'vn naturel fort & vigoureux pour supporter les austeritez de la vie Religieuse, se presenta comme le belier d'Abraham[1] au sacrifice volontaire en la place d'Anatole. Bien que les consciences de la mere & du fils fussent assez deschargees de leur vœu deuant celui qui sonde les cœurs & les reins, sans ce surcroist de pieté que Thaumaste faisoit paroistre, ils furent neantmoins bien aises de voir qu'vn tel garand s'offrist à Dieu pour tesmoignage de leur bonne volonté. Et quoy que ce fidelle & prudent seruiteur leur fust bien necessaire en leur mesnage*, ils se priuerent neantmoins franchement de cet appui pour l'amour de Dieu, qui sçauroit bien suppleer par d'autres voyes au defaut de cet homme, veu qu'il a promis de rendre au double ce que l'on quitte pour lui. Anatole fit donner l'habit qu'on lui auoit fait quitter à Thaumaste, lequel remplit sa place parmi les Augustins Reformez, auec tant de contentement & d'edification des Superieurs, qu'ils disoient communement de lui, que les Seculiers se font Religieux dans le Cloistre, mais que cestui-ci y estoit entré tout Religieux. On ne vit iamais rien de si humble*, de si souple, de si obeissant, de si mortifié, de si desnué de passions, de si doux, de si pliable, de si traittable*, de si auisé, de si charitable : bref en [328]son Nouiciat il fit honte à plusieurs Profez, au nombre desquels il fut admis d'vn commun aueu de la Communauté apres l'an reuolu. Et Anatole vescut aupres de sa mere si religieusement dans le siecle, lui estant suject en tout et par tout, qu'il est à croire qu'à la fin il a iouy des couronnes deuës aux victoires que l'Escriture promet aux vrays obeissans. Ie n'ay point sceu s'il se maria, & si comme vn autre Isaac Dieu le rendit pere d'vne ample generation.

C'est pourquoy apres auoir proposé son obeissance filiale pour estre imitee à ceux qui le pourront faire, ou au moins admiree par ceux qui ne pourront, & pour ne laisser perir dans l'oubli vn si rare exemple, ie mets fin à cet Euenement, qui auint il n'y a pas trente ans, en la ville que i'ay nommee.

---

1 Gn 22, 13.

Le Fils Impie.
EVENEMENT IX.

SI la simplicité & l'obeissance d'Anatole & Thaumaste vous ont donné de l'edification, fortifiez-en vostre esprit contre le scandale de l'Enfant Impie, auquel i'ay dedié cet Euenement. Dans vn parterre, ou dans vn pré souuent aupres de l'herbe salutaire naist la mortelle cigue, & les noires & brunes pensees sont voysines de la candeur des lys. Si les bonnes loix [329] naissent des mauuaises mœurs, pourquoi ne tirerons-nous pas de vertueux enseignemens des exemples du vice, lesquels sont proposez pour l'auoir en horreur, non pas pour l'imiter ? En Heraclee[1] les abeilles cueillent leur miel sur l'aconit, les bons esprits font leur profit de tout, & mesme du venin ils en composent la theriaque*. L'impieté est vn vice execrable, & qui offense* le ciel & la terre. Comme la pieté s'estend enuers Dieu & les parens : aussi l'impieté s'opposant à l'vn, outrage* les autres qui sont nos Dieux en terre. De sorte que celui qui deshonnore ou moleste pere et mere peut estre appelé impie, aussi bien que celui qui renonce la foy, & qui se reuolte contre Dieu. Que si l'Apostre appelle infidelle & Payen, celui qui ne se soucie pas des siens, & qui n'a aucun soin de ses domestiques*[2], pouuons-nous appelee autrement qu'impies ceux qui comme des Chams[3] descouurent la honte de ceux qui les ont mis au monde ? Tel fut celui que nous allons despeindre, dont la vie tranchee au plus fleurissant de ses iours, faict voir que Dieu n'est pas moins veritable en ses menaces qu'en ses promesses, & que ceux là meritent de mourir auant terme, qui comme des viperes causent la mort de leurs parens[4].

---

1   *Cf.* Préface p. [12].
2   1 Tm 5, 8.
3   Gn 9, 20-27.
4   Camus suit la croyance commune qui voulait que les vipères causent la mort de leur mère en sortant de son ventre.

Au Royaume de Leon en Espagne deux grands Seigneurs, pour accommoder* plusieurs differens qu'ils auoyent à cause du voisinage de leurs terres, s'auiserent de faire entre leurs maisons vne double alliance. Il sembloit que la fortune & la nature se fussent rencontrees en ce dessein, parce [330] que Prosidippe pour tous enfans n'auoit que deux filles, que nous appellerons Cidaris & Ampuze : & Diophante auoit deux masles, qui se feront cognoistre sous les noms d'Epaphre & Theodotion. Mais parce que Prosidippe desiroit auec passion que celui qui espouseroit son aisnee, portast son nom & ses armes*, en possedant ce droict d'aisnesse qu'ils appellent Majorasgue, Diophante se contenta que son aisné espousast la cadette de Posidippe, & que son cadet espousast l'aisnee, faisant par ce moyen ses deux fils chefs de deux grandes familles. Les nopces se firent fort solennellement, où assista vn grand nombre de noblesse pour feliciter* ceste double alliance, de sorte qu'Epaphre espousa Ampuze, & Theodotion Cidaris. Le mariage est vne chose si sacree & si saincte, que le prouerbe dict qu'il se faict dans le Ciel. Ce qui faict penser, que ceux qui se contractent en terre par des raisons d'Estat, ne reüssissent pas tousiours auec tant de bon-heur* que l'on espere.

Quelques annees apres ces alliances Prosidippe & Diophante auancez en âge allerent en la voye de leurs peres, ie veux dire, au tombeau, qui est le but de toute chair. Epaphre & Ampuze furent benis d'vne assez ample lignee, qui promettoit de pousser bien auant dans la suitte du temps le nom & la race de Diophante. Mais Theodotion & Cidaris n'eurent qu'vn fils appellé Pandolfe, dont l'impieté est le sujet de ceste Histoire.

Theodotion s'estant vn iour fort eschaufé à la chasse (exercice qui lui plaisoit extremement) prit vne maladie, qui dans peu de iours le coucha dans [331] le sepulcre, laissant Cidaris encore ieune vefue, & peut estre de l'âge de celles à qui l'Apostre ne conseille pas seulement qu'elles se marient, mais semble leur commander[1]. Comme le Majorasgue de sa maison estoit de son

1   1 Tm 5, 14.

chef, ainsi que nous auons dict, feu son mary n'ayant porté le tiltre de Marquis qu'à cause d'elle, elle eut la tutelle de son fils, ce que nous appellons en France Garde-Noble* : & pour l'assister en ceste administration, Epaphre luy fut donné pour adjoinct & comme tuteur honoraire. Les douleurs & les regrets de la perte de Theodotion, qu'vne mort precipitee luy auoit raui en la plus grande vigueur de sa vie, occuperent son esprit quelque temps. Mais à la fin les charbons de la concupiscence, qui n'estans pas esteints en elle, estoyent seulement couuerts de la cendre de ce deuil, se reueillerent, & commencerent à la tourmenter de leurs chatouilleuses poinctes. S. Hierosme a raison d'appeler la chasteté des vefues laborieuse, parce qu'elles ne doiuent pas seulement combattre contre les imaginations des plaisirs illicites, mais encore contre celles des legitimes qu'elles ont autrefois experimentez* dedans le mariage. Celle-ci ieune, belle, riche, grande, auctori-see* y resista si laschement, que vaincuë de ses appetits, & ne pouuant supporter le ioug de la continence (parole que tous ne comprennent pas) elle se resolut de tenter* vn second naufrage. Trop heureuse* si en ce dessein qui ne peut estre blasmé, sans offenser celui qui benit aussi bien les secondes & troisiesmes nopces que les premieres, elle [332] se fust conduitte auec plus de iugement : nous n'aurions pas maintenant la plume à la main pour descrire les mal-heurs* qui l'accueillirent*. Mais quoi ? les meilleurs projects peuuent estre conduits de si mauuaise façon, qu'ils en deuiendront vicieux, & leur succés* en sera funeste.

Selon la coustume d'Espagne ceste Dame auoit vn vieux Gentil-homme qui l'accompagnoit & le menoit, ce sont de ceux qu'ils appellent en ce pays-là Garde-Dames. Cestui-ci auoit vn fils que nous appellerons Atilio de l'âge de vingt & cinq ans, si bien faict & de si bonne mine*, qu'il fut donné pour Gouuerneur à Pandolfe, afin que ce ieune Seigneur se mirant tous les iours dans les actions du gentil* Atilio comme dans vne glace polie, s'esleuast en la gentillesse* & politesse bien seante à sa qualité. Pandolfe estoit peu auancé sans son quatriesme lustre, lors que sa mere plus soigneuse que lui de remarquer les graces & les belles

manieres d'Atilio, en deuint si follement esperduë, qu'elle en
oublia le souuenir de ce qu'elle auoit esté, de ce qu'elle estoit,
& mesme de ce qu'estoit ce Gentil-homme. Somme[1] pour ne
consumer ni temps, ni ancre, à representer le cours de ces folles
amourettes, dont les estincelles paroissoyent aux yeux des moins
clairuoyans, Cidaris vaincuë du desir de voir ses souhaits accomplis,
se resolut d'espouser clandestinement Atilio, tant pour mettre sa
conscience à repos, que son honneur à l'abry, au cas que ceste
accointance* vint à estre descouuerte. [333]

Calphurne pere d'Atilio s'estant apperceu de tout plein de
sottises qui se passoyent entre la Marquise & son fils, l'auoit
souuent repris* de ces trop hardies priuautez, & luy auoit conseillé
de ne faire pas comme le papillon qui se brusle à la chandelle.
Mais dequoy serurent les conseils à vne ame qui n'en est plus
capable*, le bandeau de l'amour luy ayant aueuglé le iugement,
& osté l'vsage de la raison ? Il est vray que ces peu sages amans
en estoyent arriuez iusques à tel comble, qu'il n'y auoit plus que
le mariage qui pust restituer l'honneur à l'inconsideree* Cidaris.
Et desia elle auoit quelques ressentimens* des fruicts de Lucine[2],
quand elle delibera de parler à son Garde-Dame, & de luy manifester son dessein. Calphurne à qui l'âge & l'experience auoyent
apporté ceste sagesse qui accompagne les vieillards, fut infiniment
estonné quand il sceut par la bouche mesme de sa maistresse, &
la temerité de son fils, & l'incontinence* de ceste Dame. Comme
il desappreuua tout ce qui iusqu'alors s'estoit passé, il n'augura
rien de bon pour l'auenir : en quoy il ne fut que trop veritable
Prophete. Il n'est pas temps de se retenir quand on court au val*
d'vne pente. Il y a des crimes qui se commencent auec audace,
qui se defendent auec le desespoir, & dont l'issuë incertaine est
quelquefois plus heureuse* que l'on ne pense, mais ordinairement
mal-heureuse*. Les vsurpateurs de souuerainetez marchent par

---

1   1660 corrige : bref.
2   Dans la religion gréco-romaine, déesse de l'accouchement.

des chemins qui portent leurs testes ou sous des couronnes, ou sur des eschaffauts : il n'y a rien de mediocre* entre ces extremi-tez. Calphurne [334] voyoit des maux et des mal-heurs* de tous les costez : en la necessité de choisir il ne restoit que de prendre le moindre. Il se souuennoit que les grandes entreprises ne se commencent qu'auec hazard, & ne se finissent que par recom-pense ou par peine. Puisqu'on l'embarquoit dans le vaisseau, il falloit qu'il courust la risque de la mer, & qu'il employast son industrie à euiter le naufrage. C'estoit vne si grande gloire à sa maison qui estoit pauure & obscure*, bien que noble ; & vn si grand auantage pour son fils d'espouser ceste Dame qui en faisoit instance*, que les mesmes rayons de vanité qui auoyent aueuglé Atilio, luy donnerent dans les yeux & l'esblouyrent. C'est vne chose si naturelle aux peres de souhaitter, & mesme de procurer* l'auancement de leurs enfans, que rien ne leur est de sacré ou d'inuiolable[1] pour les pousser dans les biens, ou dans l'honneur.

Cachant donc à Cidaris les sinistres iugemens qu'il faisoit de ceste affaire, apres les actions de graces & les complimens qu'il luy rendit d'auoir daigné abbaisser & ses yeux & ses vœux sur Atilio, il lui promit toute sorte d'obeyssance & d'assistance. Vn Prestre est gaigné, qui espouse Cidaris & Atilio en presence de Calphurne & d'vne fille de chambre confidente de la Marquise, & qui auoit conduit toute la trame de ceste folle accointance*.

Ceste premiere grossesse de Cidaris fut celee auec tant d'ac-cortise* & de prudence*, que sa couche dont elle eut vn fils, ne fut sceuë que des complices : Cet enfant qui fut nommé Cleonte [335] fut sous main enuoyé aux Asturies, pays de Calphurne & d'Atilio, & donné à esleuer à vne femme de village, qui ne sçauoit à qui il appartenoit, bridant* sa curiosité par le gros salaire qu'elle tiroit de sa nourriture*. Le mariage est vn nœud si sainct, & vne liaison si sacree, qu'estant vne œuure de lumiere elle ne peut durer parmi les tenebres. Aussi le celebre t'on en face de l'Eglise, pour

---

1 *de* et *d'* ont été supprimés dans l'édition de 1660.

monstrer qu'il est honnorable entre tous, & que la couche des conjoincts est sans tache. De là vient que les mariages clandestins tost ou tard ont des issuës ou honteuses, ou tragiques.

Cidaris enyuree de l'amour de son beau ieune mary, & croyant l'accoster* sans peché, ne se pouuoit contenir dans les bornes du secret que Calphurne luy recommandoit, non pas mesmes dans celles de la bien-seance & de la modestie*. Ses caresses, ses regards, ses contenances*, ses mines* vers Atilio estoyent telle-ment en veuë, qu'il n'y auoit plus aucun de ses domestiques* qui pust douter de ce qu'il n'auoit auparauant que coniecturé. Pandolfe mesme s'en apperceut, & bien qu'il n'eust encore que dix-huict ou dix-neuf ans, si est-ce que ialoux & de l'honneur de sa mere, & de son heritage qui le regardoit comme fils vnique, il entra en vn grand desir de vengeance contre son Gouuerneur, ne proiettant pas seulement de le faire sortir de sa maison, mais aussi de lui oster la vie.

Pour arriuer au point de ceste execution* il en auertit son oncle, afin qu'il lui aidast par vn sacrifice sanglant à expier le des-honneur dont Ati[336]lio ternissoit la gloire de sa maison. Epaphre qui auoit desia esté auerti de ces fascheuses nouuelles par vn domestique* de Cidaris, & qui dissimulant son indigna-tion n'estoit pas moins picqué que son nepueu, lui promit toute sorte d'assistance. D'autre costé Cidaris & Atilo, comme s'ils eussent contribué à l'auancement de leur propre ruine, estoyent deuenus si libres en leurs priuautez, qu'il n'y auoit que le nom de mariage qui pust iustifier leurs actions, tant il est mal-aisé de celer ce feu subtil dans son sein sans en donner cognoissance par quelque estincelle. Ce qui leur donnoit ceste hardiesse, c'estoit la minorité de Pandolfe, & l'auctorité que Cidaris auoit prise non seulement comme tutrice de son fils, mais comme administratrice d'vn bien qui venoit de son chef, & dont elle estoit la maistresse & proprietaire. Comme elle auoit d'extremes passions pour son mari clandestin, aussi desiroit-elle l'auancer & le faire riche, & ne laisser pas les enfans qu'elle auroit de lui dans la necessité*. Ces intentions toutefois n'estoyent cognuës qu'entr'eux, parce que leur mariage n'estoit pas encore publié, bien que leurs amours fussent assez diuulguees, & seruissent de fable & d'entretien* parmi les compagnies. C'est ce qui picquoit le plus Epaphre & Pandolfe, lesquels releuans ceste indignité par la bassesse de la personne d'Atilio qui n'estoit que simple domestique*, & d'vne noblesse d'assez bas alloy : se resolurent d'en faire vne vengeance d'autant plus exemplaire & memorable qu'ils s'imaginoyent d'en auoir facilement le par[337]don. La foudre ne tomba point sur ces Amans sans de precedens esclairs : mais leur aueuglement leur en ostoit la veuë. A la fin les murmures de l'indigné Pandolfe furent si hauts, & menaces si violentes, qu'elles vindrent iusques aux oreilles de Cidaris : laquelle peu endurante de son naturel, & hautaine comme vne Espagnole : ayant faict appeler son fils, lui laua la teste d'vne lexiue si forte, & le couurit de tant d'iniures & d'opprobres*, que ne les pouuant supporter il se mit à faire des reproches à sa mere que la bien-seance me faict taire, & l'honnesteté me defend de rapporter.

Alors Cidaris arrogante comme vne femme de sa nation, se sentant outrager* en l'honneur par celui qui eust deub le defendre, apres beaucoup d'imprecations & de maledictions que le courroux luy tira de la bouche, pour se garantir de ceste tache, auec laquelle vne femme n'oseroit leuer les yeux, elle lui dict clairement qu'Atilio estoit son mary, que ses embrassemens auec luy estoient legitimes, qu'elle auoit desia eu vn enfant de luy, qu'elle estoit enceinte du second, & qu'il estoit en sa puissance de lui faire porter le tiltre de Marquis aussi bien qu'à Theodotion, qui ne l'auoit esté que par elle, puisque le Majorasgue luy appartenoit. Que puisqu'il auoit esté si outrecuidé que de l'offenser en son honneur elle luy feroit faire la reparation en le desheritant & appelant à sa succession le fils qu'elle auoit eu d'Atilio, que desormais elle entendoit qu'il regardast non plus comme seruiteur, mais comme son beau-pere & son maistre. [338]

Si ce discours fut sensible à Pandolfe, il est aisé à iuger, se voyant en mesme temps priué de l'honneur & des biens, sans quoy il estimoit peu sa vie. Il communique ces nouuelles à son oncle, qui sans tirer la deliberation en longueur, dict qu'il falloit commencer à vuider ce different par la mort d'Atilio. Et d'effect afin que ce dessein prenant vent ne donnast sujet à ce Gentil-homme de chercher son salut en sa suitte, il entrerent vn iour de grand matin dans la maison de la Marquise, accompagnez de Braues (ce sont des Satellites dont les Espagnols se seruent, aussi bien que les Italiens, pour l'execution de leurs vengeances) & ayans enfoncé la porte de la chambre de Cidaris, & trouué Atilio couché auec elle, ils poignarderent ce deplorable* Gentil-homme entre les bras de son espouse. Et non rassasiez de ceste vengeance, ils firent estrangler la fille de chambre, qui auoit esté la confidente de ces passions. Et eussent faict passer le pas au Garde-Dame, si le vieillard plus rusé qu'eux, & ioüant au plus seur, ne se fust euadé & tapi dans vne cachette où il ne pût iamais estre descouuert. Quant à Cidaris, elle eust encore senti la cruauté d'Epaphre, si la nature mettant quelque secrette pitié dans le cœur de Pandolfe, n'eust empesché ceste sanglante execution*. Mais ce fut vne pitié qui se peut appeler impie, veu qu'il ne pro-longea sa vie que pour accroistre ses douleurs, & pour lui faire gouster vne longue mort. Car toute enceinte qu'elle estoit, & si esperduë qu'elle pensa faire vn abortif, au moins ressentit-elle les tranchees de [339] l'enfantement : ils la font monter à cheual, & la meinent en vn chasteau dans les montaignes de Leon, où ils la confinent dans vne chambre aussi obscure qu'vne prison, où soit qu'elle y fust mal traittee, soit que le regret luy saisist le cœur, elle mourut en accouchant d'vn enfant qui estoit mort dedans les entrailles. Elle n'eut aucun soulagement ni consolation en ceste extremité, perissant ainsi seule & abandonnee sans estre seulement visitee de son impie enfant. En haine dequoi elle fit son testament, qu'elle signa de son sang propre, par lequel apres vne malediction solennelle elle desheritoit Pandolfe, & instituoit son heritier vniuersel Cleonte. Escrit qu'elle fit tenir à Calphurne par le moyen d'vne bague de grand prix, qu'elle donna à vne pauure femme pour luy rendre cet office.

Ainsi mourut la desolee* Marquise, en laquelle on peut remarquer vn exemple signalé* de la mauuaise issuë des folles amours, & des mariages clandestins. Calphurne demeura long temps caché sans les deserts des Asturies auec son petit fils, qu'il esleuoit tout doucement selon le peu de moyens qu'il auoit. De là à quelques annees la malediction de Cidaris tomba sur la teste de Pandolfe, lequel passionné à la chasse comme son pere Theodotion, poursuiuant vn cerf & lui voulant tailler le iaret, aux abbois cet animal desesperé lui porte son bois dans le ventre, où il planta si auant vne andouillere* que le preneur fut pris & mourut sur le champ sans auoir aucun loisir de penser à sa conscience. Calphurne sçachant [340] ceste mort ameine son petit fils à la Cour, & le fit presenter au Roy par l'entremise de quelque Grand. Bien qu'il n'eust encore que quinze ou seize ans, si est-ce qu'il fut trouué si plein de grace, de gentillesse* & de bon naturel, que le Roy, suiuant le testament de Cidaris, luy adiugea l'heritage & le Majorasgue de sa mere, qu'Epaphre pretendoit appartenir à Ampuze sa femme par la mort de Pandolfe son nepueu. Mais il fallut à la fin obeyr au Roy, & laisser le pupil* en la possession, où il fut mis.

A mesure qu'il croissoit en âge le desir de venger la mort de son pere & de sa mere s'allumoit en son cœur. A quoy il fut encore picqué par ses propres interests*, Epaphre ayant tenté* diuers moyens pour le perdre. Quand il fut majeur il renouuella les vieilles querelles de Posidippe & Diophante, & donna tant de trauerses à Epaphre, qu'il le pensa ruiner. Estant marié auantageusement, il laissa ce seminaire de discordes à sa posterité auec les descendans d'Epaphre : car c'est ainsi que s'immortalisent les querelles.

Mais ceci n'estant pas de nostre Histoire, il me suffit que nous remarquions en la fin de la Marquise & d'Atilio la miserable* issuë des affections mal reglees, & en celle de Pandolfe la verité de ces mots du Psalmiste, que la semence des impies perira[1], & qu'ils seront comme la poudre que le vent dissipe sur la place de la terre[2]. [341]

---

1   Ps 37, 28 ; 37, 28.
2   Ps 18, 43.

Les Enfans Discrets. *
EVENEMENT X.

BIEN que ces Histoires n'ayent aucune entresuitte ni liaison les vnes auec les autres, les escriuant selon qu'elles s'offrent à ma memoire, sans y garder autre ordre que fortuit, si est-ce que ceste-ci & les deux qui la precedent ont en leur varieté quelque sorte d'attachement, veu que par diuerses voyes elles battent à ce mesme but, de faire voir la reuerence & obeyssance qui est deuë aux parens. Apres vne soumission extraordinaire, & vne impieté detestable, nous proposerons le tableau de quelques enfans, qui ont auec vne grande discretion* supporté & caché les infirmitez de celle qui les auoit mis au monde.

Sur le courant de ce grand & celebre fleuue du Rhin, qui seruoit autrefois de borne à nos Gaulois, il y a diuers Comtes, qu'au langage du pays ils appellent Ringraues. Or chascun sçait que de toutes les nations il n'y en a point qui conserue si ialousement sa Noblesse comme faict l'Allemande, ni qui redoute plus de se mes-allier, de sorte que iamais vn Comte ne donnera sa fille à vn Baron, & vn Marquis n'espousera iamais vne fille de Comte, de ceste sorte se conseruerent les familles en leur estat & dignité auec vn grand soin. [342] Ie dis ceci, parce que ceste cognoissance sert comme de fondement à ceste Relation.

Vne fille de Comte, que nous appellerons Crysolite, ayant donc espousé vn Comte du Rhin ou Ringraue, eut de luy plusieurs enfans, desquels il y en auoit quatre en vie, deux masles & deux femelles, lors qu'il la laissa vefue à l'âge de quarante ans. Comme elle auoit esté mariee fort ieune, ses enfans estoyent desia assez grands, de sorte que l'aisné arriuoit à la vingt & deuxiesme ou vingt & troisiesme de ses annees. Ceste Dame administra leur bien durant quelque temps auec toute la diligence & le soin d'vne mere qui aime veritablement ceux qui sont le sang de son sang, & de la chair de sa chair. Mais elle mesme n'estoit pas de pierre, ni d'autre matiere qui fust insensible, de sorte que dans les froideurs de son vefuage se r'allumerent des ardeurs qui ne se pouuoyent honnestement esteindre qu'en de secondes nopces.

Ceste bonne Allemande qui alloit à la bonne foy en ce dessein, iette les yeux en diuerses parts* pour y rencontrer vn parti semblable à sa naissance. Mais outre que les Seigneurs de ceste qualité y sont beaucoup plus clair-semez qu'en France ou en Italie, entre ceux qu'elle eust pû ou desirer ou pretendre, il ne s'en trouuoit point qui eust voulu s'allier à vne vefue de son âge & chargee d'enfans, de sorte que tout espoir lui estant osté de ce costé-là, ses regards qui ne cherchoyent qu'vn escueil digne de son naufrage, ne firent pas grand voyage sans le rencontrer. Vn ieune [343] Gentil-homme de ses vassaux, qui estoit ordinairement à la suitte de ses enfans, comme leur faisant la cour, lui donna dans les yeux, & par là ceste belle image s'estant glissee dans son cœur, s'y graua si fortement qu'il ne fut plus en sa puissance de l'effacer. Certes il y a de grandes incommoditez dans la grandeur, entre autres celle-ci d'estre tousiours en veuë, & de n'auoir par consequent aucune liberté en ses actions. C'est ce qui tue Crysolite, laquelle agitee de ses nouuelles flammes ne sçait ni les esteindre, ni les manifester, n'osant par aucune parole, ni par aucun signe en euaporer la moindre estincelle. De quelles contradictions est elle tourmentee, se representant d'vne part les perfections* de son nouuel amant, que son imagination augmentoit à la façon de ceux qui aiment, & de l'autre la gloire de sa naissance & de sa qualité qu'elle ternissoit en raualant ses affections vers un sujet si disproportionné ?

La nation Germanique franche comme la Gauloise, n'est pas capable d'vne longue dissimulation. Apres que Crysolite eust en vain employé ses efforts pour chasser de son esprit ceste agreable idee* qui la persecutoit si gracieusement, elle se resolut

de descouuir sa flamme, dont les pretensions* estoyent iustes,
puisqu'elle visoit au mariage, à quelque personne confidente.
Elle en parla donc à vne de ses Damoiselles, femme d'âge &
dont elle auoit espreuué la fidelité par de longs seruices. Mais
celle-ci imbuë des maximes du pays, eut vne telle horreur que
sa maistresse pen[344]sast à se mes-allier, qu'au lieu de moderer l'ardeur de ceste passionnee par de douces paroles, elle
l'augmenta par ses contradictions*, reiettant si loing ce que
lui disoit Crysolite, qu'à peine se donnoit elle la patience* de
l'entendre.

La Comtesse rebuttee de ce costé après lui auoir recommandé
le secret, & promis (mais au plus loing de sa pensee) de ne plus
songer à Fleurial, nous appellerons ainsi ce Gentil-homme, s'addressa* à vn de ses domestiques*, duquel elle crût tirer moins de
replique & plus de seruice. En quoi elle ne se trompa nullement :
car les Grands ne trouuent que trop de fauteurs & de partisans de
leurs passions, pour iniustes ou des-raisonnables qu'elles puissent
estre. Cestui-ci s'appelloit Leuffroy, lequel rendu depositaire du
secret de sa maistresse, lui promit d'executer fidellement tout ce
qu'elle lui commanderoit. Rien autre, lui dit-elle, sinon que tu
faces industrieusement cognoistre à Fleurial son bon-heur* en
la grandeur & pureté de mes affections.

Leuffroy n'y manqua point. Et ayant faict entendre au Gentil-
homme les passions que la Comtesse auoit pour lui, lesquelles ne
tendoyent qu'au mariage, Fleurial se trouua plus estonné de ce
discours, que s'il eust esté frappé d'vn coup de foudre. Il n'estoit
pas si grossier qu'il ne connust bien à quel faiste de biens & de
grandeurs cest amour l'appelloit. Mais il voyoit bien aussi que
les plus hautes montees font les plus profonds precipices, & que
les plus horribles cheutes suiuent les eleuations* extraordinaires. Il iugeoit que [345] correspondant aux desirs de Crysolite
il arriueroit à des commoditez* qu'il n'oseroit iamais esperer.
D'autre costé il redoutoit la cholere des enfans, qui venans à

descouuir ceste prattique le deschireroient en mille pieces. Il sçauoit l'humeur de la fortune, qui trompeuse qu'elle est, fait des hommes comme l'aigle de la tortue, les haussant pour les escraser en les laissant choir, & que frottant de miel les bords du verre, elle donne de l'absinthe à boire. Il ne s'y vouloit pas fier, ny se prendre, comme vn oyseau niais*, au lustre de ce beau miroir. La peur au commencement surmonta son ambition, & lui disant pour toute response, que parlant sans creance il ne se pouuoit persuader autre chose, sinon qu'il se vouloit mocquer de sa simplicité.

S'il ne tient qu'à cela, lui repartit Leuffroy, ie vous ferai bien tost cognoistre que ie ne parle point de moy-mesme, mais bien auctorisé* par celle qui m'en a donné la charge. De là à quelques iours il lui apporta des lettres* de la Comtesse, dont l'escriture lui estoit assez cognue, par lesquelles il ne pouuoit douter de la commission de Leuffroy. Neantmoins soit qu'il continuast en la crainte, soit qu'il ne voulust par son delay ietter de l'huile dans le feu de ceste Dame enflammee : il dit à ce messager qu'il redou-toit vne surprise, & que ceste lettre* estant aisee à contrefaire, elle estoit peut-estre vn leurre pour l'appeler, & vn piege pour l'attrapper & le perdre.

Leuffroy fut sur le poinct de se fascher de ceste [346] meffiance, qui sembloit le taxer de trahison. Mais considerant le iuste suject de soupçon qu'auoit Fleurial, & que l'intention de sa maistresse n'estoit pas de l'effaroucher, moderant son despit & tournant cet ombrage en risee. Vraiment, luy dit-il, beau fils, vous craignez merueilleusement vostre peau, & vous faites bien le difficile en vne occasion* pour laquelle cent & cent Cheualiers se mettroient au hazard de perdre mille vies. Ce n'est, reprit Fleurial, ni ma vie, ni ma peau que ie veux mettre en seureté, prest d'exposer l'vne & l'autre à toute sorte de douleurs & de morts pour le seruice de mes Maistres. Mais i'apprehende que l'honneur de Madame, qui m'est plus cher que tout ce qui me regarde, ne demeure interessé*.

Et puis si les enfans s'apperçoiuent tant soit peu de ceste menee, quel coing de la terre sera capable de me mettre à l'abry de leur courroux ? quel pouuoir me pourra faire eschapper la cruauté de leur iuste vengeance ?

L'auisé Leuffroy ayant par ce discours reconnu les mouuemens de l'ame de ce Gentil-homme, qui n'estoit retenu de seconder les intentions de la Comtesse, que par la crainte de ses enfans : lui en fit le rapport. Sur quoy Crysolite se determina sans se consumer dauantage à petit feu, dans vne dissimulation autant inutile qu'importune, de faire appeller ses enfans, & de leur declarer en secret ses passions & ses intentions.

Les ayant donc vn matin fait venir tous les quatre en sa chambre, sçauoir Maximilian & Septime, les deux fils ; & Annicette & Catherine, les [347] deux filles ; elle leur tint ce langage. Mes enfans, pour les soings que j'ay eus de vostre eleuation*, & pour les deuoirs de bonne mere que ie vous ay tousiours rendus, ie croy qu'il n'y en a nul d'entre vous qui ne reconnoisse combien tendrement et cordialement ie vous aime. Durant le temps que le ciel a voulu que ie vesquisse auec feu vostre pere, ie croy m'estre comportee aupres de luy auec toute la soumission, modestie* & fidelité qu'vne femme doit à son mari, en fin la cruelle mort me l'a raui, & nous a separez, & il m'a laissé en vn aage qui n'est point encore si auancé que le sang me glace dans les veines, & m'interdise de penser à de secondes nopces. I'ay fait tout ce que i'ay pû pour m'oster ceste fantaisie de la teste : mais mon naturel repugne tellement à ceste saincte vertu de continence, dont le ciel ne fait pas present à tout le monde, que i'ay crû deuoir me marier plustost que de brusler[1]. C'est à quoy ie suis determinee. Mais parce que les partis conformes à ma naissance & à ma qualité ne se rencontrent pas communement, veu que ie ne suis pas de condition commune : i'ay ietté les yeux & attaché mon cœur vers vn Gentil-homme, de

---

1   1 Co 7, 8-9.

LES EVENEMENS SINGVLIERS

qui i'espere auoir plus de contentement, que s'il estoit de plus grand lieu, & l'alliance duquel vous sera moins preiudiciable que si i'en prenois vn autre de famille plus releuee. Ie n'ignore pas les loix de la Noblesse de ce païs : mais ie sçai aussi que celles de la nature sont plus anciennes, & celles de l'Amour plus fortes. Vous sçauez les grands biens que i'ay apportez en ceste maison, lesquels transportant [348] en la main d'vn autre mari, vostre heritage en seroit beaucoup diminué. I'ay trouué vn expedient, par lequel ie serai contente, nostre honneur sera à l'abry, & vos biens ne seront point amoindris. J'espouseray clandestinement le Gentil-homme que ie vous nommeray, & il demeurera ceans comme domestique* : nul ne sçaura que ie me suis mes-alliee, & s'il naist quelques enfans de luy & de moy, esleuez sourdement, on les pourra pouruoir auec des moyens mediocres*, & de ceste façon sans vostre preiudice ie seray satisfaite. Ie vous parle ainsi franchement & rondement comme à mes enfans, desquels i'espere autant d'amour, de support & de condescendance*, que m'en promet la bonté de vostre naturel. Vne autre plus hautaine & plus imperieuse que moy eust fait ce que son caprice luy eust dicté, sans se soucier de vostre conseil. Et peut-estre aussi qu'vne autre qui eust eu moins que moy, & la crainte de Dieu, & l'honneur deuant les yeux, eust remedié à son incontinence* par des moyens aussi peu honorables que legitimes. Mais i'aimerois mieux perir de mille morts, que d'apporter ceste tache à mon sang, sçachant qu'vne femme qui est sans pudeur, quelque qualité qu'elle possede, n'est rien qu'vne voirie*. Ie vous supplie de n'employer point de paroles inutiles pour me dissuader des secondes nopces, puis que ie vous ay declaré qu'elles estoient absolument necessaires & à mon salut, & à mon contentement, seulement iugez si le moyen que ie vous ay proposé n'est pas raisonnable & vtile, tant pour mettre ma conscience à repos, [349] & mon honneur à l'abry, que pour vous conseruer les biens que i'ay apportez en la maison de vostre pere.

Si ces quatre enfans furent à l'abbord estonnez de ceste proposition, il ne le faut pas demander. Mais en fin voyans qu'il falloit
se seruir, non de consultation, mais de resolution en vne chose
determinee, ils firent vertu de ceste necessité, qui n'est suiette
à aucunes loix : & embrassans l'obeissance & la discretion* se
plierent à la volonté de leur mere, qu'ils voyoient aussi soigneuse
de leur bien, que de son propre consentement. Sur quoy l'aisné
prenant la parole pour les autres, luy respondit auec toute sorte
de respect & de modestie*. Qu'encore que leurs communs desirs
eussent peut-estre esté plus portez à la voir en vn vefuage glorieux,
qu'en vn desauantageux mariage : Neantmoins ils luy auoient tant
d'obligations & pour la vie, & pour les biens qu'ils tenoient d'elle,
& pour tant de trauaux qu'elle auoit pris autour de leur education,
qu'ils aimoient mieux renoncer & à eux-mesmes, & à leur propre
iugement, que de la contredire en vn seul poinct. Qu'elle estoit
leur mere, leur dame, leur maistresse : qu'elle pouuoit disposer de
leurs corps, de leurs vies, de leurs biens & de leurs volontez selon
son plaisir : n'estant pas à eux d'apporter aucune resistance à ses
desseins, veu que la seule gloire de luy obeïr estoit le plus beau
lot de leur heritage. Qu'ayans iusqu'alors suiui sa conduite* sans
contredit en ce qui les regardoit, ils ne pouuoient raisonnablement desapreuuer ce qu'elle feroit [350] pour elle-mesme. Que
celui qu'elle choisiroit pour espoux leur seroit en veneration en la
façon qu'elle leur commanderoit. Que seulement elle ordonnast,
& qu'elle treuueroit en eux vne parfaitte obeissance.

Crysolite qui vit que ce n'estoient point tant des paroles de
compliment, que d'vne verité sincere, pleurant de ioye & de
tendresse, & benissant la docilité & discretion* de ses enfans, les
remercia auec vn grand tesmoignage de reconnoissance, & leur
ayant descouuert les affections qu'elle auoit pour Fleurial, & que
c'estoit celuy qu'elle vouloit espouser, de là à quelques iours elle
le fit Maistre d'hostel de sa maison, & l'ayant espousé clandestinement en la presence de ses enfans, de Leuffroy & de quelques

Damoiselles, ce ieune Gentil-homme au lieu de s'enfler d'vne telle alliance se comporta auec tant d'humilité & de moderation tant enuers la Comtesse que ses enfans, que les vns & les autres alloient à l'enuy[1] à qui l'aimeroit dauantage.

Il nasquit deux filles de ces secondes nopces, qui furent esleuees secrettement, dont la premiere, qui portoit le nom de Marguerite, de son inclination se porta à estre Religieuse. L'autre appelee Lucide, demeura au siecle, & quelques annees apres la mort de Crysolite fut mariee fort honorablement. Elle fut heritiere des biens dont la Comtesse & ses enfans honorerent la fidelité de Fleurial. Lequel mesme apres la mort de Crysolite demeura chez Maximilian Ringraue, gouuernant toute la maison. [351]

Ainsi la mere fut contente, les enfans discrets*, & toutes choses se passerent doucement & sans rumeur. Et à dire la verité, c'est penser opposer des digues à vn torrent, que de vouloir empescher de se marier vne vefue qui y est resolue. Ioinct que ce n'est pas aux enfans de controoller[2] les volontez de leurs parens ; i'oseray dire iusques là, quand elles seroient desraisonnables. Ceux-cy sont loüables d'auoir par leur soumission & condescendance* euité le tumulte & le bruit qui naist des oppositions, par le silence & le secret conserué l'honneur de la bien-seance, & par leur prudence* & discretion* retenu les grands biens qui leur venoient du costé de leur mere. Mais certes la moderation de Fleurial merite vne loüange toute particuliere, ayant sceu se contenir dans les bornes de son deuoir & de sa naissance, nonobstant ceste eleuation*, estant vne chose assez ordinaire aux esprits moins iudicieux de passer de l'vsage à l'abus, & des richesses à l'insolence*. Ce qui a fait naistre le prouerbe, que les honneurs changent les mœurs, prouerbe dementi par l'attrempance* de ce Gentil-homme. [352]

---

1   Envi.
2   *Sic.* H et *DMF* n'ont que *contrero(l)ler. TLF* a une occurrence au xive de *controoler.*

La Fondation.
EVENEMENT XI.

Qve Dieu est admirable en ses voyes, & sainct en toutes ses œuures! Il n'appartient qu'à lui [352] de tirer la lumiere des tenebres, & le bien du mal. Ce qui faisoit escrier le Psalmiste en ces termes. Venez & voyez les œuures de Dieu[1], considerez les prodigieuses merueilles qu'il fait sur la terre, mettant la paix où la guerre estoit auparauant, & faisant vne ruche d'abeilles dans la gueule d'vn lyon mort[2].

En vne Souueraineté qui releue du sainct Empire, ie ne veux point la specifier autrement, trois ou quatre filles deuotes s'vnirent ensemble de ce lien tout dor de la saincte Charité, que l'Apostre appelle le lien de perfection[3]. Elles se consacrerent à l'eleua-tion* des petites filles, à l'imitation des filles de Saincte Vrsule, Congregation instituee par le grand S. Charles Borromee, & qui a fait & fait tous les iours tant de fruict[4]. Ces pauures filles eussent bien eu le desir d'establir vne maison de ceste Congregation en la ville où elles viuoient, qui estoit celle de leur naissance,

---

1   Ps 66, 5.
2   Jg 14, 8.
3   Col 3, 14.
4   Le 16 juin 1606, Anne de Xainctonge, dijonnaise, fonde à Dôle, qui dépend alors de la Couronne espagnole, une petite communauté pour laquelle elle adapte les règles des Ursulines italiennes, afin de se consacrer à l'enseignement (public et gratuit) pour les jeunes filles. La native de Dôle est Claudine de Boisset, qui avait rejoint Anne de Xainctonge, apportant ainsi des moyens financiers à la communauté qui avait dû lutter pendant dix ans avant de former sa première école. Cette communauté refuse la clôture, et sera l'occasion du long combat d'Anne de Xainctonge, auquel participe François de Sales, contre la clôture pour les communautés féminines. La Société des Sœurs de Sainte Ursule ne fut reconnue qu'en 1648 par un bref d'Innocent X. Les débuts des Visitandines de Jeanne de Chantal (1611 à Annecy), sous la conduite de François de Sales, sont assez similaires, mais celles-ci se consacrent aux visites des malades. Par contre, l'épisode très romanesque que Camus place ici en marge de cette fondation reste invérifié.

mais elles n'en auoient pas le moyen. Tant les contrepoids qui balancent le monde sont estranges : il arriue souuent que ceux qui ont le pouuoir de faire de grands biens, n'en ont point la volonté, & qu'où les moyens defaillent*, les desirs sont grands à merueilles. Mais que peut-il manquer aux ames qui se confient en Dieu ? Certes rien ne leur est impossible, le ciel se plie à leurs souhaits par la patience & la perseuerance. Et ie vous prie que ne peuuent ces esprits, dont l'humilité & le zele a du credit aupres de celuy qui peut tout, & qui a promis de donner ce qui luy sera commandé ? Ces bonnes filles souhaittent ce bien-là autant [353] pour le public que pour leur particulier, veu qu'elles auoient & vn peu de bien, & assez d'industrie pour pouuoir viure. Mais le zele de la maison de Dieu qui les deuoroit, les faisoit aspirer à vn estat de plus haute perfection, tel qu'est celui de la vie Religieuse. Aussi furent-elles exaucees en ces iustes souhaits, selon ce que le Prophete dit du iuste, que Dieu entend la preparation de son cœur, luy donne les desirs de son ame, & ne le frustre point de la volonté de ses leures, c'est-à-dire des requestes qu'il lui fait en la priere, sa bonté estant telle, qu'il fait la volonté de ceux qui le craignent & exauce leurs oraisons.

Ces filles faisoient de grandes deuotions pour voir reüssir ce pieux dessein : mais leur esperance n'estoit soustenue d'aucune apparence. Il y auoit vn docte & deuot Religieux qui prenoit soin de leur conduitte*, qui leur promettoit tousiours, comme le Sauueur à Marthe, que si elles esperoient comme il faut, elles verroient la gloire de Dieu, les asseurant qu'infailliblement Dieu feroit ceste fondation, mais qu'il en ignoroit les moyens & la forme. Les exhortant cependant de ne perdre courage*, de se comporter genereusement en l'œuure qu'elles auoient commencee par charité, & qu'ainsi elles attendissent Dieu, c'est-à-dire l'heure de sa visite. O grand Dieu que vos traces sont adorables, & qui eust iamais imaginé que vous eussiez deub accomplir vostre ouurage par la route* que ie vay deduire* ?

Il y auoit en ceste ville-là, que plusieurs considerations* m'empeschent de nommer, vne Da[354]moiselle, dont ie cacherai le nom sous celuy de Melinde, laquelle laissee orpheline estoit en la charge & sous la conduite* de ses deux freres, dont l'vn qui estoit Ecclesiastique, ne faisoit pas sa residence en la ville, mais en vn autre lieu où son Benefice l'obligeoit. Elle estoit donc en la maison paternelle auec son aisné, ayant en sa main tout le soin du mesnage*. En ceste grande liberté qu'a vne fille qui n'a point de femme qui veille sur ses actions, il est bien mal-aisé qu'il n'arriue quelque chose de mal à propos. Sa beauté n'estoit point de ces rares, qui font naistre dans les esprits des passions excessives : mais elle auoit des graces assez attrayantes pour se faire desirer, & assez d'amorces* pour se faire suiure. Ses moyens qui estoient assez foibles, escartoient d'elle ceste troupe de mousches qui ne s'assemblent qu'aux cuisines qui fument. Neantmoins Quintil ieune Gentil-homme de la ville, trouua assez de feu dans ses yeux pour y brusler les aisles de ses desirs, & en elle dequoy arrester ses pensées. Il n'auoit que sa mere, & de son chef il estoit assez accommodé*, mais ce qu'il auoit n'estoit rien au prix de ce qu'il esperoit de la succession d'vn vieil oncle, qui, n'ayant point d'enfans, le vouloit faire son heritier.

La facilité de l'accez de Melinde, & les charmes de sa conuersation* le rendirent si fort espris de ceste fille, qu'il ne viuoit plus que pour elle. Qui de son costé desireuse de faire conqueste d'vn parti si auantageux, ne fut point paresseuse à luy rendre des reciproques tesmoignages de bonne volonté. Ceste mutuelle bienueillance [355] s'estoit rendue si visible, qu'elle ne pouuoit estre cachee à Didier frere de Melinde, lequel souhaittant de voir sa sœur si bien pourueuë, fauorisoit ceste affection autant qu'il le pouuoit, voyant qu'elle auoit pour fin le mariage. La passion qui pressoit Quintil, luy en faisoit faire mille protestations à Melinde : mais les sermens de ceux qui aiment sont si legers, que le vent les emporte encore plus facilement que la plume, ceux qui s'y fient fondent sur le sable mouuant vn bastiment de peu de duree. Aussi Melinde n'estoit pas si peu accorte* que de se rendre à des paroles. Après lui auoir assez tesmoigné qu'elle l'aimoit, & qu'elle estimeroit à beaucoup d'honneur & plus de bonheur* d'estre sa femme, elle lui trancha en deux mots qu'il n'esperast rien d'elle que par ceste voye, puis que c'estoit l'vnique moyen qui pust faire rendre vne fille de bien aux desirs d'vn homme. Quintil iure qu'il ne souhaitte autre chose, preferant (discours ordinaire des ieunes gens) son contentement à toutes les richesses de la terre. Mais qu'il craint de la contradiction* du costé de son oncle, qui luy tient lieu de pere, & de l'heritage duquel il espere vne fortune releuee.

Ce qui se minutoit* entre ces Amans estant proposé à Didier, qui souhaittoit infiniment d'acheminer ce mariage, pour le grand appui qu'il s'attendoit de trouuer en Quintil, il lui conseilla de sonder l'esprit de son oncle, & que peut-estre ne le trouueroit-il pas si retif qu'il s'imaginoit. Mais cet oncle n'eut pas plustost le vent de ceste affection, que Quintil auoit pour Melinde, qu'au [356] lieu d'y condescendre, il luy en fit vne aspre reprimende, lui defendant sous peine de son indignation de la frequenter, & le menaçant de le priuer de son heritage s'il pensoit iamais à ceste alliance. La mere mesme de Quintil auertie de ceci, lui en fit des remonstrances, meslees de menaces & de maledictions, qui estoient autant de gresles & d'orages sur les fleurs de ses desirs. O ieunesse que tu es peu consideree en ta conduite*, & combien aueuglement te laisses tu aller où te guide ton appetit desreglé ? Quintil n'en deuint pas plus sage pour tout cela : mais continuant plus que iamais sa poursuitte, monstroit à Melinde & à Didier que ces difficultez comme l'eau des forgerons augmentoient sa flamme, plustost que de l'esteindre. Il meurt d'impatience d'arriuer à la consommation de ce mariage, qu'il desire auec autant d'ardeur qu'il lui est seuerement defendu. Il en confere* auec Didier, lequel voudroit pour beaucoup qu'il fust accompli, &

d'autre costé ne voudroit pas ni que sa sœur perdist la reputation, ni Quintil ce grand heritage qu'il esperoit de son oncle. Que les conseils* des ieunes gens, & principalement de ceux que l'amour ou l'interest* aueuglent, sont de mauuaise trempe !

Melinde, qui plus accorte* cachoit mieux son ieu, mais qui n'auoit pas moins de desir que son Amant, d'estre mariee, se laissa aisement aller à l'auis de son frere, lequel gaigné par les prieres & les persuasions de Quintil, la portoit à vn mesnage* clandestin. Faisant semblant de se rendre sous vne image de force* à ce qu'elle souhaittoit le plus, cachant [357] sous des larmes feintes vne veritable ioye. Elle se fit donner vne promesse de mariage par escrit de la main de Quintil, & de plus en presence de son frere & d'vne confidente, elle receut l'anneau, & Quintil la prit pour sa femme par des paroles que l'on appelle de present. En suite de cela vous pouuez vous imaginer le reste de leur procedé.

Ce beau mesnage*[1] continua pres de deux ans, sans qu'il sortist aucun fruict de ceste mere, qui n'estoit pas benite. Ce n'est pas que les frequentations de Quintil chez Didier, & mesme à des heures indues, ne donnassent des ombrages à ceux qui les remarquoient, & ne causassent des murmures & des mesdisances qui ternissoient le lustre de la renommee de Melinde. Mais quoy ? ces Amans enyurez de leur aise n'auoient ny yeux, ny oreilles pour voir ou entendre tout cela, n'estans pas resolus de quitter leurs delices pour euiter vn bruict de ville. Ioinct que Melinde se persuadoit de dissiper vn iour tous ces mauuais contes par la publication de leur mariage.

Cependant qu'ils boiuent ces eaux desrobees, que le prouerbe sacré dit estre plus douces que les autres[2], l'oncle & la mere de Quintil qui le suruueillent, & qui font espier ses deportemens*, lui en font de grosses reprimendes. Mais il les repaist de mensonges, & ne pouuant nier sa hantise* en la maison de Didier, tantost il dit que c'est pour voir ce ieune homme son ami, tantost que

---

1 Jeu de mots ironique. *Mesnage* veut dire ici *couple*; mais il existe aussi une expression *mauuais mesnage* (*q.v.*) qui veut dire : *intrigue, agitation.*
2 Pr 9, 17.

s'il s'amuse* aupres de sa sœur, ce n'est que par maniere de passe-temps, & de bien-seance, sans aucun dessein de l'espouser. Cet oncle & ceste mere le pressans [358] de se marier, ou au moins de chercher quelque parti sortable*, estimans par là le diuertir* de ceste hantise* suspecte, ce qu'il leur promettoit pour les amuser* : mais il ne se mettoit pas pourtant beaucoup en peine de ceste queste, ayant assez de satisfaction dans sa conqueste[1].

Il y auoit en ce temps-là vne ieune femme, que nous nomme-rons Electe, laissee vefue par son mari à l'aage de vingt & trois ans, & qui n'auoit esté que cinq ou six ans dans le mariage. Elle n'auoit pour tous enfans qu'vn petit fils, qui estoit riche des biens de son pere. Ceste vefue estoit fort accommodee* de son costé, & estoit vn party desiré de plusieurs, & esperé de peu : parce que ceste femme apres la mort de son espoux s'estant mise bien auant dans la deuotion, sembloit aspirer plus tost à vne retraitte du monde, qu'à s'y embarquer de nouueau par vn second Hymen. Neantmoins n'estant point encore du tout determinee à cela, elle viuoit doucement & paisiblement dans son abondance, prattiquant la pieté, mais ceste pieté ciuile*[2] qui n'est pas si farouche & sauuage qu'elle face euiter les compagnies, & fuir la conuersation* des humains. Elle faisoit quelquefois des visites, & souffroit d'estre visitee par ses parens & amis. Que si quelque homme s'y rencontroit, qui voulust faire le caiolleur, elle luy fermoit aussi tost la bouche, ou escartoit son oreille de ses propos, & sur tout elle reiettoit comme des escueils les paroles de

---

1   Si le sens de ces deux (?) dernières phrases est assez clair, la ponctuation n'y contribue pas. Le plus simple est supposer que le point après *espouser* devrait être remplacé par une virgule et reporté après *suspecte*.

2   Camus vient de publier en 1624 *l'Acheminement à la Deuotion ciuile*, qui se réclame de l'héritage borroméen et salésien en voulant conduire le fidèle à la dévotion dite *ciuile*, qui s'oppose à la dévotion *religieuse* «qui porte à l'entier délaissement du Siecle» (Préface). Cette piété est donc «civile», en ce qu'elle n'abandonne pas la société civile, ni ne fuit la «conversation» (fréquentation) du Siècle, mais aussi en ce qu'elle observe les règles de la civilité et évite d'être, comme il le dit ci-dessous, «farouche et sauvage». Voir Sylvie Robic – De Baecque, *Le Salut par l'excès*, notamment le chapitre IV.

recherche. Elle auoit des grandes graces sur le visage, de grandes richesses en ses coffres, de rares vertus dans son ame, bref c'estoit vn [359] ambre gris & precieux & odorant, qui dans la mer du siecle attiroit beaucoup de poissons apres soy. Elle estoit fille d'vne des cousines de la defunte femme de l'oncle de Quintil, de sorte que comme elle auoit frequenté durant la vie de sa parente en la maison de ce bon vieillard, elle y continuoit ses visites, se seruant de son appuy & de ses auis en la plus part de ses affaires.

Cet homme qui sçauoit distinctement* son bien, & qui connoissoit ses vertus, la souhaitta pour niepce, & desira que son nepeu Quintil la prist pour femme, resolu d'appeler en sa maison ces deux mariez, & de donner à ceste tant honneste* ieune femme le gouuernement de son mesnage*. Prudent qu'il estoit, d'vne pierre il faisoit deux coups, retirant Quintil d'vne passion folastre, & se faisant vtilement & fidellement seruir sur la fin de sa vie par ceux qui deuoient estre ses heritiers. Il communiqua ceste pensee à son neueu, lequel dissimulant son engagement ailleurs & prattiquant ceste ruse de la prudence* humaine, de ne iamais contredire directement ses Superieurs, mais de gauchir par soupplesse* à leurs commandemens quand on ne les veut pas accomplir : lui promit beaucoup plus qu'il ne vouloit tenir, sçachant bien qu'en tous les partis il trouueroit tousiours quelque chose à redire, & sur quoi former des excuses. Principalement en cestui-ci, qui estoit vne rose enuironnee de tant d'espines, qu'il sembloit qu'elle eust pour deuise le mot, ne me touchez pas[1].

Le ruzé vieillard qui sçauoit que l'Amour ne [360] souffre point de commandement, & qu'il n'y a rien qui se fasse plus mal volontiers que d'aymer par obeissance, & que si Quintil auoit le cœur engagé ailleurs, difficilement le retourneroit-il vers Electe, si elle se monstroit tant soit peu desdaigneuse à receuoir ses vœux. Apres auoir vn iour traitté d'affaires auec elle, il lui demanda si en fin elle auoit resolu de passer le reste de ses iours

---

1 Paroles du Christ à Marie Madeleine : Jn 20, 27.

en vn triste & solitaire vefuage. Veu mesmes qu'elle estoit en vn aage si florissant, qu'elle pourroit encore porter beaucoup de fruicts. Qu'vne ieune femme sans appuy dans le monde, estoit vn vaisseau sans timon, & vne vigne sans soustien. Que le vieux prouerbe vouloit à celles de sa condition vn mari ou vne muraille. A ce mot Electe à qui la couleur monta au visage, & qui s'alla imaginer que ce vieillard se fust coiffé de sa beauté. Vne muraille, Monsieur, lui repartit-elle, sera mon second mari. Alors le bon homme loüant ce dessein, pourueu qu'il fust bien examiné & bien fondé, voulant venir aux exceptions, elle l'interrompit en repliquant. Et bien Monsieur, puis que ce proiect est loüable, ne parlons plus d'espoux en terre, & ne songeons & vous & moy qu'à celui qui est au ciel.

A ces paroles, & vous & moy, le fin vieillard descouurit ses pensees mieux qu'il n'auoit fait auparauant aux alterations de son visage. Et afin de la desabuser sur le champ, & de luy oster de la creance qu'il parlast pour luy. Ma fille, luy dit-il, & il l'appeloit ordinairement ainsi, vn ieune mari vous viendroit peut-estre mieux qu'vne vieille muraille. Ce seroit dommage [361] d'enseuelir tant de belles fleurs qui s'espanouyssent sur vos ioües, & de vous descendre dans vn sepulcre toute viuante. Au contraire, reprit la vefue, ayant retenu ceci du sermon de quelque prescheur : La vefue qui vit en delices, est morte en viuant, & celles qui meurent au monde pour IESUS CHRIST, cachent leur vie en luy, & l'enseuelissent vtilement & honnorablement. Ma fille, dict le sage vieillard, vous parlez comme vn Apostre[1] : Si vous auez vn ordre à choisir, ie vous conseille d'estre des sœurs Prescheresses. Mais laissons ces hauts discours & deuisons plus familierement. Vous voyez les peines que vous auez tous les iours au maniement de ces grands biens que vous auez à conduire, tant de ceux qui appartiennent à vostre fils, que des vostres. Si vous desirez vous ietter dans vn Cloistre, en vn moment vous serez deliuree de tout

---

1   1 Tm 5, 5-6.

souci, si vous y estes resoluë le plus tost seroit le meilleur, parce
que la grace de ceste vocation est passagere, & elle s'enfuit de
ceux qui font trop de delais : Mais si vous restez dans le siecle,
il vous faut necessairement quelque braue* ieune mary, en la
compagnie duquel vous viuiez heureuse, & qui se charge du
faix des affaires qui vous accable. Monsieur (reprit Electe) il y a
temps d'auis, ie ne suis point encore si vieille que ie ne puisse
attendre, & l'âge ne me presse point de precipiter ce que l'on ne
peut vouloir qu'vne fois.

Le vieillard ayant connu par là, qu'elle n'estoit point encore
si determinee, qu'vne viue poursuitte ne lui fist changer de resolution, pour lui don[362]ner sujet de ietter les yeux sur quelque
particulier*, luy nomma son nepueu, ieune homme de bonne
mine* & belle esperance, duquel il luy releua[1] le merite, les biens
& principalement la qualité de son heritier, que ceste femme qui
n'estoit pas tout à faict morte aux desirs du siecle, se sentit atteinte
de ie ne sçay quels attraicts qui se ressentent plus aisement qu'ils
ne s'expriment. Iusqu'alors elle auoit veu assez souuent Quintil,
mais elle l'auoit regardé comme vne personne indifferente, dont
l'idee* passoit deuant ses yeux comme l'image deuant le miroir
sans s'y arrester. Mais depuis ceste ouuerture, comme si le discours
du vieillard lui eust lancé vn feu* artificiel dans le sein, elle se
donna & la curiosité*, & le loisir de considerer la forme & les
agreables manieres de Quintil, lesquelles sans estendre plus au
long le progrez de ceste secrette trahison, s'imprimerent de telle
sorte dans son esprit, qu'elle n'en pouuoit retirer sa pensee. Sur
quoy deuenuë resueuse & solitaire (premiers frissons de ceste
fieure qui fait aimer) plus elle se pensoit desembarrasser de ses
fantaisies, plus elle s'empestroit, pareille au ver à soye, qui se
bastit vne prison dans son propre ouurage. Elle aime donc & le
hameçon qu'elle a auallé par les yeux la tient accrochee par le
cœur. Ha ! que l'Apostre a bien dict apres l'ancien Poëte Grec,

1 Manque ici *tant*, ou *si bien*.

que les propos trop libres corrompent les bonnes mœurs[1], que les paroles qui se glissent en l'esprit, le rongent comme vn chancre* : & vn grand homme de nostre âge, que les ames s'empoisonnent par l'oreille, comme les corps par la [363] bouche. Electe l'experimente* à son dam, puisqu'vn petit mot sorti de la bouche du vieillard, fut vne estincelle qui par la suitte du temps reduisit tout son cœur en cendre. Las ! que ie plains la condition* de ce pauure cœur, cruellement suspendu entre l'amour du ciel, & celle de la terre. Mais à la fin en ce combat le sens opprime* l'esprit, & le corps par sa corruption aggraue* l'ame, les affections terrestres estans vne glus aux aisles des desirs celestes. Qu'elle eust esté sage si elle eust bouché ses oreilles, à la façon de l'aspic, aux appeaux de ce vieux enchanteur ? Ce qui accroist son deplaisir, c'est qu'elle aime non seulement sans estre aimee (car Quintil ne pensoit aucunement à elle) mais sans sçauoir si elle le seroit, & sans oser declarer son affection, tant elle auoit de honte d'estre la premiere à tesmoigner ses flammes. Au contraire tout sembloit deffauoriser son dessein, veu que Quintil se monstroit par ses ordinaires hantises* attaché à l'amour de Melinde, pour laquelle seule il auoit des yeux. Tandis qu'elle tasche par les exercices de pieté à se faire quitte* de sa passion, elle se porte* si negligemment en ceste contestation, qu'elle renforce sa conuoitise au lieu de l'affoiblir.

Cependant l'oncle presse si fort son nepueu de se rendre agreable à Electe, que Quintil qui faisoit l'obeyssant en paroles, se trouua engagé à en faire paroistre quelques effects. Il abborda donc Electe plus en intention de cajoller*, que de s'y engager, & de lui faire paroistre la gentillesse* de son esprit, que la vehemence de son affection. Mais [364] outre qu'il ne rencontra plus en elle ceste sauuage humeur qui l'auoit faict publier par plusieurs pour rude & inciuile*, & par d'autres pour farouche & bigotte,

---

1   1 Co 15, 33. Ce proverbe se trouvait dans la comédie de Ménandre, *Thais*, qui est perdue. (P. Lüthert)

ouy, vne chere* gaye & vne reception toute pleine de douceur &
d'attraicts : il ne faut pas s'estonner si en la pensant seulement
amuser* il se laissa luy mesme abuser*, & surprendre à tant
d'appasts & d'amorces*. Le plus puissant de tous les philtres, dict
vn grand Stoique, & le plus asseuré* moyen pour se faire aimer,
c'est d'aimer[1], parce que ce mal est si subtilement contagieux,
qu'il est aisé à prendre de celui qui l'a, d'autant que l'amour ne
se peut payer que par vne reciproque bien-veillance.

Cet acceuil extraordinaire qu'Electe fit à Quintil, changea ses
feintes en veritez : & quelqu'attachement qu'il eust auec Melinde,
il lui fut impossible de se garder du change, & d'euiter les filets de
la vefue. Et à n'en mentir point celles de ceste qualité ayant appris
dans le mariage l'art de charmer les hommes, lancent des traicts
d'autant plus penetrans qu'ils sont moins apperceus sous ces grands
voiles & dans les sombres obscuritez de ce deuil apparent qui les
enuironne. Desia la longue pratique de Melinde auoit rallenti
l'ardeur de ses premiers feux, & la facilité de ceste possession le
tenoit en des froideurs maritales, lors que ceste nouuelle proye se
leuant deuant ses yeux le fit penser à vne autre conqueste. Comme
il n'y a rien qui donne tant d'affection que l'honnesteté, la bonne
reputation, la modestie*, qualitez qui manquoyent à Melinde,
& qui esleuoyent Electe [365] iusques au ciel, ces parfuns eurent
beaucoup de force pour attirer cet inconstant. A quoi adioustant
pour comble de prefection mondaine, cet aimant des cœurs
les plus ferrez* que l'on appelle l'or, dont ceste vefue auoit ses
coffres remplis, Melinde n'ayant autre partage que la pauureté
& la misere : on cessera de s'esmerueiller que Quintil se laissast
contre sa foy promise gaigner à tant d'auantages. Ioinct que son
oncle lui promettoit en faueur de ce mariage de l'asseurer de sa
succession, & de le declarer son heritier vniuersel, autre consideration* qui n'auoit pas vne mediocre* prise sur son esprit. En

---

1   Sénèque : Si tu veux être aimé, aime. *Lettres à Lucilius,* 9, 6.

fin les voluptez sont viandes legeres, & dont le goust passe assez promptement : mais l'vtile captiue vn esprit auec des chaisnes plus fortes, parce qu'il vise à l'establissement d'vne fortune plus longue, plus specieuse* & plus asseuree*. Ce que donc Quintil commença par feinte, deuint petit à petit vne verité : & comme vn clou chasse l'autre, à mesure que son inclination se panchoit vers Electe, elle se retiroit de Melinde. Bien que le dissimulé Quintil sentist que ce changement se faisoit en son cœur, si ne vouloit-il pas que Melinde le recognust. Mais la feinte est comme le fard, qui s'escoule soudain. Et puis qui est celui-là si cauteleux, qui puisse tromper long temps les yeux d'vne Amante ?

Melinde auertie des visites de Quintil chez Electe, entre en des soupçons, de là en des ialousies, puis en des fureurs, en fin en des frenesies qui estoyent voisines de la rage. Ce galand* ne les pouuant nier, s'excuse sur le commandement de [366] son oncle, la bien-veillance duquel il veut conseruer par ceste apparente soumission, mais proteste qu'il est exempt de passion de ce costé-la, renouuellant les vœux de fidelité auec des sermens d'autant plus solennels qu'ils estoyent moins veritables. Tant il est vrai, qu'il n'y a gens qui iurent dauantage, que ceux qui sont plus resolus de tromper. Mais le temps pere de la verité, faisoit comme l'aube, qui peu à peu ameine le plein iour. Melinde qui estoit la plus interessee*, & qui reconnoissoit tous les iours le deschet* des ardeurs de Quintil, dont elle attribuoit la cause aux conuersations* auec Electe, les lui defend absolument, sous peine de son indignation & de la faire crier les hauts cris, & prescher sur les toicts ce qui s'estoit passé à huis clos. Quelques excuses qu'alleguast Quintil, elle les recuse. Il a recours à Didier, auquel il faict croire que la necessité de complaire à son oncle, duquel il espere tout son auancement, le force à ceste frequentation chez Electe, en laquelle il se dit estre parmi les espines, lui representant ceste vefue comme vne bigotte & scrupuleuse, selon qu'elle estoit estimee par ceux qui la connoissoyent ; au reste autant esloignee des secondes nopces, que lui de la desirer pour femme. Didier se laissa persuader à ces discours, & laissant Quintil en la liberté de hanter chez ceste vefue, blasmoit sa sœur de ses criailleries, & se mocquoit de sa ialousie, lui disant à tous propos qu'il cognoissoit Quintil si homme de bien, que pour mourir il ne feroit pas vne perfidie, & qu'il ne manqueroit iamais à sa parole. [367] Mais il se connoissoit mal aux ressorts de ceste passion, qui ne faict estat en paroles que de loyauté, & qui tient si peu de conte du pariure.

Quintil rassasié de la possession de Melinde, & tout à faict engagé à aimer Electe pour les raisons que nous auons rapportees, ou ne se souuient plus de sa parole & de son escrit, ou ne les tient pas pour des obligations necessaires*. Pressé par son oncle, par les graces d'Electe, par son inclination, & par ses propres interests*, il s'engage si auant en la recherche de ceste vefue, qu'il en oublie le chemin de la maison de Didier, où il n'experimentoit* plus que les tempestes & les aigreurs de la iuste ialousie de Melinde.

L'oncle & la mere de Quintil, qui desiroyent passionnement de le voir marié à Electe, ayans reconnu & sondé la volonté de ceste vefue toute disposee à leur complaire, & à le prendre pour mary, acheminent ceste affaire à tel point, que l'on tenoit leurs nopces pour asseurees*. Le bruit s'en estant respandu par la ville, Melinde en entra en vne rage si des-mesuree, que peu s'en fallut que le desespoir ne la portast comme vne forcenee Bacchante à aller chercher Quintil, & s'attacher à son collet comme vne furie deschaisnee, pour lui faire sentir le chastiment de sa trahison, & de son ingratitude. Elle emplit sa maison de cris, ses yeux de larmes, sa bouche de plaintes, & se vengeant sur ses cheueux de l'inconstance de son volage, elle en arrache des poignees qu'elle sacrifie à sa douleur.

Son frere la voyant en ce pitoyable* accessoire*, [368] tasche à la remettre, en lui remonstrant qu'elle se plaint à tort, que c'est vn faux bruit, que Quintil ne la peut, ni veut, ni doit abandonner, qu'il est trop galant* homme pour commettre vn acte si lasche.

Mais il ne peut l'accoiser*, ni estre escouté, sinon lors qu'il lui promet de venger ceste perfidie si elle se trouue veritable, si exemplairement qu'il en sera parlé à iamais, protestant de ne souffrir point que l'honneur de sa sœur lui fust leué s'il n'estoit laué dans le sang de son abuseur.

A ceste harmonie de carnage & de fer ceste fille picquee par la tarantole du courroux, reprit vn peu ses esprits, & apres auoir obligé son frere par des sermens execrables à l'execution de sa promesse, elle consentit de demeurer en vie pour voir la vengeance qu'il prendroit de son ingrat. Auquel pour reuenir nous sçaurons que son dessein estoit d'espouser si promptement Electe, que Melinde ny son frere n'eussent pas le loisir de faire des opposi- tions à son mariage, ni de descouuir toutes les pratiques cachees dont nous auons parlé. Mais sa prudence* malicieuse* demeura courte pour ce coup, Dieu ne voulant pas qu'vne meschanceté demeure tousiours dans le secret sans se manifester à la confusion de celui qui l'a faitte. Car Electe qui auoit l'honneur sur le front, & la pieté dans l'ame ne voulut point marcher qu'en plein iour selon l'honnesteté, ni cheminer qu'en la lumiere, sçachant que les iustes vont en leurs procedez par des voyes droittes, iamais pas des obliques & tortues. [369]

Elle voulut donc, comme aussi ses parens & ceux de Quintil, que les bancs* de mariage fussent publiez aux paroisses selon l'vsage de l'Eglise & suiuant les formes prescrites par les Canons & saincts Decrets. Ce fut ceci qui descouurit non pas le pot des roses, mais des ordures de Quintil & de Melinde. Laquelle par son frere s'opposant à ces publications, fit paroistre la promesse de mariage de Quintil, & l'aneau qu'il lui auoit donné en la pre- nant pour femme, confessant la consommation de leurs nopces clandestines & leur commerce continué par vn long temps.

Bien que ceci mist de l'eau dans le vin d'Electe, & moderast vn peu ceste flamme qui la tourmentoit pour Quintil, si est-ce que son ardeur n'en fut pas amortie, l'oncle l'ayant asseuree* qu'il feroit declarer tout cela nul, & rompre ceste imaginaire alliance.

Cependant voila vne grande querelle qui tombe sur les bras de Quintil, ayant Didier & ses parens pour ennemis iurez, qui ne cherchoyent que les moyens de le perdre. Didier qui estoit vne rude espee, & vn autre Hector, faict appeler nostre nouueau Paris, qui auoit meilleure grace parmi les dames que dans les armes. Cet appel estant sceu, plusieurs accourent aussi tost pour l'empescher. Et quoy que Quintil fist le brauache en discours, il estoit neantmoins bien aise de se voir retenu, pour n'espreuuer point la force du bras de Didier, qui lui eust faict vn mauuais parti. Mais le pecheur a beau se tenir couuert, la peine le suit par tout, & l'attrape tousiours en quelque lieu. [370]

Quintil laissant le soin de la sollicitation de ses affaires à son oncle, sortoit fort peu, & le plus souuent il ne sortoit que la nuict, & encore desguisé. Didier qui auoit des espies* par tout pour le rencontrer & lui faire payer les interests* de sa folie, estant pressé à cela & par son propre honneur, & par les continuelles coniurations* de Melinde, le fit tant surueiller, qu'il fut auerti d'vne de ses sorties.

Estant donc allé vn soir passer quelques heures dans vne maison où Electe estoit en conuersation* auec quelques vnes de ses voysines, Didier estant accompagné d'vn de ses amis qui auoit vne lanterne sourde, l'attendit au retour, & luy ayans porté la lumiere dans le visage, & reconnu que c'estoit lui, ils le percerent en tant de lieux qu'ils l'estendirent sur le paué, sur le point de rendre l'ame auec le sang.

Au bruit de cet assassinat les voisins accourent, & Didier s'estant sauué auec son compagnon, le pauure Quintil fut trouué tirant aux derniers abois de sa vie. Il eut encore assez de voix pour prier qu'on le portast dans la maison d'où il sortoit, où il fut assisté & d'Electe & de ces Dames effrayees comme vous pouuez penser.

Les Chirurgiens trouuerent ses playes mortelles, & l'exhorterent de penser à son ame plutost qu'à son corps. Ce qu'il fit tout le reste de la nuict se reconciliant auec Dieu, entre les mains de quelques Religieux de grande saincteté & pieté, qui furent appelez pour lui rendre cet office. Ils furent secondez par la pieuse Electe, qui ne [371] luy parla que de Dieu, le priant d'effacer de son esprit toutes les pensees de la terre. Il fit à ce que l'on tient vne fort belle fin, & rendit des tesmoignages d'vne repentance extraordinaire. Il pardonna sa mort à Didier, supplia la Iustice de ne le considerer pas comme son meurtrier, mais comme l'executeur de la diuine Iustice sur luy. Il demanda mille pardons à Melinde absente, reconnoissant que par vn iuste iugement de Dieu il auoit été chastié de la perfidie dont il vouloit payer l'honneur qu'il luy auoit raui. Il la reconnut pour son espouse, afin de la remettre en sa bonne renommee : & pria Electe de lui pardonner, si estant engagé ailleurs de faict, de parole & d'escrit, il auoit esté si temeraire que de penser à sa recherche. La vigueur de son âge combattant la rigueur de ses blesseures il mourut parmi des douleurs & des conuulsions qui passent le moyen de les representer.

Electe attentiue à ce passage funeste, & voyant mourir deuant ses yeux celui qu'elle auoit si profondement graué en l'ame, se resolut de n'attacher iamais son cœur à aucun mortel, puisque l'homme est semblable au foin, qui croist sur les toicts, plustost seché qu'il n'est cueilli. Si ie ne craignois de violer la brieueté que ie me suis proposee au recit de ces Euenements, ie representerois icy les diuers mouuemens* dont son ame fut agitee. Mais ie me contenterai de dire, que ceste mort lui fut vne leçon de vertu pour toute sa vie, & le principe de la Religieuse resolution que vous entendrez. [372]

Cependant l'oncle et la mere de Quintil font des poursuittes si viues contre Didier, qu'ils le font condamner comme assassin à perdre la vie : mais s'estant sauué hors de la Souueraineté, il ne fut executé qu'en peinture. Melinde comme complice de ce meurtre fut mise en prison, où au lieu de respandre des larmes sur la perte de celui qui l'auoit en mourant reconnuë pour sa femme, comme si elle eust laué ses mains dans son sang, elle se glorifioit de ceste vengeance & se vantoit de l'auoir faict mourir,

& d'auoir porté son frere à ceste execution*. Humeur estrange
d'vne ame vindicatiue, semblable à l'abeille, qui met sa vie en la
playe qu'elle faict. Son proces criminel lui fut faict, & elle ne se
soucioit pas de mourir se voyant vengee. Mais les Iuges soit par
la pitié de son sexe, soit qu'ils eussent esgard au iuste desespoir
d'vne fille à qui on auoit osté l'honneur, la confinerent seulement
en vne prison perpetuelle.

Tous ces supplices furent autant de leçons à Electe, qui luy
donnerent vne si saincte horreur du monde, où elle voyoit regner
tant de mal-heurs*. Elle se remet donc plus qu'auparauant dans
le train de la vie deuote, resoluë d'estre vrayment vefue & separee
des hommes, non seulement quant à la voluptué du corps, mais
aussi quant à la volonté du cœur. Si elle eust esté dans vne ville où
il y eust eu de ces saincts & bien reglez Monasteres où la closture
eust serui d'auant-mur à vne exacte obseruance, il est à croire
qu'elle s'y fust sauuee comme vne autre Colombe dans l'arche,
pour euiter le deluge des maux qu'elle voyoit [373] dans le siecle.
Mais las! il n'y en auoit qu'vn aupres de la cité où viuoyent des
Nonnains qui n'estoyent ni renfermees, ni reformees, & de la
vie desquelles les seculiers tiroyent plustost du scandale que de
l'edification. Quel pere spirituel lui eust voulu conseiller de se
mettre en vne compagnie où les vœux n'estoyent que des ieux &
non pas des nœuds, & où la discipline estoit tellement relaschee
qu'il n'y auoit qu'vn fantosme* apparent de regularité? Il n'y
auoit que de ces pauures filles deuotes, dont nous auons parlé au
commencement, qui r'amassees en vne petite maison seruoyent
Dieu dans vne espece de communauté, vacquans à ieusnes,
oraisons & mortifications en leur particulier*, & s'addonnans en
toute charité & humilité à l'instruction des petites filles.

Electe toute effrayee de l'accident qui estoit arriué à Quintil,
pour remettre son ame en vne assiette plus tranquille, fut conseillee
par son Confesseur de visiter ces bonnes filles, & de faire aupres
d'elles quelque retraitte spirituelle. Auis qu'elle recueillit comme
de la bouche d'vn Ange de bon conseil. Elle esprouua donc tant de

consolations & de graces en la societé* de ces abeilles mystiques, que depuis elle ne voulut plus s'esloigner de ce rayon de miel. Elle ne trouuoit de la paix qu'aupres ou parmi elles, tant ceste parole d'vn ancien Pere est veritable, que quand les choses du ciel sont vne fois goustees, tout ce qui est de la terre semble insipide. Combien de fois desira t'elle se retirer en leur compagnie, si elles [374] eussent esté Religieuses enfermees en vn Cloistre, pour passer en leur association tous les iours de sa vie en saincteté & en iustice ? Sans considerer que ce qui estoit en sa volonté, n'estoit pas moins en sa puissance. Mais las ! souuent nous auons des thresors cachez en nostre champ qui nous sont incognus, & des herbes dans nos iardins, qui nous pourroyent redonner la santé si nous en sçauions le droict vsage. Elle desiroit vn Monastere faict, & elle auoit dequoi le faire. Neantmoins iamais la taye de ceste ignorance ne fust tombee de ses yeux, si le conseil d'vn deuot Religieux ne luy eust faict tomber, en lui faisant connoistre combien il luy estoit facile & honnorable de se rendre fondatrice d'vne maison d'Vrsulines. Ce mot lui ouurit & les yeux & les cieux. Car comme si c'eust esté le rayon qui toucha sainct Paul, esclairee* du pere des lumieres de qui decoule tout don parfait, & toute claire connoissance, elle apperceut le point de sa visitation, & respondit. Mon pere que faut-il que ie face ? Alors le pere qui sçauoit les souhaits de ces filles deuotes, qui n'aspiroyent qu'au sainct ioug de la vie Religieuse[1], Electe respondit comme diuinement inspiree : Helas ! i'ay trouué ce que mon ame cherchoit il y a si long temps. I'embrasse donc ce dessein, & ne l'abandonnerai iamais que ie ne le voye accompli. Voila l'vnique chose que i'auois tousiours demandee à Dieu auec tant d'instance*, que ie pusse demeurer le reste de mes iours en vne maison qui lui fust dediee.

Sans deliberer d'auantage en vn project si [375] manifestement bon, & sans vser de retardement ou de delay en vne œuure si saincte, elle dict au Religieux ce qu'elle vouloit & pouuoit faire

---

1   Ici, une lacune.

pour l'acheminer. Le Religieux porta ceste nouuelle aux filles
deuotes, qui connurent que Dieu seul auoit trauaillé auec le
bras de sa puissance en cette œuure, puisqu'elles n'y auoyent
rien contribué du leur que des prieres deuant sa face, sans s'estre
seruies d'aucunes persuasions enuers Electe. Ce ne fut pas neantmoins l'auis du monde, ce traistre Laban[1], qui ne voit les actions
de pieté que d'vn œil enuieux, & n'en parle que d'vn iugement
& trauersé & temeraire. La vefue sçachant que son fils estoit
assez riche de l'estoc* de son pere, vouloit donner tout son bien
auec sa personne pour l'accomplissement d'vne maison de la
Congregation de S. Vrsule : mais ceux qui eurent la conduitte*
de ce dessein, ne furent pas d'auis qu'elle marchast en sa feruer,
se contentans que de vingt mille escus qu'elle auoit vaillant, elle
en donnast la moitié à nostre Seigneur, qui seroit employee en
ce digne ouurage, & qu'elle laissast l'autre à son fils comme la
part de son heritage, sur quoi elle se pourroit retenir quelque
legere pension durant sa vie. Ceci ferma la bouche à ceux qui
ne l'ont ouuerte que pour mesdire, empescha les murmures &
les plaintes que les tuteurs du pupille eussent pû faire pour luy,
& fit non moins louër qu'admirer la liberalité & le zele d'Electe.

Ainsi fut fondee ceste maison contre toute apparence, Dieu
faisant les ornemens de son Temple [376] du desbris* de l'Egypte,
& acheminant ceste entreprise à la fin par des routes autant
inimaginables, que suaues. Electe & les filles deuotes prindrent
l'habit Religieux, & peu de temps apres à la reigle de S. Augustin
ioignirent l'institut de la Congregation qui a pour tiltre & pour
patrone S. Vrsule.

Au bout de quelques annees le Dieu des merueilles voulant
accomplir son ouurage de tout point, & comme y mettre le
comble de ses graces, permit que les Iuges visitans les prisons, &
iugeans qu'il n'estoit pas bien decent qu'vne fille comme Melinde

---

1 Gn 24-32.

demeurast tousiours dans vne conciergerie, où elle estoit souuent veuë par la fenestre de diuers prisonniers, trouuerent à propos de faire transferer sa prison perpetuelle dans vne chambre en quelque Monastere. Ses parens aiderent à cela, & elle conuertie à Dieu par les afflictions qui l'auoyent accueillie*, souhaittoit ce changement de cage comme vn grand bien & pour son corps & pour son esprit. En quoi elle ne se trouua nullement deceuë*. On s'enquit des filles de S. Vrsule nouuellement establies, & dont la vie estoit si exemplaire, si elles la voudroyent serrer en quelque lieu : nulle ne sembloit y deuoir tant repugner qu'Electe, & ce fut elle qui touchee du doigt de Dieu, s'y rendit plus docile, desireuse de luy rendre des deuoirs de la plus haute charité en seruant son ennemie. Melinde eut là dedans vne chambre pour prison, où elle fut seruie & temporellement & spirituellement auec tant de charité de toutes les Sœurs & princi-[377]palement d'Electe, que quand elle eust esté tombee en sens reprouué*[1], son cœur eust esté contraint de s'attendrir. Mais Dieu qui ne veut point la mort du pecheur, mais sa conuersion & sa vie, luy donna de si douces & si viues inspirations, qu'elle deuint aussi traittable* qu'auparauant elle auoit esté forcenee. La deuotion de celles qui la seruoient, & ce continuel exemple de vertus qui lui donnoit dans les yeux, conquit tellement son courage*, qu'elle se rangea à des degrez de Penitence, qui donnoient de la compassion & de l'admiration aux Sœurs. O Dieu qu'elle prattiquoit heureusement, mais seuerement ce mot du grand Roy des Penitens : Ie repenseray à tous mes ans passez en l'amertume de mon ame[2] ? Quels regrets luy saisissoient le cœur en songeant qu'elle estoit cause & de la ruine de son frere, & de la mort de son espoux,

---

1   Rm 1.28 : «Comme ils ne se sont pas souciés de connaître Dieu, Dieu les a livrés à leur sens réprouvé, pour commettre des choses indignes.». Selon les commentateurs, Saint-Paul dit ici que, comme ces gens ont abandonné Dieu, alors Dieu les abandonne, les laissant se conduire selon leur seul jugement, qui est faux.

2   Jb 7,11 ; 10, 1.

duquel elle eust sans doute reconquis l'esprit, si en quittant les
fureurs & les rages de la ialousie, elle eust procedé par vne plus
douce voye? Combien destestoit-elle la cholere & la haine qui
lui auoient troublé le iugement, & qui l'auoient transportee à des
extremitez si barbares? Mais la bonne Electe la consoloit quelquefois, & lui disoit, qu'il falloit ietter toutes ces fautes passees
dans l'abysme de la misericorde de Dieu, dont la redemption est
si abondante, & pleurer plustost de ce que par nos pechez nous
auons causé la mort du Fils de Dieu, chaste & fidelle espoux de
nos ames. Qu'en ces larmes elle la vouloit accompagner, comme
aussi à prier Dieu pour le repos de l'ame de Quintil, à qui il
auoit fait tant de [378] grace, que de lui donner du temps pour
se reconnoistre auant sa mort.

Quelques-vns ont dit, que Melinde donna tant de signes d'vne
vraye repentance, & s'addonna dans la prison à vne deuotion si
solide, que la grace du Prince moderant la rigueur de sa condamnation, luy donna la permission de prendre l'habit Religieux, si
les sœurs y estoient disposees de le luy donner, & que suiuant
leur consentement elle en auoit esté honoree, & auoit conduit
sa vie si pieusement, que la Communauté en auoit tiré & du
seruice, & de l'edification. D'autres disent qu'elle demeura tousiours enfermee dans vne chambre, & que seulement elle auoit
expiré dans vn habit de Religieuse qu'on luy auoit mis pour sa
consolation. La closture rend tout cela autant incertain, comme
il est peu cognu de quelle façon les abeilles façonnent le miel
dedans leurs ruches.

Outre les diuers enseignemens qui se peuuent tirer de la varieté
des incidens representez en ceste histoire, nous remarquerons
cestui-ci, que ceux qui esperent en Dieu, comme faisoient ces
filles deuotes, ne sont iamais confondus* de leur attente, & que
ceux qui cherchent Dieu auec droitture de cœur, ne manqueront
d'aucune sorte de bien. [379]

Le Polygame.
EVENEMENT XII.

LA polygamie, ou la pluralité des femmes en mesme temps, a tousiours esté detestee par la loy Chrestienne, qui veut, que l'homme soit mari d'vne seule femme, & que ce sainct lien soit vne vnion d'vnité. Nous auons veu en l'histoire precedente combien il a mal-heureusement succedé* à Quintil de vouloir passer en de seconds liens en mesprisant les premiers, & nous verrons en celle-ci la miserable* fin d'vn homme, qui abusant d'vn Sacrement que l'Apostre appelle honorable, a voulu en mesme temps estre le mari de deux femmes.

En ceste partie de la Prusse, qui est sujette au Roy de Pologne, vn Seigneur de marque appelé Ratislas auoit espousé vne Damoiselle de grande maison nommee Iudith, auec laquelle il menoit vne vie très-heureuse, si la fortune ennemie de son repos ne fust venue troubler sa felicité. Ce n'est rien d'estre bien logé, & d'habiter en vn païs abondant & fertile, l'vne des meilleures qualitez que puisse auoir vne demeure, selon l'ancien Caton, c'est quand elle a vn bon voisin[1]. Parce que l'abondance sans la paix ne peut estre aggreable. Ce qui a fait dire au Sage, qu'il vaut mieux manger vn morceau en tranquillité, que d'auoir vne maison pleine de biens, & tousiours en combustion[2].[380] Cestui-ci eut de grandes & comme hereditaires querelles auec vn de ses voisins appelé Sigisbert, homme violent, & qui entreprenoit tousiours ou sur ses droicts, ou sur ses terres. Ils estoient tousiours en pro-cez, & leurs rencontres n'estoient iamais sans les esclairs des menaces, auant-coureurs ordinaires du tonnerre des effects

---

1   *De re rustica*, 4.
2   Pr 17, 1.

sinistres. Comme la Prusse est vn païs de chasse, la Noblesse
en fait son principal exercice, & c'estoit la plus souuent pour
cela qu'ils auoient des differens.

Vn iour Sigisbert poursuiuant vne proye, fut conduit par l'ardeur de la queste iusques aupres du chasteau de Ratislas, lequel
s'imaginant que cela fust fait à dessein par son ennemi pour le
brauer, sortit accompagné de plusieurs de ses domestiques*,
& ayans attaqué Sigisbert, qui se defendit vaillament, en fin
il tomba sous l'effort* de la multitude & demeura mort sur le
champ. Comme il estoit de grande maison & fort apparenté*,
Ratislas redoutant la force de la Iustice, fut contraint de se retirer
du pays & de passer en la Silesie. Où ne se trouuant pas encore
assez asseuré*, à cause qu'il fut auerti que le Roy estoit fort irrité
de ce meurtre, il trauersa toute l'Alemagne & se vint rendre en la
Germanie inferieure, que les Anciens appeloient Gaule Belgique,
& que maintenant on nomme Flandres. Ce païs, depuis tant
d'annees le theatre où Mars iouë de continuelles tragedies, sembla
propre* à nostre Polonnois pour y signaler sa valeur*, ce qu'il
fit en diuerses occasions*, ausquelles il en donna d'euidentes
preuues. Mais comme la guerre est vn exercice si penible [381]
qu'il demande des relasches de temps en temps, veu mesme que les
combats, les sieges & les rencontres ne se font que par boutades*,
Ratislas durant les espaces de repos se retiroit tantost en l'vne,
tantost en l'autre des villes de Flandres, dont le seiour estoit plus
à son goust, & là selon la coustume des gens de sa qualité, de son
pays, & de sa condition le ieu, le vin, & les dames estoient ses
ordinaires entretiens*. Comme il estoit riche il faisoit vne belle
despense, de sorte que rien ne manquoit à ses plaisirs. En diuers
lieux, il eut des passions pour des beautez Flamandes, dont il
se rendit le maistre par l'industrie dont Iuppiter se seruit en la
conqueste de Danaé[1]. Mais estant à l'Isle[2] (ville qui va tantost

---

1   V. note 1 p. 293.
2   Lille.

secondant* Anuers en richesse & en magnificence) il rencontra
vne tour plus forte que celle d'Acrise parce qu'elle estoit impenetrable à ce iaune metal, cause de tant de corruptions, encore
qu'il ne se corrompe iamais. Soit que la grace de cet obiect
surmontast tous les autres, soit que la difficulté de le conquerir
aiguisast ses souhaits, il ressentit pour celuy-là des degrez d'ardeur
qu'il n'auoit point encore experimentez* dans ces feux volages
qui auoient auparauant piqué son ame. Se voyant pressé d'vne
flamme extraordinaire, il se mit en tous les deuoirs qu'il pouuoit
imaginer pour venir à bout de son dessein, lequel comme vous
iugez bien, ne pouuoit estre legitime, puis qu'il estoit marié à
ceste belle Iudith qu'il auoit laissee en Prusse. L'Isle est la capitale
ville de la Flandre, qu'ils appellent Gallicane, à cause du langage
François [382] que l'on y parle, & c'est vne ville non seulement
très-Catholique, mais autant deuote qu'il y en ait aux Pays-bas.
La modestie* y est si grande parmi les femmes, que celles dont
on parle mal y sont aussi rares que des Cygnes noirs. Elles marchent en public tellement cachees sous leurs hucques, qui sont
de grandes mantes noires qui les enueloppent depuis le sommet
de la teste iusques aux pieds, qu'à peine leur voit-on l'œil dont
elles se seruent pour se conduire. Que si on les entreuoit, c'est
comme les esclairs qui sortent du milieu d'vn nuage tenebreux,
& qui sont aussi tost esuanouys qu'apparus. Ratislas ne laissa pas
neantmoins à trauers tous ces voiles d'apperceuoir vn visage qui
lui sembla plutost angelique qu'humain, dont la splendeur lui
donna tellement dans la veuê, qu'il en demeura esblouy & en
perdit la connoissance de lui-mesme.

Touché au vif il cherche son remede dans le sujet de son mal, &
ayant appris qu'elle[1] estoit ceste fille, il sceut qu'elle estoit encore
plus sage que belle, & surueillee par vne mere qui n'auoit pas sa
vertu dans la richesse, mais sa richesse dans la vertu, ce qui faisoit
mourir les esperances de celui dont les desirs estoyent autant de

---

1   *Sic.*

charbons ardans. Quelqu'obstacle que ceste inuincible vertu de
la mere & de la fille semblast opposer à ses pretensions*, il ne se
rebutta point : mais s'estant affermi dans son mauuais propos*
qui estoit d'emporter ceste place à quelque prix que ce fust, il y
employa toutes les machines qu'il put inuenter. Ie tay les promenades, les musiques, les bals, les [383] banquets & les assemblees
qu'il fit pour l'aborder auec plus de liberté, & moins de soupçon, & tant d'autres artifices* qu'il employa, mais en vain, pour
gaigner pied dans sa bien-veillance, ce furent des vagues contre
vn rocher, & vne semence respanduë sur l'arene*. Ce n'est pas
que ceste l'Isloise ne l'accueillist auec beaucoup d'humanité*, ne
tint sa recherche à beaucoup de faueur, & ne s'essayast par toute
sorte d'honnesteté de lui tesmoigner qu'elle n'estoit ni ingratte,
ni mesconnoissante* de ses honneurs & de ses courtoisies* : mais
c'estoit tout, car ceste insigne pudicité dont les Dames Flamandes
sont renommees par toute la terre, formoit vn rempart d'airain
& vn bouclier impenetrable aux traicts du Polonnois, & à ceste
resistance inesbranslable s'esmoussoient toutes les pointes de ses
discours & de ses inuentions. Quelquefois la simplicité sert de
iouët à la malice* ; lors qu'elle est despourueuë de ceste salutaire
prudence*, qui doit mesler le serpent à la colombe. Mais quelquefois aussi la malice* sert de iouët à la simplicité, lors qu'elle
voit que toutes les fraudes sont inutiles pour circonuenir vne
genereuse* vertu.

Ratislas cognoissant que toutes ses finesses estoyent de la neige
deuant le soleil, & que ni les belles paroles, ni les souspirs, ni les
despenses, ni les muguetteries* ne pouuoyent rien contre ce rocher
de chasteté, & que mesme elle reiettoit ses presens en la mesme
façon que l'aimant blanc ou le dictame repoussent le fer, & qui
n'y auoit aucun moyen de se donner accés vers ceste fille que
[384] par la voye du mariage, defendant estroittement à ses gens
de dire qu'il fust marié, commença à ourdir la trame sacrilege, qui
sera à la fin cause de sa ruine, & de celle de ceste innocente qu'il
enueloppera dans la sienne. Il se declare ouuertement seruiteur

d'Adalgise, ainsi se nommoit ceste excellente l'Isloise, & proteste à sa mere & à elle, que si au commencement ses desseins ont esté moins honnestes*, il a purifié ses intentions dans le feu d'vne iuste affection, & les a dressees au niueau sacré du mariage, selon lequel on ne peut se conduire que iustement.

C'est vne chose si naturelle que de chercher son auantage, & de s'y attacher quand on l'a trouué, principalement aux filles qui sont à pouruoir, qu'il ne se faut pas estonner, si Adalgise & sa mere, dont les facultez* n'estoient que mediocres*, ouurirent les oreilles aux discours de Radislas qui estoit reconnu en Flandres pour vn grand Seigneur, & honoré à la Cour des Archiducs en ceste qualité. Il est vray qu'il estoit estranger. Mais si le païs est par tout où l'on est bien, qu'importe à Adalgise de quitter vne terre où elle a peu, pour suiure vn mari en vne contree loingtaine où elle sera grande Dame ? Ce sont les raisons que sa mere lui propose, laquelle pareille à celle des enfans de Zebedee[1], ne souhaittoit que de la voir auancee. Aussi Ratislas en ses visites n'entretient ces deux colombes seduites que de ses moyens & de ses grandeurs : en quoy il ne mentoit pas, sinon en ce qu'il ne disoit point qu'il auoit vne femme en sa patrie. Il n'y a point de doute que si cet [385] homme eust eu quelqu'autre moyen pour venir à bout de son mauuais dessein, il ne fust iamais resolu de commettre vn si grand sacrilege. Mais s'il n'est rien à quoi ne porte, ou pour mieux dire, à quoy ne transporte la faim de l'or, que ne fera celle de la volupté qui est encore plus aigue ?

Ayant donc fait croire à ceste fille qu'il la desiroit auoir pour compagne sous les sainctes & honorables loix de mariage, & sa mere & elle eussent esté mal conseillees* si elles eussent mesprisé vne si bonne fortune. Ratislas espousa donc l'infortunee Adalgise auec toutes les solennitez qu'eust obseruees vn homme qui n'eust point encore esté attaché à ce ioug, & triompha par ceste ruze & honteuse & abominable de la pudicité de ceste honneste* &

---

1   V. note en I, p. [59].

vertueuse fille. Tant s'en faut que la iouïssance* de la chose aimee, comme il arriue d'ordinaire, amortist sa passion : qu'au contraire elle seruit à augmenter sa flamme. Et bien qu'au commencement de ceste, dirai-ie nopce ou trahison, il eust deliberé apres qu'il seroit rassasié de ceste creature, & lors qu'il s'en voudroit retourner en son païs, de feindre vn voyage à la Cour des Archiducs à Bruxelles, & de là prendre la route de Pologne sans luy dire, trahissant aussi laschement les loix de l'Amour, que sacrilegement il auoit abusé des ceremonies du sainct mariage. Neantmoins les vertus aussi bien que les beautez d'Adalgise luy gaignerent tellement le cœur, qu'il ne pensoit pas pouuoir iamais se separer d'elle, ou viure sans sa compagnie. Il demeura encore quelques annees en Flandres : mais si coiffé de l'amour [386] de ceste Flamande, qu'il quitta tout à faict les exercices de Mars pour s'amuser* à la caresser, ne se souciant plus de paroistre, comme auparauant, dans les lieux où la gloire de la valeur* est en son lustre, & aimant mieux viure en delices à l'ombre des myrthes, que de moissonner des palmes & des lauriers dans les hazards de la guerre.

Cependant par la diligence de ses parens, & principalement de Iudith sa femme, le courroux du Roy de Pologne s'appaisa, ses affaires s'accommmoderent auec ses parties, qui estoient les heritiers de ce Sigisbert qu'il auoit tué : de sorte qu'il ne tenoit plus qu'à lui qu'il ne retournast iouir de l'air de sa patrie. Mais il estoit tellement affriandé* de la Lothe*¹ l'Isloise, qu'oublieux de sa patrie, de soi-mesme, de son honneur, & qui estoit le pis, de sa propre conscience, il retardoit d'y aller feignant de temps en temps ie ne sçay quelles excuses. Iudith se doutant, ou peut-estre auertie sous main, de ce qui en estoit, apres l'auoir coniuré par plusieurs lettres* de retourner en Prusse, luy manda en fin que s'il differoit dauantage son retour, qu'en vn certain terme qu'elle luy marquoit elle le viendroit trouuer, tant elle souhaittoit impatiemment sa presence.

---

1   La lote : le lotus. V. note 1 p. 208.

Les iustes desirs de ceste chaste Penelope n'estoient pas trop aggreables à nostre nouuel Vlysse, enyuré de plaisirs dans les embrassemens de sa Calypso. Il ne sçauoit à quoy se resoudre. De quitter Adalgise, c'est ce qu'il ne pouuoit digerer, estant plus prest de consentir à la separation de son ame d'auec son corps. De faire vn voyage en [387] Prusse sans l'emmener, c'eust esté la plonger dans vn desespoir, & faire trop ouuertement paroistre sa perfidie. D'ailleurs d'attendre la venue de Iudith, c'eust esté se plonger dans la confusion d'vne tempeste incomparable. Comme son esprit flotte en de grandes contrarietez*, il s'auisa d'vn moyen, par lequel il luy sembla sans perdre la possession d'Adalgise, qu'il pourroit reuoir son pays & satisfaire à sa femme. Faisant donc voir à sa Flamande les lettres* qui le rappeloient en son païs, de l'esloignement duquel il lui auoit assez souuent dit la cause, il se prepare à l'emmener.

Adalgise qui sçauoit par la loy de Dieu que la femme doit adherer à son mary, & quitter pere, mere, & terre natale pour le suiure par tout, ne fait point de difficulté de l'accompagner. Ce qu'eust encore fait sa bonne mere, si la vieillesse ne luy eust osté les forces d'entreprendre vn si long voyage. Pour representer ici les larmes & les regrets de ceste bonne vieille donnant les derniers Adieux à sa chere fille & les pleurs d'Adalgise laissant sa chere mere, ses douces compagnes, & l'air aimé de sa naissance, il faudroit auoir les coudees plus franches que ne les donne l'enceinte d'vn simple recit.

Elle part donc auec Ratislas en bel equipage* & ce Polaque desireux de voir la France, la mena par Paris, & de là par les principales villes de ce Royaume, il regaigna l'Allemagne. Comme il fut à Breslau capitale de la Silesie, il luy dit qu'il estoit necessaire qu'il allast deuant voir en quel estat estoient ses affaires, voulant de plus disposer [388] l'esprit de ses parens à la reception de sa nouuelle espouse, & faire aggreer au Roy ceste alliance qu'il auoit prise sans son congé auec vne estrangere ; ce que les Princes ne permettent pas aisement aux grands de leurs Estats, à raison de la consequence.

La douce & simple Adalgise, qui croyoit comme des Oracles les propose de cet affronteur, luy respondit qu'elle estoit toute à luy, & que sa plus grande gloire estoit en son obeissance. Il la laisse donc en la compagnie de deux seruiteurs ses plus confidens, & de deux seruantes qu'elle auoit amenees de Flandres. Là dessus Ratislas s'en va en Prusse, où il fut accueilli par Iudith auec toutes les caresses dont vne honneste* femme peut fauoriser vn mari tant desiré, & attendu si long temps auec vne patience & vne fidelité nompareille.

Apres auoir passé quelques iours dans sa maison, son deuoir l'obligea d'aller à la Cour remercier sa Majesté de la grace qu'il auoit receuë de sa clemence, & de luy offrir de nouueau les vœux de son seruice & de sa fidelité. Or Ratislas estant riche & puissant auoit plusieurs chasteaux & terres en diuers lieux, si bien qu'il s'auisa de mettre sa bonne Flamande en quelqu'vn des plus esloignez de sa demeure principale, qui estoit en Prusse, non loing de la fameuse cité de Dantzic. Il en auoit vn dans vn Palatinat de la Pologne, que la Relation ne nomme point : ce fut là qu'il delibera d'enfermer sa l'Isloise, & de l'y entretenir comme vne concubine ou [389] Courtisane qu'il auroit amenee de Flandres. Il disposa toute ceste menee auec tant d'accortise* (les enfans de tenebres estans assez prudens en leur generation)[1] & y fut si fidellement serui tant par ses fermiers, que par ceux qu'il entremit à ceste conduite*, qu'Adalgise y fut amenee & receuë auec beaucoup de magnificence sans que Iudith en eust aucun auis. Là donc il possedoit en toute liberté sa Flamande, & comme elle estoit douce & facile, lui faisant croire tout ce qu'il vouloit, il lui disoit que ses querelles n'estoient pas si bien terminees, qu'il ne redoutast ses ennemis, & que cela estoit cause qu'il se tenoit loing de sa maison principale. Tantost il lui disoit que ses parens desapprouuoient le mariage qu'il auoit contracté en Flandres, comme desauantageux à la gloire de leur sang, &

---

1 Lc 16, 8.

qu'à raison de cela il ne desiroit pas qu'elle parust deuant eux
que tous ces murmures ne fussent appaisez. En somme cet esprit
docile & benin estoit de cire entre ses mains, où il formoit telles
impressions qui luy estoient aggreables. Il mit de bonnes gardes
au Chasteau pour empescher que personne ne s'apperceust de la
Dame qu'il y tenoit, & il luy disoit que c'estoit pour sa seureté.
De là il s'en alloit en Prusse, où il repassoit d'autres mensonges
la credulité de sa femme legitime, ce Polygame estant comme vn
polype ou vn chamelon susceptible de toutes couleurs, sinon de
la blanche de la verité.

Cependant qu'il se veautre dans son ordure il a des enfans
de l'vn & l'autre de ces licts, mais il n'y [389] a que ceux du
premier qui osent paroistre, & comme des aiglons legitimes qui
osent regarder la lumiere du Soleil. Les autres demeurent dans les
tenebres d'vne prison auec leur mere. Car comme pouuons nous
appeler autrement le chasteau où Adalgise estoit enfermee ? Il y
venoit assez souuent, mais tousiours à la desrobee, tantost disant
à Iudith qu'il alloit à Cracouie aupres du Roy, tantost supposant*
d'autres affaires, la passion qui l'animoit n'estant que trop fertile
en subtilitez & en malices*.

Tandis qu'il vit ainsi diuisé, non de ceste diuision legitime que
l'Apostre met entre les personnes mariees, estant en de continuels
soupçons & en de perpetuelles frayeurs d'estre descouuert : ne vous
semble-il pas qu'il portoit sa peine auec sa coulpe*, & que le ver
de la conscience & de la peur le rongeant sans cesse, son peché
estoit accompagné d'vne dure penitence ? Mais quoy ? quand le
pecheur est arriué au fonds d'vne peruerse habitude* il pert tous
ses ressentimens*, & estant aueuglé de son appetit, il ne voit pas
le precipice dont il est proche. Ratislas se flattant en son mal,
s'imaginoit qu'au pis aller l'entretien* de ceste belle Flamande se
tourneroit en risee, n'estant pas le premier ny l'vnique d'entre les
Grands qui eust vne concubine auec sa femme legitime. Il sçauoit
qu'Adalgise estoit de si bas lieu, qu'il ne pouuoit redouter aucune
vengeance des parens de ceste chetiue* pour l'auoir abusee* : tout

ce qu'il redoutoit c'est sa vertu, sçachant bien qu'elle ne [391] souffriroit plus qu'il approchast d'elle si elle sçauoit qu'il l'eust si laschement trompee sous le sacré voile du mariage. Mais en fin les nuages ont beau nous voiler le Soleil, il faut qu'ils se dissipent aux rayons du grand Astre. La mensonge se deffait d'elle-mesme, & l'imposture est contrainte de ceder à la verité.

Apres que Ratislas eut celé en mauuais train quelques annees, il vint en fin par le moyen de quelques seruiteurs mal contens à la connoissance de sa femme, laquelle en conceut vne telle ialousie, que pleine de fureur & d'indignation, elle se resolut de mettre hors du monde celle qui luy desroboit le cœur de son mari. Et ce qui la mit encore en vne rage plus demesuree, ce fut qu'apres auoir fait des plaintes & des reproches à Ratislas de son infidelité, ce Sarmate naturellement fier & mal endurant, la menaça de l'estrangler si elle l'importunoit plus de semblables discours, luy declarant que l'amour qu'il portoit à Adalgise estoit telle, que rien ne le separeroit de l'accointance* de ceste belle Flamande que la mort. Et d'effect il auoit tant de passion pour ceste l'Isloise, qu'il sembloit n'aymer Iudith que par acquit & pour en auoir lignee, ses plus douces caresses estans reseruees pour ceste pauure abusee* qui ne sçauoit rien de tout ceci. Ces querelles domestiques furent cause que Ratislas n'alloit plus que rarement en sa maison principale en Prusse, y laissant Iudith toute seule en des choleres & des douleurs qui ne se peuuent [392] comprendre que par vne femme outree* de semblable desplaisir. Elle publioit par tout la desloyauté de son mary, le concubinage duquel seruoit de mocquerie & d'entretien* à toute la contree. Mais aueuglé qu'il estoit de son iniuste amour, il se mocquoit de tous ces murmures, postposant sa renommee à la iouïssance* de ses plaisirs. Tout son soin estoit de se tenir attaché aupres d'Adalgise pour empescher que la verité ne paruint à ses oreilles, & qu'elle ne sceust qu'il estoit marié.

Vn iour neantmoins que la necessité de ses affaires l'appela à la Cour, où il fit vn seiour assez long, Iudith resoluë de se vanger de son infidelle sur sa riuale, & sçachant que si elle estoit recognuë les gardes du Chasteau ne la laisseroient pas entrer où elle estoit : elle se vestit de quelques habits de son mari, & s'estant attaché au menton vne fausse barbe qui estoit semblable à celle de Rastislas, elle se presenta vn soir à la porte accompagnee de soldats qu'elle auoit gaignez pour l'assister en son entreprise. Les Gardes qui croyoient que ce fust Ratislas, la laisserent entrer auec sa suitte, où s'estant rendue la maistresse, comme vne tigresse enragee, elle estrangla de ses propres mains la pauure Adalgise, qui estoit enceinte & deux petits enfans qu'elle auoit eu de Ratislas auec les deux seruantes qu'elle auoit amenees de Flandres, faisant tuer par ses satellites les seruiteurs qu'elle iugea auoir serui son mari en ces iniustes affections. Apres tant de meurtres elle se retira froidement en [393] sa maison de Prusse, resoluë de s'y rendre si forte, que Ratislas ne l'y pust auoir.

Aussi tost qu'il fut auerti de ce tragique Euenement*, il iura d'exercer sur Iudith les mesmes rigueurs qu'elle auoit faict esprouuer à l'innocente Adalgise. Ie ne m'arreste point à despeindre les assauts & le trouble que ceste perte donna à son ame. Vous pouuez iuger de leur grandeur par l'excés de ceste violente resolution. Laquelle neantmoins il dissimula tant qu'il put, voulant se conduire en renard, auparauant que de faire paroistre son cœur de lyon[1]. Il va chez luy en Prusse, où il trouua visage* de bois. Et comme il demanda à parler à Iudith, ceste femelle outragee* lui dict du haut d'vne tour toutes les iniures qui peuuent sortir de la bouche d'vne femme desesperee. Mais l'indigné Polaque les endurant sans tesmoigner beaucoup de despit, fit si bien apres diuerses conferences*, qu'il adoucit le courage* de ceste femelle irritee, & la ramena peu à peu à vn train plus moderé. Il confessoit que l'ayant si cruellement offensee, elle auoit eu raison de faire ce qu'elle auoit faict, & qu'il n'estoit là que pour lui demander pardon & se reconcilier auec elle. Par ces appeaux ce fin oyseleur pipoit cet oyseau niais* pour le faire donner dans les rets qu'il luy tendoit.

---

1   V. note 1 p. 93.

Ceux qui assistoyent ceste Dame oyans parler Ratislas de la sorte, & croyans que son discours sortist du veritable mouuement de son cœur, luy conseilloyent de se remettre bien auec luy, puisqu'il y estoit disposé, & puisque la cause de leur [394] diuorce n'estoit plus au monde. Elle rassasiee de sa vengeance, & croyant auoir ramené par là son mari à son deuoir, vaincuë d'autre costé de ses anciennes affections & du desir de le posseder paisiblement, apres lui auoir faict promettre tout ce qu'elle voulut, lui ouurit la porte & le receut en ses embrassemens.

Le dissimulé Ratislas ayant faict ceste paix fourree pour se rendre maistre de la place, & auoir ceste femme en sa puissance, lui fit de si grandes caresses qu'elle croyoit l'auoir entierement reconquis. Mais elle aualoit sous ceste belle apparence l'hameçon qui lui deuoit donner la mort. Car quelques iours apres lors qu'elle auoit perdu toute deffiance de Ratislas, & qu'elle pensoit estre mieux que iamais en ses bonnes graces : durant vne nuict, assisté d'vn valet de chambre, il l'estrangla lui-mesme auec le mesme cordeau dont elle auoit estranglé la deplorable* Adalgise, & la fit mourir dans le cruel regret de la protestation qu'il lui fit, qu'auec la mesme corde il estoufferoit les enfans qu'il auoit eus d'elle, ce qu'il ne fit pas neantmoins, vaincu de l'amour naturelle de ceux qui estoyent l'os de ses os, & la chair de sa chair mesme. Ouy bien fit-il estrangler tous ceux qu'il pût attraper qui auoyent assisté Iudith au meurtre d'Adalgise.

Ceste execution* faitte, ce fut à lui faire de chercher son salut en sa fuitte, sçachant bien que les parens de sa femme qui estoyent de grande maison la presecuteroyent à outrance. Ayant donc pris l'or, l'argent & les pierreries qui estoyent chez lui, [395] il se retira en haste en Silesie, où pensant estre en seureté chez quelques vns de ses amis, les parens de sa femme qui le cherchoyent pour le perdre, le firent si soigneusement espier, que l'ayans pris à leur auantage*, ils le payerent en vn coup de tous ses adulteres & de ses meurtres.

Par ces succés* si tragiques nous pouuons iuger que la main de Dieu ne laisse iamais les forfaicts impunis, principalement

ceux qui profanent & violent les choses sacrees. Mais qui est-ce
qui n'aura pitié de voir l'innocente Adalgise enuelopee dans les
mal-heurs* qui ont accueilli* ces coulpables ? Toutefois l'Apostre
nous auise de ne iuger point auant le temps, mais d'attendre la
venuë de ce iuste & grand Iuge, qui descouuira la cachette des
tenebres, & manifestera le secret des cœurs[1], car lors vn chascun
sera loué ou blasmé, recompensé* ou puni selon le merite ou
demerite de ses œuures.

Le Conseil Chastié.
EVENEMENT XIII.

LE mauuais conseil, dict l'ancien prouerbe, est souuent pernicieux à celui qui le donne, & quelquefois pire qu'à celui qui
l'execute. Et à dire la verité si les effects sont enfans de leur cause,
comme l'arbre tire ses fleurs, ses fueilles, & [396] ses fruicts de sa
racine, la malignité* d'vne action doit estre attribuee au conseil
qui la faict naistre. Et il se trouue pour l'ordinaire, qu'il y a plus
de malice* aux conseillers d'vn crime, qu'en ceux qui le mettent
à execution. Ainsi, l'Escriture semble blasmer d'auantage la malignité* d'Achitofel, que la legereté d'Absalon, parce que l'vn failloit
deliberement, l'autre à l'estourdie[2]. De là vient que la mesme
saincte parole declare coulpables d'adultere ceux qui l'ont desiré
determinement en leur cœur, encore qu'ils n'en soyent pas arriuez
à l'œuure[3]. O que bien-heureux* est l'homme, dict le Psalmiste,
qui n'a point suiui le conseil des malins*, parce que le conseil
des meschans perira, & sera cause de la perte & de ses autheurs

---

1   1 Co 4, 5.
2   2 S 15-17.
3   Mt 5, 28.

& de ceux qui le suiuront[1]. Toutes ces veritez paroistront en leur iour dans l'Euenement que ie me prepare de descrire, où nous verrons que la meschanceté du mal-faicteur demeurant impunie, le chastiment en retombe sur la teste qui l'auoit conseillee.

Ce n'est pas d'auiourd'hui que les conseils des femmes, principalement des mauuaises, sont dangereux. A la naissance du monde, le premier de tous les hommes faillit par le conseil de sa femme, & nous payons tous les iours les interests* de ce mauuais conseil, par lequel nous pouuons dire que le peché s'est introduit au monde. Qui sera vraiment sage ni ne fiera son secret à ce sexe & curieux & babillard, ni ne croira son conseil. Si Palinure eust tenu ceste maxime, il ne fust pas tombé dans le peril où nous le verrons, & dont il doit sa deliurance à sa bonne fortune, ou à la [397] pitié que l'on eut de l'inconsideration* de sa ieunesse, plutost qu'à son innocence.

En vne ville de Sicile, qui n'est point nommee dans la Relation Italienne, vne Damoiselle que nous appellerons Demetrie, fut donnee pour femme à vn vieillard en vn âge fort tendre, la ialousie & l'imbecillité* de cet homme caduc luy osterent toute sorte de plaisir en ce mariage, dont elle contoit les iours comme des ans de captiuité. Apres beaucoup de souffrances la mort trancha ce lien, autrement indissoluble que par la faux, & la tirant de ce ioug la mit encore ieune dans la liberté du vefuage. La difference de ces conditions lui parut aussi extreme, que le iour semble esclattant à celui qui a esté resserré* long temps dans vn obscur cachot. Mais ce qu'elle tenoit pour le grand bon-heur* de sa vie qui estoit de se voir libre, sur le comble de ses disgraces, parce que s'enyurant de son propre tonneau, elle se prit si auidement à la liberté, qu'elle en changea l'vsage en abus, & de prisonniere honorable elle deuint vne infame libertine. Non contente de tesmoigner & à ses habits, & à ses actions exterieures, qu'elle estoit de ces vefues qui cherchent

---

1 Vg Ps 1.

parti, contre l'vsage du pays elle tenoit porte ouuerte à ceux qui sous pretexte de la rechercher, passoyent leur temps chez elle en ieux, en danses, en musiques & en semblables amusemens qui seruent d'occupation* à la ieunesse oisive. Au commencement (personne ne deuenant meschant tout à coup) son dessein estoit de donner de l'amour à plusieurs, pour en acquerir vn pour mari, qui [398] fust selon son cœur. Outre ses beautez qui n'estoyent pas mesprisables, elle auoit vn grand douaire tant de son bien paternel, que de ce que son mari lui auoit laissé en mourant, c'est ce qui le rendoit desiree d'vn grand nombre de competiteurs. Ceste multitude d'adorateurs fut sa ruine : car renduë pauure par ceste abondance, dans cette multitude elle ne sçauoit lequel choisir, soit qu'elle craignist de se tromper au choix, soit que plusieurs lui donnassent dans la veuë. Ceste irresolution dans la resolution qu'elle auoit prise de se donner du bon temps, luy fit embrasser le pire de tous les conseils*, qui fut de ne se marier point, mais de demeurer maistresse d'elle mesme dans la licence du vefuage. Si l'amour de la continence lui eust suggeré ce dessein, elle en eust merité de la loüange : mais c'estoit à quoy elle pensoit le moins, desireuse au contraire de faire seruir ce don precieux de la liberté au desreglement de ses appetits. Aussi s'addonna t'elle à vne vie si manifestement des-honneste, que dans peu de iours elle se rendit la fable du monde, & le sujet de la mesdisance publique. Neantmoins pour se conseruer tousiours quelque vaine* ombre de reputation, elle tenoit sans cesse quelques vns de ses amoureux en esperance de l'espouser, & à ceux-là elle se monstroit aussi rude & austere qu'elle estoit facile & complaisante à ceux de qui elle abusoit. De sorte que les possesseurs se rians de la simplicité de ces pretendans, admiroyent la souplesse* & les charmes de ceste Circé¹, qui rendoit inaccessible aux vns, ce qu'elle mettoit en

---

1   Puissante magicienne qui transforme certains des compagnons d'Ulysse en pourceaux. *Odyssée* X.

proye [399] & au pillage aux autres. Ceste impudique Phriné[1] estoit le commun escueil de la ieunesse de sa ville, sa maison estant vne escole de desbauche, vne Academie de libertinage*, & vn vray Temple de Cypre[2], où les sacrifices n'estoyent que de deshonnestetez.

Il arriue rarement que ces folles amours soyent sans ialousie. Car comme la pourriture se met plustost aux pommes meurtries, qu'à celles qui sont bien saines & entieres : aussi la ialousie qui n'est autre chose qu'vne corruption de iugement, se prend bien plus facilement aux passions volages & iniustes, qu'aux affections legitimes. C'est ce qui fut cause qu'entre ces ieunes hommes qui n'auoyent que des pretensions* de chair & de sang, il se fit diuerses querelles qui les rendirent personnes de sang & de fer, & par des meurtres miserables* plusieurs descendirent tous viuans en Enfer. Ces querelles ordinaires suiuies de carnages execrables, rendoyent Demetrie tellement diffamee, qu'on la tenoit pour vne pierre de scandale qui deuoit estre reiettee de la Cité, où elle seruoit plustost de ruine que d'edification. Si l'on eust pourueu de bonne heure à ces desordres, celui que nous allons estaler* ne fust pas auenu. Mais comme c'est le faict des sages de preuoir les malheurs* à venir, les imprudens qui n'ont des yeux qu'en la teste ne voyent que ceux qui sont arriuez.

Parmi ceux qui abbordoyent ceste specieuse*, mais deuorante Panthere, il y eut vn Seigneur de marque, dont la qualité & les moyens autant que [400] la gentillesse* lui donnerent dans les yeux. Bien qu'elle menast vne vie si licencieuse, neantmoins croyant que chascun fust aueugle comme elle, & que l'on ne s'apperceust point de ses mauuais deportemens*. Ce qui la rendoit si presomptueuse, qu'elle pensoit deuoir estre recherchee en

---

1 (Phrynè) Hétaïre athénienne de haut vol (IVe siècle), célèbre pour avoir été acquittée d'organiser une secte vénérant un Dieu étranger, grâce au geste de son avocat qui, à cour d'arguments devant l'Aréopage, déchire la tunique qui voile la poitrine de sa cliente.
2 (Chypre) l'Ile d'Aphrodite-Vénus, sur laquelle elle avait un sanctuaire.

mariage comme si elle eust esté fort honneste* & bien chaste[1]. Connoissant donc que Fusbert auoit donné dans ses filets, & sçachant que rien n'augmente tant l'amour que la pudeur, soit feinte, soit veritable : elle mit en œuure tous ses artifices* pour faire en sorte qu'il l'eust en opinion de femme plus vertueuse que l'on ne pensoit. En quoy elle reussit si heureusement, que quoy que les amis de Fusbert lui dissent de la vie de ceste Laïs[2], il prenoit ces veritez pour autant de calomnies : & croyant qu'elle fust aussi farouche & austere aux autres, qu'elle lui estoit aspre & peu traittable*, il desmentoit le bruit commun comme si c'eust esté vne calomnie. La folie de sa passion le porta dans de telles fureurs, qu'il ne pouuoit plus viure s'il ne trouuoit le moyen de satisfaire à son desir. Et Demetrie lui ostant tout acces vers elle, & ne lui laissant autre porte ouuerte que celle de l'Eglise, il se resolut de franchir le saut & de la prendre en mariage. C'estoit vn parti si grand & si riche, que les yeux de Demetrie en furent esblouys, & lui firent oublier ceste liberté qui estoit l'element de ses plaisirs. Mais le voyant tellement affollé d'elle, elle se perua-doit estant sa femme, de le coiffer si bien & de le gouuerner si paisiblement, qu'elle lui fermeroit les yeux & continueroit en ses sottises. [401]

L'ambition la porta donc à entendre* à ce mariage, comme c'estoit vne folle amour qui y portoit Fusbert. Le mal estoit que ce pigeon n'estant pas encore majeur, ne pouuoit contracter ceste alliance sans le consentement de sa mere qu'il auoit encore, & de son tuteur. Or de leur en parler, ce n'eust pas seulement esté vne peine perdue, mais vn vray moyen pour rompre toute ceste prati-que. Dequoi s'auise la rusee femelle, qui se rendoit aux volontez

---

1   La ponctuation, ou la construction, des deux dernières 'phrases' est fautive. On aura une meilleure approximation de ce que voulait dire Camus en mettant «ce qui la rendoit si presomptueuse» au début de la première phrase : Ce qui la rendoit si presomptueuse, bien qu'elle menast [...], qu'elle pensoit etre [...].
2   Originaire de Corinthe, maîtresse du peintre Apelles et modèle de nombreux peintres et sculpteurs, sans qu'on puisse vraiment dire qu'elle ait été une concurrente pour Phrynè.

des autres à beaucoup plus facile composition* ? Apres auoir long temps contesté & consulté ceste affaire auec son poursuiuant, elle tombe d'accord de se contenter d'vne promesse de mariage, à condition d'en faire les solennitez lors qu'il seroit en maiorité, à quoy il manquoit encore deux ou trois ans, durant lesquels elle se proposoit de tenir cest oyseau en cage, & de viure tousiours selon ses anciennes libertez.

Fusbert qui pour arriuer au point où il aspiroit, eust signé sa mort, voulut escrire ceste promesse de son propre sang, tant la passion le transportoit. Vous iugez bien qu'en suitte de ceste asseurance il eut ce qu'il desiroit, & que la consommation preceda les ceremonies de ces nopces imaginaires. Mais il n'est pas plutost engagé dans ces filets, & tombé dans ce tresbuchet, ou plutost dans ce precipice, que les tayes luy tomberent des yeux apres auoir mangé du fruict defendu. La troupe des poursuiuans ne s'escarte point, la porte de Demetrie est tousiours ouuerte aux compagnies, elle n'en est pas plus retiree, elle accueille, [402] elle reçoit, elle caresse les vns & les autres auec autant de liberté qu'auparauant ; ce qui ne plaist gueres à nostre ialoux Silicien. S'il l'en reprend*, elle l'accuse aussi tost d'estre ombrageux, elle proteste de son honnesteté & innocence, & sçait en somme si bien le mener, qu'il est contrainct de lui demander pardon de ses soupçons, & de luy crier merci du tort mesme qu'elle lui faict.

Tandis qu'elle meine vne vie si licentieuse apres auoir (ce lui sembloit) conquis Fusbert pour mary, elle mit encore dans ses filets vn nouueau Medor¹, des graces duquel elle estoit esperduë. C'estoit vn ieune Gentil-homme cadet de sa maison, n'ayant que la cappe & l'espee, mais beau & vaillant par excellence, portant vn cœur de Mars sous vn visage d'Adonis. A peine auoit-il encore vingt-deux ans, qu'il auoit desia & sur mer & sur terre rendu de

---

1   Dans le *Roland Furieux*, jeune soldat sarrasin, blessé presque mortellement alors qu'il tente de reprendre le cadavre de son capitaine. Il est ensuite le héros d'un épisode où Angélique le choisit pour époux, lui le simple soldat, de préférence à tous les héros de haut rang qui la recherchent.

grandes preuues de sa valeur*, si bien qu'il donnoit esperance d'estre vn iour vn cheualier accompli. Ceste Circé l'ayant rendu son captif par ses charmes, n'estoit pas elle mesme exempte d'esclauage, parce qu'elle estoit idolatre de ses perfections*. Si bien qu'autant desireuse de luy, qu'il pouuoit estre d'elle, elle ne se fit pas beaucoup prier pour se rendre à ses volontez. Ces mal-heureuses* femmes ont cela de propre qu'elles donnent plus de passions estans possedees, que recherchees, à cause des attraicts & des artifices* dont elles assaisonnent leur accointance*. Ricard (ainsi appellerons-nous ce beau fils) deuint si esperdu de ceste Thays[1], que comme elle ne pouuoit estre sans lui, aussi ne pouuoit-il [403] viure sans elle. L'aueuglement qualité inseparable de l'amour, les porta à vn commerce si ouuert, que les moins clair-voyans s'en apperceuoyent, beaucoup plus Fusbert à qui la ialousie faisoit voir les atomes. Aussi tost les rages & les vengeances entrerent dans son esprit, & y firent d'estranges rauages. Tantost il luy prenoit enuie de tuer ce Riual & ceste meschante femme, tantost se rauisant il se determinoit de laisser ceste perduë, & de manquer de parole à celle qui luy faussoit la foy.

Ayant par le mouuement* ordinaire de la ialousie espié toutes leurs actions, & recognu que ses soupçons estoyent des veritez indubitables ; il resolut de rompre les liens qui le tenoyent attaché à ceste infidelle, & se mettant à s'enquerir plus particulierement de la reputation qu'elle auoit, il trouuoit par toutes les compagnies qu'on la tenoit pour vne femme pecheresse en la Cité. Surquoi il se determina de faire banqueroute à la parole qu'il lui auoit donnee, & de la laisser là comme vn suiet infame, autant indigne de sa cholere, que de son amour.

Ayant demeuré quelques iours sans l'aller voir, durant lesquels il essayoit de guerir par l'absence les blesseures que son cœur auoit receuës par la presence de ceste pipeuse beauté, Demetrie qui le vouloit tenir en lesse, se deffia de son inconstance & luy escriuit

---

1 « Pécheresse » convertie dont l'histoire est racontée par Jacques de Voragine dans sa *Légende dorée*.

pour le r'appeler. Mais il lui fit des responses si pleines de reproches
& d'outrages*, & accompagnees de protestations si contraires à la
promesse qu'il lui auoit faitte, qu'elle [404] iugea bien que c'estoit
vn cheual qui se vouloit eschaper & briser ses liens.

Apres auoir donc employé inutilement tous ses artifices* pour
reconquerir son esprit, lequel au contraire se cabroit contre ses
soumissions, & s'aigrissoit par ses prieres. Elle vient aux menaces
de la contrainte, protestant de le faire appeller en Iustice pour
reconnoistre sa promesse, & le faire condamner à l'execution de
ce qu'elle portoit*. Ceci mit tout à faict hors des gonds Fusbert,
lequel non content de se mocquer de ses menaces & de son escrit,
lui fit vne legende de sa vie si pleine de hontes & d'ordures, &
accompagnee de veritez si poignantes*, que Demetrie animee d'vn
furieux desespoir iura de s'en venger ou de mourir en la peine.
Mais se sentant trop foible pour faire vn si notable effect, & ne
pouuant r'appeler ce fugitif pour lui brasser vne trahison, elle ne
pensa point pouuoir venir mieux à bout de son sanglant dessein
que par Ricard son nouueau fauori, lequel perdu d'amour pour
elle, se fust precipité dans toute sorte de dangers pour la contenter.

Les mesdisances que Fusbert faisoit retentir contre elle par
toutes les compagnies, sonnoyent si haut que chascun en estoit
abbreuué, & mesme il y mesloit Ricard plus qu'aucun autre. Ce
cheualier né d'vn sang illustre, de grand courage* & haut à la main,
ne pouuant endurer ces inuectiues qui touchoyent ensemble &
son honneur, & celui de ceste femme dont il estoit affollé, fut
aisé à pousser d'en prendre vengeance. [405] A quoy Demetrie
y employant & ses charmes & ses larmes, il lui iura par ses yeux,
qu'il appelloit ses lumieres, & qui estoyent les funestes flambeaux
de son ame, qu'il n'auroit iamais de repos qu'il ne luy eust faict
vn present du cœur & de la langue de Fusbert. Et d'effect apres
l'auoir beaucoup guetté, accompagné de quelques Braues à la
façon d'Italie, il le prit tellement à son auantage*, que Fusbert
percé de diuers coups d'estoc* demeura mort sur la place.

Les parens du meurtri qui estoyent des plus apparens* de la
ville, firent faire vne telle recherche de Ricard, qu'à la fin il fut

trouué & pris par la Iustice, qui le ietta dans la prison. Ce fut dans ses obscuritez que les yeux lui furent ouuerts pour reconnoistre sa faute, de laquelle il ne pouuoit esperer aucun pardon, ayant à faire à de trop puissantes parties. Tenant sa mort asseuree*, il ne se fit pas beaucoup presser pour dire la verité. Il auoüa que le seul conseil & les seules persuasions de Demetrie l'auoyent porté à vn acte si detestable, dont il se repentoit de tout son cœur.

Sur ceste deposition Demetrie est arrestee, & iettee dans vn cachot, où au lieu de nier ce que Ricard auoit auancé, elle le confirma, croyant auoir en grande raison de se vanger de celuy qu'elle appeloit traistre, perfide & violateur de sa pudicité. Sa malice* recognuë, pas vn des Iuges ne douta qu'elle ne fust digne de mort. Il n'y auoit que la ieunesse de Ricard, subornee par cette mauditte femme qui leur fist compassion. Aquoi si vous adioustez la gloire de sa naissance, & de [406] plus le merite de sa valeur*, il n'y auoit celui qui ne plaignist son desastre*. La rigueur de la iustice voulant qu'au milieu de ses iours il descendist au tombeau. Mais ses parens qui craignoyent que son execution* ne tournast à opprobre* à leur race, & ne sçachans par quelle voye la destourner, corrompirent pour de l'argent vn Guichetier de la prison, qui lui donna les moyens de se sauuer. Dans peu de iours le procés fut acheué à la mauuaise conseillere, qui fut condammee à perdre la teste sur vn eschaffaut, où Ricard lui eust tenu compagnie s'il ne se fust eschapé.

Quelque temps apres on appaisa les parens de Fusbert : & la valeur* de Ricard, qui s'alla faire connoistre en Flandres, iointe à la consideration de la parenté, luy firent obtenir abolition de sa faute, & licence de reuenir en son pays, où il fit voir, ce que l'on dict communément, que les supplices ne sont pas tousiours pour les coulpables, mais pour les mal-heureux*. Et a n'en mentir si nous voulons faire vne iuste reflexion sur ce qu'il porta* dans le mal-heur* de cet assassinat, il n'y a point de doute que Demetrie ne fust plus criminelle que lui, pusiqu'il n'auoit que presté son bras à l'execution de la vengeance qu'elle lui auoit inspiree.

La ieunesse apprendra icy à euiter les mauuais conseils, comme des escueils noircis de mille naufrages, & à se retirer du commerce infortuné de ces femmes eshontees, qui non contentes de remplir de scandale les spectateurs de leur vie desreglee, portent ceux qui les suiuent à des [407] actions brutales non seulement de chair, mais encore de sang. L'antiquité en fournit mille exemples, entre lesquels le Lecteur iudicieux verra si le nouueau que ie viens de raconter pourra trouuer quelque place.

Le Nouueau Mezence.
EVENEMENT XIV.

CHASCVN sçait quelle estoit la cruauté de cet ancien Tyran, & qu'il auoit accoustumé de faire lier les corps viuans de ceux qu'il hayssoit, à des corps morts, afin qu'ils mourussent de faim, & de l'infection qui sortoit de ces cadaures[1]. Ce que celuy-là faisoit par tyrannie, celui dont nous auons à descrire l'inhumanité, l'a faict par la rage de la ialousie, laquelle est non moins industrieuse à faire mal, qu'à le chercher & à le trouuer. Le monde estant de figure spherique il ne faut pas s'estonner s'il a vn mouuement

---

1 La fortune littéraire de Mézence (Mezentius) doit beaucoup à Virgile, qui après l'avoir nommé «contemptor deum» dans l'*Énéide* en VIII, 7, en fait un formidable guerrier finalement tué par Énée (X, 689-908). Historiquement chef étrusque allié de Turnus dans la lutte contre Énée, modèle aussi du tyran, Mezentius a ensuite été doté de la réputation de férocité («ferox Mezentius» : Ovide, *Fastes*, IV) et de cruauté qui était depuis longtemps attachée aux Étrusques en général comme en témoigne ce fragment du *Protreptique* d'Aristote : «Il semble bien en effet que l'union de l'âme avec le corps ressemble beaucoup à une telle punition. Car, de même que les Étrusques sont dits avoir souvent torturé les prisonniers en enchaînant des cadavres face à face et membre à membre avec des vivants, ainsi l'âme semble étirée sur l'ensemble du corps et attachée aux parties sensibles du corps.» Fragment B 107 (le dernier selon cet éditeur – et d'autres). *Der Protreptikos des Aristoteles, edidit* Rudolph Berlinger, Frankfurt am Main, Vittorio Klostermann, 1969, p. 84. Pour la tradition chrétienne de l'union de l'âme et du corps, v. note ci-dessous.

circulaire, & si les siecles qui s'entresuiuent produisent les mesmes effects ; à la façon du ciel, qui faict selon certaines espaces de temps remonter les mesmes signes sur l'horizon. Ce qui a donné lieu au prouerbe, que rien ne se dict, ni ne se faict qui ne l'ait esté auparauant. Neantmoins comme tous les visa[408]ges, quoy que semblables en leur forme generale, sont dissemblables en leurs traicts particuliers*. Aussi les Euenemens qui ont quelque traict de ressemblance, en ont d'ailleurs tant de dissemblance, que par ceste variété les actions humaines ne sont pas moins agreables, que le reste des ouurages de la nature. Mais pour venir à nostre Histoire, il est besoin que le Lecteur arme icy son esprit d'vne fermeté extraordinaire pour soustenir le recit d'vne barbare cruauté. Toutefois puisque le iuste se resiouyt quand il voit la vengeance, & laue ses mains dans le sang du pecheur[1], s'il vient à considerer la laideur de la cause, il sera moins touché de l'horreur de l'effect. Ainsi les saincts qui sont dans le ciel, connoissans la malice* & l'enormité du peché, ce neant execrable qui comme vn Geant fils de la terre se reuolte contre le Ciel, en voyant les supplices que les damnez endurent aux enfers, n'en sont esmeus* à aucune pitié, la consideration du iuste iugement de Dieu ostant de leurs esprits la compassion de ces extremes miseres. Comme l'adultere est vn crime execrable qui ne peut estre assez blasmé, aussi ne peut-il estre assez rigoureusement puni. Ce qui a faict relascher les loix humaines iusques là (bien que ce soit contre la loy de Dieu qui defend l'homicide) de donner impunité aux maris qui tuent leurs femmes surprises en ce desordre, ayant esgard à leur iuste douleur qui leur enleue toute moderation. [409]

---

1   Ps 58, 11. C'est le texte du Psaume 57 de la Vulgate : « Lætabitur justus cum vide-rit vindictam ; manus suas lavabit in sanguine peccatoris ». Les traductions faites sur l'hébreu ont "lavera ses pieds", mais le mot hébreu ainsi traduit n'est pas le « pied » habituel (*règèl*), mais le mot *pa'am* qui, selon les contextes est traduit tantôt par « fois », tantôt par « les pas », d'où le choix approximatif de la traduction « les pieds » (*cf.* Cantique 7, 2 par exemple). Comme bien souvent en hébreu, on est en présence d'une énigme. Le traducteur grec l'a résolue en lui substituant *tas kheiras autou* (ses mains) et la Vulgate lui a emboîté le pas. (B. Barc)

Le lieu où est arriuee la cruelle punition que nous allons despeindre, la rend aucunement* supportable, les Insulaires & ceux
qui naissent en des païs aspres sont cruels & rudes de leur naturel,
les gens, dit-on, de marine & de montagne sentent tousiours ie ne
sçay quelle humeur sauuage qui les porte à des actions violentes
& furieuses. Autrefois quand les Romains vouloient chastier vn
malfaitteur d'vn supplice moindre que la mort, mais plus grand
que l'exil, ils le releguoient en vne Isle, principalement en celle
de Corsegue & de Sardaigne, qui estoit autant que de confiner
vn homme parmi des sauuages & des barbares : & de faict qui
dit Corse (d'où le nom de Corsaire a tiré son origine) dit ie ne
sçay quoy de farouche & de cruel. Le mesme peut-on dire d'vn
Sardinien à cause du voisinage & de la contiguité de ces Isles.

   A Aquilastre, ville maritime de Sardaigne, situee sur la coste
du Cap, qu'ils appellent de Calaris[1], vn Gentil-homme nommé
le Seigneur Dominique auoit plusieurs enfans, de cinq trois filles
estoient aisnees de deux garçons, de sorte qu'elles furent nubiles
lors que ceux-ci estoient encore fort ieunes. Ce Gentil-homme
estant veuf, & sans dessein de se remarier, laissoit tout le soing
de sa maison à ses filles, & principalement à son aisnee appelee
Bamba, laquelle fera le principal personnage en ceste tragedie. Tous
son desir estoit de voir ses masles qui deuoient estre ses heritiers
esleuez en toute sorte de vertu & de bonne discipline*. A ce dessein
pour les instruire aux lettres* & regler leurs mœurs, il leur choisit
vn [410] Precepteur, ieune homme de belle presence*, de gentil*
esprit, & qui auoit fort bien estudié tant aux lettres* à qui leur
douceur donne le nom d'humaines, qu'en la Philosophie. Bien
qu'il ne fust pas Prestre, il portoit neantmoins l'habit Ecclesiastique,
parce qu'il se destinoit à ceste vocation, & à la Clericature auoit
adiousté la susception* de ces ordres que l'on appelle moindres[2].
Cestui-ci s'appeloit Adalberon, lequel au commencement se com-

---

1   Aujourd'hui Cagliari.
2   C'est-à-dire qu'il avait pris (susception : action de prendre) les « ordres mineurs » :
    portier, lecteur, acolyte et exorciste (supprimés en 1972).

porta en la conduitte* des deux fils du Seigneur Dominique auec
tant de diligence, se soin & de modestie*, que s'il eust continué
en ce train là, il eust sans doute reüssi en ceste nourriture*, & se
fust acquis autant de loüange que nous serons contraints de le
couurir de blasmes pour s'estre porté en de mauuaises voyes. Le
feu de l'Amour plus subtil que l'elementaire[1], se prend plustost &
plus viuement au bois verd, qu'au sec, ie veux dire à la ieunesse
qu'à la vieillesse ; que si celle-ci doit euiter la rencontre des obiects
qui le peuuent allumer, combien plus celle-là s'en doit-elle tenir
esloignee ? De là vient que les anciens Peres par des traittez entiers
ont exhorté les gens d'Eglise à fuir le commerce des femmes, tout
ainsi que le sel (& ils sont le sel de la terre) pour estre conserué
doit estre escarté des lieux humides. Si le deplorable* Adalberon
eust suiui ceste regle, nous ne le verrions pas en l'estat pitoyable*
qui nous fera tantost horreur. Mais il luy estoit mal-aisé de voguer
parmi tant d'escueils sans faire naufrage. S. Hierosme parlant du
voysinage & de la hantise* des femmes, dit que viure aupres d'elles
& en leur [411] conuersation*, c'est dormir dans les fleurs d'vn pré
aupres d'vn serpent[2]. Et S. Bernard que sortir sans se perdre de si
contagieuse compagnie[3], n'est pas vn moindre miracle que celui
qui auint aux trois enfans, qui ne furent point consommez dans la
fournaise de Babylone[4]. Ie dis ceci, parce que ce ieune Clerc estant
tous les iours parmi les filles du Seigneur Dominique, y rencontra
à la fin l'abysme où il se perdit.

Tandis qu'il demeura attentif & occupé à l'instruction des
freres, l'oisiueté, qui est la mere de ceste flatteuse passion qui
conuie à aimer, ne lui fit point attacher ses yeux vers les sœurs,

---

1 Plus subtil que celui qui est l'un des quatre Éléments.
2 Saint-Jérôme, *De l'éducation des filles, À Gaudentius* : «Pourquoi, prendre une femme jeune, belle et adonnée à ses plaisirs ? Vous vous baignez fréquemment ; vous vivez de mets délicieux, vous êtes opulent ; vous portez des habits somptueux ; et vous croyez dormir en sûreté auprès d'un serpent dont les morsures sont mortelles !».
3 Sermon LXV, 4 : «Être toujours avec une femme, et n'en point user, n'est-ce pas un plus grand miracle que de ressusciter les morts ?».
4 Dn 3, 24.

en estant mesme retiré & par le respect qu'il deuoit à son Maistre,
& pour* la crainte de se precipiter en des chastimens ineuitables
si sa temerité venoit à estre cognuë. Mais lors qu'il marche ainsi
reseruë, & pour le dire ainsi la bride à la main, le tentateur qui ne
dort iamais, & qui estoit aux aguets pour le surprendre, preuenant
ses pensees le fit donner dans le piege par vn moyen qu'il n'eust
iamais imaginé. Car redoutant de hausser les yeux vers les filles
de son maistre, il n'eust pas creu qu'elles eussent abbaissé les yeux
sur lui, ni anticipé ses desirs. Cependant l'aisnee, ceste Bamba qui
auoit les clefs de tout & le gouuernement du mesnage*, l'ayant
trouué à son gré, se vit tout à coup embrasee de ceste flamme,
dont le commencement est si doux, & la fin ordinairement si cala-
miteuse. Dequoy me seruiroit de despeindre ici les moyens dont
elle se seruit pour faire entendre à Adalberon les mouuemens de
son ame, puis qu'elle auoit [412] tant de commodité* de luy parler
à toutes les heures du iour ? Si ce ieune Clerc se trouua surpris,
se voyant si esperduement aimé de ceste folle creature, il ne le
faut pas demander : mais peu à peu ses premieres apprehensions
estans moderees, ce qui à l'abbord luy sembloit si estrange qu'il
luy sembloit que ce fust vn songe, à la fin luy deuint domestique
& familier. Et pour le trancher en vn mot, apres les sottises qui
precedent comme des presages infaillibles la ruine de la pudicité,
ils vindrent à des effects que ie ne veux pas seulement nommer,
mesme en les detestant. Neantmoins parmi ces honteuses folies
ils eurent tant de prudence* en leur mal, que iamais aucun de la
maison ne s'en apperceut, ni mesme le soupçon n'en entra point
en l'esprit du Seigneur Dominique, encore qu'il veillast assez
exactement sur ses filles. Mais la diligence d'vn pere pour grande
qu'elle soit, n'arriue iamais à celle d'vne mere, qui ne sortant que
rarement de la maison, veille continuellement sur les actions de
ses filles. Ils eurent encore ce bon-heur* en leur mal-heureuse*
prattique, qu'elle n'esclatta iamais par ce fruict qui fait tant de
bruict quand il se destache de l'arbre. De sorte que Bamba, vne

Helene[1] en effet, estoit vne Lucrece[2] en apparence. Peut-estre que le ciel ayant pitié de leur ieunesse & de leur ignorance ne les vouloit pas encore perdre, les reseruant à des supplices plus cruels, en retardant l'effect de sa iustice.

Vn parti auantageux se presenta pour l'aisnee du Seigneur Dominique, lequel desireux de des[413]charger sa maison d'vne marchandise dont la defaitte* est si chere, & la garde si dangereuse, ne manqua pas de prendre ceste occasion* aux cheueux. Ce mariage qu'Adalberon pensoit deuoir estre la borne de ses iniustes voluptez, par la ruse de Bamba en fut couuerture, tant il est vrai qu'il n'y a rien de si sacré, qui ne trouue son sacrilege. Rigobert Capitaine de Marine, & qui auoit vne bonne fortune sur la mer, fut celui qui espousa ceste fille, mais il n'en eut que le corps, encore tel que vous pouuez penser, vn autre en ayant le cœur.

A peine eust-elle esté quelques iours auec luy, que les desirs de posseder Adalberon commencerent à luy donner de nouuelles allarmes. Mauuaise creature qui auoit desia esté cause de la desbauche de ce ieune homme, & qui sembloit auoir coniuré sa ruine, & de le conduire au comble de son mal-heur*. Les ruses de son esprit tousiours esueillé & attentif à mal faire, lui en ouurirent assez de moyens. Et bien que ce Pedagogue ne se portast à ces actions de tenebres qu'auec des frayeurs mortelles, & qui mesloient beaucoup d'absinthe à ce peu de miel qu'il cueilloit, attiré neantmoins par ceste amorce* de volupté, qui est vne briefue fureur, il se laissoit aller où le trainoit sa conuoitise. Rigobert qui auoit des intelligences* & du commerce à Calaris, & à diuers ports de la Sardaigne, estoit assez ordinairement sur

---

1   Il est difficile de savoir si Camus fait référene à autre chose que la très mauvaise réputation d'Hélène dans la tradition littéraire. Il se pourrait, plus précisément, qu'il s'agisse de l'épisode où, son mari Ménélas s'étant absenté – comme Rigobert – Hélène est séduite par Pâris. Mais Hélène, en l'occurrence, même si elle résiste peu, ne prend pas l'initiative.

2   Épouse de Tarquin Collatin, violée par Sextus Tarquin qui la menace de mettre, après le viol, auprès de son corps celui d'un esclave égorgé – ce qui aurait détruit son honneur. Elle se suicide ensuite, et est devenue le modèle des femmes chastes, notamment pour saint Augustin (*Cité de Dieu*, 1, 19).

mer deçà delà selon la necessité de ses negociations*, ce qui donnoit à ces miserables* adulteres des commoditez* merueilleuses.
Que si en la presence [414] mesme de Rigobert, tantost sous le
pretexte de mener à Bamba ses deux petits freres, tantost feignant de lui porter les recommandations de ses sœurs, tantost
se disant enuoyé de la part du Seigneur Dominique pour sçauoir
sa santé, Adalberon estoit ordinairement chez Rigobert; vous
pouuez penser s'il discontinuoit ceste hantise* en son absence.
Non content d'y aller de iour, il y frequentoit encore de nuict
Bamba[1], le faisant entrer par ie ne sçay quelle fenestre où il s'esleuoit auec vne eschelle de corde. Vn des effects necessaires* du
peché des-honneste*, principalement quand il est longuement
continué, c'est l'aueuglement, celui de ce mal-heureux* couple fut
tel, que les seruiteurs de la maison de Rigobert s'apperceurent de
ceste mauuaise prattique, & sur les doutes qu'ils en conceurent,
ils espierent si soigneusement les actions de ces inconsiderez*,
qu'en fin ils s'esclaircirent* de la verité. Auparauant que d'auertir
leur maistre de ce tort que sa femme lui faisoit, parce que c'estoit
vn homme terrible & sanguinaire, pour ne le porter point aux
extremitez, ils essayerent de donner la chasse à Adalberon, & de
luy faire prendre vne autre route.

Vne nuict comme il descendoit de l'eschelle, ils le galoperent
si bien, crians au larron & au voleur, qu'il eut de la peine à se
sauuer, & en effect si ses poursuiuans eussent voulu, il ne pouuoit
eschapper de leurs mains. Tant s'en faut que cet eschec rendist
Bamba plus sage, qu'au contraire faisant vn grand tumulte dans
la maison, elle menaçoit de chasser tous les seruiteurs qui estoient
plus fidelles à leur [415] Maistre qu'elle n'estoit. Adalberon
pareil à ces mousches qui reuiennent par despit plus on les
chasse, ioignant l'impudence à l'impudicité, sembloit chercher
le desastre* qui l'accueillit*. Et Bamba & lui irritez contre ces

---

1 La virgule est bien, dans l'édition originale, après «Bamba». Elle serait mieux
   placée avant.

valets leur firent tant d'outrages*, leur firent tant de menaces, & les chargerent de tant d'iniures, qu'en fin vn d'entr'eux perdant la patience*, auertit Rigobert de ces menees, qui se passoient au preiudice de son honneur.

Ce Capitaine plus enflé de cholere, que la mer lors qu'elle est plus agitee des vents, pensa soudain courir à la vengeance, & de mettre & le Pedagogue & sa femme en plus de morceaux qu'vn lyon n'en fait d'vn cheureau quand il le despece, mais voulant repaistre son cruel courage* d'vne plus haute & extraordinaire vengeance, il dissimula son desplaisir, & resolut de sacrifier ces oyseaux de Venus à la fureur en les surprenant ensemble. Ce qui lui fut aisé par l'intelligence* de ce valet, qui l'auoit auerti.

Feignant donc de monter sur mer, & se cachant en vne maison voisine, dés la nuict mesme Adalberon appelé par Bamba, qui le prouoquoit tousiours à mal-faire, ne manqua pas de donner à la maison de Rigobert l'escalade accoustumee. Alors ce Capitaine qui estoit en embuscade en lieu où il pouuoit apperceuoir tout ce mesnage*. Ayant heurté en maistre à sa maison, comme reuenant à l'improuueu [1], il ne faut pas demander si les malfaitteurs furent surpris de ceste nouuelle[2]. Sans consulter dauantage, Adalberon qui estoit tout nud voulut sortir les habits à la main par la mesme [416] fenestre par où il estoit entré, mais il fut receu au bas auec tant de courtoisie* par Rigobert, qu'il ne voulut iamais permettre qu'il prit l'air*. Bamba qui le croyoit sauué donne les clefs pour ouurir la porte, dans laquelle entra le capitaine, tenant ce pauure forçat à la main, qui lui crioit merci & lui demandoit la vie. Si ce spectacle estonna Bamba il ne le faut pas demander. Il n'estoit pas temps de bastir des excuses en vne action qu'Adalberon

---

1   Orthographe normale, comme *impourveu* H. «On a d'abord écrit *à l'impourveu*, puis *à l'impourvû* […] ensuite *à l'impourvu* sans accent. Selon Vaugelas, à l'impourvu et à l'improviste sont tous les deux bons, mais le 2nd est plus élégant […]» J.-F. Féraud, *Dictionnaire critique de la langue française*, Marseille, Mossy, 1787-1788.

2   Le texte de ces trois lignes est bien tel, y compris la ponctuation.

confessoit tout haut. Mais la pitié qui n'auoit iamais beaucoup seiourné dans la poitrine du Capitaine, ici fut du tout esteinte pour faire place à vne cruauté qui ne se lit que du tyran Mezence.

Apres auoir donc coupé à ce miserable* ieune homme le nez, les oreilles, les extremitez des pieds & des mains, & ce qui le rendoit homme : il lui donne plus de cinquante coups de dague deuant que de le fauoriser de celui de la mort. Bamba qui n'en attendoit pas moins, fut saisie de telle horreur à ce sanglant spectacle, qu'elle en tomba dans vn profond esuanouïssement ; elle estoit presque nuë. Rigobert qui ne la vouloit pas tuer en cet estat, où elle eust eu trop bon marché de la mort, la fait prendre par ses valets, & toute nue attacher bouche à bouche à ce corps mort : où elle fut serre & garrottee de tant de cordes & de liens, qu'elle ne pouuoit auoir mouuement quelconque. La douleur qu'on lui fit en la pressant, la fit reuenir de sa pasmoison. Lors qu'ouurant les yeux elle se vit en cet equipage*, que pensa-elle ? que dit-elle ? Cette Relation estant venue à ses limites, ne me permet pas vne longue digression. [417] Elle eut beau crier misericorde à vn homme ignorant de ceste vertu, & demander pardon à vn courage* inexorable. Au contraire se riant de son martyre, il lui fit mille reproches, & lui dit toutes les iniures que se peuuent mieux imaginer que dire. Alors le desespoir accueillant* ceste deplorable* creature, elle changea de ton, & n'y a sorte d'outrage* dont sa rage ne couurist Rigobert, afin de l'exciter à la faire promptement mourir. Mais ce barbare repaissant ses yeux de cet hydeux spectacle, & beuuant comme vne maluoisie la douceur de la vengeance, se gaussoit du funeste desastre* de ceste mal-heureuse*. Mais pour retirer promptement nostre imagination de cet horrible spectacle, contentons nous de dire qu'il la fit trainer ainsi garrottee dans vne caue profonde, où il la laissa mourir hurlant & se desesperant, parmi la rage, la faim & la puanteur, y descendant de temps en temps pour auoir le contentement de la voir en ces fureurs espouuantables. A la fin elle mourut en ce piteux* estat sans consolation, sans assistance.

Et aussi tost Rigobert mesme publia sa mort, & l'exposa à la veuë de ceux qui purent supporter l'infection qui sortoit du cadaure d'Adalberon, lequel estoit desia tout corrompu. Sa cruauté fut blasmee, mais par les loix il demeura impuni.

Ce formidable exemple fit trembler toute l'Isle, & retint long temps en leur deuoir les femmes les plus licentieuses. [418]

Les plus Heureux* que Sages.
EVENEMENT XV.

IL semble que la fortune, ceste aueugle ennemie de la vertu, se plaise à renuerser tout ordre, & confondre* la prudence* & la sagesse des plus auisez. Elle fait quelquefois des coups où toute la raison humaine perd son escrime, & cependant à la fin elle aboutit dans la mesme raison, mais par des voyes tellement esloignees du sens commun, qu'elle laisse l'admiration en la place du discours. Quand i'vse de ce mot de fortune, & icy & ailleurs, ie croy que le Lecteur fauorable ne m'estime pas si peu Chrestien, que ie le prenne à la mode des Anciens, qui n'estoient pas esclairez* de la lumiere de iustice : mais par ce terme i'exprime les secrets ressorts de ceste Prouidence adorable, en la contemplation des-quels l'Apostre s'escrioit : O hautesse des thresors de la science & sagesse de Dieu, que ses iugemens sont incomprehensibles, & ses voyes difficiles à connoistre[1] ! En ce sens nous pourrons donner vne interpretation à ce mot commun, qui dit qu'il vaut mieux estre enfant du bon-heur* que de la prudence*, parce qu'en vain bastit-on vne maison si la Prouidence ne seconde ce trauail : Et[2]

---

1   Rm 11, 33.
2   Construction que la langue de la Renaissance emprunte au latin ; ici : « même ceux ».

ceux, dit le Sage, qui sont prudens en eux mesmes, ne reüssissent pas tousiours en leurs entreprises[1]. En l'Euenement que ie me pro[419]pose de faire voir, on connoistra des ieunes personnes plus accompagnees de bon-heur* que de sagesse arriuer à vne si heureuse* fin & temporelment[2] & spirituellement, par des moyens si contraires, que si elles eussent proietté de ruiner leur dessein il n'y a celui qui ne iuge qu'elles se deuoient conduire comme elles firent. Mais ce n'est pas d'auiourd'hui que la Prouidence d'enhaut s'escrie : Ie perdrai la prudence* des prudens, & confondrai* la sagesse des plus sages[3].

En l'vne de ces Prouinces de nostre France, qui est la plus infectee d'heresie, vn Gentil-homme de condition releuee, Catholique de Religion, mais libertin en ses mœurs, viuoit assez licentieusement. Cestui-ci se voyant chargé de filles (meuble plus pernicieux que precieux en vne maison) se resolut de se descharger de quelques-vnes en des Monasteres. En ces contrees où l'heresie (qui ne tire son origine que des pechez) ne corrompt pas moins les mœurs qu'elle altere la creance, il est bien difficile de reformer ces Conuents, où il n'y a autre image de Religion que l'habit, encore combien diuers de celui qui est prescrit par les regles Religieuses ? Celindre mit donc deux ou trois de ses filles en diuers Conuents de la Prouince, pour y estre esleuees auec intention de les y laisser, & de leur faire prendre ce genre de vie quand elles auroient l'âge. Il en garda seulement vne pour le siecle, afin de se faire vn gendre à sa fantaisie, reseruant selon la mode du monde le principal de son heritage pour l'aisné de ses fils, & cela s'appelle conseruer vne maison. Voila comme se conduisent [420] la plus part des peres enuers leurs enfans, les traittans comme des animaux dont on destine les vns au labourage, les autres à la boucherie, & en garde-on d'autres pour auoir de la race.

---

1 C'est un thème récurrent dans l'*Ecclésiaste*, traditionnellement attribué à Salomon.
2 *Sic.*
3 1 Co 1, 19 ; *cf.* Es 29, 14.

Parmi ces filles qu'il auoit devoüees, comme vn autre Iephthé[1],
à la mort ciuile*, il y en eut vne, que nous appellerons Sibille,
qui auoit vne extreme auersion à ce genre de vie. Et quelques
persuasions que l'on employast pour le luy faire gouster, il n'y
auoit aucun moyen de l'y pouuoir induire. Le pere au lieu de
conduire volontairement ceste creature à qui Dieu auoit donné la
liberté de sa franchise*, fit marcher les menaces & les violences,
& pour le faire court contraignit ceste chetiue*[2] à subir vn ioug
auquel elle n'auoit nulle inclination. La voila vestue, la voila
nouice, la voila professe, sans qu'elle osast souffler ny tesmoigner
sa contradiction*, que par ses souspirs, ses regrets & ses larmes.

Peu de temps apres ceste Profession apparente, & ces vœux pro-
ferez des leures & non du cœur, instruite par vn Confesseur habile
& conscientieux, & qui auoit peur que le desespoir n'emportast
ceste ame à quelque extremité funeste, elle fit ses protestations
secrettement deuant vn Notaire, qui lui en dressa vn acte pour
luy seruir en sa saison. Apres cela elle s'accoise* & dissimule son
deplaisir autant qu'elle peut. Ce Conuent où elle estoit n'auoit
aucune closture establie, il estoit à la campagne ouuert à tous
les vents & à tous venans, c'estoit vn abbord de toute sorte de
compagnies, & vne Academie de diuers entretiens*. On [421] dit
que ce qui fait les monstres en Afrique est le meslange de diuerses
bestes qui se fait à certains abbreuuoirs où elles se rencontrent. S'il
arriue de grands desordres & de fascheux scandales en ces lieux
saincts destinez à la closture & à la retraitte, lors que leur vsage
est peruerti & changé en des conuersations* folastres & mondaines : il ne faut pas s'en estonner, il y auroit bien plus grand suject
d'estonnement s'il n'en arriuoit point. Mais ce qui estoit de plus
monstrueux en cet abbreuuoir, c'est que la plus part de la Noblesse
circonuoisine estant Huguenotte les ieunes Gentils-hommes de
ceste Religion qui se pretend reformee, y hantoient d'ordinaire,

---

1   V. note 2 p. 322.
2   Le mot garde ici la connotation de son sens originel : captive.

où vous pouuez penser qu'ils preschoient aux Nonnains de belles reformations, & que le texte de l'Apostre y estoit souuent
expliqué à leur mode, qu'il valloit mieux se marier que brusler[1]
& cet autre, qu'il falloit que chascun eust sa femme[2]. La chasteté
est vn lis qui ne se conserue que parmi les espines, vne fleur qui
ne se garde qu'en des iardins bien clos. Imaginez vous en quel
peril estoit l'honnesteté de ces Vestales parmi tant de dangereuses
frequentations accompagnees de festins & de bonne chere*, &
où se tenoient des propos* capables de corrompre les meilleures
mœurs, & les ames les plus establies & fondees en vertu. Si la
continence, selon vn ancien Pere, est en danger parmi les aises, &
si l'humilité court risque de se perdre dans les honneurs, qui ne
voit la pante du precipice où estoient panchees ces pauures ames ?
O parens que vous seriez bien mieux de laisser vos filles sous les
aisles [422] de leurs meres, que de les ranger en des compagnies
où elles ont beaucoup plus de facilité & de liberté de mal-faire ?
Mais vos interests* vous ferment les yeux à ces inconueniens, &
lors que le des-honneur tombe sur vos familles, vous voudriez
l'auoir leué pour deux fois autant de dotte qu'il vous eust cousté
pour marier ces folles & chetiues* creatures.

   Parmi ceux qui frequentoient en ce Monastere, il y auoit vn
Cadet de bonne maison, mais Cadet, c'est-à-dire disciple de Bias[3],
qui portoit tout son vaillant sur soi. Mais Cadet, c'est-à-dire qui
n'auoit autre heritage que la gloire d'vne noble naissance, ny autre
part que celle que se reseruoit Alexandre, l'esperance. Il estoit de
race Huguenote, & des plus opiniastres en sa creance. Cestui-ci
s'appeloit Eleazar, lequel s'amusant* au commencement à causer

---

1   1 Co 7, 8-9.
2   1 Co 7, 2.
3   Bias de Triène, l'un des Sept Sages, aurait dit, alors que les habitants qui fuyaient sa
    ville emportaient avec eux ce qu'ils avaient de plus précieux : omne mecum porto,
    je porte tout avec moi. Sénèque attribue le mot à Stilpon : «Stilpon philosophus
    interrogatus num quid perdidisset. "Nihil, inquit ; omnia mea mecum sunt."» *De
    const. sapientis* V, 3. Bias est aussi mentionné dans le commentaire de l'Embleme
    xxxvii d'Alciat, intitulé : Omnia mecum porto.

& à railler parmi ces filles, sans autre dessein que de passer son temps, & faire paroistre la gayeté & gentillesse* de son esprit, à la fin attachant trop fixement ses yeux sur le visage de Sibille, il y arresta son cœur & ses affections. Il commence à la caioller*, à la mugueter*, & à luy tesmoigner qu'il auoit pour elle des inclinations fort particulieres. Ceste fille qui n'estoit en ce Cloistre que comme vn oiseau dans vne cage, qui cherche sans cesse vn passage pour en sortir, l'oyant causer de la sorte, & connoissant à ce ramage qu'il estoit vraiment picqué, se laissant aller à ces propos flatteurs, lui tesmoigna vne bienueillance reciproque. Et pour ne descouuir point dauantage les pieges dont cet oyseleur se seruit pour faire [423] donner dans ses lacqs cette colombe seduitte, il suffit de dire qu'il la catechisa à sa mode, de telle façon, qu'il la porta non seulement au desir de l'espouser, mais aussi à quitter & sa vocation Religieuse, & la Religion Catholique. Il n'vsa pas de grande subtilité pour l'enleuer, puis que les entrees & les sorties estoient si libres en ce Monastere, veu mesme que ceste Helene[1] prestoit son consentement à ce rapt. Il y fut assisté par deux ou trois de ses amis de sa mesme creance, lesquels aussi bien que luy pensoient faire vn grand sacrifice à Dieu en arrachant ceste fille du pied de ses autels : mais c'estoit selon les maximes de leur opinion. Ce zele indiscret*, ioint à l'ardeur de l'amour, poussa premierement ce Cadet à ce dessein : mais il auoit encor vn autre motif plus pressant, c'estoit son propre interest*, s'imaginant qu'à la fin Celindre seroit contraint de faire part de ses biens à Sibille, & de lui donner vne dotte conforme à sa qualité & à sa naissance.

Cet enleuement estant diuulgué, voila aussi tost vne grande rumeur dans le pays, & telle qu'elle pensa faire au lieu d'vne querelle vne petite guerre ciuile, parce que Celindre pour se venger de cet affront, amassa ses amis : & Eleazar appella les Huguenots de son costé, faisans de ceste affaire particuliere*,

---

1   V. ci-dessus note 1 p. 398.

vne cause de Religion & d'Estat dans leur parti. Si le Lieutenant
de Roy qui se trouua sur les lieux n'eust de bonne heure esté
au deuant du mal, il eust causé vn grand embrasement, tant les
esprits estoyent animez de part & d'autre. Le desuoyement de
Si[424]bille apporta autant de scandale aux Catholiques, que
de vanité aux Huguenots, qui ont de coustume de faire de plus
grands triomphes de la conqueste d'vne simple fille, que nous
ne faisons de la conuersion de leurs Ministres.

Cependant Celindre voyant que les moyens d'auoir sa raison
de l'enleuement de sa fille, luy estoyent fermez par la voye des
armes, a recours à la Iustice, pour faire declarer ce mariage clandestin, estant faict sans son consentement. Et d'effect les Iuges
de la Chambre mi-partie mettans à part le faict de la Religion,
reconnurent que quand Sibille eust esté Huguenotte, Eleazar
n'eust pû la prendre de la sorte pour sa femme, sans se rendre
criminel & violateur des loix qui reglent la bien-seance publique.
Le procés est donc instruict, & quelque soutien que Eleazar eust
de son parti, par la voix des Iuges de son parti mesme, il est poursuiui criminellement, & par la diligence de Celindre, il est pris au
corps & ietté dans les prisons iusques à l'issuë de son iugement.
Ce fut là qu'il commença à connoistre la faute qu'il auoit faitte,
& à voir que la main de Dieu alloit se faire sentir à sa temerité.

Tandis que l'affliction lui dispose l'entendement à receuoir
la lumiere de la verité, sa femme est entre les mains de sa mere,
vieille & opiniastre huguenotte, qui luy faict tous les iours des
leçons pour trois Ministres, & il est certain que si elle n'auoit
tant de capacité, elle auoit plus de caquet. Elle faict croire à ceste
pauure desuoyee, que Dieu l'a tiree de l'Egypte & de la [425]
Babylone Romaine pour la ranger parmi ses fidelles, & l'a sauuee
de la gueule de l'Antechrist & de la Papauté pour la mettre dans
la saincte Reformation : où plus heureuse que dans ces Cloistres,
elle ne passera pas les nuicts en solitude. En somme en criant
contre l'idolatrie Papistique ceste vieille resueuse luy emplit les

oreilles de mille bauarderies, dont ie ne veux point souiller la blancheur de ces pages. La prison cependant sans autre Docteur donne bien d'autres enseignemens à son fils par la seule grace du pere des lumieres d'où procede tout don parfaict, & dont l'esprit souffle où il veut. Il commence à gouster par des inspirations secrettes les premiers sentimens de la verité, & parce que la foi est vne lumiere surnaturelle & vne vertu infuse, qui ne vient point de la persuasion des hommes, ayant receu d'enhaut ceste docilité à croire, si necessaire à ceux qui se veulent approcher de Dieu, il demanda à conferer* auec quelque Docteur Catholique pour estre esclairci* sur des points dont il vouloit auoir la connoissance.

Au commencement on crût qu'il faisoit cecy par finesse, & pour sauuer sa vie, d'autant que le vent du bureau* alloit à luy faire perdre la teste[1] ; mais ce ne fut point ce mouuement qui le poussa à ceste bonne œuure. On luy donna vn docte & deuot Religieux pour conferer* auec luy, lequel luy rendant raison de nostre creance, trouua en fin qu'il n'auoit esté Huguenot que pour l'auoir ignoree : parce que les rayons de nos veritez ne donnerent pas plustost dans ses yeux, que [426] les tayes de l'heresie en tomberent. Il se conuertit donc auant l'issue de son procés auec vne grande ioye des Catholiques en la terre, & des Anges au ciel. En cet estat il attendoit l'euenement* de son affaire, estant resolu de receuoir de la main de Dieu tout ce qui en seroit ordonné.

Celindre qui estoit vn homme plein de fougue, & dont les mœurs vicieuses desmentoyent la creance qui estoit Catholique[2], ne fut point à l'abbord touché de ceste conuersion, tant l'appetit de vengeance auoit preoccupé* son esprit. Il disoit tout haut qu'il[3] ne se trompast pas, & que ce changement de Religion n'adiousteroit pas vne minute de temps à sa vie. A quoy Eleazar rendu doux comme

---

1 Le tribunal penchait pour la peine capitale.
2 Il faut corriger ; on peut le faire de deux façons. Soit : « [...] desmentoyent *sa* créance qui [...] ; soit : [...] desmentoyent la creance qu'*il* estoit [...] ». La première semble préférable.
3 Eleazar.

vn agneau de la bergerie de IESUS CHRIST, respondoit que sa mort & sa vie estoyent en la disposition de Dieu, duquel il esperoit pardon de son zele indiscret*, & de son amour inconsideree*. Par lettres il exhorta Sibille de l'imiter en sa repentance, comme elle l'auoit suiui en son erreur, & de se remettre au gyron de l'Eglise.

Chascun tenoit pour asseuré que ce pauure Gentil-homme seroit condamné à la mort, lors que Dieu fit en vn clin d'œil ceste merueille, de toucher le cœur de Sibille, & de la r'appeler au sein de l'Eglise qu'elle auoit laschement quitté : & ceste autre, de fondre tout à coup le cœur de plomb de Celindre, lequel se resueillant en vn matin par vn mouuement extraordinaire, ayant entendu le retour de sa fille à la foy de ses peres : Et viue Dieu, dict-il, puisque ces ieunes gens re[427]connoissent l'Eglise catholique pour mere, & par consequent Dieu pour pere, i'aurois tort de ne les reconnoistre pas pour mes enfans.

Durant le cours du procés la protestation de contrainte en la profession[1] de Sibille auoit esté produitte, & tant par le conseil* des Aduocats, que des Canonistes, ses vœux estoyent tenus pour nuls. De quoy se souuenant il pensa de guerir la folie de ceste Amour par la saincteté d'vn mariage, auquel il ne manquoit que son consentement pour sa validité. Le voila donc d'aspre persecuteur d'Eleazar & de Sibille, deuenu leur solliciteur. Il appreuue leur mariage, il y consent, il reçoit Eleazar pour son gendre, il se deporte* de sa poursuitte, & pour marque de sa bonne volonté il offre de donner à sa fille pareille dotte qu'à son aisnee, & de receuoir Eleazar en sa maison.

Quand tout ceci fut annoncé aux Amans, qui connoissoyent l'humeur extrauagante du personnage, à peine se le pouuoyent-ils persuader, croyans plutost que ce fust vn songe ou quelque illusion qui se mocquast de leur misere. Mais quand Celindre alla dans la prison embrasser Eleazar, & l'en tirer par la main, alors Sibille prit confiance de se ietter aux pieds de son pere, & de luy

---

1   Sa profession de foi.

demander mille pardons. Ce pere attendri de ces humilitez, luy demandoit pardon à elle-mesme des rigueurs & de la contrainte dont il auoit vsé en son endroict, abusant auec violence de l'auctorité paternelle.

Ainsi les apprehensions de la mort furent changees en des solennitez maritales, & les pleurs [428] conuertis en ioye. Ainsi fut verifié ce mot du sacré texte, que ceux qui cherchent Dieu & son Royaume ont toute sorte de prosperitez en suitte de cela[1]. Les Huguenots pour obscurcir l'esclat de ces Conuersions si remarquables, firent courir mille calomnies qui se dissiperent comme des nuages deuant le Soleil. Car en fin Eleazar estant en pleine liberté, & en possession de Sibille, mesme apres la mort de Celindre, a perseueré toute sa vie en la Religion Catholique, & y a faict esleuer ses enfans qui sont encore au monde. Mais quoy ? c'est le propre des pecheurs de voir d'vn œil trauersé la felicité des bons, iusques là qu'ils en fremissent de despit, & que leurs dents en craquettent de rage. Toutefois leurs desirs & leurs desseins s'en vont tousiours au vent.

Cependant n'admirez-vous point comme Dieu pitoyable* a faict misericorde à ces Amans, en les tirant de tant de precipices, par des voyes qui sembloyent le deuoir perdre, & les rendant, selon le tiltre de cet Euenement, PLVS HEVREVX QVE SAGES ?

L'Attentat.
EVENEMENT XVI.

L'AMOVR enfant de la volonté procede d'vn mouuement de l'ame tellement libre que la moindre contrainte le tue. C'est vn Mer[429]cure qui s'esuanouyt quand on le presse, la liberté c'est son element. Hors de là il ne peut viure. Ce que les anciens

---

1 Mt 6, 33.

ont voulu faire entendre sous la fable de Psyché qui le perdit, seulement pour auoir eu la curiosité* de le voir. Neantmoins il y a des personnes si peu iudicieuses (mais qui peut conseruer son iugement & aimer ?) qu'elles pensent se faire aimer ou par importunité ou par force* : sans considerer que les mesmes moyens qu'elles employent pour acquerir l'amitié, sont ceux qui leur engendrent de la haine. L'attentat presomptueux & temeraire que nous allons faire voir descouurira ces veritez, & fera cognoistre qu'il y a peu de distance entre tout auoir & tout perdre.

Où la riuiere du Mein entre dans le fleuue du Rhin il y a vne ville qui tire son nom de la confluence de ces eaux, & à raison de cela s'appelle Conflans ou autrement Coblentz. Parmi les filles dont la beauté seruoit d'ornement à ceste demeure il y en eut vne qui fut l'enuie & le desespoir de plusieurs poursuiuans. Ses graces meritoyent ce concours, mais ses rigueurs faisoyent mourir autant d'esperances, que ses merites en faisoyent naistre. Nous l'appellerons Daphné pour signe de la victoire que sa pudicité obtint contre l'attentat d'vn ieune temeraire qui eust pû en la Musique & en la Poësie contrechanter à Apollon, & qui eut à la fin vn sort retirant* à celui de Marsie[1]. Apres tant de poursuittes toutes ardantes & toutes honnestes*, ne pouuant estre qu'à vn, celui qui eut le bon-heur* d'emporter [430] ceste bague, ce fut Androce à qui elle escheut sous les sainctes loix d'Hymen. Comme ceste fille autant chaste & vertueuse qu'elle estoit belle, auoit esté fort indifferente auant que d'estre mariee : quand son cœur fut determiné, & son contentement donné aux volontez de ce ieune homme que le ciel lui auoit destiné pour espoux : il n'y eut rien de si ardant en l'amour coniugale, ni rien qui se pust égaler à sa fidelité. De sorte qu'Androce benissant Dieu tous les iours qui luy auoit baillé de sa main vne femme si aimable, si aimante & si aimee, passoit auec elle la plus douce vie qui puisse

---

1 Satyre joueur de flûte double (*aulos*) qui osa lancer un défi musical à Apollon, et fut par lui écorché vif.

tomber en l'imagination de ceux qui se peuuent arrester à de
semblables pensees. Parmi ceux de ses competiteurs qui auoyent
tesmoigné de plus vehementes passions pour ceste fille, il n'y en
eut point qui fist paroistre de si violentes extremitez que Tindare.
Car outre les grandes despenses qu'il fit en ceste recherche lors
qu'elle estoit permise, & les vers qu'il composa (estant assez bon
Poëte) & les musiques ordinaires dans lesquelles il soupiroit ses
ressentimens*, le faisoyent connoistre comme le moins sage,
aussi le plus passionné. Mais il le fut iusques au desespoir & à
la rage lors que le mariage de Daphné se conclut auec Androce.
Et si la fureur de son deplaisir ne l'eust abbatu sous l'effort*
d'vne maladie qui le fit tenir pour mort, il eust sans doute en
ceste occurrence faict des folies & des extrauagances qui eussent
troublé toute la feste. Sa ieunesse, sa bonne constitution & le
soin des siens luy ayans redonné la santé du corps, son esprit ne
se trouua [431] pas gueri : parce que les playes que ceste belle
idee* auoit faites dans son cœur, estoyent si profondes, & luy si
ennemi des remedes de ceste chere maladie, qu'il n'en falloit pas
esperer la guerison. Tant s'en faut donc que ce nouuel Hymen
seruist de barriere à ses desirs qui ne pouuoyent plus estre iustes,
qu'au contraire cet obstacle l'animoit d'auantage à la poursuitte,
soit pour iouyr de cet object qui le rauissoit, soit pour se vanger
de ce Riual qui luy auoit esté preferé. Lors que la conualescence
luy eust redonné ses forces, il ne manqua pas de le faire appeler,
mais cet appel estant esuenté leurs communs amis vindrent à la
trauerse & empescherent qu'ils ne se vissent l'espee à la main.
Neantmoins ils n'eurent pas le pouuoir de les faire ioindre à aucun
accord, ni de les faire embrasser, ou pour parler meilleur Alleman
de les faire boire ensemble. Tindare remaschant tousiours en lui
mesme quelque secrette vengeance : mais il tombera par permission du ciel en la fosse qu'il prepare, & son iniquité descendra
sur son chef. Androce content de sa possession se mocque de ce
morfondu & se rit de ses menaces. Il ne se peut tenir de roder

sans cesse autour de la maison d'Androce, pour essayer de voir
par rencontre cet obiect qui lui a raui le sens, & qui l'a desrobé
à lui mesme. Mais la modestie* de Daphné la fait paroistre peu
souuent à la fenestre, & quand elle y est, estant auertie des sottises
de cet amoureux transi, elle s'en retire aussi tost qu'elle l'apperçoit, desireuse de redonner la santé à son esprit par la priuation
de sa veuë. Androce [432] n'est pas ialous : & bien qu'il sçache
que la beauté de sa femme merite d'estre conseruee, il a tant de
preuues de sa fidelité, de son amour & de sa vertu, que l'ombre
de la moindre deffiance ne se peut emparer de son ame. Aussi
Daphné a elle beaucoup plus de peur de lui desplaire que lui
n'en a d'en estre trahi. Il se mocque donc des passades* que
Tindare fait deuant sa maison estant asseuré* de la loyauté de
sa partie*, & bien qu'il n'en sçache la cause, il fait semblant de
l'ignorer, se mocquant en lui mesme de la folie de cet homme,
& iouïssant du plaisir de la musique que cet insensé fait faire
en sa ruë. Estant couché aupres de sa femme, il se rit du serain
& du froid qu'endure ce donneur de serenades. Que si c'est vn
plaisir, quoi que malin* à ceux qui sont sur le riuage de la mer
de voir ceux qui sont dans vne nauire agitee de la tempeste &
en danger de faire naufrage[1], c'estoit vn redoublement d'aise à
Androce de voir les inutiles peines que se donnoit cet extrauagant Amoureux. Il eust esté facile à Androce de chastier la folie
de cet impertinent*, mais vn fol estant incapable de correction,
c'eust esté vne chose inutile. Tant plus Tindare rendoit sa sottise
manifeste, tant plus estoit loüee la patience* & la moderation
d'Androce, y ayant peu de maris qui souffrent qu'à leur veu[2] &
en leur presence on couche leurs femmes en iouë. Mais la cruche

---

1   Rappel de deux vers célèbres : Suave, mari magno turbantibus aequora uentis,
    E terra magnum alterius spectare laborem. Lucrèce *De natura rerum* 2, 1-2. Il est
    doux, quand sur la vaste mer les vents agitent les flots, de contempler du rivage
    la détresse de quelqu'un d'autre.
2   *Sic.* Cette orthographe est bien attestée.

alla tant à l'eau qu'en fin elle s'y brisa, & le mouscheron donna
tant d'attaintes* au flambeau, qu'à la fin il y laissa les aisles &
la vie. Ce mal-heureux* poursuiuant imita les poursuiuans de la
chaste Penelope, qui [433] ne pouuans esbransler la pudicité de
la maistresse s'amuserent* apres les seruantes[1]. Daphné parmi les
siennes en auoit vne assez affettee*, sur laquelle Tindare ietta les
yeux : & elle luy rendant des regards reciproques, de ceste collision
d'yeux nasquirent les estincelles qui firent depuis vn embrasement
deplorable*. Ayant trouué moyen d'abborder ceste fille, où il
rencontra des dispositions propres* à son dessein, il resolut de
s'en seruir comme de moyen pour arriuer ou par amitié ou par
finesse ou par force*, à la possession de Daphné.

Ceste esuentee que nous appellerons Florelle se laissa aisément
gaigner à la pluye d'or, ie veux dire aux presens & aux promesses
de Tindare, qui la deuoit à son dire mettre à son aise pour iamais :
& pour la rendre plus sienne, il en obtint ce qui ne peut estre
accordé à vn homme par vne fille qui faict profession de l'honneur. La possedant de la sorte & d'esprit & de corps, lors qu'il
en pensoit faire l'instrument de son imaginaire felicité : elle deuint
celui de sa veritable ruine, & la vraye pierre de son scandale &
achopement. Ie laisse à dire que ceste miserable* qui ne demandoit qu'à complaire à cet homme qui la combloit de dons & de
liberalitez, s'essaya par plusieurs fois de tenter* l'esprit de sa
maistresse, taschant de le rendre moins farouche, & s'efforçant
de luy rendre Tindare moins odieux, & de luy faire prester l'oreille
à ses plaintes. Mais la chaste Daphné, qui comme vne colombe
& vne abeille fuyoit toute sorte de puanteurs, alloit si loin au
deuant des paroles de ceste rusee, reiettant auec [434] des horreurs
& des detestations si grandes, les discours enchanteurs qui vouloyent charmer son cœur par l'oreille, qu'elle se rendoit vn rocher
inaccessible, & vn fort inexpugnable à toute sorte d'atteintes. Si
elle euitoit si soigneusement les paroles qui l'eussent pû diuertir*

---

1   *Odyssée*. Chant XXII.

de l'amour qu'elle portoit à son mary, de quelle façon eust elle
renuoyé des escrits ? Aussi Florelle n'eust-elle iamais toute effrontee
qu'elle fust, la hardiesse de lui en presenter de la part de Tindare,
bien qu'elle en fust & pressee & importunee de cet estourdi.
Lequel se consumant à petit feu & sans espoir de se voir allegé,
s'auisa de faire vn tour : où ioüant à quitte ou à double il falloit
qu'il se perdist, ou qu'il vint à bout de ses pretensions*. Le desespoir où il estoit reduict, luy fit tenter* ceste voye en laquelle il
eut bien de la peine à persuader à Florelle quelle l'aidast, parce
qu'elle voyoit que c'estoit vn traict de temerité auquel il n'y alloit
de rien moins que de la vie. A la fin aueuglee de presens, de
caresses & de coniurations* elle condescendit à la volonté de ce
perdu à qui elle ne pouuoit plus rien refuser, après s'estre honteusement donnee elle mesme. Androce estant allé aux champs
pour quelques iours a la poursuitte de certaine affaire, ceste
traistresse seruante fit entrer Tindare dans la chambre de sa maistresse & le fit cacher sous le lict en attendant que la nuict il fist
resoudre Daphné, la dague a la gorge, de perdre ou l'honneur ou
la vie. Quelle meschanceté ne peut-on exercer en vne maison,
quand vn domestique* est de la partie & a intel[435]ligence auec
ceux de dehors qui la veulent executer ? Mais Dieu protecteur de
l'honnesteté & de l'innocence, mais ce gardien d'Israel ne som-
meille pas, ses yeux percent les tenebres, & veillent & voyent
aussi bien la nuict que le iour. Daphné se couche & ses seruantes
retirees en sa garderobe ayans emporté la lumiere la laissent en
son repos, où à peine estoit-elle a son premier sommeil, que voila
le loup rauissant qui se vient ietter à ses costez pour lui oster ce
qu'elle tenoit plus precieux que sa vie. Quand le loup prend vne
brebis il la saisit par la gorge, de peur que par son cri elle n'appelle
le pasteur qui la garde. Tindare en fit ainsi : mais si ne put-il si
bien empescher le passage de la voix, que Daphné ne s'esclattast*,
& par son cri n'allarmast toute la maison. Florelle complice de
cet attentat amusoit* ses compagnes dans la garderobe, & leur
disoit que c'estoit quelque vaine* frayeur qui auoit saisi leur
maistresse se voyant couchee toute seule : Mais ces cris redoublez

firent accourir les autres seruantes bien que sans lumiere, lesquelles trouuerent que Daphné se debattoit* contre vn homme qui la vouloit forcer. Aussi tost ces femelles espouuantees appellent les autres domestiques* qui viennent auec des armes & de la lumiere à la chambre de Daphné où ils trouuerent Tindare le poignard d'vne main, & l'espee de l'autre qui se mettoit en deuoir de se deffendre, & d'effect il entra* de pointe* sur vn des valets qu'il blessa rudement. Daphné toute ensanglantée, les chambrieres esperdues, Florelle crioit plus haut que les autres, [436] Tindare comme vn sanglier dans vne meutte faisoit rage de se deffendre. Mais en fin le voysinage estant appelé & venu au secours il se iette dans la garderobe, où il fut assiegé iusques au lendemain, personne n'estant si osé que d'y mettre le pied. On ne vid iamais vne telle confusion. Deux valets blessez, l'vn presque mort, & Daphné ayant vn coup de poignard dans le bras, tout cela fut pansé soudainement. Le matin venu Tindare tint bon dans la petite chambre, & proteste de tuer le premier qui entrera : la Iustice vient, moins se veut-il rendre. Il s'estoit si bien baricadé là dedans, qu'il estoit comme impossible de l'auoir, grand vacarme par tout. Ceci dure iusques sur le midy. Là dessus Androce reuient qui oyant la rumeur de la ruë & voyant tant de peuple deuant sa maison, apprend des vns & des autres, mais en cent diuerses façons ce qui estoit auenu. Il entre & voit par tout dans son mesnage* vne image d'horreur. Quand il sçeut au vray cet attentat de la bouche de Daphné blessée & encore en fieure de la peur qu'elle auoit euë, peu s'en fallut que ce mary ne sortist hors des gonds. Son ennemi est dans sa maison, c'est ce qui le console, determiné d'en prendre vne haute vengeance. La Iustice somme de nouueau Tindare de se rendre, il crie tout haut qu'il veut mourir l'espee à la main. En fin les portes sont enfoncees & l'on entre en foule auec des halebardes, des pertuisanes, des espieux, & rend on inutiles & vains* les coups de son espee. Accablé de [437] la multitude il est pris vif, bien que non sans blesseure, & aussi tost lié & garrotté. Comme on le veut mener aux prisons, voicy vn autre debat. Androce ne veut point qu'il sorte de sa

maison, mais en veut faire iustice luy-mesme. Aidé de ses amis
& voisins, il demeure le plus fort, & Tindare reste en sa puissance[1].
En ce grand tumulte Florelle vint se ietter aux pieds d'Androce,
& ne pensant qu'à obtenir pardon pour elle mesme, en confessant
sa faute elle declare toute la trame de ceste trahison, comme nous
l'auons racontée, & en s'excusant elle accuse Tindare de l'auoir
abusee*, reiettant sur luy toute la faute. Androce voulant rendre
sa vengeance plus signalee*, ne la voulut pas faire à la chaude*,
mais sursoit au lendemain, promettant à la Iustice, de leur remettre
le criminel quand il seroit mieux esclairci* de l'affaire. Il le faict
panser, puis enfermer tout garrotté dans vn cabinet. Et puis ayant
ouy les particularitez* de tout cet attentat, de la bouche de sa
femme, de Florelle & de Tindare mesme, qui refroidi reconnut
toutes les veritez qui furent auancees. Vraiment, dict Androce,
voila bien des crimes entassez l'vn sur l'autre, desbaucher &
corrompre la seruante d'autrui, vouloir violer sa femme, entrer
de nuict dans sa maison, ne faudroit-il pas plus d'vne vie afin de
souffrir plus d'vne mort pour leur expiation ? Toutefois parce que
ie sçai que tout ceci prouient d'vne folie amoureuse, ie la veux
excuser & la guerir en mesme temps. Tindare, luy dit-il, afin que
vous n'attentiez plus sur les femmes [438] de vos prochains ie
vous veux marier, & ne vous ordonne point d'autre supplice
sinon que vous espousiez Florelle que vous auez desbauchee
dans ma maison. Et quand ie dis qu'il le faut, ie dis que c'est vne
necessité telle que si presentement vous ne la prenez pour vostre
femme, ie vous feray cruellement mourir. Florelle qui vit que la
punition qu'elle attendoit, lui tenoit lieu de recompense, parce
que Tindare estoit fort riche, loüa hautement la iustice de son
maistre. Bien que Tindare eust de la contrarieté en lui-mesme :
neantmoins trouuant le visage de la mort plus affreux que celui

---

1   Il faut bien voir ce qui se passe : un groupe de notables (voisins) et de nobles (amis),
     Androce à leur tête, enlève le prisonnier, probablement aux archers du guet, qui
     sont l'instrument de la *Justice* – sans doute municipale – convoquée au matin, et
     à laquelle Androce s'oppose. Ceci pour exercer une *vengeance* privée, qu'il exécute
     de sang froid le lendemain en toute illégalité.

de Florelle, il lui donna la main, la prit & reconnut pour son
espouse, luy bailla l'anneau & remercia Androce d'vne correction
si douce. Ce n'est pas tout, adiousta le furieux mari, ie veux que
vous-vous fassiez l'vn à l'autre vne donation mutuelle selon mon
intention. Quand on est en la puissance de son ennemi, il faut
receuoir la loy de lui en la façon qui luy plaist. A cela les nouueaux
mariez s'accorderent. Alors Andoce faisant retirer Tindare dans
vn cabinet, & Florelle dans vne chambre, il fit sur le champ couper
le nez à ceste traistresse, & a cet estourdi ce qui le faisoit homme,
& ayant faict mettre ces sanglantes victimes en deux plats, & faict
venir Tindare & Florelle l'vn deuant l'autre, imaginez-vous la
mine* que pouuoyent faire ces deux espoux. Apres cela il les
remit entre les mains de la Iustice, qui acheua le reste de la tragedie. Florelle fut condamnee a estre penduë, & fut executee peu
de iours apres. Et Tindare lui [439] eust tenu compagnie en vn
supplice infame, si luy mesme n'eust arraché les emplastres que
l'on auoit mises a la playe de son retranchement, ou comme
disent quelques vns, s'il ne fust mort dans la prison de la gangrene
qui s'y engendra.

Voila l'issuë tragique de cet attentat, duquel les domestiques*
doiuent apprendre a estre fidelles a ceux dont ils mangent le pain,
& à ne se laisser pas corrompre iusques là de trahir laschement les
maisons de leurs maistres, en y donnant entree a leurs ennemis.
Les ieunes folastres qui comme des estalons furieux henissent
(c'est vn texte de l'Escriture[1]) apres les femmes de leurs prochains,
verront en la mal-heureuse* fin de Tindare en quels precipices
transporte l'aueuglement d'vne passion desreglee.

Quant à Daphné triomphante au milieu de tant de dangers,
elle seruira de miroir & de phare aux Dames vertueuses, & leur
apprendra par la voix de ce beau sang, qui coula de son honnorable playe, que l'honneur est plus precieux que la vie, ou
plustost qu'il est la vie de la vie, veu que la vie sans honneur est
vne viuante & languissante mort. [440]

---

1   Jr 5, 8.

La Courte Ioye. *
EVENEMENT XVII.

L'VNE des plus notables infelicitez de ceste vie, c'est la briefueté
des felicitez. Les maux sont si fascheux, qu'encore qu'ils passent
promptement, leur sejour semble tousiours de longue duree,
vne mauuaise nuict à vn malade paroist un siecle. Au contraire
les plaisirs sont des fleurs aussi tost esuanouyes qu'esleuees, ils
s'escoulent si soudain qu'ils paroissent aussi peu solides que
l'image d'vn songe. C'est l'ombre de Creüsa¹, aussi tost perdue
qu'embrassee. Vous allez voir ceci en la Courte Ioye* que cet
Euenement vous representera, où vous verrez que les escumes
de la mer d'où les Poëtes feignent* que Venus a tiré son origine,
ne sont point plustost fondues, que les delices d'vne fille inconsideree*, & d'vn amant miserable* furent dissipees.

En vne ville de nos Gaules, voisine des Pyrenees; vn bourgeois
appellé Critobule viuoit à son aise dans les commoditez* d'vne
belle fortune. Estant demeuré veuf il couloit doucement ses iours
en son mesnage* auec deux fils & vne fille, que sa femme lui auoit
laissé comme les fruicts de son mariage. Cet homme auoit coulé
vne vie si douce & si exempte de desastre*, qu'il sembloit que
la fortune le respectast, & fist de lui comme l'aigle de Iuppiter
[441] qui resserroit* ses ongles en enleuant Ganimede, craignant
d'offenser* ce iouuenceau. Mais la traistresse lui gardoit pour le
dessert de sa vie vne salade d'absinthe, ne lui ayant fait sauourer
le miel de ses faueurs, que pour lui rendre plus amer le fiel de sa
disgrace. Et pour lui faire sentir la verité de ce mot, que la tristesse

---

1 Créuse, l'épouse que cherche Énée au moment de quitter Troie. Il ne trouve que
son fantôme, qui prophétise l'histoire future du héros et lui révèle qu'elle n'est
pas autorisée à quitter Troie. Celui-ci cherche trois fois à l'embrasser, «trois fois
je saisis en vain son image qui m'échappa des mains,semblable aux brises légères,
toute pareille à un songe fugitif.» *Énéide* 2, 792-794.

est tousiours à la fin des contentemens, il estoit idolatre de ses enfans, ausquels il mettoit le comble de ses ioyes. Et ce fut par là qu'il fut attaqué, & à leur sujet qu'il receut les deplaisirs qui le firent descendre auec angoisse dans le sepulcre.

Son aisné, que nous appellerons Ripaire, ietta ses yeux sur vn parti qui lui estoit sortable*, mais qui se trouua destiné à vn autre & preoccupé* en ses affections. De sorte qu'il lui fut impossible de s'introduire dans les bonnes graces de celle qui auoit ses vœux ailleurs. Et bien que Critobule approuuast son dessein & sa recherche, les parens de la fille qui ne la vouloient pas contraindre, asseurez* de ses inclinations particulieres*, l'accorderent à son Riual, non sans vn extreme creuecœur du meprisé Ripaire. Ceste fille auoit vn cousin appelé Pammaque, lequel estant singulier ami de celui qui l'espousa, fit tout ce qu'il pût pour l'acheminement de ce mariage, desireux en cela de seruir son ami. Et comme en toutes les occurrences humaines l'auancement de l'vn est le reculement de l'autre, il estoit impossible qu'il conseruast son ami aux bonnes graces de sa cousine sans en escarter Ripaire, duquel il trauersa le dessein autant qu'il pût. Il y a vne merueilleuse chaisne par[442]mi les affaires du monde, & vne telle liaison, que tel nous est contraire auiour'hui, qui nous recherche demain : tel que nous mesprisons, sera bien tost apres en nostre estime. Pammaque par l'influence de ie ne sçay quelle estoile (le Lecteur iuge bien que j'vsurpe ceste façon de parler des Poëtes, & qu'aussi bien ie l'entens poëtiquement) deuint espris des beautez de Sabine sœur de Ripaire. Mais ce fut auec tant d'heur*, que l'aspect de ceste estoile se trouuant non pas opposé, mais conforme à l'astre de ceste fille, il se fit vne vnion de ces deux cœurs par vne concurrence* de volontez. Ceste amour se changea aussi tost en vne forte amitié par la cognoissance qu'ils se donnerent de leur mutuelle correspondance*. A la fin ce feu ne pût estre sans fumee, veu mesme que Sabine ne conduisoit cette prattique que par la voye royale & lumineurse de l'honnesteté, soumettant ses inclinations aux volontez de son pere.

Critobule en ayant auis, tira sa fille à part, & lui dit. Ma
fille i'ay esté ieune, & en mon temps i'ay experimenté* tous les
mouuemens de ceste passion qui se forme dans les bouillons
du sang de la ieunesse. Ie ne suis point ennemi de la nature,
mais du visage* : non d'vn vsage legitime, mais d'vn abus deshonnorable. Vous voilà en âge nubile, si vous estes en volonté
de vous marier, ie ne l'ai pas moindre de vous pouruoir. Ie ne
puis pas vous faire naistre vn mari, il faut que Dieu le suscite :
car c'est lui qui fait les mariages dans le ciel, c'est à vous d'en
acquerir vn par la voye de la vertu & de l'honneur, auquel vous
puissiez legi[443]timement estre acquise. C'est pour cela que ie
vous donne vne liberté moderee. Mais auisez de la conduire si
sagement, que ie n'aye point d'occasion de changer les desirs que
i'ay de vous faire du bien, en des chastimens espouuantables, s'il
vous arriuoit de forligner* tant soit peu du sentier que doit tenir
vne fille de bien. I'ay entendu, & mesme ie me suis apperceu,
que Pammaque, ieune homme de bon lieu & de belle esperance,
vous tesmoignoit des affections. Il est si bien né, & de race si
honorable, que ie ne puis, ni ne doibs, ni ne veux croire que ses
intentions soient sinistres. S'il vous en a declaré quelque chose,
faites m'en part : sinon taschez de vous en esclaircir*, afin ou
de rompre ces amourettes inutiles en leur naissance, ou de les
changer en vne saicte amitié qui termine à vne bonne fin. Ce
personnage me plaist, sa naissance, ses biens, ses qualitez correspondent aux nostres, & ie croy que vous pourriez ensemble
faire vn heureux mesnage*. Ie vous ouure ainsi mon cœur sans
feintise, & comme vostre pere qui ne respire que vostre bien &
vostre contentement.

Sabine rauie d'aise de voir que son pere donnoit de lui-mesme
les mains à ses pretensions*, & la preuenoit en ses desirs, lui respondit auec vne candeur toute cordiale, & vne confiance vraiment
filiale, que ce seroit nier la clarté du Soleil, que de dire qu'elle
n'eust point d'affection pour Pammaque, y ayant esté obligee par
tant de seruices, de courtoisies* & d'honnestetez par ce ieune

homme, qu'il lui eust fallu renoncer à tout sentiment*[444] pour n'estre touchee de bien-vueillance. Que ses intentions estoient si chastes & si pures, & ses pretensions* si honorables, qu'elle n'auoit point redouté d'engager son cœur en si bon lieu. Neantmoins qu'elle auoit tousiours excepté l'obeissance qu'elle deuoit à celui qui lui ayant donné la vie, pouuoit disposer d'elle à sa volonté. Mais puis qu'elle estoit si heureuse* d'auoir rencontré en son pere vne si douce condescendance*, elle pensoit lui estre doublement redeuable & de son estre, & de son bien estre : tenant à vn bienfait incomparable la permission qu'il lui donnoit d'assoir[1] son cœur sur Pammaque, comme sur celui qui pourroit vn iour estre son espoux.

Mais ma fille, reprit Critobule, vous sçauez quelles sont les loix de la bienseance, & qu'elles ne souffrent pas que les filles soient requerantes, ni moins qu'elles soient ouuertement ni secrettement recherchees pour mariage, si ce n'est sous l'aueu de leurs parens. Il est raisonnable que cela prouienne de Pammaque, & qu'il me rende ce deuoir. Il l'auroit desia rendu, respondit Sabine, s'il n'eust redouté de trouuer des obstacles en vostre volonté. Mais estant auerti de vostre faueur, il sera bien tost prest à vous rendre cest hommage necessaire*. Et d'effect au premier aduertissement que Sabine en donna à cet Amant, il haussa sa teste dans les nuees, pensant estre au comble de ses souhaits. Son propre* pere qui desiroit ceste alliance, prend la commission de faire la demande de Sabine à Critobule, tant elle lui fut agreable. Voila ces deux [445] vieillards qui s'embrassent comme freres d'alliance sans penser que ceste allegresse leur dureroit bien peu.

Pammaque aussi tost se declare seruiteur de Sabine à camp ouuert & à masque leué. Ce n'est plus auec artifice* qu'il l'aborde, ou qu'il fait naistre des occasions pour auoir moyen de l'accoster. Les ieux, les bals, les promenades, les musiques, les serenades,

---

1   1660 corrige : *asseoir. Assoir* n'est pas dans H. Littré ne donne qu'une seule occurrence de *assoir* (Calvin), reprise – seule aussi – par *DMF.*

& autres passetemps des honnestes* recherches, sont employez
par ce poursuiuant, lors qu'en ceste profonde serenité s'esleue
vn soudain tourbillon qui causa la tempeste où toutes ces ioyes
firent naufrage.

Ripaire se souuenant des mauuais offices que Pammaque lui
auoit rendus en la recherche dont nous auons parlé, & comme
il auoit soustenu le parti de son Riual dont il auoit auancé le
mariage, se voulut vanger en ceste occurrence, & empescher
qu'il n'espousast sa sœur, de laquelle il le voyoit esperdument
amoureux. A ce dessein il employa toutes ses ruses, suggerant &
faisant suggerer à Critobule mille faux rapports contre Pammaque,
pour le desgouster & destourner de ceste alliance. Mais toutes
ces finesses furent inutiles, parce qu'outre que la mensonge se
detruit elle mesme, & les mesdisances s'esuanouïssent comme de
la fumee, Critobule ayant donné sa parole au pere de Pammaque
& permis à sa fille de cherir & caresser ce ieune homme, comme
celui qui deuoit estre son espoux : il eust estimé vn traict de legereté, qui n'eust esté ni excusable, ni pardonnable. Ripaire voyant
que la peau du renard estoit trop courte, voulut y attacher celle
du lyon¹, & s'opposer par [446] la force* à ceste alliance, faisant
à Pammaque vne querelle d'Allemand. Il n'y manqua pas. Mais
Pammaque plus discret* que cet estourdi, ne se voulut point
tenir pour offencé de celui qui deuoit estre son beau frere, ni
troubler sa propre feste en repartant à ce fol selon sa folie. Mais
Ripaire ne cessant de se moquer, & de lui faire des algarades qui
violentoient sa patience*, deuant que de sortir des bornes de la
modestie*, il lui dit vne fois qu'il ne pouuoit comprendre d'où
lui venoit ceste mauuaise humeur qui le portoit à le brauer, & à
le quereller ainsi sans suject, n'ignorant pas la permission qu'il
auoit de Critobule de rechercher sa sœur. En quoy il se portoit*
auec tout l'honneur, & toute la modestie* qui se pouuoit attendre
d'vn homme de bien.

---

1   Malice de Camus : le dicton (v. ci-dessus note 1, p. 93) conseille le contraire :
    joindre la peau du renard à celle du lion ; utiliser la ruse si la force ne suffit pas.

Ripaire troublé de sa passion lui fit d'assez desraisonnables responses, dans l'extrauagance desquelles il ne pût si bien couurir son ieu, qu'il ne tesmoignast que son alteration prouenoit de la cause que nous auons ditte. Sur quoy Pammaque lui fit des excuses capables de contenter vn esprit plus moderé, veu qu'en ceste occurrence il s'estoit porté* pour son ami en suiuant les inclinations de sa parente qui n'aimoit aucunement Ripaire. Ioinct que tout cela estoit auenu auparauant qu'il pensast à donner son affection à Sabine. Mais Ripaire emporté de sa fougue, lui repliquoit en termes aigres, qu'il n'auroit iamais sa sœur. A quoy Pammaque, pressé de son amour repartit, qu'il[1] n'en seroit pas le maistre, que sa sœur ne lui deuoit aucune obeissance, ayant en[447]core son pere, au pouuoir duquel elle estoit : & que Critobule estoit si homme d'honneur, qu'il ne retracteroit iamais pour les caprices d'vn fils, vne parole solennellement donnee. Opposez des bonnes raisons à vn homme maistrisé de son despit, vous changez sa cholere en fureur, & le rendez encore plus insolent*. Ripaire se poussa à des paroles de precipitation, à des iniures, à des menaces, & quoi non ? Pammaque ieune & braue* repartit de mesme, de sorte que sans la presence de leurs amis qui firent le hola, ils en fussent sur le champ venus aux mains. Ripaire se retira furieux à outrance, & resolu de remuer ciel & terre, & de se perdre plustost que de souffrir ce mariage. Auquel voyant son pere & sa sœur resolus, il prit le conseil* que la rage a de coustume d'inspirer à ceux qu'elle possède, qui fut de faire appeler en duel l'accordé de sa sœur.

Pammaque receuant le cartel, se sentit merueilleusement combatu de son honneur & de son amour, ce sçachant en ceste perplexité à quoy se resoudre. Car refuser ceste semonce*, c'estoit tesmoigner vn defaut de courage*, chose esloignee de son naturel qui n'en auoit que trop ; veu que le vice des Gascons est d'estre trop vaillans. La receuoir aussi, c'estoit desplaire à sa

---

1   Ripaire.

maistresse, souiller ses mains dans son sang, & irriter tellement
Critobule, que cela pourroit lui faire retirer sa parole, & rompre
son mariage. Mais en fin comme il arriue ordinairement, la passion aueugle l'emporte sur la raison. Mettant sous le pied toutes
considerations*, il se porte sur le pré, où l'attendoit son [448]
aduersaire. Lequel animé d'vn courroux vehement, se lançant
la teste baissee contre Pammaque, en trois passees* le perça en
deux endroits. Pammaque qui y alloit auec plus de froideur &
de retenuë, desirant seulement chastier ce temeraire, & non le
tuer : voyant son sang sort de ceste consideration*[1] & pressé de
l'amour de sa conseruation propre se met en deuoir, non de se
defendre, mais d'attaquer. Ce qu'il fit si vertement, qu'entrant*
il porte* sur son ennemi, & le perce de bande en bande*, & de
ce seul coup l'estend roide mort sur le champ. Dieu sçait quel
regret il eut de ce desastre* ; mais que faire ? Son sang se perdoit
en abondance par les deux playes, l'vne qu'il auoit au bras gauche,
l'autre dans le costé. Il faut qu'il pense à se sauuer, & des mains
de la Iustice, & de celle de la mort. Il s'enfuit donc, & se cache
comme il peut chez vn de ses amis, tandis que le deplorable*
Ripaire est rapporté chez Critobule, qui commença en la perte
de cet enfant à ressentir les traicts du mal-heur* qui l'auoyent si
long temps espargné.

Sabine vit ce frere mort, auec des yeux bien differens : car elle
ne plaignoit sa perte qu'à cause de la peine où seroit son Amant,
l'amour d'election* ayant l'auantage en son cœur sur la naturelle.
Neantmoins elle donna des larmes à son sang, & plaignit comme
elle deuoit le desastre de ce miserable*, qui s'estoit pour son
plaisir, precipité à vn si deplorable* genre de mort.

Critobule changeant l'affection qu'il portoit à Pammaque en vne
haine mortelle, iura sa ruine, [439 *recte* 449] & qu'il employeroit
tout son bien & tout son credit pour faire chastier par la Iustice

---

1   On peut lire de deux manières. Soit en adoptant le sens de *sagesse* pour *consideration* ; soit en gardant le sens de *motif, raison des se conduire*, et lire : il abandonne sa
résolution de seulement se défendre.

le meurtrier de son fils. Le pere de Pammaque vint pour faire ses excuses du sien, & se condouloir de leur commune infortune : mais il ne voulut ni le voir, ni lui parler, & sa douleur estoit si vehemente, qu'il s'aigrissoit contre ceux qui venoyent pour le consoler. Certes le grand Stoique a eu raison de dire qu'il n'y a rien de si miserable*, que celui qui n'a iamais esprouué les traicts de l'aduerse fortune, parce qu'il a le sentiment* si tendre, qu'au premier heurt il est accablé : Tel estoit Critobule, auquel il ne fallait plus parler d'alliance, ni de donner sa fille à celui qui auoit les mains teintes du sang du frere. On auoit beau lui remonstrer les affronts & les insolences* dont ce defunct auoit outragé la patience* de Pammaque, & que la seule amour qu'il portoit à Sabine lui auoit faict supporter auec vne incroyable attrempance*. On auoit beau lui remonstrer que Ripaire auoit esté l'appelant & l'aggresseur, & que Pammaque n'auoit fait que se defendre, tout cela ne satisfaict point l'implacable & incon-solable Critobule. Il poursuit si viuement le blessé, & en faict faire des recherches si soigneuses, que pour sauuer son honneur & sa vie, ses amis lui conseillent de passer les Pyrenees, & d'aller humer l'air d'Espagne.

Lui qui eust plustost quitté la vie que sa maistresse, qui estoit plus la vie de son ame, que son ame n'estoit la vie de son corps : en donne auis à Sabine, & la coniure si elle veut qu'il viue d'estre sa compagne en cet exil. Il lui en ouure les raisons par ses lettres, & lui en descouure les moyens. Les raisons estoyent que son pere ne pouuoit iustement retracter sa parole, quoy qu'il fust suruenu depuis, dont il auoit vn regret extreme. Que suiuant ceste parole il la tenoit pour sa femme, & elle sans rompre sa foy ne pouuoit iamais auoir d'autre mari. Qu'en ceste qualité elle pouuoit sans blasme, & mesme deuoit par iustice quitter pere & [440 *recte* 450]mere pour suiure celui auquel le ciel l'auoit coniointe d'vn nœud indissoluble. Et bien que les paroles ne fussent pas de present, que neantmoins elles estoyent obligatoires*. Que ceste fuite, qui ne deuoit point estre appelee fuitte, ne preiudicieroit point à son honneur, puisque elle alloit apres son mari à qui elle tesmoignoit sa fidelité en son aduerse fortune. Que c'estoit là l'vnique moyen de faire venir son pere à la raison, lequel cesseroit ses poursuittes lors qu'il seroit veritablement son gendre. Que si elle ne consentoit à cela, il estoit resolu de mourir, & de se laisser prendre à la Iustice pour seruir de suiet à la vengeance de Critobule, & de reproche à son peu d'amitié.

Ces raisons ainsi colorees eurent tant de pouuoir sur l'esprit de Sabine, desia sollicitée & persuadée par ses propres affections, qu'elle se laissa aller au desir de suiure son amant, & de lui rendre vn tesmoignage irreprochable de sa constante fidelité. Elle trouua moyen de se soustraire subtilement de la maison de son pere, & de se trouuer au rendez-vous que lui donna Pammaque, d'où ils prindrent leur route vers l'Espagne. Ils auançoyent peu, tant à cause de l'aspreté des montagnes, que pour ne marcher que de nuict, & aussi à cause de la playe que Pammaque auoit au costé, qui lui faisoit d'extremes douleurs quand il cheminoit, celle de son bras n'estant pas si dangereuse.

Apres auoir atteint les bornes de l'Espagne, il leur sembla estre en lieu de franchise*. Et lors Pammaque pensant n'auoir plus rien à craindre, commença à tout desirer & à tout esperer de la facilité[1] de son espouse. Il lui donne la main & l'anneau, & l'espouse par paroles de present, apres lequelles il la sollicita de la consommation de leur mariage. Elle resista tant qu'elle pût à la vehemence de sa passion, sur ce qu'à peine estoyent-il encore en lieu asseuré*, & lui non encore bien gueri de ses playes. Elle le supplioit de moderer ses bouillons, & de differer vne iouyssance qui lui [441 *recte* 451] estoit asseuree en vne saison plus tranquille. Mais l'infortuné Pammaque qui ne voyoit pas que la mort estoit à sa porte & en embuscade dans son propre sein, & en la fraischeur de ses playes, pressa, pria, coniura, importuna, tempesta tant iusques à se mettre en cholere, en fougue & comme

---

1   La satisfaction des désirs de Pammaque sera plus facile lorsque Sabine sera son épouse.

en desespoir de voir qu'on lui refusast ce qu'il pensoit lui appartenir legitimement, que Sabine vaincuë de tant d'oppressions se
mit au lict auec lui pour la premiere & la derniere fois. Car soit
l'extremité de son ardeur, soit que le chemin eust aigri ses blessures,
soit qu'il se violentast à ceuillir ceste fleur qui ne tombe qu'vne
fois de l'arbre : tant y a que ceste fille ne fut pas plustost deuenuë
sa femme, que ses playes s'estans ouuertes son sang esmeu* en
sortit en telle abondance, qu'en vn moment il s'appesantit au
sommeil dont il ne se resueilla iamais. Sabine le sentant froid &
sans mouuement entre ses bras, crie au secours : mais auant que
la lumiere fust allumee il estoit expiré.

Pour representer les regrets & les desespoirs de Sabine, il faudroit auoir plus de liberté de m'estendre que ne m'en permet
la briefueté de la simple Relation. Iugez-le de son angoisse, se
voyant presque seule en vn pays estranger, dont les mœurs & la
langue luy sont inconnuës. Elle ne sçait à quoi se resoudre. De
demeurer en ces lieux, elle n'y voit pas de moyen. De retourner
en la maison de son pere qui sera irrité de sa fuitte, elle y sent de
la contradiction*. En fin la necessité* qui est dure & imperieuse
maistresse, l'y fait resoudre.

Apres auoir donc celebré les obseques de son espoux, aussi tost
perdu que possedé, elle reuient en Guyenne, & s'estant retiree
chez vne de ses parentes pour lui faire sonder l'esprit de son pere,
elle le trouue si aigri, qu'au lieu de la reprendre il ne parle que
de la tuer, comme estant cause de la mort de son frere, comme
estant le deshonneur de sa race, comme estant vne eshontee qui
a suiui le meurtrier de son sang, en somme il [442 *recte* 452] la
desauoue pour sa fille, & fulmine contre elle mille maledictions.
Greslee de ce costé là, elle a recours à son beau pere, lequel outré*
de la perte de son fils & en attribuant doublement la cause à
ceste innocente, dict d'elle encore pis que Critobule, & proteste
d'employer tout son pouuoir pour la perdre : tant s'en faut qu'il
voulust admettre en sa maison celle qui en auoit esté le tison
fatal & le funeste flambeau.

Battue de tous ces costez, qu'eust faict vn fresle vaisseau en vne si vaste mer, agité de tant de vents, & tourmenté d'vn si violent orage ? Laschant donc le timon de la raison & perdant l'ancre de tout espoir, elle alloit entrer en des deliberations furieuses, quand le ciel preuenant l'attentat qu'elle vouloit faire contre elle mesme, permit que la tristesse & la douleur l'assaillissent d'vne maladie, qui dans peu de iours la versa dans le sepulcre. Ayant au moins ceste grace d'estre assistee spirituellement par de bons Religieux, qui mirent son ame au train du salut, par le chemin d'vne bonne & vraye penitence.

Telle fut la fin de la courte ioye* de ces Amans, dignes certes d'vn meilleur destin, si l'issue de leurs affections eust correspondu au commencement : Mais qui n'admirera ce feu de paille, ce naufrage au port, & combien est vray ce mot d'vn Ancien, que toutes les felicitez de ce monde ressemblent au verre, d'autant plus prest de se briser, qu'il luit & esclatte* d'auantage[1]. Ce qui a inuité S. Iean à comparer le monde à vne mer de verre ou de crystal[2]. Il l'appelle mer pour son inconstance, & verre pour sa fragilité. Heureux* qui retire ses pas de dessus ces glaces glissantes, pour asseoir ses pieds sur la roche ferme d'vne forte & solide vertu.

---

1 Bel exemple ici de ricochets de citations. La phrase est dans les *Sententiae* de Publilius Syrus (« Fortuna vitrea est : tum cum splendet frangitur. »), qui est l'Ancien que cite Camus. Mais on se souviendra qu'on a reproché à Corneille d'avoir plagié une *Ode au Roi* de Godeau pour les Stances de *Polyeucte* (« Et comme elle a l'éclat du verre, Elle en a la fragilité » ; IV, 2, v. 9-10) qui de fait reproduisent exactement les vers de la trente-deuxième strophe de Godeau, publiée dans les *Nouvelles Muses* de 1633. Mais celui-ci peut-être (dont on se souviendra qu'il prononcera l'éloge funébre de Camus) l'avait trouvée chez…Camus. Tout aussi probable est l'hypothèse que tout le monde connaissait les *Sententiae*.

2 Ap 4, 6.

TABLE
DES EVENEMENS
De ce Troisiesme Liure.

XVI. Le Charme.

XVII. La Ressemblance. [3]

LIVRE TROISIESME
DES
EVENEMENS
SINGVLIERS
DE
MR DE BELLEY.

Le Bon-heur* de l'honneur.

EVENEMENT PREMIER.

Les Romains firent autrefois bastir deux Temples, consacrez l'vn à Honneur, & l'autre à la Vertu : ils estoyent contigus, & fabriquez de telle sorte, que pour entrer à celui-là il falloit passer par celui-ci : pour faire entendre, que par la Vertu l'on paruient au vrai Honneur, & que la gloire est vn parfum, qui ne doit fumer que deuant l'Autel de la Vertu. Et certes ce qu'est l'esclat au diamant, ce qu'est la lumiere au feu, c'est cela mesme qu'est l'Honneur dans les actions ver-[4]tueuses, lesquelles sont d'elles mesmes si resplendissentes, qu'elles font reiallir vn rayon d'estime & de loüange sur celui qui les produit. Mais le Psalmiste va plus auant, & ne veut pas seulement que la gloire accompagne l'homme iuste, mais aussi que les richesses entrent en sa maison, & qu'elles y demeurent tout vn siecle, c'est-à-dire, qu'elles se transmettent à sa posterité[1]. De sorte que si les anciens Romains eussent esté

---

1 Plusieurs passages des *Psaumes* pourraient correspondre à cette allusion, par exemple Ps 37, 18.

informez de ceste doctrine, ils eussent adiousté vn troisiesme Temple aux deux precedens, qu'ils eussent dedié au Bon-heur*, auquel on fust entré par celui de l'Honneur. Aussi n'y a-il point de doute que la felicité ne suiue necessairement, comme vne ombre, les corps solides de la Vertu & de l'Honneur, puisque c'est le plus haut point de la felicité où l'homme de bien puisse aspirer, que d'estre vertueux & honorable. Et quoi que la vertu soit vne recompense à soi-mesme plus que suffisante, estant vne chose indigne d'elle de recercher vn salaire hors de chez soi, le plus grand prix des actions vertueuses estant de les auoir faites, si est-ce que par accessoire* tost ou tard, ou en ce monde ou en l'autre, la recognoissance ne lui peut manquer, la iustice de Dieu le voulant ainsi, que chascun reçoiue selon son œuure. Il est vrai, que pour l'ordinaire la fortune semble ennemie de la vertu, prodigant ses faueurs non seulement aux indignes, mais le plus souuent aux vicieux, si bien que la recompense fuyant deuant le merite, il semble que par le contrepied de la vertu, l'on arriue plustost à la prosperité. Mais si nous consultons les lettres Sainctes, nous trouuerons que [5] ces felicitez des mauuais ne sont que passageres, qu'elles s'escoulent comme le vent, la fumee & la fueille de l'arbre[1], & que tel qui estoit en vn iour esleué comme les Cedres du Liban, le lendemain n'estoit plus[2], & que mesme sa trace ne paroissoit point[3] à ceux qui recherchoyent quelque image de sa grandeur. Au lieu que le vertueux est mesme heureux* dans le malheur*, sa vertu se perfectionnant dans les infirmitez & les desastres*, & enfin tirant profit de ses dommages, il contrainct la fortune de lui faire hommage, & de se rendre tributaire de son merite. A n'en point mentir, dans les Euenemens humains que ie remarque auec soin, i'ay vne attention & vn regard particulier sur ceux où ie voy la vertu triomphante de la fortune, & n'y a point

---

1   Is 64, 5.
2   Ez 31.
3   Ps 1, 4-6 (?).

de portraicts qui me delectent d'auantage, ni autour desquels i'employe plus volontiers mon pinceau, que ceux qui me representent la fortune aux pieds de la vertu. Il est tres-asseuré par les sacrez Oracles, qu'en l'autre vie nulle action de vertu tant soit-elle petite, ne sera sans salaire, puisqu'vn verre d'eau est mis en ligne de compte[1] : tout ainsi que les actes vicieux seront punis, iusques aux paroles oisiues. Mais c'est en ce centuple[2] promis dés ceste vie qu'est la difficulté. Neantmoins qui voudra y regarder de pres, & prendre garde à plusieurs perils euitez, maux destournez, & graces interieures acheminantes à gloire, donnee pour recompense d'vne bonne œuure, aura dequoy trouuer le compte de ce centuple, non iuste simplement, mais à mesure comblee & respanchante*. Que si ie mets entre mes Euenemens Singu-[6]liers le Bonheur de l'Honneur, qui paroistra en l'Histoire que ie m'appreste de deduire*, c'est pour m'accommoder* aux yeux, mais[3] clair-voyans du vulgaire*, qui n'estime les felicitez que comme les pieces d'or lors qu'elles pesent le plus, c'est-à-dire les plus materielles & sensibles, sans faire estat des spirituelles, d'autant plus prisables que l'ame est plus digne que le corps, & le corps plus que le vestement. Ioint qu'à dire la verité au siecle où nous sommes c'est vne chose si singuliere de voir vne Vertu accompagnee de Bon-heur*, que c'est vne rareté remarquable, & comme vne espece de monstre. Ie me suis peut estre trop estendu en ceste entree, mais le merite du subject m'y a poussé. Et ie le confirmerai par vne Histoire que ie ferai d'autant plus courte, pour ne passer point les limites de la briefueté à laquelle ie m'estudie en ces Euenemens.

La vanité des Espagnols faict que leurs Grands se tiennent tous pour des Princes. Pour ce sujet ils appellent leurs terres & seigneuries leurs Estats, comme s'il y estoient Souuerains. De là

---

1 Mc 9, 41.
2 V. note 1 p. 596.
3 Le texte est bien tel, mais le sens est obscur, même en supposant le sens de *ou plutôt*. Il est très rare que le texte soit lacunaire.

vient le prouerbe parmi eux, que les Grands en Espagne sont de
petits Rois dans leurs Domaines. Et à n'en mentir point, plusieurs
d'entr'eux ont quelque raison, pour estre descendus de ces maisons
Royales d'Arragon, de Valence, de Leon, de Portugal, de Galice,
de Grenade, de Nauarre : d'autant que ce que nous appellons
Prouinces en France, sont des Royaumes en Espagne. A quoy l'on
peut adiouster que les Ducs & autres qu'ils appellent Tiltrez ont
quelque image de Souueraineté dans leurs Iurisdictions, parce
qu'au Cri-[7]minel il n'y a point d'appel de leur iustice, & pour
le Ciuil elle iuge aussi sans appel iusques à vne certaine somme.
Ie dis ceci pour monstrer l'absolu pouuoir qu'ils ont sur leurs
subiects, ce qui les rend fort auctorisez* parmi les peuples qui
sont leurs iurisdiciables. Et ceste puissance seruira comme de
fondement à ce que ie veux representer.

En Arragon l'vn de ceux qu'ils appellent Tiltrez (ie ne sçai pas
s'il estoit du nombre des Grands) viuoit dans son Marquisat auec
l'Empire que nous auons dit, non moins redouté de ses vassaux
pour son humeur & Arragonnoise & arrogante, qu'aimé pour sa
magnificence et liberalité. Il faisoit vne despense digne de son
rang et de sa qualité, ce qui donnoit dans les yeux du peuple,
et le rendoit recommandable* ; & parce qu'il auoit soin que les
pauures fussent assistez & soulagez de ses biens qu'il auoit en
grand abondance, soit pour maintenir son credit & sa reputation,
soit par charité, ce qu'il vaut mieux croire ainsi, l'on ne peut dire
l'estime en laquelle il viuoit. Il auoit desia esté marié, mais sa
femme n'auoit vescu que trois ou quatre ans aupres de lui, estant
morte en vne mauuaise couche, & ne lui ayant laissé qu'vn fils
pour gage de leur amitié. Viuant en ce vefuage comme vn homme
qui aspiroit à d'autres nopces, & qui ne vouloit pas couler le reste
de son aage en vne triste solitude, il ne faut pas s'estonner s'il fut
attaqué de ces molles tentations, mais disons plustost de ces rudes
assauts, que les Anachoretes souffrent parmi les deserts dans les
austeritez plus seueres. En attendant que la fortune lui offrist vn
second parti [8] semblable à celui que la mort lui auoit osté, &

conforme à sa condition & à sa naissance parmi l'aise & l'oisiueté d'vne vie gorgee de biens, il fut atteint, comme le grand Elephant d'Antiochus[1], par la partie qu'il auoit la plus foible.

Ceux qui appellent l'impudicité le peché des Grands, se fondent sur ce que dit le prouerbe, que Ceres & Bacchus sont les fourriers de la Deesse de Cypre. Dans les honneurs & les commoditez* où il viuoit il estoit mal-aisé que la volupté ne se presentast à lui & ne remplist ses reins d'illusions, & son ame de diuers desirs. Cherchant donc quelque subiect pour appaiser sa conuoitise, il ietta les yeux sur vne fille de ses subiettes, pauure certes des biens de la terre, mais si riche d'honneur, qu'à la fin sa pudicité triompha de la mauuaise fortune, & poussa son bon-heur* iusques à sa posterité. Sa pauureté faisoit paroistre au Marquis ceste conqueste facile, selon le mot de cet Ancien, qui dit que la necessité* porte quelquefois à des actes deshonorables des courages* qui autrement ne s'y abbatroient iamais. Toutefois il trouua en ceste creature vne exception à ceste maxime du pere d'Alexandre, qui se vantoit de faire entrer vn mulet chargé d'or en quelque forteresse[2] que ce fust. Ctesiphon (nous appellerons ainsi ce Seigneur) ne manqua point de gens qui le secondassent en son mauuais dessein ; les Grands n'ont que trop de fauteurs de leurs plaisirs & de leurs passions desreiglees. Mais tous ces ingenieurs* perdirent leurs subtilitez & leurs artifices*, & reuenans auec leur courte honte* auouërent que leurs stratagemes estoient vains* con-[9]tre vne place imprenable[3].

---

1   Mc 6, 46. Il est tué par Elazar, qui se glisse sous son ventre et le frappe par en-dessous.
2   On prête à Philippe de Macédoine le mot suivant : « nulle place n'est imprenable si on peut y faire entrer un mulet chargé d'or».
3   Il faut aller jusqu'au bout de la phrase pour comprendre la métaphore qui la régit dans son entier, motive le nom de l'héroïne, et commande deux jeux de mots : Héraclée, l'héroïne de Camus, porte le nom d'une place imprenable de Thrace, qui soutint un long siège contre Philippe de Macédoine ; les *ingénieurs* sont alors les membres de ce qui est aujourd'hui le génie militaire, experts en fortifications et en sapes, dans lesquelles se perdent leurs *artifices* (feux d'artifice : engins pyro-techniques – v. Glossaire : feu). Mais il y a en plus un jeu de mots sur *ingenieurs/*

Tant s'en faut que ces difficultez r'allentissent l'ardeur de
Ctesiphon, qu'au contraire elles l'animoient dauantage, s'imaginant
que rien ne lui estoit impossible dans les lieux de son auctorité, &
que ce qui lui plaisoit lui estoit loisible. Heraclee sage & vertueuse
fermant les oreilles à tous les discours de ces infames Ambassadeurs,
ses yeux aux lettres que Ctesiphon lui escriuoit, & ses mains à la
reception des grands presens dont il pensoit l'esblouïr, fit ce qu'en
de semblables occurences doit practiquer vne honneste* fille. Elle
en aduertit sa mere, laquelle glorieuse en sa pauureté, loüa sa fille
d'auoir si bien pratiqué les enseignemens de vertu qu'elle lui auoit
donnez, l'encourageant à mourir plustost l'honneur sur le front
que de viure auec infamie. Elle eust sans doute fait de la rumeur
sur ceste sollicitation, mais la crainte qu'elle auoit de la puissance
du Marquis qui estoit Seigneur du lieu, lui fermoit la bouche. Mais
quand ces malheureux* entremetteurs de Ctesiphon se voyans
decreditez aupres d'Heraclee, s'addresserent* à elle, que leur dit
elle, ou plustost que ne leur dit elle point ?

Ny pour cela ne se rebutterent ils, estimans que ceste vieille femme
voulut par ceste ruze encherir sa marchandise, de sorte qu'à mesure
qu'elle parloit haut, esmeuë* de cholere, ils parloient encores plus
haut en lui promettant des montagnes d'or. Ils lui representerent
que c'estoit le moyen de pouruoir richement sa fille, pour la dotte
de laquelle au nom de Ctesiphon ils offrirent quatre mille escus.
Mais ils cognoissoient mal [10] le cœur d'Anastasie, qui pour toute
la flotte des Indes n'eust pas commis vne si lasche vente.

Voyans que leur batterie estoit inutile du costé de ces deux
bastions, ils la tournent autre part, & s'addressent* à vne parente
d'Anastasie, laquelle ils trouuerent de plus facile accés. Ils l'aueu-
glerent auec de la poudre d'or, qu'ils lui soufflerent dans les yeux,
& ourdirent auec elle vne trahison insigne.

---

ingenieux (même prononciation et souvent même orthographe), les inventeurs
pervers des ruses de Ctesiphon, qui y perdent aussi leurs artifices, leurs «subtilitez». Enfin, le nom du séducteur – Ctesiphon – est aussi le nom de la ville Parthe
devant laquelle Galerius subit un humiliant échec en 295 a.d.

Ce pendant Ctesiphon ne pouuant cacher son feu faisoit des rondes de iour & de nuict autour du lieu où estoit la proye qu'il souhaittoit, afin de repaistre ses yeux de la veuë de ceste belle image, qui nageoit dans sa fantaisie. Toute la ville fut aussi tost abbreuuee de ceste affection, & chascun en parloit selon son aduis. Les vnes excusoient sa ieunesse, les autres accusoient son peu de iugement, & ceux qui auoient des filles nubiles crioient, à la tyrannie. Les meres cachoient leurs filles à la façon des poules, qui retirent leurs poussins sous leurs aisles quand elles apper-çoiuent le milan. Tant y a que Ctesiphon perdit beaucoup de pas inutilement, exposant sa reputation au pillage des langues. Au contraire celle d'Heraclee s'esleua iusques aux estoiles quand on sceut qu'elle & sa mere s'opposoient si genereusement aux desseins du Marquis. Lequel ne pouant acquerir ce qu'il pourchassoit que par ruse, eut recours à la trahison de ceste parente, chez laquelle Heraclee alloit quelquefois faire son ouurage auec les filles de celle qui la vendoit. Ceste malheureuse* femme promit à Ctesiphon de le mettre seul auec ceste fille, lui laissant le surplus à traitter. Comme elle le [11] promit elle le tint : car vn iour qu'Heraclee estoit occupee à son trauail, auec ses compagnes, cette mauuaise parente les ayant appellees les vnes apres les autres : voici entrer le Marquis auec le visage* d'vn Amant, qui se sent proche de sa conqueste. A ce spectacle Heraclee deuint plus froide que le marbre, & tout son sang s'estant retiré aupres de son cœur les roses laisserent la place aux lys, & sa face deuint pasle & blesme comme d'vne personne morte. Le Marquis commence à la caioller*, & comme celui qui vouloit autant iouïr de la volonté du cœur que de la volupté du corps, sçachant combien sont desgoustantes & execrables les iouïssances* forcees, & execrables les violemens : lui proteste qu'il n'est point entré pour la rauir, ni la contraindre, mais seulement pour lui parler à son aise, & lui faire entendre ce qu'elle n'auoit pas voulu ouïr de ceux qu'il lui auoit enuoyez, ni lire dans les lettres qu'il lui escriuoit. Et comme c'estoit vn rusé Courtisan, il mit vn rayon de miel sur ses leures, & desploya toute la Rhetorique que sa passion lui suggera, pour persuader à Heraclee, que ce qu'il recherchoit d'elle deuoit tourner à son auancement, & nullement au preiudice de son honneur. Ie n'ay que faire de remplir le papier de ses trompeuses caiolleries.*

Heraclee qui vid bien que le diable parloit par la bouche de cet homme, & qu'il ne se falloit pas amuser* à lui repliquer par de belles paroles, tenant en main des cizeaux, qui sont ordinairement faits en Espagne, comme en Italie, à la façon de ceux que nous appelons forces*. Seigneur, lui dit elle auec vne voix asseuree, & qui tesmoignoit la [12] grandeur de son courage*, ie ne voy pas qu'vn homme de vostre naissance & de vostre qualité voulust commettre vn acte si lasche que de violer vne pauure fille, mais si la passion vous aueugloit iusque là, ie sçai le moyen de preuenir ceste violence par ma mort. Et parce que ie sçay, que ce sont ie ne sçay quels traits que vous auez remarquez en mon visage qui vous portent à desirer ma ruine, ie veux bien deuant vous les sacrifier à mon honneur, & à la santé de vostre esprit.

En mesme temps qu'elle disoit ces paroles, elle enfonça la pointe de ses forces* en deux ou trois lieux de sa face, qu'elle eust toute defiguree si Ctesiphon lui sautant au bras n'en eut retenu les coups. Aussi tost le sang qui en sortit auec l'horreur des playes la rendit si hideuse, qu'il ne fallut point d'autre anti-dote à l'Amour du Marquis, lequel criant au secours & à l'aide, la genereuse* fille croyant qu'il appellast ses gens pour l'aider à la forcer, s'estoit desia saisie d'vn cousteau qu'elle portoit pendu à son costé, & s'en alloit percer le cœur si elle n'eust veu entrer sa parente auec ses filles, qui la trouuerent au pitoyable equipage* que nous venons de dire.

Le Marquis pour se tirer de la confusion & euiter le tumulte, apres auoir laissé vn de ses gens pour donner ordre à faire panser ceste fille, se retire en son Chasteau, auec le reste de sa suitte. Les playes se trouuerent legeres, & le Chirurgien promit de les rendre si bien soudees, qu'à peine les cicatrices y resteroyent. Dieu sçait quel sujet de parler cet acte heroique appresta à tout le monde ! [13]

Ctesiphon pour se iustifier de ce qu'on disoit qu'il auoit voulu violer Heraclee, fit publier vn manifeste, où confessant sa passion il se monstroit exempt du dessein de violence. Et soit pour amender, soit pour reparer la bresche que la calomnie faisoit à sa reputation, soit qu'il fust touché du desir de recognoitre vne si grande Vertu, il fit donner à Heraclee le double de la dotte qu'il lui auoit faict promettre, lors qu'il taschoit de l'attirer à ses volontez. Et voici encores vn autre grand traict de l'honnesteté de ceste fille : elle refusa ces deniers de peur que l'on ne creust que ce fust prix honteux de son integrité. A la fin le Marquis la fit espouser à vn de ses Officiers, qui receut ceste dotte de la main de son Seigneur, & vne fille qui auec vn peu de deschet*, mais glorieux deschet*, de sa premiere beauté lui apporta des vertus beaucoup plus estimables.

Mais ce n'est là que le premier trophee de l'honneur d'Heraclee sur la fortune, il y en a vn autre beaucoup plus esleué que nous verrons à la fin de ceste Histoire. De là à quelque temps le Marquis se maria, espousant en secondes nopces vne Damoiselle Catalane de grande & illustre maison. Estant venue en la maison du Marquis, elle ne pût pas ignorer l'histoire de la chaste Heraclee, de qui le mary, comme Officier de Ctesiphon, estoit ordinairement à la suite de son Seigneur. Sa femme aussi estoit assez souuent au Chasteau pour rendre ses deuoirs à la Marquise. Ce visage dont les marques honorables se faisoyent autant remarquer, que ses beautez qui le rendoyent recommandable*, deuint suspect à la Mar-[14]quise, & ne se voyant point tant auantagee de la nature, que ceste belle subiette, elle craignoit que les premiers feux de Ctesiphon ne se r'allumassent à la presence de cet object. En somme pour n'estendre point dauantage ceste Relation, elle deuint ialouse : & elle donna des signes si euidens de sa ialousie, que Ctesiphon s'en apperceut, lequel se sentant l'esprit libre de ce costé là, fut bien aise d'augmenter les marteaux* dans la teste de sa femme, prenant plaisir de la voir en ceste plaisante humeur. Faisant donc le ioli aupres d'Heraclee, & par ses mines* augmentant les ombrages & les soupcons d'Anastasie (ainsi s'appelloit la Catalane[1]) il la fit entrer en vne telle melancholie, qu'il eut de la peine à la desabuser. Elle en vint iusques là de chasser vn iour outrageusement Heraclee de son Chasteau, & de lui en defendre l'entrée sous des menaces estranges & auec des iniures autant esloignées de la verité, qu'elle estoit remplie de passion. Heraclee souffrit cela auec vne patience* & vne modestie* incroyables, ne sçachant pas que remettant la vengeance à Dieu, il la deuoit vn iour prendre fort exemplaire. Durant ceste disgrace elle rendit son mary pere de plusieurs beaux enfans, entre les autres d'vne fille à qui le Ciel auoit rendu auec vsure les beautez qu'Heraclee auoit sacrifiees à la conseruation de sa pudicité. La Marquise aussi eut des enfans, mais elle ne pût iamais esleuer qu'vne fille.

A la fin ses soupcons se dissiperent, & elle cognut qu'elle auoit eu tort de conceuoir rien de sinistre contre l'honnesteté d'Heraclee, & pour [15] marque de l'accoisement* de son courroux, elle prit aupres d'elle la fille aisnee d'Heraclee, qui n'estoit encore qu'vne enfant, pour tenir compagnie à la sienne aux ieux qui sont ordinaires à l'enfance. Ceste petite fille qui s'appeloit Pacatule, faisoit paroistre tant de naissantes graces sur son front, qu'elle promettoit d'estre vn iour vn parangon de beauté. A quoy si vous adioustez vn esprit gentil* & vne modestie* merueilleuse, vous aurez trouué le comble de sa perfection. Nous auons dit que Ctesiphon auoit vn fils de son premier lict nommé Sabinian, qui n'estoit que de trois ou quatre ans plus aagé que Pacatule. Estans donc esleuez ensemble, ce Marquesin s'attacha si fort par complaisance aux humeurs de Pacatule, qu'il l'aima par sympathie* auparauant qu'il sceust ce que c'est que d'aimer. On disoit des merueilles de l'amitié de ces deux enfans. Car Pacatule n'auoit

---

1   Coïncidence, ou distraction de la part de Camus, cette «Catalane» porte le même nom que la mère de l'héroïne de la nouvelle, Héraclée. Quand on sait que certains auteurs contemporains, pour éviter le conventionnel en matière de personnages, donnent délibérément le même nom à deux des leurs, on pardonnera à Camus cette «felix culpa».

pas moins d'inclination pour lui, & Ctesiphon se souuenant de ses passions anciennes, prenoit vn plaisir extreme à considerer les mouuemens reciproques de ces deux innocens esprits.

Leur amour crût ainsi auec leur aage iusques à ce que le temps & la malice* leur ouurant les yeux ils deuindrent plus retenus en leurs entretiens*, & plus reseruez en leurs caresses. A la fin la cognoissance leur estant arriuee, il se fallut sequestrer selon les rigoureuses loix du païs. Sabinian fut enuoyé par son pere à la Cour, afin qu'il se depaïsast[1] & se fist cognoistre, & Pacatule demeura au seruice de la Marquise. Il fut esleué page du Prince Charles fils de Philippe Second, de [16] la mort duquel on parle si diuersement[2]. Il acquit beaucoup d'amis & de credit à la Cour, & entre autres graces il obtint vne Croix de Calatraue[3] qui lui acquit depuis vne Commanderie de grand reuenu. Il venoit assez souuent voir son pere en Arragon, qui l'aimant comme son vnique heritier, se plaisoit infiniment à le voir croistre en vertu & en gloire.

C'est grand cas que la premiere impression d'vn cœur, tant de beaux visages, tant de licencieuses companies qui sont à Madrit, ne purent effacer de son imagination l'idee*[4] de sa Pacatule, il perseueroit à lui vouloir du bien. Mais ceci se conduisoit auec tant de discretion* & de dissimulation, que le pere n'y pouuoit remarquer qu'vne commune bien-séance.

Allant & venant ainsi de chez son pere à la Cour, comme il estoit à Madrit, il receut vn iour des nouuelles que son pere estoit extrememement malade. Aussi tost il prend la poste, mais il ne se pût rendre si tost chez lui, qu'il ne le trouuast trespassé. Il n'auoit

---

1 Au propre : sortir de son pays ; ici : perdre ses airs de provincial.
2 Cette mort suspecte est celle de Don Carlos ; on a souvent dit que son père l'avait fait tuer. Accusation qui a nourri la longue tradition artistique des auteurs qui on pris Don Carlos comme héros de leurs œuvres : Schiller, Verdi...
3 Croix d'émail rouge sur fond blanc, d'un ordre militaire et religieux espagnol fondé en 1158 lors de la défense de Calatrava – en Nouvelle-Castille – contre les Maures.
4 L'idée *(eidos, idea)* des choses perçues, leur image intérieure, est formée par la faculté qui a pour rôle de la créer : l'imagination.

lors que vingt-deux ou vingt-trois ans quand son pere lui manqua. Il passa quelques annees en sa maison, où l'arrestoit le soin de ses affaires domestiques, au maniment desquelles il se monstra aussi bon mesnager*, que son pere auoit esté grand despensier, pour ne dire prodigue. On ne lui souhaittoit qu'vne femme de sa qualité pour son parfaict establissement : mais l'amour de Pacatule auoit ietté de si longues & fortes racines en son cœur, & son ame estoit si remplie de cet obiect, qu'il n'y auoit plus de place vuide pour aucun autre. Il l'aima, il la rechercha, [17] & quelque resistance que ceste fille, & mesme sa mere Heraclee, oppoassent à ceste recherche, voyant l'extreme disproportion de ceste alliance, quelque opposition que fissent ses parens, quelques conseils que lui donnassent ses amis pour l'en diuertir*, quelques tempestes que fist la Marquise sa belle mere, ne pouuant consentir que celle qui auoit esté sa seruante fust sa compagne, & que celle qui auoit serui de iouët à sa fille, fust la femme de l'aisné, il ne quitta iamais son enterprise. Si bien qu'ayant plus d'esgard aux beautez & aux vertus de Pacatule, qu'aux richesses & à la noblesse, il la prit en mariage & la mit à ses costez.

La Douairiere Anastasie ne pouuant supporter ceste eleuation*, se voulut retirer en Catalogne chez ses parens. Ce que Sabinian lui permit, si elle n'aimoit mieux choisir quelqu'vne des terres de son Domaine & y viure de son douaire. Elle s'accorda à ce dernier parti, amenant sa fille auec elle pour l'esleuer. Alors Sabinian prit le mary d'Heraclee son Officier, lors deuenu son beau-pere, pour lui confier ses affaires, & donna à Heraclee sa belle mere toute la conduite* de sa maison, ne se reseruant autre soin que de passer son temps à la chasse & aupres de sa belle & vertueuse Espouse. Ainsi Heraclee vid sortir du Chasteau celle qui l'en auoit autrefois chassee, & elle entra en sa place au gouuernement de tout le bien du ieune Marquis. Lequel auança & son beau-pere & tous les enfans Heraclee. Pacatule lui engendra de beaux enfans, qui furent possesseurs de son nom & de son bien. Ainsi fut be-[18] nie la generation de la personne iuste, selon ce qu'a dict le Sage :

Que c'est vne belle & illustre chose qu'vne race chaste & pleine d'honneur, & que sa memoire dure tousiours & deuant Dieu & deuant les hommes[1].

Certes il faict bon s'enrooller sous l'estendard de la Vertu, parce que de ce costé-là on ne peut douter de la victoire : parce que le Dieu des batailles & des Vertus fauorise & soustient ce parti là contre toutes les attaintes* du vices & du mal-heur*. Voyez à quel comble de Bon-heur* il a esleué l'Honneur & la constance d'Heraclee : & puis escriez vous auec le Psalmiste. O Seigneur vous ne priuerez d'aucuns biens, ains vous comblerez de benedictions ceux qui marchent deuant vous en innocence & droiture. O Dieu des vertus que bien-heureuse est l'ame qui met toute son esperance en vous[2]. [19]

La Cruauté Domestique.
EVENEMENT II.

Le capitaine Brasidas[3] mettant la main dans vne cassette fut mordu par vne souris qui y estoit cachee. Voyez, dit-il, à ceux qui estoyent presens, comme il n'y a point de si petit ennemi qui ne soit à craindre, & qui dans le desespoir ne tire force de sa foiblesse. De là vient ceste maxime militaire de ne reduire iamais son aduersaire à l'extremité, parce qu'il n'y a rien de si redoubtable qu'vn homme qui n'a point d'autre salut, que de n'en esperer point. C'est vne salutaire prudence* aux Superieurs de n'vser point de trop de rigueur enuers leurs subjets. Qui veut long temps & seurement regner doit tenir le sceptre d'vne main molle & languide. Sur tout

---

1   Sg 4, 1. *Cf.* note 2 p. 212.
2   Ps 84 12b-13.
3   « Général des Lacédémoniens, environ 424 av. J.C., remporta de grands avantages sur les Athéniens [...] Diodore de Sicile, liv. 12 ; Thucydide, l. 3,4,5 ; Plutarque aux Apoph. » Moreri, *LGDH*.

il faut traitter doucement les domestiques*, du seruice desquels on a besoin à toutes les heures. Que si on les gourmande & rudoye à tous propos, on les cabre & donne t'on lieu au prouerbe, autant de seruiteurs, autant d'ennemis, & à ce mot des pages sacrées, les domestiques* de l'homme, ce sont ses aduersaires. Nous ne les deuons pas tenir pour des esclaues, mais pour des humbles* amis[1], & les mener auec le frein de la raison, puisque ce sont des creatures raisonnables. Si les Maistres, dont nous representerons la disgrace en cet Euenement, eussent gardé ceste moderation, ils n'eussent pas armé les mains du plus vil de leurs va-[20]lets à vn massacre dont l'horreur sert d'infamie à nos iours.

En la fameuse ville d'Orleans à qui l'Empereur Charles Cinquiesme donna le tiltre de belle entre toutes les citez de la France, peu de temps auparauant que ie fisse en son Vniuersité mes estudes en Iurisprudence, il arriua vne occurence des plus estranges & des plus tragiques qui se puissent imaginer. Dans la maison d'vn Gentilhomme des plus notables de la ville, & des plus riches, vn triste laquais flambeau funeste de ceste famille, fut receu pour seruir. Il estoit si neuf & si grossier au commencement, qu'il seruoit de mocquerie & de risee à tous les autres domestiques*, lesquels en faisoyent comme les autres oyseaux du hybou ou du Duc, lui donnans sans cesse des attaintes*, & des huées. Ce vilain dans sa grossiereté auoit de la malice*, & couuoit vn fiel d'aspic dedans son cœur. Il estoit de ces niais qu'en ce lieu là ils appellent de Sologne (contree du Berry) qui ne se trompent qu'à leur profit. Il n'y a rien de si dangereux que ces esprits gros & sombres, ce sont des serpents gelez, & qui picquent mortellement quand ils commencent à se desgourdir. Il faisoit tant de fautes, tantost par lourdise, tantost par meschanceté, qu'il falloit tousiours auoir la main sur lui, & lui faire entrer l'esprit par les ouuertures de sa peau. Il y auoit vn valet d'estable ordinairement destiné à le fouëtter, & qui se delectoit en ces executions. Les seruantes le tempestoyent sans cesse, & lui reprochoyent continuellement ses

---

1   V. note 1 p. 100.

sottises & ses flagellations auec des sornettes & des mocqueries
qui le faisoyent creuer de despit. Les enfans mes-[21]me de la
maison, principalement les filles lui faisoyent mille opprobres*.
Il faut du temps pour eschaufer vn taureau, mais depuis qu'il est
vne fois en fureur, il faict de terribles rauages.

Ce gros animal entre autres vices ausquels il estoit subjet, aimoit
tellement le vin d'Orleans, qui est extremement fumeux, & vn
vrai venin* pour les cerueaux foibles, qu'assez ordinairement il
s'enyuroit, & perdoit le sens pour trop humer* de ceste liqueur*.
Or auoit-il vn vin de lyon ; c'est-à-dire, qu'estant yure, il ne parloit
que de massacre, & estoit-il dangereux à abborder : si bien que
chascun le fuyoit quand il en auoit trop pris, comme l'on feroit
vne beste enragee. Nonobstant cela les seruiteurs & les seruantes
qui en prenoyent leurs passetemps, l'inuitoyent souuent à boire
pour puis apres se rire de ses folies.

Vn soir qu'il se gorgea extraordinairement de ceste douce poison
qui charme les esprits, il fit tant de sottises frappant, rompant,
brisant, iurant, detestant, & ce qui estoit de plus sale vomissant &
se veautrant dans ceste ordure, qu'il le fallut porter à quatre sur le
lict, où ayant toute la nuict cuué son vin dans vn profond sommeil,
par le commandement du Maistre il fut resueillé le lendemain au
son d'vne merueilleuse Diane. Les valets & les seruantes l'attachent
à vn poteau, & là cet yurogne rendit par les espaules vne partie
de ce qu'il auoit trop pris par la bouche. On le mit tout en sang
& n'y eut celui ni celle qui ne mist la main à ceste œuure, & qui
n'vsast vne paire de verges sur le dos de ce coquin, lequel au lieu
de crier merci de sa faute & faire profit de ceste [22] correction,
iuroit, blasphemoit, despitoit*, menaçoit, & escumoit comme vn
sanglier pris dans les toiles, & enuironné d'espieux.

Certes apres ceste sanglante meslee le Gentil-homme eust bien
faict de le mettre à la porte sans garder ce vipereau dans son sein.
Mais qui est celui qui peut deuiner le mal-heur* qui est enuelopé
dans les tenebres de l'auenir ? Ce traistre garçon cachant son venin
sous vne dissimulation malicieuse*, murmurant tout bas, iure de
se venger de cet affront ; mais on ne sçait ce qu'il dict.

Cependant il est hué, sifflé, mocqué, baffoué par les domestiques* & les enfans de la maison, chascun se vantant de l'auoir
estrillé comme il meritoit. Ces risees lui estoyent plus sensibles
que les coups qu'il auoit receus, & aiguisoyent d'auantage son
appetit de vengeance. C'estoit au temps de la vendange, temps
auquel le Gentil-homme s'esgalant au vigneron met presque la
main à l'œuure, ou pour le moins preste son oeil & sa vigilance
à voir faire son vin. Sur tout à Orleans où la principale richesse
consistant en la recolte de ceste liqueur* qui resiouyt le cœur
de l'homme, il n'y a celui qui ne quitte la ville pour aller aux
champs en ces maisons qu'ils appellent leurs lieux, afin de iouyr
du plaisir qui accompagne le vendange. En ces iours là il semble
que la ville soit vn desert, tous les bourgeois estans respandus
aux enuirons de la cité, attentifs à leurs raisins, à leurs pressoirs,
à leurs tonneaux & à leurs tines*.

Le Gentil-homme dont nous descriuons le desastre*, alla donc
comme les autres, auec sa femme & vne partie de son train, à
vne maison de vi-[23]gnes qu'il auoit à deux lieuës d'Orleans, ne
laissant que deux de ses filles, & vn petit fils auec deux seruantes
pour garder la maison de la ville. Comme il falloit tous les iours
quelque chose au mesnage* des champs, le lacquais alloit assez
souuent à la ville prendre les choses qui estoyent necessaires à
la maison de la vigne.

Vn iour entre les autres qu'il auoit apporté vne lettre à la fille
aisnee qui estoit demeuree à la ville de la part de sa mere, où elle
lui commandoit diuerses choses qui regardoyent le mesnage*, & de
faire quelques emploites* : la fille fut presque tout le iour empeschee
tant à acheter qu'à faire les autres commandemens de sa mere :
si bien que la response qu'elle vouloit faire ne fut faite que sur le
tard. La lettre escrite & donnee au lacquais auec quelques menues
choses qu'il pouuoit porter, il fut question de boire auant que de
partir. La vieille seruante va à la caue, & parce qu'elle auoit porté
vne mesure trop petite au gré de cet yurogne, il descend apres elle,
& en porte vne plus grande, estans là bas il la presse d'emplir la

grande mesure, la seruante le refuse ; ils entrent en contestation.
La voila aux iniures & aux mocqueries ordinaires contre ce coquin,
lequel transporté de sa rage, commença à blasphemer & à dire
qu'elle payeroit en vne fois tous les outrages* qu'il auoit receus
d'elle, & tirant vn grand couteau qu'il portoit lui en donne dans
l'estomac, lui saute à la gorge & la lui coupe. De ce pas possédé
du malin esprit il remonte & trouuant l'autre seruante en la sale,
lui en fait autant, & continuant en sa brutale vengeance, va en la
cham-[24]bre & tue la fille aisnee, & vne petite sœur qu'elle auoit,
auec vn petit frere qui n'auoit que cinq ans.

Ceste horrible boucherie estant faite il enfouyt son couteau
dans la terre, & d'vn sang aussi froid & reposé que s'il n'eust rien
faict ; se charge de ce qu'il auoit à porter aux champs & tirant la
porte de la maison apres soy va trouuer son maistre & sa maistresse & leur porte la lettre & les recommandations de leur fille,
d'vn front asseuré* comme celui d'vn meurtrier tel qu'il estoit.

Le lendemain vn sauetier qui trauailloit en son banc* proche
de ceste maison, y voulant porter quelque trauail pour vne des
seruantes, heurte, frape, mais personne ne lui respond : En fin
sçachant quelque secret pour ouurir la porte, il entre & trouue
en la sale & en la chambre ces spectacles horribles de tant de
corps nageans dans leur sang. Il se tint pour perdu, iugeant que
cela venant à la cognoissance de la iustice on le tiendroit pour
coulpable de ces meurtres. Troublé de ce costé & tenté de l'autre
se voyant en vne maison riche, & bien garnie il pense de faire sa
main*, tandis qu'il a l'occasion* si belle : il enfonce des buffets
& des coffres, se charge de ce qu'il trouua de plus precieux & de
plus aisé à cacher, monnoye, bagues, vaisselles d'argent, porte
cela dans sa maison & le cache dans sa caue. Cela fait il referma
la porte, & se retire froidement. Le lendemain le cocher de la
maison est enuoyé des champs à la ville, auec le chariot pour
apporter quelques tonneaux & autres menues necessitez. Arriué
il frape, il heurte à la porte, mais nul ne lui vient ou-[25]urir :
il appelle, il crie, nul ne lui respond, les voisins lui disent qu'il

y a deux iours qu'ils n'ont veu entrer ny sortir personne. Apres beaucoup de bruit il fait ouurir la porte, & entré il voit ceste espouuantable tuerie, il crie misericorde, & alarme toute la rue. La iustice est appellee, on informe, on voit les coffres rompus, on attribue ce massacre à des voleurs, & eust-on soupçonné tout autre que celui qui l'auoit fait.

Il n'est point ici question de representer les douleurs du pere, & les cris de la mere quand ils sceurent ceste nouuelle, & que venus en haste ils virent ceste funeste tragedie. Le lacquais y vient, & voit cela, pleure & plaint* auec les autres, & se contrefait si bien qu'il ne donne aucun indice de sa meschanceté, dont le chastiment n'estoit pas encor arriué à son heure. Il n'y a rien de si caché qui ne se descouure, rien de si celé qui ne se sçache. Dieu qui ne laisse rien d'impuni, permit que quelqu'vn auoit veu entrer le sauetier en ceste maison. On l'interroge, il respond de sang froid, qu'il est entré en la premiere porte, mais que trouuant la seconde fermee apres auoir heurté & attendu il s'estoit retiré. Ceci fut trouué pour lors suffisant pour sa descharge.

De là à vn mois il eut querelle auec sa femme, à laquelle ayant communiqué le secret de sa cachette, ce fut par là qu'il fut des-couuert. Car ceste femme outree* de despit le va publier à tout le monde, & croyant que son mari eust fait le meurtre aussi bien que le vol, l'en accuse comme l'autheur. Il est empoigné par le Preuost, & trouué saisi des meubles égarez. Personne ne doute que [26] ce soit lui qui ait fait vn si cruel assasinat. Mis à la question il confesse librement ce qu'il a pris, mais nie fortement & courageusement le meurtre qu'il n'a pas commis. Neantmoins parce que les coniec-tures estoient violentes, & la voix du peuple, que l'on prend pour celle du ciel, contre lui, il est condamné à estre roüé tout vif en la place du Martroy, supplice ordinaire des meurtriers. Apres ceste cruelle peine laissé vif sur l'eschafaut, il perseuere en la negatiue de l'assassinat iusques au dernier souspir de sa vie.

Le lacquais voyoit tout cela sans s'esmouuoir & sans penser à s'enfuir, se croyant absous par la condamnation de ce miserable*.

Il demeura encore quelques mois chez son maistre, faisant bonne mine*, & continuant en ses yurogneries. C'est merueille que le vin auquel on attribue la verité, & qui est vne espece de douce gesne*, ne lui fist descouurir sa meschanceté, veu mesme qu'en semblables occurrences* Dieu permet quelquefois que les pierres parlent.

Vn iour s'estant enyuré, son maistre commanda au cocher qu'il le fouëttast, ce rustre se voulut defendre, & en se reuanchant tira vn cousteau dont il frapa en la main celui qui le vouloit chastier, & iurant qu'il lui enuoyeroit tenir compagnie aux autres. Ce mot à qui eust eu des oreilles, estoit capable de l'accuser. S'estant eschapé des prises de son correcteur, il s'enfuit, & depuis ne le vit-on plus à Orleans. On creut que la peur d'estre estrillé pour auoir blessé l'autre seruiteur, l'auoit fait fuir. Cela fut cause qu'on ne le poursuiuit point. [27]

Ce maraut* vint à Paris, & se mit auec des brigands qui le menerent à la campagne pour faire auec eux des voleries. Deux ans apres il fut pris exerçant ce miserable* mestier dans la forest de Rets, & mené à Soissons fut par le Preuost condamné à estre pendu auec deux de ses associez. Estant au gibet il aduoüa le meurtre qu'il auoit fait à Orleans en la façon que nous l'auons descrit, ce qui apporta vn estonnement merueilleux à tout le monde.

Que d'enseignemens fourmillent dans cet Euenement funeste! Premierement on y voit reluire esclatamment la iustice & la misericorde de Dieu, attendant ce mal-heureux* auec tant de longanimité à recipiscence, & le chastiant d'vn supplice plus doux qu'il n'auoit merité. Apres on y peut remarquer qu'il en est de ces humeurs lourdes & grossieres comme du plomb le plus pesant des metaux, lequel est long à s'eschauffer & puis se fond tout à coup. Ce qui a fait dire au grand Stoique, que de tous les animaux il n'y en auoit point de plus double, de plus caché, de plus traistre, & par consequent de plus dangereux que l'homme : parce que dissimulant sa colere il foudroye plustost qu'il n'esclaire*, & se vange deuant que de menacer. Le vent precede la gresle, l'emotion* des flots deuance l'orage, vn edifice craquette deuant que de tomber, on peut preuoir le desbordement des riuieres : mais il est impossible d'euiter les attaintes* d'vn meurtrier dissimulé. Le plus vil homme du monde se peut rendre maistre de la vie d'vn grand Prince en mesprisant la sienne. Nous [28] n'auons que trop d'exemples de ces deplorables* mal-heurs*.

L'autre document* de ceste Histoire regardera les maistres, & leur apprendra la moderation enuers leurs domestiques*, & comme les admonneste l'Apostre, à n'estre point trop amers ni aspres enuers eux[1], de peur que Dieu qui se seruit des mousche-rons pour dompter l'orgueil & la cruauté de Pharaon[2], ne souffre qu'ils se reuoltent contre eux, & ne les chastie par ceux-là mesme qui les deuroient defendre. Mais retirons nos yeux d'vn si san-glant spectale, & destournons les sur vn obiect plus plaisant, sur quelque Euenement plus agreable. [29]

La Prudente Mere.
EVENEMENT III.

Quand les femmes deuiennent vefues & ont des garçons qui sont grands, elles sont sans doute bien empeschees à les gouuerner. Parce que d'ordinaire en faisant les cheuaux eschapez ils perdent le respect qu'ils doiuent à celles qui les ont engendrez, ou s'ils font les sages, il semble qu'ils mesprisent le conseil d'vne femme, & qu'ils desdaignent de se sounettre à vn sexe qui semble n'estre né que pour estre en subiection.* Les peres comme plus forts maintiennent mieux leur auctorité. Mais ce que ceux-ci conse-ruent par la puissance & la crainte, c'est à celles-ci de le maintenir par la prudence* & l'amour. Suiuant ceste sage maxime, la mere

---

1   Éph 6, 9.
2   Ex 8, 21-31.

que ie vous vay representer en ce tableau, destourna son fils d'vn fol dessein, conserua l'honneur & le repos de sa maison, & fut depuis amplement remerciee par son enfant, qui confessa tenir d'elle & l'estre & le bien estre.

Aussi estoit-elle de ceste contree de nostre Gaule, que l'on tient communement pour le païs où habite la sapience, & où le Septentrion rend l'air si subtil, qu'il passe iusques aux esprits des habitans, lesquels sont extremement fins, deliez, & accorts* en leur conduite. Vous iugez bien que ie parle de la Neustrie[1]. Or ie ne sçais pas bien asseurement si ce fut en la haute ou en la basse que [30] ce que ie vay dire arriua, il y a neantmoins quelque coniecture que ce fut en la basse, & quelque ville voisine de la mer, comme il apparoistra par le tissu* de l'Euenement.

Vne Dame vefue, que nous appellerons Fronese à cause de sa prudence*, tenoit son mesnage* en vn chasteau où feu son mari estoit Seigneur. Elle auoit plusieurs enfans sur les bras, dont l'eleuation* estoit tout son soin & toute son estude.

Chascun sçait qu'en Normandie l'aisné emporte presque tout le bien, les cadets n'heritent que de la misere. Si bien que ceste mere ne leur pouuant faire autre aduantage que d'vne bonne instruction, afin qu'ils se peussent par le moyen de la vertu auancer dans le monde, elle n'espargnoit rien à leur faire apprendre des exercices conuenables* à ce dessein. L'aisné à qui nous ferons porter le nom de Thierry, se sentant à son aise, ne se donnoit autre peine que de passer son temps à la chasse & aux visites de ses voisins, occupations* de la noblesse de la campagne, & dans ces amusemens d'oisiueté il ne se faut pas estonner si ce feu que la ieunesse porte dans l'ardeur de son sang s'alluma dans ses

---

1 L'un des royaumes mérovingiens, qui contrairement à ce que semble penser Camus – v. les deux phrases suivantes – était borné par la mer, la Meuse et la Loire, incluant beaucoup plus que la seule Normandie : «ceux donc qui estiment que Neustrie est Westrich, s'abusent bien [...] Si font aussi ceux qui prennent Normandie pour Neustrie, iaçoit qu'elle ait esté vne partie d'icelle Neustrie» dit Nicot, art. *Neustrie*, citant la *Cosmographie* de Monster.

veines. Les obiects, dit la maxime, esmeuuent* les puissances[1], n'en ayant point d'autres que de rustiques, rustique aussi fut le subiect qui l'asseruit[2]. Vn laboureur qui se tenoit en l'vne de ses fermes auoit vne fille, dont la beauté sentoit plustost sa bonne ville, que son village : & qui n'auoit ni au corps, ni en l'esprit rien de grossier que les habits.

La nature qui fait naistre les perles si nettes* & si polies en des nacres si rudes, & qui produit les [31] diamans & les rubis dans les plus aspres rochers, se plaist quelquefois à monstrer qu'elle n'est pas moins industrieuse à la campagne que dans les citez, & qu'elle y sçait esclorre des fleurs qui disputent souuent de leur beauté & de leur odeur auec celles qui s'esleuent si soigneusement dans les iardins clos, & dans les parterres les mieux cultiuez. Et à n'en point mentir il semble que l'affetterie* soit tellement attachee aux villes, que l'honnesteté mesme & la beauté y soient artificielles & sophistiquees : au lieu que dans la simplicité des champs, il y a aussi peu d'art aux mœurs, que de fard aux visages. Et en somme que la beauté y est plus pudique, & la pudicité plus belle.

Ce ieune Gentil-homme qui auoit à peine atteinct le vingt-vniesme de son aage, se sentant enflammé pour ceste Driade qui s'appelloit Enemonde, s'imagina qu'estant non seulement sa sub-jette, mais comme sa domestique* il l'appriuoiseroit facilement, & comme vn oyseau de leurre la feroit venir sur le poing. Mais comme il se persuadoit aisément ce qu'il desiroit, il se trouua fort esloigné de son compte, rencontrant en ceste chaste creature ceste farouche humeur qui sert de rempart à l'honnesteté. Il pensa que ceste façon sauuage prouint de la grossiereté de sa nourriture*, & que n'ayant pas accoustumé les honneurs & les caresses qu'il lui faisoit, elle en estoit toute effrayee. Mais qui considerera que c'estoit vne Normande qui auoir succé la finesse & l'accortise*

---

1   *Objecta movent potentias.* (maxime scolastique ?) : les objets ne font qu'actualiser ce qui dans le sujet est à l'état de potentiel.
2   Ponctuation : nous mettrions un ; après puissances. Il faut comprendre : comme il n'avait que des propensions rustiques, il fut séduit par une rustique.

auec le laict, cognoistra aussi tost qu'elle feignoit l'espouuantee,
à dessein d'euiter les importunitez de ce franc discoureur. Il
auoit beau [32] regarder, oeillader, mugueter*, chanter, cajoller*
& faire les mines* & les grimaces que la ieunesse employe pour
tesmoigner sa passion, elle n'auoit ni yeux, ni langue, ni gestes, ni
contenance*, ni signes pour correspondre à tant de sottises, mais
simplement elle fermoit les oreilles aux appeaux de cet enchanteur,
& le voyant venir elle s'en alloit soudain d'vn autre costé, & se
retiroit aupres de sa mere, ou s'employoit au mesnage*. Bref elle
euitoit l'abbord de ce galand*, auec des fuittes si estudiees, que
toutes les ruses qu'il inuentoit pour l'accoster estoyent comme des
mines* euentees, qui n'ont aucun effect. En fin voyant qu'elle ne
pouuoit euiter les importunitez de ce bourdon qui voltigeoit sans
cesse autour de ses oreilles, comme sage & auisee qu'elle estoit,
elle en auertit sa mere pour le faire sçauoir à Fronese mere du
damoiseau. Cette dame extremement exacte en ce qui regardoit
l'honneur, & qui estoit tousiours en garde sur la conseruation
de la pudicité de celles qui la seruoient, ne sceut pas plustost la
passion de son fils, qu'elle lui laua la teste d'vne lexiue si forte,
que s'il eust esté capable de raison il en fust deuenu sage. Que ne
lui dit-elle pour lui remontrer sa folie ? dequoy ne le menaça-t-elle
s'il ne se deportoit* d'vn si lasche dessein ? Mais ceste passion
qui a vn bandeau sur les yeux, auoit voilé les siens & fermé ses
oreilles aux salutaires remonstrances de Fronese.

Il persiste opiniastrement en la poursuitte d'Enemonde, &
pour l'appaster d'vne amorce* specieuse* lui parle de l'espouser,
sçachant bien que ceste fille toute villageoise qu'elle estoit pre-[33]
feroit son honneur à tous les biens du monde. Mais elle tenoit
encore à vn autre lien, estant de longue main engagee d'affection
à vn ieune garçon de sa qualité, qu'elle cherissoit plus que ses
yeux. D'vn costé la fidelité qu'elle vouloit garder à celui qui la
recherchoit à bonne fin, de l'autre la crainte d'estre abusee* ou
forcee par Thierry, la rendoient merueilleusement reseruee. Ce
n'est pas qu'elle ne cognust bien l'extreme difference de ces deux
partis. Mais comme elle voyoit de l'apparence d'esperer l'vn, elle

iugeoit vne folie de desirer l'autre. Aussi quelque mine* que fist le Gentil-homme, & quelques sermens qu'il proferast, il n'auoit autre but que de chercher son plaisir en elle, & puis de la laisser là. Mais à vn subtil oyseleur l'oyseau fut encore plus fin. Et quelques filets qu'il tendist par souspirs, par larmes de crocodile, par presens, par promesses, iamais il ne pût prendre pied en la creance de l'accorte* fille, laquelle auoit plus d'industries pour se defendre, que l'autre n'en auoit pour l'attaquer.

Cependant la vehemence de sa passion crût si demesurement, qu'elle le mit aux portes de la fureur & du desespoir. Si au commencement il se mocquoit quand il parloit d'espouser ceste païsane, à la fin voyant qu'il n'y auoit point d'autre chemin pour arriuer au comble de ses desirs il la demande tout à bon. Plus Fronese se rit de ceste proposition, plus il se rend opiniastre. Ayant sceu que Final estoit aimé de ceste fille, il iure qu'il en deffera le monde, & d'effect ce pauure villageois euite tant qu'il peut de se trouuer deuant cet insensé. [34]

Les parens d'Enemonde serrent leur fille, & ne la laissent pas voir seulement aux rayons du Soleil, cela se faisant par le commandement de Fronese. Thierry se voyant combatu de tant d'obstacles, entre en vne telle frenesie, qu'il semble qu'il aille perdre le sens & la raison, & son sang s'estant esmeu* de regret & de cholere, vne grosse fieure le saisit qui le mena si viste que les Medecins le iugerent pour mort, toutes ses resueries n'estoient que d'Enemonde, tant il en estoit frappé dans l'imagination.

La prudente mere souffroit vne douleur incomparable sur la perte de cet enfant, qui estoit son aisné, & le pilier de sa famille. Elle sçait l'origine de son mal, & cognoissant que la contradiction* l'empiroit, elle se comporta aupres de lui comme aupres de ces melancholiques & hypochondriaques, aux fantaisies desquels, pour extrauagantes qu'elles puissent estre, il ne se faut iamais opposer. Ainsi peu à peu adoucissant les amertumes de son esprit, & lui promettant de lui donner satisfaction, & que s'il pouuoit guerir il auroit Enemonde pour femme : par ces deux linimens sa fureur se tempera, sa fiebure deuint plus moderee &

ce ton là lui fit le mesme bien, que la musique à ceux qui sont
en la Calabre picquez des venimeuses Tarantoles[1]. Comme si
son mal eust esté charmé par ceste douce, quoy que trompeuse
esperance, il commença à se mieux porter, & puis à donner des
signes de conualescence, mais à tout propos il faisoit reiterer les
promesses à sa mere qu'on lui donneroit Enemonde.

Quand on le recognut sans emotion*, pour auan-[35]cer sa
santé on fit venir ceste fille deuant lui, ce qui le pensa perdre,
parce que la voyant, & mesme l'oyant parler selon que l'on
l'auoit embouchee*, il fut saisi d'vne telle ioye qu'il en eut vn
redoublement de fiebure qui lui pensa causer vne recheute plus
dangereuse que son premier mal. A la fin Fronese craignant
qu'ayant repris sa santé il ne la voulust contraindre à tenir des
promesses qui n'auoient esté faites que des leures, s'auisa d'vn
stratageme qui reüssit heureusement. Desia Thierry commençoit
à se pourmener par la chambre, & demandoit sans cesse qu'on
le fist parler à Enemonde[2].

Quand on lui dit que ceste fille affligee de sa maladie, estoit
elle mesme tombee en vn tel acces de fiebure qu'elle estoit en
danger. Ceci fut vn assaut au cœur de Thierry, lequel ne se fust
pas si tost accoisé* s'il ne se fust persuadé que ceste nouuelle
estoit feinte. Il veut aller visiter ceste chere malade, & sans cesse
il prie qu'on l'y conduise. Mais Fronese dressa la partie* d'vne
autre façon. Car pour trancher en leur racine toutes ces sottises,
elle fit espouser Enemonde à Final, & donna trois cens escus
pour le mariage de ceste fille, à condition qu'ils iroient passer
vn an ou deux en Picardie, apres auoir fait ce qu'elle leur proposa. Il faut, leur dit-elle, que nous fassions croire à Thierry

---

1   Pour un exposé des croyances, jusqu'au xviiie sicle, sur le succès de la musique pour
    guérir les personnes mordues par une tarantule, on lira avec amusement et profit
    l'article Tarantule de l'*Encyclopédie* de Diderot. La musique y est donnée comme
    le seul remède vraiment efficace ; elle induit chez le malade une danse continuée
    jusqu'à l'épuisement, signe de la guérison.
2   La phrase continue curieusement au paragraphe suivant.

qu'Enemonde est morte. Et parce qu'il n'en voudra croire que
ses yeux, nous lui donnerons vn dormitif, qui la tiendra trois
ou quatre heures dans vn si profond assoupissement, qu'elle
semblera trespassee, il la verra en cet estat, mesme nous ferons
faire ses obseques, & ferons mettre [36] vn fantosme* dans
vne fosse, en sorte que mesme par le village on la tiendra pour
morte. Final, Enemonde & leurs parens, tous subjets de Fronese
s'accorderent à sa volonté. Enemonde contrefait la malade, elle
prend le dormitif, la nouuelle de sa mort est portee à Thierry,
& semee par le voisinage, il la void en son assoupissement, & la
croit morte. On feint vn enterrement. Et cependant qu'elle s'en
va pour quelque temps auec son mari en vn exil volontaire aux
extremitez de la Picardie, Thierry s'abbandonne aux regrets & aux
larmes, se disant le plus infortuné de tous les Amans. Tantost il
veut mourir par la faim, tantost par la poison, tantost par le fer,
mais on lui mit[1] des Religieux en presence qui font si bien par
leurs exhortations, qu'ils lui arrachent de l'esprit ces resolutions
pleines de desespoir & desnaturees.

La prudente mere qui connoist la complexion amoureuse
de son fils, & que si son amour demeure sans obiect, vne telle
melancholie le saisira, qu'il en deuiendra sec & hectique*, cherche
de tous costez vne fille conforme à son alliance. Les partis sont
autant aisez à trouuer à de riches aisnez que difficiles à de pauures
cadets. Mais il faut guerir Thierri par vn remede proportionné à son
mal. La beauté l'a blessé, il faut que la beauté y serue d'antidote.
Fronese sans s'amuser* trop aux biens[2] fait choix d'vne tres-belle &
vertueuse damoiselle appellee Gaudence, qui estoit la merueille de
tous les yeux qui la consideroient. Elle communique aux parens de
la fille le dessein qu'elle a de la faire prendre en mariage à son fils,
lesquels recognoissans le grand auantage de ceste [37] alliance s'en
sentirent fort honorez. Mais, leur dit-elle, il faut que vous m'aidiez
en ceci, & que nous nous comportions en ceste affaire comme

---

1 *Sic.* Met.
2 Sans perdre son temps à prendre en considération la fortune de sa future bru.

vers vn esprit malade. De lui parler de tuer si promptement des flammes si viues que sont les siennes par des nouuelles affections, ce seroit tout gaster, parce que le vain* desir de paroistre constant, ou la sotte honte d'estre tenu pour volage le feroit cabrer. Vous sçauez que le desgoust des malades leur fait reietter les meilleures viandes, il faut vser d'industrie & faire qu'il donne dans les filets de lui mesme, sans qu'il s'apperçoiue qu'on les lui tende. Il n'y a non plus de comparaison de la grace de ceste païsane dont il estoit esperdu, à celle de Gaudence, que de la nuict au iour. Mais comme il faut du temps à ceux qui viennent de longues tenebres pour s'accoustumer à la lumiere, & en cognoistre la valeur : aussi est-il necessaire que ce pauure insensé reuienne à la raison tout doucement, & recognoisse peu à peu les auantages qu'vne belle, noble & bien apprise damoiselle a sur vne rude & grossiere païsane. Ayez donc agreable, dit-elle parlant à la mere de Gaudence, de me venir voir comme voisine. Et pour vous donner subject d'y venir souuent, nous feindrons d'auoir ensemble quelque affaire à desmesler, & amenant vostre fille auec vous, ie m'asseure* que sa presence gaignera plus sans autre effect, que ie ne sçaurois faire par mon auctorité & mes remonstrance[1].

Cette accortise* fut approuuee des parens, & reüssit si heureusement, que sans me respandre aux particularitez* de ceste nouuelle Amour, ie [38] diray en deux mots que Thierry en fut tellement possedé, qu'à peine lui resta-il aucun souuenir de sa premiere resuerie. Ce qui me fait souuenir d'Assuere, qui n'eut pas plustost veu Esther, qu'il perdit la memoire de Vasthi[2]. La subtile Fronese le voyant attaché par les yeux à ce beau visage, & engagé de desir vers cet obiect, prenoit plaisir à voir son oyseau ainsi empestré, & pour augmenter son affection faisoit des difficultez sur l'inegalité du parti, & sembloit faire la retiue à donner son consentement à vne alliance qu'elle ne desiroit pas moins que Thierry.

---

1 Comprendre : sa seule présence, sans que nous fassions autre chose, lui fera faire plus de progrès que […].
2 Est 2, 5-17.

En fin ce mariage s'acheua auec vn tel contentement de ce Gentil-homme, qu'il ne peut estre exprimé que par les mots de rauissement & de transport. Deux ou trois ans apres sa mere le voyant tousiours de plus en plus possedé de l'amour de ceste espouse, & lui faisant la guerre de la passion qu'il auoit euë pour Enemonde, lui descouurit le stratageme dont elle s'estoit serui pour le destourner de ceste alliance, dont l'inegalité eust pû seruir de reproche à sa race. Ce fut lors qu'il reconnut le bien que sa mere lui auoit fait, dont il lui rendit des graces infinies.

Final & Enemonde furent rapellez de leur exil, & l'honneur & la paix de ceste famille furent attribuez à la sage conduite* de ceste prudente mere. [39]

La Femme Accorte.*
EVENEMENT IV.

Si le stratageme de la Prudente Mere vous a pleu, renouuelez vostre attention pour apprendre la non moins estimable industrie d'vne femme accorte*, laquelle trompant heureusement son mari, conserua la vie à sa fille. Les lettres* Sainctes loüent la prudence* d'Abigail, appaisant le iuste couroux de Dauid, & sauuant la vie à Nabal[1], comme aussi la subtilité de Rebecca pour procurer* la benediction d'Isaac son fils bien-aimé[2], & encore l'accortise* de Rachel cachant les idoles de son pere Laban[3]. Ce qui nous donne la liberté de loüer la conduite* d'vne femme auisee, veu mesme que sa fraude estant cause de grands biens, & faisant euiter de grands maux peut estre mise au rang de ces tromperies, que les Legistes appellent bonnes, lors qu'elles tournent à l'auantage des trompez.

---

1   1S 25, 14-25.
2   Gn 27, 13-35.
3   Gn 31, 19.

Francfort ville libre & Imperiale assise sur le Mein, est renommee
pour son Vniuersité, pour le grand traffic des liures, & principalement pour l'Election de l'Empereur qui a de coustume de s'y
faire. C'est vne cité où la liberté de conscience est telle, que l'on
y croit en Dieu comme l'on veut, toutes les sectes qui ont cours
dans l'Alemagne y viuent à leur mode, & il y a aussi plusieurs
Catholiques qui y font la meilleure & plus grande part.

Or comme chascun sçait selon la diuersité des [40] prouinces
& des lieux les Alemands ont des coustumes estranges pour le
regard de la Religion. Car comme s'il estoit indifferent de croire
en Dieu en quelque façon que ce soit, il y a des endroits où il faut
que la femme soit de la loy[1] de son mari, si bien que si elle est
mariee deux ou trois fois à des hommes de differentes opinions,
elle changera d'autant de creances que la Lune a de formes. Si
bien que pour elles la Religion sera vn pain de proposition que
les Hebrieux appelloient aussi le pain des faces[2]. Et les maximes
politiques ont en ceste contree tellement gaigné le dessus, que
ces mariages de Catholique & Protestant se pratiquent sans
scrupule, comme si c'estoit vne espece de commerce plustost
qu'vn Sacrement.

Dauantage il y a des lieux où les maris & les femmes partagent
en sorte la Religion de leurs enfans, que les filles sont de celle de
la mere, & les masles de celle du pere, les vns allans à la Messe, les
autres au Presche, sans auoir iamais aucun different pour ce regard,

---

1   *Sic.* 1660 ne corrige pas, mais on pourrait très bien lire *foy.*
2   Il est difficile de comprendre cette allusion. Les «pains des faces» (Le'hem Hapanim)
    étaient des pains consacrés : «les *pains de proposition* étoient des *pains* qu'on offroit
    tous les samedis sur la table d'or posée dans le saint : *pones super mensam panes
    propositionis in conspectu meo*, Exod. *25. 30.* Il devoit y en avoir douze, en mémoire
    des douze tribus, au nom desquelles ils étoient offerts. Ces pains se faisoient sans
    levain ; on les présentoit tout chauds chaque jour de sabbat. & en même tems on
    ôtoit les vieux, qui devoient être mangés par des prêtres, à l'exclusion des laïcs, à
    qui il étoit défendu d'en manger ; c'est ce qui faisoit appeler le pain de proposi-
    tion *panis sanctus.*» *Encyclopédie.* Camus voudrait dire que les femmes de la ville
    changeaient de religion comme on changeait les pains les jours de sabbat.

& sans parler de Dieu ny en bien ny en mal. Ce que l'on ne peut attribuer qu'à la grossiereté de la nation, ou à vne extreme insensibilité aux choses de la foy, encore qu'aux ames plus esueillees il n'y ait rien de si chatouilleux que ce qui touche la creance.

Il y auoit donc en ceste cité vn riche marchand appellé Apron Protestant de creance, marié à vne femme Catholique nommee Yoland. Ils auoyent plusieurs garçons de leur mariage, qui estoyent tous de l'opinion du pere, & vne seule fille que nous appellerons Amalasonte[1], qui estoit de la Religion de la mere. Et mere & fille tellement [41] Catholiques, que le zele de leur creance les touchoit plus qu'aucun autre interest*.

Yoland auoit vne ancienne amitié auec vne de ses voisines, qui estoit aussi bonne Catholique, mais vne amitié fondee sur la pierre viue de la vraye foy, & cimentee d'vne solide vertu. Ces deux cheres amies estoyent ordinairement ensemble, & Yoland ne pouuoit passer vn iour sans voir Vrsicine, ni Vrsicine estre contente qu'aupres d'Yoland. Ceste bonne amie estoit vefue d'vn marchand de laine, duquel elle auoit vn fils & vne fille. Elle continuoit le train de son traffic partie par les mains d'vn facteur*, partie par celles de son fils appellé Demetre, qui pouuoit lors auoir vingt-vn ou vingt-deux ans. Depuis la mort de son mari qui estoit Prostestant, elle auoit tant fait aupres de son fils, qu'il s'estoit faict instruire en nostre saincte foy, & estoit deuenu bon Catholique. Ceste frequentation des meres ouuroit la porte aux enfans de l'vne & l'autre famille, pour conuerser ensemble, ioint que le voysinage y inuitoit assez. Cela fut cause qu'il se forma vne telle bien-veillance selon les loix de la pudicité entre Demetre & Amalasonte, qu'il ne se pouuoit rien voir de plus vni que ces deux cœurs. Les meres s'en apperceurent, & furent extremement aises de voir que leur amitié se continuast en leurs enfans, lesquels

---

1   Il n'est guère possible que ce soit le personnage historique qui motive ce prénom. Amalasonte («la vierge des Amales»), nièce de Clovis, reine des Ostrogoths, princesse cultivée parlant le grec et le latin que l'histoire montre isolée parmi la barbarie de ses sujets, meurt étouffée dans son bain en 535.

(comme la nation Allemande est franche, & a le cœur aussi rond que l'estomach) ne celerent point leurs mutuelles inclinations à leurs bonnes meres, qui non seulement les approuuerent, mais les inuiterent à les continuer, pourueu qu'ils se continssent dans les bor[42]nes de l'honnesteté.

Il y auoit deux gros obstacles à ce mariage. L'vn que Demetre n'estoit pas assez riche, l'autre qu'Apron qui estoit opiniastre en sa secte voudroit vn gendre qui en fust, afin qu'il eust plus de correspondance* auec ses fils. Neantmoins Yoland qui cognoissoit l'humeur de son mari, se promettoit de faire tant par caresses & par persuasion, que de lui faire trouuer bonne ceste alliance & de surmonter ces difficultez. Mais pour cela il faloit du temps. Durant lequel la conuersation* augmenta de telle sorte les honnes-tes* affections des deux Amans, qu'ils se promirent l'vn à l'autre vne foy inuiolable. Cela estoit tout : Car comme les Allemans sont fort fidelles en leurs parolles, ils sont aussi assez continens, pour ne se porter pas si precipitamment à la consommation du mariage, comme font les nations d'vn temperament plus bouillant & plus chaud.

Tandis qu'ils temporisent & se nourrissent d'esperance, Yoland regardant Demetre comme s'il eust desia esté son gendre, & Vrsicine caressant Amalasonte, comme si elle eust esté sa belle fille, l'vne & l'autre de ces meres encourageans leurs enfans à s'entr'aimer purement & honorablement iusques à ce qu'Hymen les eust inseparablement vnis. Voici la fortune qui vient par vn soudain tourbillon troubler toute ceste bonace. Apron dans le traffic qu'il exerçoit auoit de grands[1] affaires à desmesler auec vn marchand de Nuremberg, qui s'estoit venu habiter* à Francfort. Cestui-ci vient à mourir, & ne laisse qu'vn fils son heritier. Il s'appelloit Maximin, l'homme le plus [43] mal faict, & le plus hideux que l'on puisse imaginer, il estoit aussi rond que long, car il estoit toute panse, pareil à ces poissons de mer qui sont tout ventre. Vn

---

1 *Affaires* est masculin ou féminin.

visage à faire peur, des yeux enuironnez d'escarlate, vn nez dont on n'osoit approcher qu'auec des gants d'Espagne, vne bouche qui estoit vn vrai entonnoir : car il estoit tellement addonné à l'yurognerie, que comme le iour ne lui estoit pas assez long pour boire, la nuict estoit trop courte pour le desenyurer. Homme neantmoins auec tout cela qui sçauoit son conte, tacquin* & espargnant en tout, sinon à emplir son ventre. Ce bel oyseau auoit quelquefois ietté ses yeux sur Amalasonte, & l'auoit trouuee assez à son gré. Entrant en la succession de son pere il voulut faire ses contes auec Apron, afin que leur closture fust vn seau de leur amitié. Il s'y trouue diuerses parties* embrouillees, des mises & des receptes incertaines, & qui se rapportoyent plutost à la memoire du defunct qu'à son iournal. Ils contestent, & comme ils sont prests d'entrer en procés (labyrinthe d'où l'on ne sort pas si aisement que l'on y entre) pour euiter ce mal-heur* qui n'est pas moins funeste en vne maison que le cheual de bois le fut à Troye, Maximin dit à Apron. Ie viens de perdre mon pere, i'en veux retrouuer vn autre en vous, & deuenir vostre fils. Si vous me voulez donner vostre fille en mariage, ceste alliance assoupira tous nos differens, & ie me contenterai de trois mille escus de dotte (ce n'estoit pas le quart de ce qu'Apron pouuoit donner.) Ceci fit ouurir les oreilles à ce pere, lequel considerant la richesse du parti, le peu [44] qu'il lui demandoit en mariage, & de plus qu'il tranchoit la teste à vne hydre de procés, donna sur le champ sa parole à Maximin, sacrifiant ainsi sa fille à ses propres interests*.

Ceci estant sceu, si les Amans & les deux meres eurent du trouble, il ne le faut pas demander. Certe parolle engagee sembloit vn mal heur ineuitable, & ceste soudaineté estoit vne foudre qui auoit deuancé l'esclair. De contredire à Apron, c'estoit opposer des digues à vn torrent : il estoit testu, qualité inseparable d'vn heretique, furieux en sa cholere & terrible à ceux qui le contrarioyent.

C'est ici que la sagesse d'Yoland perd son escrime. De parler de Demetre, ce n'estoit pas la saison, au contraire c'estoit tout gaster & haster le mariage d'Amalasonte, & du beau Maximin, au lieu de le retarder. La prouidence se mit de la partie, & tandis que la prudence* d'Yoland respira, afin de trouuer quelque expedient pour euiter ceste tempeste, vne difficulté naist dans les articles de l'accord. Le principal desquels estoit qu'Amalasonte changeast de Religion, & se fist Lutherienne. Apron qui estoit de ceste secte dict qu'il y consentoit, mais qu'il ne sçauoit pas si sa fille s'y resoudroit, parce qu'elle auoit vne teste[1] aussi bien que sa mere, laquelle il auoit autrefois preschee tant qu'il auoit pû, sans lui pouuoir faire quitter les abus de la superstition Papistique. Sans cela Maximin qui estoit bien autant amoureux du vin & de son interest* que d'vne femme, disoit ne pouyoir passer outre en ceste alliance, parce que c'estoit la coustume de Nuremberg, & [45] que s'il y vouloit retourner, sa femme y seroit mal venue parmi ses parens qui estoyent tous Protestans zelez, & qu'il trouueroyent mauvais qu'il se fust attaché à vne femme d'autre creance.

Ceci r'apporté à Amalasonte qui eust aussi tost espousé vne biere[2] que Maximin, qui estoit vn vrai tonneau de vin & de biere, quand elle n'eust eu aucune affection à sa Religion elle s'y fust monstree pleine de zele, veu mesme que sa foy appuyoit son Amour, ce qui la rendit plus viue, estant animee de ceste charité. Elle proteste donc de mourir mille fois plustost que d'embrasser vne autre creance que la Catholique. Yoland qui l'y auoit esleuee, & qui sçauoit ses intentions l'encourage à ceste resolution, & se courrouçant de ce qu'on vouloit seduire* sa fille & lui faire embrasser vne autre Religion, faict vne telle tempeste que l'on est contrainct de laisser en paix ces deux femelles, iusques à ce qu'elles se fussent r'auisees. Ce respir[3] donna moyen à Yoland d'ourdir la trame que vous entendrez pour la deliurance & consolation de sa fille.

---

1   Elle est *têtue*.
2   L'expression plus courante est «épouser un cercueil». *Cf.* III, 6 [71].
3   1660 corrige : répit. Mais *respir* est bien attesté au sens de *respiration*, et *prendre respir* au sens de prendre haleine.

Amalasonte par le conseil de sa mere contrefaict la malade ; & s'estant donné par artifice* vn mauuais teinct, elle faict la languissante & abbatue, on faict dire à vn Medecin que le changement d'air lui est necessaire, & qu'il seroit bon qu'elle prist pour quelques iours celui des champs. Apron consentit à cela, & mesme que sa femme l'y accompagnast, estimant que ce diuertissement les mettoit en meilleure humeur & en train* d'acheuer le mariage auec Maximin par le change[46]ment que nous auons dict. Mais s'il fut trompé en son iugement, vous le verrez par le succés*.

Il auoit vne belle metairie à quelques lieuës de Francfort, où il les enuoye. Là Yoland est visitee par sa grande amie Vrsicine, & Demetre sous pretetxte d'accompagner sa mere, ne manque pas d'aller voir Amalasonte & d'y renouueller les sermens de leur alliance. Durant ceste absence Apron pressé par Maximin sollicitoit sans cesse par lettres, par message, & mesme par son fils, Yoland & sa fille de lui donner satisfaction touchant le mariage auquel il s'estoit engagé. Cela fut cause du stratageme que vous allez entendre.

Les deux Amans autorisez* de leurs deux meres & en leur presence se donnent la main, l'anneau & la foy. S'ils consommerent alors leur mariage, ma Relation ne le porte point. C'en est faict, ce traitté est irreuocable, il faut ou mourir, ou le tenir, ou plutost le tenir iusqu'à la mort. Yoland fit faire vn visage de cire si semblable à celui de sa fille, sinon qu'il estoit pasle & sans aucune couleur, qu'il n'y auoit rien de mieux faict. Elle met ceste teste sur vn corps de bois, & cependant Amalasonte se met au lict, & comme si elle fust retombee malade, en deux iours on la tient à l'extremité, & vn matin on faict courir le bruit que durant la nuict elle estoit expiree. On la fait cacher en quelque lieu durant que se iouëra la Comedie que vous allez voir. La mere faict enseuelir ce corps de bois dans vn linceul, le met dedans vne biere, laisse seulement le visage descouuert, qu'elle enuironne de cheueux sembla[47]bles à ceux d'Amalasonte. A voir cette image (qui me faict souuenir de la statue que Michol mit dans le lict en la place

de David)[1] il n'y a aucun qui ne l'eust prise pour ceste fille morte.
Le pere accourt & les freres aussi, qui donnerent quelques larmes
au lieu d'eau beniste à ce spectacle, & de peur de prier Dieu pour
la trespassee & se souiller des ceremonies Papistiques, s'en retournerent à la ville plus viste qu'ils n'estoyent venus. Cependant ce
fantosme* est enterré au lieu d'Amalasonte, & Yoland sceut si bien
plorer & contrefaire l'affligee, qu'il n'y auoit celui qui n'eust de
la compassion de sa tristesse, & qui ne s'essayast de la consoler.

Cependant Amalasonte, Demetre, Vrsicine & elle se rient en
leur particulier* de ces feintes funerailles, que tout le monde tenoit
pour vrayes. Ris pourtant qui furent incontinent changez en de
tendres pleurs que ces meres verserent sur leurs enfans, ausquels
elles furent contraintes de donner congé pour quelque temps. Ils
partirent secrettement chargez de tout l'or, l'argent & les ioyaux
qu'ils purent emporter, & trauersans toute l'Alemagne par les pays
de Turinge, de Saxe & de Brandebourg ils se rendirent à Stetin,
ville fort marchande situee en la prouince de Pomeranie, sur les
riuage de la riuiere Oder, qui se va assez de là rendre dans la mer
Baltique. Là ils dresserent leur mesnage*, & Demetre commença
à y faire son traffic auec tant de iugement & de bon-heur*, qu'il
eust volontiers dit auec Themistocle en son bannissement, qu'il
estoit perdu s'il ne se fust perdu[2]. [48]Durant le temps de deux
ans que dura ceste absence on fit croire que Demetre estant allé
à Hambourg pour son traffic, & s'estant embarqué pour aller à
Coppenaue en Dannemarc estoit peri sur la mer. Vrsicine en
contrefit si bien la dolente & l'espleuree, qu'il n'y auoit celui dans
Francfort qui ne le tint pour perdu, tandis qu'il se noye dans les
legitimes embrassemens d'Amalasonte.

---

1   1 S 19, 13.
2   Plutarque, Vie de Thémistocle, XXXV : Thémistocle, exilé, se réfugie auprès d'Artaxerxès,
    le roi des Perses, dont il a été l'adversaire. Il gagne la confiance du roi, qui le traite
    avec magnificence, et Thémistocle, trouvant un jour sa table splendidement servie,
    dit à ses enfants : «Mes amis, nous étions perdus, si nous n'avions été perdus.»

Cependant Yoland cherchoit toute sorte de moyens pour descouurir ce stratageme à son mari, & lui faire trouuer bon ce mariage qu'elle auoit faict sans son congé, tandis qu'elle differe retenuë tantost de la honte, tantost de la crainte qu'elle a de la cholere de son mari, ou de faire parler le monde. La fortune la preuient par vne disgrace inopinee. Apron faisoit bastir chez lui. Tandis qu'il est parmi les massons selon l'ardeur ordinaire de ceux qui bastissent lesquels ne trouuent rien de bien fait, que ce qu'ils ordonnent : voila vn eschaffaut chargé de pierres & d'autres materiaux qui va lascher, & toute ceste charge fondant sur ce pauure homme, il en fut tellement brisé qu'il pensa mourir sur la place. On le rapporte sur le lict, & il se trouua tellement offensé* à la teste, qu'il en perdit le iugement, la cognoissance, l'ouye & la parole : & deux heures apres le premier appareil il expira.

Le trouble d'Yoland fut tel, & l'estat où se trouuoit son mari si peu capable d'intelligence* qu'il ne lui fut pas possible de lui dire en ceste extremité ce qu'elle auoit resolu de lui declarer touchant Amalasonte. Il est mis en terre par ceux de sa secte. [49]

Quelques iours apres Yoland descouurit à ses fils l'artifice* dont elle s'estoit seruie pour marier leur sœur à Demetre. Ils s'estoyent tellement persuadé que ces deux Amans fussent morts, qu'ils tindrent ceste Histoire pour vne fable, & incredules comme S.Thomas protestoyent de ne croire que ce qu'ils verroyent, soustenans opiniastrement qu'ils auoyent veu leur sœur morte dans le cercueil. Demetre & Amalasonte sont priez de reuenir par leurs meres, & auertis de la mort d'Apron. Ils eurent de la peine à quitter Stetin, où ils faisoyent bien leurs affaires. Mais le secret aimant de la patrie, qui attiroit leurs cœurs par des chaisnes inuisibles, les fit reuenir apres auoir mis vn facteur* pour gouuerner leur commerce.

A leur retour on les prenoit pour des fantosmes*, tant la creance de leur mort estoit enracinee dans les esprits. Dieu sçait comme cet Euenement courut par les langues du vulgaire*. En

fin, les freres recognurent leur sœur, mais de visage* seulement,
& non d'effect. Car quand Yoland & Demetre les inuiterent à
faire quelque part de leurs biens à Amalasonte & de lui donner
quelque dotte, veu mesme que le pere estoit mort sans tester,
ils respondirent qu'ils n'y estoyent pas obligez, veu qu'elle s'estoit mariee contre le gré de leur pere. Il est bien vrai, repartoit
Yoland, que c'est sans son consentement, mais non pas contre
son gré, parce que s'il n'eust esté preuenu d'vne mort si soudaine,
ie suis asseurée* que ie lui eusse faict approuuer cette alliance,
en laquelle s'il y a de la faute, elle est toute à moy qui l'ay faite
pour sauuer la vie & la foy à ma fille. Sa vie, par[50]ce qu'elle
fust plutost morte que d'espouser Maximin, & si par force* on
lui eust faict prendre cet homme, elle fust morte de tristesse. Sa
foy, parce qu'il l'eust tant affligee & si mal traittee, qu'elle eust
esté en danger de renoncer à sa Religion : & i'aimerois mieux la
voir dans le tombeau, que dans l'Apostasie.

Les freres qui n'auoyent point de charité, ni d'autre Dieu que
Mammone, ne voulurent rien demordre que par la force de la
iustice, laquelle ouyes les raisons de la mere, ordonna qu'Apron
estant mort sans faire testament, & n'ayant point des-approuué
vn mariage que la mere auoit autorisé, Amalasonte entreroit en
la part qui arriuoit de l'heritage de son pere. Ce qui fut executé,
malgré le mauuais naturel de ces freres interessez.* Et Yoland qui
aimoit ceste fille comme ses yeux, & comme la fille de son ame
& de sa creance, aussi bien que de son corps, chastia les freres
de leur mauuaise volonté, instituant Amalasonte son heritiere
vniuerselle apres quelques honnestes* legats* qu'elle fit à ses fils.
Ainsi Demetre & Amalasonte furent comblez de biens comme de
contentement pour auoir suiui le prudent conseil de leurs meres.
Mais l'accortise* d'Yoland reluit principalement en ceste Relation en
trouuant le moyen de conseruer la paix en sa famille, de maintenir
sa fille en sa Religion, & de la marier à son consentement. [51]

Le Peruerti Converti.
EVENEMENT V.

Le monde est vne mer. Celle-ci a ses flux & reflux, celui-la
ses vicissitudes. Celle-ci se meut selon la lune. Celui-la selon
les occurrences*. Celle-ci change de couleur selon les vents qui
l'agitent. Celui-la d'humeur selon les passions qui l'esbranlent.
L'vn & l'autre sont pleins d'abysmes, de gouffres, de bancs* &
d'escueils. En l'vn & en l'autre se font des naufrages. Celle-ci
n'a point plus de flots, que l'autre d'euenemens. En celle-ci il
y a des monstres sans nombre. En celui-là il arriue vne infinite
de prodiges. Et l'vn & l'autre sont des theatres d'inconstance
& de changement. En celle-ci quelquefois les vents contraires
font arriuer au port. En celui-là les aduersitez addressent* au
salut. Selon ce que dit le Psalmiste : Quand Dieu frappoit Israël
il reuenoit à lui, & en multipliant ses calamitez il retournoit à
resipiscence. Vn iour par vn accident memorable en vne tempeste
il y eut vn flot qui emporta vn matelot de dessus le tillac en la
mer, & par vn contreflot il fut reporté sur la nauire, iouët admirable de ces elemens. Et ceux qui s'amusent*sur ses riuages où
les ondes s'entrepoussent sans cesse, remarquent que les mesmes
squilles*[1] & coquilles qu'il pousse au bord, il les r'auale, & puis
après les reuomit. L'homme qui flotte sur la mer des inconstances
du monde a cela de Iob pour comble de sa misere, [52] de ne
demeurer iamais en vn mesme estat. D'où vient que par vn Apostre
il est comparé tantost à la nuée, tantost à l'escume, tantost à la
vague[2], toute chose qui se remuent selon l'agitation des vents.
Nous allons voir ceci au tableau d'vn autre Ionas englouti dans
le ventre d'vne Baleine, & enseueli dans les abysmes de l'heresie

---

1   Il y a bien aussi squille = esquille (H), avec un sens ancien de «morceaux» de
    quelque chose.
2   Jd 1, 12-13.

& de l'infidelité, reietté à la fin par vn heureux* desastre* au riuage de la foy, & planté par son propre naufrage sur le rocher de la vraye Eglise.

La rebellion Huguenotte qui forme vn Estat dans l'Estat, & qui establit vne Republique dans ceste Monarchie, possede diuerses villes sous diuers tiltres, les vnes s'appellent d'Ostage, les autres de Retraitte, d'autres de Liberté, celles-ci de Seureté, les autres de Refuge : autant de noms que d'artifices* de reuolte : & par tous ces lieux (dont le nombre a esté diminué par les glorieuses victoires de nostre Iuste Monarque) l'auctorité Royale n'est reconnuë que sous benefice d'inuentaire. En l'vne de ces Retraittes ou plustost tasnieres de Renards qui demolissent la vigne de ce Royaume, (sans la nommer il me suffira de dire qu'elle est en Guyenne & peu esloignee de Tolose.) il y auoit deux soldats qui viuoyent comme Camarades en vne grande & fort estroitte amitié. Si vne amitié parfaittement vraye se peut former entre deux personnes diuerses en creance, ie di ceci parce qu'il y en auoit vn Catholique & l'autre Huguenot. Bien que ceste ville fust en la puissance de ceux de la Religion pretenduë, si est-ce qu'il y auoit encore plusieurs Catholiques, mais foibles, desarmez & tout à faict sous le ioug & la domination [53] des Pretendans. Le Catholique, le nom duquel sera Flodoard, ayant tousiours porté les armes parmi les Religionnaires, auoit de coustume de dire que sa creance estoit Papistique, mais son espee huguenotte, & viuoit ainsi d'vne façon libertine sans autre souci que celui des soldats, qui est de chercher vne bonne fortune.

La paix ayant esté donnee à la France par les trauaux & les mains victorieuses du grand Henry, pere valeureux de nostre Monarque inuincible, les espees furent mises au croc, & chascun viuants sous son figuier & sous sa vigne, ne pensoit qu'à reparer par son mesnage* les ruines de la guerre. Flodoard se retire auec Lampsaque son compagnon au lieu de leur commune naissance. Là ils viuent quelque temps en garcons, c'est-à-dire, en soldats licentiez, qui ne sçauent autre mestier que de mener dans l'oisiueté vne vie licentieuse. Le vin, les femmes, le ieu sont leurs plus ordinaires occupations*. Apres plusieurs desbauches Lampsaque se marie à vne fille de sa creance, qui s'appelloit Diane, nom de mauuaise augure pour* l'enseigne* du croissant. Si elle auoit esté fille affettee*, elle fut femme assez iouiale, & dont les yeux & les contenances* preschoyent autre chose que reformation. Si elle auoit aimé à estre adoree & mugue-tee* auparauant qu'elle fust engagee dans le mariage, depuis elle continua en ceste libre humeur. Et bien qu'elle iurast son certes*, qu'elle ne pensoit point à mal, elle donnoit occasion d'y penser, & prenoit plaisir à lancer ça & là des feux, que peut estre ne vouloit elle pas esteindre. Elle estoit de celles qui sont vne grande partie du matin à se parer, [54] à se mirer, à se friser, à se polir, & qui sans cesse importunoit son mari pour aller pompeuse & paree plus que Lampsaque n'eust desiré, plus aussi que ne portoit sa condition & ses moyens, mais beaucoup plus que ne permettoyent les austeres regles de la Saincte reformation.

Il estoit mal-aisé en tendant tant de filets, que quelque oyseau ne s'y prist. Bien qu'elle ne fust pas des plus laides, elle apportoit tant de soin à cacher ses deffauts, & à releuer ce qu'elle auoit de prisable, que l'art surmontant la nature la faisoit paroistre beau-coup plus agreable qu'elle n'eust esté sous de simples attours. Plusieurs furent amorcez* de ses appasts, mais pas vn ne le fut si fortement que Flodoard, qui par l'ancienne familiarité qu'il auoit auec le mari auoit tel acces qu'il vouloit aupres de la femme. Nostre nation est si franche, & si peu desfiante, que quelques priuautez que l'on voye pratiquer à vne femme, on n'en soupçonne point de mal, si elles ne sont tellement desreglees, que le scandale en sorte. Lampsaque coiffé de sa femme comme vn nouueau marié, la tient aussi fidelle qu'elle lui paroist agreable, & il eust estimé faire tort à la longue cognoissance qu'il auoit de son Ami, de s'ombrager de lui, & de penser qu'il voulust brasser aucune tra-hison contre son honneur. Il voit neantmoins des folastreries & des ieux peut estre moins malicieux* que considerez[1], qui eussent

---

1   1660 ne corrige pas. Mais la phrase ne fait pas grand sens à moins de rétablir *inconsiderez* (v. Glossaire).

pû mettre en ceruelle* vne humeur plus ialouse que la sienne.
Il n'est pas si neuf qu'il ne cognoisse la fragilité de la femme, &
la subtilité de ce feu qui faict preferer l'Amour à l'Amitié. Il se
tient [55] moderement sur ses gardes, & sans effaroucher son
Ami d'vne mine* fascheuse, il lui tesmoigne qu'il a des yeux, &
vn courage* qui ne peut supporter vne offense. Ce qui faict que
Flodoard marche plus reserué, neantmoins pour cacher sous vne
feinte naïfueté vn artifice* veritable, il se comporte aupres de
Diane comme vers les autres de son sexe, ni trop libre, ni trop
retenu, pour ne monstrer de l'industrie en sa conduitte*.

Ceste Histoire sur les lieux mesmes m'a esté racontee si diuersement, que ie ne sçay à quelle opinion m'arrester, tant elles sont
toutes vrai-semblables. Les vns dissent que si Flodoard auoit de la
passion pour Diane, que celle-ci n'en ressentoit pas moins pour
lui. D'autres qui defendant l'honneur de ceste femme, disent
qu'elle estoit plus affettee* que mauuaise en effect, & qu'estant
bien aise de le voir plein de feu qu'elle auoit allumé en son
Cœur, elle se mocquoit de lui & prenoit son passetemps de ses
poursuites & de ses plaintes, humant ses souspirs & beuuant ses
larmes comme des parfums & des liqueurs* delicieuses. D'autres
asseurent qu'elle souffroit sa part des tourmens, & qu'elle estoit,
dirai-ie, de bonne ou de mauuaise intelligence* auec Flodoard.
D'autres pour la iustifier soustenoyent qu'aussi tost que Flodoard
lui eust manifesté le malheureux* dessein qu'il auoit sur elle,
soudain elle en auertit Lampsaque, afin qu'il y donnast ordre, &
qu'interdisant l'entrée de sa maison à cet insensé, il le destournast
de ses folles pretensions*. Comment que ce soit tous auoüent
qu'elle estoit aucunement* complice de la passion de Flodoard,
prenant [56] plaisir à le voir engagé dans ses filets, complaisance
assez ordinaire aux femmes vaines*.

Soit donc que ce fust par le conseil de son mari, soit qu'elle fust
poussee à cela par le Genie de la Reformation pretendue, elle se
seruit de ceste violente inclination que ce miserable* auoit pour
elle pour le faire descheoir de la foy de ses peres & le pousser dans
le precipice de l'Erreur. Ce n'est pas d'auiourd'hui que la chair

sert de leurre aux heretiques pour piper les Catholiques. Dés la naissance du monde ce fut la premiere femme dont le diable se seruit pour seduire* l'homme sous le pretexte de la science du bien & du mal.

Tandis que Flodoard tasche par ses belles paroles à persuader à Diane qu'elle viole vn des commandemens de Dieu en souillant par vn infame adultere vn lict honorable & vne couche qui doit estre exempte de tache, Diane le catechize si dextrement, qu'elle lui faict perdre la foy Catholique. L'heresie estant la punition des autres pechez, il ne se faut pas estonner si Flodoard qui auoit tousiours mené vne vie desreglee, & si peu conforme à la creance Catholique, fit banqueroute à sa religion. Veu mesme que S. Pierre renonça bien son Maistre pour* vne simple chambriere¹. Ce que Lampsaque auoit vainement essayé tant de fois, soit par ses per-suasions, soit par des conferences* auec ses Ministres, qui estoit d'attirer Flodoard à sa secte, lui estant auis qu'il ne manquoit que ce point à la perfection de son amitié, & que c'estoit vn grand dommage qu'vn si braue soldat, & vn si galand* homme que son Camarade fust Papiste, voila que les ruses de sa femme l'effectuent [57] en peu de temps. Et à dire la verité, la foy estant vn don d'en-haut & vn rayon du Pere des lumieres, il ne faut pas s'estonner s'il s'esuanouït deuant le nuage espais d'une passion sensuelle. C'est ce que dit le Psalmiste : Le feu est tombé (c'est-à-dire, le feu plein de noirceur & de fumee de la concupiscence)² & ils ne voyent plus le Soleil, c'est-à-dire la splendeur de la verité. Voila comme vn abysme en appelle vn autre, & en fin comme l'on arriue par degrez au profond des abysmes qui est l'heresie.

Les Pretendans selon leur coustume firent de grands trophees de la conqueste de Flodoard à leur parti. Lequel pour s'estre fait

---

1 Lc 22, 56-57. *Pour* dans cette phrase exprime la cause. Pierre, assis dans la cour après que Jésus a été pris, répond «Femme je ne le connais pas» à une servante qui vient de dire : «Cet homme était aussi avec lui».
2 Ps 140, 11.

Religionnaire Reformé ne perdit pas la sale poursuite de Diane, estimant que par sa conuersion il flechiroit à ses vœux sa belle Catechiste. Et d'effect le plus commun bruit de la ville estoit que comme il s'estoit rendu à sa creance, elle aussi s'estoit rangee à sa volonté : & tandis qu'ils violoient vn commandement diuin, que Lampsaque auoit sur le front d'autres rayons que ceux de Moyse.

Ce sont là les fruicts de la Reformation des Euangeliques de nostre âge, en cela vrais Reformateurs ou plustost Renuerseurs de l'Euangile mettans la liberté de la chair en place de la continence, qui y est tant recommandee.

Cette vie deshonneste & dissolue ne peut pas durer long temps, ni estre conduite auec tant d'accortise*, que Lampsaque ne s'en apperceust. Il fit vn voyage de quelques iours, durant lequel Flodoard ne bougea de sa maison. A son retour plusieurs lui en firent le rapport, & le bruit se fit si grand de ceste frequentation scandaleuse, qu'il en estoit [58] monstré au doigt, & par toutes les compagnies on se gaussoit de lui presque ouuertement. Neantmoins il estoit si coiffé de l'amour de sa bonne femme, & auoit tant d'affection pour ce cher ami qui estoit vn autre lui mesme, qu'il mesprisoit ces murmures & les tenoit pour des calomnies. A la fin ses yeux s'ouurirent, & soit que l'impudicité qui est tousiours accompagnee d'impudence, eust amené ces Amans aueuglez iusques à vn tel degree d'insolence* de ne chercher plus les tenebres pour cacher leurs larcins, soit qu'il y eust, comme tiennent quelques-vns, intelligence* entre Lampsaque & Diane pour se deffaire de Flodoard, & par sa ruine reconquerir la reputation qu'ils auoient perdue dans l'opinion publique ; tant y a que Flodoard fut pris au tresbuchet comme un oyseau niais*, & receut le chastiment de sa folie, dans lequel nous verrons que la misericorde de Dieu surnagera sa iustice.

Comme la chose se raconte diuersement, la pure verité de ce faict estant demeuree enseuelie dans le puits de Democrite ; ie seray contrainct & contant de representer les deux visages *qu'on lui donnoit, afin que le Lecteur choisisse celui qui lui semblera le plus vrai-semblable. De ceste sorte ie rapporterai fidellement ce qui se disoit tant par ceux qui vouloient sauuer l'honneur de ceste femme, que par ceux qui l'accusoient comme coupable.

Ceux-là disoient que Lampsaque resolu de punir le traitre Flodoard, qui s'efforçoit de violer aussi laschement les loix de l'amitié, que deshonnestement celles du sainct Mariage, comman[59]da à sa femme de lui faire bon visage, afin qu'amorcé* de ce doux appast, il pust, estant caché en quelque lieu d'où il le pust voir, & entendre, connoistre de quelle façon il se portoit en ses solicitations. Feignant donc vn voyage dehors, l'Amoureux nouuellement reformé ne manqua pas à aller faire ses vœux[1] deuant son idole reformee : mais comme il voulut passer des paroles à des ieux qui firent perdre la patience* à celui qui estoit en embuscade, aussi tost sortant de sa cachette il se ietta tout à coup sur Flodoard, & l'ayant enfoncé* de trois grands coups de poignard lui fit mordre la terre. Aussi tost il s'enfuit sans toucher à sa femme. Ce qui a fait coniecturer qu'ils estoient d'intelligence*, & sur ceste intelligence* on fonde l'honnesteté de ceste femme. Mais c'est de là mesme que ceux de l'autre opinion tirent son deshonneur, & prennent occasion de deschirer sa renommee : disans que le mari ayant recognu par des preuues indubitables qu'elle lui auoit faussé la foy, & que Flodoard auoit obtenu d'elle ce qui n'appartient qu'à l'espoux, ne pouuant se desprendre de l'amour qu'il auoit pour elle, & bruslant du desir de se vanger de Flodoard, lui auoit promis impunité, pourueu qu'elle lui donnast le moyen de se vanger à son plaisir de celui qui auoit surprins sa fragilité, & que ceste femme pour sauuer sa vie auoit ioüé ce mauuais tour à Flodoard, que de l'exposer à la merci de Lampsaque.

1　Construction du participe présent absolu très fréquente chez Camus : c'est bien sûr Lampsaque qui feint un voyage, et Flodoard qui va «faire ses vœux». Pour cette «liberté» de langue attribuée au XVIᵉ siècle, v. F. Brunot, *Histoire de la langue française des origines à nos jours*, Tome III, deuxième partie, Armand Colin, 1966, p. 596-598.

Ceste derniere creance estoit la plus commune & appuyee de fortes coniectures : neantmoins pour ne iuger temerairement d'vn faict incertain & embrouillé, ie ne decide rien. Tant y a que Flo[60]doard est laissé pour mort sur la place, percé de trois grands coups de dague : dont l'vn lui donnoit sur le col, & les deux autres dans le corps. Il fut accueilli* si soudainement, qu'il fut surpris comme d'vn coup de tonnerre, & n'eut aucun loisir ni de se mettre en defense, ni de crier tandis qu'il nage dans vn ruisseau de sang. Diane que l'on tient auoir euité la fureur de Lampsaque en se sauuant dans vn cabinet, commence à faire de la rumeur, les domestiques* accourent, appellent les voisins ; on s'assemble, Flodoard est tenu pour mort, estant sans parole & sans mouuement : neantmoins parce que le cœur lui bat encores, il est porté chez vn Chirurgien qui iuge ses playes tres dangereuses, toutefois il y voit quelque rayon d'esperance, parce qu'il auoit esté promptement secouru, & deuant qu'il perdist tout son sang.

Quelque temps après l'esprit, le sentiment* & la parole lui reuindrent. Le premier mot qu'il profera retourné de ce long esuanouïssement, ce fut, *vn Prestre*. Ce qui estonna tous les assistans de la Pretendue qui s'estoient peu de iours auparauant resiouïs de sa conuersion. Quelques Catholiques qui deploroient & l'ame & le corps de ce pauure ieune homme, recueillirent comme ils deuoient ceste parole, & font aussi tost venir vn Prestre, à la veuë duquel ce demi mort parut comme reprenant vne nouuelle vie. Qu'est-il besoin de plus long discours ? Ayant repris vn bon & entier iugement, il demanda aussi tost d'estre remis dans le sein de l'Eglise Catholique, dans lequel il vouloit mourir. Et comme le Prestre lui dit qu'auant que de l'y receuoir, il falloit qu'il abiurast l'heresie. [61] Helas, dit-il, comme voulez vous que i'abiure vne creance que ie ne sceus, & que ie n'eus iamais, ayant esté caiollé* & pipé par les attraicts d'vne femme, ou plustost d'vn demon qui en auoit la forme ? Non ie ne fus iamais Huguenot. Neantmoins puis que i'ay esté si mal-heureux* que de le feindre, & de quitter, mais en apparence seulement, ma Religion : ie proteste deuant Dieu ayant l'ame sur les leures, & prest de comparoistre deuant le thrône de sa misericorde, que ie renonce à toutes les opinions contraires à la foy Catholique Apostolique & Romaine, en laquelle i'ay tousiours vescu, & en laquelle ie veux mourir. Il fit prostestations solennelles en presence de plusieurs Religionnaires, qui touchez de son zele & de sa constance ne disoient pas ce qu'ils en pensoient.

Le Prestre le reconcilia à l'Eglise, & puis lui donna l'absolution de ses pechez, qu'il vouloit confesser tout haut, si l'Ecclesiastique ne l'en eust empesché, de peur que cette publique declaration de ses fautes n'apportast du scandale à quelqu'vn. Son ame bien remise reuigoura si bien son corps, que peu à peu on commença à mieux esperer de ses playes, bien que le blessé ne pensant pas en releuer se disposoit tous les iours à la mort.

On fit venir d'vne ville voisine des Peres Iesuites, Religieux que les Huguenots aiment comme chascun sçait. Ils entrerent sous le benefice des Edicts en ceste ville d'ostage, non sans murmure des Ministres, & des principaux du Consistoire. Mais le peuple simple les regardoit auec estonnement, abbreuué de si estranges impressions par les Predicateurs, qu'il s'esmerueilloit que ce [62] fussent des hommes, en quoi il eust esté pardonnable s'il les eust pris pour ce qu'ils sont veritablement, Anges du Dieu des batailles, & destinez comme des armees de Dieu pour terrasser* l'heresie. Flodoard les vit de cet oeil, & en ceste qualité là, & en fut fortifié & consolé. Il les pria de ne l'abandonner point en ceste extremité, & ils lui rendirent vne assiduité & vn seruice notables. Ces ouuriers de la vigne firent durant leur sejour aupres de ce malade des conferences* & des disputes auec les Errans, & des predications aux Catholiques qui pousserent de grand fruicts.

Mais pour reuenir à Flodoard n'est-ce pas vn excez de la misericorde diuine, que Dieu l'ait visité de son Orient d'en-haut au milieu de tant de tenebres de dissolution & d'infidelité ? qu'il l'ait preserué de la mort premiere & de la seconde tout à la fois ? & que lui faisant tirer force de son infirmité, & profit de son dommage, par l'affliction du corps il ait donné non seulement la santé de la croyance à l'ame, mais encore la saincteté quant aux mœurs, ainsi que vous entendrez.

O Seigneur que vos œuures sont admirables ! mon ame ne les voit & ne les cognoist que trop, vos tesmoignages ne sont que trop croyables ; c'est vous qui mortifiez & qui viuifiez, qui poussez aux enfers & qui en ramenez : c'est vous qui esclairez ceux qui sont en tenebres & dans la region de l'ombre de la mort, pour addresser* leurs pas aux sentiers de la paix. O grand Dieu que vostre bonté est immense, puis que vous estes si bon aux mauuais ! Quelles faueurs ne ferez vous à vos amis, puis que vous comblez vn ennemi de tant [63] de graces ? ainsi faut-il appeller Flodoard adultere, heretique, desbauché, perdu : Et cependant de ce Saul, de ce vase d'ire & d'ignominie vous en voulez faire vn vaisseau d'élite, & faire surabonder la grace, où le peché a abondé. O bonté adorable, admirable, inexplicable ! O vrayment grand Sauueur, qui tirez ceste ame du lac de la misere, & d'vn vilain bourbier ! O bon Pasteur qui r'appellez ceste brebis esgaree ! O bon mesnager* qui retrouuez ceste dragme perdue ! O bon pere de famille qui receuez ce Prodigue à bras ouuerts, lui redonnant l'anneau & vne belle robbe ! D'vn ouurier qui est la mesme perfection que peut-on attendre sinon des œuures toutes parfaites ?

Flodoard estant remis en estat, auquel les Medecins & les Chirurgiens asseuroient de sa guerison[1], se mit à chanter les eternelles misericordes de Dieu sur lui, & à lui donner loüange par la publication de ses fautes. Soit par modestie*, soit par prudence* & conseil* il n'auoüa iamais d'auoir souillé que de volonté le lict de Lampsaque, protestant de n'auoir eu de Diane que de legeres priuautez que le monde appelle faueurs, encore les attribuoit-il plustost à sa temeraire indiscretion, & à sa propre importunité qu'au consentement de ceste creature.

Mais laissant à part ceste folle passion, de laquelle il fut gueri au mesme instant, qu'il vit fondre sur lui Lampsaque le poignard à la main : il disoit que dans le trouble qui le saisit, il n'eut autre chose deuant les yeux que le regret d'auoir renoncé à sa Religion,

_____

1   *Sic.*

tenant cela pour le fondement indubitable de son mal-[64] heur, &
que se tenant pour mort, il ne souhaittoit autre chose que quelque
moment pour crier merci à Dieu, & lui demander sa grace. Et
ceste diuine bonté exauça le desir & la preparation de son cœur,
& par le chastiment de son corps pourueut à la conseruation de
son ame. Ce qui faisoit chanter au Psalmiste, que le iugement &
la iustice estoient la correction de son siege[1].

O Dieu qui seul faites des merueilles, il n'appartient qu'à
vous de changer la bouë en feu, le plomb en or, & d'vn grand
mal d'en tirer vn grand bien : & de donner aide au miserable*
non seulement dans la tribulation, mais aussi de la tribulation,
faisant de son mal-heur* son bon-heur*, & tirant sa guerison de
la cause de sa blessure. Que vos coups sont fauorables, puis qu'ils
donnent le salut ! Ainsi apres vn tonnerre grondant & bruyant
descend vne douce pluye qui fait auancer les herbes. Ainsi le
figuier dont les fueilles sont si aspres, porte vn fruict si suaue & si
doux. Certes comme les teinturiers auparauant que de mettre en
couleur leurs draps ou leurs laines les trempent dans l'eau d'alun
qui a vne vertu penetrante & abstersiue* : aussi la Prouidence
nous plonge souuent dans les afflictions pour nous en tirer plus
purs & plus nets* & plus susceptibles des belles couleurs de la
vertu, qui sont les liurees de sa grace. Que si le feu de la foudre
est appellé celeste & diuin, parce que les corps qui en ont esté
touchez resistent long temps à la pourriture : Ainsi les afflictions
qui arriuent de la main de Dieu, tirent de la corruption du vice. Et
pour continuer en ceste similitude, comme la foudre qui tombe
sur le ser[65]pent, ne fait que lui oster le venin sans le tuer : aussi
qui ne voit que la tribulation qui accueillit* Flodoard, arrachant
la poison dont son cœur estoit infecté, lui laissa non seulement
la vie du corps, mais lui redonna celle de l'ame, qui provient de
la grace. Et certes les bons Peres qui l'assisterent l'en rendirent

---

1   Ps 97, 2, qui est habituellement traduit en français par : « [...] la justice et le juge-
     ment sont la base de son trône ». Le texte de Vg Ps 96, 2 est : justitia et judicium
     correctio sedis ejus.

si bon mesnager*, qu'il ne la receut pas à vuide, c'est-à-dire en vain, parce que profitant de plus en plus en la consideration de l'extreme danger où il s'estoit veu, il en tira ceste leçon admirable dont le Prophete parle quand il dit, Que ceux qui conçoiuent par la crainte de Dieu, enfantent l'esprit de salut[1]. Aussi nostre Peruerti s'estant conuerti, & à l'Eglise & à Dieu, de tout son cœur, se trouua tout à coup tellement desoccupé des vaines* affections du monde, que l'huile de la grace celeste se multiplia abondamment dans ce vase vuide. Si bien que dressant des montees en son cœur, il alla tousiours croissant de desir en desir iusques à ce qu'il fut paruenu à celui qui meine à la vie parfaite, c'est-à-dire à l'Estat Religieux. Seuré du laict empoisonné des vanitez* & des voluptez du siecles, il fit resolution de se ietter dans vn Cloistre, comme dans vne haure de grace, à l'abry des tempestes & des naufrages du monde.

S'il auoit pardonné sa mort, lors qu'il pensoit mourir, à Lampsaque, voulant mourir de la mort ciuile* il lui pardonna bien plus librement ses blessures, se reconnoissant coupable de volonté de l'attentat dont il auoit esté puni. Estant donc reuenu en vne parfaicte conualescence, il se rendit Religieux dans vne Religion vrayment refor[66]mee, où il caressoit sa chair par des ieusnes, des veilles, des couches dures, des trauaux, des cilices, des fouëts & des disciplines*, & la rendant par ces sainctes industries subjette à l'esprit, viuifiant cestui-ci par la mortification de celle-là, selon ce que dit l'Apostre : Mortifiez vos membres terrestres, parce que ceux qui les mortifieront auront part à la vie qui n'est point tributaire de la mort[2]. [67]

---

1 Peut-être Isaïe (« Sur lui reposera l'Esprit du Seigneur : esprit de sagesse et d'intelligence, esprit de conseil et de force, esprit de connaissance et de crainte du Seigneur. » Is 11,2), chez qui revient l'image de l'enfantement ; *e.g.* : « Nous avons été devant toi, Seigneur, comme une femme enceinte, près d'enfanter, qui se tord et crie dans les douleurs ; mais c'est comme si nous avions enfanté du vent, nous n'apportons pas le salut à la terre, ni au monde de nouveaux habitants » (26,17-18).

2 Col 3, 5.

La Destinee Maritale.
EVENEMENT VI.

QVELQVE proposition que nous facions, si Dieu ne dispose, il ne se fait rien. S'il ne bastit la maison, en vain trauaille-on apres. C'est lui seul qui atteint iustement au but, & comme il faut, & quand il faut, auec des dispositions non moins merueilleuses que suaues. Toutes choses ont leur temps, & c'est lui qui le donne & le determine. Non que sa prouidence & sa prescience impose de la necessité aux choses qu'il a doüees de franchise*, autrement il imiteroit Penelope qui faisoit & deffaisoit son ouurage : mais c'est parce qu'ayant en sa main toutes les extre-mitez de la terre, & sondant les cœurs il sçait les secrets pour les contourner* comme il veut, sans toutefois violenter leur liberté, ni violer leur arbitre. Il voit les pensees de si loing, qu'il cognoist ce qui n'est pas encore, tout lui estant present ; c'est ce qui rend sa prescience infaillible, & les euenemens n'arriuent pas ainsi parce qu'il les sçait, mais il les sçait parce qu'ils auiendront ainsi.

L'ignorance de ceste veritable doctrine a fait choper* les Gentils dans les tenebres qui les enuelopoient, & leur a fait establir l'erreur du destin, auquel ils attachoient la Diuinité mesme, comme Promethee l'est à son rocher. Et semble que les Errans de nostre aage donnent en quelque façon à cet escueil par la mauuaise creance qu'ils ont [68] de la Predestination diuine. Mais où m'emporte le courant de ce discours, & à quel propos* ceste preface ? C'est pour en expliquer sainement le tiltre, duquel on verra la correspondance* auec le subject de ceste Histoire, par la lecture du tissu*. Le mot commun qui nous apprend que les mariages se font au ciel, ne semble-il pas loger ceste saincte vnion dans vne espece de destin, qui semble ineuitable ; pour ce qu'il n'y a point d'addresse*, il n'y a point

de conseil* contre ce que Dieu a resolu de conioindre, comme
il n'y a point de puissance en terre qui puisse desioindre ce
qu'il a conioinct. Les pensees des hommes sont vaines* sans cet
appuy, & elles s'esuanouïssent comme la poussiere à la face du
vent. La preuue de ceci se verra manifestement en la narration
que nous allons faire, où nous verrons vn mariage conduit à sa
fin par vne agreable destinee.

En l'vne de ces superbes villes qui releuent le Brabant au dessus
de toutes les prouinces de Flandres (le memoire que i'en ay n'en
marque point le nom) deux ieunes enfans s'aimerent presque dés
le berceau d'vne amour si forte, qu'elle rauissoit en admiration
tous ceux qui s'arrestoient à la considerer. Quand ie parle ainsi,
vous iugez bien que le sexe entr'eux estoit different, & que leur
Genie donnoit leurs inclinations à ceste flatteuse passion, puis
que deuant que de se cognoi[69]stre eux-mesmes ils sentoient
les attaintes* de ceste propension, que l'on fait naistre de la
connoissance, estant mal-aisé que la volonté se porte, au moins
auec vehemence, vers ce qu'elle ne cognoist point.

Enfans que faites vous ? ce feu que vous maniez, vous bruslera.
Vous en trouuez la flamme belle, mais l'ardeur en est cuisante*.
Leur feu ne fut point de paille, il crut auec leurs ans. Et comme
ce que l'on graue sur de tendres courges, croist & s'aggrandit auec
ce fruict, ainsi en prit-il à leurs cœurs grauez des plus nobles &
vertueux characteres* de ceste passion. Le temps de leur premiere
enfance s'estant escoulé parmi des ieux qui tesmoignoient l'innocence de leur aage, Delphin deuenu grandelet fut ietté dans vn
College pour y prendre la teinture des lettres*. Dans le tintamarre
de ces classes & dans ceste discipline* presque monastique, il ne
pouuoit arracher Austreberte de son souuenir, parmi tant d'espines
qui se rencontrent en ces rudes commencemens la memoire de
ceste fille estoit sa rose. D'autre costé Austreberte n'estoit pas
moins ennuyee de son absence, c'estoit vne Lune en eclipse,
elle ne faisoit que souspirer & se plaindre. Aucun diuertissement
ne la pouuoit esgayer. Sombre, solitaire, melancholique, d'vne

couleur pasle, d'vn oeil abbatu, d'vne humeur morne, d'vne façon descontenancee, toutes marques de ceste maladie si commune à la ieunesse : & que pour desguiser on appelle iaunisse.

A la fin le cours de ces importunes estudes s'escoula sans auoir en rien alteré les affections de [70] ces ieunes ames. Tant il est vray que le vase retient tousiours le goust de la premiere liqueur* dont il est imbu. Les niaiseries* de l'enfance estoient esuanouïes. Ce fut serieusement & iudicieusement que leur bienueillance commença à se conduire. Les parens qui estoient voisins auoient du plaisir à voir ceste constance en vn aage aussi muable que le vif argent. Il n'y auoit que leur aage encore trop tendre pour porter le ioug d'Hymen qui retardast leur recherche. Il est vray qu'il y auoit entre ces parties* cet obstacle si commun dans le monde de l'inegalité des biens. Mais Delfin qui estoit le plus foible de ce costé, donnoit de si belles esperances de son futur merite, qu'il est à croire qu'en fin l'on eust concedé à sa vertu, ce que l'on eust pû desfinir au defaut de ses facultez*. Mais plusieurs choses se mirent à la trauerse, qui separerent pour vn temps ceux que leur vnion rendoit recommendable. La ieunesse a des folies qui ne se peuuent excuser que par son inconsideration*. Ces Amans apres s'estre promis des fidelitez inuiolables, & auoir iuré par tous les mythes & les flambeaux de l'Amour, celui-là de n'auoir iamais d'autre femme qu'Austreberte, celle-ci de n'espouser iamais d'autre mari que Delfin, virent en fin tous leurs sermens escrits sur le courant des eaux par vne curiosité & par vne foiblesse. Si veritable est ceste parole sacree, que les pensees des humains sont variables & leurs conseils* timides.

Vn iour comme ils s'entretenoient ils tomberent sur le propos* des deuins, personnes pernicieuses dans les Republiques, & que les Magistrats [71] recherchent & punissent assez laschement. Delfin dit qu'il cognoissoit vn deuin, & Austreberte qu'elle sçauoit vne deuineresse : sçachons d'eux, dit Delfin, si nous serons mariez ensemble, & si ce sera bien tost. Austreberte qui n'estoit pas moins curieuse que lui, s'accorda à cela, chascun fit son enqueste. Delfin rapporta de son deuin qu'Austreberte lui seroit rauie, &

qu'il finiroit ses iours auec elle. Response qu'il prit sinistrement,
& qui lui predisoit à son iugement ie ne sçay quoy de funeste.
Et ce qui accrut sa crainte, ce fut ce qu'Autreberte lui rapporta.

La vieille (dirai-ie Sibylle ou sorciere?) qu'elle auoit consultee
lui fit par vne superstition curieuse, assez commune aux filles,
voir en dormant celui qu'elle deuoit espouser. Ce fut apres lui
auoir fait practiquer certaines ceremonies auec des herbes cueillies
en certain temps, & en proferant des paroles incognues, toutes
chimagrees sorties de l'inuention de Sathan. Elle vit donc en
dormant des tombeaux, & des sepulchres, & Delfin venant à
elle dessus ces tombeaux, & la prenant par la main. Cela fait son
songe s'esuanouït, & elle se resueilla en sursaut toute effrayee de
ce spectacle. Elle iugea aussi tost qu'elle espouseroit vn cercueil, &
que leur mariage seroit funeste. Il n'y a si ardent brasier d'amour
que la froide peur de la mort ne r'allentisse, il n'y a point de
charbons si vifs, que la cendre n'amortisse.

Quand ils eurent conferé* ensemble ce qu'ils auoient appris, le
changement de leurs visages trahissant l'alteration de leurs ames,
ils ne se purent celer l'vn à l'autre le trouble où ces predi[72]ctions
les mettoient. Ils maudissoient leur curiosité*, ils se reprenoient*
de sottise d'auoir voulu mettre le nez dans l'auenir, veu que ce
sont lettres closes que Dieu reserue à sa cognoissance, & le liure
cacheté que le seul Agneau peut ouurir. Delfin pour r'asseurer
Austreberte & contrefaire le resolu, disoit que tous ces songes
& toutes ces deuinations n'estoient que des mensonges & des
illusions du mauuais esprit, que c'estoit vne folie d'y adiouster
de la creance. Mais Austreberte comme plus credule & plus
timide ne prenoit pas cela en payement, croyant fermement que
la recherche de Delfin seroit sa mort.

Voila la mort, & l'amour aux prises dedans son cœur, & qui lui
font sentir des tranchees aussi cruelles que celles dont se plaignoit
Rebecca enceinte des iumeaux antipathiques[1]. Et à n'en mentir

---

1   De caractères opposés, Ésaü et Jacob «se heurtaient dans [le] sein» de leur mère».
    Gn 25, 22.

point, s'il est loisible d'entrer dans les secrets de la Prouidence, il y a de l'apparence de croire que Dieu retarda ceste conionction tant desiree en punition de ceste consultation des Magiciens qu'il a extemement en horreur, comme l'exemple de Saül, & plusieurs passages de l'Escriture en portent tesmoignage. Depuis ce temps-là leur feu qui auoit tousiours esté en augmentant, commença à se diminuer. Ils ne laissent pas de s'aimer, mais c'est froidement, & comme des personnes qui craignent de prendre l'vn de l'autre quelque contagieuse & mortelle maladie. Ils tenoient neantmoins par quelque filet*, & le charme de l'amour surmontoit celui de la crainte. Qui meurt auec ce qu'il aime, disoit Delfin, meurt heureux. Et puis se reprenant, mais quel [73] heur puisque sous la froideur de lame, on ne ressent plus en l'ame la douce chaleur de l'Amour ? A la fin vne occasion* fut la parque qui trancha ce filet*.

Vn des freres d'Austreberte prit querelle auec vn cousin de Delfin. Le droict du sang obligea Delfin à soustenir le parti de son parent. Les peres s'en meslerent, il y eut coups ruez*, des proces criminels s'ensuiuirent, de la les riottes* & les inimitiez, ce qui ferma du tout l'acces à Delfin chez Austreberte. Comme la presence de l'object est la plus forte allumette de ce feu qui faict aimer, l'absence est l'eau qui l'esteinct, & l'Amour qui se maintient malgré l'absence, est vn feu merueilleux qui brusle dedans l'eau. L'alliance de Delfin qui ne desplaisoit pas autrement auant ces querelles, depuis fut mesprisee comme vn parti trop petit pour Austreberte.

Lui qui auoit le cœur haut, supportoit mal-aisement ce mespris. Vn parti aussi riche se presente ; il est vrai que c'estoit d'vne vefue vn peu plus aagee que lui ; son pere le trouue auantageux, le presse d'y entendre*. Lui qui aimoit mieux viure auec vne vefue, que de mourir auec vne fille, & qui pensoit allonger ses iours selon la promesse de la loy de Dieu en obeissant à son pere[1] trouuant son bien le prend au pied leué, & s'y attache.

---

1 Dt 30, 20.

Marié qu'il est auec Emerite, ainsi s'appelloit ceste vefue, à la premiere rencontre qu'il eut d'Austreberte il se voulut excuser sur la contrain-[74]te de son pere, sur l'obeyssance qu'il lui deuoit. Austreberte dissimulant le vray ressentiment* de son ame le plus qu'elle pouuoit, lui souhaitta tout contentement en son nouueau mesnage*. Et bien qu'elle eust apprehendé de l'espouser pour* la crainte de la mort, neantmoins elle auoit ie ne sçai quel regret de le sçauoir entre les bras d'vn'autre, desplaisir qu'elle ne pût tout à faict celer, en lui disant qu'il cachoit sa volonté sous vne contrainte inuentee, que la pasture de l'inconstance est la nouueauté, qu'elle n'enuioit point la fortune de sa vefue, ni la perte d'vn bien dont la possession lui eust esté dommageable, qu'elle estoit bien aise qu'il eust couru le premier au change, que suiuant ses traces[1] il ne la pourroit blasmer par raison s'il ne condamnoit son propre exemple. Qu'au moins elle auoit monstré par sa resolution que l'esprit des filles n'est pas si leger & si volage qu'on le publie, mais qu'il a de l'arrest au tant & plus que celui des hommes. Les pointes* furent sans replique de la part de Delfin. Aussi qu'eust-il reparti estant conuaincu*? Ce fut à lui de s'oster le mieux qu'il pût de deuant ces yeux, tesmoins irreprochables de sa lascheté, & de sa perfidie. Estant vne chose que l'experience faict cognoistre, que nous supportons aussi difficilement la presence de ceux que nous auons offensez, que de ceux qui nous ont faict quelque outrage.*

De là à quelque temps Austreberte fut recherchee par vn homme desia auancé en âge, & qui pourtant n'auoit iamais esté marié. Il auoit de si [75] grands bien, que ses thresors le firent paroistre plus ieune. Bien qu'Austreberte y eust de la repugnance, il fallut neantmoins qu'elle cedast à l'auctorité & à l'importunité de son pere, qui esperoit beaucoup d'appui & d'assistance de ce gendre.

Alors elle crût auoir rencontré l'accomplissement de son songe, & que son mari qui commençoit à grisonner, & la vefue qu'auoit espousé Delfin estoyent ces tombeaux que sa deuineresse lui auoit

---

1 Au cas où elle suivrait son exemple. «Courir au change» et «traces» sont du vocabulaire de la vénerie.

faict voir. Mais elle n'auoit pas tout à faict attainct dans le but, bien qu'elle eust donné assez pres. Voila les deux Amans separez & par des barrieres qui ne se peuuent franchir sans violer les loix de la plus saincte societé* qui soit entre les humains. Aussi n'en ont-ils aucune pensee, car comme ils n'eurent iamais en leur ancienne Amour autre pretension* que vertueuse, ils se contentent de continuer leur bien-veillance par vne amitié de frere, de sœur. Aux rencontres ils se saluent amiablement, & sans alterer leurs esprits par des mesprits & des desdains, & sans nourrir par aucuns regards immodestes des desseins illegitimes, ils ont des yeux de colombe, c'est-à-dire, simples & sans fiel. Ceux qui cognoissent la candide humeur des Flamands & l'honnesteté de leur vie, sçauent que si l'honnesteté estoit bannie de tout le reste de la terre, qu'elle auroit son refuge en ceste contree, où pour dire la verité, elle est triomphante & glorieuse, &, comme la valeur* aux anciens Romains, elle peut estre appellee vne vertu commune et populaire. [76]

Cinq ou six ans s'ecoulerent de ceste façon, chascun conduisant son mesnage* auec toute la modestie* & la bienseance qui se peut trouuer entre des personnes d'honneur & qui font estat de la pudicité & de la sagesse. Ceste honnorable conduitte* osta tout subjet de soupçon & de ialousie, & à Emerite femme de Delfin, & à Caprais mari d'Austreberte. Et tant s'en faut qu'ils eussent le moindre ombrage, qu'au contraire ces deux familles s'vnirent d'vne particuliere amitié, se frequentoyent assez ordinairement, se voyoyent de bon oeil & de meilleur cœur dans les compagnies, où quelquefois par ioyeuseté Caprais appelloit sa femme l'ancienne maistresse de Delfin en la presence de Delfin & d'Emerite, & Emerite nommoit son mari le premier Seruiteur d'Austreberte. Comme la nation est extremement naïve* & familiere en ses deportemens*, aussi est elle exempte de cette ialouse desfiance, qui est la peste des mariages, & le venin* de l'amitié maritale.

Delfin eut diuers enfans d'Emerite : mais il n'en pût iamais esleuer qu'vn, encore estoit-il bien tendre & de complexion delicate. Austreberte n'eut que trois filles de son vieillard, dont la plus ieune mourut peu de mois apres sa naissance. Mort qui fut bien tost suiuie de celle de Caprais, qui la laissa vefve en vn aage si frais, que la fleur de sa beauté estoit en sa premiere vigueur. L'attention qu'elle auoit à son mesnage* & à l'eleuation* de ses deux filles trompoit doucement l'ennui de son vefuage, sous les habillemens duquel elle paroisssoit mille fois plus belle que sous les [77] plus riches ornemens de ses nopces. Deux ans apres la mort de Caprais Emerite quitta ceste vie en vne mauuaise couche, ne pouuant se deliurer d'vn fruict qui se trouua mort dans son corps.

Voila nos Amans reuenus en leur premiere liberté : encore estoit-elle plus grande, parce que leurs peres estans allez au cercueil, ils estoyent en la main de leurs conseils*[1], & exempts de la puissance d'autrui. Ce fut lors que leur feu caché & resserré* si long temps sous les cendres du silence & de la modestie*, fit voir qu'il n'estoit pas tout à faict esteinct : mais que sa force estoit deuenuë plus viue par ceste contrainte. Mais ceste Amour estoit tousiours balancee de ceste crainte, qui leur faisoit apprehender que leur lict de nopces ne se changeast aussi tost en vn triste cercueil.

Bien que le temps eust en eux diminué ceste superstition, neantmoins l'apprehension leur estoit tousiours demeuree. Au renouuellement de leur frequentation les playes de leurs cœurs se r'ouurirent pour donner air à leurs premieres & plus pures flammes : mais ils craignoyent le marier, comme le mourir. En fin Austreberte pour se deliurer de ceste angoisseuse perplexité, ayant declaré toutes les particularitez* de ceste crainte à celui qui conduisoit son ame, ce directeur se trouua si prudent (soit qu'il fust en cela, comme il est croyable, esclairé d'vne lumiere diuine, soit qu'il le coniecturast comme de lui mesme) qu'il arracha ceste espine de son cœur, en lui remonstrant que ni les Anges, ni les Demons, & beaucoup moins les Sorciers ne voyent rien dans l'auenir, [78] parce Dieu s'est reserué à lui seul la cognoissance des temps & des momens, si bien que c'estoit vne folie toute manifeste de s'arrester à des songes, pour lesquels le pere des mensonges, ce dragon qui

---

1 Être à (en) la main : être sous l'autorité de. Ils ne sont maintenant dépendants que de leurs propres décisions.

forme tout d'illusions, faict couler mille images aussi fausses que
vaines*. Que s'il estoit loisible d'vser de coniecture en ces friuoles
idees*, il les falloit plustost prendre à contre-sens, & croire que
cela seroit heureux* qui a paru funeste.

Et afin de lui faire vne medecine de son mal mesme, & de
lui faire trouuer le remede en la superstition qui l'auoit blessee,
comme on dict que la cantharide porte l'antidote de son venin,
il lui dict, que ces selpulchres & ces tombeaux, sur lesquels elle
auoit veu Delfin en vision, lui vouloyent peut-estre faire entendre
qu'elle ne l'espouseroit que sur les sepulchres d'Emerite & de
Caprais, qui par leur mort les auoyent mis en la liberté de leurs
desirs. Et que le temps estoit peut estre venu, auquel ils deuoyent
filer & finir leurs iours ensemble, selon qu'il auoit esté respondu
à Delfin. Ceste response conforme aux desirs d'Austreberte se fit
place en sa creance.

Aussi tost elle fit conferer* Delfin auec ce Docteur, par les
discours duquel les escailles lui tomberent des yeux, & les vaines*
frayeurs s'esuanouyrent des courages* de ces Amans.

Et à dire le vray il semble que Dieu pour punir leur superstition, eust permis pour vn temps leur separation, & que leur vertu
r'appelant sa grace ait merité leur reunion. Car qui doute que
[79] les secondes & troisiesmes nopces ne soyent aussi bien des
traicts de la Prouidence comme les premieres?

Vuides donc de ces terreurs Paniques, & estans en plaine*
puissance d'eux mesmes, il ne fallut pas beaucoup de consultation
pour faire conspirer leurs volontez au mesme but, si bien que
sans grande recherche leur mariage fut en peu de iours accompli
auec vn surcroist de prosperité temporelle, qui n'estoit pas petit.
Car par le moyen des enfans de leurs premiers licts Delfin auoit
l'heritage d'Emerite, qui estoit beau & grand : & Austreberte celui
de Caprais, qui n'estoit pas moins ample. Et pour en faire vne
masse ils proietterent l'alliance du fils vnique de Delfin auec la
fille aisnee d'Austreberte, destinans la Cadette au Cloistre si son
inclination l'y portoit.

De dire le contentement de ces deux cœurs, dont les corps par ce sainct lien furent rendus vne mesme chair, vous iugez bien qu'il est inutile : iugez-en seulement par l'ardeur de leur desir, & mesurez l'ardeur de ce desir à la longueur ou plustost à la langueur de l'attente. Certes comme apres vn long & fascheux hyuer le printemps, ieunesse de l'an & la source des fleurs, se monstre plus agreable : aussi se voyant en possession d'vne esperance longuement differee, il faut croire que leur iouyssance* en fut beaucoup plus estimee. Retardation neantmoins qui coopera en bien pour eux par l'accroissement que nous auons marqué de leurs facultez*, & l'aggrandissement de leur posterité. Ainsi quand vn fleuue coule sous terre [80] par quelque espace, il en ressort plus gros et plus enflé.

Ils eurent de beaux enfants de leur mariage qu'ils laisserent fort accommodez*, & malgré les fausses propheties, ils vescurent ensemble bien auant dedans la vieillesse, & moururent pleins de iours auec la grace de Dieu, lequel de sa main & puissance & fauorable fila l'heureuse* destinee de leur mariage en la maniere que vous auez leuë. [81]

La Ialousie Sacrilege.
EVENEMENT VII.

Ozias pour auoir ozé toucher à l'encensoir, tout Roi qu'il estoit, fut frappé de lepre[1]. Oza pour auoir ozé estendre sa main pour soustenir l'Arche qui panchoit fut saisit d'vne mort soudaine[2]. Et les Bethsamites pour l'auoir trop curieusement* regardee

---

1   2 Ch 26, 19.
2   1 Ch 13, 9.

furent affligez de grandes playes[1]. Si ces choses sont arriuees sur le verd, que sera-ce du sec ? Ie veux dire si Dieu a esté si ialoux des figures & des ombres, comme le sera t'il pour des veritez ? Et s'il a si seuerement puni ceux qui sans auctorité ont attenté de mettre la main aux choses sacrees de la vieille loy, quels chastimens reseruera t'il pour ceux qui sans pouuoir s'ingerent dans les Sacremens de la nouuelle, & qui profanent auec impieté ce qu'il y a de plus venerable au monde ? C'est ce qui faict dire à l'Apostre : Croyez moy, mes freres, on ne se mocque pas de Dieu impunément. Il patiente, il attend son temps, mais il recompense* la tardiueté de la correction par la pesanteur du supplice. C'est ce que les Poëtes nous ont voulu donner à entendre sous les fables d'Icare, de Phaëton, d'Ixion, de Tantale, de Salmonee[2] & de Promethee. Et ce que l'Escriture nous faict redouter par les exemples de Coré[3], des enfans d'Heli[4], & de ceux d'Aaron[5]. Mais parce que la nouueauté a sa grace particuliere, nous verrons en l'Histoire tragique dont [82] ie vous vay entretenir, que le bras de Dieu n'est ni raccourci, ni affoibli : mais que sa main s'estend & s'appesantit tousiours sur ceux qui abusent auec non moins d'impudence que d'impieté des choses sainctes.

Par ie ne sçai quelle mal-heureuse* influence qui contrepointe* la raison, les Escoliers ne sont iamais moins sages que quand ils estudient en la Philosophie, qui est l'apprentissage de la sagesse, ni iamais plus licentieux que quand ils apprennent la science des loix, lesquelles punissent les licences desreglees & vicieuses. Ie dis ceci parce qu'en ces Vniuersitez où s'enseigne la Iurisprudence

---

1 1S 6, 19.
2 Fils d'Eole qui crut pouvoir imiter le tonnerre de Zeus en lançant sur une route d'airain son char traînant des chaînes, et ses éclairs en jetant des torches enflammées. Zeus, se servant de la foudre réelle, l'anéantit.
3 Coré s'oppose à Moïse et Aaron, et est englouti avec tous ses hommes et ses biens. Nb 16. *Cf.* Préface [18].
4 1S 2,12-4, 11.
5 Nb 3, 4.

on voit les Escoliers tellement ou querelleux ou amoureux, qu'ils ressemblent plustost à des soldats dissolus, qu'à des estudians, qui doiuent faire profession de retenuë & de modestie*.

En vne ville de nostre France, celebre pour vne fameuse Estude des loix (ie ne veux point mesler son nom dans l'horreur du crime que ie vay descrire) mais où la desbauche des Escoliers va iusques à l'exces de l'insolence*, il y auoit vne brigade*, qui sous le pretexte de faire les iolis & les mignons*, exerçoyent mille scandales, & s'il faut ainsi dire faisoyent vn brigandage par la mesdisance ou par l'effect sur l'honneur & la reputation des femmes & des filles. Vn riche bourgeois qui en vn aage assez auancé auoit espousé vne ieune femme, dont la beauté meritoit autant d'estre gardee que regardee ; S'auisa que ces muguets* faisoyent des rondes assez ordinaires autour de sa maison, comme s'ils eussent cherché ce qu'il n'estoit pas resolu de perdre.

[83] Et d'effect comme il n'est point de feu sans fumee, il n'est point aussi de fumee sans feu. Cette femme ieune & belle, que nous appellerons Pelagie, assez mal satisfaite de l'humeur riotteuse* & chagrine de son vieillard, cherchant au dehors dequoi diuertir sa melancholie, pourtant sans aucun dessein de mal faire, se laissoit aisément aller à ceste vaine* complaisance commune à toutes les femmes de se voir regardee, admiree, cajollee*, adoree, recherchee, aimee. Elle estoit curieuse* d'affiquets* & de parements plus qu'il n'estoit necessaire pour plaire aux yeux de son mari, seul but où doiuent viser les paremens d'vne femme discrette*. Elle aimoit à voir & à estre veuë, à frequenter les compagnies, passionnee pour les bals & les danses, exercices ausquels les Escoliers de ce lieu là se plaisoyent plus qu'à fueilleter les Pandectes & le Code, & à reuoir leurs leçons. Bref il sembloit qu'elle ne cinglast sur la mer du monde, qu'à dessein de truouer vn escueil où elle fist naufrage : car toutes ses façons de faire estoyent autant de presages & de signes d'vne future perte de sa renommee.

Quand nos Galands* eurent halené* ceste humeur, ils creurent que c'estoit vne proye digne de leur queste, & vn gibier propre* pour leur chasse. Entre plusieurs qui commencerent à lui tendre des pieges, ou plustost qui tomberent eux-mesmes dans ses filets Marcion Gentihomme Champenois enuoyé pour estudier en ceste Vniuersité, fut celui qui s'y attacha auec plus d'ardeur.

Pour ne m'amuser* point icy à la vaine* descri[84]ption de leur accointance*, ie me contenterai de dire qu'il trouua dans l'esprit de ceste femme de la correspondance*. Et quand ie di en l'esprit, ne mettez pas aussi tost tout à feu & à sang, & ne vous imaginez pas, que le corps fust de la partie : mais representez-vous en ceste mutuelle intelligence* ces friuoles inclinations que l'on appelle communément amourettes. Ce sont des flammes volages qui ne font que voltiger autour du cœur. Lequel demeure empestré dans les rets de certains desirs, qui pour leur imperfection ne se peuuent pas bien expliquer ; ce sont des desseins indeterminez, des visees sans but, des pretensions* incertaines, & s'il faut ainsi dire des volontez inuolontaires, parce que ces foibles esprits veulent & ne veulent pas en mesme temps : ils veulent poussez au mal par la mauuaise & corrompue inclination de la nature, & ne veulent pas retenus par la honte, ou par la crainte, ou par quelques autres respects. De ceste façon ils esperent sans esperance, ils attendent sans patience, & pour le dire bien, ils ne sçauent ce qu'il leur faut. Ce ne sont que langueurs, mais agreables ; inquietudes, mais plus douces que le repos ; souspirs, mais delicieux ; souhaits, mais timides ; larmes, mais delicates ; paroles, mais affettees* ; plaintes mais mignardes. Contens de destremper leurs cœurs dans vne certaine complaisance maligne, qui les gesne* en les delectant, & qui les chatouille en les tourmentant. Ce sont proprement ces Amans que le vulgaire* appelle transis, pareil à ce Trasimene, qui prenoit vn tel plaisir en sa folie, qu'il se fascha contre ses amis qui lui en auoyent [85] procuré la guerison[1]. Entre ces miserables* gens dont les aisles sont empastees de ces gluaux, il se passera souuent des

---

1   Le personnage auquel Camus fait allusion ici est probablement en fait Thrasyllus.
     V. note 1 p. 660.

annees entieres, sans qu'il se passe rien quant aux actions qui soit
directement contraire à la chasteté, bien que leurs cœurs soyent
frelattez* & tracassez de mille tentations & troubles, & semblables
à ceux que le Sage compare à vne mer bouillante. Neantmoins à
voir leurs mines* & leur contenance*, on diroit que leur ieu est
pire qu'il n'est, si bien que dans la pureté & l'innocence mesme
(s'il y en a en ces folles pretensions*) la reputation se flestrit &
l'honneur court risque de se perdre, telle souuent estant plus
diffamee par ces apparences sans effect, qu'vne autre qui cachera
ses fautes veritables sous vne feinte modestie*. Ceux qui ont
iugé plus sainement & plus moderement des actions de Pelagie,
tiennent que Marcion & elle n'eurent autre commerce que celui
que ie viens de despeindre, & qu'encore qu'elle lui eust donné
quelques inclinations de son cœur, son corps demeura pur, au
moins sans auoir faict tort à son mari en la foy qu'elle lui auoit
promise. Le vieillard Alcuin qui auoit espousé ceste beauté trop
brillante, & qui donnoit dans les yeux de ceste ieunesse, estant
picqué dans l'impuissance de son âge d'vn taon puissant de ialousie,
commence, selon l'ordinaire de ceste passion, à espier les actions
de sa femme, & à lui mettre tant d'espies* aux enuirons, que la
fable d'Argus fut vne Histoire de sa diligence[1].

Pauure homme qui suit ce qu'il deuroit fuir, & qui cherche à
beaucoup de frais ce que pour tout [86] le bien qu'il a au monde
il ne voudroit pas trouuer. Mais il a beau se mettre en peine pour
rencontrer ce qui n'est pas. Tous ses rapporteurs ne lui marquent
que des indices de bien-veillance entre sa femme & Marcion :
mais sa maladie qui change les ombres en corps, & les fausses
apparences en veritez manifestes, lui faict croire qu'il est trahi.
Quand ces deux personnes se trouuent en compagnie, on remarque
en Marcion de l'empressement autour de Pelagie, & en celle-ci

---

1 [..] lui mettre tant d'espions [...] que ce qui est une fable dans le cas d'Argus est
vérité dans son cas. Argus est le gardien «tout-voyant» qu'Héra commet à la garde
d'Io, convoitée par Zeus.

de l'emotion* & de la complaisance aupres de Marcion. Leurs regards sont languissans & leurs gestes affettez*, si bien que les moins clairuoyans apperçoiuent qu'il y a de la correspondance* : mais iusques où elle s'estend, c'est ce qui ne se peut sçauoir. Là dessus quelle coniecture autre que sinistre peut faire le ialoux ? Quelque seruante qu'il auoit gaignee par argent, lui rapporte que les mains de Pelagie s'eslargissent à receuoir de petits presens de la part de Marcion, comme des fleurs, des fruicts, des confitures, des gants & autres bagatelles, des parfums, des eaux & des poudres de senteur, qui peuuent estre nommez les charmes de ce grand sortilege que l'on appelle Amour.

A la fin il apprit par le mesme rapport que des lettres, des poësies, & des pourtraicts marchoyent, qui sont les signes de la prochaine ruine de la Chasteté. C'est alors qu'Alcuin croit comme l'Euangile, que sa femme est vne perdue, & qu'elle a faict banqueroute à son honneur, & à la loyauté qu'elle lui doit. Entrent en foule dans son esprit les choleres & les vengeances, & toute ceste en[87]geance de viperes, dont le propre est de ronger les cœurs.

Mais pour se venger entierement & satisfaire à son appetit furieux, il veut surprendre les coulpables (au moins il les estimes tels) en leur faute, & leur faire sentir que la main d'vn mari outragé est vne foudre espouuantable. Quelque diligence qu'il fist, quelques sentinelles qu'il mist aux escoutes, il lui fut impossible de les attraper en vn mal qu'ils ne commettoyent pas.

Il est vrai que souuent Marcion faisoit des rondes & de iour & de nuict autour du logis, où son thresor estoit enfermé, i'appelle ainsi Pelagie selon le prouerbe qui dict, que le thresor est où le cœur est logé. Mais quelque voltigement que fist cet oyseau autour de la tournelle*, il ne s'enfermoit pas dedans : si comme vn papillon il voletoit autour de ce flambeau, il n'y brusloit pas ses aisles. Et Pelagie qui receuoit du contentement à voir ce ieune homme, dont la mine* tesmoignoit la naissance, se mettoit assez

souuent à la fenestre pour paistre ses yeux de cet object, qu'elle
ne se pouuoit empescher de trouuer agreable. Durant tous ces
amusemens & les embuscades du ialoux vieillard, Marcion receut
à l'improuiste des lettres par vn homme expres[1] qui lui donnoyent
auis que son pere estoit à l'extremité, & que s'il le vouloit voir
en vie, il prist incontinent la poste pour receuoir sa derniere
benediction. Il ne fallut point consulter là dessus, l'affaire estant
si serieuse & si pressante, qu'elle escarta de son souuenir l'object
de sa folle passion.

Il s'en va donc laissant quelque billet pour Pe[88]lagie, où il
lui protestoit des fidelitez infideles, & des loyautés desloyales.
Mais tout cela fut escrit sur les aisles des vents, & sur le courant
des eaux.

Arriué qu'il fut dans son pays il trouua son pere expiré, & sa
mere en des desolations inseparables du vefuage. Estant l'ainé de
sa maison, & l'appui de ceste bonne vefue, tout le faix des affaires
tomba sur ses espaules, de sorte que le cours de ses estudes estant
interrompu, il ne fut plus question de retourner en l'Vniuersité
acheuer le cours de ses affections. Neantmoins comme sa flamme
n'estoit pas encore amortie, il escriuoit assez souuent à Pelagie
selon les mouuemens de sa passion, lui donnant esperance de la
reuoir bien tost, & la caiollant* auec des termes qui ne peuuent
estre excusez que par la sottise de ceux qui aiment.

Comme ces oyseaux faicts auec la plume venoyent de loin,
il estoit malaisé qu'ils tombassent entre les mains de Pelagie si
secrettement que leur vol ne fust apperceu par quelques vns de
ceux que le mari auoit mis en sentinelle pour surueiller les actions
de sa femme, iusques là que quelques vnes de ces lettres lui vindrent entre les mains. Il y vit tant de folies plutost indiscrettes*,
que malicieuses*, que lui qui prenoit tousiours le tison par où il

---

1   Qui lui avait été spécialement envoyé. «Envoyer homme expres : *certum hominem
     mittere*» (N).

brusloit, estimoit que ce fust là vn proces par escrit tout formé à sa femme, & des pieces capables de la conuaincre* d'adultere. Cependant à des esprits moins passionnez, ces escritures là ne parurent pas depuis si criminelles, au contraire elles seruirent à prouuer l'innocence de Pelagie, parce qu'il estoit aisé à voir qu'il n'auoit pas possedé ce qu'il tesmoignoit de desirer auec vne extreme ardeur.

[89] Quel regret eut Alcuin du prompt depart de Marcion, qu'il appeloit vne fuitte? Il se plaignoit qu'il lui fust eschapé sans chastiment. Mais voyant qu'il n'y auoit point de remede, il retournoit toute son indignation contre sa femme, deliberant de descharger sur elle le faix de sa cholere, & d'oster du monde celle qu'il croyoit lui auoir raui l'honneur.

Comme il flottoit dans ces pensees, incertain par quel genre de mort il s'en deuoit deffaire, pour s'esclairer* tout à faict de la doute d'estre trahi, & estre selon son aduis plus satisfait en sa vengeance, sçachant qu'elle seroit iuste : il s'auisa d'vne inuention autant execrable que sacrilege.

Depuis que Marcion fut parti, Pelagie soit pour* le regret de son absence, soit pour* estre touchee d'vne veritable repentance, soit pour* arracher de son esprit par le moyen de la pieté le souuenir de Marcion qui lui donnoit tant de troubles & d'inquietudes, s'estant addonnee à quelques exercices de deuotion, frequentoit plus que d'ordinaire le sacrement de Penitence, qui en est comme le fondement. Celui qu'elle choisit pour directeur & depositaire du secret de sa conscience, estoit vn bon vieux Prestre qui seruoit dans la Paroisse, venerable par son aage, & recommandable* par l'integrité de sa vie. En la veille d'vne feste solennelle Pelagie ayant dit qu'elle se vouloit confesser & communier le lendemain, Alcuin s'estant reuestu d'vne robe, d'vn surpelis & d'vn bonnet, & s'estant attaché vne grande barbe blanche semblable à celle du vieillard confesseur de Pelagie, se va mettre dans son confessional, où ceste femme [90] ne manqua pas de se venir accuser de ses fautes, auec non moins de sincerité* que d'humilité.

Le curieux sacrilege[1] contrefaisant sa voix au plus pres de celle
de celui dont il representoit le personnage, & parlant le plus bas
qu'il pouuoit, l'enquit* soigneusement de plusieurs particularitez*
qui concernoient le subject de sa ialousie. Sur quoi ceste femme
le renuoyoit tousiours à ses confessions precedentes, protestant
d'y auoir exprimé tout ce qu'elle sçauoit pour ce regard. Quelques
industries qu'employast ce faux Confesseur pour la remettre dans
la repetition de ses pechez, il ne pût tirer autre chose qu'vn aueu
d'auoir receu des presens & des lettres & quelques autres priuautez
voisines de la totale cheute. Sur quoy tirant ceste conclusion, que
la honte la retenoit de se recognoistre coulpable du reste, il l'en
tenoit pour suffisamment conuaincue*.

Ayant donc ainsi malheureusement profané vn Sacrement
si venerable, il se retira de ce tribunal auec tant d'heur* en sa
meschanceté, que ni Pelagie, ni aucun autre ne s'apperceut de
sa fraude. Et s'estant confirmé en ce meschant propos*, de faire
mourir ceste chetiue* Penitente, il crut la voye du feu & du sang
sonneroit trop haut, & que n'ayant pas des preuues assez suffisantes
pour la conuaincre* du crime dont il la tenoit souillee, la Iustice le
perdroit de corps & de biens. Se deliberant donc d'estre plustost
Cornelius Tacitus, que Publius Cornelius [2], il pensa que pour la
faire desloger sans trompette, la sourdine de la poison seroit plus
propre*. Encor auant que d'en venir là il vouloit lui ietter la honte
sur le visage, & lui faire [91] vn procez comme par escrit.

Vn iour donc lors que Pelagie y pensoit le moins, s'estant saisi
de ses clefs, il n'y eut coffre, cassette, cabinet, liette*, ni boette
qu'il ne visitast en sa presence, là il trouua l'anatheme d'Acan[3], &

---

1   *Curieux* est le substantif; *sacrilege* est adjectif.
2   Il est difficile de comprendre pourquoi ce personnage choisirait d'être Tacite (l'auteur)
    plutôt que Scipion (deux personnages dont on voit mal comment ils pourraient
    correspondre à cette histoire d'empoisonnement), à moins de supposer un jeu de
    mots approximatif, bilingue et aussi bizarre que la phrase : Alcuin choisirait de faire
    son crime en silence et donc d'être le Cornelius *tacite* plutôt que le Cornelius *public*.
3   Jos 7, 1-26; Acan, qui a dérobé des choses consacrées, est lapidé par Israël pour
    apaiser la colère de l'Éternel.

les idoles de Laban[1], ie veux dire les lettres, les poësies, les presens, & outre toutes ces choses ce qui le toucha le plus, le pourtraict de Marcion en diuerses formes.

Si vous voulez voir quelque image de la vergoigne* de Pelagie, pensez à celle de la femme adultere dont il est parlé en l'Euangile[2]. Car bien que celle-ci n'en fust pas tout à faict coulpable, si est-ce que voyant à la lumiere ce qu'elle tenoit serré dans les tenebres, comme si par la production de tant de fatras elle eust esté conuaincue* du plus grand & enorme larcin qu'vne femme puisse commettre, elle se ietta aux pieds d'Alcuin, & lui demandant pardon de ce qu'elle auoit eu ces secrettes practiques, elle lui protesta qu'encore qu'elle eust eu de l'affection pour le Gentil-homme dont il voyoit la figure, & de qui venoient tous ces menus presens, que iamais il n'auoit pû obtenir d'elle rien qui preiudiciast à son honneur.

Alcuin la regardant d'vn oeil enflammé de courroux, & plus estincelant qu'vn mortel Comete, lui repliqua que l'adultere ne se purgeoit pas par le serment, & que ces fautes-là se commettoient plus aisement qu'elles ne s'excusoient, & s'excusoient plus facilement qu'elles ne se pardonnoient. S'il eust creu le bouillon de sa rage, il l'eust tuee sur le champ : mais il dissimula son des[92]sein pour les raison que nous auons dites.

De là en auant il traitta ceste pauure femme auec des cruautez & des indignitez incroyables, & qu'elle supportoit auec vne merueilleuse patience*, recognoissant à ces chastimens la visite de Dieu qui la corrigeoit de son offense.*

Mais toutes ces souffrances ne satisfont pas au cruel appetit de vengeance qui ronge sans cesse le cœur d'Alcuin, rien ne le peut appaiser que la mort de ceste innocente criminelle. A ce dessein il fut vn iour trouuer vn Apothicaire qui seruoit sa maison il y auoit long temps, & de l'amitié duquel il faisoit estat. L'ayant tiré

1   Gn 31, 33.
2   Jn 8, 1-11.

en vne chambre particuliere*, il lui raconta le sacrilege artifice*
dont il s'estoit serui pour descouurir la desloyauté de sa femme,
lui faisant croire qu'elle s'estoit accusee comme criminelle de la
faute dont il l'estimoit coulpable, & que n'ayant pû l'attraper
auec son complice pour les faire passer par vn mesme tranchant,
il estoit resolu de se seruir de venin* pour s'oster ceste impudique de deuant les yeux, implorant son aide pour ce subject, &
le priant de lui donner quelque poison subtile dont l'effect fust
soudain & peu apparent.

Curce, ainsi s'appeloit le Pharmacien, estonné de ce discours
& apprehendant de s'enueloper dans ce meurtre, tascha de lui
oster ceste funeste entreprise de la teste, lui remonstrant tout plein
de choses, soit pour l'esmouuoir au pardon de ceste offense*,
soit pour lui faire apprehender le danger où il s'exposoit, au
cas que cet empoisonnement vint à se descouurir. Mais Alcuin
determiné à son obstination, protestoit d'employer le glai[93]ue
au defaut de la poison, & d'emplir tout le monde de scandale &
horreur, plustost que de laisser vn tel outrage* sans vengeance.
Curce s'excuse, & declare qu'il ne veut auoir aucune part en vne
action si detestable, & que l'ayant tousiours fidelement serui, sa
conscience l'empeschoit de s'employer en vne telle trahison. Alors
l'enragé Alcuin tirant vn poignard le mit à la gorge de Curce, &
lui dit en blasphemant qu'il le feroit mourir s'il ne lui bailloit la
poison qu'il lui demandoit, & s'il ouuroit la bouche pour crier
ou pour l'accuser. Curce accueilli* de la frayeur de la mort, lui
promit de le seruir, le coniurant d'autre part de ne l'accuser pas,
puis qu'il ne condescendoit à sa volonté que par contrainte.
Alcuin ioyeux de ceste promesse lui met quelques pistoles dans
la main, le suppliant de l'assister en ami, veu que tout le repos
de sa vie dependoit de ceste vengeance.

Curce lui donna vn breuuage pour endormir, fait d'vne composition* si forte, que le sommeil qu'il exciteroit seroit vne image
de mort.

Alcuin l'emporte, & estant entré dans vne chambre, où il tenoit sa femme enfermee auec vn poignard d'vne main, & la tasse de l'autre. Perfide creature, lui dit-il, voici le salaire de tes desloyautez que ie t'apporte. Le crime que tu as commis te condamne assez, & le temps que ie t'ay donné pour penser à la mort t'y doit auoir resolue : choisi[1] promptement ou d'aualer ceste poison, ou que ie te cache ceste lame dans le sein. La description de l'esfroi, des plaintes & des excuses de Pelagie desire[94]roit vn champ plus spacieux que ne nous en fournit vn simple narré. Tant y a que ceste femme ayant naturellement moins d'horreur du breuuage que du fer, apres auoir en vain demandé vn Prestre pour se reconcilier auec Dieu, fut contrainte de boire la liqueur* qu'elle estimoit mortelle.

Tandis qu'elle fera son operation voyons ce que fait Curce. Il va trouuer les parens de Pelagie, ausquels il fit le recit de tout ce que lui auoit dit Alcuin, & de la bonne tromperie dont il s'estoit serui pour euiter sa violence & conseruer la vie de Pelagie. Laquelle n'eut pas plustost mis dans son estomac le dormitif, qu'elle tomba dans vn assoupissement comme lethargique.

Aussi tost Alcuin parle de l'enterrer, afin que le tombeau couurist promtement sa malice*. Les parens sont appelez pour assister à ses funerailles, lesquels au lieu de la conduire à la sepulture la firent mettre en lieu d'asseurance, & se saisirent en mesme temps d'Alcuin, qui fut bien esbahi de se voir pris au pied leué.

A peine estoit-il dans la prison qu'il auouë son empoisonnement, non comme vn crime, mais comme vn acte de iustice, s'asseurant* de monstrer tant & de si euidentes preuues de la desloyauté de Pelagie, que son action ne seroit pas seulement estimee digne de pardon, mais de loüange. Et non content de produire en tesmoignage les lettres, les presens & les pourtraicts, il fut si peu iudicieux que de declarer le sacrilege qu'il auoit commis en abusant de la Confession, pour s'esclaircir* de la verité par la bouche mesme de Pela[95]gie. Ce qui fut trouué si execrable, que chascun detesta ceste inuention.

---

1   *Sic.* 1660 ne corrige pas.

Cependant ceste femme apres auoir dormi trente heures d'vn profond sommeil, s'en resueilla pensant estre en vn autre monde, si forte auoit esté l'impression qu'elle auoit mise en son esprit d'aller à la mort. Mais desabusee de ceste gracieuse erreur, & ayant repris sa memoire, elle raconta de quelle façon elle auoit pris ce breuuage qu'elle estimoit empoisonné. Le procez est instruit, elle est ouye, les lettres veuës, Alcuin lui est confronté, on ne trouue rien qui la conuainque* suffisamment du crime d'adultere. L'Apothicaire est non seulement excusé, mais loüé d'auoir sauué la vie à vne innocente par son stratageme. Mais le ialoux qui crioit à l'iniustice de ce qu'on absoluoit celle qu'il tenoit pour digne de mort, & qui menaçoit de la mettre en morceaux, fut bien estonné quand il se vid condamné pour son sacrilege, dont il estoit conuaincu* par sa propre confession, à estre pendu & puis bruslé.

Ce fut la fin miserable* & infame où le mena sa sotte ialousie, apres auoir impudemment abusé d'vn Sacrement où l'accusation sert d'excuse, & où les plus criminels sont iustifiez. Exemple signalé*, de ne profaner temerairement les choses sainctes, puis que le Dieu des vengeances ne laisse iamais impunies de si abominables actions. [96]

Le Mariage par Procuration.
EVENEMENT VIII.

Qvi veut aille, dit le prouerbe Toscan, qui ne veut enuoye. Sultan Soliman disoit que son espee n'estoit heureuse qu'en sa main, parce qu'il n'auoit iamais obtenu aucune victoire par ses Lieutenans. Il y a des choses qu'il faut executer en personne, & ausquelles on ne reüssit iamais par procureur. Entre lesquelles il

me semble que le Mariage doit tenir le premier rang : car puis
que c'est vne indiuisible societé* de vie, & vn lien indissoluble,
qui fait de deux personnes vne mesme chair, c'est à mon auis vne
grande inconsideration* d'employer vn tiers en vn suject où tout
fait ombre. La tromperie de l'Euenement que ie vous propose,
seruira d'auertissement à ceux qui sous vne trop credule confiance
pourroient briser à semblable escueil. Au delà du destroict de
Gilbraltar, du costé de l'Afrique, le Roy d'Espagne tient de bonnes
& fortes places, comme le Pegnons de Velez, Oran, & quelques
autres, par le moyen desquelles il se rend maistre de ce passage.
Or parce que ces places-là sont extremement importantes, il est
expressement defendu à ceux qui y sont mis pour Gouuerneurs,
d'en sortir que quand vn autre Gouuerneur les va releuer de
sentinelle. Si bien qu'autant de temps qu'ils y sont, ils le doiuent
conter pour prison.

Vn Gentil-homme de Cordouë fut enuoyé [97] pour gouuerneur
vn de ces forts, & parce que la Relation ne nomme point le lieu,
presupposons que ce soit Oran. Cestui-ci que nous nommerons
Tendesille, se voyant enfermé dans ceste forteresse, & s'ennuyant
dans la solitude du celibat, delibera de se marier. Mais comme il
estoit esloigné des partis qui lui estoient conuenables*, il r'appela
en sa memoire l'idee* d'vne eminente beauté qu'il auoit autrefois
veuë à Iaën, ville qui donnoit autrefois le nom à vn Royaume
voisin de celui de Grenade, lors que les Mores tenoient vne partie
de l'Espagne. Celle-ci s'appeloit Statira, assez accommodee* des
biens de fortune, mais si riche de ceux de la nature, qu'elle estoit
tenue pour la merueille des yeux. Il l'auoit autrefois consideree,
mais comme en passant, & si legerement desiree, que ceste impression ne se graua pas bien auant dans sa volonté, de sorte que
le temps & les affaires en auoient presque effacé les traces dans
son souuenir, lors que dans la retraitte d'Oran ce bel object vint
donner à son esprit de nouuelles allarmes. Se voyant en honneur
& en puissance, il s'imaginoit que la possession de ceste perle le

mettroit au faiste de tout contentement. Sa naissance, ses richesses
& sa dignité estoient fort esleuees au dessus de la fortune de ceste
fille, si bien qu'il sçauoit que la faisant demander, elle ne lui
pouuoit estre refusee. Mais tandis qu'il delibere sur ce dessein,
ce miracle de l'oeil ne manque pas d'admirateurs ni d'adorateurs.
Que de papillons voltigeoient autour de ce flambeau. Entre les
autres vn Cheualier de Murcie (autre petit Royaume qui est entre
ceux de Grenade & de Valence) en estoit viuement [98] atteint :
mais parce qu'il en voyoit de beaucoup plus riches que lui, qui
se morfondoient apres ceste recherche, il dissimuloit sa passion
& roulant incognu par Iaën, il se contentoit de la veuë de ce beau
visage, dont il estoit idolatre, ayant le cœur aussi plein de desirs,
que vuide d'esperance.

En ce temps-là vint Iaën vn homme de Carthagene appelé
Plance, qui estoit domestique* de Tendesille, & enuoyé de sa
part pour faire tirer vn portraict de Statira, & le reporter à ce
Gouuerneur, amoureux en idee*, afin de sçauoir si la verité
accompagnoit le bruit que la renommee semoit de ceste emerueillable* beauté. Sa commission ne s'estendoit point plus
auant, Tendesille reseruant à la faire demander apres la veuë &
la consideration de ceste image. Il arriua que ce Carthagenois
fut accosté par le Murcien qui l'auoit autrefois cognu à Seuille,
& le voyant empressé à trouuer les moyens de voir Statira, aussi
tost Vantidio ce Cheualier de Murcie en eut la puce à l'oreille,
& ne cessa de l'enquerir & de l'arraisonner* iusques à ce qu'il
eust crocheté son secret, & appris le dessein qu'il auoit de faire
peindre Statira pour en porter le tableau à Tendesille.

Là dessus Vantidio pareil à ces personnes qui sont tentees
de desrober vne marchandise qu'elles desirent, mais qu'elles ne
peuuent acheter : s'auisa d'vn dessein extremement subtil pour
venir à bout de sa pretension*. Il fit vne estroitte amitié auec
Plance, & tasche de se l'obliger par toutes sortes de courtoisies*
& de presens. Le Carthagenois qui se fust vendu lui-mesme pour
de l'argent, se sentant dorer les mains fut bien tost gai[99]gné &

induit à trahir son maistre, veu mesme que Vantidio lui promettoit de le rendre participant de sa bonne fortune s'il le vouloit
assister au stratageme qu'il auoit pourpensé. Il auoit appris de
Plance que si Tendesille trouuoit que le portraict se rapportast
à l'idee* qui lui restoit de ceste beauté, qu'il la feroit demander
en mariage, & l'espouseroit par Procureur, la faisant puis apres
venir à Oran, & que tout cela se conduiroit par Plance mesme.
Le portraict est fait, qui seruit d'allumette au feu de Tendesille,
qui renuoye aussi tost Plance sur ses pas auec le sien, auec charge
de demander Statira en mariage.

Vantidio le sçachant de retour & auerti de sa commission
pour se mettre en la place de Tendesille ; & se rendre l'espoux
de Statira sans qu'on s'en apperceust, mit son portraict en
place de celui de Tendesille, & Plance faisant la demande aux
parens, qui lui fut aussi tost accordee, à cause de la grandeur
de Tendesille, remit à Statira le portraict de Vantidio au lieu
de celui du Gouuerneur, promettant de rapporter aussi tost la
response de son Maistre si lui-mesme ne l'apportoit pour la
conclusion de l'alliance. Il va à Oran, & revient aussi tost auec
les articles du mariage signez, & vne procuration pour espouser
Statira au nom de Tendesille.

Estant de retour du conseil* de Vantidio, il donna la signature
des articles, & monstra le pouuoir qu'il auoit comme procureur
d'espouser Statira. Ce qui eust esté fait aussi tost, tant les parens
de ceste fille desiroient l'honneur de ceste [100] alliance. Mais
il dit que son maistre lui auoit donné charge d'attendre de ses
nouuelles, parce qu'il esperoit venir desguisé & espouser lui-
mesme sa maistresse, & la mener plus promptement à Oran que
l'on ne sçauroit qu'il en fust parti.

Vantidio dans quelques iours ne manqua pas de venir sur le
tard accompagné de trois ou quatre de ses amis, & de se presenter
comme s'il eust esté Tendesille pour espouser Statira. Il se disoit si
pressé de son retour, que dés le soir mesme le Prestre les espousa,

estant recognu pour le gouuerneur d'Oran selon le pourtaict que
Statira auoit receu de la main de Plance, lequel aida à la tromperie, le saluant, l'honnorant & le seruant comme son maistre.

Le mariage consommé à la sourdine, & sans beaucoup de
bruit il partit deux iours apres sur la brune pour aller, disoit-il,
à Carthagene tenir le vaisseau prest pour passer à Oran, laissant
Plance pour y amener sa nouuelle espouse, laquelle y est conduite
à petit train par ses parens selon la priere que le faux Tendesille
leur en auoit faite, leur ayant defendu de dire qu'il fust venu
d'Oran à Iaën de peur d'en estre repris*.

Statira arriue à Iaën & monte sur le vaisseau auec son espoux,
apres auoir pris congé de ses parens selon la ceremonie du monde.
Mais ils ne sont trois lieuës en la mer, que le Pilote qui auoit le
mot tourne les voiles vers Alicant, tandis que Vantidio s'amuse
à caresser Statira en la chambre qui est sous la poupe.

Abbordez au port d'Alicant il mena ceste es[101]pouse en
Murcie, où estant amenee elle apprit de sa bouche qu'il estoit
Vantidio, & non Tendesille, & que la passion qu'il auoit pour sa
beauté l'auoit contraint d'vser de cet artifice* pour la posseder.

Bien que l'estonnement de Statira fust grand, & que son indignation lui deust estre conforme, si est-ce qu'adoucie par les mignardises
de cet homme qui lui en faisoit toutes les satisfactions dont il se
pouuoit auiser, elle appaisa sa cholere, & fit vertu de la necessité. Et
pour conseruer son honneur elle receut pour son vray & legitime
mari celui qui l'auoit ainsi attrapee. Il y eut bien plus de bruit du
costé des parens, mais ils furent contraints de s'accoiser* quand
ils virent que c'estoit vn mal sans remede, & que l'on ne pouuoit
reprocher autre chose au Chevalier Vantidio, que le defaut des
moyens, estant au reste braue* & tres-noble Gentil-homme.

Le tintamarre eust esté bien plus grand de la part de Tendesille, s'il
n'eust point esté attaché à sa forteresse par les rigoureuses & inuiolables loix de l'estat & de la milice d'Espagne. Mais en fin venant à
considerer qu'il n'aimoit qu'en peinture, son feu ne se trouua pas
si cuisant* qu'il fust inextinguible. Et bien qu'au commencement

il iettast toute la faute sur la trahison & la perfidie de Plance, il la rejetta à la fin sur sa sottise, pour s'estre voulu marier par procureur, & pour auoir voulu conduire par autrui vn affaire, en laquelle on est le plus souuent trompé en propre personne. [102]

Le temps accommoda toutes choses, & Tendesille estant cloüé à son rocher, comme vn Promethee, eut tout loisir de ronger son frein, & en digerant sa cholere, d'esteindre le feu qui s'estoit allumé dans son cœur. Il en vint iusque là de remercier la fortune qui l'auoit empesché de prendre vn parti desauantageux & disconue-nable à sa qualité, & à louër l'esprit de Vantidio, qui auoit sceu si dextrement conduire sa barque à bon port, faisant resolution de n'employer desormais en ses plus importantes affaires autre procureur que soy-mesme. [103]

La Credulité Pernicieuse.
EVENEMENT IX.

EN ce qui regarde les choses diuines qui nous sont reuelees par l'Eglise, la pesanteur & tardiueté à croire est reprise* comme vn vice. Au contraire la promptitude à y acquiescer, que l'Apostre nomme docilité de la foy[1], est fort estimee. Mais aux occurrences humaines il n'en est pas ainsi, d'autant qu'elles consistent en choses visibles, de sorte que l'on n'est pas obligé d'y donner sa creance, si ce n'est autant que l'on voit. Et la trop legere & prompte credu-lité n'est pas seulement blasmable, mais encore subiette à diuers accidens ou sinistres, ou dangereux. Si Leostene n'eust point si tost adiousté foy au rapport d'vne femme malicieuse*, il ne se fust pas precipité dans les abysmes de sa ruine & de sa honte, que nous allons voir en ce Tableau de son inconsideration*.

---

1   Rm 1, 5.

En vne ville du Duché de Gueldres cet homme sur le declin
de son aage se mit en fantaisie de se marier. Certes par le commun aueu des Sages, c'est vn ioug que doiuent euiter & les trop
ieunes & les trop vieux, pour des raisons que la nature enseigne
assez. Mais quoy ? vn beau visage n'a pas moins de pouuoir qu'vn
esclair pour esblouïr les yeux les plus fermes. L'exemple en est
deplorable* en la cheute de Dauid[1], & renouuelé en ce Gen[104]
til-homme, dont le mal-heur* va estre proposé par ma plume.

Pandere (nous eussions peut-estre aussi bien fait de l'appeler
Pandore, puis qu'elle fut le subject des desastres* de ce vieillard)
ieune Gentil-fille du mesme païs, fut le piege où sa liberté qu'il
auoit conseruee si long temps (car il n'auoit iamais esté marié)
fut arrestee. L'inegalité des aages ne promettoit pas que ce ioug
se deust tirer auec la satisfaction & la iuste correspondance*
des parties* : mais les richesses de Leostene polirent le front de
Leostene, & en osterent la laideur & les rides, estant selon l'opinion du monde, le vray or potable, auquel on attribue la force
de raieunir & renouueler les corps.

Ce mariage se fit sous ceste consideration, qui mit Pandere
dans les delices de l'abondance, mais non pas dans l'abondance
des delices. Sa ieunesse estoit accompagnee de ceste gayeté inseparable de l'aage vert & florissant, à quoy elle estoit encore portee
par son temperament & sa complexion naturelle.

Au commencement cela plaisoit fort à nostre vieillard, qui
se sentoit desgourdir par ceste gaillardise*, & rappeler en soi les
premiers bouillons qu'il auoit autrefois experimentez* en son
printemps. Mais comme la musique est importune à ceux qui
sont en affliction, & comme les rayons du Soleils affligent les
yeux debiles, aussi ceste viuacité de la ieunesse offense* à la fin
la pesanteur & le chagrin indiuisibles de la vieillesse, les dents
agacees & l'estomac vsé de laquelle ne peuuent plus ni mas[105]
cher ni digerer ceste viande là. Neantmoins la prudence* faisoit

---

1 2S 11, 2-27.

dissimuler à Leostene, ce qu'il en pensoit, & bien qu'il eust desiré que Pandere se fust retiree de la conuersation* des compagnies, & eust quitté les bals & les assemblees : si est-ce qu'il lui laissoit encore quelque peu de liberté, esperant que ceste humeur passeroit bien tost, & que pour se conformer à la sienne, elle se retrancheroit* des passetemps & des danses.

Ceste ieune merueille estoit enuironnee de plus d'appasts & de charmes, que l'Orient n'a de perles, & par tout où elle se trouuoit, elle attachoit sur elle les yeux de toute vne troupe par des chaisnes qui ne laissoyent d'estre puissantes, encore qu'elles fussent inuisibles. Aussi estoit-elle comme le Dauphin, suiuie de plusieurs poissons. Que de foibles esprits brisoyent à ce bel escueil ? ie di brisoyent : car si elle estoit vne perle de beauté, elle estoit vn diamant de vertu, & vn rocher de constance.

Quelque ioyeuseté qui parust en ses actions, de quelque ris que fussent remplis ses yeux & son visage, elle ne laissoit pas de conseruer soigneusement son cœur de toute affection estrangere, qu'elle fuyoit comme vne infection pestilente. Ce n'estoit pas neantmoins l'opinion d'vn chascun, parce que sa façon libre & naïue*, ce facile acces, & accueil fauorable, ce maintien gracieux, & cette humanité* affable qui la rendoit si digne de recommandation*, estoit interpretee en mauuaise part par les esprits malicieux*, lesquels comme des araignees faisoyent venin de ces belles ro[106]ses.

Il y a des[1] certaines complaisances qui procedent plustost de sympathie* & d'inclination que de dessein, lesquelles sont prises de la main gauche par ces ames lasches, qui ne voyent rien que de trauers. Car comme tout est net* à ceux qui sont nets*, tout est impur, & malin* aux ames malignes*. Les mugueteries* de quelques ieunes galands* autour de Pandere chatouilloyent vn peu l'esprit du vieux mari, & lui donnoyent du martel* en teste. Bien qu'elle fist aucun estat de leurs caiolleries*, & qu'elle se

---

1   *Sic. ;* 1660 corrige : *de.*

mocquast de leurs adorations, il sembloit à ce Tithon[1] qu'elle ne
les mesprisoit pas assez, & qu'elle les deuoit rebutter & renuoyer
auec plus de rudesse. Encore qu'elle fust cause de leurs passions,
cela ne ternissoit en rien son innocence, puisque son cœur n'en
estoit point attaint. Que si elle ne les reiettoit pas auec la rigueur
& la seuerité que Leostene eust desiree, c'estoit plustost pour
n'offenser* pas la douceur & la bien-seance de la conuersation*
& pour conseruer la ciuilité, que pour* estre touchee d'aucune
inclination mutuelle. Mais comme les hommes ne penetrent pas
les secrets des cœurs à cause du defaut de la fenestre de Mome[2],
ils ne peuuent iuger que par l'exterieur. Et certes celui de ceste
espouse estoit vn peu bien reueillé[3], ce qui tenoit le bon homme
en ceruelle*.

Il auoit vne sœur encore plus âgee que lui, qui estoit vefue
depuis long temps, & auoit plusieurs enfans. Celle-ci que nous
nommerons Sulpicie, auoit tousiours faict esperer aux siens l'heritage de cet Oncle, de sorte que ce mariage auec Pandere ne lui
auoit pas aggreé, craignant qu'il n'en [107] vint quelque fruict
qui ostast aux neueux la succession de Leostene. Que n'auoit-
elle faict pour en destourner son frere? mais l'Amour en lui eut
plus de force que ses persuasions. N'ayant pû empescher ceste
alliance, elle cherchoit tous les moyens d'y mettre du mauuais

---

1 Mortel aimé d'Éos, l'Aurore, qui demande pour lui à Zeus l'immortalité ; mais elle
   oublie de demander aussi qu'il ne viellisse pas. Tithon alors devient si vieux et si
   desséché qu'Éos le transforme en cigale.
2 Parce qu'il manque à l'homme la fenêtre de Mome (Momus). «On dit que Minerve,
   Neptune et Vulcain disputèrent un jour d'adresse et d'industrie. Neptune forme
   un taureau, Minerve invente l'art de construire les maisons, et Vulcain fait naître
   l'homme. Ils vont trouver ensuite Momus, qu'ils avaient choisi pour juge. Momus
   considère l'œuvre de chacun. Ce qu'il trouve à redire dans les autres œuvres
   nous n'avons pas besoin de le rapporter ici. Quant à l'homme, il blâme Vulcain,
   qui l'avait bâti, de n'avoir pas placé une petite fenêtre sur sa poitrine, afin qu'en
   l'ouvrant, tout le monde puisse connaître ses désirs et ses pensées, s'il mentait
   ou s'il disait la vérité.» Lucien de Samosate, *Hermotime ou les Sectes*, Chap. 20.
   Cf. IV, 10 [373].
3 Il s'agit du cœur de «ceste épouse», qui est actif, dispos, éveillé.

mesnage*. Encore que Pandere ne l'eust iamais des-obligee, si en estoit-elle haye comme celle qui deuoit emporter vne grande partie du bien de Leostene à cause des auantages qu'il lui auoit faict en l'espousant, & peut-estre le tout si elle en deuenoit enceinte.

Voyant son fere vn peu resueur, & ayant descouuert que ceste tristesse procedoit du soupçon qu'il commençoit à conceuoir contre sa femme, au lieu d'esteindre ce feu, elle y ietta de l'huile & du bois, augmentant par diuers rapports ses faux ombrages. Mais ce n'estoit encore rien à comparaison de la Calomnie qu'elle inuenta depuis, qui causa les tragiques malheurs* dont ie vay ensanglanter ma plume. Pandere auoit aupres d'elle vne fille de chambre qu'elle aimoit vniquement, & qui estoit sa confidente.

Ceste fille, dont le nom estoit Orsinette, auoit vn frere excellent Musicien appelé Nesso, qui paroissoit vn autre Orphee, lors qu'à sa rauissante voix il ioignoit les accords du Luth qu'il touchoit à la perfection. Sa profession estoit d'enseigner la Musique, & à iouër de cet instrument que l'on estime le roi des autres, en quoi il estoit tenu pour vn tres-sçauant Maistre. Ie l'appelle sçauant, parce que l'experience apprend qu'vn homme auroit aussi tost appris vne solide science, qu'à bien manier le Luth. [108]

Ce ieune homme estoit bien faict, poli & propre* comme sont d'ordinaire ceux de cet art, au demeurant grand baladin & d'vn esprit assez gentil* & agreable en la conuersation*. Il alloit souuent voir sa sœur chez Pandere, où il se donna vn acces si facile, qu'il y hantoit aussi familierement que s'il eust esté des domestiques*. Apres les repas Leostene & sa femme le faisoyent chanter, iouër, danser ; il estoit à tout, ce qui plaisoit fort à l'humeur allegre de Pandere, qui ne demandoit qu'à rire & à sauter.

Ce n'est pas pourtant que iamais Nesso haussast les yeux vers la Maistresse de sa sœur, qu'il se contentoit d'honorer selon son rang & sa qualité, sans esleuer temerairement ses desirs vers vn lieu inaccessible, ni que Pandere abaissast ses pensees vers Nesso qu'elle estimoit certes, mais comme l'on a de coustume de priser les hommes de ceste condition là, dont on aime l'art plus que les personnes.

Il n'en prit pas de mesme à Sulpicie, laquelle toute vieille & laide qu'elle estoit, attacha ses yeux & ses desirs sur ce Musicien, autrement qu'il ne falloit.

Apres auoir long temps combatu contre ceste tentation, elle s'y laissa gaigner, & de telle sorte qu'elle ne pouuoit plus viure sans paistre la veue & ses oreilles de la presence* & de l'harmonie de son doux enchanteur. La honte qu'elle auoit de lui descouurir sa passion, la fit auoir recours à Orsinette sa sœur, à laquelle apres beaucoup de tournoyement & d'ambages elle fit en fin sçauoir le tourment qu'elle souffroit pour son frere.

Ceste honneste* & vertueuse fille tascha de lui [109] remonstrer la folie de sa pretension*, & le deshonneur qu'elle attireroit sur son front si elle arriuoit à l'effect. Mais c'estoit ietter des paroles au vent, que de vouloir destourner de son infame dessein ceste vieille obstinee.

Voyant donc qu'elle n'y profitoit rien, elle lui dict rondement, que son frere auoit de l'aage, & estoit capable de lui respondre, & que pour elle sa Maistresse l'auoit tousiours nourrie auec tant d'honneur, qu'elle ignoroit le mestier dont elle vouloit qu'elle se meslast, de ceste sorte elle renuoya honteusement ceste Proserpine[1]. Laquelle pour ce rebut ne se deporta* pas tout à faict de l'importuner, estant tous les iours apres elle pour la coniurer de lui rendre cet office, qu'elle prenoit comme ie pense pour vne œuure de pieté, tant son ordure l'auoit aueuglee.

Apres auoir employé inutilement ses prieres, elle vint aux menaces & aux choleres iusques à dire des iniures à Orsinette, laquelle pour se despestrer de ceste furie domestique, attachee tous les iours à son collet, ne trouua point de meilleur remede

---

1 Camus veut probablement faire allusion à l'épisode de la vie de Proserpine où, dèjà enlevée par Hadès et devenue reine des Enfers où elle réside six mois chaque année, elle s'éprend d'Adonis.

que d'en auertir sa Maistresse, afin qu'elle y apportast l'ordre qu'elle iugeroit conuenable*. Il ne faut pas demander si ceste sage ieunesse se mocqua de ceste vieillesse folle, mais ceste risee n'estoit pas vn antidote au mal qui pressoit Sulpicie.

Pandere se voulut mesler de lui en faire des remonstrances, en lui representant la honte de cet iniuste desir, & la gloire qui lui reuiendroit de s'en rendre victorieuse. Mais au lieu d'y profiter elle despita* d'auantage ceste vieille amoureuse, [110] faschee que sa passion par la langue d'Orsinette fust venue à la cognoissance de sa belle sœur. Dieu sçait en combien d'outrageuses paroles elle deschargea sa cholere contre ceste seruante. Mais de peur qu'en l'irritant elle ne lui donnast subject de lui rendre contraire l'esprit du frere, elle se reprit à la fin, & en reuint aux supplications, ausquelles ayant trouué des oreilles sourdes, elle fut contrainte d'aller chercher la guerison de sa maladie vers celui-là mesme qui en estoit l'autheur. Lequel eut en aussi grande horreur l'impudence & l'impudicité de ceste perdue, que ses deformitez qui eussent esté capables de refroidir le plus eschaufé.

Au commencement croyant qu'elle se mocquast de lui, il la paya en mesme monnoye. Mais la continuation de ceste importunité lui ayant faict cognoistre le verité de ceste sottise il la renuoya si loin, & auec des mespris si sanglants, qu'il ne lui laissa que le desespoir d'arriuer iamais au but où elle pretendoit. Ce desespoir changea cette violente & sale amour en vne haine mortelle, ou plustost en vne rage furieuse, & ceste fureur enragee appella les vengeances à sa suitte, qui ne pouuant estre executees par la force*, se rapportoyent* aux finesses & aux subtilitez. Pour y arriuer oyez la ruse dont se seruit cet organe* de Sathan.

Comme elle estoit tous les iours en la maison de son frere, il ne s'y passoit rien de si secret qu'elle ne le cognust. Pandere auoit ceste coustume lors que son mari alloit aux champs de faire coucher Orsinette aupres d'elle, soit qu'elle fust aussi [111] bien que Salomon subjette aux terreurs de la nuict, soit qu'elle aimast si tendrement ceste fille qu'elle la voulust auoir à ses costez. Il arriuoit aussi à la maison, que Nesso demeurast si tard à chanter, à toucher le Luth & à deuiser, qu'il y couchoit pour euiter les mauuaises rencontres qui se font durant la nuict par les ruës d'vne ville.

Là dessus Sulpicie bastit la trame de la plus noire meschanceté que l'on puisse imaginer. Ce fut de faire entendre à son frere que Nesso en son absence abusoit de Pandere, iusques à tel degré d'impudence qu'il estoit admis dedans sa propre* couche, sous le nom de sa sœur Orsinette.

Si ceste fausse accusation qu'elle se proposoit de colorer de vrai-semblance prenoit feu, elle s'asseuroit* de se venger de tous les costez : de Nesso, le faisant assassiner par Leostene : d'Orsinette, qu'elle feroit chastier comme complice : & que mesme elle se defferoit de sa belle sœur, qu'elle hayssoit pour les raisons que nous auons dittes.

Certes elle fut prophete en son mauuais project : car elle trouua tant de disposition à receuoir sa calomnie en la trop facile credulité de Leostene, que sur sa parole il lascha le filet[1] & se resolut d'attraper ce larron de son honneur, & de lui faire payer auec sa desloyale femme les interests* de leur perfidie. Il fut aisé à celle qui auoit ietté dans son esprit ceste calomnie de brasser sa trahison, se figurant que de quelque costé que le sort tombast, ce seroit tousiours à son auantage, quand bien mesme son frere dont elle desiroit la succes-[112]sion, periroit en ceste querelle. Ce qui me faict souuenir de l'Apologue du Corbeau, qui voyoit le loup & le chien s'entrechirans, & disoit que de quelque costé que la victoire tombast, il en auroit les despouilles*, parce qu'il feroit curee du loup si le chien l'estrangloit, ou du chien s'il estoit abbatu par le loup.

Leostene fit donc semblant par le conseil de sa sœur d'aller pour quelque temps à la campagne, & il s'alla cacher chez elle en attendant qu'elle l'auertist lors qu'il pourroit surprendre les adulteres en leur meschanceté. Elle alloit & venoit tous les iours

---

1 Il jeta (?) le filet pour « attrapper ce larron […] ».

chez sa belle sœur, couuant vn mauuais ieu sous vne bonne mine*. Nesso y venoit aussi selon son ordinaire, sans penser à autre chose qu'à donner du passetemps à Pandere, & à la desennuyer en l'absence de son mari.

Dans ceste conuersation* il ne faut pas demander s'ils drappoyent* sur la folie amoureuse de cette vieille Megere, ainsi faut-il que ie l'appelle, veu la rage qu'elle va esclorre contre ces personnes innocentes.

Vn soir elle se tint auec eux assez tard cachant vn fiel de dragon, & vne trahison diabolique sous vne contenance* d'Amour, qui apprestoit vne ample matiere de gausserie à nos ieunes gens.

Apres auoir bien ri, selon le mot du Sage, les larmes arriuerent[1], car la nuict estant auancee, il fut arresté que Nesso coucheroit en la maison en la chambre des seruiteurs, quant à Pandere elle s'alla mettre dans le lict à son ordinaire, faisant coucher son Orsinette aupres d'elle. La trappe ainsi tendue elle s'en retourna en sa maison qui [113] estoit voisine, auertir son frere que s'il vouloit trouuer sa femme entre les bras de Nesso, qu'il se depeschast.

Il s'y en va tout aueuglé de la nuict & de la fureur, & lors que le premier sommeil tenoit occupee toute la famille, il entra auec de fausses clefs qu'il auoit preparees de longue main iusques dans la chambre de sa femme, où dans les doubles tenebres de sa rage & de la nuict, il tua à coups de poignard ces deux innocentes creatures, la maistresse & la seruante. Execution* si prompte qu'à peine leur cri fut-il entendu.

De ce pas il va à la garderobe, où pensant trouuer Orsinette pour lui faire sentir le mesme supplice dont il pensoit auoir chastié son frere il ne trouua rien dans le lict, ce qui lui donna quelque estonnement.

Pour s'esclairer* de ceste doute il appelle les domestiques* qui dormoyent, & la chandelle estant allumee il demanda où estoit la desloyale Orsinette. Les seruantes respondirent qu'elle

---

1   Ecc 3,4.

estoit dans le lict de sa Maistresse. Et où est donc, repliqua t'il, le traistre Nesso ? Elles l'asseurerent qu'il estoit couché en la chambre des seruiteurs. Ha sottes, respondit-il, est-ce ainsi que vous vous laissez abuser* ? Non non, i'ay trouué ce meschant auec ma femme, & ie les ay mis en vn estat dont ils ne releueront iamais. Il faut que de ce pas i'aille expedier ceste vilaine seruante, laquelle suiuant le train de son infame maistresse est entre les bras de mes valets.

A ce discours les seruantes s'escrierent, à ce cri [114] les seruiteurs descendirent, qui voyans leur Maistre l'espee à la main, retournerent dans leur chambre, où auec Nesso ils se barricaderent.

Cependant ils crient au meurtre & donnent l'alarme à tout le voisinage. Le monde accourt à ceste clameur, la maison fut aussi tost remplie de gens. La pauure Pandere & sa fidelle Orsinette furent treuuees dans le lict noyees dans vn ruisseau de sang. Leostene est pris, Nesso comparoist, il[1] reconnoist son erreur, mais trop tard. Et pour ne faire ici vne procedure de Greffier, toute la verité s'esclaircit. Il reiette la faute sur la calomnie de sa sœur, à plus pres[2] comme Adam, qui accusoit Eue pour s'excuser. Nesso descouurant[3] l'infame passion de Sulpicie donna vn grand iour à l'innocence de Pandere & d'Orsinette.

Sulpicie menacee de la question pour euiter ce tourment confessa toute sa malicieuse* trame, accusant la trop grande promptitude de son frere à executer en tenebres ce qu'il deuoit auoir premierement examiné auec les yeux : protestant qu'elle ne lui auoit conseillé que de surprendre ceux de la faute desquels elle se doutoit, non pas de tuer.

Leostene d'autre costé voyant à clair qu'il auoit souillé ses mains d'vn sang iuste, & qui comme celui d'Abel crioit vengeance vers le Ciel, se reconnut digne de la mort pour sa pernicieuse credulité,

---

1 Leostene, comme Nesso apparaît, reconnaît son erreur.
2 *Sic.* 1660 corrige, avec raison, en *à peu près*.
3 En révélant la passion que Sulpicie a pour lui, Nesso met en lumière l'innocence […].

benissant la memoire de la deplorable* Pandere, & maudissant l'intemperance & la malice* de sa meschante sœur, laquelle fut auec lui iugee coulpable & condamnee à perdre la vie. [115]

Les parens de Pandere eurent part aux biens de Leostene, & aussi Nesso à cause du meurtre de sa sœur. Le reste fut confisqué. Le mesme fut faict de ceux de Sulpicie, qui ne passerent point à ses enfans : vne partie fut adiugee aux heritiers de Pandere, vne autre à Nesso, le fisque* emporta le surplus.

Exemple memorable de ne croire pas legerement au rapport d'vne femme & vne femme passionnee, & de ne se laisser pas emporter si soudain à l'aueuglement de la cholere. Ceste parole saincte & doree du Sage bouclera cet Euenement : Celui qui croit promptement est leger de cœur. [116]

La Malheureuse* Imitation.
EVENEMENT X.

TANDIS que nous auons la plume teinte dans le sang, continuons encore vne matiere tragique. Comme le monde est plus rempli de mauuais, que de gens de bien, il a plus de besoin d'exemples de terreur pour retirer ceux-là de leurs meschantes voyes, que d'amour pour exciter ceux-ci à la vertu. Ce n'est pas sans raison que l'on compare les loix aux toiles d'araignee, qui ne prennent que les petites mouches, & qui sont rompues par les gros bourdons. Ce qui a donné lieu au prouerbe, que les gibets ne sont pas tant faicts pour les coulpables, que pour les mal-heureux.* Ce qui se verra en la miserable* imitation que cet Euenement vous va mettre deuant les yeux.

En la prouince de Luxembourg l'vne des plus grandes, mais non pas des plus florissantes de celles qui composent la Gaule Belgique, aupres d'vne ville appellee Bastogne, il n'y a pas long temps qu'vn ieune Baron fit vne fin conforme au cours de sa vie. Son pere, qui estoit assez vieil quand il se maria, le laissa en mourant encore fort ieune auec vne sœur. Leur mere leur manqua peu de temps apres. Si bien que ces orphelins furent reduits sous la puissance d'vn Tuteur, qui estant Gentilhomme fort employé dans les armes de [117] Flandres, se rapportoit de leur conduitte* à sa femme, qui les esleuoit auec ses propres enfans, auec assez de liberté. La fille par la modestie* de son sexe se tint encore en quelque deuoir, mais Propiel (ainsi appel-lerons-nous le Baron)[1] n'eut pas plutost atteinct l'aage de dixsept à dixhuict ans, qu'il commença à s'en faire croire[2], se mit au ieu & à la desbauche de telle sorte qu'il donnoit des signes euidens qu'il seroit vn iour vn vray enfant prodigue. Comme il auoit de grands biens, c'estoit la vraye matiere pour nourrir ceste humeur despensiere dont il estoit animé. Et bien qu'il ne fust pas en l'âge de manier son bien, il auoit desia assez d'industries pour le dissiper. Il fourrageoit* ses propres terres, & alloit à la picoree chez ses fermiers, les contraignant de lui fournir de l'argent contre les defenses de son Tuteur : lequel ne parlant que de loin, n'estoit pas entendu comme lui, qui se faisoit & voir & craindre le baston à la main.

Parmi les dissolutions de la bonne chere, du ieu, & de la piaffe*, les femmes y eurent leur part. Ce feu de concupiscence qui s'allume si aisement dans le sang bouillant de la ieunesse, qui lui sert comme d'huile, s'empara tellement de ses veines, qu'il en estoit tout embrasé, de sorte que cherchant par tout de la proye pour contenter son insatiable appetit, par tout où il frequentoit il laissoit des marques ou de sa deshonnesteté, ou de son insolence*.

---

1   Le nom est ici orthographié *Propiel*, mais dans le cours de l'histoire, c'est l'ortho-graphe *Popiel* qui prévaut, sans être absolument constante. Comme il semblerait d'après cette parenthèse que c'est bien *Propiel* que Camus avait choisi, l'orthographe a été ainsi normalisée dans toute la nouvelle.
2   Être orgueilleux H.

Las de vagabonder ainsi apres diuers objects, il se rendit si esperdument amoureux des beau-[118]tez d'vne fille de la Marche, à qui
nous donnerons le nom de Pisidice, qu'il en perdit la cognoissance
de son deuoir & de lui-mesme. Ceste creature estoit de bas lieu,
mais d'vne honnesteté si releuee, que iamais elle ne se voulut rendre
aux iniustes desirs du Baron, quelques promesses qu'il lui fist de
la loger auantageusement, & quelques presens qu'il lui offrist pour
corrompre son courage* & le flechir à ses volontez.

Voyant donc qu'il n'auançoit rien par la voye des prieres &
de la despense, il se resolut à la force*. Cela lui fut aisé estant
auctorisé* comme il estoit, & ayant en teste* vne partie* foible
& de peu de consideration deuant le monde.

Au commencement on murmura fort de ce Rapt, mais il
sceut combler de tant de bienfaits les parens de la fille, qu'il leur
arracha la plainte de la bouche ; ioint qu'ils estoyent contraints
de souffrir ce qu'ils ne pouuoyent empescher.

Il y a des choses qui au commencement sont volontaires,
comme les mariages, & par apres sont de necessité, parce que le
lien en est indissoluble. Il en est au rebours des Rauissemens : au
commencement ils sont forcez, mais par le progrez la volonté se
gaigne. Extremes furent les desplaisirs de Pisidice, se voyant ainsi
deshonoree. Mais ce nouveau Sichem[1] sceut si bien s'insinuer
auec le temps & le bon traittement dans l'esprit de ceste Dina,
qu'il acquit ses bonnes graces. Ils vesquirent ensemble deux ou
trois ans en ceste maniere de commerce autant deshonneste
qu'illicite, masquans du beau [119] nom d'Amour leur infame
accointance*, de laquelle nasquirent quelques enfans portans
l'opprobre* de leur naissance sur le front.

Pisidice auoit acquis vn tel empire sur l'esprit de Propiel, qu'il
l'aimoit comme si elle eust esté sa femme legitime, elle gouuernoit
sa maison, & commandoit absolument dans ses Seigneuries.

---

1   Sichem, prince Hivvite, enlève Dina, fille de Jacob, puis s'éprend d'elle et envoie
     son père pour la demander en mariage. Gn 34 : 1-31.

Il arriuoit à la fin de sa vingt-troisiesme annee lors que son Tuteur desireux de descharger de l'administration de son bien & de le retirer de ceste honteuse pratique, lui procura* vne alliance assez auantageuse, proposant de le faire emanciper aussi tost qu'il seroit marié. La fille estoit d'vne maison fort noble & pleine de commoditez*. Ce parti brillant & rempli d'esclat donna dans les yeux de Propiel, qui y presta volontiers l'oreille, pressé qu'il estoit du desir d'estre maistre & de manier ses reuenus auec vn pouuoir absolu.

Comme il se disposoit à ceste recherche, tout l'obstacle qu'il y trouua ce fut la mauuaise reputation que lui auoit acquise la vie desbauchee qu'il menoit auec Pisidice. La fille ne le pouuoit voir de bon oeil, sçachant qu'il estoit attaché d'affection à ceste concubine, n'y ayant rien que les honnestes* femmes ayent en plus grande horreur que ces commerces deshonorables.

Propiel voyant le preiudice que cela lui apportoit, se resolut de quitter ce bagage & d'oster toute occasion de croire qu'il deust estre mauuais mari. Il fit en quelque façon comme le Castor qui se retranche*[1] pour sauuer sa vie, car bien qu'il eust de la difficulté à se seurer des appasts de ceste crea[120]ture qui le tenoit attaché, si est-ce que par vn puissant effort il se surmonta lui-mesme, aidé à cela par l'espoir de rencontrer les mesmes delices iointes à de grandes commoditez* en celle qu'il recherchoit.

Il auoit eu assez long temps à sa suitte vn soldat de fortune braue & vaillant, qui le seruoit comme d'Escuyer. Il lui proposa Pisidice pour femme auec vne dotte capable de le mettre à son aise. A quoy Siluain (nous nommerons ainsi) repliqua. Mon maistre, ie suis vn pauure soldat, mais riche d'honneur, quand ce ne seroit que la gloire que i'ay de porter vne espee & de m'estre trouué dans les armes en bonnes occasions*. Vous sçauez auec quelle fidelité ie vous ay serui en l'enleuement de Pisidice, mettant ma vie au hazard pour seconder vostre passion, depuis

---

1 Allusion à la croyance que certains animaux, pris au piège, se rongent la patte pour se libérer.

vous n'ignorez pas auec combien de soin ie vous l'ay conseruee. Quoi que la prenant pour femme ie flestrisse aucunement* ma renommee pour l'amour de vous, neantmoins ie passerai sur ceste consideration*. Mais ie vous prierai quand elle sera à moy de ne penser plus à elle, & quand elle m'aura donné la foy, de n'estre point cause qu'elle me la rompe, car ie perdrois mille vies plutost que de souffrir cet affront. Ie vous di¹ franchement mon humeur, ie suis ialoux : & quand elle sera en ma possession, ie ne veux point qu'vn autre la regarde, non pas vous mesme qui auez eu si bonne part en elle : parce que si ie m'apperçois qu'elle me trahisse, ie la poignarderai sans aucune misericorde. [121]

Le Baron qui auoit passé sa fantaisie de Pisidice, & qui commençant à s'en desgouster, auoit ietté ses pensees sur les biens & la beauté du parti qu'il vouloit rechercher, lui protesta de lui laisser absolument Pisidice, & de n'auoir plus aucun commerce auec elle.

Là dessus se fit le mariage de Siluain & de Pisidice ; celle-ci n'ayant pas eu beaucoup de peine à s'y resoudre, croyant r'entrer dans l'honneur par la porte du mariage, & que son esleuement seroit capable de la iustifier du mauuais train qu'elle auoit mené auec Propiel. Siluain qui estoit homme auisé, iugeant qu'il ne garderoit pas seulement sa femme en la presence du Baron, parce que les flambeaux nouuellement esteints se r'allument aisement aupres de la lumiere, prit à ferme vne des terres de Propiel, & s'y retira auec sa nouuelle espouse.

Cependant le Baron se met à sa recherche², à laquelle il s'imaginoit ne deuoir plus trouuer de difficulté, estant separé de Pisidice, dont l'accointance* lui seruoit de Remore*³. Mais les parens de la

---

1   *Sic.*
2   [...] le Baron entreprend de rechercher en mariage celle qu'il veut épouser.
3   L'emblème 83 du *Liber Emblematum* d'Alciat est une gravure représentant une Rémore arrêtant un bateau, dont la devise est : *In facile a virtute desciscentes* (*Sic.* Ceux qui se détournent facilement de la vertu). Le texte en est : «Parva velut limax spreto Remora impete venti, Remorumque, ratem sistere sola potest : Sic quosdam ingenio et virtute ad sidera vectos Detinet in medio tramite causa levis. Anxia lis veluti est, vel qui meretricius ardor Egregiis iuvenes sevocat a studiis. » Petite comme

Damoiselle s'estans enquis de sa vie, & ayans appris que c'estoit vn grand ioüeur, & que par ceste desbauche s'estoit fort endetté, refroidirent le desir qu'ils auoient eu de lui donner la fille, de sorte que pour le trancher court on le remercia de l'honneur de sa recherche, & le pria-on de s'en deporter*.

Descheu de ceste esperance, tandis qu'il iette les yeux de diuers costez pour trouuer où asseoir ses affections, les playes de la circoncision com-[122]me à Sichem commencerent à le tourmenter[1], & comme vn autre Assuere il r'appela en sa memoire le souuenir de ceste Vasthi[2] qu'il auoit repudiee. L'image de Pisidice, dont les traicts estoient de longue main grauez dans son cœur, lui reuient liurer des assauts, sous la douce violence desquels il commença à retourner les yeux vers son bourbier & à vouloir reprendre son vomissement. Sous le pretexte d'aller visiter sa terre il va voir Siluain, qui le receut comme son Seigneur auec la meilleure chere* dont il se pût auiser.

Ce soldat qui cognoissoit son humeur, & qui auoit autrefois esté partisan[3] de ses desbauches, & penetré dans ses plus secrettes pensees, se douta bien que ceste visite seruiroit d'allumette pour renouueller l'alliance auec Pisidice. Il cognoist la foiblesse du sexe, & particulierement de ceste femme, qui souspiroit encore quelquefois apres les caresses du Baron. On dit que ceux qui

---

un limaçon, au mépris de la poussée du vent et des rames, la Rémore peut à elle seule arrêter un vaisseau. Ainsi, ceux que leur génie et leur vertu porteraient au firmament, une cause légère les retient au milieu de leur route. Comme l'anxiété d'un procès, ou une ardeur pour une prostituée, qui détourne les jeunes gens de leurs supérieures études. (trad. MV).

1   (V. ci-dessus note 1 p. 520). Les Hivvites ayant accepté les conditions faussement mises à leur alliance avec le peuple de Jacob et au mariage de Dina avec Sichem, tous les hommes se font circoncire. Deux des fils de Jacob, profitant de ce ceux-ci sont souffrants après l'opération, entrent dans la ville et les massacrent, et ramènent leur sœur. Gn 34 : 17-26. Le rapport avec Propiel apparaît assez lointain.

2   Vashti ayant refusé d'obéir à l'ordre de son mari de danser nue devant les princes auxquels Assuérus offre un banquet, celui-ci la répudia. Est 1-12.

3   Qui avait partagé.

ont esté mordus des bestes enragees, redoublent leur fureur en la presence de l'animal qui les a mordus. Representez vous le mesme effect dans les esprits de Propiel & de Pisidice.

Siluain qui se cognoist au langage des yeux, qui estudie leurs mines* & leurs contenances*, y lit ouuertement ce qu'ils s'efforcent de tenir couuert. Mais ce feu caché sous la cendre d'vne apparente retenue se rend aspre & plus vehement. Il esclatte en fin, & quelque soin que prenne Siluain de garder sa femme, il ne peut auoir l'oeil à toutes ses subtilitez. C'est vne folie de se rompre la teste pour empescher qu'vne femme ne se per-[123]de si elle l'a entrepris, c'est à cela que visent les poëtes sous la fable d'Argus[1].

Siluain voyant que les finesses de ces amans surmontoient ses sollicitudes, & bien qu'il reconnust qu'ils le trompoient, ne pouuant s'apperceuoir de leurs ruses, estoit en la plus grande fureur dont la ialousie puisse rauager vn esprit. Cent fois il fut en termes d'estrangler Pisidice, mais il estoit retenu par la peur de ruiner sa fortune qui ne commençoit qu'à s'establir.

Ce commerce execrable de ceste femme auec le Baron continua quelque temps, Propiel allant & venant çà & là par ses terres, & tramant tousiours quelque nouueau subject pour visiter la maison où ceste creature estoit fermiere. Laquelle voyant son mari extremement alteré contre elle, & qui la traittoit auec des rudesses extraordinaires, lui estant mal-aisé de celer son imagination, en auertit Baron, qui coiffé de l'amour de ceste mal-heureuse* commença à complotter auec elle de quelle façon ils se defferoient de ce ialoux, pour viure ensemble en leur ancienne liberté. Ha combien il est vray qu'vn abysme en appelle vn autre, & que l'homicide suit ordinairement l'adultere ! Mais Dieu les mesurera à la mesme mesure à laquelle ils veulent mesurer les autres, & les fera tomber dans la fosse qu'ils preparerent à celui-là mesme qui est l'offensé.

---

1   V. note 1 p. 495.

Tandis qu'ils roulent ce funeste dessein, Siluain ne songe qu'à chastier la desloyauté de sa femme, n'ayant aucune pensee d'outrager* son Seigneur, tant pour le respect qu'il portoit à sa [124] qualité, que pour ne paroistre ingrat des biens qu'il auoit receus de lui. Mais vne occurrence* qui arriua au voisinage lui fit prendre vn autre conseil*, & le fit resoudre à vne imitation qui lui sera cherement vendue.

Metrodore vieux Gentil-homme de la mesme contree auoit espousé pour sa seule beauté vne ieune Damoiselle de Donchery, qui portoit le nom de Luce. Celle-ci estoit en terme de se marier auec vn ieune cadet de la ville mesme, qui s'appeloit Rutilian, lors que Metrodore rompit ceste alliance par la demande qu'il fit de ceste fille, laquelle lui fut aussi tost accordee à cause de ses grandes commoditez*. On dit que les premiers feux dont les cœurs s'allument, s'y attachent tellement qu'il en reste tousiours quelque estincelle, quelque soin que l'on prenne de les esteindre. Cela fut cause que quelque temps apres ce mariage inegal de Metrodore & de Luce, celle-ci commença à r'appeler en sa memoire les graces de Rutilian, dont autrefois elle auoit esté touchee, & blasmant l'auarice des siens qui l'auoient mise entre les bras glacez d'vn vieillard, qui eust pû estre son pere ; elle se resolut de practiquer auec Rutilian de mauuaises intelligences* pour satisfaire à ses desbordez appetits.

Si elle l'entreprit elle l'effectua, & au commencement ceste menee se conduisit auec tant de discretion* & accortise*, que nul ne s'en apperceuoit. Mais le propre du peché estant de ietter vne taye sur les yeux de ceux qui le commettent, ils en vindrent à des actions si libres & à vne com-[125]munication si peu iudicieuse, que les domestiques* estans entrez en de iustes soupçons de l'honnesteté de leur maistresse, Metrodore en eut le vent, qui en fut touché d'vn deplaisir qui se peut mieux imaginer que descrire.

A l'ayde de ceux qu'il mit aux aguets, il ne fut que trop tost esclairci* de la trahison de ceste ingratte, qui le combloit d'opprobre* au lieu de l'honneur auquel il l'auoit esleuee. Il ne delibera pas s'il s'en vengeroit, mais de quelle sorte il prendroit la vengeance. Resolu de surprendre les coulpables en leur faute, il vsa du stratageme ordinaire, feignant qu'vn procez l'appelloit à Malines, où se tient le Parlement de Brabant, & qu'il auoit à partir promptement.

A peine fut-il à trois lieuës de sa maison, que Luce fit appeler Rutilian, qui ne manqua pas aussi tost de se rendre aupres d'elle. Dequoy Metrodore promptement auerti, il se rendit à son chasteau, où les portes lui estant ouuertes par l'intelligence* qu'il y auoit laissee, il entra furieusement dans la chambre des adulteres, où percez de cent coups d'espee ils furent sacrifiez à sa iuste douleur. Ceste execution* estant faite, il fit appeler la Iustice qui authorisa son action, comme permise par les loix humaines. Ainsi il laua ses mains & son honneur dans le sang de ces pecheurs.

Ceste action retentit bien haut par toute la Prouince. Et estant rapportee à Siluain, elle lui haussa le courage* & lui donna la hardiesse d'entreprendre ce qu'auparauant il n'auoit osé penser; qui estoit de surprendre Pisidice & Propiel en [126] leur crime, & de se deffaire en mesme temps de l'vn & de l'autre.

Pauure homme qui ne sçait pas qu'encore que les loix qui sont mortes ne mettent point de difference entre les delinquans, les Magistrats qui sont les loix viuantes, ou bien les executeurs des loix, font vne trop grande distinction entre les personnes.

Voyant que chascun applaudissoit à l'execution* de Metrodore, & qu'on la publioit pour vne action heroique, il se resolut de faire parler de soi en mesme termes. Il gaigne vn valet qui lui estoit affidé, & lui estant aisé de trouuer Pisidice & Propiel ensemble, parce que l'impudence compagne ordinaire de l'impudicité, leur auoit faict prendre des libertez odieuses. Il surprit ces miserables* dans le lict, où ils les massacrerent sans leur donner aucun loisir de se recognoistre*.

Apres ceste sanglante tragedie Siluain se voulant faire de feste*, & se glorifier de sa confusion, ne s'aduisa pas de prendre la fuitte, se promettant vne impunité facile de ce qu'il pensoit auoir commis auec raison. Son valet ne fut pas si mal conseillé*, mais s'estant sauué en Hollande, il regarda de loin quelle issue auroit ceste execution*.

La Iustice se saisit de Siluain, qui se voulant appuyer des loix & faire bouclier de l'imitation de Metrodore, les Iuges lui firent voir vn reuers de medaille bien different de ce qu'il s'estoit imaginé. Car Metrodore auoit puni vne ingrate adul-[127]tere ; & Siluain qui auoit esté auancé par le Baron, auoit par vne felonnie barbare trempé ses mains dans le sang de son Seigneur. A raison dequoy il fut condamné à la fourche ; ordinaire eleuation* des soldats de fortune.

De ce haut lieu il enseigne que comme tout ce qui est licite, n'est pas tousiours expedient*, ce qui est permis aux vns, n'est pas tousiours imitable aux autres. [128]

La Pauureté Genereuse.
EVENEMENT XI.

DESTOVRNONS maintenant nostre veuë de dessus ces spectacles sanglans, & la remettons en nature par quelque aspect plus agreable. Puis que la crainte & l'amour sont les deux poles, sur lesquels tourne toutes la machine du Siecle : apres auoir veu la terreur des punitions de l'impudicité, voyons l'amour dans l'honnesteté. Et ceste varieté rendra nostre ouurage & delectable & vtile. Rien n'esleue tant le courage*[1] que les richesses, dont l'effect ordinaire aussi bien que de la science est d'enfler de gloire ceux qui les possedent, à raison dequoi le Roy Psalmiste blasme ceux qui se confient en leur puissance, & qui se vantent

---

1 *Élever le courage*, c'est donner le «cœur haut», donner le sens de sa supériorité, et même rendre arrogant («enfler de gloire»).

de la multitude de leurs thresors[1]. Par la regle des contraires rien n'abbat si fort vn esprit que la pauureté.

Ce qui donné lieu à l'Embleme qui represente vn homme retenu contre terre par le poids de la necessité*[2], quoy que l'aisle de sa generosité* le voulust sousleuer vers le ciel. Toutefois comme il y a vn fleuue en Elide qui passe au trauers de la mer sans rendre ses eaux ameres[3], il y a des ames si bien faites que malgré la bassesse de la naissance & de la nourriture*, elles ont ie ne sçay quoi de genereux* & d'esleué. C'est vn feu dans la boüe, comme celui qui fut trouué en Hierusalem [129] dans vn puits au retour de la capituité de Babylone[4]. Nous le verrons en cet Euenement, que i'appris d'vn Gentil-homme Allemand estant à Padouë.

A Breslau cité capitale de la Slesie, prouince d'Allemagne, voisine de la Boheme, deux simples Bourgeois de condition assez mechanique s'entr'aimoient vniquement. Teudas estoit artisan, & Venon faisoit traffic de mercerie. C'estui-ci estant allé faire quelques emploittes* à Vienne en Austriche demeura trois mois en son voyage, & à son retour il se trouua accueilli* de deux desastres* qui lui furent extremement sensibles, de la perte de sa femme qu'il aimoit beaucoup, bien qu'il n'en eust eu aucuns enfans ; l'autre du mal-heur* de son ami que l'on auoit ietté en prison, de laquelle il estoit hors d'esperance de sortir. Ce n'estoit pas pourtant à cause de sa malice*, mais plustost par sa bonté qu'il estoit tombé en cet estat deplorable* : parce qu'ayant respondu d'vne grosse somme pour vn de ses amis que l'infortune auoit rendu insoluable, il auoit esté condamné à ce payement, pour

---

1   Ps 49, 7.
2   Alciato, *Emblematum liber,* CXXI : Paupertatem summis ingeniis obesse ne prove-hantur (Que la pauvreté empêche les plus doués de s'avancer). Texte latin : Dextra tenet lapidem, manus altera sustinet alas : Ut me pluma levat, sic grave mergit onus. Ingenio poteram superas volitare per arces, Me nisi paupertas invida deprimeret.
3   Le fleuve Alphée. V. note 2 p. 204.
4   2 M 1, 19-22. *Cf.* II, 3 [242].

lequel tout son bien qui ne consistoit qu'en quelques meubles auoit esté vendu, & pour le reste il auoit esté saisi au corps & enfermé dans vne conciergerie.

En ce lieu qui se peut appeller le centre de la misere & le tombeau de ceux qui viuent, Venon vint visiter Teudas. Cestui-ci se plaignant de la fortune l'accusoit d'iniustice de l'auoir reduit en vne condition* si deplorable* pour auoir bien fait. Mais il ne souspiroit pas tant pour la perte de sa [130] liberté, & de ses biens & pour son propre mal-heur*, comme pour auoir perdu les moyens de marier vne fille vnique dont l'aage estoit nubile, craignant que la necessité* ne la portast à quelque turpitude.

Venon ne s'amusa* point à le consoler de beaucoup de paroles, mais venant aux promesses qui furent aussi tost suiuies des effects, il lui dit ; que sa disgrace estoit vne marque de sa vertu, contre laquelle la fortune a vne inimitié iuree : mais qu'il deuoit releuer son courage* contre cet effort*, & imiter les luitteurs qui se haussent sur les pieds & se roidissent d'autant plus fort, que grand & puissant est l'aduersaire qu'ils ont en teste*. Quant au bien qu'il auoit fait d'où lui prouenoit ce mal, qu'il ne s'en repentist pas, d'autant que ce qu'il semoit en pleurs, seroit recueilli en ioye, pourueu qu'il sceust posseder son ame en patience*. Que l'amitié l'auoit poussé dans la prison, que l'amitié l'en retireroit. Qu'il auoit des moyens assez pour le racheter de ceste misere, & l'oster de l'extreme necessité*. Qu'ayant des bras il gaigneroit tousiours bien sa vie, comme il auoit fait par le passé. Que les biens qu'il auoit lui seroient communs, la loy de la parfaitte amitié le voulant ainsi. Qu'il vouloit qu'il se ressentist* de son bon-heur*, comme il se ressentoit* de son mal-heur*[1], l'vnion des amis n'estant pas moindre que celle des membres du corps, qui s'entresoulagent les vns les autres. Au moins (disoit-il) reçois-ie ce contentement du

---

1 Comme souvent, Camus est assez désinvolte dans l'usage des possessifs. Il faut comprendre : Venon voulait que le malheureux prisonnier se réjouisse de sa bonne fortune à lui, Venon, comme lui, Venon, s'attristait au spectacle du malheur de son ami Teudas.

mal qui vous est arriué, que i'ay moyen de vous tesmoigner en vostre besoin la sincerité* de mon [131] affection, & que ie suis vraiment vostre ami. Tout ce que i'ay est vostre, vsez-en selon le priuilege de nostre bonne intelligence*. Si vous reuenez à vne meilleure fortune, ie sçai que vous le recognoistrez : mais pour moi ie ne veux autre salaire de mon seruice, que la continuation de vostre bien-ueillance. Quand à vostre fille, ne vous en mettez pas en peine, i'ay perdu ma femme, elle le sera si vous le voulez. Si son cœur est autre part, ou que vous la vouliez loger ailleurs, i'ay dequoy la marier.

Quelle consolation au cœur de Teudas d'auoïr ainsi parler son ami, dont il cognoissoit les paroles aussi veritables que franches. Il eust esté trop mal-auisé de refuser ceste assistance en vn accident si pressant. Il voulut vser de quelques complimens, mais la grandeur du bien faict estant au dessus de sa pensee, les paroles de remerciement tarirent en sa bouche.

Non, dit Venon, qui iugeoit de sa peine par l'alteration de son visage, il ne faut point remercier quand on vse du sien : si ie suis à vous, mes biens encore plus. Si vous n'en auez disposé par le passé, ou il n'a tenu qu'à vous, ou bien vous n'en auiez que faire.

Sans plus long discours il va de ce pas chez soy, prend tout l'argent qu'il auoit engagé de sa marchandise, & vient deliurer son ami en payant la somme pour laquelle il estoit retenu.

Que dites vous de ceste generosité*1 en vn homme de basse estoffe, & qui n'auoit pas plus de commoditez* que celles qui le pouuoient tirer de [132] la premiere necessité*, encore falloit-il qu'il y adioustast de son industrie ?

Quelque temps apres il espousa Ermige fille de Teudas, & bien qu'elle fust fort esloignee de son aage, neantmoins quand elle consideroit la grace qu'il auoit faite à Teudas, elle le regardoit non seulement comme son mari, mais comme son second pere,

---

1   Malgré l'apparente évidence, il n'y a pas de raison de voir ici le sens moderne de « qui donne largement », pas plus qu'à la p. [128] ci-dessus ou p. [135] ci-dessous. *Généreux* est bien ici encore opposé à « de basse étoffe ».

& s'estimant elle-mesme heureuse* d'auoir serui comme de prix
& de recompense à celui qui auoit tiré si liberalement son pere de
prison. Elle le seruoit auec vne amour & vne reuerence si extreme,
que Venon s'estimoit redeuable à celui-là mesme qu'il auoit obligé.
Qui trouuera (dit le Sage) la femme courageuse ? certes son prix
est inestimable, le cœur de son mari se confie en elle, & elle sert
fidellement son mari[1]. On ne sçauroit bien s'imaginer de quelle
affection ceste ieune femme aimoit ce vieillard, & combien ce
bon-homme estoit passionné de ceste espouse.

De l'vnion si amoureuse de ces deux cœurs, & de ces deux
corps nasquit Rosane, comme vn vaisseau destiné à aimer honorablement et genereusement. Elle n'auoit que deux mois, quand
son grand pere Teudas accablé de regrets & d'ennuis pour la perte
de ses biens, quitta ceste vie pour iouïr d'vne meilleure.

Son pere Venon qui s'estoit incommodé* pour tirer ce cher ami
de la misere, sentoit tous les iours les approches de la necessité*.
Mais Dieu qui veille sur les iustes, & qui ne laisse aucun bien-faict
sans recompense, lui prepare le centuple[2], parce que ceux qui le
cherchent ne peuuent manquer [133] de rien. Son plus grand
deplaisir estoit semblable à celui que ressentoit Teudas dans la
prison, parce que se voyant vieil il craignoit de ne laisser pas à
sa femme dequoi s'entretenir honorablement, & dequoi esleuer
& pouruoir ceste fille.

Consolez vous, ô Venon, auec le bon Tobie, & tenez pour
asseuré* qu'encore que la pauureté vous accueille*, vous aurez
vn iour assez de biens pourueu que vous craigniez Dieu, esperez,
comme à Iob, que tout vous sera rendu au double.

A peine Rosane auoit-elle pendu vn an au sein de sa mere,
qu'elle en fut arrachee par le principe de son bon-heur*.

Il y a deux puissantes maisons en la Slefie, dont les chefs tiennent rang de Princes, le Duc de Lignits, & celui de Sueydnits. La

---

1 Pr 31, 10 *sq.*
2 V. note 1, p. 596.

femme de l'vn de ces grands Seigneurs (mon autheur ne me sceut pas asseurer duquel[1]) estant sur le poinct d'accoucher, comme l'on cherchoit des nourrices bien propres, & qui eussent de bonnes qualitez pour donner la mammelle à son fruict, Ermige fut choisie pour l'vne des meilleures qui fussent à Breslau. Ceste condition arriua tout à propos pour mettre ce pauure mesnage* qui prenoit coup* à sa ruine, à l'abri de la necessité*.

La Duchesse accoucha d'vn fils, que nous appellerons Sapor, lequel fut remis entre les bras d'Ermige pour l'allaiter. On donna vne autre nourrice à Rosane, qui acheua de la nourrir. Ermige & son mari entrent dans la maison du Duc comme domestiques*, & sont employez de ceste façon à l'eleuation* du Prince Sapor. Peu de [134] mois apres Rosane estant seuree fut mise aupres du petit Prince pour le berçer, & le faire iouër à la façon des enfans. Elle croist ainsi doucement aupres de lui, comme la vigne autour de son ormeau.

Le Prince arriué à vn aage de quelque connoissance l'aime comme sa sœur de laict, auec l'empressement ordinaire aux enfans enuers ceux qui leur font passer le temps : & Rosane le sert & l'honore comme son Seigneur & son Maistre.

Sapor auoit à peine atteint trois ou quatre ans lors que Venon rendit à la nature le tribut que tous les humains lui doiuent, laissant à la Duchesse sa femme & sa fille, qui n'esperoient autre fortune que de sa misericorde. Le petit Prince s'affectionna tellement à sa nourrice, & à sa sœur de laict, qu'on les laissa aupres de lui, bien qu'il fust seuré, pour en auoir du soin.

Mais c'est ici qu'il nous faut remarquer, que comme le feu esleue les matieres où il se prend, encore que de leur nature elles fussent pesantes : Aussi l'amour hausse les cœurs où il s'attache, & les pousse à des eslans qui surpassent & l'aage & la condition des amans. Ie di ceci en consideration de l'amitié que Rosane

---

1   Il est intéressant de voir ce qu'est un « autheur » pour Camus. C'est celui qui garantit (assure) le récit qu'il fait (à la fois le sien propre, mais aussi celui de Camus : *mon auteur*), et non pas quelqu'un qui a écrit un texte.

conceut pour Sapor, duquel dés son enfance elle fut tellement esprise, que ceste flamme croissant auec ses annees elle arriua en fin au comble de sa perfection.

Ie sçay que ce seroit vne erreur condamnable de dire que les parens engendrassent les ames aussi bien que les corps, veu que leur origine vient immediatement* de Dieu. Mais puis que la dispo-[135]sition* du temperament & des organes* par où l'esprit exerce ses fonctions, a beaucoup d'effect à cause de l'estroitte vnion de l'ame & du corps : se faut-il estonner si Rosane estant sortie de parens dont les inclinations estoient toutes à l'amitié, a eu le sang & le cœur portez à ceste passion ? Au contraire elle eust esté comme vne espece de Monstre, si elle n'eust rien retenu des qualitez de ceux qui l'auoient engendree. Pourquoi feindrons* nous de dire, & mesme de louër son amour, puis que l'honnesteté & la generosité* ont esté ses deux aisles ? C'est à faire aux choses honteuses de chercher les tenebres, & de se cacher : mais ce qui est vertueux chemine en la lumiere du iour & en la splendeur des Saincts. Pourquoi rougiroit-on d'aimer ? Il n'y a rien de si sainct, quand il est iuste : il n'y a rien de si beau, quand il est conduit selon les reigles de la pureté. La loi Chrestienne est toute d'amour, & pour l'amour c'est vne loi de feu, hors de là c'est la mort. Nous n'aurons point de honte de faire paroistre que nous aimons vn tableau, vn cheual, vne maison, iusques à vne guenuche ou vn petit chien : nous le mignarderons, caresserons, baiserons : Et nous aurons vergoigne* de cherir vne image de Dieu, vne creature raisonnable, vne personne bien nee, bien nourrie, qui fait estat de l'honneur & de la vertu ? car ce sont là les qualitez les plus aimables, non la beauté qui n'en est qu'vne foible escorce, qui ne doit estre consideree que comme vne marque de bonté, tout ainsi que les fleurs ne sont prisees en vn arbre, qu'à cause des fruicts qui en [136] prouiennent. Certes les Elemens qui nous donnent l'estre & la vie ne sont point plus necessaires que l'amitié qui en est comme le sel & le Soleil.

Mais où m'emporte ceste pensee contre le vœu que i'ay fait de ne donner essor à ma plume sur aucune digression? Certes i'ay deuant les yeux vne vertu si heroique que sa singularité en a arraché ce peu de paroles pour sa recommandation*.

Rosane aima doncques Sapor en son enfance d'vn empressement si extraordinaire, qu'aussi tost qu'elle le perdoit de veuë, elle ne faisoit que crier & se tourmenter. Ce Prince estoit l'aimant de son cœur, & le Soleil dont elle estoit la Clitie[1]. On ne vit iamais en vn aage si tendre vne si forte passion. Tout le monde en estoit estonné, & le Duc & la Duchesse y prenoient vn plaisir incomparable. Souuent ils passoient leur temps à faire debatre* ceste petite creature en la menaçant de la chasser d'aupres du Prince, car alors elle faisoit des reparties qui surmontoient son aage & ses forces. Vous eussiez dit que c'estoit vne Amazone, qui se vouloit battre contre ceux qui lui vouloient oster son bien.

Helas! nous aimons telle fois vn chien qui sera laid, pour cela seulement qu'il nous est fidelle, & que repoussé à coups de baston il se vient tousiours ietter à nos pieds. L'amour ne se paye que par l'amour. Il estoit impossible que Sapor n'aimast ceste creature qui l'aimoit: car le plus puissant charme pour se faire aimer, c'est d'aimer. Aussi ne pouuoit-il viure sans elle, & quand elle ne paroissoit, il n'y auoit ordre de le resiouïr. [137]

L'Amour egale les Amans. Ceux-ci estoyent esgaux, soit que l'Amour abbaissast l'vn à la condition de celle-ci, soit qu'il rehaussast celle-ci à la qualité de l'autre. L'amour ou naist de la ressemblance, ou il la forme: parce que son propre est de transformer l'amant en la chose aimee. Cet effect parut en Rosane, qui s'accommodoit* tellement à toutes les humeurs du Prince, qu'elle paroissoit plustost vn garçon qu'vne fille. Elle l'imitoit en tout. Et comme elle ne l'abandonnoit non plus que son ombre, elle faisoit les mesmes choses qu'elle lui voyoit faire.

---

1   ou Clythie. Nymphe amoureuse d'Apollon: abandonnée par lui pour sa sœur, elle ne vit que pour suivre du regard la course de son amant. Nourrie de ses seules larmes, elle dépérit lentement jusqu'au jour où Apollon, pris de pitié, la change en tournesol.

La Duchesse pour recreation voyant ceste humeur, la fit vestir en petit page : habit qui lui plût tant, qu'elle ne le quittoit que les larmes aux yeux.

En la premiere enfance qui desnouë la langue, ils s'appelloyent sans ceremonie frere & sœur, & chascun s'estonnoit de la hardiesse & du courage de ceste petite fille. Plus grandelete elle appella le Prince son Maistre, & il la nommoit son Page.

Vous direz que ie m'amuse* apres des simplicitez pueriles. Mais souuenez-vous que Dieu accomplit sa louange dans la bouche des enfans[1], & que c'est ici le grain de moustarde, qui poussera tantost vn grand arbre[2] de vertu, & de vertu non vulgaire*, mais heroïque.

Tous les exercices que le Maistre apprenoit, le Page les vouloit apprendre : & ce qui estoit merueilleux, les apprenoit auec tant de graces, qu'il seruoit par apres de miroir & d'exemplaire [138] à son petit maistre. De sorte que comme on faict prendre vne medecine à vne nourrice, afin que le laict en donne les qualitez à l'enfant qui la tette : quand on vouloit donner vne leçon ou de danse, ou de lettres* à Sapor, il la falloit auparauant enseigner au Page. Elle apprenoit pour lui complaire & lui pour ne se laisser pas surpasser à vne fille. Emulation de vertu sans aucune enuie. Ne diriez-vous pas que la nature monstroit à ces enfans par vn pur instinct, tout ce que la plus subtile philosophie de Platon a discouru des effects de l'honneste* amour ?

Sortis de l'innocence de ce premier âge, ils entrerent dans les contraintes de la ciuilité, & des ceremonies du monde, & comme nos premiers parens, ils commencerent par la cognois- sance d'eux-mesmes à entrer dans la misere. Quelque honte que l'on voulust faire à Rosane desia grandelette pour la retirer de la conuersation* du Prince, elle ne vouloit point y entendre*, car sa flamme estant pure, elle ne craignoit aucune reproche. Elle estoit

---

1   Ps 8, 3.
2   Mc 4, 31-32.

tellement affriandee* aux exercices violens, comme danser, sauter, voltiger, monter à cheual, escrimer, tirer de l'arc, de l'harquebuze, courir, iouër à la paulme, au mail, aller à la chasse, que l'on eust vne peine merueilleuse à l'en retirer, non pas tout à faict, car il estoit impossible ; le Prince la demandant sans cesse quand il s'y occupoit, mais seulement de l'ordinaire.

A la fin l'aage ne permettant plus sans offenser* la bienseance & la modestie*, qu'elle frequentast auec liberté auec Sapor, la Duchesse la rangea [139] parmi ses autres Damoiselles, aux exercices desquelles elle s'appliqua non sans beaucoup de contradiction*. Si ce n'estoit en ces ouurages qui pouuoyent ou apporter quelque seruice, ou donner quelque plaisir à son Maistre. Car à ceux-là elle s'addonnoit auec des attentions qui tesmoignoyent assez l'ardeur de son affection.

Il arriuoit quelquefois que ses compagnes la blasmoyent de ceste ardeur qu'elle faisoit paroistre pour le Prince, veu la difference de leurs conditions, & le respect qu'elle deuoit à la modestie* de son sexe. Mais elle respondoit à cela, qu'elle l'aimoit auec la mesme pureté qu'vne sœur aime son frere, & auec la mesme reuerence qu'vn esclaue porte à son seigneur.

Le Prince de son costé ne portoit pas auec moins d'impatience la priuation de la conuersation* de son Page, & il n'auoit point de contentement que quand il se pouuoit glisser dans le departement* des filles pour y entretenir à son aise celle qui possedoit ses pensees.

La malice* estant entree en son esprit auec la cognoissance, ceste inclination se changea en amour, & ceste amour en desirs sensuels, & desirs qui ne pouuoyent estre iuste, puis qu'ils n'auoyent pas le mariage pour visee. Neantmoins comme il cognoissoit de longue main l'honnesteté ceste creature, qui pour vn Roy n'eust pas blessé son integrité, il dissimula longtemps sa pretension*. Mais ne pouuant plus soustenir l'impetuosité de ses appetits, il se voulut vn iour porter à des actions trop libres. Tout beau mon mai-[140]stre, lui dict la genereuse* Amazone, nostre amour est bastie sur la vertu. Si vous sappez le fondement, l'edifice va en ruine, si la vertu manque Adieu l'amitié. Ces paroles plus dignes de la bouche d'vne Princesse que d'vne seruante, briderent* pour quelque temps les furieux appetits de Sapor, tant la vertu a de maiesté en elle mesme !

Mais en fin les tentations lui donnerent de nouuelles alarmes, si bien que ne pouuant plus s'opposer à leur violence, il se resolut de parler pour ne perir dans le silence.

A ce discours si peu attendu de la sage fille, il receut pour response. Souuenez-vous, Prince, que toute pauure que ie suis & desnuée des faueurs de la fortune, ie suis riche d'honnesteté. I'aime Sapor comme ma vie, mais comme i'aime mon honneur plus que ma vie, ie l'aime aussi plus que Sapor. Si vous m'aimez veritablement, comme vous m'en auez donné tant de precieux tesmoignages, aimez-moi honorablement : autrement ie renonce librement à vostre amitié & à tous les auantages que ie puis esperer de vostre munificence. Ie ne vous di pas ceci pour vous donner d'auantage d'amour, ni pour vous attirer à me desirer pour femme. Iamais vne si vaine* presomption ne flatta mon esprit, ie reconnoi la bassesse de mon origine, & que ceste eleuation* me porteroit dans vn horrible precipice. Ie vous aime sans interest*, sans pretension* & sans autre desir que de vous voir grand & glorieux dedans le monde, & entre les bras d'vne Princesse, digne d'estre l'espouse d'vn si grand Seigneur. Et elle & vous se-[141] rez seruies[1] de moy auec l'humilité & l'affection d'vne fidelle esclaue, qui ne veut autre salaire de ses seruices, que la gloire de vous bien seruir & de vous aimer apres Dieu, & mon honneur sur tout ce qui est au monde. Que si vous mourez dans les armes, ie veux perir à vos pieds, & que l'on mesle sur mon tombeau les lis de ma pudicité auec les palmes de ma valeur*, & les myrtes de l'incomparable amour que i'ay pour mon cher Maistre. Lequel ie

---

1   *Sic.* 1660 corrige : *servis.*

coniure de bannir toute mauuaise & iniuste pretension* de son esprit, & d'estre plustost le protecteur que le destructeur de la pudicité d'vne creature, qui hors cela lui est tout à faict acquise. Pour vous aider à cela, considerez que ie suis vostre sœur, sinon de naissance, au moins de nourriture*. Aimez-moi donc, & me conseruez comme frere, & ie vous honorerai comme mon Seigneur & mon Prince & l'vnique lumiere de mes yeux.

Qui a iamais veu vn puissant Aquilon baloyant en peu de temps tous les nuages qui obscurcissoyent la face du ciel, a veu l'effect que ces genereuses* paroles poussees auec vn sentiment cordial & sincere firent en l'ame de Sapor. S'il auient quelquefois qu'vn peuple entré en mutinerie excite vne furieuse sedition, que le fer & le feu marchent en campagne, que les pierres volent & que la rage face des armes de tout ce qu'elle rencontre, & qu'vn homme graue & d'auctorité se presente à ceste beste à tant de testes pour appaiser sa fougue & la ramener tout doucement à son deuoir : vous verrez les oreilles [142] qui se rendent tout à coup attentiues à ses propos, auec lesquels il sçait si bien gaigner les cœurs, que les armes tombent des mains, les furies & les vengeance s'escartent, & en la place de la tempeste succede vne gracieuse bonace. Dans l'ame de Sapor s'estoit esleué vn tumulte de passions reuoltees contre la raison, & ce torrent l'emportoit au precipice de la deshonnesteté : mais rendu sage par la genereuse* remonstrance de l'Amazone, la paix reuint à son ame, & la glorieuse resolution de se vaincre soi-mesme. En quoi certes il se rendit plus louable, que s'il eust surmonté vne armee : parce que c'est là le plus haut point où la vertu puisse esleuer vn courage*, veu que plusieurs vainquent les autres, qui ne se peuuent pas dompter eux-mesme.

Depuis ce temps-là le Prince purifiant ses affections, & bannissant pour iamais les iniustes pretensions* de sa pensee, n'importuna plus Rosane de rien qui pûst directement offenser la chasteté. Et tant s'en faut que ce fust ou le despit ou le mespris qui le guerist de son ardante fieure, qu'au contraire son amour fondee sur l'estime de l'inuincible vertu de ceste vierge s'accrut de beaucoup, si ce qui estoit arriué à son extremité peut receuoir quelque accroissement. La vraye amour renonçant à ses propres interests* soit delectables, soit vtiles, ne visant qu'au bien de l'object aimé, tout ainsi que Rosane ne respiroit que l'honneur, la gloire de son Prince & de le voir tous les iours augmenter en vertu & en reputation, qui sont les vrais biens de la terre & qui ne peuuent perir : [143] Aussi Sapor n'auoit rien de si vif en l'ame que le desir d'esleuer celle qu'il aimoit veritablement, comme si elle eust esté sa sœur naturelle, le feu de son amour n'ayant plus qu'vne douce & iuste chaleur sans noirceur & sans fumee.

Le Duc son pere estant mort, & lui comme l'aisné & le chef de la maison estant entré dans les honneurs & le rang où l'appelloit sa naissance : parmi plusieurs Gentils-hommes de sa suitte, il eut de l'inclination à fauoriser Numerian Cadet de bonne maison, mais Cadet, c'est-à-dire, homme cherchant sa fortune dans son courage.

L'amitié n'est point oisiue, où elle est là elle met les mains à l'œuure, d'autant que c'est par les effects plus que par les paroles qu'elle se faict cognoistre. Sapor desireux d'auancer ce ieune Gentilhomme, estima ne le pouuoit obliger d'auantage qu'en lui donnant pour espouse celle qu'il affectionnoit comme sa sœur, & qu'il eust bien souhaittee pour lui mesme, si la gloire de sa naissance ne l'eust point obligé par raison d'estat à chercher vne alliance conforme à sa qualité.

Numerian tint à beaucoup de faueur l'ouuerture de ce mariage, que lui fit le nouueau Duc, iugeant que c'estoit le vray moyen d'establir sa fortune en ceste grande maison. Le Prince en porta aussi lui mesme la parole à Rosane, qui lui respondit auec sa generosité* accoustumee. Mon maistre, ne sera-ce point vne trahison de donner ce corps à vn homme qui n'en possedera pas le cœur, puisqu'il est tellement rempli de l'amour honneste* qu'il vous porte, qu'il n'y a plus de pla [144] ce vuide pour aucun autre suiet ? Permettez, mon cher Prince, que ie meure vierge, & auec la gloire d'vne Vestale, qui n'a point laissé amortir son feu. Ie tiens à tant d'honneur la permission que i'ai euë de vous aimer, & le bon-heur* de vostre amitié reciproque me sert de memoire si precieuse, que ie penserois estre vne aigle bastarde, si apres auoir attaché mes yeux aux rayons d'vn si grand Astre, ie les portois sur quelque moindre Estoile : permettez que ie sois vn Heliotrope, & que ie ferme les fueilles de mes affections à toute autre lumiere, qu'à celle qui me donne le iour. Ce n'est pas que ie pretende autre chose de mon amour, que le contentement de vous honorer, puisque ie vous ay tant de fois protesté, que le bien de vous seruir paye suffisamment tous mes seruices, & que toute la recompense que i'attends de vous, c'est d'estre & de mourir à vous. Ce n'est pas aussi que ie desdaigne Numerian, braue* & vertueux Gentilhomme, & du merite duquel quand ie n'aurois autre preuue que l'estime que vous en faites, ce seroit assez pour me le faire priser, puisque vostre iugement est ma loy, & vostre volonté ma regle. Non, à quelque degré que vostre bonté m'esleue, ie ne perdrai iamais le souuenir de la bassesse de ma condition, i'ay en horreur toute mesconnoissance*. Mais il me semble que ie ferois tort à la belle image que l'Amour a pour vous grauee dans mon cœur, si i'y en logeois vne autre. Ce qui me faict desirer de viure & de mourir comme ie suis.

Ma sœur, reprit le Prince, raui d'admiration [145] sur le courage* de ceste fille, si ie pensois que le mariage que ie vous propose deust apporter la moindre diminution à l'affection que vous me portez, ie n'y consentirois iamais : car ie n'ay rien de si precieux que de me voir aimé, & si ardamment aimé d'vn sujet si aimable. Mais parce que l'amour que vous lui porterez, comme à vostre mari, ne sera point contraire à celui que vous me porterez comme estant vostre frere, i'ay creu que ce mariage ne me porteroit ni à lui ni à vous aucun preiudice. L'amour est comme l'honneur qui se diuersifie selon les qualitez des personnes, & semblable au poulpe, il prend la couleur des lieux où il s'attache, de sorte que l'on peut aimer plusieurs personnes de tout son cœur selon diuers respects, vn pere comme pere, vne mere comme mere, vn

mari comme mari, & vn frere comme frere : ceste flamme s'es-
tendant comme celle d'vn flambeau qui en allume d'autres sans
se diminuer. C'est ainsi que i'entends vous donner à Numerian.
Vous sçauez que ie l'aime, mais d'vne amitié beaucoup inferieure
à celle que ie vous porte. Ie desire l'auancer, & vous aussi : de
sorte que quand vous serez ensemble, ce me sera vn double sujet
de vous faire du bien, & de vous gratifier.

Par ces raisons aussi plausibles que veritables, Rosane qui ne
voyoit que par les yeux de Sapor, se laissa porter à ceste alliance,
de laquelle Numerian fut si ioyeux, que son contentement ne se
peut exprimer que par des termes de transport & d'extase.

La premiere fois que le Prince les fit aboucher*, [146] Rosane
auec ce maintien masle & genereux* qui lui estoit naturel, dict
à ce Gentilhomme. Numerian voila ton maistre & le mien, qui
nous commande d'estre l'vn à l'autre sous les loix Hymenee.
Mais auparauant que i'embrasse ce ioug qui me mettra sous ta
puissance, ie te veux proposer deux conditions, sans lesquelles
ie n'entends point que tu m'espouse. Mon corps sera à toi, & si
vniquement à toi, que iamais autre que toi n'y aura part. Ie vien-
drai entiere en ton lict, & s'il faut que ie perde la fleur de mon
integrité, que ie deliberois de conseruer toute ma vie, elle perira
au moins auec honneur dans vn Sacrement. Tu n'auras que faire
de veiller sur ma fidelité, parce que i'en serai plus ialouse qu toi :
& si ie l'offensois* (bien que plutost i'appelle toutes les foudres
du ciel sur ma teste, & l'ouuerture de la terre pour m'engloutir)
ma main preuiendroit la tienne pour venger ce tort là. Que si
la mort me laisse viure apres toy, sois asseuré* que mesme à tes
cendres ie garderai vn corps pur & vne foi inuiolable. Ie t'aimerai
de tout mon cœur comme mon mari. Mais afin de preuenir tes
ombrages, sçache que i'aimerai aussi Sapor de tout mon cœur,
comme mon Prince & mon bon maistre. Ne t'imagine point qu'il
ait aucune part à ce qui t'appartiendra, ni que ce soit vn Riual qui
partage ta couche. Il n'y pense pas. Et s'il y pensoit, il se trouueroit decheu de ses pensees. Si tu iuges que ceste amitié saincte,
pure, honneste*, iuste & legitime soit contraire à l'amour que ie

te porterai, & qu'elle partage mon cœur, dés à present ie renonce à [147] ton alliance : car ie suis resolue de porter au tombeau ceste premiere & glorieuse flamme, dont mon cœur se paist, & mon esprit se plaist presque dés le berceau. Si tu crois qu'elle soit compatible auec les deuoirs dont ie te seray obligee, me voici preste à obeyr à celui dont les desirs me sont des loix. L'autre condition, c'est que tu ne me tiennes pas pour vne compagne casaniere, occupee comme les autres femmes à filer & à garder le foyer de la maison : tu sçais que i'ay esté esleuee d'autre sorte, & selon ce pli là ie desire que tu me permettes les exercices des armes & de la chasse. Et que si ton courage* t'appelle à la guerre, soit à la suitte de nostre maistre, soit de ton mouuement, tu me rendes participante de tes trauaux & de tes hazards, comme aussi de tes lauriers & de tes palmes. Sous ces regles ie suis preste de te seruir, & de te suiure & à la vie & à la mort.

Numerian non moins raui de l'esprit & du courage*, que des beautez de ceste fille, qui n'estoyent à la verité que mediocres*, mais releuees de beaucoup de graces extraordinaires : s'accorda à tout ce qu'elle voulut, se resiouyssant d'acquerir vne compagne, auec laquelle il peust moissoner autant de lauriers que de myrthes.

Le ieune Duc honora ces nopces de tant de pompes & de magnificences, qu'il n'eust pas faict plus de despenses au mariage de l'vne de ses sœurs. Il fit de grands auantages aux mariez, qui n'estoyent encore que les attentes de plus grandes choses qu'il vouloit faire pour leur auancement. [148]

Numerian demeura tousiours à la suite du Prince, & fort auctorisé* dans sa maison, & Rosane aupres de la Duchesse douairiere, qui fut bien aise de ce mariage qui lui leuoit les ombrages & les craintes qu'elle auoit que son fils passionné de ceste fille ne prist enuie de l'espouser.

Quelque temps apres Sapor rechercha vne ieune Princesse de Boheme & l'espousa. Ce fut en ces nopces où Rosane parmi la ioye qu'elle auoit de voir son Prince hautement pourueu, fit paroistre sa grace & son addresse aux bals, aux tournois & aux autres exercices qui se firent par les Cheualiers qui honorerent ceste feste. Elle emporta diuers prix, qui lui apporterent beaucoup de recommandation*, & mesme sans enuie des competiteurs, qui admiroyent la bonne façon & la dexterité de ceste Amazone. Mais la bague du plus grand prix qu'elle emporta, ce fut le cœur de la ieune Princesse, qui la prit en telle affection, qu'il sembloit qu'elle voulust disputer en cela de la preeminence auec son mari. C'est ainsi que la vertu se faict aimer & estimer par tout où elle se rencontre, c'est ainsi qu'elle rauit les cœurs à soy.

Elle auoit auec Numerian tant de credit & d'auctorité dans la maison du Prince, que tout passoit par leurs mains, & rien n'estoit bien faict, que ce qui venoit d'eux.

Ils passerent quelques annees en ceste felicité pleins de biens & d'vne belle lignee, lors que la guerre d'Hongrie, Royaume voisin de la Slesie, vint troubler ceste bonace. Le Prince Sapor ap-[149] pellé par l'Empereur eut de beaux commandemens dans l'armee, où il alla auec vne suitte digne de sa grandeur. Numerian qui estoit tousiours à ses costez, n'auoit garde de l'abandonner en ce voyage, où son propre courage* le sollicitoit assez d'aller, outre la fidelité & l'amour qu'il deuoit à ce bon Maistre.

Il pensoit laisser sa femme aupres de la ieune Duchesse ; quand elle lui dict. Numerian tu te souuiens mal de nostre contract de mariage. Tu fais tort à nostre amitié de vouloir tout seul courir le hazard de la guerre. Le ciel m'ayant faict ta compagne, ie le veux estre aux incommoditez, comme aux commoditez : & tu ne me doibs pas empescher d'entrer auec toy à la part de l'honneur que tu vas acquerir. Ie sçai mespriser la vie & ne craindre point la mort : principalement si i'ai mon maistre & toy pour tesmoins de ma valeur* & de ma fidelité.

Ie n'eus iamais, reprit Numerian, aucune desfiance de ta foy ni de ton courage, & ce n'est point cela qui me faict desirer que tu demeures aupres de nostre Princesse, mais seulement pour la consoler & lui seruir d'entretien* en l'absence de nostre Maistre. Ioinct que l'euenement* des armes estant incertain, ie souhaitterois que tu me suruescusses pour esleuer nos enfans & conseruer ma memoire.

Non non, repliqua Rosane, ie suis nee pour quelque autre chose que pour gouuerner vn mesnage*, d'autres auront ce soin. L'amour que ie porte à mon maistre & à toy, ne me permet pas [150] de vous quitter : si vous mourez, ie mourray : si vous viuez, ie viuray : si vous allez, ie vous suiuray : la separation ne peut auoir lieu en nostre vnion.

Soit ainsi que tu voudras, reprit Numerian, ie ne te veux point enuier* la gloire que tu veux acquerir : elle nous sera commune. Allons & mourons aux pieds de nostre Bien-facteur.

Elle s'habille donc en Cheualier, & suiuant son maistre & son mari, ils arriuent à l'armee.

Tous les iours Sapor donnoit des preuues esmerueillables* de sa vaillance : & Numerian & la belle guerriere ne le perdoyent iamais de veuë. Si l'on eust voulu reconnoistre leurs combats d'autant de couronnes, il eust fallu trouuer des forests de lauriers.

Vn iour il leur prit fantaisie de donner vne camisade* en vn quartier de l'ennemi : mais la sentinelle ayant donné l'allarme, ils se trouuerent inuestis en sorte que le Prince engagé couroit la risque ou de demeurer sur la place, ou d'estre pris des Turcs. Alors l'Amour, dont le feu a des effects non moins esmerueillables*, que celui de la foudre, fit faire à Rosane des efforts qui passent le moyen de les redire. Elle crût qu'il estoit temps de rendre à celui qu'elle aimoit plus que soi-mesme, des preuues de sa veritable affection. Se iettant donc où le peril estoit plus euident, à la façon d'vne tygresse, qui se lance dans les fers des chasseurs pour sauuer ses petits, elle se ruë sur le premier, & le renuerse, elle frappe celui-ci, escarte celui-là, & ne donne coup qui ne porte. El-[151]le faict si bien que se surmontant elle mesme, elle ouure la presse, & donne au Prince le moyen de s'en tirer.

Numerian qui void cela, se iette la teste baissee dans le hazard, & taschoit rendre à sa chere moitié le mesme office qu'elle venoit de rendre à Sapor : & plus soucieux de la sauuer que de sa propre vie, il la coniuroit affectueusement de se retirer sous le moyen qu'il luy en donnoit par sa resistance.

Comment, repliqua t'elle comme en cholere, m'osez-vous bien conseiller d'aller de l'honneur où ie suis, à la honte d'vne fuitte ? Si vous me voulez obliger, vous mesme retirez-vous : i'ay encore le bras & le cœur assez puissans pour appuyer vostre retraitte. Ce seroit dommage que vous vous perdissiez. Vous estes capable de seruir nostre Prince en vne meilleure occasion*. Seulement souuenez-vous de nostre amitié, & lui dittes que ie meurs son esclaue.

Ie refuse, respondit Numerian, ta commission, puisque ie veux mourir pour te sauuer. Ie te coniure par l'obeyssance que tu me dois de sortir d'ici. L'aage & la raison veulent que ie te deuance. Va, sers mon maistre & cheris ma memoire, comme tu m'as promis.

Tandis qu'ils contestoyent ainsi, Sapor estoit en seureté : mais les deux Amans se trouuerent enueloppez d'vne multitude qui les sommoit de mettre bas les armes. A quoi ces grans courages* respondirent hardiment. Nous n'auons point accoustumé de faire des compositions* si deshono-[152]rables, nous voulons mourir l'espee à la main. Et à mesme temps ioignans les effects aux paroles, en se tournant de tous costez ils escartoyent les plus hardis, & en se battant ils faisoyent vne retraitte glorieuse. A peu qu'ils ne se vissent iour pour reioindre les leurs, quand accablez de la foule, Numerian fut renuersé de son cheual, & percé en diuers lieux, n'ayant loisir que dire, Adieu ma chere Rosane, ton courage nous a perdus.

Ces paroles toucherent de pitié les ames de ces barbares, qui conuierent la vaillante Guerriere de se rendre, la prians de vouloir viure & d'agreer le desir qu'ils auoyent de la sauuer. Mais ceste remonstrance fut vaine* : car ceste genereuse* Amante ne respondant que de l'espee, attisa si bien le courroux de ceux qu'elle offençoit*, qu'vn des blessez desireux de vanger sa playe lui plongea son espee dans le defaut des armes*, & lui fit tenir compagnie à Numerian.

L'escarmouche finie elle fut trouuee au rang des morts auec son mari, & reconnuë pour femme, de qui les ennemis admirerent la valeur* dont ils auoyent senti les attaintes*.

Pour dire les regrets & la douleur de Sapor sur ceste perte, il faudroit des termes extraordinaires. Il fit demander les deux corps pour rendre à leurs cendres qu'il arrousa de ses larmes des tesmoignages de son amitié. Il les fit porter en Slesie, où il n'espargna rien pour faire faire leurs obseques, & il leur fit eriger vn sompteux tombeau pour porter leur memoire dans la posterité, [153] autant que les marbres pourront durer.

En cet Euenement qui ne voit que les vertus se pressent pour entrer en rang dans l'Eloge de ceste genereuse* Amazone ? La Pureté, la Magnanimité, la Constance, la Valeur*, la Franchise*, la Courtoisie*, la Resolution, le Courage. Mais sur tout ce qui le rend illustre, qui n'admirera l'Amour & l'Honneur si estroittement conioints en son esprit ? O Ame vraiment Heroique, & qui meritoit vne naissance plus illustre & vne fortune plus esleuee ! Mais qu'est-il besoin de naissance ni de fortune, puis que dans ta Pauureté Genereuse* tu nous fais voir que la Vertu n'est point attachee au rang ni au sang des personnes, & qu'elle esleue ceux qui la possedent au dessus de toute humaine condition[1]. [154]

La Chasteté Courageuse.
EVENEMENT XII.

APRES vne Pauureté Genereuse, i'espere que vous verrez de bon oeil vne Courageuse Chasteté. Il n'y a si petit animal qui ne s'essaye de defendre sa vie, & qui ne face des efforts au dessus de sa portee quand il est reduit à l'extremité. Il n'y a

---

1   Quelque soit la condition qui nous est échue, la vertu nous élève au-dessus d'elle. Et non pas : elle nous élève au-dessus de la condition humaine.

rien de plus infirme que ce sexe, à qui la debilité est escheuë en partage : mais quand il est veritablement ialoux de son honneur, il fait plus pour le conseruer que pour sauuer sa vie. Et certes il faut auouër qu'en la prattique de la Pudicité les femmes & les filles surpassent incomparablement les hommes, soit pour vaincre les tentations, soit pour resister aux solicitations douces ou violentes. Sainct Hierosme, ce miroir de penitence & d'austerité, a autrefois exercé son stile sur la peinture d'vne ieune homme attaché sur vn lict mollet auec des cordons de soye, & caressé impudiquement par vne vilaine femme qui lui vouloit rauir le thresor de son integrité : lequel ne sçachant plus que faire pour resister à ces pernicieuses mignardises, s'auisa de tronçonner sa langue auec ses dents & de la cracher au visage de ceste effrontee, afin que la douleur de ceste blessure mortifiast en lui les aiguillons de la sensualité[1]. Si i'occupe ma plume en vne matiere presque semblable pour façonner vn trophee à ceste ex[155]cellente vertu, qui esleue les hommes à la condition des Anges : ie ne ferai que suiure la trace d'vn si sainct & si grand personnage.

A Catane ville de Sicile, honoree de la naissance & de la protection de saincte Agathe, vn Bourgeois de mediocre* condition appelé Licas, auoit vne fille, de qui le nom estoit Paradee, dont la beauté attiroit autant de gens à son amour, que le peu de moyens de son pere en retiroit. Cette noble passion qui desdaigne de releuer que d'elle mesme, & dont la flamme n'est pas pure quand l'interest* s'y mesle, ne s'arreste guere en ces ames qui en des sujects aimables ne cherchent que leur plaisir, ou leur profit particulier*. Tatius ieune Gentil-homme assez riche, pourueu d'vn courage* plus releué que l'ordinaire, voyant que la bonté soustenoit ceste beauté, & que ceste fille n'estoit pas moins remplie de vertus, que de graces corporelles : se resolut de la prendre pour femme, & de passer sur les considerations des facultez*, comme trop grossieres

---

1   Saint-Jérôme, *Vie de Saint-Paul ermite*, paragraphe 3.

pour arrester vn dessein si loüable que celui du mariage ; la recher-
chant pour vne si bonne fin sous l'aueu des parens de Paradee, qui
se sentoient fort honorez de ceste alliance, aussi tost elle congedia
ceste troupe de poursuiuans qui l'importunoient autant & plus que
ne font les mouches en la saison plus chaudes. Plusieurs retirerent
doucement & sans bruit leur espingle de ce ieu, où ils se voyoient
condamnez à perdre la partie. D'autres plus opiniastres firent
comme ces oyseaux qui troubloient le sacrifice d'Abraham[1]. [156]

Il y a des esprits malicieux* qui ne se plaisent qu'à trouuer des
meschancetez, & à trauerser les proiects des gens de bien. Parmi
ceux-là Sinat Gentil-homme Catanois, beaucoup plus riche &
mieux apparenté* que Tatius, & qui estoit extremement picqué
pour Paradee, se voulut mettre à la trauerse pour rompre ceste
alliance. Iusques alors il ne s'estoit descouuert que comme amoureux, non comme desireux du mariage : mais son humeur altiere
& insolente* auoit tellement despleu à la fille, que de tous ceux
qui la courtisoient, il n'y en auoit aucun qu'elle regardast plus
mal volontiers. Au contraire elle aimoit tellement la douceur & la
modestie* de Tatius (qualitez capables de charmer & d'appriuoiser
les cœurs les plus farouches) qu'auparauant mesme que ses parens
lui eussent commandé de le regarder, comme celui auquel vn
iour elle deuoit appartenir : elle ne pouuoit s'empescher de lui
tesmoigner plus de bienueillance qu'à aucun autre de ses riuaux.

Mais il n'est ruche d'abeilles si bien ordonnee que les araignees
ne troublent en l'embarrassant de leurs filets*, ny correspondance* mutuelle si bien reiglee, que la malice* ne trouue moyen
de desioindre par ses artifices*. Si est-ce que celle de Sinat se
trouua courte de ce costé là, parce que toutes ses inuentions &
faux rapports ne purent engender aucune discordance en la parfaitte harmonie de ces deux cœurs, que le ciel destinoit à l'vnion
du sainct mariage. Ses ruses & ses finesses estoient tousiours

---

1   Sacrifice d'animaux offert par Abraham la veille du jour où l'Éternel fait alliance
     avec lui : Gn 15 : 9-11.

descouuertes par les contre[157]mines de Tatius, qui veilloit sur ses tromperies auec tant d'accortise*, qu'il para à tous ces coups qui alloient à la ruine de son amour.

A la fin ce brutal* embrasé de l'amour deshonneste, bien qu'il n'eust aucun dessein de mariage, se voulut seruir de ce beau voile pour tromper plus facilement. Il estoit sans comparaison & plus riche & de famille plus illustre que Tatius : sur quoi se confiant il crût que faisant demander Paradee pour femme, Licas retireroit aussi tost parole qu'il auoit donnee à son Riual, & cet accord rompu qu'il ourdiroit par apres la trame de sa perfidie. Mais il trouua bien loin de son conte, parce que Licas estant homme de foi, voulut tenir la promesse qu'il auoit faite à Tatius, & estant bon pere ne voulut point contraindre sa fille aux nopces d'vn homme qu'elle auoit en horreur à cause de son arrogance. On lui fit donc les plus belles & honorables excuses dont on se pût auiser, en protestant qu'on lui demeureroit eternellement redeuable de ce qu'il auoit daigné abbaisser ses yeux sur vn suject indigne de lui, & que le seul engagement de la parole donnee à Tatius seruoit d'obstacle à l'accomplissement de son desir.

Ce refus au lieu de rebutter cet opiniastre, l'anima dauantage à sa poursuite. Souuent il lui vint en fantaisie d'oster Tatius du monde pour se deffaire de cet empeschement : mais il y trouuoit des difficultez trop grandes. Car outre que Tatius ne marchoit que bien accompagné, & estoit mauuais garçon*, il n'estoit de si peu de consideration [158] que sa mort n'eust attiré la ruine de Sinat. Il se resolut de preuenir ce mariage par vn enleuement.

Ayant donc amassé des Braues (inuention diabolique fort en vsage aux royaumes de Naples & de Sicile) & n'espiant que l'occasion de faire son coup, il s'en presenta vne aussi fauorable qu'il eust pû desirer. Il apprit que Licas auec sa femme & sa fille deuoient aller souper à vn iardin fort peu esloigné de la ville, & reuenir assez tard. C'estoit en la saison des chaleurs, qui inuite vn chascun à prendre l'air de la campagne, & à iouïr du frais des soirees. De fortune l'amoureux Tatius empesché à quelque autre affaire n'accompagnoit point sa maistresse en ceste pourmenade, ce qui auança fort le mal-heureux* dessein de Sinat : car quels efforts n'eust fait cet amant en la presence & pour la defense de l'object aimé ? Cette brigade* de brigands s'estant donc mise en embuscade en vn lieu escarté, se ruerent tout à coup comme des loups sur ce troupeau de personnes paisibles comme des brebis, & Paradee iettee sur la croupe d'vn cheual se vit enleuer d'entre les bras de ses parens pour aller en ceux de son rauisseur[1].

Il n'est point ici question de representer les cris du pere, le desespoir de la mere, ni l'estonnement de la fille, comme des choses dont on ne peut douter, & qui ne se peuuent exprimer assez viuement : non plus que la fureur de Tatius, quand il sceut l'affront que Sinat lui auoit fait en lui enleuant sa maistresse. Aussi tost les vengeances monterent en son esprit.

Resolu donc de mourir, ou de tirer sa raison de [159] cet outrage*, il amasse promptement ses amis, & apres vne soigneuse enqueste ayant appris le lieu où Sinat auoit emmené Paradee, & où il la tenoit en sa possession, auctorisé*[2] & secondé de la Iustice : il y vole comme le Gerfault vers la proye. Il fut deux ou trois iours à faire cet apprest, durant lesquels voyons ce que fait Sinat de celle qu'il a rauie.

---

1   On a pu rapprocher cette scène de « La fuerza del sangre » des *Nouvelles exemplaires* de Cervantès (Manuel Losada Goya, *Bibliographie critique de la littérature espagnole en France au XVIIe siècle*, Genève, Droz, 1999, p. 177), qui a eu une assez longue fortune littéraire, notamment comme source de *La force du sang* de Hardy, dont le Théâtre vient de paraître entre 1624 et 1628. Mais la convergence est mince : il n'y a guère que les lignes sur la promenade et l'enlèvement par une nuit d'été qui coïncident. Voici Cervantès : « Par une de ces chaudes nuits comme en offre l'été s'en retournaient à Tolède, après s'être recréés au bord du fleuve, un vieil hidalgo avec sa femme, un jeune enfant, une fille de seize ans et une servante. Il faisait nuit claire, on était sur les 11 heures, le chemin était solitaire et leur pas s'attardait [...] » Cervantès, *Nouvelles exemplaires, Œuvres romanesques complètes*, tome II, Gallimard, Pléiade, 2001, p. 235. S'ensuit, chez Cervantès, une scène de viol. Et cependant, comme on peut aussi voir des ressemblances, plus nettes cette fois, entre une nouvelle de Cervantès et la nouvelle de Camus qui suit immédiatement (« Le Chaste Desespoir », v. ci-dessous p. [165]), l'hypothèse d'une inspiration cervantesque ne peut être écartée.

2   Tatius.

Soit qu'il sentist quelque remords de conscience, & qu'il reconnust qu'il auoit fait vne dangereuse folie, soit que Dieu ialoux des Vierges & veillant sur la conseruation de leur integrité lui donnast ces terreurs, soit qu'il iugeast que ce seroit comme embrasser vn mort de iouïr par force* d'vn corps sans auoir aucune part en la volonté : il tascha par tous les moyens de gaigner par vne amoureuse merci, ce qu'à la fin il estoit determiné de cueillir par violence. Il sçauoit & vouloit pratiquer le precepte de l'ancien Capitaine Lisandre, qui disoit que les hommes se trompoient par les sermens, comme les enfans par les osselets[1], parce qu'il iuroit & protestoit de la vouloir espouser, la coniurant de le prendre pour mari, & de lui donner la main en ceste qualité, s'excusant sur la violence de sa passion qui l'auoit porté à cet extreme remede.

S'il auoit enuie de la tromper, Paradee qui se voyoit en sa puissance filoit doucement, & pour faire vne contremine* le supplioit de n'attenter rien sur elle qui pust par apres lui tourner à reproche. Que s'il la vouloit tant honorer que de la prendre pour sa femme, elle y consentiroit volontiers, [160] pourueu qu'il y procedast par les voyes iustes & honorables : qu'elle se promettoit que ses parens y consentiroient, & feroient vertu de la necessité : que pour peu de temps il moderast l'impetuosité de ses bouillans desirs, afin qu'elle pust venir entre ses bras pure de toute souillure & d'vne volonté franche & libre.

Ces discours donnerent tant d'esperance à Sinat, qu'il crût que ceste ville estoit à demi rendue, puis qu'elle parlementoit : ce qui l'amusa* quelques iours, durant lesquels il estoit sans cesse attaché aux oreilles de ceste fille, les lui battant des chansons

---

1 «Lysandre, général des Lacédémoniens […] rendit sa patrie redoutable à toute la Grèce, la quatrième année de la XCIII olympiade, et la 405e avant J.C. […] Les anciens parlent de lui, comme d'un homme cruel & débauché, qui donnoit tout à la passion, sans considerer ni la bonne foi ni la parole donnée […] Il disoit *qu'on amuse des enfants avec des osselets, & les hommes avec des paroles* […] Diodore, l. 13. Xenophon, *l. 3.* Plutarque & Cornelius Nepos, *en sa vie.*». Moreri, *Grand Dictionnaire historique.*

ordinaires des Amoureux passionnez. Il en vint iusque là de lui faire vne promesse de mariage par escrit, bien qu'il fust resolu de la retirer par force* de ses mains apres la iouïssance*. Mais Paradee ne la voulut point receuoir, le coniurant par des paroles si tendres, qu'elles eussent donné aux rochers des sentimens de pitié, qu'il l'espousast auec les solennitez requises, qu'il estoit retenu de respect & d'amour à ne venir point à l'execution de ce qu'il souhaittoit auec tant d'ardeur.

Le troisiesme iour sur la fin de l'apresdinee comme il estoit dans le iardins auec ceste fille, taschant de flechir son courage* & de la faire condescendre à sa volonté, ses gens tous effrayez lui viennent dire que la Iustice venoit à eux auec main forte, & que Tatius y estoit auec vne grande suitte de ses amis, resolu de lui faire vn mauuais parti. Il fait entrer Paradee dans la maison, & l'ayant fait enfermer dedans vne chambre, il alla sur la porte de la maison respondre aux gens de Iustice, [161] qui le sommoient de se rendre, ou bien qu'ils entreroient de force*, & feroient sousleuer les communes.

Il se mocqua de leur sommation, bien que dans son ame la frayeur (qui est le bourreau des meschans) lui donnast de grandes atteintes*.

Ses gens saisis de mesme apprehension lui conseillerent de s'enfuir par la porte du iardin, & de n'attendre pas que sa maison qui n'estoit pas tenable, fust forcee. La necessité le fit resoudre à suiure ce conseil. Mais pour n'estre frustré de sa damnable attente, il vouloit premierement abuser de Paradee, & par violence en arracher la derniere faueur.

A ce dessein il appela Lisuard, vn valet confident, lequel il fit tenir à la porte de la chambre où estoit Paradee, lui commandant d'entrer quand il l'appelleroit, au cas que seul il ne pust venir à bout de forcer ceste fille. A laquelle il fit croire ce qu'il voulut de la venue de la Iustice, lui disant que ce n'estoient que quelques Archers qui l'estoient venu sommer, & qu'il auoit pensé au lieu de leur respondre les assommer. Que neantmoins pour ne se laisser point inuestir par les communes, il estoit resolu de la mener en vne autre maison, mais qu'auparauant à quelque prix que ce fust il estoit resolu de consommer auec elle le mariage, dont il lui presentoit la promesse.

La fille de le prier de differer, de le coniurer, de pleurer, de se debattre[1]. Sinat de se mettre en cholere, & de lui dire que c'estoit vne necessité absolue, autrement qu'il la traitteroit mal & pren-[162]droit par force* ce qu'il desiroit de cueillir.

Sur ces propos il l'embrasse, la presse, & se met en deuoir d'executer ce que lui dictoit son appetit desreglé. La courageuse fille se defend auec les dents & les ongles, le repousse, se tempeste, mais las! qu'eust fait ceste brebis contre ce loup rauissant, estant desia si lasse & si affoiblie qu'elle n'en pouuoit plus? Sinat qui la voyoit deffaillir & debiliter, auançoit tousiours sa mal-heureuse* pretension*, & la baisant presque sans resistance il se colloit sur sa bouche comme s'il eust deu attacher son ame à ses leures, quand tout à coup la genereuse* fille ramassant ses forces & comme inspiree d'en haut lui prend le nez auec les dents, & le serre si fort qu'elle en emporte le bout comme auec des tenailles, & l'ayant dans la bouche le cracha au visage de ce nouueau Zopire[2].

La douleur de ceste morsure le fit crier si haut, que Lisuard croyant qu'il demandast de l'aide entra à ce cry, & fut bien estonné de voir son maistre auec le visage tout couuert de sang,

---

1 Malgré le contexte, parce que Sinat n'use pas encore à ce moment de violence physique, il faut ici, comme p. [136], garder le sens de «devenir extrêmement agitée», glosé au paragraphe suivant par «se tempeste». Un autre sens, attesté mais moins probable, serait celui de «argumenter, opposer des arguments».

2 Zopire «[…] fils de Mégabyse, et l'un des courtisans de Darius […] roi de Perse vers […] 520 avant J.C. se rendit illustre par l'action qu'il fit pour soumettre la ville de Babylone que Darius tenoit assiégée depuis long-temps. Voyant l'opiniâtreté des assiégés, il s'avisa pour les gagner d'un stratagème qui lui réussit. Il se coupa le nez & les oreilles, & se présenta en cet état aux Babyloniens, qui le reçurent, espérant qu'il se vengeroit d'un si cruel traitement qu'il feignoit avoir reçu de Darius. Ensuite Zopyre fit trois sorties, de la maniere qu'il avoit concerté avec Darius, où il eut toujours l'avantage : ce qui porta les Babyloniens à lui confier entièrement la ville, dont il ouvrit les portes à Darius après un siège de 20 mois. *Hérodote, l. 3. Justin., l.I». Moreri, *Grand Dictionnaire historique*.

qui couloit abondamment de sa playe, & beaucoup plus quand il le vit sans nez. Alors ne sçachant s'il deuoit rire ou pleurer, Seigneur, lui dit-il, & à quel ieu auez vous perdu vostre nez ? Sinat outré* de douleur, & plein d'vne rage desesperee tira son espee, & en alloit trauerser Paradee, si elle ne se fust sauuee dans vn cabinet, en tirant la porte sur elle. Sinat bouillant de fureur la vouloit enfoncer, pour faire perdre la vie à celle qui lui auoit arraché le nez.

Sur ces entrefaittes entre vn des Braues tout [163] esperdu, qui dit à Sinat : Seigneur vous estes perdu, & nous sommes tous perdus, si vous ne vous sauuez promptement. Les communes sont leuees, les Archers vont attacher le petard à la porte, nous sommes pris infailliblement. Mes compagnons pour ne tomber entre les mains de la Iustice, & seruir de parement à vn gibet, s'enfuyent par la porte du iardin & gaignent les bois.

Alors Lisuard tirant Sinat par force, il n'est pas temps, lui dit-il, de prendre ni ses plaisirs ni sa vengeance, ouy bien de sauuer sa vie & son honneur. Si vous ne voulez venir, nous vous allons abandonner, vous auez dequoi racheter vostre vie : Mais nous autres miserables* serons sacrifiez à l'exemple, & seruirons d'exercice au bourreau.

Sinat le crût & promptement gaigne le iardin, & s'enfuit apres les autres vers vn bois qui ombrageoit vne montagne, & où il sçauoit plusieurs cachettes pour y auoir esté souuent à la chasse. La maison estant sans resistance, & nul ne paroissant pour la defendre, fut aussi tost prise par escalade.

La porte ouuerte, le Preuost, les Archers, Tatius & ses amis entrerent, la maison fut trouuee vuide de Sinat & de ses gens, n'y ayant que le fermier & vne vieille qui estoit sa femme auec quelques enfans. Ils creurent d'abord que Paradee auoit esté emmenee : mais le Villageois les asseura que non. Ils cherchent par tout. Arriuez au cabinet, elle proteste de n'ouurir point, & que si l'on enfonce la porte, elle se iettera par la fenestre. On a beau lui dire, que c'est la Iustice qui vient pour [164] la secourir,

Tatius mesme parle ; mais dans ceste confusion de voix la sienne
est mal reconnue. Paradee croyoit tousiours estre au milieu de
Sinat & de ses Braues. A la fin Tatius allant au dehors se fit voir
à elle par la fenestre, & la tirant d'erreur lui fit connoistre qu'elle
estoit hors des mains de ses ennemis. Elle ouurit sa porte, & se
mit en la sauuegarde de la Iustice.

Tatius qui croyoit fermement qu'elle eust esté violee, à cause
qu'elle auoit deux ou trois iours au pouuoir de Sinat, fut bien
estonné & resioüi quand il entendit le contraire, & quand il sceut
la perte du nez de Sinat, dont le bout estoit demeuré pour les
gages au champ de bataille. Il fut trouué parmi la place, & gardé
comme vn trophee de la Courageuse Chasteté de ceste fille, sur
laquelle qui ne voit reluire la protection manifeste du ciel se peut
estimer aueugle.

La victorieuse pucelle fut reconduite à Catane en grand
triomphe, & remise entre les mains de ses parens aussi entiere
qu'elle en estoit sortie. Elle raconta son auanture selon la verité
du succez*, ainsi que nous la venons de representer.

Il n'y auoit celui qui ne tint ceste preseruation pour vn miracle.
Qui la comparoit à Susanne[1], qui aux trois enfans de la fournaise[2],
qui à Daniel dans la fosse aux Lyons[3], qui à saincte Luce[4]. Que
de maledictions, que d'imprecations contre la brutale* incontinence* de Sinat, lequel fut par sentence de la Iustice condamné
à vn exil perpetuel, & la moitié de ses biens adiugée à Paradee, &
l'autre au fisque* qui ne s'oublie iamais. Ainsi elle vint ri-[165]
che entre les bras de son cher Tatius, à qui Dieu l'auoit reseruee
entiere. Ainsi sa vertu couronnee de gloire & d'honneur fut encore
recompensee des biens de fortune.

Certes il fait bon s'enrooller sous les enseignes* de l'honnesteté,
puis que l'on voit que tout reussit en bien à ceux qui combattent

---

1   Dn 13.
2   Dn 3.
3   Dn 6, 22.
4   Sainte Lucie de Syracuse.

sous son estendard : & au contraire tout succede* mal-heureusement à ceux qui se retirent de sa suitte. L'infamie, le desespoir,
la perte des biens & de la santé les enuironnent tousiours, & ils
sont en haine à Dieu & aux hommes.

Sinat erra fugitif, desnué de toutes commoditez* comme
vn autre Cain, n'osant se monstrer dans les villes à cause de sa
honteuse deformité, & de sa vie il ne se moucha sans se souuenir
des baisers de Paradee.

Le Chaste Desespoir.
EVENEMENT XIII.

DEPVIS que ie suis embarqué sur ceste belle & delicieuse
matiere de l'honnesteté ie ne la puis quitter. Ie m'y attache comme
les mousches au succre, & comme les abeilles aux fleurs. Par tout
où i'en trouue des exemples, ils se grauent si fort en ma memoire
que ie ne les puis oublier. I'ay tousiours en l'esprit ceste sacree
sen-[166]tence ; O que c'est vne belle chose qu'vne chaste &
illustre generation ! oui sa memoire est immortelle, & elle ne
s'efface iamais du souuenir de Dieu & des hommes[1]. O que
bien-heureux sont ceux qui sont sans tache en leur voye, & qui
paroissent sans souillure corporelle deuant les yeux de ce Dieu,
deuant qui les astres mesmes ne sont pas nets*. Si la Chasteté
preseruee de l'Euenement qui precede vous a plû, venez en voir
maintenant vne autre, dont le desespoir ne vous paroistra pas
moins courageux. L'antiquité (ie dis la Chrestienne) nous fournit des exemples plus admirables qu'imitables de celles qui ont
couru à vne mort volontaire pour conseruer leur honnesteté,

---

1   V. note 2 p. 212.

comme Saincte Pelagie¹ & d'autres. Iugez si l'Histoire que ie vous
vai deduire*, pourra encore trouuer place, & tenir quelque rang
parmi celles-là.

Aux extremité de l'Andalusie, sur les riuages de la Baye de
Cadis, il y a vn Bourg maritime qui se nomme le Port-Royal.
En ce lieu aussi bien qu'au Port de Saincte Marie & à Sainct
Lucar de Baramede, où le fleuue Guadalquiuir s'embouche
dans la mer, se fait vne grande pesche de Tons, qui de là se
distribue en diuers endroits de l'Europe & de l'Afrique². Entre
les Sirenes ou Nymphes de ceste plage, ie veux dire parmi les
filles de ceste coste, il y en auoit vne estimee par toute la contree
pour vn parangon de beauté. Sa reputation estoit telle, que la
curiosité amenoit plusieurs personnes de loin pour voir si sa
presence* esgaloit son renom. Mais peu alloient curieux vers
[167] ce visage d'Ange, qui n'en reuinssent, sinon auec vne
grande ardeur, au moins auec esmotion. C'estoit vn escueil où
brisoient les nochers *qui faisoient estat de conduire la barque
de leur iugement auec plus de iustesse. Au milieu de tout cela
ce bel obiect ressembloit au Soleil, qui eschauffe tout le monde
sans auoir aucun degré de chaleur en lui-mesme. C'estoit vne
montagne de neige en blancheur, qui couuroit vn cœur de glace
en froideur.

---

1   L'histoire a retenu le nom de trois Pélagie, dont Pélagie la Pénitente, dont il s'agit
    ici. Aux soldats de Dioclétien qui venaient la chercher parce qu'elle était chrétienne,
    la jeune Pélagie, qui craignait à juste titre d'être violée avant d'être emmenée,
    demanda un moment pour changer de parure, et courut au toit de sa maison d'où
    elle se jeta dans le vide.

2   « Cette nouvelle a pour décor une localité célébrée par Cervantès au début de La
    ilustre fregona : Zahara et ses almadrabas, lieux où accourent [*sic] les bancs de
    thon. Les aventures de Pyrrhe et de Fulve sont proches de celles de Carriazo et
    d'Avendano et on peut en dire autant de celles de Sigismonde et de Costanza. Or,
    quoique l'influence de Cervantès soit certaine et le développement assez ressem-
    blant, la fin du récit est entièrement différente : les mariages de la novela n'ont
    pas d'équivalent dans la mort des protagonistes de l'évêque [...] » José Manuel
    Losada Goya, *Bibliographie critique de la littérature espagnole en France au XVIIᵉ siècle*,
    Genève, Droz, 1999, p. 245.

Ce qui la rendoit encore plus admirable, c'estoit la grandeur de son courage* dans la bassesse de sa naissance, la delicatesse de sa forme dans la rudesse de sa condition, vn esprit eminent, dans vne nourriture* grossiere, & vne vertu singuliere dans vne contree remplie de desbauche. Si l'Escriture loüe Iob & Loth pour auoir esté bons parmi des peruers, celle-ci a part ceste loüange. Car ceux qui ont esté à Seuille, & voyagé par l'Andalusie, sçauent assez combien de gens courent à la pesche des Tons, & combien de friponneries s'y exercent. A trauers tout cela Sigismonde fille d'vn pauure Pescheur, estoit comme vne fontaine d'eau douce au milieu de la mer amere[1], & comme vne mere-perle, qui naist dans vn element, dont elle ne tire aucune substance : parce que si l'eau de la mer estoit dedans la nacre, elle dissoudroit le bel vnion*, en la mesme façon que le vinaigre le fait fondre.

Ruffus son pere estoit ordinairement sur ceste plage soit à pescher, soit à traffiquer : mais elle auoit vne mere qui auoit vn grand soin d'elle, & [168] qui la voyant si belle & tant admiree, ne cessoit de lui recommander l'honneur qui consiste en ce sexe en la pudicité. Ces enseignemens furent des semences de vertu, qui tomberent point en vne terre ingrate : parce que ceste fille les graua si profondement dans son esprit, que toutes les admirations de ceux qui la regardoient ne la rendirent pas orgueilleuse, ni toutes les cajolleries* de ses poursuiuans ne furent point capables de lui donner aucune particuliere* inclination au preiudice de l'obeissance qu'elle deuoit à ceux qui l'auoient mise au monde.

Au commencement deuant que la reputation de sa beauté volast si loin, elle estoit muguetee*, ou pour mieux dire, recherchee en mariage par des ieunes hommes de condition esgale à celle de sa naissance, qui s'efforçoient à l'enui de paroistre honnestes* gens pour se donner quelque accés ou preeminence en ses bonnes graces. Mais cet esprit autant esleué que son corps estoit beau, sembloit né pour quelque chose de plus grand : non qu'elle y

---

1   V. note 2 p. 204.

aspirast, mais par vne grauité naturelle, qu'elle adoucissoit par vne agreable modestie*. Il arriua deux rencontres remarquables durant son eleuation*.

Vn ieune adolescent de la bourgade mesme du Port-Royal, que nous appellerons Mamerque, deuint entre plusieurs autres, esperdu pour ceste fille. Il estoit de la mesme profession que Ruffus, pere de Sigismonde, occupé à la pesche & à la marine. Cestui-ci rendu esueillé par ceste passion, laquelle estant toute de feu, donne de la [169] poincte aux esprits les plus grossiers & les plus sombres : se mit en deuoir de faire entendre à Sigismonde le tourment qu'il souffroit pour elle. Mais soit qu'elle fust entierement ignorante de ces agitations d'esprit, soit que par prudence* ou par pudeur elle feignist de les ignorer, elle fit la sourde oreille à ses discours, & les laissa sans replique.

Cettui-ci d'imputer cela à mespris & de redoubler ses plaintes, l'accusant selon l'ordinaire chanson de ceux qui aiment, tantost d'insensibilité, tantost de cruauté. La sage fille de faire la muette, estimant que le silence estoit la meilleure replique que l'on peust faire à ces folles imaginations. Iusques à ce qu'vne fois ennuyee de ses importunitez, elle lui dict. Mamerque i'ay bien veu des fols, mais ie n'en ay point encore veu de plus extrauagans que toy. Tu te plains sans cesse comme si ie t'auois faict quelque outrage*, bien que ie n'aye iamais eu aucune pensee de t'offenser. Tu ferois bien mieux de demeurer en paix, & de ne troubler point celle des autres.

Alors Mamerque rendu eloquent par sa passion, lui fit cognoistre qu'il estoit impossible qu'il goustast aucune paix tant que ses yeux lui feroyent la guerre, adioustant à cela les autres folies dont les Amoureux ont accoustumé de se seruir pour despeindre leurs peines imaginaires. Ce qui fut cause que Sigismonde le laissa là comme vn insensé, dont la maladie estoit incurable. [170]

A mesme temps le fils d'vn Gentil-homme de Medina Sidonia fit vne autre folie bien plus remarquable pour l'amour de ceste beauté. La curiosité l'ayant amené sur ce riuage pour considerer ceste mortelle Deesse, en vn instant il en deuint tout embrasé, pareil au rameau de camphre qui s'allume tout à coup. La voir, l'aimer, la desirer, la vouloir, & estre tout à elle, ne fut en lui qu'vn mesme acte qui se fit en vn moment. Il sçauoit bien que son pere ne consentiroit iamais qu'il l'espousast (car outre qu'il estoit fort ieune, son âge arriuant à peine à dixsept ou dixhuict ans, il estoit fils de famille, subject encore à son pere & à sa mere.) De se separer aussi de la veuë de ce bel object qui le tenoit charmé, & qui l'auoit desrobé à lui-mesme, il lui estoit impossible. L'esclauage volontaire de l'Amour est de telle nature, qu'il faict fuir la liberté, & la met en horreur. O ieunesse ! ô passion ! vous estes deux coursiers forts en bouche, qui entrainez où il vous plaist le chariot de la raison.

Voyez dequoi s'auisa cet inconsideré* Gentil-homme, sans songer à sa naissance, & oubliant son pays & la maison de son pere, comme s'il eust mangé de la Lothe*¹ : il se charge d'vne casaque de pescheur, & se iette parmi la foule de ces ieunes garçons, qui arriuent en ceste contree au temps de la pesche des Tons de tous les costez de l'Espagne. Et comme il estoit fort adroict, il eut incontinent appris tous les secrets & toutes les subtilitez de cet exercice. Apres cela il fit tant que Ruffus, pere de celle qui estoit cause de ce desguisement, [171] le prit pour valet, le voyant de bonne mine* & de belle disposition.* Ce fut lors qu'il pensa estre arriué au comble de son bon-heur*, ayant la commodité* de voir assez souuent l'object auquel son ame estoit plus attachee qu'à son propre corps. Qu'il est malaisé de cacher & la gentillesse* d'vne nourriture* esleuee au dessus du vulgaire*, & le feu qui faict aimer !

Pyrrhe, ainsi s'appelloit ce valet desguisé, se portoit auec tant de dexterité à l'art de la pesche, qu'il sembloit que toute sa vie il n'eust faict autre mestier. Ce qui lui acquit l'affection de son

---

1   La lothe : le lotus. V. note 2 p. 208.

maistre iusques à tel point, qu'il ne se pouuoit estancher quand il se mettoit sur ses louanges. Et parce qu'il le prenoit pour vn paure garçon, il regrettoit qu'il n'eust des moyens capables de le faire arriuer au mariage de sa fille. Mais le galand* auoit bien d'autres pensees, desquelles peut-estre Dieu le punit par l'effroyable abandonnement que vous entendrez.

Voyant la bonne opinion que son maistre auoit de sa suffisance*, & l'estime qu'il faisoit de lui, il s'en seruit pour s'introduire aux affections de Sigismonde, qu'il trouua en ce langage d'Amour aussi muette que les poissons, & plus froide que les Naïades, que l'on faict habiter sous les ondes gelees en des palais de crystal. Et bien que la glace de ceste fille s'endurcist au feu que Pyrrhe lui faisoit paroistre, tant s'en faut que cela r'allentist l'ardeur de ce poursuiuant, qu'au contraire ceste pudique froideur augmentoit ses flammes. Encore si elles eussent esté legitimes en leur fin, & [172] s'il eust regardé pour but de sa poursuite le sainct mariage ; ce seruice desguisé ne seroit blasmable que de ieunesse & de trop d'amour, & ne porteroit pas la honteuse marque de trahison. Mais n'ayant autre dessein que de tromper ceste fille, dont la condition* monstroit autant de simplicité, ou pour mieux dire de iustice, que la vertu lui donnoit de prudence* & d'accortise* : ie suis contrainct de dire, que la main de Dieu tomba iustement sur lui, le laissant perir dans la fin tragique où le precipita son imprudence.

Donc quelqu'inuention qu'il trouuast pour s'insinuer dans la bonne volonté de ce rocher de chasteté, & de constance, il n'en pouuoit tirer vn seul regard fauorable, beaucoup moins aucune parole auantageuse, & dont il pust former vne coniecture qui le consolast. Ce n'est pas que ceste creature fust de marbre ni d'vne matiere insensible : mais c'est qu'elle estoit tellement sousmise à la volonté de ses parens, qu'elle ressembloit à ces machines qui ne se meuuent que par ressorts, sa resolution estant de ne faire autre election* que de celui qui lui seroit proposé par son pere pour estre son espoux. Certes si elle eust esté laissee en la liberté de son choix, il n'y a point de doute que Pyrrhe l'eust rendue susceptible de son tourment, & qu'entre tous ceux dont il auoit pris l'habit, il n'y en auoit aucun qu'il ne deuançast en esprit & en bonne mine*, comme il les surpassoit en qualité. C'est ce qui estonne* ce poursuiuant, lequel n'osoit la presser, de peur de lui donner sujet de se plaindre à ses parens, qui l'eussent aussi tost chassé de leur maison. [173]

Tandis qu'il bat à froid, & que sourdement il achemine son dessein, Mamerque y vient à camp ouuert, & se iugeant auoir assez de commoditez* pour aspirer à ce parti, faict sa recherche aux yeux de tout le monde. Ce qui mit Pyrrhe sur la defensiue, & sur les moyens de trauerser la poursuitte de ce Marinier. Il auoit vn beau champ pour le blasmer, quand ce n'eust esté que la grossiereté & le peu de iugement dont il vsoit en sa conduitte*. Il se mocquoit de lui à chasque rencontre, & n'en parloit iamais deuant Ruffus, ou deuant Sigismonde & sa mere qu'auec vn extreme mespris, pour les desgouster de prendre cet homme pour gendre.

Ce qu'estant sceu par Mamerque, il s'imagina que ce valet (car il estimoit Pyrrhe estre de cetse condition) ou pretendoit à sa maistresse, ou par enuie lui rendoit ces mauuais offices. La ialousie d'vn costé, & la cholere de l'autre lui donnerent de telles attaintes*, qu'il delibera de se venger de Pyrrhe, & de s'oster ce Riual de deuant les yeux

Ceux qui sçauent l'humeur des Espagnols, qui pensent naistre soldats & l'espee à la main, ne s'estonneront pas si ie dis que Mamerque n'allant plus sans la sienne, ne cherchoit que les occasions de rencontrer Pyrrhe pour le quereller. Et d'autre costé Pyrrhe qui la sçauoit manier, & par art, & par nature n'alloit iamais sans cela, non pas mesme à la pesche, comme s'il en eust deu fendre la mer & les poissons.

S'estans donc vn iour rencontrez par la ruë, le [174] furieux Mamerque vint fondre sur lui comme vn tourbillon, & lui portant vn coup de taille lui eust fendu la teste, si Pyrrhe esquiuant ne l'eust receu sur l'espaule, où le fer entra assez auant. Mais le marinier ne porta pas loin la penitence de sa temerité, parce que le noble valet extremement adroict au maniement des armes, entrant* sur lui d'vne poincte lui perça le corps de part en part à l'endroit du cœur[1], & le coucha roide mort sur le paué.

Cet homicide fut faict en plein iour, & à la veuë de tant de gens, que Pyrrhe ne pût s'enfuir : & quand il l'eust pu, il ne l'eust pas voulu, sçachant qu'il ne l'auoit commis qu'en se defendant, & que l'insensé Mamerque l'ayant attacqué de froid, il sembloit qu'il fust venu chercher le payement de sa folie.

Bien qu'il eust cent tesmoins de ceste verité, voyez neantmoins que la Iustice humaine est pleine d'imperfection. Pyrrhe est pris sans qu'il fist resistance, & mis dans la prison, où il sembla que son bon droict s'obscurcist dans les tenebres des cachots. Mamerque estoit enfant du lieu, & y auoit des parens & des amis. Pyrrhe est regardé comme vn estranger inconnu, & comme vn simple valet, de sorte qu'à la viue poursuitte des parens de Mamerque en trois iours son procés est parfaict*, & en suitte il est condamné à estre pendu.

Ceste nouuelle lui est apportee dans le cachot, où il estoit auec les fers aux pieds & aux mains. Il en appella : mais on lui donne auis qu'il se pre-[175]pare à la mort, parce qu'on le pendra nonobstant son appellation, comme estant vn coquin qui ne vaut pas la peine d'estre mené à Seuille.

A ceste extremité il fut contrainct de se descouurir, & declarer qu'il estoit Gentil-homme natif de Medina Sidonia, nommant son pere & sa maison, & que l'amour de Sigismonde l'auoit induict à ce desguisement.

Le respect de sa Noblesse fit surseoir ceste execution*, iusques à ce qu'on se fust esclairci* de la verité. Il escriuit à son pere, qui se rendit aussi tost à Port-Royal, où il trouua son fils en l'estat & en l'equipage* que nous venons de representer.

---

1 Mamerque attaque de taille, et de haut en bas, comme un rustre ; les coups de taille ne font que blesser. Les attaques dangereuses sont celles qui se font de pointe, comme ne manque pas de le faire, avec une précision mortelle, le gentilhomme qui a appris l'escrime.

Aussi tost il releue l'appel, & ayant faict reuoir le procés & entendre de nouueaux tesmoins, Pyrrhe fut absous de son crime, & son pere l'amena chez lui à Medina Sidonia.

Où il ne fut pas plustost de retour, que les playes de son cœur se renouuellerent, & ses flammes se rendirent plus ardantes par l'absence du subjet aimé. Il retourne à Port-Royal non plus en l'equipage* de valet, mais en homme de sa veritable qualité, où il renouuella par sa presence tous les discours qui s'estoyent faicts sur son amour & son desguisement.

Là il recommença ses poursuittes aupres de Sigismonde, & ayant eu loisir d'apprendre que cette place estoit inaccessible que par la porte du mariage, bien qu'il n'eust eu dessein au commencement d'en venir là, neantmoins la vehemence de sa passion l'y fit resoudre. Ruffus qui l'auoit au-[176]trefois lors qu'il estoit son valet desiré pour gendre, le souhaitta beaucoup plus, sçachant quel il estoit, & à quoi l'auoit reduict l'amour qu'il portoit à sa fille.

Mais le pere de ce ieune Gentil-homme en ayant eu le vent, reuint aussi tost à Port-Royal, & s'estant saisi de ce fol Amant le remena chez lui à Medina Sidonia, & lui fit espouser vne prison iusques à ce que ses ardeurs fussent amorties, faisant faire par la Iustice des defenses expresses à Ruffus & sous de grandes peines de lui donner sa fille pour femme, & à Sigismonde de le prendre pour mari. Ordonnance qui fit perdre à ce pescheur & l'espoir & la fantaisie d'estre beau-pere de Pyrrhe, lequel dans sa prison ne respiroit la liberté, que pour l'asseruir aux beautez de Sigismonde.

Tandis que son pere tasche de lui faire reuenir le bon sens par ceste closture, vn marchand de maree demeurant à Sainct Lucar de Barameda, estant venu à Port-Royal y vit ceste fille tant estimee, dont il reconnut le merite encore plus grand que le renom, ce qui le fit resoudre à la prendre pour femme.

Cet homme estoit en la fleur de son âge, & fort riche pour sa condition. Ce parti sembla si auantageux à nostre pescheur, que sans penser dauantage à son ancien valet, il l'accorde à Fuluio[1] (c'est le nom de ce marchand) & dans peu de iours les nopces furent consommees, Sigismonde n'ayant apporté aucune resistance à la volonté de son pere. [177]

De là à peu de temps l'espoux la meine en sa maison à S. Lucar de Barameda, où elle fut accueillie auec des admirations de sa beauté non moindres que celles des Troyens à la venuë de la Grecque Helene.

Comme elle estoit extremement vertueuse, Fulue viuoit auec elle en des satisfactions qui se peuuent mieux imaginer que deduire*. Mais les contentemens de ce monde ne sont que momentanez. Ce sont des esclairs qui disparoissent aussi tost qu'ils se monstrent. C'est comme sur la mer, où la bonace est suiuie d'vne soudaine & inopinee tempeste.

Le pere de Pyrrhe n'eut pas plustost la nouuelle de ce marriage, que ne craignant plus que son fils y pensast, il lui donna la clef des champs. Mais cet infortuné ieune homme ne pouuant arracher ceste idee* de sa fantaisie, courut aussi tost à Sainct Lucar, comme le papillon vole à la flamme qui le consume.

Sa venuë en ce lieu là ne fut pas plutost sceuë, que la cause en fut manifeste. Car sans considerer qu'il ne pouuoit plus rien pretendre en celle qui n'appartenoit plus à elle mesme, il se mit à la mugueter* si ouuertement, qu'il eust fallu estre aueugle pour ne s'en apperceuoir pas.

Quoy que Fulue eust assez de cognoissance de la pudicité de sa femme, pour ne craindre pas que les sollicitations la gaignassent, il vouloit neantmoins qu'elle fust exempte non seulement de faute, mais de soupçon & euiter les temeraires iugemens de la mesdisance. Ioint que connoissant à [178] quelles fureurs transporte la folle Amour, il auoit occasion de redouter la violence de Pyrrhe. Il veille donc sur sa conseruation, & elle de son costé

---

1 C'est le seul endroit où ce personnage, appelé Fulue dans tout le reste de la nouvelle, porte ce nom.

prend tellement garde à soy, qu'elle ne se monstre que rarement en public, pour n'estre apperceuë de Pyrrhe, dont elle fuit la rencontre plus que celle des serpents, & des Basilics.

A la fin les importunitez de Pyrrhe, & ses insolences* passerent si auant, que Fulue se resolut pour quelque temps de tenir sa femme à Seuille chez vne sienne parente, femme aagee & vertueuse, & en qui il auoit toute sorte de confiance.

Ceste deliberation estant faicte ne pût estre executee qu'elle ne paruint à la connoissance de Pyrrhe, qui iugeant ce voyage funeste à ses pretensions*, & qu'il ne le pourroit empescher, entra dans le desespoir execrable, qui donna fin à sa vie par vne furieuse Catastrophe. N'ayant pû obtenir de ceste sage & honeste femme aucune oeillade ni parole, qui lui pust apporter aucune apparence qu'elle lui voulust du bien, il determina de luy faire cognoistre par le sacrifice de sa propre vie qu'elle auoit mal reconnu l'amour qu'il lui auoit portee. Sot dessein, & qui ne pouuoit prouenir que de la suggestion de celui qui est appellé homicide dés le commencement[1].

Il sceut que Fulue meneroit sa femme par eau à Seuille sur le fleuue de Guadalquiuir, que les Anciens appelloyent Anas, lequel arrose les fertiles valees de l'Andalusie, & se iette dans la mer à S. Lucar[2]. Il alla donc attendre le passage de la [179] fregate sur vn promontoire, duquel voyant venir de loin le vaisseau qui portoit celle qui lui auoit raui le cœur, apres auoir dict aux Astres & aux Elemens comme s'ils eussent esté complices de son infortune, des reproches qui ne pouuoyent proceder que d'vne extreme alienation d'esprit, & poussé des accens & des cris que l'air & les vents emporterent : il se lança la teste la premiere dans ce fleuue

---

1 Le diable. Jn 8. 44.
2 Le Guadiana – *Wadi Ana* en arabe, et l'*Anas* des Romains – qui forme près de son embouchure la frontière entre le Portugal et l'Espagne, n'est pas le Guadalquivir, que les Romains appelaient *Betis* et dont l'estuaire est proche de San Lucar de Barrameda ; celui-ci a cependant un affluent nommé Guadiana Menor.

qui est en ceste emboucheure large, profond & rapide, tellement qu'il fut aussi tost suffoqué dans les ondes qui esteignirent son ardeur auec sa vie.

Son corps fut trouué quelques iours apres par des pescheurs sur le riuage de la mer, qui a de coustume de vomir à ses bords les personnes noyees.

Cependant Sigismonde estoit à Seuille auec son cher Fulue, qui remplit aussi tost en ceste grande ville toutes les femmes d'enuie, & tous les hommes d'amour.

Ceux qui ont veu ceste Cité, sçauent combien les peuples qui l'habitent sont desbauchez, & principalement combien les beautez singulieres y sont idolatrees. Parmi ceux qui firent naufrage de leur raison à ce bel escueil du visage de Sigismonde, Timofane Gentilhomme Seuillan, fut le plus engagé. Parce qu'il graua si profondement ce rare object dans sa pensee, qu'il lui fut impossible de l'effacer. Et quelque industrie qu'il employast pour l'abborder ou pour s'en distraire*, l'vn lui fut autant malaisé que l'autre. Il n'y auoit rien de si retiré, ni de si ombrageux que Sigismonde : elle [180] auoit peur de son ombre propre, l'abord de tout autre homme que de son mari lui estoit en horreur. Aussi Fulue l'aimoit auec tant de respect & de tendresse pour sa vertu & pour sa beauté, qu'elle eust esté la plus ingrate du monde, si elle n'en eust eu du ressentiment*, & si elle n'eust mesprisé tout autre homme pour celui qui ne cherissoit que sa seule femme.

La nouuelle de la mort effroyable de Pyrrhe, estant paruenuë à leurs oreilles, & l'vn & l'autre eurent grande compassion de la mortelle & damnable folie de ce ieune homme, qui comme vn autre Phaëton auoit esteinct sa flamme dans vne tombe d'eau, pour auoir mal conduict le chariot lumineux de sa raison. Si est-ce neantmoins que Sigismonde se sentit comme deschargee d'vn grand faix, se voyant deliuree de ses ordinaires & scandaleuse importunitez, & Fulue receut du contentement de voir cet obstacle leué, qui l'empeschoit de retourner en sa ville, & de iouyr du doux repos de sa maison.

Mais las ! il en prend de la beauté comme de l'or. C'est vn bien si enuié que plusieurs lui tendent des embusches, & les Poëtes par la fable d'Argus donnent assez à connoistre combien il est difficile de conseruer vne belle creature des mains insolentes*, ou de l'impudent abbord des peruers. Les thresors se peuuent cacher sous la terre ou en des lieux qui ne seront point esclairez de la lumiere du Soleil : & de ceste sorte les mains rauissantes des larrons n'y peuuent donner d'attainte*. Mais l'honneur d'vne belle femme est vn [181] thresor portatif, & qui ne peut tousiours estre enfermé, si bien qu'il se trouue exposé à plus de hazards que les autres. Ceste verité se manifestera en la funeste closture de ceste Histoire.

Nous auons dict que Timofane estoit deuenu si furieusement passionné des perfections* de Sigismonde, qu'il en auoit perdu la connoissance de soi-mesme. Aussi tost qu'il sceut qu'elle faisoit estat de retourner à Port-Royal, il fit dessein de la suiure, & tenter* toute sorte de moyens pour arriuer à la fin mal-heureuse* de son iniuste amour. La sauuage humeur de la chaste Sigismonde lui faisoit augurer qu'il n'en auroit iamais rien que par force*, veu qu'outre les preceptes de vertu dont son ame estoit imbuë, elle auoit vne complexion naturelle fort esloignee de l'impureté. Des Seuille il proietta de l'enleuer, & comme les Braues fourmillent en ceste cité fort peuplee, il fut sur le poinct de s'asseurer de quelques vns pour l'aider en ce rauissement lors qu'elle descendroit par le fleuue de Guadalquiuir pour se rendre à Port-Royal.

Mais outre que ses affaires n'estoyent pas encore disposees à cela, n'ayant pas pourueu au lieu où il se retireroit auec ceste proye, le depart de ceste femme & de son mari se fit tant inopinément, qu'il n'eust pû mettre en ordre son entreprise. Ioinct que cet effect consistant en vne extremité desesperee, il vouloit encor essayer si par des voyes plus douces & plus amoureuses il pourroit atteindre à sa pretension*.

Le voila donc à Port-Royal peu de iours apres [182] que Sigismonde y fut arriuee auec Fulue. Dans les petites bourgades les estrangers sont aussi tost remarquez, & quand ils y font du seiour la curiosité ne manque pas de parler & de faire des coniectures sur le sujet qui les y arreste. Les passades* frequentes de cet Amant deuant le logis de Sigismonde, sa diligence à se trouuer aux Eglises où elle alloit faire ses deuotions, son assiduité à la suiure, ses regards fixes & attachez sur son visage quand il se trouuoit en lieu où il la pust contempler : firent assez connoistre aux moins entendus de quel mouuement il estoit porté, & à quelle saincte ses vœux estoyent addressez.

Aussi tost que Sigismonde s'en apperceut, ce fut à regretter sa condition*, & à detester ceste beauté qui lui apportoit tant de trouble : & si elle eust crû son courage*, & n'eust point redouté de desplaire à son mari, elle l'eust traittée en la façon de l'ancien Spurinna¹, qui se gasta le visage, parce qu'il voyoit que c'estoit vn piege auquel se prenoyent les desirs de plusieurs ames inconsiderees*.

De quelque artifice* que se seruist Timofane, il ne fut iamais en son pouuioir d'obtenir vne audience libre & aisee de celle qui estoit aussi chaste, qu'il l'estimoit farouche & cruelle. Beaucoup moins put il faire tomber en ses mains ni presens ni lettres. Ce qui le mit en vne rage desesperee, & le fit conclurre à enleuer le corps de celle qui lui auoit raui le cœur.

Il retourne à Seuille, & ayant vendu ce qu'il pût de ses biens pour faire vne grande somme, il [183] faict prouision de Braues, auec lesquels il fut en l'Isle de Cadis pour y auoir vne maison de retraitte, où il pust conduire Sigismonde quand il l'auroit enleuee, resolu s'il venoit à y estre descouuert de faire voyle de là en Afrique, & mesme iusques aux Indes à la premiere flotte qui partiroit de Seuille, pour y posseder librement & sans crainte ceste beauté, pour laquelle il s'alloit mettre en tant de hazards.

---

1 «Jeune homme extrêmement beau, voyant que plusieurs femmes étoient passionnées pour lui, ce qui le rendoit odieux et suspect à leurs maris, se défigura le visage, aimant mieux par cette difformité prouver sa continence, que de tenter par sa beauté l'incontinence de quelques femmes. * Val. Maxime, *l. 4 ch. 5*». Moreri, *Grand Dictionnaire historique*.

Son retour à Seuille ayant mis Sigismonde en quelque sorte de liberté, donna occasion à Fulue de faire vn voyage à Cordoüë, où son trafic l'appelloit, durant lequel arriua le mal-heur* que vous allez entendre.

Sigismonde ennuyee de l'absence de son mari, la presence duquel lui estoit aussi douce que son amour estoit veritable, alloit souuent pour se diuertir chez vne de ses voisines, ieune femme de bonne & agreable conuersation*. Celle-ci la voyant triste & resueuse faisoit tout son possible pour la retirer de ceste melancholie qui la trauailloit*, tantost la menant par les compagnies tantost l'entretenant de propos facetieux, tantost la conduisant aux promenoirs & aux iardinages pour prendre l'air & se recreer. Aux lieux maritimes c'est la coustume de prendre l'air de la marine, & d'aller à l'esbat sur les arenes* du riuage. Timofane qui se tenoit desguisé dans le bourg ayant par ses espies* appris l'absence de Fulue, & les diuertissemens ordinaires de Sigismonde, n'attendoit que l'heure de faire son coup, estant sans cesse à l'affust comme vn chasseur qui est à l'espere. [184]

Estant donc vn iour auerti que Sigismonde estoit allee se pourmener dans vn iardin qui estoit hors du bourg & sur le riuage de la mer auec ses amies, s'y estant introduict auec ceux qui l'assistoyent : il lui fut aisé de l'enleuer, n'y ayant aucune de ces femmes qui pust faire aucune resistance. L'ayant donc iettee dans vne chaloupe à six rames, il fut en peu d'heure bien auant en la mer, resolu de faire le traiect de S. Lucar à l'Isle de Cadis sur ceste simple patache*.

Si la ioye de cet homme fut grande se voyant entre les mains celle qu'il auoit si ardamment desiree, & pour laquelle il s'estoit resolu à ceste extremité : le desespoir qui s'empara de l'ame de Sigismonde fut tel, que sans s'amuser* aux cris & aux larmes dont les autres femmes ont de coustume de se seruir en leurs afflictions, elle n'eut autre pensee que de sortir par la porte de la mort du peril qui menaçoit sa chasteté. Elle ne s'arresta point à dire des iniures à Timofane, pour le conuier par ces outrages* à lui donner la mort, se doutant bien que son amour seroit plus fort que tous ces affronts, & qu'il tascheroit plustost à la gaigner par prieres, qu'à luy respondre par menaces, ou à l'offenser* par vengeance.

Elle masqua donc le genereux* dessein qu'elle auoit d'vne face riante & sereine, si bien que ceste chere* gaye qu'elle fit paroistre à cet homme, lui sembloit ouurir les cieux. Il tasche de lui persuader par des discours dont sa passion rendoit sa langue fertile, qu'il auoit esté contrainct d'en venir à cet attentat par la violence de son amour, [185] sur laquelle il reiettoit toute sa faute : si faute (disoit-il) se deuoit appeller vne action non seulement digne d'excuse, mais de loüange.

En suitte de semblables propos pleins d'affetterie* & de mignardise, s'approchant de Sigismonde, il se vouloit auancer (transporté qu'il estoit d'aise & de contentement) à des actions qui estoient autant indecentes, qu'elles estoient en horreur à Sigismonde, qui les repoussoit autant que sa force, son courage & son honnesteté lui pouuoient permettre. A la fin l'insolence* de ce temeraire croissant outre mesure, elle s'auisa de calmer cet orage par vne douce parole, & de lui dire qu'elle le prioit de differer ces caresses en lieu plus asseuré* & hors de la veuë de ces gens qui estoient dans la mesme barque, faisant semblant d'auoir plus de peur de la mer que de lui.

Ceste estincelle d'esperance & ce mot de faueur seruit de frein à Timofane, qui lui protesta, pourueu qu'elle le voulust aimer, de n'attenter rien sur elle, qu'ils ne fussent en Cadis : mais que là de gré ou de force* il estoit resolu d'arracher d'elle la derniere faueur.

Permettez donc (lui repliqua-elle) que nous passions ce traject : & lors puis que ie suis en vostre puissance, ie ne ferai point de resistance à vostre vouloir. Mais au moins laissez moi en paix, & me donnez ce temps pour moderer le trouble de mon esprit, & plaindre mon infortune. Ce que fit aussi tost ce Gentil-homme, lui laissant à ce dessein vn des bouts de la patache* pour y respirer à son aise, & sautant au milieu pour animer les ra-[184 *recte* 186] meurs à voguer auec allegresse.

Sigismonde se voyant en cet estat, ne perdit point le temps en des regrets inutiles, ny à considerer l'horreur de la mort, de peur que cet aspect ne la detournast de sa genereuse* entreprise : mais tout à coup comme saisie d'vn transport extraordinaire sans ietter aucun cri, elle se lança dans la mer la teste la premiere, immolant sa vie à la conseruation de sa pudicité.

Aussi tost trois ou quatre des rameurs se mettent à l'eau, qui la prend par la robe, qui par vn bras, qui plonge pour la faire reuenir au dessus, Timofane mesme pressé de sa passion, & sçachant bien nager se iette apres les autres pour sauuer ceste belle desesperee : laquelle resolue de mourir au lieu d'aider à se sortir du peril, se debattoit pour s'enfoncer dans les ondes, qu'elle estimoit plus pitoyables* que les hommes.

Timofane l'ayant saisie, & la priant de ne se perdre pas, elle n'eust loisir que de lui dire ceste parole glorieuse, & qui meriteroit d'estre grauee sur le diamant. Ha ! meschant c'est toy qui te perdras en me voulant sauuer : mais moy i'espere en me perdant sauuer mon honneur et mon ame. En disant cela elle lui serra si estroittement les bras, que n'ayant aucun moyen de nager il coula à fonds auec elle. Les matelots de plonger pour les retirer, s'entretenans les vns les autres comme une chaisne, ceux qui estoient dans la chaloupe se panchans tous d'vn costé pour les soustenir & les retirer de l'eau, la patache* tourne & tous furent assez empeschez à iouër à sauue qui peut. [185] *recte* [187]

Ils estoient à plus d'vne grande lieuë dans la mer sans aucune apparence de secours. Vn seul s'estant destaché de la presse se mit à fendre les ondes, & à tirer du costé de la terre. Il fit une grande demi-lieuë en nageant : mais les forces lui commançant à manquer, il pensoit comme tous les autres deuoir seruir de curee aux poissons, & faire sa sepulture dans les ondes. Et c'en estoit fait, si un pescheur ne l'eust apperceu de loin, qui venant promptement à lui le tira dans sa barque plus mort que vif, & tout hors d'haleine. Ce fut celui qui raconta estant arriué au port, de quelle façon estoit auenu ce naufrage, par le chaste desespoir de Sigismonde, qui auoit mieux aimé se precipiter entre les bras de la mort, que de tomber en ceux du miserable* Timofane, qui estoit prest de polluer ce beau corps, temple viuant du Sainct Esprit, qui est le Dieu de la pureté & de toutes les vertus, & par le mouuement duquel il est pieusement à croire qu'elle se precipita dans la mer.

Fulue estant auerti de ce desastre*, reuint aussi tost de Cordouë, & fit toute sorte de diligence pour retrouuer le corps de sa chere Sigismonde. A la fin il fut rencontré aupres de l'Almedraue, où sont ces deux tours que l'on appelle les Colonnes d'Hercule. Comme s'il eust voulu dire tout mort qu'il estoit, que sa vertu et son courage ne pouuoient aller plus outre.

Il lui fit donner une sepulture honorable, & digne de son amour au lieu de sa naissance, où il le fit porter : & ceux de Timofane, et de ceux qui l'auoient assisté en ceste vilaine entreprise, furent [188] traittez honteusement par la Iustice, & n'eurent que la sepulture des asnes, trainez à la voirie*, digne tombeau de l'impudicité de ces Rauisseurs.

Cependant celui qui ne voit reluire en cet Euenement les rayons adorables de la Iustice diuine, peut estre tenu pour aueugle. Ne diriez vous pas que ceste Beauté singuliere a esté vne pierre d'achopement pour les inconsiderez*, Pyrrhe, Mamerque, & Timofane ; & pierre d'edification pour Fulue, qui l'a legitimement possedee ? D'où nous apprenons que le bon vsage des choses est autant beni de Dieu, que l'abus luy est desagreable.

Mais qui n'admirera en Sigismonde ceste vertu eminente, qui l'a rendue vn rocher en constance, & vne perle en pureté ? Ce n'est pas que ie donne sa derniere action pour vn exemple imitable, sinon à celles qui seroient peut-estre animees de l'esprit de Dieu, comme il est croyable qu'elle le fut, en la mesme sorte que Sanson : qui fracassant les colonnes de la sale, s'escrasa auec les Philistins. Il y a des actions heroiques si esleuees, qu'elles sont plus propres* à donner de l'admiration, qu'à conuier à l'imitation. Celle-ci est proposee plustost pour estre estimee que suiuie, & pour faire voir iusques où l'amour de l'honnesteté peut esleuer vne ame foible, si nous considerons son sexe, sa naissance, & sa nourriture*, mais forte si nous auisons son courage.

Les mal-heureuses* catastrophes de Mamerque, Pyrrhe & Timofane doiuent donner de la terreur à ceux qui se laissent aller aux desirs de [189] leur cœur, & qui cheminent à bride aualee* apres leurs fantaisies.

Le Sort des Armes.
EVENEMENT XIV.

Il ne faut pas reuoquer en doute que les Duels ne soient de l'inuention de celui qui est appelé en l'Escriture homicide dés le commencement[1] : mais il faut auouër que celle des Seconds est vne inuention plus que diabolique. N'estoit-ce pas assez que cet infame poinct d'honneur auquel les plus sages ne voyent point d'honneur, ou si c'est un poinct, c'est un poinct vraiment Mathematique, & qui n'est point ou tout au plus qui ne consiste qu'en vne imagination blessee. N'estoit ce pas (dis-ie) assez que ceste pointille* fust vne large porte, par laquelle tant d'ames se precipitent en enfer, sans ouurir encore celle des Seconds encore plus iniuste & plus desraisonnable ? Car pour les autheurs de la querelle, ce n'est vne merueille de les voir battre, puis qu'ils sont ennemis : mais de voir des amis s'entrecouper la gorge pour cela seulement qu'ils sont appelez pour Seconds, & menez sans subject à la boucherie, c'est où toute la sagesse humaine est

1   V. note 1 p. 566.

engloutie, & ce qu'elle ne peut soustenir que par vne coustume non seulement abusiue, mais [188 *recte190*] enragee. Ce n'est pas sans sujet que ie parle de la sorte contre ceste fureur, puisqu'elle a esté comme le principe et la source de l'Euenement que ie me prepare de vous deduire*.

Aupres d'une ville de Languedoc plus gentille* que renommee, & qui n'a rien de comparable ny en beauté ny en grandeur à ces fameuses citez de Toulouse, de Narbonne, de Beziers, de Montpellier, de Nismes, de Carcassonne, & des autres, dont ceste riche province est ornee, & qui neanmoins pour certaines raisons est depuis quelque temps le siege de la residence du Gouverneur[1] : Vn Gentil-homme, que nous apellerons Amador, eut une querelle contre vn de ses voisins touchant le cours d'vne eau, qui couloit sur ses terres, & resolus de decider leur different auec le canif plustost qu'auec la plume : ils se donnerent iour, lieu et heure pour se battre, à la charge que chascun ameneroit un Second. Amador prit Geronce, & Andeol Herpin. Ces deux ici s'estant trouuuez les premiers sur le pré, Herpin fust tout esmeu quand il vit arriver Geronce auec Amador, parce qu'il faisoit auec ce ieune Cheualier vne tres-estroite profession d'amitié. Amitié qui estoit comme nee auec eux, parce qu'ils auoient ensemble outre leur voisinage esté nourris Pages du plus grand Officier de la Couronne, et s'estoient esleuez en vne telle correspondance*, que dés lors on les appelloit les deux Amis. Amitié augmentee par le subject que vous allez entendre.

Odet frere aisné de Geronce estoit deuenu amoureux de Genêure sœur de Herpin, en l'affe-[189 *recte*191]ction de laquelle il s'estoit insinué par le moyen de Herpin et de Geronce, qui auoient disposé Marcel pere de Herpin & de Genêure, à lui permettre

---

1 Pézenas, où résident effectivement les gouverneurs, tous issus depuis le début du xvie de la famille des Montmorency. Faut-il détecter une réticence de Camus dans le «pour certaines raisons»? Quatre ans après la publication des *ES*, Henry II de Montmorency prendra la tête d'une courte rébellion de la province contre la suppression de ses privilèges fiscaux. Blessé et fait prisonnier, il est décapité.

la recherche. Desia les accords estoient faits, & n'attendoit-on plus que l'accomplissement de certaines affaires pour terminer ce mariage.

Iugez par là si ces deux Amis, qui auoient vescu toute leur vie en vne extreme concorde, estoient en estat de s'arracher la vie l'vn à l'autre, veu que chascun d'eux eust hazardé la sienne pour sauuer celle de son compagnon.

Aussi Geronce ne fut pas plustost arriué en presence, que reconnoissant Herpin : Ie pensois, dit-il, estre venu pour me battre : mais à ce que ie voy, mon espee ne sortira point du fourreau. Comment, reprit Amador, voudriez vous bien comme les amis du temps[1], me laisser au besoin & en ma plus pressante necessité* ? où est le courage* ? où est l'honneur ?

Ie ne manque point de courage* (repliqua Geronce) pour maintenir mon honneur : mais ie je l'ay pas si mauuais que ie vueille mesurer mon espee contre vn Ami, pour qui ie voudrois mettre mon sang et ma vie.

Si est-ce, dit Andeol, qui mettoit desia le pourpoinct bas, que nous ne sommes pas venus ici pour demeurer les bras croisez, ni pour enfiler des perles. Herpin mon second est trop braue Gentil-homme pour n'estre que spectateur. Il est venu en resolution de me seconder contre qui que ce soit. Il ne faut pas d'vne amitié imaginaire couurir vne lascheté veritable. A ceci Ama-[192]dor adiousta. Geronce ie te descrirai[2] par tout tel qu'Andeol te despeinct, si tu manques à ceste occasion* à monstrer qui tu es. Tous ceux qui portent vne espee sont sujets à ces rencontres, quand on se voit l'espee à la main il n'y a plus d'amitié.

Geronce se voyant picqué des deux costez dit à Herpin. Mon frere (il l'appeloit ainsi) ie te coniure d'estre mon Second, & que

---

1   Amis d'un temps ? Ou bien, amis comme on les fait en ce temps (cf. I, 1 [1] : [...] en vn temps corrompu comme est le nostre, c'est vne chose si singuliere de rencontrer vn Ami fidelle [...]) ?

2   Camus joue sur le futur de *descrier* autant que celui de *descrire*.

nous nous iettions tous deux contre ces deux hommes qui nous offensent si cruellement. Faisons-leur voir nostre courage*, afin de leur apprendre à parler plus consideremment.

Geronce, reprit Herpin, ie suis venu ici pour Andeol, mais non pas contre toi. Toutefois puis que la dure loi de l'honneur veut que nous nous battions, faisons leur voir que nous auons esté nourris aupres d'vn Maistre qui n'a pas esleué des poltrons, & deuant lequel nous n'oserions iamais paroistre si nous manquions de cœur.

Faisons mieux, repartit Geronce, Andeol me vient d'offenser, c'est à lui que i'en veux. Amador si tu veux de l'exercice, Herpin t'en donnera.

Non non, dit Amador, voila mon ennemi, & celui qui m'a appelé, c'est Andeol. Ie le veux attaquer. C'est à vous & à Herpin que ce debat touche. Si vous ne faites rien, nous dirons par tout que nous aurons mené auec nous deux femmes, qui auoient des quenouilles au lieu d'espee.

Cette parole toucha si viuement le cœur de Herpin, que mettant le pourpoint bas & la main à l'espee, il dit à Geronce. Mon frere il faut quitter ceste amitié ceremonieuse, ie ne puis viure sans [193] honneur, & ie ne puis mourir de meilleure main que de la tienne : ie te pardonne ma mort, comme ie te prie de me pardonner si le sort des armes tombe sur toi. Il est question de se battre, non de discourir. Ie t'aime mais i'aime encore d'auantage l'honneur. C'est sa rigoureuse loy qui m'emporte. Disant cela, il vient à Geronce la teste baissee.

Geronce se sentit oblige de se defendre : ce qu'il faisoit, en disant à Herpin : Que faisons nous ? Nous nous sacrifions ici comme des gladiateurs à la passion de ces ingrats, qui nous outragent* au mesme temps que nous hazardons nos vies pour eux.

Il ne faisoit que parer aux coups que Herpin lui portoit.

Comment, lui dit Herpin, il semble que tu ayes peur. Non pas de mourir, lui dit Geronce, ouy bien de te blesser. Non non, dit Herpin ; ie n'ay que faire ici de ta courtoisie*. Fay du pis que tu pourras. Si tu ne meurs que quand ie te tuerai, repart Geronce, tu vivras long temps. Tu me peux faire mourir, mais non pas m'obliger à te donner vn assaut. En disant cela Herpin comme se sentant mesprisé, entre* sur lui de fureur, & lui perce le bras gauche. Geronce parant lui donna vn coup dans la cuisse, qui n'entra pas deux doigts, & aussi tost il tomba par terre en demandant pardon à Dieu & à Geronce, lui disant : Cher frere, prie le ciel pour mon ame, car il ne faut plus penser à mon corps. Ie suis moi-mesme cause de ma mort. Il expira sur [194] ces paroles. Telle douleur & telle rage saisit Geronce voyant son ami tombé sous ses armes, que tournant sa fureur contre Andeol, qui auoit percé Amador en diuers lieux, & le tenant sous lui le contraignoit à lui rendre les armes & à lui demander la vie. C'est à moi lui dit-il, ô traistre, que tu auras à faire, qui m'as contraint outre ma volonté, de tuer le meilleur ami que i'eusse au monde.

Andeol à ces paroles lasche Amador, qui se veautroit dans son sang, sautant en pieds tout blessé qu'il estoit, recommence vn violent combat contre Geronce, qui pressé de desespoir, & ayant affaire à vn ennemi desia las & affoibli de la perte de son sang, lui fit mordre la terre en deux assauts qu'il lui liura. Pensant aller apres ceste execution* au secours d'Amador, il le trouua qu'il rendoit l'ame auec le sang, de sorte qu'il resta seul auec vne legere playe au milieu de ces trois morts.

Sa pieté lui pensa couster la vie, parce que pour rendre les deuoirs à ses deux amis Herpin & Amador, il donna loisir à la Iustice de lui mettre la main sur le collet, & de le ietter dans vne prison, d'où il ne sortira pas auec tant de facilité qu'il s'y laisse mettre.

Il auoit de fortes parties les parens[1] d'Herpin & d'Andeol, & qui auoient vn grand credit au Parlement de Languedoc, lequel s'estant reserué la connoissance de ce duel, auoit ordonné que

---

1   *Sic.* Il vaudrait mieux ajouter une virgule après *parties* (*cf.* IV [488]), mais dans le texte les variations de ponctuation sont telles, et ici le sens si clair, que ce n'est pas nécessaire.

Geronce fust amené à la Conciergerie de Toulouze. Ce Parlement est si seuere en ce qui regarde l'obseruation des Edits, que c'estoit fait de la [195] vie de ce Gentil-homme, s'il eust fait ce voyage.

Odet son frere se voit reduit en vne extreme perplexité : car bien qu'il fust extremement courroucé contre lui de ce qu'il auoit tué Herpin frere de Genêure sa maistresse, si est ce que la loi du sang le touchoit auec la crainte de l'infamie qui en viendroit à sa race, si Geronce venoit à perdre la teste sur vn eschafaut. Il courut au besoin plus pressant, & estant assisté de ses amis & parens, & mesme de quelques Gentils-hommes de la suitte du Gouuerneur qui estoient camarades de Geronce, moitié par subtilité, moitié par force* ils le tirerent de prison, deuant que les Archers fussent arriuez, qui le deuoient conduire à Toulouse.

Pour ce violement de prison voila vn decret contre les deux freres, qui sont contraints de vuider* la France, & de se retirer à Perpignan dans la Comté de Roussillon. Et ceste fuitte, & ceste mort de Herpin arriuée par la main de Geronce, firent auoir Odet en horreur à Marcel pere de Genêure, de sorte qu'il se resolut de rompre les accords qu'il auoit faits auec le frere de celui qui auoit tué son fils, veu mesme qu'il auoit comme auctorisé* le crime de Geronce en le tirant de prison. De sorte que durant cet exil des deux freres, Quintil Gentil-homme du haut Languedoc vn peu auancé en aage, mais fort riche ; s'estant espris de la beauté de Genêure, l'obtint de son pere à sa premiere demande.

Mais Marcel conta ceste fois-là sans son hoste* parce que sa fille s'estoit tellement liee d'affection auec Odet, qu'elle rejetta bien loin la recherche de [196] Quintil, protestant de mourir plustost que de manquer à sa parole. Quelques menaces que lui fist Marcel, il ne pût iamais rien gaigner sur sa resolution, qui estoit d'estre toute à Odet, ou de n'estre iamais à aucun homme. A quoi elle se sentoit obligee tant par la solennelle promesse qu'elle lui auoit faite aux accords, que pour la particuliere* inclination qu'elle auoit de lui vouloir du bien. D'où procedoit qu'elle ne pouuoit considerer Quintil sans auersion, non seulement à cause de son aage trop inegal au sien : mais parce que preuenue d'vne autre amour, elle ne pouuoit admettre en son esprit ceste seconde.

Mais lors que Marcel passant des paroles aux effects lui voulut faire prendre Quintil par force*, elle prit vn dessein qui iamais ne fut[1] entré dans sa pensee, si elle eust pû euiter ceste violence par vn autre moyen.

N'ayant communiqué son secret à personne, de peur qu'en l'esuentant elle n'y rencontrast des obstacles, s'estant accommodée * d'vn des habits de son frere defunct, elle sortit de la maison de son pere durant l'obscurité de la nuict, & cheminant iusques au premier lieu où elle trouua la poste, elle prit en diligence la route de Perpignan, où elle estoit asseurée* de trouuer Odet par les frequentes lettres qu'elle auoit receuës de luy.

Ne vous estonnez pas de la voir en cet equipage*, & courre la poste auec tant de disposition*. Car outre que l'amour a des aisles. & est aueugle :[2] il donne à ceux qu'il possede vne force extraordinaire au dessus de celle de leur aage, de leur se-[197]xe, de leur condition, & quelquefois il arme les tendres mains des filles, & leur fait affronter la mort, non seulement sans crainte, mais auec desir. Ioinct qu'il n'en est pas des Damoiselles du Languedoc, comme de celles de France, abbatues dans la delicatesse, ce climat leur donnant vne masle vigueur, qui les porte souuent à des exercices de la chasse & de la guerre, qui les font paroistre Amazones.

Arriuee à Perpignan, de quel accueil pensez vous qu'elle fut receuë par Odet, raui de ceste ardente preuue de son amour & de sa foi ? Comme il voulut lui tesmoigner son aise par des caresses & des priuautez permises à des personnes accordees. Odet, lui dit-elle auec honnesteté digne de son courgae, ie suis tellement à toi, que iamais aucun autre n'aura de part en moi : mais c'est à telle condition que ie porte tousiours l'honneur sur le front,

---

1   Sic. 1660 ne corrige pas, mais Camus écrit bien ordinairement *fust* pour l'irréel.
2   Sic. Telle est bien la ponctuation de ce début de phrase.

resolue de ne me rendre à tes desirs, que toutes les solennitez requises à vn mariage ne soient accomplies. C'est bien assez que ie me sois ainsi desguisee, que i'aye quitté la maison de mon pere pour te suiure, & te rendre ce tesmoignage de ma fidelité & de ma passion, sans que pour comble de folie ie m'oublie du reste qui est plus important. Iuge par ce commencement si ie ne quitterai pas aisement toutes choses pour t'accompagner aux extremitez de la terre, quand ie serai tienne sous vn Hymen accompli, puisque pour maintenir ma parole ie me suis portee à vne telle extrauagance.

A cela Odet ne repartit autre chose, sinon que [198] sa moderation & son obeissance lui feroient connoistre la sincerité* de son affection, qui n'auoit iamais eu que le mariage pour visee, & l'honneur pour reigle.

Tandis qu'ils nourriront de desirs leurs pudiques flammes, en la façon que quelques Anciens ont dit, que les lampes du ciel se nourrissent des vapeurs de la terre : Voyons vn peu en quelle humeur entre Marcel quand il sçait la fuite de sa fille. Il s'en prend à sa barbe, & à ses cheveux qu'il arrache, & au ciel & à la terre. Il appelle ceux-là mal-heureux*, qui ont des filles à ce prix-là. Aussi tost entrent en son ame les fureurs & les vengeances par la porte de la cholere, & il iure de faire vn chastiment si memorable de ceste folie, qu'il en sera fait mention à la posterité.

Il ne doute pas qu'elle ne soit allee vers Odet : car l'aiguille frottee d'aimant se tourne tousiours vers le Nort quand elle a le mouuement libre. Ses habits de fille qu'elle a laissez lui font assez connoistre qu'elle s'est deguisee en homme pour rendre sa fuitte plus facile & moins suspecte. Tout cela enflamme son despit & lui enleue le sens.

Quintil le voyant en ceste humeur frenetique, l'augmente par son propre interest* : d'autant que se voyant mesprisé de celle qu'il recherchoit, il ne demande qu'à se ressentir* de cet affront contre Odet, qu'il tient pour en estre la cause, & auoir conseillé ceste eschappee à Genêure.

Sur ces caprices ces deux Vieillards prennent resolution d'aller chercher les deux freres, & de [199] se couper la gorge auec eux, afin de lauer en leur sang l'outrage* qu'ils en pensoient auoir receu. Mais il est vn Dieu la haut qui sçait conseruer les innocens, & chastier les inconsiderez* & les temeraires.

A vn fol conseil* vne prompte execution. Ils partent pour Perpignan, où ils ne sont pas plustost arriuez, qu'ils font sçauoir de leurs nouvelles à Odet & Geronce[1] ; lesquels pleins d'vn courage qui ne pouuoit estre pris au despourueu, se porterent franchement au lieu assigné plustost pour conferer* de leurs differens, que pour les decider auec l'espee, resolus neantmoins à tout euenement*, au cas que le sens ne pust rentrer dans ces cerueaux alterez, que par la saignee.

Ils ne sont pas plustost en presence, que Marcel & Quintil viennent à eux l'espee à la main, sans vouloir prester l'oreille à leurs iustifications. Ils commencent par des iniures, en quoi les Vieillards sont aussi fertiles que les femmes ; & finissent par des coups, en quoi ils sont aussi foibles que des femmes. Marcel s'addresse* à Geronce, comme au meurtrier de son fils : & Quintil s'attacque à Odet, comme au voleur de sa maistresse, bien que les deux freres fussent innocens de ces crimes.

Quintil auoit à faire à vn des braues hommes & des rudes espees de Languedoc, il ne tire coup qui ne porte : ils estoient animez comme deux Riuaux qui disputent pour la chose aimee : l'vn ardent de vengeance, l'autre de despit.

Mais Odet, outre sa valeur* & sa vigueur, res-[200]sembloit au ioueur qui est en chance (car à quoy sçauroit-on mieux comparer vn Amant fauorisé ?) tout lui tournoit à auantage. Il auoit desia percé Quintil en tant de lieux, que par la perte du sang il commençoit à chanceler, & ressembloit à vn vaisseau prest à s'enfoncer dans la mer, & qui fait eau de toutes parts, lors que fasché de voir ce Riual durer si long temps deuant lui, il l'enfonce* d'vn estoc* qui lui fit mesurer la terre, & perdre la vie.

---

1   Ils leur envoient leurs témoins pour les appeler en duel.

De ce pas il va vers Marcel, non pour l'outrager*, mais pour le sauuer des mains de Geronce, qui le serroit de pres, & lui faisoit connoistre la difference d'vne verte ieunesse & d'vne seiche vieillesse. Il l'eust tué plusieurs fois s'il eust voulu : mais il se contentoit de le lasser, parant ses coups & lui donnant de legeres attaintes*, attendant l'issue du combat de son frere, laquelle voyant telle qu'il desiroit : Il est temps, dit-il à Marcel, que vous recognoissiez la iustice de nostre defense, & l'iniustice de vostre appel, puis que le sort des armes vous est contraire : nous voici deux contre vous, non pour vous perdre, mais pour vous conseruer. A ma volonté que i'eusse peu sauuer la vie à vostre fils, selon le desir que i'en auois quand son ardeur le fit enferrer dans mon espee.

Le braue Vieillard qui auoit plus de courage que de force, ne perdant point le cœur dans ce peril, s'imaginoit qu'il auoit encore assez d'vne espee contre ces deux, & se preparoit à leur vendre sa vie bien cherement, lors que Odet lui cria : [201] Mon pere, nous ne vous sommons pas de vous rendre, car nous sçauons assez que iamais vne parole de lascheté ne sortira de vostre bouche, & que les vaillans hommes comme vous, peuuent estre tuez & iamais vaincus. Ie vous coniure seulement de pardonner à mon frere, qui a un tel desplaisir de la perte de vostre fils, qu'il voudroit auoir racheté sa vie de la sienne propre. Quant à moy, ie vous ay tousiours respecté comme fils, & ne pense auoir iamais eu vne pensee contraire au respect & au seruice que ie vous doibs. Si vostre fille pour se sauuer des mains de ce Riual que ie viens de depescher, & me garder sa foi s'est retiree d'aupres de vous, & rangee aupres de moi : soyez asseuré* que i'ay esté le gardien de son honneur & du vostre, & qu'elle est telle que vous deuez louër Dieu de vous auoir donné vne fille si sage & si genereuse*. Viuez donc inuaincu & inuincible, braue* Marcel, & pardonnez à vos seruiteurs, qui n'ont les armes à la main que pour leur iuste defense.

L'eau iettee sur le feu n'en esteinct point si tost l'ardeur, que faict la douce parole le feu de la cholere. Marcel touché de ceste extreme courtoisie* : C'est maintenant leur dit-il, que vous m'auez vaincu, en me disant que vous ne me pouuiez vaincre, & que ie veux tenir la vie de vous, puisque vous ne m'auez point contrainct de la demander. Disant cela, il iette loing le poignard & l'espee, & courut les bras ouuerts & les larmes aux yeux embrasser les deux freres, qui poserent les armes & lui rendirent les mesmes deuoirs. [202]

Geronce se mit à genoux, & attendry du souuenir de la perte de son cher Herpin. Monsieur (lui dit-il) quand vous osteriez la vie à ce miserable*, qui a esté cause de la mort de vostre fils, vous ne lui feriez point sentir de douleur esgale au regret qu'il a d'estre priué d'vn tel ami.

Marcel le releua fort humainement, & lui dict qu'ayant tué le fils sans y penser, il auoit donné la vie au pere auec tant de franchise*, qu'il seroit vn ingrat s'il ne demeuroit eternellement son obligé.

Ainsi tous trois accusans l'iniustice & l'aueuglement des duels & du poinct d'honneur, donnerent ordre à faire enleuer le corps de Quintil, qui ne pût iamais auoir autre sepulture, que celle des asnes[1], à cause de l'exacte obseruance des loix Ecclesiastiques, qui se pratique en Espagne contre ceux qui meurent en ces combats singuliers. Ce fut mesme à Marcel & aux deux freres de se sauuer en la France pour euiter la poursuitte de la Hermandad[2].

Tout ceci se passa sans le sceu de Genêure, qui demeura à Perpignan, & qui en fut auertie par des lettres qu'Odet lui enuoya, où il lui mandoit tout au long ce qui s'estoit passé, en la sorte que nous l'auons descrit.

Ils demeurerent quelque temps en la maison d'vn de leurs amis dans les Pyrenees, iusques à ce que le Gouuerneur de la prouince eut obtenu les graces d'Odet & de Geronce, apres

---

1   V. note 1 p. 300.
2   La Santa Hermandad, milice formée au xvie siècle pour veiller à l'ordre public.

quoy ils reuindrent en leurs demeures, & le mariage d'Odet & de Genêure (faict au ciel comme il est croyable) s'accomplit auec la ioye* de ces Amans, telle que l'on peut imaginer. [203]

De ceste sorte se terminerent ces Auantures, qui doiuent leur progres & leur fin au Sort des Armes.

La Recompense de l'Amitié.
EVENEMENT XV.

Le Grand Alexandre fut certes grand en toutes choses, & en puissance, & en Empire, & en valeur*, & en liberalité, & en courage, bref en toutes les qualitez qui peuuent rendre vn grand Prince recommendable. Ceux qui le blasment d'auoir esté trop sujet au vin & à la cholere à cause du meurtre de son fidelle Clitus, dont il eut vn repentir si amer;[1] & aussi à l'Amour, auquel il se laissa vaincre par diuers objects : n'ont pas bien consideré l'acte vrayment genereux* & heroïque qu'il fit enuers le peintre Apelles, le plus fameux en son art qui fust de son siecle. Il luy commanda vn iour de faire le portraict au vif d'vne belle Grecque appellee Compaspé,[2] qu'il entretenoit il y auoit quelque temps. Cet ouurier forcé par la necessité de son trauail de regarder attentiuement & longuement ceste eminente beauté à mesure qu'il en couchoit les traicts auecs le pinceau sur vne toile, Amour auec vn burin de feu les grauoit profondement sur la planche de son cœur, si bien que la fin de son ouurage fut

---

1   Clitus, soldat de Philippe qui avait sauvé la vie à Alexandre dont il était l'ami de longue date, se met, dans l'ivresse d'un banquet, à tenir des propos dont l'insolence met Alexandre en colère : il perce Clitus d'un coup de javeline instantanément mortel. Alexandre passe alors la nuit et toute la journée du lendemain en pleurs. Plutarque, *Vie d'Alexandre*, LXIX-LXX
2   Campaspè, ou selon certains, Pancastè.

le commencement de son amour : mais amour aussi plein de desirs, [204] que vuide d'esperances. Il fit ce tableau auec tant de perfection, à cause de l'attention extreme qu'il auoit apportee à contempler ce beau visage, qu'Alexandre auoüa que ne bruslant auparauant que d'vne flamme pour ceste creature, il estoit assailli d'vne seconde pour le tableau que cet excellent ouurier en auoit faict : lequel battu des continuels assauts de sa nouuelle amour, dont il regardoit l'object comme vn bien impossible, entra en vne si profonde melancholie, que desesperé d'obtenir le bien qu'il pretendoit, il n'attendoit de sortir de misere, que par la fin de sa vie. On dict qu'il y a des Negromantiens qui font dessecher & perir des personnes auec des images de cire qui sont enchantees. Compaspé par le charme naturel que la beauté imprime dans les courages*, faisoit le mesme effect en Appelles, lequel deuenu sauuage & maigre n'attendoit que le tombeau pour la punition de sa temerité. Il fut long temps sans oser declarer la cause du mal qui le minoit, & qui sapoit les fondemens de sa ioye & de sa vie : mais en fin elle fut reconnuë, & par ie ne sçay quel moyen elle paruint à la connoissance d'Alexandre : lequel affectionnant cet ouurier à cause des rares pieces qui partoyent de sa main, pour le conseruer lui donna Compaspé en mariage, se priuant de la plus chere Amie qu'il eust lors, en consideration de ce Peintre, dont l'industrie estoit telle, qu'auec son pinceau & ses couleurs il sçauoit donner à des toiles ou à des tables inanimees vne espece de vie, tant les personnages de ses portraicts estoyent naïuement* representez. Action [205] si estimee par vn Autheur ancien, qu'il en releue la gloire au dessus de toutes les conquestes et les victoires de ce grand Monarque : d'autant (dit-il) qu'en ces combats il ne vainquoit que les autres : mais en cestui-ci il estoit surmonté soy-mesme, ayant faict caler l'Amour sous la puissance de l'Amitié[1].

1　Pline l'Ancien, *Histoires naturelles*, Livre XXXV, 86.

A cet exemple i'en veux ioindre vn autre comme plus sainct
& venerable, aussi de plus haut relief. Dans les lettres sainctes
nous voyons fort recommandee l'Amitié qui estoit entre Dauid
& Ionathas : elle estoit telle qu'il sembloit que de ces deux ames
il ne s'en fust faict qu'vne, tant celle de Dauid estoit colee à
celle de Ionathas, & tant ils estoyent conformes en volontez &
en pensees[1].

Certes le grand Apostre a eu grande raison de dire, que la
Charité qui est vne dilection* sacrée, n'est point enuieuse ni
ambitieuse, & ne cherche point ses propres interests*[2]. Ce qui
se reconnoist euidemment en l'Amitié de ces deux Princes : veu
que Ionathas, bien que fils de Roy & selon la nature legitime
heritier de la Couronne, au lieu de porter enuie à Dauid comme
faisoit son pere Saül, au lieu de vouloir lui estre preferé, lui cede
franchement le Royaume, le reconnoissant plus propre* à regner,
Tu regneras (lui disoit-il) sur Israël : & puisque tu me fauorises de
ta bien-ueillance, ie me contenterai d'estre le second apres toy[3].
Voyez quelle est la force de l'Amitié, puis qu'elle faict mespriser
vn diademe, pour l'acquisition ou la conseruation duquel Cesar
disoit, que l'on pouuoit auec excuse estre iniuste. Et certes [206]
la vraye pierre de touche pour discerner le franc ou faux alloy de
l'amitié, c'est lors que celui qui aime, recherche plus l'auantage
de la personne aimee que le sien propre, en quoy consiste ce que
les maistres appellent Amour d'Amitié. De ceste racine prouint
que Ionathas soustint l'innocence de Dauid contre l'iniustice de
son propre* pere Saül, qui l'auertit de toutes les menees qui se
brassoyent contre lui, qu'il se despouilla de sa casaque d'armes,
de son arc & de son carquois pour en accommoder* Dauid, &
qu'il lui fit auoir sa sœur Michol pour femme contre les difficultez
que Saul vouloit apporter à ce mariage[4].

---

1 1S 18-23.
2 1 Co 13, 5.
3 1S 23, 17.
4 1S 19-20.

Le Lecteur s'estonnera peut-estre que ie me sois tant estendu au recit de ces deux Histoires : mais quand il verra leur alliance auec l'Euenement nouueau que ie lui propose, il connoistra que ie m'en sers comme les lapidaires de la poudre de diamant pour en polir vn, ou comme d'vn fer pour en esclaircir* vn autre. Les auantages de l'Amour sur l'Amitié sont si grands dans les esprits des personnes attachees aux sens, & pour parler auec l'Apostre, dans les hommes animaux[1], que l'on voit assez souuent des amis deuenir ennemis lors qu'ils sont faict Riuaux. Mais aux ames mieux faictes l'Amitié a tousiours la preeminence au dessus de l'Amour, d'autant que la raison y est maistresse de la passion, & leurs actions sont conduittes par la prudence*.

Herembaud[2] Gentil-homme Austrasien sera vn clair miroir de ceci, lequel se trouuant à la Cour de l'vn des plus pieux & plus iustes Princes de [207] son temps Albert Archiduc d'Austriche & Souuerain de Flandres[3], contracta vne estroitte & inviolable amitié auec vn Gentil-homme Champenois, que nous appellerons Francin. La bien-veillance ou se forme entre esgaux, ou esgale ceux qui s'entre-aiment. Quoy que tous deux fussent nobles de naissance, il y auoit neantmoins vne longue distance entre leurs conditions, parce que Francin estoit vn simple Cadet cherchant sa fortune dans les armes, & Herembaud estoit fort riche de son estoc*, & auancé en de belles charges dans l'armee de leurs Altesses.

L'Amour Fils de Vulcan & qui met sa trempe[4] dans la forge où se battent les armes, rendit Herembaud esclaue d'vne fille de Bruges, où les beautez sont si vulgaires*, que pour en tirer vne du commun il faut qu'elle soit superlatiue. C'estoit vne fille vnique, dont le pere & le frere estoyent morts au siege d'Os-

---

1 1 Co 2, 14.
2 Le nom sera écrit Herembauld à partir de la p. 209.
3 (1559-1621). Fils de Maximilien II, cardinal-évêque de Tolède, Vice-roi du Portugal, il renonce à ses fonctions dans l'Église pour un mariage avec une fille de Philippe II qui lui donne les Pays-Bas et la Franche Comté. Il fait la paix avec Henri IV par le traité de Vervins (1598).
4 Séjourne (?) *Cf.* Glossaire : tremper. On peut supposer un jeu de mots sur les diverses opérations d'une forge.

tende, & demeuree seule heritiere. Elle estoit sous la conduitte*
de sa bonne mere, dont elle estoit l'idole. Elle l'estoit encore
de beaucoup d'autres poursuiuans, attirez à son seruice & à
sa recherche par le double charme de ses biens de fortune &
de nature. Et comme il arriue ordinairement que la vanité &
l'arrogance accompagnent la richesse ou la beauté : Tuberge
parmi les perfections* exterieures qui la recommendoyent,
auoit ces imperfections interieures, croyant que tous ceux qui
se presentoyent à sa veuë estoyent des sujets inferieurs à son
merite. De sorte qu'elle traittoit auec vn certain empire ceux
qui l'abbordoyent, & s'ils n'estoyent [208] fort accomplis, ils se
voyoyent aussi tost dans ses mespris & ses mocqueries. Quelque
signalé* que fust Herembaud, elle le traitta neantmoins comme
les autres, ne faisant pas grand conte de lui. Mespris qui aiguisa
son amour au lieu de l'emousser, parce qu'il n'y a rien qui
picque tant le desir que la difficulté. Tant s'en faut donc que
cela le rebutast, qu'au contraire c'est ce qui l'animoit dauantage en sa recherche. Mais pour dire la verité sans offenser la
nation, ce bon Austrasien tenant vn peu plus de l'Alleman que
du François, estoit fort esloigné de ceste gaillardise* & politesse
qui prennent les filles par les yeux, & bien qu'il fust vn des
plus eminens en dignité & en richesse de ceux qui faisoyent
les empressez pour Tuberge : il n'estoit pas pourtant des plus
agreables, ni de mine* fort attrayante. Toutefois sa fidelité &
son ardeur deuoyent couurir tous ses defauts : & si ceste fille
eust esté bien iudicieuse, elle eust connu qu'il n'est rien sous le
ciel qui soit comparable à vne ame constante en son affection.

Tandis qu'Herembaud est en ces perplexitez aimant sans estre
aimé, agonie des plus sensibles à vn esprit courageux, il n'a point de
consolation que celle qui lui vient de son ami Francin, lequel tasche
par ses raisons à donner la paix à son ame, tantost en lui persuadant
d'oublier ceste ingrate, & de payer ses desdains de mespris, tantost
de considerer le desauantage de ce parti. Mais tous ces discours
estoyent vains* à vn homme resolu en son affection, & qui mettoit
le faiste de sa felicité en la possession de la chose aimee. [209]

Francin le voyant determiné à cela, delibera de l'y seruir en ami, & d'employer toute son industrie pour lui acquerir le contentement qu'il desiroit.

Nostre Champenois estoit ieune, beau, galand*, de bonne mine*, de bel esprit, bref ayant toutes les qualitez capables de gaigner les volontez d'vne fille. Il entreprend Tuberge, en intention de lui faire voir combien l'alliance d'Herembauld releueroit sa qualité & sa fortune : ce qu'il fit auec vn soin, vne assiduité & vne loyauté dignes de l'amitié sincere qu'il lui portoit.

Mais voyez comme les succés* arriuent souuent tout au rebours des projects. Tuberge qui iusqu'alors auoit captiué tant de courages* sans engager sa liberté, se sentit sans y penser amorcée* par les attraicts que les bonnes qualitez qui reluisoyent en Francin ietterent dans son cœur, elle qui auoit mesprisé ceux qui estoyent plus qu'elle, comme pour chastiment de sa presomption se voit assuiettie à vn Gentil-homme qui lui estoit inferieur, si nous regardons les richesses, qui sont en ce siecle la mesure de toutes choses.

Sa vanité naturelle la fit resister tant qu'elle pût, aux assauts de ceste passion, à laquelle tant de grands courages* se rendent : mais ses efforts estans inutiles, elle se resolut d'aimer celui qui lui sembloit si aimable, & de lui faire connoistre qu'il seroit mieux escouté s'il parloit pour lui-mesme que pour autrui.

Si Francin fut surpris quand il vit à ses pieds ceste orgueilleuse beauté, & en qualité de vain-[210]cuë celle qui tousiours victorieuse auoit faict trophee de tant de cœurs, il ne faut pas le rappeller en doute, que ceste nouueauté lui donna d'estonnement, & de quelle violence n'vsa t'il contre lui-mesme pour s'empescher d'aimer celle qui preuenoit ses affections auec tant de franchise*, ne pensant iamais qu'il deust estre si contraire à sa bonne fortune, que de la reietter quand elle se presentoit à lui ? Au commencement il crût que ceste fille qui auoit tousiours tesmoigné assez d'accortise* en sa conduite*, voulust essayer* son esprit par ceste subtilité : mais il ne mit gueres à reconnoistre qu'il n'y auoit point de feintise en son procedé, & que sa bouche parloit de l'abondance de son cœur, & qu'il ne tiendroit qu'à lui qu'il n'acquist ce parti, & auec la possession de ceste beauté, qu'il ne se mist à son aise. Mais d'autre part il voyait que c'estoit vne espece de trahison de courir sur le marché de son ami, lequel ne croiroit iamais autre chose, sinon qu'vsant de perfidie en son endroict, il se seroit introduict aux bonnes graces de Tuberge en le supplantant, estant impossible de coniecturer que ceste fille, qui s'estoit tousiours monstree d'vne humeur si farouche & esloignee de bien-veillance, se fust portee à l'aimer d'vne inclination libre & non prouocquee. Ainsi l'Amour & l'Amitié combattoyent dedans son Cœur, & entre ces deux passions il demeuroit comme vn homme desarmé, qui voulant en separer deux qui se battent, reçoit sur soi les coups de l'vn & de l'autre. A la fin l'Amitié fut la plus forte, la raison lui faisant preferer l'hono-[211]rable à l'vtile, & la loyauté au plaisir, & à son auancement. Tant a de pouuoir sur vn gentil* courage* vne forte determination à la vertu, qui faict fuir les actes qui semblent tant soit peu repugner à l'equité & à la bien-séance. Pourrois-ie bien (disoit-il en soi-mesme) faire ce tort à mon Ami, qui m'a descouuert auec tant de confiance les plus secrets mouuemens de son ame, que de lui rauir celle à laquelle il a attaché tout le bon-heur de sa vie ? Ne me rendrois-ie pas coulpable non seulement de la rupture de nostre amitié, mais d'vne espece d'homicide, puisque son ame est plus en cet object, que ie lui enleuerois, qu'en son propre corps ? Non ie ne puis consentir à vne si hon-teuse lascheté. Mais est-ce rauir (continuoit-il, poussé d'vn autre mouuement) que de receuoir ce qui se presente volontairement ? Pourrois-ie estre accuse de perfidie, n'ayant iamais dissuadé à Tuberge l'alliance d'Herembauld, mais plutost l'y ayant portee tout autant qu'il m'a esté possible ? Ne sçai-ie pas que la fortune se despite* quand on la mesprise, & que semblable à l'occasion* elle est chenuë par le derriere de la teste ? Toutefois arriue ce qui pourra, ie puis bien estre mal-heureux*, mais non pas infidelle : ie ne veux point deuoir mon bon-heur* à la desloyauté.

Sur ceste resolution il auertit Herembauld de l'affection que Tuberge lui auoit descouuerte, afin qu'il ne fust point assailli d'ombrages ni de ialousie (peste de la vraye amitié) s'il venoit à s'apperceuoir des demonstrations d'amitié que Tuberge lui tesmoigneroit. [212]

Herembauld le remercia de ceste candeur, & le pria de lui continuer son assistance par cet auantage qu'il auoit sur le Cœur de ceste fille. Laquelle passionnee outre mesure de Francin auoit presque porté sa mere à aggreer qu'elle l'espousast, tant elle auoit de pouuoir sur son esprit : mais tous ses parens s'y opposerent à cause de l'inegalité de ce parti. Au contraire ils approuuerent d'vn commun auis la recherche d'Herembauld, dont les charges, le rang, & les biens auoyent vn grand lustre. Mais ni leur opposition contre Francin, ni leur consentement pour Herembauld ne changerent point la fantaisie de Tuberge tousiours attachee au Champenois, & pleine d'auersion pour l'Austrasien.

Francin desireux qu'elle se tournast du costé de son Ami, pour le contentement duquel il s'ostoit le morceau de la bouche, luy dict vn iour, qu'il cognoissoit assez que la pauureté de sa condition le rendoit indigne d'elle, mais qu'il y auoit encore vne chose qui l'empeschoit plus que cela de la pretendre, la fidelité qu'il deuoit à son Ami, lequel se trouuant le premier en date à son seruice, & meritant en toutes façons de lui estre preferé, il ne pouuoit honorablement trauerser son entreprise, ni rompre ses desseins.

Excuse qui eust semblé raisonnable à vn esprit moins preoccupé* que celui de Tuberge, qui ne se contenta pas de ceste raison : au contraire qui en anima son despit contre Herembauld, le croyant estre l'obstacle de ses pretensions*. Despit qu'elle n'eut pas le pouuoir de dissimuler, mais qu'elle [213] lui fit cognoistre aussi tost par vn rebut si sanglant, que s'il n'eust eu beaucoup d'amour, l'outrage* l'eust pû guerir tout à coup de ceste violente fieure d'esprit, dont il estoit atteinct.Cependant qu'elle le traittoit de la sorte, il n'y auoit sorte de demonstration de bien-veillance qu'elle ne tesmoignast à Francin, soit pour offenser Herembauld, soit pour attirer le Champenois à son seruice. Il faut confesser que la violence qu'il se faisoit pour s'empecher d'aimer celle qui l'y obligeoit par tant de considerations, n'estoit pas petite, & qu'il se trouue peu d'amitiez de cette trempe-la en ce temps-ci. Toutefois quelque resistance qu'il fist à ces attraicts pour se conseruer l'amitié d'Herembauld, il ne laissa pas de tomber en sa disgrace, cestui-ci ne se pouuant imaginer qu'il n'y eust de la collusion & de l'intelligence* entre ceste fille & lui, en quoi il pensoit que Francin le trahist.

Ne pouuant plus cacher ce fascheux soupçon, son visage commença à trahir sa pensee, si bien que traittant auec Francin d'vne froideur & d'vne façon qui monstroit assez l'alienation de son esprit, cestui-ci s'en apperceut aisement. Et pour lui faire connoistre qu'il n'auoit aucun dessein pour Tuberge : Ie vous feray paroistre par les effects (lui dit-il) que ie marche de meilleur pied à vostre seruice que vous ne croyez, & puisque ma presence vous donne des ombrages, ie les balayeray par mon absence. Afin que vous sçachiez qu'absent ou present ie n'ay autre desir que de vous contenter. [214]

S'il dit ceci, il l'effectua : parce que dés le lendemain quittant le sejour de Bruges ; il s'en alla à la Cour de l'Archiduc à Bruxelles, laissant Herembauld aupres de Tuberge, & lui promettant de s'en retourner en Champagne, si le seiour de Bruxelles lui sembloit trop voisin.

Mais tant s'en faut que ceste retraitte de Francin rendist meilleur le marché d'Herembauld, que Tuberge renduë plus implacable & moins traitable* qu'auparauant, entra en vne telle fureur contre lui, qu'elle ne pouuoit supporter sa rencontre. Elle escriuit plusieurs fois à Francin pour le persuader de reuenir à Bruges, lui promettant de faire consentir ses parens à leur mariage, & l'asseurant que sa mere y estoit toute disposee, lettres que Francin enuoyoit aussi tost à Herembauld, auec les responses toutes ouuertes, par lesquelles remerciant Tuberge de ses offres auec les plus doux termes & les plus honnestes* paroles qu'il pouuoir rechercher, il la coniuroit de retourner ses yeux, & son cœur vers son Ami, comme vers vn object plus digne d'arrester ses affections.

Ni pour tout cela Herembauld ne quitte point ses soupçons, tenant ces escrits pour des secrettes correspondances*, & iugeant que l'Amour est vne passion si forte, qu'elle peut corrompre les courages* les plus sinceres. Ne diriez-vous pas que cet homme faict tout ce qu'il peut pour perdre vn si bon ami que Francin, & pour le solliciter en renonçant à son amitié, d'embrasser la bonne fortune qui lui rit dans l'amour de Tuberge ? Tout [215] cela neanmoins ne fut point capable d'esbranler la constance de Francin, ni de lui faire changer de courage*.

A la fin la passion, que l'on peint auec vn bandeau sur les yeux, fit faire vne equipee à Tuberge, qui eut vn succés* tout autre qu'elle ne pensoit. Sans prendre congé de sa mere, elle va à Bruxelles desguisee en villageoise auec vne femme qui l'auoit nourrie estant petite, & en qui elle auoit vne entiere confiance. Ce depart publié par les regrets de sa mere, fit vn grand esclat en la ville de Bruges, & donna la reputation de Tuberge en proye à la mesdisance. Aussi ne sont-ce pas des traicts que les filles puissent faire sans se rendre diffamees sans resource, & sans mettre vne tache sur leur nom, qui ne peut estre leuee que par le mariage.

On sceut qu'elle auoit pris la route de Bruxelles, & ceux qui sçauoyent sa passion pour Francin, ne douterent point qu'elle ne fust allee vers lui.

Ceste nouuelle arriuee aux oreilles d'Herembauld, il crût que c'estoit là l'effect de la trahison qu'il auoit soupçonnee : & resolu d'en prendre vne vengeance memorable, il part aussi tost, & se rend à Bruxelles, où il trouua Francin, non moins estonné de la vennuë de Tuberge, qu'Herembauld n'auoit d'animosité. Il le chargea de reproches, & l'accusant de perfidie, le conuia de se trouuer au lieu qu'il lui marquoit, pour lui faire l'espee à la main raison de cet outrage*.

Francin qui auoit autant de courage qu'il estoit adroict au maniement des armes, ne refusa point [216] ce marché : mais touché par le ressentiment* de son amitié, & de la candeur de sa conscience, il protesta que ce seroit la seule loy de l'honneur qui l'obligeroit à ce combat, non la pretension* qu'il eust pour Tuberge, à la fuitte de laquelle il n'auoit rien contribué. Tout cela ne satisfaisant point le ialoux Herembauld, il en fallut venir aux mains.

Ce duel ne pût estre celé à Tuberge, qui y courut pour l'empescher, accompagnee de ceste femme qui l'auoit accompagnee en son voyage.

Comme ils estoyent sur le point de se battre, Francin pria Herembauld de s'esclaircir* de la verité par la bouche mesme de celle qui estoit la seule cause de leur querelle. Laquelle rebuttee tout à plat* par Francin, qui la coniuront d'assoupir leur different en se donnant à Herembauld, par l'alliance duquel elle pourroit & recouurer son honneur interessé* dans l'opinion des hommes, & contenter ses parens : ceste fille rappelee à vn meilleur sens par ce sage conseil, & vaincuë d'autre part par le tesmoignage de l'ardante affection de Herembauld, que la ialousie auoit porté à cette extremité : elle lui donna la main en presence de Francin, & de la femme qui l'accompagnoit, à condition que le mariage ne s'accompliroit qu'apres les solennitez requises.

Herembauld raui d'aise d'vn si soudain changement, ne sçauoit à qui rendre ses premieres graces, ou à la douceur de ceste beauté, ou à la sincerité* de son ami, qui s'estoit volontairement priué d'vn si grand bien pour l'en rendre possesseur. [217] Les armes lui tomberent des mains en mesme temps que les larmes des yeux, & se iettant à genoux deuant ceste rigueur repentie, & se lançant au col de son Ami, il ne se pouuoit rassasier de benir & l'vn & l'autre, comme les autheurs de sa felicité & de son contentement. Ils remenerent Tuberge à Bruges, & couurirent sa fuitte de quelque pretexte specieux* pour la rendre moins blasmable. Les nopces furent faites auec le consentement de tous les parens, & la satisfaction des parties*.

Peu de iours apres Herembauld mena chez lui en Austrasie sa nouuelle espouse, où il fut accompagné par son fidelle Francin, auquel pour recognoissance de sa fidelité, il fit espouser vne de ses sœurs appelee Siluanie, lui donnant vne telle dotte & vne si notable partie de ses biens, que le Champenois eut occasion de se contenter, & de connoistre que la vertu contraint souuent la fortune de se rendre à sa merci, & qu'il n'y a point de meilleur moyen pour s'auancer, ie ne dis pas seulement en grace deuant Dieu, mais aussi en biens deuant les hommes, que d'estre constant & fidelle, principalement en l'Amitié, qui est vne vertu que les Anciens ont appelee le sel & le soleil de la vie. Celui (dit la Parole Sacree) qui laisse maison, femme, enfans possessions pour l'amour de Dieu, receura le centuple [1] : & ce qui se dit de l'amour de Dieu, se peut encore estendre à celle du prochain, puis que ce second commandement est semblable au premier.

Voyez comme ceci auint à Francin. Herembauld [218] n'eut de son mariage auec Tuberge qu'vne fille qui mourut en fort bas aage, mais Francin eut plusieurs enfans de Siluanie, l'vn desquels Herembauld fit heritier & de son nom & de ses armes*. Ainsi l'heritage d'Herembauld vint entre les mains de Francin, comme pour recompense de son Amitié, de sa Constance & de sa Franchise.*

---

1 Mc 10, 29-30 : Jésus répondit : Je vous le dis en vérité, il n'est personne qui, ayant quitté, à cause de moi et à cause de la bonne nouvelle, sa maison, ou ses frères, ou ses sœurs, ou sa mère, ou son père, ou ses enfants, ou ses terres, ne reçoive au centuple, présentement dans ce siècle-ci, des maisons, des frères, des sœurs, des mères, des enfants, et des terres, avec des persécutions, et, dans le siècle à venir, la vie éternelle.

Le Charme.
EVENEMENT XVI.

QUE les philtres & les breuuages puissent alterer les sens &
les organes* du corps, c'est vne chose que l'experience rend assez
manifeste. Mais que les choses materielles puissent agir sur l'esprit & donner iusques à la volonté, c'est où la difficulté n'est pas
petite. Et toutefois on voit assez ordinairement que les Sorciers
par des potions amoureuses ou odieuses donnent de l'amour
ou de la haine à ceux à qui ils les font prendre. L'Euenement
que nous allons proposer est fondé là dessus, où l'on verra que
ces œuures du Prince des tenebres se dissipent aux rayons de la
Iustice, comme les nuages à ceux du Soleil.

En vne ville de nostre France que ie ne veux pas nommer, il
y eut au temps de ma premiere ieunesse vn Citoyen fort homme
de bien, qui assista à la mort vn de ses amis, qui estoit d'assez
loin [219] parent de sa femme. Cestui-ci n'estoit veuf que depuis
vne annee, & ne laissoit autre enfant qu'vn petit garçon de l'aage
de trois ans, lequel il remit à la tutelle & sous la protection de
Crispe (ainsi se nommoit ce Citoyen)[1] l'amitié qu'il auoit portee
au defunct estant de franc alloi, ne s'enterra point auec lui, mais
suruiuant à ses cendres fut continuee en la personne de Sergeste
son fils, qu'il fit esleuer auec vn des siens de mesme aage, que
nous appellerons Audiface.

Encore que Sergeste eust fort peu de biens de l'heritage de son
pere, Crispe espargnant son reuenu, le nourrissoit & entretenoit
à ses despens, & l'aimoit aussi tendrement que si c'eust esté son
enfant propre. Et le petit Sergeste par vn instinct naturel se rendoit
si docile, si humble* & si complaisant à Crispe, qu'il sembloit payer
par son obeissance la despense qui se faisoit à son eleuation*.

---

1   Une nouvelle phrase commence ici, mais le texte ne porte pas de point.

Estant arriué à l'aage capable de discipline*, il fut mis au College auec Audiface, & bien qu'ils fussent compagnons en ces lieux où la noblesse se laisse à la porte, & où les disciples sont esgaux : il respectoit tousiours Audiface comme son maistre, & Audiface l'aimoit reciproquement comme s'il eust esté son frere.

Sergeste ayant l'esprit plus vif qu'Audiface, profita aux lettres* auec vn grand auantage, des estudes plus basses ils vindrent aux plus esleuees ; & enuoyez ensemble en l'Vniuersité d'Angers, Audiface s'estant mis à la desbauche, ne fit pas grande prouision de science, au lieu que Sergeste fit de sa teste vn registre de loix. [220]

A leur retour au païs, Audiface continuant en ses façons de faire donna peu de contentement à son pere, sa vie licentieuse & dissolue le rendant la fable du peuple, & le suject des mesdisances. Sa volage humeur lui faisoit prendre feu par tout, souuent vn mesme iour voyoit naistre & mourir ses affections, s'il faut ainsi appeler ces mouuemens de son ame, qui comme des esclairs trouuoient leur tombe dans leur berceau.

Que de regrets en l'esprit de l'auisé Sergeste, lequel aimant cordialement ce ieune homme, auoit vn desplaisir incroyable le voyant courir aueuglement au precipice de sa ruine. Tandis que Sergeste tout attaché au seruice des Muses, n'a de l'amour que pour ses liures, Audiface ne feuillette point d'autres liures que ses folles amours.

Apres auoir couru ceste dangereuse mer de riuage en riuage, & fait naufrage à beaucoup d'escueils, il tomba en fin sous le ioug d'vne vefue, laquelle ayant esté femme affettee*, & d'assez mauuais bruit durant son mariage, n'en estoit pas deuenue meilleure dans la licence de sa viduité. Elle n'estoit pas de celles que l'Apostre appelle vraiment vefues, ouï bien de celles qui viuent en delices, & que le mesme dit estre mortes en viuant[1].

Les femmes de cette condition ayans dans le mariage appris les secrets de gaigner les affections des hommes, lancent des feux

---

1   1 Tm 5, 6.

plus subtils, & ont des amorces* plus dangereuses que les filles, qui vont auec plus de simplicité. Celle-ci, que nous appellerons Catelle, se conduisit auec tant de prudence*, ou plustost de finesse en la conqueste du [221] cœur d'Audiface, qu'apres l'auoir fait souspirer long temps apres ce qu'elle desiroit autant que lui, elle ne se rendit à ses volontez que sous vne image de force*, & apres auoir tiré de lui promesse de mariage.

Ce commerce ordinaire fut aussi tost descouuert aux despens de la reputation de Catelle, qui estoit le scandale de tout le voisinage, & non sans vne extreme douleur de Crispe, voyant son fils si fort engagé en ceste mauuaise practique, qu'il ne l'en pouuoit retirer, ni par remonstrances, ni par menaces. Cette sorte de femmes a des attraits, & des industries si charmantes, qu'elles ne donnent pas moins de passion estans possedees, que lors qu'on les poursuit. Celle-ci sur toutes veilloit auec tant de soin sur Audiface, craignant qu'il ne lui eschapast, qu'il n'auoit des yeux que pour elle, & ne respiroit que par son haleine.

Tandis qu'il est embarqué dans ce mauuais vaisseau sous la conduite* d'vn Pilote aueugle, voyons comme Sergeste conduit le sien par des maximes bien contraires.

Aureole l'vne des sœurs d'Audiface ayant appliqué son attention à considerer les agreables manieres, & la bonne façon de Sergeste, en deuint tellement esprise, que ne pouuant tenir son feu caché, elle lui en donna la connoissance par des signes que ce sage ieune homme ne faisoit pas semblant d'apperceuoir, tant il estoit rempli de modestie*. A la fin elle fut contrainte d'en venir aux paroles, par lesquelles, non sans vne extreme honte, elle lui fit entendre le tourment qu'elle [222] souffroit pour lui, apres lui auoir fait mille protestations d'honneur, & iuré que ses pensees ne regardoient que le mariage.

Ce discours troubla vn peu le modéré Sergeste, lequel n'ayant iamais eu la presumption de leuer les yeux si haut, que vers la fille de celui qu'il tenoit pour son Mecene, s'estonna qu'elle eust daigné les abbaisser sur lui. Mais tout ainsi que les yeux qui voyent tout, ne se voyent pas eux mesmes, aussi est-ce le propre des personnes vertueuses de ne connoistre pas leur vertu, ceux-là s'estimans les moins pourueus de merite qui en sont les mieux garnis. Sergeste respondit à ceste fille des paroles plus respectueuses qu'amoureuses, & qui lui tesmoignerent plus l'honneur qu'il lui portoit, qu'aucune passion qu'il eust pour elle. Se contentant (disoit-il) de la reuerer & seruir comme la fille de son maistre, sans estre si temeraire que de loger ses affections en vn lieu où il ne pouuoit attaindre.

Ceste extreme modestie* au lieu de temperer la flamme d'Aureole, la rendoit plus ardente, n'y ayant rien qui augmente d'auantage l'amour, que la retenue & l'honnesteté. Tandis que le frere se perd dans la possession de ceste vefue impudique, la sœur esgare sa raison dans la passion qu'elle a pour le pudique Sergeste, lequel resistant le plus qu'il pouuoit à la douceur de ses attraits, employoit toute son industrie à retirer Audiface de l'abysme où il estoit plongé. Et d'effect, ayant descouuert qu'il s'estoit engagé en ceste accointance* sous vne promesse de mariage, il crut faire seruice [223] à son ami d'en auertir le pere, afin qu'il apportast à ce mal-heur* les remedes que la prudence* lui dicteroit estre les plus conuenables*.

Ce n'estoit pas vne trahison que ce rapport, au contraire, c'estoit la marque d'vne vraye amitié, qui procure* en quelque façon que ce soit le salut & le bien de la personne aimee. Si nous voyons vn ami en danger de perdre la vie par vne apostume*, ne seroit-ce pas vne œuure de misericorde que la percer, & vne espece de cruauté de lui estre en cela pitoyable* ? Quand on voit son ame & sa reputation en danger, ce n'est pas pitié, mais immisericorde[1] que lui denier vne vtile remonstrance. Mais parce que le manquement d'auctorité rendoyent moins efficaces celles de Sergeste aupres d'Audiface, il estima que Crispe parlant en

---

1   Attesté dans Nicot.

pere auroit plus d'energie, & que la reuerence paternelle auroit plus de pouuoir sur l'esprit de ce desbauché pour le ramener à son deuoir.

Crispe ayant donc descouuert ceste mine*, se resolut de la deffaire en l'euentant, & voyant qu'Audiface ne le payoit que de negatiue, il fit appeler Catelle en Iustice pour declarer si Audiface lui auoit promis mariage ou de parole, ou par escrit.

Ceste femme pensant auoir trouué l'occasion d'esclorre son dessein, qui estoit d'espouser ce ieune homme, dit franchement qu'elle en auoit vne promesse, laquelle produite en iugement fut deschiree & declaree nulle par sentence du Iuge, auec defense tres-expresse à ceste vefue d'espouser Audiface sans le consentement de ses parens, [224] & mesme de l'admettre à sa conuersation* sous peine de grosses amandes.

Cette femme auoit imité l'oiseau qui fait la glus, dont par apres on se sert pour le prendre, parce que tenant pour asseuré* que sur la promesse qu'elle auoit d'Audiface, en suitte de laquelle elle confessoit s'estre rendue à sa volonté, on le condamneroit à l'espouser, elle s'estoit diffamee elle mesme, & rendue la risee du peuple, & le iouët des langues. Si bien que se voyant desesperee de ce costé-là, elle appliqua toute son industrie à retenir à soy ce passionné par les plus obligeantes caresses dont elle se pouuoit auiser. Cet insensé estoit tellement enyuré de son amour, que nonobstant les defense de la Iustice, il ne laissoit pas de frequenter chez elle, & se mocquant des menaces & des choleres de son pere, & beaucoup plus des prieres & des larmes de Sergeste, il fit à cette affettee* vne nouuelle promesse de mariage, qu'il voulut escrire de son sang pour rendre sa folie plus solennelle.

En ce temps-là le frere aisné d'Audiface tomba malade, & dans peu de iours fut mis au tombeau de ses deuanciers. Crispe estoit sur le poinct de le marier à vne riche heritiere, qui s'appeloit Luciette, qui n'ayant plus ni pere ni mere estoit sous la tutelle d'vn de ses plus grands amis. Pour ne perdre point ceste bonne fortune, il delibera de la faire prendre pour femme à Audiface,

esperant que l'honnesteté du lict nuptial le gueriroit de la fole
passion qu'il auoit pour Catelle. Le Tuteur & les parens de la fille
voyans les mes-[225]mes auantages, & plus grans au parti d'Audiface, donnerent aussi tost leur consentement à ceste alliance. Ce
fut à Crispe d'y disposer son fils, qui n'ayant des yeux ni vn cœur
que pour cette impudique vefue, ne voulut iamais entendre* à
cette recherche. Ce qui fut cause que Crispe recourut de nouueau
à la Iustice, pour obtenir des defenses à Catelle de frequenter
auec Audiface : lesquelles furent si exactement obseruees, que
ces Amans furent contraints de se separer pour quelque temps,
de peur d'encourir les peines portees par la sentence.

Là dessus Sergeste prenant l'occasion de ceste separation,
pressa & coniura tant Audiface, que s'il ne le gaigna du tout,
il lui persuada de dissimuler, & de condescendre, au moins en
apparence, au desir de son pere, qui parloit de le des-heriter s'il
perseueroit en sa desobeissance. Audiface esmeu* par les prieres
de son cher ami, & craignant la malediction de son pere, dont il
redoutoit de perdre l'heritage, se disposa à feindre la recherche de
Luciette, qu'il alla voir, & la cajolla* en homme qui ne demandoit
qu'à passer son temps, & qui auoit plus d'amour sur les lêures,
que dans le cœur.

Soit que ceste fille eust enuie en toute façon d'estre mariee,
soit que l'esprit ou la bonne mine* d'Audiface lui touchast le
cœur, soit que la permission de ses parens la rendist disposee à
ceste recherche : tant y a qu'elle porta son affection vers ce ieune
homme, & paya ses feintes offres d'vne bienueillance veritable.
Et certes ceste fran-[226]chise* & ingenuité plût tant à Audiface,
que s'il n'eust point esté si fort engagé en la passion qu'il auoit
pour Catelle, il est à croire qu'il eust reconnu ceste inclination
d'vne mutuelle correspondance*, rien n'obligeant si fort à aimer,
que de se voir aimé. Mais n'y ayant plus de place vuide en son
cœur, tant il estoit occupé de l'idee* de ceste mauuaise femme,
il n'y eut plus de place pour ceste honneste* fille.

Il continue de la voir, & se porte* en ceste conduite* auec tant d'apparence de verité, que Crispe chantoit desia le Cantique de la conuersion de son fils, & tenoit pour fait son mariage auec Luciette. Mais il n'est pas encore où il pense, & il arriuera beaucoup de choses estranges auant que cela soit.

Catelle ayant sceu ce bruit, que Crispe faisoit courir pour engager dauantage son fils en ceste alliance, & estant assez informee des ordinaires conuersations* d'Audiface & de Luciette, croit fermement que son volage lui va eschaper, & quoi qu'il la vist secrettement, & l'asseurast que tout ce qu'il faisoit n'estoit que feinte, & de peur d'attirer sur sa teste le courroux de son pere, & d'en estre desherité : elle tenoit pour certain que ceste dissimulation n'estoit qu'en apparence, & que la trahison estoit en verité. Et quoi qu'il iurast & protestast pour se faire croire, elle s'imaginoit le contraire, sçachant que pour l'ordinaire ceux qui iurent le plus ont le plus enuie de tromper, se seruans de leurs sermens pour couurir leur perfidie. Quelque promesse qu'elle eust, & de parole, & par [227] escrit elle sçauoit bien que la Iustice ne l'auctoriseroit* pas, & que du viuant de Crispe elle ne pourroit iamais espouser Audiface. Et puis elle sçauoit que la iouïssance* esteint coustumierement les folles passions, desquelles on a honte quand on est reuenu à vn bon sens. Ioinct que ce ieune homme auoit vne belle excuse pour se retirer d'elle, en alleguant la douce contrainte de son pere, qui le pressoit d'espouser Luciette, de laquelle il feignoit d'estre empressé. Adioustez que le voyant rarement, & auec d'extremes difficultez, elle doutoit que les charmes de ses caresses ne perdissent peu à peu leur vigueur, & qu'à la fin il ne se retirast tout à fait de son commerce.

A quoi ne transporte la violence de l'Amour ! Elle eut recours à vn remede execrable, & plein d'abomination, remede neantmoins qui n'est que trop practiqué dans le monde par ceux qui tombez en sens reprouué*[1], comme les Vieillards poursuiuans

---

1 V. note 1 p. 370.

la chaste Susanne[1], abbaissent leurs paupieres pour ne voir pas le ciel, perdans en mesme temps & la crainte de Dieu, & la voye de iustice. Ce sont ceux qui ayans recours aux Magiciens, font paction auec la mort, & conuention auec l'enfer.

La miserable* Catelle s'addressa* à vne vieille sorciere, afin que par quelque charme elle pust si bien s'attacher les affections d'Audiface, qu'il s'esloignast de Luciette, & de tout autre parti que ses parens lui presenteroit. Ceste masque lui ayant promis son aide, moyennant* le present que ceste femme lui fit, apres auoir barbotté* les paroles de [228] ses enchantemens, & fait tout plein de chimagrees dont les demons amusent* ceux qui s'addonnent à la magie : lui respondit qu'elle ne pouuoit accomplir son charme qu'en lui donnant de la haine pour Luciette, & à Luciette vne grande amour pour lui. Voyez-vous la foiblesse de Sathan, & comme sa puissance est limitee dans certaines bornes ?

Catelle estimant qu'Audiface eust assez d'amour pour elle, ne se soucia pas de l'augmenter, se contentant qu'il eust Luciette en haine : & pour se venger de Luciette sa Riuale, elle fut bien aise qu'elle aimast celui qui la haïroit.

Là dessus le sort est ietté par la Magicienne, & voila aussi tost (effect merueilleux du charme) que Luciette est esprise d'vne passion si extraordinaire pour Audiface, qu'elle ne peut durer en son absence, & cestui-ci est saisi d'vne telle horreur de ceste fille, qu'il la deteste plus que la mort.

Durant la recherche dissimulee qu'il en auoit faite, & mesme durant celle de son frere aisné : Aureole sa sœur auoit noüé vne fort estroitte amitié auec Luciette, de sorte qu'elles estoient fort familieres, & ordinairement elles estoient ensemble, & s'appel-loient desia sœurs, comme si l'alliance eust esté accomplie. Lors que l'enchantement fut fait, Aureole fut estonnee de voir les impatiences de Luciette, laquelle auparauant se comportoit en son honneste* affection, auec assez de modestie*. Mais elle accrût

---

1   V. note 1 p. 555.

son estonnement lors qu'elle vit que son frere fuioit la rencontre de Luciette. Et tant s'en faut qu'il continuast à la [229] visiter, qu'il euitoit sa presence comme vn escueil, & ne pouuoit ouïr son nom sans se mettre en cholere.

Aureole croyant qu'il se fust passé quelque broüillerie parmi eux, s'en enquit de Luciette, qui desesperee de la priuation de la veuë d'Audiface, lui protesta de n'auoir rien dit ni rien fait, qui lui pust desplaire, & qu'elle croyoit que ce fust quelque faux & artificieux rapport qui eust esté fait à Audiface contre sa sincerité*.

Aureole voulant aussi sonder l'esprit de son frere pour sçauoir d'où lui venoit ceste bigearrerie*, n'en retira que des indigna-tions, des outrages* & des iniures contre Luciette, dont ie ne veux point noircir ce papier. Si bien que comme l'on dit, que les tigres, farouches animaux, entrent en rage quand ils oyent la musique : aussi tost qu'on parloit à Audiface de Luciette, & que l'on taschoit d'adoucir son courroux, il entroit en des fureurs si desmesurees, qu'il sembloit estre maniaque*. Sergeste qui l'auoit veu plus remis & posé, ne pouuoit attribuer ce violent effect qu'à vne cause extraordinaire, & cachee. Et tant plus il pensoit moderer son extrauagance, tant plus croissoit son excez & sa rage.

Crispe frustré de l'attente où il estoit, de conclurre bien tost ceste alliance, ressembloit à ces Nochers*, qui ancrez à la rade, sont poussez par vn vent de terre bien auant en la mer, & au lieu de iouïr de la tranquillité du port, se voyent battus de l'orage & de la tempeste. Il s'en prend à ceste meschante vefue, laquelle voyant l'effect de [230] l'enchantement se resiouït dans ce trouble, comme fait l'aigle parmi l'impetuosité des vents.

Combien la femme est vn vaisseau mal propre à contenir vn secret ! Il faut qu'elle parle, fust-ce à son preiudice. Elle se vente de tenir si bien Audiface, que malgré toutes les defenses de la Iustice, & les oppositions de ses parens, elle ne le laschera point. Elle auoüe que c'est elle qui par vn secret inconnu lui donne tant d'auersion de Luciette, & que l'amour extraordinaire de ceste fille pour Audiface, n'est qu'vn effect de sa vengeance. Bref elle triomphe de son insolence*, fait gloire de sa confusion, & se pare de son crime.

Crispe la voulant faire mentir, & desirant renuerser ses desseins à sa honte, presse le mariage d'Audiface & de Luciette : mais l'y voyant retif, il proteste d'vser de contrainte, & d'y employer la main puissante de la Iustice, par laquelle il esperoit faire passer pour des termes obligeans les paroles de bienueillance, dont il auoit amusé* ceste fille durant sa recherche dissimulee.

Audiface pressé d'vn costé de l'extreme haine qu'il auoit pour Luciette, de l'autre, de la peur qu'il auoit de la disgrace de son pere, & qu'il ne le forçast à vne chose qui lui estoit plus horrible que les plus cruels supplices : se resolut à vne fuitte qu'il ne pût faire si secrettement, que Sergeste ne descouurist quelle route il auoit prise, où resolu de le suiure comme vn autre Pilade le furieux Oreste[1], tant par sa propre inclination, qu'à la priere de Crispe, il le ioignit à cinquante lieuës de là en vne ville des principales de la Gaule Celti-[231]que, où il s'estoit retiré chez vn des parens de sa mere. Il ne fut pas marri de voir son cher Sergeste, pourueu qu'il ne lui parlast point de celle dont le seul nom lui estoit si odieux, que pour euiter sa rencontre il eust esté iusques aux extremitez de la terre.

Sergeste s'accommodant à son humeur ne lui en battit point les oreilles, se contentant de couler ses remonstrances imperceptiblement selon les occasions qui s'en presentoient en leurs entretiens* ordinaires. Il se conduisoit enuers ce malade d'esprit, comme les Medecins autour des enfans, qui pendent à la mammelle, coulans leurs remedes dedans ces petits corps par le laict des nourrices à qui ils les font prendre. Vous eussiez dit que c'estoit vn Dauid, qui auec la harpe de sa douce parole moderoit le

---

1 Pylade accompagne Oreste, frappé de folie après avoir tué Clytmnestre sa mère, jusqu'en Tauride où celui-ci va voler aux Taures la statue dont selon l'oracle dépend sa guérison.

demon de cholere qui possedoit cet autre Saül¹. Il auertit Crispe
du seiour de son fils, & lui donnoit auis de temps en temps de
la disposition de son esprit. Par ce moyen l'amoureuse Aureole
sceut où estoit son frere, & aussi Sergeste, dont elle regrettoit
l'absence auec autant d'amour mais auec plus de moderation que
la passionnee & enchantee Luciette celle d'Audiface.

Depuis ce depart elles ne bougeoient d'ensemble, & Luciette ne
pouuoit auoir de repos que quand elle voyoit au visage d'Aureole
quelques traicts de celui d'Audiface. Aureole taschoit de la consoler tant qu'elle pouuoit, n'estant pas elle-mesme moins digne de
pitié, & hors le charme, peut-estre dauantage ; parce que la flamme
serree [232] est plus ardente, que celle qui se peut euaporer.
Elle aimoit Sergeste, & tant s'en faut qu'elle l'osast dire, qu'elle
n'osoit en faire le moindre semblant, bien que ce charme naturel
que l'on appelle aimer, lui causast vn tourment incroyable. Si
la douleur qui ne se peut soulager par la plainte est tenue pour
la plus miserable*, la sienne estoit de ceste sorte : mais à la fin
elle esclatta en la mesme façon que les vents sousterrains, qui ne
sortent iamais de leurs geolles que par des tremblemens de terre.

Luciette estant arriuee à l'extremité de sa patience, & au commencement du desespoir par la priuation d'Audiface, se resolut
de le voir ou de mourir, ayant communiqué ceste resolution
à Aureole, à qui elle ne celoit aucune de ses pensees. Celle-ci
se trouuant pressee du mesme desir de reuoir Sergeste, estima
qu'elle pourroit aisement par ceste occasion* couurir son amour
du masque de la pieté, en accompagnant Luciette. L'occurrence*
fauorisa leur dessein.

Vne affaire importante appella Crispe à Paris, laissant Aureole
sa fille à la conduite* de sa maison, dont elle quitta le timon
aussi tost pour accompagner Luciette. La commodité d'vn grand
fleuue qui baigne les murailles de la ville où elles faisoient leur

---

1 1S 16, 23.

seiour, leur fournit vn batteau à commodité[1], n'ayans eu besoin
que de partir de nuict sans se desguiser autrement que d'habits
simples, mais de leur sexe. Elles allerent sur ceste riuiere iusques
assez pres de la ville, où elles sçauoient qu'Audiface & Sergeste
s'estoient retirez, [233] où elles se rendirent sur des cheuaux.

Leur fuitte ne fut pas plutost publiee en la ville de leur naissance, que Crispe en fut auerti : où estant reuenu en diligence, il
receut des lettres de Sergeste qui lui donnoit auis de leur arriuee au
lieu où estoit Audiface, lui promettoit de veiller si soigneusement
sur son fils & sur sa fille, qu'il les empescheroit de rien faire au
preiudice de son honneur & de son contentement. Et parce qu'il
auoit eu tout loisir de remarquer les actions ordinaires d'Audiface
& de consulter sur ceste frenesie, les Medecins & spirituels &
corporels, qui tous auoyent conclu qu'il falloit necessairement
qu'il y eust du charme en ceste auersion enragee qu'il auoit de
Luciette & aussi en ceste furieuse passion que Luciette auoit pour
lui : il conseilla* Crispe de faire mettre Catelle entre les mains de
la Iustice, pour tirer d'elle par menaces ou par gesnes* la confession veritable des vanteries dont elle auoit parlé à demi bouche.

Crispe homme de qualité & de credit en sa ville obtint aussi
tost vne prise de corps contre Catelle, qui estoit de mediocre*
condition. Elle fut interrogee en la prison par vn Iuge si subtil,
que moitié par industrie, moitié par la menace de la question, il
lui fit confesser la verité, & declarer le nom de la Sorciere à qui
elle auoit eu recours pour faire ce charme.

La Sorciere est saisie, qui nie tout auec vne impudence digne
d'vne creature qui a renoncé au Ciel & espousé l'Enfer. Il faudroit
recommencer vne autre Histoire pour raconter par le menu de
[234] quelles illusions Satan l'amusoit*, & quels remedes elle

---

1   Huguet donne bien le sens de «moyen de transport», avec une seule citation, mais
     qui concerne aussi un bateau : « […] avoit accepté la commodité du bateau du
     Comte […] ». Littré donne deux exemples de «commodité» au sens de «voiture».
     Et l'expression «barque de voiture» est bien attestée : v. Glossaire.

employoit pour ne sentir la douleur de la gesne*. Mais enfin Dieu permit que sa meschanceté fust descouuerte par vne merueille digne d'estre soigneusement remarquee.

Elle auoit donné à la vefue certains characteres* auec d'autres brouilleries* dont se servent les sorciers pour faire leurs enchantemens. Catelle sous vne promesse d'impunité que le Iuge lui fit remit toutes ces bagatelles entre ses mains. Au mesme temps à cinquante lieuës de là où estoyent les personnes charmees, se manifesta la cessation du Charme, comme l'on connut depuis par la conference* du iour & de l'heure : parce qu'vn matin Audiface n'ayant plus le visage troublé, ni les yeux farouches & hagards, comme il auoit auparauant, d'vne façon seraine & tranquille comme s'il se fust esueillé d'vn profond sommeil, vint demander à Sergeste. Mon ami, en quelle ville sommes-nous ? Ce n'est pas ici la maison de mon pere.

Sergeste estonné de ceste demande le iugea voisin de la folie, lors qu'il en sortoit. Mais pour ne l'attrister point il lui remonstra tout doucement qu'ils estoyent en vne telle maison, depuis tant de temps.

Mais qu'y sommes-nous venu faire ? (reprit Audiface) qui nous y a enuoyez ? combien y serons-nous encore ?

A la fin Sergeste voyant qu'il demandoit tout cela d'vn sens fort rassis, d'vne contenance* asseuree* & d'vn esprit reposé : parlant serieusement lui raconta toute l'histoire de son auersion de Luciet-[235]te, ses fureurs contre ceste fille innocente, sa fuitte pour ne la voir, & en mesme temps les extremes passions de Luciette pour lui, comme elle l'auoit suiui en ce voyage, quittant son pays & sa parenté, & mettant sa reputation au hazard pour lui rendre des tesmoignages de son affection, les rebuts & les outrages* dont il auoit payé sa bienveillance, principalement depuis qu'elle estoit arriuee en ceste ville de leur rettraitte, où il n'auoit pû supporter sa presence, non plus que si elle eust esté vn Demon.

Audiface escoutoit tout cela, comme chose dont il se souuenoit moins que d'vn songe, estimant que Sergeste lui fist ces contes pour se mocquer de sa simplicité. Mais quand le temps lui eut faict connoistre toutes ces veritez, vous eussiez dict qu'il sortoit d'vne lethargie.

Le mesme auint à Luciette, laquelle reuenuë à soy demeura si transie de son eschapee, que si auparauant l'amour l'auoit transportee, le desespoir que la honte lui causoit n'estoit pas moins violent. Quels traicts de repentir ne fit-elle paroistre lors que les escailles lui estans tombees des yeux, elle reconnut en quel peril elle auoit mis son honneur, & que sa reputation n'estoit plus reparable que par le mariage.

Mais que dirons-nous d'Aureole, laquelle se voyant tousiours traittee par Sergeste auec vne respectueuse froideur, ne pouuoit esperer de sa passion vne issuë correspondante au hazard où elle s'estoit mise pour acquerir la bienveillance de ce trop prudent ieune homme.

Tandis que les lettres de Sergeste à Crispe, & [236] de Crispe à Sergeste vont & viennent, & que ce changement faict connoistre la dissolution du Charme, le procés de la Sorciere & celui de Catelle s'auancent. Il est question de faire reuenir les fugitifs, & les fugitiues : mais il ne fut pas possible d'y faire resoudre les filles, quelque pardon qu'on leur promist que leur mariage ne fut arresté. Sergeste disposa Audiface à celui de Luciette, apres lui auoir faict connoistre le maudit artifice* dont Catelle s'estoit serui pour le retenir en ses filets, ce qui lui donna vne iuste horreur de ceste vefue, & la volonté de Crispe iointe à la fidelité de Luciette le firent condescendre à l'espouser. Dequoi Sergeste donna aussi tost auis à Crispe.

Il n'y auoit plus de difficulté que pour Aureole, que Sergeste faisoit difficulté de receuoir sans l'expres commandement de Crispe, telle estoit la modestie* de ce vertueux esprit. Audiface & lui firent pour ce sujet vn voyage vers Crispe, où Sergeste lui fit voir qu'il n'auoit rien contribué à ceste passion d'Aureole, au contraire qu'il l'auoit combatuë autant qu'il auoit pû, n'ayant iamais eu tant de temerité que de ietter ses desseins en vn parti si esleué au dessus de sa condition & de son merite.

Ceste rare humilité gaigna le cœur de Crispe, lequel d'ailleurs considerant que sa fille apres vne telle eschapee trouueroit difficilement vn parti conuenable* à sa naissance, & admirant la rare moderation de ce ieune homme, qui auoit esté fidelle gardien de l'honneur de sa fille, il la lui accorda pour femme, auec vne dotte qui releua sa fortune à vn point qu'il n'eust osé esperer. [237]

Sur ceste asseurance les deux fuyardes reuindrent en leur pays, où leur fuitte fut iustifiee pour l'accomplissement du procés de Catelle & de la Sorciere. Celle-ci conuaincuë* de sorcellerie fut condamnee à estre pendue & bruslee, & l'autre pour certaines considerations* ne fut qu'enuoyee en vn exil perpetuel, où elle finit ses iours dans la pauureté & la misere. Et par apres les nopces d'Audiface & de Luciette & de Sergeste & d'Aureole furent celebrees auec toute sorte de contentement.

Entre les plus remarquables occurrences* qui se trouuent en cet Euenement, ie n'en voy point de plus signalee* que cet effect du Charme, renuersant si estrangement la fantaisie, la memoire, le iugement, & la volonté. Cependant la verité de ceste Histoire nous le faict toucher au doigt en ces deux mariez Audiface & Luciette. Car quant au Charme d'Aureole, il fut tout naturel & fondé sur les rares vertus de Sergeste, duquel la sagesse & la temperance sont tellement illustres, qu'elles meritent d'estre rangees entre les heroïques. Certes si S. Bernard tient à aussi grand miracle de conuerser ordinairement auec des femmes sans estre tenté de conuoitise[1], que celui des trois enfans qui se promenoyent sans se brusler dans la fournaise de Babylone[2] : Quelle merueille sera-ce d'auoir pû resister à tant d'attraicts, & d'auoir conserué la froideur de la modestie* & de la pureté parmi tant de flammes ? Certes ce ieune homme merite vne grande louange pour auoir faict voir en sa vie vne continence vrayment esmerueillable*. [238]

---

1 V. note 3 p. 396.
2 Dn 3, 25.

La Ressemblance.
EVENEMENT XVII.

SI les visages n'estoyent semblables en leur forme vniuerselle, on ne pourroit pas distinguer l'homme de la beste, & s'il n'estoyent dissemblables en leur forme particuliere*, on ne pourroit pas discerner vn homme d'vn autre. Certes les œuures de Dieu sont grandes & exquises, & admirables, mais elles sont singulieres en leur varieté, par laquelle il rend la nature belle & agreable. Dauid dict que Dieu a marqué en nous vn rayon de la lumiere de son visage[1], il parle de l'ame faicte à l'image de Dieu. Mais si la face est le miroir & l'image de l'ame, nous pouuons dire qu'elle est en quelque sorte vn rayon de la splendeur de celle de Dieu, lequel[2] en sa simple vnité, ou en son vnique simplicité comprend la multiplicité de toutes les creatures. Aussi les visages humains vniformes en leur composition* generale sont tres-diuers en leurs lineamens singuliers. Que s'il estoyent tous semblables, le Monde seroit vn chaos de confusions. Ce que nous pourrions monstrer par plusieurs histoires, qui nous representent les desordres arriuez par la ressemblance de certaines personnes qui s'en sont seruies pour colorer leurs impostures. Mais parce que ce n'est point mon humeur ni mon dessein de repasser le cizeau sur les vieilles estoffes, beaucoup [239] moins sur celles qui ont esté taillees par d'autres escriuains : i'amenerai icy vn Euenemen de nostre aage, lequel i'ay appris en mon dernier voyage d'Italie. A l'Aquila ville principale de Abbruzze, prouince du Royaume de Naples, il y auoit il n'y a pas long temps deux ieunes garçons qui se ressembloyent tellement, encore qu'ils ne fussent ni freres ni

---

1 Ps 4, 7 ; 44, 4.
2 Le texte porte *leqael*, manifestement fautif, que 1660 corrige en *laquelle*, ce qui ne semble pas nécessaire.

parens, que souuent l'vn estoit pris pour l'autre. Que si la nature
les auoit rendus semblables, la fortune y auoit mis de la difference : car l'vn estoit Gentil-homme d'vne maison fort riche, &
l'autre estoit fils d'vn simple Bourgeois, qui n'auoit pas beaucoup
de moyens : de sorte que les habits mettoyent de la distinction
entre ces visages qui estoyent si conformes, que l'vn estoit le
viuant portraict de l'autre. La taille mesme, le geste & la parole
auoyent de la conformité, si bien qu'assez ordinairement tel qui
auoit à parler à Hermolas (c'estoit le Gentil-homme) s'addressoit*
à Exupere (c'estoit le Bourgeois) erreur qui faisoit que ces ieunes
hommes sçauoyent assez de nouuelles l'vn de l'autre. Hermolas
né de parens riches & capables de soustenir la despense de son
institution, l'enuoyerent¹ quand il fut en âge en la cité de Siene,
tant pour le despaïser, que pour le façonner dans l'Academie de
ceste ville là, qui se peut dire & pour le langage & pour la gentillesse* des mœurs des habitans, des plus polies de toute l'Italie.

Quand il eut pratiqué quelque temps, il ne manqua pas de
donner dans l'escueil ordinaire [240] de la ieunesse, qui est
l'Amour ; d'engager dans vne douce & volontaire prison ceste
liberté qu'il auoit auparauant conseruee auec beaucoup de soin.
Ce fut par les yeux d'Eleonor qu'il fut pris ; pauure Damoiselle,
si nous considerons les biens de la fortune : mais riche d'honneur
& de merite autant qu'aucune autre qui fust alors dans Siene.

La condition d'Hermolas releuee par dessus le commun, lui
donna vn facile accés chez le pere de ceste fille, lequel tenant
encore quelque chose de ceste liberté Françoise que les Sienois
n'ont pas tout à faict oubliee : ne tenoit pas Eleonor si resserree*,
que le sont pour l'ordinaire celles de son sexe parmi ceste nation
soupçonneuse & ialouse. Ceste honneste* frequentation aida
fort à augmenter la passion d'Hermolas, laquelle arriua iusques

---

1 Camus met souvent ainsi en début de phrase un participe absolu qui n'est pas
   accordé au sujet de la proposition suivante. Mais ici, il faut au moins ajouter un
   ils avant *l'enuoyerent*.

à ceste mutuelle correspondance*, où l'on met le comble de la parfaitte bien-veillance. Car ceste fille soit qu'elle en eust la permission de son pere, soit que la gratitude la portast à reconnoitre les honnorables protestations d'amitié qu'Hermolas lui faisoit, lui tesmoigna qu'elle tenoit à beaucoup d'honneur sa recherche, pourueu qu'elle se tint dans les bornes de la iustice & de la pudeur.

Bien qu'il y eust vne assez grande disproportion entre leurs fortunes, si est-ce qu'Hermolas faisoit plus d'estat de la beauté & de la vertu d'Eleonor, que de toutes les richesses de la terre. Mais comme il estoit fils de famille, ses volontez n'estoyent pas independantes : & d'auoir pour ceste alliance le consentement de ses parens, c'estoit vne [241] chose plus à desirer qu'à esperer. Il ne laisse pas neantmoins de s'entretenir de ceste douce attente, trompant gracieusement son imagination de quelque image d'espoir d'arriuer au point de sa pretension*, par quelque voye que la prudence* lui ouuriroit.

Tandis qu'il est en cet amusement d'aimer, qu'vn Ancien appelle fort proprement l'occupation* des personnes oysiues, sa bonne mine* & les autres qualitez qui le rendoyent agreable, lui acquirent sans qu'il y pensast les affections d'Hortensia, Damoiselle de bonne & illustre maison, qui demeuroit en la mesme rüe où il estoit logé. Celle-ci estant assez souuent aux fenestres auec des yeux de conqueste, fit acquisition de plusieurs poursuiuans à qui elle sceut donner vne passion, dont elle mesme se maintenoit exempte. Mais comme il arriue souuent que ceux qui manient les feux* artificiels, ou se bruslent, ou perissent dans leurs propres inuentions, celle-ci qui iettoit tant de brandons dans les ames, receut vne estincelle dans la sienne, qui y causa vn total embrasement de sa fortune, & de sa reputation en la façon que vous entendrez.

Ceux qui ont comparé les Amans aux chasseurs n'ont pas esté despourueus de raison, & entre autres rapports voici vn traict de grande ressemblance. Le chasseur a ceste coustume de laisser vne proye qui est prise pour courir apres celle qui fuit, le Sage appelle cela poursuiure son ombre, laquelle va tousiours deuant le corps qui la suit, sans en pouoir estre attrapee. Hortensia [242] fit le mesme quittant & mesprisant tant de cœurs qui se rendoyent à sa merci, pour laisser aller le sien apres vn ieune homme estranger, inconnu, & ce qui estoit le pire pour elle, desia tellement engagé ailleurs, qu'il n'auoit plus de liberté pour l'attacher à son seruice.

Apres auoir assez ioué des prunelles pour faire entendre par ses regards (langage fort intelligent en Italie) à ce ieune homme l'inclination qu'elle auoit à lui bien-vouloir, n'y rencontrant pas la correspondance* souhaitee, elle fut contrainte de se seruir de la plume pour lui faire sçauoir ce qu'elle n'eust pû lui dire de viue voix sans couurir son front de confusion & de honte. C'est vne propension si naturelle, & vne complaisance si commune, que de se voir aimé, qu'encore qu'Hermolas ne fist aucun dessein pour ceste fille, tant il estoit occupé des perfections* de sa chere Eleonor : si est-ce que le desir de posseder ce courage*, ioinct à la gentillesse* & courtoisie* l'obligerent à lui respondre en termes que ceste Amante prit tellement à son auantage* (estant le propre de l'esprit humain de se persuader aisement ce qu'il souhaitte auec ardeur) qu'elle crût auoir atteint le but de sa pretension*, qui ne visoit qu'à vne honneste* correspondance* de volontez abboutissante au mariage : mais elle estoit bien loin de son conte, parce que Hermolas ne pensoit qu'à l'amuser* par cajolleries*, estant bien aise qu'elle seruist de passetemps & comme d'entretien* à sa vanité, & de se donner carriere de sa sottise aux despens de sa renommee. [243]

Ce que ie dis, parce que menant ceste pauure captiue comme en triomphe, il faisoit par tout trophee de sa simplicité, au mespris des autres qui se monstroyent seruiteurs passionnez de ceste Damoiselle. Les filles d'Israel ialouses contre la Philistine Dalila de ce qu'elle possedoit les affections du valeureux Sanson, disoyent en murmurant : N'y auoit-il pas assez de belles filles en son pays, sans que cet insensé allast chercher vne Maistresse parmi les Idolastres[1] ? Et les ieunes hommes de Siene disoyent quelquefois entr'eux, blasmans l'election* qu'Hortensia ne faisoit que trop paroistre : N'y auoit-il point en ceste cité aucun sujet digne de ses flammes, sans s'arrester à ce Napolitain, qui se rit insolemment de son ineptie, & qui sans doute la trompera ?

Bien que ces plaintes vinssent iusques aux oreilles de ceste fille, elles ne lui touchoyent pas le cœur, estimant que ces discours ne procedoyent que d'enuie, vice qui ronge sans cesse le cœur des Riuaux. Desia les rebuts & les extremes desdains qu'elle faict paroistre à ceux qui la recherchoyent, en auoyent escarté plusieurs, le despit estant vn remede assez ordinaire pour guerir d'amour ceux qui se voyent indignement traittez. Mais tous ces ouurages ne furent point assez forts pour destourner Arpague de sa pour-suitte, c'estoit vn ieune Gentil-homme Sienois des principaux de la ville, & dont les parens auoyent vn grand credit. Il auoit tant d'amour pour Hortensia, qu'encore qu'il eust pû aspirer à vn parti plus auantageux, neantmoins ceste passion lui bandoit la veuë, & [244] l'empeschoit de regarder autre part.

Ce ne fut pas sans vn deplaisir incroyable, qu'il se vit desdaigné par celle qui se deuoit sentir honoree de son alliance, & encore de se voir desdaigné pour vn estranger, duquel la qualité, à ce qu'il s'imaginoit, n'estoit point comparable à la sienne. Voyant donc Hermolas estoit la Remore* qui empeschoit que l'affection de Hortensia ne cinglast vers lui, il se resolut d'escarter ce Riual, & s'il ne se resoluoit de quitter Siene, de lui faire perdre la vie. Auparauant que d'en venir au tonnerre des effects, il fit preceder les esclairs des menaces. Mais le genereux* Hermolas se mocqua de ces brauades, iurant de se defendre en homme, contre ceux qui l'attacquoyent en femmes, c'est-à-dire de paroles.

Ces discours mirent le feu dans les courages*, & porterent Arpague à la resolution de faire mordre la terre à Hermolas, mais à l'Italienne, c'est-à-dire en le prenant à son auantage*. Il

---

1 Jg 14, 3.

se faict accompagner de quelques Braues, & apres auoir faict beaucoup de tours par la cité, à la fin il rencontra Hermolas en plaine* ruë, où lui faisant vne querelle d'Alleman, il l'obligea de mettre la main à l'espee. Les voyla quatre ou cinq contre le Napolitain, qui estant mis en garde dans vne porte pour n'estre point assailli par derriere, se defendoit le mieux qu'il pouuoit contre les assauts qui lui estoyent liurez. A la fin Arpague pressé de sa fureur, se precipita dans l'espee d'Hermolas, où il s'enfila de lui-mesme, & se blessa à mort. Sa cheute mit l'espouuante parmi ceux qui l'accompa-[245]gnoyent, le monde s'amasse, plusieurs taschent de les separer, & de ceste façon Hermolas blessé legerement sortit des mains de ces assassins. Le soin que l'on eut de secourir Arpague, & de le porter chez vn Chirurgien pour mettre vn prompt appareil à sa playe, donna le moyen à Hermolas de s'escouler de la presse, & de s'euader. La blesseure d'Arpague est trouuee fort dangereuse, mais non du tout mortelle.

Ses parens qui estoyent personnes d'auctorité, vouloyent reietter toute la faute sur Hermolas, qui n'auoit faict que se defendre seul contre cinq. Mais quoy que l'iniustice fust manifeste du costé d'Arpague, la qualité d'estranger la faisoit paroistre de la part d'Hermolas : tant il est vray que la passion transforme les objects, comme vn verre coloré, qui faict voir toutes choses de la mesme couleur dont il est teinct.

Ce fut à Hermolas de s'enfuir, pour ne se voir espouser vne prison, d'où son innocence ne sortiroit pas si aisement qu'elle y seroit mise. La iustification qui vient de loing est tousiours & plus libre, & plus asseuree*. Il ne s'en alla pas en son pays, mais seulement à Viterbe, pour entendre de là quel succes* auroit la blesseure d'Arpague, & aussi pour n'abandonner pas de si loin son Eleonor, qui ne fut pas moins troublee de son absence, que lui-mesme en fut affligé. Il l'auertit du lieu de sa retraitte, & par le moyen des lettres qui rendent les absens presens, il se maintenoit en son amitié.

Le pere d'Eleonor, qui ne le desiroit pas moins [246] pour gendre, que sa fille pour mary, prit sa cause en main contre les iniustes poursuittes des parens d'Arpague : & ayant faict ouyr quelques tesmoins, qui deposoyent en faueur de son innocence, Dieu permit qu'Arpague mesme estant dans les apprehensions de la mort, le iustifiast, s'accusant lui-mesme de trahison, & de l'auoir attacqué à son auantage*, attribuant sa blesseure à sa precipitation, plustost qu'à la faute d'Hermolas, qui n'auoit vsé que du droict de nature en sa iuste defense.

Tout cela neantmoins n'eut point assez de force pour r'appeler si tost Hermolas à Siene, parce qu'il connoissoit les humeurs des Italiens qui cherchent leur vengeance par voye de faict, quand ils ne la peuuent obtenir par celle de Iustice : & il sçauoit que les parens d'Arpague estans animez contre lui, quoy qu'iniustement, tascheroyent par tous moyens de lui faire du desplaisir.

Il fit donc courir le bruict par l'entremise du pere d'Eleonor, qu'il estoit retourné en son pays à l'Aquila, & qu'il ne reuiendroit plus à Siene. Sur ceste fausse nouuelle Hortensia entra en vn tel desespoir, qu'elle se resolut à vne entreprise qui ne tombera iamais dans le ceruueau d'vne fille bien sage & soigneuse de sa reputation. Elle n'auoit plus que sa mere, son pere estant allé à Dieu, elle estoit sous la tutelle de ceste bonne femme auec encor vne sœur & deux freres plus ieunes qu'elle.

Apres auoir escrit, mais en vain, plusieurs lettres à Hermolas, qu'elle addressoit à l'Aquila où [247] il n'estoit point, elle se determina d'estre elle mesme la messagere, & de mettre sa renommee au hazard pour conquerir cet Amant.

S'estant donc euadee de Siene sous vn habit d'homme, elle se rendit à l'Abbruzze en la ville de la naissance d'Hermolas, où voulant faire, comme l'on dict, la guerre à l'œil*1, elle s'enquit

---

1   Deux sens dans Huguet : *en suivant de ses yeux les événements*, avec une citation qui décrit un valet «faisant la guerre à l'œil» qui se trompe, parce qu'il juge de lui-même, en hâte et sur le champ ; et « *il faut faire la guerre à l'oeil, il faut prendre advis sur le champ, consilium in arena* : car les choses qui surviennent donnent advis

soigneusement de la race & des moyens de ce Gentil-homme, dont elle apprit des choses qui lui sembloyent d'autant plus auantageuses, qu'elle les regardoit au trauers les lunettes de la passion, dont le verre a de coustume d'aggrandir les objects.

Vn iour qu'elle se promenoit par la ville, l'espee au costé, elle fit rencontre d'Exupere, qu'elle prit aussi tost pour Hermolas, à cause de l'extreme ressemblance dont nous auons parlé au commencement de ceste Histoire. Elle l'accoste, & apres lui auoir parlé de choses indifferentes : Est-il possible (lui dit-elle) Seigneur Hermolas, que vous ne connoissiez plus sous cest habit la voix, ni le visage de ceste Hortensia, à laquelle à Siene vous auez tesmoigné de la bien-veillance ? Vous voyez à quel point m'a reduitte l'incomparable affection que ie vous porte, veu que pour vous la tesmoigner i'ay faict vn naufrage de ma reputation, dont le desbris* ne peut estre reparé que par le mariage. Ie despens donc tout à faict maintenant de vostre misericorde, laquelle ie me promets fauorable pour me releuer de la faute que i'ay faicte de quitter si legerement la maison de mes parens pour vous suiure. Apres cela elle lui raconta ce qui s'estoit passé en l'affaire d'Arpague, [248] duquel on esperoit la guerison, & qui l'auoit deschargé en Iustice, comme elle lui auoit escrit plusieurs fois, sans auoir esté fauorisee d'aucune response.

A ce discours le rusé Exupere connut bien que ceste fille desguisee en homme le prenoit pour Hermolas, estant tout accoustumé à de semblables rencontres. Aussi tost faisant des proiects auantageux sur ceste occasion*, il se sceut si bien desguiser & tirer tout le secret du cœur de l'inconsideree* Hortensia, qu'elle le prit pour le vray Hermolas dont elle estoit esprise. Lui qui ne vouloit pas acheter (comme dict le prouerbe) chat en poche*, ni en voulant tromper se laisser surprendre lui-mesme, lui dict que pour accommoder* toutes choses auec decence il estoit besoin

---

nouveaux» Charron, *Sagesse* III, 3. Il semble qu'ici le sens soit : en voulant se renseigner soi-même, mais aussi «en s'enquérant sur place».

qu'elle se retirast pour quelques iours en la maison d'vn de ses amis proche de l'Aquila, iusques à ce qu'il eust disposé leurs communs parens à leur alliance. Ce que l'amoureuse Hortensia non moins ialouse de son honneur, que passionnee pour Hermolas trouua fort raisonnable.

Il la mit donc en lieu asseuré* sous la garde d'vn ami fidelle, tandis qu'il fit vn voyage à Siene, où il apprit toute l'histoire du vray Hermolas en la maniere que nous l'auons racontee : & s'estant informé de la maison & des richesses d'Hortensia, il trouua que ce lui seroit vn parti extremement auantageux. Il vid donc secrettement ses parens, & leur faisant croire qu'il estoit Hermolas, leur dict l'eschappee de leur fille, de laquelle il s'excusa comme ne l'ayant pas persuadee : & leur fai-[249]sant connoistre que ceste playe ne se pouuoit guerir que par le mariage, afin d'oster l'opprobre* que ceste tache feroit à leur sang, ils consentirent qu'il l'espousast, & la mere & le tuteur lui donnerent leur consentement par escrit, auec promesse d'vn grand doüaire.

Il s'en retourne promptement auec cet aueu, lequel monstré à Hortensia, rauie d'aise de voir son honneur sauué, & la volonté de ceux de qui elle dependoit conforme à ses affections, espousa Exupere sous le nom d'Hermolas, & le mariage consommé à la campagne, quelques iours apres il la mena à Siene pour recueillir le doüaire qu'on lui auoit promis, qui lui fut aussi tost conté, tant la mere & les parens d'Hortensia auoient de haste qu'elle s'en retournast à Abbruzze auec son mari, d'autant que sa presence faisoit causer le monde, & leur apportoit de la honte à cause de son eschappee.

Il seroit mal-aisé d'exprimer les regrets d'Eleonor, & les desplaisirs de son pere quand ils sceurent le mariage d'Hortensia auec celui qu'ils tenoient pour Hermolas, & quelles reproches de perfidie & d'inconstance elle fit contre l'innocent Gentil-homme, lequel durant que tout ceci ce passoit, fit vn voyage en la grande cité, à qui le seiour de sa Saincteté, & la multitude des corps saincts donne le nom de Saincte, plustost que les mœurs de ceux dont elle est habitee. Là ni la pieté des stations*, ni la licence des voluptez ne pûrent effacer de sa memoire l'idee* d'Eleonor, ni de sa volonté le desir de la prendre pour femme. [250]

Il reuint donc sur ses brisees à Viterbe, où ayant appris la conualescence d'Arpague, & de quelle façon il l'auoit iustifié deuant le Iuge par la deposition de la verité, il crût qu'il n'auoit plus de danger pour lui à Siene, où il se rendit dans peu de iours pour y reuoir les yeux d'Eleonor, qui estoient la lumiere des siens, & les astres de son ame. Mais il n'y fut pas plustost de retour, qu'il trouua le rebours de ce qu'il cherchoit, & non seulement sa maistresse & son pere indignez contre lui, mais aussi Arpague, faisant sous main vne nouuelle brigue contre son innocence, croyant qu'il eust espousé Hortensia.

Sur vne simple requeste le Iuge decreta contre lui, & il se vid sans y penser saisi au corps, & ietté dans vne si obscure prison, qu'il pensoit estre enseueli tout en vie. Les parens d'Arpague liguez auec ceux d'Hortensia, le vouloient faire chastier, comme ayant suborné ceste fille, & causé le mal-heur* qui la rendoit diffamee. Interrogé là dessus, il estoit fort estonné de se voir accusé de chose à laquelle il n'auoit iamais pensé, & plus il nioit, plus estoit-il tenu pour vn affronteur.

Il pense implorer le secours du pere d'Eleonor pour tirer de ce labyrinthe, auquel il pensoit estre enuelopé par la calomnie de ses ennemis. Mais cet homme au lieu de l'aider, se ioignit à ses aduersaires, bien aise d'auoir rencontré ceste occasion de se venger de la desloyauté dont il le tenoit coulpable, il n'eut de lui ni response, ni visite.

Et comme la lumiere de la verité entre aussi [251] difficilement dans les tenebres des cachots, que celle du Soleil, il estoit taillé* de demeurer long temps embarrassé dans ces toiles d'araignee, si la prouidence n'eust permis qu'Exupere reuint à Siene pour y visiter, sous le nom d'Hermolas, les parens de sa femme. Comme il alloit par la rue à ce dessein, les parties* du vrai Hermolas croyans qu'il eust franchi ou forcé les prisons, lui font mettre la main sur le colet, & quelque resistance qu'il fist, disant qu'on le prenoit pour vn autre, il fut ietté en vn croton* plus tenebreux que la plus noire nuict. Estant dans ces obscuritez entre les morts du siecle, sa conscience le remordant, lui fit croire qu'il s'estoit ietté dans les filets, pour y receuoir le iuste chastiment que meritoit son imposture.

Il se resolut d'auouër franchement la verité, en arriuast puis apres ce qu'il plairoit à Dieu, auquel il disoit auec Dauid en l'amertume de son ame. Voila Seigneur que ie suis preparé aux fleaux de vostre cholere, & la douleur qu'il me faudra souffrir, est tousiours deuant mes yeux[1]. Mais il deuoit plustost dire auec le mesme Prophete. I'ay dit que ie confesserois mon iniustice contre moi-mesme, & voila que le Seigneur m'a remis* mon iniquité[2].

Quand on ietta Exupere dans la prison, le Geollier ne pouuant comprendre de quelle sorte Hermolas se fust sauué, le va trouuer dans son cachot, où l'ayant rencontré, il s'escria que cet homme s'estoit rendu double par magie, ou que c'estoit quelque demon en sa forme qu'il auoit mis [252] en sa place : iamais Alcmene ne fut plus estonnee quand elle vid les deux Amphitrions. Il va de l'vn à l'autre cachot, & ne sçait quel est le veritable Hermolas, tant leurs visages & leurs voix se ressemblent, & mesme leur langage : car ils estoient de mesme patrie.

Il auertit le Iuge de cet Euenement singulier, qui vient & descend pour voir ceste estrange vision : lui-mesme ne sçait que dire. Il interroge celui qui a esté amené le dernier en la prison, lequel confesse la verité, & donne iour à ceste brouillerie*. Il le confronte auec l'autre, & voila la pleine lumiere du vray qui paroist par ceste conference*.

Ceste pierre de touche discerna le vray du faux alloi, & l'Hermolas veritable fut reconnu pour ce qu'il estoit, & l'autre pour Exupere. Cestui-ci monstrant l'escrit de la mere & du tuteur de

---

1   Ps 38, 18.
2   Ps 32, 1-5.

sa femme Hortensia, par lequel il lui donnoient permission de l'espouser, iustifia en quelque sorte son action, mais non pas sa tromperie. Il s'excusa sur ce qu'il auoit pris l'occasion* aux cheueux, & s'en estoit serui pour faire sa fortune. Il demanda pardon, & ayant graissé les mains des Iuges auec de l'huile d'amande douce[1], il en glissa & s'en escoula sourdement*.

Quant au vray Hermolas, estant bien reconnu, il sortit de la prison malgré les poursuittes des parens d'Arpague & d'Hortensia, son innocence s'estant rendue plus claire que les rayons du Soleil. Et il fut accueilli de sa chere Eleonor, auec des ioyes, & des applaudissemens qui passent l'v-[253]sage de les redire. C'estoit la dragme esgaree & retrouuee[2]. Apres ces nuages la serenité se monstra d'autant plus agreable, & les roses de leurs consentemens tirerent du prix de ces espines & de ces trauerses.

Il fit un tour à l'Aquila, où il fit tant par ses viues sollicitations, qu'il obtint de ses parens la permission d'espouser ceste fille, qui lui fut aussi tost donnee. Et il la mena dans son païs auec l'allegresse d'vn victorieux, qui remporte le butin pour lequel il a combatu, & qui entre en triomphant, enuironné de ses trophees. Si le souuenir des maux passez est comblé de liesse, & si rien ne plaist tant aux Soldats & aux Pilotes, que de raconter les perils où ils se sont trouuez : imaginez vous si Hermolas & Exupere estoient chiches à reciter les embarrassemens de leurs diuerses auantures.

Ainsi par leur ressemblance le sort se ioüa d'eux differemment, faisant espouser la riche au pauure, & la pauure au riche. Ceste inegalité ne rendit point inegales leurs affections, parce que Hortensia ayant trouué en Exupere le visage d'Hermolas, qui lui auoit donné de l'amour, demeura satisfaitte, Exupere taschant

---

1 Le jeu de mots est bien sûr *amande/amende* ; quoiqu'il soit tout à fait dans le style de Camus (voir aussi l'avant-dernière phrase de cette nouvelle), il faut croire que l'expression était courante.

2 Lc 15, 8.

par ses seruices & son humilité à amander sa tromperie. Eleonor aussi eut bien raison d'estre contente, se voyant esleuee en honneur & en bien, & aimee d'vne amour constante & genereuse*, par vn Gentil-homme, qui auoit fait plus d'estat de sa Beauté, & de sa Vertu, que des Richesses, dont les autres font la regle des mariages.

Fin du troisiesme Liure.

[256 non paginé]

TABLE
DES EVENEMENS
Du Quatriesme Liure.

LIVRE QVATRIESME
DES
EVENEMENS
SINGVLIERS
DE
MR DE BELLEY.

La Chaste Martyre.
EVENEMENT PREMIER.

LE Martyre ne s'entend pas seulement des peines ou de la mort que l'on endure pour le soustien des veritez que la foi nous enseigne ; mais il s'estend encore à toutes les souffrances qui arriuent pour le maintien de quelque vertu que ce soit. Tous ceux que l'Eglise honore pour Martyrs ne sont pas morts pour auoir esté fermes en la creance, sans laquelle il n'est point de salut. Il y en a quelques-vns qu'el-[258]le honore de ce tiltre, qui ont souffert pour d'autres sujects. Comme le grand Precurseur du Messie, qui eut la teste trenchee pour auoir repris* la mauuaise vie de l'infame Herodes auec vne heroique liberté[1], & vn zele admirable. S Thomas de Cantourbie[2], & Stanislas[3], qui furent meurtris pour la defense des franchises* Ecclesiastiques. Saincte

---

1   Il s'agit de Jean. Lc 3, 19-20.
2   Saint Thomas de Cantorbery, Thomas Becket.
3   Saint Stanislas, exécuté sur l'ordre du roi Boleslas en 1079 par « truncatio membrorum ». Le supplice consistait à couper les mains, les jambes, le nez et les oreilles, mais pas la tête, et à crever les yeux.

Pelagie[1] pour le maintien de son honnesteté. Et si Saincte Suzanne[2] fust morte pour le mesme suject, elle eust esté sans doute reputee pour martyre. Cette qualité est attribuee par les docteurs à tous ceux, ou qui endurent, ou qui meurent pour quelque vertu. S Bernard va plus auant, & dit, que l'obseruance & la garde de la chasteté est vn martyre continuel, vn martyre lent & qui n'est pas de moindre prix deuant Dieu qu'vn violent, veu que les Vierges ont vn priuilege au ciel de suiure l'Agneau par tout où il va[3], qui n'est point attribué aux Martyrs. Mais ceux qui apres auoir souffert l'vn durant la vie, endurent encore la mort pour cette pure & blanche vertu, que l'on peut appeler la perle des vertus : doiuent sans doute estre couronnez des doubles roses blanches & rouges, & porter sur leurs testes ces doubles couronnes de fleurs que iamais ne flestrissent.

L'Euenement dont nous allons parer l'entree de ce Quatriesme Liure porte ceste double gloire sur le front, & fera voir vne Celia s'esleuant comme vn nouuel Astre dedans le ciel, par le sacrifice qu'elle fit d'elle mesme à la conseruation de son integrité. [259]

La memoire en estoit si fraische en la Romagne lors que i'y passay en mon dernier pelerinage de Lorette, qu'il sembloit que ce beau sang fumast encore, & comme celui d'Abel, criast vengeance vers le ciel contre celui qui l'auoit respandu auec tant d'iniustice, que l'on tenoit s'estre refugié dans les montagnes de l'Appennin, parmi les bannis. Pourtant quelque curieuse* que fust mon enqueste, ie ne pûs apprendre determinement le lieu où cet accident arriua, celui qui m'en recita l'histoire, estimant que ce fust autour d'Arimini, mais ne me l'asseurant pas.

---

1   V. note 1 p. 557.
2   Il s'agit de la Suzanne convoitée et faussement accusée par deux vieillards de l'épisode biblique (Dn 13, 54-64). Il existe une autre Sainte Suzanne – éponyme de la Basilique Sainte Suzanne à Rome – qui ayant refusé d'épouser le fils de l'empereur Dioclétien, fut décapitée en 296.
3   «Dans les chants à la louange des vierges, il est dit que seules elles suivent l'Agneau partout où il va (Apoc 14, 4) : de quelles louanges alors jugeras-tu digne celle qui même le précède ?»

Niso Gentil-homme de naissance entre plusieurs enfans eut ceste Celia (dont nous allons crayonner l'heroique chasteté) doüee de tant de beautez au corps, & de vertus en l'ame, que l'on ne sçauoit à qui donner la preference, ou à la beauté des vertus de son esprit, ou à la vertu des beautez de son visage, dont elle faisoit vne double chaisne, pour attacher en mesme temps & les yeux & les cœurs. Les abeilles ne sont point plus aspres apres les fleurs, que la ieunesse est ardente autour de celle-cy, qui estoit vne fleur de graces & de qualitez excellentes.

Niso non moins desireux de la pouruoir, que les poursuiuans de l'auoir pour femme, la presse de lui donner vn gendre qui le fasse renaistre en de petits neueux, ne voulant point violenter sa volonté en ce choix, dont il lui laissoit la pleine liberté, sçachant que rien ne doit estre si libre que le mariage, & que ceux qui se font par contrainte & sans inclination plongent les partis qui s'y en-[260]gagent en vn enfer de mescontentemens, & de mauuais mesnage*.

Mais il ne se trompoit pas moins en son dessein, que les competiteurs en leurs pretensions*, parce que Celia dés sa plus tendre ieunesse, preuenuë d'vne grace de Dieu fort particuliere, aspirant aux nopces eternelles de l'Agneau sans tache, auoit resolu, sans estre pressee d'aucune necessité : mais d'vne volonté toute franche, de se maintenir vierge toute sa vie, & de la passer en saincteté & en iustice au pied des autels de celui qui a vn pere sans mere, & vne mere sans pere, ie veux dire, vne mere Vierge, & vn Pere qui l'engendre en son sein de toute eternité, sans aucun commerce de femme. Mais comme elle estoit extremement discrette* elle auoit tousiours serré ce project dans son cœur, reseruant son secret à soi, & ne le communiquant qu'à cet espoux celeste, qui comme vn grand Roy, veut estre serui à plats couuerts[1], & qui se plaist à l'ombre du silence & de la modestie*. Le tenant donc collé sur son sein comme vn bouquet de myrrhe, & graué comme vn

---

1 Discrètement, secrètement.

cachet sur son cœur & ses pensees, sur son bras & ses actions, elle accompagna ses autres vertus d'vne singuliere deuotion, qui leur donnoit vn lustre fort auantageux deuant les hommes, & vn grand surcroist de merite deuant Dieu. Elle estoit assidue à la priere & aux ouurages, elle visitoit souuent les Eglises, frequentoit l'vsage des Sacremens, & de la parole de Dieu, bref c'estoit vn modelle de perfection parmi ses compagnes. Estrange effect de l'Amour, qui transforme l'Amant en [261] ce qu'il aime, & qui change le cœur aux humeurs de l'object cheri, comme si c'estoit vn poulpe qui se teinct de la couleur des lieux où il s'attache.

Tous ceux qui auoient des yeux pour ceste fille, en eurent aussi pour la pieté, chascun s'efforçant d'estre, ou de paroistre deuot pour tascher de lui complaire. Aussi n'auoit-elle point d'autre regle pour estimer les hommes que celle de la deuotion, & ceux où elle en voyoit reluire le plus, estoient ceux qu'elle estimoit d'auantage.

Au lieu donc que les autres amoureux se parent pompeusement, se frisant, se parfumant, & employant de semblables artifices* pour s'insinuer par ces attraits aux volontez de celles qu'ils recherchent : ceux de Celia negligeans toutes ces mignardises, parce qu'il sçauoient combien ces mugueteries* lui estoient en horreur, n'estoient veus qu'auec des liures spirituels, ou des chappelets à la main, comme s'ils eussent eu à courtiser le ciel, plustost qu'vn obiect terrestre. Aussi ne la voyoient ils guere (selon la coustume de la nation) que dans les Eglises, où ie crains fort qu'ils estoient plus occupez à contempler Celia que le ciel mesme, & l'ouurage des mains de Dieu que l'ouurier.

Or apres que le pere eust long temps importuné sa fille pour la faire resoudre à faire election* de celui auec lequel elle vouloit passer sa vie sous le ioug d'Hymen : elle se vid contrainte de lui declarer ce que iusqu'alors elle auoit tenu enclos en sa poictrine, qui estoit le desir d'espouser vn Cloistre, dans les obscuritez duquel entre les morts du siecle, elle vouloit passer le courant de ses iours. [262]

Niso qui n'attendoit rien moins que ceste response si esloignee de son intension, qu'il eust plustost consenti à sa propre mort, qu'à ceste volonté de Celia : la renuoya si loin, & auec vn ton si seuere, lui fit connoistre combien cela lui desplaisoit, que depuis la pauure fille n'osa plus lui parler de la loger en quelque monastere. Niso qui ne se pouuoit imaginer que ce fust la pure amour de Dieu, qui lui donnast ceste pensee (si difficilement les personnes materielles conçoiuent les traicts de l'Esprit diuin) fit toute sorte de diligence pour descouurir si ceste resolution ne lui prouenoit point de quelque passion secrette, ou de quelque mescontentement caché, comme il arriue assez souuent aux esprits vulgaires*. Mais ne lui voyant ni tristesse extraordinaire, ni aucun attachement aux creatures, il ne sçauoit à quoy attribuer la cause de ce sainct desir : Aussi ne procedoit-il pas de la terre, ni de la volonté de la chair & du sang : mais de la pure bonté de Dieu, qui seul peut inspirer de si pures & genereuses* intentions, & il ne les donne pas à chascun.

Cette fille semblable à la palme, qui iette des racines d'autant plus profondes, qu'elle est plus battue des vents[1], s'affermissant en son bon propos*, plus elle y estoit contrariee par ses parens, & par ceux qui la recherchoient : fut essayee* par les vns & par les autres de toutes les sollicitations qui peuuent faire changer de resolution au courage* le plus determiné. Que de vagues contre

---

1 L'emblème 36 du *Liber Emblematum* d'Alciat représente un palmier courbé par le poids d'un jeune garçon pourtant enlevé dans les airs. La devise en est : Obdurandum adversus urgentia. Qu'on doit tenir bon dans les urgences. Et le texte : « Nititur in pondus palma, et consurgit in arcum, Quomagis et premitur, hoc mage tollit onus : Fert et odoratas, bellaria dulcia, glandes, Queis mensas inter primus habetur honos. I, puer, et reptans ramis has collige : mentis Qui constantis erit, praemia digna feret. » La palme se raidit sous le poids et se redresse en arc, plus elle est poussée vers le bas, plus elle élève son fardeau : elle porte des fruits odorants, desserts doux au goût, qui auront au repas la première place. Va, enfant, et rampant dans ses branches, cueille-les. Celui qui poursuivra son but avec constance remportera de dignes récompenses (trad. MV). Il est intéressant de voir que le «s'affermissant dans son propos» de Camus, qui traduit clairement «mentis qui constantis erit», est déplacé du jeune garçon à la palme, et de là à la jeune fille.

vn rocher, de quelles tempestes ne fut battu ce fresle vaisseau, qui
ne put iamais estre surmonté de l'o-[263]rage. Niso la prenoit
tantost par des prieres & des coniurations*, qui eussent pû amollir
les pierres, tantost il taschoit de l'effrayer par des menaces qui
eussent pû briser le diamant. Mais ni la douceur, ni la rigueur ne
la changeoit point. Elle estoit tousiours elle-mesme, ou plustost
Iesus qui vivoit en elle, estoit inuariablement planté sur son
cœur. Chaste cœur qui se mocquoit de tous ces vains* seruices,
ou plustost de ces folles idolatries dont ses Amans reueroient sa
beauté. Elle bouchoit les oreilles de son affection à ces chants
de Sirenes, & desdaignant tous leurs vœux, elle aimoit mieux
estre seruante de Christ crucifié, que leur imperieuse maistresse.
Choisissant d'estre abiecte* en la maison de ce doux Sauueur,
plustost que d'estre grande parmi les tabernacles des pecheurs,
& richement pourueuë dedans le siecle.

Le pere estimant que le temps lui feroit perdre ceste vocation
celeste qu'il appeloit fantaisie, la laissant en ceste humeur, se
lassa de la tourmenter. Mais pour lui boucher tous les chemins
pour paruenir à son dessein, non content de lui desnier la dotte
necessaire pour estre Religieuse, il alla par tous les Monasteres
pour empescher qu'elle n'y fust admise, se seruant pour cela de
diuerses industries, dont ie ne veux point charger ces lignes.

D'autre costé Celia renforçant sa resolution par le vœu de
Chasteté, s'arma d'vn nouueau courage pour resister à tant d'aduersaires que le sang & le siecle lui suscitoient, mettant toute sa
confiance en celui, qui par le bras d'vne femme [264] ietta la
confusion dans la maison de Nabuchodonosor[1]. Se voyant les
moyens retranchez* d'entrer dans les Cloistres, elle iette les yeux
sur de certaines filles & femmes deuotes, qui sont fort frequentes
par l'Italie, & qui vestues comme des Religieuses viuent comme
religieusement, les vnes en des maisons particulieres*, les autres

---

1   Judith, qui séduit puis décapite Holopherne, le général de Nabuchodonosor. Jdt,
     9-14.

en des reduits & assemblees qu'elles font entre elles en forme
de Confrairies & de Congregations. Ils les appellent en Italie,
Pizzocare, en Espagne, *Beatas de casa*, en Flandres, où il y en a
grand nombre, on les nomme les *Sœurs Beguines* ou *Collettes*.
Tant y a que ce sont des filles ou femmes vefues, qui s'habillent
diuersement quant à la forme selon les contrees, & d'ordinaire
de la couleur de l'ordre auquel elles ont deuotion, comme de
S. Dominique, de S. François, de S. Augustin, ou du Carmel, &
dans les Eglises des Religieux de ces Ordres, elles ont quelques
Chappelles où elles se ramassent pour y faire leurs deuotions
particulieres*, & sont conduites en leurs exercices spirituels par
les Peres de ces Monasteres-là.

Nostre Celia desira estre de ceste Congregation, qu'ils appellent du tiers ordre de S. Dominique, dont S. Catherine de Siene
a esté le grand ornement. Et parce que son pere ne lui vouloit
point permettre de sortir de sa maison, il ne la pût empescher de
se charger de l'habit que portent les Sœurs qui se sont de ceste
Congregation, donnant assez à entendre par là à tous ses poursuiuans qu'elle leur disoit vn long Adieu, & à toutes les [265]
delices du Monde. Ce n'est pas que quelques vnes de celles qui
s'enroollent en ces Confrairies ne passent quelquefois dans le
marriage, parce que toutes ne font pas le vœu de chasteté lequel
encore par celles qui s'y veulent lier ne se faict qu'en secret,
libres au reste des autres vœux de pauureté & d'obeissance. Mais
parce que ces filles là se marient rarement, on croit quand elles
ont chargé ceste sorte d'habit, qu'elles ont resolu de couler leurs
iours dans les seuls exercices de la vie spirituelle, & qu'elles ne
veulent point penser aux embrassemens des mesnages*. Tout
cela pourtant ne fut point capable de bannir d'autour d'elle
ceste importune troupe de pretendans, bien qu'elle s'esclaircist*
vn peu. Niso mesme qui n'aimoit point en elle ce genre de vie,
excitoit quelques vns à la rechercher, leur protestant d'aggreer
leur poursuitte & d'entendre* à leur alliance, pourueu que ceste

fille s'y voulust porter. Mais tous leurs efforts & leurs artifices*
furent vains*, parce que la main de Dieu estoit auec elle, main
puissante & capable de renuerser tout vn monde.

Mais si ceste main estoit auec elle, d'où vient donc qu'elle
tomba au pouuoir du barbare, qui ne lui pouuant rauir l'honneur,
lui osta cruellement la vie ?

Tout beau mon ame, ceste trop hardie curiosité* te donneroit
à la fin des pensees ou profanes, ou dangereuses. Ce n'est pas
à nous de sonder les secrets de celui dont les iugemens sont de
profonds abysmes. Il suffit de croire que celui a faict toutes choses
pour ses esleus, ne faict rien [266] que pour leur auantage, leur
faisant tirer gloire de leur dommage, & profit de leurs tribulations.
Que si tout coopere en bien à ceux qui sont bons, les supplices
mesmes se changent en degrez qui les esleuent au ciel, tout ainsi
que l'arche de Noé se haussoit par les eaux du deluge.

Oronte entre les Amans de Celia se trouua le plus opiniastre, disons dauantage ; le plus forcené en sa passion. Et resolu
d'auoir l'accomplissement de ses desirs, ou de voir la fin de sa
vie, il se determina de iouër à tout perdre, & d'emporter de gré
ou de force* ceste place qui sembloit inexpugnable. En vain la
demande t'il au pere, en vain Niso la lui accorde-t'il, parce que
ceste demande ni ceste permission n'estoyent pas assez fortes pour
flechir la constance de Celia. Rebutté & refusé tout autant de fois
qu'il auoit voulu ou parler ou faire parler à ceste belle Vestale,
estant reduict au point de ne plus rien esperer, ce desespoir le
mit aux termes de ne rien craindre, de sorte que postposant sa
vie, ses biens & son honneur à cet appetit qui le rendoit furieux,
il delibera d'enleuer Celia, & l'ayant forcee de reparer ceste
violence par vn mariage[1], auquel il estoit asseuré* que Niso ne
refuseroit pas son consentement : Il dressa si accortement* sa
partie, qu'ayant faict ietter Celia dans vn carrosse de campagne
ainsi qu'elle sortoit d'vne petite Eglise où elle auoir accoustumé

---

1   Nous mettrions une virgule après *forcee*.

d'aller faire quelques deuotions, deuant que la rumeur de cet enleuement fust grande, il estoit desia bien loing au dehors, & par des chemins esgarez il la fit conduire en vn lieu qu'il auoit de[267]stiné à la retraitte, se tenant plus heureux* de la possession de ceste beauté, que Iason de la conqueste de la toison d'or, ni Paris de celle de la Grecque Helene.

L'ayant en sa puissance il employa tous les plus doux moyens dont il se put auiser pour faire despouiller la rigueur à ceste fille, plustost par la suauité des rayons du Soleil, que par l'impetuosité de la bize. Mais ce grand courage* faisant vertu de la necessité se rendoit inflexible à ses prieres, lui faisant mille reproches de sa laschetè & de son impudence, pour irriter sa cholere, dont elle redoutoit moins les effects, que ceux de son amour. Elle lui declara qu'elle auoit voué à Dieu sa virginité, & qu'il ne pouuoit sans vn sacrilege execrable attenter de violer en elle l'espouse du fils de Dieu, & de sa part qu'elle se laisseroit plustost tailler en mille pieces, que de se departir* de la promesse de son integrité, qu'elle auoit faitte à ce diuin Amant.

Mais ce Brutal* qui n'auoit ni Dieu ni l'honneur deuant les yeux, & qui aueuglé du feu de sa conuoitise ne voyoit point le Soleil de la raison, se mocquant de toutes ces remonstrances, se mit en deuoir d'arracher d'elle par force*, ce qu'il ne pouuoit obtenir de bon gré : plusieurs fois elle le repoussa, & quoi qu'il essayast de la lasser & par ce moyen de luy faire perdre les forces, son courage* inuincible surpassant la debilité de son sexe & de sa complexion, lui donna tousiours assez de vigueur pour se garantir des souillures de ce profane. Lequel vn iour resolu d'appeler des valets (mi-[268]nistres de sa meschanceté) à son aide, & de faire lier ceste innocente victime pour la sacrifier plus à son aise à son infame plaisir[1]. Elle voyant que la ruine de son honnesteté estoit euidente si elle ne preuenoit ce desastre* de quelque coup

---

1   La ponctuation est bien celle-ci. La phrase, elle, se termine vraiment avec *syncope*, sept lignes plus loin.

genereux*, ne pouuant ni se lancer par la fenestre, ni se donner la mort par aucun moyen : S'auisa sur le champ de tirer la grande aiguille qui lui seruoit à agencer ses cheueux, & qui estoit cachee dans sa coiffure, laquelle elle enfonça si auant dans l'vn des yeux de cet effronté rauisseur, que non seulement elle le creua, mais luy causa vne douleur qui le fit tomber en syncope. Au bruit de sa cheute les vallets qu'il auoit appelez par le cri qu'il eslança, entrerent dans la chambre, où ils le trouuerent tout estendu le visage baigné de sang. Ne voyans aucune arme en la main de Celia, ils ne pouuoyent deuiner de quelle façon leur Maistre auoit esté ainsi mal traitté. Mais en regardant où il estoit blessé, ils trouuerent encore l'aiguille dans l'oeil qu'ils tirerent, & à force de le demener, ils le firent reuenir de son euanouyssement, duquel il ne fut pas plustost retourné, que se voyant borgne, & forcenant de rage, de honte & de douleur, il prend vne dague que portoit vn de ces satellites & en donna tant de coups dans le sein de la chaste Celia, qu'elle rendit l'ame entre les mains de son celeste espoux, par les belles & glorieuses playes qu'elle receut pour la defense de sa virginité.

Ainsi mourut ceste saincte fille, presentant hardiment & ioyeusement son corps au fer, plustost [269] qu'aux embrassemens de ce bouc impudique. Lequel ne porta pas bien loin la punition de son incontinence* & de sa cruauté, parce que Niso estant auertit de ce Rapt, & de ceste funeste Catastrophe, fit confisquer tous ses biens par la Iustice, qui le condamna à perdre la teste lors qu'ils pourroit estre saisi.

Ce Cain maudit sauua sa vie, ou plustost prolongea sa viuante mort par sa fuite, errant vagabond par les monts Appennins, où il meine auec les bandouliers vne vie plus sauuage & farouche que celle des lyons & des tigres : tousiours agité des furies vengeresses de son iniquité, & n'attendant que les effects de la Iustice humaine ou diuine, s'il ne preuient par vn bon repentir la iuste fureur du Dieu des vengeances.

Cependant ie ne fay point de difficulté de donner l'eloge & le tiltre de Martyre à la deuote Celia, morte si glorieusement pour la conseruation de sa virginité.

Le Bon Despit.
EVENEMENT II.

LORS que les nourrices veulent seurer leurs nourrissons, elles ont de coustume de frotter le bout de leurs mammelles auec auec du chicotin* ou de quelque autre suc rempli d'amertume, pour leur faire perdre le goust du laict, & le desir de [270] tetter, & afin qu'ils se repaissent de viandes plus solides. Dieu se sert de la mesme industrie pour retirer quelques ames de la poursuitte du laict empoisonné des voluptez & vanitez* du monde, qui sont ces Lamies & Sorcieres dont le Prophete parle, qui descouurent leur sein dangereux pour attirer les foibles esprits¹. Car il leur enuoye souuent des reuers & des desplaisirs sensibles qui les font despiter* contre le Siecle, & les portent à donner du pied* à toutes ses fausses folies. On tient qu'il y a vne certaine source en la Moree²*, l'eau de laquelle rend ceux qui en boiuent abstemes, si bien que par apres le vin leur est en horreur. Ceux qui ont vne fois gousté les choses de l'esprit (dict le grand S. Gregoire) ont aussi tost à contrecœur les choses sensibles & charnelles³, c'est la manne qui

---

1 L'allusion est obscure. Camus songe sans aucun doute à Lamentations 4, 3, dont le texte dans la Vulgate est : «Sed et lamiae nudaverunt mammam, lactaverunt catulos suos» [...] Le contexte ne permet nullement de voir pourquoi ce sein est dangereux, particulièrement pour les faibles d'esprit : la comparaison est introduite par Jérémie pour déplorer le sort des nourrissons de la «fille de son pays» qui ne sont pas nourris, contrairement à ceux des lamies.

2 «Grande presqu'île au sud de la Grèce, nommée autrefois Péloponnèse». Moreri.

3 «Saint Grégoire dit de son côté : "Quand on a goûté de l'Esprit, à l'instant toute chair devient insipide."» cité dans Jacques de Voragine, *La Légende dorée*, Tome II,

faict oublier la farine d'Egypte. Et tout ainsi que ceux qui mangent des fruicts verds ont les dents tellement agacees qu'ils ne peuuent plus mordre dans le pain, ni trouuer goust aux meilleures viandes : aussi ceux qui sont attachez au sang & à la matiere ont peu de sentiment des delices spirituelles, au rebours ceux qui sont vne fois amorcez* des auantgousts du ciel, disent auec S Augustin : O beauté si ancienne & si nouuelle que tard ie me suis addonné à vostre seruice, & à vostre amour[1] ! Que de personnes heureuse-ment ancrees au port heureux* & au haure de grace de la saincte Religion doiuent leur salut à leurs naufrages mondains ? Quelles graces rendent-ils à leurs mauuaises fortunes qui les ont par des tempestes iettez au bord & à l'abry, [271] les rendant riches par leurs desbris* & auantagez par leurs disgraces ? I'enuironneray ta voye d'espines[2], dict Dieu au mondain, qu'il veut conduire en la Hierusalem mystique, en la cité de paix de la vie Religieuse. Que l'on ne blasme donc plus ceux que le desespoir ou le despit poussent dedans les Cloistres, puisque tout ce qui apporte vn si grand bien doit estre estimé, puisque ces ames ont tiré leur salut de leurs ennemis, gaignant le ciel par la perte & l'abandonnement de la terre. Qui ne loüe le despart de Iacob de la maison de Laban figure du siecle[3], & cependant il fut causé par vn iuste despit*. Ce fut cela mesme qui fit quitter à Dauid la Cour de Saül[4], & à Loth la terre abominable[5], pour se retirer celui là dans les deserts, cestui-ci en Segor. Si nous loüons les effects d'vne bonne cause, pourquoi blasmerons-nous vne cause qui produict de si bons effects ? De quelque façon que l'on sorte de la Babylone du monde, mere des desordres & des confusions, soit par la porte, soit par la fenestre, il est indifferent, qu'importe-t'il (dict la maxime militaire) comme

---

«Le Saint-Esprit» II : De combien de manières le Saint Esprit est ou fut envoyé. Paris, Rouveyre, 1902.
1   *Confessions*, X, XXVII, 28.
2   Os 2, 8.
3   Gn 31, 17.
4   1S 19, 18.
5   Gn 19, 12-15.

l'on vainque son ennemi par stratageme, ou par violence ? Le monde, ce vieux routier* qui seduit* tant d'ames, pourquoi ne pourra t'il pas estre trompé ? qui peut trouuer mauuais vn braue* desdain, vn genereux* despit* quand il sert de glaiue d'Alexandre pour trancher les nœuds Gordiens dont il enlasse le cœur ? l'aime singulierement à remarquer les traicts de Dieu dans les vocations Religieuses, en voici quelques vns où le despit & le desespoir sont tous euidens : & toute-[272]fois nous y voyons briller la misericorde de celui qui en la creation de l'Vniuers fit sortir la lumiere du milieu des tenebres.

Il n'y a pas long temps qu'en l'vne des principales villes de l'Aquitaine vn Baron qui en son ieune âge auoit esté destiné par ses parens à la profession Ecclesiastique, & mesme porté la soutane & possedé de beaux benefices, ayant quitté ceste vocation pour prendre auec l'espee la place que son aisné lui auoit laissee par sa mort, se rendit esperdument espris des graces de Doristee Damoiselle de condition beaucoup inferieure à sa qualité, mais qui par les dons de la nature et de la vertu réparoit les deffauts de la fortune qui luy auoit esté auare. Alderic, c'est le nom de ce ieune Baron, auoit vne humeur si bigearre* & particulierement si fiere & si hautaine (la nation aidant encore à cela) qu'il se rendoit insupportable mesme à ses amis. Soit donc cela, soit vne secrette antipathie, mit vne telle auersion de lui dans le cœur de Doristee, que quelque grandeur qui parust en lui, & quelqu'auantage qu'elle se pust promettre d'vn parti si releué, il ne fut iamais en sa puissance de porter son inclination à lui vouloir du bien, ni mesme de lui faire par dissimulation quelque sorte d'accueil, ni de lui monstrer bon visage.

Ceste fille n'auoit plus que sa mere, sous l'obeyssance de laquelle elle viuoit auec sa sœur Prasilde, & ses deux freres Mirtil & Glicas. Cettui-ci comme Cadet, qui n'auoit pas grande resource de sa maison, alla busquer* la fortune de-[273]dans les armes : & parce que la Flandre est depuis tant d'annees le theatre où Mars desploye ses enseignes*, il y alla chercher dans la guerre les occasions de paroistre & de s'auancer. Mirtil qui estoit l'aisné demeura aupres de sa mere, tenant le gouuernail des affaires de la famille, & ne songeant qu'à se descharger de ses sœurs, comme d'vn fardeau qui n'est pas petit en vn mes-nage*, & comme d'vn meuble d'aussi fascheuse deffaicte*, que de dangereuse garde.

Aussi tost qu'il s'apperceut de l'amour que le Baron auoit pour son aisnee, il en fut extremement ioyeux, esperant faire de sa beauté & de cette passion vne descharge de sa dotte, & de la voir logee en vn lieu d'où il pourroit tirer de l'honneur & de l'assistance. Il n'y a rien qui picque d'auantage vn homme qui a de la presomption & de la vanité dans la teste, que de voir vne personne qu'il estime son inferieure, faire peu d'estat de lui. L'exemple en est illustre dans les sainctes pages en Aman, irrité pour ce sujet contre Mardochee[1]. Alderic ayant fort bonne opinion de lui-mesme, s'estonna des froideurs de Doristee, & ne pouuant comprendre d'où lui pouuoit venir ceste humeur, au lieu de l'attribuer à peu de iugement, il aima mieux reietter ceste façon de faire sur la grauité qui accompagne ordinairement la pudeur & la modestie*. Si bien que ne prenant pas ce triste accueil pour desdain, mais pour vertu : il en augmenta sa flamme par vne nouuelle estime. Et certes il est à croire qu'il eust par le despit esteint son feu dés sa naissance, s'il se fust persuadé que le [274] procedé de Doristee procedoit de mespris. Il n'ignore ni son rang, ni sa qualité : il sçait que la beauté non les moyens lui rendent ceste fille desirable, il ne se peut persuader qu'elle soit si despourueuë d'entendement, qu'elle vueille renuoyer la bonne fortune qui se presente à elle par son alliance. Mais ce sont toutes pensees vaines*, dont il repaist son esprit, parce que l'auersion de Doristee est telle contre sa personne, que sans auoir esgard ni à ses richesses, ni à sa dignité elle esliroit plustost vn sepulchre, que de se resoudre à estre sa femme, tant il lui desplaist vniuer-

---

1   Est 3,5.

sellement. Il est vrai qu'encore qu'elle ne se puisse contraindre iusques-là de lui faire paroistre quelque signe d'amitié, le respect que la bien-seance & la ciuilité lui commandent de porter à la condition de ce Seigneur, la tiennent en vne contenance* qui laisse des estincelles d'esperance en l'ame du Baron. Lequel sçachant combien l'amour est volontaire, & combien la correspondance* des volontez est necessaire pour accomplir l'harmonie d'vn bon mariage, ne veut point la faire demander à ses parens, qu'il ne l'ait renduë susceptible de ceste passion & fondu ceste glace au feu de ses desirs.

Cependant il voyoit que ses seruices & ses soumissions estoyent autant de grain ietté sur l'arene* infertile, Doristee le payant tousiours de ceste excuse artificieuse, qu'elle n'estoit pas digne de lui, & qu'il deuoit addresser ses vœux à vn suiet plus esleué. Et quelques protestations qu'il lui fist du contraire, l'asseurant que ses pretensions* estoient & iustes & honorables, & que son dessein estoit [275] de l'espouser : si faisoit-elle semblant de ne pouuoir admettre cela dans sa creance, le priant de chercher quelqu'autre plus simple qui se laissast aller à des sermens dont le ciel se rit.

Alderic auoit nourri page le Cadet d'vn petit Gentil-homme, qui estoit Cadet lui-mesme, & noblement pauure : cestui-ci s'appelloit Leopold, Cadet d'vn Cadet, & par consequent qui auoit vaïllant vn peu moins que rien. Neantmoins comme les courages* bien nez se releuent tousiours contre les disgraces de la fortune, Leopold auoit vn certain air gentil* & genereux* & vne grace si pleine d'attraicts, qu'il sembloit estre formé pour arriuer à vne fin plus heureuse*, que celle dont ces pages seront ensanglantees. Il ne faisoit que de sortir de page*, suiuant encore son maistre comme vne espece d'Escuyer. Son menton commençoit à peine de s'ombrager de ce premier duuet qui rend vn visage naturellement beau extremement agreable. Sa mine* estoit galante*, son œil vif et penetrant, sa bouche riante, son teinct frais & vermeil, sa taille haute & droite, ses cheueux entre blonds & chastaings, vn esprit correspondant à ceste bonne mine*, & vne disposition à la danse egale à vne merueilleuse addresse au maniment des armes. Bref il estoit tel qu'il le falloit pour vaincre la froideur & les desdains de Doristee. Son maistre s'auisa (toutefois assez mal pour son profit) de l'employer à ce dessein. Luy ayant donc descouuert les secrets de sa passion iusques au centre de son cœur, comme à celui qui estoit sa nourriture*, & qu'il cognoissoit [276] de longue main estre d'vn esprit accort*, & auec cela fort fidelle : il le pria de lui seruir d'entremetteur & d'employer son industrie pour moyenner* son mariage auec Doristee.

Leopold lui iura de traitter ceste affaire auec toute la loyauté qu'il pouuoit attendre d'vn seruiteur, passionnement desireux du contentement de son maistre.

Mais il n'eust pas plustost la liberté d'abborder ceste fille pour lui persuader de porter ses inclinations vers Alderic, en l'alliance duquel elle voyoit reluire vne fortune auantageuse, que les rares qualitez de Leopold donnerent aussi tost dans les yeux de la dedaigneuse Doristee, & assuiettirent sa liberté, qu'elle auoit iusqu'alors possedee auec toute franchise*, à celui qui n'auoit aucun dessein de la captiuer. Le feu, la toux, & l'amour sont trois choses qui ne se peuuent cacher. Il ne fut pas au pouuoir de Doristee de celer l'extreme passion qu'elle auoit conceuë pour Leopold, non plus qu'elle n'auoit pû dissimuler l'auersion qu'elle auoit d'Alderic. Et parce que ses regards, ni ses contenances*, ni les alterations de son visage ne furent point capables de la faire entendre à ce ieune Gentil-homme, elle se seruit de sa langue pour la lui faire entendre.

Leopold qui eust pensé commettre vne trahison impardon-nable de courir sur les brisees de son maistre, reietta en riant les discours de Doristee, la payant de la mesme monnoye qu'elle auoit desbitee à Alderic pour le diuertir* de la rechercher. Il tascha de lui ouurir les yeux sur sa pau-[277]ureté, & sur les richesses du

Baron, afin que celles-ci autant desirees, que l'autre est abhoree, fissent en son ame le mesme effect que les pommes d'or en celle d'Atalante[1].

Mais comme la lueur de l'or ne lui auoir pû tellement esblouyr la veuë, qu'elle n'eust apperceu les imperfections d'Alderic : aussi la necessiteuse condition de Leopold ne lui fit point de peur, l'amour ayant cela de propre de fermer les yeux aux defauts de ce que l'on aime.

Leopold qui detestoit l'infidelité plus que la mort, au lieu de la rebutter tout à faict de sa poursuitte, lui donna de douces paroles, afin de l'amuser* & de se seruir de cet auantage que la passion lui donnoit sur son esprit pour le seruice d'Alderic. Et parce qu'il iugeoit bien qu'il s'apperceuroit aussi tost de ceste affection que Doristee auoit pour lui, il delibera de preuenir ce coup là, qui autrement pourroit allumer vne furieuse ialousie dans le cœur du Baron. Lequel à ceste nouuelle se sentit tellement outré*, que peu s'en fallut qu'il ne se guerist par le despit* de la passion qu'il auoit pour ceste ingrate. Neantmoins comme vn grand feu a de coustume de deuorer toutes les matieres qui lui sont presentees, aussi vne grande amour change en soi toute sorte d'occurences.*

Alderic admirant d'vn costé la fidelité de Leopold, & n'ignorant pas les auantages de la bonne grace que cet adolescent possedoit au dessus de lui : ne s'estonna point que Doristee en fust deuenue esprise, & ioyeux que ceste fille qu'il estimoit plus froide que le

---

1 Atalante, extraordinairement rapide à la course et d'une rare beauté, cherchant à faire mentir l'oracle qui lui a prédit que le mariage lui serait fatal et la changerait en ce qu'elle n'est pas, impose à tous ses amants l'épreuve de la course, qu'elle gagne toujours, défaite qu'ils payent de leur vie. Hippomène, qui a eu le coup de foudre en voyant Atalante, parvient le premier au but en jetant trois pommes d'or que lui a données Vénus et qu'Atalante s'attarde à ramasser. Atalante et Hippomène forment alors un couple lié par la passion la plus brûlante, tellement que, s'étant unis dans un temple de Cybèle, ils sont métamorphosés en lions par Vénus qu'Hippomène avait omis de remercier, et condamnés à tirer le char de Cybèle. Ovide, *Métamorphoses*, X. L'histoire est racontée par Vénus elle-même à son amant Adonis, comme avertissement.

marbre se fust (quoi que pour [278] vn autre object) renduë susceptible des flammes qu'il experimentoit* pour elle si cuisantes* :
il conceut quelque espoir de la pouuoir diuertir* de Leopold, &
de l'attirer à lui par la consideration des richesses, qui est pour
l'ordinaire plus puissante que celle de la beauté.

Il commanda donc à Leopold de continuer la frequentation de
Doristee, & de l'engager autant qu'il pourroit en ceste affection
qu'elle auoit pour lui, en taschant tousiours de temps en temps
de la porter de son costé par la veuë du bien & de l'honneur qui
lui en reuiendroit. Ce que Leopold s'efforçoit de faire auec toutes
les subtilitez & les plus viues persuasions dont il se pouuoit auiser.
Mais tous ses efforts estoyent vains*, parce que sa seule presence
auançoit plus pour lui en l'affection de Doristee, que ne faisoyent
tous ses discours pour le contentement d'Alderic. Nous admirons
la fidelité des chiens de chasse qui, bien que gourmands de leur
naturel, sont si bien appris qu'ils gardent pour leur maistre la
proye qu'ils ont prise, & qu'ils ont en leur gueule, la crainte de
luy desplaire estant plus forte en eux que l'aiguillon de la faim.
Qui ne s'estonnera de voir Leopold renoncer au bon-heur* qu'il
auoit en sa main, pour le conseruer au Baron qui reconnoistra
tantost sa moderation auec tant d'ingratitude?

En ce mesme temps Alderic, qui remuoit toute pierre pour
essayer de conquerir l'affection de Doristee, s'auisa de gaigner
l'esprit de Prasilde sa cadette, pour s'insinuer par elle dans celui
de l'aisnee. Ceste-ci n'estoit pas belle, mais affettee* & [279] dans
ceste affetterie* elle auoit fort bonne opinion d'elle mesme. Elle
promit toute assistance au Baron en cela, blasmant ouuertement
la sottise de sa sœur, qui ne sçauoit pas reconnoistre dignement
l'honneur qu'elle receuoit d'vne si auantageuse recherche. O que
si l'esteuf* se fust addressé* à elle, qu'elle l'eust bien renuié[1].
Mais tant s'en faut que ceste malicieuse* procedast en ceste entre-

---

1   Il existe bien un verbe *renvier*, signifiant *redoubler, renchérir* (*DMF*). Mais il vaut
     mieux suivre l'édition de 1660 qui corrige : *renvoyé;* l'expression *renvoyer l'esteuf,*
     signifiant *riposter, répondre,* est bien attestée.

mise auec la mesme bonne foi dont se seruoit Leopold, qu'au contraire elle faisoit tous ses efforts pour augmenter le desgoust que Doristee auoit d'Alderic, blasmant tous les defauts qu'elle pouuoit remarquer en lui, & esleuant à dessein iusques au ciel les graces de Leopold. Elle croyoit par cet artifice* obliger sa sœur à traitter le Baron auec tant d'indignité, qu'il seroit contrainct par despit de renoncer à ceste amour, & que par apres elle se pourroit mettre en sa place, & par ses ruses acquerir les affections d'Alderic.

Il alloit neantmoins tout au rebours de ses pensees. Car plus elle taschoit de se rendre complaisante au Baron, plus elle lui desplaisoit : & plus il estoit mesprisé de Doristee, plus il l'auoit en estime. Sa flamme estant semblable à ces feux Gregeois, qui bruslent plus ardamment dans le vinaigre, que dans l'huile.

Comme les deux sœurs estoyent dans ces embarrassemens d'esprit, & souspiroyent des passions autant vaines* que steriles : Mirtil qui estoit leur frere aisné, surpris d'vne violente maladie fut despesché en peu de iours, & alla en l'auril de ses ans au tombeau de ses peres. [280]

La mere qui auoit besoin de soustien au maniement des affaires de la maison, fit sçauoir ces nouuelles à Glicas, lequel quitta aussi tost & la Flandre & le perilleux mestier de la guerre pour venir recueillir en paix la fortune qui lui arriuoit par la succession de son frere. C'estoit vn esprit actif & remuant, & que l'vsage des armes auoit rendu hardi & farouche. Il ne fut pas plustost de retour & maistre de la conduite* des affaires domestiques, qu'il commença à penser à loger ses sœurs. Il sceut l'affection qu'Alderic auoit pour l'aisnee, & celle que la cadette auoit pour Alderic : il trouua que celle-ci auoit assez bon appetit, & que l'autre estoit trop desgoustee. Il connut bien que Prasilde n'auoit pas assez de beauté pour attirer le Baron dans ses filets, & fasché que Doristee fist la difficile en vne si desirable occurence, il en voulut sonder la cause, qu'il reconnut aussi tost. Et autant fasché qu'elle abbaissat ses yeux vers Leopold, comme des desdains qu'elle tesmoignoit à Alderic : il fit dire à ce Cadet, que s'il ne se departoit* de frequenter sa sœur & de l'amuser* auec ses cajolleries*, il feroit sentir des effects de son indignation.

Leopold qui n'estoit pas homme à endurer des brauades, lui repartit qu'il estoit Gentil-homme d'honneur, & auec lequel il falloit traitter autrement que par des menaces, que ses intentions en la recherche de Doristee estoyent saines & iustes, & plus auantageuses pour ceste Damoiselle qu'il ne croyoit : que s'il se vouloit payer de la raison, il l'en rendroit capable*¹ ; sinon, qu'il estoit homme à le [281] contenter en toutes les façons qu'il voudroit choisir.

Glicas estoit soldat. Et mettre si promptement le marché à la main* à vn homme de ceste sorte, n'est pas pour le disposer à entendre des iustifications. Ceste querelle s'eschauffant, des paroles ils en vindrent aux effects, & s'estans assigné le lieu où ils vuideroient leur different auec l'espee, quelque prostestation que Leopold fist à Glicas de ne pretendre rien en sa sœur, & que sa poursuitte ne tendoit qu'à faire seruice à Alderic, en l'insinuant dans les affections de ceste fille : Glicas animé de ceste boüillante ardeur que l'humeur soldate excite dans les veines de ceux qui se font vne idole de leur valeur*, voulut passer outre, & monstrer qu'il ne s'estoit pas rendu sur le pré pour y demeurer les bras croisez, & sans faire sentir à Leopold quelque tour du mestier qu'il auoit appris en Flandres. Mais soit que le sort des armes soit iournalier*, soit que le ciel voulust punir sa temerité, ce combat lui reüssit si mal, que percé en deux ou trois endroits par vn homme qui songeoit plus à se defendre qu'à l'attaquer, Leopold le mena si longuement & si rudement, que debilité par la longue & grande perte de son sang, il tomba sur le champ, son courage ne pouuant supporter sa foiblesse : & eut le regret de se voir auant que de mourir arracher les armes des mains par vn aduersaire qu'il auoit prouoqué auec tant d'insolence.

---

1   S'il (Glicas) voulait accepter la raison pour laquelle cette alliance n'était pas aussi désavantageuse qu'il croyait, il (Leopold) lui expliquerait pourquoi.

Leopold se contenta de ceste marque de sa victoire, sans le presser de lui demander la vie, qu'il [282] s'essaya de prolonger en le soulageant. Mais comme il lui pensoit rendre ce piteux* office, il expira entre ses bras, criant merci à Dieu, accusant sa propre folie, & pardonnant sa mort à celui qui l'auoit mis en cet estat en se defendant.

Ce fut ce que r'apporta Leopold de la fin de ce Gentil-homme, ce qu'il faut remettre à sa bonne foy, parce que ceste action se passa sans tesmoins. Combien ce trespas fut sensible à la mere de Glicas, c'est assez pour l'exprimer de dire qu'il estoit son fils vnique. Il ne le fut pas tant à Doristee, qui plus touchee de passion pour son Amant, que de l'amour fraternel, eust esté bien marrie que la chance eust esté contraire. Sentiment qu'elle ne se pût tenir de faire paroistre, non sans le scandale de ceux qui s'en apperceurent, pour raison dequoy on peut raisonnablement coniecturer que Dieu la priua de ses pretensions* en la façon que nous ferons voir.

Cette mere outree* de desplaisir pour* la perte de son heritier, & de celui qui deuoit estre son baston de vieillesse, ne se contenta pas de faire contre Leopold toutes les poursuites dont elle se pût auiser en Iustice. Mais se seruant de la passion que le Baron tesmoignoit pour sa fille, elle voulut remuer ceste pierre pour la faire tomber sur la teste de celui qu'elle tenoit pour le meurtrier de son fils.

Vn iour donc ayant abbouché* Alderic, & lui faisant sa plainte sur ce mal-heur* : Ce qui m'en tourmente encore dauantage (lui dit-elle) est de voir que ceste calamité me vient de vostre mai-[283]son, de laquelle i'esperois plustost de l'assistance, que du mescontentement : & ce qui est le pis pour m'accabler de douleur, vous tenez sous vostre protection celui qui m'a raui ce qui i'auois de plus cher au monde. Que puis-ie donc m'imaginer, sinon que la passion que vous tesmoignez pour ma fille, n'est ni legitime ni honorable, puis que vous tenez aupres de vous celui qui a tué son frere, au lieu de le chastier de sa meschanceté ?

Veu mesme que vous ne pouuez ignorer le suject de la querelle qui a esté à vostre occasion* ; Glicas & moy ne souhaittans rien plus que l'honneur de vostre alliance, qui est trauersee par les artifices* de ce mignon*, qui ne fait que broüiller l'esprit de ma fille, au lieu de la porter à l'obeissance qu'elle me doit, & qui ne pourroit reüssir qu'à vostre contentement.

Là dessus Alderic se voyant obligé de soustenir son domestique*, lequel n'agissoit que selon ses volontez, en remonstrant à ceste mere affligee le tort estre du costé de Glicas, que Leopold auoit euité de ioindre* autant qu'il auoit pû, & aux violences duquel il auoit esté contraint de s'opposer selon les loix de l'honneur du monde : au lieu de moderer le courroux de ceste femme despitee*, il l'enflamma de telle façon, qu'elle iura ses plus hauts sermens de ne souffrir iamais que le Baron vist sa fille, ni de consentir à leur mariage qu'il n'eust vengé la mort de Glicas, lui faisant cet outrageux reproche, qu'il sembloit contre le cours de la raison haïr ceux qui le seruoient, & aimer ceux qui le trahissoient : Et lui disant que Leopold [284] estoit vn serpent qu'il nourrissoit dans son sein, & duquel il auroit vn payement sinistre.

Encore qu'Alderic reconnust que ceste femelle courroucee parloit plustost par fureur que par iugement, si est-ce que pour lui complaire, & pour l'auoir fauorable en sa pretension*, il commanda à Leopold de se retirer d'aupres de lui. Ce que fit ce Gentil-homme, ne tesmoignant pas moins son courage que sa fidelité par ceste prompte obeissance. Aussi tost son action lui reussissant tout au rebours de son dessein, il eut Doristee si contraire, que si auparauant elle le voyoit auec peine, depuis elle ne pouuoit plus supporter son abbord, parce que priuee de la veüe de celui qui estoit la lumiere de ses yeux, celle du iour lui estoit desagreable, ne cherchant plus que les tenebres & les cachettes pour y pleurer plus à son aise.

Ce desplaisir venu à la connoissance d'Alderic par le moyen de Prasilde, il se trouua comme entre le marteau & l'enclume, ne sçachant s'il deuoit laisser Leopold en sa relegation pour la consideration de la mere, ou le r'appeler de son exil en faueur de la fille. Toutefois persuadé par ceste cadette de le faire reuenir, de peur que son aisnee perdant le souuenir de cet absent ne tournast son affection vers le maistre : & d'autre costé, pressé par l'affection qu'il portoit à Doristee, plus que retenu du respect qu'il auoit pour sa mere : il remit Leopold à sa suitte, qui se trouua mal à la fin de tant de flexibilité & de condescendance*. La raison de cela prouint de la malice* de Prasilde, laquelle se voulant auancer au desauantage de sa sœur, & [285] satisfaire à son ambition en espousant Alderic par quelque industrie que ce pust estre, pour rendre Doristee odieuse au Baron, lui ietta dans l'esprit des soup-çons qui allumerent en lui, au lieu de la haine qu'elle y desiroit faire naistre, vne si forte ialousie, que ceste passion forte comme la mort, & ardente comme l'enfer, le mirent en des fureurs qui se terminerent en vn effect tragique.

Les rapports de Prasilde, quoi que faux pour ce qui touchoit Leopold, n'estoient que trop vrais de la part de Doristee, laquelle laschant la bride à l'affection qu'elle auoit pour Leopold, lui en rendoit tant & de si euidens tesmoignages, qu'Alderic ne les pouuoit ignorer, & ne les supportoit que pour la confiance qu'il auoit en la fidelité de son nourrisson*. Que fit Prasilde, soit qu'elle fust à cela conseillee par sa mere, qui ne visoit qu'à la ruine de Leopold, soit qu'elle y fust portee par sa propre malice* ? Elle contrefit la lettre* de Leopold, & ayant basti quelques responses correspondantes aux passions que sa sœur declaroit à ce Gentil-homme par celles qu'elle lui escriuoit : il ne lui fut pas difficile à faire croire au Baron, lequel la ialousie auoit disposé à ceste creance, que son entremetteur le trahissoit, & que sans ceste perfidie il fust venu depuis long temps à chef* de ses pretensions*. Sur ceste fausse impression il commença à lui faire mauuais visage, à ne lui communiquer plus ses secrets, & en fin il lui defendit de voir Doristee, ni de receuoir de ses lettres.

A quoi Leopold qui connoissoit l'humeur du personnage, obeit punctuellement, sans faire au-[286] tre replique aux iniustes reproches qu'il lui faisoit, sinon que l'euenement* lui seroit connoistre la sincerité* de sa conduitte* en toute ceste affaire.

Voila Doristee en de nouvelles agonie ne voyant plus Leopold, qui n'osoit plus paroistre deuant elle à cause de la defense de son maistre. Qui pressé par les persuasions de Prasilde, s'alla imaginer que par de secrettes intelligences* Leopold empeschoit que Doristee ne tournast son inclination deuers lui. Sur quoi l'ayant vn iour couuert d'opprobres* & d'iniures, qui ne pouuoient estre supportees que par vne extreme patience*, quelques excuses qu'auançast ce Gentil-homme, & quelques protestations qu'il fist, & preuues qu'il apportast du contraire, Alderic fut tellement transporté de cholere, qu'ayant leué la main pour l'outrager*, Leopold esquiua cet affront par vne fuitte, le Baron commandant qu'on lui fermast la porte s'il reuenoit, & qu'on lui defendist de sa part l'entree de sa maison.

Leopold qui croyoit qu'ayant fait large à ce torrent de courroux, à la fureur duquel c'eust esté vne folie d'opposer les digues de la valeur*[1] de la raison ou d'vne iuste defense, il pourroit reuenir par apres chez Alderic, & rentrer en ses bonnes graces quand le temps l'auroit disposé à receuoir ses iustifications d'vn esprit plus tranquille ; ne sortit point de la ville pour estre plus pres de l'occasion de se presenter à son maistre quand elle se presenteroit. Ceste demeure redoubla les ombrages & la ialousie d'Alderic, tousiours abbreuué de fausse nouuelles par Prasilde, de telle sorte qu'vn [287] iour ayant par mauuaise fortune rencontré Leopold en la rue, il se laissa tellement gaigner à la cholere, que mettant la main à l'espee, il poursuiuit cet innocent Gentil-homme, lequel se voyant serré de pres, & voyant l'eminent danger de la perte de sa vie & de son honneur, tirant la sienne se mit en defense, suppliant Alderic de l'ouïr en ses iustes responses, & de ne le reduire pas au desespoir.

---

1   Le texte, ainsi ponctué, ne donne pas vraiment un sens satisfaisant. Il vaut mieux supposer une virgule après *valeur*.

Le Baron pensant estre braué de voir vn homme en garde deuant lui, qui n'auoit accoustumé de le combattre que par la fuitte, se mit à entrer* sur lui de pointe & de taille*, l'autre ne faisant que parer aux coups, & suppliant tousiours qu'on ne le mist pas en la necessité d'attaquer. Alderic animé perdit le iugement, & s'enferrant de lui-mesme se fit vne blessure en la cuisse, au sentiment* de laquelle eschauffé de rage il commanda à ceux de sa suitte de l'aider à se despescher de Leopold : ce qui fut fait en vn moment, estant en mesme temps poursuiui de trois ou quatre. Ces hommes qui auoient esté ses compagnons au seruice d'vn mesme maistre, satisfaisoient en mesme temps à la haine qu'ils lui portoient, nee de l'enuie qu'ils auoient conceuë contre sa valeur* & sa faueur, & au commandement du Baron, à la defense duquel ils feignoient* d'accourir.

Le pauure Leopold abbatu par la multitude apres vne genereuse* resistance tomba sur le paué percé en diuers lieux, n'ayant autre loisir que de protester de sa loyauté & de son obeissance à son maistre, de pardonner sa mort à ceux qui l'auoient meurtri, & de recommander son ame à Dieu, à [288] qui il la rendit sur le champ.

Ceste sanglante execution* estant faitte le Baron se retira pour se faire penser de sa playe, & s'absenta de la ville pour euiter les procedures de la Iustice. Il fut generalement blasmé, & n'y eut celui qui ne condamnast son ingratitude d'auoir si miserablement payé tant de fidelles seruices que le gentil* Leopold lui auoit rendus dés son enfance.

Mais qui pourroit exprimer comme il faut les troubles d'esprit, & les desespoirs de Doristee, quand elle sceut que celui-là estoit mort, pour qui seul la vie lui estoit agreable ? Il tint à peu que le regret ne la suffocquast. Elle fut quelques iours sans vouloir admettre aucune consolation dans son esprit, & aucun aliment dans son corps, desirant par la faim esteindre & sa vie & sa flamme. Pour la retirer de ce furieux dessein qui l'exposoit au peril de la damnation eternelle, on la fit exhorter par vn sçauant & deuot

Religieux, qui sceut si dextrement s'insinuer en sa creance, qu'il lui osta de la fantaisie cet iniuste desir de mourir de la mort naturelle, & y mit celui de la mort ciuile*, en la portant à la Vocation Religieuse. Ceste resolution lui fut facile à prendre, puis que priuee de celui que seul elle desiroit pour mari, non seulement Alderic, mais tous les autres hommes lui estoient en horreur. Le mesme pere dont Dieu s'estoit serui pour lui inspirer vne si saincte pensee, lui en ouurit les moyens, lui trouuant vne place dans vn monastere.

A ceste nouuelle Alderic accourut pour s'op-[289]poser à ceste entree funeste à son amour. Mais c'est en vain que les hommes s'opposent aux œuures de Dieu, pour ce qu'il n'est point de conseil* contre sa souueraine puissance. Au lieu de diuertir* ceste fille de son dessein, il l'y confirma par sa presence qui lui estoit si odieuse, qu'elle se fust plustost iettee dans vn tombeau qu'entre ses bras.

Le Baron voulant mettre vne fin à sa recherche, la fit demander à sa mere & aux parens, qui tous consentirent à ceste alliance. Mais Doristee s'y opposa si courageusement, qu'elle protesta de se laisser plustost tailler en pieces, que d'y consentir iamais. Toutes les fois qu'Alderic se presentoit deuant elle, vous eussiez dit qu'elle voyoit vn demon, ce n'estoient que reproches & outrages*. Que si elle l'auoit haï parce qu'il l'auoit empeschee d'espouser Leopold, elle redoubloit sa haine par l'empeschement qu'il apportoit à son entree au Cloistre. Comme si ses fureurs eussent esté des faueurs pour le Baron, il augmentoit son amour par ces contrarietez*, n'espargnant aucune industrie pour tascher de gaigner son courage*.

Mais outre le despit* de Doristee, les artifices* de Prasilde estoient vn perpetuel obstacle à ceste reconciliation. Artifices* qui à la fin furent euentez, & en mesme temps que ceste malice* fut descouuerte, fut aussi reconnue l'innocence de Leopold par la fausseté des lettres supposees*, qui auoient esté cause de sa mort. Doristee malgré tous les efforts de ses parens & d'Alderic entra dedans le Monastere, auec les moyens qu'elle auoit de la succession de son pere, poussee par vne [290] iuste indignation contre le monde & contre Alderic. Et lors que Prasilde defaite de ceste sœur Riuale pensoit arriuer au but où elle pretendoit, qui estoit d'espouser le Baron, elle le vit tellement indigné contre ses malicieuses* inuentions, que s'il n'eust eu honte de tremper ses mains dans le sang d'vne fille, elle eust tenu compagnie au malheur* à Leopold. Mais il s'auisa d'vne autre vengeance, qui n'est pas moins sensible que la mort à vne fille vaine* & curieuse* de sa beauté comme estoit Prasilde.

Vne fois que pour conquerir son esprit elle voulut se seruir aupres de lui de ses ruses & affetteries* ordinaires, d'vn petit couteau qu'il tenoit prest à ce dessein, il lui fit vne balaffre au trauers du visage (ce que les Espagnols appellent *cuchillades*[1]) qui la rendit & difforme & hideuse le reste de sa vie. Ce fut la recompense qu'elle receut des mauuais tours qu'elle lui auoit ioüé.

Ce traict neantmoins indigne d'vn Gentil-homme, & principalement d'vn personnage de la qualité d'Alderic, fut trouué si mauuais, qu'il en fut plus descrié que de la mort de Leopold, de laquelle il s'excusoit en quelque façon, reiettant la faute sur ses gens qui l'auoient voulu defendre.

Prasilde se voyant ainsi mal traittee par celui dont elle auoit plustost souhaitté les biens, le rang & la fortune que la personne, se despita* aussi bien que sa sœur contre le siecle, & suiuant son exemple, se rendit Religieuse au mesme Cloistre, que Doristee auoit esleu pour sa retraitte. Là où reformant sa malice* par les preceptes, & les exercices [291] de la deuotion, elle cacha sous vn voile l'opprobre* de son visage.

La mere se voyant en peu d'espace priuee de tous ses enfans, chargee d'annees & de desplaisirs, alla vers le chemin de toute chair qui est le sepulchre.

---

1 *Cuchillada* : blessure à l'arme blanche, balafre.

Quant à Alderic il ne la fit pas longue selon la menace de la
saincte parole, qui retranche* la moitié des iours aux hommes
sanguinaires[1]. Parce que parmi ceux qui deschirerent sa renommee auec plus de rigueur & de precipitation, il sceut que Florian
Gentil-homme de ses voisins, contre lequel il auoit eu vn procez
d'importance, estoit celui qui l'outrageoit* dauantage. Sur quoi
le faisant appeler, l'autre ne manqua pas de se trouuer au lieu
assigné auec vne bonne espee, de laquelle Alderic à la troisiesme
passee* sans auoir donné aucune atteinte à son ennemi, receut
le chastiment de sa temerité & de ses autres fautes.

Ie veux croire que les habitudes religieuses, aussi bien que
l'habit firent plaindre aux deux sœurs enfermees le desastre* de ce
Cheualier, bien que de lui fussent procedees toutes leurs trauerses.
Neantmoins quand ie lis que le juste se resiouït quand il voit la
vengeance, & qu'il laue ses mains dans le sang du pecheur[2], i'ay
de la peine à me persuader qu'elles eussent beaucoup de ressentiment* de l'infortune du Baron.

La mesdisance du monde ne manqua pas de deschiffrer* la
Vocation de ces deux filles, lesquelles sans doute s'estoient iettees
sous l'estendard de la Croix par vn despit qu'elles auoient conceu
[292] contre le siecle, où elles se voyoient frustrees de leurs pretensions*. Mais si cet Ancien appelle la necessité* heureuse*, qui
nous rameine à vn meilleur train de vie, pourquoi ne dirons nous
pas le mesme du desespoir, du despit, & de quelqu'autre passion
que ce puisse estre, lors que par ces tempestes on est poussé au
port de la vie tranquille & parfaitte ? Celuy-là seroient bien delicat,
qui pour euiter ce vain* murmure des hommes, qui n'est qu'vn
vent & vn bruict leger, se retiendroit de quitter le Siecle, & de fuir
ceste Babylone. Il seroit aussi mal auisé que celui qui quitteroit
en esté vn bon & delicieux païs pour les seules importunitez des
mousches ou des puces. Cependant c'est vne chose deplorable*

1 Ps 55, 23. Vg Ps 54, 24 : Viri sanguinum et dolosi non dimidiabunt dies suos.
2 Ps 58, 10.

de voir combien d'esprits forts comme Sanson y sont retenus par les cheueux de ces foibles pensees. Heureux* le despit* de Iacob, qui le fit sortir sans congé de la maison de Laban[1].

Le Songe du Veillant.
EVENEMENT III.

LE Prouerbe Grec dit que l'homme n'est que le songe d'vne ombre, ou l'ombre d'vn songe. Y a-il rien de plus vain* que l'ombre, qui n'est rien en elle-mesme, puis que ce n'est qu'vne priuation de lumiere, qui se forme par l'opposition [293] d'vn corps espais à vn lumineux? Est-il rien de plus friuole qu'vn songe, qui n'a subsistance que dans le creux d'vn cerueau endormi, & qui n'est à proprement parler, qu'vn recueil d'images chimeriques? C'est ce que dit vn Ancien, que nous ne sommes que poudre & ombre. Et le Sage compare nostre vie à ceux qui en dormant pensent manger, & en se reueillant se trouuent affamez & vuides[2]. Nos iours (dit Iob) s'escoulent comme l'ombre[3], & Dauid appelle l'homme vne vanité* vniuerselle[4]. Et qui est celui qui n'experimente* cela en soy mesme, toutes les fois qu'il repasse le temps qui est escoulé, par sa memoire, qui peut en cet estat là distinguer les choses arriuees de celles qui ont esté songees? Les vanitez*, les voluptez, les richesses escoulees ne sont-ce pas des songes? Que nous a serui nostre orgueil? disent les perdus dans les geolles infernales, à quoi est reduitte la pompe & l'apparat de nos magnificences? toutes ces choses sont passees comme

---

1 V. note 3 p. 638.
2 Is 29, 8 (et non pas «le Sage»).
3 Jb 8, 9.
4 Plusieurs fois dans les Psaumes. Mais le thème est surtout présent dans l'Ecclésiaste.

vne ombre qui s'enfuit, ou comme vn postillon qui court en diligence. C'est ce qui faisoit dire à ce Comique ancien, que le monde n'estoit qu'vne Comedie vniuerselle, parce que tout ce qui s'y passe sert à faire rire les plus sensez selon le iugement de Democrite, & aussi d'autant que ce qui se represente sur ce grand theatre de l'Vniuers quand il est acheué ne differe en rien de ce qui s'est representé sur vne Scene de Comediens. Le miroir que ie veux mettre deuant vos yeux exprimera si naïuement* toutes ces veritez, & est vne glace si fine pour y cognoistre la vanité* des grandeurs & [294] des opulences de la terre, qu'encore que ie ne ramasse en ces Euenemens, ni des exemples esloignez de nostre siecle, ni ceux qui ont esté couchez par d'autres escriuains : i'ay crû que la serieuse gaillardise* de cestui-ci suppleeroit à sa nouueauté, & que la repetition n'en pourroit estre ni infructueuse, ni desagreable.

Du temps que Philippe Duc de Bourgoigne (à qui la douceur & la suauité des mœurs auoient acquis le tiltre de Bon) tenoit les resnes de la Comté de Flandres : ce Prince qui estoit d'humeur agreable & plein d'vne bonté iudicieuse, plustost que d'vne simplicité niaise*, se donnoit des passetemps, que pour leur singularité on appelle ordinairement plaisirs de Prince, & en ces diuertissemens il ne monstroit pas moins la gentillesse* de son esprit que sa prudence*.

Estant à Bruxelles auec toute sa Cour, & ayant à sa table fait discourir assez amplement de la vanité* des grandeurs du monde, suiuant ceste parole du plus sage des Rois, Vanité* des vanitez*, tout n'est que vanité*[1] : il laisse alleguer les vns & les autres qui auancerent sur ce sujet de graues sentences & de rares exemples. Ayant la teste pleine de ces pensees, se promenant sur le soir par la ville, il trouua en vne place estandu de son long, & dormant d'vn profond sommeil, vn Artisan, à qui les fumees de Bacchus auoient surchargé le cerueau, vous voyez que ie despeins le plus

---

1   Ecc 1, 2.

honnestement que ie puis l'yurongnerie de cet homme. Ce vice est si commun en l'vne & l'autre Germanie inferieure & superieure, que plusieurs [295] faisans gloire de leur confusion, en accroissent leurs loüanges, & le tiennent pour vn traict de galanterie*. Le Duc pour faire cognoistre à ceux qui le suiuoient, que toutes les magnificences qui l'enuironnoient n'estoient que vanité*, s'auisa d'vn moyen beaucoup moins dangereux que celui que pratiqua Denys ce Tyran de Sicile vers Damocles, & qui en sa ioyeuseté porte vne vtilité merueilleuse. Il fait enleuer ce dormeur par ses estaffiers, lequel insensible comme vn tronc se laisse transporter où l'on veut sans se reseuiller. Il le fait porter en l'vn des plus somptueux departemens* de son Palais, dans vne chambre superbement paree, & le fait coucher dans vn lict extremement riche, on le despouille de ses meschans habits, on lui donne vne chemise blanche & fine au lieu de la sale & crasseuse qu'il portoit, on le laisse dormir en ce lieu là tout à son aise : & durant qu'il y cuue son vin, le Duc prepare le plus agreable passetemps qui se puisse imaginer.

Le matin ce Beuueur s'estant resueillé, tire les rideaux de ce beau lict, se voit dans vne chambre ornee comme vn Paradis, il considere ces riches meubles auec vn estonnement tel que vous pouuez imaginer, il ne croit pas à ses yeux, il les taste, & les sentant ouuerts il se persuade qu'ils sont fermez par le sommeil, & que tout ce qu'il voit n'est qu'vn pur songe.

Aussi tost qu'on le sentit esueillé, voici arriuer diuers Officiers de la maison du Duc, qu'il auoit lui mesme instruits à cela, Pages bien vestus, valets de chambre, Gentils-hommes ordinaires, Grand [296] Chambellan, qui apportent auec vn bel ordre, & sans rire, tout l'habiller de ce nouuel hoste, lui font des honneurs comme à vn Prince Souuerain, des reuerences profondes, le seruent à teste nue, lui demandent de quels habits il veut estre couuert ce iour là.

Ce Galand* effrayé au commencement, & croyant que ce fussent des enchantemens ou des songes, appriuoisé par ces soumissions, deuint hardi & asseuré*, faisant bonne mine*, choisit entre les vestemens qu'on lui presenta celui qui lui plut dauantage, & qu'il estima le plus conuenable*. Le voila equippé* comme vn Roy, & serui auec des ceremonies qu'il n'auoit iamais veuës, & neantmoins qu'il regardoit sans rien dire d'vn front asseuré*. Ce qui nous enseigne qu'il n'y a point de mestier qui s'apprenne si tost que celui de faire le Grand. Cela fait, les plus grands Seigneurs de la Cour du Duc entrent en sa chambre, qui lui font la reuerence auec le mesme honneur que s'il eust esté leur Souuerain. Philippe auec des delices de Prince regardant toute ceste farce d'vn lieu caché : plusieurs à dessein lui demandent des graces, qu'il accorde auec vne trogne, & vne grauité telle que s'il eust eu toute sa vie vne couronne sur la teste.

Comme il s'estoit reueillé assez tard, on lui demande, l'heure du disner estant proche, s'il lui plaisoit qu'on fist venir le couuert ; ce qu'il trouua fort bon. La table est dressee, où il est assis seul, & sous vn riche dais, il mange auec la mesme ceremonie que l'on obseruoit au repas du Duc. Il y fit [297] fort bonne chere*, y mascha de toutes ses dents, & y but seulement auec plus de moderation qu'il n'eust desiré, mais la maiesté qu'il representoit lui en donna la retenuë.

La table leuee on l'entretient de nouueau de choses agreables, on le promene par les sales, les galleries & les iardins du Palais, (car toute ceste plaisanterie fut iouëe à portes closes seulement pour donner recreation au Duc & aux principaux de sa Cour.) On lui fait voir tout ce qu'il y auoit de plus riche & de plus precieux, & lui parloit-on de tout ce qu'il voyoit, comme si cela eust esté à lui. Ce qu'il escoutoit auec vne attention & contentement, qui n'estoit pas mediocre*, sans que iamais il dist vne seule parole de sa basse condition, ni qu'il declarast qu'on le prenoit pour vn autre. On lui fit passer l'apres-disnee dans toute sorte d'esbats. La Musique, les danses, la Comedie occuperent vne partie du temps. On lui parla de quelques affaires d'Estat, ausquelles il respondoit selon sa portee & en vrai Roy de la fêue*.

Le souper arriué, on s'enquiert de ce Prince de creation nouuelle s'il auroit à plaisir que les Seigneurs & Dames de sa Cour mangeassent auec lui en festin, à quoi il se fit vn peu tirer l'oreille, comme s'il n'eust pas voulu raualer sa dignité à vne familiarité si priuee : neantmoins contrefaisant l'humain & l'affable, il fit signe qu'il y condescendoit. On le conduit donc sur le soir au son des trompettes & des hautbois dans vne belle sale, où de longues tables estoyent dressees, qui furent aussi tost couuertes de plusieurs sortes de [298] mets forts delicieux. Les flambeaux y luisoyent de toutes parts, & faisoyent vn iour au milieu de la nuict. Les Gentils-hommes & Damoiselles s'y rangerent en belle ordonnance, le Prince fut mis à la teste en vn lieu releué. Le seruice y fut magnifique, la musique de voix & instrumens repaissoit l'oreille, tandis que les bouches trouuoyent leur nourriture dans les plats. Iamais le Duc imaginaire ne fut à telle feste. Les Caroux* commencent à la mode du pays, le Prince est attacqué de toutes parts, comme l'oyseau appellé Duc l'est de tous les autres quand il se met à l'essor. Pour ne paroistre inciuil* il voulut rendre la pareille à ses bons & fidelles sujets, on lui sert du vin fort & puissant, de bon Hippocras, il auale tout cela à longs traicts frequemment redoublez. Si bien que chargé de tant d'extraordinaires, il se rendit aussi tost au sommeil frere germain de la mort, qui lui ferma les yeux, lui boucha les oreilles & lui fit perdre l'vsage de tous les sens & de la raison.

Alors le vray Duc qui s'estoit meslé dans la foule de ses Officiers pour auoir le plaisir de ceste mommerie, commanda que cet homme endormi fust desuestu de ses beaux habits, qu'on le recouurist des meschans lambeaux qu'on lui auoit ostez, & qu'on le reportast ainsi endormi en la mesme place où l'on l'auoit pris le soir precedent. Il y ronfla toute la nuict, sans que le paué ni le serain lui fissent aucun mal, tant il auoit l'estomac chargé de bons preseruatifs.

Resueillé le matin par vn passant, ou peut estre [299] par ceux que le bon Duc Philippe auoit attirez à ce dessein : Ha ! leur dit-il, mes amis qu'auez-vous faict ? Vous m'auez volé vn Royaume, & m'auez osté de la plus douce & heureuse resuerie en laquelle vn homme puisse estre plongé. Alors se souuenant fort bien de toutes les particularitez* de ce qui s'estoit passé le iour precedent, il leur raconta de point en point tout ce qui lui estoit arriué, estimant que ce fust vn songe. Retourné en sa maison il en entretint de mesme sorte sa femme, ses amis & ses voisins, tenant tout ce qu'il disoit pour vne resuerie. La verité à la fin s'en publia par la bouche des Courtisans, qui auoyent assisté à ceste plaisante recreation. Ce que ce bon homme ne pouuoit croire, estimant que l'on eust basti à plaisir* ceste histoire sur son songe. Mais quand le Duc Philippe, qui voulut auoir le contentement entier de ceste galanterie*, lui eust faict voir le lict où il auoit couché, les habits dont il estoit vestu, les personnes qui l'auoyent serui, la sale où il auoit mangé, les iardins & les galeries où il s'estoit promené, à peine pouuoit-il croire ce qu'il voyoit, s'imaginant que tout cela estoit vn enchantement & vne illusion.

Le Duc lui fit quelque liberalité pour le soulager en la pauureté de sa famille, & prenant sujet de là de haranguer ses Courtisans touchant la vanité* des honneurs du monde, leur fit connoistre que tout ce que les ambitieux recherchent auec tant d'ardeur, n'est que fumee & vn songe passager, & qu'ils sont frappez de la plaisante folie de cet Athenien, qui s'imaginoit que toutes les ri-[300]chesses qui arriuoyent au port d'Athenes dans les vaisseaux estoyent à lui, & que tous les marchands n'estoyent que ses facteurs* : ses amis l'ayans faict guerir par vn sçauant Medecin de ceste debilité de cerueau, au lieu de les remercier de ce bon office, il les querella comme l'ayans rendu de riche qu'il estoit en son opinion, pauure & miserable en effect[1].

---

1   Folie extraordinaire de Thrasyllus. THRASYLLUS d'Aexone eut un genre de folie singulier et sans exemple. Il avait quitté la ville et s'était établi dans le Pirée : là, il se figura que tous les vaisseaux qui y abordaient, étaient à lui ; il en tenait un registre exact, leur ordonnait de repartir pour de nouveaux voyages ; et quand, après une heureuse navigation, ils rentraient dans le port, il en témoignait sa joie par les démonstrations les plus vives. Cette frénésie dura plusieurs années, jusqu'à ce que son frère, revenant de Sicile, le mît entre les mains d'un médecin qui l'en guérit. Depuis ce temps, Thrasyllus se rappelait souvent les années qu'il avait passées dans la démence, et avouait que le plus grand plaisir qu'il eut eu dans le cours de

Harpasté, ceste folle de la femme de Seneque, dont ce graue Philosophe descrit la plaisante resuerie assez amplement, estant deuenuë aueugle ne se pouuoit persuader de l'estre : mais elle se plaignoit sans cesse que la maison où elle demeuroit estoit obscure, qu'on n'en vouloit pas ouurir les fenestres, & qu'on lui empeschoit de voir le iour pour lui faire accroire qu'elle ne voyoit rien. Là dessus ce grand Stoique faict ceste belle consideration, que chasque vicieux est semblable à cette insensee,[1] & quoi qu'aueugle en sa passion, ne le pense nullement estre, reiettant son defaut sur de fausses apparences, par lesquelles il ne veut pas seulement que son peché soit digne d'excuse ou de pardon, mais encore de louange. Que disent les auares, les ambitieux, les voluptueux pour la defense de leurs imperfections ? Mais en fin (comme dit le Psalmiste) tout cela passe, & ces images se reduisent à rien, comme le songe de celui qui se resueille[2].

Que si vn seau d'eau est aussi bien eau que toute la mer, la difference n'estant qu'en la quantité non en la qualité, pourquoi ne dirons-nous pas que nostre artisan Brabançon, fut Prince Souue-[301]rain durant vingt & quatre heures, puisqu'il en receut tous les honneurs & toutes les commoditez* ? Combien de Rois & de Papes n'ont pas duré dauantage, estans morts le iour de leurs Elections ou Couronnemens ? Et les autres grandeurs qui ont eu plus d'estendue, que sont-ce autre chose sinon des songes plus longs ? Ceste vanité* des choses de la terre est vn grand aiguillon à vne ame bien faicte pour la faire tendre à la verité de celles du ciel.

---

sa vie, avait été de voir arriver en bon état ces vaisseaux qui ne lui appartenaient point. Élien, *Histoires diverses*, IV, 25.

1 *Lettres à Lucilius*, Lettre L. Camus aura trouvé l'anecdote dans Montaigne, *Essais* II, 25, dont le dernier quart est une longue citation de la lettre de Sénèque. Il s'agit bien de la folle de la femme de Sénèque (uxoris meae fatuam), et non de l'épouse elle-même, comme le raconte une légende tardive, mais tenace.

2 Ps 73, 20.

L'Ingrat Salaire.
EVENEMENT IV.

Les presens des ennemis ne sont point des presens, dict le Prouerbe Grec. Il y a des esprits traistres & dangereux qui donnent tousiours pour recompense à ceux qui se fient à leur amitié, celle que le lierre baille à la muraille où il s'attache : apres qu'elle l'a soustenu long temps, il cause sa ruine. Asnes sauuages qui payent à coups de pied la mere qui les allaitte, serpens qui picquent à mort ceux qui les couuent dans leur sein. Certes si entre le vertueux & le vicieux il n'y peut auoir d'amitié solide & sincere, beaucoup moins entre le fidelle & l'infidelle, estant malaisé que celui là soit loyal aux hommes, qui peche en la foy enuers Dieu. Ie ne dis pas qu'il ne faille garder la foy aux infidelles, mais de se fier à [302] la leur si c'est vn traict de franchise*, ce n'en est pas vn de prudence*. Quelque beau semblant dont ils colorent leur malice*, ils ressemblent au scorpion qui a tout son venin en sa queuë. Ce sont des Absalons qui n'inuitent que pour tuer[1], des Ioabs qui ne baisent que pour meurtrir[2], & ils sont pareils à ces familles d'Afrique dont le ris empoisonne, ceux à qui ils machinent plus de mal ce sont ceux à qui ils monstrent de vouloir plus de bien. Il est plus asseuré* d'imiter le pot de terre de la fable, qui ne voulut iamais s'approcher en voyageant de celuy d'airain pour euiter le heurt. Ce qui faisoit dire à l'Apostre, nous portons des vases fragiles & qui s'entrebrisent aisement[3]. Voyez tout ceci en l'Euenement qui va suiure.

L'Italie du costé de la Lombardie confine auec l'Alemagne & la Suisse. Pour ne diffamer la ville ni la province, & ne paroistre passionné en ce recit, ie me contenterai de dire qu'en vne ville

---

1   2S 13.
2   2S 3.
3   2 Co 4, 7 (?).

de ces contrees Septentrionales, infectee des erreurs opposees à la
verité de la creance Catholique : ville au reste gouuernee par vn
estat Democratique ; vn des principaux Citadins & qui tenoit des
premiers rangs en ceste Republique, se mit en teste ceste fantaisie
de bastir, qui alambicque* tant de cerueaux & tant de bourses.
Il auoit autrefois estant ieune voyagé par l'Italie, où il auoit
remarqué tant de somptueux & superbes edifices, qui lui auoyent
laissé le desir d'eterniser en quelque façon sa memoire parmi les
siens par quelque remarquable fabrique*. Et parce qu'il estoit en
vn pays rude & autant pourueu de bons [303] materiaux, que
despourueu de gens qui eussent l'industrie de les bien agencer :
Il se resolut de faire venir vn Architecte d'Italie pour conduire
ceste grande machine d'ouurage, en laquelle il estoit resolu de
faire vne magnifique depense. On lui parle d'vn de Milan, que
nous appellerons Polydore, qui auoit conduict plusieurs signalez*
edifices à leur perfection*, & qui estoit fort renommé en son art,
auquel il adioustoit celui de la Sculpture, en quoi il n'estoit pas
moins excellent qu'en l'Architecture.

Cestui-ci fit assez long temps difficulté de quitter le sejour
agreable de la Lombardie & de ceste pompeuse cité, de la ruine
de laquelle Charles Cinquiesme disoit que l'on pourroit reparer
toutes les breches d'Italie, pour se releguer en des montagnes assez
aspres pour quelques annees, parmi des peuples rudes & barbares,
& qui partagent toute leur vie entre la table & le lict, pour cuuer en
l'vn ce qu'ils ont trop pris en l'autre : & ce qui le touchoit le plus,
parmi des gens à qui la lumiere du Soleil de iustice ne rayonnoit
point, ie veux dire priuees de la cognoissance de la vraye Religion.
C'est ce qui sembloit de plus dur à nostre Milanois, nourri dans
vne ville extremement deuote, & qui estoit lors toutes embrasee
de pieté par le zele & l'admirable exemple du grand S.Charles
Borromee, le miroir de Prelats de son âge, lors Archeuesque de
Milan (car ce que i'escris auint environ l'an septantiesme du siecle
passé). Il en prit conseil de quelques vns de ses amis, qui voyans
les grands auantages qui lui estoyent [304] offerts, & se laissans

aller pour la plus grande part aux considerations temporelles, lui conseillerent de prendre ceste occasion* aux cheueux, & de ne negliger point ce moyen d'auancer sa fortune & d'accommoder* sa famille, pourueu qu'on lui donnast asseurance de ne le troubler point pour le regard de sa Religion.

Gustau (nous appellerons ainsi ce magnifique Milord* qui le desiroit employer) lui offrant des profits immenses, lui faisoit auoir aussi vn saufconduit tel qu'il pouuoit demander, à cause du credit qu'il auoit en sa cité, & de la passion qu'il auoit d'attirer cet ouurier excellent à la conduitte* de son dessein.

Comme Polydore estoit sur le point de se porter en ce lieu auec sa femme & ses enfans pour y faire paroistre sa suffisance*, vn vieillard de ses parens que nous appellerons Sergio, le vint trouuer, & lui dissuadant autant qu'il pouuoit ce voyage, lui dict. Vous iouëz à quitte ou à double, ie veux dire à tout perdre ou à tout gaigner : mais prenez garde à n'imiter pas le chien de la fable, qui perdit le morceau de chair, pour courir apres l'image qui lui en paroissoit plus grande dedans l'eau[1]. Il arriue assez souuent que les marchands allechez du profit de la mer s'y embarquent, & y perdent la vie en voulant amasser des richesses, & ainsi en voulant s'auancer se trouuent engagez en vue rude perte. L'heresie est vne mer de perfidies & de desloyautez, c'est vn Ocean rempli de monstres sans nombre. Les Citez qui en sont imbues ressemblent à la terre de Canaan qui deuo-[305]roit ses habitans[2], ou à la ville de Megare, où les estrangers estoyent tousiours persecutez. Il n'y a point d'asseurance à vne brebis parmi vn troupeau de loups, encore que vous beuuiez au dessous du courant, ils diront que

---

1   Fable d'Ésope reprise par Phèdre [I, 4] ; et plus tard La Fontaine [VI, 17]. Chez Ésope et Phèdre, le chien, voyant son image dans l'eau, croit que c'est un autre chien portant un morceau plus gros, et donc l'attaque. Le Sergio de Camus semble féru d'Ésope/Phèdre, puisqu'il cite aussi la fable du loup et de l'agneau (Phèdre I, 1) quelques lignes plus bas. Bien sûr, il n'a pu la trouver ni dans la traduction de Le Maistre de Sacy (1647), ni dans celle de Pierre Millot (1646), qui sont les deux premières traductions en français.
2   Nb 13, 33.

vous leur troublez l'eau. Il ne faut pas que le lucre temporel vous face perdre le souuenir des biens eternels. Vous n'aurez en ce lieu là aucun exercice de vostre Religion, non pas mesme la liberté d'en parler. Si vous voulez participer à nos Sacremens & assister au Sacrifice de l'Eglise Catholique, il vous faudra venir trois ou quatre fois l'an à vne grande iournee du lieu où vous allez resider. C'est assez mal seruir Dieu de le reconnoistre si rarement. Il vaut mieux gagner peu auec paix & seureté, que beaucoup auec trouble & crainte. Celui qui fut mis à vne table Royale ne put iamais manger vn morceau à son goust tant que le glaiue pendit sur sa teste. Vous aurez mille espies* qui surueilleront vos actions, s'ils n'y trouuent à reprendre*, ils vous surprendront en vos paroles. On n'est pas tousiours de mesme humeur, & la prudence* n'est pas sans cesse tenduë & sur ses gardes entre les plats & les verres (vice de ceste nation là). Il est aussi facile de parler de trop, que mal-aisé de parler peu. Il ne faut qu'vn mot inconsideré* pour vous perdre : & lors ils vous osteront la vie pour le soustien de laquelle vous allez trauailler. En ce pays de vostre naissance où vostre reputation est plus connuë qu'en aucun autre, quand auez-vous manqué de besogne ? Si le lucre n'est pas si grand, il est plus tranquille & plus seur. Si vous m'en [306] croyez, vous demeurerez auec les vostres, sans vous aller embarrasser auec ces heretiques, où vous ne trouuerez iamais tant à gaigner pour vostre maison, que vous n'y fassiez plus de perte pour vostre ame.

Cet auis esbransla aucunement* la resolution de Polydore : il est à croire, que s'il fust arriué plustost il l'eust diuerti* de ce funeste voyage. Mais ayant donné sa parole, sur laquelle il auoit receu quelques auances, il crût que son honneur y seroit interessé* s'il s'en retractoit. Il part donc auec sa famille, & se rend au lieu determiné, où il fut receu de Gustau auec des applaudissemens incroyables. A l'abbord ce ne furent que festins & banquets, où à la mode du pays les caroux* ne furent pas oubliez, & la chere* y fut tout autre qu'à l'Italienne. Il fit auoir vn bon logement en la ville à Polydore, & lui donna telle asseurance qu'il voulut de n'estre point recherché ni troublé pour sa Religion, pourueu qu'il se comportast doucement & sans donner occasion de scandale. Sous ceste derniere clause comme sous la fueille d'Asphalte, estoit caché le serpent qui lui donna la mort.

Polydore entreprit son œuure auec tant de courage*, le conduisit auec tant de diligence, le mesnagea* auec tant de prudence* & d'industrie, que tous ceux du pays admirans le sçauoir de cet excellent ouurier, donnoyent tous les iours mille louanges à sa besogne, qui estoit estimee pour le plus bel ornement de toute la ville. Gustau selon la vanité ordinaire de ceux qui font bastir, tiroit [307] à soy tous les eloges qui estoyent donnez à Polydore, s'imaginant qu'ils lui appartenoyent, parce que l'autre trauailloit à ses frais : pareil à ce Romain qui entretenoit en sa maison de doctes hommes, & y auoit dressé vne ample bibliotheque, croyant sçauoir tout ce qui estoit dans les liures qu'il auoit achetez, & tout ce que sçauoyent ceux qui estoyent à ses gages. Et à dire le vray ceste douce et honneste* folie qu'on appelle bastir, n'a pas seulement pour but de bien loger celui qui en faict la despense, mais encore elle vise aux applaudissemens de ceux qui verront ce que l'on a édifié.

Tandis que Polydore conduisoit le dessein de Gustau à la perfection*, se meslant dans les marchez des ouuriers qui estoyent sous lui, il en fit plusieurs autres pour les principaux Seigneurs de la mesme ville, de sorte que sa suffisance* estant reconnuë il y trouua plus d'emploi qu'il n'eust iamais esperé, & sans sa Religion il estoit en train d'establir en ce lieu là vne bonne fortune. Aux heures de relasche il trauailloit du cizeau, & faisoit de si belles sculptures, que ces Heretiques bien qu'ennemis des Images sacrees, estoient amis de celles qu'il faisoit, lesquelles pour la pluspart afin de les debiter à ces gens là, estoyent prophanes. En quoy nous remarquerons vne estrange humeur en l'heresie, qui souffre où elle domine les Images des diables ou des fausses deïtez des Payens, comme de Iunon, de Diane, de Venus, de Iuppiter : & n'endurera pas qu'on y esleue les representations des

Anges ou de la saincte Vierge, ou des autres Saincts, ce que i'ay
veu en diuerses [308] villes de Suisse & d'Alemagne : où sur les
fontaines, ou dans les places publiques on ne void que des statues
de demons, de monstres, des bestes, ou des Dieux des Gentils
que le Psalmiste appelle des diables[1], & nulle representation qui
puisse esmouuoir à pitié, ni faire souuenir du vrai Dieu, ni de
son fils IESVS CHRIST.

Ce grand edifice que Polydore auoit esleué pour Gustau, outre
la bonté des materiaux estoit disposé d'vne si rare symmetrie*,
qu'il rioit à l'oeil qui s'arrestoit à le considerer. Dans les niches
enfoncees en diuers lieux il auoit placé des statues si artistement*
elabourees*, que leurs iustes proportions sembloyent leur donner
l'ame qui leur manquoit. Au dedans les departemens* estoyent
si bien disposez, & tout le logement si bien percé, que l'air &
le soleil y auoyent l'accés desirable pour y conseruer la santé à
ceux qui l'habiteroyent. Au bout de deux ans Polydore lui en
mit la clef à la main, ayant durant ce temps commencé diuerses
autres fabriques* par la ville, qui n'estoyent pas de si grande
consideration, mais où la gentillesse de son esprit suppleoit à la
petitesse de la despense.

Ce rare ouurier estoit caressé de tous ceux qui par le desir ou la
necessité de bastir auoyent besoin de son industrie. Mais caressé
à la façon du pays, où toutes les caresses se font à la table entre
les viandes & les gobelets. Nostre Italien s'accoustuma aussi tost
à ce genre de vie, la descente au vice estant beaucoup plus facile,
que la rude montee de la vertu. A raison dequoi il est bien plus
mal-aisé aux Alemands ou aux François de[2] s'habi-[309]tuer à la
sobrieté Italienne, qu'aux Italiens de se laisser aller à la bonne
chere* de la Gaule ou de la Germanie.

Parmi ces funestes banquets s'ourdit la trame de la ruine du
pauure Polydore, parce que ces hommes là desireux de l'attacher à

---

1 Ps 96, 5.
2 Correction de l'édition de 1660.

leur Republique, en laquelle ils se promettoyent que son art apporteroit de grands ornemens, s'essayoyent par toute sorte d'artifices*
d'esbranler sa foy, & de l'attirer à leur creance. A ce sujet lors qu'ils
l'inuitoyent ou ils glissoyent expressement quelque Ministre en
la compagnie pour lui parler des choses de leur Erreur, ou bien
ils iettoyent en auant quelque point de Religion controuersé
entre les Catholiques & les Protestans, sur quoi ils donnoyent
des attacques à Polydore qui se defendoit en Architecte, sçachant
mieux ranger des pierres en ordre, que defendre par ordre la foy
de S. Pierre. Et parce qu'il estoit Sculpteur, afin de le prendre par
son mestier propre, il n'y auoit point de sujet qu'ils missent plus
souuent en conteste que celui des Images qu'ils appellent Idoles,
ne manquans pas de lui alleguer le commandement de Dieu. Mais
le pensans assaillir par le costé qu'ils estimoyent le plus foible, ils
l'attacquoyent par où il estoit le plus fort, d'autant qu'il s'estoit si
bien instruict là dessus en la creance Catholique, qu'il en parloit
plustost en Docteur qu'en statuaire. Et lors que rendus muets par
la solidité de ses raisons, ils en venoyent aux iniures (Rhetorique
de ceux qui se laissent emporter à leur passion) & l'appelloyent
faiseur d'Idoles, picqué d'vn zele [310] extraordinairement[1] il
leur repliquoit, c'est pour vous que ie fay des Idoles, & non pas
pour les Catholiques : car vous ne me faittes faire que des statues
prophanes, & qui representent les faux Dieux des Gentils : mais
pour les Catholiques ie fay des Images de Nostre seigneur, de
la Saincte Vierge & des Saincts, qui sont des representations de
personnes qui ont veritablement esté. Estes-vous si peu instruits
aux Escritures vous qui les lisez tous les iours, qui ne croyez rien
que ce qu'elles contiennent, mais entendu à vostre mode, que
vous n'y ayez pas remarqué la difference qui est entre Idole &
Image ? L'Apostre ne dit-il pas que l'Idole n'est rien, parce qu'elle
represente vne chose qui ne fut iamais[2] ? car Iuppiter, ni Mars,

---

1   *Sic.* 1660 ne corrige pas, mais l'adverbe ici est tout à fait inhabituel.
2   1 Co 8, 4-6.

ni Venus, ni Saturne, ni tout ce fatras de Diuinitez Payennes ne furent iamais dieux. Les Satyres, les Tritons, & autres figures extrauagantes que vous me faictes faire pour l'embellissement de vos cheminees, de vos portiques, de vos fontaines, de vos palais, sont choses qui iamais ne furent. Les emblemes des vertus & des vices, que vous me faictes tailler sous des formes diuerses, sont choses qui n'ont subsistance que dans le creux des cerueaux de ceux qui les inuentent. Mais quand ie fay vne sculpture qui remet deuant les yeux le Sauueur Crucifié, ou la Saincte Vierge auec son enfant IESVS en ses bras, ou la figure de quelque Apostre ou Docteur de l'Eglise, ie suis bien asseuré* que toutes ces personnes ont esté. Ie sçay que IESVS CHRIST est fils du Dieu viuant, & Dieu comme son Pere, & que la [311] sacree Vierge est mere de Dieu, que S. Pierre & S.Paul ont esté Apostres : de ceste façon ie taille des Images pieuses pour les Catholiques, & pour vous autres des Idoles impies. Et en cela si ie fay mal, c'est vous qui me le commandez, & qui m'y contraignez.

Ouy, mais (lui repliquoyent-tils) nous ne vous faisons faire ces ouurages que pour l'ornement de nostre ville & de nos maisons, & pour la recreation de la veüe : nous ne les adorons pas, chantans la dessus à l'Allemande à gorge desployee le mot du Psalmiste : *Les simulacres des Gentils ne sont que de metal façonné par les mains des hommes. Que ceux qui les font leur soyent faicts semblables, & tous ceux qui y mettent leur confiance*[1]. Et encore cet autre. *Les Dieux des Payens sont des Demons : mais le Seigneur a faict les Cieux*[2]. A quoi Polydore repliquoit que les Martyrs Catholiques s'estoyent autrefois seruis des mesmes paroles pour confondre* l'Idolatrie des Gentils & que l'Eglise Catholique estoit fort esloignee du crime d'Idolatrie, dont ils l'accusoyent : parce que n'admettant point d'Idoles sur ses autels, c'est-à-dire, les representations des choses vaines* & fausses : mais seulement des Images du Sauueur ou des Saincts, qui auoyent

1 Ps 115, 4-8.
2 Ps 96, 5.

esté veritablement, & dont les ames viuent dans l'éternité, parce que leur vie est en Dieu, encore ne vouloit-elle pas que l'on honorast ces representations de l'honneur de Latrie[1], qui n'est deub qu'à vn seul Dieu, non pas mesme de celui de Dulie ou d'Hyperdulie, dont elle venere la memoire des Saincts & de la saincte des Saincts la tres-[312]heureuse Mere de Dieu, mais seulement d'vn simple respect qui a toute sa relation au prototype, c'est-à-dire, au Bien-heureux* qui est auec Dieu dans le Ciel[2]. Si bien que les Catholiques ne peuuent estre appelez Idolatres puisqu'ils n'ont point d'Idoles, non pas mesme Icolatres ou Imageolatres, puisqu'ils n'honorent pas les Images de l'honneur de Latrie. A cela ils repartoyent que les Catholiques Romains rendoyent aux Images le mesme culte, que les Payens rendoyent à leurs Idoles, alleguans qu'on leur oste le chapeau, qu'on leur flechit les genoux & d'autres ceremonies, parmi lesquelles la superstition (maladie ordinaire des peoples rudes & mal instruits) glisse quelquefois des vsages que les Doctes aux mysteres de la foy souffrent sans les approuuer.

A quoi Polydore respondoit que l'ignorance des rudes n'estoit pas la reigle de la foy de l'Eglise : & comme il n'y auoit rien de si sacré qui ne trouuast son sacrilege, aussi qu'il n'y auoit rien de si sainct que l'abus superstitieux ne pust alterer. Que s'il falloit arracher les vignes à cause que plusieurs s'enyuroyent, il n'y auroit point de nation à qui ceste destruction fust plus sensible qu'à l'Alemande la plus obligee de toutes au bon Patriarche Noé. Qu'au reste les Anglois qui font les Reformez, & les Protestans rendent les mesmes honneurs non seulement à leur Roy que l'on sert à genoux & auec des flambeaux, mais encore à sa chambre, à son lict, à sa table chascun estant descouuert en ce lieu, deuant ces choses là, encore [313] qu'il soit absent. Que l'adoration diuine ne se mesure pas à ces actions exterieures, que la ciuilité nous fait souuent employer

---

1	Latrie : *culte* ou *honneur de latrie* : en théologie, adoration que l'on rend à Dieu seul, par opposition au culte de dulie, rendu aux anges et aux saints.
2	Il faut effectivement croire que ce sculpteur théologien fut « extraordinairement » animé de zèle, pour pouvoir dire d'une haleine une telle phrase.

pour rendre de l'honneur à des personnes de peu de consideration. Et de faict, on flechit le genoüil deuant les Grands & deuant les Iuges, on leue le chapeau par honnesteté à ceux qui nous font la reuerence, on s'encline* pour saluer ceux que l'on rencontre : & toutes ces ceremonies ne sont pas des marques d'idolatrie.

A ces raisons les contrarians ne sçauoient opposer que des huees & des cris pour vaincre par le bruit & le tintamarre celui qui les conuainquoit d'erreur. Comme ils continuoient à l'appeler Idolâtre Idolâtre. Messieurs (leur dit-il) vous m'appellerez comme il vous plaira : mais si vous appellez les images que ie fais de nostre Seigneur & de la Vierge des Idoles, selon le sens de S. Paul, vous commettez vn blaspheme qu'en vn autre[1] vous expieriez par le feu. Et quel est ce blaspheme ? lui demanderent-ils. Si vous me voulez entendre auec patience* & sans passion, ie le vous declarerai nettement. Ie vous ay desia dit que l'Apostre appelle Idole la representation d'vne chose fausse, ou qui n'est point & ne fut iamais, telles que sont les statues des dieux des Gentils. Or si vous appelez Idoles les images du Sauueur, de la S. Vierge sa Mere, & des Apostres, n'est-ce pas vn blaspheme execrable de dire que Iesus Christ n'est ni Dieu, ni fils de Dieu, & que sa Mere ne fut iamais mere d'vn Dieu, ni les Apostres, ceux qui nous ont annoncé la doctrine de l'Euangile, n'est-[314]ce pas dire que toutes ces personnes là ne furent iamais, & reduire en songe & en fable toute la foy & toute la Religion des Chrestiens ?

A ces mots ils firent vne clameur extraordinaire, & entrez en vne fureur enragee, crians au blasphemateur, au meschant, ils firent armes de ce qu'ils rencontrerent, & comme ils estoient à table, ils ietterent des plats & assiettes & gobelets à la teste de Polydore, qui se sauua de vistesse pour laisser escouler ce torrent d'yuresse & de fureur. Cependant ils ne s'appaiserent point par son absence, au contraire, se voyans en pleine liberté de parler contre lui, ils machinerent sa ruine, estimans faire vn sacrifice à

---

1   En un autre [pays] ? 1660 ne corrige pas.

Dieu que de le perdre. Ce qui me fait souuenir du procedé des Scribes & Pharisiens contre le Sauueur, qui se voyans conuaincus* par ses raisons, n'auoient recours qu'aux iniures & aux pierres qu'ils lui iettoient[1]. C'est ce que dit le Psalmiste, que la gloire des iustes donnant dans les yeux des meschans, ils la regardent de trauers, fremissans de cholere & d'enuie.

Polydore preuoyant que quelque orage creueroit sur lui, commence à penser à sa retraitte, & à presser ses debteurs de lui payer ce qu'ils lui deuoient. Entre ceux-là Gustau estoit le principal, lequel se repentant (comme c'est l'ordinaire des bastisseurs) d'auoir changé tant d'argent en pierres, auoit de la peine à desserrer* trois ou quatre mille escus dont il estoit redeuable à Polydore. Pour cacher mieux sa trahison, il suscita vn de ses amis qui estoit lors en l'vne des premieres magistratures de la ville, de se faire partie contre l'Ar[315]chitecte, & de l'accuser d'auoir disputé plusieurs fois de la Religion, & non seulement soustenu le papisme, mais dit des paroles iniurieuses à la creance des Protestans, comme de les auoir appelez Blasphemateurs & Idolâtres. Cestui-ci que nous appellerons Abner, intente ceste action contre Polydore, & ne manqua pas de tesmoins qui deposerent ce qu'il voulut.

Le Milanois allegue la franchise* de son saufconduit, & la promesse publique qu'on lui a donnee, de ne lui faire aucun tort pour sa Religion : nonobstant cela est pris & ietté dans vn cachot, où dans peu de iours son procez lui est formé, & accusé d'auoir dogmatisé publiquement contre les termes du saufconduit, qui portoient qu'il se comporteroit de telle sorte que l'on ne pust tirer aucun scandale de ses propos ni de ses actions. Il est condamné à perdre la teste selon la forme du païs, & tous ses biens confisqués pour la Seigneurie.

Cet arrest prononcé à Polydore, fut escouté de lui auec vn front & vn visage asseuré*. Il ne dit autre chose, sinon que

---

1 Jn 8, 59 ; Jn 10, 31.

c'estoit là l'effect que lui auoit predit son ami Sergio, le nom duquel il reclama deux ou trois fois. Ce qui me fait souuenir de Croesus, qui nomma celui de Solon auant que de mourir, se remettant en memoire le beau mot que ce sage lui auoit dit, qu'il ne falloit appeler aucun heureux* deuant sa mort[1]. Il demanda auec instance* d'auoir vn Prestre pour en estre assisté en son dernier passage : mais cela lui fut absolument [316] desnié, nul exercice de la Religion Catholique n'estant permis en ceste ville là. Plusieurs Ministres lui vindrent croasser aux oreilles comme des corbeaux de mauuais augure : mais il les reietta comme Abraham les oyseaux qui venoient troubler son sacrifice[2]. Marchant à la mort il auoit vn front ouuert, & vne chere* plustost riante qu'effrayée. Il tesmoignoit sa constance en son port*, qui n'estoit ni fier ni hautain, mais graue & modeste. Il disoit tout haut qu'il mouroit pour sa Religion, faisant profession publique de sa creance. Ce qui esmeut* tellement le peuple, que ceux qui le conduisoient au supplice furent sur le point de le baaillonner, tant la verité est forte, puis qu'elle preuaut & domine au milieu de ses ennemis. Il accusoit Gustau d'ingratitude & de perfidie, sçachant bien que c'estoit par sa menee qu'il estoit reduit à seruir de funeste spectacle à toute l'assemblee. Il ne demanda qu'vne grace auant que de mourir, qui estoit de parler à sa femme & à ses enfans, qui lui fut desniee. Ie n'auois (dit-il) que deux choses à leur dire, qu'ils se retirassent promptement à Milan, où ie vous prie de les laisser aller librement, & sans leur nuire, puis que vous n'auez aucun subject de vous plaindre d'eux. L'autre qu'ils ne prissent rien

---

1 Crésus, sur le point d'être exécuté, prononce trois fois le nom de Solon. Cyrus, qui avait ordonné l'exécution, ayant demandé le sens de cette exclamation, Crésus lui révèle l'avertissement que Solon lui avait autrefois donné, alors qu'il étalait devant lui ses richesses : « Nul ne peut être dit heureux avant sa mort ». Cyrus, touché de cet exemple d'incertitude des choses humaines, épargne Crésus. *Cf.* Montaigne, *Essais*, I, 18 : « Qu'il ne faut juger de notre heur qu'apres la mort ».

2 V. note 1 p. 548.

de ce qui m'est deub en ce lieu, mais qu'ils le laissassent en anatheme d'oubliance¹.

Comme il fut sur l'eschafaut, saisi d'vne ferueur extraordinaire, & comme animé de l'esprit de Prophetie, il adiourna* Gustau à comparoistre deuant le tribunal de celui qui doit iuger lesvi-[317]uans & les morts dans trois briefs iours sans plus long delay. Gustau qui estoit present (quoy que caché) à ce cruel acte se moqua de son adiournement*, estimant que ce fust le desespoir & le regret de mourir qui eust tiré de sa bouche ceste imprecation : mais la tranquilité d'esprit qu'il monstra en ce qui lui resta de vie, qu'il employa en priere, & à recommender son ame à Dieu, mourant en la confession de la foy Catholique, tesmoigna le contraire. On lui enleua la teste de dessus les espaules en l'inuocation des saincts noms de Iesus & de Marie.

Toute la nuict qui suiuit ceste sanglante execution* Gustau fut agité de songes effroyables & de terreurs Paniques. Sur le matin il se trouua saisi d'vn froid si extreme que les dents lui cracquetoient fort haut, & tout son corps trembloit si fort que non seulement sa couche, mais encore sa chambre en estoit esbranlée. Il crioit sans cesse, Polydore tu me geles, Polydore tu me transis, laisse moy & ie te paye. Sa femme & ses domestiques* le mirent aupres du feu, le couurirent de linges chauds, le frotte- rent d'eau ardente* en diuers lieux, il estoit tousiours aussi froid que du marbre, & il n'y eut moyen de l'eschaufer. Le lendemain tout à coup comme s'il eust esté ietté du milieu des glaces en vne fournaise ardente, il commença à crier en blasphemant : ie brusle, ie brusle, Polydore tu me brusles ; à l'eau, à l'eau, ie brusle.

---

1   Jdt 16, 23 : «Judith offrit toutes les armes d'Holoferne, que le peuple lui avait données, et le rideau qu'elle avait elle-même enlevé du lit, en anathème d'oubli». Le sens du mot *anathème* étant controversé, il est difficile de savoir ce que veut faire Polydore. Si on pense que l'anathème est cette part des possessions qu'un propriétaire veut «mettre à part» et réserver au Seigneur – ce qui ferait sens ici –, alors, comme Judith donne les meubles comme monument de sa victoire (mais ici aussi on débat du sens de l'action de Judith), Polydore réserve à Dieu une part de ses biens pour que la mémoire de son sort ne soit pas effacée.

Et de faict il estoit enflammé comme vn charbon, & sa chaleur estoit telle qu'à peine le pouuoit-on toucher sans en ressentir de l'incommodité. On le [318] iette dans vn bain d'eau froide, vous eussiez dit que l'on y plongeoit vn fer rouge, aussi tost elle devint comme boüillante. Qui ne voit en ces symptomes vne images de l'enfer, où les damnez passent des neiges aux flammes sans interualle & sans repos?

Le troisiesme iour passant d'heure à autre des frissons aux ardeurs parmi des rages, des fureurs, des desespoirs, & des blasphemes dont ie ne veux point noircir ces pages, il expira, son ame s'en allant en son lieu. Marque euidente de la main de Dieu sur cet impie, dont le peché auoit crié vengeance deuant le Ciel, en retenant le salaire de l'ouurier qui l'auoit loyalement serui.

Le Consul qui par sa suscitation* s'estoit rendu partie contre Polydore mourut six mois apres par vn exces de boire. Et deux des Iuges qui l'auoient condamné à la mort, de diuerses maladies perirent dans l'an & iour. Ceux qui deuoient à Polydore furent contraints à payer par la Seigneurie, non à la vefue & aux orphelins, mais au thresor public, à cause de la confiscation. De ceste sorte ils furent frustrez de leur attente, & l'anatheme demeura dans le fisque*. La femme de Polydore ayant sauué ce qu'elle pût du debris de ce naufrage, se retira à Milan auec ses enfans, où elle publia la perfidie & la desloyauté dont on auoit vsé enuers son mari.

Entre les diuerses remarques faciles à faire sur ceste Histoire, celle-ci me semble tenir le premier rang, qu'il fait mauuais commettre le vaisseau de sa fortune sur des ondes si traistresses que celles [319] de l'heresie : car quelle fidelité peut-on attendre de ceux qui ont perdu la tramontane* de la vraye foy ? Ce n'est pas qu'il ne falle garder la foy aux heretiques & infidelles quand on leur a promise, mais de se fier à la leur, qui est vne foy Punique, c'est proprement s'appuyer sur vn baston de roseau, marcher sur la glace, ou sur des cendres qui couurent des charbons ardens. Le meilleur est d'euiter ces funestes riuages, noircis de tant de naufrages & de debris, & de pratiquer à la lettre le conseil d'vn grand Apostre, qui ne veut pas qu'on les salue[1], bien loin d'auoir commerce auec eux, ou de se commettre à leur indiscrette* discre-tion*. Le singe est tousiours singe (dit l'ancien prouerbe) encore qu'il soit couuert des vestemens d'vn homme. Il se faut escarter, selon l'auis de l'Espoux, des repaires des Lyons, des montagnes des dragons & des leopards[2]. Les ronces emportent tousiours quelque piece de l'habit de celui qui s'y frotte. Ce sont ces enfans des hommes qui aiment la vanité* & cherchent le mensonge, ausquels le Psalmiste ne veut point que l'on se confie. [320]

L'Estrillé.

EVENEMENT V.

LORS que le pecheur est arriué à ce degré d'impudence, de commettre effrontement son iniquité à la face du ciel & de la terre, & à ce comble d'insolence*, de mespriser la justice de Dieu & celle des hommes : c'est alors que le zele de Dieu & son cour-roux s'embrasent comme vn feu, mais vn feu deuorant, & qui porte vne consommation totale. Car en fin la patience outragee* deuient vne fureur : & encore que Dieu soit patient, longanime, grandement misericordieux, & endurant sur la malice* des peruers, si est-ce que quand la mesure est arriuee à son faiste, il retribue abondamment aux superbes & presomptueux. Il y a des naturels si mauuais, que non contents de mal faire, ils ne penseroient pas estre satisfaits s'ils ne tesmoignoient aux autres le plaisir qu'ils prennent en leur meschanceté, & si faillans auec impunité ils ne brauoient encore, & se glorifioient en leur malice*. I'ay peché (disoit cet effronté dans l'Escriture) & pour cela que m'est-il

1   2 Jn 1, 10.
2   Ct 4, 9.

arriué de fascheux ? Il y en a d'autres quand on les reprend*, ou quand on les auertit, qui menacent de faire pis : & qui comme ces cheuaux retifs, rendus plus rebours* par les coups d'esperon, deuiennent pires plus on endure leurs scandales. C'est pour ceux-là que les meules de Dieu meulent [321] tard, mais elles meulent bien menu, & que la grauité du supplice est augmentee par la retardation de la peine. Dans l'exemple que ie vous propose, voiez comme dans vn miroir toutes ces veritez.

En vne ville de nostre France, dont ie ne veux pas dire le nom (encore que ie le sçache) vn Gentil-homme d'impression nouuelle[1] que nous appellerons Opile[2], s'estoit rendu signalé* pour auoir acquis de la reputation dans les armes auec vne compagnie de Carrabins qu'il commandoit, & auec laquelle il auoit fait mille violences & brigandages dans le plat païs. Cettuy-ci durant la paix voyant son espee pendue au croc, & sa compagnie cassee, se mit à despenser follement ce qu'il auoit iniustement amassé, c'estoit en frequentant les brelans & les lieux de dissolution, où il se plongeoit en toute sorte de desbauches. S'estant rendu espris de la femme d'vn marchand, dont nous desguiserons le nom sous celui d'Anaclet, il ne cessa iamais par ses poursuittes & caiolleries* qu'il n'eust reduit ceste miserable* à condescendre à ses volontez. Non content de soüiller ainsi la couche de son prochain par vn infame adultere, comme si vne partie de son deshonneste plaisir eust consisté à en faire parade, il s'en vantoit, & par vne effronterie abominable, au lieu de cacher sa turpitude, il s'essayoit en toutes façons de la rendre manifeste, s'imaginant qu'on le tiendroit pour galant homme, d'oser ainsi sur le visage* d'vn mari polluer son lict & seduire sa femme.

---

1   de fraîche date. Littré donne : «un marquis de la nouvelle impression». D'Aubigné, *Foeneste*, IV, 9 et Furetière : «on dit proverbialement Un noble de nouvelle impression pour dire annobli depuis peu».

2   V. p. [322] : «[…] le nom lui oppiloit la bouche»; mais il n'est pas sûr qu'il n'y ait pas une autre motivation du nom.

Le bon marchand plus attentif au soin de ses affaires qu'aux deportemens* de son infidelle par-[322]tie ou ne voyoit pas, ou ne faisoit pas semblant de voir ces desordres. Mais comme la pudicité entre les vertus porte le nom d'honneur, aussi le vice qui lui est contraire, entre les autres porte le tiltre de des-honneur & d'infamie, n'y ayant rien qui deschire dauantage la reputation. Ce peu de ressentiment* qu'Anaclet tesmoignoit d'vn tel affront, l'exposoit non seulement à la risee de ses voisins, mais encore à la mesdisance de ses malueillans, qui l'accusoient de conniuence, comme s'il eust esté complice de la meschanceté de sa femme.

Ceste calomnie paruenue à ses oreilles, le picqua si au vif, qu'il resolut de leuer ceste infamie de sa maison, & d'en lauer la tache auec du sang. Mais reuenant en soi-mesme, & considerant que l'honneur d'vn homme sage ne despend pas de la fragilité d'vn sexe qui a l'infirmité en partage, de plus craignant de ruiner sa fortune par le meurtre de celui qui le des-honoroit : il retenoit sa cholere & se rangeoit au parti de la souffrance ou de la dissimulation. A la fin, & les brauades du Capitaine, & l'audace de sa femme, rendue insolente* par sa timidité, la huee de ses voisins & les reproches de ses parens lui furent de si pressans aiguillons, que tirant force de sa foiblesse & du courage de sa naturelle pusillanimité : il protesta de se venger solennellement si sa femme ne se retiroit de son mauuais train, & ne reuenoit à son deuoir. N'osant s'attaquer au Capitaine, duquel le nom lui oppiloit la bouche, & qui auoit la reputation d'estre extremement soudain & cruel : il s'addresse* [323] à sa bonne partie*, & apres les remonstrances les plus douces qu'il pût former, voyant qu'elle se mocquoit de lui au lieu d'en faire son profit, il fut contraint de changer d'accent, & prenant vn ton plus rude, d'en venir aux menaces. Dequoy ceste femelle irritee, commença à lui repartir auec des cris & des termes iniurieux, le menaçant lui-mesme de le faire estropier s'il estoit si osé que de la frapper. Anaclet porté de cholere leue la main, & lui en fait vne si belle impression sur la ioüe, que la marque de ses doigts y demeura long temps empreinte comme vne rubrique*, à cause du sang qui lui en monta au visage : adioustant à cet auantieu vne protestation solennelle de l'estriller d'importance elle & son mignon* s'il les rencontroit deuisans ensemble.

Eudoxe (appelons ainsi ceste femme) outree* de despit d'vn tel affront, se resolut en elle-mesme d'en prendre vne vengeance ; le moyen ne lui en manquoit pas, ayant l'espee d'Opile à sa deuotion. Mais parce que ce Capitaine ne la vouloit pas espouser, elle ne desiroit pas qu'il en vint iusques au meurtre enuers son mari, mais seulement que par menaces ou quelques coups il le tint en crainte. Lui ayant doncques fait ses plaintes & rapporté ce qu'Anaclet lui auoit dit, que s'il les rencontroit ensemble il estrilleroit & l'vn & l'autre, c'estoient ses mots. Opile qui n'auoit pas accoustumé d'estre traitté de la sorte, lui promit d'apprendre à parler à Anaclet, & de la venger si solennellement du soufflet qu'elle auoit receu, qu'elle auroit sujet d'estre satisfaite. [324]

Ayant vn iour rencontré ce bon homme de mari, ce fut à trouuer contre lui des rodomontades, & à iurer que s'il continuoit en ses bigearreries*, il le mettroit en tant de pieces que les plus habiles anatomistes auroient de la peine à les reioindre Anaclet lui respondit froidement, que s'il estoit de son mestier, & qu'il eust esté nourri dans les armes, il lui respondroit en mesmes termes, mais que la condition d'vn soldat & celle d'vn marchand n'ont pas accoustumé de se ioindre, l'aulne & l'espee estans deux bastons dissemblables. Qu'il auoit defendu à sa femme, sur laquelle la loy du mariage lui donnoit toute auctorité, de le voir, afin d'essuyer les mauuais bruits qui couroient au desauantage de son honneur. Qu'il vouloit croire qu'il ne se passast rien que d'honorable en leur conuersation*, mais qu'vne honneste* femme deuoit estre exempte & du crime, & encore du soupçon. Que si sa femme l'outrageant* de la langue, il s'estoit serui de la main pour la faire taire ; ce n'estoit point à Opile d'en auoir du ressentiment*, s'il ne vouloit tesmoigner d'auoir quelque part en celle qui ne lui appartenoit par aucune alliance.

De ceste response, qui eust satisfait vn homme de qui la raison eust esté la maistresse, Opile prit sujet d'animer sa cholere, passion qui lui fit faire comme au tonneau rempli de nouveau vin, lequel se sallit de sa propre escume, parce que la precipitation du discours lui fit auancer beaucoup de propos, non seulement outrageux & iniurieux à la personne d'Anaclet, mais qui descouuroient [325] assez clairement qu'il auoit plus de part en celle dont il defendoit la cause, que les loix & l'honnesteté ne permettent. Ce qui pressa si fort le bon Anaclet, qu'il fut contraint de lui repliquer, que s'il le voyoit iamais abborder sa femme, il s'essayeroit de repousser la force* par vne autre, & de chasser l'opprobre* de sa maison.

A quoy l'irrité Opile repartit en soldat : Si i'estois endormi dans ton propre lict, tu n'aurois pas la hardiesse de me reueiller. Au reste, tu as dit que tu estrillerois & ta femme & son galant* (parlant de moy) si tu nous trouuois ensemble : mais asseure toi que ie lui parlerai quand il me plaira, malgré tes menaces & tes defenses, & puis que tu parles de m'estriller comme si i'estois vn cheual, asseure toy que ce ne sera pas sans estre auparauant bouchonné de moy comme il appartient. Sur cela il tire vn baston dont il voulut accompagner ses paroles, mais les iambes d'Anaclet par vne prompte fuitte le garantirent pour ceste fois d'estre pansé à la fourche*.

Le Soldat glorieux se vantoit de ceste desroute, comme si le champ de bataille lui fust demeuré : mais il chantoit le triomphe deuant la victoire. Il continue ses vilaines prattiques auec ceste miserable* femme plus ouuertement & impudemment que iamais : mais ce ne sera pas impunement ; le plomb est long à eschaufer, mais aussi il fond tout à coup. Le diamant le brise auec difficulté, mais aussi quand il se rompt il se met tout en poudre. Il en est ainsi de ces humeurs lourdes, pesantes, & timides, il faut du temps pour les met-[326]tre en cholere, mais quand elles y sont vne fois, c'est vn fer rouge qui retient longuement sa chaleur. Anaclet outré* par delà toute mesure, se resolut de mettre vne

fin à son des-honneur, ou à sa vie. Il fait ses plaintes à ses amis
& à ses parens, qui prenans tous part à son infortune, & haissans
l'insolence* d'Opile, lui promirent de l'assister en sa vengeance,
puis qu'elle estoit iuste & auctorisee* par les loix.

Accompagné donc de trois ou quatre bons compagnons,
deliberez de surprendre les adulteres & de les chastier comme ils
meritoient, il leur fut aisé de les trouuer ensemble. Anaclet feignit
quelques iours auparauant qu'il voulust iouër sa trousse*, ie ne
scay quelle reconciliation auec sa desloyale partie, il la caresse
extraordinairement, comme s'il eust renouuelé ses anciennes
affections, mais caresses de singe, qui estouffe en embrassant.
Ceste femme accorte* à tromper lui rend le reciproque, & plus
elle le trahissoit, plus elle le flattoit. Il feint vn voyage, auquel il
dit que son commerce l'oblige pour faire emploitte* de quelques
marchandises à certaine foire. Sa femme contrefait la triste de
son despart, auquel elle contribua quelques larmes de Crocodile.
A peine fut-il parti qu'Opile vint tenir sa place si peu couuertement, que le voisinage en estoit bruslé de scandale. Deux iours
apres Anaclet reuient, lequel accompagné de quatre ou cinq de
ses affidez tous armez comme si il falloit, entre auec des fausses
clefs iusques dedans sa chambre, où ils furent plustost que les
adulteres, qu'ils trouuerent cou-[327]chez ensemble, ne furent
reueillez. L'espee d'Opile fut saisie, comme aussi son poignard &
son pistolet, & il se vid tout nud & sans defense entre cinq ou six
hommes bien armez & tous le pistolet à la main bandé & amorcé,
qui le lui presentent dans la teste. Voila nostre Rodomont bien
estonné, de lyon qu'il auoit esté en paroles il deuient doux comme
vn mouton, & n'ose beeler. Il est saisi & aussi tost garrotté de
pieds & de mains, & en cet estat remis sur le lict.

La femme reueillee en sursaut, void ce spectacle, & pressee de
sa conscience, elle n'attend rien moins que la mort pour punition.
Elle crie, elle pleure, elle demande misericorde pour elle & pour
Opile : bref elle fait la femme, animal insolent* en prosperité, &

lasche dans le mal-heur*. Opile l'inuite[1], & criant merci à Anaclet,
lui demande la vie auec les plus belles protestations du monde.
Mais Anaclet estoit blessé en son honneur d'vne playe qui ne
se guerissoit pas auec des paroles. Voyant son ennemi reduit en
sa puissance, il lui fit deslier vn bras, & lui mettant en main vn
bouchon de paille, de ceux dont on bouchonne les cheuaux :
Opile (lui dit-il) tu m'as menacé de me bouchonner auparauant
que ie t'estrillasse, ie veux que tu sois trouué veritable en ta
parole. Prends donc ce bouchon & me bouchonne à ton plaisir.

    Opile refusant cela, Anaclet & ceux qui l'accompagnoient lui
mettans des poignards & des pistolets à la gorge, le contraignirent
de prendre le bouchon, & de le passer sur le dos d'Anaclet, ce
[328] qu'il fit assez legerement. On lui demande s'il estoit content,
& s'il l'auoit bouchonné à son aise. Vous m'y auez contraint
(dit-il.) Et ie te contraindrai aussi, reprit Anaclet, de souffrir que
ie t'estrille à mon tour & à ma fantaisie.

    Alors ils attacherent ce pauure corps tout nud aux quatre
piliers du lict comme vn homme que l'on estend sur la roüe. Et
Anaclet tirant vne grande estrille de fer, en laquelle il auoit fait
faire de longues dents, commença à estriller si furieusement ce
galant, qu'il l'escorcha tout en vie, lui arrachant le nez, les yeux,
& ce qui le rendoit homme : bref ne laissant aucune parcelle de sa
peau qui ne fust emportee. Il estendit apres sa bonne femme sur
le mesme cheualet, & la testonna* de semblable sorte, iettant par
apres en la place ces deux miserables* corps qui n'auoient ni peau
ni visage, & les laissant nager & palpiter en leur sang. Cet exploit
de cruelle vengeance estant fait il se retira en lieu asseuré*.

    Le iour venu la Iustice arriua qui vit cet horrible spectacle. Ces
mal-heureux* vesquirent encore quelque temps pour confesser
leur faute, & en demander pardon à Dieu. Opile mourut sur
le soir, la femme n'expira que le lendemain ; tous deux en des

---

1   *Sic.* Il faut probablement lire *l'imite.*

tourmens qui se peuuent à peine imaginer, nullement descrire. Les loix pardonnerent ce meurtre à Anaclet : mais à cause de la cruauté de l'action, il fut contraint de quitter tout à fait la ville, & changer de demeure. Depuis est resté comme en prouerbe en ce lieu là quand on void quelqu'vn qui muguette* la femme d'autrui, qu'il se garde de l'estrille. [329] Certes il faudroit auoir renoncé à l'humanité* pour ne detester la cruauté de ceste furieuse vengeance, plus digne d'abomination que d'imitation, & mesme nous sçauons que les loix humaines qui permettent au mari de tuer les adulteres quand il les surprend, sont contraires aux diuines, lesquelles toutefois veulent bien que l'on punisse de mort ceux qui seront conuaincus* de ce crime là, veu qu'ils estoyent lapidez en l'ancienne loy, pourueu que ce soit par la voye de la Iustice publique & ordinaire.

Mais qui ne void en l'histoire que nous venons de proposer, vn manifeste iugement de Dieu sur l'insolence* de ce soldat & de ceste deshonneste femme ? Vous-vous estes mocquez de ma loy, dict Dieu au pecheur par vn de ses Prophetes, vous auez ri en vos preuarications, & moy aussi ie me riray en vostre mort, & hocherai la teste par desdain quand ie verrai vostre punition[1]. La peine d'vne faute semble redoublee quand elle est ou honteuse ou ridicule. Et entre les criminels que la Iustice enuoye au supplice, il y en a plusieurs qui ont plus de douleur de passer par la main d'vn bourreau & de seruir de spectacle au peuple, que de regret de mourir. Si ceux qui se souillent par adultere auoyent deuant leurs yeux de semblables estrilleurs, ils ne henniroyent pas, pour parler auec l'Escriture, comme des estalons apres les femmes de leurs prochains[2]. [330]

---

1   Is 37, 21 (?).
2   Jr 5, 8.

L'Esgarement.*
EVENEMENT VI.

CEVX que leur condition vulgaire* cache dans la presse du monde, ne souhaittent rien tant que de se tirer hors du pair par quelque qualité releuee, ou de se rendre signalez* par quelque action esclatante. Au contraire ceux que leur naissance & leur rang mettant au dessus des autres lassez d'estre continuellement à la veuë des hommes & de mener vne vie de theatre, fuyent les incommoditez qui accompagnent la grandeur, n'ont point de plus grandes delices que de se retirer de la foule & de iouyr quelquefois desguisez & inconnus des innocens plaisirs de la vie priuee. Les Rois & les Princes accablez des importunitez de la Cour se diuertissent souuent à la chasse, plaisir brusque & violent, & s'enfonçans dans la solitude des bois iouyssent à la derobee des contentemens qui se treuuent en la condition des Rustiques. Il est vrai toutefois que ces eschapees sont dangereuses & suiettes à beaucoup d'accidens, qui les mettent souuent en des hazards qui ne paroissent espouuantables que quand ils sont passez. C'est pourquoi ils doiuent par la discretion* se conduire la bride à la main & ne commettre pas leurs personnes & leurs vies, qui sont de telle importance au repos public, à la merci des petites gens qui cachent d'ordinaire de grands vi-[331]ces sous la bassesse de leur fortune. L'Histoire que nous allons desployer fera foy de ceci, & despeindra le peril extreme où vn Prince fut reduict pour s'estre laissé indiscrettement transporter à l'ardeur de la chasse.

Tandis que l'Empereur Charles Cinquiesme, autant zelé que victorieux, poursuiuoit à main armee les Princes d'Alemagne, qui sous le pretexte de reformation & le tiltre de Protestans se vouloyent reuolter contre lui, & secouër le ioug de l'Empire, il commit au gouuernement de ses Royaumes en Espagne ce grand

Cordelier le Cardinal Ximenes[1], dont la pieté, la magnificence
& l'addresse viuront en la memoire des hommes autant que les
hommes auront de la memoire. Cetui-ci autant fidele que prudent
seruiteur commandant absolument & à l'Estat, & aux Finances,
& aux armes, & aux places dans l'Espagne en l'absence de son
maistre, faisoit & desmettoit les Gouuerneurs, & vsoit sans en
abuser de l'auctorité souueraine. Pour donner quelqu'employ* à
vn Grand de Castille, dont la ieunesse remuante & ambitieuse ne
se pouuoit contenir en son deuoir, si on ne lui donnoit quelque
part en la conduitte*, il s'auisa de le faire Viceroy au Royaume de
Grenade, le retenant par ce frein doré de commandement dans
les termes de l'obeyssance.

Ce Grand (que la Relation Espagnole, d'où ie tire cet Euenement,
qualifie du tiltre de Prince) après auoir humé la fumee des premiers
honneurs de sa charge, & purgé son cerueau par ce petum* de
ceste humeur altiere, qui le faisoit aspirer aux [332] charges, se
mit à la recherche de ses plaisirs, entre lesquels celui de la chasse
lui faisoit souuent faire des excés & des efforts notables. Ceux
qui sont addonnez à cet exercice, qui represente aux esprits mar-
tiaux vne image de guerre, s'y portent ordinairement auec tant
de passion, que tout autre diuertissement leur semble indigne de
leur courage*. Cestui-ci entre les gousts qu'il y trouuoit, prenoit
vn singulier contentement à s'esgarer & à se desrober de sa suite
pour se trouuer en liberté parmi des Rustiques, dans les cabannes
desquels il se retiroit, se faisant chercher à cor & à cri par ceux qui
l'accompagnoyent. Ces fouruoyemens lui succederent* plusieurs
fois assez heureusement, si bien qu'amorcé* des delices qu'il auoit

---

1 Le Cardinal Jimenez de Cisneros est à la mort de Ferdinand – le 28 janvier 1516 –
   régent pour Charles V qui devient alors roi de Castille et n'a que dix-sept ans ;
   Charles est à ce moment aux Pays-Bas, dont il a hérité à la mort de son père,
   avec la Franche-Comté. Jimenez est remercié en septembre 1517, au moment où
   Charles arrive aux Asturies, et meurt presque en même temps. Charles-Quint n'a
   pas alors commencé sa longue lutte contre les Protestants, la Réforme étant à peine
   proclamée.

rencontrees en la conuersation* des Villageois, de la simplicité desquels il faisoit son passetemps, il quittoit assez souuent la piste de la beste sauuage qu'il poursuiuoit, pour s'esquiuer de ses gens & aller passer la nuict sous les toicts des buscherons ou des bergers qui font leurs retraittes dans les forests.

Plusieurs fois on l'auoit auerti du danger qu'il y auoit en de pareilles eschappees, & qu'il commettoit trop librement sa vie à la merci de gens sans pitié, & qui connoissent aussi peu l'enormité du vice, que la valeur de la vertu. Mais les personnes de ceste qualité sont si remplies de la bonne opinion d'elles-mesmes, & aheurtees* à leur propre sens, qu'elles ne croyent que ce qui leur plaist, estans tellement accoustumees à se voir adorees des peuples, qu'il leur semble que leur [333] seule presence imprime la reuerence dans les esprits, & qu'en proferant leur nom, elles doiuent faire trembler & flechir tous ceux qui les entendent. Mais elles se trouuent quelquefois trompees en leurs balances, parce que les mœurs agrestes des paysans, incapables des respects & des ciuilitez qui se pratiquent aux villes, les rendent semblables au cheual que cet Ancien appelloit mauuais Courtisan, parce qu'il iette aussi bien par terre vn Prince s'il n'est bon Escuyer, que le plus simple homme du monde[1]. Heureux* (dit ce Poëte) celui qui deuient sage par l'exemple d'autrui. Mais où est cet heureux* ? certes il y en a peu, qui apprennent la sagesse aux despens des autres, chacun ne l'acquiert que par sa propre experience. Ce fut donc par la sienne, mais extremement pressante, que ce ieune Prince apprit à ne commettre plus le vaisseau de sa personne à la merci d'vne mer si desloyale, & si tempestueuse que la fureur d'vne vile populace.

S'estant donc vne fois entre les autres esgaré dans l'horreur d'vn bois, où la solitude & le silence residoyent, à l'ombre d'vn impenetrable fueillage, il fut surpris de la nuict aupres de la

---

1   « [...]un cheval qui n'est ni flateur ni courtisan, verse le fils du Roy à terre comme il feroit le fils d'un crocheteur. » Montaigne, *Essais*, III, 7.

cabanne d'vn paysan, qui n'ayant rien de l'homme que le visage, auoit l'humeur aussi farouche & cruelle que les bestes sauuages, parmi lesquelles il demeuroit. Y estant descendu pour y prendre du repos, il y trouua vne famille assez ample sous vn toict bien court. Soit que toute ceste racaille* fust de race de Mores, qui ont autrefois dominé au Royaume de Grenade, ou que viuans parmi les bois [334] ils ioignissent auec leur mestier de buscherons la profession de brigands : ils n'eurent pas plutost pris garde au beau cheual, aux bons habits & à la bonne mine* de leur nouuel hoste, qu'ils deliberent[1] de faire curee d'vne si bonne proye, & de l'esgorger pour se saisir d'vn si riche equipage*.

Ce complot fut pris entre le pere, le fils & deux grands pendards de valets qui en auoyent à leur mine* assommé beaucoup d'autres. Le Prince ayant recommandé son cheual à vn de ces coquins, à qui il promit vne bonne recompense, se met au milieu de ceste troupe, & se familiarisant auec eux, commence à dire des bons mots, ne soupçonnant pas la trahison qui se brassoit contre lui. Il faict faire bon feu, commande qu'on lui face bonne chere* de tout ce qu'il y aura de meilleur, & sans descouurir sa qualité faict voler quelque piece d'or qui seruit d'amorce* à ces meschans pour les confirmer en leur entreprise. Laquelle ne put estre complotee si secrettement, que la femme du buscheron n'en fust auertie. Ceste-ci secrette comme vne femme, l'alla aussi tost descouurir à sa belle fille, mariee depuis peu de temps au fils de la maison, ieune, galand*, âgé de vingt-cinq ans, robuste & fort, & resolu comme vn meurtrier. Il auoit pris ceste ieune femme en vne bourgade voisine, où ayant esté esleuee auec plus de douceur & d'humanité*, aussi tost son cœur s'attendrit sur la prochaine ruine de celui qu'elle ne prenoit que pour vn simple Gentil-homme. Certes l'oeil de la Prouidence qui veille particulierement sur les innocens, a encore vne speciale at-[335]tention sur les Princes,

---

1 *Sic.* Camus est très coutumier de brusques passages du passé simple au présent « historique ». Mais ici il faut plutôt rétablir les lettres *er* redoublées : *delibererent.*

qui sont les plus viues images de sa grandeur & de sa puissance sur la terre. Aussi ont-ils de plus grands Anges pour leur garde, parce qu'appellez aux negociations* plus importantes, ils ont besoin de plus forts esprits que le commun. Ceste pitié fut le ressort secret dont Dieu se seruit pour garantir le Vice-roy du plus estrange peril où vn homme de sa sorte puisse estre reduict : Parce qu'ayant tiré le Prince à part, & l'ayant supplié de tenir secret ce qu'elle auoit à lui dire, elle lui descouurit en peu de mots ce qui se machinoit contre sa vie, afin qu'il auisast aux plus conuenables* moyens que lui pourroit suggerer son industrie pour eschaper de si cruelles mains. Elle parla au Vice-roy les larmes aux yeux, & auec tant d'ingenuité, qu'il ne douta point de la verité de son auertissement, dont il la remercia selon l'importance de l'affaire, lui promettant de n'oublier pas vn bienfaict si opportun.

En ceste pressante extremité que de pensees s'esleuerent en son esprit, qui s'entrepoussoyent les vnes les autres, tout ainsi que les ondes sur la mer agitee. Tantost il vouloit partir sur le champ, & se commettre à l'obscurité de la nuict, & à la merci des bestes farouches de la forest, plustost qu'à la cruauté de ces hostes impitoyables : mais il se retenoit, sçachant que ceste fuitte les mettroit à sa queuë, & leur donneroit plus de commodité de faire leur coup. Tantost il se resoluoit de leur donner son cheual, & tout ce qu'il auoit d'argent, afin que rassasiez de cela ils le laissassent en vie : mais c'eust esté deceler l'auis de celle qui l'auoit [336] obligé au secret. Tantost pour euiter le coup de sa ruine il deliberoit de se nommer, & de dire sa qualité afin que l'esclat de sa grandeur donnast dans les yeux de ces paysans, & les sillast* comme vn esclair, ou les estonnast comme vn esclat de foudre : & puis aussi tost il redoutoit que la crainte d'vn cruel supplice ne leur fist plustost auancer l'execution de leur perfidie. A la fin son courage* s'esleua par-dessus ces apprehensions, aimant mieux commettre sa vie à sa propre valeur* & en la garde de Dieu, qu'à la misericorde de ces Barbares incapables de toutes ces considerations.*

Il passe à ce dessein dedans vne petite chambre, où il trouua vn meschant lict, où le fils de la maison auec la belle-fille auoyent accoustumé de prendre leur repos. La porte mal iointe ne fermoit à la façon du village, qu'auec vne cheuille : il traine vne table, & quelque meschant coffre pour en faire vne barricade, & y estre auec plus de seureté. Au lieu de se reposer il bande & amorce son pistolet, tire son espee du fourreau, attendant auec les transes que vous pouuez imaginer, que ces assassins vinssent à lui, resolu de leur vendre sa peau bien cherement. La nuict assez auancee dans son cours, auoit enseueli toutes choses dans les tenebres & le silence, quand le Prince qui ne dormoit pas estant en sentinelle sur sa propre conseruation, entend comme gratter à la porte, c'estoit le paysan qui pour le surprendre dans le sommeil & commencer la tragedie, taschoit de tirer tout bellement la cheuille & ouurir la porte sans bruit. Le Viceroy demande qui est là. Lors [337] le Rustique le sentant esueillé, pousse la porte la pensant enfoncer, mais y trouuant de la resistance, il respond qu'il a besoin de quelque chose qui estoit dedans la chambrette, le suppliant d'ouurir. Le Prince lui repliqua qu'il reposoit, & qu'il n'estoit pas resolu de se leuer, qu'il s'en passast s'il pouuoit iusques au lendemain. Alors ce Rustre d'vn ton plus haut & plus poignant* auec des execrables blasphemes commence à vser de menaces d'entrer par force*, ne voulant pas estre par vn estranger gourmandé dans sa maison.

Le Prince qui n'estoit pas accoustumé à de semblables caresses, repartit brusquement quelques paroles qui allumerent dauantage le courroux du Barbare, lequel ne demandoit rien tant que de faire vne querelle, qui donnast quelque couleur à l'assassinat qu'il vouloit commettre. Le voila qui se met en deuoir d'enfoncer la porte, à quoi le Prince oppose tout ce qu'il a de force & d'industrie. Le fils de ce Rustique auec vn des valets sort de la maison, & vont par dehors donner l'escalade à vne fenestre dont il enfonça les aix d'vn coup de poing. Le Prince se voyant assailli des deux costez, & cestui-ci prest d'entrer par ceste breche, lui porte vne estocade* si rude qu'il le renuersa du haut en bas. Cependant le pere qui entend le cry de son fils blessé, donne auec fureur de si grands coups de hache contre la meschante porte, qu'il la faict voler en esclats. Par ces ouuertures, le Prince passe la bouche de son pistolet si à propos qu'il lui lasche dans la teste, & le couche par terre roide mort. Sans ceste execution* [338] c'estoit faict de sa vie. Le valet voulant venger la mort de son maistre pousse pour entrer, mais le Prince le taste si rudement auec son espee, qu'il lui faict perdre l'enuie de l'assaillir.

Il va trouuer le fils qu'il voit blessé, mais non tellement qu'il ne pensast à sa propre vengeance & à celle de son pere mort. L'vn des valets court aux cabanes voisines, & appelle au secours d'autres Buscherons qui accourent aussi tost en troupe, & recommencent vn si rude assaut, que le Prince crût estre arriué à la derniere periode de sa vie. Il a beau dire son nom & sa qualité, il n'est pas ouy parmi tant de bruit & de tumulte : ou s'il est entendu, ils n'adioustent point de creance à sa parole. Assailli des deux costez, & par la fenestre & par la porte, & n'en pouuant defendre qu'vn, où il fit des efforts incroyables, il est accablé de ceste multitude, de laquelle ce fut vne merueille & vne singuliere prouidence de Dieu, qu'il ne fut point mis en pieces, veu qu'il en auoit blessé plusieurs. Le fils du Buscheron mort le vouloit tuer, & ses valets aussi, mais ils en furent empeschez par ceux qui estoyent venus au secours, qui se contenterent de lier & garrotter le Viceroy comme vn criminel, n'attendans que le iour pour le remettre entre les mains de la Iustice. La promesse d'vne grande somme de deniers qu'il fit à ceux qui le saisirent pour ne le tuer pas sur le champ, mais le conduire aux Iuges, coniura ceste tempeste mais à peine l'aurore commençoit elle à blanchir l'orison, & à redonner au ciel vne clarté confuse, quand les cors des chasseurs commencerent à resonner [339] dans la foret, les veneurs & ceux de la suitte du Viceroy le cherchans de tous costez. A ce bruit il connut que son secours n'estoit pas loin. Ayant donc baillé quelque piece d'or à vn de ces paysans pour aller dire à ces chasseurs qu'ils le vinssent trouuer : ce messager n'y manqua pas. Aussi tost voici arriuer les gardes du Prince, qui le trouuerent dans ceste cabane en l'equipage* que nous auons dict. Les paysans leur demandoyent mainforte pour le mener en prison, lors que ces gens mettans l'espee à la main voulurent tailler en pieces ceste racaille*, si le Prince ne leur eust defendu. Tous furent pris & les plus coulpables liez des mesmes cordes dont ils auoyent garroté le Prince. Ceux qui l'auoyent conserué eurent grace. Les autres enuoyez aux galeres. Le fils & les deux valets de l'hoste ayans confessé à la torture d'autres brigandages furent brisez sur la rouë, la femme du buscheron mort fut penduë comme complice de ses meschancetez, la cabanne bruslee. La belle-fille qui auoit auerti le Prince de la trahison qui se brassoit contre lui, fut honoree & largement recompensee, le Prince lui procurant vn parti de grande consideration.

Depuis ce temps-là le Viceroy faict prudent par vne si dangereuse occurrence* ne s'esgara plus en ses chasses, & pour le plaisir friuole qu'il prenoit en la conuersation* de gens de neant, ne se mit plus au hazard de disputer sa vie contre des personnes indignes de sa cholere & des coups de son espee. [340]

Le Nouueau Cain.
EVENEMENT VII.

PAR l'enuie du diable, dict la parole Sacree, le peché est entré au monde, & par le peché la mort[1]. Il est parlé en ce lieu là de la seduction de nos premiers parens que la subtilité de l'esprit enuieux porta à la preuarication & violement de ce grand precepte qui menaçoit de mort. Mais il peut aussi estre estendu à

---

1 Rm 5, 12.

ce premier meurtre qui teignit les nouuelles murailles du monde
d'vn sang fraternel[1], assassinat commis par enuie, & qui a faict
appeller l'esprit qui le suggera, homicide dés le commencement[2].
Depuis il a continué ses pratiques, faisant aboutir les enuies en
des issues tragiques, ou en effect ou en volonté. Esau pressé de
ceste passion eust ietté ses mains violentes sur son frere Iacob, si
par le prudent conseil de sa mere cestui-ci ne se fust retiré[3]. On
sçait le dessein que les freres de Ioseph auoyent faict de le tuër,
si Dieu ne l'eust reserué à vne meilleure fortune[4]. Combien de
fois Saul pressé de cet iniuste aiguillon attenta t'il contre la vie
de l'innocent Dauid[5] ? Et le haut gibet dressé par le ialoux Aman
pour le bon Mardochee[6] monstre assez à quel degré de fureur ce
vice transporte ceux qui en sont atteints. Que si la laideur de ceste
imperfection n'en peut retirer ceux qui y sont engagez, au moins
que le mal-heureux* succés* de l'histoire que nous allons [341]
despeindre, les fasse penser à leur conscience sur ceste creance que
la Iustice diuine ne laisse iamais impunis les forfaicts execrables.

   S. Iacques, ou plutost l'esprit de Dieu par la bouche de cet
Apostre, prononce mal-heur* à ceux qui cheminent en la voye
de Caïn[7], qui courent au train du loyer de Balaam (Nombres 22 :
21-22), & suiuent la contradiction* de Coré. Les Interpretes de
ce passage disent que sous ces metaphores il entend parler des
Heretiques, qui se laissent aller à l'imitation de Caïn premier
Heresiarque, qui vont apres les meschans Prophetes comme
Balaam, qui maudissent le peuple de Dieu, & qui perissent en la

---

1 Meurtre d'Abel par Caïn ; Gn 4, 3-8.
2 Le diable. Jn 8, 44.
3 Gn 27, 41-43.
4 Gn 37, 11-24.
5 1S 18, 19.
6 Est 5.
7 *Épître de Saint Jude* 11 (et non St Jacques) : « Malheur à eux ! Car ils sont entrés
   dans la voie de Cain, ils se sont jetés pour un salaire dans l'égarement de Balaam,
   ils se sont perdus par la révolte de Coré ». *Cf.* notes 1-2 p. 74 à Préface [18].

rebellion de Coré, en se reuoltant contre l'Eglise. Le lieu & les personnes de l'Euenement que i'ay à deduire*, m'ouure les yeux sur ceste parole Apostolique, & me faict desployer le mal-heur* d'vn fratricide, qui tomba en fin sous la verge de celui qui a en sa main toutes les extremitez de la terre, & dont la puissance ne peut estre euitee en aucune façon, ni en aucun endroict.

Lauzane est vne Cité Episcopale, où residoit autrefois vn Euesque l'vn de nos Consuffragans en la prouince de Bezançon. Elle a le tiltre de Principauté d'Empire attaché à la qualité du Prelat Diocesain. Et lors que la Religion Catholique y florissoit, elle estoit de si grande reputation, que le lac Leman portoit son nom & s'appelloit le Lac de Lauzane, nommé maintenant Lac de Genêue, depuis que ceste Cité là a receu les erreurs de celle-ci. Elle est à present si fort descheuë de son ancienne splendeur, que si ceux du Canton de Berne [342] sous la domination desquels elle est reduitte, n'y tenoyent leur Estude qu'ils appellent Vniuersité, elle seroit desolee* comme vne vefue qui a perdu son support & ses ornements. Autrefois elle regentoit au spirituel la ville de Berne, & mesme celles de Soleurre & de Fribourg qui sont Catholiques, reconnoissent encore l'Euesque Diocesain, & maintenant elle est esclaue de sa sujette, & selon la menace du lamentable Prophete à Hierusalem, elle est deuenuë abiiecte & vile[1]. En ce lieu auint le tragique succés* de nostre nouueau Cain, aussi les Citoyens ne reconnoissans plus la Religion Catholique courent apres l'erreur de Balaam, & se plongent en la contradiction* de Coré[2].

Vne femme vefue ayant marié vne fille qu'elle aimoit vniquement en la ville de Nyon, qui est au pays de Vaux, perdit peu à peu par ceste absence ceste affection empressee qu'elle auoit pour ceste creature. Mais ce ne fut que pour changer d'object, parce que naturellement estant encline à aimer auec vehemence, elle

---

1 Lm 1, 9 et 11.
2 V. note 7 p. 692.

se porta d'vne amitié si forte vers son cadet, qu'elle en faisoit son idole. Vous eussiez dict que l'aisné ne lui estoit rien, & qu'elle ne l'auoit pas mis au monde. Ceste inegalité d'affection des peres ou des meres enuers leurs enfans est la source de beaucoup de debats, d'enuies, & d'inimitiez en vne famille, & n'y a point de peste qui doiue estre si soigneusement euitee que celle-la. Cependant il s'en trouue peu qui marchent droict en ceci, tant il est mal-aisé de tenir le cœur en vne assiette si egale qu'il ne panche pas plus d'vn costé que de l'autre. Veu mesme [343] qu'il y a des enfans, dont les naturels dociles, souples & officieux & dont les vertus signalees* obligent non leurs parens seulement, mais les plus estranges à leur vouloir du bien. De là vient qu'aux prouinces où le droict Romain est en vsage, les peres & meres ont droict de faire heritier celui de leurs enfans qui leur plaist dauantage, l'aisnesse despendant de ceste façon plustost des bons deportemens*que de la naissance.

Ceste mere faitte heritiere par son mari, possedoit tout le bien de la maison, qu'elle vouloit faire entierement tomber entre les mains de ce Cadet, qui estoit la lumiere de ses yeux & son petit Dieu en terre. L'Aisné qui estoit d'vne humeur fiere & bigearre*, & qui croyoit que pour* estre venu le premier au monde, il deuoit faire la loy à son puisné, ne pouuant dissimuler le mescontentement qu'il ressentoit de se voir postposé, rendoit à sa mere de si fascheux offices, qu'au lieu d'attirer sa bien-veillance, vous eussiez dict qu'il auoit pris à tasche de l'irriter & d'acquerir son indignation. Comme donc vn cloud chasse l'autre, à mesure que les insolences* de cet aisné augmentoyent l'auersion de la mere enuers lui, l'inclination qu'elle auoit pour le Cadet deuenoit plus grande, cestui-ci taschant de la conseruer par toute sorte de complaisance & de soumission. L'aisné continue en ses insolences*, ce qui porta la mere à faire son testament, auquel elle institua le Cadet son heritier vniuersel, ne laissant à l'aisné que ce qu'elle ne lui pouuoit oster, qui estoit sa legitime*, &

pour le despiter* dauantage, elle lui fit [344] entendre ceste disposition par le Notaire mesme qui auoit receu ceste derniere volonté. Ce qui remplit cet arrogant d'vne enuie & d'vne cholere si furieuses, qu'il projetta de prendre vengeance de celui qui en estoit innocent. Pour arriuer à son dessein il dissimule, & bien qu'il eust le meurtre de son frere dans son esprit, il ne peignoit son visage que de dilection*.

Vn iour que ce Cadet qui aimoit fort la chasse estoit allé par ces montagnes qui enuironnent Lauzane, l'aisné l'estant allé attendre en vn lieu escarté, lui donne vn coup de hache sur la teste & le tue : l'ayant tué il l'enterre en vn endroict presqu'inaccessible, n'ayant que le Soleil tesmoin de sa meschanceté. Ceste sanglante execution* estant faitte, il reuient à la ville aussi froidement que s'il n'eust point esté coulpable. Le Cadet ne comparoissant point, & la mere en estant en la peine que l'on peut imaginer, l'aisné lui fit croire que le desir de voir le monde l'auoit faict enrooller dans vne leuee de Suisses qui s'estoit faitte pour le Roy de France. De là à quelque temps les pleurs & les souspirs continuels de sa mere qui se tourmentoit de n'auoir aucunes nouuelles de son cher fils, eueillerent en cet aisné les pointes* de la synderese*[1], qui iusqu'alors s'estoit endormie. En dormant il n'a que des songes & des visions effroyables, veillant il est tousiours en soupçon & en crainte, il est affligé d'imaginations estranges, & lui semble qu'autant de pierres qu'il voit, sont autant de langues pour publier son crime. Le tremblement s'empare de ses [345] membres, sa voix est begayante, son esprit troublé, ses regards esgarez, bref il est l'image de l'horreur & du desespoir mesme. Il pense estre sans cesse poursuiui de la Iustice, & auoir le bourreau à son dos, prest de lui faire sentir le supplice qu'il auoit merité.

Vn iour que persecuté de ces pensees il cheminoit par la rue, en resuant il voit de loin venir le Bourgmaistre, marchant selon la coustume de Suisse auec des Valets de ville, ou Sergens à

---

1   V. note 1 p. 764.

liuree qui portent des hallebardes. Soudain atteint d'vne terreur Panique il se met à fuir, croyant que ces gens là vinssent à lui pour le prendre. Le Bourgmaistre commande à vn de ses Officiers de courir apres, & de l'amener pour apprendre quelle occasion* il auoit euë de se mettre en fuitte. L'huissier fait ce commandement auec diligence, & parce que le fuyard sembloit auoir des aisles aux pieds, il crie au peuple qui estoit en la rue : Arrestez messieurs, arrestez, il a tué vn homme.

A ce cry qui perça les oreilles de cet homme effrayé, il repart : Non messieurs, ie ne l'ay pas tué, ie ne l'ay pas tué, il est allé à la guerre, il est allé à la guerre. Sur ce tumulte les gens s'amassent, ce miserable* est arresté, lequel amené deuant le Bourgmaistre. Monsieur (lui dit-il tout pantelant de frayeur) ie ne l'ay pas tué, il est allé à la guerre, c'est ma mere qui me hait & qui me voudroit imposer ceste meschanceté.

Le Magistrat, personnage à qui les annees auoient donné de la prudence*, respondit à tout hazard. Vostre mere n'est pas si desnaturee, qu'el-[336 *recte* 346]le voulust estre cause de votre mort, ni vous accuser en vne action si execrable : mais nous auons de bons tesmoins qui vous ont veu commettre le coup. Alors ce miserable* pris à la chaude*, & sans auoir le loisir de penser à ceste surprise, proteste qu'il n'a point tué son frere, & qu'il n'y a homme sous le ciel qui le lui puisse soustenir. Et quoy qu'il essayast de contrefaire l'asseuré*, les changemens de son visage & les tremblemens continuels de sa contenance* tesmoignoient assez visiblement qu'il estoit bourrelé* au-dedans. Le Bourgmaistre qui estoit fort auisé, recognut bien qu'il y auoit de la coulpe* en son faict, & que sa propre* excuse lui seruoit d'accusation. Sur quoy le tirant à part sous vne feinte promesse d'impunité, pourrueu qu'il auouast franchement son crime. Ce pauure niais lui declara franchement comme le tout s'estoit passé, de quelle façon il auoit commis l'assassinat, & en quel lieu il auoit enterré le corps. Sur cet aueu il le fait mettre en prison, le flattant de l'espoir de lui sauuer la vie & de lui faire auoir sa grace des Seigneurs du Canton de Berne Souuerains de la ville de Lauzane. Estant interrogé de nouueau deuant des tesmoins, il confesse le tout de la mesme sorte, & persiste en sa premiere deposition. Sur quoy il fut condamné au supplice que meritoit son execrable fratricide. Quand la sentence lui fut prononcee, il se plaignit de la fausseté de la promesse qu'on lui auoit faitte, de lui donner la vie. Mais on le consola sur ce que les Souuerains n'auoient point voulu lui faire de grace, & puis on le resolut à la mort en lui represen-[347]tant viuement l'enormité de son offense.*

La Relation dit qu'il y alla auec de grands signes de repentance, & auec moins de frayeur qu'il n'auoit auparauant qu'il fut pris, lui mesme declarant que les terreurs qu'il auoit endurees auant que d'en venir à la peine, lui donnoient plus de tourment qu'il ne croyoit en souffrir en son execution*. Tant il est vray que le bourreau interieur est plus cruel que l'exterieur, & que meriter vn chastiment honteux est vne chose plus dure que de l'endurer. C'est la difference que ie trouue entre ce fratricide & l'ancien Cain, qui mourut dans le desespoir. Il est vray que cestuy-cy mourant dans l'heresie, me laisse en vne grande doute de son salut quant au faict, car quant au droict, il est certain que hors de l'arche tout perit dans le deluge : que hors de l'Eglise il n'y a point de salut, & que celuy ne peut auoir Dieu pour pere au ciel, qui n'a point eu en terre l'Eglise Catholique pour mere.

Remarquons au moins en cet Euenement vn extreme effort* de la mauuaise conscience, qui mene à la mort par les mesmes chemins par où on tasche de la fuir, & vn grand traict de la Iustice qui brandit tousiours son glaiue sur la teste des pecheurs, iusques à ce qu'en ce monde ou en l'autre elle leur fasse sentir ses equitables chastimens. [348]

Le Tire-laisse. *
EVENEMENT VIII.

QVAND tu auras trouué du miel, dit le Sage, prens-en auec moderation, de peur que t'en estant saoulé sa pesanteur nuisant à ton estomac ne te face rendre la gorge[1]. Le Vautour de la fable ayant trop mangé des entrailles d'vn animal dont il auoit fait curee, les reuomit auec les siennes, & le poisson gourmand pensant se paistre de l'appast auale le hameçon qui lui deschire les intestins & le rend à la merci du pescheur. Le desir du bien d'autruy est la plume de l'aigle qui deuore les autres. Ceux qui se laissent aller apres ceste iniuste conuoitise se mettent au hazard de perdre ce qui leur est iustement acquis. Iesabel pour auoir voulu acquerir la vigne de Naboth par des moyens illegitimes se voit priuee & du Royaume & de la vie[2]. Mais ce qui est de plus dur & de plus honteux, est quand il faut restituer ce dont on s'est & paré & emparé mal à propos, ce qui rend ce possesseur despoüillé ridicule comme la corneille d'Horace[3]. Nous allons voir cecy en cet Euenement, qui nous fera connoistre par vn port* extraordinaire, que Dieu a des secrets admirables pour chastier proprement ceux qui par vne alteration ardente se iettent precipitament dans l'heritage d'autruy.

Entre les Princes Electeurs de l'Empire le Conte Palatin du Rhin tient le premier rang parmi [349] les seculiers, car le Roy de Boheme n'a voix en l'election qu'en cas de partage. Ce Palatinat se peut dire vn des plus beaux & riches Estats de l'Alemagne,

---

1   Pr 25, 6.
2   1R 21, 15-23.
3   *Épîtres* I, 3 : À Julius Florus. Horace se moque du plagiaire Celsus, qui devrait, dit-il, utiliser ses propres richesses, «de peur que, si le peuple des oiseaux vient un jour redemander ses plumes, la corneille fasse rire d'elle quand elle sera dépouillée de ses couleurs dérobées». Chez Ésope et Phèdre, c'est un geai qui se pare de plumes de paon trouvées à terre ; mais les autres paons découvrent la supercherie et le dépouillent à coups de bec, ce dont les autres geais ne manquent pas de rire.

& peut estre le plus important, il a de tresbelles villes, entre lesquelles Heidelberg tient vn rang principal : En vne petite ville appellee Hirshon assez voisine de Heidelberg[1], demeuroit vn Gentil-homme nommé Ludouic, lequel riche à merueilles, menoit vne assez libertine, qui lui fit mespriser durant la plus grande & meilleure partie de son aage le ioug d'Hymen pour s'addonner auec plus de facilité à toute sorte de plaisirs. A la fin le temps ayant meuri* son esprit & refroidi son sang, il se laissa gaigner au desir d'auoir vn heritier legitime, auquel auec son nom & ses armes* il pust transmettre les grandes richessses qu'il auoit receuës de ses ancestres, & à trauers toutes ses des-bauches assez bien conseruees. A quoy il fut de plus fort incité par le mescontentement qu'il conceut de voir que son heritage passeroit entre les mains de ses neueux qu'il ne voyoit pas de bon oeil, soit qu'ils ne se missent pas en deuoir d'acquerir ses bonnes graces pour les respects & les sousmissions necessaires, soit parce qu'ils estoient nez d'vne de ses sœurs qui s'estoit mariee par amourettes à vn homme d'Heidelberg qui l'auoit espousee sans le consentement de Ludouic.

Estant donc assez auancé en âge il ietta ses yeux sur vne fille de Francfort nee de parens Catholiques, qui s'appeloit Plautille, & la trouua tellement à son gré, que l'Amour qui est tousiours aueugle, lui banda la veuë, & le fit passer sur tou-[350]tes les considerations* qui sembloient s'opposer à ceste alliance. Elle estoit ieune, il estoit vieil, elle n'estoit pas noble sinon de mœurs, & il estoit Gentil-homme de naissance, bien que iusqu'alors ses mœurs eussent esté roturieres, que ie ne die vilaines. Elle estoit

---

1 Hirschhorn, quelque vingt km. à l'Est de Heidelberg. La géographie de Camus est ici, malgré les apparences, correcte : le Rheinpflaz moderne est situé sur la rive gauche du Rhin, depuis une répartition des noms effectuée au début du xixe siècle ; le Palatinat historique était entièrement sur la rive droite, avec Heildeberg et Mannheim comme villes principales. Aujourd'hui encore, la population chrétienne de Hirschhorn est divisée également entre protestants et catholiques. Curieusement, vu le sujet de cet « événement », la lignée des Hirschhorn s'éteint en 1632, soit quatre ans après la publication des *Événements singuliers*.

pauure, & lui fort riche, mais la principale difference, c'est qu'il estoit Prostestant & elle Catholique. Ce dernier poinct le tint longuement en suspens, & pensa donner eschec à sa passion. Il sçauoit que dans le Palatinat (tyrannie ordinaire aux Princes Prostestans d'Alemagne) on ne souffroit point d'autre religion que celle de l'Electeur, qui alors estoit Prostestant. Ceste difficulté le mettoit en peine. Il fait proposer à ceste fille qu'il l'espouseroit si elle vouloit changer sa Religion : mais elle respondit courageusement, que pour vn parti cent fois plus auantageux elle ne quitteroit point sa creance. Au contraire elle l'exhorta de renoncer à son erreur s'il auoit dessein de l'espouser, autrement qu'il n'auroit iamais part en elle.

Ludouic voyant qu'il ne pouuoit rien gaigner de ce costé là, & que celle qu'il estimoit vn roseau du desert, estoit vne colonne du Temple, s'addresse* à ses parens, qui desireux d'auoir vn gendre si riche prefererent les raisons de la terre à celles du ciel, & sacrifierent à leur ambition ceste innocence Iphigenie. Quelque difficulté qu'elle fist de se rendre entre les bras d'vn homme de Religion contraire à la sienne, & d'aller en vn païs où elle n'auroit point l'exercice de sa creance, elle fut contrainte de consentir à ce parti : & [351] ainsi elle deuint femme de Ludouic, lequel la prit sous l'esperance de la reduire aisement à son opinion, soit qu'il considerast la foiblesse & l'inconstance du sexe, soit qu'il eust esgard à ceste extrauagante loy qui a lieu en plusieurs contrees d'Alemagne, que la femme suit la Religion de son mari. Toutefois Ludouic se trouua loin de son compte en l'vn & en l'autre article, d'autant que iamais Plautille ne voulut renoncer sa foi quelque instance* qu'il lui fit de se faire instruire, & de prester l'oreille à ses Ministres. Elle demeura ferme au milieu des aduersaires de sa creance, comme vn rocher parmi les vagues de la mer. Ce qui nous apprend que quand vn roseau est en la main de nostre Seigneur, c'est vne verge puissante, ou plustost vn sceptre de vertu, auec lequel il exerce son empire au milieu de ses ennemis.

Tout ce que pût faire Ludouic, ce fut d'employer son credit à ce que l'on ne recherchast point sa femme en ce qui regardoit sa foy, & qu'on la laissast en paix de ce costé là. Souuent on parla de la bannir ; mais au lieu de s'esbranler par ces menaces, elle ressembloit à vn grand Cedre qui s'affermit en ses racines, plus il est battu des vents, estant preste (disoit-elle) de quitter mari & richesses plustost que de faire banqueroute à la verité : D'autre part elle se comportoit auec tant de douceur, d'amour & de modestie* enuers Ludouic, que ce vieux Gentil-homme non moins raui de la vertu de sa beauté, que de la beauté de sa vertu, se resoluoit d'aller plustost demeurer auec elle à Francfort sur le Mein, & de quitter le sejour de sa [352] naissance, que de se priuer d'vne compagne si aimable. Comme elle se rendoit extremement complaisante à son mari hors le point de sa Religion, elle obtenoit aussi de lui tout ce qu'elle vouloit, tant sa douceur auoit de force. Par ce moyen elle obtenoit de temps en temps congé d'aller voir ses parens à Francfort, prenant ce specieux* pretexte pour pouuoir participer aux Sacremens de l'Eglise Catholique durant le temps de son seiour.

Tandis que ceste pauure femme partagee de ceste sorte entre Dieu & son mari, tasche selon qu'il lui possible de contenter l'vn & l'autre, la mort vient à grands pas trancher le fil de cet Hymenee, en adiournant* Ludouic au tombeau. Ie ne sçay si en ceste occurence eut lieu ce que dit le grand Apostre, que le mari infidelle est sanctifié par la femme fidelle[1], si est-ce que la Relation remarque le soin qu'eut Plautille de suggerer à son mari qu'il renonçast aux erreurs dont il auoit esté imbu dés sa ieunesse, auant qu'il comparust deuant le tribunal de Dieu. S'il le fit, elle ne le dit point[2], ouy bien qu'en consideration de l'amitié & des bons offices qu'il auoit receus de sa femme, il lui donna par son testament tout ce qu'il lui pouuoit donner, du reste le remettant aux loix du pays.

---

1   1 Co 7, 14.
2   Comprendre : la relation ne dit pas si Plautille le fit, mais par contre – « ouy bien » – cette relation dit bien que son mari lui donna […].

Il est vray que quelque temps deuant ceste mort Plautille se trouua pesante & atteinte de quelques incommoditez, qui ont de coustume d'accueillir* celles qui sont enceintes : mais ces coniectures estoient si foibles, que mesme les Me-[353]decins n'y pouuoient asseoir aucun iugement asseuré*. Mais peu de iours apres le decez de Ludouic les signes de grossesse se rendirent si euidens, qu'il n'y auoit plus que les moins clair-voyans qui en pussent douter. Il n'y auoit que les deux neueux de Ludouic, qui aueuglez du desir de posseder ce grand heritage appeloient vne feinte, ce qui pour eux ne se trouua que trop veritable. La vefue fut visitee par des sages femmes, & reconnue vrayment enceinte fut mise auec tous les biens de Ludouic en la la garde d'vn Curateur, afin qu'il conseruast la succession au prochain heritier. Les neueux eurent pour ce coup vn premier Tire-laisse*, car ils estoient venus comme des lyons rugissans & beans à la proye. Ils demeurerent neantmoins à Hirshon pour veiller à leurs interests*, & pour apprehender promptement l'heritage, au cas que la vefue fist vne mauuaise couche, ou que l'enfant n'eust pas vne longue vie. A quoy est-ce (dit cet Ancien) que la conuoitise d'auoir ne porte l'esprit de ceux qui sont possedez de ceste manie ? Ces heritiers presomptifs sçachans l'estat de la vefue pareil à celui d'vn vase fragile qui se brise au moindre heurt, commencent à la trauailler* en toutes les façons dont ils se purent auiser, tantost par menaces, tantost par outrages* & iniures qui touchoient à son honneur, tantost par des reproches. Mais leur attacque principale estoit du costé de la Religion Catholique, qu'ils lui obiectoient comme le comble de ses crimes. Ils firent faire vn iuentaire solennel de tous les biens de Ludouic, firent oster à Plautille toutes les clefs [354] & luy firent interdire le maniement de tout ce qui regardoit cet heritage. Ils n'obmirent aucun artifice* pour l'affliger en sorte ou qu'elle auortast, ou que son fruict nourri de l'eau des larmes ou du pain de douleur perdist la lumiere du iour aussi tost qu'il l'auroit veuë. En quoy ils trauaillerent si puissamment comme vrais ouuriers d'iniquité, que Plautille accablee de leurs outrages* & de leurs insolences*, sentit auant terme les douleurs de l'enfantement auec des tourmens qui la mirent sur le bord du sepulchre, l'enfant qui sortit de ses entrailles vint au monde tout mort, ayant esté, comme il est croyable, suffoqué par ses regrets & ses desplaisirs. Voila tout ce que desiroient les neueux, & l'effect de leur mauuais dessein.

Aussi tost ils se iettent dans l'heritage, chassent honteusement & cruellement la vefue de la maison, la contraignans d'aller acheuer autre part le temps de sa couche, ils nagent en grande eau, ils font leurs partages, & pour comble d'insolence* & d'impieté refusent à Plautille ce que son mari lui auoit legué par testament. J'appelle cet acte impie, non seulement pour auoir esté fait contre vne vefue (qualité que Dieu a en protection & recommandation*) mais aussi parce qu'il renuerse vne derniere volonté, qui est par les loix tenue pour saincte & inuiolable. Mais le Dieu des vengeances qui a vn soin particulier des vefues, des orphelins & des personnes miserables*, & de plus qui prend plaisir à humilier les yeux des superbes, & à raualer la gloire de ceux qui s'enflent à cause de leurs richesses : trouuera dans les thresors de [355] ses inuentions vn moyen non moins emerueillable qu'extraordinaire pour confondre* ces neueux, & leur faire lascher ce qu'ils ont si auidement vsurpé.

Plautille releuee de sa couche se sentit encore pesante & incommodee, & chargee d'vne tumeur qu'elle attribuoit à vn ramas de mauuaises humeurs causees par la tristesse de son affliction, & le mauuais traittement de sa couche. Elle voulut appeler en Iustice les neueux de son mari, pour tirer quelque chose de ce qui lui auoit esté legué par testament : mais les Iuges heretiques ont cela de propre, de mettre tousiours le bon droict du costé de la partie qui est de leur opinion, estant assez d'estre Catholique pour estre condamné par eux en vne cause ciuile la plus iuste que l'on puisse imaginer. Si bien que trauersee indirectement & par supercherie en ses demandes, ses parties qui estoient dans le bien la brauoient insolemment.

Tandis qu'elle attend la iustice de Dieu plustost que des hommes, les Medecins ignorans sa maladie eurent recours à leur defaite* ordinaire, en luy conseillant d'aller aux bains en vn certain lieu d'Alemagne que la Relation ne nomme point. Il y auoit lors qu'elle y arriua vne si grande presse, qu'à peine pouuoit-on trouuer où mettre sa teste à couuert. La raison de cela estoit, que deux Princes Electeurs de l'Empire s'y rencontrerent en mesme temps, l'Archeuesque de Mayence le premier entre les Ecclesiatiques, & le Duc de Saxe : de sorte que leur suitte & leurs Cours occu-[356]poient toutes les hostelleries, & encore plusieurs autres logis. La pauure Plautille rebuttee de tous costez eut recours chez vn bon bourgeois, qui la logea par compassion & pour l'amour de Dieu : le lendemain qu'elle fut arriuee elle sentit les douleurs de l'enfantement, en suitte desquelles elle accoucha d'vn beau fils plein de vigueur & de vie, & sans prendre ni les eaux ni les bains, elle se sentit allegee de son enfleure. Ceci arriua deux mois & demi apres le premier accouchement.

Cette merueille courut aussi tost par toute la ville, & paruint aux oreilles des Electeurs, non sans vn grand estonnement. La Iustice en fait vne enqueste solennelle, & outre plusieurs tesmoins les Princes voulurent estre nommez. L'Archeuesque de Mayence sçachant qu'elle estoit Catholique, voulut estre parrain de l'enfant, & fit vn festin magnifique à la mode d'Alemagne, auquel il inuita l'Electeur de Saxe, qui fit donner mille talers à l'accouchee. Tous deux escriuirent en sa faueur à l'Electeur Palatin, lequel bien informé de la verité du faict, fit vuider les neueux de Ludouic de l'heritage qu'ils auoient empieté* pour le conseruer à l'heritier legitime & naturel. Et ce ne fut pas seulement à leur honte, mais à leur grand dommage, parce qu'il leur fallut restituer du leur ce qu'ils auoient follement despensé, ce qui se verifia par l'inuentaire solennel, qu'eux-mesmes auoient fait faire, pensans preiudicier à la vefue. Laquelle eut la garde noble* de son enfant, & fut declaree Tutrice & legitime heritiere, au cas que son fils appelé Ferdinand vint à mourir deuant [357] elle. Le Palatin supplié par l'Electeur de Mayence, qui comme parrain de l'enfant s'estoit rendu protecteur de la mere, ne voulut point que Plautille fust inquietee pour le suject de sa Religion, en laquelle elle esleua si bien son fils, qu'estant deuenu grand il aima mieux vendre les heritages paternels, & se retirer à Francfort parmi les parens de sa mere, que de faire vn faux-bond à sa creance.

Voila comme Dieu sçait dextrement chastier ceux qui deuorent iniustement le bien d'autruy, & acheminant toutes choses à l'auantage de ses esleus, faire que tout coopere en bien à ceux qui l'aiment & qui le craignent.

L'Honneur Restabli.

EVENEMENT IX.

Comme les ames grandement bonnes ne se contentent pas des vertus communes & ordinaires, mais en veulent auoir de celles que leur singuliere eminence fait appeler Heroiques. Aussi les meschans esprits n'estans pas satisfaits de faire mal simplement, adioustent à leurs vices des circonstances qui en rendent l'enormité remarquable. L'iniustice, l'auarice, l'incontinence* sont des crimes, qui separez ont de grandes laideurs : mais quand ils sont eschaisnez ensemble, ou pour dire, ainsi¹ entassez & amoncelez les vns sur les autres, [358] alors ils composent des monstres qui font naistre des horreurs & des detestations de grand effect en ceux qui les considerent comme ils doiuent. Des deux esperons qui font courir en la lice du bien, qui sont la gloire de la vertu, & la deformité du vice, il semble que cestui-ci soit le plus pressant, d'autant que le mal est tousiours plus sensible qui le bien, celui-ci n'ayant point tant d'attraits pour nous inuiter à le suiure, que celui là de mal-heurs* qui nous excitent à le fuir. l'apporte

---

1   *Sic.* La virgule doit se placer après *ainsi.*

ici vne desloyauté signalee*, que ie ne ferai point de difficulté de repeter apres vn Historien celebre, qui se peut dire nouueau entre les anciens, & anciens entre les nouueaux, & par vn eloge veritable vn autre Tite Liue : parce que cet exemple me semble du rang de ceux dont la repetition n'est point ennuyeuse, & où nous verrons l'iniustice & la iustice comme combattantes en vn duel, où celle-ci demeurera glorieusement victorieuse.

Du temps que la Duché de Milan seruoit de pomme de dis-corde entre ces deux grands Monarques, l'Empereur CHARLES CINQVIESME & nostre Roi FRANÇOIS PREMIER, toute l'Italie couuerte d'armes & de Soldats estoit comme l'eschiquier sur lequel Mars estaloit* ses ieux sanglans & ses funestes exer-cices. A la fin comme l'histoire en fait vne ample foy, les armes de celui là preualurent contre celles de celui-ci,[1] & les Espagnols estans espars çà & là dans les garnisons de la Duché, tant pour en defendre les villes des entreprises des François, que pour les conseruer à l'Empereur : arriua en celle de Come, voisine de [359] Milan, l'Euenement que nous allons deduire*.

Vn Bourgeois de ceste cité, que nous appelerons Raynuce, homme fort auctorisé* parmi ses compatriotes, fut accusé d'auoir quelqu'intelligence* auec les François, & d'auoir conspiré auec d'autres Citoyens pour les mettre dans la ville. Soit que ceste accusation fust veritable, ou fondee sur de legeres apparences, soit qu'elle fust faite à dessein pour ruiner cet homme comme vn autre Vrie[2] : le Capitaine Espagnol appelé Don Garcias, le fit ietter dans vne prison auec dessein de le faire mourir comme traistre s'il estoit conuaincu*. Tandis que l'on trauaille apres son procez, Leocadie

---

1   Après avoir conquis le Milanais en **1515**, François Ier, défait à la bataille de Pavie (1524), prisonnier de Charles Quint, renoncera à ses vues sur l'Italie par la «Paix des Dames» (3 août 1529).

2   2S 11 : Urie est le mari de Bethsabée, avec laquelle David couche après l'avoir vue se baigner. Elle devient enceinte de lui, et David donne ordre de mettre dans la bataille Urie au plus fort de la mêlée. Urie est tué par les Ammonites. Yahvé, pour punir David, fait mourir l'enfant que Bethsabée lui a donné (2 S 12).

sa femme l'vne des belles & vertueuses qui fussent dans Come, se
met en deuoir de l'assister selon qu'elle y estoit obligee par l'amitié
coniugale. Soit que Garcias l'eust couchee en iouë auparauant, &
à ce suject eust dressé ceste partie* à son mari, soit que ce grand
esclat de beauté qui reluisoit en son visage l'eust surpris tout à
coup, ceste Dame estant tous les iours deuant lui, le suppliant de
traitter fauorablement Raynuce qu'elle maintenoit innocent, ceste
continuelle veuë imprima dans son cœur des desirs aussi violens
qu'ils estoient iniustes. Cette belle face couuerte ordinairement
de larmes lui donnoit de la passion par le contrecoup de la compassion, & bien qu'il n'eust veu ses yeux baignez de pleurs, que
comme des hyades[1] qui ne sont iamais sans pluye, il ne laissoit
pas d'en ressentir les efforts, comme ceux des esclairs qui sortent
d'vn nuage obscur. Pourquoy m'arreste-ie à despeindre la [360]
naissance d'vn amour, dont le progres & la fin eurent vn succez*
egalement mal-heureux* que deshonneste?

Tandis que Leocadie (ainsi s'appeloit ceste femme) implore la
misericorde de Garcias pour la deliurance de son mari l'Espagnol
par le langage de ses yeux semble chercher vne reciproque pitié
en ceste creature : de sorte que si le mari est son prisonnier, il est
prisonnier de la femme. Et quand il eust eu le desir de donner
la liberté à celui-là, il ne l'eust pas fait pour ne se priuer pas du
plaisir de voir tous les iours à sa porte vne si agreable solici-
teuse. A la fin il fut impossible de tenir plus long temps son feu
couuert, & son ieu caché. Cette femme ou n'entendant pas, ou
feignant de ne pas entendre le discours de ses yeux, il employa
mal-heureusement sa langue pour lui desployer sa passion, & lui
faire cognoistre que sa vie estoit entre ses mains, comme cele de
son mari estoit en sa puissance. A ce langage aussi peu attendu,
qu'impatiemment* entendu, la sage Leocadie couurant ses iouës
de ceste couleur de roses, qui est la liuree de la vertu, demeura

---

1 Filles d'Atlas, qui pleurèrent tant leur frère Hyas, que Jupiter les transporta au ciel
et les changea en astres.

sans replique, iugeant que le silence estoit la meilleure repartie que l'on pust faire à vn entretien* si deraisonnable. Mais pressee par l'Espagnol, elle fut contrainte de respondre ce que son honneur lui suggera : neantmoins ce fut auec toute sorte de modestie* & de douceur, pour n'irriter pas le farouche courage* de ce Capitaine. Lequel renflammant sa mauuaise ardeur de ceste suauité, lui fait connoistre que l'vnique moyen de retirer son mari de la [361] mort, estoit de se rendre à sa volonté, autrement qu'elle ne deuoit esperer qu'vn triste vefuage.

Leocadie se voyant en ces extremitez, entre l'amour coniugale & celle qu'elle deuoit à son honneur, bien qu'elle eust mieux aimé perdre tout ce qu'elle auoit au monde, que de manquer à l'vne ou à l'autre qui estoyent inseparables, veu que la foy qu'elle deuoit à Raynuce lui rendoit encore plus recommandable* son honnesteté : neantmoins ne se fiant point en son propre iugement, voulut auoir là dessus le conseil* de son mari pour le disposer à la mort, plutost que de lui sauuer la vie par vn expedient si detestable. Elle demanda ceste grace au Capitaine de lui pouuoir parler, lui donnant à connoistre par des termes ambigus, qu'elle n'enterinoit ni reiettoit son impudique requeste. Ayant obtenu ceste permission sur la creance qu'eut Garcias que l'apprehension de la mort feroit condescendre le prisonnier à vne lascheté si deshonorable. Leocadie estant entree d'vn visage* que l'extremité de son trouble auoit rendu asseuré*, lui dict qu'il ne pensast plus à la vie, puisqu'il n'y auoit qu'vn moyen de la sauuer, qui estoit pire que mille morts.

Raynuce plus timide & moins homme que ceste femme, pensa pasmer à ceste funeste nouuelle : toutefois ses esprits furent retenus par ceste bluette* d'espoir d'vn moyen d'eschaper. La curiosité le presse de demander quel estoit ce moyen, s'imaginant qu'il n'y auroit point de remede si difficile auquel il ne se resolust pour euiter vn si dangereux pas.

[362] Il faut (dict la genereuse* femme) perdre la vie plustost que l'honneur, puisque cestui-ci est plus precieux que l'autre. S'il ne tenoit qu'à donner ma vie pour la vostre, vous seriez desia

deliuré : mais puisque ie ne vous puis sauuer qu'aux despens de mon honnesteté, ie vous suis venuë trouuer afin de vous encourager à la mort, en conseruant cela seul qui rend la vie souhaittable.

L'alteration d'esprit où estoit Raynuce lui rendit ce discours obscur. Il fallut parler plus clairement pour expliquer cet enigme. Quand il sceut de la bouche de sa femme, le deshonneste parti que Garcias auoit proposé pour le sauuer, ce fut lors que ses esprits abbatus laisserent aller son corps en syncope. A la fin reuenu de cet euanouyssement, & reuigoré de corps & de cœur, il loüa la magnanimité de Leocadie, & la priant de viure tousiours auec l'honneur sur le front, il se resolut à tel supplice que la cruauté de Garcias lui voudroit faire souffrir, se promettant au moins ceste vengeance auant que mourir de publier l'incontinence* de ce Capitaine, & la vertu de sa femme.

Leocadie sort affligee d'vn costé de la perte euidente de son mari, & consolee de l'autre de sa resolution à la mort & de la conseruation de son honneur. Garcias desireux de sçauoir quelle resolution elle auoit prise, & si elle estoit en termes de le contenter, fut bien estonné de voir que sa permission eust reüssi tout au rebours de sa pensee, ceste femme le rebuttant auec des paroles outrageuses & pleines de reproche & indignation. [363] Ce n'est plus ceste suppliante, dont les larmes couloyent comme des perles de l'Orient de ses yeux, & dont a bouche ouuerte aux souspirs & aux sanglots, ne faisoit autre chose que crier misericorde à ses oreilles. C'est vne femme courageuse, qui preferant son honneur à la vie le met à si haut prix, que l'Espagnol desesperant de ceste conqueste, delibere de prendre sa vengeance contre le mari, dont le monopole* estoit assez aueré, tant par les tesmoins qui deposoyent contre lui, que par la fuitte de quelques vns qui estoyent soupçonnez pour complices. Helas ! que les pensees des hommes sont incertaines & fragiles (dict le plus sage des mortels) que leurs conseils* sont timides & qu'ils sont pusillanimes aux glorieuses determinations !

Raynuce auerti de penser à sa conscience, parce que la mort lui estoit ineuitable, frappé de la terreur de ce passage, comme d'vn esclat de foudre, fond tout à coup ainsi que du plomb, & voit en vn instant toute sa resolution en poudre. Auparauant il estimoit la vie moins que l'honneur, depuis il prisa dauantage la vie, il se repent de son courage : mais il se repentira en fin de ce honteux repentir. Le remede qu'il auoit estimé pire que le mal de la mort, lui paroist doux, & desireux de viure aux despens de l'honnesteté de sa femme, il se resout de la faire condescendre aux volontez de l'Espagnol. Il demande à parler à elle : mais Garcias irrité ne lui veut pas accorder sa demande. Il faict supplier le Capitaine qu'il lui pust dire vne parole : mais cestui-ci craignant [364] d'entendre des veritez qui lui seroyent odieuses refuse de l'ouyr. Raynuce rebuté de tous les costez a recours à la plume, & par vn escrit faict entendre à Garcias qu'il est content de lui liurer sa femme, pourueu qu'il le deliure de la prison.

A ces nouuelles que l'Espagnol n'attendoit pas le iugement de Raynuce est retardé, la permission lui est donnee de parler à sa femme : laquelle pensant l'encourager à boire le calice de la mort qui lui estoit preparé, le trouue si esloigné de cette resolution & abbatu de cœur, que pleurant comme vn enfant à qui l'on monstre les verges, il se ietta à genoux deuant elle, la coniurant par tant de tesmoignages d'amour qu'elle lui auoit autrefois rendus de lui sauuer la vie, puisque le moyen estoit en sa puissance. Ie ne veux point rapporter ici les des-raisonnables raisons dont il se seruit pour lui persuader ceste lascheté. Tant y a que la tendreté s'emparant du cœur de ceste femme qui aimoit ce mari auec des passions incroyables, elle laissa vaincre les considerations de son honneur à celles de l'amour coniugale, en la mesme façon que l'affection maritale auoit cedé auparauant à la gloire de l'honnesteté.

O inconstance ! ô foiblesse de l'esprit humain ! que si nostre estre corporel (selon Iob)[1] ne demeure iamais en vn mesme estat,

---

1   Jb, *passim*, mais peut-être 29-30.

beaucoup moins nostre esprit, dont la substance est d'autant plus muable qu'elle est plus subtile. Certes il ne faut point chercher des excuses au peché, puisque l'excuse est pire que l'offense*. Toutefois il n'y a celui qui ne voye que Raynuce en ceste action est beau [365]coup moins excusable que Leocadie, laquelle contre son gré se resout de sacrifier son honneur à la conseruation de la vie de son mari, pressee par vne fausse pitié & la vaine* apparence d'vne amour coniugale. Ie parle ainsi, parce que la vraye amour coniugale est tellement attachee auec l'honnesteté, qu'elle ne peut subsister sans celle-ci, la ruine de l'vne estant l'ineuitable & indubitable perte de l'autre.

Leocadie fit de grandes resistances à Raynuce, deuant que de lui accorder son infame requeste : mais à la fin elle se laissa gaigner à deux raisons, qui comme les couleurs de l'Iris n'ont qu'vne vaine* & trompeuse apparence. L'vne que l'honneur ne consistant qu'en l'opinion du monde le sien seroit à couuert par le silence du Capitaine, auquel elle feroit prester le serment de ne descouurir iamais ceste turpitude, adioustant à cela la louange que les anciens Historiens donnent aux Espagnols d'estre fort secrets & amis du silence. Raison vaine* & fausse. Car ie vous prie, si l'honneur ne consiste qu'en l'opinion que le monde a de nous, à quoi seruira la vertu si elle n'est connuë? Vertu au contraire qui se plaist tant à l'ombre quand elle est veritable, & qui aime beaucoup mieux estre solidement, que paroistre vainement. Non non, le vray honneur & la vraye gloire consistent au tesmoignage de nostre conscience, & les plus asseurez* tesmoings que nous puissions auoir de nostre bien on de nostre mal, de nostre honneur ou de nostre infamie, ce sont Dieu & ses Anges. Il est aisé de tromper les yeux des hommes, [366] deuant qui les hypocrites sont tenus pour vertueux, & non ceux de Dieu, qui sonde les cœurs & les reins & penetre les pensees. Celui qui est innocent deuant ce Iuge là se doit mocquer des iugemens humains pour sinistres qu'ils soyent. C'est ce qui faisoit dire au grand Apostre. Ie tiens à neant que les hommes me iugent, Dieu

seul me peut iuger veritablement[1]. Il en faut dire de mesme de
l'honneur. Dequoi sert d'estre en bonne estime deuant le monde,
si l'on est infame & souillé deuant Dieu ?

L'autre raison fut vne promesse solennelle que Raynuce fit à
Leocadie de venger si hautement cet affront & de faire mourir si
cruellement Garcias, que ceste vengeance memorable rendroit la
faute plus illustre que digne de blasme. Ce que Raynuce deliberoit
de faire en continuant son intelligence* auec les François, & mettant
sa propre* patrie en proye pour se venger des Espagnols. Brutale*
imagination, qui faict patir tant d'innocens pour vn coulpable, &
qui laisse commettre vn crime pour iouyr du plaisir de la vengeance,
qui est sans doute comme plus cruel, aussi plus criminel que celui
de l'impureté. Mais Dieu qui est iuste fera retomber la trahison
& le sang sur son autheur, par des voyes qui de tous costez nous
feront admirer son incomprehensible iustice.

Pour couler legerement sur vn pas si glissant, comme est la
ruine de l'honneur de Leocadie, contentons-nous de dire qu'elle
vint en la puissance de Garcias, qui en abusa durant quelques
iours qu'il suspendit le iugement du mari. Assou[367]vi des
embrassements de ceste femme il voulut encore qu'elle satisfist
à son auarice, se faisant conter par elle mille ducats, auparauant
que de lui remettre son mari hors de la ville de Come, ainsi qu'il
auoit capitulé* auec elle.

Soit donc qu'il redoutast que ce mari outré* de desespoir
ne lui iouast vn traict de son pays, & ne le tuast en traistre, soit
qu'estant entre les mains de la Iustice il ne le pust relascher
sans donner sujet aux Espagnols, ausquels il commandoit, de
soupçonner qu'il eust intelligence* auec ce prisonnier, dont la
trahison estoit manifeste : Il procede au iugement auec d'autres
Capitaines, & le Iuge de Camp, qui tous d'vn mesme suffrage
le condamnerent à perdre la teste. Tout ce que Garcias obtint
ce fut que ceste execution* se fist en secret, alleguant que cela
pourroit causer quelque émotion dans la ville, & en suitte que

1   1 Co 4 :3-4.

le corps fust sans bruit porté dehors, & le bruit semé qu'il estoit encore en prison.

Lors donc que Raynuce pensoit deuoir estre mis en liberté, il fut bien estonné quand au milieu[1] reueillé de son sommeil, vn Prestre le vient sommer de penser à sa conscience, parce qu'il falloit mourir dans vne heure. Ie ne veux point m'arrester à depeindre son trouble, ses regrets, ses plaintes & tant d'autres circonstances qui accompagnerent ce miserable* à la mort. Sa teste en fin est separee de son corps, & mis dans vn cercueil il est porté deuant que le iour redonnast la clarté au monde à deux mille de Come, où l'auare, l'incontinent*, le cruel, & le perfide Capitaine [368] auoit promis à Leocadie de lui rendre son mari.

Ceste femme y court comme la paille à son ambre. Mais quand elle le vit de la sorte, de quels cris desesperez ne frappa t'elle & le ciel & la terre? Elle auoit vn champ bien spacieux pour donner carriere à ses plaintes, dans lequel la briefueté que i'ay prescrite à cet Euenement, ne me permet pas de pousser de longues carrieres. Elle se voit en mesme temps priuee de mari, de biens, d'honneur, & hors de sa patrie : sans appui, sans aide, sans secours, sans assistance aucune. A dire la verité ses iustes douleurs sont au dessus des paroles, & si la seule pensee y peut ioindre, il les faut voiler d'vn silence industrieux. Cent fois elle fut sur le point de s'ouurir le sein d'vn poignard, & de lauer son honneur pollué dans son sang comme vne autre Lucrece. Mais elle fut empeschee en ce tragique effect par ceux qui l'accompagnoyent, lesquels detestans l'auarice & la perfidie de l'Espagnol ne sçauoyent pas encore le comble de son impieté en son incontinence*. Et ce point de l'extreme creuecœur de Leocadie la tourmente d'autant plus, qu'elle ose moins le descouurir.

En fin apres auoir mis en terre ce pauure corps, elle se retire à Milan, où visitée de quelques parens & amis qu'elle y auoit qui taschoyent de lui donner quelque consolation, en fin elle descouurit auec vne extreme vergoigne* à vn ancien & vertueux personnage

---

1 Lacune.

qui la touchoit de consanguinité, de quelle façon elle auoit esté deshonoree par Garcias, ayant esté portee à cela par les persuasions de son mari, à qui ce Capitaine auoit promis de fauuer la vie.

[369] Cet homme ayant horreur de tant de crimes, que cet Espagnol auoit entassez les vns sur les autres, violant si laschement toutes les loix de l'honnesteté, ne voyant aucune ouuerture à la vengeance, se persuada que si ces fautes venoyent aux oreilles du Duc de Ferrare[1], qui pour lors commandoit aux armes de l'Empereur : il ne les laisseroit pas impunies. Il conseilla donc à ceste vefue de s'aller ietter à ses pieds, & lui demander raison de tant d'outrages*.

Leocadie suiuit cet auis, & se presentant à ce grand Prince en vn equipage* pitoyable & auec le desespoir peint en son front & despeint par ses paroles, luy fit ses plaintes auec tant de sanglots dont elle interrompoit le fil de son histoire, aussi digne de compassion que de misere, qu'elle arracha les larmes des yeux de tous ceux qui l'escouterent. Et cela lui reüssit si auantageusement, que ce Prince non moins iuste que valeureux, fit là dessus vn iugement solennel comme vn autre Salomon, qui merite d'estre soigneusement inculqué & conserué en la memoire des hommes.

Il faict faire commandement à Garcias de le venir trouuer à Milan. A quoy ce Capitaine qui craignoit les bastons de casse[2], rendit vne prompte obeyssance. Ne croyant pas auoir failli en la mort de Raynuce, qu'il n'auoit pas condamné seul, & qui auoit esté condamné selon les loix. Beaucoup moins pour auoir abusé de Leocadie, estimant que comme l'adultere de Mars & de

---

1 Alphonse Ier d'Este.
2 Le sens est assez clair : Garcias craint de perdre son grade (« casser » un officier) ou son poste. « Donner de la casse » à un soldat, c'est lui faire perdre son grade (*TLF*). Mais il y a aussi probablement un jeu de mots difficile à saisir. Le bâton (encore aujourd'hui) peut être le signe d'un transfert de poste, la personne sortante le remettant à celle qui prend le poste. Mais surtout, la casse (le remède purgatif et purifiant) est aussi appelé bâton-casse, et se débite de plus en bâtons.

Venus n'auoit serui que de risee dans le ciel (selon que content les Poëtes)[1] ceux qui suiuent ses estendars [370] ne doiuent pas attendre de pareille faute plus grande punition.

Arriué deuant le Duc il ne se fit point presser pour auouër ce dont il estoit accusé par Leocadie, des pleurs de laquelle il se mocquoit, faisant gloire de sa propre* impudence. Mais le Prince le voulant sacrifier à l'exemple, & monstrer aux autres Capitaines par le chastiment de cestui-ci, qu'ils ne doiuent pas se seruir de la licence & du pouuoir des armes pour violer les femmes de bien. Sans improuuer* le iugement qui auoit esté rendu contre Raynuce, ne parla à Garcias que de restituer l'honneur qu'il auoit meschamment volé à ceste femme.

Seigneur (respondit l'effronté Espagnol) quelle restitution lui en puis-ie faire, puisque ce qui est faict est faict? Cet honneur (reprit le Duc) ne se peut reparer que par le mariage. Il faut que vous l'espousiez tout maintenant, ou que le bourreau vous mette la teste aux pieds.

Garcias se voyant serré de si pres, (car le Prince ne lui donna aucun loisir de deliberer) de deux maux choisit celui qui lui sembla le moindre, consentant de prendre Leocadie pour femme. Mais celle-ci refusa courageusement de le prendre pour mari, l'appellant toute forcenee de cholere le meurtrier de son espoux, & le bourreau de sa pudicité. Mais apres trois paroles que le Duc lui dict en particulier*, elle changea de langage, & consentit aussi tost de l'espouser.

Tandis que l'on faict venir vn Prestre pour leur faire donner la foy promptement, Garcias [371] dict tout bas à vn de ses amis, que ce mariage forcé ne dureroit gueres, & qu'il sçauoit aussi bien les moyens de se deffaire de la femme, comme il auoit faict du mari; mais il conte sans son hoste* : car il n'eut pas plustost en presence du Prestre pris Leocadie pour espouse, que le Duc commanda qu'il fust mené en la prison, où le mesme Prestre le

1   *e.g.* Ovide, *Métamorphoses*, livre 4, 167-189.

vint exhorter qu'il se preparast à la mort, & que l'eschafaut alloit estre dressé, sur lequel il auoit à perdre la teste. Ie laisse en arriere toutes ses exclamations. Tant y a qu'apres auoir mis ordre à sa conscience selon le peu de temps qui lui fut donné, sans y penser il receut par les mains du bourreau le supplice que meritoyent son auarice, son iniustice, sa cruauté & son incontinence.*

La confiscation de tous ses biens fut donnee à Leocadie, qui en profita de cinq ou six mille ducats. Le Prince la restitua de ceste sorte en son honneur & en ses biens, & elle s'en retourna à Come, comme vne autre Iudith triomphante de son ennemi. La sagesse du Duc fut publiee hautement, & admiree en cet acte de iustice, par lequel il chastia l'insolence*, & remit en honneur vne femme, à qui l'excés de la dilection* maritale auoit mis la honte sur le front.

La lascheté de Raynuce, preferant la vie à l'honneur, & persuadant à sa femme de commettre vn crime, pour la vengeance duquel il deuoit se precipiter en mille morts, nous doit apprendre la verité de ceste parole Apostolique, que la prudence* de la chair est vne mort[1], puisqu'elle conduit à la [372] mort, par les mesmes moyens par lesquels elle pense conseruer la vie. Que s'il eust perseueré courageusement en la resolution de mourir plustost que de permettre que Dieu fust offensé, Dieu peut-estre eust touché le cœur de ses Iuges, & eust par vne sentence d'absolution conserué sa vie & l'honneur de sa femme. Mais quoy! le Prophete a tresbien dict, que ceux qui abandonnent Dieu en sont abandonnez [2]que ceux qui se retirent de lui sont escrits en la terre, c'est-à-dire, au liure de mort, parce qu'ils ont laissé la source des eaux viues. La foiblesse de Leocadie, qui pour complaire à son mari, & lui sauuer la vie s'abandonna à Garcias, monstre vne amour desreglee, qui sous vn bien apparent commet vn mal veritable. Le triple crime de l'Espagnol, ioignant à son incontinence* l'iniustice & l'auarice,

---

1   Rm 8, 6.
2   1 Ch 28 : 9 ; c'est David qui parle à Salomon.

faict voir la chaisne des vices, & comme vn abysme en appelle d'autres, qui tous à la fin font vn thresor d'ire & de vengeance sur la teste du coulpable.

Mais ce qui reluit plus esclattamment sur le theatre de ceste occurrence*, c'est la sagesse, la iustice, & la generosité* de cet excellent Prince le Duc de Ferrare, qui sceut par sa sentence rendre à chascun selon son merite ou demerite, fournissant vn exemple signalé* à tous les gens de guerre qui combattoyent sous sa charge, de se tenir en leur deuoir.

Belle-forest dans ses Histoires tragiques deduict* vne Histoire semblable, dont il attribue le iugement au Comte de Brissac, Lieutenant Ge[373]neral en Piedmont pour le Roy François Premier. Mais bien qu'elle soit semblable, ce n'est pas la mesme : autrement ie me fusse contenté de sa Relation, sans la transplanter en cet ouurage, que ie bastis d'Euenemens Singuliers, peu ou point maniez par ceux qui m'ont deuancé en ce genre d'escrire.

Les Yeux Martyrisez.
EVENEMENT X.

Les yeux & le cœur, à mon auis, sont au corps, ce que l'entendement & la volonté sont en l'ame. Car comme la volonté ne se porte que vers l'object que la lumiere de l'entendement luy faict voir estre bon : aussi le cœur n'applique son affection que vers celui que les yeux ses porte-flambeaux lui monstrent estre beau & aimable. C'est ce qui a faict dire au plus ingenieux des Poëtes Romains, que les yeux sont les guides en Amour[1] mais guides

---

1   Properce, *Élégies* II, XV, v. 12 : «Oculi sunt in amore duces [...]» Dans cette élégie qui est celle du triomphe amoureux et décrit des ébats passionnés, le poète se plaint que cependant la nuit ait dérobé à ses yeux les charmes de sa maîtresse. Camus connaissait-il ce qu'il citait ?

dangereuses, & semblables à ces ardans qui esclairent* la nuict à la campagne, & qui conduisent ceux qui suiuent leur fausse lueur en des marescages ou en des precipices. Et le bon Iob accusoit les siens d'auoir desrobé son ame, & que c'estoyent les fenestres par où les larrons se iettoyent dans le cœur. L'ancien Momus auoit tort de souhaitter qu'il y eust vne ouuerture en la poictrine aupres du cœur, [374] par où l'on peut apperceuoir les pensees des hommes[1], veu que dans les yeux comme en des miroirs se descouurent assez clairement les plus secrets mouuemens de l'interieur. Il y a neantmoins en ceste alliance du cœur & des yeux vne difference notable, qui est que le cœur est la premiere chose qui a vie en l'animal, & la derniere qui meurt, au lieu que les yeux sont tousiours les derniers viuans, & les premiers mourans. En quoy ils ont vn notable interest* de ne trainer pas le cœur à sa perte, puisque c'est par eux que la ruine doit commencer. Le cœur est de lui-mesme aueugle, & ne se porteroit iamais auec tant de vehemence vers les objects, s'il n'y estoit attiré par l'amorce* & la conuoitise des yeux. De là vient que les Amans qui se prennent par les cœurs, s'esprennent par la veuë : & entre les graces de la beauté qui les charme, ils voltigent comme des papillons autour de la lumiere des yeux. De là tant de douces folies que faict naistre ce sujet dans l'imagination des Poëtes touchez de ceste passion. Et certes on peut dire auec verité, que le mesme rang que tient l'amour entre les passions la veuë le tient entre les sens. Aussi tost que i'eus veu (dict ce Poëte) ie me perdis, & vne agreable erreur s'empara de mon ame[2]. Les nations les plus enclines à aimer, comme l'Italienne et l'Espagnole, sont celles qui entendent le plus le langage des yeux, & qui sçauent mieux iouër des prunelles. Vous diriez qu'ils lisent dans les regards tous les sentiments du cœur. Et de cent qui sont touchez de cet auertin*,

---

1   V. note 2 p. 511.
2   L'allusion est trop vague pour permettre d'identifier le poète. Mais on songerait volontiers aux premiers dizains de la *Délie* de Scève.

il n'y en a pas deux qui n'attri[375]buent leur conqueste aux œillades, & qui n'auoüent que les yeux sont les fournaises d'où a esté tiré le feu qui les deuore. Mais si les yeux sont autheurs de ce mal, souuent ils en portent la peine. Parce que les larmes qui en decoulent, sont le pain le plus ordinaire de ceux qui en leur amour ne trouuent pas la correspondance* qu'ils desireroyent. C'est bien là le commun martyre des yeux. Mais ie veux proposer en cet Euenement vn martyre extraordinaire, qui fera voir le tableau d'vne ialouse cruauté, & vne barbarie sans exemple.

Le grand Hercule d'Est, Duc de Ferrare eut trois enfants legitimes, tous Princes fort genereux* : aussi les Aigles n'engendrent point des Colombes. Ceux-ci furent Alphonse, Ferdinand & Hippolyte. Et bien qu'il deust selon la loy de Dieu esteindre ses flammes dans le sein de la sage Princesse que le Ciel luy auoit donnee pour compagne : toutefois le plaisir emportant hors des bornes de son deuoir ce grand courage*, le rendit amoureux d'vne Damoiselle de ses Estats, qui estoit d'vne exquise beauté, de laquelle il eut des enfans non legitimes, entre lesquels celui qui porta le nom de Iules[1], fut si eminent en beauté, qu'il sembloit que la nature se fust mesprise en le formant, & produisant vn masle en pensant faire vne femelle. Il n'y auoit point de fleurs qui egalassent la blancheur, le vermeil, ni la fraischeur de son teinct, point d'or qui ne cedast à celui de ses cheueux, point de perles qui eussent la candeur de ses dents, point de cinnabre qui approchast de ses le[376]ures. Bref c'estoit vn corps si accompli en la taille, au port*, en la forme, en la voix, en tout, qu'il sembloit que ce fust vn escueil, où les plus chastes filles deussent faire naufrage de leur franchise*. Mais il n'y auoit rien d'egal à la

---

1   Hercule Ier d'Este (le père d'Alphonse Ier, le héros de la nouvelle précédente), duc de Modène et de Ferrare, eut comme enfants légitimes, après deux filles, quatre garçons : Alphonse (1476-1534), Ferdinand (1477-1540), Hippolyte (1479-1520) et Sigismond (1480-1524). Et deux enfants illégitimes : Jules (1478-1561) et Lucrèce, morte dans l'enfance. Hippolyte I, dit le Cardinal d'Este – à ne pas confondre avec Hippolyte II, cardinal de Ferrare – fut archevêque de Milan. Il a lui aussi laissé deux enfants illégitimes.

douceur de ses yeux, dont les attraits perçoyent les cœurs de traits ineuitables. Combien de ialousies engendra t'il en mesme temps dans les esprits des maris & des femmes dans les maisons qu'il honoroit de sa frequentation ? Mais ceste belle ame si bien logee passoit encore en vertu les graces de son corps, parce qu'encore qu'il fust l'amour d'vn sexe, & l'enuie de l'autre : si est-ce qu'il estoit fort peu susceptible de ce feu qu'innocemment il semoit en tant de lieux, pareil en cela au Soleil qui sans estre chaud eschaufe tout le monde. A raison de ceste chaste humeur le Duc le destinoit à la profession Ecclesiastique, à quoy neantmoins il marchoit reserué, à cause de l'inclination Martiale qui portoit ce genereux* courage* à la profession des armes.

La Duchesse auoit lors à sa suitte vne Damoiselle, qui estoit aucunement* sa parente, elle estoit en bonne grace & en vertu des plus clairs flambeaux de la Cour ; & parce que l'histoire ne dit point son nom[1], nous lui donnerons celui de Belisarde. Celle-ci parmi tant d'autres qu'elle auoit pour compagnes en son honneste* amour pour Iules, fut la plus heureuse* comme la plus meritante, parce que ce gentil* courage* qui ne s'estoit iamais laissé surprendre aux attraict de ceste molle & dange-reuse passion, se trouua touché des vertus & [377] des agreables manieres de ceste fille, en quoy nous voyons la bonté de son cœur, qui desdaignant ces feux volages dont la bruslure noir-cit la reputation, n'auoit pû s'esprendre que d'vne flamme & honorable & legitime.

Sans m'arrester à descrire la naissance & le progrés de ceste douce affection, qui ne peut estre blasmee que par des esprits chagrins & melancholiques, à qui le Soleil blesse la veuë, & à qui les roses donnent la migraine : ie me contenteray de dire que si la perfection de l'amitié consiste en vne mutuelle corres-pondance* de vertueux desirs, & de iustes volontez, celle que le ciel auoit fait naistre entre ces deux esprits se pouuoit dire

---

1   Voir le paragraphe des *Histoires admirables* de Goulart, reproduit p. 959.

accomplie, puis que toutes les pensees de Belisarde estoient recueillies en Iules, & Iules n'honoroit & ne cherissoit en son cœur que l'vnique Belisarde.

Mais las ! que le printemps est vne saison qui dure peu. Que d'espines enuironnent vne rose ! Que de tempestes sur la mer pour vne heure de calme ! Et que les felicitez sont promptement trauersees par les bourrasques de la fortune contraire ! Le ciel comme ialoux de voir ici bas en l'vnion de ces deux cœurs quelque image du Paradis, permit que ceste serenité fust troublee par vne horrible tourmente : mais tourmente qui amena par d'estranges agitations ces deux Amans à vn port plus heureux* que celui qu'ils pretendoient.

Nous auons dit que le Duc destinoit Iules à la vacation Ecclesiastique, neantmoins qu'il en estoit retenu par les marques de generosité* de ce ieune [378] Cheualier, qui se promettoit de faire vne plus grande fortune dans les armes. Depuis le voyant attaché à ceste honneste* amour, qui parut aussistot aux yeux du monde, toute la Cour en estant extremement satisfaitte : il crût que ce seroit vne cruauté de le circoncire par force*, ie veux dire, de lui faire embrasser le celibat contre son gré, puis que par l'affection de Belisarde il le voyoit ouuertement pretendre au mariage. Il n'y auoit point de consanguinité qui empeschast ceste alliance, pource que ceste fille n'estoit parente que de la Duchesse encore de loin, & Iules estoit bien fils du Duc, mais d'vne autre Dame, & hors le mariage. Les partis sembloient esgaux, les parents de la fille tenoient à honneur d'auoir Iules pour gendre, la Duchesse le desiroit : laquelle, tant elle estoit bonne, n'auoit point de haine pour Iules, quoy qu'il fust né d'vn larcin, que les plus moderees & honnestes* femmes ont en horreur, elle croyoit que ce parti seroit auantageux pour sa parente, sçachant que le Duc aimoit Iules particulierement, & le vouloit auancer. Le Duc mesme consentoit en quelque façon à ces nopces, permettant la recherche de Belisarde à Iules, & tesmoignant de n'auoir point desagreable ceste affection.

Tandisqu'à pas lents elle s'achemine à la fin desiree, & qu'en tous les bals, les ioustes, les tournois, les ieux, les assemblees, Iules se porte comme seruiteur & Cheualier de Belisarde, & qu'il se pare de ses liurees & de ses faueurs, chascun benissant ceste honorable bienueillance, & souhaittant de voir bien tost ces deux vertueuses ames en l'ac[379]complissement de leurs desirs, comme les cantharides ne s'attachent qu'aux plus belles roses : voila qu'Hippolyte le cadet d'entre les legitimes enfans du Duc, deuint si espris de Belisarde, qu'il en perdit tout à fait le iugement & la raison, ainsi que nous verrons par la suitte de ceste tragique Auanture.

Il ne mit pas beaucoup de temps à declarer sa passion à ceste fille, qui ne s'en estoit desia que trop apperceuë par ses regards & ses contenances*. Encore que sa pretension* tendist à la tromper, neantmoins il se seruit du statageme ordinaire des Grands, qui ne parlent que de mariage à celles qu'ils veulent abuser*, en les amusant* du vain* esclat de ceste esperance de grandeur, qu'ils font briller deuant leurs yeux, afin de les surprendre, en la mesme façon que les oyseleurs se seruent d'vn miroir pour attirer les oyseaux dans leurs filets. Ceste fille non moins discrette* que belle, s'apperceut de ses rets & de ses appasts, & accorte*, comme des oyseaux qui volent haut & qui voyent de loin, les embusches qu'on leur tend, elle s'en destournoit prudemment, s'escartant autant qu'elle pouuoit de cet escueil, qui menaçoit de naufrage & son amour & sa renommee. Quelques protestations que lui fit Hippolyte de l'espouser, elle n'estoit pas si simple que de se laisser aller à ces appasts, non seulement parce qu'elle voyoit qu'il n'estoit porté vers elle, que par ceste passion volage, qui n'est iamais moins durable que quand elle est plus vehemente, & que ceux-là en ce ieu ne sont iamais tant disposez à tromper, que ceux qui [380] font les plus specieuses* & solennelles protestations : mais aussi parce qu'elle sçauoit que le Duc auoit resolu de mettre Hippolyte en l'vne de ces dignitez empourprees, qui, apres la Papale, tiennent les premiers rangs en l'Eglise. C'est ce

qui la faisoit tenir sur ses gardes, & l'empeschoit de prester l'oreille
au chant pipeur de ceste Syrene, qui ne tendoit qu'à la perdre,
& à lui faire quitter le certain pour l'incertain. En vain le Prince
Hippolyte souspiroit-il deuant elle, accusant sa rigueur & sa cruauté
qui rendoit sa pitié sourde, & son cœur inexorable. Elle sçauoit
si ingenieusement parer à ces coups & tantost lui remonstrer leur
consanguinité, tantost lui representer qu'il deuoit ietter les yeux
vers vn parti plus releué, tantost le faire souuenir de la gloire de
la pourpre à laquelle il estoit destiné, tantost à l'impossibilité
d'auoir le consentement du Duc ni de la Duchesse, que si le Prince
Hippolyte eust esté capable de receuoir par la raison le remede
de ses playes, sans doute elle l'eust gueri de sa folle erreur, & lui
eust arraché de la teste la fantaisie qui le tourmentoit. Mais il est
impossible de faire prendre les antidotes conuenables* à celui
qui cherit sa maladie plus que sa guerison, & d'oster vne erreur
à celui qui s'y plaist & s'y delecte. Le premier pas qu'il faut faire
pour deuenir sain, c'est de vouloir la santé. Mais de chercher le
lenitif dans le dard qui nous a blessez, c'est vn abus qui n'est
ordinaire qu'en l'Amour.

Hippolyte se sent si doucement repousser de l'affection de
Belisarde, que c'est ce qui l'anime à [381] la poursuitte, & plus il
la voit modeste & vertueuse, plus il deuient esperdu pour elle, n'y
ayant rien qui augmente dauantage la flamme de la bienueillance,
que la difficulté & l'honnesteté. Mais plus il s'auance, plus il est
reietté, & cependant il voit venir à grands pas l'alliance de Iules,
& de celle qui lui a raui l'ame, coup qu'il sçait estre fatal à ses
esperances & à ses pretensions*.

Quoy qu'il remonstrast à ceste fille l'extreme difference qu'il
y auoit d'vn legitime à vn bastard, & le peu de iugement qu'elle
auoit, de choisir le moindre en le postposant à Iules, il n'eut d'elle
que des belles paroles, qui au lieu de le satisfaire lui donnoient
occasion d'augmenter son amour par l'admiration de cet esprit
logé sous vn si beau visage. A la fin apres beaucoup d'excuses,
qui estoient autant d'honnestes* refus, il la pressa tant qu'il

lui fit auouër qu'elle estoit tellement attachee à la personne de
Iules, qu'il n'y auoit aucune consideration* qui la pust diuertir*
de l'affection qu'elle auoit pour lui quand ce seroit pour estre la
plus grande Princesse de la terre. Ce qui alluma vn tel brandon
de ialousie dedans le cœur du passionné Hippolyte, qu'aussi tost
monterent en son esprit les choleres & les despits, qui trainent à
leur suitte les cruautez & les vengeances. Et parce que ceux de la
nation dont ie parle, ne sont pas moins dissimulez, que ialoux
& vindicatifs, il cacha le mieux qu'il pût le mescontentement de
son ame, lui protestant de ne l'importuner plus, & de tascher
de se diuertir* de ceste amour qu'il auoit pour elle, puis qu'il la
voyoit tellement ar-[382]restee à Iules, & occupee de cet obiect,
qu'il n'y auoit plus de place en son imagination pour aucune
autre idee*[1].

Tandis qu'Hippolyte attend l'occasion & le temps pour iouër vn
mauuais tour à l'innocence de Iules, il voit quelquefois Belisarde,
& lui parle auec des froideurs contrefaites, qui faisoient croire à
ceste simple fille qu'il s'estoit gueri de la passion qu'il auoit pour
elle. Mais il imitoit ceux qui assiegent vne ville, & cessent de tirer
tandis qu'ils font vne mine*, par laquelle ils pensent faire sauter
la muraille, & y faire vne breche raisonnable. Toutefois pour ne
faire paroistre de l'artifice* en sa feinte pour estre trop retenu, la
couurant d'vne simple naïueté, il l'entretenoit tousiours de son
affection, comme s'il lui eust fait voir les bluettes* d'vn feu qui
peu à peu s'amortit, & puis la loüant du choix qu'elle auoit fait
du plus beau & accompli Cheualier de la Cour (ainsi parloit-il
de Iules, encores qu'il lui portast vne haine de Riual) il lui tiroit
doucement les secrets du cœur, & les veritez de la bouche.

Vne fois entre les autres sa curiosité l'ayant porté de s'enquerir
de Belisarde ce qu'elle trouuoit de plus agreable en Iules. Certes
(dit ceste fille) ie le trouue tout aimable, & tout desirable ; aussi
est-il toute mon amour, & tout mon desir. Mais il faut que i'auouë,

---

1   V. note 4 p. 443.

que rien ne m'enleue tant le cœur, & ne me desrobe si doucement
à moy-mesme, que la beauté de ses yeux, dont la splendeur est
la lumiere des miens, & les rayons les flambeaux de mon ame.
[383] Vraiment (dict alors le dissimulé Hippolyte) ie louë vostre
election*, & vous tesmoignez en cela vostre iugement, puis que
c'est vne des parties par le consentement vniuersel de ceux qui
le considerent, dont il est le plus recommandable*.

Mais combien differentes estoient les pensees de ce furieux
ialoux, des paroles que proferoit sa bouche ? Certes c'est de luy
que l'on peut dire ce mot du Psalmiste : Il parle de paix auec son
prochain, mais il ne machine que mal en son cœur. Ses leures
trompeuses parlent en vn cœur, & en vn cœur[1], & mal-heur* à
ceux qui ont deux langues en la bouche, & deux cœurs dans leur
poitrine. Voici les pieges qu'il tendit pour se venger d'vne iniure
qui n'auoit subsistance qu'en son imagination.

Il dresse vne partie à la chasse, où il fait en sorte que Iules se
met sans qu'il l'en priast, & apposte des Braues (ce sont Assassins
frequens en Italie, & en Espagne, ausquels pour de l'argent on
fait faire telle meschanceté que l'on veut, scelerats qui donnent
à prix fait* leur ame au diable :) & les met en embuscade dans la
forest, où estoit le laissez-courre. La beste estant lancee, faisant
semblant de picquer apres les chiens, chascun s'escarte à dessein
qui deçà qui delà, Iules est laissé seul en proye à ces gens sans
mercy, qui le saisissent, & luy ayans arraché les yeux, le laissent
sur la place comme mort. Il est retrouué par quelques chasseurs,
qui font bien les estonnez en ce triste equipage*, & r'amené tout
sanglant & difforme à la ville, Hippolyte contrefait si bien son
personnage, qu'il pa[384]roist le plus affligé de tous de cet accident. Les Braues se sauuent dans vn austre Estat, & oncques plus
ne furent veus sur le Ferrarois, & ignoroit-on leur nom & leur
qualité, peut-estre parce qu'on les auoit fait venir des extremitez

---

1 Ps 12, 3. Le texte du Psaume 11 de la Vulgate : « labia dolosa, in corde et corde
locuti sunt », est généralement traduit par : « on parle d'un cœur double », alors
que la traduction littérale serait celle que donne ici Camus.

de l'Italie, de Naples ou de Sicile. Mais Dieu qui se sert du silence
& de l'ombre des bois pour accuser & descouurir les coulpables,
ne permit pas que l'autheur d'vne action si mal-heureuse* fust
inconnu long temps, parce que Belisarde se souuenant de ce
qu'elle auoit dit à Hippolyte des yeux de Iules, se douta aussi tost
que la ialousie lui eust fait faire ceste cruelle execution*, pire en
quelque façon & plus odieuse que l'homicide. Mais sa doute se
conuertit en creance de là à quelque temps, lors qu'elle receut,
comme vn pacquet venant de loin, vne boëtte & vne lettre, où
elle leut dans celle-ci, & vit dans celle-là le funeste present de la
chose qu'elle auoit la plus aimee, & ces beaux astres eclipsez, qui
donnoient autrefois le iour à ses yeux & à ses esperances.

Ce que vomit alors ceste Amante desesperee contre la barbare
cruauté de l'impitoyable Hippolyte, ne se peut representer que par
vn esprit outré* de semblable desastre*, le silence sera le rideau,
dont nous voilerons ce douloureux ressentiment*. Le pauure
Iules priué de la lumiere du iour ne suruescut pas long temps la
perte de sa veuë, mais accablé de regret & d'ennuy d'auoir esté
si traistreusement traitté sans suject, par celui qui auoit violé
en mesme temps les loix du sang et de l'humanité*, rendit au
tombeau le tribut que [385] lui doiuent tous ceux qui viuent[1].

---

1   Voici ce que dit de l'épisode Rachel Erlanger : « He could have left his brother to
    die. Instead he rushed to Belriguardo to tell Alfonso that he had found Don Giulio
    bleeding and wounded in the fields and did not know who had attacked him.
    By November 8, however, he had changed his story. In a letter to the Ferrarese
    ambassador in Rome, he asked him to tell the pope "that when Don Giulio
    was at Belriguardo and riding for pleasure in the country round after midday,
    he was assailed by four men, formerly our familiars, who dragged him from his
    horse and with repeated blows strove to extinguish the light of his eyes – albeit
    we still hope that by the grace of God the affair will pass off well." And it was
    this explanation of the crime that Alfonso dispatched to all the courts of Italy.
    In the dispatch he sent to Mantua, however, he included a postscript in which he told
    Isabella what had really happened. "I am much afflicted by this business," he wrote,
    "for to him [Don Giulio] this is more cruel than death and because this shameful act
    is an outrage against the name of our most illustrious house." And he urged her to
    speak of it to no one and to burn his postscript as soon as she read it. But Isabella
    considered this precaution pointless, since, as she told her brother, by then there

Hippolyte en acquit la haine de son pere & de ses freres legitimes, auec lesquels il eut depuis de grandes querelles, qui causerent d'estranges scandales, ainsi que remarque l'Escriuain duquel ie tire ceste Relation[1], & sa reputation fut en proye de la mesdisance, qui deschira son nom, & le deschiffra* en plusieurs mauuaises manieres. Et lors que par la mort de Iules il pensoit, estant libre de ce Riual, entrer en possession des bonnes graces de Belisarde, à laquelle il voulut faire des excuses de l'excez de son amour par ce furieux effect de sa ialousie. Cette fille animee d'horreur & d'indignation contre luy, deschargea sa cholere par de tels outrages*, que s'il n'eust eu beaucoup de passion pour elle, il n'eust peu les supporter auec tant de patience*.

En fin lasse des importunitez de ce Prince, qu'elle detestoit autant qu'il l'adoroit, & qu'elle haissoit comme la mort, accablee de regret pour la perte de son cher Iules, & ennuyee du monde, qui lui auoit ioué vn si mauuais tour, elle se resolut de quitter les pompes de la Cour, & de donner du pied* à toutes les vanitez* du siecle. Ce qu'elle fit auec vn grand courage, & vne loüange immortelle, se iettant dans vn Cloistre, où conseruant cherement la memoire de la fidelité qu'elle auoit promise à celui qui pour elle auoit esté martyrizé en ses yeux, elle voyla les siens à tous les hommes, pour ne les ouurir que vers le ciel, comme vne Colombe, en chantant à Dieu auec le Psalmiste : Mes yeux sont tousiours au Seigneur, parce [386] que c'est luy qui a tiré mes pieds[2], c'est-à-dire mes affections des pieges qui leur estoient tendus par ceux qui me vouloient surprendre.

---

wasn't a barber in the piazza who couldn't give a better account of what had happened than Alfonso had given in his postscript. » *Lucrezia Borgia, a biography*, 1978, p. 259. (Mary Hollingsworth).

1 Voir les dernières lignes de l'extrait des *Histoires admirables*, p. 959.
2 Ps 25,15.

Le Desespoir Honorable.
EVENEMENT XI.

Tovtes les actions humaines (disoit l'ancien Philosophe Epictete) ont deux anses[1], & peuuent estre prises en deux sens. Ce sont des medailles à deux reuers, des tableaux à deux perspectiues, & elles sont semblables au double visage de Ianus. On les peut prendre de la droitte ou de la gauche, en bonne ou en mauuaise part, selon l'humeur & la disposition de celui qui les regarde. Il n'y a rien de si bien fait où l'on ne treuue à redire, iusque là que toutes nos iustices (dit S. Gregoire le Grand) sont de pures iniustices[2], si elles sont rigoureusement examinees, principalement si elles paroissent deuant Dieu, deuant qui les astres mesmes sont obscurs & immondes, & qui a trouué de l'iniquité en ses Anges. Et certes il y a entre les autres de certaines actions qui partagent merueilleusement les opinions des hommes, parce que d'vn costé elles paroissent grandement louables, & de l'autre extremement reprehensibles, pareilles à la Lune qui n'est iamais si claire du costé de la terre, que quand elle est obscure du co[387]sté du ciel, & au rebours n'esclatte* iamais tant vers le ciel, que quand elle est sombre de la part de la terre. Par exemple, le meurtre que Sanson fit de luy-mesme, en s'escrasant auec les Philistins ses ennemis[3], ne se peut iustifier que par vne inspiration particuliere* de Dieu, lequel estant maistre de la vie & de la mort, nous peut faire sortir de ceste vie quand & en la forme qui lui semble bonne, se seruant egalement de nostre propre main, que de celle d'autrui pour trancher iustement le fil de nostre vie. Le larcin que

---

1 « Toute chose a deux anses, l'une permet de la porter, l'autre non. Si ton frère te fait du tort, ne prends pas cela en disant qu'il te fait du tort (c'est le côté impossible à porter), dis-toi plutôt que c'est ton frère, ton compagnon, tu prendras ainsi la chose du côté où on peut la porter. » *Manuel*, XLIII, trad. J.-F. Thurot.

2 *Moralia in Job*, XXXVII.

3 Jg 16, 29-30.

les Israëlites firent sur les Egyptiens se iustifie de la mesme façon
par le commandement & l'auctorité de celui qui a fait les loix,
& qui est par dessus les loix. La tromperie que Iacob fit à Isaac,
duquel il tira la benediction sous le nom d'Esau[1], s'auctorise de
la mesme sorte, parce que tout ce que Dieu a fait est bon, & c'est
lui qui fait bien toutes choses. Est-ce à la bouë (dit le Prophete)
de dire au potier, pourquoy faites vous cecy ou cela, ainsi ou
ainsi[2]? C'est vn peché execrable que de se tuer. Saül & Iudas en
sont reprouuez. Si est-ce que l'Eglise ne laisse par de tenir pour
bien-heureuse S. Pelagie[3] & mesme quelques autres qui se sont
precipitees à vne mort volontaire pour la conseruation de leur
chasteté. De ce rang est l'Euenement que i'ay en main, lequel
ie ne donne pas pour modelle à imiter, mais pour vn tableau à
admirer, & sans excuser ou accuser l'action, sans la louër ou la
blasmer, nous en laisserons le iugement à la liberté de ceux qui
en feront la lecture.

La Hongrie est vn Royaume qui se peut appel[388]ler le bouleuard* de la Chrestienté, & vne digue où la mer de la tyrannie
Turquesque rompt ses flots, & voit ses vagues dissipees. Il est
vray que comme la mer tempestant sans cesse contre ses riuages
escorne* tousiours quelque coin de falaise, & esboule quelque
pierre de montagne, aussi le Turc à diuerses secousses voyant les
Princes Chrestiens en debat entre eux, & peu soigneux de conseruer leurs frontieres, en a desia emporté vne partie à la honte
de nos discordes, plutost inciuiles* que ciuiles*, & au mespris
de la gloire de nos armes & du nom Chrestien, Zighet, Bude,
Belgrade, portent les marques des efforts qu'il a faits de temps en
temps, pour se ietter par là dans l'Europe, & mettre la Chrestienté
sous son ioug. Mais s'il a fait de grands assauts, il a aussi par la
grace du Dieu des armees rencontré de bons defenseurs, & qui

---

1   V. note 5 p. 66.
2   Is 45, 9.
3   V. note 1 p. 557.

lui ont fait cherement acheter la terre qu'il y a conquise. Entre les autres Ladislas Roy de Hongrie s'est rendu signalé*, d'autant qu'auec peu de secours qu'il tiroit de la Pologne, l'ingratitude ou la stupidité des autres Potentats, luy refusant l'aide que la raison leur demandoit en de si pressantes necessitez, il a tenu teste à des inondations d'armees Mahumetanes qu'il a quelque-fois defaittes, quelquefois arrestees, & s'il en a esté d'autrefois vaincu, ce n'a esté que par l'accablement de la multitude. Le plus grand eschec qu'il ait receu, ce fut à la iournee de Varne, où encore il fit vne retraitte de lyon si glorieuse, qu'elle ternissoit la victoire de son ennemi [1]. Sa perte neantmoins fut grande, soit pour l'equipage*, soit pour [389] les prisonniers. Entre lesquels plusieurs furent menez esclaues à Constantinople. Dans la part du butin qui appartenoit au grand Seigneur, se trouuerent douze ieunes Gentils-hommes Polonois, qui estoient beaux comme des Anges, & encore en cet âge dont le menton descouuert rend les visages ambigus. Ce Tyran n'eust pas plustot regardé le beau sang de ceste agreable ieunesse, qu'il l'estima plus que tout le reste du butin qui luy fut presenté. Chascun sçait l'execrable inclination des Leuantins au plus abominable desordre qui se puisse com-mettre contre la nature. Ce monstre qui en desiroit assouuir ses brutales* flammes, commanda qu'ils fussent mis au serrail de ces

---

1   La bataille de Varna (1444). Ladislas III Jagellon, roi de Pologne, devient roi de Hongrie entre les deux derniers Habsbourg, Albert et Ladislas V le Posthume, à un moment de guerre «civile» occasionnée par la mort prématurée d'Albert de Habsbourg dont le fils ne naîtra qu'après sa mort. Devenu roi avec le soutien du grand chef de guerre Jean Hunyadi qui, poussé par le légat du Pape, mène la reconquête sur les Turcs, il meurt en fait à la bataille de Varna, qui en marque la fin. Les forces du roi sont surprises à Varna dans une position défavorable par une armée turque très supérieure en nombre. Mais ce qui précipite la défaite, dans une bataille encore incertaine qu'Hunyadi espère encore gagner, c'est la charge du roi droit devant lui avec sa cavalerie : il met en déroute la cavalerie turque, et parvient presque jusqu'au Sultan, mais là, encerclé, il est tué. La bataille est un énorme massacre, et contraire-ment à ce que dit Camus, la retraite est en fait une poursuite par les Turcs des armées hongroises démoralisées par la nouvelle de la mort de leur roi.

miserables* enfans, qui sont sacrifiez par force* à ses infames &
desnaturees conuoitises. Ce qui mit ces genereux* Chrestiens
en vn desespoir, qui se peut mieux imaginer que descrire, se
voyans destinez pour victimes à des sacrifices plus horribles
que ceux de Moloc[1]. Desia on parloit de leur faire renoncer la
foy Chrestienne, & les persuadoit-on de se laisser circoncire à
la façon des Mahumetans. Le grand Seigneur, qui estoit Sultan
Amurath, les venoit voir quelquefois, & ne pouuant dissimuler
ses brutaux appetits, leur tesmoignoit assez qu'il les contraindroit
par la violence à se rendre à ses abominables volontez.

Se voyans reduits à ceste extremité, ils coniurerent entr'eux la
mort de ce tison d'Enfer, entreprise haute & courageuse : d'autant
qu'ils sçauoient bien qu'apres ceste action ils ne deuoient attendre
que les plus horribles supplices que l'esprit [390] humain sçauroit
inuenter. Ils n'auoient point d'autres armes que des cousteaux, &
quand ils n'eussent eu que leurs mains, & vne corde, ils estoient en
tel nombre, qu'ils eussent pû aisement estrangler ce meschant bouc,
en le tirant à part, sous le pretexte de lui complaire. Mais par ie ne
sçay quel mal-heur*, que Curee & Cromer[2] desquels i'apprends ceci,
ne marquent point dans leurs histoires, ils furent descouuerts, & leur
conspiration euentee ne tomba qu'à la ruine des coniurez. Pour le
chastiment desquels le Tyran ne les voulant pas tous perdre, mais
en reseruer quelques-vns pour satisfaire à ses brutalitez*, ordonna
qu'ils fussent circoncis, apres auoir renoncé la foy de Iesus Christ :
& par apres qu'on les fist tirer au sort, & que les quatre premiers
dont les noms sortiroient du vase, fussent mis à mort par le cruel
supplice du feu où ils deuoient estre iettez tous en vie.

---

1 Moloch Baal, assimilé au Dieu des Phéniciens, auquel la tradition veut qu'aient
   été sacrifiés des enfants par le feu : Jr 19, 5. Camus ne doutait certainement pas de
   l'existence d'un dieu Moloch. On pense aujourd'hui que Moloch - *mlk*- désigne
   plutôt un type de sacrifice.
2 Kromer, Marcin, *De origine et rebus gestis Polonorum* (1555) et Cureus, *De Origine
   Silesiae Annales*, (1571). On peut douter que Camus cite ici de première main :
   voir l'Introduction de ce volume, sous la rubrique Sources.

Cet arrest non moins iniuste que barbare, vint aux oreilles de ceste braue* ieunesse, laquelle resolue de preuenir la main du bourreau, se resolut de perir d'vne mort plus honorable, & de conseruer autant qu'elle auroit de vie la foy à Iesus Christ. Ils voulurent mettre le feu à leur serrail, & se perdre dedans les ruines & les flammes, mais ce feu fut aussi tost esteint qu'allumé par la diligence des Eunuques & Sanjacs[1], si bien qu'à la chaude ils prindrent resolution de s'enfermer dans vne chambre, & là auec leurs cousteaux par vne sanglante escrime ils s'entretuerent tous.

A ceste rumeur on rompit les portes : mais [391] on les trouua morts & couchez çà et là, vn seul estant resté qui n'estant pas blessé à mort, declara la sanglante catastrophe de ceste tragedie. Cestui-ci endura le supplice, auquel les quatre du sort auoient esté condamnez, & il le souffrit, non auec constance seulement, mais auec ioye, purifiant dedans ces flammes sa foy & son honnesteté. Du salut de celui-ci, il me semble que ce seroit vne espece d'incredulité d'auoir quelque doute. Quant à celui des autres, ce n'est pas à nous de iuger deuant le temps que Dieu a prescrit à la reuelation du secret des tenebres, & à la manifestation du conseil* des cœurs, auquel nous verrons tel loüé de la bouche de Dieu, qui aura esté blasmé de celle des hommes. Nous pouuons pieusement croire qu'ils ne sont pas venus à ce sacrifice d'eux mesmes sans le puissant motif de quelque secrette inspiration. Encores ne leur peut-on desnier la louange humaine, que les histoires rendent à la memoire d'vn Caton, d'vn Brutus, d'vne Aria[2], d'vne Sophonisbe, & d'vne Cleopatre.

---

1   Sanjacs : Division administrative militaire du royaume Ottoman. Les spahis, corps de cavalerie, sont groupés selon leur sanjak d'origine. S'agit-il d'eux ici ? Camus a trouvé le nom dans Goulart.

2   Aria est dans Montaigne II, 35 (Club du livre, I, p 810) : « […] son mary Paetus n'ayant pas le cœur assez ferme de soy-mesme pour se donner la mort, à laquelle la cruauté de l'Empereur le rengeoit, un jour entre autres, après avoir premierement employé les discours et enhortements propres au conseil qu'elle luy donnoit à ce faire, elle print le poignart que son mary portoit, et le tenant trait en sa main, pour la conclusion de son exhortation : "Fais ainsi, Paetus", luy dit-elle. Et en mesme

L'Exil Auantageux.
EVENEMENT XII.

Il auient quelquefois parmi les tempestes de la mer, que ceux qui fussent peris au milieu des ondes poussez par l'impetuosité des vents con[392]tre vn escueil où leur vaisseau se brise, se sauuent du naufrage sur la pointe des rochers, heureux* en leur mal-heur*, qui leur conserue la vie par la perte de leur barque. Le monde est vne mer pleine d'orages & de tourmentes, où ceux qui voguent (& principalement ceux qui sont embarquez dans les charges publiques) courent de grands hazards. Mais quand on s'y porte auec equité, la prouidence eternelle qui veille sur les iustes, leur fait souuent tirer profit de leur dommage & des honneurs plus grands par les mesmes calomnies dont on se sert pour les plonger dans l'infamie. Rendus en cela semblables à l'arche de Noë, qui s'esleuoit vers le ciel par les mesmes eaux du deluge, qui sembloient la deuoir engloutir, comme elles auoient abysmé* tout le reste des habitans de la terre. Certes comme la lime esclaircit* le fer, comme le fleau separe de froment de la paille, comme le van le purge des ordures qui s'y meslent, & comme l'or se rend plus net* dans la fournaise : ainsi les bons se perfectionnent dans les aduersitez, à raison dequoy S. Iaques appelle bien-heureux celui qui souffre persecution pour la iustice[1], parce qu'estant esprouué il sera recompensé d'vne couronne d'honneur & de gloire[2]. & vne esperance qui n'est iamais confondue*. Et tout ainsi que ceux qui veulent faire vn grand saut ont de coustume de se retirer en arriere pour s'eslancer auec plus de roideur, il semble que Dieu humilie ceux qu'il veut [393] esleuer,

---

instant, s'en estant donné un coup mortel dans l'estomach, et puis l'arrachant de sa playe, elle le pui presenta, finissant quant et quant sa vie avec cette noble, genereuse et immortelle parole : "Paete, non dolet" ». Et Montaigne cite Martial I, XIV.
1 C'est la 8ᵉ Béatitude du Sermon sur la montagne : Mt 5 :10. On peut en rapprocher l'Épître de Jacques 1, 2.
2 Rm 5, 3-4.

& les exalte d'autant plus qu'ils ont esté abaissez : car c'est lui qui mortifie & puis viuifie, qui plonge aux enfers & en retire. Ce qui paroistra euidemment en l'histoire qui suit.

La Iustice criminelle de la Republique de Venise est entre les mains d'vn Conseil qu'ils appellent des dix, & pource que ce Conseil est Souuerain, sans appel, & extremement auctorisé*, il est aussi fort redoutable, & ceux qui en sont les chefs qu'ils appellent *Capi*, sont des principaux & plus considerables Officiers de l'Estat de Sainct Marc. On tient que le Duc mesme est leur iurisdiciable, & qu'ils le peuuent emprisonner & condamner. Ce qu'ils ont en effect pratiqué en Marin Faliero[1], à qui ils firent tomber la teste de dessus les espaules. Ie dis ceci, parce que s'ils ont du pouuoir sur le Chef de la Republique qui est le Duc, il ne faut pas trouuer estrange ce qu'ils firent sur le fils d'vn Duc : car s'ils s'attaquent au bois sec, beaucoup plus aisément au verd.

Entre ces Capi estoit vn Noble Venitien de l'ancienne & illustre famille des Donats, appellé Hermolas. Il se monstra grandement roide en vn procès contre vn ieune Gentil-homme pour le peché qu'ils appellent le Vice aux termes du pays, & l'Escriture le nomme le crime tres-meschant. Bien que les preuues en fussent assez euidentes & les coniectures si pressantes, que la vrai-semblance commençoit à se monstrer pour vérité : toutefois ils ont ceste coustume en plusieurs contrees d'Italie, de ne condamner iamais à la mort vn criminel, s'il n'auouë sa faute par sa propre bouche, [394] quelques tesmoins qu'il y ait, & pour manifestes que soyent leurs tesmoignages. Mais ils ont aussi vne coustume bien plus cruelle, qui est d'appliquer les accusez à des tortures si violentes, que plusieurs confessent ce qu'ils n'ont pas faict, pour euiter par l'assoupissement de la mort des tourmens si aigus & sensibles. Cestui-ci neantmoins soit que la honte de se reconnoistre coulpable d'vn si horrible & infame desordre, soit que la crainte de la mort le retint, resista long temps aux gesnes*

---

1   Doge de Venise, décapité en 1356 pour avoir conspiré de tuer toute la noblesse.

qu'on lui fit sentir, & desia les Iuges commençoyent à incliner à son absolution, quand Hermolas picqué d'vn sainct zele pour la iustice, & ne pouuant souffrir qu'vn homme si notoirement conuaincu* d'vn tel opprobre* faict à la nature, iouyst entre les autres de la lumiere du Soleil, s'opiniastrant à lui tirer la verité de la bouche à force de questions ordinaires & extraordinaires, tesmoigna quelque sorte d'emotion* en cela que l'on estimoit messeante à l'egalité d'vn Iuge, qui doit estre plus froid & retenu.

Vn des complices de ce prisonnier, ayant auis que le seul Hermolas auoit comme iuré la ruine de ce coulpable, & qu'il empeschoit que les autres ne missent la misericorde en la place de la rigueur, desireux de tirer de peine son compagnon se resolut de se deffaire d'Hermolas à quelque prix que ce fust. Les Braues comme chascun sçait ne manquent pas en Italie. Accompagné de quelques vns il attendit vn soir Hermolas reuenant de la ville, & l'ayant assailli auec impetuosité, il fut plustost estendu roide mort, qu'il n'eut loisir de crier [395] au secours. Ce coup aussi meschant, que temeraire, estonna toute la Seigneurie. L'assassinat d'vn Magistrat de tel rang & de telle auctorité, ne deuoit pas demeurer impuni, puisqu'il violoit ce qu'il y a de plus puissant & de plus redoutable en la Republique : Mais il fut conduict si dextrement & si secrettement, qu'il n'estoit pas possible d'en rien descouurir. Les Braues venus de dehors se retirerent incontinent, sçachans bien que le crime qu'ils auoyent commis, ne leur pouuoit donner aucune asseurance. L'autheur y demeura encore quelques iours caché & inconnu, pour y auoir le regret de voir executer celui, pour lequel sauuer il auoit commis vn si fol attentat : car en fin Dieu qui ne laisse rien impuni, permit qu'on donnast vne nouuelle gesne* à ce criminel, lequel affoibli par les precedentes confessa la verité, sur laquelle on fonda sa condamnation.

Ce meurtrier sans cesse bourrelé du remords de sa conscience, & sçachant qu'il n'y a rien de si caché qui ne vienne tost ou tard en euidence, ni rien de si secret qui ne s'esuente : s'enfuit aux plus esloignez recoings d'Italie aux extremitez de la Calabre, où pour euiter le courroux de Dieu, il embrassa la penitence en se faisant Religieux. Cependant on fit à Venise des enquestes & des recherches les plus curieuses* & les plus exactes que l'on puisse imaginer, resolus de n'espargner rien pour venger vn tel outrage* faict à la Seigneurie en la personne de ce Chef des dix. Aux denonces secrettes (ceux qui ont esté à Venise & au Palais de S. Marc sçauent ce que ie dis)[1] on trouua vn [396] billet, qui auertit les Seigneurs d'vne querelle qui auoit autrefois esté entre le defunct Hermolas, & Iacques fils de Francisque Foscarini[2], alors Duc de Venise.

En faict de crime atroce, comme estoit celui-là, lequel offen-soit* en quelque façon la Maiesté de la Serenissime Seigneurie, les moindres coniectures sont accueillies comme des preuues. Ils s'imaginerent que Iacques auroit faict faire ce meurtre par des Braues appellez de pays lointain, s'appuyant sur le credit & la dignité de son pere. Là dessus sans auoir esgard à sa condition, ni à celle du Duc ils le saisissent, le iettent en prison, & apres vn leger examen l'appliquent à la gesne*. Certes les loix Romaines ont tres-prudemment ordonné que l'on ne mette iamais vn criminel à la torture, qu'il ne soit presque conuaincu*, que les preuues ne soyent pas seulement demi-pleines qu'ils appellent, mais tellement fortes, qu'elles soyent capables de faire conclure au iugement de mort, parce que c'est vne façon si douteuse &

---

1   Il y avait – il y a – au Palais des Doges une Bouche de Dénonciation – Bocca di Leone ou Bocca della verità – visage en bas-relief à la bouche largement entrouverte dans laquelle on glissait des billets.

2   Camus va l'appeler Foscari dans le reste de la nouvelle. C'est bien de Francesco et Jacopo Foscari qu'il s'agit, avec cette différence importante que Jacopo Foscari meurt bien en exil, comme Camus a pu le lire dans Goulart (v. la page de celui-ci reproduite après le résumé de cette nouvelle p. 961). Jacopo Foscari (1373-1457) fut accusé en 1444 d'accepter des présents de princes étrangers en échange de faveurs consenties par la République, et condamné à l'exil à Nauplie, sentence plus tard commuée en exil à Trévise. En 1450, il est accusé de complicité dans le meurtre d'Almoro Donà et banni à vie à Candie, où il meurt en 1457. Les deux Foscari sont les héros, entre autres, d'une tragédie de Byron et d'un opéra de Verdi. Mais il y a bien aussi à Venise une affaire Foscarini, toute fraîche lorsqu'écrit Camus : Antonio Foscarini, sénateur et ambassageur de Venise auprès de Henri IV et Jacques Ier, fut en 1622 trouvé coupable de trahison, et exécuté. En janvier 1623, fait inouï dans l'histoire de Venise, il est exonéré par le Conseil des Dix à titre posthume.

si violente pour arracher la verité d'vne bouche que la gesne*, que souuent elle faict dire le faux, aussi bien que le vray : car il y a des naturels si delicats, que dés la moindre estreinte, ils se rendent & respondent ce que l'on veut à tous les interrogatoires pour se soulager de la pointe* des tourments qui les pressent.

Il n'en fut pas pourtant ainsi de Iacques, parce que fortifié par la vigueur de son âge, mais plus encore par la netteté* de sa conscience, qui lui seruoit comme de rempart d'airain contre la mali[397]gnité* de ceste calomnie, il ne confessa iamais ce qu'il n'auoit pas faict, il auoüa seulement d'auoir hay Hermolas, & d'auoir eu inimitié violente auec lui, de sorte qu'il s'estoit resiouy de sa mort, croyant que pour ceste rancune & ceste ioye, Dieu auoit permis qu'il fust tombé dans le desastre* de ceste iniuste accusation pour le punir de ceste faute indigne d'vn Chrestien, niant au reste d'auoir sçeu, ni presté aucun consentement à cet assassinat.

Ceci fut pris pour vne demie confession, sur laquelle on le mit en de nouueaux tourmens, dont la violence fut telle qu'il pensa estre estropié. Au milieu de tous ces martyres il benissoit Dieu, pardonnoit à Hermolas, prioit Dieu pour le repos de son ame, & lui demandoit patience* pour soy, en disant. Seigneur ie suis violenté, respondez pour moy : car vous estes ma force & ma fermeté.

Le pere employa toute son auctorité & le credit de tous ses parens & amis, pour faire en sorte que son fils fust traitté plus doucement, & ne passast point par la rigueur de tant de bourrelleries*. Mais les dix pour tesmoigner qu'en la Iustice ils auoyent les yeux bandez, & n'auoyent acception de personnes, se rendoyent d'autant plus reuesches & inexorables que plus ils estoyent priez.

Le Duc en vint aux doleances, & de là aux menaces de se plaindre aux Princes Chrestiens d'vne si cruelle procedure, qu'il qualifioit du tiltre d'iniustice. Mais à ce ton aigre & poignant* la [398] Serenissime Seigneurie respondit d'vn autre plus haut, que s'il ne laissoit faire la iustice sur son fils, on la lui feroit sentir à lui-mesme. Sur quoy le bon Prince vieillard fut contraint de se taire. La verité neantmoins, qui est la plus forte de toutes les choses, preualut & elle donna plus de courage* à Iacques pour

soustenir les tourmens, que ses Iuges n'eurent d'inuentions pour
le gesner*. Voyans que selon les loix publiques ils ne le pouuoyent
condamner à la mort, ils iugerent que le temps pere de la verité,
la descouuriroit à la fin, & la feroit sortir du puits des tenebres,
sur quoy ils penserent de tenir Iacques en vne prison perpetuelle.
Mais ils redouterent d'autre part que le tenans à Venise le Duc ne
fist tant par ses sollicitations, qu'en fin il ne fust mis en liberté,
& qu'estant hors de cage cela ne reueillast en lui l'appetit de vengeance, & ne lui donnast le moyen de se ressentir* contre ceux
qui l'auoyent si mal traitté. Ils s'auiserent donc, selon l'ancienne
façon, de le releguer en l'Isle de Candie à perpetuité, luy donnans
tellement ce territoire pour prison, qu'au cas qu'il en sortist il
seroit tenu pour conuaincu* du crime dont il estoit accusé, &
seroit executé à mort sans autre forme de procès.

    Iacques ayant appris la patience* parmi tant de douleurs, acquiesça
doucement à ceste sentence, encore que le bannissement lui semblast
vn supplice plus cruel que la mort. Et certes qui sçaura combien
les Nobles Venitiens sont attachez à leur pays pour les delices, les
honneurs & les auctoritez qu'ils y possedent, iugera aisement que
[399] ceste priuation est vne mort ciuile*, non moins fascheuse
que la naturelle, puisque c'est vn long mourir. Neantmoins la
confiance que Iacques auoit en la prouidence de Dieu, protecteur
des affligez : luy faisoit esperer que tost ou tard son innocence
seroit recognuë, non moins à sa gloire qu'à la confusion de ses
ennemis. Que si pour vn temps le Soleil de la verité estoit voilé
du nuage de la calomnie, il en sortiroit plus clair & plus luisant*,
& que si sa reputation estoit flestrie en apparence, estant saine en
effect, elle paroistroit vn iour auec plus d'auantage. Il se resolut
donc à ce cruel exil sans murmurer contre ses Iuges, sans mesdire
de leur iniustice, mais benissant Dieu & inuocquant sur eux son
esprit principal. Il faict voile en Candie, pressant sa douleur en
son ame, & ne la soulageant pas d'vne seule plainte. Il n'y eut que
le triste pere, qui ne put supporter la separation de ce cher fils, sur
lequel il auoit ietté vne partie de ses esperances, & qui pour son
âge estoit desia auancé en de beaux grades qu'il soustenoit auec

honneur, parce qu'il auoit beaucoup de capacité. Le chagrin de ceste tache arriuee à sa maison, ioint à l'âge caduc & debile, auancerent les iours du Duc, qui alla bien tost apres le depart de son fils au chemin de toute chair, qui est la route du sepulcre.

Iacques estant en Candie s'addonna fort à la pieté, sçachant (comme dict l'Escriture) qu'elle est bonne à tout, qu'elle est le remede souuerain des playes de l'ame & vn bouclier impenetrable aux traicts du mal-heur*. Ayant perdu son pere & [400] tout son appuy il dict auec S. François[1] : C'est maintenant que ie puis dire auec plus de confiance, nostre Pere qui estes aux cieux.. Ce bon Iob affligé de toutes les façons en son corps, en ses biens, en sa renommee ne lascha point de sa bouche aucune parole de precipitation, ni contre la Republique, ni contre la Iustice, ni contre le peu d'assistance de ses amis, ni contre la fureur de ses ennemis, ni contre le ciel, ni contre la terre, pouuant dire à Dieu (comme Dauid :) Ie me suis teu, & n'ay point ouuert ma bouche, parce que vous l'auez faict[2]. Dieu qui le vouloit traitter en pere qui tesmoigne de la rudesse à son enfant, pour le reduire par ceste seuerité au train d'vne solide vertu, ne voulant pas laisser la verge de l'auctorité des pecheurs sur la teste du iuste, de peur que la patience ne leur eschape, apres l'auoir tenu bas par l'espace de vingt cinq ans que dura cet Exil, l'en retira lors qu'il y pensoit le moins.

Il menoit vne vie sombre & priuee dans vn petit mesnage* assez incommode, il estoit (comme parle Dauid) dans les obscuritez entre les morts du siecle[3], où selon qu'il dict ailleurs, il estoit comme ceux qui en vne bataille demeurent entre les morts, encore qu'ils ne sont que blessez, & desquels on faict aussi peu

---

1 C'est ce que dit François, rendant, sur la place d'Assise, son argent et ses habits à son père, qui lui a demandé des comptes : «Jusqu'ici je t'ai appelé père sur la terre ; désormais je peux dire : " Notre Père qui êtes aux cieux ", puisque c'est à lui que j'ai confié mon trésor et donné ma foi.»
2 Ps 39, 9-10.
3 Ps 143, 3.

de conte, que si desia ils dormoyent dans le sepulcre[1]. Lors que
le Podesta de Candie le vint trouuer auec vne grande suitte, & le
conduisant au Palais de la Seigneurie auec beaucoup d'honneur,
lui signifia son Rappel de ban, que la Republique lui renuoyoit,
auec promesse de l'auancer en de belles charges. Iacques [401] à
cet accueil extraordinaire crût que c'estoit vne nouuelle disgrace
que la fortune lui preparoit, & comme les singes leurs petits elle
le vouloit estoufer en l'embrassant, ou comme l'aigle faict de la
tortuë, qu'elle l'esleuoit pour l'escraser d'vne plus lourde cheute.
Mais pour vn si long temps il s'estoit habitué à soustenir ces
reuers, qu'il crût que la mort qui est l'extreme & l'extremité de
tous les maux, lui tiendroit lieu de faueur & de recompense en
le deliurant d'vne si triste vie.

Mais ces pensees furent changees en de plus ioyeuses, lors
qu'il apprit sur quoy estoit fondee son absolution. C'estoit que
l'autheur du meurtre d'Hermolas, apres auoir faict vingt cinq ans
de penitence dans vn Monastere en Calabre, auoit en mourant
declaré son crime à son Superieur, auec priere apres sa mort
d'en informer la Republique, afin que Iacques Foscari relegué
en Candie à ceste occasion* fust deliuré de cet exil, fondé en
vn iugement rendu sur des fausses coniectures. Ce que fit ce
Superieur apres le trespas de ce Moyne. Lequel & par des tesmoignages indubitables qu'il apporta, & par la saincteté de sa vie
fut crû par la Seigneurie, qui rappella aussi tost le Foscari de son
bannissement, auec resolution de se seruir d'vn si bon Citoyen
en des charges importantes. Des Iuges qui l'auoyent condamné
il n'y en auoit plus que deux en vie, qui lui en voulurent faire de
grandes excuses. Mais il leur tesmoigna qu'ayans iugé selon leurs
consciences, ils n'auoyent faict que leur deuoir, imitant Ioseph
qui r'apporta à la Prouidence celeste la ven[402]te que ses freres
avoyent faicte de luy aux Ismaëlites[2].

---

1   Ps 88, 5-8.
2   Gn 45, 5.

Aux premieres balotes* Iacques Foscari fut faict Podestà de Padouë, qualité qui ne se donne qu'à ceux qui ont esté long temps exercez en des Ambassades, ou en d'autres moindres fonctions. Il s'y comporta si iustement & si modestement, qu'à son retour il fut creé du mesme conseil des dix qui l'auoit si legerement condamné. A la fin il paruint à la charge de Procureur de S. Marc, qui est des plus importantes de l'Estat de S. Marc, puisque c'est ordinairement de ce nombre que le Doge ou Prince est choisi. De ceste façon la Republique reconnut sa patience & sa moderation, de mesme sorte qu'elle eust faict ses seruices s'il eust esté employé pour elle au temps de ses souffrances.

Ainsi comme au bon Iob[1] & au bon Tobie[2], apres vne longue espreuue il fut recompensé au double. Ainsi comme Daniel il sortit de la fosse des Lyons[3], pour tenir le premier rang entre les Satrapes. Ainsi comme Ioseph il sortit de la prison & des fers pour estre esleué en Egypte[4]. Ainsi comme Themistocle paruenu en son exil à vne haute fortune il pouuoit dire qu'il estoit perdu s'il n'eust esté perdu[5], & que par les tempestes & les desastres* il estoit arriué au port d'vne profonde felicité. Aussi s'attacha t'il tousiours au tronc de la iuste prud'hommie, à la vraye anchre de salut, & au rocher de la solide pieté : si bien qu'il esprouua la verité de ceste saincte promesse. Ceux qui cerchent Dieu en toutes leurs voyes, & qui espe[403]rent en lui, encore qu'il les tuë, ne manqueront iamais d'aucun bien : & que trauaillez en peu[6] ils seront disposez à la reception de plusieurs bonnes & heureuses* auantures*.

---

1 Jb 42, 7-17.
2 Tb 4, 21.
3 Dn 6, 24-29.
4 Gn 46, 37-45.
5 V. note 2 p. 467.
6 *Travailler* se dit souvent des épreuves que subissent les mortels et par lesquelles ils gagnent leut salut.

La Parole Mortelle.
EVENEMENT XIII.

La vie & la mort (dict le texte sacré) est en la main, c'est-à-dire, au pouuoir de la langue[1]. La bouche qui dict vne mensonge tuë l'ame. Beaucoup plus quand elle blaspheme ou dict des mots de precipitation, dont le Prophete prioit Dieu qu'il le preseruast. A raison dequoi S Iacques compare la langue à vn feu, dont la moindre estincelle escartee par mesgarde cause de grands embrasemens, l'appellant vne iniquité vniuerselle, comme celle qui souille tout le corps & l'ame en la façon qu'vn tonneau plein de moust se sallit de sa propre escume. Et il adiouste qu'elle enflamme la rouë de nostre natiuité, elle mesme enflammee de la gesne[2]. Et passant plus outre il la tient plus indomptable que les bestes les plus farouches, & pire que les serpens, les tygres & les lyons, mal inquiete*, accompagné d'vn venin mortel, & le lieu d'où procède la malediction, & la benediction[3]. Certes comme il n'y a rien de si leger & glissant, il n'y a point de faculté en nous à laquelle nous deussions tant prendre garde, veu [404] que la plus grande partie des pechez vient de la langue : de sorte que selon le mesme Apostre, celui qui n'offense* point en ses paroles, doit estre tenu pour homme parfaict. Souuent il arriue que l'on dict tant de mots precipitez & inconsiderez* qu'à la fin on est pris au pied leué, & comme on les a dits sans y penser, on s'en trouue puni auant que d'auoir le temps de s'en repentir. L'exemple effroyable que ie produits, fera voir que les Caïphes[4] & les Balaams[5], ie veux dire

---

1 Pr 18, 21.
2 *Gesne = Géhenne*, «lac de feu et de soufre» (Nicot), lieu où près de Jérusalem on brûlait les détritus, ensuite souvent asssimilé à l'Enfer.
3 Jc 3, 5-12. L'expression «roue de notre nativité» qu'emploie Camus est maintenant traduite par *cours de la vie*, ou *cycle de la vie*.
4 Mt 26, 57.
5 Nb 23-24.

les meschants, prophetisent quelquefois, mais à leur mal-heur*
& à leur ruine.

En vne ville de Suisse, que la Relation ne nomme point, vn
Chirurgien autant expert à panser les corps, qu'inhabile à guerir
son ame des playes du vice, encore qu'il eust vne belle & fort
honneste* femme, ne se contentant pas d'esteindre ses ardeurs
dans son sein, auoit tousiours quelque volage passion en l'ame,
qui desroboit son cœur à celle qui seule auoit droict de posseder
legitimement son corps. Il estoit tousiours dans les dissolutions
& les desbauches, qui abandonnoyent sa santé à de honteuses
maladies, & mettoyent sa reputation en proye. Sa femme s'apperceuant de ce mauuais train tascha au commencement par les
moyens les plus doux & les plus conuenables* de le retirer de ces
abysmes, où il perdoit son ame, son corps et ses biens. Mais son
esprit reuesche ne profitoit point de ces remedes, au contraire
comme les choses douces, selon l'aphorisme, se conuertissent
aisement en bile, & comme l'huile nourrit le feu qui s'esteinct par
les autres li[405]queurs : les suaues remonstrances le rendoyent
plus cholerique, & plus doucement on l'oignoit plus rudement
il poignoit*. La patience* eschappant à ceste femme, à qui vne
iuste ialousie occupa le cerueau, elle se mit aux reproches & aux
menaces, ce qui cabra encore dauantage ce farouche mari, lequel
aux paroles picquantes respondoit auec des mains si lourdes,
que la pauure femme en estoit assommee. Ce traittement si rude
l'obligea de s'en plaindre à ses parens, qui en firent leur doleance
au Magistrat, lequel se sentant obligé de remedier à ce desordre,
fit citer ce Chirurgien, auquel il laua la teste comme il falloit : &
l'ayant amandé, sinon en effect, au moins en apparence par vne
bonne amande, lui interdit sous peine de prison & d'autres plus
grands chastimens le commerce qu'il auoit en vn lieu suspect,
où s'il estoit trouué il le feroit punir comme adultere.

Voyla le pecheur humilié, & celui qui se resjouyssoit en son mal &
se glorifioit en sa faute reduict à cacher ses libertinages* pour euiter
le scandale, le murmure, & la peine dont la Iustice le menaçoit. Ce
n'est pas qu'il s'en abstienne, car depuis que l'impie a raualé ses yeux

pour ne regarder plus le ciel, & est arriué au profond de l'abysme, il mesprise tous auertissemens humains, ayant faict banqueroute à son salut. S'il s'eschape ce n'est plus que la nuict & à la desrobee : & à sa ialouse femme, qui a sur lui autant d'yeux qu'Argus, il trouue mille excuses, & l'endort comme vn autre Mercure, auec le flageol de mille cajol[406]leries* & fausses caresses. Neantmoins elle se deffie tousiours de lui, sçachant que comme l'Ethiopien ne peut quitter sa noirceur, ni le Leopard les mouschetures de sa peau, de quelque lexiue qu'on les laue, il est aussi difficile que celui qui est habitué au mal, se dessaisisse de ses vicieuses habitudes.

Elle met plusieurs personnes au guet : mais le malicieux* multiplie ses tromperies, & a plus d'inuentions pour se perdre, que sa bonne partie n'en a pour le retenir. C'estoit vn estalon de haras, pour parler auec vn Prophete, hennissant apres toutes les femelles[1]. Mais il cache ses larcins auec tant d'industrie, qu'encore qu'il soit bien auant dans la dissolution, le voisinage le tient pour remis & pour reformé. Si la femme se plaint, on se mocque de ses soupçons, & on l'accuse de ialousie.

En fin ayant recueilli ses affections, ou pour mieux dire attaché ses infections en vne creature perduë, & dont la seule hantise* estoit capable de diffamer ceux qui l'abbordoyent, comme celle qui faisoit vne infame traffique de soy-mesme, il deuint vn mesme cœur comme vn mesme corps, auec ceste mal-heureuse*, pour vser des termes de l'Apostre[2], rendant son corps qui deuoit seruir de temple au S. Esprit le corps d'vne personne abandonnee. Ce feu puant ne pût estre tenu si secret, qu'il ne se fist connoistre à sa fumee & à sa noirceur. Desia la femme auoit esuenté ceste menee, desia le voisinage du lieu où il hantoit commençoit à s'en apperceuoir, & quelques voyles qu'il [407] prist pour se cacher, c'estoyent des toiles d'araignee qui le descouuroyent en le couurant.

L'vne de ses plus ordinaires industries estoit de feindre souuent des voyages aux champs pour quelques pratiques de son art, sur

1   Jr 5, 8.
2   Éph 5, 28.

quoy montant sur vn mulet, aussi vicieux que le maistre, qu'il tenoit en sa maison, il sortoit de la ville où il se rendoit sur le tard aupres de l'adultere qu'il entretenoit. Ceste trame par la suitte des iours s'estant descouuerte, sa femme lui en fit des reproches, & le menace de faire entendre au Iuge qu'il continuoit en sa mauuaise vie, afin que la crainte des peines l'en destournast. Mais obstiné en son vice, & comme tombé en sens reprouué*[1], il se mocqua de ces remonstrances & auec des blasphemes & imprecations horribles, il taschoit de couurir sa faute, comme si l'adultere (disoit ce Iurisconsulte ancien) se pouuoit purger par serment[2]. Mais le Ciel ne se rit pas tousiours des pariures de ceux qui sont aueuglez de la folle passion d'amour, lors que le pecheur est arriué au comble de la mesure de ses iniquitez, le bras du treshaut se ramene sur ses epaules, & lui faict sentir sa pesanteur par des inuentions non moins estranges que terribles.

Cestui-ci venu à la derniere periode de ses abominations, & sa coulpe* trainant apres soy l'ombre inseparable de la peine, monta vn soir sur son mulet, faisant croire selon sa deffaite* commune, qu'il alloit à la campagne faire vne cure d'importance. La femme qui se doutoit du stratageme lui demande où il va. Ta ialousie (dict-il) qui te met [408] mille soupçonneux marteaux* dans la teste, te fait imaginer que ie vay à la desbauche : mais pense tout ce que tu voudras, ie veux estre maistre & libre, & ne rendre de conte de mes actions à aucun.

La femme connut bien à ce discours qu'il alloit au lieu où le trainoit son iniuste concupiscence, parce que tout ainsi que les corps vlcerez se plaignent quand on les touche aupres de leurs

---

1 V. note 1 p. 370.
2 Thalès, dans les *Essais* de Montaigne (III, 5) : «Celuy qui s'enquestoit à Thales Milesius, s'il devoit solemnellement nyer d'avoir paillardé, s'il se fust addressé à moy, je luy eusse respondu, qu'il ne le devoit pas faire, car le mentir me semble encore pire que la paillardise. Thales luy conseilla tout autrement, et qu'il jurast, pour garentir le plus, par le moins [...]». Ceci vient de Diogène Laërce, *Vies, doctrines et sentences des philosophes illustres* : «Un homme adultère lui demandait s'il pouvait jurer qu'il n'avait pas commis d'adultère. Il répondit : «Le parjure n'est pas pire que l'adultère.» Livre I, Les Sept sages, Thalès.

playes, aussi les esprits blessez s'irritent quand on les reprend*
de leurs defauts. Elle continue donc à se plaindre, à le crier, à le
menacer. Lui qui s'estoit affermi en sa malice*, selon les termes
du Prophete Roy, disputant auec ceste Bacchante forcenee lui
rend iniures pour iniures, & menaces pour menaces, & en fin lui
dict. Si ta curiosité veut estre satisfaitte, sçache qu'en despit de
toy & de tes criailleries ie m'en vay au bordeau.

Disant cela il saute sur son mulet, qu'il commence à picquer auec
fureur pour s'escarter de ceste femme criarde, & qui commençoit à
exciter de la rumeur autour de sa porte par les plaintes qu'elle faisoit
aux voisins. Ce mulet qui estoit vicieux à merueilles, se sentant
presser des esperons si extraordinairement, commence à ruer & à
sauter auec tant de violence qu'il faict voler les arçons au Chirurgien,
qui demeura pris par le pied à vn des estriez, & le mulet se mettant
à courir de toute sa force traina cet adultere de telle sorte sur le
paué, qu'il lui fit aller la teste en diuers morceaux, & respandre la
ceruelle en diuers lieux : & ne s'arresta point ce bigearre* animal,
qu'il ne fust arriué deuant la porte du lieu infa[409]me où il auoit
inconsiderement dit qu'il alloit, & où il auoit accoustumé de se
rendre. Là demeura la monture de ce maistre infortuné, lequel
brisé en diuers lieux resta mort estendu sur la place.

Ainsi par permission diuine fut descouuert par le trespas de ce
miserable* le commerce qu'il auoit tenu secret en viuant, & presché
sur les toicts ce qu'il auoit commis à cachettes dans vne chambre.
Ainsi se verifie ce que l'Escriture nous apprend, que toutes les creatures qui sont en l'vniuers combattent pour la iustice de Dieu contre
les insensez[1], qui violent sa loy & s'escartent de ses voyes. Ainsi
en prit-il au rebelle Absalon, qui s'estoit reuolté contre son pere[2].

L'allarme se mit aussi tost au quartier, où auint ce funeste spectacle : & tant s'en faut que l'on plaignist le desastre* de ce mauuais

---

1   2 Co 5, 11.
2   2S 18, 9 : Lors de la bataille entre Absalom et les serviteurs de David, le mulet
d'Absalom «entre sous les branches entrelacées d'un grand térébinthe ; et la tête
d'Absalom se prit dans le térébinthe, et il demeura suspendu entre le ciel et la
terre ; et le mulet qui était sous lui passa outre.»

homme, qu'au contraire chascun adoroit la diuine equité en son chastiment, selon que dit le Prophete, qu'il fera vne retribution abondante aux superbes, & que les gens de bien se resiouïssans de voir la vengeance, laueront leurs mains dans le sang du pecheur[1].

*L'Ami Genereux**.
EVENEMENT XIV.

Si l'homme donne toute la substance de sa maison, c'est-à-dire tous ses biens de fortu[410]ne, pour la dilection*, il estimera n'auoir rien fait pourueu que son amitié soit veritable. Mais quand on en vient iusques à ce poinct, de s'exposer à vne mort asseuree* pour l'Ami, c'est le plus haut poinct où l'amitié puisse attaindre. Nous voyons bien tous les iours en la rage des duels, qui rauale le plus beau & le plus noble sang de la France, que les Amis exposent leur vie au hazard du combat pour le soustien des querelles de ceux qu'ils aiment, mais l'espoir qu'ils ont, de demeurer victorieux de leurs aduersaires, & d'auoir part à la gloire des armes, les rend plus hardis en ces entreprises. Mais de sang froid d'aller se presenter à vne mort indubitable pour l'Ami, c'est ce que l'on void si rarement, que l'antiquité ne nous en fournit que l'exemple de Pilade et d'Oreste[2], & les Poëtes content auec admiration le partage de l'immortalité que fit Castor auec son frere Pollux. Neantmoins vn de nos Historiens François en la description qu'il a faite de la Pologne, rapporte l'exemple memorable d'vne genereuse* Amitié, qui conserua la vie à deux Amis, qui tous deux disputoient à l'enui à qui mourroit pour son compagnon. La singularité de cet Euenement me le fait ranger ici auec peu d'ornemens & de couleurs, l'esclat de l'action se releuant assez de sa propre beauté.

---

1 Ps 58, 11.
2 V. note 1 p. 606.

Octauian & Leobel, ieunes Gentils-hommes Lithuaniens, eurent dés leur plus tendre ieunesse vne telle inclination l'vn pour l'autre, que l'on iugea par ces commencemens que si leur amitié croissoit auec l'âge, elle paruiendroit à vn degré [411] de perfection, qui effaceroit le lustre de celles dont les Histoires anciennes nous font tant de feste*. Leurs parens estoient bons amis & voysins & demeurans en la mesme cité du Vilne, capitale de la Lithuanie : mais leur bienueillance n'estoit que commune & vulgaire*, à comparaison de celle de leurs enfans, de laquelle ils se resiouïrent, leur laissant la liberté de la cultiuer par vne assez familiere conuersation*. Ceste frequentation ordinaire fit naistre en leurs esprits vne si mutuelle correspondance*, qu'il sembloit que leurs volontez fussent plustost vne qu'vnies, & que tous deux n'eussent qu'vne ame separee en deux corps. Ils ne se cachoient aucune pensee, & l'vn n'auoit pas plustost vn dessein, pourueu qu'il fust iuste & raisonnable, que l'autre ne s'offrist de l'y assister : & s'il n'estoit pas legitime, il s'efforçoit de l'en destourner. Ce que l'autre faisoit tant pour* l'amour de la vertu, qui estoit le ciment de leur amitié, que de peur de contrister son Ami, qui le ramenoit à ce qui estoit honneste* & conuenable*.

Ils apprindrent ensemble à l'Academie tous les exercices neces-saires à ceux de leur naissance & condition, en quoy ils reussirent par vne emulation louable par dessus tous leurs compagnons. Les passions qui agitent dauantage la ieunesse, sont les querelles & les Amours. En l'vne & l'autre de ces tempestes ils s'appuyerent auec vne fidelité tellement inuiolable, que l'interest* de l'vn estoit celui de l'autre, sans que iamais la ialousie iettast les espineuses racines de ses soupçons dedans leurs cœurs. A la fin il arriua qu'Octauian [412] addressa ses vœux en vn lieu si plein d'honneur, qu'il n'y pouuoit arriuer que par la porte de l'Eglise, ie veux dire, où il ne pouuoit sans effronterie rien pretendre que par le mariage.

L'Amour est naturellement aueugle, & encore qu'il se prenne par les yeux, il les a neantmoins bandez à plusieurs circonstances, qui empescheroient sa naissance & son progrez si on les auoit iudicieusement preueuës auant que de s'y engager. Ce fut le beau visage de Pauline, ieune Damoiselle des plus accomplies de la ville, qui lui desroba le cœur. Outre ceste beauté le parti estoit fort considerable pour* la richesse, de sorte que ce dessein n'estoit pas sans difficulté : Mais ce qui le rendoit encores moins accessible, c'estoit la recherche que Gelase, fils d'vn des principaux Citoyens de Vilne, faisoit de ceste fille, auec dessein de l'espouser. Il auoit obtenu congé de ses parens, & de ceux mesme de la fille, de faire ceste poursuitte, en laquelle de ce costé là il estoit fort auancé, mais non du costé de Pauline, qui par vne antipathie naturelle auoit vne secrette auersion de son humeur, qui ne lui pouuoit sembler agreable. Il estoit fier & hautain, arrogant en ses gestes & en ses paroles, & au lieu de se faire aimer par soumissions, il se rendoit odieux à Pauline par ses vanteries & ses rodomontades. Et à dire cecy en passant, il faut auouër que la vanité est vne chose tellement odieuse à Dieu & aux hommes, que comme l'ambre attire toutes les pailles, si ce n'est celle de l'herbe appelee basilique, le cœur humain se peut appliquer à aimer toute sorte de personnes [413] pour miserables* qu'elles soient, sinon les vaines* & orgueilleuses. Au contraire l'humilité, la douceur & la modestie* sont des qualitez si charmantes, qu'il n'y a point d'ame si reuesche qui ne se rende à leur discretion. Ce fut par là qu'Octauian s'insinua dans le courage* de Pauline, outre les autres dons de nature qui le rendoient recommandable*. Quand on est desgousté d'vn premier marchand, on est à moitié d'accord auec vn second. La peine qu'auoit Pauline à suporter l'abbord & la conuersation* de Gelase, la rendit aussi tost esprise de la gentillesse* & des soumissions d'Octauian, qui sceut auec tant de grace s'introduire en sa bienueillance, que l'offre de son seruice fut aussi tost receuë que presentee. Et bien que ce dernier venu n'eust aucune permission de ses parens de la rechercher, sans songer à ce congé si necessaire pour rendre vne amour qui tend au mariage legitime : elle se mit à l'aimer auec tant d'affection, que ne pouuant dissimuler son feu, ses actions trahirent sa flamme, & la firent connoistre au superbe Gelase, qui ialoux de son ombre propre* fut tellement indigné de se voir vn Riual, qu'il n'eut point d'autre pensee que de s'en deffaire de quelque façon que ce fust. Auant que de tonner par les effects, il esclaira* par les menaces.

Mais bien qu'Octauian ne fut pas si riche, ni de noblesse si ancienne, si estoit-il Gentil-homme, ayant le cœur assis en si bon lieu, qu'il n'estoit pas d'humeur à souffrir des brauades. Gelase luy ayant dit en se mocquant, qu'il trouuoit mauuais de le voir courir sur son marché, en la recherche [414] de Pauline, & que s'il ne s'en deportoit*, il s'en trouueroit mauuais marchand[1]. Octauian lui repartit, qu'auant le mariage les affections estoient libres, quand par ceste voye[2] il auroit acquis ceste fille[3], alors il s'efforceroit de l'oster de sa fantaisie : mais iusque là qu'il n'estoit pas resolu de s'en deporter*, veu qu'il n'auoit pas moins de courage que d'amour. Ces paroles suiuies de diuerses repliques les eussent obligez de venir aux mains sur le champ, si leurs amis qui estoient presens n'eussent empesché ce vacarme.*

Gelase dit à Octauian, qu'il luy feroit payer les interests* de sa temerité[4]. A quoy cestui-ci respondit, que puis qu'il abayoit* tant il mordroit peu, & qu'il lui feroit tousiours sentir la moitié de la peur, pourueu qu'il le prist en galant* homme, & sans supercherie.

Cependant Gelase qui possedoit les parens de Pauline, autant qu'Octauian le cœur de ceste fille, luy fit defendre par ceux qui auoient tout pouuoir sur elle, la frequentation d'Octauian, auquel

---

1   Il n'en sortirait pas sans dommage. Huguet donne : *en sortir bon marchand* : s'en sortir sans dommage.

2   Par un marché, reprenant le terme qu'a utilisé Gelase deux lignes plus haut.

3   Remarquable «effet de style indirect libre». Le français moderne exigerait ici la répétition de *que*.

4   Gelase – qui mérite ici son nom : le jaloux (*geloso*) rieur (radical grec *gelas-*, moqueur) file habilement une longue métaphore marchande pour faire valoir son esprit, tout à fait dans le style des conversations galantes. De même, Octavian répondant du tac au tac, le côté éristique de cet échange en fait un duel verbal entre deux gentilshommes qui conformément à leur rang ont autant d'esprit que de cœur. Il ne faut pas manquer ce qu'a d'insultant la seule présence du mot *marchand* dans une phrase adressée à un noble ; mais Octavian va beaucoup plus loin en insinuant que Gelase cherche à obtenir Pauline dans un marché : si j'étais de ceux qui *acquièrent* une femme, dit-il, («quand par ceste voye il auroit acquis cette fille») alors ce ne serait pas la peine de me battre pour une marchandise et je pourrais l'oublier.

ils interdirent l'entree de leur maison. En cela ils desiroient complaire à Gelase, duquel ils souhaitoient l'alliance, à cause de ses
moyens & de son illustre parenté.

Cela irrita tellement l'esprit de la fille contre celuy, qui sous
l'apparence d'vn Amant, qui doit estre plein de respect, exerçoit
desia en elle les loix imperieuses de mary, que comme elle fuyoit
sa rencontre, & euitoit toutes les occasions de l'abborder, aussi
cherchoit-elle soigneusement & subtilement tous les moyens de
parler à Octauian, [415] au moins de lui escrire. Par ces prattiques
secrettes cestui-ci auançoit autant dans les affections de Pauline,
qu'il en escartoit son Competiteur. Lequel ne pouuant plus
supporter les rigueurs & les mespris de ceste fille, & desesperé
de ialousie contre Octauian, qu'il sçauoit auoir la part en ses
affections qu'il y pretendoit auec tant d'ardeur, se resolut à iouër
à quitte ou à double, & de mettre vne fin à ceste trame par la
mort d'Octauian. Il le fait à ce dessein guetter de toutes parts, &
espier la nuict & le iour. Il apprend que durant la nuict il rouloit
autour de la maison de Pauline. A la façon des passionnez, à la
façon des ialoux, qui ne cherchent rien si asprement que ce qu'ils
voudroient moins rencontrer, il s'alla cacher vn soir auec vn de
ses amis, que nous appellerons Megatime, & vn grand valet, du
courage & de la fidelité duquel il se fioit beaucoup, autour de ce
logis, où il ne fut pas long temps en embuscade, qu'Octauian ne
vint accompagné de son ami Leobel faire sa ronde accoustumee.
Apres quelques tours & retours (estant le propre de ceux qui
sont possedez de quelque passion, selon le dire du Prophete, de
cheminer par circuits & comme en cercle) à certain signe qu'il
fit, Pauline parut à vne fenestre, auec laquelle il se mit sur les
discours ordinaires à ceux qui s'entr'aiment, tandis que Leobel
estant vn peu escarté, leur donnoit le temps & la liberté de deuiser.

Quelles fureurs de ialousie attaquerent alors l'impatient Gelase !
C'est maintenant que l'appetit de vengeance le saisit, & qu'il veut
mettre en [416] pieces ce Riual si fauorisé à son desauantage. Il
commande à son valet d'aller attaquer Leobel, & de l'amuser*

tandis que Megatime & lui iront chastier l'insolence* d'Octauian. A ce commandement ils sortent tout à coup de leur cachette, & partans tous trois de la main[1] s'en vont l'espee nuë attaquer leurs aduersaires. Leobel en deux passees* fait deux playes au valet, dont l'vne le porte* par terre comme s'il eust esté mort : de là il court au secours de son Ami qui l'appelle. Octauian s'estoit addossé contre la muraille, & à la faueur d'vne boutique, paroit aux coups que ces deux luy tiroient. Leobel vint de fureur, & le premier qui se trouua deuant la pointe de son espee, fut Gelase : lequel surprenant par derriere, occupé qu'il estoit à enfoncer* Octauian, il lui cacha sa lame dans les reins iusques à la garde, & de ce seul coup lui chassa l'ame du corps, & l'estendit sur le paué. Alors Octauian entrant* de pointe* sur Megatime le blessa legerement au bras. Et c'estoit fait de sa vie, si dans la fuitte de ses pieds il n'eust cherché le salut qu'il ne pouuoit esperer dans la defense de sa main. Leobel se trouua sans blesseure : mais non pas Octauian, qui auoit deux attaintes* dans le corps, dont l'vne estoit telle, que s'il n'eust esté promptement pensé, il estoit en danger de perdre la vie auec le sang.

Le peuple sort des maisons au bruit de ce combat, & trouue Gelase roide mort sur le carreau, & son valet à quelques pas de là qui rendoit les derniers souspirs de sa vie. Leobel soustenant son Ami, à qui le cœur manquoit en perdant le sang, [417] pria les assistants de l'aider à le porter chez vn Chirurgien, où il s'esuanouït de telle sorte qu'on le tint quelque temps pour expiré. Neantmoins on le fait reuenir à force de remedes, & le premier appareil estant mis à ses playes, on le couche dans le lict.

Cependant que tout cela se passe, Megatime auertit les parens de Gelase de ceste triste auanture, & de la mort de leur enfant, & contant le faict à son auantage*, dit qu'il a esté assassiné en trahison par Octauian & Leobel. Cette premiere impression est creuë comme vn oracle, sur quoy l'on a recours à la Iustice, qui

---

1   « […] maniere de parler appropriee aux chevaux qui courent, comme, il part bien de la main […] il est prompt, il prend bien sa carrière au lascher des renes » Nicot.

ordonne qu'Octauian & Leobel seront pris au corps, & iettez
en prison. Sur ce decret Octauian est saisi, & tout malade qu'il
estoit, il est trainé à la geolle.

Leobel se sauue & se cache, sous l'esperance qu'il a de preuuer
son innocence & celle de son Ami, en faisant voir qu'ils n'auoient
fait que se defendre, & que le sort des armes estoit tombé sur ceux
qui les auoient iniustement attaquez auec trahison & auantage*.
Mais il en alla tout autrement qu'il ne se promettoit, parce que
Gelase auoit des parens si puissans & auctorisez* en la cité de
Vilne, qu'en peu de iours le procez fut fait à Octauian, & sur la
seule deposition de Megatime qui estoit partie & tesmoin (d'autant
que le valet expira peu de temps apres Gelase) ce pauure Gentil-
homme est condamné à perdre la teste.

Il estoit desia sur l'eschafaut, & quoy qu'il protestast publiquement qu'il n'estoit point autheur du meurtre, ayant au contraire
esté miserablement [418] attaqué & assassiné par Megatime &
Gelase, l'executeur se preparoit à le decapiter. Quand voici Leobel
qui fend la presse, & d'vn courage admirable commence à crier
au bourreau qu'il destachast l'innocent, & qu'il employast son
espee sur luy, qui estoit non coulpable, mais l'autheur veritable
de la mort de Gelase & de son valet. Alors d'vne voix claire &
distincte, & d'vne contenance* qui brauoit la mort, il declara
au Magistrat, qui estoit present à ceste execution* comme tout
s'estoit passé, en la façon que nous l'auons deduit*, & conclu.
Que¹ s'il falloit mourir pour auoir defendu sa vie, il estoit prest
de donner sa teste, pourueu que l'on mist son Ami en liberté.

Tout le monde fut raui de cet acte genereux*, & le peuple se
mutinant commença à crier Grace, Grace, resolu de tout tuer si
l'on vouloit proceder plus outre en l'execution*. Le tumulte se
fit si grand, que ny Octauian qui vouloit parler, ny le Magistrat
ne purent estre ouïs, seulement la Iustice ordonna que tout
seroit sursis, & que Leobel se rendant prisonnier le procez seroit

---

1 *Sic.* Il faut probablement ici ajouter un *t* à *conclu*. Le point introduisant un discours
direct n'est pas inhabituel.

reueu pour estre ordonné selon que l'equité dicteroit. On eut de la peine à reconduire en la prison les deux Amis. La populace esmeuë* voulant rompre leurs liens & obtenir de viue force* leur deliurance.

Le Palatin de Vilne (car la Lithuanie se conduit par Palatinats ou Gouuernemens ainsi que la Pologne) ayant appris ceste incomparable generosité* de Leobel, fut en personne à la prison visiter les deux Amis, qui tous deux disputerent deuant luy à qui mourroit pour son compagnon. Il [419] ouït l'histoire des Amans[1] d'Octauian & de Pauline, les menaces & les menees de Gelase pour empescher ceste affection. Megatime fut confronté, lequel par la mort du valet & du maistre fut contraint, pressé de la force* et de la verité, d'auouer l'embuscade, & qu'ils estoient trois contre deux ; que Leobel seul auoit tué Gelase & son valet.

Sur quoy Leobel prenant la parole plaida la cause de sa mort, remonstrant au Palatin, que luy seul deuoit perdre la teste, puis que seul il auoit tué, si pour auoir tué en se defendant & en sauuant son Ami de la violence, estoit vn suject qui meritast punition. Mais plutost gloire & recompense (reprit le Palatin) qui sur le champ les tira tous deux de prison, & leur fit grace selon le pouuoir des Palatins, qui sont comme de petits Souuerains en leurs Palatinats tant en la Lithuanie, qu'en la Pologne, Megatime comme lasche & traistre fut mis en leur place, & eust sur vn eschafaut serui de spectacle au peuple, si ses parens par leur credit & leurs prieres n'eussent fait changer le dernier supplice en celui d'vn bannissement de quelques annees.

Le Palatin non content d'auoir sauué la vie aux deux Amis, voulut encore qu'Octauian fust satisfait en son amour, luy faisant espouser Pauline : & mesme il procura pour femme à Leobel vne Damoiselle son alliee, priant les deux Amis de le receuoir pour tiers en leur incomparable dilection*. Laquelle paruenue aux oreilles

---

1   *Sic !* Il faut lire *amours*.

du Roy à la faueur du Palatin, ils eurent de belles charges & furent honorablement auancez selon leur condition. [420] Rare exemple de franchise*, d'Amitié & de generosité*, qui fait que Leobel expose si librement sa vie à la mort, & encore à vne mort honteuse pour sauuer son Ami. Mais Dieu qui aime les vertus Heroiques, veillant sur la conseruation de ce braue* cœur, tira sa gloire de ceste infamie, à laquelle il couroit, & releua son nom en honneur, sauuant sa vie par la mesme porte par où il sembloit courir à la mort. Certes il fait bon suiure la vertu, puis que tousiours elle honore ceux qui l'embrassent de couronnes qui ne peuuent flestrir.

La Fureur Brutale.
EVENEMENT XV.

Il y en a qui estiment heureux* les villageois, de ce que la simplicité de leur vie les exempte de beaucoup de maux, que la malice* rend communs dans la subtilité des villes. Mais il y en a d'autres, qui tiennent comme les Rustiques sont plus inciuils* & grossiers que ceux qui habitent les citez, ils sont aussi plus vicieux. Parce qu'estans mal instruits, & ignorans en la vertu, & nostre nature estant d'elle-mesme encline au mal, ils se portent d'autant plus tost au vice, & d'autant moins au bien, qu'ils ont moins d'horreur de l'vn, & moins d'estime de la valeur de l'autre. Et de faict tout ce qu'ils ont de bon doit plustost estre [421] attribué au peu d'occasions qu'ils ont de mal faire, qu'à leur sincerité* : veu que les moyens de faire mal leur tombans entre les mains, on les voit aussi tost plongez dans les extremitez, du larcin, de l'yurongnerie, de la cruauté, & de la fureur, auec tant de rage qu'ils semblent que sous vn visage humain ils cachent vn cœur plus sauuage que les plus farouches animaux. La preuue de ceci est en l'Euenement que i'apporte.

L'Alsace est vne des meilleures & plus fertiles prouinces de l'Allemagne, & si voisine des Suisses, qu'elle contient vn de leurs plus celebres cantons, qui est celui de Basle. Là croist cet excellent vin de Rhin, qui est tant estimé par la Germanie, tant haute qu'inferieure. En vn village non loin de Brissac[1], le nom duquel n'est point marqué dans la Relation d'où ie tire ceste occurrence* tragique, vn Villageois qui portoit le nom d'Adam, faisoit à prix d'argent les vignes d'vn Bourgeois de la ville, que nous venons de nommer. Cettui-ci[2] estoit vn homme dissolu & de fort mauuaises mœurs, entre autres imperfections fort enclin au ieu & à son adioint ordinaire, qui est le blaspheme, & à l'yurongnerie, defaut comme glorieux parmi les Allemans. Auec ces vices il estoit malaisé qu'il fust bon mesnager*. Aussi tout alloit fort mal en sa famille, qui n'estoit pour l'ordinaire sustentee que de l'eau des pleurs & du pain de douleur. Aussi est-ce la menace faite par le Sage au paresseux, que tout seroit en desordre en sa maison, & que la necessité* l'accueilliroit* de toutes parts[3]. La pauure femme chargee de plusieurs pe[422] tits enfans faisoit bien tout ce qui estoit en sa puissance pour les nourrir, pressee à cela par la pieté maternelle. Mais las ! qu'eust-elle fait, n'estant pas soulagee par celui qui en deuoit auoir le soin principal, & à qui elle n'auoit esté donnee que pour aide ? Partie donc de son trauail, partie de son industrie, partie par l'assistance de ses voisins elle arrestoit l'ame dans le corps de ces pauures petits.

Vn iour il auint qu'Adam estant allé à la ville, receut de son Maistre, dont il n'estoit que mestayer, vn quartier de son salaire, c'est-à-dire l'argent qui lui venoit pour son trauail de trois mois. Il representa si bien ses necessitez & les besoins de

---

1   Breisach am Rhein, aujourd'hui sur la rive allemande du Rhin (Neuf-Brisach, en Alsace, fut construit par Vauban).
2   Il s'agit bien, malgré la proximité syntaxique, d'Adam.
3   Pr 24, 30.

sa pauure famille, que le Citoyen pour l'accommoder* & luy donner courage* de le bien seruir, luy fist ceste auance. Il n'eut pas plustost ceste somme assez bonne pour vn homme de sa sorte entre les mains, qu'il se va enfoncer dans vne tauerne, où apres auoir bû à l'Allemande il trouua des frippons qui l'engagerent tellement au ieu, que son argent fut aussi tost en leur puissance, ne lui laissans pas seulement dequoy payer son escot, pour lequel l'hoste lui fit quitter pour gage quelque partie de son habit. Il auoit vomi des blasphemes si execrables durant sa perte, qu'il est à croire que ses pechez estans arriuez à leur comble furent cause qu'abandonné de Dieu & tombé en sens reprouué*[1], il fut saisi de la brutale* fureur que vous allez lire, non sans vne frayeur extreme.

Tandis qu'il estoit allé à la ville, sa femme pressee de la necessité* alla elle-mesme trauailler à la vigne, ayant mené vn petit garçon desia grande[423]let, qui l'aidoit selon sa force à arracher quelques herbes. Adam s'en retournant s'alloit esgarant en ses pensees, dans lesquelles il se perdoit comme dans vn labyrinthe, & se voyant par sa faute reduit à vne extreme pauureté, le diable lui ietta vn tel desespoïr dans le cœur, qu'il resolut de finir par vn licol sa miserable* vie. Sur ceste mortelle determination il entre chez lui, auec des yeux hagards & vn visage affreux. Il cherche de tous costez vn cloud & vne corde, quand vne petite fille luy demande : Mon pere que cherchez vous ? Il la regarda de trauers sans lui respondre, & passant dans le poësle, il rencontre vn petit fils qui lui demande du pain. La pitié qu'il eut de ceste demande lui renouuela sa playe, & le rendit impitoyable. Apporte moi vn couteau (lui dit-il) & ie t'en donnerai pour toute ta vie. La fillette qui crût que ce fust cela qu'il cherchast, & qui pressee de la faim desiroit à manger aussi bien que son frere, court à luy & luy en met vn entre les mains, duquel, saisi d'vne rage diabolique &

---

1   V. note 1 p. 370.

desnaturee, il l'esgorgea sur le champ, comme aussi celui qui lui auoit demandé du pain. Et non content de ce massacre, il en fit autant à vn innocent qui dormoit paisiblement dans le berceau.

La femme qui de loin l'auoit veu reuenir de la ville, curieuse de sçauoir s'il auoit eu de l'argent du Maistre pour subuenir à leurs necessitez, arriue comme il acheuoit ceste sanglante boucherie. Elle commence à crier de douleur & d'estonnement : mais ce tygre se ruant sur elle luy coupa en mesme temps la gorge & la parole. Le garçon qui [424] accompagnoit sa mere s'enfuit à ce spectacle, & bien lui prit de sauuer sa vie à la course : car ce brutal* l'alloit encore sacrifier à sa fureur. Lequel n'ayant plus d'autre victime à y immoler que soy-mesme, se plongea le mesme couteau dans le sein, dequoy il ne mourut pas soudainement, Dieu peut-estre luy reseruant vn filet* de vie pour declarer les particularitez* de son mal-heur.*

Le garçon fuyant donna aussi tost l'auis au village de ces assassinats. A ceste allarme chascun accourt, où l'on trouua ce miserable* veautré dans son sang, palpitant encore & donnant de legers signes de vie. Sa playe bandee on tira encore de luy l'eclaircissement du faict que ie viens de deduire*. Et quoy qu'on l'exhortast de penser à Dieu, il mourut en des desespoirs & en des blasphemes, dont i'ay horreur de souiller ces pages.

Miroir terrible de la pernicieuse mort des pecheurs, finissans dans l'impenitence, la iuste prouidence permettant que ceux-là en mourant s'oublient eux mesmes, qui ont mis en leur vie la salutaire crainte de Dieu en oubli. Mais ce qui est de plus remarquable, est de voir en quels abysmes de desespoir & d'abomination conduit ce Cerbere à trois gosiers, le blaspheme, le ieu & l'yurongnerie. Trois vices execrables, & qui alienent* le corps & l'esprit du train de la vertu & de la raison, & rendent l'homme tout à fait indigne des voyes & misericordes eternelles.[425]

Le Soldat Robuste.
EVENEMENT XVI.

Voici vne Histoire guerriere, mais non si funeste que la precedente, au contraire elle a quelque chose de Comique & facetieux,
auec quoy nous assaisonnerons ce qu'il y a de farouche en l'autre :
afin que ceste agreable varieté de sujets tantost ioyeux, tantost
lugubres, recree & soulage les esprits des Lecteurs. Il me semble
(si nos Puristes le vouloyent permettre) qu'il seroit bon de donner
lieu au mot de fortitude, comme de leur grace ils ont donné à
celui de gratitude, pour signifier ceste grandeur de courage* qui
ne cede à aucune sorte de contrarieté, & de laisser celui de force à
ceste vigueur corporelle qui consiste en la roideur du corps & en
la fermeté des nerfs : de sorte que celle là fust pour les vaillans, &
celle-ci pour les robustes. Et certes il y a vne si notable difference
entre ceste force corporelle, & celle qui consiste au courage*, que
souuent il arriue en vn combat que celui qui est le plus foible
de membres, a le cœur le plus genereux* : & que vaincu d'vne
façon, il est inuincible de l'autre, & pareil à vn Antee[1] il prend
vigueur en son esprit du terrassement* de son corps, & comme
vne palme il se releue contre le faix qui l'accable[2]. Et à dire le
vray ceste qualité de robuste & de nerueux* est plustost recommanda[426]ble* en vn porte-faix, qu'en vn galant* homme : si
ceux qui sont vigoureux de corps, n'ont la generosité* en l'ame,
ils sont plus estimables pour leur nature ou leur nourriture*,
que pour leur vertu. Et si Sanson n'eust eu autre gloire que ceste
force extraordinaire qui lui faisoit deschirer les lyons comme
des cheureaux, enfoncer les portes d'vne ville, & terrasser* tant

---

1 Lutteur géant, fils de Poséidon et de Gaia, qui reprenait ses forces lorsqu'il reprenait
   contact avec la terre sa mère ; finalement vaincu par Hercule.
2 V. note 1 p. 631.

de milliers de Philistins auec vne maschoire d'asne[1], il ne seroit pas tant estimé. Mais quand ces deux qualitez se rencontrent en vne mesme personne, alors il peut arriuer au faiste de ceste vertu de Vaillance, qui est de si grand esclat parmi les gens de guerre.

Tandis que le Roy Tres-Chrestien FRANÇOIS PREMIER disputoit le Duché de Milan auec l'Empereur CHARLES CINQVIESME, Ferdinand d'Aualos Marquis de Pesquiera[2], qui commandoit alors dans les armes de l'Empereur auoit parmi ses troupes vn soldat Espagnol tellement fort & robuste, & auec cela si leger du pied, qu'il n'y auoit si puissant cheual qu'il ne mist par terre, ni si viste* qu'il ne surpassast à la course. Soit que ce fust son nom de naissance, ou qu'il lui fust imposé par ioyeuseté, on l'appelloit Lupon : aussi ce grand & vaste corps deuoroit les viandes comme si c'eust esté vn loup, & les digeroit auec vne chaleur naturelle pareille à celle d'vn lyon. Cette vigueur de membres soit pour l'agilité, soit pour la fermeté, estoit accompagnée de valeur* & de hardiesse pour entreprendre les coups les plus hazardeux, tant il auoit de confiance en la roideur de ses bras, & en la vistesse de ses pieds. Il n'y auoit [427] aucun de ses compagnons qui osast paroistre deuant luy pour la luitte*, ni pour l'escrime. Au reste il manioit les armes auec tant d'addresse, iointe à vne force incroyable, qu'il paroissoit & en grandeur & en souplesse au dessus de tous ses camarades. A raison de ceci ses Capitaines auoyent vne particuliere confiance en lui, en l'employant en des occasions*, où tout autre eust saigné du nez*. Iamais aucun des ennemis n'osa paroistre deuant Goliath, lequel deuenu insolent* par l'estime qu'il auoit acquise, brauoit, & ses aduersaires & ses compagnons, iusques à se rendre odieux.

Vn iour le Marquis de Pesquiera ruminant quelque stratageme de guerre, & voulant sçauoir au vray l'estat où estoit lors le camp

---

1   Respectivement : Jg 14, 6 ; 16, 3 ; 15, 15.
2   Le marquis de Pesqu*e*ira, un des grands capitaines de Charles-Quint. Capturé à Ravenne en 1512, il écrit en prison un *Dialogue de l'Amour* qu'il dédie à son épouse. Libéré, il reprend le combat contre François Ier, et contribue fortement à la victoire de Charles-Quint à Pavie.

des François, ne trouua point d'espie* qui osast se hazarder à aller faire ceste descouuerte. Il appelle Lupon, & lui demande s'il auroit bien le courage de faire vne course iusque-là, & de luy rapporter si les ennemis estoyent en disposition de combattre, ou s'ils estoyent en retraitte. Lupon reçoit comme vne faueur ceste commission d'aller reconnoistre, & de rendre certain le General de l'estat de l'armee ennemie. A ce dessein il se desarme, sinon d'vn coutelas qu'il couche sur sa cuisse, & se faisant faire escorte de loin par vn harquebuzier auquel il se fioit, & l'ayant planté au lieu auantageux, il prit sa course auec vne vistesse si prompte vers le soldat François qui estoit en sentinelle perdue*, que n'ayant pas le loisir de se mettre en defense, il le saisit au collet, & comme le loup faict la brebis, le charge sur ses epaules & l'emporte [428] en diligence vers le camp des Espagnols. On dict que ceux que le loup regarde deuiennent tellement enroüez qu'ils ne peuuent crier. Le soldat enleué fut tellement saisi de frayeur de se voir emmener d'vne façon si extraordinaire, qu'à peine pût il crier au secours. Il crût à l'abord que c'estoit le diable en forme d'homme qui l'emportoit, à cause qu'il estoit accoustumé en iurant de se donner à luy, & de dire à tous propos que le diable l'emportast. Et ceci n'estoit pas trop difficile à imaginer, veu que les Espagnols ont vn teinct qui approche de celui des demons.

Quelques soldats du corps de garde qui virent enleuer ceste sentinelle, voulurent courir apres : mais l'harquebuzier les salua si gaillardement*, qu'à la faueur de ses coups Lupon eut loisir de porter son fardeau iusques en son quartier, & d'aller descharger son butin aux pieds du Marquis : lequel admirant vne force si prodigieuse, & riant à pleine teste d'vne façon si nouuelle de prendre des prisonniers, & de les enleuer sur vn coursier à deux iambes : sans perdre le temps, ayant appris & de Lupon en general, & du prisonnier en particulier l'estat de l'armee Françoise, y donna vne camisade* si brusque, qu'il y fit vn eschec, qui eust esté suiui du mat si la valeur* des assaillis n'eust suppleé au desordre auquel on les surprit.

Ceste gracieuse Histoire me faict ressouuenir d'vn Epigramme non moins gentil* que ridicule*, que i'ay autrefois leu dedans l'Anthologie des Grecs[1] & si i'ay quelque memoire il est de Palla[429]das. L'Epigrammatiste se voulant mocquer d'vn Nain, rameine en ieu ce que l'on conte de la petitesse des Pygmees, & dict qu'vn Pygmee dormant vn iour aupres d'vne grange, il y eut vn gros rat qui le vint saisir, & le chargeant sur son dos l'emportoit tout endormi dans son trou. Lors que le genereux* Pygmee se reueillant en sursaut se debattit* tant & fit des efforts si admirables, qu'il se tira de la gueule de ce rat, lequel prenant pour quelque lyon de Lybie ou quelque tygre d'Hyrcanie, il s'escria en l'admiration de son extreme valeur* : O Iuppiter tous les Hercules ne sont pas dans le ciel, il y a encore des dompteurs de monstres en la terre, c'est à toy de rendre mon renom cogneu par toute la terre, & de me ranger parmi les Demi-dieux[2]. Voyez

---

1   Recueil d'épigrammes de divers auteurs grecs, qui a connu, au long d'une longue chaîne de conflations et réorganisations, de nombreuses éditions. Voir l'Introduction de Pierre Waltz, *Anthologie grecque*, Paris, Belles Lettres, 1928. À noter que cette anthologie n'a pas toujours eu le même titre ; Camus qui francise le titre en *Anthologie grecque* utilisait probablement l'édition de Jean Lascaris (Florence, 1494) de l'anthologie de Planude – ou celle qui fut faite à partir de celle-ci en 1519 – parce que cette édition est la dernière qui soit intitulée *Anthologia epigrammatorum graecorum [...]*. Les suivantes, les Aldines, sont intitulées *Florilegium [...]* ; et le titre de celle de Francfort, en 1600 est *Epigrammatorum graecorum libri VII*. Mais, quel qu'ait été le titre, il se peut que le nom « courant » soit resté *Anthologie grecque*. En tout cas, Camus n'aurait pas pu avoir à sa disposition de traduction en français. Pour l'anecdote, il faut noter qu'en 1616, seulement douze ans avant la parution des *Événements singuliers*, donc pratiquement au moment où Camus rédigeait, Saumaise découvrait une autre anthologie, dite *Anthologie Palatine*, qui contenait des épigrammes qui n'étaient pas dans celle de Planude. Mais cette nouvelle anthologie devra attendre la seconde moitié du dix-huitième siècle pour être publiée.

2   *Épigrammes de table et comiques, 95* : « Par un jour d'été, une souris trouva le petit Marcus endormi ; elle le prit par un pied, et l'entraîna dans son petit trou. Mais lui, sans armes, dans le trou étreignit la souris et l'étouffa. "Jupiter, s'écria-t-il, tu as pour fils un second Alcide" ». Camus ici se permet ici une *amplificatio* : comme dans la traduction française, dans le texte latin de l'*Anthologie palatine*, qui suit l'original grec de très près, le héros, nommé en latin et en grec *Macro*, est beaucoup plus laconique : « Parvum Macronem aestate sopitum nactus/ in caveam parvus pede attraxit mus./ Hic autem in caverna nudus murem quum strangulasset/ O Jupiter,

comme ce petit bout-d'homme pour s'estre tiré de la gorge d'vn rat, pense auoir faict des merueilles. Mon Dieu combien y a t'il d'impertinents* dans le monde qui font gloire de certaines habiletez si friuoles & si pleines de niaiserie*, qu'elles apprestent à rire aux bons iugemens. Tesmoin la nauire de Myrmecides, qui se mettoit à couuert sous l'aisle d'vne mousche[1], tesmoins ceux qui enchaisnent des puces, & tesmoin celui qui s'estoit adextré* à lancer vn grain de millet dans le pertuis d'vne aiguille d'vne distance assez esloignee, lequel ne voulut mesme estant menacé de la mort faire l'essay de son industrie deuant Alexandre, de peur (disoit-il) que la main lui tremblant en la presence d'vn si grand Monarque il ne vint à manquer & à per[430]dre la grande reputation qu'il auoit acquise à cet excellent exercice. Dequoy le Roy se mocquant lui ordonna deux boisseaux de millet pour empescher qu'vn art de si grande importance à la Republique ne se perdist à faute d'estre continué[2]. Certes l'esprit humain est si foible qu'il faict estat de beaucoup de sottises, qui sont autant d'objects de mocquerie, & de sujets de mespris aux personnes de bons sens.

---

inquit, habes alterum Herculem» *Epigrammatum Anthologia Palatina, instruxit Fred. Dübner*, Caput XI, Paris, Firmin-Didot, 1888, Tome II, p. 302. L'épigramme est attribuée à Lucillius. La traduction française nomme ce nain Marcus, ce qui efface toute trace possible du jeu de mots, insaisissable de toute façon en latin et en français, sur Macro et micro – la petite souris : «*micros [...] mus*» dit le grec. L'épigramme est aussi attribuée à Palladas : Éd. Jacobs, t. II, 319 – Tauchnitz, t. III, p. 3.

1 Dans Pline l'Ancien, ce chef-d'œuvre de miniature est «un char avec son conducteur» : «Sunt et in parvolis marmoreis famam consecuti Myrmecides, cuius quadrigam cum agitatore operuit alis musca [...]» Pline l'Ancien, *Histoire naturelle*, Livre XXXVI, 43.

2 «Je trouve bonne l'opinion de celui à qui l'on présenta un homme appris à jeter de la main un grain de mil, avec telle industrie, que sans faillir il le passait toujours dans le trou d'une aiguille, et lui demanda après quelque présent pour le loyer d'une telle suffisance ; sur quoi il ordonna bien plaisamment, et justement à mon avis, que l'on fît donner à cet ouvrier deux ou trois minots de mil, afin qu'un si bel art ne demeurât sans exercice.» Montaigne, *Essais*, I, 54, La Salamandre, Imprimerie Nationale, 1998, p. 488. L'anecdote est aussi dans Quintilien, *Institution oratoire*, II, 20 : Alexandre y est nommé, mais sa répartie n'est pas donnée.

L'Effort* de la Sinderese*.
EVENEMENT XVII[1].

1   Syndérèse : ici probablement simplement remords de conscience (Nicot). Camus
    va composer en 1631 le traité *De la Sinderese, discours ascetique tiré de la doctrine du*
    B. François de Sales, Paris, S. Huré. Mais voir Saint Thomas, *Somme théologique,* Partie 1,
    Question 79, art. 12 : Article 12 : « La syndérèse est-elle une puissance intellectuelle ?
    Objections : 1. Elle paraît être une puissance spéciale distincte des autres. En effet,
    les réalités qui peuvent être comprises sous une même division semblent appartenir
    au même genre. Or S. Jérôme oppose la syndérèse à l'irascible, au concupiscible, au
    rationnel, qui sont des puissances. La syndérèse en est donc une également. 2. Les
    opposés sont du même genre. Or syndérèse et sensibilité semblent s'opposer ; car la
    syndérèse incline toujours au bien, et la sensibilité toujours au mal. C'est pourquoi
    celle-ci est symbolisée par le serpent, comme le montre S. Augustin. Il semble
    donc que la syndérèse soit une puissance, comme la sensibilité. 3. S. Augustin dit
    que notre pouvoir naturel de juger a "des règles et des germes de vertus, qui sont
    certaines et immuables". C'est ce que nous appelons syndérèse. Puisque les règles
    immuables de notre jugement appartiennent à la partie supérieure de la raison,
    la syndérèse paraît être identique à la raison. C'est donc une puissance. En sens
    contraire, "les puissances rationnelles sont capables des contraires", d'après Aristote.
    Ce n'est pas le cas de la syndérèse, qui incline au bien seulement. La syndérèse
    n'est donc pas une puissance. En effet si elle était une puissance, elle devrait être
    rationnelle, car on ne la trouve pas chez les animaux. Réponse : La syndérèse n'est
    pas une puissance, mais un habitus. Pourtant, certains l'ont considérée comme
    une puissance supérieure à la raison, et d'autres ont dit que c'était la raison, non
    comme raison mais comme nature. Pour comprendre qu'elle est un habitus, il
    faut remarquer, comme on l'a dit plus haut, que le raisonnement humain, étant
    une sorte de mouvement, procède de la simple appréhension de quelques termes,
    à savoir de termes naturellement connus sans recherche rationnelle, comme d'un
    principe immobile ; et qu'il s'achève également dans un acte simple de l'intellect,
    lorsque nous jugeons, à l'aide de principes naturellement connus, les conclusions
    trouvées en raisonnant. Mais nous le savons, de même que la raison spéculative
    travaille sur des connaissances théoriques, ainsi la raison pratique s'attache-t-elle
    aux vérités qui ont rapport à l'action. De même donc que nous avons naturelle-
    ment en nous des principes pour l'ordre spéculatif, il en faut aussi pour l'ordre
    de l'action. Or, les premiers principes spéculatifs qui sont naturellement en nous
    n'appartiennent pas à une puissance spéciale, mais à un habitus spécial qui est
    appelé "l'intelligence des principes". De même, les principes pratiques que nous
    possédons par nature ne relèvent pas d'une puissance spéciale, mais d'un habitus
    naturel distinct, que nous nommons syndérèse. C'est pourquoi l'on dit que la
    syndérèse incite au bien, et proteste contre le mal, lorsque nous nous mettons, à
    l'aide des premiers principes pratiques, à la recherche de ce qu'il faut faire, et que
    nous jugeons ce que nous avons trouvé. Il est donc clair que la syndérèse n'est pas
    une puissance, mais un habitus naturel. Solutions : 1. Cette division de S. Jérôme

Ce que cest Ancien disoit de la nature, que chassee à coups de fourche, elle ne laissoit pas de reuenir[1] se peut dire de la Sinderese* : on la peut accoiser* pour vn temps, mais tost ou tard elle se faict sentir & entendre. Le chien a beau fuyr qui traine son lien, & l'oyseau voler qui emporte ses longes, à la fin ils seront arrestez. Ce remords interieur qui naist dans l'offense*, comme la tigne dans le drap, est vn ver qui ne meurt iamais, puisque c'est mesme vn tourment dans l'enfer. Le supplice le plus cruel & le moins euitable, c'est de porter nuict & iour son forfaict deuant les yeux, & d'auoir son tesmoin, son iuge & son bourreau dans le sein. Que le meschant ait mis son crime à couuert tant qu'il voudra, il ne le cachera iamais ni à Dieu, ni à sa propre conscien[431]ce : & Dieu estant iuste comme il est, & qui ne laisse rien d'impuni, il se sert souuent du criminel mesme pour l'accuser, & de sa propre langue pour le descouurir. Quelquefois cela se faict par rencontre & par surprise, comme nous auons faict voir en l'Euenement du nouueau Caïn[2]. D'autres fois c'est de sang froid & comme de guet-à-pens. En quoy reluit admirablement la conduitte* iudicieuse de celui qui est appellé par les Grecs du nom de Tout-voyant.

En Alemagne la profession de tenir hostelerie est autant honorable qu'elle est peu consideree en France, & presque vile & seruile en Italie & en Espagne. Il y a des personnes de qualité, mesme des Nobles, qui s'en meslent, & qui la conduisent auec tant de grauité & de courtoisie*, que les voyageurs se louent pour l'ordinaire de leur traittement. Et certes si l'hospitalité est rangee

---

se rapporte à la distinction des actes, et non à celle des puissances. Or, des actes divers peuvent appartenir à une même puissance. 2. De même l'opposition de la sensibilité et de la syndérèse se rapporte à l'opposition des actes, et non à celle des espèces différentes d'un même genre. 3. Ces raisons immuables sont les premiers principes pratiques, au sujet desquels il n'y a jamais d'erreur. On les attribue à la raison comme puissance, et à la syndérèse comme habitus. En conséquence, nous jugeons naturellement par l'une et par l'autre, c'est-à-dire par la raison et par la syndérèse. »

1 Horace, *Épîtres*, I, 10, v. 24 : «Naturam expellas furca, tamen usque recurret […]».
2 IV, 7.

entre les vertus, il n'y a point de doute que ceux qui font estat
de receuoir des hostes ont tous les iours moyen de l'exercer en
differentes façons, & de meriter le ciel par ceste voye-là, tout de
mesme que le grand Baptiste disoit que les soldats y pouuoyent
auoir accés en se contentant de leur paye, sans faire des extorsions
& rançonnemens sur ceux qui les logent[1]. En vne ville de Silesie
prouince d'Allemagne, mais ville libre & Imperiale (la Relation
ne la nomme point d'autre maniere) vn homme de consideration
parmi ses concitoyens que nous appellerons Alaric, tenoit hostellerie. Sa franchise* estoit telle, qu'en se contentant d'vn prix
raisonnable [432] & souuent mediocre* il prenoit vn tel plaisir à
bien traitter les hostes, & à les obliger par toute sorte de seruices
& de courtoisies, que cela lui acquit vn renom merueilleux. Il
estoit si leal* & fidelle, que chez lui chascun pensoit estre en sa
maison, & entre les bras de ses parens. Sa femme de mesme humeur
que lui sans tempester ni criailler, comme font d'ordinaire celles
de ceste condition, se rendoit honorablement gracieuse à tous
principalement vers ceux qui tomboyent malades, ausquels elle
rendoit des assistances de vraye mere. De ces deux bonnes gens
ne nasquit qu'vne fille, qui à l'imitation de ses parens fut vn vray
miroir de vertu, de ciuilité & de modestie*. Elle les soulageoit au
soin du mesnage* auec tant de prudence* & de discretion*, que
tout se passoit sans aucun desordre.

Alaric estant homme plein de commoditez*, ne se mettoit pas
si auant dans le tracas de ceste vacation, s'en remettant* pour la
plus grande & penible partie sur ses seruiteurs & seruantes qu'il
choisissoit honnestes & fidelles. Et sans l'habitude qu'il auoit
prise de longue main à ce genre de vie, auquel il auoit faict la
meilleure part de sa fortune, & le contentement qu'il receuoit
à voir de diuerses compagnies, auec lesquelles selon la mode
d'Allemagne il prenoit ses repas, il eust quitté le trauail de ceste

---

1   Lc 3, 14. C'est une réponse de Jean : « Des soldats aussi lui demandèrent : Et nous,
    que devons-nous faire ? Il leur répondit : Ne commettez ni extorsion ni fraude
    envers personne, et contentez-vous de votre solde. »

condition pour mener vne vie priuee & tranquille. Aussi alloit-il
souuent se promener en des metairies qu'il auoit aux champs,
auec sa femme & sa fille, laissant le train de la maison à conduire
à ses facteurs*, sur l'addresse [433] desquels il se reposoit. Entre
lesquels il y en eut vn pauure garçon, mais diligent, exact, & fidelle,
qui apres quelques annees de seruice entra dans les pretensions*
d'espouser la fille vnique de l'hoste, & par ce moyen de deuenir
de gendre maistre. Ceste vanité lui donna le courage* de hausser
les yeux vers Electre, qui estoit ceste heritiere, & meslant l'amour
auec l'ambition : son cœur picqué de ces deux esperons, & pressé
de ces deux passions violentes, lui fit passer les bornes de son
deuoir & de la raison.

Gilbert, il se nommoit ainsi, n'ayant pû ny par attraicts, ni
par seruices rien gaigner sur les volontez d'Electre, non qu'elle
le mesprisast, mais parce que comme fille bien sage elle estoit
inuiolablement attachee à l'obeyssance qu'elle deuoit à ses parens,
en vint iusques à tel degré de presomption, que de la demander
en mariage à son Maistre. Lequel estonné de la temerité de ce
valet, qu'il sçauoit estre vn pauure garçon venu d'vne bourgade
d'Austriche, ne voulut pas pourtant le reprendre* aigrement, ni
le gourmander : mais en cherchant la meilleure excuse qu'il pût
trouuer sur le champ, lui fit seulement entendre qu'il estoit de
trop pauure extraction, ne voulant pas le mettre hors de son logis,
parce qu'il le seruoit fort vtilement, & auec non moins d'addresse
que de loyauté. Gilbert voyant que la seule pauureté l'empeschoit
d'arriuer au but de ses pretensions*, resolut de se faire riche bien
tost à quelque prix que ce fust, & chascun sçait qu'il est mal-aisé
d'attaindre à ce point sans mettre sous les pieds la [434] crainte
de Dieu, & sans oublier sa conscience.

De là à quelques iours Alaric alla selon sa coustume se promener aux champs en vne metairie où il demeura huict iours,
ayant auec luy sa femme & sa fille. Durant ce temps là il vint
plusieurs marchands loger en la maison, & comme c'estoit leur
coustume de donner leurs bougettes* où estoit leur argent, en

garde à Alaric, ils eurent la mesme confiance en Gilbert, lequel s'apperceuant d'vne bougette* fort pesante, la curiosité le prit d'en faire ouuerture, & en ceste dissection ou anatomie il y trouua les parties nobles presque toutes iaunes, & de ce Roy des metaux qui prend sa teinture des rayons du Soleil : en vn mot il y rencontra enuiron deux ou trois mille escus[1]. Le diable entra dedans le cœur de ce Iudas par ceste porte doree, & le tentant de tous costez d'auarice, d'ambition, & d'amour, le fit resoudre à vn meurtre execrable. Et d'effect ce marchand estant demeuré le dernier à la maison le lendemain, il luy coupa la gorge sans qu'on s'en apperceust, comme aussi à son cheual, & enterra l'vn & l'autre auec les hardes dans vne grande fosse.

Alaric estant reeuenu de la campagne continuë à aimer Gilbert, qui se monstroit de plus en plus diligent & officieux. Quelquefois il disoit à son maistre qu'il n'estoit pas si pauure qu'il s'imaginoit, & qu'il feroit aussi bien de prendre vn homme pour sa fille qui eust besoin de biens, qu'vn autre qui eust manque d'esprit. Surquoy Alaric le nourrissant de quelque rayon d'esperance, afin de l'animer à le bien seruir, lui disoit que s'il pou[435]uoit arriuer à quelque meilleure fortune, peut-estre pourroit il ietter les yeux sur lui. Il est vrai (lui dict Gilbert) que mes parens ont peu, mais i'ay vn oncle à Cracouie où est la Cour de Pologne, qui est richement marié & qui n'a point d'enfans. Si i'auois son heritage, ou s'il me vouloit aider, peut-estre aurois je dequoy me tirer de la necessité*.

---

1   Il est intéressant, mais hasardeux, d'essayer de voir ce que représente cette somme pour Gilbert. L'écu vaut 3 livres, et il y a 20 sols dans une livre. Les écus frappés avant le XVIIᵉ siècle sont en moyenne de 3,5 gr d'or, et donc Gilbert ici soulève entre 7 et 10 kg d'or. Ce qui ferait au bas mot entre cent et cent cinquante mille euros. Mais le cours de l'or fluctue beaucoup après le XVIIᵉ siècle. On peut alors essayer de trouver l'équivalent en pouvoir d'achat. Quand on sait que Malherbe, qui selon Tallemant payait « honnêtement », donnait à son valet 10 sols par jour, et que le prix de la journée de travail au début du XVIIᵉ siècle oscille entre six et dix sous, le marchand a confié à notre brave Gilbert l'équivalent de quinze mille (15 000) journées de travail, une quarantaine d'années ! Même en étant très prudent, il faut alors admettre que le valet « trouve » entre 60 000 et 120 000 euros 2009. (Pierre Dockès).

Par ces discours il secoüoit la bride à Alaric pour sonder sa pensee, & descouurir combien il desireroit qu'il eust vaillant pour lui donner sa fille. Mais il en fut mieux instruict quand il sçeut de la mere, que l'hoste n'estoit resolu de donner à sa fille que deux mille escus en mariage. Il crût qu'auec la somme qu'il auoit volee au marchand qu'il auoit assassiné, il pourroit arriuer à ce parti.

A quelque temps de là il demanda congé à son maistre, pour peu de iours, desireux (disoit-il) d'aller voir son pere & cet oncle, qu'il feignoit d'auoir à Cracouie. Son maistre pour l'obliger à reuenir & bien tost, lui bailla vn cheual & l'argent necessaire pour son voyage, au retour duquel il mit mille escus entre les mains de son maistre, lui faisant entendre que c'estoit de l'heritage de sa mere, & qu'il en esperoit encore deux fois autant de son pere & de son oncle.

Alaric affriandé* de ceste amorce*, & voyant le bon esprit de Gilbert, qui le seruoit auec vn soin & vne affection qui n'auoyent rien de pareil, lui releue ses esperances, & lui dict franchement, que si son oncle & son pere lui veulent encore [436] donner vne pareille somme, il le feroit son gendre, & lui laissant l'hostelerie à manier, il se retireroit aux champs pour y passer en repos & en plaisir le reste de sa vie.

Le galand qui sçauoit bien où la prendre, dans peu de iours feignit que des nouuelles lui estoyent arriuees de la part de son oncle, & qu'il lui offroit douze ou quinze cens escus en faueur de son mariage. Et de faict les ayant faict toucher à Alaric, il espousa Electre & arriua au poinct qu'il auoit tant desiré, & auquel pour arriuer il auoit commis de si enormes crimes. Il vescut plusieurs annees en son mesnage* auec vne assez apparente felicité, & mesme apres la mort d'Alaric & de sa femme, estant deuenu par le moyen d'Electre heritier vniuersel de tous les biens de cet homme, il deuint tellement considerable dans la ville, qu'il fut tenu entre les principaux Bourgeois, & appellé au conseil des affaires publiques. Il eut des enfans de sa femme, ses richesses s'augmentoyent de iour en iour, & il paroissoit comme vn des mieux fortunez de la Cité. Mais le plus beau fruict n'est pas tousiours le plus sain, souuent vn ver ronge au dedans celui qui paroist vermeil au dehors.

Le crime de Gilbert demeura long temps dans le silence, mais non dans l'oubli, semblable au charbon caché sous la cendre, qui s'y conserue en son ardeur, & dont la chaleur se rend plus cuisante*. Le remords de la conscience commença à le trauailler*, & le diable qui lui auoit bandé les yeux pour lui faire commettre vne si grande faute, les [437] lui ouure pour lui en faire connoistre la deformité, & par ceste horreur le plonger dans le desespoir. Il deuient sec & pasle, triste & melancholique, & quoi que sa femme fasse pour le resiouyr, & le diuertir* de ceste mauuaise humeur, il en deuient plus farouche & plus chagrin. Il n'a point d'autres songes qu'effroyables, il se resueille en sursaut, & passe la plus grande partie de la nuict en plaintes & gemissemens. Le iour il est mal asseuré*, sa parole est begayante, son maintien inegal, son marcher tremblant, & sa veuë esgaree. Electre voit bien qu'il a quelque chose en l'ame qui le trauaille*, mais il n'a garde de confier vn secret à vne femme, pour lequel cacher il eust bruslé sa chemise, si elle eust esté capable de le descouurir. Nonobstant ces incommoditez, il tenoit tousiours la meilleure mine* qu'il pouuoit, & estant creé du nombre de ceux qui assistoyent pour la ville aux procés des criminels, souuent il en condamnoit à la mort de moins coulpables qu'il n'estoit. Et ce n'est pas vne chose trop rare de voir les Iuges pires que ceux qui sont iugez.

On delibera vn iour de mettre le lendemain sur le bureau* le procés d'vn brigand, qui auoit meurtri vn homme sur le grand chemin pour auoir son argent. Parce que l'affaire deuoit estre de longue haleine, il pria sa femme de lui tenir le desieuner prest à bonne heure. Electre sans y penser lui fit seruir vne teste de veau, viande dont il mangeoit assez volontiers. Quand il la void sur la table, soit par permission de Dieu, soit que les songes de la nuict, ou l'exces de la melancholie lui [438] eussent troublé le cerueau, il commença à s'escrier, qui a mis là ceste teste d'homme ? Ostez-la de là promptement, on pensera que ie l'aye tué.

Electre non moins estonnée que lui, iugeant que ce fust vn commencement de folie, tasche de luy remonstrer doucement qu'il se trompoit, & que ce n'estoit nullement ce qu'il disoit. Plus elle le contredisoit, plus il se debattoit*, de telle sorte que saisi d'vne terreur Panique, il sortit de la maison, & courut quelque peu dans la ruë, comme vn homme qui a perdu le sens, ou qui est poursuiui de la Iustice. A la fin il reuint en lui-mesme, & repensant à ce qu'il venoit de faire, il entra en vne nouuelle frayeur d'auoir descouuert sa pensee. Il s'en va de ce pas au conseil, l'estomac vuide & la ceruelle creuse. Y estant on examine deuant luy le meurtre & le vol du brigand, qui d'vne commune voix & selon la loy ordinaire fut condamné à estre roué tout vif.

Gilbert suiuit l'auis commun, & tout à coup ou pressé de l'effort* de la Synderese*, ou Dieu le disposant ainsi pour glorifier la iustice, & en faire esclater la lumiere sur vne occasion si obscure & si sombre, par la bouche mesme de Gilbert, il en fit rayonner la splendeur. Donne gloire à Dieu, disoit Iosué à Acan[1], l'exhortant à confesser son crime. Gilbert fit le mesme, auoüant que coulpable d'vn mesme forfaict il meritoit mesme supplice : & narrant en suitte toutes les particularitez* du meurtre & du vol du marchand, ainsi qu'il l'auoit commis, & de la sorte que nous l'auons raconté, suppliant toutefois à la fin de son accu[439]sation Messieurs les Iuges, qu'il leur plust de moderer sa peine, & de se contenter de lui faire trencher la teste.

L'estonnement de la compagnie fut general, & il n'y eut celui qui n'estimast que c'estoit vn excés de melancholie qui le faisoit parler de la sorte : les loix mesmes ne voulans pas que l'on croye

---

1 Jos 7, 9.

legerement à la deposition volontaire d'vn homme, qui auance
& publie sa turpitude ou son forfaict[1]. On lui dict que l'on y
penseroit, cependant qu'il songeast bien à ce qu'il auoit dict pour
ne se precipiter pas à vne mort iniuste.

Non non Messieurs, (reprit-il) ce n'est point temerité, ce n'est
point folie, ce n'est point vn triste desir de finir mes iours qui
me faict tenir ce langage. I'ay caché mon crime tant que i'ay pû,
mais par le vouloir de Dieu & la force de la conscience, il sort de
mes leures en la mesme façon que la verité se tire de la bouche
d'vn criminel appliqué à la gesne*. Il y a quelque temps que ie
souffre à tous les moments vne torture pire que tous les supplices
qui se peuuent imaginer. I'aime mieux par vne mort finir tant
de renaissantes morts, & tant de poignants* remords qui me
deschirent à toute heure. Souuent par le desespoir i'ay esté sollicité de preuenir vne honteuse fin par vne mort precipitee : mais
Dieu destrempant sa misericorde dans sa iustice, & retenant sa
cholere dans sa douceur a eu pitié de moy, m'ouurant ce moyen
de mourir dans la penitence.

Sur ceste remonstrance on le met en prison, le lieu qu'il
designe est visité, on y trouue le corps [440] du marchand & de
son cheual, au moins les ossemens & quelque reste des hardes,
qui auoit pû depuis tant d'annees eschaper à la pourriture. Son
procés lui est faict là dessus, il acquiesce franchement à l'arrest de
sa condamnation, il va ioyeusement au supplice, où il perdit la
teste auec des signes de douleurs & de repentance, qui arracherent
les larmes des yeux des spectateurs, lesquels de ceste execution*
tirerent ceste leçon remarquable, que tost ou tard les hommes
sanguinaires perissent malheureusement[2].

---

1   Nemo auditur, (propriam) turpitudinem suam allegans. Maxime juridique encore
    en usage ; mais elle a trait à la défense : nul ne peut se prévaloir de sa propre
    turpitude pour se défendre devant un tribunal.
2   V. note 1 p. 654.

La Mere Marastre.
EVENEMENT XVIII.

La haine de Marastre passoit en prouerbe parmi les Romains, pour exprimer vne inimitié mortelle & implacable[1]. De là est venu ce mot qui se prend pour vn axiome, que le pere ou la mere qui volent à de secondes nopces declarent la guerre aux enfans du premier lict : parce que les parastres ou les marastres les traittent mal, ou leur alterent l'affection naturelle qu'ils doiuent esperer de leur pere ou de leur mere. Et à dire la verité, quelque sorte que soit l'amour des peres ou meres enuers leurs enfans, telle que chascun se porte à soi-mesme,[2] est encore plus grande & plus vehemente, de sorte que les vefues qui ont des enfans & qui laissent entrer dans leurs fantai[441]sies de nouuelles amours, traittent leurs enfans en vrayes marastres quand ils font quelque obstacle à leurs flammes. Cecy se verra clairement en l'Histoire que ie vay deduire*, en laquelle vne mere desnaturee procure* par artifice* vne mort ignominieuse à son propre enfant, pour iouyr plus en liberté de ses furieuses conuoitises.

Breme en Alemagne du costé de Dannemarc, & voysine des fameuses citez de Hambourg & de Lubec, est vne ville où l'Archeuesque commande comme Souuerain, & en qualité de Prince de l'Empire. En ce lieu la femme d'vn notable & riche marchand (car c'est vne demeure de grand traffic) estant deuenue vefue demeura maistresse d'vn grand bien, qu'elle gouuernoit durant la minorité d'vn fils & d'vne fille, que son mari en mourant lui auoit laissez, comme gages de son amitié & de la benediction de leur mariage. Son fils appelé Fulgence pouuoit auoir enuiron vingt ans,

---

1 L'adjectif latin *nouercalis, e* : malveillant, hostile, signifie étymologiquement «de belle-mère» (*nouerca*).
2 *Sic.* Il manque probablement quelque chose comme : [l'Amour des femmes envers les hommes].

sa fille Monique estoit de deux ou trois plus ieune. Elle auoit des facteurs* qui tenoient sa boutique, & faisans valloir son argent en marchandises de draps entretenoient les correspondances* de son defunct mari. Le principal de ses facteurs* nommé Themiste, qui estoit vn Danois, fin & accort*, fit si bien par ses artifices*, que rendu maistre de la bourse de Bibiane, ainsi s'appeloit la vefue, il deuint encore l'idole de son cœur, acheuant en vn mot ce qui ne vaut rien à descrire plus au long, & le possesseur de son corps. Cette honteuse prattique au commencement secrette se rendit à la fin manifeste, estant le propre de l'im[442]pudicité d'aboutir dans l'impudence, & de là dans le scandale. Non contens de pecher sans impunité, ils failloient encore sans front*, comme s'ils eussent eu à prix* fait de se faire descrier, & d'estre la fable du peuple, & le iouët des langues.

Monique ne pouuant supporter ce train deshonneste en celle qui lui deuoit donner vn meilleur exemple, fut mise hors de la maison au premier & assez maigre parti qui se presenta, ceste incontinente* Bibiane ne demandant qu'à s'oster ceste espine du pied, & escarter de ses yeux celle qui ne pouuoit apperceuoir ses infames deportemens* sans murmure. Il n'y eut que Fulgence qui demeura au logis, grondant sans cesse lors qu'il voyoit les messeantes priuautez, & le mauuais mesnage* du facteur* Themiste, lequel commandant imperieusement & en maistre, estoit tombé dans ceste insolence inseparable d'vn esprit bas, lors qu'il est esleué en quelque pouuoir. A la fin sa gloire & son arrogance à la façon de la fumee montant tousiours, il se rendit insupportable à Fulgence, lequel approchant de sa maiorité se promettoit d'estre le maistre à son tour, & de chastier la vanité de ce coquin. Mais la patience outragee* se conuertissant en fureur, & se voyant mesprisé au dedans de sa maison par sa mere & par ce valet, & mocqué au dehors par les reproches honteuses qu'on lui faisoit parmi les compagnies des mauuais deportemens* de Bibiane, resolu de parler en heritier & maistre presomptif, il s'attaque de paroles à Themiste, & le menace de le traitter comme il merite s'il ne se deporte* de l'accointan[443]ce* de Bibiane, qui remplissoit d'infamie toute sa parenté.

L'orgueilleux facteur* qui pensoit estre au dessus de la roüe de la bonne fortune, se voyant possesseur des volontez de celle qui auoit toute auctorité sur Fulgence, lui repart en termes tellement insolens*, qu'il obligea le fils de la maison à leuer la main sur lui. Mais comme il estoit plus puissant & robuste que le ieune adolescent, pour vn leger coup qu'il receut, il lui en rendit tant d'autres si pesans, qu'il lui fit connoistre qu'à ce ieu de poings la partie n'estoit pas esgale.

Quand la mere sceut ceste batterie*, l'amour qu'elle auoit pour son plaisir estant plus forte que l'affection naturelle qu'elle deuoit auoir pour son enfant, la fit ranger du costé de Themiste, & approuer le chastiment qu'il auoit fait de Fulgence, auquel elle dit mille iniures, accompagnees de maledictions, & de menaces de le chasser si loin qu'il ne viendroit pas troubler ses contentemens, ni controoler ses actions.

Fulgence se voyant battu d'vn costé, & tempesté de l'autre, entra à vn tel desespoir, qu'il determina au peril de sa vie d'auoir celle de Themiste, & d'oster cet opprobre* de sa maison. Gardant donc les coups qu'il auoit receus auec vne feinte patience*, & dissimulant le sanglant dessein qu'il auoit. Vne nuict que Themiste selon la coustume estoit dans la chambre de Bibiane, il en enfonce la porte, & y entre auec vne espee nue d'vne main, & vn pistolet de l'autre, pour ne manquer pas au coup qu'il vouloit faire, de tuer Themiste. [444] Lequel fut bien estonné de se voir estant tout nud attaquer de la sorte ; il saute du lict pour penser à la fuitte. Fulgence lasche le pistolet sans blesser Themiste, qui esquiua le coup, en criant, ie suis mort. Il redouble auec l'espee, & lui donne vn fendant sur la teste, dont le bonnet de nuict en tomba tout sanglant sur la place. Bibiane voyant ce massacre se iette au bras de son fils, & empoignant l'espee par la lame, se blesse elle mesme à la main.

Cependant Themiste se sauue tout en chemise chez vn voisin. Où s'estant fait penser* sa playe, qui ne se trouua pas mortelle, sort deuant le iour de Breme, & gaigne le Dannemarc, & le lieu de sa naissance, croyant tousiours auoir Fulgence sur son dos. La maison de Bibiane est en vn vacarme tel que vous pouuez penser. Cette mere, mais plustost ceste Megere, comme vne furie enragee, remplit tout le voisinage de ses cris, & si sa force* eust secondé son courage*, elle eust esté à son fils vne autre Medee. On ne sçait ce que Themiste est deuenu. Cependant Fulgence content de s'estre vengé se vante imprudemment en diuers lieux de l'auoir tué auec le pistolet & l'espee.

Bibiane furieuse de la perte de son Galand*, comme vne tigresse à qui on a enleué sa littee*, n'eut point de repos que lorsqu'elle receut de ses nouuelles, & qu'elle eut appris que sa playe n'estoit pas à la mort. Soit qu'elle eust ce conseil de Themiste, soit que le diable le lui suggerast : vous allez entendre la malice* de la mere la plus desnaturee qui se puisse imaginer, laquelle abusant du glaiue [445] de la Iustice pour se deffaire de son propre fils, inuenta ce stratageme.

Themiste auoit vn parent à Breme, qui estoit vn Artisan assez commode*, fort son ami, & à qui Themiste auoit fait beaucoup de plaisirs, elle luy fait donner vn faux auis de la mort de Themiste, & luy conseilla d'en poursuiure la vengeance par la Iustice, luy promettant de se ioindre en cause auec luy, & de fournir à tous les depens. Balderic fasché à merueilles de la mort de Themiste, qu'il tenoit estre vraye, parce qu'il auoit beaucoup de support & de soulagement de luy, se fait partie contre Fulgence, le fait ietter en prison. Et Bibiane pour acheuer le comble de sa meschanceté, se plaint* aussi de son fils, & l'accuse de l'auoir voulu assassiner tandis qu'elle estoit couchee auec son mari (pour sauuer son honneur elle appeloit ainsi Themiste, disant qu'il y auoit entr'eux vn mariage, mais clandestin.) Elle monstre la blesseure de sa main, dont elle disoit qu'elle auoit paré le coup qu'il luy portoit dans la poitrine.

Tout cecy estant sans tesmoins, sa deposition est vne demi preuue, plusieurs sont ouïs, à qui Fulgence s'estoit vanté d'auoir tué Themiste. Ce ieune homme interrogé ne nie rien du faict. Dit qu'il n'a point connu Themiste pour mari de Bibiane, mais pour vn homme qui la subornoit, qu'il l'a voulu tuer, & à cet effect l'a frappé du pistolet & de l'espee. Le bonnet sanglant est produit, il le recognoist, & dit qu'il ne sçait s'il est mort des coups qu'il luy a donnez. Quant à sa mere, qu'il n'a eu aucun dessein de l'offenser*. En somme pour [446] ne faire ici vne procedure de iustice, Fulgence est mis à la question, où il confessa tout ce que l'on voulut, & là dessus il fut condamné à perdre la teste pour auoir tué son beau-pere, & blessé sa mere. Il meurt comme parricide, encore qu'il fust innocent de ce crime là. Et Bibiane succeda à tous ses biens, qui lui furent adiugez pour reparation de l'outrage* qu'elle disoit auoir receu de lui.

De là à quelque temps Bibiane ne pouuant plus viure sans Themiste, fait venir d'autres nouuelles de sa vie, & qu'il estoit à Coppenague, ville capitale de Dannemarc, & où le Roy tient sa Cour. Ce bruit semé par la ville, on parla diuersement de la sentence rendue contre Fulgence, les vns la blasmoient comme iniuste, d'autres la soustenoient comme iuste, puis que le Magistrat auoit iugé selon ce qui auoit esté allegué & prouué, & selon la confession mesme du delinquant, qui auoit auoué ce meurtre estant à la gesne*. Et puis l'assassinat estant manifeste & la blesseure de la mere, que ces choses estoient dignes de mort. Balderic qui auoit pris l'espouuante sur ce bruit, craignant d'estre recherché par la Iustice, fut asseuré* par Bibiane, qui tesmoigna son aise, de sçauoir que son mari fust en vie. Auquel ayant donné auis qu'il pouuoit reuenir en seureté, & qu'elle l'espouseroit : il accourt à Breme de la mesme façon que la paille vole à l'ambre. Il y paroist comme vn homme reuenu de l'autre monde. Bibiane l'espouse solennellement, de valet il deuient maistre, & chascun admire sa bonne fortune.

LES EVENEMENS SINGVLIERS

C'est ici où les pas de Dauid mesme glisse[447]roient, & où ses pieds seroient esbranlez : car qui ne seroit embrazé de zele en voyant prosperer les iniques, & en considerant la paix de ces pecheurs[1] ? Ils sont fermes & portent la teste leuee dans leur crime. La mort ni les playes ne les approchent point. Ils ne sont point en peine, ni mesme en crainte d'estre chastiez[2]. Au contraire faisant gloire de leur confusion, ils se parent de leur propre iniquité. Iniquité qui sort de la graisse de leur abondance, & qui les fait nager dans les desirs de leurs cœurs. Ils ont pensé, pourpensé & esclos vne meschanceté, ils l'ont plantee aux plus hauts lieux de la Iustice, ils ont mis leur bouche dedans le ciel, & fait passer en la terre leur mensonge pour vérité[3], & cependant ils coulent leurs iours à leur aise. Qui ne diroit ici, si Dieu entend tout cela & s'il ordonne toutes ces choses. Mais le Prophete se reprenant* de ceste temeraire curiosité*, adiouste qu'estant entré dans le sanctuaire de Dieu, & y ayant balancé tout, au poids qu'il y a trouué, il a regardé la fin des peruers, & remarqué qu'il les esleue pour les escraser d'vne plus lourde cheute. Qu'au bout d'vn temps il les met en desolation, & les fait perir pour leur iniquité. Qu'ils passent comme vn songe, ou plutost comme l'image d'vn songe, qui est vn double neant[4]. A raison dequoy il ne veut plus admettre en son esprit des pensees de scandale sur la prosperité des meschans, d'autant qu'elle se seche aussi promptement que l'herbe dont on fait le foin. Qu'il ne veut plus estre rongé de zele en voyant les mauuais esleuez en honneur & en biens, & pareils aux [448] Cedres du Liban en leur exaltation[5], parce qu'en repassant ils ne sont plus, & en aucun lieu ne se trouue leur trace[6].

---

1 Ps. 73, 3. Tout ce paragraphe est tissé de demi-citations des Psaumes, surtout du psaume 73.
2 Ps 73, 4-5.
3 Ps 73, 9.
4 Ps 73, 16-20.
5 Is 2, 13.
6 Ez 31 (?).

Toutes ces paroles sacrees se verifient dans l'exemple que ie produis, d'autant que la felicité apparente de Themiste & Bibiane dura fort peu, parce que ce ieune galand* las dans peu de temps de ceste vieille, qui le traittant en valet lui faisoit tous les iours des reproches de la bassesse de sa condition, fier & arrogant qu'il estoit ne pouuant souffrir ces brauades, ou lui repartoit en mesme ton, ce qui remplissoit la maison de bruit & de vacarme, ou alloit ailleurs chercher la paix dans des plaisirs, qui mettoient mille marteaux* dans la teste de ceste ialouse femme. Certes comme l'oyseau se descouure à son chant, & à ce ramage est pipé & pris par l'oyseleur : aussi Bibiane fut surprise par le bec, & ses propres discours lui couperent la gorge.

Vn iour qu'elle querelloit Themiste, & luy disant des iniures, des reproches & des outrages* à son accoustumee, il lui eschapa de dire, que pour l'amour de lui elle auoit esté cause de la mort de Fulgence, & tout plein d'autres propos inconsiderez*, qui tesmoignoient qu'il y auoit eu de la cabale & de l'artifice* en la mort de ce pauure ieune homme. Ces discours ne tomberent pas à terre, mais furent recueillis par le mari de Monique, gendre de Bibiane, lequel amadouant ceste femme, & faisant semblant de soustenir son parti contre l'ingrat Themiste, lui tira les vers du nez, & apprit que Themiste estoit complice en la trahi[449]son qui auoit esté brassee à Fulgence. Pour trancher court il intente vne action contre Themiste, plustost poussé par vn mouuement celeste, que par des preuues humaines, par les formalitez de laquelle la verité enseuelie si long temps dans les obscuritez du puits du silence, vint au iour à la façon que nous l'auons depeinte, à la confusion de ceste mere desnaturee, & du malicieux* & superbe Themiste, qui furent par la Iustice condamnez au supplice qu'ils auoient merité, & qui n'est point nommé dans la Relation.

Balderic craignant qu'on ne l'enuelopast dans ceste affaire, pour auoir esté partie en la condamnation de Fulgence, se bannit volontairement de Breme, & se retira en Dannemarc, qui estoit le territoire de sa naissance. Ce remede fut tardif & hors de saison

pour Fulgence, qui peut-estre fut chastié pour d'autres fautes, qui
ne nous sont pas connues, la Prouidence ayant des ressorts impen-
etrables aux mortels. Peut estre que pour s'estre porté* auec moins
de reuerance qu'il ne deuoit enuers sa mere, ou pour auoir voulu
toucher au plat de Dieu, qui est la vengeance, il en fut puni.

L'exemple de Themiste nous rafraischit la memoire de ce mot
si veritable, qu'il n'y a rien de plus insupportable & insolent*
qu'vn homme de rien lors que la fortune l'esleue. Celui de Bibiane
fait voir que l'amour impure & desordonnee viole toute sorte de
loix & diuines & naturelles. C'est ce que dit allegoriquement le
Prophete. Le feu de la conuoitise est-il tombé sur quelqu'vn ? il
ne voit plus le Soleil de la iustice[1], ni de la raison. [450]

L'Amour impitoyable.
EVENEMENT XIX.

L'Amour (dit le sacré texte) est violente comme la mort,[2] &
la ialousie ardente comme l'enfer. Ses lampes sont des esclairs
suiuis d'estranges effects, pareils à ceux de la foudre. Souuent il
auient que par vne antiperistase[3] prodigieuse le chaud naist du

---

1 Ml 3, 20.
2 Ct 8, 6.
3 Dans la physique des qualités propre à la scolastique, c'est le mouvement qui permet la production, par une qualité, de la qualité contraire ; l'exemple canonique,
comme ici dans le texte de Camus, est le feu : il est plus chaud en hiver, parce que
le froid le « renforce ». À noter que l'antipéristase n'est pas le contraste, et encore
moins le contraste perçu : elle est dans les choses mêmes, et elle est dynamique.
L'explication, dont se moqueront bien sûr les Lumières – voir l'article dans l'*Encyclopédie* de Diderot – invoque un mouvement de l'air qui par rebroussement
produirait comme son effet l'antipéristase. L'application psychologique, comme
ici encore chez Camus – l'amour et la haine – n'est vraiment qu'une extension
métaphorique de ce qui est proprement, pour la scolastique, physique. *Cf.* Terence
Cave, *Pré-histoires – Textes troublés au seuil de la modernité*, Genève, Droz, 1999.

froid, comme l'on voit en vne forte fiebure les ardeurs succeder aux frissons, & de la plus vehemente amour sortir les plus grands esclats que la haine puisse produire. Car quel plus grand esclat la haine peut-elle produire, que de tuer l'obiect haï? L'amour excessiue arriue quelquefois à ce poinct, ie ne dy pas seulement quand la ialousie prouoque à la vengeance d'vne infidelité, mais aussi quand on prefere en la chose aimee l'honneur à la vie. Vous allez voir ceste preuue en l'Euenement qui suit.

Il y a soixante ou septante ans que le grand Seigneur[1] se resolut de ietter les Cheualiers de S. Iean[2] hors de l'Isle de Malte, comme il les auoit chassez quelques annees auparauant de celle de Rhodes[3]. Et à dire le vray ceste saincte & vaillante Religion[4], bouleuard* de la Chrestienté, & fleur de la noblesse & milice Chrestienne, est vne paille en son oeil & vn fleau continuel sur les riuages de la Grece & de l'Asie, possedez par cet ennemi de nostre saincte foy. A raison de quoy il fit vne [451] grande leuee de bouclier pour ce suiect, & enuoya Senan Bassa auec vne flotte de cent quarante galeres (armement effroyable) fondre sur ce petit escueil, pour l'emporter de haute luitte sur le visage* de toute la Chrestienté. Mais le Dieu des armees qui a de coustume de vaincre beaucoup de gens auec peu, & qui auec trois cens soldats desarmez deffit autrefois vne innombrable quantité de Madianites[5], rendit vains* les efforts de ceste puissante armee, qui faisoit plier le dos de la mer sous la multitude de ses vaisseaux.

---

1 « Nous donnons ce titre au sultan des Turcs, qui prend celui de Padisha, auquel grand seigneur ne répond point. » Voltaire, *Dictionnaire philosophique*, article Grand, grandeur.

2 Ordo Equitum Hospitaliorum Sancti Iohannis Hierosolymitani, organisation catholique fondée au XIe siècle. La Réforme voit se créer des commanderies luthériennes et anglicanes : de nos jours, plusieurs ordres portent le nom de Saint-Jean dans leur désignation. Le nom officiel de celui qui est communément appelé l'Ordre de Malte est : Ordre Souverain Militaire Hospitalier de Saint-Jean de Jérusalem, de Rhodes et de Malte.

3 Soliman II ; en 1522.

4 Ordre, communauté monastique (*DMF*).

5 Jg 7, 22. *Cf.* note 1, p. 264.

Ainsi celui qui a mis vn frein à la mer, & qui arreste la violence de ses vagues & la tumeur de ses flots auec vn peu de sable, se mocquant des conseils* de ces infidelles, fit tourner à leur confusion ce qu'ils auoient preparé pour acquerir de la gloire. Il est vray que ce grand peuple armé se rendit en moins de rien maistre de la terre de l'Isle. Mais apres auoir employé septante mille coups de canon pour battre en ruine les murailles de la cité, toutes les breches & tous les assauts furent inutiles, le courage inuincible des defendans surpassant en vigueur le nombre des assaillans. Sur les nouuelles qu'eut le General de ceste armee du secours qui arriuoit de Sicile, il leua ignominieusement le siege, apres y auoir laissé vingt-trois mille soldats sur la place, la fleur de tous les gensdarmes du Turc, & des Chrestiens il n'en mourut que trois mille soixante, entre lesquels deux cens quarante Cheualiers y acheuerent leurs glorieuses carauanes* pour aller au ciel recueillir des couronnes qui ne flestrissent iamais[1]. [452] Le Bassa deschargea sa cholere sur le plat païs bruslant, ruinant, demolissant & saccageant tout. Et parce que le fort qui estoit en l'Isle de Goze qui est vne dependance de celle de Malte, lui fit quelque resistance, l'ayant emporté de force*, il y fit vn rauage nompareil. La ville qui est aupres se defendit quelque temps de ceste fureur, qui ne pardonnoit ny à sexe, ny à aage. Et parce que le desespoir estoit le seul bouclier de ceux qui se defendoient, voulans au moins mourir honorablement, ils vendoient leur vie le plus cherement qu'ils pouuoient, & faisoient des efforts qui passent le moyen de les redire. Durant les iours de leur valeureuse resistance arriua le pitoyable spectacle que vous allez voir.

Vn Sicilien né à Saragosse en Sicile, autrefois appelee Syracuse, s'estoit marié à Goze, apres auoir long temps porté les armes au seruice de l'ordre de S. Iean. Cet homme estoit vn des braues & vaillans soldats de son temps, & des plus determinez, passionné

---

1   Le 18 mai 1565, Jean de la Valette, alors Grand Maître de l'Ordre, défait les Turcs. Les chiffres donnés par Camus sont à peu près corrects. L'Ordre ne sera chassé de Malte qu'en 1796, par Bonaparte, pour s'être allié avec Paul de Russie.

pour l'honneur au possible, & d'vn naturel extrememement ialoux,
à quoy son fort enclins & les Italiens en general, & en particulier
ceux de l'vne & l'autre Sicile plus que tous. Il auoit espousé une
fort belle femme, de laquelle il auoit eu deux filles, que la rigoureuse garde de la mere, & la ialouse vigilance du pere auoient
rendues deux perles d'honneur, comme la nature les auoit enrichies
d'vne excellente beauté. Mainfroy (appelons ainsi le Syracusain)
n'ignoroit pas les violemens qui auoient esté faits pas les soldats
Turcs au saccagement de l'Isle de Malte, il voyoit [453] que la
ville de Goze ne pouuoit faire vne longue resistance, qu'estant
forcee, ses filles & sa femme, qui auoit encore de grands traits de
beauté, seroient violees deuant ses yeux, si par vne mort honorable
ils n'estoient clos auparavant. Il iugeoit bien que si la cruauté
Turquesque pardonnoit à ces beaux visages, ce seroit pour les mener
en seruitude, & en ce honteux esclauage abuser de leurs corps, &
mettre leurs ames au danger de renoncer à la foy de Iesus Christ.
C'est pourquoy il se resolut de preuenir par vne mort auancee
toutes ces ignominies & tous ces mal-heurs*. Il n'ignoroit point
que sa femme & ses filles aymoient fort leur honneur : mais que
feroient-elles où la violence regne ? D'auoir aussi le courage de
se precipiter entre les armes des ennemis, c'est ce qu'il pouuoit
desirer plustost qu'esperer d'vn sexe si fragile & timide.

Sans leur communiquer doncques son dessein de peur de les
espouuanter, il fit comme les Apothicaires & Chirurgiens, qui
cachent aux malades l'amertume des drogues, & l'esclat des rasoirs
& lancettes de peur de les estonner. Mais quand il vit qu'apres
toutes les resistances que l'on auoit pû faire l'ennemy entroit
dans la ville, et s'en rendoit le maistre à viue force*, il monta en
la chambre de ses filles, & les yeux pleins de larmes, apres leur
auoir par vne briefue harangue remonstré que la conseruation
de leur honneur & de leur salut dependoit de la seule mort, &
que l'amour qu'il portoit à leur bien le rendoit impitoyable, il
les tua de sa propre main auec vn effort plus [454] grand que s'il
eust tourné la poincte de son estoc* contre ses propres entrailles.

La mere accourut au cry, au col de laquelle sanglant de ceste execution* il sauta, & la baisant & embrassant lui donna tant de coups de poignard qu'il la rendit morte à ses pieds. Et de ce pas ne voulant pas suruiure à la perte des siens & de sa patrie, il s'alla lancer comme vn desesperé au plus espais des ennemis. Où apres en auoir fait mordre la terre à trois ou quatre, il fut accablé de la foule, & mis en pieces, sauuant ainsi de honte & d'esclauage & lui & les siens.

Cet acte certes est desesperé, & ie le mets icy pour exciter plustost l'estonnement que l'imitation, & non tant pour l'estimer, que pour faire voir iusques à quel degré de fureur vne passion vehemente transporte l'esprit humain. Ie ne fais point de jugement là dessus, le laissant faire à Dieu, qui nous dit en sa parole, Ne iugez point, & vous ne serez point iugez.

Les Folles Querelles.
EVENEMENT XX.

Il n'en est point d'autres, car si la cholere est vne courte fureur[1], puis que ceste passion cause les querelles, qui peut douter qu'elles ne soient de pures folies ? Neantmoins comme il y a des su[455]iets si graues & importans, & des offenses si outrageuses, qu'elles donnent quelque couleur de iustice au courroux : il y a aussi souuent des motifs de contestation si legers & friuoles, que ceux qui là dessus bastissent des querelles ne peuuent euiter le blasme de fols & estourdis. Cependant comme il ne faut qu'vne petite estincelle pour exciter vn grand embrasement, aussi les moindres occasions font naistre de funestes accidens. Il y a quelquefois des blessures dont on se plaint moins que de l'importunité des

---

1   Horace, *Épitres*, I, 2, 62.

mousches & des puces. Il ne faut qu'vn foible mouuement pour
se lancer dans le courant d'vne pente : mais quand on y est vne
fois esbranlé, il est non malaisé seulement, mais impossible de
se retenir. Les vlceres qui se dilatent tousiours, tirent quelquefois
leur origine d'vne petite gale ou verrue, & il ne faut qu'vne petite
verrue*[1] pour exciter vne noise* furieuse. Ce que vous allez voir
aux trois querelles que ie range sous cet Euenement.

Le territoire de Padoüe, outre sa fertilité qui est incomparable,
est encore si beau & si agreable, que la plus grande part des
nobles Venitiens y font leurs lieux de delices, & leurs maisons
de plaisance. Les Padouans aussi quoy que bastis superbement
en leur cité, où ils sont logez comme s'ils estoient aux champs,
se delectent encore à auoir des cassines* à la campagne, qui sont
tellement ajoliuees, que vous diriez à les voir que ce sont des
chasteaux d'Amadis & des palais d'Apolidon[2]. Vn Gentil homme
de Padoüe qui n'auoit que deux enfans, qui auoient heureusement
ache[456]ué leurs estudes en l'Vniuersité de ceste ville-là, l'vne
des plus fameuses de toute l'Italie, s'estoit retiré en la saison des
vendanges en vne maison champestre où il prenoit ses delices.
Vn soir les deux freres s'estans mis sous le portique, qui estoit
à l'entree du logis, pour gouster le plaisir du frais, apres auoir
parlé de diuerses choses s'arresterent là iusques assez auant en
la nuict, laquelle estant lors fort seraine, faisoit estinceler mille
estoilles, qui brilloient comme à l'enui dedans l'obscurité. Soit
qu'ils eussent desia quelque riotte* entre eux, soit qu'auparauant
ils eussent parlé de la mesnagerie* des bœufs & des vaches, l'vn
pour s'esgayer va faire vn souhait extrauagant d'auoir autant de
bœufs gras qu'il auoit d'estoiles deuant ses yeux. Et moy (reprit
l'autre frere) ie voudrois auoir vn pré d'aussi grande estendue
que le ciel que ie voy, & aussi garni de fleurs que i'y remarque

---

1 Le jeu de mot est ici sur l'homographie de *verrue* et *verue* (fr. mod. : *verve*) aussi
orthographié quelquefois *verrue* en moyen français.
2 Enchanteur dans *Amadis de Gaule*.

de belles lumieres. Ce seroit iustement là le fait (reprit l'autre ioyeusement) pour y mener paistre mes bœufs. Ouy bien repliqua l'autre, si ie vous en donnois la permission. Voulussiez ou non, ie les mettrois dans ce pasturage. Malgré moy (repartit l'autre) cela ne se feroit iamais : car ie sçaurois bien les moyens de defendre ma possession. Rien ne m'en pourroit empescher (reprit le premier) & vos oppositions seroient trop foibles. Ie taillerois les iarrets à tous vos bœufs (repartit le second.) Et moy (dit le premier) ie ferois faucher toute vostre prairie. Et bien (reprit le second) si vous me seruiez de faucheur, ie vous seruirois de boucher. Ils firent tant de repliques, & de dupliques pleines de [457] brauade & de picotterie, que des paroles ils en vindrent aux mains : iusques à tel point qu'ayans tiré leurs espees ils s'enferrerent tous deux mortellement.

Au bruit qu'ils firent en se battant les seruiteurs accoururent, qui les trouuerent en ce pitoyable equipage*. Ils les porterent sur des licts, où l'vn expira aussi tost. L'autre vesquit iusques au matin, quand le Soleil auec sa lumiere vint engloutir celle des estoiles, & oster de la veuë les bœufs de l'vn, & les fleurs de la prairie de l'autre. Ce fut par celui-ci que l'on apprit le suiet de leur folle querelle.

Ainsi le bon pere qui auoit tant pris de peine à esleuer & faict tant de despense à faire estudier ces deux enfans, s'en vit priué en vn moment pour vne fadaise si ridicule que rien plus. Ceci est raconté par vn escriuain Italien, qui a faict l'histoire de Padouë.

En voici vne autre rapportee par vn Autheur qui a escrit l'histoire de Venise. L'occasion* en est fort petite & friuole : mais d'autant plus tragique qu'elle est auenuë en personnes plus signalees.* Le plaisir de la chasse est si brusque & violent, que ceux qui s'y laissent transporter, y esgarent souuent leur sens & leur raison. Le moindre manquement les desespere. Et, comme au ieu, le blaspheme & la cholere s'y meslent ordinairement, & si l'on n'y prend garde il y arriue des batteries* & des meurtres.

Le Grand Cosme de Medicis[1], qui en tant d'autres choses fut si fauorise de la fortune, eut de grandes disgraces en [458] celle de toutes qui lui deuoit estre la plus sensible, comme le touchant de plus pres; c'estoit en ses enfans. Il en fit vn d'Eglise, qui pour son propre merite (car c'estoit vn tres-grand esprit) & par le credit de Cosme arriua aussi tost aux premiers rangs de ceste condition. Son humeur hautaine & courageuse ne pouuant oublier les exercices des armes, s'amusoit* à celuy qui en la paix represente plus naïfuement* la guerre, c'est la chasse.

Vn iour y estant allé auec ses deux freres Ferdinand & Garsias suiuis d'vne bonne troupe de Gentils-hommes, estans en vne belle campagne bagnee des eaux de l'Arne, fleuue qui arrose Florence par le milieu, les chiens ayans faict leuer vn lieure, qui par sa legereté & par ses ruses leur donna vn plaisir extreme : au bout de ce passe-temps excessif se trouuerent le sang & les pleurs. Ceux qui s'estoyent trouuez à la prise en donnerent la gloire aux chiens de Garsias qui estoit le cadet : Le Prelat qui croyoit que ce fussent les siens, & qui s'en estoit vanté, repartit à ses rapporteurs, qu'ils se trompoyent & que ses chiens l'auoyent arresté. Garsias repliqua qu'ils ne se trompoyent point, & qu'il n'estoit pas si loing qu'il n'eust lui-mesme remarqué les siens prenans ce lieure : & laschant vne parole trop prompte, adjousta que ceux qui auoyent faict vn rapport contraire à son frere en auoyent menti. Là dessus le Prelat se sentant offensé deslacha* vn si rude soufflet sur la iouë de Garsias, qu'il le pensa renuerser de cheual. Garsias outré* de cholere d'vn [459] tel affront, mit la main à l'espee & en trauerse son frere qui tomba par terre comme mort. Vn des seruiteurs du Prelat voyant son Maistre

---

1 Cosme Ier de Médicis (1519-1574), Grand Duc de Toscane. Le fils devenu prélat est Giovanni, emporté en 1562, à 19 ans, avec son frère Garzia (qui a 15 ans) et sa mère, par une épidémie de malaria, et non par homicide, comme on le sait maintenant depuis 2005. Ferdinand, de deux ans plus jeune que Garzia, vivra 60 ans, et sera Grand Duc de Toscane. Les frères dans cette nouvelle sont à peine adolescents.

traitté de la sorte, enferre Garsias & le blesse mortellement. Le Prelat mourut dés le soir, & Garsias quelques iours apres tint au sepulcre compagnie à son frere. Euenement* tragique sur vn maigre sujet. Mais quoy ? il ne faut qu'vn taon, qui est si petit, pour mettre en fureur vn taureau, & lui faire courir les champs comme s'il estoit enragé. La cholere est vn torrent impetueux, lequel enflé d'vne pluye soudaine, coule rapidement par la pente d'vn precipice, & bouleuerse tout ce qui s'oppose à son cours*.

Venons à la troisiesme querelle, que vous ne iugerez ni moins friuole, ni moins sanglante que les precedentes.

En vne ville de Guyenne arriua vn Gentil-homme de Perigueux à la poursuitte de quelque affaire. Tandis que les formalitez s'acheminent en la Iustice, lesquelles tirent ceux qui negocient en des ennuyeuses longueurs, cestui-ci passoit son temps à la façon de la Noblesse, dont les plaisirs sont les plus serieuses occupations*. Le ieu, la danse, le promenoir, voir les bonnes compagnies estoyent ses principaux entretiens*. Vn iour de feste solennelle, en laquelle tous les diuertissemens sont aux Eglises, il y alla comme les autres plus par coustume que par deuotion. Il y trouua par fortune dans vne chappelle vn mouchoir enrichi de fort bel ouurage, au demeurant si parfumé qu'à la façon & à l'odeur il estoit aisé à iuger [460] qu'il venoit d'vne bonne main. Ce fut pour lui le cheual Seian[1], ou celui de Troye, qui le porta au mal-heur* que vous entendrez.

Durant les Vespres qui furent assez longues, & chantees en Musique fort melodieusement, il eut tousiours soit par vanité, soit pour iouyr du plaisir de l'odeur, ce mouchoir sur sa moustache. Vn Gascon de sa connoissance le regarda long temps auec vne forte attention, & auec des yeux estincelans & pleins de courroux,

---

1   Il s'agit du cheval de Cneius Seius – *seian* est une forme adjectivale – devenu proverbial pour avoir porté malheur à tous ses maîtres. L'histoire de ce cheval est dans Aulu-Gelle, *Nuits Attiques*, l. 3, chap. 9.

tesmoignoit que ceste contenance* du Perigordin ne luy estoit pas agreable. Sur la fin de l'office l'impatience saisit le Gentil-homme Gascon, & auec vne contenance* pleine de brauade, & auec des redomontades naturelles à ceux de ceste nation, lui demande si c'estoit pour le morguer qu'il eust eu si long temps ce mouchoir sur son nez.

Le Perigordin lui replique qu'il n'estoit pas homme à lui rendre conte de ses actions, ni de ses gestes, lui laissant la liberté de les interpreter en la façon qu'il les voudroit prendre. Cela c'estoit en termes de furie Françoise lui mettre le marché à la main*. Le Gascon lui repartit que son despit estoit de voir vn si digne mouchoir en vne main indigne, & son odeur inutilement employée aupres d'vn nez incapable de la sentir. Le Perigordin lui respond, qu'il a trop bon nez pour ne sentir pas son outrage*, & que sans la saincteté du lieu il l'en feroit repentir sur le champ. Le Gascon continuant ses iniures lui dict qu'il falloit necessairement qu'il eust volé ce mouchoir, ne se pouuant persuader qu'vne Damoiselle si belle, si hon[461]neste* & si iudicieuse que celle à qui il appartenoit, en eust voulu fauoriser vn homme faict comme lui. Le Perigordin outré* d'vne telle insolence, eust respondu auec l'espee si le lieu sacré n'eust reprimé sa fureur. Il se contenta de repartir au Gascon que le Temple seruoit d'azyle à son impudence : mais que hors de là il l'en sçauroit bien chastier, & lui faire connoistre qu'il n'estoit point taché des deux imperfections dont il auoit voulu souiller son honneur.

Sur ces altercats* de paroles, sans faire vn plus grand vacarme dans l'Eglise, ils sortent en mesme temps, & ne furent pas plustost au paruis, que mettans les espees à leurs mains ils commencerent vn aspre combat, l'vn estant outré* de cholere pour les iniures receuës, l'autre furieux de ialousie. Comme ils se battoyent à l'espee seule & auec des espees courtes, leur different fut bien tost decidé, il n'y auoit coup qui ne portast. A la fin en vne passade* ils s'enferrerent tous deux, & au mesme instant tomberent comme morts sur la place.

On les porta encore pantelans chez vn mesme Chirurgien, qui iugea aussi tost leurs playes mortelles. Neantmoins ayant estan-ché le sang, & mis les premiers appareils, ils reprindrent par vne speciale misericorde de Dieu autant de vie qu'il leur en falloit pour s'esclaircir* de leur querelle, ou plustost de leur folie, crier merci à Dieu & se pardonner l'vn à l'autre leur mort. Il se trouua en desuelopant* ce peloton embrouillé, que ce mouchoir auoit esté donné par le Gascon à vne ver[462]tueuse Damoiselle qu'il recherchoit en mariage, & qu'il auoit grande esperance d'espouser, Damoiselle qui estoit parente assez proche du Perigordin, & sur laquelle il ne pouuoit auoir ni n'auoit en effect aucune preten-sion*. Au contraire il protesta que s'il eust sceu ceste recherche, il eust procuré* de tout son pouuoir l'accomplissement de ceste alliance. Cependant s'estans comme les Troyens faicts sages trop tard, il fallut passer le pas, & payer par le tribut de la mort celui de leur trop prompte folie, ce qu'ils firent auec des regrets non moins Chrestiens que pitoyables.

Certes celui qui a comparé la cholere à la chienne, qui met au monde ses petits aueugles, mais leur oste la taye qu'ils ont sur les yeux à leur naissance à force de les lecher, a eu grande raison. Car les premiers mouuemens de ceste passion sont tousiours accompagnez d'vn tel aueuglement, que si l'on ne se donne loisir de s'esclaircir* du sujet qui les faict naistre, ils portent à la chaude* en de mal-heureux* precipices. Mais quand on se donne le temps de les considerer, & quand on en vient aisement à bout. Car le courroux est comme vn traict, qui a toute sa force en sa pointe : si elle est vne fois emoussee, tout le reste ne peut nuire.

[463]

Le Prodigue changé.
EVENEMENT XXI.

Ce que les Historiens & Poëtes anciens ont dict de Polemon, ieune homme desbauché, qui reforma ses mœurs en vn instant apres auoir ouy vne lecon de la temperance du Philosophe Xenocrates[1], montre la force de l'eloquence quand elle est employee à inspirer la vertu, & faict voir aussi que les soudains changemens sont des traicts de la droitte de Dieu, qui en vn moment transforme les loups en agneaux, & faict du talent de plomb du peché l'or pur de la charité bien ordonnee. Cela se pourroit verifier par plusieurs exemples des lettres* Sainctes, en la conuersion d'vn Dauid[2], d'vn Manassé[3], d'vn Matthieu[4], d'vne Magdeleine[5], d'vn Paul[6], d'vn bon Larron[7] & tant d'autres, qui de vaisseaux d'ire sont deuenus en vn moment vases d'honneur & d'election*. Le Prodigue mesme, qui est si naïuement* representé en l'Euangile[8], est vne parabole qui preuue clairement cet effect de la grace qui surabonde où le vice auoit abondé. Mais cet ouurage estant tissu

---

1 « Polémon était fils de Philostrate, et Athénien du dème d'Oéthé. Jeune, il était si intempérant et dissolu qu'il portait toujours de l'argent sur lui pour être prêt à satisfaire ses désirs, et même, il en cachait dans les coins. C'est ainsi qu'on trouva trois oboles qu'il avait cachées à l'Académie, près d'une colonne, pour ce motif. Un jour, à dessein, avec des camarades, il vint ivre et couronne en tête dans l'école de Xénocrate. Celui-ci, sans se troubler aucunement, continua son entretien comme il l'avait commencé, il s'agissait de la tempérance. Or, en l'entendant, le jeune garçon fut quelque peu séduit, et devint pris d'un tel zèle qu'il surpassa les autres et succéda à Xénocrate comme chef d'école à partir de la cent-dix-septième olympiade. » Diogene Laërce, *Vie des philosophes*, Livre IV.
2 Ps 32, 1-5.
3 2 Ch 33, 13.
4 Mt 9, 9.
5 Évangiles de Matthieu, Luc et Jean.
6 Ac 9, 3-9.
7 Lc 23, 39-43.
8 Lc 15, 1-32.

d'Euenemens plus nouueaux, en voici vn fort gracieux, qui fera voir que comme Dieu changea la bouë en feu, & feu sacré ;[1] au retour de la captiuité de Babylone[2], aussi que d'vn mauuais Courtisan il en peut faire vn bon Ecclesiastique.

[464] A la cour de l'Empereur MAXIMILIAN PREMIER[3] il y auoit vn Gentil-homme, que nous appellerons Volfang, fils d'vn riche Financier. Cestui-ci, comme c'est l'ordinaire, despensoit auec vne grande facilité ce qu'il n'auoit point eu de peine à amasser. Il recueilloit auec ioye* ce que son pere auoit semé & cultiué auec beaucoup de trauail. Les ieux, les festins & les danses, trois abysmes qui n'ont ni fonds ni riuage, estoyent ses ordinaires entretiens*, & on les peut appeller les occupations* de ceux qui n'ont rien à faire. Pour ne m'arrester pas dauantage à despeindre le mauuais mesnage* de ce Prodigue, c'est assez de dire qu'en peu de temps il dissipa ce que son pere auoit entassé par longues annees. Si iustement, ou non, ce n'est pas à moy d'en iuger.

En suitte de la creance que l'Empereur auoit euë au pere, il lui auoit donné vne commission de quelque leuee de deniers, dont la somme estoit notable. Sur l'auis qui fut donné à sa Maiesté Imperiale, que Volfang mangeoit tout & s'en alloit le grand chemin de l'hospital, l'Empereur craignit que la desbauche ne portast ce ieune homme à faire le mesme de ses deniers, desquels il lui commanda de rendre compte à vn de ses Thresoriers. Volfang surpris de ce commandement comme d'vn esclat de foudre, ne sçeut que respondre, sinon demander terme pour dresser son cahyer de raison. Ce que l'Empereur lui accorda volontiers, estant vne chose de iustice.

Volfang qui auoit dissipé les finances de l'Empereur aussi bien que ses reuenus, croit auoir imi[465]té le poisson qui a aualé le hameçon dont il se sent soudain deschirer les entrailles. Les apprehensions de la prison & de la mort commencent à

---

1   *Sic*. Ponctuation et syntaxe (*aussi* que) sont fautives.
2   V. note 1 p. 267.
3   Cet Empereur (1459-1519) établit sa cour à Innsbrùck.

l'accueillir, qui lui remettent deuant les yeux la vanité* de ses folies passees, & de combien de longs repentirs leur brieueté deuoit estre suiuie. Apres auoir roulé diuerses imaginations dans son cerueau, tantost il se resout à la fuitte, ne sçachant comme satisfaire à ceste debte. Mais se souuenant combien les Princes ont les mains longues, il ne sçauoit où donner de la teste pour trouuer de la seureté. Tantost il se resout aux souffrances : mais leur horreur l'effraye. En fin il se resolut de se ietter à corps perdu dans la misericorde de l'Empereur, de lui demander pardon, en lui representant sa ieunesse, la violence des plaisirs, les seruices de feu son pere, & le priant pour toutes ces considerations d'auoir pitié de lui. Resolution qui me faict souuenir de celle du Prodigue de l'Euangile. Aussi eut-elle vn succés* qui en approcha, ainsi que vous allez entendre.

Il alla le lendemain au leuer de l'Empereur, aux pieds duquel se iettant. Sacree Maiesté (lui dict-il) ie fuis prest de rendre mes comptes, pourueu que ce soit deuant le throsne de vostre cle-mence. Il ne faut point escrire pour cela[1], la mise esgale la recepte, tout ce qui est venu entre mes mains en est sorti, autant receu, autant despensé. Le tout en trois articles, le ieu, les femmes & les festins. Si vostre misericorde ne s'estend sur ce miserable*, ie n'attends que la mort. Mais si vostre bonté qui vous rend en terre l'image du Dieu vi[466]uant, rayonne sur moy & pardonne ceste faute, à ma ieunesse, à l'amorce* des tentations, aux seruices de mon pere. Tenant la vie de vostre Maiesté, ie tascherai de chercher toutes les occasions de la perdre pour vostre seruice, & d'estre si sage desormais, que vous n'aurez point de regret d'auoir conserué en moy vn memorial de vostre debonnaireté. Il prononça ceci d'vn ton de voix tremblant, les yeux chargez de larmes & auec la contenance* pitoyable d'vn criminel qui attend qu'on le meine au supplice.

---

1 Comprendre : il n'est pas besoin de faire les comptes par écrit, parce que le cas est clair.

L'Empereur touché d'vne si vifue penitence, & se souuenant que pour obtenir la misericorde de Dieu il falloit estre misericordieux au prochain, se resolut à l'instant d'en auoir pitié, mais de lui faire acheter ce pardon d'vne si belle peur qu'elle lui seruiroit de leçon pour l'auenir. Feignant doncques le courroucé apres lui auoir dict des iniures, il commanda qu'on l'allast pendre sur le champ. Les Gardes saississent le pauure Volfang, lequel loüant & benissant la iustice de Dieu & de l'Empereur, se resoluoit d'endurer l'ignominie de ce supplice, lors que Maximilian le r'appellant lui dict. I'ay pitié de ta ieunesse, mais ie veux chastier ta faute. Ie te donne le choix de la mort, ou de la galere. Volfang qui crût qu'auec le temps il se pourroit retirer de la chiorme*, choisit ceste derniere peine. Alors l'Empereur qui vouloit se donner du passetemps, commanda à vn de ses Chirurgiens qui estoit à son leuer, de le tondre à l'instant deuant lui, & de le raser en forçat. Le Chirurgien se disposant à cela l'Empereur lui dict [467] à l'oreille qu'il luy fist vne couronne de Moyne.

Durant qu'on equipoit* ainsi le pauure Volfang, l'Empereur lui demanda s'il n'aimeroit pas mieux estre Moyne que forçat. Sacree Maiesté (reprit Volfang) demander à vn malade s'il veut la santé, & à vn homme s'il veut changer l'amertume en la douceur, est vne question semblable à celle que vous me faictes. Vrayment (dict l'Empereur) si tu me promets d'estre homme de bien, & d'embrasser de bon cœur la profession Monastique pour faire penitence de tes pechez, ie te ferai ceste grace, & changerai ta peine en aise, & ton ignominie en honneur. Volfang ayant promis à l'Empereur que s'il lui faisoit ceste grace de lui permettre ceste saincte retraitte, il feroit en sorte par la conuersion de ses mœurs, que ses prieres pour la conseruation de sa Maiesté meriteroyent d'auoir quelque acces deuant Dieu.

L'Empereur le voyant rasé en Moyne, fit apporter vn habit de l'ordre de S. Benoist, & le fit Abbé d'vne Abbaye, abbayee* par plusieurs Courtisans, qui le iour precedent lui auoyent apporté la nouuelle de la vacance. Va, lui dict l'Empereur en riant, ie te fais Abbé d'vne telle Abbaye qui vaut dix mille talers de reuenu, si tu continues comme tu as commencé, tu mangeras & le Conuent & les Moynes. Mais ie te iure que si tu ne mesnages* mieux le bien sacré du Crucifix, que tu n'as faict le mien & le tien, comme de forçat ie t'ay faict Abbé, d'Abbé ie te ferai forçat & ton Conuent sera vne galere.

Si tout le monde fut esbahi de ceste inesperee [468] liberalité de l'Empereur enuers vn homme, qui sembloit auoir merité chastiment plustost que recompense, il n'en faut pas douter. Mais nul ne fut plus touché de ceste incomparable bonté de ce grand Prince que Volfang, lequel se voyant de chetif*, ruiné, & miserable* releué en des biens & en des honneurs, où durant sa prosperité le plus haut point de son ambition n'eust osé aspirer, fit vne resolution si ferme de changer de vie, & de se conduire en vrai & parfaict Religieux, qu'il ne prit pas seulement l'habit Monastique, mais encore les habitudes* regulieres, estant le premier au Chœur, & à tous les exercices de pieté & de mortification, qui se pratiquent dans les Cloistres plus reformez. Et certes ce ne fut tant la crainte de la peine dont l'Empereur l'auoit menacé, qui le porta à cet heureux* & honorable changement : comme l'apprehension de tomber dans l'ingratitude d'vn si grand bienfaict receu tant inesperement de Dieu & du Prince. S'il auança le bien spirituel de ses Religieux au progrès des vertus, il ne restaura pas moins le temporel par le bon mesnage* & la vigilante œconomie* qu'il apporta à le conduire. Telle fut l'admirable metamorphose de ce Prodigue.

[469]

La Longue Vengeance.
EVENEMENT XXII.

Comme les plus courtes folies sont les meilleures, aussi sont les choleres. Les vengeances qui se prennent à la chaude* & lors que le sang est bouillant, encore qu'elles ne soyent pas excusables (d'autant qu'il ne faut ni excuser le vice, ni flatter vne passion qui doit estre domptee par la raison) sont toutefois moins blasmables que celles qui se prennent de sang froid, & dont la duree faict connoistre vne malice* noire & diabolique. Les François ont des boutades* dont la promptitude & la fureur sont dangereuses, mais ceux de delà les monts, ont des haines hereditaires : & comme si la vengeance estoit vn des plus doux biens de la vie, ils l'allongent tant qu'ils peuuent, quand ils ont leurs ennemis en leur puissance, leur faisant endurer des peines, dont la prolongation est pire que mille morts. Ce qui faisoit dire à ce cruel Empereur Domitian, qu'il vouloit que ceux qu'il faisoit tourmenter se sentissent mourir. Et comme vn de ceux là le prioit par requeste de le faire depescher, depuis quand (respondit-il) est-il rentré en grace auec moy[1] ? Certes encore que la mort soit la derniere de toutes les peines, il y en a toutefois de pires, & qui en leur languissante longueur multiplient les morts : C'est en cela que consiste la subtilité de ces ven[470]geances, qui ne conseruent la vie que pour alonger les douleurs.

Ceraste Gentil-homme Milanois plaida longues annees auec Trophime Seigneur de marque, & portant tiltre de Comte, pour ne se reconnoistre point son feudataire. En fin par Arrest du Senat de Milan, il fut deliuré de cet hommage, & sa terre declaree franche de ceste seruitude. Elle estoit petite & enclauee dans la Comté de Trophime, dont le grand courage* ne pouuoit souffrir de compagnon. Ce qu'il ne peut donc obtenir par la iustice, qui estoit de se rendre Ceraste vassal, il crût que par voye de faict il

---

1   Cf. I, 9 [203].

en deuoit prendre vengeance. Ceraste estoit vn Gentil-homme de quarante cinq ans, mais qui ou par les excés de sa ieunesse, ou pour estre de race gouteuse (car ce mal, à ce que l'on dict, est hereditaire) estoit tellement affligé des gouttes, qu'il marchoit auec peine. De plus il estoit tellement endebté, que si les gouttes lui rongeoyent le corps, les interests* ne donnoyent pas de mediocres* attaintes* à sa bourse. Soit que les desbauches l'eussent endebté, ou bien vne querelle qu'il auoit euë par vn long espace auec vn Gentil-homme de ses voisins nommé Procore, il estoit de toutes parts fort incommodé. Mais en fin il fut deliuré de l'vne & de l'autre de ces incommoditez par vn moyen fort extraordinaire.

Vn iour que monté sur vn petit mulet il prenoit l'air autour de sa terre, Trophime qui le faisoit guetter en la mesme sorte que le Vautour attend la proye, vient fondre sur lui bien accompa[471]gné, & le range en son pouuoir. Ceraste qui croit deuoir estre esgorgé sur le champ, pour esmouuoir Trophime à compassion lui crie merci, & lui demande la vie. Tu auras la vie (lui respondit Trophime) puisque tu la demandes, mais tu n'auras pas la mort quand tu la demanderas. Cela dit, il le faict conduire en sa maison, & ietter dans vne prison obscure, où il lui fit souffrir des peines moins supportables que la mort. Le mulet de Ceraste fut trouué paissant par la campagne, mais de nouuelles de lui nul n'en auoit. Deux enfans qu'il auoit & sa femme firent faire toutes les enquestes possibles sans iamais descouurir ce qu'il estoit deuenu. Sur la querelle qu'il auoit euë auec Procore, on tira des coniectures qu'il l'auoit tué.

Sur ces foibles apparences la iustice se saisit de luy, & d'vn grand valet qu'il auoit ordinairement à sa suitte, armé d'espee & de dague. Au defaut de preuues on les applique à la torture, où la vehemence des tourmens leur fit confesser ce qui n'estoit point, s'accusans d'auoir assassiné Ceraste. En suitte de quoi Procore fut decapité, & son valet pendu. Au bout de quelque temps Trophime fit conduire de nuict le miserable* Ceraste, à vn fort chasteau qu'il auoit sur les riuages du Lac majeur, & le fit enfermer dans le fonds d'vne grosse tour, où il ne voyoit le iour que par vn souspirail, & n'estoit nourri par le concierge que de pain & d'eau, la terre lui seruant de lict, & l'air de couuerture. Dans ces obscuritez & ces miseres il supplia beaucoup de fois qu'on luy fist la faueur de le faire mourir, mais celui qui prenoit son plaisir [472] en sa peine, ne lui vouloit pas accorder ceste cruelle grace. Il demeura là iusques à la mort de Trophime, qui fut enuiron treize ou quatorze ans apres sa prise. Et Trophime mourant laissa ceste haine & ceste vengeance pour heritage à son fils Castalio, lequel succedant à la cruaute de son pere, prolongea la prison de Ceraste, & ce mauuais traictement.

Durant ce temps-là mourut la femme de Ceraste & ses deux fils, ayans partagé le bien se deffirent de la meilleure partie pour payer les debtes, estimans estre sans pere & sans mere, lors que le Ciel, dont les yeux veillent tousiours sur les miserables*, & qui ne laisse pas tousiours la verge de la puissance des meschans sur la teste des personnes innocentes, par vn moyen peu esperé ouurit le chemin à la liberté de Ceraste.

Il prit enuie à Castalio de faire faire quelque reparation au Chasteau, où Ceraste estoit plustost enseueli tout viuant que prisonnier. Il arriua que les massons trauaillans à cet ouurage creuserent si auant vers les fondemens de ceste tour, qu'ils firent vne petite ouuerture par laquelle ils apperceurent ce pauure homme, qui leur ayant donné de l'espouuante au commencement, leur fit tant de pitié à la fin, qu'apres auoir ouy l'histoire de son desastre* ils lui firent vn passage pour se sauuer. Ceci auint apres dix-neuf ans de prison.

Quand il retourna chez lui deffaict*, & au plus mauuais equi-page* que l'on puisse imaginer, personne ne le connoissoit. En fin comme le sang ne peut mentir, il fut reconnu de ses enfans, ausquels [473] il raconta sa prise & sa longue detention. Là dessus vn grand procez se forme contre Castalio, qui pour vne telle barbarie commencee par son pere, & continuee par luy, fut condamné à payer toutes les debtes de Ceraste, qui par ce moyen rentra en tous ses biens que ses enfans auoient alienez*, & deuint maistre du chasteau, où il auoit esté si long temps captif, & où par le benefice de la misere & de la faim il auoit esté gueri de la douleur des gouttes.

Il vesquit enore quelques annees apres ceste deliurance sans creanciers & sans Medecins, spectacle admirable de la conduite* de la prouidence, qui n'aide pas seulement en la calamité, mais qui fait tirer profit de la tribulation. Vn Euesque Italien en des discours agreables & curieux*, ausquels il a donné pour tiltre celui de Iours Caniculiers[1], raconte cet Euenement qu'il asseure veritable, comme l'ayant appris de la bouche mesme de Ceraste deliuré apres vn si long ennuy de debtes non moins fascheuses, que les gouttes sont douloureuses.

Le Confesseur Martyr.
EVENEMENT XXIII.

Tovt Martyr est bien Confesseur, puis qu'il meurt pour la confession du nom de Dieu. [474] Mais tout Confesseur n'est pas Martyr. Encore que, pour dire la verité, si c'est vn martyre de mourir en confessant Dieu deuant les hommes, c'est aussi vne espece de martyre de viure en confessant les hommes deuant Dieu[2]. Ie dis ceci pour le regard de la peine & du tracas qui se trouue au gouuernement des ames au tribunal où se manifestent les consciences. Mais encore ce trauail* est-il moins redoutable,

---

1 Simeone Maiolo (ca. 1520 – ca. 1597), *Dies caniculares seu Colloquia tria & viginti [...]*, Roma, Ioan. Angeli Ruffini, 1597. Mis en français en 1609 par Fr. de Rosset.

2 «[Camus] écrit à Claude Bernard, [son jeune disciple dijonnais, dont il était le confesseur] : "Vraiment en voulant faire de moi un confesseur, vous avez fait un martyr». Et «[...] je vous avoue donc que comme on appelle martyrs ceux qui confessent Dieu devant les hommes, on peut bien appeler aussi martyrs ceux qui confessent les hommes devant Dieu.» Albert Garreau, *Jean-Pierre Camus*, p. 77.

que les hazards où s'exposent ceux qui font ceste saincte profession. Dangers non seulement pour les tentations, qui y sont & frequentes & vehementes, estant mal aisé de hanter parmi des personnes attaintes de maladies contagieuses, sans y prendre du mal : mais encore pour plusieurs autres mauuaises rencontres, qui peuuent suruenir aux ames les plus sainctes & innocentes. Le tragique succez* que nous allons representer esclaircira mieux ce que ie viens de dire, que toutes les raisons que ie sçaurois auancer.

En quelqu'vne des prouinces d'Espagne (la vanité de la nation les appelle Royaumes) vn Gentil-homme que nous appellerons Sabellic, ayant espousé vne femme fort honorable & vertueuse, qui portoit le nom de Blesille, passa quelques annees du commencement de son mesnage* auec tout le contentement qui se peut recueilir d'vne heureuse societé*. Comme les affections estoient iustes, legitimes & fondees en la vertu, il ne pouuoit moissonner que de bons fruicts de si heureuses* racines. Il eut d'elle quelques enfans, qui furent les liens de leur amitié, les nœuds de leur foy, & comme les gages de leur mutuelle bien[475]ueillance. Tandis que Blesille n'a point d'autre soin que de plaire à son mari, & d'esleuer ses enfans en la crainte de Dieu, l'homme ennemi[1] vint sursemer l'yuraye dans ce beau champ, & par vne fascheuse tempeste troubler la serenité de leurs iours. Blesille prit vne fille à son seruice moins bonne que belle, & peut-estre trop belle pour demeurer bonne, la beauté en la misere du siecle auquel nous viuons, estant vn piege aux inconsiderez*, vne douce illusion, vne amorce* pour les sens, & vn des plus subtils moyens dont le diable se sert pour seduire* & precipiter beaucoup d'ames à leur totale ruine. Eleuthere sera le nom de ce bel escueil, auquel brisa la fidelité de Sabellic, & où il fit naufrage de sa constance. Pour ne perdre point de temps à despeindre la naissance & la

---

1   *Inimicus homo* : Vulgate, Matthieu 13, 18. Dans les versets 37 à 39, Jésus donne l'explication de la parabole de l'ivraie, et l'ennemi qui sème l'ivraie parmi le grain est le Diable.

suitte de ceste infecte affection, c'est assez de dire que comme vn cloud chasse l'autre, l'amitié legitime qu'il portoit auparauant à sa femme, quitta la place à ceste illegitime & adultere. Il n'auoit plus que des desdains & des mespris pour Blesille, ceste nouuelle flamme ayant raui à soi toutes ses inclinations. Ceste mal-heureuse* & infame pratique, par laquelle on voit en quelque façon se maintenir la Polygamie, n'est que trop frequente en Espagne sous le nom d'*Amancebades* [1]. Voila Sabellic de ce rang, & auec vne impudence telle, que sans se soucier du murmure & du scandale des voisins, sur les yeux de sa propre femme, il n'a point de honte d'entretenir ceste impudique concubine, profanant ainsi le plus sacré lien qui soit entre les mortels. [476]

Blesille qui estoit nee de bon sang & Gothique comme ils disent[2], eut de la peine à digerer cet affront, veu mesme que ceste infame seruante deuenue insolente* par l'accointance* de son maistre, non seulement desdaignoit le luy obeir, & se rioit de ses remonstrances, mais luy faisoit des brauades, qui n'estoient pas supportables. Ce qui obligea Blesille à faire des plaintes à ses parens, gens de grande consideration & de beaucoup de credit, tant des mauuais traittemens qu'elle receuoit de son mari, que des deportemens* de ceste impudente concubine. Ceux-ci se tenans offensez en la personne de leur parente, & voyans mesme le scandale, que ce train des-honneste donnoit au public, formerent leur complainte à la Iustice, qui mit si bien la main à ceste affaire, que mal-gré les sollicitations de Sabellic il fut contraint de chasser de sa maison & la seruante & l'enfant qu'elle auoit de lui, & de laisser sa femme en paix & maistresse dans sa famille. Mais il n'enuoya pas ceste chambriere au desert, comme Abraham fit à Agar[3] au contraire la

---

1   Lire *amancebados*, participe passé du verbe *amancebadarse*, vivre en union libre, de *manceba* : concubine. (Peter Bly).

2   Allusion aux Goths (*Godos, Visigodos*), peuple germanique censé avoir dominé l'Espagne avant l'arrivée des Mores. Se dit en espagnol – *gòtico* – pour signifier les qualités attribuées à ce peuple et l'ancienneté d'une noblesse. Ici, attribue à Blesille l'ancienneté de sa lignée et les vertus qui lui sont associées. (Peter Bly).

3   Gn 21, 14 : «Abraham se leva de bon matin ; il prit du pain et une outre d'eau,

mettant en vne maison qu'il luy loüa, il luy fit vn mesnage* entier, où il demeuroit plus souuent que dans son propre logis. Et certes si l'ame est plus où elle aime, que dans le corps qu'elle anime, il ne faut pas s'estonner s'il sejournoit plus ordinairement où son cœur estoit engagé, que là où son corps estoit attaché.

Blesille se voyant ainsi abandonnee de son mari, eut recours au commun espoux des ames desolees*, & s'adonna tout à fait à la vie deuote, laquelle, comme le miel & le sucre, a de coustume d'a[477]doucir les plus grandes amertumes. Auparauant ceste disgrace elle estoit bien vertueuse & assez rangee aux exercices de pieté, mais ce n'estoit pas à l'égal de ce qu'elle les prattiqua depuis ceste vehemente affliction. Affliction qui est ce vent impetueux, qui chasse au port* de la grace, & cet Aquilon & cet Autan, qui respandent bien loin l'odeur des parfuns du iardin de l'Espouse sacree. C'est ce que dit la saincte Parole, que l'aduersité donne de la clarté à l'entendement, ainsi que le vent de Septentrion escarte les nuages & balaye le ciel[1]. Elle s'addressa* pour sa consolation, & depuis pour la conduitte* de son ame, à vn docte Religieux, & qui dans vn ordre fort reformé menoit vne vie fort exemplaire.

Cestui-ci que nous appellerons Euariste, voyant cet esprit dis-posé par la tribulation à receuoir les plus rares impressions de la grace, employa son soin & sa diligence à le perfectionner autant qu'il pouuoit. En peu de iours Blesille profita tellement en vertu sous la direction d'vn si bon maistre, que non seulement elle portoit auec patience* les mauuais traittemens de son mari, mais sans se plaindre de sa meschante vie, & luy en faire des reproches comme elle faisoit auparauant, elle se contentoit de posseder son ame par sa souffrance, & de prier Dieu qu'il ramenast Sabellic en vn meilleur sens, & en la voye de son salut.

Cependant elle estoit assidue aux Eglises apres auoir donné les ordres necessaires à son mesnage*, elle frequentoit fort souuent les

---

qu'il donna à Agar et plaça sur son épaule ; il lui remit aussi l'enfant, et la renvoya. Elle s'en alla, et s'égara dans le désert de Beer Schéba. »

1   Jb 37, 21.

sacremens de Penitence & de Communion, qui sont comme les
[478] deux piliers de la vie deuote, y adioustant la priere continuelle,
la mortification, & la prattique des autres vertus Chrestiennes. Et
parce que la femme (vray roseau du desert) est comme la vigne
qui ne peut sans appuy amener son fruict à maturité, elle estoit
ordinairement attachee aux oreilles de son Confesseur, prenant la
loy de sa vie, & la regle de ses actions de la bouche de cet Ange
du Seigneur des armees, dont les leures estoient gardiennes de la
science des Saincts. Lors que ses infirmitez l'empeschoient de sortir,
il l'alloit visiter en sa maison, accompagné d'vn Religieux de sainte
vie, selon la coustume des Congregations Reformees. Et quand il
ne pouuoit lui rendre ces debuoirs pour* de plus pressantes occupations*, qui le retenoient en son Conuent, il lui escriuoit pour
sa consolation, & quelquefois lui donnoit des enseignemens par
escrit pour son auancement en la vertu, & pour sa direction en la
vie spirituelle. Ce que ie dis ne semblera point estrange à qui sçaura
la grande & saincte liberté qu'ont les Ecclesiastiques & Religieux
en Espagne, tant en la conuersation*, comme au gouuernement
des ames qui se rangent sous leur conduitte*.

Sabellic voyant en sa femme outre sa pieté vne douceur extraordinaire, & qu'elle ne le trauersoit plus en ceste passion qu'il auoit
pour Eleuthere, luy tesmoigna de son costé moins de desdain,
& traittant auec elle plus paisiblement la voyoit quelque fois de
sorte que mesme elle en deuint enceinte.

Eleuthere, ce demon de chair dont Sabellic [479] estoit possedé,
s'apperceuant que Blesille commençoit par sa patience & sa
mansuetude à reconquerir le courage* de cet homme, a recours
à des artifices* diaboliques, pour empescher que le progrès de
ceste bonne intelligence* ne remist Sabellic au bon train d'où
elle l'auoit detraqué*[1]. Apres donc des mignardises & des caresses

---

1 Detraquer : «Faire perdre à un cheval ses bonnes allures [...] On dit encore
  Detraquer au figuré, pour dire Destourner d'un train de vie réglé, d'une occupation
  loüable.» Acad. 1694. Ici, de ce «bon train», au sens d'allure, qu'Eleuthere a fait
  perdre à Sabellic.

extraordinaires, chaisnes secrettes dont elle pressoit & retenoit
cet homme dans sa seruitude, elle commença à declamer contre
la deuotion de Blesille, qu'elle appela bigotterie & par apres
hypocrisie. Et voyant qu'elle auoit disposé peu à peu l'esprit de
ce fol amoureux à la creance de ce qu'elle luy vouloit persuader,
alors elle lui mit en teste que ceste feinte deuotion n'estoit qu'vn
voile de perfidie, & que Blesille s'en seruoit comme d'vn masque
à sa desloyauté.

Sabellic Espagnol, non moins vain* que voluptueux, & qui
auoit plus de soin de la conscience de sa femme que de la sienne,
se laissa aisement coiffer de ceste opinion, qui le rendit & ialoux
& furieux tout ensemble. La ialousie est vn mal frenetique à
quoy tout sert de nourriture, & les apparences les plus esloignees
de raison, & les raisons les plus esloignees d'apparence sont les
iniustes fondemens de ceste capricieuse humeur, laquelle entree
dans le ceruleau de ce bigearre*, y fit vn rauage pareil à celui
d'vn torrent, qui renuerse tout ce qui se rencontre au deuant à
l'impetuosité de son cours*. Il changea tout à coup de visage* &
de façons de faire deuant Blesille, laquelle desireuse de sçauoir
d'où lui procedoit ce nou[480]ueau mescontentement, entendit
tonner à ses oreilles les reproches, les iniures, les outrages* & les
menaces les plus sanglantes dont on puisse offenser* vne honneste* femme. Qu'eust-elle fait pour coniurer ceste tempeste,
sinon se taire & souffrir? Aussi bien les reparties n'eussent fait
qu'aigrir dauantage ce furieux, qui passoit tellement les limites
de la reuerence & de la modestie*. Son recours fut à Dieu, & à
celui qui en terre lui seruoit de truchement des volontez diuines,
son Confesseur. Helas le feu de ses blesseures prouint du remede
qu'elle y pensoit appliquer, d'autant que ceste conference* longue
& ordinaire qu'elle auoit auec Euariste redoubloit les ombrages
de ce ialoux. Il traitta donc si rudement ceste pauure innocente,
iusques à la frapper, sans auoir esgard à l'estat où elle se trouuoit
estant enceinte, que partie de douleur, partie par indisposition*
notable, elle fut contrainte de se mettre au lict, où elle fut attaquee

d'vne vehemente fiebure. En ceste extremité pour se disposer à la mort, elle fait appeler son Confesseur, lequel accompagné d'vn Religieux la vint trouuer pour entendre l'estat de sa conscience, & apres le benefice de l'absolution lui apporter toute la consolation dont il se pourroit auiser.

Comme il estoit en ces saincts deuoirs, auec vne pieté & charité incomparables, voici arriuer l'enragé ialoux, lequel sans doute possedé du malin esprit, & poussé par les instigations de ce tison d'enfer, dont il estoit amoureux, se iette sur ces innocens Religieux, blesse le compagnon du pere [481] Euariste d'vn grand coup d'espee sur la teste, de là fond sur le Pere, qu'il perça de plusieurs coups iusques à ce qu'il eust rendu l'ame à Dieu, puis d'vn mesme temps poignarde sa femme, faisant vn double meurtre d'elle, & du fruict qu'elle auoit dans ses entrailles.

Le Religieux blessé se sauua comme il pût, tandis que ce pere desnaturé s'alla ruer sur deux petits enfans qu'il auoit eus de Blesille, & les esgorge. Apres tant de massacres il croyoit encore non seulement meriter l'impunité, mais de la louange, comme s'il eust trouué Blesille & Euariste en faisant mal, ce qui estoit autant esloigné de la verité, que le ciel est escarté de la terre.

Ne se mettant donc point en deuoir de fuir, il tomba aisement entre les mains de la Iustice, où il auoüa franchement ce qu'il auoit fait, n'excusant pas seulement son crime, mais s'en glorifiant. Et quand on lui demanda pourquoy il auoit esgorgé ses deux enfans ; il respondit que c'estoient des bastards, qui deuoient porter la peine de la faute de leur mere. Quant à l'adultere imaginé le contraire se prouua clairement tant par les tesmoignages de la saincte vie d'Euariste, que par les lettres qu'il auoit escrites à Blesille, & les enseignemens qu'il luy auoit donnez, tracez de sa main, où l'on reconnut de quel pied il marchoit en la conduite* de ceste ame, qui s'alloit tous les iours auançant vers la perfection par le chemin de la tribulation & de la Croix. Cette innocence bien verifiee la coulpe* de Sabellic en parut plus horrible, & digne d'vn exemplaire chastiment.

Mais auparauant [482] que de le condamner, pour tirer vn plus grand esclaircissement de toute l'affaire, il fut appliqué à la question ordinaire & extraordinaire, où declarant ouuertement les motifs qui l'auoient porté à tous ces meurtres, la malicieuse* Eleuthere fut trouuee l'instrument dont le diable s'estoit serui pour porter ce miserable* homme à la ialousie, & de la ialousie à ces furieuses vengeances. Si bien que complice de ses meschancetez, elle fut sa compagne au supplice. Sabellic fut rompu tout vif, & Eleuthere pendue et bruslee.

D'où nous apprendrons en quels abysmes de mal-heurs* l'adultere precipite. Et pour le regard d'Euariste, mort dans vne persecution qui lui arriua pour vne œuure de iustice & de pieté, que pouuons nous dire, sinon qu'il a esté par ceste voye esleué de la qualité de Confesseur à celle de Martyr.

*L'Inconsideration.**

EVENEMENT XXIV.

Ce que la fabuleuse* vanité*[1] des Poëtes a feint* du Labyrinthe de Crete & du Minotaure n'est que trop veritable au faict des folles & inconsiderees* affections. Car outre qu'elles sont autant de dedales où l'on s'esgare, il s'y rencontre des monstres de mouuemens furieux, qui causent [483] ordinairement des accidens funestes. L'on dira ce que l'on voudra de la liberté de la France pour le regard des conuersations* : mais quelques iustifications que l'on apporte de la candeur du procedé de nostre nation, il ne se peut nier sans desmentir vne frequente experience, que ceste liberté meine au libertinage*, & que beaucoup de mal-heurs* naissent de ceste trop grande facilité. Nous portons vn thresor

---

1   Les fables vaines. *Cf.* Préface [8].

(dit le grand Apostre) en des vases de terre[1], & ces vases de terre
sont si fragiles, qu'en s'approchant ils s'entrebrisent, & ainsi se
perd le thresor de l'honneur, de la vie & de la reputation. Et puis
quand quelques tragiques succez* en sont arriuez, c'est à blasmer
la legereté d'vn sexe, la temerité de l'autre, l'inconsideration* de
tous les deux.

Si les parens de Saphire, dont la beauté & la legereté ruinerent
l'honneur & la vertu, n'eussent point permis vn si long & libre
accez à Mison, cadet d'vne bonne maison de la basse Aquitaine,
aupres de leur fille, tant de mal-heurs* ne fussent pas nez de l'inconsideration* de ces ieunes Amans. Ce ieune Gentil-homme qui
n'auoit autre bien que la gloire de sa naissance, ny autre moyen
de s'auancer que son courage* & son espee, le temps de la paix
rendant l'vn & l'autre inutile, le porta à rechercher dans quelque
parti auantageux l'inuention de se tirer de la necessité*, & de se
mettre à son aise. Sur ce dessein il ietta les yeux sur Saphire, dont
la noblesse & les richesses estoient au dessus du commun. Au
commencement il iugea son proiect temeraire, mais sa generosité* naturel[484]le l'esleuant au dessus des considerations* plus
timides, lui fit tenter* ceste fortune. Et parce que les glorieuses
entreprises veulent estre soustenues auec vn courage* inuincible,
bien qu'il y eust peu d'apparence que Mison pust arriuer à l'alliance de Saphire, il s'essaya d'entrer en ses bonnes graces, laissant
le reste au bon-heur*, duquel il ne vouloit pas desesperer. Aussi
lui succeda*-il[2] si à propos, que rendant ceste fille susceptible de
sa passion, elle receut autant de flamme qu'elle en auoit allumé
dans le cœur de Mison.

Ie me respandrois volontiers dans les particularitez* de sa
conduite*, si cet ouurage n'estoit pas plustost destiné à representer le gros des Euenemens que leurs circonstances, lesquelles
ne se peuuent despeindre sans oster beaucoup à la brieueté

---

1 2 Co 4, 7.
2 Impersonnel.

du suject. Aussi bien dequoy seruiroit de monstrer par quelles
pentes mal-heureuses* ceste fille arriua au precipice de sa ruine,
sinon à desployer la honte de la misere humaine, & la malice*
des artifices* de Satan ? Ils en viennent si auant par leurs folles
intelligences*, que ceste fille inconsideree* (sans se souuenir que
l'honnesteté lui defendoit d'eslire vn parti sans le consentement
de ceux qui l'auoient mise au monde) lui promet mariage, &
sur ces promesses indiscrettes* se portent aueuglement à ce qui
ne peut estre honneste* ny legitime que dans ce lien sacré. Ce
negoce des tenebres dura quelque temps auec tant de bon-heur*
en ce mal-heur*, que Saphire ne se douta[1] iamais d'estre mere
auant que d'estre femme, bien qu'elle vesquit en ceste continuelle
apprehension, qui [485] mesloit d'amertume toutes les douceurs
de ses iniustes plaisirs.

La France, comme la mer, n'est iamais sans agitation, & les
mouuemens* qui ruinent les autres Estats, contribuent, ce semble,
à sa conseruation. Tout à coup vne reuolte s'y esleue, & tous les
Gouuerneurs reçoiuent commandement de se retirer en leurs
prouinces & en leurs places. Vn oncle de Mison employé dans
l'armee du Roy, ne pouuant mieux confier qu'à son nepueu vne
place importante, & qui bridoit* vn fleuue principal, luy en donne
la charge en son absence. Ceste occasion necessaire* separa ces
Amans, desquels nous tairons les regrets & les plaintes accoustumees. Encore que deuant que de se dire Adieu, ils renouassent
par mille & mille sermens les promesses qu'ils auoient si solennellement escrittes, iurees, & trop licentieusement cachettees,
les vents emporterent tous ces discours, & le ciel se mocqua de
toutes ces asseurances. Mison s'en va dans son preside* auec vne
fueille signee de la main d'vne fille, sans songer que le moindre
souffle la pourroit emporter. Les gages precieux de son honnesteté,
dont elle l'auoit rendu depositaire, lui persuadoient qu'elle ne

---

1 Ici : Penser, supposer, prévoir. H. Le sens premier est bien douter, ou craindre ;
   mais il est incompatible avec le reste de la phrase.

logeroit iamais ses affections en vn autre lieu : mais il en auint
tout au rebours de ses pensees. Car soit qu'elle fust rassasiee de
la possession de Mison, soit l'impossibilité de faire consentir ses
parens à ceste alliance, soit la honte de sa faute, soit la legereté
naturelle, soient les soupçons qui l'assaillirent, ce Gentil-homme
disparut presqu'aussi tost de sa memoire que de [486] ses yeux,
& son ame alteree de nouueaux obiects se rendit aux premieres
affections qui se presenterent.

Vn Gentil-homme riche, & pourueu d'vne belle charge, ayant
ietté les yeux sur elle, la desira pour femme, & sans beaucoup
de mines* & de ceremonies la fit demander à ses parens, qui ne
sçachans rien de l'accointance* de ceste inconsideree* auec Mison,
& iugeans ce parti fort auantageux, ne firent aucune difficulté de
respondre qu'ils tenoient à beaucoup d'honneur ceste alliance.
Saphire esblouye de l'honneur & des commoditez* qui s'offroient
à elle par ce mariage, & desgoustee de la pauureté du cadet Mison,
se laissa doucement aller à ceste recherche, contrefaisant la fille
modeste, & qui n'auoit point d'autre volonté, ny d'autre veuë
que celle de ses parens.

Anaximandre (appelons ainsi ce nouueau poursuiuant) s'engage donc en ceste poursuitte, où trouuant de l'aggreement & de
la facilité de tous les costez, il tombe aussi tost d'accord, & fait
les preparatifs de ses nopces. Mison en a le vent, qui en escrit à
Saphire, ne pouuant desemparer* la place qu'il gardoit, & autour
de laquelle rodoient les rebelles.

La dissimulee Saphire, bien aise de le voir engagé en ceste
forteresse, l'amuse* de nouuelles protestations, & l'asseure par
des sermens aussi execrables qu'ils estoient faux, qu'elle choisiroit
plus tost vn tombeau, que d'estre à vn autre homme qu'à son
cher Mison. Prattiquant en cela ceste maxime malicieuse*, qu'il
n'y en a point qui ayent [487] plus de dessein de tromper, que
ceux qui iurent extraordinairement. Mison se fiant à ces belles
paroles, & ne pouuant se persuader que celle qui s'estoit donnee à

luy en tant de façons, deust commettre vne si solennelle perfidie, s'occupe aux exercices de Mars, tandis que Saphire s'engage auec Anaximandre sous les liens d'Hymen.

Mison ne sceut pas plustost les nouuelles de ce mariage, que perdant en mesme temps l'espoir de sa fortune, & de son amour, il entra en la plus grande rage qui puisse agiter vne ame forcenee. Quelles paroles de precipitation ne vomit-il contre la desloyauté de Saphire ? de quel charbon ne noircit-il sa renommee, iusques à publier les faueurs qu'il auoit euës de ceste fille inconsideree*, & à manifester ce qui s'estoit secrettement passé entr'eux ?

Ces discours ne tomberent pas à terre, mais furent recueillis par des rapporteurs, qui les firent entendre à Saphire, laquelle au commencement pour destourner ceste tempeste qui menaçoit son honneur, fit des lettres d'excuse à Mison, reiettant son mariage sur la contrainte de ses parens, couurant de ce voile son inconstance. Mais Mison ne se payant pas de si foible monnoye, n'attendoit que le temps de la paix pour sortir de son fort, & faire la guerre à outrance à la reputation de Saphire. Foible vengeance certes à vn homme de courage* comme luy. Mais quoy ? Cet appetit furieux est si aueugle, qu'il ne considere aucune bien-seance.

Le mouuement* estant appaisé, & Mison en li[488]berté d'aller où il voudroit, il vint en la ville où Anaximandre faisoit sa demeure auec sa nouuelle espouse, laquelle il commença de sacrifier à sa mesdisance, auec des termes si mordans & si outrageux, que i'aurois honte de les rapporter, mesme en les blasmant. Ce qui piqua de telle sorte l'esprit de ceste femme, qu'elle anima son mari au ressentiment* de cet outrage*, qui le regardoit aussi bien qu'elle. L'insolence* de Mison s'esleua iusques à tel poinct, qu'Anaximandre eust esté tout à faict insensible s'il n'en eust voulu tirer sa raison, Mison se vantant par tout de sa turpitude, au desauantage de l'honneur, & de la renommee des mariez. La brutale* fureur des duels, quelques edicts que l'on fasse pour la retenir, est neantmoins la voye ordinaire, par laquelle les Gentils-hommes en France vuident leurs differens,

& vengent les torts qui leur sont faits. Anaximandre fait appeler Mison, lequel n'attendant autre chose, se porte aussi tost sur le pré, où soustenant vn mauuais droict auec vne bonne espee, & vne addresse de Cadet consommé au maniment des armes, en peu de temps il fit mordre la terre à Anaximandre, auquel il osta la vie auec la lame, apres luy auoir raui l'honneur auec la langue. Qui ne blasmera ici l'iniustice du sort des armes, principalement dans les combats singuliers, où assez souuent les offensez sont battus? Et quoy que l'on die qu'ils lauent leur honneur dans leur sang, ils le perdent auec la vie.

Voila Saphire presqu'aussi tost vefue que mariee : car tout ceci se passa en moins de six mois. [489] Voila Mison en fuitte, ayant sur les bras de fortes parties*, les parens d'Anaximandre. La confiance qu'il auoit au credit des siens, fit qu'au lieu de sortir de la France il se contenta de s'escarter de la prouince, attendant que le temps & la faueur lui pussent faire obtenir la grace du Prince.

Tandis qu'il repose sur ceste esperance, Celee frere & heritier d'Anaximandre veille pour le faire prendre. Et d'effect il le cheuale* si diligemment, qu'il le faict tomber entre les mains des Preuosts, qui l'amenerent en la ville où le Parlement reside, où son procés fut en estat de iuger deuant que l'on pust estre* à la Cour pour obtenir sa grace. Il fut donc condamné à perdre la teste, & la perdit apres auoir declaré en ceste extremité de sa vie les illicites faueurs qu'il auoit obtenues de Saphire, sous les promesses de mariage qu'il fit paroistre auec plusieurs lettres qui faisoyent le procés par escrit à la reputation de ceste femme, laquelle perdue d'honneur se retira en vne maison des champs, pour y souspirer le reste de ses iours, la folie de son inconsideration*, qui la remplit d'autant de honte & de misere, qu'elle eust esté comblee de biens & d'honneur, si elle se fust conduitte selon le deuoir d'vne fille sage & bien esleuee.
[490]

La Mortelle Auarice.

EVENEMENT XXV.

C'est vne estrange passion que celle de l'Auarice, & qui a des bigearreries* incomparables. Elle donne vn extreme & impatient desir d'auoir, & oste celui de iouyr de ce que l'on a. Ce qui a faict dire à cet ancien Comique, qu'à l'auaricieux autant defaut* ce qu'il a, que ce qu'il n'a pas. La crainte de tomber en necessité* faict souhaitter & rechercher des biens à celui qui est attaint de ceste maladie, & la mesme crainte de se voir en necessité* l'empesche de se seruir de ceux qu'il a en main. Vray Tantale[1] alteré au milieu des eaux, & affamé parmi les viandes comme vn Midas[2]. Il y a des malades si tacquins*, qu'ils se laissent mourir plustost que de faire quelques despenses en Medecins & en remedes. Quand ils ont des thresors ils en sont plustost les gardiens que les proprietaires. C'est pour cela que Dauid les appelle les hommes des richesses[3] comme s'il disoit que les richesses les possedent plustost qu'ils ne possedent les richesses, esclaues attachez auec des chaisnes d'or, semblables à ces fourmis des Troglodytes, qui sont d'vne grandeur extraordinaire, & que l'on tient garder l'or des minieres sans en vser. Ou bien à ces rats qui viuent dans les mesmes minieres d'or, desquels on ne peut tirer aucun profit que quand on les euentre pour [491] leur arracher des entrailles le metal qu'ils ont deuoré. L'auaricieux n'est bon à aucun, & est

---

1   Fils de Zeus et de Ploutô, riche, admis à la table des dieux et promis à l'immortalité, Tantale, pour avoir à un festin des dieux servi la chair de son propre fils, fut condamné à souffrir au Tartare de soif et de faim éternelles, enchaîné dans un cours d'eau bordé d'arbres fruitiers. Lorsqu'il se penche pour boire, l'eau se retire ; lorsqu'il tend la main vers un fruit, la branche l'éloigne de lui.
2   Ayant reçu de Bacchus le pouvoir de transformer en or tout ce qu'il touchait, Midas ne pouvait plus se nourrir, parce qu'à son contact les mets devenaient d' or. Ovide, *Métamorphoses* XI.
3   Ps 76, 6.

mauuais encore à lui-mesme, se retrenchant souuent ce qui lui est necessaire, aimant mieux remplir sa bourse que sa bouche. S'il a du vin dans sa caue, il boira tousiours le pire, & vendra le meilleur, & souuent faute de faire vne petite despense à couurir sa maison, par la suitte du temps il s'y faict vne vaste ruine. Il est pauure parmi la richesse, & par où il pense profiter, la perte lui arriue. De contentement & de satieté, il n'en peut auoir, veu que son desir est vn abysme qui ne peut estre rempli. Mais ce que ie trouue de plus miserable* en ce vice, c'est l'extreme necessité* où il reduict ceux-là mesme qui sont dans l'abondance. Hannibal assiegeant vne ville du territoire de Capouë, mit les assiegez à tel point de famine, que ce qui se pouuoit manger se vendoit au poids de l'or. Vn Citoyen auare vendit vn rat qu'il auoit pris, pour la somme de deux cens pieces de monnoye. Il arriua que ce vendeur mourut de faim, & que l'achepteur sauua sa vie par ceste chere viande[1] Cet exemple est obscur*[2] & bas à comparaison de l'Euenement que ie vay deduire*, où l'on verra vn Roy Pontife perdant la vie & la Souueraineté par vne auarice aussi peu iudicieuse que sordide.

Auparauant que le grand Seigneur, qui tient le Siege de son Empire à Constantinople, eust faict la conqueste & soumis à sa puissance le Royaume de l'Egypte[3] à Baldac, d'autres disent Badget[4], c'estoit l'ancienne Babylon ou Memphis, quelques vns

---

1 « C'est dans cette ville que 540 Prénestins soutinrent contre Annibal, alors au fort de ses succès, ce siège mémorable, pendant lequel on vit, tant la famine était rigoureuse, un rat vendu jusqu'à 200 drachmes soutenir les jours de celui qui l'avait acheté et coûter la vie à l'imprudent qui l'avait vendu. » Strabon indique en fait qu'il s'agit de Casilinum, voisine de Capoue. Strabon, *Geographica*, 5, 4, 10.
2 *Cf.* note 1 p. 215. Camus veut dire que son récit traite de personnes d'un rang social beaucoup plus élevé.
3 Saladin – Salah ed-Din Youssouf ben Ayyoub – conquiert l'Égypte en 1169. La troisième croisade, dirigée par Frédéric Barberousse, est déclenchée en 1187 par la prise de Jérusalem par Saladin.
4 Bagdad. : « Bagdatum, seu Bagdadum, Bagdetia, in scriptis veterrimis Baldac seu Baldach, a nonnullis etiam Nova Babylon [...] » http ://la.wikipedia.org/wiki/Bagdatum.

estiment que ce soit à present le grand [492] Caire : le Pontife qui presidoit aux choses de la Religion sous le nom de Caliphe fut esleué à la Royauté par le commun consentement des peuples. De sorte qu'en vne mesme main estoyent les choses qu'ils estimoyent sacrees, & les profanes, les affaires de l'Estat, & du culte diuin, ou pour mieux dire le gouuernement & spirituel & temporel. Enuiron le douziesme siecle depuis l'auenement du Fils de Dieu, l'Empereur Frideric[1] ayant leué vne puissante armee pour la conqueste de la terre Saincte, vint prendre terre à Damiette & à Iaffa, & desia faisoit de grands progrès en ceste entreprise, quand le Caliphe qui estoit Mahumetan, redoutant d'auoir les Chrestiens pour voisins, parce qu'il sçauoit que les armes victorieuses ressemblent au feu qui ne s'arreste pas où il s'esprend, mais va tout autant qu'il rencontre de matiere combustible : s'auisa d'appeller à son secours Saladin Roy d'vne partie de la Tartarie, quelques vns l'appellent Aland, d'autres Eleon. Cestui-ci vint à ceste semonce* auec vne armee si nombreuse, qu'elle estonnoit par sa multitude ceux qui la consideroyent. Et d'effect ceste puissante digue arresta le cours* des armes Chrestiennes, qui s'en alloyent comme vn torrent impetueux rauageant tout ce qui s'opposoit à leur fureur[2]. Apres que ceste tempeste fut accoisee*, Saladin estant sur le point de s'en retourner, demanda quelque assistance de deniers au Caliphe pour souldoyer ses gens de guerre, qui commençoyent à se mutiner à faute de faire monstre*.

L'auare Pontife, qui eust plustost tiré le sang [493] de ses veines que ses thresors de ses coffres, thresors qui estoyent grands & amassez de longue main, voulut donner de belles paroles au Tartare, & le payer d'excuses assez mal colorees. Ie suis, luy fit-il dire par ses Ambassadeurs, tout espuisé d'argent, à cause des grandes leuees d'hommes que i'ay faictes pour la garde de mes Estats, il m'est impossible de vous donner contentement. Et pour

---

1 Frédéric Barberousse ; v. note 3 p. 813.
2 Richard Cœur de Lion échoue devant Jérusalem fortifiée par Saladin en 1192. Peu après, un traité entre Saladin et lui met fin à la troisième croisade.

ne le despiter* pas tout à faict, il lui promettoit de luy donner
recompense s'il auoit du temps pour respirer, & faire nouuelle
cueillette de deniers.

Le Tartare naturellement fier & d'vn grand courage*, lui fit
response qu'il n'auoit pas l'esprit mercenaire, & qu'il n'estoit
venu à son secours que pour auoir la gloire de l'obliger, que la
necessité de ses affaires le pressoit à lui demander ce subside pour
reconduire son armee dans ses terres sans desordre & mutinerie,
& donner sujet à ses soldats & à ses Capitaines de se remettre
vne autre fois franchement sous ses enseignes* en se voyant bien
payez. Mais que s'il estoit vne fois dans ses Estats, les recom-
penses* seroyent hors de saison, parce que le besoin present ne
le presseroit plus.

Le Caliphe iugea bien par ceste repartie, que le Tartare auoit
bon nez, & qu'il auoit descouuert sa ruse, qui tendoit à l'escarter
de ses terres & le renuoyer dans les siennes auec des belles promesses, dont par apres il se feroit quitte* par d'autres subtilitez.
Son humeur taquine* & tenante* le faict neantmoins perseuerer
en sa premiere res[494]ponse, resolu de perdre tout, plustost que
de faire breche ni ouuerture à ses thresors. Ce qui mit le Tartare
en telle cholere, qu'apres auoir arresté l'effort* des armes des
Chrestiens, il tourna la pointe des siennes contre le Caliphe, &
l'assiegea dedans Baldac, où il s'estoit renfermé. Il estoit bien
auerti que ce Pontife auoit de grands amas de deniers, & qu'il
refusoit de l'en assister, plustost par defaut de volonté, que par
manquement de puissance, ce qui l'opiniastra au siege qu'il auoit
commencé.

Comme il[1] auoit esté mis à l'improuueu[2] n'y ayant personne
qui iugeast que celui-là deuint ennemi qui estoit venu comme ami,
les viures dont on n'auoit point faict de prouision manquerent
dans peu de iours, & les assiegez furent reduits à vne extreme

---

1 Le siège.
2 V. note 1 p. 400.

disette. Les soldats qui estoyent tous les iours en faction pour la defense des murailles, eurent bien tost consumé leurs soldes pour se nourrir. Si bien qu'à mesure que la cherté croissoit, ils demandoyent augmentation de paye. Le Caliphe qui eust plutost diminué de sa vie que de ses thresors, faisoit tous les iours des leuees de deniers & de viures sur les habitans pour contenter les soldats. Les Citoyens vuides à la fin de tous moyens, conspirerent auec les gens de guerre contre l'auare Pontife, & capitulerent* auec le Tartare, promettans de l'introduire dans la cité, pourueu qu'elle ne fust point saccagee, & qu'il se contentast de prendre les thresors du Caliphe, & le punir de sa sordide Auarice. Saladin qui estoit fort auisé, receut ces offres auec applaudissement, & iura de conseruer les habitans & tous [495] leurs biens comme la prunelle de son oeil.

La ville prise le Caliphe tomba entre les mains du Tartare, qui se fit maistre de son chasteau & du donjon, où il auoit enfermé toutes ses richesses. En ayant faict enfoncer les portes, car l'auare Pontife lui dict qu'il mourroit plustost, que de lui enseigner le lieu où s'estoyent les clefs, Saladin fut tout emerueillé de voir le prodigieux amas d'or & de pierreries qu'auoit faict le Caliphe, l'histoire (à la caution de laquelle ie me rapporte) met seize cens mille marcs d'or[1], & trois fois autant d'argent, auec des pierres precieuses en nombre extreme & de valeur inestimable. Saladin nageant d'aise d'auoir trouué le moyen d'exercer sa liberalité, & ne voulant pas faire vn chastiment cruel de la taquinerie* du Caliphe, s'auisa de l'enfermer dans ce donjon sans aucuns viures, en lui disant. Si tu n'eusses point esté tant attaché à cet amas, tu auois dequoi me contenter, dequoi deliurer ta ville de siege, ton pays d'oppression, & le moyen de conseruer ta vie. Va

---

1   Poids de huit onces ; l'once est environ 30 gr ; en France, le marc a longtemps valu 100 livres ; ce qui fait très bien, dans ce trésor, 160 millions de livres en or. Pour comparer, puisque dans le xviie siècle la monnaie est à peu près stable, rappelons que Versailles a coûté 70 millions de livres, 4 fois le budget annuel royal.

maintenant & vse de ces richesses que tu as tant cheries, & boy & mange si tu peux toutes ces choses, rassasie-toi en mourant de ce que tu as tant cheri durant ta vie.

Cela dit, il fit fermer les portes sur luy, & durant six ou sept iours qu'il passa en festins & en ioyes, le mal-heureux Caliphe mourut de faim, comme vn autre Midas parmi son or & ses pierreries. Apres sa mort Saladin distribua vne partie de ce thresor tant à ses gens de guerre qu'à ceux de la ville qui lui auoyent aidé à la ranger sous son obeyssance, & mesme de lui seruir à gaigner les [496] cœurs des principaux de l'Egypte dont il fut recognu pour Roy par vne longue suitte d'annees.

Voyla où la liberalité esleua la gloire de ce braue* Tartare, & en quel abysme de mal-heurs* la tacquinerie* plongea ce miserable* Caliphe, lequel aima mieux tout perdre que de toucher à un thresor dont il estoit plustost gardien que proprietaire, & dont il estoit plustost possedé qu'il n'en estoit le possesseur. Il eut neantmoins ce bon-heur* en son mal-heur* de mourir parmi ses plus cheres delices, & de rendre l'ame sur le thresor où son cœur estoit attaché, pareil à ce Prince qui choisit de mourir dans vne pipe de maluoisie[1] ayant durant sa vie fort aimé ceste liqueur*[2] Il est à croire que si Caliphe fust mort sans contrainte, il se fust par son testament institué lui-mesme son heritier, ou qu'il eust imité l'auarice extreme de celui dont parle Athenee, qui peu deuant que de mourir auala plusieurs pieces d'or, & fit coudre à sa robe, auec laquelle il vouloit estre enseueli, celles qui lui res-

---

1 Sorte de grande futaille qui sert à mettre du vin, et qui contient un muid et demi (le muid contient entre 575 et 788 litres). La malvoisie (malvaisie, malvesie) est un vin liquoreux, à l'origine grec.

2 Il s'agit du Duc de Clarence, frère d'Édouard IV. Soupçonné de vouloir accéder au trône en épousant Marie de Bourgogne, il fut emprisonné à la Tour de Londres et jugé devant le Parlement pour trahison. Condamné à mort le 7 février 1478, il fut exécuté dans la Tour le 18. Personnage dans le *Richard III* de Shakespeare. La légende disant qu'on lui laissa décider comment il voulait mourir et qu'il choisit d'être noyé dans un tonneau de vin est certainement due au fait qu'il avait effectivement montré durant sa vie un goût immodéré pour ce vin. Il est probable qu'il fut en fait discrètement noyé dans son bain.

toyent, comme s'il eust voulu porter ce metal en l'autre vie¹. Et
la mort de ce Caliphe me faict souuenir de ce que fit Alexandre
pour reprendre* vn de ses Thresoriers, qui n'auoit faict prouision
que d'argent, sans se soucier d'acheter les denrees necessaires à la
vie de son train. Estant donc en vn lieu où le fourrage manqua
pour ses cheuaux, il fit mettre de l'argent dans leurs auges, lui
monstrant par la qu'encore que ce metal soit le prix de toutes
choses, & que ceux qui en ont beaucoup peuuent manquer de
celles qui leur sont plus necessaires². [497]

L'Empoisonnement.
EVENEMENT XXVI.

Comme l'ennemi couuert est pire que le descouuert, aussi
l'homicide qui se faict par la poison est plus detesté par la raison
& par les loix, que celui qui se faict par le glaiue. Mais comme
Dieu a en abomination, selon qu'a chanté le Roy Profete, les
hommes de sang,³ aussi a t'il en horreur les trompeurs & les
traistres, faisant souuent retomber la trahison sur la propre* teste
qui l'a ourdie. Et certes c'est vne iustice manifeste du ciel, quand
les artisans de quelque malice* ou meschanceté perissent comme
des Phalaris dans leur propre artifice*, tombent dans la fosse qu'ils
ont creusee, & sont accueillis* de la mort qu'ils auoyent preparee

---

1   Athénée (Athenaios), grammarien / compilateur grec, (170 ?-230 ? a.d.), auteur du
    Banquet des sophistes (*Deipnosophistai*) qui, mettant en scène un banquet d'auteurs
    et d'érudits aussi bien vivants que morts, relate les conversations de table de ses
    personnages, touchant de nombreux sujets, mais surtout la table.
2   Plutarque, *Vie* d'Alexandre, LXXXIX : « [Abulites] n'avait amassé aucune des
    provisions qui lui avaient été commandées ; mais il lui présenta trois mille talents
    d'argent monnayé, qu'Alexandre fit mettre devant ses chevaux ; et comme ils n'y
    touchaient pas : "À quoi bon me sert cette provision", dit-il à Abulites ; et il ordonna
    qu'on le chargeât de chaînes. »
3   Ps 5, 6.

aux innocens[1]. Nous allons voir ceci en vne Histoire non moins pitoyable, qu'elle est tragique, & en laquelle nous descouurirons par quelles voyes Dieu appelle à son seruice ceux qu'il a destinez au ministere de ses autels.

C'est vne erreur de nostre Climat de reietter en vne autre nation, de laquelle nous sommes separez par de grandes montagnes, l'vsage des venins*. Car quand bien on auoüeroit que ces estrangers s'en seruent plus que nous à l'execution de leurs vengeances, il ne s'ensuit pas que nostre terre soit sans poisons, & qu'il n'y ait des ames malheureuses* qui s'en seruent pour arriuer au but de [498] leurs pernicieux desseins. Ie ne veux donc point flatter ma patrie, ni la dire tout à faict exempte de ces monstres, qui sous des semblans d'amitié produisent les plus signalez* effects de la haine. En l'vne de nos plus fameuses citez (dont ie tay le nom pour ne ietter sur vn public vne desloyauté particuliere)* Erifile la gloire des filles qui l'embellissoyent, fut ardamment aimée & honorablement recherchee par Arpague, Gentil-homme plus noble que riche, plus malicieux* que vaillant, & qui sous vne remarquable beauté cachoit vn grand défaut de courage*. Ses defauts estoyent secrets, & ses graces visibles, de sorte qu'il fut aisé à Erifile de se laisser gaigner le cœur à tant de belles apparences. Sous vne

---

1 « Phalaris Roi très cruel des Agrigentins, pource qu'il prenait plaisir d'avoir plusieurs engins propres à tourmenter les criminels, Pérille s'adressa à lui, lequel espérant quelque grande récompense lui fit un taureau d'airain, auquel le feu mis dessous, les pauvres patients qu'on y enfermait étaient rôtis : Mais par le commandement du Tyran, ce gentil* ouvrier porta premier la peine du tourment qu'il voulait faire aux autres endurer. Le peuple aussi ne pouvant plus souffrir la trop inhumaine cruauté de Phalaris, lui courut sus, & l'ayant enclos dans ce taureau, après lui avoir premiè-rement coupé la langue, lui firent tout vif consommer les derniers jours de sa vie. » Maurice de La Porte, *Les Épithètes*, 1571. fᵒ 203 rᵒ [Gallica, N0050715_PDF_412]. Selon Lucien de Samosate, XXX, 11, Phalaris (1ᵉʳ Discours), Perillus (Perilaüs chez Lucien) avait inventé et proposé à Phalaris, tyran d'Agrigente, un taureau de bronze dans lequel les victimes humaines rôties devaient achever d'amener à la vie la statue en produisant par leurs hurlements des sons semblables aux mugissements du taureau. Phalaris, outré de tant de cruauté, le fit descendre dans le taureau et ordonna qu'on allume le feu.

mine* de Paris[1] il receloit la piperie & la fraude, & sous vne feinte douceur il couuroit vne humeur d'aspic toute composee de fiel & de venin. Ialoux, ombrageux, traistre, cruel, sous des masques de franchise*, de candeur, & de condescendance*. Il n'est rien de si dangereux que ces cœurs doubles, qui contrefont les simples, & qui n'ont rien de si contraire que le front & la langue, parlans (comme dict le Roy Profete) en vn cœur & en vn cœur[2]. Mais las! il n'y a que Dieu qui puisse penetrer les cachettes du cœur, les hommes ne voyent que le visage, & n'oyent que les paroles. Ce fut par là qu'Erifile fut prise, & en sa prise qu'elle fut deceuë*. Comme cet homme lui tesmoignoit d'extremes passions, elle se trouua pour lui blessee d'vn mesme traict, & elle l'aima auec autant de sincerité* & d'honnesteté, qu'il monstroit de naïueté & de bonne foy en sa [499] conduitte*. Qui eust dict que sous de si belles apparences il eust voilé vne mauuaise humeur? Mais aussi qui ne sçait que les serpens se cachent sous les fleurs les plus specieuses*.

Il n'eut pas plutost descouuert l'affection que ceste fille lui portoit, dont il eut toutes les asseurances que l'honneur & la bien-seance peuuent permettre, qu'il commença à leuer le masque, & sous le nom de seruiteur à vsurper l'auctorité de maistre, trenchant presque du mari, auec vne tyrannie qui n'estoit pas supportable à vne fille, esleuee sous la libre nourriture* qu'elles prennent en nostre nation. Il n'y a rien de si contraire à l'humeur de nostre air, que la contrainte & l'esclauage. Et quoi que l'on die que la ialousie est l'ombre inseparable de la flamme de l'amour, c'est tousiours vne ombre, & l'ombre n'est point sans la malignité* des tenebres. Ce mal si ordinaire parmi les habitans de delà les monts n'est pas si commun sous nostre ciel, où nous respirons

---

1   Pâris, fils de Priam, qui, exposé à sa naissance par ses parents et élevé par le berger Agelaos, devient un très beau jeune homme, et est choisi par Zeus pour être le juge du concours de beauté entre Aphrodite, Héra et Athéna.

2   V. note 1 p. 725.

vn air plus franc, & où comme la bonne foy est plus grande, la
deffiance est moindre. Ceste humeur ialouse qu'Arpague fist
paroistre trop tost pour son profit, quoi qu'il la parast des liurees
de l'amitié, despleut extrememement à Erifile, & r'abbatant beaucoup
de l'estime qu'elle faisoit de ce Cheualier auparauant qu'elle
l'eust recognuë, ralentit de beaucoup son premier feu, que non
seulement elle cacha sous les cendres de la modestie* & de la
discretion*, mais qu'elle amena iusques à vne tiedeur qui approchoit de l'amortissement*. Ceci ne pût estre inconnu à Arpague,
lequel estant d'vn [500] naturel fort dissimulé, penetra fort subtilement dans la dissimulation d'Erifile. Il n'auoit pas seulement
ietté ses affections sur le merite de ceste creature, mais encore
sur son bien, qui n'estoit pas petit, l'esperance de sa bonne for-
tune¹, ayant de ceste façon deux cordes à son arc, & deux visees
dans son esprit. C'est ce qui le rendoit vigilant comme vn Argus
autour de ceste Ino², prenant garde à tous ceux qui l'abbordoyent,
espiant leurs contenances* & leurs regards, pesant leurs paroles,
remaschant leurs actions, deuinant leurs desseins, & estudiant
si exactement tous les deportemens* d'Erifile, qu'il la tenoit en
vne gesne qui n'estoit pas supportable. Qu'eust-il faict s'il l'eust
espousée, puisque n'estant encore que dans les pretensions* d'vne
recherche il la tenoit en vne telle contrainte, qu'il controolloit
toutes ses paroles, & vouloit qu'elle reglast ses accueils, ses ris,
ses entretiens*, son maintien & ses oeillades selon les seueres
loix que lui dictoit sa ialousie? Cela fit redouter à Erifile l'esprit
imperieux de cet arrogant seruiteur, ne pouuant esperer que le
ioug d'vn Tyran, si elle l'auoit pour mari : & comme le flambeau
qui fume est facile à r'allumer, & le marché bien tost conclu auec
vn second marchand, quand on est dans le desgoust du premier :

---

1 Chiasme : Il n'avait pas seulement jeté ses affections sur le mérite [...] mais aussi
   l'espérance de sa bonne fortune sur son bien [...].
2 Lire Io : belle fille du roi d'Argos, soumise à la surveillance d'Argus aux cent yeux
   par Junon, dont le mari Jupiter s'était uni à Io en la transformant en génisse.

Chrysolas ayant trouué dans le visage d'Erifile dequoi arrester ses
yeux, & dans son esprit dequoi captiuer ses desirs, il ne lui eut
pas plustost declaré ses intentions qui tendoyent à ce sacré lien,
qui est appellé honorable en tous, qu'elle se trouua de naphthe
à ces nouuelles flammes, & en fut telle[501]ment esprise qu'en
vn moment tous les traicts d'Arpague qui s'estoyent grauez sur
son cœur en furent effacez, ne lui restant dedans le souuenir que
la honte de l'esclauage qu'elle auoit souffert sous le nom & la
qualité de maistresse.

   Allez Amans, & iettez sur le sable d'vn sexe si changeant, les
fondemens de vos esperances, appuyez-vous sur ces bastons de
roseau, & fiez-vous aux paroles de celles qui passent les vents
en legereté & en inconstance. Il est vray qu'Arpague est en
quelque façon cause de ce changement, ayant par sa mauuaise
humeur donné sujet de haine à celle dont il recherchoit de se
faire aimer par toute sorte d'artifices* : mais artifices* semblables
aux toiles d'araignee, qui sont deschirees par le premier souffle.
Il est vrai aussi que comme le plus gros aimant attire plustost le
fer, comme ayant plus d'esprits attractifs : outre les qualitez de
la personne de Chrysolas beaucoup plus recommandables* que
celles d'Arpague, elle fut conuiee à se tourner vers ce nouuel
Amant, parce que l'esclat de sa fortune & de sa naissance estoit
plus grand que du premier.

   Si en ceci Erifile faict paroistre de l'inconstance, outre le suiet
que nous en auons auancé dans la bigearre* humeur d'Arpague,
que l'on en cherche des excuses dans son sexe si l'on veut, de
qui ce defaut n'est pas tant accident, que substance : ni qualité
acquise, que naturelle. Ceux mesme de qui dependoyent les
volontez d'Erifile donnerent couleur à ce changement, & comme
elle ne manquoit non plus d'esprit que de [502] beauté, elle fit
industrieusement valoir le pretexte de son obeyssance au preiudice des protestations d'eternelle amitié qu'elle auoit faittes à
son premier poursuiuant.

Arpague qui se voit desarçonner auec la lance doree d'vne specieuse* excuse, cachant le venin d'aspic sous la langue, & le fiel de dragon dans son cœur, non content de mesler dans les plaintes qu'il faisoit de la perfidie d'Erifile, des discours de mesdisance fort desauantageux à l'honneur de ceste Damoiselle : delibera de se deffaire de celui qui le vouloit supplanter. La noblesse, les biens, & la valeur* de Chrysolas estoyent si esleuez au dessus de luy, qu'il ne sçauoit de quelle sorte tirer sa raison du tort qu'il estimoit lui estre faict par ce Gentil-homme. La seule espee les pouuoit esgaler : mais il n'auoit pas le cœur ni le bras correspondans au courage & à l'addresse de son Riual : où il ne pouuoit arriuer auec la peau du lyon, il y attacha celle du renard[1] se determinant d'employer la poison au lieu du fer pour se despestrer de celui qui estoit venu troubler sa feste. Il estoit maistre passé en ces subtilitez malicieuses*, n'estant prudent que de ceste prudence* humaine, qui n'enseigne que les trahisons & les tromperies.

Au lieu donc de monstrer mauuais visage à Chrysolas, voulant cacher son ieu dangereux sous vne bonne mine*, il s'insinue en son amitié, & tandis qu'il ne parle que de seruice & de paix, il n'a que sang & que mort en son ame. Chrysolas franc comme l'or dont il tiroit le nom, se laisse aller à [503] ce gracieux semblant, & croyant qu'Arpague lui quittast volontairement la partie pour le respect des parens d'Erifile qui auoyent conclu à son auantage, paye ses feintes caresses d'accueils sinceres & cordiaux. Le desloyal Arpague se voyant en bonne estime aupres de Chrysolas, le congratule de sa prochaine alliance auec Erifile, lui disant qu'encore qu'il y eust pretendu, il n'estoit pas si presomptueux que de se vouloir esgaler à lui : & quand il le pourroit, que faisant ceder la passion à la raison, il donneroit tousiours à l'amitié les interests* de son amour. Combien ces paroles estoyent elles differentes de ses pensees ; vous l'allez voir par ce qu'il fit.

---

1 V. note 1 p. 93.

Apres auoir preparé Chrysolas à la reception de diuers menus presens dont quelquefois il le regaloit, vn iour il lui donna enuie d'vne paire de gants d'Espagne, dont la senteur lui plût extremement. Arpague differa de lui en faire vn don iusques au lendemain, par où nous apprendrons la verité de l'ancien prouerbe Grec, que les presens des ennemis ne sont point des presens : ou si ce sont des presens, ils sont aussi dangereux à ceux qui les reçoiuent, que le cheual de bois le fut aux Troyens[1] & le cheual Seïan à ceux qui l'admettoyent en leurs maisons, où tout mal-heur* entroit auec cet animal[2]. Ce meschant glissa au dedans de ces gants vn venin* si subtil, que celui qui les chausseroit venant apres à toucher son visage, le poison deuoit monter par le conduit de la respiration dans le cerueau, & alterer de sorte ceste partie principale de nostre vie, que la mort [504] indubitablement en deuoit suiure. Son dessein estoit de se deffaire par ceste ruse meurtriere de ce Riual, qui estoit venu rauager & son amour & sa fortune. Mais soit que Dieu voulust punir la legereté d'Erifile, & conseruer l'innocence de Chrysolas, la mauuaise chance se destournant de celui-ci, tomba sur l'autre en la façon que vous allez entendre.

Arpague n'eut pas plustost faict ce mortel present à son ennemi, que Chrysolas le destina à sa maistresse, qu'il sçauoit aimer beaucoup les bonnes senteurs. Ceste fille prit ces gants dont elle trouua l'odeur excellente : mais elle ne s'en fut pas seruie vn iour, qu'ayant porté les mains à son visage, elle s'infecta tellement le cerueau par l'odorat, y attirant la malignité de la poison cachee, que durant la nuict la voyla en des douleurs de teste si

---

1   Dans l'*Enéide*, Virgile fait dire à Laocoon, qui s'oppose aux autres Troyens qui veulent faire entrer dans leur ville le cheval creux laissé par les Grecs sur le rivage : «timeo Danaos et dona ferentes», «je crains les Grecs même portant des dons», vers effectivement passé en proverbe pour dire qu'il faut se méfier des présents que font les ennemis. Mais ce vers latin n'a pas d'original grec. L'épisode du cheval de Troie n'est évoqué que brièvement dans l'*Odyssée* dans la bouche d'un aède (VIII, 514, 516).

2   V. note 1 p. 788.

extremes, qu'elle n'en perdit pas seulement le repos, mais encore la patience. Le lendemain les mains & le visage se couurirent de pustules & d'enleueures*, qui firent aussi tost connoistre aux Medecins les marques du venin*. Des mains on vint à la coniecture des gants, qui se trouuerent empoisonnez au dedans. On a recours aux antidotes : mais ils arriuerent trop tard, parce que le cerueau estoit desia tellement imbu de ceste maligne vapeur, qu'il estoit impossible de le guerir. Desia elle mouschoit le sang, & les esternuemens continuels lui donnoyent des efforts & des eslans si remplis de violence, que deuant la fin du iour on vit la fin de la vie de ceste pauure Damoiselle, à qui nul re[505]mede ne pût apporter de soulagement.

En quel desespoir estoit Chrysolas, voyant si tost reduict en cendres le cher flambeau de ses affections, & encore par le moyen du funeste present qu'il lui auoit fait ? Cent fois il fut sur le poinct de se donner la mort. Mais le desir de se venger de la trahison d'Arpague, & de iustifier son honneur par la preuue de son innocence, le retint en vie.

Tandis que ce desastre* arriue, Arpague est aux escoutes, non moins affligé de voir que le sort fust tombé au rebours de son dessein par la perte de celle qu'il vouloit conseruer. La crainte d'estre descouuert lui fait penser à la fuitte. Mais Chrysolas qui auoit beaucoup de credit & d'amis, mit tant de gens au guet, que ce mal-heureux* fut descouuert, & pris dans vne maison où il s'estoit caché, attendant que l'obscurité de la nuict pust prester vn voile à sa retraitte. L'irrité Gentil-homme y arriua aussi tost, animé de tant de fureur à la veuë de ce traistre, qu'il tint à peu, que lui passant l'espee au trauers du corps, il n'anticipast la main du bourreau. Mais retenu par le desir de prouuer son innocence par la confession de ce coulpable, il aima mieux l'abandonner à vne mort infame, & au merité suplice de sa meschanceté, que de souiller ses armes d'vn sang si lasche & si execrable. Il luy monstra les gants par qui sa trahison s'estoit esclose, & pressé de la violence de la cholere, ce qu'il n'auoit pas voulu faire par le fer, la poison l'executa. Car luy ayant frotté le nez & le visage de ces gants renuersez, aussi tost Arpague [506] dit qu'il estoit mort si on ne luy apportoit vn prompt antidote. Par cet aueu il ouurit la premiere porte à sa confession, qu'il fit par-apres tout au long à la descharge de Chrysolas, & à son propre desauantage. Apres l'auoir faite au Iuge de la terre, il demanda de le faire entre les mains d'vn Prestre, se doutant que la fin estoit proche : & d'effect il mourut dans les vingt-quatre heures, en la mesme façon d'Erifile, preuenant le honteux supplice qu'il ne pouuoit euiter, s'il y eust eu du temps pour accomplir les formalitez de son procez.

Voila comme la trahison par vn iuste iugement de Dieu retomba sur le traistre, & comme l'empoisonneur se trouua empoisonné. Ainsi le meschant tombe souuent dans les pieges qu'il tend, & dans la fosse qu'il a creusee. Chrysolas affligé diuersement de la perte de son Amante par vn accident si estrange & si pitoyable eut quelques mouuemens de quitter le siecle, & de se retirer dans le port de la vie Religieuse. Mais ceste sotte vanité, qui luy faisoit apprehender les iugemens du monde, qui attribueroit selon sa coustume cette retraitte à vn desespoir amoureux, plustost qu'à vne vraye deuotion : le fit reietter dans les vagues & les tempestes inseparables de l'exercice de la guerre. Cecy arriua au temps que l'opiniastreté des Espagnols contraignit Ostende[1] à se rendre apres vn siege presqu'aussi memorable que celuy de Troye. Il s'alla ietter parmi les Hollandois à la defense de ce monceau de terre, où il trouua son cimetiere auec tant d'autres, qui s'enseuelirent dedans ces fatales ruines. [507]

---

1   C'est à partir de ce siège (1601-1604), mis par les Espagnols commandés, à partir de 1603, par le condottiere gênois Ambrogio Spinola, qu'on a effectivement donné à Ostende le nom de Nouvelle Troie.

L'Abus de la Faueur.
EVENEMENT XXVII.

Plvsievrs s'abusent* en s'amusant* apres la recherche de la faueur des Grands, semblables au papillon, qui ne cesse de voltiger autour du flambeau qu'il n'y ait bruslé ses aisles. S'ils pouuoient se faire sages à moindres frais que par vne triste experience, ie les renuoyerois au conseil d'vn grand Roy, qui estoit selon le cœur de Dieu, qui ne veut point que l'on se confie aux Princes ni aux Grands, en qui il n'y a ni asseurance, ni salut. Que si les Courtisans ne se doiuent point amuser* aux specieuses* apparences de la faueur des Princes (en quoy il semble qu'ils mettent la perfection de la vie de la Cour) les Princes doiuent encore moins se fier à ceux qui les enuironnent, & qui par des paroles de soye & de complaisance taschent d'entrer en leur bienueillance, ou en flattant leurs defauts, ou en les loüant pour des vertus qu'ils n'ont point. Ce qui faisoit dire autrefois à vn sage Prince, qu'entre les esprits farouches* celui du calomniateur estoit le plus redoutable, entre les priuez*[1] le plus dangereux estoit celui du flatteur. Et à dire la verité, quelle fidelité peut esperer vn Roy d'vne ame feinte & venale, qui n'ayant aucun mouuement, que par le ressort de son propre interest*, ne vise à acquerir sa faueur que pour apres en abuser, & le rendre fauteur & com[508]plice des fautes qu'elle commettra sous ce voyle ? Que les fauoris neantmoins auisent à ne s'appuyer point sur des bastons de roseau, à ne marcher qu'auec iugement sur de la cendre, qui cache des charbons ardens, sur la glace & le verre : parce que souuent il arriue que la faueur dont ils abusent, les abuse*, &

---

1 La phrase foit être lue à partir de l'opposition farouche/privé. Au propre, les deux adjectifs opposent les animaux qui vivent à l'écart des hommes, et les animaux domestiques (*DMF*). Et donc ici, le calomniateur est celui qu'il faut craindre parmi ceux qui sont hors de chez soi, et le flatteur parmi ceux qui sont proches.

qu'elle leur manque en leur plus grand besoin.. Vous allez voir en cet Euenement vn fauory, & abusant & abusé* de la faueur, & iustement puni d'vne meschanceté, par l'auctorité mesme de laquelle il pensoit faire son bouclier & son refuge.

Quoy que les Historiens parlent auec assez, ie ne dirai pas de liberté, mais de licence du regne de Louïs Onziesme, à qui pour* vne vertu de prudence* (qu'encore ils despeignent comme vne finesse & matoiserie) ils attachent plusieurs defauts, il est tousiours plus seant de parler des Rois en bonne bouche : & puis qu'ils sont les peres des peuples, ceux qui descouurent leur honte ne peuuent euiter le blasme & la malediction de Cham[1]. Entre les autres choses dont ils le reprennent*, c'est d'auoir estendu sa faueur sur des personnes indignes, & esleué trop haut de petits compagnons, qui par-apres abusans de son auctorité, faisoient des actions ou insolentes*, ou deshonnestes, qui retournoient au desauantage du Maistre, qui les auoit fait grands. Que s'il est plus seant d'excuser les fautes des Souuerains, que de les rendre plus graues, on peut dire en sa defense, qu'en cela mesme les Rois, qui sont sur la terre les plus viues images de Dieu, imitent leur prototy[509]pe, qui tire les miserables* de la poussiere, & oste le pauure du milieu de la bouë, pour le mettre au rang des Princes, & des plus sublimes qui soient entre les hommes. Tesmoins Saül & Dauid[2], qui furent tirez de la pasture des animaux, & ordonnez à la conduite* des peuples au degré le plus eminent, qui est celui de la royauté. I'auouë que pour l'ordinaire le prouerbe se trouue veritable, qui dit n'y auoir rien de plus superbe que le pauure, quand il est vne fois haussé en vne grande fortune : parce que retenant les mœurs abiectes* de sa naissance dans vne condition non vulgaire*, il est mal aisé qu'il se conduise comme il faut en vn genre de vie, qui luy est tout nouueau. Mais aussi qui ne sçait que comme c'est le propre de Dieu de faire du neant toutes choses

---

1   Gn 9, 18-25 : Cham est celui des trois fils de Noé qui voit la nudité de son père ivre dans sa tente et rapporte le fait à ses frères. À son réveil, Noé le maudit.
2   1 S 17, 31-34.

par l'œuure de la creation, de mesme les Potentats sont bien aises de se faire des creatures qu'ils puissent absolument appeler les œuures de leurs mains, & qui ne puissent tirer la source de leur auancement d'autre origine que de leur bienueillance ?

De ce nombre fut Oliuier le Daim, qui de simple Barbier de Louïs Onziesme fut appelé par son maistre à des honneurs & à des richesses, qui le rendirent suject à l'enuie. Il le fit Premier Gentil-homme de sa chambre, qualité assez ordinaire aux fauoris. Il luy donna les gouuernemens de Loches & de S. Quentin en Picardie, places fort importantes, l'vne au cœur, l'autre aux frontieres du Royaume. Et outre les thresors qu'il amassa, il en mit vne partie à l'acquisition de plusieurs terres & seigneuries, qui lui donnoient de grands [510] tiltres et d'amples domaines. Auec tout cela selon la nature des richesses & des dignitez, qui est de bouffir le cœur de ceux qui les possedent, & de les porter dans les dissolutions : il deuint tellement superbe, & addonné aux desbauches, que si l'arrogance le rendoit odieux, la volupté ne le rendoit pas moins mesprisable.

Le grand ascendant qu'il auoit acquis sur l'esprit du Roy, duquel il tiroit telle grace qui luy plaisoit, le faisoit pecher non seulement auec impunité, mais auec vanité : parce que tirant de la gloire de sa propre* confusion, il se vantoit de ses meschancetez, comme si elles eussent esté d'insignes vertus, voulant acquerir de l'honneur par cela mesme qui le rendoit detestable. Mais la mort, qui seule apprend aux Rois qu'ils sont hommes comme les autres, & qui esgale les sceptres aux houlettes des bergers, luy enleua son Maistre, sans luy faire perdre pourtant ses vicieuses habitudes. Charles Huictiesme ayant succedé à la couronne de son pere plus qu'à ses humeurs, n'escarta pas tout à coup ceux que Louïs Onziesme auoit fauorisez, s'en seruant comme de creatures que son predecesseur luy auoit acquises, sans leur communiquer neantmoins autre grace que de les conseruer en leurs fortunes. Oliuier demeura donc en ses charges & dans son arrogance premiere, sans considerer qu'il auoit à couler le reste de ses iours sous vn Maistre, qui luy tiendroit la bride plus haute, & qui ne luy pardonneroit pas ses fautes si aisement, que celui qui l'auoit mis si hautement dedans le monde. Il auint donc que [511] continuant en ses dissolutions il y demeura pris, comme l'oyseau qui fait la glus s'empaste de luy-mesme.

Vn Gentil-homme de la maison du Roy fit vn crime, que l'histoire ne nomme point, à raison de quoy fait prisonnier par le Grand Preuost de l'Hostel, il estoit en danger de perdre la vie. Cestuy-ci estoit marié à vne femme extremement belle, qui se mit aussi tost à solliciter deçà & delà, & en toutes façons pour sauuer la vie à son mari. Elle alla voir tous ceux qu'elle estima auoir de l'accez aupres du Roy pour obtenir vne grace, la faute du prisonnier ne se pouuant effacer que par ce moyen là, veu que selon les loix & la rigueur de la Iustice il estoit digne de mort. Parmi les autres elle visita Oliuier, qui disposé aux impressions de l'amour deshonneste, comme le naphthe à receuoir le feu, deuint incontinent tout de flamme à la veuë de ceste excellente beauté. Entre la voir & l'aymer, & entre l'aimer & la conuoiter, il n'y eut presque point d'interualle. Et comme il estoit homme expert en malice*, & grand ouurier d'iniquité, il crût que l'affliction de ceste belle luy presentoit vne occasion* fort commode pour venir à chef* de ses pernicieux desseins. Il luy fit le meilleur accueil dont il se pût auiser, lui promit toute assistance : & comme s'il eust possedé les volontez de Charles, de mesme qu'il s'estoit autrefois ioué de celles de Louïs, luy donna comme asseurance de la vie de son mari, & d'obtenir sa grace du Roy. En suitte de ceste promesse il luy descouurit sa pensee, que ceste honneste* femme reietta d'abbord [512] auec vn courage* digne de sa vertu, mais vn courage* de femme, qui n'est pas inuincible.

La premiere fois qu'elle eut la permission de visiter son mari dans la prison, se voulant plaindre à luy de l'impudence d'Oliuier, elle trouua ce miserable* Gentil-homme tellement assailli des terreurs de la mort, que semblable à ceux qui se noyent, & qui se prennent à tout ce qu'ils rencontrent, au lieu de louër la generosité* honorable de sa femme, il la pria de luy sauuer la vie aux despens de son honneur. Acte lasche pour vn Gentil-homme, & qui luy coustera & l'honneur & la vie. La femme resista tant qu'elle put à vne proposition si mal-heureuse*. Mais les pleurs & les coniurations* de cet homme effeminé, eurent tant de pouuoir sur elle, que deuant que de se retirer elle luy promit de se rendre aux desirs infames d'Oliuier, & de se sacrifier sa pudeur au rachapt de sa vie.

Oliuier la voyant reuenir à luy, la trouua toute changee, & se doutant de ce qui n'estoit que trop vray, continua si bien sa practique, qu'il en eut ce qu'il souhaittoit. Il tascha en suitte de maintenir sa parole, & en parla tant de fois au Roy, qui tousiours luy refusa ceste grace, qu'à la fin de peur de passer en la qualité d'importun, il cessa de luy demander. Comme il auoit l'esprit accort* & plein de ruses, il s'addresse* au grand Preuost, sur lequel il auoit acquis de grandes obligations durant le regne de Louïs : & lui voulant persuader de laisser euader le prisonnier, il ne put iamais corrompre l'esprit de ce Iuge, qui redoutoit la cholere du [513] Roy, & de ruiner sa propre fortune, où il auoit assez à faire de se maintenir. Outre la femme de ce prisonnier qui pressoit incessamment Oliuier de lui tenir sa parole, les parens encore le coniuroyent d'employer tout son credit à le tirer d'vn supplice infame, dont la honte pourroit reiallir iusques à sa race. Surquoi il s'auisa d'vne insigne meschanceté, se voyant exclus de ses pretensions* tant du costé du Roy, que de celui du grand Preuost. Ce fut de faire estrangler ce pauure Gentil-homme dans la prison, pour le sauuer au moins de l'ignominie du supplice, & puis de faire croire que par desespoir il se seroit suffocqué lui mesme.

Il l'alla donc visiter accompagné de deux valets, complices de son dessein, l'vn nommé Daniel, l'autre Oyan. Et la prison lui estant ouuerte, il fit executer ce qu'il auoit proietté, laissant ce pauure corps attaché au plancher à vn gros cloud, qu'il y fit mettre, ayant disposé tout ce stratageme en sorte qu'il sembloit que ce fust le patient mesme qui eust auancé ses iours. Le soir quand le Geollier lui voulut porter son repas, il fut bien estonné de voir ce spectacle. La Iustice en fut auertie, qui ordonna que ce miserable* comme meurtrier de lui-mesme, seroit exposé au public, pendu par les pieds pour seruir d'exemple & d'horreur aux ames desesperees.

La femme se voyant priuee de la vie de son mari, pour qui elle auoit si follement mis son honneur en proye, fit ses doleances qui passent le moyen de les exprimer, & comme femme ne pouuant cacher vn secret, encore qu'il y allast tant de [514] son preiudice de l'euenter, donna à connoistre à ses parens qu'elle auoit esté seduitte par les promesses d'Oliuier, & portee par les coniura-tions* de son mari, à ce qu'elle ne deuoit iamais permettre, non pas quand il eust esté question de mille vies.

Sur le premier vent de ce murmure Oyan gaigna les champs, pressé du fleau ordinaire des meschans, le remords de la conscience. Ceste fuitte donna des soupçons, ces soupçons engendrerent des coniectures, & sur ces coniectures Daniel fut saisi, qui se confiant en l'auctorité de son maistre, à la pre-miere menace de la question reuela tout ce mystere d'iniquité, enuelopant la corruption de la femme auec le meurtre du mari. Oliuier comme autheur de tous ces actes mal-heureux*, est pris auec permission du Roy, qui saisi d'horreur pour de si lasches crimes, se resolut de s'en seruir pour le chastiment de l'insolence* de cet homme, qui auoit tant abusé de la faueur de son pere & de la sienne.

Oliuier dont la vanité montoit tousiours ainsi que la fumee, apres auoir menacé violemment ceux qui par commandement du Roy lui auoient mis la main sur le colet, ne deuint pas plus humble* pour* se voir dans vne prison. Et croyant que les fautes qu'il auoit faittes n'estoyent pas si considerables que d'autres dont il auoit eu grace auec beaucoup de facilité, ne se fit point tirer l'oreille pour dire la verité, au contraire en auoüant ce qu'il auoit & faict & faict faire, auec des termes remplis de raillerie, il sembloit qu'il mesprisast la Iustice, & qu'il estoit en ceste action de son interrogatoire plustost iuge que criminel.

[515] Ceste outrecuidance rapportee au Roy, fit fermer la porte de la grace à ce coulpable qui auoit ioinct l'homicide à l'adultere. Et pour faire perir dans l'abiection* celui qui se perdoit dans l'arrogance, il fut iugé non selon l'estat, où il auoit esté esleué par la faueur de Louys, mais selon la condition de sa naissance, estant condamné à estre pendu, Daniel executeur de sa meschanceté luy tenant compagnie au supplice. Iamais homme ne fit vne fin plus lasche, en vain il implora la misericorde du Roy, en vain pleura-t'il, en vain employa-t'il toutes ses inuentions pour alonger le fil de sa mauuaise vie. Tout premier Gentil-homme de la chambre qu'il estoit, tout Gouuerneur, tout Seigneur haut iusticier, il mourut en vne haute iustice, & le gibet fut son sepulcre, où il eut vn colier de honteuse & ignominieuse Cheualerie[1].

Ainsi fut humilié en sa mort celui qui auoit esté si arrogant & insolent durant sa vie. Ainsi la faueur celui qui en auoit abusé. Ainsi perit par exemple & par les mains de la Iustice, celui qui l'auoit tant de fois violee. Ainsi seruit de risee & de fable au monde celui qui esleué aux premiers rangs sur le theatre de la grandeur, celuy qui auoit autrefois tenu le tapis à la Cour, & entretenu les esprits des Courtisans de ses rencontres & ioyeusetez, en quoi il auoit de la grace & par où il estoit entré en la faueur de son maistre. Il faut estre bien aueugle pour ne voir en cet Euenement des traicts admirables de la sagesse de Dieu & de la folie du monde.

FIN

---

1   Olivier le Daim est bien pendu au gibet de Montfaucon en 1484.

APPROBATION

NOVS soubsignez Docteurs en Theologie certifions auoir leu vn Liure,
intitulé Les Euenemens Singuliers de Mr de Belley *diuisé en quatre*
liures, auquel n'auons rien treuué qui ne soit conforme à la foy Catholique,
& aux bonnes mœurs ; ains le iugeons tres digne d'estre mis en lumiere
pour l'insigne vtilité qui en reüssira. Fait à Lyon ce 19 [Juillet*] 1628.
* Mention manuscrite, sous *Aoust* raturé.

IEAN SERAVD Custode de Saincte Croix.
ANTOINE GOFFARD.

PRIVILEGE DU ROY.

LOVIS par la grace de Dieu Roy de France & de Nauarre. A nos Amez & feaux Conseillers, les Gens tenans nos Cours de Parlemens de Paris, Thoulouze, Bordeaux, Dijon, Aix, Grenoble, & Bretagne, Baillifs, Preuosts, Seneschaux desdits lieux, Lyon, Poictiers, Orleans, Bourges, & Champagne, & à tous nos autres Iusticiers, Officiers, ou leurs Lieutenans qu'il appartiendra, Salut. Nos chers & bien amez Iean Caffin & François Plaignard, Marchands Libraires de nostre ville de Lyon, nous ont fait remonstrer qu'ils ont recouuert vn Liure, intitulé, *Les Evenemens Singuliers de L'Euesque de Belley*, diuisé en quatre parties, composé par ledit Sieur, veu &[2]leu par Me Iean Seraud Docteur en Theologie, comme appert par son attestation du dix-neufiesme Iuillet mil six cens vingt huict cy attachee. Lequel Liure les Exposans desireroient faire imprimer, s'il nous plaisoit leur octroyer nos lettres à ce necessaires. A ces causes desirans les fauorablement traitter, leur auons permis & accordé par ces presentes imprimer ou faire imprimer iceluy Liure en telle marque & characteres qu'ils voudront pendant le temps de six ans. Faisant defenses à tous autres Imprimeurs & Librairies estrangers, ou autres personnes de quelque qualité & condition que ce soient, de l'imprimer ou faire imprimer sous fausse marque & charactere que ce soit, sans le consentement desdits Exposans, à peine de confiscation des exemplaires, & d'amende arbitraire. Si vous mandons [3] que du contenu au present Priuilege vous faciez iouïr & vser lesdits Exposans pleinement & paisiblement, sans souffrir qu'ils soient troublez ny empeschez. A la charge qu'ils seront tenus en mettre deux exemplaires en nostre Bibliotheque publique, à peine d'estre descheus du present Priuilege. Car tel est nostre plaisir. Donné au Camp deuant la Rochelle, le treiziesme iour d'Aoust, l'an de grace mil six cens vingt-huict, & de nostre regne le dix-neufiesme.

Par le Roy en son Conseil.
SAVARY.

Et seellé du grand Seel en cire iaune.

GLOSSAIRE/CONCORDANCE

La lettre majuscule après la définition des termes renvoie aux dictionnaires utilisés pour la constitution de ce glossaire :

- AF : Académie française 1689 (mais d'autres dates aussi : 1694, 1762).
- C : Cotgrave.
- DMF : Dictionnaire du Moyen-Français (en ligne), atilf.
- F : Furetière.
- H : Huguet.
- N : Nicot.
- TLF : Trésor de la langue française.

Le mot figurant après l'initiale du dictionnaire (e.g. H. dyspathie), donne l'orthographe du dictionnaire quand celle-ci diffère de celle de Camus.

Si le mot donné en entrée fait partie d'une expression, celle-ci est donnée en *italiques* : e.g. Coup > *Donner coup.*

Si la définition figure entre «», c'est une citation du dictionnaire concerné.

L'orthographe pour ce glossaire est l'orthographe originale, comme dans le texte : ceci vaut pour les lettres *i* et *j, u* et *v ;* et pour les accents.

N'ont pas été retenues les occurrences où le mot a le sens qu'on lui connaît aujourd'hui. Ainsi le mot *addresse* ne figure pas quand il s'agit de la qualité de celui qui est adroit, mais quand il signifie *direction, indication, guide.* De même *honnestement* n'est signalé que dans la seule occurrence où il signifie : *suffisamment ;*

les autres, celles où le sens est «de manière honnête», ont été omises. Mais tout glossaire est aussi acte d'interprétation : il est parfois difficile de dire si un mot a son sens contemporain ou non ; ou de décider entre deux sens (v. dans l'Introduction, p. 39-44, les pages sur les mots *cœur* et *courage*).

Ce glossaire est aussi une concordance, parce que finalement le sens d'un mot dans un idiolecte est la somme de tous ses emplois, et qu'il y a bien une langue de Camus. On pourra ainsi se rendre compte, en faisant entre les emplois une «conference» (*q.v.*), que les mots non seulement ont un sens différent de celui auquel nous sommes habitués, même si nous pensons les comprendre immédiatement, mais aussi qu'ils regroupent quelquefois des sens de manière surprenante. Ceci est assez important dans une langue, celle de Camus, qui utilise beaucoup les jeux de mots, les quasi-homonymes et les quasi-homographes pour égayer son texte, mais aussi, ce qu'on ne saurait surestimer, pour en explorer toutes les ressources littéraires. De jeu de mot en métaphore, on est ainsi lancé dans des parcours tout à fait insolites à l'intérieur de la langue française.

Références (*e.g.* III, 6 [72]) : Livre en chiffre romain, « Événement » en chiffre arabe, page du texte original entre crochets.

Abayer (v.) Aboyer H : IV, 14 [414].

Abbaye, e (adj.) *Abayer à, abayer après* : désirer vivement H : I, 1 [19] ; IV, 21 [467].

Abboucher (v.) Lier conversation avec. H (aboucher) : III, 11 [145] ; IV, 2 [282].

Abiect, e (adj.) Méprisable, bas, vil, et dont on ne fait nulle estime. « Il se dit principalement de la naissance et de la condition ». AF 1694 : IV, 1 [263] ; IV, 26 [509].

Abiection (n.f.) v. Abiect : IV, 27 [515].

Abstersif, ue (adj.) *Absterser* : nettoyer. H : III, 5 [64].

Abuser (v.) Tromper H : I, 3 [64] [66] [69] ; I, 8 [179] ; II, 11 [364] ; II, 12 [390] [391] ; II, 16 [436] ; III, 3 [33] ; III, 9 [113] ; IV, 10 [379] ; IV, 27 [508 2 fois] [515].

Abysmer (v.) Engloutir H. S'engloutir. I, 7 [155] ; IV, 12 [392].

Accessoire (n.m.) ▪ 1 : Situation difficile, fâcheuse, malheur. H II, 11 [367] ▪ 2 : >*par accessoire.* Accessoirement III, 1 [4].

Accointance (n.f.) Liaison H : II, 13 [402] ; II, 9 [332] [334] ; II, 12 [390] ; III, 7 [84] ; III, 10 [119] [121] ; III, 16 [222] ; IV, 17 [442] ; IV, 23 [476] ; IV, 24 [486]).

Accoiser (aussi v. pr.) Apaiser, calmer H : I, 8 [185] ; II, 1 [235] ; II, 11 [368] ; II, 15 [420] ; III, 3 [35] ; III, 8 [101] ; IV, 17 [430] ; IV, 25 [492]).

Accoisement (n.m. ?) Apaisement (III, I [15]).

Accommodé, e (adj.) pourvu, riche H : I, 3 [59] [63] [76] ; II, 11 [354] [358] ; III, 6 [80] ; III, 8 [97] v. Commode 1.

Accommoder (v.) ▪ 1 : trouver un accord, accorder H (aussi : v. pr.) : I, 2 [37] ; I, 3 [67] ; I, 4 [86] ; I, 5 [97] ; II, 9 [329] ; III, 1 [6] ; III, 8 [102] ; III, 11 [137] ; III, 17 [231] [248] ▪ 2 : fournir, prêter H III, 15 [206] ▪ 3 : rendre « accommodé » *q.v.* : IV, 4 [304] ; IV, 15 [422]. (v. pr.) S'approprier, prendre H III, 14 [196].

Accort, e (adj.) ▪ 1 : Habile, avisé. H : I, 5 [92] ; III, 3 [29] [33] IV, 2 [276] ; IV, 5 [326] ; IV, 10 [379] ▪ 2 : rusé : I, 9 [206] ; II, 6 [293] ; II, 7 [307] ; II, 11 [355] [356] ; III, table ; III, 4 (titre [39]) ; III, 4 [39] ; IV, 18 [441] ; IV, 27 [512]).

Accortement (adv.) de manière accorte *q.v.* : I, 3 [67] ; I, 8 [177] ; II, 1 [224] ; IV, 1 [266]).

Accortise (n.f.) ▪ 1 : sagesse gracieuse L : I, 1 [7] ; I, 4 [78] ▪ 2 : Ruse, habileté trait de caractère) : I, 5 [90] ; I, 6 [120] ; I, 8 [172] ; II, 1 [227] ; II, 9 [334] ; II, 12 [389] ; III, 3 [31] ; III, 4 [39] [50] ; III, 5 [57] ; III, 10 [124] ; III, 12 [157] ; III, 13 [172] ; III, 15 [210]) ▪ 3 : Ruse (action) III, 3 [37].

Accoster (v.) Être à côté de H : II, 9 [335].

Accueillir (v.) Assaillir H. « Se dit de tous les accidents fâcheux qui arrivent à quelqu'un. » AF 1694 : I, 3 [73] ; I, 7 [168] ; I, 8 [173] ; I, 9 [197] [215] ; II, 9 [332] ; II, 11 [376] ; II, 12 [395] ; II, 14 [415] [417] ; III, 5 [60] [65] ; III, 7 [93] ; III, 11 [129] [133] ; IV, 8 [352] ; IV, 15 [421] ; IV, 21 [465] ; IV, 26 [497] ; mais aussi des « prosperitez » I, 7, [166].

Addresse (n.f.) Direction, indication, guide. H : (II, 5 [284] : II, 8 [319] ; III, 6 [68].

Addresser diriger, faire aller H : II, 3 [249] ; II, 5 [274] ; II, 8 [319] ; III, 5 [51] [62] ; III, 17 [246] ; IV, 11 [412].
> **s'addresser à** (v. pr.) H Se diriger, se tourner vers. H : (II, 5 [278] ; II, 6 [292] [294] ; II, 10 [344] ; III, 1 [9] [10] ; III, 14 [199] ; III, 16 [227] ; III, 17 [239] ; IV, 2 [279] ; IV, 5 [322] ; IV, 8 [350] ; IV, 13 [407] ; IV, 23 [477] ; IV, 27 [512]).

Adextrer (v. pr.) : s'entraîner, se rendre habile H : IV, 16 [429].

Adiourner (v.) Convoquer pour un jour précis, citer devant un juge. H : IV, 4 [316] ; IV, 8 [352].

Adiournement v. Adiourner : I, 9 [209] ; IV, 4 [317].

Affermer (v.) Donner à ferme : I, 7 [155].

Affette, e (adj.) ▪ 1 : Joli, gracieux ; poli H : II, 16 [433] ; III, 7 [84] [86] ; IV, 2 [278] ; III, 7 [84][86] ▪ 2 : qui cherche à séduire, rusé ; habile, éloquent H : I, 3 [65] ; I, 5 [109] ; I, 9 [198] ; III, 5 [53] [55] ; III, 16 [220] [224].

Affetterie (n.f.) ▪ 1 : Recherche de grâce, d'élégance. H : (I, 2 [52] ; III, 3 [31] ; III, 13 [185] ; IV, 2 [279] ▪ 2 : au plur. : actes séducteurs I, 5 [90] ; II, 5 [277] ; II, 7 [307] ; IV, 2 [290]).

Affiquet (n.m. ?) Bijoux, ornements. H : III, 7 [83].

Affriandé (adj.) alléché, attiré. H : II, 12 [386] ; III, 11 [138] ; IV, 17 [435].

Agaric (n.m.) Sorte de plante aromatique. Huguet ne donne pas *agaric* mais *agarie* : sorte de plante aromatique ; mais on trouve aussi *agaric*, qui est une classe de champignons : II, 4 [260].

Agencemen (*cf.* Aiencemen) (n.m.).

Aiencemen (n.m.) Ornement H (*Agencement*) : Préface [10] [15] [16].

Aggrauer (v.) Alourdir, abaisser, enfoncer. H : (II, 11 [363]).

Aheurté, e (adj.) obstiné, fermement attaché H IV, 6 [332].

Alambicquer (v.) Épuiser, vider IV, 4 [302].

Aliener (v.) ▪ 1 : Éloigner II, 7 [309] ; IV, 15 [424] ▪ 2 : faire passer au pouvoir d'autrui H IV, 22 [473]).

Alloi (n.m.) (aloi) alliage (sens propre) ; titre légal de la monnaie, valeur TLF : Préf. [14] ; I, 9 [198].

Altercat (n.m.) altercation, débat, lutte. H (*Altercas*) : IV, 20 [461].

Altere (n.f.) Passion véhémente.« Aestus animi, Fluctuationes. *Ce sont aussi passsions vehementes* ». N. « Inquietude d'esprit, passions vehementes […] Ce mot vieillit. ». F : I, 3 [71].

Ameuti, e (adj.) Ameutir : mettre en meute TLF : I, 3 [66].

Amorce (n.f.) : ▪ 1 : appât, ce qui attire H I, 1 [19] ; I, 3 [66] ; II, 1 [234] ; I, 5 [91] ; III, 3 [32] ; IV, 6 [334] ; IV, 17 [435] ; IV, 23 [475] ▪ 2 : attrait : Préface [10] [17] ; I, 2 [55] ; I, 6 [116] ; II, 11 [354] [364] ; II, 14 [413] ; III, 16 [220] ; IV, 10 [374] ; IV, 21 [466].

Amorce, e (amorcé, e) (adj.) Attiré par une amorce : I, 6 [121] ; III, 5 [54] ; IV, 2 [270].

Amorcé, e (v. Amorce, e) (adj.) III, 5 [59] ; III, 15 [209] ; IV, 6 [332].

Amorcer (v.) Attirer II, 1 [227].

Amortissement (n.m.) Action de détruire I, 1 [15] ; IV, 26 [499].

Amuser (v.) ▪ 1 : Occuper à des choses vaines : Préf [11] [14] ; I, 2 [41] ; III, 7 [83] ; III, 11 [137] ▪ 2 : faire perdre son temps, retarder, tromper : H : I, 3 [65] ; (I, 6 [134] [147] ; I, 8 [179] ; I, 9 [215] ; II, 11 [358] [364] ; II, 16 [435] ; III, 12 [160] ; III, 16 [228] [230] [234] ; III, 17 [243] ; IV, 2 [277] [280] ; IV, 10 [379] ; IV, 14 [416] ;

> v. pr. : ▪ 1 : Perdre son temps : I, 3 [67] ; II, 5 [276] ; II, 7 [302] ; III, 1 [12] ; III, 3 [37] ; III, 5 [51] ; III, 11 [130] ; III, 13 [184] ; IV, 27 [507] (2 fois) ▪ 2 : Faire qqch par passe-temps, sans être sérieux : II, 11 [357] ; II, 12 [386] ; II, 15 [422] ; II, 16 [433] ; III, 8 [101] ; IV, 20 [458] ; IV, 24 [486].

Ancre (n.f.) > *Derniere ancre* : dernier recours, dernière ressource H : I, 6 [145].

Andouillere (n.f.) Bois d'un cerf : II, 9 [339] (semble avoir été masculin au xviᵉ, comme en langue moderne).

Apostume (n.f.) Tumeur purulente H (aposteme) : III, 16 [223].

Apparent, e (adj.) Notable, de haut rang, en vue. H : I, 6 [137] [148] ; II, 13 [405].

Apparenté, e (adj.) Qui est, ou a, de la famille H : I, 5 [103], I, 6 [137] ; II, 12 [380] ; III, 12 [156].

Appointe, e ? (adj) réconcilié H : I, 8 [187].

Appointemen (n.m.) Conciliation, reconciliation : I, 8 [178] [179].

Arene (n.f.) Sable H (*arene*) : I, 8 [190] (areine) ; II, 12 [383] ; III, 13 [183] ; IV, 2 [274].

Armes : (plur.) ▪ 1 : Armoiries : I, 7 [158] [168] [169] [170] ; II, 9 [330] ; III, 15 [218] ; IV, 8 [349] ▪ 2 : Armure III, 11 [152].

Arraisonner (v.) parler à, interroger H III, 8 [98].

Artifice (n.m.) ▪ 1 : Métier, travail H : I, 7 [171] ; II, 1 [235] ▪ 2 : tactique habile, ruse H : (I, 1 [20] [22] (3) ; I, 2 [35] ; I, 5 [90] [96] [109] ; I, 6 [129] ; I, 8 [176] [180] [186 2 fois] [187] ; II, 1 [225] ; II, 3 [253] ; II, 5 [281] ; II, 12 [383] ; II, 13 [400] [402] [404] ; II, 17 [445] ; III, 1 [8] (voir note) ; III, 4 [49] ; III, 5 [52] [55] ; III, 7 [92] ; III, 8 [101] ; III, 12 [156] ; III, 13 [182] ; III, 16 [236] ; IV, 1 [265] ; IV, 2 [279] [283]

[289 2 fois] ; IV, 4 [309] ; IV, 8 [354] ; IV, 18 [441 2 fois] [448] ; IV, 23 [479] ; IV, 24 [484] ; IV, 26 [501 2 fois] ▪ 3 : Habileté, art, chose faite avec art H : I, 6 [119] ; III, 4 [45] ; IV, 1 [261] ; IV, 10 [382] ; IV, 26 [497].

Artiste (adj.) Fait avec art. H : I, 5 [99] ; II, 4 [258].

Artistement (adv.) (v. artiste) : IV, 4 [308].

Asseure (voir asseuré) (adj.).

Asseuré, e (asseure) (adj.) : ▪ 1 : Sûr I, 1 [3] ; I, 6 [125] ; I, 8 [174] ; I, 9 [213] [214] [215] ; II, 1 [225] ; II, 5 [274] [281 2 fois] ; II, 7 [307] ; II, 11 [364] ; II, 11 [365] [367] ; II, 12 [380] ; II, 13 [405] ; II, 14 [416] ; II, 16 [432] ; II, 17 [441 *recte* 451] ; III, 4 [49] ; III, 9 [111] ; III, 11 [133] [146] ; III, 13 [185] ; III, 14 [196] [201] ; III, 16 [224] ; IV, 1 [266] ; IV, 4 [302] [310] ; IV, 5 [328] ; IV, 8 [353] ; IV, 9 [365] ; IV, 14 [410] ▪ 2 : Rassuré : I, 1 [21] ; II, 11 [369] ; IV 18 [446] 3 : Ferme (comportement, contenance) : III, 2 [24] ; III, 16 [234] ; III, 17 [245] [248] ; IV, 3 [296] (2 fois) ; IV, 4 [315] ; IV, 7 [336 *recte* 346] ; IV, 9 [361] ; IV, 17 [437].

Asseurer (s') : ▪ 1 : rester ferme (I, 1 [20] ▪ 2 : être sûr H : Préf [18] ; I, 5 [97] ; III, 3 [38] ; III, 7 [94].

Assiduellement (adv.) continuellement, fréquemment, habituellement H : II, 3 [250].

Attainte (n.f.) Coup, attaque H : Préface [16] ; II, 6 [289] ; II, 16 [432] ; III, 1 [18] ; III, 2 [20] [27] ; III, 6 [69] ; III, 11 [152] ; III, 12 [161] ; III, 13 [173] [180] ; III, 14 [200] ; IV, 14 [416] ; IV, 22 [470] [476].

Attrempance (n.f.) Tempérance, modération. H : I, 5 [91] ; II, 10 [351] ; II, 17 [439 *recte* 449]).

Aualler (v.) Descendre, laisser pendre H > *À bride auallée* : à bride abattue, sans retenue : III, 13 [188].

Auancer (v.) > *S'auancer de* : se risquer à. H : II, 2 [239].

Auantage (n.m.) > *A son auantage* : ▪ 1 : d'une manière qui avantage III, 17 [242] ; IV, 14 [417] ; IV, 26 [503]) ▪ 2 : (dans un combat, un duel ; et considéré comme une lâcheté) en s'assurant l'avantage : II, 12 [395] II, 13 [405] ; III, 17 [244] [24] ; IV, 14 [417].

Auanture (n.f.) Ce qui doit arriver H : IV, 12 [403].

Auctorise, ee (adj.) Doué d'autorité, puissant H : I, 5 [103] ; I, 8 [175] ; I, 9 [206] ; III, 1 [7] ; III, 10 [118] ; III, 11 [148] ; IV, 9 [359] ; IV, 12 [393] ; IV, 14 [417].

Auctoriser (Autoriser) (v.) Douer d'autorité, soutenir H : Ép [2] ; I, 5 [100] ; I, 8 [194] ; I, 9 [199] ; II, 2 [236] ; II, 5 [281] ; II, 7 [299] ; II, 9 [331] ; II, 10 [345] ; II, 12 [380] ; III, 4 [46] [50] ; III, 12 [159] ; III, 14 [195] ; III, 16 [227] ; IV, 5 [326] ; IV, 17 [431]). (v. pr.) se donner du pouvoir : I, 8 [195].

Aucunement (adv.) (sans négation) Quelque peu. H : I, 8 [184] ; II, 5 [275] ; II, 14 [409] ; III, 5 [55] ; III, 10 [120] ; IV, 4 [306] ; IV, 10 [376] .

Auertin (n.m.) Trouble d'esprit, caprice H. : IV, 10 [374].

Auette (n.f.) : Abeille II, 4 [263].

Auoir > *auoir en teste* : v. Teste.

Autoriser (v. Auctoriser).

Balieure (n.f.) Balayure DFM : I, 3 [76].

Balote (n.f.) Boule pour voter H : IV, 12 [402].

Banc (n.m.) ▪ 1 : Échoppe, établi : III, 2 [24] (Huguet n'a pas *banc* mais *banque*, avec le sens d'*échoppe*. Nicot donne *banc* = *taberna*. Littré donne entre autres *établi*) ▪ 2 : ban : II, 11 [369] (ni Huguet ni Littré n'ont *banc* pour *publication* ; par contre *ban* est bien attesté depuis le Moyen-Âge. L'édition de 1660 ne corrige pas.) ▪ 3 : haut-fond, banc de sable : III, 5 [51].

Bande (n.f.) > *De bande en bande* : de part en part : II, 17 [448] (*cf.* III, 13 [174]).

Barbotter (v.) Marmonner H : III, 16 [227].

Batterie (n.f.) Action de battre H : I, 8 [176] ; IV, 17 [443] ; IV, 20 [457] > *dresser une batterie contre* : prendre pour cible : II, 7 [307].

Belliqueux, se (adj.) H (belliqueur) Guerrier : I, 7 [300].

Bien-heureux (adj.) Bienheureux, qui jouit du bonheur venu de Dieu H : I, 2 [56] ; I, 7 [161] ; II, 5 [269] ; II, 13 [396] ; III, 13 [166] ; IV, 4 [312] ; IV, 12 [392] .

Bigearre (adj.) Bizarre : irritable, capricieux, déraisonnable. H :I, 1 [26] ; II, 1 [225] ; IV, 2 [272] ; IV, 7 [343] ; IV, 13 [408] ; IV, 23 [479] ; IV, 26 [501].

Bigearrerie (n.f.) Mécontentement, bizzarerie H : II, 1 [228] ; III, 16 [229] ; IV, 5 [324] ; IV, 7 [343] ; IV, 25 [490].

Blanc (n.m.) Centre d'une cible : Préface [15] ; I, 1 [20] ; I, 2 [39] ; I, 9 [202] ; II, 4 [261].

Blandice (n.f.) Caresse, parole caressante H : I, 6 [141].

Bluette (Bluëtte) (n.f.) Étincelle : I, 4 [88] ; II, 8 [316] ; IV, 9 [361] ; IV, 10 [382].

Bon heur (Bon-heur) (Bonheur) (n.m.) ▪ 1 : Chance favorable. H : Préface [20] ; I, 1 [7] ; I, 2 [32] ; I, 3 [66] ; I, 5 [109] ; I, 6 [112] ; I, 7 [165] [169] ; II, 3 [242] [249] ; II, 4 [259] ; II, 8 [316] ; II, 9 [330] ; II, 10 [344] ; II, 11 [355] ; II, 13 [397] ; II, 14 [412] ; II, 15 [418] [419] ; II, 16 [429] ; III table ; III, 1 [3] ; III, 1 [8] [18] ; III, 4 [47] ; III, 5 [64] ; III, 11 [130] [133] [144] ; IV, 2 [278] ; IV, 24 [484 2 fois] ; IV,

25 [496]) ▪ 2 : Prospérité, bonne fortune AF : I, 1 [2] III, 1 [4] [6 2 fois] ;
III, 13 [171] ; III, 15 [211] ; IV, 2 [278].

Bon-heur (cf. Bon heur) (n.m.).

Bouccon (n.m.) Morceau (boucon). «Il
ne se dit guere que d'un morceau
empoisonné. Donner le boucon, pour
dire, Empoisonner. Il luy a donné le
boucon. Il a pris, il a avalé le boucon.
Ce qui se dit aussi-bien d'un breuvage
que d'un morceau empoisonné.» AF :
I, 9 [200].

Bougette (n.f.) Petit sac, bourse ; coffret.
H : IV, 17 [434 2 fois].

Bouleuard (n.m.) Rempart de terre et de
madriers ; ouvrage de défense en général. H : IV, 11 [388] ; IV, 19 [450].

Bourre (en) : inachevé H (I, 5, [95]).

Bourreler (v.) Torturer H. IV, 7 [336 recte
346] ; IV, [395].

Bourrellerie (n.f.) Torture : IV, 12 [397].

Boutade (n.f.) ▪ 1 : «A starting ; a suddaine,
violent, and unexpected passion, or
stirring» C : IV, 22 [469] ▪ 2 : Poussée,
élan : I, 8 [189] ; II, 12 [381].

Braue (adj.) ▪ 1 : Fier, noble H : I,
1 [22] ; I, 2 [35] ; I, 6 [117] [129] ; II,
17 [447] ; III, 8 [101] ; III, 11 [144] ;
III, 14 [201] ; IV, 2 [271] ; IV, 11 [390] ;
IV, 14 [420] ; IV, 25 [496] ▪ 2 : beau
H II, 11 [361].

Brider (v.) ▪ 1 : Maîtriser, contenir : II,
9 [335] ; III, 11 [140] ▪ 2 : tenir, au sens
militaire : IV, 24 [485] (H ne donne
que bride-place : citadelle qui sert à
tenir une ville).

Brigade (n.f.) Bande, troupe H : III, 7 [82] ;
III, 12 [158].

Brouillerie (n.f.) : ▪ 1 : Confusion H : III,
16 [234] ; III, 17 [252]) ▪ 2 : Trouble,
désordre, querelle H I, 8, [175] [184].

Brutal (n.m.) Semblable à l'animal : I,
7 [139] ; III, 12 [157] ; IV, 1 [267] ;
IV, 15 [424].

Brutal, e (adj.) Bestial : II, 13 [407] ; III,
2 [23] ; III, 12 [164] ; IV, [255 liste] ;

IV, 1 [267] ; IV, 9 [366] ; IV, 11 [389] ;
IV, 15 (titre) [422] ; IV, 24 [488].

Brutalitez (n.f.) Désirs bestiaux : IV,
11 [390].

Bureau (n.m.) tribunal d'un juge H : I,
9 [212] ; II, 15 [425] ; IV, 17 [437].

Busquer la fortune (v.) Busquer aventure,
busquer fortune : chercher l'aventure.
H (IV, 1 [272]).

Caioller (Cajoller) (v.) Parler, bavarder
avec. Tenir des propos galants H :
(I, 5 [95] [109] ; I, 6 [125] [141] ; II,
1 [233] ; II, 11 [363] ; II, 15 [422] ;
III, 1 [11] ; III, 3 [32] ; III, 5 [61] ;
III, 7 [83] [88] ; III, 16 [225].

Cajoller (v.) v. Caioller.

Caiollerie, cajollerie (n.f.) v. Caioller :
II, 3 [254] ; II, 5 [276] [281] ; III,
1 [11] ; III, 9 [106] ; III, 13 [168] ;
III, 17 [242] ; IV, 2 [280] ; IV, 5 [321] ;
IV, 5 [321] ; IV, 13 [406].

Calamite (n.f.) Pierre d'aimant DFM :
I, 1 [12].

Camisade (n.f.) Attaque nocturne. H :
III, 11 [150] ; IV, 16 [428].

Camorre (n.f.) Sorte de caveçon. H : caveçon : «demi-cercle de fer mis au nez
des chevaux pour les dompter». L : I,
3 [61] ; II, 6 [291].

Canif (n.m.) Petit couteau pour tailler
les plumes H : III, 14 [188 recte 190].

Capable (adj.) Apte à comprendre H : II,
9 [333] ; IV, 2 [280] .

Capituler (v.) Établir un traité, une conven-
tion. H (IV, 9 [367] ; IV, 25 [494]).

Caramouzel (n.m.) «Caramoussal est un
vaisseau de Turquie, qui a une poupe
fort eslevée. Il porte seulement un
beaupré, un petit artimon, & un grand
mast avec son hunier, qui est extremement haut. Il n'a ni misaine, ni
perroquet, sinon un petit tourmentin»
F : I, 3 [70].

Carauane (n.f.) troupe de voyageurs, troupe de gens allant de compagnie TLF (*carvane, caravane*) : IV, 19 [451].

Caroux (n.m.). Action de boire dans un festin où l'on se provoque mutuellement à boire. H *Carous, Carousse* (*cf.* anglais : *carouse*) : IV, 3 [298] ; IV, 4 [306]
La tradition, comme l'étymologie – all. *gar aus,* «cul sec» – attribuent cette coutume aux pays germaniques.

Cassine (n.f.) Petite maison, cabane H : IV, 20 [455].

Ceps (n.m.) : blocs de bois dans lequel on serrait les pieds des accusés, des prisonniers. H : II, 8 [326].

Certes (adv.) Juron habituel des Huguenots H : III, 5 [53].

Ceruelle (en) En émoi, en inquiétude H : III, 5 [54] ; III, 9 [106].

Chancre Ulcère H : I, 6 [115] ; II, 11 [362] (mais le sens originel de *crabe* n'est pas impossible).

Change (n.m.) > *Rendre le change* : répliquer, payer de la même monnaie. H : I, 4 [84] ; II, 4 [260].

Charactere (n.m.) ▪ 1 : titre naturel ou légal qui donne une qualité L : Préface [20] ; III, 6 [69] ▪ 2 : signe magique H (*caractere*) : III, 16 [234] 3 : trait gravé H III, 6 [69].

Chaude (n.f.) > *À la chaude* sur-le-champ, dans l'excitation du moment : I, 4 [87] ; I, 6 [147] ; II, 17 [437] ; IV, 8 [336] *recte* [346] ; IV, 11 [390] ; IV, 20 [462] ; IV, 22 [469].

Chef > *venir à chef* venir à bout. H : IV, 2 [285] ; IV, 27 [511].

Chere (n.f.) ▪ 1 : Visage, mine, air H : II, 4 [259] ; II, 11 [364] ; III, 10 [122] ; III, 13, [184] ; IV, 4 [316] ▪ 2 : Accueil, repas : II, 15 [422] ; IV, 4 [306] ; IV, 4 [297] [309] ; IV, 6 [334].

Chetif, ue (adj.) malheureux H : I, 9 [200] [201] [203] ; II, 8 [318] ; II, 15 [422] ; III, 7 [90] ; IV, 21 [468].

Chetiue (n.f.) Malheureuse : I, 9 [202] [203] ; II, 5 [273] ; II, 12 [390] ; II, 15 [420]).

Cheualer (v.) Épier, poursuivre, serrer de près. H (IV, 24 [489]).

Chicotin (n.m.) Poudre ou suc amer de la coloquinte. L : IV, 1 [269].

Chiorme (n.f.) Ensemble des prisonniers condamnés à ramer sur une galère, chiourme. H IV, 21 [466].

Chocquer (v.) Affronter, combattre : I, 9 [206].

Chopper (v.) (Choper) Trébucher. H : I, 6 [152] ; III, 6 [67].

Ciuil, e (adj.) ▪ 1 : qui a trait à la cité, au monde : I, 2 [32] [45] ; I, 5 [107] ; II, 8 [326] [327] ; II, 11 [358] ; II, 15 [420] ; IV, 12 [399]) ▪ 2 : poli I, 2 [51] ; I, 8 [185] ;
> *société ciuile* : I, 1, 4 ; *discorde ciuile* : I, 6, 112 ; IV, 11 [388]
> *mort ciuile* : entrée en religion : I, 1 [13] ; I, 5 [105] [107] ; II, 8 [313] ; III, 5 [65] ; IV, 2 [288].

Cœur : *cf.* Courage. Voir aussi la section sur *cœur/courage* dans l'Introduction, p. .

Combustion (n.f.) Désordre, agitation L : I, 7 [137] ; I, 8 [176].

Commode (adj.) ▪ 1 : Aisé, vivant dans l'aisance. H. *cf.* accommodé : IV, 18 [445] ▪ 2 : Convenable I, 3 [59] ; I, 6 [125].

Commodite (Commodité) (n.f.) Aisance H : I, 2 [31] [46] [49] ; II, 4 [267] ; II, 14 [412] [413] ; III, 11 [149] ; III, 1 [171].
> *À commodité* : III, 16 [232] v. note dans texte.
v. aussi Commoditez.

Commodité (*cf.* Commodite) (n.f.).

Commoditez (pluriel) Biens, richesse : I, 1 [17] ; I, 3 [67] ; I, 5 [92] ; I, 7 [154] ; I, 9 [198] ; II, 3 [256] ; II, 6 [291] ; II,

10 [345] ; II, 17 [440] ; III, 1 [8] ; III, 10 [119] [120] [124] ; III, 11 [131] ; III, 12 [165] ; III, 13 [173] ; IV, 3 [301] ; IV, 17 [432] ; IV, 24 [486].

Compatir (v.) s'accorder H : I, 7 [158].

Composition (n.f.) • 1 : Disposition I, 2 [29] ; II, 5 [279] ; III, 11 [151] ; • 2 : Manière dont est constituée une chose, dont elle est organisée – En partic. : Structure, complexion du corps. I,7, [159] ; II, 3 [244] ; III, 7 [93] ; III, 17 [238] *cf. disposition* • 3 : accord, négociation : II, 13 [404] ; III, 11 [151].

Concurrence (n.f.) Rencontre, accord H : II, 17 [442].

Condescendance (n.f.) Aptitude à s'accorder avec les autres H *condecence* : II, 10 [348] [351] ; II, 17 [444] ; IV, 2 [284] ; IV, 26 [498].

Condescendant (adj.) v. Condescendance I, 2 [52].

Condition (n.f.) Nature, état physique H : Préf [3] ; I, 1 [6] ; III, 11 [153] ; III, 13 [172] [182] 24 août 2 : Situation : II, 5 [274] ; II, 7 [307] ; II, 11 [363] ; III, 11 [130].

Conditions (plur.) Qualités, caractère H I, 2 [36] ; I, 6 [114] ; I, 6 [117] ; I, 7 [165].

Conduite (Conduitte) (n.f.) • 1 : Action de diriger, de gérer, d'arriver à ses fins H : Préface [15] ; I, 1 [4] [10] ; I, 2 [33] [34] ; I, 3 [61] [66] ; I, 6 [113] [115] ; I, 8 [177] [178] ; II, 1 [230] [235] 2 fois ; II, 2 [242] ; II, 3 [255] ; II, 5 [279] ; II, 7 [299] [300 2 fois] ; II, 8 [324] ; II, 10 [349] ; II, 11 [353] [354] [356] [375] ; II, 12 [388] ; II, 14 [410] ; III, 1 [17] ; III, 3 [38] ; III, 4 [39] ; III, 5 [55] ; III, 6 [76] ; III, 10 [117] ; III, 13 [173] ; III, 15 [207] [210] ; III, 16 [221] [226] [232] ; IV, 2 [280] [286] ; IV, 4 [304] ; IV, 6 [331] ; IV, 23 [477] [473] [478] [481] ; IV, 24 [484] [489] ; IV, 26 [499 ; IV,

27 [509]) • 2. Terme de théologie. Voie divine, dessein divin. L : I, 9 [219] ; II, 5 [278] ; IV, 17 [431] ; IV, 22 [473].

Conduitte (v. Conduite).

Conferer (v.) Huguet • 1 : Comparer III, 6 [71] • 2 : parler, discuter : II, 14 [415] 2 fois ; II, 11 [356] ; III, 6 [78] ; III, 14 [199].

Conference (n.f.) • 1 : Comparaison H : I, 8 [174] ; III, 16 [234] • 2 : compagnie, relations H : II, 4 [259] ; IV, 23 [480] • 3 : discussion, débat TLF : II, 4 [259] [261] ; II, 12 [393] ; III, 5 [56] [62] ; III, 17 [252].

Confondre (v.) • 1 : Détruire, renverser DMF.I, 5 [89] [110] ; I, 8 [173] ; I, 9 [219] ; II, 5 [283] ; II, 15 [418] [419] ; IV, 8 [355] • 2 : prouver que qqn a tort, réfuter : I, 9 [205] ; II, 11 [378] ; IV, 4 [311] ; IV, 12 [392].

Coniurations (n.f.) (plur.) Supplications L : I, 6 [133] ; II, 11 [370] ; II, 16 [434] ; IV, 1 [263] ; IV, 27 [512] [514].

Conseil (n.m.) • 1 : Raison, sagesse H III, 5 [63] ; III, 6 [77] • 2 : Projet, décision H : I, 4 [83] ; I, 5 [110 2 fois] ; I, 6 [122] [129] [147] ; I, 7 [160] ; I, 8 [177] [193] ; table II ; II, 1 [231] ; II, 2 [238] ; II, 5 [283] ; II, 11 [356] ; II, 13 [398] ; II, 17 [447] ; III, 6 [68] [70] ; III, 10 [124] ; III, 14 [199] ; IV, 2 [289] ; IV, 9 [363] ; IV, 11 [391] ; IV, 19 [451] • 3 : Délibération, avis pris en commun : II, 15 [427] ; III, 8 [99] ; IV, 9 [361].

Conseiller • 1 : (v. trans.) : conseiller à qqn H : III, 16 [233] • 2 : (passif : être conseillé) Prendre une décision après réflexion H : I, 6 [115] ; II, 12 [385] ; III, 10 [126].

Consideration (n.f.) • 1 : Motif de réflexion, raison de se conduire L : I, 1 [26] ; I, 6 [112] ; I, 7 [154] [166] ; I, 8 [177] ; I, 9 [219] ; II, 6 [292] ; II, 7 [304] ; II, 8 [325] ; II, 11 [353]

[365] ; II, 17 [447] ; III, 10 [120] ; III, 16 [237] ; IV, 6 [336] ; IV, 8 [350] ; IV, 10 [381] ; IV, 24 [484] • 2 : Sagesse, prudence H : II, 7 [300] ; II, 17 [448].

Contenance (n.f.) Attitude, mine : I, 2]51] ; I, 3 [62] ; I, 4 [79] ; I, 5 [95] ; I, 5 [106] ; I, 6 [125] [133] [138] ; II, 1 [230] ; II, 5 [279] ; II, 7 [308] [309] ; II, 8 [317] ; IV, 7 [346] ; IV, 10 [379] ; IV, 14 [418] ; IV, 20 [460] 2 fois ; IV, 21 [466] ; IV, 26 [500].

Contention (n.f.) Querelle, débat : I, 9 [214].

Conter sans son hoste « compter sans son hôte, ou compter seul : faire quelque chose sans consulter la personne intéressée, ou plus généralement : vouloir quelque chose qui ne se fera pas » L art. hôte : I, 5 [96] ; III, 14 [195] ; IV, 9 [571].

Contourner (v.) Faire tourner DMF : III, 6 [67].

Contradiction (n.f.) Action de contredire, de s'opposer H : Préface [18] ; I, 7 [163] ; II, 7 [301] ; II, 10 [344] ; II, 11 [355] ; II, 15 [420] ; II, 17 [441 *recte* 451] ; III, 3 [34] ; III, 11 [139] ; IV, 7 [341] [342]).

Contrariete (n.f.) • 1 : Contraste H : II, 1 [titre] [235] • 2 : Opposition : II, 6 [294] ; IV, 2 [289] • 3 : Contradiction : II, 12 [387].

Contreluitter (v.) Lutter contre : Préface [5].

Contremine (n.f.) *cf.* Mine sens 4.

Contrepointe (n.f.) Contradiction H : I, 2 [31].

Contrepointer (v.) Combattre H : Préface [7] ; III, 7 [82].

Conuaincu, e (adj.) *Convaincre* : prouver coupable DMF : I, 9 [211] [212] ; II, 6 [297] ; III, 6 [74] ; III, 7 [88] [90] (2 fois) [91] [95] ; III, 16 [237] ; IV, 4 [314 ; IV, 5 [329] ; IV, 9 [359] ; IV, 12 [394] [396] [398].

Conuenable (adj.) Qui s'accorde à, qui convient à H ; Nicot traduit : *accomodus, accomodatus, aptus, appositus, conveniens.* : I, 2 [48] ; I, 4 [77] ; I, 6 [115] [143] ; I, 7 [155] [168] ; I, 8 [193] ; I, 9 [197] ; II, 3 [243] ; II, 8 [313] ; III, 3 [30] ; III, 8 [97] ; III, 9 [109] ; III, 16 [223] [236] ; IV, 3 [296] ; IV, 6 [335] ; IV, 10 [380] ; IV, 13 [404] ; IV, 14 [411].

Conuersation (n.f.) Société ; manière de vivre, séjour, habitude de vie, fréquentation ; rapports. H ; Nicot traduit : *consuetudo, conversatio, usus.* I, 1 [12] ; I, 2 [36] [46] ; I, 4 [79] ; I, 5 [91] ; I, 6 [115] [116] [119] ; I, 8 [181] [185] ; II, 4 [258] [259] [260] [263] ; II, 6 [290] ; II, 7 [301] ; II, 8 [319] ; II, 11 [354] [358] [366] [370] ; II, 14 [411] ; II, 15 [421] ; III, 4 [42] ; III, 9 [105] [106] [108] [112] ; III, 11 [138] [139] ; III, 13 [183] ; III, 16 [224] [226] ; IV, 5 [324] ; IV, 6 [332] [339] ; IV, 14 [411] [413] ; IV, 23 [478] ; IV, 24 [483]).

Correspondance (n.f.) • 1 : Accord, union H : (I, 8 [192] ; II, 1 [230] ; II, 7 [308] ; II, 17 [442] ; III, 4 [42] ; III, 6 [68] ; III, 7 [84] [86] ; III, 9 [104] ; III, 12 [156] ; III, 14 [188 *recte* 190] ; III, 15 [214] ; III, 16 [226] ; III, 17 [240] [242 2 fois] ; IV, 2 [274] ; IV, 10 [375] [377] ; IV, 14 [411] • 2 : (plur.) « [...] se dit aussi des Marchands, et il signifie la relation, le commerce qu'ils ont entre eux. » AF : II, 7 [302] ; IV, 18 [441].

Coulpe (n.f.) Faute H : I, 6 [138] ; I, 9 [203] [209] [210] ; II, 12 [390] ; IV, 7 [347] ; IV, 14 [407] ; IV, 23 [481].

Coup > *Donner coup* (v.) Donner lieu, causer H : I, 9 [220]
> *Prendre coup* (v.) Menacer ruine, être ébranlé H : III, 11 [133].

Courage (n.m) (v. Introduction p. 39-44) Cœur H : Préface [5] ; I, 1 [4] [6] [19] [22] ; I, 2 [36] ; I, 3 [60] [61]

[66] ; I, 5 [91] [93] [94] [96] [107] ;
I, 6 [116 2 fois] [118] [120] [127]
[138] [139] [143 2 fois] ; I, 8 [181]
[185] [188] [193 2 fois] ; I, 9 [197]
[213] [214] ; II, 3 [243] [248] [255] ;
II, 7 [300] ; II, 8 [324] ; II, 11 [353]
[377] ; II, 12 [393] ; II, 13 [404] ; II,
14 [415] [417] ; II, 17 [447] ; III,
1 [8] [12] ; III, 5 [55] ; III, 6 [78] ;
III, 10 [118] [125] ; III, 11 [128]
[130] [142] [145] [147 2 fois] [149]
[151] [152] ; III, 12 [155] [160] ; III,
13 [167] [182] ; III, 14 [191 2 fois]
[192] ; III, 15 [204] [209 2 fois] [211]
[214] [215] ; III, 17 [242] [244] ; IV,
1 [262] [267 2 fois] ; IV, 2 [275] [289] ;
IV, 4 [306] ; IV, 6 [332] [336] ; IV,
9 [360] ; IV, 10 [375] [376 2 fois] ; IV,
12 [398] ; IV, 14 [413] ; IV, 15 [422] ;
IV, 16 [425 2 fois] ; IV, 17 [433] ;
IV, 18 [444] ; IV ; IV, 22 [470] ; IV,
23 [479] ; IV, 24 [483] [484] [487] ;
IV, 25 [493] ; IV, 26 [498] ; IV,
27 [512 2 fois].

Cours (n.m.) Course. H : Préface [16] ;
I, 7 [155] [156] ; IV, 20 [459] ; IV,
23 [79] ; IV, 25 [492]
> *Donner cours* : avoir de l'influence
sur H : I, 9 [220].

Courtois (adj.) Affable, de bonnes
manières C : I, 2 [52] ; I, 7 [169].

Courtoisie (n.f.) Comportement, acte
chevaleresque TLF : I, 5 [91] [93] ; I,
6 [143] I, 1 [7] ; I, 2 [35] ; II, 12 [383] ;
II, 16 [443] ; III, 8 [98] ; III, 11 [153] ;
III, 14 [193] [201] ; III, 17 [242] ; IV,
17 [431].

Couurir > *Se couurir d'un sac mouillé* (v.) :
donner une mauvaise excuse H : I,
6 [144].

Croton (n.m.) Cachot souterrain. H : III,
17 [251].

Cuisant, e (adj.) Brûlant, e H : III, 6 [69] ;
III, 8 [101] ; IV, 2 [278] ; IV, 17 [436].

Cuisson (n.f.) Sensation de brûlure H
(cuison) : II, 6 [291].

Curieusement (adv.) Soigneusement, avec
recherche H : Épître [3] ; III 7 [81].

Curieux, se (adj.) • 1 : qui a soin de, soigneux H : I, 2 [36] ; IV, 1 [259] ; IV,
2 [290] ; IV, 12 [395] • 2 : recherché
H I, 7 [163] ; I, 7 [171] ; IV, 22 [473]
• 3 : qui recherche III, 7 [83] 24 sept.

Curiosité (n.f.) • 1 : Curiosité indue : IV,
13 [404] ; II, 11 [362] ; II, 16 [429 ; III,
6 [70] [72] ; IV, 1 [265] ; IV, 18 [447]
• 2 : Goût du rare et du singulier goût
recherché (Sens péjoratif pendant tout
le siècle) : Préface [19] ; II, 5 [279].

Debatre (Debattre) (v.) • 1 : s'agiter H :
III, 11 [136] • 2 : (v. pr.) s'agiter H (II,
5 [283] ; II, 16 [435] ; III, 12 [161] ;
III, 13 [184] *recte* [186] ; IV, 16 [429] ;
IV, 17 [438].

Debattre *(cf.* Debatre) (v.).

Deceu, ë (Adj.) Trompé, e H : II, 3 [249] ;
II, 7 [306] ; II, 11 [376] ; IV, 26 [498].

Deduire (v.) exposer, raconter H : I,
7 [154] ; I, 8 [174] ; II, 5 [269] [283] ;
II, 6 [289] ; II, 8 [313] ; II, 11 [353] ;
III, 1 [6] ; III, 13 [166] [177] ; III,
14 [188 *recte* 190] IV, 7 [341] ; IV,
9 [359] [372] ; IV, 14 [418] ; IV,
15 [424] ; IV, 18 [441] ; IV, 25 [491].

Defaillir (v.) • 1 : Manquer, faire défaut H :
I, 5 [108] ; II, 10 [351] ; IV, 25 [490]
• 2 : Tomber, mourir : Préface [8] ;
I, 9 [203].

Defaite (n.f.) Excuse, échappatoire. L :
IV, 8 [355].

Deffaict (adj.) Abattu, amaigri, défait
par les maladies et les fatigues L : IV,
22 [472].

Deffaicte (n.f.) Action de se défaire de,
débarras H(defaite) : II, 14 [413] ; IV,
2 [273].

Deffaite (n.f.) : IV, 13 [407] v. Defaite.

Departement (n.m.) Division, partie : II,
5 [281] ; III, 11 [139] ; IV, 3 [295] ;
IV, 4 [308].

Departir (v.) Répartir, partager H : I, 8 [190]
>se departir : s'éloigner de, se séparer H : I, 2 [57] ; Sens très voisin de *se deporter* (*q.v.*) : IV, 1 [267] ; IV, 2 [280].

Deplorable (adj.) digne de pleurs : I, 1 [26] ; I, 8 [192] ; I, 9 [199] [202] [203] ; II, 3 [247] ; II, 6 [291] ; II, 7 [305] [306] ; II, 9 [338] ; II, 12 [394] ; II, 14 [410] [417] ; II, 16 [433] ; II, 17 [448 2 fois] ; III, 2 [28] ; III, 9 [103] [114] ; III, 11 [129 2 fois] ; IV, 2 [292].

Deportemens (n.m. plur.) Comportement H (presque toujours péjoratif) : I, 6 [113] [126] ; II, 11 [357] ; II, 13 [400] ; III, 6 [76] ; IV, 5 [321] ; IV, 7 [343] (bons deportements) ; IV, 18 [442] (2 fois) ; IV, 23 [476] ; IV, 26 [500].

Deporter (v.) > Se deporter de : cesser, renoncer à. H : II, 1 [226] ; II, 15 [427] ; III, 3 [32] ; III, 9 [109] ; III, 10 [121] ; IV, 14 [414 2 fois] ; IV, 18 [442]).

Desastre (n.m.) Malheur, malencontre H : I, 6 [99] [145] ; I, 7 [157] ; I, 9 [208] ; II, 5 [284] ; II, 7 [305] [311] ; II, 13 [406] ; II, 14 [415] [417] ; II, 17 [440] [448] ; III, 1 [5] ; III, 2 [22] ; III, 5 [52] ; III, 9, 104 ; III, 11 [129] ; III, 13 [187] ; IV, 1 [268] ; IV, 2 [291] ; IV, 10 [384] ; IV, 12 [397] [402] ; IV, 13 [409] ; IV, 22 [472] ; IV, 26 [505].

Desbris (n.m.) Écroulement, ruine. « A wracke ; a breaking, or splitting asunder. as of a ship against a rocke ; also, any rupture or breach. " C *debris* : I, 2 [40] ; I, 4 [75] ; I, 8 [191] ; I, 9 [207] ; II, 11 [376] ; III, 17 [247] ; IV 2 [271].

Deschet (n.m.) Décadence, diminution H : II, 11 [366] ; III, 1 [13 2 fois].

Deschiffrer (v.) Décrier H ; parler mal de quelqu'un, en découvrir les défauts cachés. AF 1694 : IV, 2 [291] ; IV, 10 [385].

Desemparer (v.) Quitter un lieu, abandonner H : I, 3 [62] ; I, 6 [119] ; I, 7 [154] ; IV, 24 [486].

Desgorger H (v. pr.) Se débarrasser, se soulager (proprement : chanter) : I, 9 [207].

Deslacher (v.) Lancer. Se dit surtout des projectiles. H : IV, 20 [458].

Desolee (n.f.) Abandonnée. H : II, 9 [339] ; IV, 7 [342] ; IV, 18 [447].

Desoler (v. pr.) Devenir abandonné : I, 9 [209].

Despit (n.m.) Mépris H, action de refuser : III, 12 [142] IV, 2 [titre] [269] [271] 2 fois [276] [289] [292]
> *faire despit* irriter I, 6 [124].

Despité (adj.) Fâché, irrité H (despit) I, 8 [187] ; IV, 2 [283].

Despiter (v.) ▪ 1 : Maudire H Injurier DFM : I, 1 [24] ; III, 2 [22] ; IV, 2 [270] ▪ 2 : Irriter : III, 9 [109] ; IV, 7 [343] ; IV, 25 [493]
(v. pr.) ▪ 1 : Se révolter contre DMF IV, 2 [270] [290] ▪ 2 : S'irriter II, 5 [271] ; III, 15 [211].

Despouille (n.f.) Ce que l'on laisse (et non pas cadavre) H : I, 8 [183] [195] ; II, 2 [239] ; III, 9 [112].

Desseigner (v.) Projeter H, se proposer, avoir pour dessein : I, 1 [22] ; I, 6 [126-127].

Desserrer (v.) Faire sortir H : IV, 4 [314].

Desueloper (v.) ▪ 1 : Dégager, délivrer H : I, 9 [201] ▪ 2 : Débrouiller, résoudre H : IV, 20 [461].

Detraquer (v.) Détourner H : I, 9 [201] ; IV, 23 [479]).

Deuis (n.m.) Conversation, propos II, 1 [229] ; II, 4 [259] [268].

Diffamer de (v.) Accuser, soupçonner de H II, 3 [254].

Dilayer (v.) H : Différer, retarder : I, 3 [68] ; I, 6 [131].

Dilection (n.f.) Affection, amour-charité, amitié : I, 1 [7] [8 2 fois] ; I, 7 [154] ;

II, 5 [280] ; II, 6 [289] ; III, 15 [205] ; IV, 7 [344] ; IV, 9 [371] ; IV, 14 [410] [419].

Discipline (n.f.) • 1 : Enseignement, doctrine. H : I, 8 [195] ; II, 14 [409] ; III, 6 [69] ; III, 16 [219]) • 2 : DFM : Instrument de flagellation : III, 5 [66].

Discret, e (adj.) Sage, avisé H : I, 5 [92 II, table [222] ; II, 10 titre [341] ; II, 10 [351] ;] ; II, 17 [446] ; III, 7 [83] ; IV, 1 [260] ; IV, 10 [379].

Discretion (n.f.) Discernement, sagesse H : I, 4 [81] ; I, 7 [160] ; II, 7 [299] ; II, 10 [341] [349] [350] [351] ; III, 1 [16] ; III, 10 [124] ; IV, 4 [319] ; IV, 6 [330] ; IV, 17 [432] ; IV, 26 [499].

Disgracier (v.) Maltraiter H : I, 9 [201].

Disposition (n.f.) • 1 : Constitution corporelle : Préface [20] ; I, 2 [29] ; II, 5 [279] ; III, 11 [134] ; III, 13 [171] • 2 : agilité H : III, 14 [196].

Distinctement (adv.) De manière précise DFM : Préface [14] ; I, 1 [6] ; II, 11 [359].

Distraire (v.) Séparer, écarter H : I, 9, 197 ; III, 13 [179].

Diuertir (v.) Divertir de : détourner de H : I, 5 [104] ; II, 1 [229] [230] ; II, 11 [358] ; II, 16 [434] ; III, 1 [17] ; III, 7 [83] (I, 5 [104] ; II, 1 [229] [230] ; II, 11 [358] ; II, 16 [434] ; III, 1 [17] ; IV, 2 [276] [278] [289] ; IV, 4 [306] ; IV, 10 [381 2 fois] ; IV, 17 [437]).

Document (n.m.) Enseignement, leçon H : III, 2 [28].

Domestique (n.m. ou f.) Qui est de la maison, qui a un emploi dans la maison ; se dit aussi des amis et des clients d'une grande maison : I, 1 [27] ; I, 2 [49] ; I, 7 [155] [157] [167] ; I, 9 [213] [217] ; II, 5 [271] ; II, 9 [329] [335] [336 2 fois] ; II, 10 [344] [348] ; II, 12 [380] ; II, 16 [434] [435] [439] ; III, 2 [19 2 fois] [20] [22] [28] ; III, 3 [31] ; III, 5 [60] ; III, 8 [98] ; III,

9 [108] [113] ; III, 10 [125] ; III, 11 [133] ; IV, 2 [283] ; IV, 4 [317].

Drapper (v.) > *Drapper sur* Dire du mal de H : III, 9 [112].

Dyscole (adj.) Désobéissant. H «de mauvaise humeur» L : I, 3 [58].

Dyspatique (adj.) H *dyspathie* : antipathique : I, 1 [6].

Eau ardente (n.f) : Eau-de-vie IV, 4 [317].

Effort (n.m.) (au sing.) Force, énergie, pouvoir H : I, 1 [3] ; I, 8 [193] ; II, 2 [233] ; II, 13 [380] ; II, 16 [430] ; III, 11 [130] ; IV [256] ; IV, 8 [347] ; IV, 9 [359] ; IV, 17 [430 (titre)] [438] ; IV, 25 [494].

Elaboure (adj.) Travaillé, ouvré H : IV, 4 [308].

Election (n.f.) Choix H : II, 4 [258] ; II, 8 [312] ; II, 16 [448] ; III, 13 [172] ; III, 17 [243] ; IV, 1 [261] ; IV, 10 [383] ; IV, 21 [463].

Eleuation (n.f.) • 1 : Action d'élever, éducation H : I, 1 [12] ; II, 1 [235] ; II, 8 [317] ; II, 10 [347] [352] ; II, 11 [353 ?] ; III, 3 [30] ; III, 6 [76] ; III, 11 [133] ; III, 13 [168] ; III, 16 [219]) • 2 : élévation en dignité, ascension H *eslevemen* : II, 10 [344] [351] ; III, 1 [17] ; III, 10 [127] ; III, 11 [140].

Emboucher (v.) «emboucher qqn de : Lui mettre à la bouche, lui dicter, lui recommander de dire» H : I, 8 [180] ; III, 3 [35]

Emotion (n.f.) Agitation, Trouble : III, 2 [27] ; III, 3 [34] ; III, 7 [86] ; IV, 12 [394].

Employ (n.m.) Occupation H : Préface [7] ; II, 4 [267] ; IV, 6 [331].

Empieter (v.) Proprement : pour un oiseau de proie, prendre dans ses serres H : IV, 8, [356].

Emploite (n.f.) Emplette, achat H : III, 2 [23] ; III, 11 [129] ; IV, 5 [326].

Empraindre (v.) Imprimer DFM Empreindre : I, 2 [30] ; I, 5 [97].

Encliner (v.) incliner, diriger vers H : I, 3 [72].
(v. pr.) S'incliner : IV, 4 [313].

Endoctriner (v.) instruire, éduquer H : I, 7 [161].

Enfoncer (v.) (dans un combat) percer H : III, 5 [59] ; III, 14 [200] ; IV, 14 [416].

Enleueure (n.f.) Petite vessie ou bube qui vient sur la peau. AF 1762 : IV, 26 [504].

Enquerir (v.) >*Enquerir qqn de qqch* : demander, solliciter H : I, 6 [134] ; III, 7 [90].

Enseigne (n.f.) «Dans le sens de *drapeau*, le mot *enseigne* était à la fin du XVIᵉ siècle un mot démodé.» H : I, 6 [138] ; III, 5 [53] ; III, 12 [165] ; IV, 2 [273] ; IV, 25 [493].

Entendre (v.) > *Entendre à qqch* : Faire attention à, consentir à H 30 sept I, 4 [81] ; II, 13 [401] ; III, 6 [73] ; III, 11 [138] ; III, 16 [225] ; IV, 1 [265].

Entrer > *Entrer sur* : dans un duel, attaquer. : II, 17 [448] ; III, 14 [193].
> *Entrer de pointe* : attaquer de pointe (vs. *de taille. q.v.)* : II, 16 [435] ; III, 13 [174] ; IV, 2 [287] ; IV, 14 [416].

Entretenir (v.) Maintenir, observer H : II, 4 [259]

Entretien (n.m.) : ▪1 : Divertissement : Préface [6] [9] [19] ; I, 2 [49] ; I, 3 [76] ; II, 4 [268] ; II, 9 [336] ; II, 12 [381] [390] [392] ; II, 15 [420] ; III, 11 [149] ; III, 17 [242] ; IV, 20 [459] ; IV, 21 [464] ; IV, 26 [500]) ▪2 : Action de s'entretenir avec H : I, 4 [79] ; I, 5 [96] ; I, 8 [180] ; III, 1 [15] ; III, 16 [231] ; IV, 9 [360] ; IV, 21 [463] ▪3 : maintien, conservation «Entertainment, maintenance, meanes, nourishment.» C : I, 6, [124] ; II, 6 [190].

Enuier (v.) enlever, ôter, refuser H : Préface [7] ; III, 11 [151].

Equipage (n.m.) ▪1 : Action d'équipper des vaisseaux, chargement H III, 1, [12] ; ▪2 : Prise, butin : IV, 6 [334] ; IV, 11, [388] ▪3 : Aspect extérieur, état manifeste : II, 5 [286] ; II, 12 [387] ; II, 14 [417] ; III, 1 [12] ; III, 13 [175] 2 fois ; III, 14 [196] ; IV, 6 [339] ; IV 9 [369] ; IV, 9 [369] ; IV, 10 [383] ; IV 20 [457] ; IV, 22 [473].

Equiper (Equipper) (v.) Préparer, arranger IV, 3 [296] ; IV, 21 [467].

Equipper (*cf.* Equiper) (v.).

Erre (n.f.) Trace H : I, 7 [170].

Escarbot (n.m.) Hanneton. L : (II, 3 [248]).

Esclaircir (v.) ▪1 : Rendre plus brillant. H : III, 15 [206] ; IV, 12 [392] ▪2 : v passif : v. s'esclaircir : II, 3, [252] ; II, 5 [284] ; II, 14 [415] ; II, 15 [425].
s'esclaircir (v. pr.) ▪1 : S'informer, apprendre la vérité H I, 3 [74] ; I, 8 [181] ; II, 14 [414] ; II, 16 [437] ; II, 17 [443] ; III, 7 [94] ; III, 10 [125] ; III, 13 [175] ; III, 15 [216] ; IV, 20 [461] [462] ▪2 : devenir moins dense IV, 1 [265].

Esclairer (v.) ▪1 : faire des esclairs H III, 2 [27] ; IV, 10 [373] ; IV, 14 [413] ▪2 : informer H II, 11 [374] ; II, 15 [418] ; III, 5 [62 2 fois]
(v. pr.) v. s'esclaircir : III, 7 [89] ; III, 7 [89] ; III, 9 [113] ; III, 13 [180] ; IV, 10 [373].

Esclamme (n.f) (Huguet n'a que l'adj avec le sens de «mince, grêle») : II, 5 [279] (v. note).

Esclandre (n.m.) Malheur, désastre H : I, 4 [86] ; I, 5 [98] ; II, 5 [272].

Esclatter (v.) Briller H : II, 9 [298] ; II, 17 [452] ; IV, 11 [387].
(v. pr.) S'esclatter de (s'esclatter de cris) H : crier II, 16 [435].

Escorne (n.f.) Dommage, affront H : I, 1 [24].

Escorner (v.) Littéralement : enlever les cornes ; «To breake off the corners of a square thing» C : IV, 11 [388].

Esgarement (n.m.) Action d'égarer H, de s'égarer : IV, 6 [256 table] [330 titre].

Esmerueillable (adj.) Étonnant, merveilleux, admirable. H : II, 5 [278] ; III, 11 [150 2 fois] ; III, 16 [237].

Esmeu (part. passé de *esmouuer*) H : dérangé, agité H I, 7 [161] ; II, 17 [451] ; III, 1 [9] ; III, 3 [34] ; III, 16 [226] ; IV, 15 [418].

Esmeut (n.m.) Fiente, excrément : I, 2 [39].

Esmouvoir (v.) Provoquer, exciter H : I, 5 [103] ; I, 6 [142] ; I, 8 [176 ; I, 9 [207] ; II, 14 [408] ; III, 3 [30] ; IV, 4 [316].

Espic (n.m) H : Epi I, 6 [153].

Espie (n.m.) Espion (I, 2 [39] ; I, 6 [125] ; II, 11 [370] ; III, 7 [85] ; III, 13 [183] ; IV, 4 [305] ; IV, 16 [427].

Essayer (v. trans.) ▪ 1 : Mettre à l'épreuve, fatiguer H : I, 5 [106] III ; 15 [210] IV, 1 [262] ▪ 2 : faire l'essai, l'épreuve de : Préface [13] ; I, 2 [55].

Estalement (n.m.) Action d'*estaler q.v.* II, 4 [260].

Estaler (v.) Mettre à l'estal, en montre : Préface [8] [13] ; I, 2 [35] ; II, 13 [399] ; IV, 9 [358].

Esteuf (n.m.) Balle du jeu de paume H : IV, 2 [279].

Ester (n.m.) Lieu d'origine, race. H : I, 7 [169].

Estoc (n.m.) ▪ 1 : Souche, lignée (angl. *Stock*) H : II, 7 [300] ▪ 2 : biens héréditaires H : II, 11 [375] ; III, 15 [207] ▪ 3 : Coup de pointe H. II, 13 [405] ; III, 14 [200] ▪ 4 : sorte d'épée pointue H IV, 19 [454].

Estocade : v. Estoc 3 : IV, 6 [337].

Estonner (v.) Effrayer H : I, 3 [67] ; I, 4 [84] ; I, 6 [123] ; III, 13 [172].

Estrainte étreinte, lien serré : I, 1 [9].

Estre (v.) > *Estre à droit* : se présenter devant un tribunal H (ester) : IV, 24 [489].

Estriuer (v.) Combattre, lutter, résister, faire difficulté. H : II, 8 [321].

Euenement (n.m.) Issue, résultat H : I, 2 [48] ; I, 3 [75] ; I, 4 [87] ; II, 1 [231] ; II, 12 [393] ; II, 15 [426] ; III, 11 [149] ; III, 14 [199] ; IV, 2 [286] ; IV, 20 [459].

Eutrapelie (n.f.) grec *eutrapelia* : disposition à plaisanter agréablement : II, 4 [260].

Execution (n.f.) mise à mort (mais pas nécessairement ordonnée par une autorité : v. III, 14 [194]) : I, 5 [104] ; I, 6 [144] [146] [148] [150] ; I, 9 [215] ; II, 2 [239] ; II, 9 [335] [338] ; II, 12 [372] [394] ; II, 13 [406] ; III, 9 [113] ; III, 10 [125] [126] 2 fois ; III, 13 [175] ; III, 14 [194] ; IV, 2 [288] ; IV, 4 [317] ; IV, 6 [337] ; IV, 7 [344] [347] ; IV, 9 [367] ; IV, 10 [384] (=crime) ; IV, 14 [418 2 fois] ; IV, 17 [440] ; IV, 19 [454].

Expedient (adj.) Avantageux H : II, 1 [230] ; II, 6 [292] ; III, 10 [127].

Experimenter (v.) Faire l'expérience de : I, 2 [35] ; I, 4 [85] ; I, 5 [109] ; II, 9 [331] ; II, 11 [363][367] ; II, 12 [381] ; II, 17 [442] ; III, 9 [104] ; IV, 2 [278] ; IV, 3 [293].

Fabrique (n.f.) Construction H : IV, 4 [302] [308].

Fabuleux, se (adj.) Imaginaire, fictif H : Préface [8 2 fois] [9] ; IV, 24 [482].

Facteur (n.m.) Celui qui est chargé de quelque négoce, de quelque trafic pour quelqu'un. AF 1694 : III, 4 [41] [49] ; IV, 3 [300] ; IV, 17 [432] ; IV, 18 [441 2 fois] [442] [443].

Faculte (n.f.) (plur.) Biens, possessions H : I, 1 [16] [21] ; II, 12 [384] ; III, 6 [70] [79] ; III, 12 [155].

Fan (n.m.) Petit d'un animal quelconque H : I, 9 [205].

Fantosme (n.m.) ▪ 1 : Mannequin H : III, 3 [36] ; III, 4 [47] ▪ 2 : Revenant : III, 4 [49] ▪ 3 : Apparence, Illusion : II, 11 [373].

Fast (n.m.) Orgueil, vanité. H : (I, 6 [144]).

Feindre (v.) ▪ 1 : produire une fiction I, 6 [140] ; II, 17 [440] ; IV, 24 [482] ▪ 2 : Feindre de : hésiter à. H : III, 11 [135].

Feinte (n.f.) Fiction : Préface [8] [10] ; I, 6 [140].

Feliciter (v.) Rendre heureux H : II, 330.

Ferre, e (adj.) Dur, inflexible H : (I, 8 [188] ; II, 11 [365].

Feste (n.f.) Comportement empressé, chaleureux DFM II, 1 [224]
>*faire beaucoup de feste de* : beaucoup parler de, faire l'éloge de, H : II, 3 [246] ; IV, 14 [411].
>*se faire de feste* : *faire feste de qqch* : s'en glorifier H : III, 11 [127].

Feu (n.m.) > *Feu(x) artificiel(s)* : ▪ 1 : Engin pyrotechnique (à l'époque ce mot semble réservé à l'usage militaire) H : III, 17 [241] ▪ 2 : sentiments (calculés, fabriqués) H : II, 5 [276] ; II, 11 [362]. Camus, avec persévérance, fait le jeu de mots entre les deux sens : I, 4 [78].

Fêue (n.f.) > *Roy de la fêue* : celui qui trouve la fève dans le gâteau des Rois H, roi pour rire : IV, 3 [297].

Filet (n.m.) Fil H : I, 6 [129] ; I, 7 [153] ; I, 8 [184] ; I ; III, 6 [72] [73] ; III, 12 [156] ; IV, 15 [424].

Fisque (n.m.) Fisc, trésor public H : III, 9 [115] ; III, 12 [164] ; IV, 4 [318].

Fonde (n.f.) Fronde H : I, 7 [168].

Force (n.f) ▪ 1. violence, acte de violence H : I, 3 [74] ; I, 5 [101] [107] ; I, 6 [117] [122] [126] [145] ; II, 16 [429] [433] ; II, 17 [446] ; III, 1 [11] [12] ; III, 4 [50] ; III, 9 [110] ; III, 10 [118] ; III, 12 [159] [160] [161] [162] ; III, 13 [181] [185 2 fois] ; III, 14 [195] [196] ; IV, 1 [266] [267] ; IV, 5 [325] ; IV, 6 [337] ; IV, 10 [378] ; IV, 11 [389] ; IV, 14 [418] ; IV, 18 [444] ; IV, 19 [452] [453] ▪ 2 : Contrainte, nécessité I, 5, [98] ; II, 11 [356] ; III, 16 [221] ; IV, 14 [419].

Forces (n.f. plur.) Ciseaux H : III, 1 [11] [12].

Forcenerie (n.f.) Déraison, folie, fureur H : I, 9 [204].

Forligner (v.) Dégénérer ; s'éloigner, dévier, s'écarter. H : I, 9 [219] ; II, 17 [443].

Fortunal (n.m.) Tempête. H «provenance italienne» : II, 7 [302].

Fourche (n.f.) > *Panser à la fourche* : «passer [*sic*] les chevaux à la fourche, panser mal les chevaux, les battre au lieu de les étriller» L : IV, 5 [325].

Fourrager (v.) Piller H : III, 10 [117].

Franchise (n.f.) ▪ 1 : Liberté, absence de contrainte H I, 1 [5] [22] ; I, 3 [61] ; II, 15 [420] ; III, 6 [67] ; IV, 1 [258] ; IV, 2 [276] ; IV, 10 [376] ▪ 2 : *good breeding, kindliness*. C : I, 3 [61] ; I, 8 [173] [193] ; III, 11 [153] ; III, 14 [202] ; III, 15 [210] [218] ; III, 16 [226] ; IV, 4 [302] ; IV, 14 [420] ; IV, 17 [431]) IV, 26 [498] ▪ 3 : Protection, garantie de liberté H : II, 17 [440 *recte* 450] ; IV, 4 [315].

Frelatte (adj.) Altéré, changé TLF : III, 7 [85].

Friand (n.m.) Qui recherche les mets délicats TLF : Préface [14].

Friandise (n.f.) Saveur délectable H : Préface [10] ; I, 2 [55].

Front > *Sans front* : effrontément : IV, 18 [442].

Fumee (n.f.) Fiente d'animaux (plus proprement celles du cerf et des bêtes rouges), servant aux chiens à trouver la trace DFM : I, 6 [129].

Gaillardement (adv.) Vigoureusement, bravement : IV, 16 [428].

Gaillardise (n.f.) ▪ 1 :«Hilaritas, Venusta facetia» C, Chose gaie : I, 4 [79] ; IV, 3 [294] 2 : Disposition gaie : III, 9 [105] ; III, 15 [208].

Galant (Galand) (n.m.) ▪ 1 : homme habile H : I, 5 [92] ; II, 11 [366] ; III, 13 [171] ; IV, 17 [436] ▪ 2 : Ami, amoureux ; «[...] il se dit plus ordinairement de celuy qui fait l'amour à une femme

mariée, ou à une fille qu'il n'a pas dessein d'espouser» AF : III, 3 [32] ; III, 7 [83] ; III, 9 [106] ; IV, 5 [325] ; IV, 18 [444] [448] ▪ 3 : (ironique) IV, 3 [296] ; IV, 5 [328]
(adj.) ▪ 1 : Hardi, vaillant H : II, 11 [368] ; III, 5 [56] ; IV, 5 [231] ; IV, 6 [334] ; IV, 14 [414] ▪ 2 : élégant H : III, 15 [209] ; IV, 2 [275] ; IV, 14 [414] ; ▪ 3 : noble : IV, 16 [426].

Galanterie (n.m.) ▪ 1 : Élégance H : IV, 3 [295] ▪ 2 : Tour, mot, plaisant, spirituel H (galantise) : IV, 3 [299] ▪ 3 : (pluriel) chose élégante I, 2 [36].

Garçon (n.m.) > *Mauuais garçon* : homme résolu, intrépide, batailleur. H – *mauvais garçon* est la seule entrée sous *garçon* dans H : II, 5 [282] ; III, 12 [157].

Garde > *Garde noble* : administration des biens des enfants mineurs, laquelle appartenait aux père, mère ou autres ascendants nobles : II, 9 [331] ; IV, 8 [356].

Genereux, se (adj.) Moralement noble H (souvent proche de *courageux*) : I, 1 [15] ; I, 2 [34] [36] [37] [43] ; I, 6 [131] [137] ; I, 9 [196] ; II, 3 [242] [249] [257] ; II 6 [293] ; II, 7 [298] [300] ; II, 12 [383] ; III table ; III, 1 [12] ; III, 11 [128 2 fois] [146] ; III, 11 [140] [141] [142] [146] [152] [153 2 fois] ; III, 12 [154] 162] ; III, 13 [184 *recte* 186] ; III, 14 [201] ; III, 15 [203] ; III, 17 [244] [253] ; IV, table [256] ; IV, 1 [262] [268] ; IV, 2 [271] [275] [287] ; IV, 9 [362] ; IV, 10 [375] [376] ; IV, 11 [389] ; IV, 14 (titre) [409] [410] ; IV, 14 [418] ; IV, 16 [425] [429].

Generosité (n.f.) : ▪ 1 : Noblesse de cœur : I, 8 [193] ; II, 3 [246] [255] [256] ; III, 11 [128] [131] [135] [143] ; IV, 9 [372] ; IV, 10 [377] ; IV, 14 [418] [420] ; IV, 16 [426] ; IV, 27 [512] ▪ 2 : Courage : I, 6 [116] ; II, 7 [300] ; IV, 24 [483].

Gentil, -le (adj.) ▪ 1 : noble, de naissance, ou moralement H : I, 5 [93] ; I, 6 [116] [117] [118] ; I, 7 [169] ; II, 9 [332] ; III, 15 [211] ; IV, 2 [275] (2) [288] ; IV, 10 [376] ▪ 2 : Agréable, élégant ; dans le domaine de l'esprit, décrit l'intelligence «courtoise» : I, 5 [92] ; I, 7 [161] [169] ; II, 3 [252] ; II, 4 [259] [262] [268] ; II, 6 [290 ; II, 14 [410] ; III, 1 [15 ; III, 9 [108] ; III, 14 [188 *recte* 190] ; IV, 16 [428] ▪ 3 : antiphrase ironique H : IV, 26 [497].

Gentillesse (n.f.) Noblesse H, qualité de qui est *gentil (q.v.)* : II, 3 [246] [256] ; II, 9 [333] [340] ; II, 11 [363] ; II, 13 [400] ; II, 15 [422] ; III, 13 [171] ; III, 17 [239] [242] ; IV, 3 [294] ; IV, 4 [308] ; IV, 14 [413].

Gesne (n.f.) Torture, question. H (I, 6 [132] ; I, 9 [203] ; III, 2 [26] ; III, 16 [233] [234] ; IV, 12 [394] [395] [396 2 fois] ; IV, 17 [439] ; IV, 18 [446]) ; IV, 26 [500].

Gesner (v.) Torturer (III, 7 [84] ; IV, 12 [398]).

Grain (n.m.) > *Dans le grain iusques à la gorge* Être tout à fait à l'aise I, 8 [182] (Huguet : «n'etre pas dans le grain : être mal à l'aise).

Grever (v.) Alourdir, accabler sous un fardeau H II, 4 [258].

Guerre > *faire la guerre à l'œil* v. œil.

Habitude (n.f.) ▪ 1 : résidence, lieu d'habitation H : I, 2 [30] [45] ; I, 6 [111] ; II, 12 [390] ; IV, 2 [291] ; IV, 17 [432] ; IV, 21 [468] ; IV, 27 [510]) ▪ 2 : Tempérament, manière d'être H II, 1 [231] [235] ; II, 3 [244] [248] ; II, 12 [390] ; IV, 21 [468].

Habituer (v. pr.) > S'habituer : établir sa résidence : I, 2 [44] ; III, 4 [42].

Halener (v.) Respirer H : III, 7 [83].

Hantise (n.f.) Fréquentation H : II, 11 [357] [358] [363] ; II, 14 [410] [414] ; IV, 13 [406].

Happelourde (n f.) H : Fausse pierre précieuse : Préface [14].

Haut à la main v. Main.

Hectique (adj.) Continu, chronique H (se dit plus de la fièvre que du malade) : III, 3 [36].

Heur (n.m.) Chance favorable H (v. Bon heur) : I, 6 [121] ; I, 7 [161] ; II, 3 [242] ; III, 6 [73] ; III, 7 [90].

Heureux, se (adj.) ▪ 1 : «qui a de l'heur, de la bonne chance [...] aussi en parlant des personnes» L : I, table [22] ; I, 1 [2] ; I, 2 [32] (2 fois) ; I, 2 [35] [54] [55 2 fois] ; I, 6, [114] [117] [119] [152] ; I, 7, I, 7 [titre] [153 2 fois] [160] [161] [166] ; I, 8 [190] [191] ; II, table [222] 2 fois ; II, 1 [titre 223] [235] ; II, 7 [305] [306] ; II, 8 [312] [314] [317] ; II, 9 [331] [333] ; II, 15 (titre) [418] [419] ; II, 17 [444] [442 recte 452] ; III, 1 [5] ; III, 5 [52] ; III, 6 [78] [80] ; III, 11 [132] ; IV, 1 [267] ; IV, 2 [270] [275] [292] 2 fois ; IV, 4 [315] ; IV, 6 [333] 2 fois ; IV, 10 [376] [377] 20 oct IV, 12 [392] [402] ; IV, 15 [420] ; IV, 21 [468] ; ▪ 2 : «qui procure de l'heur, de la bonne chance» : II, 8 [315] [325] [326] ; IV, 2 [292].

Honneste (adj.) ▪ 1 : Honorable, convenable H : I, 1 [9] [20] ; I, 5 [93] ; I, 6 [111] [115] [128] [131] ; I, 7 [164] [165] ; II, 3 [246] [256] ; II, 5 [275] [286] ; II, 6 [297] ; II, 14 [414] ; II, 16 [429] ; II, 17 [445] ; III, 4 [42] [50] ; III, 11 [138] [143] [146] ; III, 13 [168] ; III, 15 [214] ; III, 16 [228] ; III, 17 [240] [242] ; IV, 4 [307] ; IV, 10 [376] [378] [381] ; IV, 14 [411] ; IV, 24 [484] ▪ 2 : (des personnes) qui a soin de son honneur : I, 3 [61] [63] ; I, 5 [101] ; I, 6 [125] ; I, 7, [164]

2 fois [171] ; I, 8 [180] [182] [185] ; I, 9 [200 2 fois] [202] ; II, 11 [359] ; II, 12 [385] [388] ; ; II, 13 [400] ; III, 1 [9] ; III, 9, 108 ; III, 10 [119] ; III, 16 [226] ; IV, 5 [324] ; IV, 10 [378] ; IV, 13 [404] ; IV, 21 [462] ; IV, 23 [480] ; IV, 26 [497] ; IV, 27 [511].

Honnestement (adv.) Suffisamment, convenablement H : I, 5 [102].

Honte > revenir avec sa courte honte. «On dit proverbialement, Revenir avec sa courte honte, pour dire, Revenir sans avoir rien fait de ce qu'on s'étoit promis de faire.» AF 1762. L'expression est dans le Dictionnaire de 1694, mais sans définition. III, 1 [8].

Hoste > Conter sans son hoste : v. Conter.

Houssine (n.f.) Baguette L : II, 13 [400].

Humanité (n.f.) ▪ 1 : Urbanité, affabilité. H : II, 3 [251] ; II, 5 [273] ; II, 12 [383] ; III, 9 [105] ; IV, 6 [334] ▪ 2 : ce que l'on doit à tout autre être humain : I, 9 [210] ; IV, 10 [384] ▪ 3 : nature humaine I, 1 [7] ; IV, 5 [329].

Humble (adj.) De condition inférieure : I, 1 [27], I, 5 [93 2 fois] ; III, 2 [20] 2 : modeste, poli H : II, 1 [226], II, 5 [279] ; II, 8 [327] ; III, 16 [219] ; IV, 27 [525].

Humer (v.) Boire H : III, 2 [21].

Idee (Idée : hapax) (n.f.) ▪ 1 : image H : I, 1 [3] ; I, 3 [67] ; I, 6 [113] ; II, 10 [343] ; II, 11 [362] ; II, 16 [431] ; III, 1 [16] ; III, 6 [78] ; III, 8 [97] [98] [99] ; III, 13 [177] ; III, 16 [226] ; III, 17 [249] ; IV, 10 [382] ▪ 2 : image, ressemblance : Épître [4] ; I, 2 [32].

Imbecillité (n.f.) Faiblesse H : II, 8 [324] ; II, 13 [397].

Immédiatement (adv.) Sans intermédiaire H : I, 9 [220] ; III, 11 [134].

Impatiemment (adv.) Avec peine H : IV, 9 [360].

Impatient (adj.) Qui ne supporte pas de DFM : I, 9 [199].

Impertinence (n.f.) Sottise. H : Préface [9] ; I, 4 [77].

Impertinent, e (adj.) Hors de propos, malséant, déraisonnable H : II, 1 [224].

Impertinent (n.m.) : déraisonnable, fou II, 16 [432] ; IV, 16 [429].

Improuuer (v.) Désapprouver H : Préface [15] ; IV, 9 [370].

Incant (n.m.) Encan, enchères. H (inquant) : encan, enchères (II, 7 [300]).

Inciuil, e (adj.) ▪ 1 : Asocial DMF, *inurbanus, rusticus* N : II, 11 [364] ; IV, 11 [388] ; IV, 15 [420] ▪ 2 : impoli IV, 3 [298].

Incommodé (adj.) Gêné, mal à l'aise TLF IV, 8 [355] ; notamment financièrement : III, 11 [132] ; IV, 12 [400] ; IV, 22 [470].

Inconsidere, e (adj. et n.) Qui manque de réflexion. v. Inconsideration : I, 3 [66] ; I, 9 [198] ; II, 5 [275] [276] ; II, 6 [290] ; II, 9 [333] ; II, 14 [414] ; II, 15 [426] ; II, 16 [440] ; III, 5 [54] ; III, 13 [170] [182] [188] ; III, 14 [199] ; III, 17 [248] ; IV, 4 [305] ; IV, 13 [404] ; IV, 18 [448] ; IV, 23 [475] ; IV, 24 [482] [483] [484] [486] [487].

Inconsideration (n.f.) Manque de réflexion. H : I, 5 [101] ; I, 8 [181] ; II, 13 [397] ; III, 6 [70] ; III, 8 [96] ; III, 9 [103] ; IV, table [256] ; IV, 24 [482] [483 2 fois] [489].

Incontinence (n.f.) Manque de retenue (notamment sexuelle) TLF : I, 3 [63] ; II, 6 [288] ; II, 7 [298] ; II, 9 [333] ; II, 10 [348] ; III, 12 [164] ; III, 13 [182] ; IV, 1 [269] ; IV, 9 [357] [362] [368] [371] [372].

Incontinent (adj.) Sans retenue (v. Incontinence) : II, [table 223] ; II, 6 [titre 288] [288] [298 2 fois] ; IV, 9 [367] [369] ; IV, 18 [442].

Indiscret, e (adj. et n.) Qui manque de discernement, de raison H : I, 8 [187] ; II, 15 [423] [426] ; III, 7 [89] ; IV, 4 [319] ; IV, 24 [484].

Indisposition (n.f.) Mauvais état physique, mauvaise santé. H : II, 8 [314] ; IV, 23 [480].

Ingenieur (n.m.) Membre du génie militaire : III, 1 [8].

Inquiete (adj., masc. ou fém.) sans repos, inquiet H : I, 2 [30] [49] ; IV, 13 [403].

Insolence (n.f.) excès, abus, manque de respect H : I, 6 [122] ; II, 1 [232] ; II, 7 [305] ; II, 10 [351] ; II, 17 [439 *recte* 449] ; III, 5 [58] ; III, 7 [82] ; III, 10 [117] ; III, 13 [165] [178] [185] ; III, 16 [230] ; IV, 5 [320] [326] [329] ; IV, 7 [343 2 fois] ; IV, 8 [354 2 fois] ; IV, 9 [371] ; IV, 14 [416] ; IV, 24 [488] ; IV, 27 [514].

Insolent, e (adj.) ▪ 1 : Excessif H Préface [13] ; II, 17 [448] ; IV, 5 [322] ▪ 2 : arrogant, effronté : I, 5 [103] ; I, 8 [182] ; III, 12 [156] ; III, 13 [180] ; IV, 5 [327] ; IV, 16 [427] ; IV, 17 [443] ; IV, 18 [449] ; IV, 23 [476] ; IV, 27 [508] ; IV, 27 [515].

Instance (n.f.) Insistance H : ▪ 1 : soins extrêmes, pressants. L : II, 1 [224] [227] ; II, 3 [251] ; II, 8 [326] ; II, 9 [334] ; II, 11 [374] ; IV, 4 [315] ▪ 2 : requête pressante DMF : II, 9 [334] ; IV, 8 [351] ▪ 3 : poursuite judiciaire DMF II, 5 [287].

Instinct (n.m.) Conseil, instigation, inspiration H : Épître [4].

Intelligence (n.f.) ▪ 1 : rapports, relation, accord, entente H : I, 3 [65] ; I, 4 [77] ; I, 5 [101] ; I, 6 [121] ; I, 6 [126] ; I, 8 [173] [179] [191] [192] ; II, 2 [238] ; II, 7 [302] [308] ; II, 14 [413] [415] ; III, 5 [55] [58] [59 2 fois] ; III, 7 [84] ; III, 10 [124] [125] ; III, 11 [131] ; III, 15 [213] ; IV, 2 [286] ; IV, 9 [359] [366] [367] ; IV, 23 [479] ; IV, 24 [484] ▪ 2 :

conspiration I, 6 [136] [137 deux fois] [138] I, 8 [173] [190] ▪ 3 : Sens, signification H II, 1, 228 ▪ 4 : Capacité de comprendre : III, 4 [48].

Interesse (Interessé) (adj.) ▪ 1 : Blessé, lésé, endommagé : I, 2 [53] ; II, 5 [270] ; II, 6 [295] ; II, 10 [346] ; II, 11 [366] ; III, 15 [216] ; IV, 4 [306] ▪ 2 : Attentif à son intérêt : I, 1 [7] ; II, 6 [294] ; III, 4 [50].

Interesser (v.) Léser, endommager, mettre en péril : I, 1 [12] .

Interest (n.m.) ▪ 1 : « ce qui importe aux personnes en quelque manière que ce soit (ce qui est un retour au sens propre du verbe latin *interest*, il importe, retour qui ne commence qu'au xvie siècle » L : ▪ 1 : I, 1 [3] [24] [26] ; I, 2 [45] ; I, 6 [124] ; I, 7 [154] ; I, 8 [192] ; I, 9 [198] [199] [206] [218] ; II, 5 [271] ; II, 6 [290] [295] ; II, 9 [340] ; II, 11 [356] [367] ; II, 15 [422] [423] ; III, 4 [41] [44 2 fois] ; III, 11 [140] [142] ; III, 12 [155] ; III, 14 [198] ; III, 15 [205] ; IV, 8 [353] ; IV, 10 [374] ; IV, 14 [411] ; IV, 27 [505] [507] ▪ 2 : Dommage H : I, 1 [9] ; IV, 26 [503] ▪ 3 : revenu d'un capital I, 9 [217] ; II, 6 [293] 2 fois [295] ; IV, 22 [470]. > *faire payer les interests de* : punir, faire payer, se venger : II, 11 [370] ; II, 13 [396] ; III, 9 [111] ; IV, 14 [414].

Ioindre (v.) Rencontrer, en particulier pour combattre H : IV, 2 [283].

Iouïssance (n.f.) Possession. I, 2 [32] ; II, 12 [392] ; III, 6 [80] ; en particulier possession sexuelle : II, 12 [385] ; III, 1 [11] ; III, 12 [160] ; III, 16 [227].

Iournalier, e (adj.) Éphémère H : Épître [3] ; IV, 2 [281].

Ioye (n.f.) : ▪ 1 : Plaisir de la possession, y compris la possession sexuelle : I, 1 [25] ; I, 7 [165] ; II table [222] ; II, 17 [440] (titre), [440] [442 *recte* 452] ; III, 14 [202] ; IV, 21 [464]

▪ 2 : Béatitude DMF : II, 4 [263] ; II, 8 [316].

Iudiciaire (n.m.) Astrologue : Préface [17] ; I, 2 [29] deux fois.

Large (adj.) > *Faire large* : laisser un passage : IV, 2 [287].

Leal, e (adj.) Fidèle, honnête H (loyal). *Fidus, fidelis.* N ; *Loyall, true, trustie, faithful, honest.* C : IV, 17 [432].

Legat (n.m.) Legs DMF : III, 4 [50].

Legitime (n.f.) Réserve légale (dans un testament) H : IV, 7 [343].

Lettre (n.f.) ▪ 1 : (sing.) Ecriture, main H : II, 10 [345] ; IV, 4 [303] ▪ 2 : >*Bonnes lettres (bonae literae)* : culture humaniste et des saintes lettres : I, 5 [92].

Leuer (v.) > *Leuer vne boutique* : ouvrir une boutique. H : I, 7 [165].

Liberal, e (adj.) ▪ 1 : libre, surtout libre dans ses dépenses, « qui aime à donner » L : I, 1 [6] ; I, 2 [36] ; I, 7 [160] ; I, 9 [196] [208] ; II, 3 [244] ▪ 2 : digne d'un personne libre H : I, 7 [161][167].

Libertinage (n.m.) Indépendance à l'égard des interdits, religieux ou sexuels. Au pluriel : actions libertines : Préface [12] ; I, 1 [6] ; II, 13 [399] ; IV, 13 [405] ; IV, 24 [483].

Liette (n.f.) H (layette) : coffret, tiroir : III, 7 [91].

Liqueur (n.f.) Liquide H : I, 6 [138] ; I, 7 [160] ; III, 2 [21] [22] ; III, 5 [55] ; III, 6 [70] ; III, 7 [94] ; IV, 25 [496].

Littee (n.f.) Portée. H (litée) : « the litter of a Bitch, Lyoness etc. ». C : IV, 18 [444].

Longe (n.f) Lanière attachée à la patte d'un oiseau de proie H : IV, 17 [430].

Lothe (n.f.) Lotus : II, 12 [386] ; III, 13 [170].

Lourdise (n.f.) Lourdeur d'esprit, sottise, ignorance H : III, 2 [21].

Luisant (adj.) Brillant, éclatant H : I, 2 [29] ; IV, 12 [399].

Luitte (n.f.) Lutte : I, 9 [204] ; IV, 16 [427].

Main (n.f.) écriture H : II, 3 [251]
> *Faire sa main* : faire du profit, piller, voler H III, 2 [24].
> *Haut à la main* : fier, hautain : I, 8 [181] ; II, 13 [404].
> *Mettre le marché à la main de quelqu'un* : « On dit fig. et prov. Mettre le marché à la main de quelqu'un, pour dire, luy tesmoigner qu'on est prêt de rompre, de resoudre l'engagement qu'on a avec luy [...] On dit aussi, Mettre [...] pour dire, le deffier au combat singulier sur quelque contestation, luy offrir de prendre telle voye qu'il voudra pour le satisfaire. » AF 1694 : IV, 2 [281] ; IV, 20 [460].

Majeur (n.m. plur.) Parents, ancêtres : II, 7 [300].

Mal-heur (n.m.) (Malheur) Contraire de Bon heur *q.v.* : Préface [20] ; I, 1 [25] ; I, 3 [58] [64] [73] ; I, 4 [85] ; I, 5 [108] ; I, 6 [112] [127] [143] ; I, 9 [200] [209] [211] 2 fois ; II, 1 [232] ; II, 5 [278] [284] ; II, 9 [332] [334] ; II, 11 [372] ; II, 12 [395] ; II, 13 [399] [406] ; II, 14 [413] ; II, 16 [448] ; III, 1 [5] [18] ; III, 2 [22] [28] ; III, 3 [43] ; III, 5 [65] ; III, 9 [104] [107] ; III, 11 [129] [130] 2 fois ; III, 13 [183] ; III, 16 [223] ; III, 17 [250] ; IV, 2 [282] [290] ; IV, 5 [327] ; IV, 7 [341] 3 fois ; IV, 9 [358] ; IV, 10 [383] ; IV, 11 [390] ; IV, 12 [392] [399] ; IV, 13 [404] ; IV, 15 [424] ; IV, 19 [453] ; IV, 20 [460] ; IV, 23 [482] ; IV, 24 [483 2 fois] [484] ; IV, 25 [496 2 fois] ; IV, 26 [503].

Malheureux, se (n. et adj.) ▪ 1 : Contraire de Heureux *: q.v.* : Préface [7] ; I, 3 [63] ; I, 5 [99] ; I, 9 [217] ; II, 5 [282] ; II, 7 [305] ; II, 9 [333] ; II, 13 [406] ; II, 16 [440] ; III, [2 : table] ; III, 7 [82] ; III, 10 [116] ; III, 13 [181] [188] ; III, 14 [198] ; III, 15 [211] ; IV, 7 [340] ; IV, 20 [462] ; IV, 24 [484] ▪ 2 : qui est, ou fait, une mauvaise

action (v. Miserable) : I, 5 [109] ; I, 6 [144] ; I, 9 [198] [208] ; II, 2 [239] ; II, 5 [276] [277] [284] ; II, 13 [403] ; II, 14 [412] [414] [417] ; II, 16 [433] ; III, 1 [9] [10] ; III, 2 [28] ; III, 5 [56] [61] ; III, 10 [123] ; III, 12 [158] [162] ; IV, 5 [328] ; IV, 9 [360] ; IV, 10 [384] ; IV, 13 [406] ; IV, 23 [475] ; IV, 26 [497] ; [505] ; IV, 27 [512] [513].

Malice (n.f) Méchanceté H, avec chez Camus une forte connotation de ruse, duplicité : Préf. 15 ; I, [2 : table] ; I, 1 [2] [21] [26] ; I, 3 [65] ; I, 5 [90] 2 fois [94][96] [97] [106] [109] ; I, 8 [172 titre] [172] [173 2 fois] [174] [175] [177] 3 fois [178] [179] [183] [188] [193] [194 2 fois] ; I, 9 [205] [212] [214] ; II, 4 [262] ; II, 5 [274] ; II, 8 [307] [320] ; II, 12 [383 2 fois] [390] ; II, 13 [396] [405] ; II, 14 [408] ; III, 1 [15] ; III, 2 [20] ; III, 7 [94] ; III, 9 [114] ; III, 11 [129] [139] ; III, 12 [156] ; IV, 2 [284] [285] [290] ; IV, 4 [302] ; IV, 5 [320 2 fois] ; IV, 14 [408] ; IV, 15 [420] ; IV, 18 [444] ; IV, 22 [469] ; IV, 24 [484] ; IV, 26 [497] ; IV, 27 [511].

Malicieux (adj.) Mauvais, méchant H : I, 1 [20] [21] [23] ; I, 5 [89] [90] [103] [109 2 fois] [110] ; I, 7 [157] [162] ; I, 8 [188] ; I, 9 [200] [208] [211] [212] [214] ; II, 1, [228] [235] ; II, 11 [368] ; III, 2 [22] ; III, 5 [54] ; III, 7 [88] ; III, 9 [103] [105] [114] ; III, 12 [156] ; IV, 2 [279] [290] ; IV, 13 [406] ; IV, 18 [449] ; IV, 23 [482] ; IV, 24 [486] ; IV, 26 [498] ; IV, 26 [502].

Malignité (n.f.) Méchanceté H (sens proche chez Camus de *malignité* : v. I, 7 [161]) : Préf [19] ; I, 7 [161] ; I, 8 [177] [195] ; II, 13 [396 2 fois] ; IV, 12 [396] ; IV, 26 [499].

Malin (adj.) malveillant, méchant, H ; fait dans l'intention de nuire : I, 5 [89] ;

I, 5 [110] ; II, 13 [396] ; II, 16 [432] ;
III, 9 [106 2 fois].

Maltalent : haine, ressentiment, mal-
veillance : H. I, 4 [85].

Maniaque (adj.) Fou H : III, 16 [229].

Maraut (n.m.) H (Maraud) : Gueux : III,
2 [27].

Mareste (n.f.) Mouvement de la mer. H :
I, 6 [142].

Martel (n.m.) Tourment H : I, 1 [23] ; I,
6 [126] ; III, 1 [14] ; III, 9, 106 ; IV,
13 [408] ; IV, 18 [448].

Mechanique (adj.) Qui exerce un travail
manuel DMF : III, 11 [129].

Mediocre (adj.) ▪ 1. Moyen, de condition
moyenne H : I, 5 [91] ; II, 3 [242] ; II,
7 [299] ; II, 9 [333] ; II, 10 [348] ; II,
11 [365] ; II, 12 [384] ; III, 11 [147] ;
III, 121 [155] ; III, 16 [233] ; IV,
3 [297] ; IV, 22 [470] ▪ 2. Modéré H :
IV, 17 [431].

Mesconnoissance (n.f.) (v. Mesconnaistre
2) : I, 9 [198] ; III, 11 [144]).

Mesconnaistre (v.) ▪ 1 : Être ingrat H (mes-
cognoistre) : II, 12 [383] ▪ 2 : (v. pr.)
Ne plus reconnaître sa condition, sa
place : I, 9 [198].

Meshuy (adv.) : Dorénavant, désormais
H : I, 4 [77].

Mesnage (n.m.) ▪ 1 : Maison, maisonnée,
I, 1 [26] ; I, 2 [44] 2 fois ; I, 2 [52] ;
I, 4 [78] [79] ; I, 7 [165] ; I, 9 [197] ;
II, 3 [256] ; II, 8 [327] ; II, 11 [354]
[359] ; II, 14 [411] ; II, 16 [436] ; II,
17 [440] ; III, 3 [30] ; III, 4 [47] ; III,
6 [76] 2 fois III, 11 [133] [149] IV,
2 [273] ; IV, 12 [400] ; IV, 17 [432]
[436] ; IV, 23 [476] [477] ▪ 2 : mariage,
couple marié : II, 3 [256] ; II, 11 [356]
[357] ; II, 17 [443] ; III, 3 [30] ; III,
4 [47] ; III, 6 [74] ; III, 11 [133] [149] ;
IV, 1 [265] ; IV, 2 [273] ; IV, 12 [400] ;
IV, 17 [432] [436] ; IV, 23 [474] ▪ 3 :
Gestion III, 2 [23 2 fois] ; III, 5 [53] ;

IV, 21 [464] ▪ 4 : épargne, économie :
II, 6 [289 ; IV, 21 [468].

> *Mauvais mesnage :* intrigue, agitation
H : I, 2 [40] ; I, 8 [177] ; II, 1 [228] ;
II, 14 [415] ; III, 9 [107 ; IV, 1 [260] ;
IV, 18 [442] ; IV, 21 [464]

> *Faire le mesnage :* s'occuper des tâches
domestiques : I, 4 [78] ; III, 3 [32].

Mesnager (n.m.) Celui qui administre H :
I, 3 [63] ; III, 2 [16] ; III, 5 [63] [65] ;
IV, 15 [421].

Mesnager (v.) Administrer, gérer, conduire :
I, 2 [46] ; I, 5 [104] ; II, 1 [224] ; II,
8 [317] ; IV, 4 [306] ; IV, 21 [467].

Mesnagerie (n.f.) v. Mesnage 3 : I, 2 [52] ;
IV, 20 [456].

Meur, e (adj.) Mûr : I, 3 [59] ; II, 2 [235] ;
II, 4 [262].

Meurir (v.) Mûrir : I, 2 [36] ; I, 5 [107] ;
IV, 8 [349].

Meurement (adv.) Mûrement I, 1 [24] ;
I, 8 [187].

Mignon (n.m.) ▪ 1 : Ami intime, favori.
H IV, 2 [283] ▪ 2 : amant IV, 5 [323]
▪ 3 : élégant : III, 7 [82].

Milord (n.m.) Homme riche, puissant,
à quelque nation qu'il appartienne.
H : IV, 4 [304].

Mine (n.f.) ▪ 1 : manière H, comporte-
ment : I, 3 [60] ; I, 4 [86] [109] ; I,
6 [125] ; II, 5 [280] ; II, 7 [304] [307] ;
II, 9 [335] ; II, 16 [438] ; III, 1 [14] ;
III, 5 [55] ; III, 7 [85] ; III, 10 [122] ;
III, 15 [208] ; IV, 2 [275] ; IV, 6 [334 ;
IV, 24 [486] ▪ 2 : > *bonne mine*, aspect
agréable : I, 5 [92] ; II, 5 [280] ; II,
9 [332] ; II, 11 [362] ; III, 7 [87] ;
III, 9 [112] ; III, 13 [171][172] ; III,
15 [209] ; III, 16 [225] ; III, 17 [241] ;
IV, 2 [275] ; IV, 6 [334].

> *Faire bonne mine.* Ne faire semblant
de rien III, 2 [26][27] ; IV, 3 [296] ; IV,
17 [437] ▪ 3 : expression superficielle,
semblant, ruse : I, 6 [122] ; III, 3 [32]
[33] ; IV, 26 [498] [502] ▪ 4 : (sens

militaire) : engin explosif : « *Faire jouer une mine*», la faire exploser. Camus fait si souvent le jeu de mot sur les sens de *mine* (*ruse*, et *engin*) que l'expression perd son sens : I, 6, [122], I, 6 [138] ; I, 8, 178 ; II, 7 [307] ? ; III, 3, 32 ; III, 16 [223] ; IV, 10 [382] ; *cf.* III, 12 [157] [159] (contremine).

Minuter (v. pr.) > *Se minuter*. Se préparer, être projeté H : II, 11 [355].

Miserable (n.) v. le suivant : I, 9 [202] [219] [220] ; II, 2 [236] ; II, 3 [249] ; III, 2 [26] ; III, 5 [56] [64] ; III, 10 [126] ; III, 12 [163] ; III, 14 [202] ; IV, 7 [345] ; IV, 7 [336 *recte* 346] ; IV, 9 [367] ; IV, 13 [409] ; IV, 15 [424] ; IV, 21 [465] ; IV, 27 [509].

Miserable (adj.) ▪ 1 : Malheureux. H. A comprendre au sens de *mal-heu-reux* : qui n'a pas été favorisé du destin. Mais Camus l'utilise aussi pour ceux et celles qui choisissent le crime. Préface [20] ; I, 1 [24] [25] ; I, 2 [32] ; I, 4 [84] ; I, 5 [110] ; I, 7 [151] [157] ; I, 9 [217] [220] ; II, 2, [236] ; II, 3 [250] ; II, 5 [277] ; II, 6 [289] [296] ; II, 8 [315 2 fois] ; II, 9 [340] ; II, 13 [399] ; II, 14 [413] ; II, 16 [433] ; II, 17 [440] ; III, 2 [27] ; III, 10 [116] ; III, 13 [187] ; III, 16 [227] ; IV, 5 [321] ; IV, 5 [325] ; IV, 9 [367] ; IV, 14 [413] ; IV, 22 [472] ; IV, 23 [482] ; IV, 25 [496] ; IV, 27 [509] [512] [513] ▪ 2 : digne de pitié : I, 9 [199] [202] [203] II, 3 [246] ; II, 5 [273] ; II, 7 [308] ; II, 12 [379] ; II, 14 [416] ; II, 17 [448] [438 *recte* 449] ; III, 7 [86] ; III, 7 [95] ; III, 16 [232] ; IV, 5 [328] ; IV, 8 [354] ; IV, 11 [389] ; IV, 15 [423] ; IV, 21 [468] ; IV, 22 [471] ; IV, 25 [491].

Modestie (n.f.) ▪ 1 : Modération H : I, 5 [106] ; II, 1 [232]) II, 3 [251] ; II, 7 [303] ; II, 10 [349] ; II, 17 [446 2 fois] ; III, 1 [14] ; III, 7 [82] ; III, 12 [156] ; IV, 14 [413] ; IV, 23 [480] ▪ 2 : Pudeur, décence : I,

5 [95] ; I, 7 [160] [171] ; II, 4 [259] [267] [268] ; II, 6 [293] ; II, 7 [301] ; II, 9 [335] ; II, 10 [347] ; II, 11 [364] ; II, 12 [382] ; II, 14 [410] ; II, 16 [431] ; III, 1 [15] ; III, 5 [63] ; III, 6 [76] [77] ; III, 7 [85] ; III, 10 [117] ; III, 11 [138] [139] ; III, 13 [168] ; III, 16 [221] [222] [228] [236] [237] ; IV, 1 [260] ; IV, 2 [273] ; IV, 8 [351] ; IV, 9 [360] ; IV, 17 [432] ; IV, 26 [499].

Monopole (n.m.) Complot, intrigue H : IV, 9 [363].

Monstre (n.f.) ▪ 1 : échantillon, exemple : Préface [13] ; II, 7 [306] ▪ 2 : montre (petite horloge) L : I, 7. [163] [167] ▪ 3 : Apparence, spectacle. *Faire monstre* : donner l'apparence I, 8 [182]. > Mil. *Faire monstre* : faire parade pour recevoir la solde. H : IV, 25 [492].

Moree (n.f.) Grande presqu'île au sud de la Grèce, nommée autrefois Péloponnèse. Moreri : IV, 2 [270].

Mouuement (n.m.) ▪ 1 : Agitation, I, 2, [30] [41] ; II, 11 [371] ; II, 13 [403] ▪ 2 : soulèvement d'une population : IV, 24 [485] [487].

Moyenner (v.) Faire arriver, procurer, en tant qu'intermédiaire : III, 16 [227] ; IV, 2 [276].

Muguet (n.m.) Galant H : III, 7 [82].

Mugueter (v.) Courtiser H : II, 1 [233] ; II, 15 [422] ; III, 3 [32] ; III, 5 [53] ; III, 13 [168] [177] ; IV, 5 [328].

Mugueterie (Muguetterie) (n.f.) ▪ 1 : Élégance, coquetterie H : IV, 1 [261] ▪ 2 : Galanterie H : II, 5 [276] ; II, 12 [383] ; III, 9 [106].

Nai : (plur. : nais, nez) Part. passé de *naistre* : I, 1 [18] ; I, 2 [29].

Naïf, naïue (adj.) naturel H : Préf. 14 ; I, 1 [8] ; I, 8 [193] ; III, 6 [76] ; III, 9 [105].

Naïuement (adv.) ▪ 1 : naturellement H I, 7 [170] ; I, 8 [173] ▪ 2 : au naturel,

avec vérité : II, 5 [284] ; III, 15 [204] ;
IV, 3 [293] ; IV, 20 [458] ; IV, 21 [463].

Necessaire (adj.) Inévitable. H Épître [2] ;
Préface [16] ; I, 1 [15] [22] ; I, 6 [143] ;
I, 8 [187] ; II, 11 [367] ; II, 14 [414] ;
II, 17 [444] ; IV, 24 [485].

Necessité (n.f.) Manque, privation, besoin,
pauvreté H : I, 3 [76] ; I, 4 [78] ; I,
8 [191] ; II, 3 [248] [250] [255] [256] ;
II, 5 [271] [274] [275] [277] [279] ;
II, 6 [289] [291] [292] [293] ; II,
7 [306] [311] ; II, 8 [316] ; II, 9 [336] ;
II, 17 [451] ; III, 1 [8] ; III, 11 [128]
[130 2 fois] [132 2 fois] [133] ; III,
14 [191] ; IV, 2 [292] ; IV, 15 [421]
[422] ; IV, 17 [435] ; IV, 24 [483] ; IV,
25 [490] [491].

Negociation (n.f.) Affaires, occupation,
travail H : II, 14 [413] ; IV, 6 [335].

Nerueux (adj.) robuste, vigoureux H : IV,
16 [425].

Net, te (adj.) Propre, sans tache : I, 6 [128] ;
I, 8 [172] ; III, 3 [30] ; III, 5 [64] ;
III, 9 [106 2 fois] ; III, 13 [166] : IV,
12 [392].

Netteté (n.f.) v. Net : IV, 12 [396].

Niais, e (adj.) ▪ 1 : Qui n'a pas encore quitté
le nid. H : II, 10 [345] ; II, 12 [393] ;
III, 5 [58]) ▪ 2 : simple, naturel H IV,
3 [294]14.

Niaiserie (n.f.) H (niaiseté) : sottise : III,
6 [70] ; IV, 16 [429].

Noble (adj.) > *Garde noble* v. Garde.

Nocher (n.m.) marin H : II, 7 [302] ; III,
13 [167] ; III, 16 [229].

Noise (n.f.) Bruit H, querelle DFM : IV,
20 [455].

Nourrisson (n.m.) v. Nourriture ▪ 2 : IV,
2 [285].

Nourriture (n.f.) H ▪ 1 : Education, instruction, formation : I, 2 [47] [52]
[54] ; I, 7 [165] ; II, 8 [316] [318] ; II,
9 [335] ; II, 14 [410] ; III, 3 [31] ; III,
11 [128] [141] ; III, 13 [167] [171]
[188] ; IV, 16 [426] ; IV, 26 [499] ▪ 2 :

Celui ou celle qu'on a fait élever dans
sa maison H : I, 2 [46] ; IV, 2 [275].

Obligatoire (adj.) Imposant une obligation
H : II, 17 [440 *recte* 450].

Obscur : (adj.) « On dit qu'un homme
est d'une naissance obscure pour
dire qu'il est de basse naissance. »
AF 1694 : I, 7 [160] ; I, 8 [175] ; II,
3 [242] ; II, 9 [334] ; IV, 25 [491].

Occasion (n.f.) ▪ 1 : Circonstance, rencontre heureuse L : I, 1 [20] ; I, 2 [46] ;
I, 3 [69] ; I, 8 [194] ; II, 5 [275] [281] ;
II, 14 [413] ; III, 2 [24] ; III, 15 [211] ;
III, 16 [232] ; III, 17 [248] [252] ; IV,
4 [304] ; IV, 27 [511] ▪ 2 : Combat,
rencontre militaire H : I, 2 [46] ; I,
8 [175] ? ; II, 10 [346] ; II, 12 [380] ; II,
14 [413] ; III, 6 [73] ; III, 10 [120] ; III,
11 [151] ? ; III, 14 [192] ; IV, 16 [427]
▪ 3 : cause, motif H : Préface [15] ; I,
9 [204] ; IV, 2 [283] ; IV, 7 [345] ; IV,
12 [401] ; IV, 20 [457].

Occupation (n.f.) Affaire, activité qui
occupe le temps L : Épître [3] ;
Préface [7] ; I, 4 [78] ; I, 9 [197] ; II,
13 [397] ; III, 3 [30] ; III, 5 [53] ; III,
17 [241] ; IV, 20 [459] ; IV, 21 [464] ;
IV, 23 [478].

Occurrence (n.f.) ▪ 1 : trouble, malheur
H : I, 1 [12] ; I, 6 [99] ; I, 6 [140] ; II,
8 [322] ; III, 2 [26] ; IV, 2 [277] ;IV,
6 [339] ; IV, 9 [372] ▪ 2 : événement,
circonstance fortuite DMF : I, 3 [69] ;
I, 8 [179] ; II, 5 [269] ; III, 5 [51] ;
III, 10 [124] ; III, 16 [232] [237] ; IV,
15 [421].

Œconomie (n.f.) administration d'une
maison. H (*oeconomique*) : IV, 21 [468].

Œil (n.m.) > *la guerre à l'œil* : III, 17 [247]
(v. la note de cette page).

Offencer (Offenser) (v.) ▪ 1 : Attaquer, faire
du mal H : I, 3 [74] ; II, 2 [232] ; III,
10 [123] ; III, 13 [184] ; ▪ 2 : Blesser
H (sens propre) : II, 17 [441] ; III,
4 [48] ; III, 11 [152] ; IV, 18 [445] (sens

figuré) : I, 1 [4] ; I, 3 [60] ; I, 5 [102] ; I,
6 [132] ; I, 9 [210] [219] ; II, 9 [329] ;
III, 9 [104] ; III, 11 [138] [142] [146] ;
IV, 12 [396] ; IV, 13 [404] ; IV, 23 [480]
3 : Faire du tort à : I, 1 [10] ; I, 6[146] ;
I, 8 [175] ; III, 9 [106] ; III, 11 [138]
[146] 20 sept ; IV, 12 [396].

Offense (n.f.) Faute, mauvaise action : I,
5 [101] [108] ; III, 7 [92] 2 fois ; IV,
7 347 ; IV, 9 [364] ; IV, 16 [430].

Offenser *(cf.* Offencer) (v.).

Offusqué (adj.) Aveugler H : I, 6 [128].

Oppiler (v.) Obstruer H : IV, 5 [322].

Opprimer (v.) Écraser H : I, 6 [128] ; II,
11 [363].

Opprobre (n.m.) ▪ 1 : Injure H : I, 1 [25] ;
II, 9 [337] ; III, 2 [21] ; IV, 2 [286] ;
IV, 12 [394] ▪ 2 : Honte, infamie :
II, 13 [406] ; III, 10 [119] [125] ; III,
17 [249] ; IV, 2 [291] ; IV, 5 [325] ; IV,
18 [443].

Organe : (n.m.) Instrument H : ▪ 1 : I,
3 [65] ; III, 9 [110] ▪ 2 : Partie du
corps : I, 3 [57] ; III, 11 [135] ; III,
16 [219] ▪ 3 : Organisme : I, 6 [116].

Outrage (n.m. ou f.) ▪ 1 : Acte de violence,
dommage, offense : H I, 1 [24] ; I,
5 [103] ; I, 9 [200] 2 fois ; II, 7 [305] ;
II, 14 [415] ; III, 6 [74] ; III, 7 [93] ;
III, 12 [159] [169] ; III, 14 [199] ; III,
15 [213] [215] ; IV, 9 [369] ; IV,
12 [395] ; IV, 18 [446] ; IV, 20 [460] ;
IV, 24 [488] ▪ 2 : parole violente,
injure I, 5 [106] (2 fois) ; I, 9 [176] ; II,
1 [223] ; II, 13 [403] ; II, 14 [417] ; III,
2 [23] ; III, 9 [110] ; III, 13 [184] ; III,
16 [229] [235] ; IV, 2 [289] ; IV, 8 [353]
[354] ; IV, 10 [385] ; IV, 18 [448] ; IV,
23 [480].

Outrager (v.) H ▪ 1 : Frapper, blesser, maltraiter H I, 9 [199] [203] ; II, 5 [272] ;
II, 9 [329] [337] ; II, 12 [393] ; III,
10 [123] ; III, 14 [200] ; IV, 2 [286] ;
IV, 5 [320] ; IV, 18 [442] ▪ 2 : Injurier :

I, 1 [4] ; I, 9 [202] ; IV, 2 [291] ; III,
14 [193] ; IV, 2 [291] ; IV, 5 [324].

Outrer (v.) Blesser (fig.) au-delà de toute
mesure : H : I, 5 [99] ; (part. passé) :
I, 5 [109] ; II, 2 [240] ; II, 12 [392] ;
II, 17 [442 *recte* 452] ; III, 2 [25] ; III,
12 [163] ; IV, 2 [277] [282] ; IV, 5 [323]
[326] ; IV, 6 [367] ; IV, 10 [384] ; IV,
20 [458] [461] 2 fois [462].

Page (n.m.) > *Sortir (hors) de page* : avoir
terminé son éducation de page : I,
2 [43] ; IV, 2 [275]).

Parfaire (v.) Mener à son terme : Préface
[5] ; III, 13 [175].

Parfournir (v.) Achever, accomplir H :
Préface [8].

Paranympher (v.) Louer, glorifier H :
Préface [15].

Part (n.f.) : Lieu, endroit H : I, 2 [35] [43] ;
I, 8 [182] ; I, 9 [197] ; II, 10 [343].

Partialite (n.f.) Division, désaccord, attachement à un parti H : I, 8 [176].

Particularite (n.f.) Ce qui est particulier
(H : particuliarité), détail d'une rela-
tion, d'un récit. (v. Particulier 3) :
Préface [10] ; I, 6 [129] ; I, 7 [157] ; I,
9 [198] [207] ; II, 1 [232] ; II, 5 [280] ;
II, 16 [437] ; III, 3 [37] ; III, 6 [77] ;
III, 7 [90] ; IV, 3 [299] ; IV, 15 [424] ;
IV, 17 [438] ; IV, 24 [484].

Particulier, e (adj.) ▪ 1 : Personnel, individuel : Préface [18] ; I, 1 [6] [27] ; I,
7, [154] ; I, 8, [192] ; I, 9 [199] [206]
[218] ; II, 3 [255] ; II, 5 [280] ; II,
8 [323 2 fois] ; II, 14 [408] ; II,
17 [441] ; III, 12 [155] ; III, 13 [168] ;
III, 14 [196] ; III, 17 [238] ; IV, 1 [264] ;
IV, 11 [387] ▪ 2 : Du simple individu :
Épître [3] ; I, 6 [132] ; I, 8 [175] ; II,
2 [236] 2 fois ; II, 5 [274] ; II, 15 [423] ;
IV, 1 [264] ; IV, 26 [498] ▪ 3 : Détaillé
(cf. particulariser). I, 6 [126] ▪ 4 : à
l'écart : III, 7 [92].

Particulier (n.m.) ▪ 1 : Individu : I, 9 [206] ; II, 11 [362] ▪ 2 : Domaine individuel, privé : I, 6, [144] (3 fois) ; II, 11 [353] [373].

Particulier (en) ▪ 1 : En tête à tête, seul à seul : II, 2 [239] ; II, 3, [253] ; III, 4 [47]5 ; IV, 9 [370] ▪ 2 : personnelle-ment II, 6 [293].

Partie (n.f.) ▪ 1 : Époux, se H : I, 1 [10] [18] ; I, 2 [53] ; I, 7 [165] ; II, 7 [304] [305] ; II, 8 [315] ; II, 16 [432] ; III, 6 [70] ; III, 9 [105] ; III, 15 [217] ; IV, 5 [323] [326] ; IV, 13 [406] ▪ 2 : Adversaire H : III, 10 [118] ; III, 14 [194] ; III, 17 [252] ; IV, 8 [355] ; IV, 24 [489] ▪ 3 : Article d'un compte : II, 6 [293] ; III, 4 [44].

> *dresser la partie* : contrôler, manipuler une situation : III, 3 [35] ; IV, 1 [266] ; IV, 9 [359] ; IV, 10 [383].

Passade (n.f.) ▪ 1 : Action de passer, avec une connotation de rapidité II, 16 [432] ; III, 13 [182] ; ▪ 2 : terme d'escrime, v. Passee : IV, 20 [461].

Passee (n.f.) ▪ 1 : Passe d'armes. H : II, 17 [448] ; IV, 2 [291] ; IV, 14 [416] ▪ 2 : Passage, trace d'un animal H : I, 7 [170].

Patache (n.f.) Sorte de navire. H : III, 13 [184] [185] [184 *recte* 186].

Patience (n.f.) Courage d'endurer les souf-frances, les injures H : Préface [8] ; I, 3 [70] ; I, 5 [106] ; I, 9 [200] [202] ; II, 3 [246] ; II, 7 [304] ; II, 8 [319] ; II, 10 [344] ; II, 14 [415] ; II, 16 [432] ; II, 17 [446] ; II, 17 [439] *recte* [449] ; III, 1 [14] ; III, 5 [59] ; III, 7 [92] ; III, 11 [130] ; IV, 1 [286] ; IV, 10 [373] ; IV, 4 [313] ; IV, 10 [385] ; IV, 12 [397] [398] ; IV, 13 [404] ; IV, 18 [443] ; IV, 23 [477] ; IV, 26 [504].

Pays > *Gagner pays* Fuir H : I, 3 [68] (mais ici : gagner du temps ?)

> *Tirer pays* Avancer, gagner du terrain I, 8 [176].

Penser (v.) Panser « Panser un malade, voyez Penser. » N : II, 6 [297] ; IV, 17 [444].

Perdu (adj.) > *Sentinelle perdue* : sentinelle avancée : IV, 16 [427].

Perfection (n.f.) : ▪ 1 : Accomplissement, achèvement (dans le temps) H : IV, 4 [303] [307] ▪ 2 : (plur.) Belles qua-lités I, 6 [117] [124] ; II, 6 [292] ; II, 7 [301] ; II, 10 [343] ; II, 13 [402] ; III, 13 [181] ; III, 15 [207] ; III, 17 [242].

Petum (n.m.) Tabac : IV, 6 [331].

Piaffe (n.f.) Ostentation, étalage vaniteux. H III, 10 [117].

Piece (n.f.) > *bonne piece* : ▪ 1 : Personne rusée I, 3 [66] ▪ 2 : Bon tour, tromperie I, 3 [71].

Pied (n.m.) > *Donner du pied* : Mettre fin, renoncer à, oublier : I, 2 [29] ; IV, 2 [270] ; IV, 10 [385].

Pipe (de maluoisie) : Sorte de grande futaille H : IV, 25 [496] (v. note à cette page).

Piteux, se (adj.) ▪ 1 : Inspiré par la pitié. H : IV, 2 [282] ▪ 2 : Digne de pitié : II, 14 [417].

Pitoyable (adj.) Sensible à la pitié H : I, 7 [156] ; II, 3 [250] ; II, 15 [428] ; III, 13 [184 *recte*186] ; III, 16 [223] ; .

Plain, e (adj.) ▪ 1 : Plat, uni. H : I, 6 [146] ▪ 2 : orth. pour *plein* I, 4 [87 2 fois] ; I, 6 [111] ; I, 9 [212] ; III, 6 [79] ; III, 17 [244].

> *à plain* : complètement, entièrement H (à plein) : II, 6 [297] .

Plaindre (v.) ▪ 1 : Se plaindre H : III, 2 [25] ▪ 2 : donner à regret, ménager, refuser : II, 3 [246].

(v. pr.) Se plaindre : Porter plainte contre : IV, 18 [445].

Plaisir > *à plaisir* : proche de « à son bon plaisir », selon sa propre volonté. Cotgrave donne : « *A mon plaisir*, Ad arbitrium, Meo modo, Ad libidinem, Meo arbitratu, Secundum arbitrium » :

Préface [10] [12 2 fois] ; IV, 3 [297] [299].

Plat > *tout à plat* : tout net, tout à fait H : I, 6 [123] [127] ; II, 3 [255] ; III, 15 [216].

Poche > *Chat en poche* : poche : sac ; «*ne pas vouloir acheter chat en sac*» : prendre ses précautions H : III, 17 [248].

Poignant (adj.) ▪ 1 : Désagréable, rude H : I, 2 [50] ; III, 13 [404] ; IV, 6 [337] ; IV, 12 [397] ▪ 2 : piquant H : II, 6 [291] ; IV, 17 [439].

Poindre (n.) Piquer H : I, 8 [177] ; IV, 13 [405].

Pointe (n.f.) ▪ 1 : Piqûre I, 2 [55] ; IV, 7 [345] ; IV, 12 [396] ▪ 2 : Première pensée : I, 8 [184] ▪ 3 : Mots piquants (?) : III, 6 [74]
>*De pointe, entrer de pointe* Terme d'escrime v. Entrer.

Pointille (n.f.) minutie, subitilité, détail H : III, 14 [189].

Port (n.m.) : ▪ 1 : aide, soutien H : I, 1 [9] [22] ; IV, 8 [348] ; IV, 23 [477] Le jeu sur les deux sens, littéral (maritime) et figuré (refuge, soutien) est constant chez Camus. ▪ 2 : attitude, manière de se comporter I, 2 [51] ; I, 7 [160] ; II, 1 [226] ; IV, 4 [316] ; IV, 10 [376].

Porter (v.) ▪ 1 : Soutenir (dans un débat) H : II, 13 [404] ▪ 2 : Être responsable de : II, 13 [407] ▪ 3 : Jeter H : II, 2 [240] ; IV, 14 [416].
(v. pr.) ▪ 1 : soutenir, se ranger du côté de : II, 17 [446] ▪ 2 : se comporter II, 11 [363] ; II, 17 [446] ; III, 16 [226] ; IV, 18 [449]
> *Porter coup* : Toucher, attteindre son but (?) : II, 3 [246]
> *Porter sur* : L'emporter sur H : II, 17 [448].

Poste (n.f.) > *A sa poste* : à son gré, à sa convenance H : II, 8 [313].

Pour (prép.) ▪ 1 : Jusqu'en langue classique, *pour* introduit régulièrement, outre le

but (qui dans les *ES* constitue l'emploi de loin le plus fréquent), la concession (*e.g.* I, 1 [20] (3 fois) ; ou bien la cause : *e.g.* II, 1 [227] II, 3 [257] ; III, 5 [53]. Camus ne craint pas de faire s'avoisiner des sens différents dans la même construction : *e.g.* II, 1 [227] ; III, 7 [89] ; III, 9 106] ▪ 2 : quant à : I, 1 [12] ; I, 6 [144]).

Les occurrences de *pour* qui diffèrent de l'usage moderne sont trop nombreuses pour être toutes signalées par*. Un certain nombre le sont à titre d'exemples au début du texte, et là où existe un risque de confusion.

Preoccupé, e (adj.) pris d'avance H, acquis d'avance : I, 3 [68] ; I, 5 [94] ; II, 15 [426] ; II, 17 [441] ; III, 15 [212].

Presence (n.f.) Mine, air H : I, 5 [91] ; II, 5 [279] ; II, 14 [410] ; III, 9 [108] ; III, 13 [166].

Preside (n.m.) Garnison H : IV, 24 [485].

Pretension (Pretention) (n.f.) Action de prétendre, d'aspirer à quelque chose ; désir, espérance. L (H pretente) : I, 1 [20] ; I, 2 [39] [43] ; I, 3 [69] ; I, 4 [80] [81] ; I, 5 [96] [103] ; I, 6 [123] ; II, 5 [283] [286] ; II, 6 [295] ; II, 7 [300] ; II, 10 [343] ; II, 12 [382] ; II, 13 [399] ; II, 16 [434] ; II, 17 [443] [444] ; III, 5 [55] ; III, 6 [75] ; III, 7 [84] [85] ; III, 8 [98] ; III, 9 [109] ; III, 11 [139] [140] [141] [142] ; III, 12 [162] ; III, 13 [178] [181] ; III, 15 [212] [216] ; III, 17 [241] [242] ; IV, 1 [260] ; IV, 2 [274] [282] [284] [285] [292] ; IV, 10 [379] [381] ; IV, 17 [433 2 fois] ; IV, 20 [462] ; IV, 26 [500] ; IV, 27 [513].

Prix > A prix fait : *avoir à prix fait* : entreprendre une tâche par contrat H : Préface [15] ; IV, 10 [383] ; IV, 18 [442].

Procurer (v.) Travailler à, machiner H : I, 1 [26] ; I, 2 [45] [48] ; I, 3 [61] ; I, 5 [104] ; I, 7 [171] ; II, 1 [225] ; II,

9 [334] ; III, 4 [40] ; III, 10 [119] ; III, 16 [223] ; IV, 18 [441] ; IV, 20 [462].

Profonder (v.) : Approfondir : I, 6 [122].

Propos (n.m.) : ▪ 1 : Entretien, conversation : I, 1 [14] ; I, 6 [124] ; I, 8 [179] [180] [181] [184] ; II, 1 [230] ; II, 15 [421] ; III, 6 [70] ▪ 2 : répartie : II, 1 [229] ▪ 3 : Intention H : II, 4 [262] ; II, 12 [382] ; III, 6 [68] ; III, 7 [90] ; IV, 1 [262].

Propre (adj.) ▪ 1 : Convenable, qualifié H : I, 2 [52] [53] ; I, 3 [69] ; I, 6 [120] [127] [140] ; II, 8 [312] ; II, 12 [380] ; II, 16 [433] ; III, 7 [83] [90] ; III, 9 [108] ; III, 11 [133] ; III, 13 [188] ; III, 15 [205] ▪ 2 : élégant H : I, 7 [169] ; III, 9 [108] ▪ 3 : (avant ou après le nom qu'il modifie) : même, lui (elle)-même H : I, 1 [3] ; I, 2 [46] ; I, 5 [108] ; I, 6 [112] ; I, 8 [194] ; I, 9 [211] ; II, 17 [444] ; III, 9 [111] ; III, 15 [206] ; IV, 6 [346] ; IV, 9 [366] [370] ; IV, 14 [412] ; IV, 26 [497] ; IV, 27 [510].

Prospectiue (n.f.) Perspective. H : Préface [18].

Prudence (n.f.) ▪ 1 : Sagesse H : Préface [21] ; I, 2 [40] ; I, 5 [110 2 fois] ; I, 6 [122] [130] ; I, 7 [160] ; I, 8 [184] ; I, 9 [196] ; II, 1 [231] [232] [234] ; II, 3 [255] [256] ; II, 4 [259] [263] ; II, 7 [299] [304] [310] ; II, 10 [351] ; II, 15 [418 2 fois] [419] ; III, 3 [29] [30] ; III, 4 [39] [44] ; III, 13 [169] [172] ; III, 15 [206] ; III, 16 [223] ; IV, 3 [294] ; IV, 4 [302] [305] ; IV, 7 [345] ; IV, 17 [432] ▪ 2 : Habileté, art de se conduire dans le monde : I, 4, [81], I, 8 [172] 3 fois [173] [174] [188 2 fois] [189] ; I, 9 [218] ; II, 1 [227] ; II, 6 [293] ; II, 8 [312] [321] ; II, 9 [334] ; II, 11 [359] [368] ; II, 12 [383] ; II, 14 [412] ; III, 2 [19] ; III, 5 [63] III, 9 [105] ; III, 16 [220] ; III, 17 [241] ; IV, 4 [306]1 ; IV, 9 [371] ; IV 26 [502] ; IV, 27 [508].

Pupil (n.m.) Orphelin H : II, 9 [340].

Quitte > Se faire quitte de : se libérer de : I, 9 [203] ; II, 11 [363] ; IV, 25 [493].

Racaille (n.f.) "The rascallitie, or base or rascall sort ; the scumme, dregs, offalls, outcasts of any companie." C : IV, 6 [333] [339].

Rapporter (v. pr.) En venir à : III, 9 [110].

Rebours (adj.) Rétif, récalcitrant H : I, 3 [62], IV, 5 [320].

Recommandable (adj.) Digne d'estime, honorable I, 3 [60] 2 fois ; I, 5 [92] ; I, 7 [168] ; III, 1 [7] [13] ; III, 7 [89] ; IV, 9 [361] ; IV, 11 [383] ; IV, 14 [413] ; IV, 16 [425] ; IV, 27 [501].

Recommandation (n.f.) Estime, honneur H : III, 9 [105] ; III, 11 [148] ; III, 11 [136] ; IV, 8 [354].

Recommandé (adj.) Estimé, honoré : II, 8 [311] ; III, 15 [205].

Recognoistre (v. pr.) : rentrer en soi-même, se repentir : III, 10 [126].

Recompense (n.f.) Compensation, réparation H : I, 3 [66] ; I, 8 [187] ; IV, 2 [290] ; IV, 25 [493].

Recompenser (v.) Compenser, réparer H : I, 3 [74] ; I, 9 [198] ; III, 7 [81].

Reduction (n.f.) Action de ramener, retour : I, 6 [152].

Relaissee (n.f.) veuve H : I, 5 [108].

Reliquataire (n.m.) Débiteur d'un reliquat : I, 1 [7] [25].

Remettre (v.) ▪ 1 : Pardonner H : I, 5 [108] ; III, 17 [251] ▪ 2 : Renvoyer H : I, 6 [145] (v. pr.) S'en remettre à : II, 8 [312] [324] ; IV, 17 [432].

Remore (n.f.) Petit poisson qui avait la réputation de pouvoir arrêter les bateaux (remora) : III, 10 [121] ; III, 17 [244].

Reprendre (v. et v. pr.) Blâmer, critiquer H : I, 3 [61] ; II, 1 [228] ; II, 9 [333] ; II, 13 [402] ; III, 6 [72] ; III, 8 [100] ; III,

9 [103] ; IV, 1 [258] ; IV, 4 [305] ; IV, 5 [320] ; IV, 13 [408] ; IV, 17 [433] ; IV, 18 [447] ; IV, 25 [496] ; IV, 27 [508].

Reprouué > *Sens reprouué* : obstination dans l'erreur. H (II, 11 [377] ; III, 16 [227] ; IV, 13 [407] ; IV, 15 [422].

Respanchant, e (adj.) *Respancher* : répandre III, 1 [5].

Ressentiment (n.m.) ▪ 1 : Sentiment H II, 1 [227] ; II, 12 [390] ; II, 16 [430] ; III, 6 [74] ▪ 2 : Fait de ressentir, notamment un mal, un dommage : H : I, 5 [109] ; I, 6 [149] ; I, 8 [179] [193] ; I, 9 [203] [204] [207] ; II, 1 [229] ; II, 6 [288] ; II, 7 [303] ; II, 9 [333] ; III, 14 [198] ; III, 15 [216] ; IV, 2 [291] ; IV, 5 [322] [324] ; IV, 10 [384] ▪ 3 : Reconnaissance H : III, 13 [180] ▪ 4 : Vengeance : I, 5 [108] ; IV, 24 [488].

Ressentir (se) (v. pr.) ▪ 1 : éprouver un sentiment H., l'éprouver de nouveau : I, 2 [29] ; III, 11 [130] ▪ 2 : sentir, être touché de : I, 1 [7] ; I, 1 [16] ; III, 11 [130] ▪ 3 : se venger H III, 14 [198] IV, 12 [398].

Resserrer (v.) Refermer, renfermer. H : Préface [17] ; I, 3 [66] ; I, 7 [156] ; II, 6 [289] ; II, 13 [397] ; II, 17 [441] ; III, 6 [77] ; III, 17 [240].

Retirer à (v.) Ressembler H : II, 16 [429].

Retranchement (n.m.) Action de retrancher *q.v.* : I, 3 [57] ; II, 16 [439].

Retrancher (v.) Couper H : Préface [7] [15] ; III, 10 [119] ; IV, 1 [264] ; IV, 2 [291]
(v. pr.) ne pas faire qqch : III, 9 [105].

Ridicule (adj.) Qui fait rire (sans nuance péjorative) : IV, 16 [428].

Riotte (n.f) Querelle H : III, 6 [73] : IV, 20 [456].

Riotteux, se (adj.) : Querelleur, violent H (rioteux) : I, 2 [51] ; I, 8 [177] ; III, 7 [83].

Riuiere > *Riviere de Genes* : partie de la côte méditerranéenne H, Riviera : I, 3 [64] ; I, 7 [163].

Route (n.f.) Déroute H : I, 8 [191].

Routier (n.m.) Membre d'une route (bande), soldat, voleur de grand chemin H IV, 2 [271].

Rubrique (n.f.) Titre en rouge H : IV, 5 [323].

Rué, e (adj.) Jeté, lancé > *ruer coup* : asséner un coup. H (III, 6 [73]).

Sac (mouillé) : >*se couvrir d'un sac mouillé* : v. couvrir.

Saillie (n.f.) ▪ 1 : «Il se dit des mouvements de l'âme, du caractère, de la passion etc. comparés aux saillies d'un animal» L : Epître [3] ▪ 2 : réponse, répartie I, 6 [139].

Saigner (v.) > *Saigner du nez* : «le nez lui saigne» : il a peur H : IV, 16 [427].

Salutaire (n.m.) ▪ 1 : Sauveur H : I, 4 [88] ▪ 2 : Salut H : I, 6 [152] ; II, 8 [316].

Saut (sault) (n.m.) > *Prendre un (le) saut* : tomber, sauter : II, 6 [296] ; II, 7 [307].

Seduire (v) Détourner, dévoyer H III, 4 [45] ; III, 5 [57] ; IV, 2 [271] ; IV, 22 [475].

Seconder : suivre de près, être comparable à H : II, 12 [381].

Semonce (n.f.) Appel, demande H : I, 2 [45] ; II, 1 [224] ; II, 17 [447] (appel en duel) ; IV, 25 [492].

Sens reprouué v. Reprouué.

Sentiment (n.m.) ▪ 1 : Sensation H : IV, 2 [287] ▪ 2 : odeur : II, 3 [246] ; II, 7 [301] ; III, 11 [141] ▪ 3 : faculté de sentir H (sentement) : I, 6, [145] ; II, 17 [443] ; II, 17 [439 *recte* 449] ; III, 5 [60].

Signalé (adj.) ▪ 1 : insigne, remarquable I, 2 [35] ; I, 3 [72] ; I' 6 [121] ; I, 8 [195] ; II, 1 [228] ; II, 3 [242] ; II, 7 [301] ; II, 8 [319] ; II, 9 [339] ; II, 16 [437] ; III, 8 [95] ; III, 16 [237] ; IV, 4 [303] ;

IV, 5 [321] ; IV, 6 [330] ; IV, 7 [343] ;
IV, 9 [358] [372] ; IV, 11 [388] ; IV,
22 [473] ; IV, 25 [498] ▪ 2 : (pour les
personnes) de marque H (néologisme
pour Estienne : H) : I, 7 [164] ; II 7,
[301] ; III, 15 [208] ; IV, 20 [457].

Siller (v.) : fermer les yeux à quelqu'un,
aveugler. H (Ciller) : IV, 6 [336].

Simplement Ingénument, franchement :
I, 5 [108] ; I, 7 [170] ; I, 8 [173] ; II,
4 [261].

Sincerite (n.f.) Bonté naturelle ; « *Sinceritie,
integritie, soundness, intireness, honestie,
puritie, cleannesse, uprightness, plain-nesse,
true-heartednesse*" C (syncerite) : Préf
[19] ; I, 1 [2] ; I, 2 [39] ; I, 4 [78] ; I,
5 [101] ; I, 8 [192] [195] ; II, 7 [309] ;
III, 7 [90] ; III, 11 [130] ; III, 14 [198] ;
III, 15 [216] ; III, 16 [229] ; IV,
2 [286] ; IV, 15 [421] ; IV, 26 [498].

Sinderese v. Synderese.

Societé (n.f.) *Societas, consortium.* N communauté H (toute vie commune
habituelle entre individus ; 4 des
5 occurrences suivantes réfèrent au
mariage) : II, 1 [230] ; II, 11 [373] ;
III, 6 [75] ; III, 8 [96] ; IV, 23 [474].
> *Société civile* : Ce que nous appe-
lons maintenant la société, ensemble
d'individus dans une *ciuitas* : I, 1 [4].

Sortable (adj.) Convenable, propre à H :
I, 6 [114] ; II, 6 [292] ; II, 11 [358] ;
II, 17 [441].

Soupplesse Habileté DFM : I, 1 [22]
(plur.) ; I, 7 [162] ; II, 11 [359] ; II,
8 [323] ; II, 13 [398].

Sourdement (adv.) En secret DMF : III,
17 [252].

Specieux, se (adj.) ▪ 1 : Beau : II, 11 [365] ;
II, 13 [399] ; III, 3 [32] ; IV, 10 [380] ;
IV, 26 [499] ▪ 2 : Beau ou honorable
seulement en apparence C : I, 2 [40] ;
I, 4 [80] ; I, 6 [112] ; I, 8 [189] ; III,
15 [217] ; IV, 8 [352] ; IV, 26 [502] ;
IV, 27 [507].

Squille (n.f. ?) Sorte de crustacé. H : III,
5 [51].

Station (n.f.) Visite de certaines églises
ou oratoires pour y prier DMF : III,
17 [249].

Subiection, subjection (n.f.) : Etat de
(ce) qui est obligé, astreint, soumis
L : Préface [10], I, 1 [3], I, 2 [50] ; I,
3 [59] ; III, 3 [29].

Subroger (v.) substituer, mettre en place
de qqn H (subroguer, surroguer) : I,
1 [26] ; II, 8 [314].

Succeder (v.) (souvent impers.) Arriver
à un résultat, réussir : I, 5 [98] ; I,
7 [153] ; II, 12 [379] ; III, 12 [165] ;
IV, 6 [332] ; IV, 24 [484].

Succes, succés, plur. : Succés, succez (n.m.)
Suite, résultat H : I, 2 [34] ; I, 5 [89] ;
I, 6 [111] [134] ; I, 8 [190] [194] ; II,
1 [231] ; II, 5 [286] ; II, 9 [332] ; II,
12 [395] ; III, 4 [46] ; III, 12 [164] ; III,
15 [209] [215] ; III, 17 [245] (succes
sans accent) ; IV, 7 [340] [342] ; IV,
9 [360] ; IV, 21 [465]) ; IV, 23 [474] ;
IV, 24 [483].

Suffisance (n.f.) Capacité H : III, 13 [171] ;
IV, 4 [304] [307] ; IV, 16 [430] (note).

Suffisant, e (adj.) Capable
(*cf.* Suffisance) H : II, 5 [269].

Sujettion (n.f.) v. Subiection.

Superflu, ë (adj.) Débordant, prodigue
H : Préface [17].

Suppose, e (adj.) Attribué faussement,
substitué H : IV, 2 [289].

Supposer (v.) Ajouter par tromperie (H) :
II, 12 [390].

Supprimer (v.) Empêcher de paraître. L :
Préface [12].

Susception (n.f.) Action de prendre H :
II, 14 [410].

Suscitation (n.f.) Instigation H : IV,
4 [318].

Symmetrie (n.f.) Proportion, régularité.
H : IV, 4 [308].

Sympathie (n.f.) Ressemblance, rapport H : I, 2 [28] [43] ; II, 1 [230] ; III, 1 [15] ; III, 9 [106].

Synderese (n.f) (Sinderese) Reproche de conscience, remords H IV [256 table] ; IV, 7 [344] ; IV, 17 [430 titre] [430] ; IV, 17 [438].

Tacquin, e (Taquin, e) (adj.) Avare, ladre, parcimonieux. «Vilain avare et trop tenant, *Tenax.*» N : (II, 6 [289] ; III, 4 [43] ; IV, 25 [490] [493]).

Tacquinerie (Taquinerie) (n.f.) : IV, 25 [495] [496].

Taille > *De pointe & de taille* : IV, 2 [287] (v. Pointe).

Taillé > *Estre taillé de* : être destiné à. H : III, 17 [251].

Taquin, e *(cf.* Tacquin, e).

Taquinerie *(cf.* Tacquinerie).

Tartane (n.f.) Terme de marine. C'est une barque de pescheur, ou de voiture (*q.v.*), qui n'a ni la pouppe ni la proüe élevée, & qui se sert aussi de rames. Sur la Mediterrannée elles sont assez en usage [...]». F : I, 3 [70] ; II, 5 [281] [282].

Tenant, e (adj.) V. tacquin : IV, 25 [493].

Tenter (v.) Faire l'essai de H : I, 3 [59] ; I, 4 [80] ; I, 6 [120 2 fois] ; I, 9 [197] [200] ; II, 5 [276] ; II, 9 [331] [340] ; II, 13 [402] ; II, 16 [433] [434] ; III, 13 [181] ; IV, 24 [484]
> *Celui qui tente* : I, 9 [197] ; II, 3 [248].

Terrassement (n.m.) Action de jeter en terre : IV, 16 [425].

Terrasser : jeter à terre H : Préface [8] ; I, 7 [168] ; III, 5 [63] ; IV, 16 [426].

Teste > *Auoir en teste* : avoir devant soi, avoir comme adversaire : Préface [5] ; III, 10 [118] ; III, 11 [130].

Testonner (v.) Peigner H : IV, 5 [328] (mais H donne aussi comme sens : *maltraiter*).

Theriaque (n.f.) Médicament dont la formule a beaucoup varié : Préface [18] (v. note) ; II, 9 [329].

Tine (n.f.) Cuve, tonneau H : III, 2 [22].

Tire-laisse (n.m.) Jeu de dupes. H : IV [256 table] ; IV, 8 [348 titre] ; IV, 8 [353].

Tissu (n.m.) Texte : III, 3 [30] ; III, 6 [68].

Tirer (v.) > *Tirer païs (pays)* : faire route, avancer H : I, 7 [155] ; I, 8 [177].

Toucher (v.) > *Toucher à quelqu'un* : être le tour de. H : II, 4 [265].

Tournelle (n.f.) Petite tour H : III, 7 [87] (ici : cage ?).

Train > *Mettre (être) en train* : entreprendre, commencer à DFM : III, 4 [45] ; IV, 4 [308].

Traittable (adj.) Docile, aimable H : I, 5 [92] ; I, 5 [102] ; I, 8 [185] ; II, 8 [327] ; II, 11 [377] ; II, 13 [400] ; III, 15 [214] (traitable).

Tramontane (n.f.) Étoile polaire, Nord H : IV, 4 [319].

Transcendant, e (adj.) Au-dessus de l'ordinaire, qui dépasse les autres H : I, 5 [90].

Trauail (n.m.) souffrance, fatigue H : Préface [1] ; IV, 22 [474].

Travailler (v.) Faire souffrir, tourmenter H : I, 4 [88], I, 6 [117], I, 6 [131] ; II, 7 [308] ; III, 13, [183] ; IV, 8 [353] ; IV, 17 [436] [437].

Tremper (v.) Séjourner péniblement H : I, 6 [129].

Trousse (n.f.) ▪ 1 : Ruse, tromperie, tour. H (I, 3 [65] ; II, 6 [297] ; IV, 5 [326]) ▪ 2 : carquois I, 4 [78].

Tumultuairement (adv.) Sans ordre, de manière improvisée H I, 9 [215].

Union (n.m.) Grosse perle TLF (aussi fém.) : III, 13 [167].

Vacarme (DFM n.m.) rencontre armée, combat H (n.f.) : I, 6 [152] ; IV, 14 [414].

Vain, e (adj.) ▪ 1 : vide, inutile H : Préf [7] [11] ; I, 2, [39] ; I, 3 [69] ; I, 9 [213] ; II, 6 [97] ; II, 7 [307] ; II, 13 [398] ; II, 16 [435] ; II, 16 [437] ; II, 1 [8] ; III, 5 [65] ; III, 6 [78] ; III, 7 [83] ; III, 11 [152] ; III, 15 [208] ; IV, 1 [263] [265] ; IV, 2 [274] ; IV, 2 [278] [279] ; IV, 3 [292] ; IV, 4 [311] ; IV, 9 [365] 3 fois ; IV, 10 [379] ; IV, 19 [451] ▪ 2 : sans force, épuisé, faible H : I, 1 [16] ; I, 8 [179] ; III, 6 [68] [78] ; IV, 2 [292] ▪ 3 : vaniteux : Préf. [18] ; I, 2 [29] ; I, 3 [65] ; II, 1 [233] ; III, 3 [37] ; III, 5 [56] ; III, 7 [83] ; III, 11 [141] ; IV, 2 [290] ; IV, 14 [413] ; IV, 23 [479].

Val > *Au val de* : en descendant. H (aval) : II, 9 [333].

Valeur (n.f.) Vaillance H : I, 2 [34] ; I, 6 [118] [127] [139] ; I, 8 [174] [175] [178] [195] ; II, 12 [380] [386] ; II, 13 [402] [406 2 fois] ; III, 6 [75] ; III, 11 [141] [149] [152] [153] ; III, 14 [199] ; III, 15 [203] ; IV, 2 [281] [286] [287] ; IV, 6 [336] ; IV, 16 [426] [428] [429] ; IV, 26 [502].

Vanité (n.f.) Qualité de ce qui est vain ; (plur.) choses vaines H : Préface [9] ; I, 2 [39] [42] ; I, 9 [214] [216] ; II, 1 [233] ; II, 8 [314] ; III, 5 [66] ; IV, 2 [270] ; IV, 3 [293] (3 fois) [294] (4 fois) [295] [299] [301] ; IV, 4 [319] ; IV, 10 [385] ; IV, 21 [465] ; IV, 24 [482].

Venin (n.m.) Poison H : II, 5 [276] ; III, 2 [22] ; III, 6 [77] ; III, 7 [92] ; IV, 26 [497] [503] [504].

Vergoigne (n.f.) ▪ 1 : Pudeur, sentiment d'honneur H : II, 3 [247] ▪ 2 : Honte H : I, 2 [39] ; I, 3 [63] ; III, 7 [92] ; III, 11 [135] ; IV, 9 [368].

Verrue (n.f.) Caprice, folie H (qui précise : il faut lire *verve*) : IV, 20 [455].

Vilenie (n.f.) Saleté, choses honteuses H : Preface [11].

Visage (n.m.) Apparence. H. Constamment opposé à nature, naturel : I, 2 [40] ; II, 5 [273] ; II, 7 [304] ; II, 17 [442] ; III, 1 [11] ; III, 4 [49] ; III, 5 [58] ; IV, 9 [361]) ; IV, 23 [479].
> *sur [le][son] visage* : à sa face : I, 6 [130] ; II, 7 [305] ; IV, 5 [321] ; IV 19 [451].
> *visage de bois, trouver visage de bois* : se heurter à la porte fermée II, 12 [392].

Viste (adj.) rapide H : II, 3 [252] ; IV, 16 [426].

Voirie (n.f.) ▪ 1 : Rebut. H : II, 10 [348] ▪ 2 : Décharge publique DFM : II, 5 [283] ; III, 13 [188].

Voiture (n.f.) Transport, voyage H : I, 7, [156].

Vuider (v.) Sortir, partir de H : I, 6 [143] ; II, 7 [306] ; III, 14 [195].

Vulgaire (n.m.) ▪ 1 : peuple H : I, 2 [41] [50] ; III, 1 [6] ; III, 4 [49] ▪ 2 : langue vulgaire (français) : III, 7 [84].

Vulgaire (adj.) ▪ 1 : usuel, commun : I, 7 [160] ; II, 7 [299] ; III, 11 [137] ; III, 13 [171] ; III, 15 [207] ; IV, 1 [262] ; IV, 14 [411] ; IV, 27 [509] ▪ 2 : du peuple I, 9 [196] ; IV, 6 [330] ; IV, 27 [509].

Zitelle (n.f.) *Zitella* : Camus traduit par « virginette » : I, 7 [158] [159] [165 déf.] [170].

RÉSUMÉS

On trouvera ici le résumé de chacune des nouvelles des *Euenemens singuliers*, précédé d'une indication du lieu et de la date approximative auxquels les événements relatés sont censés – selon le texte – être arrivés, et suivi le cas échéant de l'extrait du *Thresor d'Histoires admirables [...]* de Simon Goulart (*THA*), en caractères plus petits. Après le numéro de page du *THA* entre crochets, on trouvera en italiques la mention de source donnée par Goulart. Il n'y a pas forcément concordance entre le lieu et le temps que Camus nous donne ou nous laisse deviner, et les dates et lieux donnés par le *THA*.

LIVRE I

I, 1. *L'Ami Desloyal.* [une ville sur les rives du lac de Garde]

Pandulfe, riche et libéral, est lié d'admirable amitié avec Alarque, pauvre et avare. Ils partagent tout, y compris leurs plus intimes pensées. Pandulfe se marie, mais son épouse meurt bientôt en ne lui laissant qu'une fille de 4 ans, Emilie. Après un assez bref veuvage, Pandulphe meurt à son tour, laissant Emilie à la garde d'Alarque [11]. Il fait aussi de ce dernier l'héritier de la moitié de ses biens et lui donne autorité paternelle sur Emilie : elle ne pourra se marier qu'avec le consentement d'Alarque, sous peine d'être déshéritée. Alarque, devenu riche, se promet de rendre à sa mort tout l'héritage à sa «fille adoptive»; mais voici qu'il désire se marier et épouse Sofonisbe, veuve véronaise [17] à qui il promet de donner Emilie à son fils aîné lorsqu'ils seront nubiles. Il a deux enfants de Sophonisbe, et songe maintenant à élever sa propre maison aux dépens d'Emilie qu'il ne veut plus donner au fils de Sofonisbe, mais qu'il conspire à diriger vers un couvent. De même, il trouve des défauts à tous ses prétendants. Mais Horace, gentilhomme de Bergame, réussit à faire connaître sa passion à Emilie et à obtenir d'elle l'assurance qu'elle l'aime aussi. Alarque se doute de la poursuite d'Horace, et résout de mettre Emilie dans un monastère, projetant de faire courir le bruit qu'elle a pris le voile. Emilie a vent du projet et avertit Horace [22]. Elle se laisse enlever par lui; il la met dans la maison d'une de ses honorables parentes. Horace en appelle à la justice, et celle-ci, trouvant qu'Alarque a contrevenu aux dispositions du testament de Pandulphe, le condamne à restituer à la jeune fille tout l'héritage et déclare valide le mariage entre elle et Horace. Alarque n'est sauvé de la prison que par la pitié d'Emilie. Horace et Emilie prennent alors possession de la maison de Pandulphe sur les magnifiques rives du lac de Garde. Alarque, de son côté, retiré à Vérone, aigri et bizarre, finit seul, pauvre et nécessiteux. Ayant essayé de prendre les biens des enfants du premier lit de Sophonisbe, il se voit chassé de la maison paternelle par l'aîné, et abandonné de sa femme.

I, 2. *L'Ascendant de la Naissance.*
[Ferrare. Vicenze] [entre 1470 et 1500]

Deux nobles de Vicenze, Oronce et Tirtee, quittent leur pays pour aller passer de longues années infructueuses mais coûteuses à la cour d'Hercule d'Este, à Ferrare. Au seuil de leur vieillesse, ils décident de retourner à Vicenze, laissant à la cour leurs deux enfants : un fils, Cesarin, page de son Altesse, et une fille, Aurelie, devenue l'une des demoiselles d'honneur de la Princesse. Aurelie et Cesarin, alors écuyer du duc, tombent amoureux et se marient avec la bénédiction de leurs parents ainsi que celle du Prince et de la Princesse. Ils restent sans enfants pendant sept à huit ans [44]. Oronce meurt et Cesarin hérite d'une terre à la campagne. Il va en prendre possession et est obligé d'y rester un an ; Aurelie, d'ordinairement malade à Ferrare, y guérit et devient fertile : un beau fils lui naît, appelé Herculin, puis une fille – Cesarin ayant résolu de prolonger son séjour dans cet air pur et salutaire. Mais l'attrait de la ville et de la vie de cour est trop fort, et Cesarin et Aurelie retournent à Ferrare avec tout leur train. Aurelie retombe aussitôt malade, sa fille et son fils aussi. Tandis que la fille meurt, le garçon est aux portes de la mort. La famille rentre donc à Vicenze où Aurelie retrouve la santé, tout comme son fils. Aurelie accouche au bout d'un an de Renee, qu'ils se gardent bien de ramener à la Cour lorsque les affaires les y rappellent [48]. Ils laissent alors leurs enfants à la garde d'un serviteur de Cesarin (Orsat) et d'une servante d'Aurelie (Clotilde) qu'ils marient au fils (Leonic) et à la fille (Mirtille) d'un gros laboureur. Orsat ne peut s'habituer à la campagne, et rentre à Ferrare comme marchand. Mais son épouse Mirtille ne peut s'accoutumer à Ferrare, et ses mœurs rustiques déplaisent ; elle tombe aussi malade et manque de mourir. Orsat la ramène à Vicenze mais retourne à Ferrare exercer son métier. Clotilde, de son côté, ne peut s'accoutumer à la grossièreté de la campagne. Aurelie prospère à Ferrare et y a d'autres enfants. Mais parce que Herculin est l'aîné, son père le fait venir à Ferrare, où sa santé empire de jour en jour, et où rien de la Cour ne lui plaît. Renee « goûta plus la ville, mais ce fut [elle aussi] aux dépens de sa santé », elle meurt deux ans après son mariage à Ferrare. Herculin est chargé du terroir de Vicenze ; quant aux enfants que Cesarin eut à Ferrare, ils restent sur les biens que Cesarin avait obtenus du duc.

I, 3. *L'Imprécation Maternelle.*
[En l'une des villes maritimes de la côte de Provence,
vers 1590 : « il n'y a pas encore six lustres »]

Marcelle, veuve, se trouve portée par sa famille à de secondes
noces avec Onofre, vieil homme riche selon sa qualité, qui promet
de donner sa fille unique Cecile au fils de sa future femme, et
de faire épouser la fille de cette dernière par l'un de ses parents,
« marchand fort accommodé ». Le fils de Marcelle, Maximin, et
la fille d'Onofre (Cecile) sont encore trop jeunes pour être unis
en mariage, celui-ci est donc différé. Cecile n'est pas belle, et
Maximin ne peut « sousfrir sa presence » [60]. Onofre s'en offense
alors et s'oppose à Maximin. Celui-ci se fait émanciper et part pour
Gênes ; sa mère en colère lui souhaite d'« estre trompé en femme »
et lui prédit qu'il sera mauvais ménager de son bien. Maximin
fréquente une femme de mauvaise vie, mais songe à s'établir pour
conserver sa fortune ; il jette les yeux sur une fort honorable fille
(Agathe) de marchand (Polycrate), qu'il pense pouvoir obtenir
par l'entremise de celle qu'il fréquente. Or celle-ci projette de lui
faire épouser une servante d'Agathe (Caride) en la faisant passer
pour Agathe. Elle fait faire des réponses aux lettres passionnées
de Maximin, lui ménage même une entrevue (truquée) de nuit
où la servante joue très bien son rôle, et fait traîner les choses
en épuisant la bourse de Maximin. Cependant, Carideme, jeune
homme « genevois » et de condition semblable à celle d'Agathe
la recherche, et les familles s'accordent pour conclure le mariage.
Carideme fait alors ce que font les amants, passant souvent
devant la porte, donnant des sérénades etc. Maximin demande
à son entremetteuse d'écarter ce rival, mais la « pecheresse » [71]
le persuade que tout est perdu s'il n'enlève Agathe/Caride… ce
qu'il fait, fuyant par mer vers son pays natal après avoir promis
mariage et que celui-ci ne serait consommé qu'une fois solennisé
en Provence. Des marchands rapportent de Gênes la nouvelle du

mariage de la fille de Polycrate et de la disparition d'une servante. Marcelle envoie un messager à Gênes qui confirme la tromperie [74]. Caride se jette aux pieds de son mari et de sa mère, plaidant qu'elle a été trompée par « ceste femme », qu'elle est fille, mais illégitime, de Polycrate qui voulait la marier à un sien valet, et elle promet de se racheter par sa conduite. Maximin retourne à Gênes pour obtenir pour Caride quelque dot de Polycrate, qui ne lui donne qu'une très petite somme ; il rentre en Provence pour voir Cecile se marier au riche citoyen Victor, et sa sœur Marthe à Armentaire. Il reste avec Caride, « qui pour combler sa pauureté, ne manque pas d'estre fertile » – Marcelle le mettant néanmoins à l'abri de la nécessité.

I, 4. *Le Vieillard Passionné.*
[En l'une des villes sur le cours impetueux du Rhône]

Sostene, sexagénaire, veuf avec deux [78] ou trois [79] filles ainsi que deux garçons, fait enseigner les travaux d'aiguille à ses filles par une jeune voisine orpheline, Eufronie, qui vit petitement avec ses deux frères : Tibere et Willerme. Eufronie passe de fréquentes veillées dans la maison de Sostene avec ses filles ; bientôt Sostene, tombé amoureux, tente de séduire Eufronie par l'argent, mais celle-ci avertit ses frères qui la poussent alors à se faire épouser par celui-ci. Elle-même, songeant à son avancement, porte l'amour de Sostene au point où il ne peut plus ne pas l'épouser. Craignant cependant l'opinion du monde, il propose un mariage clandestin, qu'Eufronie et ses frères acceptent, et le mariage est célébré dans la maison d'Eufronie. Il est finalement impossible à Sostene de cacher plus longtemps qu'Eufronie est sa femme, il se voit donc contraint de le dire à ses enfants, qui « en conceurent vne rage desesperee » [83] parce qu'ils voient que les frères d'Eufronie sont maintenant à leur aise et que celle-ci va leur prendre leur héritage. Tadee et Androge décident alors d'assassiner Tibere et Willerme. Ils les assaillent un soir, mais les deux frères, blessés, résistent bien et les assaillants doivent prendre la fuite. Tadee, blessé à mort, meurt dans la maison de son père après avoir confessé sa faute. Son frère « Androge s'escarta pour quelque temps » sans perdre le ressentiment contre les deux frères d'Eufronie. Ayant vu qu'il était difficile de les prendre ensemble, il décide de les attaquer séparément. Il revient en cachette dans la ville et, espionnant ses victimes, peut trouver Willerme seul dans la rue et le tue d'un coup de pistolet à la tête, puis prend la fuite. Tibere jure d'en tirer vengeance, mais le temps apaise sa vengeance et ralentit les poursuites de la justice. Pour éviter de perdre son dernier fils, Sostene fait intervenir sa femme auprès de son frère pour modérer sa colère, il offre à celui-ci sa fille en mariage avec une dot dont Tibere « auoit raison d'estre satisfaict » [86]. Mais l'inimitié entre Androge et Tibere ne peut être diminuée, et lors d'une rencontre, d'une querelle et d'un duel en pleine rue, Tibere tue Androge et se réfugie à la campagne. Sostene est saisi de maladie et meurt peu après, se rendant compte que tout le désordre arrivé à sa maison est dû à sa passion.

I, 5. *Le Mauuais Dessein.*
[Côte de la Méditerranée, entre Barcelone et Valence]

Titian, gentilhomme de Valence, a deux filles, Olinde, l'aînée, et Andriette. Olinde est belle et d'esprit doux, Andriette n'a rien « au visage qui pust arrester les yeux » mais dès son enfance, manifeste un esprit malicieux. Olinde, une fois grandie, attire de nombreux « poursuiuans » [91], au premier rang desquels Cleobule et Leoncin. Leoncin est un jeune homme accompli, mais peu riche. Cleobule, lui très riche, croit honorer Olinde et Titian de sa recherche. Leoncin, au contraire, rend respects et soumissions à Olinde qui s'en éprend, et, en esprit franc, ne cache pas sa flamme à sa sœur. Celle-ci attise sa flamme, s'imaginant que si Olinde épousait Leoncin, elle obtiendrait à son tour Cleobule, à qui Titian destinait Olinde. Elle favorise Leoncin auprès d'Olinde et le tient au courant des sentiments de sa sœur. Mais Titian annonce qu'il donne Olinde à Cleobule, Andriette fait alors tout ce qu'elle peut pour empêcher ce mariage : elle pousse Olinde à se rebeller contre la volonté de son père, et incite ensuite Leoncin à enlever Olinde – que de son côté elle va convaincre d'accepter ce rapt. Or Olinde refuse, et Leoncin, sur les conseils d'Andriette, se résout à enlever Olinde de gré ou de force. Andriette a bien su tramer la fuite, et tout réussit à Leoncin : ils se réfugient à Majorque où ils s'épousent. Leoncin semble donc au faîte de la félicité.

À Valence par contre, Titian et son épouse se désespèrent, et Cleobule entre en rage, alors qu'Andriette fait semblant de ne rien savoir. Les parents ont recours à la justice qui décrète contre Leoncin ; Cleobule s'en fait l'exécuteur. Il a d'ailleurs peu de mal à retrouver la trace de Leoncin, et part pour Majorque où il apprend le mariage des fugitifs. Leoncin apprend l'arrivée de son rival et cherche à fuir, mais Cleobule est immédiatement allé trouver le Viceroy qui fait fermer les ports et fouiller l'île : les époux sont retrouvés. Olinde confirme qu'elle a épousé Leoncin de son plein gré, et le Viceroy les renvoie pour être jugés à Valence. Cleobule fait tout pour éviter que l'on gracie Leoncin et promet à Titian d'épouser Olinde si Leoncin est exécuté [104]. Titian de son côté est heureux de pouvoir renouer l'alliance qu'il avait projetée. Mais Andriette, elle, est désespérée de voir Cleobule lui échapper et essaie vainement de le dissuader d'épouser Olinde. Elle entreprend alors de convaincre Olinde de ne jamais épouser Cleobule, et y réussit. Leoncin est exécuté, et Olinde entre en fureur, maudissant son père et refusant d'épouser Cleobule. Sa mère meurt, et Titian est désemparé, Andriette cependant voit ses plans avancer. Or comme Olinde ne veut consentir qu'à mourir au monde en devenant religieuse, elle confesse à son père avant de s'en séparer la manière dont elle a été conduite par Andriette. Ceci revient à Cleobule qui la poignarde et s'enfuit ensuite en Flandre où il devient soldat et y trouve la mort.

I, 6. *L'Amour & la Mort.*
[En une ville de la Haute Aquitaine du temps de la Ligue, début du règne de Henri IV [114]

Claudiane, qui n'a plus de père, vit avec sa mère Sabee et deux frères, Montan et Clarin « dont l'vn portoit les armes, & l'autre [...] s'estoit addonné à l'estude » [113]. Galerio, un Seigneur noble, riche de biens et puissant, mais débauché et violent (« violant »), cruel et barbare, règne sur sa ville comme un petit Roy en étant du parti de la Ligue – parce que ceci lui donne plus de pouvoirs. Il a ravi sa femme à l'un de ses parents et l'« entretenoit (...) au ueu & scandale de tout le monde ». Palmire aime Claudiane, qui l'aime aussi, toutes les conditions d'une alliance heureuse sont donc réunies. Il faut cependant repousser la déclaration d'un an, le temps du deuil de la mort du père, mais aussi pour débrouiller les affaires du défunt. Palmire (portrait très élogieux [116]) obtient de rechercher Claudiane « à camp ouuert » Mais survient la Ligue : Palmire se met du parti du roi et fait retraite dans une ville qui n'est qu'à trois ou quatre lieues de celle de Claudiane, il harcèle Galerio en y gagnant beaucoup de gloire. Palmire voulant voir Claudiane se déguise en paysan « portant au marché quelques volailles » et entre dans la ville sans encombre, et en sort de même, ce qui l'incite à tenter une deuxième fois l'aventure. Mais cette fois, il résout aussi de gagner la ville pour le roi, met dans le secret les frères de Claudiane, et entre et sort de la ville pour y préparer son entreprise. Galerio a vent de ses menées, mais sans savoir s'il entre dans la ville. Palmire, pour mettre Claudiane et sa famille à l'abri des dangers du sac qui suivrait sa conquête, demande à Galerio un sauf-conduit pour épouser Claudiane, ce qu'il lui refuse, menaçant Sabee de la perte de ses biens si elle donne sa fille à un homme du parti du roi [123]. Il pense d'ailleurs donner Claudiane à l'un de ses confidents et va plusieurs fois au logis de Sabee, vantant au retour la beauté de Claudiane. La maîtresse de Galerio, Asterie, en prend ombrage, bien qu'il dise que c'est pour un de ses amis.

Montan et Clarin continuent d'étendre la conspiration, mais quelqu'un parle, et Palmire est arrêté puis jeté en prison, niant qu'il soit entré dans la ville pour un autre motif que de voir sa fiancée. Galerio demande à Claudiane et à Sabee de songer au mariage avec Marius, l'un de ses confidents. Claudiane va trouver Galerio un jour où elle sait que, malade, il ne peut la recevoir, et Asterie, curieuse de savoir pourquoi elle vient, lui ménage un entretien avec Marius qui la reçoit comme son serviteur. Claudiane lui dit que son inclination pour Palmire est passée parce qu'elle ne pourrait pas aimer quelqu'un du parti contraire à celui de sa patrie, et que si on la laissait parler à Palmire, elle trouverait le moyen de savoir ce qu'il en était de la conjuration. Marius ne fait son rapport qu'à Asterie, qui commande d'emmener immédiatement Claudiane auprès de Palmire. Elle dit à celui-ci qu'elle est venue pour le faire sortir de prison en échangeant ses habits contre les siens. Palmire, après avoir refusé de mettre sa maîtresse en danger, accepte en révélant à Claudiane la conjuration, pensant que, la ville étant bientôt prise, Claudiane serait alors libérée. Marius, invité par la fausse Claudiane à se rendre chez elle, n'y trouve que Sabee désolée de la perte de sa fille qui n'est pas rentrée. Marius, qui croit qu'on cache Claudiane, après avoir menacé, retourne porter la nouvelle à Asterie, qui, sûre cette fois qu'il y a tromperie, avertit Galerio qui fait ouvrir la prison, et trouve Claudiane à la place de Palmire.

Galerio met alors la ville sur pied de guerre, fait fouiller les maisons et arrêter ceux qu'il soupçonne d'être du parti du roi, ceci mettant en révolte une grande partie de la ville parce qu'ils étaient parents d'un grand nombre des plus importantes familles. Montan résiste aux interrogatoires, mais Clarin, « hardy comme vn homme de lettres » [137], avoue. Galerio juge dangereux de faire arrêter tous les membres de la conspiration, comptant les prendre un à un, et fait rechercher Palmire qui, séjournant de cave en cave, réussit à échapper aux poursuites en se cachant dans un tonneau de vin à moitié plein. Cependant, Galerio ayant fait publier qu'il trancherait la tête à Claudiane alors jugée complice, Palmire en vient à se rendre.

Les conjurés, sentant qu'ils sont tous menacés, résolvent de tout tenter. Asterie, elle, demande comme une faveur à Galerio de faire trancher la tête à Claudiane ainsi qu'à sa mère. Marius l'apprend et tente de fléchir Galerio qui ne lui promet que de lui donner l'une des autres filles de Sabee. Marius décide alors de faire intervenir quelques femmes de la ville, qui répandent la nouvelle des exécutions dans toute la ville, au grand émoi des habitants, avant de venir toutes voir Galerio pour demander la grâce de tous les accusés ; Asterie au contraire le presse de faire mourir Claudiane. Il décide alors de faire exécuter les deux amants en cachette, dans la prison, le matin suivant, avec les deux frères de Claudiane. Marius essaye de le détourner de cette décision, mais devant l'inflexibilité de Galerio, court chez Sabee lui apprendre la nouvelle en lui disant d'aller au plus vite implorer la miséricorde de Galerio ; Sabee demande l'avis d'un de ses frères, Curtio, qui lui dit d'aller parler à Galerio pendant qu'il rassemble ses amis. On met le feu à une pauvre maison pour occuper les soldats, et les conjurés se rassemblent sur la place de la ville pour exhorter les habitants à se soulever contre le tyran. Ils se ruent sur la demeure de Galerio où le premier tué est Marius. Galerio s'étant mis en défense au saut du lit est tué d'une décharge de mousquet, et Asterie, qui crie miséricorde, est expédiée de «plusieurs coups de lame» [148]. On trouve tous les condamnés dans la prison, se préparant avec un prêtre à leur supplice. Palmire croit d'abord que tous ces gens sont là pour les massacrer, mais aux cris de «liberté, liberté, Galerio est mort», il comprend que sa vie est sauve, et, l'épée à la main, parcourt la ville pour éteindre les résistances, sans en trouver aucune. Les soldats, qui ont appris la mort de Galerio et de Marius, ouvrent les portes et se sauvent dans la campagne. La ville revient à son prince légitime.

I, 7. *L'Heureux Artisan.*
[Ferrare, Parme. Toute fin du XVIᵉ : « au temps que Ferrare fut remise sous le domaine de Saint-Pierre »]

Parmi les nobles qui quittent Ferrare, le comte Fabrice résout de se retirer à Parme. Il s'y rend d'abord avec son épouse Fulvia pour y établir sa maison, et fait ensuite venir le reste de sa maisonnée, enfants et domestiques, en même temps que ses meubles, sur deux grandes barques remontant le Pô. Trop chargée, la barque où se trouvent les meubles coule, entraînant celle sur laquelle voyagent les personnes. Seule Ozane, une petite fille, survit, son berceau flottant sur les eaux. Elle est alors recueillie par des paysans qui l'élèvent, mais comme elle ne peut travailler aux champs, ils finissent par la confier aux œuvres charitables qui élèvent à Ferrare les orphelines, sans oublier de la faire accompagner du berceau et des objets avec lesquels elle avait été trouvée. Moysette (c'est le nom qui lui est donné), parmi toutes ses compagnes recueillies dans cette sorte de couvent où on les éduque, montre de bonnes qualités et un grand air de noblesse.

Celidoine, jeune horloger provençal, fait son tour de France et d'Europe sans dévier de sa vertu, apprenant si bien son métier qu'il devient, une fois établi à Ferrare, un artisan de grand talent que les citoyens veulent retenir, et pour cela le marier. On lui parle de Moysette, on lui conte son histoire, il la voit et l'épouse. Tout le monde s'accorde pour dire qu'il a de la chance d'avoir trouvé une femme si sage et belle ; tout le monde pense que c'est la bonne fortune de Moysette d'avoir trouvé un mari si accompli et si sage. Celidoine loue une maison et ouvre une boutique, leur ménage prospère, tout leur sourit et ils ont des enfants.

Le comte Fabrice, qui revient assez souvent à Ferrare parce qu'il y a gardé des biens, marie son fils aîné Lucio et lui donne à administrer ses biens à Ferrare. Le jeune homme, qui est féru de mathématiques, prend plaisir à en parler avec Celidoine et admire aussi les montres et les objets ciselés qu'il fabrique. Son épouse ayant accouché d'un fils, il demande à son père Fabrice d'en être le parrain, le fils est appelé Fabricin, et les grands-parents restent six mois à Ferrare après les fêtes. On pense alors à donner des jouets au jeune enfant, et Celidoine propose de lui donner ceux que l'on avait trouvés sur Moysette. Lorsqu'il les voit, Fabrice reconnaît ses armes et croit que Celidoine a fabriqué les jouets pour le petit comte sans vouloir le dire. Mais les objets sont finalement reconnus comme étant ceux qui étaient sur Ozane, et après avoir recueilli les témoignages de celles qui avaient élevé Moysette, et ceux des paysans, Moysette est reconnue comme la fille de Fabrice et Fulvia. Loin de mépriser Celidoine pour la bassesse de sa condition, Fabrice est ravi d'avoir un gendre d'une telle sagesse et d'un tel talent. Il le fait anoblir et lui donne une terre où Celidoine continue d'exercer son art auprès de son épouse qui montre tout autant de sagesse dans son nouveau rang.

I, 8. *La Malice & la Bonté.* [Entre 1550 et 1590. Le héros est mort du temps des troubles qui suivirent les Estats de Blois [1588]

Nommé par Charles IX au gouvernement d'une province dans laquelle il n'est pas né, Altobrand est considéré comme étranger. Pour assurer son autorité, il sème la division partout dans sa province, profitant des querelles pour se faire des amis plutôt que d'assurer le service du roi. Ormin et Leonce refusent l'alliance d'Altobrand et celui-ci tente tout, soit pour se les attacher, soit pour les diviser [179]. Devant son insuccès, il finit par faire courir le bruit que l'amitié de Leonce pour Ormin n'est que prétexte à «entretenir» la femme d'Ormin, tout en ajoutant que lui-même ne croit pas à cette médisance. La conversation tenue chez le gouverneur est rapportée à Ormin qui est prompt de caractère, et se laisse prendre. Il jure de tirer vengeance de Leonce et de le tuer où qu'il soit, sans chercher à savoir ce qu'il en est. Altobrand est très content de la tournure que prennent les choses et jure à Ormin qu'il prend son parti. Leonce, de son côté, se sachant innocent, répond par des insultes et des bravades. Altobrand conseille à celui-là de ne pas les laisser impunies, tout en demandant au roi la permission de faire entrer ces querelleurs dans leur devoir. Il obtient la permission de «leuer des gens de guerre» [183].

Cependant, un seigneur, Colomban, ami et d'Ormin et de Leonce, croit discerner que le gouverneur, sous prétexte d'être neutre, est en fait l'ennemi des deux, et poursuit son enquête. Certain de ne s'être pas trompé, il va trouver séparément Ormin et Leonce pour leur demander de s'expliquer et «d'examiner bien le fonds de leur different». Ormin, poussé par sa femme qui est enragée contre Leonce, ne veut rien savoir. Leonce dit bien volontiers qu'il n'a jamais reçu de faveurs de la femme d'Ormin, mais les choses sont à un point tel qu'il ne veut pas se raccommoder avec Ormin qui, même si la querelle est imaginaire, l'a offensé de ses propos. Colomban propose de retrouver le confident d'Altobrand qui avait répandu la rumeur, et celui-ci confesse, la dague sur la gorge, que c'était à l'instigation d'Altobrand. Ormin et Leonce reprennent leur ancienne alliance et envoient des mémoires à la Cour pour demander qu'Altobrand soit relevé de son gouvernement, ce que fait le roi, lui permettant d'acheter le gouvernement d'une «petite ville assez forte [188].

(Cet événement contient deux histoires)

I, 8 bis. [Empire et Pologne ; vers 1030]

Misico veut affranchir la Pologne de l'Empire germanique sur lequel règne Conrad ; il lève pour cela une prodigieuse armée, mais après quelques succès, il se voit obligé de battre en retraite jusqu'au fond de la Pologne. Il pense trouver refuge chez ceux qui lui avaient promis leur appui, mais Odoric, prince de Bohême (qui n'était pas encore un royaume, non plus que la Pologne), attend de voir comment les choses tournent, et finalement propose ses troupes à l'Empereur pour défaire Misico. Misico trouve refuge chez Odoric. L'empereur faisant entendre à Odoric qu'il connaissait l'intelligence qu'il y avait entre Misico et lui, celui-ci projette de remettre Misico entre les mains de l'Empereur pour démentir qu'ils étaient de mèche. Il envoie donc des lettres à l'Empereur pour lui proposer de lui livrer Misico, mais Conrad, outré de cette trahison, en avertit Misico en lui envoyant les lettres mêmes qu'avait écrites Odoric. Misico décide alors qu'il ne peut que se rendre lui-même à l'Empereur qui le traite courtoisement et le remet en ses terres à condition de rester dans l'Empire. Misico garde rancune envers la trahison d'Odoric, et plus tard, ayant suscité un différend avec lui, s'arme contre lui. L'Empereur peut alors se poser en médiateur entre les deux anciens rebelles et en faire des soutiens solides de l'Empire [194].

I, 9. *Le Cruel Orgueilleux.* [Florence, peu après 1532]

Amulio, secrétaire du duc, sert si bien son maître dans le maniement de ses affaires, même les plus secrètes, qu'il en est amplement récompensé par son maître et vient s'établir à Florence. Dans sa nouvelle prospérité, il commence en revanche à mépriser les autres, et en premier sa femme Orestille qu'il avait épousée à Pistoye quand il était encore de condition modeste. Il s'éprend d'une fille noble mais pauvre, Hortensia, qu'il séduit et établit dans la demeure conjugale. Celle-ci traite comme une esclave Orestille, qui, n'ayant pas de parents dans la ville, hésite à se plaindre d'un homme aussi puissant qu'Amulio. Le scandale est aussi grand dans le voisinage, mais personne n'ose parler contre Amulio. Celui-ci, avec sa concubine, décide d'empoisonner Orestille pour pouvoir se marier. Mais Orestille par deux fois survit, et elle décide de demander à se retirer chez ses parents. Amulio refuse et, résolu de s'en défaire, mais craignant la justice du duc, la fait enfermer dans une cave dont elle ne sort jamais, à peine nourrie d'eau et de pain. De plus, Hortensia va la voir pour l'insulter et la battre [202], ce qu'elle fait même en présence d'un enfant d'Orestille. Celui-ci, qui n'a que cinq ou six ans, supplie Hortensia d'avoir pitié de sa mère, mais elle l'accable de tant de coups qu'elle le laisse comme mort. Orestille utilise alors tout ce qu'elle a de voix pour injurier Hortensia qui la bat à coups de bâton et lui déchire le visage de ses ongles. Le bruit fait revenir à lui le jeune enfant et Hortensia quitte avec lui la cellule. À quelque temps de là, jouant avec des camarades de son âge dans une maison voisine, il raconte ce qu'il a vu aux voisins qui lui demandent des nouvelles de sa mère. Le voisin fait répéter cette révélation devant plusieurs personnes, mais aucune ne veut s'en prendre à Amulio. Finalement, des voyageurs de Pistoye un peu parents d'Orestille venus à Florence en entendent parler et font en sorte qu'un oncle de celle-ci vienne à Florence. Celui-ci, sans se soucier de la faveur dont jouit Amulio, le fait comparaître en justice ; Orestille est mise en sûreté dans un monastère et témoigne des sévices qu'elle a subis. Les magistrats, plutôt que de rendre eux-mêmes la sentence, vont trouver le duc qui leur demande d'exercer leur pleine justice, de façon à asseoir sa légitimité. Amulio et Hortensia sont emprisonnés, et Amulio, toujours confiant en la faveur de son maître, avoue orgueilleusement ses crimes tout en menaçant ses juges. Mais Amulio et Hortensia sont condamnés à avoir la tête tranchée. Le coupable, jusqu'au dernier moment, ne croit pas que son maître le laissera punir ; il commence à douter quand on lui dit, en le tirant de prison pour le mener au supplice, que le duc est allé à la chasse [214]. Il est donc exécuté, et Hortensia quelque temps après, ayant tout deux, dans leur fureur, publié tous leurs crimes.

LIVRE SECOND

II, 1. *Les Heureuses Contrariétés.*
[Espagne/Portugal, entre 1580 et 1598]

Ayant joint le Portugal à l'Espagne, Philippe II, pour assurer
sa conquête, ménage des alliances entre grands d'Espagne et
grands du Portugal. Il cherche entre autres l'alliance d'une des
deux filles d'un des seigneurs du Portugal (Aristodeme) pour un
Castillan de maison très illustre. Des deux filles, la cadette est la
plus belle, et l'aînée la plus sage. Le roi préfère le mariage avec
l'aînée, Demetrie, à cause des fiefs, mais le Portugais, pour que ni
sa fille ni ses fiefs ne passent à un Castillan, s'empresse de conclure
pour elle une alliance avec un seigneur du Portugal, Zenon, dont
l'humeur «bigearre, fantasque, folastre et desbauchee» [226] lui
avait jusqu'ici fait différer le mariage. Zenon obtient du père la
permission de «faire la recherche» de Demetrie, à condition de
ne pas la faire ouvertement pour ne pas risquer une interdiction
du roi. D'autre part, le père recherche pour sa cadette, Adelle,
l'alliance avec le Castillan (Almery) – lui promettant une forte
dot. Aristodeme conduit la trame de cette double alliance «auec
tant de dexterité, que les deux mariages se trouuerent presque
aussi tost consumez que publiez» [227]. Ayant alors à s'expliquer
devant le roi, il lui dit avoir «logé ensemble les contraires» : «i'ai
donné la sage au fol, et la folle au sage». Dans la conversation
qui suit, qui roule sur la «question»se savoir s'il est «expedient
pour rendre vn mariage heureux, que la femme [soit] de mesme
humeur que le mari,» Aristodeme est contraint de soutenir qu'il
«auoit imité en ceci la conduite de la nature, qui façonne les
corps composez de qualitez contraires».

La suite fait voir qu'Aristodeme a raison car Zenon étant revenu
à ses habitudes de débauche, la sagesse de Demetrie lui permet de
supporter ses dérèglements [232], et finalement de lui faire quitter

la mauvaise vie, le luxe et le jeu. La cadette, amenée en Espagne, y aurait succombé aux vanités et folies de cour si la sagesse d'Almeri n'avait prévenu sa perte : il éloigne sa femme de la cour, ce qui en Espagne ne se fait pas sans congé exprès du roi ; Almery feint de ne pas avoir l'autorisation de revenir à la cour. Adelle, n'ayant alors que son mari devant les yeux, n'a plus d'affection que pour lui, et devient «vne excellente matrone» [235].

II, 2. *La Iustification Criminelle.* [Italie, entre 1585 et 1590]

Trois brigands, qui ont dévalisé un marchand, se querellent lors du partage du butin parce que l'un d'entre eux, moins courageux, n'avait été que sentinelle. L'un d'eux propose alors à l'autre de se défaire du poltron et de partager sa part. De plus, ils conviennent que l'un tirera le premier, secondé de l'autre au cas où la victime vivrait encore. Les têtes des brigands ayant été mises à prix et l'impunité promise à qui en rapporterait une, le meurtrier pourrait ensuite regagner son pays, obtenir son «rappel de ban» [239] et toucher la récompense qu'il partagerait avec son complice. Le premier tire un coup de pistolet sur le poltron, et le second, tirant comme pour l'achever, tue en fait le meurtrier. Il a ainsi deux têtes : il donne l'une à un banni de sa connaissance qui rachète ainsi son ban et lui laisse la récompense, et il garde l'autre et obtient la récompense et l'abolition de ses crimes. Mais le marchand qu'ils avaient dévalisé le reconnaît et l'attaque avec quelques amis ; il s'enfuit et tombe d'une galerie, «mourant parmi des rages, des douleurs & des desespoirs espouuantables» [241].

II, 3. *La Munificence Cardinale.* [Rome. Entre 1590 et 1623]

Une veuve, âgée et sujette à de grandes maladies, et par conséquent obligée à cause de celles-ci de cesser de travailler de ses mains pour subvenir à ses besoins et à ceux de sa fille qui prend soin d'elle, vit dans une grande indigence : elle n'ose demander secours par fierté, ayant été autrefois à son aise. Or le propriétaire de leur misérable logement résout de les jeter à la rue. La fille est alors sollicitée par des hommes, et un religieux conseille à la mère de s'adresser au cardinal, auquel, une fois reçue, elle demande les 5 écus qu'elle devait à son hôte. Le cardinal écrit un billet pour 50 écus, et la bonne femme étonnée refuse que l'Argentier du cardinal les lui compte, croyant à une erreur. L'argentier remonte avec elle auprès du Cardinal et lui explique la difficulté. Le cardinal « sousriant à ce discours, & pensant au gentil traict qu'il vouloit faire » [252], ajoute un zéro au lieu d'en retrancher un, et dit en particulier à l'argentier de les compter immédiatement ou de les faire envoyer chez elle si elle ne voulait pas les prendre, et de plus, que s'il venait à se présenter un parti pour la jeune fille, qu'il contribuerait à la dot. La mère, à demi effrayée par l'énormité de la somme, ne veut prendre que 5 écus. L'argentier se rend donc ensuite chez elle, accompagné d'un des camériers du cardinal, mais la veuve refuse toujours, et ne prend l'argent que sur les instances d'un religieux, à condition de se taire sur l'aumône. Un jeune artisan se présente bientôt comme parti pour la fille, et après l'avoir épousé, il recueille la mère auprès d'eux jusqu'à sa mort. Le cardinal fait donner une bourse en guise de dot, à condition que son contenu n'en soit pas révélé.

II, 4. *La Ioyeuseté Religieuse.*
[Ville de Provence, maison religieuse ;
dernier tiers du XVIe siècle]

Un novice, chargé de trouver un sujet propre à la conversation lors de la « recreation » quotidienne, « demand[e] que chascun [dise] en quel iour il aimeroit mieux mourir, si cela dependoit de son choix » [260]. Tous choisissent de mourir au pied de la Croix le jour de la Passion. Mais le Modérateur, puisque tout chrétien voudrait mourir ce jour-là, leur demande de choisir un autre jour, et chacun donne des réponses diverses. Puis on passe à l'âge, aux

saisons, au genre de mort. Enfin, on en revient à la première proposition, en demandant quel jour de la semaine. Toujours avec
diverses réponses. Mais celui qui avait fait la proposition clôt le
jeu et choisit le mardi – seul jour qui n'a pas été mentionné «&
n'[a été] choisi d'aucun» [264]. On lui prête donc attention, et
il argue qu'il voudrait mourir quand il est oisif, c'est-à-dire le
mardi, parce qu'il est occupé tous les autres jours. Tous trouvent
que c'est lui qui a « plus heureusement rencontré».

II, 5. *La Calomnie descouuerte.*
[Comtat Venaissin. Peu avant 1627]

Delfine, n'ayant pas obtenu dans son pays le jugement qu'elle
voulait, décide d'aller chercher justice à Rome. Prenant avec
quelques domestiques un bateau à Marseille, elle est obligée de
séjourner quelque temps à Gênes le temps de trouver un autre
bateau pour un port proche de Rome. S'ennuyant à Gênes, Delfine
devient de mauvaise humeur et «tempest[e] apres ses domestiques
plus que de coustume» [271]. L'une de ceux-ci, Marthe, se met à
lui répondre, et Delfine en vient aux coups, prend un bâton, et
dans la lutte qui s'ensuit se trouve légèrement blessée au visage
près de l'œil. Elle en est extrêmement fâchée, ayant grand soin de
sa beauté, «[b]ien que (…) vefue & en vn âge auquel les femmes
changent ou doiuent changer la qualité de belles en celle de
bonnes» [272]. Marthe s'enfuit et Delfine l'abandonne à Gênes
sans lui payer ses gages. Les hôteliers la mettent à la rue, sans
argent, sans appui, sans secours, sans connaissance dans un pays
dont elle ne connaît pas la langue. Plusieurs s'offrent à la recueillir,
mais elle préfère s'adresser à l'hôpital qui ne peut cependant la
recevoir du fait qu'elle n'est pas malade ; on la loge donc chez
une veuve. Marthe, qui a la liberté des filles de France, suscite les
désirs de nombreux jeunes gens de la ville qui «firent dessein de
la perdre» [275]. La logeuse même de Marthe commence à être

intéressée par l'or qu'on lui promet. Marthe s'adresse alors au grand hôpital où par chance deux religieux français sont venus vénérer le corps de la Bienheureuse Catherine de Gênes. Ils se font appeler Hierosme et Paulin, d'un âge moyen, l'un un peu plus âgé que l'autre dont il est aisé de voir qu'il est de condition supérieure à son aîné. Ceux-ci la font loger chez une veuve fort dévote et de grande qualité en attendant de trouver quelqu'un qui puisse reconduire Marthe en France. Mais personne ne se présentant, ils décident de l'accompagner eux-mêmes et prennent avec elle un bateau pour la Provence.

Deux jeunes gens débauchés, Stilico et Perille, se servent de la première hôtesse de Marthe pour lui faire adresser une plainte sur la fuite de Marthe qu'elle dit avoir été «subornee & enleuee par deux Prestres François» [282]. Les deux jeunes gens rattrapent le vaisseau et, présentant l'ordre du juge, demandent qu'on leur remette la fille et les religieux. Ils rentrent tous à Gênes, et n'ayant peut-être pas osé se défaire des religieux pour prendre la fille, Stilico et Perille envoient les ecclésiastiques à l'archevêché pour être jugés et remettent Marthe chez sa première hôtesse. En voyant disparaître ses protecteurs, Marthe se met à crier, pleurer et à implorer le secours des passants qui ne la comprennent pas. Mais un artisan français, Marc, l'entend et explique en italien à la foule qu'elle va être remise entre les mains d'une femme qui va la vendre à ces jeunes gens. Stilico et Perille ne peuvent résister à tous ces gens rassemblés, et Marthe est remise chez sa deuxième hôtesse. Cependant, Hierosme et Paulin sont interrogés, et enfin laissés en liberté; quant à Marthe, elle raconte ingénument son aventure. «Treuuee vierge»[284], son innocence et celle des ecclésiastiques est prouvée, tout comme la calomnie de Stilico et Perille qui sont condamnés à mille écus d'amende, cinq cents pour Marthe afin de la faire reconduire en son pays et la marier, cinq cents pour les pèlerins, qui refusent, constituant ainsi une dot de mille écus pour

Marthe. Marc s'offre pour reconduire Marthe et prend avec elle et sa femme un bateau pour Marseille où il remet Marthe « entre les mains des siens au Comté d'Auignon » [286]. Elle y trouve d'ailleurs peu de temps après un honnête parti.

Quant à Delfine, sa maîtresse, elle est « cent fois » sur le point de perdre la vie : battue par la tempête entre Gênes et Livourne, dévalisée entre Florence et Rome, sans gain de cause à Rome. Sur le chemin du retour, elle tombe de cheval et se blesse à la tête, puis est de nouveau assaillie par les tempêtes. Enfin, de retour chez elle, elle est blâmée « de tous ceux qui sçauoient l'histoire de Marthe, condamnée à payer les arriérés de gages et à une forte amende.

II, 6. *L'Usurier Incontinent.* [Milan. Racontée à Camus en 1627]

Trasille a pour voisine Ormilde, mère de deux garçons et d'une fille d'« exquise beauté » [289]. Elle les élève dans la vertu sans grands moyens. L'aîné s'engage dans l'armée, ce qui fait que seuls restent auprès de leur mère Dorinne, la jeune fille, et le cadet Seluage. La jeune fille va quelquefois faire son ouvrage avec les filles de Trasille. Celui-ci, rendu difforme par l'âge, s'éprend d'elle, mais doit cacher sa flamme pendant que Dorinne croît en âge et en beauté sans que sa mère, faute de dot, ne puisse la marier. Alphee, jeune milanais, moins sensible à l'absence de dot, demande Dorinne en mariage par l'intermédiaire de Seluage. Sa mère et lui ne trouvent d'autre moyen pour doter Dorinne que d'emprunter « mille ou douze cents écus » à Trasille en donnant leur maison comme garantie. Trasille les fait attendre, puis découvre à Seluage qu'il prêtera la somme « sous vne condition que[l'auteur] laisse à penser, ne la pouuant escrire sans blesser la modestie » [293]. Seluage temporise et Trasille, qui croit toucher au but, lui promet des montagnes d'or. À la fin, Seluage décide de mettre au courant Alphee et tous deux de tendre un piège au vieillard. Il prétend que Dorinne veut bien se livrer à Trasille, à condition que cela soit si secret que ni son honneur ni son mariage avec Alphee ne soient en danger. Trasille, transporté, donne 330 écus à Seluage en pur don, et prête 1 200 écus sur six ans sans intérêt. Seluage alors le conduit de nuit au pied d'une fenêtre donnant sur la « garderobe » dans laquelle dort une vieille servante. Trasille y monte pendant que Seluage tient l'échelle et qu'Alphee se tient non loin de là avec quelques archers du guet. La vieille servante se réveille, crie aux voleurs et ameute toute la maison. Trasille ayant regagné l'échelle, Seluage le fait tomber alors qu'arrivent les voisins et le guet. Trasille, un bras démis, est sauvé de la foule amassée par les archers qui l'emmènent en prison. Il est alors condamné à trois ans d'exil et à perdre les 330 écus donnés et les 1 200 prêtés [298].

II, 7. *La Chasteté Charitable*. [Bretagne]

Sosipatre et Heliette s'aiment parfaitement. Sosipatre n'est pas encore majeur (25 ans), mais il est émancipé et se conduit avec une prudence au-delà de son âge, surtout dans son amour pour Heliette, fille de Crantor qui a acheté un office de finance. Celui-ci, chez qui il fréquente, l'a voulu pour gendre avant même qu'il aime Heliette, à cause de sa naissance et de ses bonnes mœurs, même s'il trouve qu'il n'a pas assez de biens. C'est ainsi que, sans expressément le permettre, il tolère ouvertement que Sosipatre voie Heliette, et les deux jeunes gens ne rencontrent pas d'obstacle à leur amour. Mais Theombre, adonné au jeu et à la débauche [302], fils d'Otile – un des marchands les plus opulents de la province, s'éprend d'Heliette à son tour. Le marchand la demande donc en mariage pour Theombre à Crantor qui, ébloui par les richesses, y consent, à condition que Theombre ait un office – que son père lui achète alors. Le mariage est conclu, malgré les supplications de Sosipatre et les larmes d'Heliette ; et celle-ci doit épouser Theombre. Sosipatre, avec son habituelle prudence, s'absente pour guérir de son amour, et quelque temps après épouse Alinde avec qui il vit une vie « aussi delicieuse que contente » [305] alors qu'Heliette, Theombre étant retourné à ses débauches, traîne une vie misérable avec un mari qui dilapide son honneur, sa santé et ses biens. Otile étant mort, Theombre se trouve encombré de ses dettes et de celles de son père, il doit donc vendre sa charge et se réfugier en Angleterre, laissant Heliette avec deux enfants. Crantor étant mort peu auparavant, Heliette qui ne sait où trouver du secours, se tourne vers Sosipatre qui effectivement lui porte assistance.

Mais, outre la jalousie allumée dans le cœur d'Alinde, cet acte charitable renouvelle l'amour qu'Heliette porte à Sosipatre et cette dernière cherche à ressusciter celui que Sosipatre lui portait. Celui-ci bien sûr s'en rend compte, tout comme il constate le changement d'humeur d'Alinde qui croit que la charité portée à Heliette cache en fait autre chose. Sosipatre demande alors à Heliette de s'éloigner, ce qu'elle fait. Alinde rassurée reconnaît avoir eu tort de soupçonner son mari.

II, 8. *L'Obeissance Filiale.*
[Cesene, Italie ; « […] il n'y a pas trente ans »]

Après plusieurs fausses couches de Theolimpe, son mari Eliante et elle-même décident d'aller en pèlerinage pour demander la naissance d'un enfant. Au retour du sanctuaire, ils trouvent sur leur route un enfant abandonné qu'ils adoptent après avoir essayé sans succès de retrouver la véritable mère, ils l'appellent Thaumaste. Quand celui-ci est à l'âge où l'on peut discerner son caractère, il est trouvé « si doux, si docile, si complaisant » que les parents adoptifs sont pris pour lui d'une réelle affection [316]. Mais un jour, Eliante se trouve enceinte et si vigoureuse et heureuse que la bénédiction divine apparaît dans toutes les caractéristiques de cette grossesse et dans la naissance ensuite d'un fils, Anatole, qui paraissant d'abord fluet, arrive cependant à son adolescence en bonne santé grâce aux soins constants de ses parents. La naissance de ce fils légitime rejette Thaumaste à la condition de misérable serviteur «à qui l'on ne donnoit aucun salaire que sa vie & son vestement» [318]. Pourtant, Anatole se prend d'amitié pour lui, et aux côtés de Thaumaste, qui est pour lui une «école de vertu», apprend la piété et le respect pour ses parents. En grandissant, les deux enfants sont unis par la plus parfaite amitié fondée sur la vertu et la louange de Dieu, au point que les parents craignent que Thaumaste veuille faire d'Anatole un religieux, ce qu'ils redoutent au plus haut point étant donné qu'ils n'ont qu'un seul héritier. À quelque temps de là, Eliante meurt, faisant jurer à son fils une totale obéissance à sa mère et ordonnant que Thaumaste soit élevé comme un fils de la maison. Anatole devient alors la seule consolation de sa mère ; mais il tombe gravement malade, et sa mère promet alors de le faire religieux s'il guérit. Le vœu n'est pas plus tôt émis qu'Anatole commence à se porter mieux et finit par guérir tout à fait. Theolimpe se rend alors compte de la témérité de son vœu, mais Anatole, fidèle au serment d'obéissance à sa mère qu'il a fait à son père mourant, entre dans un ordre rigoureux malgré les prières de sa mère qui lui conseille une congrégation «plus mitigee» [324]. Il fait ses adieux à sa mère et à Thaumaste qu'il prie de rester dans le siècle pour veiller sur leur mère Theolimpe. Cependant, Anatole, de constitution trop faible pour terminer son austère noviciat, est à regret renvoyé par les religieux. Thaumaste alors, se voyant de constitution vigoureuse, s'offre à remplacer Anatole dans l'ordre qu'il vient de quitter ; il accomplit son noviciat à la satisfaction de tous et obtient finalement de vivre en religieux comme il l'avait toujours voulu. Anatole, de son côté, continue à vivre saintement auprès de sa mère [328].

II, 9. *Le Fils Impie.* [Au Royaume de Léon en Espagne]

Deux grands seigneurs, dont l'un n'a que deux filles et l'autre deux fils, décident d'unir leurs familles. Le père des deux filles tient à ce que celui qui épousera l'aînée porte son nom et ses armes et soit titulaire des biens par droit d'aînesse (majorasque). L'aîné (Epaphre) épouse donc la cadette (Ampuze), et le cadet (Theodotion) l'aînée (Cidaris), devenant ainsi tous deux chefs de grande famille. Epaphre et Ampuze ont de nombreux enfants, mais Theodotion et Cidaris n'ont qu'un seul fils, Pandolfe. Theodotion meurt : Cidaris a la tutelle de son fils et Epaphre lui est donné pour l'assister dans cette tâche. Elle a aussi un « Garde-Dames », Calphurne, assez âgé, qui a un fils Atilio dont elle s'éprend tellement qu'elle résout, alors enceinte, de l'épouser par un mariage clandestin que l'on célèbre avec pour seuls témoins le père d'Atilio et une femme de chambre. Le fils qui naît ensuite (Cleonte) est mis en nourrice aux Asturies auprès d'une femme qui ignore tout des circonstances de sa naissance. Mais Atilio et Cidaris se conduisent de telle sorte qu'il « n'y auoit que le nom de mariage qui pust iustifier leurs actions » [336]. Pandolfe, pour sauvegarder aussi bien son héritage que l'honneur de sa mère qu'il croit engagée dans une liaison infamante avec un domestique, avertit son oncle Epaphre et tous deux décident de tuer Atilio. Pendant une violente dispute, Cidaris, forte de son droit de tutelle et de sa possession des biens qu'elle avait apportés dans son mariage avec Theodotion répond de très haut aux reproches que lui fait son fils et lui révèle qu'Atilio est son mari. Epaphre et Pandolfe, suivis de braves, enfoncent alors de nuit la porte de la maison de Cidaris, et, trouvant Atilio couché auprès de Cidaris, le poignardent, étranglent une fille de chambre qu'ils jugent complice de leurs amours et emmènent Cidaris enceinte dans un château des montagnes de Léon où ils la confinent dans une chambre : elle y meurt en mettant au monde un enfant mort-né. Mourant seule et abandonnée, Cidaris signe de son sang le testament par lequel elle maudit Pandolfe et le déshérite, faisant de Cleonte son héritier. Moyennant une bague de grand prix, elle s'assure que le testament parviendra à Calphurne qui élève secrètement son petit-fils aux Asturies.

La malédiction de Cidaris se révèle lorsque Pandolfe est tué par un cerf à la chasse. Calphurne revient alors à la Cour présenter son petit-fils [340] à qui le Roi rend l'héritage et le majorasque auxquels prétendait Epaphre. Les relations entre Cleonte et Epaphre sont très mauvaises et leurs querelles se poursuivent avec la génération suivante.

II, 10. *Les Enfans Discrets.* [Rhénanie]

Une fille de comte, Crysolite, ayant épousé un comte Palatin, est laissée veuve aux alentours de ses quarante ans. Elle a deux filles (Annicette et Catherine) et deux fils (Maximilian et Septime) dont l'un a environ 22 ans. Elle les élève quelque temps en bonne mère, mais son veuvage commence à lui peser. Elle ne peut néanmoins trouver un gentilhomme de son rang et jette ainsi les yeux sur l'un de ses jeunes vassaux, Fleurial. Elle s'en ouvre à une confidente, horrifiée que la comtesse songe à se mésallier. Celle-ci a alors recours au serviteur Leuffroy pour qu'il découvre à Fleurial ses intentions de mariage. Le vassal hésite, et Leuffroy lui apporte des lettres de Crysolite pour prouver qu'il est bien mandaté par elle, mais Fleurial lui révèle qu'il craint la colère des enfants. Celle-ci réunit par conséquent ses enfants et leur annonce son intention d'épouser clandestinement Fleurial qui habitera cependant le château comme un domestique de façon à ce que la mésalliance ne soit pas connue et leur héritage ne soit pas diminué. Les enfants, répondant par la bouche de l'aîné, se soumettent à la volonté de leur mère qui les remercie avec émotion. Le mariage est célébré en présence seulement de Leuffroy et de quelques demoiselles. Fleurial, fait Maître d'Hôtel par Crysolite, se comporte avec tant de discrétion que tout le monde le prend en affection. Deux filles naissent de cette union, elles sont élevées secrètement. L'une d'elles se fait religieuse, l'autre est mariée honorablement grâce aux biens que lui donnent les enfants de Crysolite pour récompenser la fidélité de Fleurial, qui, Crysolite une fois morte, gouverne la maison de Maximilian devenu rhingrave.

II, 11. *La Fondation.* [Dôle. Tout début du XVIIe siècle]

«Trois ou quatre filles» [352] sans grande fortune vivent dévotement et se consacrent à l'éducation de jeunes filles, mais leur vœu le plus cher est d'établir dans leur ville un couvent d'Ursulines et de se faire religieuses. Or elles n'en ont pas les moyens. Dans leur ville, une demoiselle, Melinde, sans grande fortune ni grande beauté, orpheline, vit dans la maison de son frère aîné. Quintil, jeune gentilhomme qui n'a que sa mère, assez riche, mais espérant un gros héritage d'un oncle, s'éprend d'elle au point de ne vivre que pour elle et Melinde répond à ses témoignages d'affection, si bien que Didier son frère s'en aperçoit et favorise leur amour par souci de voir sa sœur bien pourvue. Melinde ayant assuré Quintil qu'il n'obtiendrait rien d'elle à moins qu'ils ne soient mariés, celui-ci, sur le conseil de Didier, sonde l'esprit de son oncle sur cette alliance. Ce dernier en revanche menace de le déshériter si jamais il conclut ce mariage, et sa mère se fait l'écho de ses reproches. Quintil se résout alors à un mariage clandestin auquel Melinde semble consentir à regret, cachant en fait une grande joie. Ce mariage continue ainsi «pres de deux ans» [357] sans que naisse aucun enfant. A l'oncle et à sa mère qui le pressent de se marier, Quintil répond par des promesses «pour les amuser». L'oncle décide de donner pour femme à Quintil Electe, une veuve de vingt-trois ans qui n'avait été mariée que six ou sept ans, une habituée de sa maison et qui avait «des grandes graces sur le visage, de grandes richesses en ses coffres, de rares vertus dans son ame» [358]. À sa proposition, le neveu ne répond que par des promesses qu'il n'a pas l'intention de tenir, sans révéler qu'il est déjà marié. L'oncle, de son côté, s'ouvre de son projet à Electe qui, après avoir cru que le vieillard parlait pour lui et avait

donc protesté qu'elle allait entrer en religion, semble finalement
ne pas être si opposée à un mariage avec Quintil, qui donc, pressé
par son oncle, doit montrer quelques apparences de rechercher
Electe. Comme elle a quitté son humeur farouche, Quintil se
trouve bientôt engagé plus avant qu'il ne veut, charmé par l'accueil
d'Electe, ses vertus, ses biens, et la promesse de son oncle de le
faire héritier. Melinde s'aperçoit cependant que Quintil s'éloigne
d'elle et devient folle de jalousie : elle recourt à son frère, qui,
convaincu par Quintil qu'il ne fréquente Electe que pour complaire
à son oncle, tente de l'apaiser. Mais l'oncle et la mère de Quintil
mènent rondement leur affaire et, le bruit s'étant répandu dans la
ville du prochain mariage de Quintil et d'Electe, Melinde enragée
fait promettre à Didier «par des serments execrables» [368] de
venger son honneur si la nouvelle se confirme. Quintil décide
alors de se marier si promptement que Melinde et son frère ne
puissent s'opposer au mariage ; mais Electe insiste pour que les
bans soient publiés : le jeu de Quintil est découvert. Cependant,
l'oncle assure qu'il fera annuler ce mariage avec Melinde, ce qui
incite Didier à faire appeler Quintil en duel. Quintil évite alors
de sortir, mais Didier le fait espionner, et l'ayant surpris une nuit
à sa sortie de chez Electe, le blesse mortellement. Quintil fait
une belle mort – pardonnant à Didier et demandant pardon à
Melinde. Néanmoins, les parents de Quintil font poursuivre le
frère comme assassin, mais comme il s'est enfui de la principauté,
il n'est exécuté «qu'en peinture» [372]. Melinde, elle, qui loin de
se repentir se vante de sa vengeance, se voit condamnée comme
complice, mais seulement à la prison perpétuelle.

Tous ces malheurs ramènent Electe à son projet d'entrer en
religion ; il n'y a pas dans son voisinage de maison assez réglée
pour qu'elle y entre, un religieux lui conseille alors de faire retraite
auprès des demoiselles mentionnées au début du récit. Elle y
trouve beaucoup de consolation et cherche donc un couvent où
se réfugier, sans songer qu'elle a les moyens de créer une fondation d'Ursulines, comme le lui conseille finalement un religieux.

Electe reconnaît que c'était là ce qu'elle avait cherché toute sa vie et se met donc à réaliser ce rêve en fondant ce couvent ; mais, alors qu'elle veut faire don de tous ses biens à la Fondation en même temps que de sa personne sachant que son fils est assez bien pourvu par l'héritage paternel, la justice ne lui en accorde que la moitié, donnant l'autre au fils qui devra lui verser une modeste pension.

À quelque temps de là, un juge tombe d'avis qu'il n'est pas décent que Melinde reste en prison au côté des prisonniers masculins ; on cherche ainsi un couvent où, revenue à la religion, elle puisse être recueillie. Et c'est Electe qui montre la perfection de sa charité en l'acceptant dans la communauté et en la servant au même titre que ses sœurs. Melinde, touchée de l'exemple, montre tous les signes d'un profond repentir, consolée par Electe. Et certains disent que Melinde montra tant de dévotion qu'elle fut finalement acceptée comme Religieuse. D'autres disent qu'elle ne fit que mourir dans un habit de religieuse qu'on lui donna alors pour sa consolation.

II, 12. *Le Polygame.*
[Lille ; Prusse polonaise. Deuxième moitié du XVIᵉ siècle[1]]

Ratislas mène avec son épouse Iudith une vie heureuse, à l'exception de ses rapports avec son violent voisin Sigisbert avec qui il est en procès constants, surtout pour des problèmes relatifs à la chasse. Un jour que Sigisbert s'est laissé emporter par la poursuite de sa proie tout près du château de Ratislas, celui-ci, pensant que c'était là une provocation, l'attaque avec quelques-uns de ses gens et le tue. Comme Sigisbert est de fort bonne maison, Ratislas craint les représailles de la famille et s'enfuit jusqu'en

---

1 Les indices de date sont minces ; mais Ratislas vient guerroyer en Flandre aux côtés des Espagnols, qui sont en guerre dans cette province depuis la révolte des Flandres (1567) jusqu'à l'indépendance des Provinces-Unies en 1648 (*cf.* p. [381]). Il y a pourtant une trêve de douze ans à partir de 1609, et donc on peut penser que cette nouvelle est censée se passer avant cette date.

Flandre au bruit qui court que le Roi est très mécontent de ce meurtre. Comme la guerre règne en Flandres, Ratislas y donne des preuves de sa valeur, et dans ses intervalles de relâche il élit domicile dans l'une ou l'autre des villes des Flandres où, comme il est riche, il fait bonne chère – son argent lui assurant de bonnes fortunes. Mais il rencontre à Lille, ville très dévote, une femme qui lui résiste. Piqué, Ratislas en demeure « esblouy & en per[d] la connoissance de lui-mesme » [382]. Il emploie en vain toutes les machines qu'il peut inventer, qui ne lui servent de rien face à la résistance inébranlable de la Lilloise dont la richesse réside dans la vertu, et qui, surveillée par une mère aussi attentive que dévote, ne fait que lui donner des témoignages de civilité. Ratislas se résout donc à épouser Adalgise et, après avoir interdit à ses gens de dire qu'il était marié, assure Adalgise et sa mère que ses intentions sont maintenant pures et qu'il ne vise que le mariage. Celles-ci, comme il est naturel, se laissent prendre au jeu – Ratislas étant connu pour être un grand gentilhomme, et le mariage est célébré avec toutes les solennités coutumières. La beauté et les vertus d'Adalgise ne font qu'augmenter l'amour que lui porte Ratislas, et il demeure quelques années en Flandre en savourant son bonheur, sans plus se soucier de guerres ou d'armes.

Cependant, en Pologne, ses parents ont fini par apaiser la colère du roi, et Iudith lui demande de revenir, ce à quoi il tarde en se réfugiant derrière des excuses. Iudith lui fait alors savoir que s'il n'est pas rentré avant une certaine date, elle viendra le trouver. Ratislas, embarrassé parce qu'il ne peut supporter la pensée de quitter sa nouvelle épouse, pense trouver un moyen de se tirer d'affaire : il montre à sa Lilloise les lettres qui le rappellent au pays et lui demande de venir avec lui. Adalgise accepte malgré sa douleur de quitter son pays et sa mère. Ratislas la mène jusqu'à Breslau où il lui dit qu'il va la précéder pour s'occuper de ses affaires et préparer ses parents et le roi au fait qu'il a épousé une étrangère. La toute simple Adalgise le croit, et Ratislas l'enferme dans un de ses châteaux de la Prusse lointaine sous la garde de deux de ses plus fidèles serviteurs. Ratislas fait donc le va-et-vient entre la Cour et le château, et de façon si habile que personne, ni Iudith ni Adalgise, ne s'en aperçoit. Il a même des enfants de l'un et l'autre lit.

Mais des serviteurs mécontents avertissent bientôt Iudith qui se résout à tuer Adalgise, d'autant que, aux reproches indignés qu'elle a faits à Ratislas, celui-ci n'a répondu qu'en la menaçant de l'étrangler et en s'absentant de plus en plus souvent de sa demeure prussienne. Un jour que son mari doit se rendre à la Cour, Iudith se déguise en Ratislas, entre ainsi au château où se trouve Adalgise enceinte et l'étrangle de ses propres mains ainsi que ses deux enfants. Elle tue aussi les servantes flamandes et fait exécuter les serviteurs de Ratislas. Ceci fait, elle se réfugie dans son château et s'y fortifie si bien qu'elle pense que Ratislas ne pourra plus y entrer. Ratislas ruse avec elle et lui proteste qu'il est prêt à reprendre le droit chemin de son mariage ; mais quelques jours après, alors que Iudith est pleinement confiante, il l'étrangle avec le même cordon qu'elle avait utilisé sur Adalgise en lui promettant de tuer les enfants qu'il avait eus d'elle – ce que pourtant il ne fait pas. Ratislas s'enfuit alors en Silésie pour s'y cacher chez des amis [395], mais les parents de Iudith le surprennent un jour et le mettent à mort.

II, 13. *Le Conseil Chastié.*
[Une ville de Sicile. Deuxième moitié du XVIᵉ siècle[1]]

Demetrie, qui a été donnée très jeune en mariage à un vieillard, ivre de liberté après la mort de celui-ci et non contente de montrer clairement qu'elle cherche parti, tient sa porte ouverte à tous les divertissements dont veulent l'amuser la foule de ceux qui la recherchent, car elle est aussi belle que riche. Elle, de son côté,

---

1 Comme le Ratislas de la nouvelle 12, Ricard, en fuite devant la justice, « s'alla faire connaître en Flandre » [406]. Si cette province n'est pas devenue une sorte de lieu conventionnel romanesque où les jeunes gens vont faire preuve de leur valeur, alors on peut penser que les événements de cette nouvelle-ci se déroulent pendant la même période que ceux de la nouvelle 12. V. note 1 p. 899 ci-dessus.

a des difficultés à choisir, et elle maintient plusieurs jeunes gens dans l'espoir qu'elle les épousera, si bien que plusieurs querelles s'allument entre les prétendants et que plusieurs d'entre eux sont tués.

Elle remarque parmi ceux qui la recherchent un grand seigneur, Fusbert, et pour être son épouse, elle se présente à lui comme sévère et vertueuse, ce dont il est persuadé malgré les avis de ses amis. Cependant, comme Fusbert n'est pas majeur, il faudrait le consentement de sa mère et de son tuteur, ce qui n'est pas imaginable. Demetrie se contente alors d'une promesse de mariage que Fusbert lui signe de son sang [401] en attendant de célébrer le mariage lorsqu'il sera majeur, c'est-à-dire dans deux ou trois ans. Cependant, Demetrie continue sa vie de plaisirs et se donne à Ricard, cadet de famille de vingt-deux ans avec lequel elle a une relation si publique que tout le monde s'en aperçoit, y compris Fusbert qui se résout à rompre. Demetrie essaie de le reconquérir, puis le menace de le faire contraindre par la justice à honorer sa promesse de mariage. Fusbert répond en lui faisant une telle description de la vie qu'elle a menée que Demetrie jure de s'en venger. Elle compte pour cela utiliser Ricard, qui, de grande naissance et de nature hautaine, ne peut supporter les médisances que Fusbert fait courir sur elle et sur lui. Accompagné de quelques braves, Ricard le surprend un jour et le laisse mort. Les parents de Fusbert font saisir Ricard, qui, détrompé, avoue sa faute et désigne Demetrie comme l'instigatrice. Celle-ci, qui se vante de sa vengeance, est décapitée. Les parents de Ricard, qui ne doutent pas qu'il va être condamné à mort malgré le fait que tout le monde plaigne sa jeunesse et sa valeur, subornent un geôlier et Ricard s'enfuit.

II, 14. *Le Nouueau Mezence.* [Aquilastre, Sardaigne]

Dominique, gentilhomme veuf habitant la côte méridionale de Sardaigne, a cinq enfants : les trois filles sont les aînées. Désirant que ses fils, futurs héritiers, reçoivent une bonne éducation, il les

confie à Adalberon, jeune homme qui se destine à la cléricature.
Au commencement, celui-ci exerce ses fonctions avec diligence,
mais Bamba, l'aînée, jette sur lui son dévolu et les deux amants
se conduisent de telle sorte que personne ne s'aperçoit de leur
liaison, pas même le père, qui pourtant surveille ses filles « assez
exactement » [412]. Dominique marie cette fille aînée à Rigobert,
capitaine de marine ; mais la nouvelle épouse ne peut se passer d'Adalberon qui continue à aller la voir grâce aux ruses de
Bamba, quoiqu'avec de grandes frayeurs. Rigobert étant souvent
en mer, Adalberon, qui est dans sa maison sous divers prétextes
même lorsque celui-là est chez lui, la fréquente évidemment plus
assidûment lorsque le mari est absent, et même de nuit, entrant
grâce à une échelle de corde. Ces allées et venues sont finalement remarquées par les serviteurs, et une nuit, pour l'effrayer,
ils le poursuivent à sa descente de l'échelle sans tenter vraiment
de l'attraper. Mais Bamba et lui menacent et injurient tant les
valets après cet épisode que l'un d'eux finit par avertir Rigobert
qui choisit de les prendre ensemble. Feignant de partir en mer,
il se cache dans une maison voisine et revient heurter à la porte
lorsqu'il sait qu'Adalberon a fait « l'escalade accoustumee » [415].
Celui-ci dévale tout nu l'échelle mais il est accueilli en bas par
Rigobert. Bamba, qui croit qu'il s'est enfui, donne les clefs pour
ouvrir la porte et Rigobert entre, traînant avec lui Adalberon qui
crie miséricorde. Lui ayant coupé le nez, les oreilles, les extrémités
des pieds et des mains, et « ce qui le rendoit homme », Rigobert
le perce de coups de dague avant de l'achever. Il se saisit ensuite
de Bamba évanouie qu'il fait attacher nue au corps d'Adalberon
et jeter ainsi dans une cave profonde où il descend de temps en
temps pour jouir du spectacle de Bamba agonisant, « hurlant &
se desesperant, parmi la rage, la faim & la puanteur » [417]. Elle
meurt en cet état, sans consolation ni assistance, et Rigobert
fait exposer les cadavres à la vue de tout le monde ; il demeure
pourtant impuni.

THA : On pourrait faire un rapprochement avec cette page de Goulart :

> *HOMME merueilleux.*
> IL y a cent ans que viuoit en Escosse vn merueilleux homme ou monstre, lequel nasquit enuiron l'an 1490. Depuis le nombril en bas il estoit totalement formé comme vn masle : mais du nombril en haut il auoit le corps double en son tronc & en tous ses membres, desquels il s'aidoit dextrement[...] l'vn de ces corps estant amorti plusieurs iours le premier, le suruiuant perdit la vie peu à peu, & à mesure que son compa[808]gnon pourrissoit. Cest homme vescut 28. ans, & mourut au temps du viceroy Iean. Nous escriuons d'autant plus hardiment ceste histoire admirable, que lors que nous la representons ici, viuoyent encore plusieurs honnestes personnes dignes de foy, qui l'ont veu. [807-808] *Buchanan au* 13. *liu. de l'histoire d'Escosse.*

II, 15. *Les plus Heureux que Sages.* [Dans une des provinces de France la plus infectée d'hérésie. Après 1576[1]]

Celindre, seigneur de condition relevée, catholique mais de vie licencieuse, décide de mettre deux ou trois de ses filles dans un couvent pour qu'elles deviennent religieuses l'âge venu. Il n'en garde qu'une pour se choisir un gendre et laisse tout l'héritage à son fils aîné. Sibille, qui a pourtant une grande aversion pour la vocation, est faite «professe» sans qu'elle n'ait presque le temps de protester. Un confesseur prudent et habile lui fait consigner sa protestation devant notaire pour servir en temps voulu. Ce couvent n'est pas de clôture rigoureuse et la jeune noblesse du pays, protestante, y fréquente assidûment. Eleazar, cadet pauvre de famille huguenote, finit par s'attacher à Sibille qui, en retour, lui témoigne de la bienveillance, si bien qu'Eleazar enlève Sibille de son couvent pour l'épouser et lui faire quitter la religion catholique. L'enlèvement, sans l'intervention du lieutenant du

---

1 Le procès que demande Celindre est instruit devant une «chambre mi-partie» [424]. Les chambres «mi-parties» sont instituées, à Paris et dans divers Parlements de province, par l'Édit de mai 1576.

Roi, serait presque devenu affaire d'État parce que Celindre, pour se venger, assemble ses amis, et Eleazar quant à lui appelle à son côté les huguenots. Mais Celindre, se voyant empêché par cette intervention de se venger par les armes, poursuit Eleazar en justice et celui-ci finit par être condamné et jeté en prison. Pendant ce temps, son épouse est sermonnée par sa belle-mère protestante qui veut la convertir ; mais de son côté, le mari cherche à connaître la religion catholique, puis se convertit avant la fin de son procès. Ceci, en revanche, n'éteint pas le désir de vengeance de Celindre jusqu'au moment où, touchée des lettres de son mari qui l'exhortent au repentir, Sibille revient à la foi catholique. Celindre reconnaît alors l'un et l'autre pour ses enfants et la protestation de Sibille ayant été produite au procès et les vœux déclarés nuls, le père consent au mariage et l'approuve, allant dans la prison embrasser son gendre et dotant Sibille d'un montant égal à celui de son fils aîné. Eleazar prouve ensuite qu'il ne s'était pas converti sous la contrainte en vivant constamment avec Sibille dans la religion catholique dans laquelle il fait en effet élever ses enfants.

II, 16. *L'Attentat.* [Coblence]

Daphné, aussi vertueuse que belle, est donnée en mariage à Androce et l'aime d'un amour marital parfait. Mais Tindare, qui avait été de ceux qui avaient recherché Daphné, entre en désespoir au mariage de celle-ci. Sans une grave maladie, il aurait d'ailleurs sans doute été porté à de graves extrémités. Cependant, une fois guéri, il fait appeler Androce en duel, un duel que leurs amis communs empêchent sans pour autant anéantir la soif de vengeance de Tindare. Il rode autour de la maison d'Androce qui, assuré de la fidélité de sa femme qui prend garde de ne pas se montrer à Tindare, supporte avec patience ce qu'il tient pour une folie ridicule. Mais Tindare jette finalement les yeux sur une servante de Daphné nommée Florelle qu'il conquiert à prix d'or et dont il fait sa maîtresse, espérant l'utiliser pour gagner Daphné. Or tous les efforts de Florelle ne servent à rien et Tindare se décide à prendre Daphné de force. Florelle l'introduit dans la chambre un jour qu'Androce est en voyage d'affaires et il se jette sur Daphné dans son premier sommeil. Celle-ci appelle à l'aide, et les servantes puis les voisins contraignent Tindare à se barricader dans une « garderobe ». La justice survient mais Tindare ne veut pas se rendre, jusqu'à ce que, Androce revenu, on enfonce les portes. Tindare pris et garrotté, Androce ne veut pas qu'il sorte de la maison, voulant lui-même se faire justice. Florelle se jette alors à ses pieds et confesse toute la trame. Androce voulant juger de sang-froid se fait conter par Daphné, Florelle et même Tindare, toute l'histoire et finit par annoncer qu'il veut simplement que Tindare épouse sur le champ Florelle qu'il a débauchée, ce à quoi il faut bien que Tindare se résolve alors que Florelle s'en réjouit. Puis leur ayant dit qu'il désire qu'ils se fassent une donation mutuelle, il fait emmener la servante dans une chambre et Tindare dans un cabinet où il fait couper le nez à Florelle et le sexe à Tindare, mettre ces morceaux sur un plat et les présenter aux nouveaux mariés réunis. Après quoi il les fait remettre à la justice qui fait pendre Florelle. Tindare aurait eu la même fin s'il n'avait arraché ses pansements – ou bien s'il n'était pas, selon certains, mort de la gangrène.

II, 17. *La Courte Ioye.* [Guyenne]

Critobule, bourgeois veuf et aisé, a coulé des jours paisibles avec ses deux fils et sa fille à l'abri semble-t-il des accidents de la Fortune. L'aîné, Ripaire, veut rechercher une fille qui serait un bon parti mais celle-ci aime quelqu'un d'autre qu'elle épouse d'ailleurs, aidée en cela de son cousin Pammaque, ami de son futur mari, et qui fait par conséquent tout pour contrecarrer les plans de Ripaire. Il se trouve alors que ce même Pammaque s'éprend de la sœur de Ripaire, Sabine, qui de son côté aime Pammaque sans que ni l'un ni l'autre ne songent à autre chose qu'un mariage. Critobule, loin de désapprouver cette liaison, demande seulement que Pammaque se déclare ouvertement. Il fait alors faire sa demande à Critobule par l'intermédiaire de son père qui ne désire pas moins cette alliance. Désormais, les fiancés peuvent se voir ouvertement et profiter des divertissements ordinaires aux fiançailles. Mais Ripaire se souvenant que Pammaque avait contribué à l'échec de ses propres projets de mariage, résout de tout faire pour empêcher celui de sa sœur, tâchant par de faux rapports d'en détourner son père. Critobule ayant donné sa parole, tout ceci reste sans suite. Ripaire décide alors d'employer la force, et après avoir cherché querelle à Pammaque et avoir répondu aux propos modérés et aux excuses de celui-ci par des injures, il fait appeler le fiancé de sa sœur en duel. Malgré le combat que se livrent en lui l'amour et l'honneur, Pammaque accepte le duel pendant lequel, blessé d'abord deux fois par un furieux Ripaire, il finit par craindre pour sa vie et blesse à mort son adversaire. Perdant son sang en abondance, il se réfugie chez des amis. Critobule, outré de douleur et sans écouter l'avis de ses amis qui lui font remarquer que Ripaire avait été l'agresseur, jure alors de faire punir le meurtrier de son fils dont les amis lui conseillent de passer la frontière et de se réfugier en Espagne. Ainsi, Pammaque, par lettres, conjure Sabine de le suivre dans son exil, lui démontrant que Critobule ne peut revenir sur sa parole. Ils partent ensemble, cheminant lentement, de nuit, la blessure de Pammaque le faisant beaucoup souffrir. Arrivés en Espagne, Pammaque épouse Sabine : il lui donne la main et l'anneau et l'épouse par paroles de présent. Après quoi, malgré les conseils de prudence de Sabine, Pammaque désire consommer son mariage ; mais alors ses plaies se rouvrent et il meurt dans son sommeil aux côtés de sa nouvelle épouse.

Après avoir célébré les obsèques de son époux, Sabine rentre en Guyenne où ni son père ni son beau-père ne veulent la recevoir. Réfugiée chez une parente, elle est prise d'une maladie qui la mène finalement à la mort après qu'elle s'est pleinement repentie.

THA : p. 389-390, sous le titre *PASSIONS vehementes de dueil, de ioye, de ialousie, de peurs, de tristesse, &c*

> « Dv temps que Cesar Borgia Duc de Valentinois, & fils du Pape Alexandre sixiesme, dominoit en Romagne, comme François Guichardin le mons-tre en son histoire des guerres d'Italie [...] », un jeune homme meurt « transporté de ioye et de l'impetuosité de son desir » en consommant un mariage qu'il a dû contracter par paroles de présent à cause de l'opposition du frère aîné, alors qu'il a reçu le consentement de la demoiselle et de son père. Mais il n'est pas blessé.

LIVRE TROISIÈME

III, 1. *Le Bon-heur de l'Honneur.* [Aragon. Entre 1540 et 1568]

Ctesiphon, marquis titré redouté de ses vassaux mais aimé de son peuple, vit avec le seul fils que sa femme, morte en couches, lui a donné. En attendant que se présente un parti qui lui per-mette de se remarier, il jette les yeux sur une fille pauvre et vertueuse, Heraclee, dont il pense faire aisément la conquête. Mais ni les lettres ni les présents de Ctesiphon n'ont d'effet, et ceux qui s'entremettent pour lui perdent leur peine tandis que la mère d'Heraclee, Anastasie, se retient de protester, craignant la puissance du marquis. C'est alors que ceux qui travaillent pour le marquis dont la recherche est maintenant connue de toute la ville gagnent à prix d'or une parente d'Anastasie chez qui Heraclee va faire son ouvrage en compagnie des filles de cette parente. Elle promet de livrer la jeune fille à Ctesiphon, ce qu'elle fait, rappelant un jour ses filles pour laisser entrer le marquis. Heraclee n'est pas trompée par les douces paroles du marquis, et prenant ses ciseaux, elle s'en taillade le visage et se serait défigurée si Ctesiphon n'avait retenu sa main. Comme il appelle à l'aide, Heraclee croyant qu'il appelle ses gens pour la forcer, se saisit d'un couteau et seule l'arrivée de sa parente et de ses filles l'empêche de se percer le cœur. Accusé par la rumeur publique d'avoir voulu la violer, Ctesiphon fait publier un manifeste où il confesse sa passion mais nie l'intention de viol, puis il fait donner à Heraclee le double de la dot qu'il avait auparavant proposée pour la posséder. Heraclee refuse mais Ctesiphon lui fait épouser l'un de ses officiers à qui il donne la dot.

À quelque temps de là, Ctesiphon épouse en secondes noces une Catalane de grande maison, elle aussi appelée Anastasie. Comme Heraclee et son mari sont d'ordinaire auprès du marquis, la marquise devient de plus en plus jalouse de la jeune femme – au point de la chasser du château et de lui demander de n'y jamais revenir. Heraclee, qui donne ensuite naissance à plusieurs enfants, souffre cette disgrâce avec une patience incroyable. De son côté, avec le temps, la marquise qui a elle aussi plusieurs enfants mais dont ne survit qu'une fille se remet de sa jalousie et fait venir Pacatule, la fille aînée d'Heraclee qui n'est qu'une enfant, auprès de sa propre fille pour lui tenir compagnie dans ses jeux. Le fils du premier lit de Ctesiphon, Sabinian, qui n'a que trois ou quatre ans de plus que Pacatule s'attache à elle avec toute l'innocence de l'enfance. Mais il leur faut se séparer avec l'âge, Sabinian étant envoyé à la Cour pour servir comme page et Pacatule demeurant au service de la marquise. Il acquiert beaucoup d'honneur, revenant assez souvent voir son père qui meurt lorsqu'il a environ vingt-deux ans. Il reste quelques années au château, conduisant avec prudence ses affaires, et malgré l'opposition de sa famille et la résistance d'Heraclee, il épouse Pacatule. Anastasie ne pouvant alors supporter l'élévation de celle-ci demande à se retirer en Catalogne. Sabinian, sans s'opposer à ce projet, lui propose une terre où elle pourra se retirer et Anastasie accepte, emmenant avec elle sa fille. Sabinian confie alors ses affaires à son beau-père, le mari d'Heraclee, et donne à celle-ci l'entière conduite de sa maison, préférant passer son temps à la chasse et en compagnie de son épouse.

III, 2. *La Cruauté Domestique.* [Orléans, toute fin du xvie siècle, peu avant les études de Camus]

Un laquais mal dégrossi est employé dans la maison d'un des plus notables et des plus riches gentilshommes de la ville mais il est au commencement «si neuf & si grossier» qu'il est en butte aux moqueries de tous les autres domestiques, et fait tant de fautes qu'il est régulièrement fouetté. Comme il aime le vin, les domestiques l'invitent souvent à boire pour ensuite rire de ses folies. Un jour qu'il est plus ivre que de coutume, jurant, frappant, cassant et vomissant, il faut le porter au lit, et au matin le seigneur le fait réveiller pour être attaché à un poteau et fouetté jusqu'au sang par toute la maisonnée, après quoi chacun se moque de lui. Au temps des vendanges, quand tous les habitants d'Orléans sont aux vignes, le gentilhomme laisse à la ville deux filles et son jeune fils en compagnie de deux servantes.

Un jour, le laquais est chargé de porter une lettre à la fille aînée et la réponse ne peut être faite avant le soir. Le laquais, avant de repartir, demande à boire. Une vieille servante descend alors à la cave et, comme le laquais juge que la mesure qu'elle a prise pour tirer le vin est trop petite, il descend derrière elle à la cave où il demande à la servante de lui remplir la mesure la plus grande. Celle-ci refuse, ils se querellent, et il l'égorge. En remontant, il trouve l'autre servante à qui il fait subir le même sort, puis à la fille aînée, à sa jeune sœur, et au petit frère de cinq ans. Il enfouit ensuite son couteau, se charge de ce qu'il avait à porter et retourne aux champs comme si de rien n'était.

Le lendemain, un savetier voisin ayant à porter quelque chose à une servante frappe à la porte, et comme personne ne répond à ses cris, ouvre, et trouve les cadavres baignant dans leur sang. Cependant, comme il est dans une maison riche, il saisit l'occasion de prendre tout ce qu'il peut de précieux, ferme la porte et va cacher son butin dans sa cave. Un cocher, envoyé le lendemain pour rapporter des tonneaux, frappe à la porte, appelle, et, comme personne ne répond, les voisins lui disent qu'il y a deux jours qu'ils n'ont vu personne ni sortir ni entrer. Il fait donc ouvrir la porte, «voit ceste espouuantable tuerie» [25] et appelle la justice qui attribue le massacre à des voleurs.

Le laquais revenu pleure et se lamente comme les autres membres de sa famille, ce qui éloigne les soupçons. On interroge bien le savetier que quelqu'un avait vu entrer mais il répond avec sang-froid qu'ayant trouvé la seconde porte fermée, il s'est retiré. Cependant, s'étant un mois plus tard querellé avec sa femme, celle-ci le dénonce; on trouve dans sa cave les objets volés et il est condamné à être roué pour les meurtres qu'il nie toutefois courageusement jusqu'à son dernier soupir malgré les supplices. Le laquais quant à lui ne songe pas à s'enfuir, il demeure chez son maître; et un jour qu'il s'est enivré et qu'il doit être fouetté par le cocher, il empoigne un couteau et le blesse à la main en disant qu'il l'enverrait bien rejoindre les autres. Sur ce, il s'enfuit d'Orléans. Il s'acoquine alors avec des voleurs et deux ans après finit par être pris et condamné à Soissons où il confesse sur le gibet ses crimes d'Orléans.

THA : p. 293, sous le titre *Iugemens precipitez* a quelques éléments :

> 1550, ville de Saxe. Un «éxécuteur de justice» se cache dans la cave d'un marchand et tue l'une après l'autre les trois femmes de la maison, met les corps dans un coffre et se retire chez lui. Puis il accuse le marchand lui-même qui mis à la question avoue le crime et est roué. Mais le criminel est découvert peu de jours après alors qu'il essaie de vendre des gobelets qui ont la marque du marchand. *Paul Eitzen au 3. liure de ses Morales, chapitre quinzieme.* Mais on a la même histoire (un bourreau, un marchand etc...) p. 297 donnés comme de la ville de Metz. Donné cette fois comme venant de Honsdorff, *Theatre d'exemples.*

III, 3. *La Prudente Mere.* [Basse Normandie.]

Fronese élève plusieurs enfants dans le château de feu son mari. L'aîné, Thierry, qui a à peine vingt-et-un ans, s'éprend d'une belle fille de laboureur nommée Enemonde. Or celle-ci le fuit et avertit sa mère pour qu'elle en parle à Fronese qui «lau[e] la teste»

[32] à Thierry sans que la passion de celui-ci n'en soit diminuée. Enemonde qui aime un paysan et qui doute des intentions de Thierry est sur les ordres de Fronese tenue enfermée par ses parents, si bien que Thierry est saisi d'une maladie que les médecins jugent mortelle. Fronese alors, pour le guérir, lui promet que s'il recouvre la santé il pourra épouser Enemonde. Guéri, il demande alors à voir Enemonde et sa mère la fait venir à son chevet après lui avoir dicté ce qu'elle devait dire. La joie que lui donne cette visite cause une rechute à Thierry, et Fronese de son côté décide de marier Enemonde à celui qu'elle aime, Final. Elle la dote, à condition que le jeune couple aille passer deux ou trois ans en Picardie après s'être prêté à une mise en scène qu'elle a préparée : il s'agit de faire croire à Thierry qu'Enemonde est morte en lui donnant un soporifique qui la rendra comme sans vie pendant trois ou quatre heures. Final, Enemonde et ses parents se prêtent à la ruse et Thierry est persuadé qu'il l'a vue morte. On fait un faux enterrement et Thierry, qui se croit le plus malheureux des amants veut se tuer, ce que réussissent à empêcher par leurs conseils des religieux que Fronese a fait mettre auprès de lui. Elle cherche alors ensuite un parti dont la beauté puisse faire oublier Enemonde à Thierry et le trouve en Gaudence, très belle et très vertueuse, et dont les parents s'estiment honorés par cette alliance. Fronese, reconnaissant que l'esprit de Thierry est encore peu solide et qu'il lui faudra du temps pour voir combien Gaudence est supérieure à Enemonde, ne veut rien brusquer et convainc les parents de Gaudence qu'il faut faire en sorte que Thierry lui-même désire ce mariage. Elle feint alors que les parents de la jeune fille et elle-même ont quelque affaire à démêler qui demande qu'ils se voient souvent, et Gaudence bien sûr accompagne ses parents dans ces visites. La ruse réussit pleinement et Thierry s'éprend tellement de Gaudence qu'« à peine lui resta-il aucun souuenir de sa première resuerie » [38]. Fronese feint de faire la difficile sur l'inégalité du mariage pour augmenter les désirs de Thierry qui, lorsque le mariage est célébré, en est ravi.

Deux ou trois ans plus tard, Fronese révèle à Thierry, toujours aussi épris de son épouse, la ruse dont elle s'est servi ; Enemonde et Final sont rappelés de leur exil et toute cette famille vit dans l'honneur et la paix grâce à la sagesse de la mère.

III, 4. *La Femme Accorte.* [Francfort]

Apron, riche marchand protestant, est marié à Yoland, alors catholique ; leurs garçons sont protestants mais leur unique fille, Amalasonte, s'avère elle aussi être catholique. Yoland est liée d'une longue et solide amitié avec Vrsicine, veuve d'un marchand protestant qui continue son commerce avec l'aide de son fils Demetre qu'elle a converti au catholicisme. Les deux mères sont très contentes de voir que s'est établie entre Amalasonte et Demetre une relation chaste et profonde qu'elles encouragent. Mais l'opposition d'Apron et le peu de biens de Demetre font qu'il faut attendre pour pouvoir célébrer le mariage, Yoland se promettant bien de vaincre la résistance de son mari. Pendant ce temps, l'amour réciproque des deux jeunes gens se renforce. Mais bientôt, l'un des collègues d'Apron vient à mourir, ne laissant qu'un fils, Maximin, « l'homme le plus mal faict, & le plus hideux que l'on puisse imaginer » [43], ivrogne et avare. Celui-ci, qui avait déjà trouvé Amalasonte à son goût et qui doit démêler avec Apron des affaires de sa succession qui pourraient aller jusqu'à un procès, propose à Apron d'épouser Amalasonte avec une dot très inférieure à ce qu'Apron peut donner. Le père, qui évite de plus un procès, donne immédiatement son accord tandis que Yoland réfléchit aux moyens d'éviter ce mariage. Or survient une difficulté concernant les articles du contrat : Maximin dit ne pas pouvoir conclure le mariage si Amalasonte n'embrasse la foi protestante. Apron, lui-même protestant, n'y voit bien sûr aucun obstacle, mais Amalasonte encouragée par sa mère maintient qu'elle ne changera jamais de religion. Ceci donne du temps à Yoland qui demande à sa fille de feindre une maladie pour trouver une ruse. Elle prie alors Apron de les laisser aller à la campagne où Vrsicine et Demetre ne manquent pas d'aller les voir. Apron les pressant par lettres de lui donner satisfaction sur le sujet de ce mariage qu'il a promis, les deux amants, autorisés par leurs mères et en leur présence, se donnent la main, l'anneau et la foi.

C'est ainsi que Yoland, faisant courir le bruit qu'Amalasonte qui s'est cachée est au plus mal, et enfin morte, fait faire un visage de cire très ressemblant à celui d'Amalasonte, le fait mettre sur un corps de bois, le tout dans une bière, seul le visage étant exposé. Le père et les frères viennent assister à l'enterrement pendant lequel Yoland paraît si affligée que tout le monde veut la consoler. Quant à Amalasonte et Demetre, ils partent en exil à Stettin. On fait aussi circuler le bruit que Demetre a péri en mer : Vrsicine joue également à la perfection son rôle de mère éplorée. Yoland, qui cherche alors un moyen de révéler le mariage à son mari, tergiverse, et se trouve finalement secourue par la fortune : Apron est écrasé par les matériaux qu'un maçon avait mis sur un échafaudage et meurt sans que Yoland puisse lui révéler la vérité.

Quelques jours plus tard, Yoland informe ses fils du stratagème ; tout d'abord incrédules, ils finissent pourtant par reconnaître leur sœur quand elle rentre avec Demetre de Stettin où leur commerce prospère. Ils refusent pourtant de partager l'héritage de leur père, arguant qu'Amalasonte s'est mariée sans son consentement. Finalement, la justice fait donner sa part d'héritage à la jeune fille et Yoland punit ensuite ses fils en faisant d'Amalasonte son héritière universelle – après toutefois leur avoir donné une petite partie de l'héritage.

III, 5. *Le Peruerti Conuerti.*
[Ville protestante de Guyenne, près de Toulouse.
Fin des guerres de Religion]

Dans une ville sous cóntrôle protestant, deux soldats, l'un catholique l'autre protestant (Lampsaque), sont liés d'une forte amitié. Le catholique, Flodoard, a toujours combattu dans les armées protestantes et vit assez librement, content de chercher fortune. La paix faite, ils se retirent tous deux dans leur village natal, faisant bonne chère. Lampsaque épouse par la suite Diane qui a mené une vie loin d'être réformée et entend continuer. Flodoard est séduit, Lampsaque s'en aperçoit et le lui fait savoir ; Flodoard surveille par conséquent sa conduite. Camus, ne pouvant vraiment savoir dans quelle mesure Diane est complice de Flodoard, donne donc les deux versions des motifs des personnages pour que le lecteur se fasse sa propre opinion, car certains disent que Lampsaque a ordonné à sa femme d'être aimable avec Flodoard afin de pouvoir le prendre sur le fait.

Le mari feint d'avoir à faire un voyage et tend une embuscade à son ami qui ne manque pas d'aller faire sa visite et tente de pousser son avantage si loin que Lampsaque perd patience et le perce de trois coups de poignard, sans toucher à sa femme. Diane ayant ameuté le voisinage, Flodoard est porté chez un chirurgien qui juge le cas désespéré, mais Flodoard reprend connaissance et demande un prêtre. Celui-ci, avant de lui donner l'absolution, veut qu'il abjure le protestantisme, or Flodoard répond qu'il n'a jamais été de cette créance. Réconcilié avec l'Église, Flodoard se porte de mieux en mieux avec l'aide de Jésuites appelés à son chevet. Il se dit guéri de sa passion et assure qu'il n'a jamais eu Diane qu'en rêve et n'a jamais obtenu d'elle que de légères privautés. Et progressant dans la religion catholique, il finit par se faire religieux.

III, 6. *La Destinee Maritale.* [Brabant]

Deux enfants, Delfin et Austreberte, s'aiment depuis le berceau. Lorsque le garçon est mis au collège, il ne peut oublier sa compagne d'enfance, et celle-ci de son côté devient toute mélancolique. Mais au sortir des études de Delfin, ils se trouvent toujours aussi épris l'un de l'autre, et, sous l'œil bienveillant de leurs parents, se promettent mutuellement mariage. Le seul problème s'avère être leur âge ; en effet l'absence de richesses du côté de Delfin ne semble pas être un obstacle étant donné qu'il promet beaucoup. Un jour, ils décident d'aller voir lui un devin, elle une devineresse. Le devin dit à Delfin qu'Austreberte lui sera ravie, et qu'il finira ses jours avec elle – ce qu'il interprète de façon sinistre. Quant à Austreberte, la sorcière lui fait voir son fiancé en songe : elle rêve que, passant par-dessus des tombeaux, Delfin vient l'enlever. Austreberte croit alors fermement que son mariage avec Delfin sera cause de la mort de son mari alors que celui-ci fait le brave et dit que tout cela n'est que mensonges et illusions du Diable. Ils s'aiment toutefois plus froidement, avec crainte, sans pourtant rompre.

Un des frères d'Austreberte se prend de querelle avec un cousin de Delfin ; il s'ensuit alors des procès et une inimitié entre les familles qui interdit à Delfin l'accès à Austreberte ; il est d'ailleurs jugé trop pauvre en biens pour être son mari. Vexé, celui-ci obéit à son père en épousant une veuve appelée Emerite. Et Austreberte de son côté est contrainte par son père à épouser un riche grison répondant au nom de Caprais. Pendant cinq ou six ans, ils continuent à se voir dans la société, ne se comportant l'un envers l'autre que comme frère et sœur, dissipant toute jalousie du mari et de l'épouse au point que les deux familles se voyant assez fréquemment, Caprais et Emerite plaisantent sur les anciennes relations de Delfin et Austreberte. Des enfants que Delfin a d'Emerite, seul survit un garçon délicat ; Austreberte quant à elle a trois filles « de son vieillard » [76] : la plus jeune meurt peu après sa naissance, suivie de près par Caprais qui laisse Austreberte dans la fleur de sa beauté. Emerite de son côté meurt en couches. L'amour renaît alors entre les anciens amants, toujours retenus toutefois par l'ancienne crainte que leurs noces soient tôt suivies de leur mort. Mais le directeur d'Austreberte lui fait comprendre que Dieu seul voit l'avenir et lui suggère que le songe qu'elle a fait signifiait en fait que le couple ne s'épouserait qu'une fois Caprais et Emerite morts. Ils se marient alors, réunissant ainsi avec les enfants les biens de Caprais et d'Emerite. Ils ont de beaux enfants et vivent ensemble «bien auant dedans la vieillesse, & [meurent] pleins de iours auec la grace de Dieu» [80].

III, 7. *La Ialousie Sacrilege.*
[Une ville de France célèbre par sa Faculté de Droit]

Pelagie, jeune et belle, mariée au vieillard Alcuin, fréquente les compagnies et les bals sans vraiment penser à mal. Elle est remarquée par les étudiants qui font les galants de la ville. Marcion est celui qui s'y attache le plus, mais sans «que le corps fust de la partie» [84]. Alcuin fait surveiller sa femme mais on ne remarque entre les amoureux que des signes de bienveillance mutuelle; une servante payée lui rapporte que Pelagie reçoit de petits cadeaux puis des lettres et des poèmes. La jalousie persuade cependant Alcuin qu'il est trompé. Il veut donc découvrir les deux jeunes gens ensemble mais il est impossible de les surprendre «en vn mal qu'ils ne commettoyent pas» [87], Marcion se bornant à venir souvent près de la maison d'Alcuin où Pelagie se met parfois à la fenêtre. La mort de son père contraint Marcion à rentrer chez lui, et, comme il est l'aîné, le soin des affaires lui revient : il doit abandonner ses études. Il écrit cependant régulièrement à Pelagie, et certaines de ses lettres tombent entre les mains d'Alcuin qui y voit alors la preuve qu'il a été trompé. Et pour s'assurer du fait, il s'avise de se déguiser et de prendre l'apparence du vieux et vénérable prêtre que Pelagie, tournée vers la dévotion, avait pris comme directeur après le départ de Marcion. Il reçoit sous ce déguisement sacrilège la confession de Pelagie qui n'avoue évidemment qu'avoir reçu des lettres et des cadeaux. Alcuin, dont personne n'avait surpris le manège, tient que cet aveu la montre coupable et résout de la faire mourir secrètement par le poison. Un jour, il fouille dans tous les coffres et trouve les lettres, les poèmes, les cadeaux, et plusieurs portraits de Marcion ; c'est à partir de ce moment qu'il traite sa femme très cruellement, ce qu'elle endure pourtant patiemment. Or Alcuin poursuit toujours son rêve de vengeance et contraint Curce, le poignard sous la gorge, à lui donner le poison qu'il veut employer sur Pelagie. Celui-ci, qui refuse de prendre part à un meurtre, lui fournit un puissant soporifique qu'Alcuin donne à boire de force à Pelagie. Après avoir demandé à être assistée d'un prêtre – en vain – elle avale le breuvage et tombe aussitôt dans un sommeil si profond qu'elle semble bien morte. Curce va cependant trouver les parents de Pelagie et leur fait le récit des paroles et des actions d'Alcuin, qui, voulant enterrer immédiatement Pelagie, les convoque à son enterrement. Ceux-ci, au lieu de l'enterrer, la font mettre en lieu sûr et font arrêter Alcuin, qui, une fois en prison, avoue hautement son crime qu'il présente comme un acte de justice. Et pensant pouvoir donner tant de preuves de l'infidélité de Pelagie qu'il en serait absous, il avoue aussi comment il a commis un sacrilège en abusant de la confession. Après avoir dormi trente heures, Pelagie se réveille croyant être en l'autre monde ; mais bientôt désabusée, elle fait son propre récit des événements. Le procès instruit, on ne peut trouver de preuves d'adultère et Alcuin, qui enrage de voir qu'on absout son épouse, finit par être condamné comme sacrilège à être pendu et brûlé.

III, 8. *Le Mariage par Procuration.*
[Espagne du Sud, et Oran, peut-être]

Tendesille, gentilhomme de Cordoue nommé gouverneur d'Oran dont il ne peut, à cause de sa fonction, sortir avant que son successeur soit en place, décide de se marier et porte son choix sur Statira, « merueille des yeux » [97] qu'il avait autrefois vue à Jaen mais dont il avait presque perdu le souvenir. Comme elle est de rang inférieur, il est sûr qu'elle ne lui sera pas refusée. Cependant, à Jaen, Statira ne manque pas d'admirateurs, entre autres un chevalier de Murcie, Vantidio, qui l'adore de loin parce qu'il voit que de plus riches que lui sont aussi sur les rangs. Un domestique de Tendesille, Plance, est envoyé à Jaen pour obtenir un portrait de Statira, et Vantidio, qui l'avait connu à Séville, finit par lui faire dire pourquoi il est à Jaen. Il gagne Plance par toutes sortes de courtoisies et cadeaux et apprend que Tendesille veut épouser Statira par procuration si le portrait correspond au lointain souvenir qu'il en a, et ensuite la faire venir à Oran. Ayant rapporté le portrait, Plance est aussitôt renvoyé pour demander Statira en mariage. Vantidio qui sait alors qu'il est de retour, substitue son portrait à celui de Tendesille, et Plance retourne à Oran pour rapporter ensuite à Statira les articles de mariage signés et une procuration pour l'épouser au nom du gouverneur [99]. Les parents veulent célébrer le mariage immédiatement, mais Plance leur annonce que son maître veut venir déguisé se marier en personne et retourner si vite à Oran qu'on ne saurait pas qu'il est parti. Quelques jours plus tard, Vantidio se présente pour épouser Statira, ce qui est fait promptement et «consommé à la sourdine» [100]. Vantidio part alors, dit-il, pour préparer le vaisseau, laissant Plance conduire la nouvelle épouse au bateau en partance, mais au dernier moment, le bateau met le cap sur Alicante. De là, les époux vont à Murcie où Statira apprend que son époux est Vantidio et non le gouverneur d'Oran. Statira à qui Vantidio prodigue des attentions fait de nécessité vertu, et pour garder son honneur, accepte son mari qui de toute façon est bien gentilhomme. Les parents font quelque bruit mais finalement s'apaisent. Quant à Tendesille, incapable de quitter son rocher, il se fait une raison, accusant sa sottise de l'avoir conduit à prendre une épouse par procuration.

III, 9. *La Credulité Pernicieuse.*
[Duché de Gueldres (actuellement aux Pays-Bas)]

Un riche gentilhomme âgé nommé Leostene épouse Pandere, une «ieune Gentil-fille» [104]. Au début, Leostene se sent rajeunir, mais bientôt, la vivacité de Pandere lui pèse : il souhaiterait qu'elle se retire des conversations et des bals, mais lui laisse encore un peu de liberté, espérant que ce goût de la société lui passerait bientôt. Elle est suivie de beaucoup d'admirateurs mais demeure de vertu irréprochable alors que certains malicieux interprètent différemment son amabilité et sa civilité. Les galanteries dont est entourée son épouse donnent du souci au vieux mari, et sa sœur Sulpicie, qui depuis toujours espère que l'héritage de Leostene reviendra à ses enfants et qui tâche donc par tous les moyens de nuire à Pandere bien que celle-ci ne l'ait jamais désobligée, en profite pour attiser sa jalousie.

Pandere a une fille de chambre dont elle a fait sa confidente (Orsinette) ; celle-ci a un frère, Nesso, qui est un excellent joueur de luth et qui a souvent l'occasion de venir jouer et danser chez Leostene. Sulpicie, toute vieille et laide qu'elle est, s'éprend du musicien, et après avoir quelque temps essayé de résister à sa passion, elle s'en ouvre à Orsinette qui tente de lui faire voir sa folie et finit par refuser de jouer le rôle que Sulpicie veut lui donner. Après avoir essayé les prières, celle-ci en vient aux injures et aux menaces, tellement qu'Orsinette est contrainte d'en avertir sa maîtresse qui tente à son tour de raisonner Sulpicie. Mais elle reste sourde, et voyant qu'elle n'arriverait pas à ses fins par l'intermédiaire de la sœur, se résout à parler directement à Nesso qui la rejette si complètement que Sulpicie ne peut jamais espérer parvenir à ses fins. Sulpicie entre alors dans des colères et des rages démentes, et, voulant se venger et ne pouvant le faire par la force, décide d'employer la ruse. Elle dit à son frère, qui n'est que trop prêt à la croire, que Nesso passe ses nuits auprès de Pandere, et lui recommande, s'il veut prendre les amants sur le fait, de faire semblant de partir pour quelque temps à la campagne. Leostene se cache donc dans la maison de Sulpicie en attendant d'être averti de la présence de Nesso auprès de sa femme. Un soir, Sulpicie reste tard chez Orsinette, si tard qu'il faut que Nesso dorme dans la chambre des domestiques. Quant à Pandere, elle se met au lit avec auprès d'elle Orsinette. Sulpicie va alors prévenir son frère que Nesso est chez lui : Leostene ouvre sa porte avec de fausses clefs et se précipite dans la chambre de Pandere « où dans les doubles tenebres de sa rage & de la nuict » [113] il tue la servante et la maîtresse à coups de poignard – si vite que les meurtres sont accomplis sans bruit. Il cherche ensuite Orsinette pour lui faire subir le même sort mais trouve le lit de la garderobe vide et appelle ses domestiques, qui, le voyant armé, se barricadent dans leur chambre avec Nesso et appellent à l'aide. Les voisins accourus trouvent Orsinette et Pandere baignant dans leur sang, et Leostene, voyant Nesso en vie, doit reconnaître son erreur. Lors du procès accusant la méchanceté de sa sœur, il est comme elle condamné à mort. Une part des héritages de Leostene et de Sulpicie revient aux parents de Pandere, une autre à Nesso à cause du meurtre de sa sœur, et le reste est confisqué.

III, 10. *La Malheureuse Imitation.*
[Luxembourg ; durant les guerres de Flandres[1]]

Deux orphelins, Propiel et sa sœur, sont élevés assez librement par la femme de leur tuteur, gentilhomme qui passe son temps sous les armes. La fille se tient dans les bornes de la bonne conduite mais le jeune baron Propiel est dépensier et se met au jeu et à la débauche dès l'âge de dix-sept ou dix-huit ans. Son appétit pour les femmes lui fait aussi chercher partout de quoi se contenter ; puis, las de vagabonder ainsi, il s'éprend de Pisidice, fille de la Marche, de bas lieu mais d'une vertu irréprochable qui lui permet de résister au baron quels que soient les cadeaux et les promesses qu'il lui fasse. Il se résout donc à l'enlever. Les parents sont apaisés à l'aide de bienfaits et Pisidice elle-même, après avoir eu des déplaisirs extrêmes de se voir déshonorée, accepte finalement son sort de bonne grâce du fait du bon trai-

---

1   V. notes 1 p. 897 et 899.

tement qu'elle reçoit de Propiel. Elle a de lui quelques enfants illégitimes durant les deux ou trois ans où ils vivent ainsi, traitée par Propiel comme si elle était sa femme légitime et ayant le gouvernement de sa maison. Lorsque Propiel a vingt-deux ou vingt-trois ans, son tuteur lui propose de le faire émanciper s'il se marie avec un parti qu'il lui présente : une demoiselle riche et fort noble. La perspective d'une telle alliance et de la possibilité de disposer en maître de son bien plaisent tant à Propiel qu'il décide de renvoyer Pisidice, bien qu'il y soit très attaché. Il la marie à un sien écuyer, Silvain, soldat de fortune, qui avertit sa nouvelle femme que, une fois mariée avec lui, il ne souffrira pas que quiconque l'approche, y compris le baron, et que si elle le déshonore, il la poignardera. Puis, pour mettre de la distance entre Propiel et Pisidice qui s'est résolue au mariage pour rentrer dans son honneur, il prend une ferme du domaine de Propiel et s'y rend avec son épouse. Or, les parents de la demoiselle pressentie par le tuteur ayant appris la mauvaise vie et les dettes de Propiel, le refusent, et Propiel doit donc de nouveau chercher une femme. Dans sa solitude, il repense à Pisidice et finit, sous prétexte d'aller visiter son domaine, par se rendre chez Silvain. Celui-ci se rend bien compte du véritable motif de la visite du baron mais les deux anciens amants finissent par déjouer toutes ses précautions et à reprendre leur ancienne liaison. Comme Silvain en colère traite mal sa femme, elle en avertit le baron, et ils projettent tous deux de se défaire du jaloux. Celui-ci, qui ne veut pas porter la main sur son seigneur, est tout de même porté à agir suivant l'exemple d'un gentilhomme du même pays : un vieillard (Metrodore) ; ayant fait rompre les projets de mariage entre Rutilian et Luce pour épouser celle-ci, se rend compte que cette épouse prend au bout de quelque temps Rutilian comme amant, et finalement avec si peu de discrétion que Metrodore décide pour se venger de surprendre les amants ensemble. Il feint un voyage à Malines et Luce ne manque pas d'appeler Rutilian auprès d'elle. S'étant fait alors ouvrir les portes, Metrodore les tue tous les deux, et la justice l'absout. Siluain, « [v]oyant que chascun applaudissoit à [cette] execution» [126], pense qu'il peut faire parler de lui dans les mêmes termes, et, surprenant sa femme et son amant ensemble, les tue avec l'aide d'un valet. Pensant qu'il demeurerait impuni, il ne songe pas à se sauver, au contraire du valet qui se réfugie en Hollande. Cependant, comme il a versé le sang de son seigneur, il est condamné à la fourche.

III, 11. *La Pauureté Genereuse.*
[Breslau. Raconté à Camus à Padoue par
un «gentilhomme allemand». Fin du XVIe siècle.][1]

Teudas (un artisan) et Venon (un mercier) sont liés d'amitié. Ce dernier, parti en voyage pendant trois mois, retrouve à son retour sa femme morte et son ami en prison parce que, s'étant porté répondant pour une grosse somme pour l'un de ses amis devenu insolvable, tous ses meubles ont été saisis et lui-même enfermé. Teudas craint surtout pour sa fille qu'il ne peut plus doter pour marier. Venon paye alors la somme qui fait libérer son ami et propose même de prendre Ermige, fille de Teudas, pour épouse ; celle-ci le considère non seulement comme son mari mais aussi comme son second père. De cette union naît Rosane qui n'a que deux mois quand son grand-père Teudas meurt. Venon qui avait perdu beaucoup de son avoir dans son aventure est en peine de savoir comment il va pouvoir élever sa fille. Mais Ermige est choisie pour être la nourrice du jeune Prince Sapor alors que Rosane a un an. Le jeune prince aime Rosane comme sa sœur, et, quand Venon meurt trois ou quatre ans après, on laisse auprès du prince sa nourrice et sa sœur de lait. Avec les années leur affection réciproque ne fait que croître et Rosane

---

1 Les royaumes d'Europe centrale et le Saint-Empire sont pratiquement en guerre contre les Turcs pendant tout le seizième siècle. En fait, bien avant et bien après. Mais deux «trêves» scandent ce long conflit : celle qui prend fin avec l'avènement de Soliman le Magnifique (1520), et celle, précaire, de 1547, qui dure pourtant jusqu'à la reprise des combats en 1591. On peut penser que cette «guerre de Hongrie» [148] pour laquelle Sapor et sa suite prennent les armes, est celle de 1591.

s'attache tellement à celui qu'elle appelle son Maître qu'elle veut faire tout ce qu'il fait ; la duchesse lui fait faire un habit de page, et désormais Sapor l'appelle son page. Elle excelle à tous les exercices violents : la danse, l'escrime et le tir d'arquebuse, la chasse etc. si bien qu'on a peine à les lui interdire une fois l'âge venu d'entrer en société. La duchesse la fait alors mettre parmi les suivantes. Peu à peu, l'amitié de Sapor se change en amour et en désir. Les refus de Rosane le brident quelque temps mais il se résout finalement à parler. Or Rosane lui fait comprendre qu'étant de naissance si différente, elle ne peut accepter d'être recherchée comme épouse et qu'ils doivent donc s'aimer comme frère et sœur. Rendu à la raison par ses paroles, Sapor n'importune plus Rosane et l'aime d'un amour encore plus parfait – parce que sans intérêt. Sapor devenu chef de sa maison veut donner Rosane à Numerian, jeune cadet dont il veut assurer la fortune. Mais Rosane refuse, disant qu'elle ne peut épouser quelqu'un qui n'aura que son corps puisque son cœur est tout au Prince ; elle lui demande donc de permettre qu'elle meure vierge. Mais Sapor lui fait comprendre qu'elle peut être à Numerian sans diminuer l'amour fraternel qu'elle lui porte et Rosane consent, demandant à Numerian pour l'épouser qu'il lui accorde deux conditions : elle lui promet d'être à lui totalement et éternellement fidèle, même si la mort venait à les séparer, mais tout son amour sera pour Sapor. De plus, elle demande à ne pas être confinée à la maison comme les autres femmes mais à pouvoir continuer à se livrer aux exercices tels que la chasse et de pouvoir suivre son mari, le cas échéant, à la guerre. Les deux jeunes mariés restent ensuite au service, l'un du jeune duc et l'autre de la duchesse douairière. Sapor épousant une princesse de Bohême, Rosane remporte lors des fêtes des noces plusieurs prix dans les tournois et est prise en affection par la jeune épouse. Après quelques années de ce bonheur, la guerre de Hongrie appelle Sapor à l'armée où il doit se rendre avec Numerian qui pense laisser son épouse à la maison. Mais celle-ci lui rappelle son « contrat » de mariage et le suit à la guerre où Sapor, qu'elle et Numerian ne quittent jamais d'un pas, ne peut qu'admirer sa vaillance. Un jour que Sapor s'aventure en terrain ennemi, il est cerné par les Turcs. Rosane se jette alors dans la mêlée et ouvre un passage à son prince qui peut se mettre en sûreté. Numerian à son tour vient frayer un passage à son épouse tout en lui conseillant de saisir l'occasion qu'il lui a créée de se retirer. Rosane refuse de le laisser seul et les deux époux sont environnés d'ennemis auxquels ils résistent vaillamment, mais alors qu'ils sont près de pouvoir se tailler un passage, Numerian est renversé de son cheval. Les ennemis conjurent alors Rosane de se rendre, mais celle-ci continuant à combattre est à son tour tuée. Sapor éploré fait porter en Silesie leurs corps où il leur fait élever un somptueux tombeau de marbre.

III, 12. *La Chasteté Courageuse.* [Catane]

Licas, bourgeois de fortune moyenne, a une fille, Paradee, dont la beauté lui attire de nombreux soupirants qui sont cependant découragés par le peu de biens dont elle pourrait être dotée. Cependant Tatius, jeune gentilhomme assez fortuné, séduit par sa beauté et sa vertu, la demande en mariage avec l'assentiment des parents qui se tiennent honorés d'une telle alliance. Sinat, plus noble et plus riche que Tatius, lui aussi amoureux de Paradee mais d'humeur si altière que Paradee lui préfère de beaucoup Tatius, veut rompre la recherche de celui-ci ; mais ses calomnies ne troublent nullement l'accord des fiancés. Il se résout donc à la demander en mariage, mais Licas, homme de parole, se confond en remerciements et refuse. Sinat recrute alors des braves et enlève Paradee lors d'une de ses promenades à laquelle Tatius, empêché, ne peut prendre part.

Lorsqu'il apprend l'enlèvement, Tatius assemble ses amis, apprend où Sinat s'est réfugié et fait immédiatement des préparatifs de vengeance. Sinat pendant ce temps tâche d'amadouer Paradee qui feint pour gagner du temps d'être intéressée, il va jusqu'à lui faire une promesse de mariage écrite que Paradee refuse, tout en le conjurant de ne rien attenter sur elle. Le troisième jour, averti que Tatius, ses amis et la justice sont aux abords de sa maison, Sinat décide de s'enfuir, mais non sans avoir auparavant joui de Paradee, et avertit pour cela l'un de ses valets, Lisuard, pour qu'il vienne s'il l'appelait au cas où il n'en viendrait pas à bout seul. Paradee offre une résistance farouche, et sur le point d'être vaincue, mord si fort le nez de Sinat qu'elle en coupe un morceau, et quand la douleur fait lâcher prise à Sinat, elle se réfugie dans un cabinet dont elle ferme la porte à clef. Sinat veut enfoncer la porte mais Lisuard lui fait comprendre qu'il n'a plus que le temps de s'enfuir. Tatius entre et cherche partout Paradee sans la trouver ; on voit enfin la porte du cabinet que Paradee avait fermée mais celle-ci refuse d'ouvrir, croyant toujours être parmi ses ennemis. Finalement, elle peut voir Tatius par la fenêtre et se met à la garde de la justice. Tatius est ravi de constater qu'elle n'a pas été violée et Paradee, qui garde le bout du nez de Sinat comme un trophée, est reconduite en triomphe à Catane. Sinat pris est privé de ses biens, alors pour moitié donnés à Paradee, si bien qu'elle peut apporter une dot considérable dans son mariage avec Tatius. Il est aussi condamné à un exil perpétuel, «& de sa vie il ne se moucha sans se souuenir des baisers de Paradee» [165].

III, 13. *Le Chaste Desespoir.* [Baie de Cadix]

Sigismonde, fille de pauvre pêcheur, est une beauté pleine d'esprit, aussi admirée qu'inaccessible ; elle a gravé dans son esprit les conseils de vertu que lui donne sa mère. Elle est bien sûr recherchée par tous les jeunes gens de sa condition, sans qu'elle en devienne orgueilleuse ni qu'elle songe à manquer à l'obéissance qu'elle doit à ses parents. Mamerque, un jeune pêcheur, tente de lui faire comprendre sa passion mais elle le rejette en le traitant d'insensé. À peu près au même moment, un jeune gentilhomme appelé Pyrrhe, venu par curiosité voir cette beauté, est frappé d'un tel coup de foudre que, pour rester auprès d'elle, il se déguise en pêcheur. Il apprend d'ailleurs le métier si vite que le père de Sigismonde (Ruffus) le prend comme valet. Il y est si habile que Ruffus le prend en affection et regrette qu'il soit trop pauvre pour pouvoir épouser sa fille. Pyrrhe qui n'a d'autre intention que de la tromper trouve donc beaucoup d'occasions de s'entretenir avec Sigismonde mais ses paroles la laissent de glace, non qu'elle soit insensible, mais parce qu'elle est entièrement soumise à l'obéissance de ses parents. Pyrrhe n'ose presser Sigismonde de peur d'être chassé de la maison si celle-ci se plaint. Mamerque, par contre, fait ouvertement sa recherche et Pyrrhe, pour contrecarrer ses plans, ne manque jamais de dire du mal de lui devant les parents. Mamerque l'ayant appris, il résout de se venger de celui qu'il prend pour un un valet envieux. Tous deux ne sortent que l'épée au côté et un jour Mamerque rencontre Pyrrhe et lui porte un grand coup de taille à la tête que Pyrrhe esquive et lui fait payer en le perçant de part en part, le laissant mort. Pyrrhe, qui ne songe pas à s'enfuir parce qu'il n'a fait que se défendre, est jeté en prison, puis, pris pour valet étranger, il est condamné à être pendu. Pyrrhe est donc contraint de révéler son identité, et, son père étant venu, le procès est revu et il est absous. Il reprend alors ses assiduités auprès de Sigismonde, ayant cette fois dessein de l'épouser, mais son père qui a vent de sa passion le rappelle à Medina Sidonia et l'enferme, faisant par l'intermédiaire de la justice défendre à Ruffus de le prendre pour gendre et à Sigismonde de l'épouser. Cependant Fuluio, riche marchand, demande Sigismonde en mariage ; elle lui est accordée, Sigismonde obéissant entièrement à son père. Le nouveau marié emmène son épouse à San Lucar où ils vivent à la satisfaction de Fuluio grâce à la grande vertu de Sigismonde. Lorsque le père de Pyrrhe apprend la nouvelle du mariage, il rend la liberté à son fils qui accourt aussitôt à San Lucar et se met ouvertement à faire la cour à Sigismonde. Mais celle-ci évite de sortir pour ne pas le rencontrer, et ne lui accorde pas un regard. Toutefois, Fulue, devant les insolences de Pyrrhe, décide de mener sa femme chez une sienne parente à Séville. Lorsque Pyrrhe a vent de ce projet, il décide de se donner la mort : au passage du vaisseau qui emmène Sigismonde, il se jette dans le fleuve la tête la première où il est aussitôt englouti. Fulue et Sigismonde, qui plaignent le sort de Pyrrhe, sont néanmoins soulagés d'être débarrassés de sa folie, et projettent de rentrer à San Lucar.

À Séville cependant, Sigismonde attire à elle tous les regards et tous les éloges. Timofane s'en éprend d'une passion furieuse, et se rendant compte qu'il n'obtiendra rien sinon par la force, décide de l'enlever avec l'aide de braves qu'il recrute, peut-être quand elle passera le fleuve. Mais Fulue et Sigismonde partent si vite qu'il ne peut mener son entreprise à bien. Il se rend donc à San Lucar où sa conduite fait voir clairement à quel but il tend, mais il ne peut absolument rien obtenir de Sigismonde ni lui faire quelque don que ce soit. Il retourne à Séville faire «prouision de Braues» [183] et vend sa maison pour acquérir un refuge sur l'île de Cadix où il compte emmener Sigismonde. Le départ de Timofane convainquant Fulue qu'il peut relâcher sa garde, le mari part faire des affaires à Cordoue. Sigismonde, attristée de son absence, se divertit en se promenant avec une jeune voisine près de la mer. Timofane la fait espionner, et un jour qu'elle est dans un jardin proche de la mer, il l'enlève avec l'aide de ses braves et la jette dans une barque sur laquelle il compte gagner l'île de Cadix. Une fois en sa puissance, Sigismonde résolue à mourir ne perd pas de temps en plaintes mais demande à Timofane de ne rien tenter sur elle avant qu'ils ne soient arrivés à Cadix et soient hors de vue des rameurs, affirmant alors qu'elle ne résistera pas ; mais qu'il la laisse seule jusque là. Timofane la laisse sur un des bouts de la barque, et aussitôt Sigismonde se jette à l'eau «la teste la premiere» [186]. Les rameurs se précipitent pour la sauver, de même que Timofane qui est bon nageur, mais comme il soutient Sigismonde, celle-ci lui serre étroitement les bras de sorte qu'il ne peut plus nager et ils coulent tous les deux. Les rameurs plongent pour essayer de les sauver et forment une chaîne à partir de la barque qui, déséquilibrée, se retourne. Tous ne peuvent alors que songer à se sauver, mais ils finissent par se noyer tous, sauf un, qui, recueilli par un pêcheur, peut raconter l'histoire.

Fulue averti de la catastrophe revient en hâte de Cordoue et fait donner à son épouse une sépulture digne d'elle dans le village où elle est née. Les corps de Timofane et de ses complices sont sur ordre de la justice jetés à la voirie.

III, 14. *Le Sort des Armes*. [Pézenas]

Deux gentilshommes voisins, Amador et Andeol, qui vont se battre en duel pour une question d'eau qui traverse la propriété d'Amador prennent respectivement pour seconds Geronce et Herpin. Lorsqu'il voit arriver Herpin, Geronce est très ému parce qu'ils sont liés d'une forte amitié depuis qu'ils ont été pages ensemble ; ils sont de plus sur le point de devenir beaux-frères, le frère de Geronce devant épouser Genêure, sœur d'Herpin. Géronce dit alors qu'il ne se battra pas. Mais piqué par les reproches, les railleries et les accusations de lâcheté d'Andeol et Amador, il finit par accepter le combat, tout en pardonnant sa mort à Herpin si le sort des armes lui était défavorable, et lui demandant pardon au cas où il lui serait favorable. Geronce ne fait que parer aux coups d'Herpin qui attaque ; celui-ci le blesse au bras mais est à son tour touché à la cuisse par la parade de Geronce et meurt sur le champ. Fou de douleur et de rage d'avoir tué son ami, celui-ci se tourne contre Andeol, qui, lui aussi blessé, a cependant contraint Amador à lui demander la vie. Bien supérieur à son adversaire fatigué et blessé, Geronce a tôt fait de le tuer, et revenant vers Amador, il le trouve mort. Comme il s'attarde à rendre ses devoirs à ses deux amis, il est arrêté et jeté en prison. Il doit être jugé par le Parlement de Toulouse dont la sévérité garantit qu'il mourra sur un écha-faud. Son frère Odet et ses parents le tirent de prison, moitié par force, moitié par ruse. Un édit est donc proclamé contre les deux frères qui doivent sortir du royaume et se réfugier en Roussillon. Pendant ce temps, Marcel, le père de Genêure, rompt les fiançailles, ne pouvant supporter d'être allié avec celui qui a tué son fils. Il accorde donc sa fille à Quintil, gentilhomme riche et avancé en âge. Genêure cependant le refuse parce qu'elle est prise d'une telle affection pour Odet qu'elle s'est juré de n'être à aucun autre. Marcel la pressant d'obéir, Genêure se déguise en homme et s'enfuit de la maison paternelle pour aller rejoindre Odet à Perpignan. Celui-ci, ravi de ce témoignage d'amour, veut obtenir de Genêure les faveurs qui lui sont déjà promises, mais elle réplique qu'il doit être totalement convaincu qu'elle sera toute à lui, mais pas avant le mariage accompli. Odet lui promet alors obéissance. De leur côté, Quintil et Marcel décident d'aller chercher Genêure à Perpignan, et ne sont pas plutôt arrivés qu'ils se battent en duel contre Geronce et Odet. Odet dispose assez vite de Quintil dont il est l'adversaire et va ensuite soutenir son frère qui n'a fait que lasser Marcel en parant aisément les attaques du vieillard pour essayer de lui faire entendre raison. Mais celui-ci, qui est un des plus courageux gentilshommes du Languedoc, s'apprête à leur vendre chèrement sa vie. Odet s'adresse alors à Marcel, l'assurant qu'ils ne veulent pas vaincre celui qu'ils considèrent comme un père, qu'il a été le fidèle gardien de sa fille, et qu'ils n'ont les armes à la main que pour se défendre. Touché de leur courtoisie, Marcel jette ses armes et embrasse les deux frères. Geronce s'agenouille devant lui pour lui dire sa douleur d'avoir été la cause de la mort de son fils et Marcel le relève, lui disant qu'ayant si courtoisement épargné la vie du père, il a droit à son éternelle gratitude. Pour échapper aux poursuites de la justice espagnole, ils s'enfuient tous trois en France dans les Pyrénées après avoir fait enlever le corps de Quintil qui ne peut « avoir autre sépulture que celle des ânes à cause de l'exacte observance des lois ecclésiastiques qui se pratiquent en Espagne contre ceux qui meurent en ces combats singuliers » [202].

Tout cela, Genêure qui est restée à Perpignan l'apprend par les lettres d'Odet. Le gouverneur de la province obtient finalement la grâce des deux frères qui peuvent revenir chez eux célébrer le mariage d'Odet et Genêure.

III, 15. *La Recompense de l'Amitié.*
[Bruges, entre 1604 et 1621]

Herembaud, gentilhomme de maison riche et pourvu de bonnes charges, se lie d'amitié avec Francin, un cadet de famille champenoise cherchant sa fortune dans les armes. Herembauld est amoureux de Tuberge, une fille de Bruges d'une grande beauté qui, ayant perdu son père et son frère au siège d'Ostende, est élevée par sa mère. Elle a de nombreux soupirants qu'elle traite de haut parce que, par vanité, elle les croit inférieurs à elle. Herembauld, qui n'est pas «de mine fort attrayante» [208], est traité comme les autres mais ces mépris ne font qu'aiguiser son amour. Francin, après avoir cherché à détourner son ami de la recherche de Tuberge, décide finalement d'aider son ami à l'obtenir. L'ami cherche à se lier avec Tuberge pour lui faire comprendre combien l'alliance avec Herembauld lui serait avantageuse. Mais, comme il est jeune, galant, de bonne mine et plein d'esprit, Tuberge se sent attirée vers lui bien qu'il lui soit très inférieur en richesses. Retenue d'abord par sa vanité, elle finit par céder et à lui faire «connoistre qu'il seroit mieux escouté s'il parloit pour lui-mesme que pour autrui» [209]. Francin étonné croit d'abord que c'est une épreuve que Tuberge veut lui imposer mais il doit bientôt reconnaître que Tuberge est sincère et qu'il ne tiendrait qu'à lui de l'obtenir. L'amour et l'amitié se disputent un moment son cœur mais Francin avertit finalement Herembauld de l'affection que Tuberge lui montre. Celui-ci le prie toutefois de continuer à le servir auprès de la jeune fille. Celle-ci convainc presque sa mère de consentir à son mariage avec Francin alors que tous ses autres parents refusent à cause de l'inégalité de l'alliance, ils approuvent en revanche Herembauld pour ses charges, son rang et ses richesses. Mais Tuberge, pleine d'aversion pour Herembauld, reste attachée à Francin qui lui dit un jour que, outre la différence de leurs conditions, c'est l'amitié qu'il porte à Herembauld qui rend impossible qu'il soit lui-même à elle. Tuberge saisie d'une vive colère renvoie alors Herembauld de façon outrageante et celui-ci, pour qui il semble impossible que Tuberge ne soit pas de mèche avec Francin, se brouille avec son ami alors que celui-ci a besoin de toute la force de son amitié pour s'empêcher d'aimer Tuberge. Se rendant compte qu'Herembauld le traite avec froideur, Francin lui dit qu'il va donc quitter Bruges pour s'éloigner de Tuberge, ce qu'il fait immédiatement, rentrant à la Cour de l'Archiduc d'Autriche à Bruxelles.

Tuberge rendue furieuse par ce départ, ne peut plus supporter la présence d'Herembauld, et écrit plusieurs fois à Francin pour le persuader de revenir à Bruges, «lettres que Francin enuoyoit aussi tost à Herembauld, auec les responses toutes ouuertes» [214]. Il y tâche doucement de prier Tuberge de détourner ses yeux vers son ami. Mais tout cela ne réussit pas à apaiser les soupçons d'Herembauld qui, lorsque Tuberge part hardiment déguisée en villageoise rejoindre Francin à Bruxelles, croit que c'est là la preuve de la trahison de Francin qu'il court alors immédiatement provoquer en duel. Alors qu'ils sont sur le point de se battre, Tuberge accourt pour empêcher le duel et Francin la conjure d'apaiser la querelle en donnant sa foi à Herembaud. Revenue à la raison, celle-ci lui donne la main en présence de sa suivante et de Francin, à condition que le mariage ne serait «accompl[i] qu'apres les solennitez requises» [216]. Ils rentrent tous ensemble à Bruges pour célébrer les noces, et peu de temps après, Herembauld donne Siluanie, l'une de ses sœurs, en mariage à Francin avec une belle dot et une partie de ses biens. Comme Herembaud n'a eu de son mariage qu'une fille morte en bas âge, il fait de l'un des enfants de Francin l'héritier de son nom et de sa fortune.

III, 16. *Le Charme.*
[France ; du temps de la jeunesse de Camus]

Crispe devient, à la mort de l'un de ses amis, tuteur du fils de celui-ci, Sergeste, alors âgé de trois ans, qu'il fait élever avec son propre fils Audiface qui a le même âge. Sergeste a peu de biens de son héritage mais Crispe l'élève et le chérit comme son propre fils, et l'enfant en retour lui montre une grande obéissance, se comportant avec Audiface qui l'aime comme son frère, comme s'il était son maître. Venus aux études, Sergeste y profite grandement alors qu'Audiface se met «à la desbauche» [219], et lorsqu'ils rentrent, leur différence de vie continue : Sergeste vit au milieu de ses livres tandis qu'Audiface se perd en amours éphémères, au grand regret de Sergeste. Audiface finit par tomber sous l'influence de Catelle, veuve «d'assez mauuais bruit» durant son mariage et que le veuvage n'a pas rendue plus sage. Celle-ci ne se rend aux volontés d'Audiface que contre une promesse de mariage, et ni les menaces ni les remontrances de Crispe ne peuvent l'en détourner. Sergeste de son côté inspire sans qu'il le veuille un grand amour en Aureole, l'une des sœurs d'Audiface, qui après lui en avoir donné des signes que Sergeste fait semblant de ne pas apercevoir, est contrainte avec grande honte de lui parler. Sergeste, qui ne croit pas pouvoir prétendre à la fille de son bienfaiteur, répond par des paroles respectueuses, témoignages de sa vertu et de sa modestie, qui ne font qu'augmenter la tendresse d'Aureole. Sergeste, qui se consacre par contre tout entier à Audiface, croit bien faire en avertissant Crispe de la promesse de mariage que celui-ci a donnée. Crispe fait appeler Catelle en justice et celle-ci produit la promesse de mariage qui est déchirée et déclarée nulle par le juge, qui de plus lui fait défense d'épouser Audiface sans le consentement de ses parents, et même de le fréquenter. Mais celui-ci persiste à venir chez elle et lui signe de son sang une autre promesse de mariage. Le frère aîné d'Audiface étant mort, Crispe, qui était sur le point de le marier à une riche héritière orpheline, Luciette, décide de la donner pour épouse à Audiface

– qui bien sûr ne le veut pas. Crispe retourne alors devant la justice qui défend aux amants de se voir en termes si forts que ceux-ci sont contraints de se séparer pour quelque temps. Sergeste saisit l'occasion pour persuader au moins Audiface de feindre de rechercher Luciette qui en échange des offres trompeuses de celui-ci lui rend une affection sincère. Il continue d'ailleurs de la fréquenter, si bien que Crispe croit son fils converti. Catelle, malgré les protestations d'Audiface qui la voit en secret, est persuadée qu'il va lui échapper et s'adresse à une magicienne pour que celle-ci, par un charme, fasse qu'Audiface s'éloigne de Luciette et de tout autre parti que ses parents pourraient lui proposer. La sorcière lui répond qu'elle ne peut le faire que si elle donne à Luciette une grande passion pour Audiface et une grande horreur à Audiface pour Luciette. Ceci est fait : Luciette ne peut se passer de la présence d'Audiface alors que celui-ci la fuit comme la mort. Aureole qui s'est liée d'amitié avec Luciette pendant que son frère la fréquentait est étonnée du comportement de celui-ci et en demande la cause et à Luciette qui lui proteste n'avoir rien fait, et à Audiface dont elle ne peut tirer que des injures contre Luciette. Au seul nom de celle-ci, Audiface entre en une telle fureur qu'il semble fou. Crispe, devant les vantardises de Catelle qui avoue avoir causé l'extraordinaire aversion d'Audiface pour Luciette par un secret inconnu, a de nouveau recours à la justice pour contraindre Audiface à épouser Luciette. Celui-ci s'enfuit à cinquante lieues de là, où Sergeste, qui a découvert la route qu'il a prise, le rejoint, ne faisant de remontrances à Audiface que lorsque l'occasion se présente et informant Crispe de l'état d'esprit de son fils. Ainsi, Luciette et Aureole qui ne se quittent plus depuis le départ d'Audiface et de Sergeste apprennent où ils sont, et, à bout de patience, l'une de rejoindre Audiface, l'autre de revoir Sergeste, elles décident d'aller les retrouver. Pendant un voyage d'affaires de Crispe, elles se rendent en bateau, puis à cheval, dans la ville où ils se trouvent. Revenu en hâte, Crispe en est averti par des lettres de Sergeste qui lui affirme qu'il veillera sur elles, mais, parce qu'il a consulté des médecins sur la fureur d'Audiface, conseille à Crispe de faire saisir Catelle par la justice parce qu'il soupçonne que cette folie est la conséquence d'un charme. Crispe obtient une saisie de corps sur Catelle qui, menacée de la question, donne le nom de la sorcière. Celle-ci, avec l'aide du diable, résiste à la question et nie tout. Mais Catelle ayant remis aux juges les «characteres» que lui avait donnés la sorcière, le charme cesse tout à coup à cinquante lieues de là au domicile d'Audiface qui, paraît-il, le visage serein et comme s'il sortait d'un profond sommeil, demande à Sergeste : «Mon ami, en quelle ville sommes-nous ? Ce n'est pas ici la maison de mon pere» [234]. Sergeste, qui le croit fou, lui fait alors le récit de son aversion pour Luciette, de ses fureurs et de sa fuite qu'Audiface prend d'abord pour une invention de son ami pour se moquer de lui. Mais à la fin, tous deux sont contraints de reconnaître, l'un qu'Audiface est en possession de sa raison, l'autre que Sergeste dit la vérité. Il en advient de même pour Luciette, qui, «reuenuë à soy» [235], est toute honteuse d'avoir mis son honneur en un tel péril qu'elle ne peut le retrouver que par le mariage. Quant à Aureole, qui ne reçoit toujours de Sergeste que des paroles respectueuses, elle désespère de pouvoir réparer les atteintes à son honneur qu'a amenées son audace. On parle de faire revenir les fugitifs, mais les filles ne peuvent y consentir à moins que leurs mariages ne soient déjà arrangés. Sergeste s'emploie à disposer Audiface à épouser Luciette en lui inspirant de l'horreur pour Catelle qui s'est servi d'un tel artifice «pour le retenir en ses filets» [236]. Audiface consent ainsi à l'épouser, ce dont Sergeste avertit immédiatement Crispe. Il est un peu plus délicat d'arranger celui d'Aureole : Audiface et Sergeste vont pour cela trouver Crispe à qui Sergeste proteste qu'il n'a rien fait pour inspirer tant d'amour à sa fille, n'ayant jamais eu la témérité de prétendre à un parti aussi élevé au-dessus de sa condition. Ému par tant de modestie, Crispe, qui pense que sa fille ne pourra pas trouver, maintenant qu'elle s'est enfuie du domicile paternel, le parti qu'il aurait pu espérer pour elle, la donne à Sergeste avec une dot qui relève de beaucoup sa condition sociale.

Cependant, les procès de Catelle et de la sorcière avancent : celle-ci est condamnée à être pendue et brûlée, celle-là à un exil perpétuel où elle vit dans la misère. Les noces des deux couples sont ensuite célébrées «auec toute sorte de contentement» [237].

III, 17. *La Ressemblance*. [Aquila, royaume de Naples ; «un Euenemen de nostre aage, lequel i'ay appris en mon dernier voyage d'Italie»]

Deux jeunes gens qui se ressemblent beaucoup physiquement sont pourtant de conditions sociales très différentes : l'un, Hermolas, est d'une maison noble fort riche, et l'autre, Exupere, est fils d'un simple bourgeois sans grands moyens. Hermolas envoyé à Sienne pour faire ses études tombe amoureux d'Eleonor, jeune fille pauvre mais vertueuse qui est très honorée de ses attentions. Cependant Hortensia, de bonne et illustre maison et qui a de nombreux prétendants, s'éprend de lui sans qu'il le veuille. Comme le langage des yeux semble insuffisant, elle est obligée d'avoir recours aux lettres auxquelles Hermolas répond pour s'amuser alors qu'Hortensia, se voyant déjà en passe de l'épouser, repousse dédaigneusement les autres jeunes gens. Mais ceci ne décourage pas Arpague, d'une des principales familles de Sienne, qui, jugeant qu'Hortensia devrait être honorée de ses hommages et qu'Hermolas est la raison de ses refus, après avoir proféré des menaces dont celui-ci se moque, décide de l'assassiner. Accompagné de trois ou quatre braves, il l'attaque dans la rue mais il s'enferre sur l'épée d'Hermolas durant le combat et se blesse grièvement, mais non mortellement. Pendant que l'on s'affaire à porter Arpague chez un chirurgien, Hermolas peut s'échapper. Les parents d'Arpague font porter la faute sur Hermolas, qui, peu sûr de la justice du lieu parce qu'il est étranger, s'enfuit à Viterbe d'où il correspond avec Eleonor. Le père de celle-ci, qui tient à avoir Hermolas pour gendre, rassemble des témoins pour prouver son innocence, et Arpague, se croyant près de mourir, justifie Hermolas disant que celui-ci n'avait fait que se défendre. Tout ceci cependant ne persuade pas Hermolas de rentrer à Sienne parce qu'il craint que la famille d'Arpague veuille néanmoins toujours se venger : il fait donc courir le bruit qu'il est rentré à Aquila et ne reviendra plus à Sienne. Lorsqu'Hortensia apprend ceci, elle est désespérée, et après avoir envoyé à Aquila des lettres qui restent évidemment sans réponse, elle décide d'y aller elle-même sous un habit d'homme. Elle y rencontre dans la rue Exupere à qui elle fait ses plaintes destinées à Hermolas, et, comprenant très vite qu'elle le prend pour Hermolas, Exupere décide de tirer avantage de sa méprise et se conduit avec tant d'habileté qu'Hortensia accepte l'offre qu'il lui fait de se retirer quelque temps dans la maison d'un de ses amis, le temps, dit-il, de disposer ses parents au mariage. Il se rend à Sienne où, après avoir appris la véritable histoire d'Hermolas, il se rend chez les parents d'Hortensia dont il obtient la permission d'épouser leur fille avec une dot considérable puisque c'est la seule façon de sauver l'honneur de la fugitive. Hortensia ravie épouse donc Exupere sous le nom d'Hermolas et les jeunes époux, une fois le mariage consommé, passent brièvement à Sienne pour prendre possession de la dot avant de retourner à Aquila. Eleonor et son père, apprenant la nouvelle du mariage, se perdent en regrets et en reproches pour l'inconstance d'Hermolas qui fait pourtant un séjour à Rome où rien ne peut lui faire oublier sa résolution d'épouser Eleonor. Ayant appris comment son innocence avait été prouvée dans l'affaire du duel avec Arpague, il retourne à Sienne où il trouve tout le monde ligué contre lui, depuis le père d'Eleonor outré de son inconstance jusqu'à Arpague qui ne lui pardonne pas d'avoir épousé Hortensia. Il est jeté en prison sans pouvoir trouver de secours, et plus il nie plus il est tenu pour menteur. Par chance, Exupere revient à Sienne sous le nom d'Hermolas rendre visite aux parents d'Hortensia, et les adversaires d'Hermolas, le voyant dans la rue, croient qu'il s'est échappé de prison : ils le font saisir et jeter «en vn croton plus tenebreux que la plus noire nuict» [251]. Le geôlier qui ramène Exupere trouve Hermolas dans son cachot, et, allant et venant d'un cachot à l'autre ne peut plus savoir qui est le vrai. Il avertit le juge qui vient voir cet « Euenement singulier » [252] et ne sait que dire avant d'interroger Exupere qui confesse la vérité. Exupere se tire de ce mauvais pas en montrant les écrits qui lui permettaient d'épouser Hortensia ; et en soudoyant les juges, il peut s'échapper en secret. Hermolas de son côté peut aussi sortir malgré les efforts des parents d'Arpague et d'Hortensia et épouse sa chère Eleonor après avoir obtenu le consentement de ses parents. Hortensia accepte Exupere qui tâche par sa sollicitude de se faire pardonner sa tromperie.

LIVRE IV

IV, 1. *La Chaste Martyre.*
[Romagne. Peu de temps avant le passage de Camus]

Celia, fille de Niso né gentilhomme, dotée d'autant de beauté que de vertu, est priée par son père qui la laisse libre du choix de choisir un mari parmi les nombreux jeunes gens qui sont attirés par ses grandes qualités. Mais Celia est fort pieuse et a choisi d'entrer dans un cloître, ce qui est loin des aspirations de Niso qui utilise et les prières et les menaces pour la faire changer d'avis. Mais Celia reste ferme dans son dessein, s'abstenant toutefois dorénavant d'en parler à Niso, qui va cependant jusqu'à lui refuser la dot nécessaire pour devenir religieuse et parcourt tous les monastères des alentours pour empêcher qu'elle y soit admise. Celia décide alors de rejoindre une Congrégation laïque de femmes pieuses vivant religieusement dans le siècle, et, parce qu'elle ne peut sortir de la maison, adopte l'habit de celles-ci, signifiant par là qu'elle a dit adieu au monde. Certains des prétendants s'obstinent toutefois, surtout le plus passionné d'entre

eux, Oronte, qui obtient l'autorisation de Niso ; Celia reste
inflexible. Désespéré, Oronte décide d'enlever Celia pour réparer
ensuite le rapt par un mariage. Il réussit à l'enlever au sortir de
l'église et s'enfuit avec elle dans une retraite qu'il a préparée. Là
il emploie tous les moyens les plus doux pour la convaincre de se
«despouiller [de] [s]a rigueur» [267], mais devant ses inflexibles
refus, il décide bientôt de la prendre de force. Elle résiste bien
plusieurs fois, mais un jour qu'il a résolu de la faire lier par des
valets pour en venir à ses fins, Celia prend une longue aiguille
qui servait à retenir ses cheveux et l'enfonce dans l'œil de son
agresseur qui de douleur s'évanouit. Revenu à lui aux mains
de ses gens, Oronte fou de rage perce alors Celia de nombreux
coups de dagues qui la font mourir. Niso recourt à la justice et
fait confisquer les biens d'Oronte qui pourtant se sauve et erre
encore «vagabond par les monts Appennins, où il meine auec
les bandouliers vne vie plus sauuage & farouche que celle des
lyons & des tigres» [269].

IV, 2. *Le Bon Despit*. [Aquitaine. «Il n'y a pas longtemps»]

Alderic, jeune baron qui avait été destiné à la condition ecclésiastique puis était revenu prendre la place de son aîné après la
mort de celui-ci, est éperdument amoureux de Doristee – de
condition inférieure mais belle et vertueuse. Or son humeur
bizarre et hautaine le fait prendre en aversion par Doristee, si
bien qu'elle ne peut prendre sur elle de lui faire bonne chère.
Élevée par sa mère, elle a deux frères : Glicas, le cadet, qui doit
aller chercher fortune en Flandres[1] dans les armes, et Mirtil,
l'aîné, qui gouverne la maison et qui est très content de voir que
Doristee a inspiré une passion parce qu'il cherche à marier ses
sœurs. Alderic, qui a très bonne opinion de lui-même, attribue
les dédains de Doristee à la pudeur, et ceci ne fait qu'augmenter

---

1 V. note 1 du résumé de II, 12 ci-dessus, p. 897

sa passion. Mais Doristee, qui préférerait la mort à un mariage avec lui, ne fait que manifester envers lui ce que demande la stricte bienséance, ce qui est cependant assez pour entretenir l'amour d'Alderic qui, en revanche, ne veut pas la demander à ses parents avant qu'elle ait manifesté quelques signes de bienveillance envers lui. Doristee de son côté feint de penser que c'est la différence de conditions qui l'empêche de croire à la possibilité d'un mariage avec Alderic. Celui-ci a un jeune page, Leopold, « Cadet d'vn Cadet, & par consequent qui auoit vaïllant vn peu moins que rien » [275], mais pourvu de tous les dons de la nature. Alderic s'avise de l'employer pour le servir auprès de Doristee et vaincre sa froideur. Leopold promet de traiter l'affaire en toute loyauté mais il inspire une grande passion en Doristee qui lui fait entendre combien elle l'aime. Leopold lui objecte la différence de fortune et insiste au contraire sur les richesses du baron, mais en vain. Alderic, qui fait toujours aussi peu de progrès dans l'esprit de Doristee et qui sait quelle est l'affection de Doristee pour Leopold, demande néanmoins à celui-ci de persévérer, espérant détourner vers lui ce changement d'humeur de Doristee. De plus, il engage l'aide de la sœur cadette de celle-ci, Prasilde, qui au contraire de Leopold, après avoir promis son aide à Alderic, prend toutes les occasions de le desservir, comptant le gagner quand il serait lassé de poursuivre Doristee. Là-dessus, Mirtil est emporté par une maladie et Glicas revient prendre la direction de la maison familiale. Comme il veut aussi marier ses sœurs, il cherche à savoir pourquoi Doristee refuse Alderic et en trouve la cause dans l'amour qu'elle a pour Leopold auquel il fait savoir qu'il veut qu'il cesse de fréquenter sa sœur. Leopold réagit aux menaces en jeune gentilhomme, protestant qu'il n'y a rien que d'honorable dans les rapports qu'il a avec Doristee et qu'il s'expliquerait volontiers, faute de quoi il « estoit homme à le contenter en toutes les façons qu'il voudroit choisir » [281] – ce qui veut dire qu'il acceptera de se battre en duel pour se justifier.

Glicas qui est soldat l'assigne en duel, et, bien que Leopold tente
de se justifier et ne fasse guère que se défendre, le frère est percé
de deux ou trois coups qui lui ôtent ses forces et il est désarmé
par Leopold qui se contente de cette marque de victoire. Mais il
meurt avant que le vainqueur ne puisse le secourir, pardonnant
sa mort à Leopold qui n'a fait que se défendre, et accusant sa
propre folie.

La mère de Glicas, voulant cependant châtier le meurtrier de
son fils et ayant fait en justice toutes les poursuites possibles,
s'adresse alors à Alderic qui veut défendre la fidélité de son
domestique ; elle lui dit finalement qu'il ne peut prétendre à
la main de sa fille s'il ne venge le meurtre de son fils. Leopold
est alors éloigné par Alderic, ce qui a pour résultat de rendre ce
dernier encore plus haïssable pour Doristee, et Alderic, poussé
par Prasilde qui craint que sa sœur se tourne maintenant vers
lui, se résout à rappeler Leopold auprès de lui. Prasilde, pour
avancer sa cause, s'efforce par de faux rapports d'allumer de
la jalousie dans l'esprit d'Alderic ; elle contrefait l'écriture de
Leopold en composant de fausses réponses aux lettres que sa
sœur lui envoie et les montre à Alderic qui est persuadé que
son entremetteur le trompe. Il lui défend donc de voir Doristee
et de recevoir des lettres d'elle, ce à quoi Leopold obéit ponc-
tuellement, ce qui n'empêche pas Alderic de l'injurier, de le
menacer et de lever la main sur lui. Cette conduite détermine
le jeune page à s'enfuir, pensant qu'il pourrait se justifier après
un certain temps auprès de son maître revenu au calme. Mais
un jour qu'ils se rencontrent dans la rue, Alderic l'attaque si
furieusement, que, bien que Leopold ne fasse que se défendre
en le conjurant de l'écouter, son maître s'enferre de lui-même,
se blessant à la cuisse. Enragé, il commande alors à ceux de sa
suite de l'aider à se défaire de Leopold qui, seul contre trois ou
quatre, est percé de coups et meurt, pardonnant sa mort à ses
meurtriers. Alderic s'enfuit pour se faire soigner et pour échapper

aux poursuites de la justice. Doristee est écrasée d'un tel chagrin qu'elle songe à mourir en se privant de nourriture, mais elle en est dissuadée par un religieux qui lui trouve une place dans un monastère. À cette nouvelle, Alderic accourt pour la demander en mariage et la permission lui est accordée par la mère. Mais rien ne peut faire fléchir Doristee qui entre au couvent en utilisant l'héritage de son père. Les ruses de Prasilde et les fausses lettres sont finalement découvertes, et pour se venger, Alderic lui fait au couteau une balafre au visage « qui la rendit & difforme & hideuse le reste de sa vie » [290]. Elle entre ainsi dans le même couvent que sa sœur pour y cacher son visage. La mère, désolée d'avoir ainsi perdu tous ses enfants en peu de temps, meurt bientôt. Quant à Alderic, il meurt dans le duel auquel il a fait appeler Florian, un gentilhomme avec qui il avait eu un procès et qui était celui qui attaquait le plus sa réputation.

IV, 3. *Le Songe du Veillant*.
[Bruxelles. Philippe le Bon, duc de Bourgogne ;
entre 1430 et 1467].

Trouvant un soir un artisan ivre mort dans la rue, Philippe le fait déshabiller, vêtir de riches habits et porter dans un lit de son palais. Le matin, l'artisan est traité exactement comme le duc, avec les mêmes cérémonies par les gens du Duc instruits par leur maître. L'après-midi se passe en divertissements divers et un banquet est dressé le soir pour toute la Cour, banquet pendant lequel le nouveau duc est sollicité de toutes parts de boire. De nouveau ivre, il est dépouillé de ses riches habits et reporté à la même place dans la rue. Au réveil, il est persuadé d'avoir tout rêvé et ne veut pas en démordre avant que le duc lui-même ne lui montre les habits, le lit et le palais.

THA : VANITE du monde magnifiquement representee.

Philippe surnommé le Bon, Duc de Bourgongne, de la memoire de
nos ancestres, estant à Bruxelles auec sa Cour, & se promenant vn
soir apres soupé par les rues de la ville, acompagné de quelques siens
familiers, trouua couché tout de son long sur le paué certain artisan
fort yure, & qui dormoit profondement. Il plut au Prince faire preuue
en cest artisan de la vanité de nostre vie, de laquelle parauant il auoit
deuisé auec les familiers. Donques il fait enleuer ce dormeur, [503] le
porte en son palais : le fait coucher en vn des plus magnifiques licts du
Prince, lui mettre en teste vn precieux bonet de nuict, le despouiller de
sa sale chemise qu'il portoit, & de vestir d'vne autre de fin lin. Quand
l'yurongne eut cuué son vin, & commença à se resueiller voici arriuer
autour du lict des pages & valets de chambre du Duc, qui tirent les
rideaux, font plusieurs grandes reuerences, lui demandent à teste nue,
s'il lui plaisoit de se leuer & quels habillemens il vouloit vestir ce iour-là.
On lui apporte des vestemens tresprecieux. Ce nouueau Monsieur
estonné de telles caresses, & ne sçachant s'il songeoit ou veilloit, se
laisse vestir & mener hors de la chambre. Grands Seigneurs se trouuent
qui le saluent en tout honneur, le menent à la messe, où en grande
ceremonie on lui baille à baiser le liure des Euangiles, & la paix, comme
on faisoit ordinairement au Duc. De la messe on le rameine au palais :
il laue les mains, & est assis à table bien garnie. Apres disné le grand
Chambellan fait apporter des cartes & vne grand' somme d'argent. Le
Duc fantastique iouë auec les principaux de la Cour. Puis on le meine
promener au iardin, & de la prendre l'esbat de la chasse du lieure, & du
vol de l'oiseau. Il est ramené au palais & souppe magnifiquement. A la
clarté des chandelles, les ioueurs d'instrumens commencent à sonner,
& les tables leuees les gentil-hommes & Damoiselles se prennent à
danser, on iouë apres vne plaisante commedie, la collation s'ensuit, où
l'on presente force hipocras & vin precieux, auec confitures & dragees
de toutes sortes à ce Prince de nouuelle impression : tellement qu'il
s'enyure & s'endort profondement. Sur ce le Duc commande qu'on le
despouille de tous ses riches habillemens. Il est reuestu de ses lambeaux,
& reporté en la mesme place, où il auoit esté trouué le soir precedent,
où il passa la nuict. Esueillé me matin, il commence à se souuenir de
ce qui lui estoit auenu auparauant, ne sçait si c'estoit chose auenue, ou
quelque songe qui lui eust brouillé le ceruau. Finalement sur le choc
de diuers discours, il conclud que ce n'estoit que resuerie [504] de tout
ce qui lui estoit auenu, & en entretint ainsi sa femme, ses enfans, & ses
voisins, sans en auoir autre apprehension.

Ceste histoire me ramentoit ce que dit Senecque sur la fin de la 59.
lettre à Lucilius. Nul ne peut (dit-il) s'esiouir, s'il n'est magnanime, iuste,
temperant. Quoy donc ? les meschans sont-ils priuez de ioye ? ils sont

ioyeux, comme les Lyons qui ont trouué proye. S'estans saoulez de vin
& de paillardise, ayans passé la nuict à table, quand les voluptez versees
dans ce vaisseau du corps, trop estroit pour en contenir tant commencent à suppurer, ces miserables s'escrient auec celui dont parle Virgile,

Tu sçais, comme au milieu d'vn faux & vain deduit
Nous auons acheué nostre derniere nuict.

Les dissolus passent la nuict, voire la derniere, parmi des fausses ioyes.
Somme, autant sert à l'artisan susmentionné ce magnifique traitement,
qu'vn songe qui passe. Et ce sien beau iour & les ans d'vne vie meschante
ne different que selon le moins & le plus. Il a songé 24. heures : les
autres meschans quelquesfois 24. milliers d'heures. C'est vn petit ou
grand songe : & rien d'auantage[1]. [502-504]

---

1   Ce «conte» a eu une certaine fortune littéraire puisqu'il forme, dans sa version
     peut-être la plus connue, l'histoire-cadre de *The Taming of the Shrew* de Shakespeare
     (écrite entre 1590 et 1594). Mais il se trouve aussi dans les *Mille et Une Nuits*,
     comme une farce faite par Haroun-al-Rashid. En «amont» de Goulart, on trouve
     Heuterus (Pontus de Heuter, 1535-1602), chez qui l'histoire est au livre IV de ses
     Rerum Burgundicarum Libri sex (1584), p. 150. Voici le texte latin. Heuterus vient
     de décrire Philippe le Bon comme un homme «acuti ingenii» et comment, la paix
     faite, il occupait sa Cour «iis rebus quibus ociosi animi teneri consueverunt, ludis,
     fabulis, dictis acutis, jocis ac facetiis» : [...]Nocte quadam a coena cum aliquot
     praecipuis amicorum per urbem deambulans, jacentem conspicatus est medio
     foro hominem de plebe ebrium, altum stertentem. In eo visum est experiri quale
     esset vitae nostrae ludicrum, de quo illi interdum essent collocuti. Iussit hominem
     deferri ad Palatium & lecto Ducali collocari, nocturnum Ducis pileum capiti ejus
     imponi, exutaque sordida veste linea, aliam e tenuissimo ei lino indui. De mane
     ubi eviligavit, presto fuere pueri nobiles, & cubicularii Ducis, qui non aliter quam
     ex Duce ipso quaererent an iuberet surgere, & quemadmodum vellet eo die vestiri.
     Prolata sunt Ducis vestimenta. Mirari homo ubi se eo loci vidit. Indutus est, prodiit
     e cubiculo, adfuere proceres qui illum ad facellum deducereent. Interfuit sacro,
     datus est illi oculandus liber, & reliqua penitus ut Duci. A sacro ad prandium ins-
     tructissimum. A prandio cubicularius attulit chartas lusorias & pecunie acervum.
     Lusit cum magnatibus, sub serum deambulavit in hortulis, venatus est in leporario,
     et cepit aves aliquot aucupio. Coena peracta est pari celebritate qua prandium.
     Accensis luminibus inducta sunt musica instrumenta, puellae atque adolescentes
     nobiles saltarunt, exhibitae sunt fabulae, hinc commessatio, que hilaritate atque
     invitationibus ad potandum producta est in multam noctem. Ille vero largiter
     vino obruit praestantissimo, & collapsus in somnum altissimum, jussit eum Dux
     vestimentis prioribus indui, atque in eundem locum reportari, quo prius fuerat
     repertus, ibi transegit noctem totam dormiens. Postridie experrectus coepit secum
     de vita illa Ducali cogitare, incertum habens fuisset ne res vera, an visum quod

IV, 4. *L'Ingrat Salaire*. [Lombardie du nord, une ville protestante dans la République de Venise, « environ l'an septantième du siècle passé »]

Polydore, architecte renommé vivant dans la très pieuse Milan, est engagé par un grand notable au nom de Gustau pour construire un palais dans une ville protestante plus petite. Polydore hésite à quitter Milan mais accepte le riche contrat à condition de ne pas être inquiété sur le chapitre de la religion. Et donc, malgré les avertissements, il s'installe avec sa famille et est richement reçu par Gustau qui l'assure qu'il n'aura aucun ennui du fait de sa religion, pourvu qu'il vive sans scandale. Polydore, pendant les deux ans où il bâtit la maison de Gustau, acquiert une très grande réputation et construit aussi d'autres bâtiments pour les seigneurs de la ville ; et, faisant de plus pour eux des statues profanes, il est en passe d'établir une solide fortune. Souvent invité à des banquets par ces notables protestants qui veulent le garder parmi eux et donc espèrent le faire changer de foi, il est constamment attiré par eux dans des débats sur la religion, notamment, puisqu'il est sculpteur, sur le chapitre des images que les protestants appellent idoles. Là-dessus il sait fort bien leur répliquer que ce sont les statues profanes qu'il fait pour eux qui sont des idoles. Un soir qu'il a rendu ses adversaires incapables de lui répliquer, ils ont recours aux injures et, comme ils sont à table, lui jettent à la tête ce qui leur tombe sous la main. Polydore commence à songer à se retirer de la ville et presse ses débiteurs, parmi lesquels Gustau, de le payer. Mais celui-ci, qui ne peut trouver suffisamment d'argent, fait intenter une action contre Polydore qui est accusé d'avoir publiquement disputé de religion contrairement aux termes du saufconduit que Polydore allègue.

---

animo esset per quietem obversatum. Tandem collatis conjecturis omnibus atque argumeutis [*sic], statuit somnium fuisse, & ut tale uxori, liberis ac viris narravit. Quid interest inter diem illius & nostros aliquot annos ? Nihil penitus, nisi quod haec est paulo diuturnius somnium, ac siquis unam duntaxat horam, alter vero decem somniasset. Haec Vives.

Il est condamné à perdre la tête et meurt, dit-il, pour sa religion, sans qu'on lui accorde l'assistance d'un prêtre ni la possibilité de revoir sa femme et ses enfants ; ses biens sont confisqués. Gustau le soir même est tourmenté par des cauchemars et saisi d'un froid intense puis d'une chaleur brûlante qu'on ne peut apaiser et meurt au troisième jour en proférant des blasphèmes. Celui qui avait intenté l'action contre Polydore meurt dans les six mois d'un excès de boisson et les juges qui l'ont condamné dans l'année. La femme de Polydore se retire à Milan avec ses enfants après avoir sauvé ce qu'elle a pu des affaires de son mari.

THA :

Le Consul d'vne ville de Suisse (i'espargne les noms pour le present) homme riche, faisoit bastir vne maison magnifique l'an 1559. Entre autres ouuriers excellens qu'il recercha, il fit venir de la ville de Trente vn tres-expert sculpteur & architecte nommé Iean, lequel pour iustes raisons fit refus de venir : finalement ayant receu promesse de toute seureté & gracieux traitement, il vint & trauailla long temps pour l'autre. Sur la fin de la besongne, venant l'architecte à demander ses salaires ils entrerent en quelque contestation, dont l'issue fut que, par le commandemant du Consul, Iean fut constitué prisonnier, & par le mesme Consul (contre sa foy & promesse) accusé d'auoir parlé contre quelques ceremonies. Le Consul, accusateur iuge & partie, poursuiuit sa poincte si furieusement, que Iean fut condamné à auoir la teste tranchee. Comme on le menoit au supplice il marchoit auec vn visage ouuert, & mourut fort constamment. Adioustant au reste, apres vn long propos, tesmoignant sa constance, & sincere affection, que le Consul autheur de sa mort mourroit aussi dedans trois iours, & comparoistroit deuant le siege iudicial de Dieu, pour rendre raison de sa sentence. Il en aduint comme ce personnage auoit predit : car le Consul (quoy qu'encores en fleur d'aage & bien dispost de sa personne) commença des le mesme iour à estre assailli tantost d'vne chaleur, puis d'vne froideur vehemente & extraordinaire, brief à estre frappé d'vne nouuelle maladie : tellement que dedans le troisies[309]me iour il alla respondre à l'innocent, duquel il auoit esté tres-inique partie, accusateur, & Iuge : estant arraché de la terre des viuans par vn terrible iugement de Dieu. [308-309]. *M. Iofias Simler de Zurich, en la vie de H. Bullinger.*

IV, 5. *L'Estrillé.*
[Une ville de notre France ; fin des guerres de religion]

Opile, «Gentil-homme d'impression nouuelle» [321], après avoir ravagé le pays à la tête d'une compagnie de carabiniers, se met, une fois la paix venue, à dépenser follement et à prendre pour maîtresse la femme d'un marchand (Anaclet) – prenant soin de rendre public son adultère. Anaclet préfère ne pas voir ce qui se passe, mais, soumis à la risée des voisins et aux calomnies qui le disent complice, il résout d'en «lauer la tache auec du sang» [322] mais domine encore sa colère. Toutefois, devant les reproches de ses parents, la risée générale, les bravades du capitaine et l'audace d'Eudoxe sa femme, il commence tout d'abord à faire des reproches à celle-ci, craignant de s'attaquer au soldat qui avait la réputation d'être prompt à la colère. En étant ensuite venu aux menaces, sa femme répond par des cris et des injures, si bien qu'Anaclet levant la main sur elle lui laisse l'impression de ses doigts sur la joue, ajoutant qu'il fera étriller les amants s'il les rencontre ensemble. Eudoxe va raconter l'affront à Opile, qui, ayant rencontré Anaclet dans la rue, le menace de le tailler en pièces, et, devant la réponse mesurée du marchand, tente de le bâtonner en lui disant qu'il va le bouchonner comme un cheval avant qu'Anaclet puisse l'étriller lui, ce à quoi le mari échappe par la fuite. Les menées des amants continuent si impudemment qu'Anaclet résout de perdre la vie ou de se venger. Il feint une réconciliation avec son épouse qui fait de même, le flattant autant qu'elle le trompe. Anaclet lui apprend que son commerce l'oblige à se rendre à une certaine foire, et Opile vient prendre sa place si ouvertement que tout le voisinage en est scandalisé. Anaclet revient en secret deux jours après, «accompagné de quatre ou cinq de ses affidez tous armez comme si il falloit» [326], entre sans bruit grâce aux doubles des clefs qu'il a fait faire, et trouve les amants couchés et endormis. Les armes d'Opile saisies, il est garrotté et jeté sur le lit, et, comme il demande la vie à Anaclet, celui-ci lui fait délier une main et lui donne un bouchon de paille en le priant d'exécuter ses menaces et de le bouchonner. Opile, qui a quelques pistolets à la tête, est forcé de s'exécuter, ce qu'il fait assez légèrement. Il est alors attaché nu aux quatre poteaux du lit et Anaclet, prenant une étrille de fer à longues dents, écorche Opile tout vif, lui arrachant le nez, les yeux, « & ce qui le rendoit homme » [329]. Il en fait de même avec Eudoxe et laisse sur place les deux corps palpitants, sans peau ni visage, mais encore en vie. Opile meurt dans la soirée du lendemain, Eudoxe le jour suivant, dans des douleurs horribles, mais ayant le temps de confesser leurs fautes. La justice pardonne le double meurtre à Anaclet mais il est contraint de quitter la ville à tout jamais.

THA :

> Donné par Goulart comme se passant à Constance. Les personnages sont un avocat et un procureur qui, surprenant les amants au bain, « se rue sur l'Avocat tout nud, le grate si rudement qu'il luy arrache les yeux de la teste, les testicules & presque toute la peau du corps : il en fait presque autant à sa femme, encores qu'elle fust enceinte. L'advocat mourut en de grands tourmens au bout de trois iours ». [28-29] *G Hedio*[1] *en la 4. partie de sa Chronique.*

IV, 6. *L'Esgarement*. [Royaume de Grenade, vers 1516]

Un jeune prince castillan, fait viceroy de Grenade, cherche à se désennuyer en s'adonnant à la chasse et en se séparant de sa suite pour passer du temps en compagnie de simples paysans. Égaré un jour dans un bois, il doit passer la nuit dans la cabane d'un paysan qui n'a pas plus tôt vu les riches habits du Prince qu'il se prépare à le tuer avec l'aide de ses fils et de deux valets. Mais le complot ne peut être tramé sans que la femme du bûcheron l'apprenne ; elle avertit sa belle-fille qui, prise de pitié, découvre au prince le complot. Le viceroy, après avoir hésité quelque temps sur la

---

1   Caspar Heyd, dit Hedio (1494-1552).

meilleure conduite à tenir, se barricade dans une petite chambre dont la porte mal jointe ferme seulement avec une cheville, bande et amorce son pistolet et tire son épée, puis attend de pied ferme les assassins. Assez avant dans la nuit, il entend le paysan essayant d'ôter la cheville. Le prince demande qui est là et le paysan tente d'enfoncer la porte, puis, comme celle-ci résiste, demande que le prince ouvre parce qu'il doit chercher quelque chose. Le prince répond qu'il se repose, et que son hôte doit attendre le matin. Le paysan alors le menace et veut entrer par force en enfonçant la porte pendant que le fils et un valet font le tour de la maison pour entrer en escaladant par une fenêtre. Assailli des deux côtés, le prince porte une estocade au fils qui tombe à terre, le père qui entend que son fils est blessé fait des brèches à la porte à coups de hache, brèches par lesquelles le Prince lui décharge son pistolet dans la tête. Un valet essaie d'entrer mais est repoussé par l'épée du Prince qui est alors assailli par d'autres bûcherons que l'autre valet a ameutés, sans que la mention de son nom et de sa qualité n'ait aucun effet. Ceux-ci, malgré le fils et les valets qui veulent le tuer, garrottent le prince qui leur promet une forte somme contre sa vie et le remettent à la Justice au matin.

Dès l'aube, le prince entend les cors des gens de sa suite qui le cherchent, et, au moyen de quelques pièces d'or, fait prévenir les chasseurs de l'endroit où il se trouve. Comme les paysans leur demandent leur aide pour conduire le prince en prison, les gardes du prince mettent la main à l'épée pour les tailler en pièces, mais le viceroy intervient pour les en empêcher. Tous sont pris : ceux qui ont conservé la vie du prince ont leur grâce, les autres sont envoyés aux galères. Le fils et les valets «ayans confessé à la torture d'autres brigandages furent brisez sur la roüe» [339], la femme pendue comme complice, la cabane brûlée. «La belle-fille [...] fut honoree & largement recompensee, le Prince lui procurant vn parti de grande consideration». Et le prince rendu prudent ne mit plus en danger sa vie «pour le plaisir friuole qu'il prenoit en la conuersation de gens de neant» [339].

THA :

L'empereur Charles v. estant en Alemagne, où les afaires de la guerre le retenoyent, fut contraint d'enuoyer vn des principaux de sa Cour en Espagne, pour auoir l'œil aux afaires & difficultez qui s'y presentoyent. Ce Viceroy, ieune Prince fort addonné à la chasse, estant vn iour au royaume de Grenade, à la poursuite d'vne beste sauuage, s'eslongna tellement de ses gens, que brossant apres sa proye, à trauers vn grand bois, sans prendre garde à l'heure ni au chemin, se vid en lieux escartez & pres de la nuict. Au moyen de quoi il commence à ietter l'œil de tous costez, pour descouurir quelque maison où il peust se mettre à couuert. Là dessus il apperçoit vne maisonnette, & picquant celle part, prie le paysan qui y demeuroit de le loger pour celle nuict. Ce que le paysan lui accorde, & le reçoit en sa maisonnette, où estoyent lors six personnes, asçauoir le paysan, sa femme, son fils aagé de vingt ans, sa belle fille de nouueau espousee, vn valet qui gardoit le bestail du paysan, homme robuste & de mauuaise rencontre, puis vne petite fille. Le Prince descendu de cheual le baille & commande à ce valet, puis entre chez le paysan, & s'aproche du feu, tandis qu'on lui apreste le souper, sans soupçonner rien de mal. Tous ces gens ne conoissant nullement ce Prince, lequel ne se descouuroit à personne d'eux, le voyant richement vestu, de fort belle aparence, estimerent que c'estoit quelque riche homme, & pensans qu'il ne faloit laisser eschapper ceste grasse proye, commencerent à deuiser ensemble des [93] moyens de le tuer, pour en auoir la despoüille. Apres soupé, ils lui aprestent vn lict en certaine chambre, qui n'auoit qu'vne porte foible, aisee à enfoncer, & ne fermant gueres bien. En allant & venant, la belle fille, nouuelle mariee, qui auoit senti le vent de ce cruel complot, ayant pitié de ce ieune Prince qu'elle voyoit de belle taille, d'honnorable port & façon, l'ayant tiré à part, & prié de tenir secret ce qu'elle auoit à lui dire, lui descouurit briefuement l'entreprise, tandis que le pere, le valet, le fils complottoyent ensemble de nouueau en l'estable. Le Prince esmeu de ce rapport, & enclinant à en croire quelque chose, fut sur le poinct de rompre le coup, pour descouurir qui il estoit. Mais soudain se doutant que ce seroit auanturer sa vie en la commettant à la foy de tels barbares, qui violoyent si meschamment tous droits d'humanité & d'hospitalité, de conspirer contre vn homme qu'ils voyoyent en braue equipage, bien monté & par eux courtoisement receu, aima mieux se confier, apres Dieu, en sa valeur & preud'hommie, qu'en la parole de gens qui n'auoyent point de foy, ains dont le cœur estoit couuert de feintise & de sang. Il se laisse donc conduire par le paysan dans la chambrette, & ayant fermé la porte dessus soy, traine pour contrebarre vn coffre assez pesant : qui se trouua dedans la chambrette, puis tient son espee preste, & pres de soy vne siene longue pistole chargee, bandee & amorcee, veillant & attendant que ce seroit du rapport de la belle fille. Incontinent le paysan qui l'estimoit endormi à cause du trauail de la chasse & du chemin, s'approche tout bellement de l'huis, qu'il taste & touche pensant entrer sans difficulté. Mais frustré de son attente, il commence à prier son hoste de vouloir ouurir, pource qu'il vouloit prendre en ce cofre quelque couuerture de lict dont il auoit necessairement affaire. Le Prince qui ne dormoit pas lui respond, retire toy, importun, ie repose, & ne t'ouurirai point pour ceste heure. Alors le paysan commence à faire du mauuais, se plaindre, crier, dire qu'il estoit perdu, qu'on vouloit le gourmander en sa maison : prend les armes, & menace [94] de rompre tout, voire de tuer celui qui estoit en la chambrette, s'il ne faisoit prompte ouuerture & ne se rendoit à sa merci. Lui & son valet approchant pour rompre la porte ; le fils taschoit entrer en la chambrette par vne fenestre : & commençoyent à faire vn merueilleux effort. Le Prince se voyant reduit à l'extremité, donne de sa pistole à la porte, la perce aisément, & rue le paysan, puis tirant le cofre arriere sort auec l'espee au poing, despesche le fils, & court apres le valet, qui se sauue de vistesse. Ce ne fut pas faict pourtant, car le cris de l'hostesse, & le bruit extraordinaire qui se faisoit lors, esueille d'autres bergers voisins, qui y acourent auec leurs armes, enuironnent la maison, crient au meurtre & alarme. Le Prince se donnant garde d'eux, patiente iusques au iour, & voyant que ceste troupe de mutins se renforçoit, commence à leur faire entendre qui il estoit, menaçant de les faire tous pendre, s'ils refusoyent de lui faire main forte & le reconduire. Que s'ils ne vouloyent le croire, qu'ils allassent querir la iustice au plus prochain lieu : & que s'ils n'acceptoyent telle condition, leur ruine & confusion n'estoit pas loin. Eux esmeus du langage & de la presence d'vn personnage d'etoffe si dissemblable à la leur, commencerent à s'adoucir : en telle sorte neantmoins qu'ils s'en saisissent, le garottent, & s'acheminent pour le mener au Gouuerneur d'vne ville, qui estoit à quelques lieues loin de là. Les gardes du Prince arriuans en ces entrefaictes, le voyans en tel equipage, furent sur le poinct de tailler en pieces ceste troupe de paysans : mais le Prince le leur defendit tres-expres. Tout ce que dessus descouuert & examiné, les complices du paysan furent punis selon leurs demerites. Le valet roüé, la maison de ces brigands fut reduite en cendre, & la belle fille fut richement recompensee de son fidele rapport. [92-94] *M. André Honsdorff en son Theatre d'exemples.*

IV, 7. *Le Nouueau Cain.*
[Lausanne ; après 1536 ; d'après Goulart, vers 1560]

Une veuve ayant marié sa fille préférée reporte toute son affection sur le cadet de ses fils, traitant l'aîné comme si elle ne l'avait pas mis au monde, ce qui fait que celui-ci ne la traite pas bien non plus. Mais plus il est insolent envers elle, plus elle se tourne vers le cadet, et institue finalement celui-ci son légataire universel, «ne laissant à l'aisné que ce qu'elle ne lui pouuoit oster» [343]. Celui-ci entreprend donc de se venger et médite en secret la mort de son frère ; et, un jour que celui-ci est à la chasse dans les montagnes, il l'attend et le tue d'un coup de hache puis l'enterre, revenant à la ville sans rien laisser paraître. Quand la mère s'inquiète de la disparition de son fils, l'aîné lui fait croire que son frère s'est enrôlé parmi les Suisses qui sont partis au service du roi de France. Mais le remords le tourmente : il a des visions effroyables, tout son corps tremble, et il croit sans cesse être poursuivi par la justice. Un jour qu'il voit venir dans la rue le bourgmestre avec ses sergents porteurs de halle-bardes, il s'enfuit à toutes jambes. Le bourgmestre le fait donc poursuivre, les sergents crient aux passants, pour qu'ils l'arrêtent, qu'il a tué un homme. Ramené devant le bourgmestre qui est un vieux magistrat avisé, son comportement montre bien qu'il est coupable de quelque chose, bien qu'il répète qu'il ne l'a pas tué et qu'il est parti à l'armée. Le magistrat le fait avouer en lui promettant l'impunité ; emprisonné et interrogé en présence de témoins devant qui il renouvelle ses aveux, il est donc condamné à mort et se dirige vers le supplice avec moins de crainte qu'il n'en avait avant d'être pris.

THA :

Il y a enuiron 46. ans, que deux freres demeurans à Lausanne, estans allez coupper du bois au mont Iura, le plus ieune despité pour quelque legere occasion, donna tel coup de sa hache sur la teste de l'aisné, qu'il le renuerse par terre, où il l'acheue, puis l'enterre. Retourné en la maison,

il fait entendre à leur mere, que sondit frere lui auoit donné charge
de faire ses excuses, & s'estoit mis au chemin de Suisse & d'Alemagne,
pour voir le pays, esperant de retourner au bout de quelque temps. La
mere se payant de telle excuse, le parricide montoit presques tous les
iours en la montagne, se prosternoit à genoux sur la fosse de son frere,
pleurant à chaudes larmes, criant merci à Dieu, & souhaitant que l'ame
de son frere fut en repos. Ayant continué ce train plusieurs mois, sans
que personne le mescreust en sorte quelconque d'vn tel [122] forfait,
reuenant vn iour de ceste montagne en la ville, comme il approchoit de
sa rue, il regarde derriere soi, & descouurant assez pres le Bourgmaistre
(qui est le premier du conseil des Seigneurs en ce lieu, sous la protection
du Canton de Berne) suiui de son officier portant manteau de liuree,
il commence à fuyr de toute sa force vers l'autre bout de la ville. Le
Bourgmaistre esmerueillé de tel fait, commande à son officier de courir
apres. L'officier diligente, & crie à pleine teste, Arreste, arreste. Quelques
gens sortent en rue, & se mettent au deuant du coureur, lequel voyant
l'officier, puis le Bourgmaistre approcher de lui, commence à dire, Ie ne
l'ai pas tué, Ie ne l'ai pas tué. Le Bourgmaistre, homme prudent, le fait
mener en prison, promptement l'interrogue, en peu d'heures entend
tout le fait, en verifie toutes les circonstances, & peu de iours apres fait
executer de supplice merité ce miserable parricide, marchant à la mort
auec vne constance & repentance si grande, que tous les spectateurs
fondoyent en larmes. [121-122] *Ie tien ce récit d'vn excellent personnage,
qui fut present au proces & vid la fin d'icelui.*

IV, 8. *Le Tire-laisse.*
[Petite ville voisine de Heidelberg. Fin du xvie siècle ?]

Ludouic, gentilhomme fortuné, a longtemps choisi de ne
pas se marier pour pouvoir mener une vie riche en «toute sorte
de plaisirs» [349]. Il songe cependant à avoir un héritier pour
ses armes et sa fortune et pour ne pas voir son héritage passer
à ses neveux qu'il ne considère pas d'un très bon œil. Il tombe
amoureux de Plautille qui est jeune, roturière, catholique et
pauvre alors qu'il est vieux, noble, protestant et riche. L'Electeur
étant en ce temps-là protestant, la religion du Palatinat est le
protestantisme, Ludouic croit alors pouvoir convaincre Plautille
de changer de religion. Or celle-ci refuse, et de son côté, exhorte

Ludouic à renoncer à son «erreur» [350]. Pourtant, ses parents, qui tiennent à cette alliance, la forcent à l'épouser. Plautille tient ferme sur le sujet de sa religion mais se comporte avec Ludouic en parfaite épouse, si bien que celui-ci, qui en est fort épris, obtient que les autorités n'inquiètent pas sa femme pour sa religion, puis pense aller demeurer à Francfort. Cependant il meurt, lui laissant tous ses biens. Plautille, avant sa mort, a bien quelques signes de grossesse, mais les médecins ne peuvent se prononcer; pourtant, après la mort du mari, il devient évident que Plautille est enceinte et elle est confiée, avec tous les biens de Ludouic, à un curateur qui veille à ce que l'héritage du père aille au nouveau-né. Les neveux, qui étaient accourus pour recueillir l'héritage, n'omettent rien pour tourmenter Plautille afin qu'elle avorte ou que son enfant soit mort-né. Ce qui se passe en effet, Plautille étant de son côté près de mourir aussi. Ils la chassent aussitôt honteusement, avant même qu'elle ait fini de se relever de ses couches, se partagent l'héritage et lui retirent ce que son mari lui avait légué. Appeler les neveux en justice s'avère impossible parce que les juges protestants favorisent toujours la partie qui est de leur religion. Plautille relevée de couches ne se sent pas très bien, et encore pesante, ce qu'elle attribue à tous les tracas qu'elle a subis, et les médecins lui conseillent d'aller prendre les eaux. Dans la ville où elle arrive, les cours de deux grands princes occupent toutes les hôtelleries si bien qu'elle est obligée de loger chez un bourgeois qui la prend par compassion. Le lendemain de son arrivée, elle est prise des douleurs de l'enfantement et accouche d'un beau garçon vigoureux, et se sent alors toute allégée, sans prendre les eaux. Le bruit de cette merveille court dans toute la ville et l'archevêque de Mayence, qui est l'un des princes arrivés dans la ville, sachant que la mère est catholique, veut être parrain de l'enfant et donne un grand festin auquel il invite l'autre prince présent, le duc de Saxe, qui donne mille talers à la mère. Tous deux écrivent à l'Électeur Palatin qui fait rendre gorge aux neveux, et sur la prière de l'archevêque, garantit que

Plautille ne sera pas inquiétée pour sa religion. Elle est nommée tutrice de son fils et légitime héritière au cas où Ferdinand son fils viendrait à mourir avant elle. Plus tard, alors bien élevé par sa mère dans la religion catholique, il préfère vendre ses biens et se retirer à Francfort plutôt que de renier sa foi.

THA :

L'an 1584. mourut à Hirshon villette au Palatinat proche de Heidelberg, vn gentil-homme, Seigneur du lieu, nommé Philippe Ludouic de Hirshorne, sans laisser aucuns hoirs viuans procreez de son corps, mais bien sa vefue enceinte. Ceux qui se pretendoyent heritiers de lui, cas auenant que la vefue auortast, ou ne gardast son fruict longtemps en vie, commencerent incontinent à la molester, lui arrachans par force toutes les clefs des chambres, coffres, cabinets, caues & greniers : ce qui la contrista de telle sorte, que mettant ses mains [198] sur sa teste, elle se print à crier de toute sa force : & peu de iours apres acoucha d'vn beau fils, mais mort, & n'ayant point de teste. Les heritiers acoururent incontinent, & saisissent la succession du defunct. Mais ils n'en iouyrent pas long temps. La vefue releuee de couche se sentoit fort pesente, & pensoit que ce fust quelque enfleure, & amas d'humeurs en son corps affligé de tristesse. Quelques Medecins, ausquels elle demanda auis, disoyent le mesme, n'estimans nullement ce qui auint tost apres. Pourtant lui conseillerent-ils d'aller à certains bains & eaux minerales au long du Rhin, où elle s'achemina acompagnee d'vne seruante, & s'y rendit au mois de Iuillet. Alors l'Electeur de Saxe y estoit auec sa femme, ensemble plusieurs autres Princes & Princesses : tellement que la pauure vefue ne pouuant trouuer logis, fut contrainte recourir au Preuost ou Maire du lieu, lui declarant sa condition. Somme elle obtint à grande requeste licence de loger pour la nuict suiuante en la maison de ce Preuost. En ceste nuict, & dix sepmaines entieres apres le premier enfantement, elle acoucha d'vn autre beau fils : dont les Princes auertis le lendemain, & de toute l'histoire, honorerent l'acouchee. Car l'electeur de Mayence lui fit vn magnifique festin, selon la coustume d'Alemagne. Celui de Saxe lui donna mille dallers. On contraignit ceux qui s'estoyent emparez de la succession de la laisser entiere au legitime heritier nouueau né, laissé en la garde noble de sa mere & tutrice. Cest enfant fut soigneusement esleué, & est en vie. [*M. Gasp. Baubin en ses obseruations.*] [197-198].

956   LES EVENEMENS SINGVLIERS

IV, 9. *L'Honneur Rétabli.* [Côme, du temps de François Ier et des guerres d'Italie ; vers 1520-1530]

Raynuce, bourgeois de Côme, est jeté en prison parce qu'il est accusé d'avoir conspiré pour livrer la ville aux Français. Leocadie, sa femme, pour intercéder pour lui, se rend auprès de Garcias, le gouverneur espagnol de la ville, qui, ne pouvant la persuader de se donner à lui, lui annonce que la seule façon de sauver son mari est de se soumettre à ses désirs. Leocadie répond par des propos ambigus et demande à voir son mari pour le préparer à la mort. Quand celui-ci apprend quel est le marché, il s'évanouit et, revenu à lui, se résout à mourir. Leocadie fait donc courageusement face à Garcias qui est alors très étonné de sa réponse et fait avertir Raynuce que son exécution est proche. Celui-ci entre temps a changé d'avis, et décide de convaincre sa femme de se soumettre à Garcias à qui il ne veut cependant pas parler et préfère lui écrire une lettre dans laquelle il consent à lui livrer sa femme s'il peut sortir de prison. Garcias lui donne la permission de voir sa femme à laquelle, pleurant comme un enfant, il demande de lui sauver la vie aux dépens de son honneur. Celle-ci, après de grandes résistances, se laisse vaincre par amour conjugal, convaincue que personne ne connaîtra son déshonneur parce qu'elle demandera à Garcias de faire le serment de n'en parler à personne, et que par la suite Raynuce saura la venger hautement. Elle cède donc aux désirs de Garcias qui de surcroît se fait payer mille ducats pour remettre son mari en liberté. Cependant, Garcias procède effectivement au jugement de Raynuce avec quelques autres capitaines qui le condamnent unanimement à perdre la tête. Garcias obtient que l'exécution se fasse en secret et le corps est porté à l'aube à deux milles de Côme au lieu où Garcias avait promis à Leocadie de lui rendre son mari. Leocadie, qui accablée de tant de malheur pense se suicider, en est empêchée par ceux de sa suite, et après avoir fait enterrer le corps elle se retire à Milan, tourmentée de ne pouvoir découvrir l'étendue de son malheur. À la fin, elle se confie à l'un de ses parents, vieux et vertueux, qui, ne voyant aucun moyen de vengeance, lui conseille d'aller se jeter aux pieds du duc de Ferrare. Celui-ci convoque Garcias qui ne se sent coupable ni d'avoir condamné Raynuce, puisqu'il n'a pas été le seul à le condamner, ni d'avoir abusé de Leocadie, l'adultère étant plutôt entre soldats un sujet de plaisanterie. Il ne se fait donc pas prier pour avouer devant le duc ce dont il est accusé, et celui-ci lui affirme qu'il ne peut réparer son crime qu'en épousant Leocadie, sous peine de mort. Celle-ci refuse, outrée de colère, mais le duc lui dit quelques paroles en particulier et elle consent aussitôt de l'épouser. Garcias pense pouvoir se débarrasser de la femme comme il l'a fait du mari. Or le duc le fait jeter en prison, et le même prêtre qui l'avait marié vient le préparer à la mort ; il est exécuté peu après, ses biens confisqués sont donnés à sa nouvelle femme.

THA : IVGEMENS remarquables.

Il y auoit vn citoyen de Come detenu prisonnier par vn capitaine Espagnol & accusé d'auoir commis vn meurtre, à raison de quoy il estoit en grand danger de sa vie, l'an mil cin cens quarante sept. La femme de ce prisonnier, belle & de bonne grace entre celles d'alors, au reste pudique, & et tressoigneuse du bien et de la deliurance de son mari, alloit et venoit sollicitant pour lui en toutes les sortes dont elle pouuoit s'auiser. S'estant presentee et agenouillee deuant ce Capitaine, elle le supplie de sauuer la vie à son prisonnier. Le mal-heureux la tirant à part, lui dit, il y a vn moyen de garantir vostre mari, sans quoy, neces-sairement, c'est fait de lui. Apres [331] quelques propos là-dessus, il descouure finalement son vilain cœur, la sollicitant de s'abandonner à lui, auec promesse que puis apres il lui rendroit ce qu'elle desiroit tant. La pauure femme retombee en nouuelle affliction, apres auoir longue-ment combatu en sa pensee, & en extreme amertume de cœur, declaire à son mari la cruelle et vilaine volonté du Capitaine. Le mari desireux de sauuer sa vie conseille sa femme d'obtemperer au brutal desir de l'Espagnol, lequel ayant iouy du corps de ceste femme desolee, voulut encore qu'elle assouuist son auarice, & lui contast deux cens ducats. Il adiouste à ces deux horribles crimes, vn troisiesme du tout detestable : c'est qu'ayant fait tirer le mari hors des prisons comme pour le remener en sa maison, & le rendre à sa femme qui l'esperoit ainsi, ce desloyal Capitaine fait incontinent remener en prison le pauure homme, puis lui fait trancher la teste. Le femme outree de douleur, raconte toute l'histoire à ses amis, & par leur conseil se plaint au Duc de Ferrare, lequel extremement irrité de tels forfaits enuoye promptement querir le Capitaine, lequel interrogué [*sic*] & conuaincu, puis demandant pardon est premierement condamné à rendre sur le champ les deux cens ducats, & à en aiouster encores sept cens autres. Secondement il fait venir un Prestre, et contraint le Capitaine d'espouser la vefue en presence de tous. Tiercement, tout à l'heure en lieu de lit nuptial, au partir de l'Eglise, il fait dresser une potence, où le Capitaine Espagnol est pendu & etranglé : la vefue honorablement enuoyee en sa maison. [300-301] *Histoire d'Italie.*

IV, 10. *Les Yeux Martyrizez.*

Jules, enfant illégitime d'Hercule d'Este, duc de Ferrare, est d'une très grande beauté mais il est vertueux, et pour cela le duc le destine à la profession ecclésiastique, ce à quoi Jules préférerait les armes. Belisarde, une demoiselle de la suite de la duchesse s'éprend de lui, et il est à son tour séduit par ses vertus et ses agréables manières ; ils sont l'image même de la parfaite amitié. Tout le monde, y compris le duc et la duchesse, approuve cette alliance. Mais le cadet des enfants légitimes du duc, Hippolyte, s'éprend lui aussi de Belisarde, et quoiqu'il n'ait que l'intention de la tromper, se sert de la ruse ordinaire des grands qui est de parler mariage. Mais Belisarde reconnaissant les embûches évite Hippolyte autant qu'elle le peut et lui répond constamment en lui montrant quels obstacles il y a entre eux. La modestie et la vertu avec lesquelles sont faits ses refus ne font qu'augmenter l'amour d'Hippolyte. Finalement, il fait avouer à Belisarde qu'elle est éprise de Jules, ce qui lui donne une grande jalousie envers celui-ci, jalousie qu'il dissimule pour préparer sa vengeance. Il continue de voir Belisarde sans plus lui témoigner d'amour, et elle croit de son côté qu'Hippolyte est guéri. Un jour qu'il lui demande ce qu'elle trouve d'aimable en Jules, elle lui avoue que ce sont ses yeux qui la ravissent. Hippolyte donne alors une chasse pendant laquelle il fait tendre une embuscade par des assassins à sa solde, il leur fait arracher les yeux de Jules, ce après quoi ils le laissent pour mort. Belisarde reçoit ensuite les yeux de son amant dans une boîte accompagnée d'une lettre qui confirme les soupçons qu'elle avait. Jules meurt peu après. Hippolyte alors, détesté par son père et ses frères, tente de rentrer en grâce auprès de Belisarde, mais celle-ci, inconsolable et lasse d'être importunée par le prince, entre au couvent.

THA :

> Sur la fin de l'an mil cinq cens cinq, le Cardinal Hippolyte d'Est, aimant ardemment vne ieune fille sa parente, laquelle n'aimoit de moindre affection Don Iules, frere bastard du Cardinal, & confessant elle mesme au Cardinal que sur toutes choses, ce qui la rendoit si fort amoureuse, estoit la beauté des yeux de Don Iules : le Cardinal plein de furie, ayant espié le temps auquel Iules sortiroit de Ferrare pour aller à la chasse, l'enuironna en la campagne, & l'ayant fait descendre de cheual, lui fit par quelques siens estaffiers tirer les yeux hors de la teste, pource qu'ils estoyent compagnons de son amour, & eut bien le cœur de regarder vne telle meschanceté : ce qui fut depuis cause de tresgrands scandales entre les freres. *Fr. Guichardin tout à la fin du 6.liu. des guerres d'Italie*[1]. [391]

IV, 11. *Le Desespoir Honorable.*
[Hongrie et Constantinople. 1444]

Douze jeunes nobles polonais, captifs d'Amurath après la défaite de Varna et destinés à son sérail, conjurent la mort du sultan ; mais ils sont découverts. Le sultan ordonne qu'ils soient circoncis, qu'ils renoncent à leur foi, et qu'ensuite quatre d'entre eux, tirés au sort, soient jetés tout vivants au feu. Ils tentent alors de mettre le feu au sérail, mais le feu est aussitôt éteint et ils s'enferment immédiatement dans une chambre où ils se tuent mutuellement à coups de couteau. Le seul survivant, qui a raconté la fin de ses compagnons, est jeté au feu.

---

1 Dans les lignes suivantes du *THA*, qui racontent une conspiration de Jules et Ferdinand contre Alfonse d'Este, il est dit que les yeux de Iules «par la prompte et diligiente cure des Medecins lui furent remis sans perte de la vue.» *Fr. guichardin au 7. liu. sect. 3.*

THA : RESOLVTION genereuse, merueilleuse & memorable.

LE Roy Ladislas de Hongrie ayant esté deffaict & tué par les Turcs à la iournée de Varne, entre autres prisonniers menez à Constantinople, se trouuerent douze ieunes gentils-hommes Polonois, qui furent mis à part pour estre circoncis & seruit aux infametez abominables du Sultan Amurath, au serrail duquel ils furent conduits pour tel horrible effect. Eux deliberez de n'endurer iamais tel opprobre, conspirerent genereusement de tuer ce vilain tiran. Mais leur deliberation ayant esté esuentee par certain traistre, eux se sentans descouuets, pour se deliurer tout à faict de la brustalité & cruauté Turquesque, ayans fermé soigneusement sur eux les portes de leur serrail, empoignerent leurs espees & poignards, & s'entretuerent tous par vne escrime sanglante : tellement qu'apres que par fraction de portes l'on fut entré où ils estoyent on les trouua tous roides morts estendus çà & là sur le planché fors vn qui respiroit encores, & qui auant qu'expirer, comme il fit tost apres, declaira tout ce que dessus, puis mourut ioyeux & content. [451] *Cromer au 21.liu. de l'hist. de Pologne. Ioachim Curœus es annales de Silesie.*

IV, 12. *L'Exil Auantageux.* [Venise. Entre 1445 et 1455]

Hermolas, noble vénitien au rang des *Capi*, se montre intransigeant dans un procès où un jeune gentilhomme est accusé de sodomie. Mais celui-ci résiste à toutes les tortures et n'avoue rien, si bien que les autres juges, parce que la loi veut qu'on ne condamne à mort que ceux qui avouent leur crime, sont enclins à l'acquitter. Un des complices de l'accusé, sachant qu'Hermolas est le seul qui fasse obstacle à la libération de son ami, décide de le tuer. Accompagné de quelques assassins, il l'attend un soir qu'il revient de la ville, et le tue. Cependant, l'accusé finit par avouer et est exécuté. Le meurtrier s'enfuit et se fait religieux en Calabre. Mais on n'épargne rien à Venise pour retrouver l'auteur du crime. Un billet déposé dans la Bouche de la Vérité du palais des Doges les avertit d'une ancienne querelle entre Hermolas et Iacques Foscari, fils du duc de Venise. Celui-ci est saisi, jeté en prison et soumis à la torture : il n'avoue rien, sinon qu'il a effectivement une grande inimitié pour Hermolas. Le père intervient en vain et est contraint au silence par les Dix qui menacent de le faire passer lui-même en justice. Mais ne pouvant sans aveux condamner Iacques à mort, et craignant que s'ils le gardent à perpétuité dans une prison vénitienne le père n'arrive à le faire libérer, ils décident de le condamner à l'exil à vie sur l'île de Candie, sous peine de mort sans autre forme de procès s'il tente d'en sortir. Son père, déjà avancé en âge, meurt, accablé de honte. Iacques accepte la sentence et mène à Candie une vie pieuse et simple, espérant qu'un jour son innocence sera reconnue. Un jour, le plus haut magistrat de Candie vient le chercher avec de grands honneurs pour lui signifier son rappel de ban : le meurtrier en mourant après vingt-cinq ans de pénitence a confessé son crime. La Seigneurie le rappelle aussitôt pour lui donner des charges importantes. Il est fait Podestat de Padoue, puis Procureur de Saint-Marc.

THA :

Baptiste Fulgose raconte que Hermolas Donat, l'vn des Seigneurs des dix à Venise, personnage de grande authorite, ayant charge de faire le proces criminel à vn ieune homme accusé de crime infame, le fit torturer & tirer plusieurs fois pour en tirer la verité. Ce que ne pouuant, vn complice de ce prisonnier, voulant se venger de telle poursuite, & procurer quelque soulagement à l'autre delibera de iouer vn meschant tour au Seigneur Hermolas : de fait il l'espie retournant vn soir fort tard du Palais en sa maison, acompagné d'vn seul homme, portant vn flambeau, lequel soudainement esteint, Hermolas receut vn coup de poignard, & tomba roide mort sur la place. Tous les Seigneurs de Venise merueilleusement esmeus & irritez de l'atrocité du fait & ne pouuans descouurir le meurtrier delibererent de rechercher soigneusement toutes circonstances qui y pourroyent seruir. Il leur souuient qu'autrefois il y auoit eu grosse querelle entre Hermolas & Iacques fils de Francisque Foscari de Venise. Estimans là dessus que Iacques, appuyé sur la dignité de son pere auroit peu entreprendre ce meurtre, le font emprisonner & geiner rudement. Mais n'ayant voulu confesser ce dont il n'estoit coulpable, neantmoins ils le releguerent en Candie, où il mourut. Le meurtrier chasse de sa conscience souillee, s'estant rendu moine, au bout de quelques annees venant à mourir descouurit à son confesseur ce forfait : ce qui fut apres son trespas, signifié à la Seigneurie. Cela est auenu deuant le siecle nouuellement passé : mais nous l'auons ioint aux autres histoires, pour le rapport qu'il y a. [298] *Au 8. liu. de ses exemples.*

IV, 13. *La Parole Mortelle.* [Suisse]

Un chirurgien infidèle, après avoir été rabroué puis menacé par sa femme à cause de ses infidélités, au lieu de se corriger, en vient à la battre, ce dont la famille se plaint à la justice qui inflige une amende au chirurgien et lui interdit certains mauvais lieux. Pourtant, il continue sa mauvais conduite, mais de façon si cachée et avec tant d'excuses que sa femme qui le fait espionner ne peut le prendre en faute. Il se lie enfin avec une prostituée, ce dont sa femme et tout le voisinage se rendent compte ; le chirurgien prétexte de nombreux voyages pour sa pratique et va souvent, monté sur son mulet « aussi vicieux que le maistre » [407], voir sa maîtresse. Un jour, alors que sa femme lui demande où il va, après avoir échangé avec elle des injures et des menaces, il lui répond qu'il va au bordel. Et comme il pique son mulet avec fureur pour s'éloigner de sa femme criarde, l'animal rue et saute si bien que le chirurgien tombe, un pied pris dans l'étrier. Le mulet se met à courir, et la tête du chirurgien est fracassée sur le pavé. Le mulet ne s'arrête de courir que lorsqu'il arrive « deuant la porte du lieu infame » [408].

HA :

> [...] Vn chirurgien desdaignant sa femme honneste, s'estoit abandonné à vne adulteresse. Certain iour montant à cheual, & enquis par sa femme où il alloit, respondit d'vn souris mocqueur, Au bordeau. S'estant tost apres rendu vers l'adulteresse, au bout de quelques heures remontant à cheual, & voulant le manier en rond, son cheual s'eschaufe, ronfle & rue si rudement qu'il iette le miserable hors de selle par terre, tellement toutesfois qu'il demeure prins entortillé par l'vn des pieds à la bride. Ce cheual irrité commence à courir furieusement sur le paué, trainant cest adultere de telle roideur, qu'il lui fit voler la ceruelle sur les careaux, & ne cessa de courir iusques à ce qu'il fut deuant le bordeau, où le pauure trainé demeura mort estendu sur terre[...] [32] *Stumpsius au* IO. *Liuvre de son histoire de Suisse.*

IV, 14. *L'Ami Genereux.*
[Wilno, Pologne (actuellement Vilnius, Lithuanie)]

Octavian et Leobel, jeunes gentilshommes lithuaniens, sont unis par une si étroite amitié «qu'il sembloit que leurs volontez fussent plustost vne qu'vnies» [411]. Octauian tombe amoureux de la belle et riche Pauline, parti très honorable auquel il ne peut prétendre que par le mariage. Celle-ci est aussi recherchée, avec la permission des parents, par Gelase, un des principaux citoyens de Vilne. Mais l'humeur arrogante et hautaine de celui-ci ne plaît pas à Pauline ; au contraire, la gentillesse d'Octavian la pousse à l'accepter lui dès que celui-ci s'offre à la servir. Gelase ne tarde pas à s'apercevoir qu'il a un rival et entreprend de s'en défaire. Mais il commence par des menaces, ce qu'Octavian, en bon gentilhomme, prend de haut, et leurs amis doivent les séparer avant qu'ils se battent. Gelase fait que les parents de Pauline, qui espèrent s'allier avec lui à cause de sa noblesse et de sa richesse, interdisent à Octavian de la voir, ce qui irrite encore plus la jeune fille. Elle évite donc de rencontrer Gelase et trouve au contraire toutes sortes de moyens de parler à Octavian, ou au moins de lui écrire.

Gelase épie Octauian qui évidemment se rend souvent auprès de la maison de Pauline. Un soir qu'Octavian parle à Pauline venue à sa fenêtre, Leobel s'étant discrètement éloigné, Gelase accompagné de Megatime et d'un sien valet donne l'ordre à celui-ci d'aller attaquer Leobel pendant qu'ils s'occupent d'Octavian. Leobel en deux passes étend le valet comme mort et se porte au secours d'Octavian qui se bat seul contre deux. Il tue immédiatement Gelase qu'il surprend par derrière et blesse Megatime au bras. Celui-ci s'enfuit et court raconter la mort de Gelase à ses parents, disant qu'il a été traîtreusement attaqué par les deux amis. Leobel n'est pas blessé mais Octauian montre deux blessures graves qui font que, porté immédiatement chez le chirurgien, il est un moment tenu pour mort. Malgré la gravité de ses blessures, il est jeté en prison sur la dénonciation de Megatime. Leobel s'enfuit, pensant ensuite pouvoir prouver leur innocence ; mais Gelase a tant de parents et d'amis influents dans la ville qu'Octavian est condamné à être décapité.

Alors qu'il est déjà sur l'échafaud, Leobel fend la presse et vient déclarer qu'il est le seul coupable de la mort de Gelase et qu'il est prêt à mourir si on libère son ami. Le peuple s'émeut en faveur des deux amis, si bien que l'on décide de surseoir à l'exécution – Leobel se constituant prisonnier. Le Palatin de Vilne vient en personne entendre les deux amis, et les gracie tous deux. Megatime est quant à lui jeté en prison et jugé ; le crédit de ses parents lui évitant la condamnation à mort, il est condamné à un exil de quelques années. Le Palatin donne Pauline comme épouse à Octavian et marie Leobel à l'une de ses parentes, demandant aux deux amis de partager avec lui leur amitié. Le roi, qui a appris leur aventure par le Palatin, leur donne d'honorables charges.

THA :

AMITIE sociale.
Alexandre Guagnin tesmoigne auoir veu de ses yeux ce que nous representons ici sommairement. Deux ieunes hommes allant de nuict par la grand place de Vilne capitale de Lithuanie, rencontrent deux autres embastonnez qui commencent à les charger. En se defendant l'vn tue son aduersaire, & le sentant par terre [577] s'enfuit. Son compagnon est pris & condamné à perdre la teste comme autheur de ce meurtre. Comme on l'eust mené le lendemain au lieu du supplice, & l'executeur desgainoit l'espee pour le decapiter, voici accourir l'autre qui auoit fait le coup, lequel commence à dire tout haut aux officiers de iustice : Laissez aller ce pauure innocent : car c'est moy qui ai tué celui qu'on a trouué mort. Là dessus, apres vne briefue reconoissance, il met les genoux en terre, tend le col au bourreau qui lui met la teste bas, & son compagnon s'en retourne libre chez soy. [576-577] *Guagnin en la description de Pologne.*

IV, 15. *La Fureur Brutale.*
[Près de Breisach, Alsace (aujourd'hui Allemagne)]

Adam est un paysan payé pour faire les vignes d'un bourgeois de la ville voisine. Il est un homme dissolu enclin au jeu et à la boisson. Sa famille est réduite à la misère, survivant grâce au travail de sa femme et à l'assistance de ses voisins. Un jour qu'il a réussi à avoir de son maître le quart de son salaire annuel, il va boire dans une taverne et perd au jeu le reste de la somme. Sa femme pendant ce temps va à la vigne travailler avec l'un de ses enfants. Adam, sur le chemin du retour, désespéré d'être réduit par sa propre faute à la misère, prend la résolution de finir sa vie. Arrivé chez lui, comme il cherche de quoi se pendre, son fils lui demande du pain : il lui répond alors qu'il va lui en donner pour toute la vie, et, quand sa fille lui apporte le couteau qu'il lui avait demandé, égorge cette dernière aussi bien que son frère. Il fait ensuite subir le même sort à son autre fils tout jeune qui dormait dans son berceau. La mère, qui l'a vu revenir de la ville, vient voir s'il a rapporté l'argent et se met à crier devant l'horrible spectacle : Adam la tue elle aussi et se plonge alors le couteau dans le cœur. Le fils qui avait accompagné sa mère peut s'enfuir et avertir les villageois qui trouvent Adam encore vivant qui, une fois pansé, a le temps d'expliquer ce qui s'est passé. Il meurt peu après en blasphémant.

THA :

En l'an mil cinq cens cinquante, avint au pays d'Alsace, en certain village, ce qui s'ensuit. Adam Stekman, paysan qui gaignoit sa vie à labourer les vignes, ayant reçu quelque somme pour ses iournees d'vn sien maistre qui le mettoit en besongne, alla en vne taverne & perdit son argent au ieu de cartes. Bien fasché, & lui survenant là-dessus une douleur de teste, il tombe en desespoir. Les festes de Pasques venues sa femme contrainte par la necessité, prend son fils aisné ia grand avec soi & s'en va trauailler aux vignes, priant le mari de garder la maison et les enfans. Estant seul il se remet si auant en ses pensees, que surmonté de desespoir à cause de sa pauureté, il delibere de se tuer soi mesme. Il prend vne coignee, et choisit vn endroit où il puisse ficher vn clou pour

y attacher quelque corde & s'en estrangler. Mais ne trouuant aucun lieu
propre, voici venir à lui une siene [sic] fillette aagee de sept ans, qui
lui demande, mon père que cerchez-vous ? Sans lui respondre, il entre
au poisle, où vn petit garsonnet plus ieune le suit & lui demande du
pain : Apporte un cousteau, dict-il, et ie t'en donnerai. La fillette acourt
[sic] & lui presente le cousteau : dont il les esgorge tous deux, puis vn
autre petit au berceau. La mere de retour voyant ce piteux spectacle, se
pasme, & de douleur rend l'esprit. Le parricide est empoigné, tenaillé,
et roué vif. *Là mesme*
(la référence précédente, p. 103, est : *Iob Fincel, au premier liure. M. André
Honsdorff en son Theatre.*)

Et aussi : *FVREVR Horrible.*

De la memoire de nos encestres vn Charpentier de Vvismare, ville
renommée en Saxe, agité de frenesie par interualles, trauaillant vn iour
auec quelques autres de son estat, empoigne sans dire mot sa hache, &
s'en va vers sa maison, où estant entré il fend par le milieu deux siens
enfans : sa femme enceinte acourt au bruit pour garantir le troisiesme
lequel il laissa, & s'adressant à sa femme la met en pieces, ensemble le
fruict qu'elle portoit. Ainsi couuert de sang il retourne vers ses compagnons : & enquis qui l'auoit ainsi acoustré, l'esprit lui reuint. Lors se
souuenant de ce qu'il auoit fait, il retourne vers sa maison, où il empoigne
vn cousteau, s'en donne vn coup dedans la poictrine, & tombe mort
sur la place. [246] *Cranzius au IO. liu. de sa Vandalie. chap. 10.*

IV, 16. *Le Soldat Robuste.* [Vers 1525 (Pavie)]

Un soldat espagnol surnommé Lupon est un homme de force
et d'agilité extraordinaires, pouvant aussi bien terrasser un cheval
que le vaincre à la course. Un jour, chargé par son général de
reconnaître le camp ennemi pour savoir si celui-ci est en état de
se battre, il fond si vite sur le soldat français posté en sentinelle
avancée que celui-ci n'a pas le temps de se mettre en défense
avant que Lupon le charge sur ses épaules et le ramène au camp
des Espagnols. Le marquis, ayant appris de Lupon, mais aussi de
la sentinelle, l'état des armées françaises, peut leur porter «vne
camisade si brusque, qu'il y fit vn eschec» [428].

THA :

Ferdinand d'Aualos, Marquis de Pesquaire, Lieutenant de l'Empereur Charles cinquiesme en la Duché de Milan, auoit en ses troupes vn Espagnol nommé Lupon, homme si robuste, & si leger du pied, qu'avec vn mouton chargé sur ses espaules, il deuançoit à la course tout autre homme qui entreprenoit d'aller plus viste que lui : vaillant & hardi pour entreprendre & executer ce qui lui estoit commandé, pour la confiance qu'il auoit en son agile force. Le Marquis, desirant estre certainement informé de l'estat de l'armee Françoise lors assez proche de lui, donne charge à Lupon de faire vne course iusques à leur camp pour en descouurir quelque chose. Lupon ayant ruminé ce qu'il auoit à faire, prend auec foy vn pieton harquebusier, en qui il se fioit, & quelque peu deuant iour s'estant rendu pres du camp considera soigneusement l'assiete d'icelui, puis aprochant d'vn soldat François posé en sentinelle, & lors assez mal esueillé, en vn instant s'approche & se lance de vistesse sur lui. Et combien que ce soldat fust de haute taille, & gros à l'aduenant, Lupon le vous trousse & charge sur ses espaules : & quoy que ce pauure corps se debatist, resistast le plus qu'il pouuoit, & criast à pleine teste, qu'on vinst à l'aide, l'Espagnol, l'emporte sur son col, comme si c'eust esté quelque veau, & commence à arpenter en diligence, soustenu de son harquebuzier, saluant à coups de boulets ceux qui entreprenoyent s'approcher vn peu trop pres d'eux. Arriué au camp Espagnol, il se descharge gaillardement de son fardeau aux pieds du Marquis, qui ayant ri de son saoul de ce stratageme, & sceu de la bouche du prisonnier, si plaisamment porté sur ce genet à deux pieds, l'estat du camp, assaillit promptement les François, leur donnant si chaude alarme, qu'il les empescha d'executer ce qu'ils auoyent entrepris contre lui & les siens. [34] *Paul Ioue*[1] *en la vie du Marquis de Pesquaire.*

IV, 17. *L'Effort de la Sinderese.* [Silésie]

Alaric, hôtelier qui à l'image de ceux de sa profession en Allemagne est un homme de bien et a, avec sa femme, la grande réputation de bien soigner ses hôtes, n'a qu'une fille (Electre) qui « à l'imitation de ses parents [est] vn vray miroir de vertu, de ciuilité & de modestie » [432]. Alaric a l'habitude de confier

---

1   Paolo Giovio (1483-1552).

assez souvent l'hôtellerie à ses domestiques qu'il a choisis honnêtes. Gilbert, pauvre et fidèle domestique de l'auberge, tombe amoureux d'Electre et ose la demander à son père qui est très étonné de cette prétention, mais ne voulant pas le chasser, il lui fait entendre que sa pauvreté est trop grande pour prétendre à un tel mariage. Un jour que Gilbert a le soin des hôtes, un marchand lui confie une bourse lourde de 3 000 écus. Poussé par l'amour, Gilbert tue le marchand (et son cheval) et les enterre dans une grande fosse. Il annonce ensuite à Alaric, qui continue à le tenir en bonne estime, qu'il a un oncle à Cracovie qui n'a pas d'enfants et dont il pourrait hériter. Un jour, il feint de partir quelques temps pour aller voir son père et son oncle. Alaric lui paye le voyage et lui donne un cheval pour qu'il revienne plus tôt. Au retour, Gilbert fait alors voir à Alaric mille écus, disant qu'il en espère deux fois autant, ce sur quoi Alaric déclare que s'il en obtient encore autant, il sera son gendre. Ayant fait semblant de recevoir des nouvelles de son oncle, Gilbert fait tenir la somme à Alaric et épouse Electre.

Les époux vivent heureusement, ils ont des enfants, Gilbert hérite des biens d'Alaric et devient l'un des habitants les plus influents de la ville, et sa fortune augmente constamment. Mais il est travaillé par le remords, dépérit et devient farouche et chagrin malgré les efforts de son épouse. Il a des songes effroyables et passe ses nuits en gémissements, et ses jours en égarements. Comme il a été nommé au conseil de la ville, il juge souvent des criminels moins coupables que lui. Un jour qu'on doit juger un brigand qui a tué un homme pour son argent, Gilbert, au déjeuner, sa femme lui ayant servi une tête de veau, s'écrie : « qui a mis là ceste teste d'homme ? (…) on pensera que ie l'aye tué » [438] et devant les protestations de sa femme qui tâche de le détromper, il s'enfuit en courant dans la rue. Puis il revient à lui, va au conseil, et vote comme les autres la condamnation du brigand à être roué. Il avoue alors et raconte tout au long son crime, demandant simplement comme grâce d'avoir seulement la tête tranchée. On ne veut bien sûr au début pas le croire ; mais comme il renouvelle ses aveux, il est finalement mis en prison. On trouve en effet au lieu qu'il a désigné les restes du marchand et du cheval ; il est donc exécuté, montrant tant de signes de repentir que les spectateurs en ont les larmes aux yeux.

THA : CONSCIENCE.

Il n'est rampart tel que la bonne conscience, ni bourreau plus cruel que la mauuaise. Les exemples de l'vne & de l'autre sont infinis. Quant aux efforts de la conscience torturee du souuenir des forfaits, sur tout au regard du sang innocent, en voici quelques histoires.

Certain hoste vieillard honnorable, en vne ville d'Alemagne, auoit vne fille vnique, bien instruite, & de bons moyens. Le seruiteur de la maison, honneste homme & assez adroit, pourchasse de l'auoir en mariage, dont il fut esconduit, pource qu'il estoit estranger, pauure & seruiteur de la maison. Neantmoins, pource qu'il s'estoit tousiours monstré loyal, le pere de famille voulant aller aux bains, & mener quant & soi sa femme & sa fille, lui laisse en charge sa maison. Durant leur voyage, vn marchant vient à ce logis, où la nuict suiuante il est esgorgé par ce seruiteur, qui l'enterre en l'estable, vend le lendemain son cheual & ses hardes. Ce meurtre demeure caché. L'hoste reuenu des bains, pensant que son seruiteur eust gouuerné & mesnagé comme il conuenoit, continue de l'aimer encore plus que deuant. Quelque temps apres ce brigand s'auise d'vne ruze. Il escrit des lettres, au nom de certains siens parens, qui l'auertissoyent de la mort de son pere, & lui conseilloyent de retourner au pays. Reuenant du marché il mostre ses lettres auec quatre vingt pieces d'or à son maistre, adioustant combien que ses parens fussent d'auis qu'il achetast vn cheual il ne vouloit pas faire si grand frais, & deliberoit d'aller à pied. Qu'il faisoit ce voyage à regret. [120] ne desirant rien tant que de demeurer pres de son maistre. Auquel ayant baillé en garde la pluspart de ces pieces d'or, auec promesse de retourner, il se met en chemin. Combien que cela fust incommode pour lors au pere de famille de lui donner congé, neantmoins estimant ces lettres tres-vrayes, il le laisse aller. Au bout de quelques semaines il retourne : commet autre plus grand'somme à son maistre, lui fait entendre que la succession paternelle montoit beaucoup, & fait si bien que l'hoste lui donne sa fille à femme : finalement il deuient heritier de son beaupere. Mesmes, pour ce qu'il se comportoit honnestement,

& sans reproche, il fut esleu & mis au rang des Seigneurs de la ville :
où il s'acquita si bien de son deuoir, qu'il n'y auoit rien à redire en
lui. Mais sa conscience le trauaillant & tenaillant rudement, il aima
mieux se descouurir & mourir, que languir d'auantage. Estant vn iour
appellé par les autres Seigneurs ses compagnons, pour iuger le proces
d'vn brigand, il se leue de grand matin, va ouir Messe, prie sa femme,
auec laquelle il auoit tousiours vescu en bonne paix & amitié, de lui
aprester quelque viande d'appetit, alleguant qu'il n'estoit pas à son aise,
& se trouuoit en peine d'assister ce iour à vn proces & arrest de mort.
Estant reuenu de la Messe au logis, on lui dit qu'il y auoit pour son
desieuné vne teste de veau, viande dont il mangeoit volontiers. Desireux
de la voir, il ouure l'armaire où estoit ceste teste : mais saisi d'horreur
& de frayeur, il commence à se plaindre & demander qui auoit là serré
vne teste d'homme ? Sa femme lui remonstre gracieusement qu'il se
trompe : lui se retient, desieune legerement, s'achemine en la chambre
du conseil, & s'assied en sa place acoustumee. Quand ce fut à lui de
dire son auis, ayant declaré que selon les loix le brigand dont estoit
question deuoit estre decapité, il se leue enpieds, & commence à dire,
qu'il auoit merité mesme supplice. Sur ce il represente par le menu
toutes les circonstances du meurtre par lui perpetré au logis de feu son
maistre, & tout ce qui s'en estoit ensuiui : suppliant à ioinctes mains,
que Iustice se contentast de lui faire trancher [121] la teste. Aucuns
estimoyent que quelque humeur melancholique le faisoit ainsi parler,
lui conseilloyent de retourner en son logis, & se mettre es mains des
Medecins. Il reprint la parole disant, Ie sçai, messieurs, que vous m'auez
en bonne reputation : aussi ne suis-ie coulpable de crime quelconque
punissable par les loix humaines, que de celui là. Toutesfois ie vous
supplie instamment, que m'ostant la teste de dessus les espaules, vous
me deliuriez de l'horrible tourment que l'endure (& à bon droict)
depuis le iour de mon forfait & donnez ordre que la iustice de Dieu
ne me poursuiue pas d'auantage. Surce, les Iuges vont faire fouiller au
lieu par lui designé, où l'on trouue les os du marchand assassiné : par
ainsi ce personnage est mené de son plein gré au lieu du supplice, &
est decapité auec l'autre brigand. [119-121] *Iean Iacques Grineus, docte*
Theologien, en son Commentaire sur le Prophete Ionas, ch. 1. p. 123. &c
De plus, p. 695-696, on a deux exemples de personnages cirminels qui
meurent de folie après avoir cru voir des têtes humaines servies à table.

IV, 18. *La Mere Marastre.* [Brême, Allemagne]

Bibiane, veuve d'un marchand, a deux enfants mineurs : Fulgence et Monique. Elle gère durant leur minorité une fortune assez considérable. Parmi les employés de sa draperie, Themiste s'est rendu maître et de la fortune et des affections de Bibiane : leur vie commune est source de scandale. Monique ne pouvant tolérer ce train de vie est mariée par sa mère au premier parti venu. Reste Fulgence, qui supporte mal l'ascendant qu'a pris Themiste – commandant en maître dans la maison ; il se promet donc de remettre de l'ordre dans son foyer une fois rendu à sa majorité. Mais bientôt, perdant patience devant les insolences du domestique et les railleries du voisinage, il menace Themiste de le châtier s'il ne cesse son commerce avec Bibiane. Celui-ci répond insolemment, et dans l'échange de coups qui s'ensuit, a nettement l'avantage sur le jeune homme ; et la mère, prenant le parti de Themiste, accable quant à elle son fils d'injures et de menaces. Celui-ci, feignant de prendre son mal en patience, résout cependant de tuer Themiste et enfonce une nuit la porte de la chambre où les amants sont endormis. Il lâche un coup de pistolet sans blesser Themiste, puis d'un coup du tranchant de son épée, ensanglante le bonnet de nuit de sa victime ; Bibiane se blesse la main en saisissant la lame de l'épée de son fils. Themiste qui s'est enfui «tout en chemise» [444] se fait panser, et sa blessure n'étant pas mortelle, il s'enfuit en Danemark. Bibiane alors, furieuse de la perte de son amant, fait faussement avertir Balderic, un parent de Themiste qui habite Brême, de la mort de celui-ci, et l'engage à poursuivre en justice Fulgence, disant qu'elle paiera tous les frais. Sur la plainte de Balderic, Fulgence est jeté en prison, et Bibiane renchérit en portant plainte contre lui, disant qu'il a voulu l'assassiner en même temps que son mari – prétendant qu'il y a entre eux un mariage secret. Elle montre la blessure de sa main, on produit le bonnet de nuit, et Fulgence qui ne nie pas l'attaque dit qu'il ne sait pas si la blessure était mortelle et que, concernant sa mère, il n'avait eu aucune intention de lui faire de mal. Mis à la question, il avoue tout ce que l'on veut et meurt condamné comme parricide. Bibiane, après quelque temps, fait revenir Themiste, et l'épouse. Tout semble leur réussir, mais de violentes querelles surgissent alors entre Themiste et Bibiane qui lui rappelle souvent la bassesse de sa condition, ce que cet arrogant ne peut souffrir ; et un jour qu'elle lui crie que par amour pour lui elle a causé la mort de son fils Fulgence, elle est entendue par son gendre, le mari de Monique, qui feignant de la soutenir lui fait découvrir son crime. Dans le procès qu'il intente alors à Themiste, la vérité est finalement mise au jour et Bibiane et son mari sont condamnés à une peine que Camus ne connaît pas.

IV, 19. *L'Amour Impitoyable.* [Gozo (Malte). 1565]

Mainfroy, né en Sicile, qui a épousé à Goze une fort belle femme dont il a eu deux belles filles vertueuses, est l'un des plus braves soldats de son temps, et aussi fort jaloux. Connaissant tous les viols que les Turcs ont faits à la prise de Malte, il résout, sans les avertir, de tuer sa femme et ses filles avant qu'elles tombent aux mains de ceux-ci. Au moment où il est clair que l'ennemi est entré dans la ville, il monte dans la chambre de ses filles et les tue de sa propre main après leur avoir dit que la conservation de leur honneur était à ce prix. Après quoi, tout sanglant de cet exploit, il embrasse sa femme qu'il tue de nombreux coups de poignard et va ensuite se jeter au plus fort de la mêlée où il trouve la mort.

THA :

Les Turcs s'estans iettez dedans l'isle de Goze l'an mil cinq cens cinquante vn, assiegerent le chasteau, place tres-forte d'assiette. Vn capitaine
Espagnol qui le gardoit, desesperant du secours, perdit aussi le cœur
pour se defendre. Les assiegez auec lui l'ensuiuirent, & furent si lasches
que de se rendre à la discretion du bassa, qui ne voulut les receuoir
à autre appointement, & vsoit de terribles menaces contre eux, dont
ils furent tant effrayez qu'eux mesmes commencerent à desgarnir &

desemparer les portes pour donner entree aux ennemis. Sur ce auint qu'vn Sicilien, de long temps habitué en ceste isle où il auoit prins femme, & eu d'icelle deux belles [1036] & honnestes filles prestes à marier, se sentant reduit à vne calamité du tout extreme, pour ne voir ses cheres filles tomber en la puissance de vilains execrables, qui les traiteroyent du tout indignement, ne peut se tenir d'auantage, ains courant vers sa maison dans ce chasteau, appelle a haute voix ses filles, & les tue toutes deux de sa propre main. Autant en fit-il à la mere, acourante à la mort de ses filles. Quoy faict il chargea vne harquebuze & banda vne arbaleste : puis laissant approcher les Turcs pres de sa maison, en tua deux. Et sacquant la main à l'espee, se iette à trauers leur troupe, frappant d'estoc & de taille auec vne braue resolution : iusques à ce qu'enfermé & enuelopé de toutes parts d'ennemis, il fut par eux haché en pieces. Par tel moyen, il tira soi, sa femme, & ses filles de la seruitude infame & cruelle des Turcs, lesquels ayans pillé & saccagé le chasteau, attacherent le capitaine Espagnol & ses soldats en la cadene, & chargerent leurs galeres de six mil trois cens personnes emmenees esclaues. [1035-1036] *Hist. des guerres de nostre temps.*

IV, 20. *Les Folles Querelles.* [Padoue. Venise. Guyenne] (Cet Événement est en fait composé de trois brèves histoires).

a/ Deux frères qui ont terminé leurs études à l'université de Padoue contemplent un soir le ciel nocturne depuis la maison de campagne de leur père. L'un dit qu'il voudrait avoir autant de bœufs gras qu'il y a d'étoiles, l'autre qu'il voudrait avoir un pré aussi grand que le ciel. Ce serait là que je mènerais paître mes bœufs, reprend le premier. Si je vous y autorise, répond le second. De là, la querelle s'envenime tant qu'ils finissent par mettre l'épée à la main et à se transpercer mutuellement, ce dont ils meurent tous deux.

THA : VANITE furieuse.

Bernard Scardeon, au troisiesme liure de son histoire de Padouë, recite que deux freres germains de famille honnorable, estans vn iour d'Esté en certaine leur maison champestre, apres soupé descendirent à l'entree du logis & deuisans tout debout de diuerses choses, commencerent à contempler les estoiles luisantes lors en grand nombre, comme il auient en temps serain. Alors vn d'iceux commence à dire en riant, ie voudrois auoir autant de bœufs à moy apartenans, que ie voy d'estoiles. L'autre respondant de mesme, & moy, ie voudrois auoir à moy vn pré aussi long & large que toute l'estendue du ciel : puis se tournant vers son frere : adiousta, Ou meneriez vous paistre vos bœufs ? En vostre pré replique le frere. [505] Ouy bien si ie voulois, fit l'autre. Maugré bon gré que vous en eussiez recharge celui des bœufs. Maugré moi ? recommence l'autre. Ouy, Ouy, replique encore le frere. Ainsi contestans, le ieu se conuertit en si rude estrif, que des langues & paroles picquantes ils vindrent aux mains & desgainans leurs espees se transpercerent l'vn l'autre, tombans qui çà, qui là, veautrez en leur sang. Les domestiques qui les auoyent entendus debatre de paroles, acoururent au bruit des espees, & les emporterent dedans la maison, où ils expirerent incontinent. *Th. Zuinger au 2. liure du premier volume de son grand theatre de la vie humaine.*

b/ Des fils de Cosme de Médicis, l'un devient prélat mais ne peut se passer de chasse. Un jour qu'il chasse avec ses deux frères, ceux qui suivent la chasse donnent aux chiens de Garsias, le cadet, la gloire d'avoir pris un lièvre. Le prélat, qui croit que ce sont les siens, dit qu'ils se trompent. Garsias, qui réplique que c'est faux, est violemment souffleté par son frère qui met la main à l'épée et le laisse comme mort. Un des serviteurs blesse alors mortellement Garsias qui meurt quelques jours plus tard, peu après la mort de son frère.

THA :

Nous auons vne autre histoire de nostre temps recitee par P. Iustinian au 14. liure de l'histoire de Venise, non moins tragique que la precedente. Cosme Duc de Florence entre autres fils en auoit vn, Cardinal, nommé Iean, prince de grande esperance. Icelui estant allé à la chasse auec deux siens autres freres Fernand & Garsias, suiuis de quelques gentils-hommes, leurs chiens font leuer vn lieure, qu'ils poursuyuent en rase campagne, & l'arrestent. Sur ce, les freres entrent en debat, chascun soustenant que ses chiens auoyent fait la descouuerte & la prinse. De parole à autre ils commencent à se picquer & iniurier. Le Cardinal ne pouuant souffrir vn mot plus haut que l'autre, donne vn soufflet à Garsias. Lequel outré de cholere, met la main à l'espee, & blesse si rudement le Cardinal, que tost apres il rend l'ame. Vn des seruiteurs du Cardinal se rue sur Garsias, & l'offence de telle sorte qu'il suit son frere au bout de quelques iours. Ainsi pour vn rien, en peu d'heures le Duc Cosme perdit deux fils. *Ph. Camerarius en ses meditations historiques, chap. 92.*

c/ Un gentilhomme périgourdin qui est en ville pour un procès passe son temps en divertissements. Un jour, il trouve à l'église un mouchoir parfumé et le porte souvent à son visage pour le sentir. Un Gascon le regarde faire, plein de colère, et finalement lui demande si c'est pour le défier qu'il manie ainsi ce mouchoir. D'insulte en défi, ils sortent sur le parvis pour se battre et s'enferrent mutuellement. Mais ils ne meurent pas avant d'avoir découvert que ce mouchoir avait été donné par le Gascon à une demoiselle qu'il voulait épouser, proche parente de l'autre, si bien que celui-ci ne pouvait avoir aucune prétention sur elle.

IV, 21. *Le Prodigue Changé.* [Innsbrück[1]. Début XVIe]

Volfang, jeune gentilhomme, dépense sans compter la fortune que son père, riche financier, a accumulée. Mais comme celui-ci avait été chargé de lever de l'argent pour l'Empereur, craignant que Volfang ne dépense aussi cet argent, lui demande des comptes. Après avoir demandé un délai, Volfang qui a effectivement dissipé l'argent de l'Empereur aussi bien que le sien ne trouve d'autre solution que de se mettre à la merci de l'Empereur. Celui-ci décide de lui pardonner, mais de lui faire une telle peur qu'il n'oubliera jamais la leçon. « Feignant doncques le courroucé » [466], il commande qu'on aille le pendre immédiatement ; Volfang accepte le châtiment, mais l'Empereur le rappelle pour lui dire qu'il a pitié de sa jeunesse, et lui donne le choix entre la mort et les galères. Il ordonne qu'on rase Volfang mais murmure à l'oreille du chirurgien qu'il lui fasse une tonsure de moine, et demande ensuite au jeune homme s'il n'aimerait pas mieux être moine.

---

1 C'est dans cette ville que Maximilien Ier de Habsbourg (1459-1519) établit sa résidence.

Volfang répond que le choix est clair. Et l'Empereur, l'ayant fait revêtir d'un habit de l'ordre de Saint-Benoît, lui dit qu'il le fait abbé d'une riche abbaye, mais que s'il gère mal ses revenus, il le fera forçat. Volfang alors embrasse la vie monastique avec sérieux. Il suit les règles des couvents les plus réformés et gère si bien le couvent qu'il en restaure aussi le temporel.

THA : LIBERALITE.

L'Empereur Maximilian I. s'estoit fié du maniement de bonne somme de deniers à vn gentil-homme prodigue, du mauuais mesnage duquel estant aduerti il l'appelle & lui demande compte d'vn reste montant deux mille escus & d'auantage. L'autre demande terme pour le dresser, qui lui est accordé. Ayant prou rauassé sur son afaire, il reuient des le lendemain se presenter à l'Empereur, qui esmeruueillé de si prompt retour le remet sur les termes du iour precedent. Sacree maiesté, dit lors le gentil-homme, ie vous representeray sommairement toute la verité de mon fait, afin de ne vous [315] empescher longuement. Vous estes benin enuers tous. Ie confesse auoir employé la pluspart de vos deniers en entretenement de putains, en achapt de cheuaux, en ieux, en banquets : & sans m'excuser d'auantage, i'ay mal fait, i'ay merité d'estre puni par iustice. Mais il vous plaira supporter ma ieunesse, & pour l'amour de mon parentage me faire grace : s'il plaist à vostre Maieste se seruir de moi, ie seray sage ci apres. L'Empereur escoutant ceste franche & naifue confession, se prend à sousrire, & commande tout à l'heure qu'on appellast son Barbier, auquel il dit, tondez vistement ce gentil-homme, & lui faites au rasoir vne belle couronne sur la teste. Ie veux tout maintenant en faire vn Abbé. L'on auoit à ce mesme instant apporté lettres d'auis à l'Empereur de la vacance d'vne Abbaye ; par le deces de l'Abbé, & deuisoit-on en presence de Maximilian, qui auroit ce deuolu. Ce fera cestui-ci, dit l'Empereur, monstrant du doigt son gentil-homme entre les mains du Barbier. Puis l'ayant fait venir tondu & couronné, il lui dit, Ie te donne telle Abbaye : si tu continues comme tu as commencé, tu mangeras les Moines & le Conuent. Le gentil-homme à qui le bien estoit venu en dormant (comme au chanoine du Roy Louys onziesme) ayant accepté ceste collation auec beaucoup de reuerence & de remerciemens, print possession de l'Abbaye, deuint bon mesnager, & gouuerna les moines à leur contentement. 314-315] *I. le Gaft de Brisac, au 2.tome de ses propos de table.*

IV, 22. *La Longue Vengeance.*
[Comté de Milan. Deuxième moitié du XVIe]

Ceraste, gentilhomme milanais goutteux et très endetté, a eu un long procès pour ne pas être vassal de Trophime et faire reconnaître franche sa terre qui est enclavée dans celle de Trophime. Ce dernier qui est comte veut en tirer vengeance. Il fait enlever Ceraste un jour que celui-ci se promène dans sa propriété et le fait jeter dans un cachot ménagé dans sa maison. Personne ne peut savoir ce qu'il est devenu et on suppose que Procore, un de ses voisins avec lequel il avait eu une longue querelle, l'a fait tuer. On fait arrêter celui-ci ainsi qu'un de ses valets qui le suivait toujours tout armé. Mis à la question, ils avouent avoir tué Ceraste : Procore est alors décapité et son valet pendu. Trophime fait transférer Ceraste au fond d'une tour d'un château qui lui appartient sur le lac Majeur, et là, Ceraste, qui n'a que la terre pour lit et que du pain et de l'eau pour nourriture, supplie maintes fois qu'on le fasse mourir, mais sans que Trophime ne veuille lui accorder cette grâce. Treize ou quatorze ans après l'enlèvement, Trophime meurt, laissant en héritage sa haine et la garde de Ceraste à son fils, Castalio, qui continue de le garder captif. La femme de Ceraste meurt et ses deux fils doivent utiliser la majeure partie de ses biens pour payer les dettes.

C'est alors que Castalio désire faire des réparations à son château. Les maçons creusent si profond dans la tour qu'ils aperçoivent par une petite ouverture le prisonnier et, après dix-neuf ans de prison, le font échapper après que Ceraste leur a raconté son histoire. Quand il rentre chez lui, personne ne le connaît, mais ses enfants finissent par le reconnaître. Le procès de Castalio est intenté et il est condamné à payer toutes les dettes de Ceraste qui devient maître du château où il a été enfermé. Enfin, les privations ont guéri Ceraste de la goutte.

THA :

VN gentil-homme Lombard, nommé Pecchio, vaillant & sage, mais goutteux, estant entré en la disgrace d'vn grand Seigneur, comme vn iour sans y penser il fust allé sur son mulet à quelques lieuës loin de sa maison, fut cheualé, assailli par ce Seigneur suiui de quelques soldats, puis mené prisonnier en vn fort chasteau à l'escart, serré en vne haute tour, & commis en garde à vn valet des plus asseurez. On le nourrissoit là de pain & d'eau, comme vn criminel condammé à prison perpetuelle, sans qu'aucun sçeut quel homme c'estoit. Cependant, on cerchoit çà & là Pecchio, duquel n'entendant voix ni vent, la iustice du lieu où il demeuroit estima qu'il auoit esté tué. Car on auoit trouué son mulet, & quelque goutte de sang sur icelui. L'on fait diligentes informations, & sont chargez deux certains personnages, contre lesquels il auoit eu querelle autresfois. Sur cest indice on les emprisonne & torture si rudement qu'ils confessent auoir tué Pecchio : tellement que l'vn est pendu, l'autre decapité. Mais Pecchio estoit en la prison, où il demeura dixneuf ans entiers, sans changer ni despouiller l'habillement qu'il auoit lors qu'on le saisit : muni d'esperance que Dieu le deliureroit quelque iour. Ses fils, selon la coustume, lui auoyent fait ses funerailles, puis partagé ses biens. Il auoit esté prins l'an 1540. & fut deliuré l'an 1559. en la maniere qui s'ensuit. Ce Seigneur qui le traitoit de telle sorte, estant mort, on continuoit à Pecchio son traitement acoustumé : sans qu'en tout cest espace de temps aucun le vist ou parlast à lui. Auint que l'heritier de ce Seigneur print fantaisie de bastir pres de ceste tour, & comme on demolissoit la muraille qui fermoit de toutes parts Pecchio, lequel n'auoit clairté que par vne fente fort estroitte, par où il receuoit son boire & manger : on vid cest homme auec ses habillemens tout-rompus, la [440] barbe longue iusques aux genoux, & les cheueux battans sur le dos. Chacun acourt à ce nouueau spectacle. Quelques gens aduisez conseillerent qu'on ne l'amenast pas si tost au iour, de peur que la clarté ne l'offusquast, & que trop d'air ne l'affoiblist & amortist. Peu à peu donc il fut remis en lumiere & vigueur. Lors il fait entendre qui il estoit, & toute son auanture : finalement il est reconu, rentre en ses biens alienez par ses fils, & estant nettement gueri de ses gouttes vit alaigre & dispost le reste de ses iours. Ce que i'ai entendu de sa propre bouche en la ville de Milan, où ie le priai de me faire le discours de ce que dessus ce qu'il fit amplement, l'an 1566. [439-440] *Simon Mayol Euesque Italien, en ses iours caniculaires, disc. 4.*

IV, 23. *Le Confesseur Martyr.* [Espagne]

Sabellic vit heureux avec son épouse Blesille et les enfants qu'il a eus d'elle. Mais il s'éprend d'Eleuthere, une servante, et l'entretient dans sa maison même. Blesille, envers qui la nouvelle concubine est extrêmement insolente, obtient avec l'aide de ses parents que son mari soit obligé par la justice de la chasser avec l'enfant qu'elle a eu de lui. Mais Sabellic la loge alors dans une maison où il séjourne beaucoup plus que chez lui. Blesille devient alors dévote et s'adresse à Euariste, un docte religieux, pour sa consolation et la conduite de son âme ; elle cesse de faire des reproches à Sabellic pour sa mauvaise conduite, se contentant de prier Dieu pour son retour. Sabellic lui témoigne donc moins de mépris et elle tombe même enceinte. Eleuthere alors, craignant que Blesille ne reprenne son mari, persuade celui-ci que sa dévotion n'est qu'hypocrisie et que «Blesille s'en seruoit comme d'vn masque à sa desloyauté» [479]. Le jaloux Sabellic recommence à maltraiter sa femme, et lorsque celle-ci demande des explications, il l'accable de reproches et d'injures. Blesille cherche comme d'habitude sa consolation auprès d'Euariste, ce qui ne fait cependant qu'augmenter les soupçons et la fureur de Sabellic. Il va jusqu'à frapper sa femme, sans égard pour sa grossesse, et elle est prise d'une forte fièvre dont elle pense qu'elle va mourir. Elle fait alors appeler son confesseur qui vient pour lui donner l'absolution, accompagné d'un religieux. Pendant qu'il est en train de le faire, arrive Sabellic furieux qui blesse le religieux, tue le confesseur, et poignarde sa femme. Il égorge ensuite deux enfants qu'il avait eus d'elle. Loin de penser à fuir parce qu'il pense mériter l'impunité, il est facilement arrêté et avoue franchement ses crimes. Lors du procès, Eleuthere est jugée complice, et l'innocence de Blesille et d'Euariste est amplement prouvée par les lettres que ce dernier lui a écrites. Sabellic est roué tout vif, Eleuthere pendue et brûlée.

**IV, 24. *L'Inconsideration.* [Basse-Aquitaine.
Fin des Guerres de religion, début de la Ligue ?]**

Mison, jeune cadet qui n'a que son épée et sa naissance, finit par inspirer à Saphire qu'il a choisie pour ses richesses et sa noblesse autant d'amour qu'il en a pour elle. Elle lui promet le mariage et ils sont amants jusqu'à ce que la guerre contraigne un oncle de Mison à lui donner la garde d'une place forte. Saphire oublie presqu'aussitôt Mison pour répondre à la proposition de mariage d'Anaximandre, gentilhomme riche et pourvu d'une belle charge, que ses parents, qui ne savent rien de son passé avec Mison, ont agréé. Mison, qui ne peut quitter sa forteresse, a vent des préparatifs et écrit à Saphire qui jure pourtant qu'elle ne sera jamais à un autre homme. Mais il apprend bientôt qu'elle est mariée et entre dans une énorme rage. Il raconte publiquement ce qui s'est passé entre eux et veut ruiner la réputation de Saphire. Sorti de garnison, il se rend dans la ville où demeurent les nouveaux époux et médit tellement de Saphire qu'Anaximandre ne peut que faire appeler Mison en duel. Celui-ci, habile au maniement des armes, n'attend que cela et a tôt fait de tuer son adversaire. Mais le frère d'Anaximandre le fait surveiller et livrer aux prévôts qui l'emmènent pour son procès dans la ville où siège le Parlement. Mison produit les lettres et la promesse de mariage qui perdent Saphire de réputation, mais il est lui-même condamné à être décapité. Saphire se retire aux champs «pour y souspirer le reste de ses iours» [489].

**IV, 25. *La Mortelle Auarice.*
[Bagdad. Fin de la Troisième Croisade, 1192]**

Le Caliphe du Caire qui a appelé Saladin à son secours contre les Chrétiens refuse de payer les troupes de ce dernier lorsque la paix est revenue. Saladin met alors le siège devant Baldac. Les vivres manquent en peu de jours, mais le Caliphe, qui mourrait plutôt que d'entamer ses trésors, continue, pour payer les soldats, à lever de l'argent sur les habitants. Ceux-ci traitent avec Saladin, lui rendant la ville à condition qu'elle ne soit pas pillée. Saladin une fois maître de la ville fait enfoncer les portes du trésor et y trouve une fortune énorme. Il ordonne que le Caliphe y soit enfermé sans vivres avec ses trésors, et durant les festivités que Saladin fait célébrer dans la ville, le Caliphe meurt de faim.

IV, 26. *L'Empoisonnement.* [France, tout début du XVIIᵉ]

Erifile, la perle des filles de sa ville, est recherchée par Arpague, gentilhomme «plus noble que riche» [497] qui cache sous une grande beauté et une feinte douceur un caractère jaloux et traître. Elle en tombe aussi amoureuse qu'il dit l'être d'elle. Mais dès qu'il voit qu'il l'a conquise, Arpague se comporte avec elle en maître et la surveille de très près, ce qui déplaît fort à Erifile qui, comme toutes les Françaises, aime plus de liberté; son amour commence alors à tiédir. Lorsque Chrysolas, plus noble, plus riche et plus avenant, se présente et lui propose le mariage, elle oublie Arpague, appuyée d'ailleurs de ses parents. Arpague décide alors de se défaire de son rival; mais parce celui-ci le dépasse de loin en noblesse et en habileté aux armes, il décide de ruser et s'insinue dans l'amitié de Chrysolas en feignant d'avoir renoncé à Erifile pour déférer aux parents de celle-ci et au rang de Chrysolas. Après avoir accoutumé celui-ci à recevoir de sa part de menus présents, il lui donne un jour une paire de gants d'Espagne parfumés, mais empoisonnés. Or Chrysolas fait don des ces gants à Erifile qui meurt le lendemain. Arpague songe à fuir mais Chrysolas, résolu à se venger et à prouver son innocence, fait si bien surveiller la ville qu'il prend Arpague dans l'une des maisons. La colère le pousserait à tuer Arpague sur le champ, mais il tient à le livrer à la justice; lui ayant montré les gants, il lui en frotte le visage et Arpague s'écrie qu'il est mort si on ne lui apporte l'antidote – ce qui est un commencement de l'aveu qu'il fait au juge. Il meurt peu après de la même manière qu'Erifile. Chrysolas pense à se faire religieux mais part finalement rejoindre les Hollandais au siège d'Ostende où il trouve la mort.

IV, 27. *L'Abus de la Faueur.* [Paris, 1484]

La très belle femme d'un gentilhomme emprisonné pour crime va solliciter Oliuier le Daim pour obtenir la grâce de son mari. Celui-ci, depuis longtemps déjà débauché, lui promet la vie de son mari et la grâce du Roi à condition qu'elle se donne à lui. Celle-ci refuse, mais lorsqu'elle peut enfin voir son mari, terrorisé par la mort, ce dernier la conjure de sauver sa vie aux dépens de son honneur. Oliuier en obtient donc ce qu'il voulait et tâche ensuite de tenir sa parole, mais le roi lui refuse si souvent cette grâce qu'il essaie plutôt de convaincre le grand prévôt de laisser évader le prisonnier. Celui-ci refuse. Comme les parents du mari le sollicitent aussi afin d'épargner à leur fils un supplice qui amènerait la honte sur leur maison, Oliuier s'avise de le faire étrangler en prison et de faire ensuite croire qu'il s'est lui-même donné la mort. Accompagné de Daniel et Oyan, deux valets, il exécute donc son plan et laisse le cadavre accroché à un gros clou qu'il fait mettre au plafond. La justice ordonne alors d'exposer le corps du mari, meurtrier de lui-même, pendu par les pieds.

L'épouse désespérée révèle à ses parents comment elle a cédé à Oliuier sur les prières de son mari. Aux premières rumeurs qui courent, la fuite d'Oyan éveille les soupçons, et Daniel est pris et révèle tout. Oliuier est attrapé avec la permission du roi : il commence par menacer ceux qui viennent l'arrêter et avoue ensuite ses crimes avec une arrogance pleine de raillerie pour la justice. Le roi, pour le punir selon sa naissance et non pas le rang où il avait été élevé par la faveur de Louis XI, le fait pendre en compagnie de Daniel.

BIBLIOGRAPHIE

ANTHOLOGIES ET DICTIONNAIRES

Anthologie grecque, éd. P. Waltz, Paris, Belles Lettres, 1928.
Epigrammatum Anthologia Palatina, instruxit Fred. Dübner, Caput XI, Paris, Firmin Didot, 1888.
Dictionnaire des Lettres Françaises, Publié sous la direction du Cardinal Georges Grente, vol. 3, «Le Dix-septième siècle», Paris, Fayard, 1954.
Dictionnaire des Littératures de langue française, vol. 1, Paris, Bordas, 1984..
FÉRAUD, J.-F., *Dictionnaire critique de la langue française*, Marseille, Mossy, 1787-1788.
MORERI, L., *Le Grand Dictionnaire Historique*. Paris, J. Vincent, 1732.
QUITARD, P.M., *Dictionnaire Étymologique, Historique et Anecdotique des proverbes [...]*, Paris, Bertrand, 1842.
RIETSTAP, J.-B., *Dictionnaire des termes du blason, in Armorial général*, Gouda, G.B. van Goor Zonen.

LITTÉRATURE ET PHILOSOPHIE CLASSIQUES

ARISTOTE, *Der Protreptikos des Aristoteles, edidit* Rudolph Berlinger, Frankfurt am Main, Vittorio Klostermann, 1969.
ARISTOTE, *Poétique*, Dupont-Roc R. et Lallot, J. éds, Paris, Seuil, 1980.
PLINE L'ANCIEN, *Histoires naturelles*.
PLUTARQUE, *Œuvres morales et meslées*, trad. Amyot.

AUTEURS CHRÉTIENS

SAINT AUGUSTIN, *Les Confessions*.
SAINT THOMAS, *Catena Aurea* Commentaire sur l'Évangile de Saint Matthieu.

Saint Jérôme, *De l'éducation des filles, À Gaudentius.*

Voragine, J. de, *La Légende dorée*, Paris, Rouveyre, 1902.

ŒUVRES ANTÉRIEURES À 1700

Alciato, A., *Emblematum Liber*, Lyon, Jean de Tournes, 1615.

Camus, J.-P., *Acheminement à la dévotion civile*, Tolose, R. Colomiez, 1624.

Camus, J.-P., l'*Esprit du Bienheureux François de Sales*, éd. Depéry, Paris, Gaume Frères, 1840.

Camus, J.-P., *L'Amphithéâtre sanglant*, éd. Ferrari, Paris, H. Champion, 2001.

Camus, J.-P., *Le divertissement historique*, Tübingen, Günther Narr, 2002.

Cervantes, M. de, *Nouvelles exemplaires, in Œuvres romanesques complètes*, tome II, Gallimard, Pléiade, 2001.

Goulart, S., *Thresor d'histoires admirables et memorables de nostre temps, Recueillies de plusieurs Autheurs, Memoires, & Auis de diuers endroits, Mises en lumière par Simon Goulart, Senlisien*, Cologne, Paul Marceau, 1610.

Heuter, Pontus de, *Rerum Burgundicarum Libri sex, in quibus describuntur res gestas regum, ducum, comitumque utriusque Burgunduae [...]* Antwerp, Christopher Plantin, 1584.

Maioli, S., *Dies caniculares, hoc est colloquia tria et viginti, physica, nova et penitus admiranda [...]*, Moguntiae (Mainz), 1597.

Mexìa, P., *Silva de varia leción* (1540). Traduit en français sous le titre : *Les diverses leçons de Pierre Messie, avec trois dialogues dudit auteur, contenans variables & memorables histoires / mises en françois par Claude Gruget Parisien ; augm. outre les precedentes impressions de la suite d'icelles faite par Antoine du Verdier*, Lyon, Estienne Michel, 1580.

Pure, M. de, *La Pretieuse*, éd. Magne, Paris, Droz, STFM,1938.

ÉTUDES CONTEMPORAINES

Brunot, F., Histoire de la langue française des origines à nos jours, Tome III, deuxième partie, Armand Colin, 1966, p. 596-598.

Brunot, F. et Bruneau, Ch., *Précis de Grammaire Historique*, Paris, Masson, 1961.

Cave, T., *Pré-histoires I - Textes troublés au seuil de la modernité*, Genève, Droz, 1999.

Combettes, B., (éd.), *Évolution et variation en français préclassique, Études de syntaxe éditées par Bernard Combettes*, Paris, Champion, 2003.

Costa, J., Le conflit moral dans l'œuvre de Jean-Pierre Camus, New York, B. Franklin, 1975.

Coulet, H., *Le Roman jusqu'à la Révolution*, Paris, Armand Colin, 1967.

DESCRAINS, J., *Jean-Pierre Camus, 1564-1652 et ses « Diversités », 1609-1618 ou La culture d'un évêque humaniste*, Paris, A.G. Nizet, 1985.

DESCRAINS, J., *Bibliographie des Œuvres de Jean-Pierre Camus*, Publications de la Société d'Étude du XVIIᵉ siècle, 1971.

DESCRAINS, J., *Essais sur Jean-Pierre Camus*, Paris, Klincksieck, 1992.

ERLANGER, R., *Lucrezia Borgia, a biography*, 1978.

ESMEIN, C., *Poétiques du roman. Scudéry, Huet, Du Plaisir et autres textes théoriques et critiques du XVIIᵉ siècle sur le genre romanesque*, Paris, Champion, « Sources classiques », 2004.

FÉRAUD, J.-F., *Dictionnaire critique de la langue française*, Marseille, Mossy, 1787-1788.

GARREAU, A., *Jean-Pierre Camus parisien, évêque de Belley 1584-1652*, Paris, Les Éditions du Cèdre, 1968.

LEGAY, S., *Un milieu socio-professionnel : les libraires lyonnais au XVIIᵉ siècle*, Thèse, Université Lumière Lyon 2, non publiée, 1995.

LOSADA GOYA, M., *Bibliographie critique de la littérature espagnole en France au XVIIᵉ siècle*, Genève, Droz, 1999.

LYONS, J. D., *Exemplum, the rhetoric of example in early modern France*, Princeton, Princeton University Press, 1989.

PAVEL, Th., *L'art de l'éloignement, essai sur l'imagination classique*, Paris, Gallimard, folio essais, 1996.

REYES, J., *La seducción del arte barroco. Las novelas trágicas de Jean-Pierre Camus*, Universidad de Cordoba, 2004.

RICŒUR, P., *Le Conflit des interprétations*, Paris, Seuil, 1969.

ROBIC-DE BAECQUE, S., *Le Salut par l'excès*, Paris, Champion, 1999.

VERNET, M., *Jean-Pierre Camus : théorie de la Contre-littérature*, Paris-Sainte-Foy, Nizet-Les Éditions du Griffon d'Argile, 1995.

ZUFFEREY, J., *Le Discours fictionnel : autour des nouvelles de Jean-Pierre Camus*, Louvain-Paris-Dudley, Ma, Peeters, 2006.

ARTICLES

PLAZENET, L., « Jean Baudoin et le genre romanesque », *XVIIᵉ siècle*, 216, 2002-2003, p. 397-415.

VERNET, M., DUGGAN A., ROBIC S., VIGNON, É., « Tranquillité et représentation François de Sales vu par Jean-Pierre Camus », *Origines*, Actes du 39ᵉ Congrès de la NASSCFL, *Biblio 17*, Tübingen, Günther Narr, 2009, p. 325-338.

VERNET, M. « La conversation contre la littérature : le cas de *La Pretieuse* », *Seventeenth Century French Studies*, Volume 28 (2006), p. 147-160.

INDEX DES PERSONNAGES

Par ordre alphabétique : nom propre, livre (chiffre romain), nouvelle (chiffre arabe).

Certains personnages n'ont pas de nom propre (par exemple ceux de IV, 7), et ne figurent pas dans cet index (sauf la « Mauvaise femme » de I, 3, à laquelle Camus attribue délibérément ce nom).

INDEX DES NOMS

Le numéro du Livre est donné en romain, celui de la page du texte original entre crochets.

IUPITER : I [37][100] ; II [381] [440] ; IV [310]
IXION : III [81]

KOTSKA (Stanislas) : II [261]

LABAN : II [320] ; III [39] [91] ; IV [292]
LADISLAS (roi de Hongrie) : IV [388]
LAÏS : II [400]
LASCARIS, Jean : IV [428n]
LIDIE (Lydie) : II [263]
LISANDRE (Lysandre) : III [159]
LOUIS XI : IV [508]
LUCINE : I [18] ; II [333]
LUCILLIUS : IV [429n]
LUCRECE : II [412]

MACCHABEES : II [325]
MACHIAVEL : I [174]
MADIAN : Pref 6
MADIANITES : II [238]
MAGDELEINE : IV [463]
MAIOLO (Simeone) : IV [473n]
MALHERBE : IV [434n]
MAMMONE (MAMMON) : III [50]
MANASSÉ : II [326] ; IV [463]
MARDOCHEE : I [38] ; IV [340]
MARS : I [77] [117] ; II [386] [402] ; IV [310] [369]
MARTIAL : IV [391n]
MARSIE (MARSIAS) : II [429]
MARTHE : II [353]
MATTHIEU : IV [463]
MAXIMILIAN Ier : IV [464]
MEDEE : IV [444]
MEDOR : II [402]
MEGERE : I [202] ; IV [444]
MICHOL (MICAL) : III [47] [206]
MINOTAURE : IV [482]
MIDAS : II, [270] ; IV [490]
MISICO (MIESZKO II) : I, 8 (2e partie)
MOLOC : IV [389]
MOME (MOMUS) : III [106] ; IV [373]
MONTAIGNE : IV [391n] [407n] [430n]
MONTALTE (Cardinal) (Alessandro Damasceni Peretti) : II, 3

NABAL : III [39]
NABUCHODONOSOR : IV [264]
NOE : IV [312]

ODORIC (OLDRICH, duc de Bohême) : I, 8 (2e partie)
OLIVIER (Le Daim) : IV, 27
ORESTE : III [230] ; IV [410]
OVIDE : IV [490n]
OZA : III [81]
OZIAS : III 81

PALLADAS : IV [429 et n]
PARIS : II [369] [498]
PARQUE : I [203]
PAUL : IV [463]
PENELOPE : II [386] [432] ; III [68]
PENTHEE : II [273]
PESQUEIRA (Marquis de) : IV [426]
PHAETON : III [81]
PHALARIS : IV [497]
PHARAON : I [168]
PHILIPPE (duc de Bourgogne) : IV, 3
PHILIPPES SECOND (PHILIPPE II D'ESPAGNE) : I [89] ; II [224]
PHILISTINS : Pref 6 ; I [168]
PHRINÉ (PHRYNÈ) : II [399]
PILADE (PYLADE) : III [230] ; IV [410]
PLATON : I [3] ; III [138]
PLUTARQUE : IV [496n]
PLUTON : I [146]
PLINE L'ANCIEN : IV [429n]
POLEMON : IV [463]
POLYCRATE : I [153]
POLLUX : IV [410]
PORSENNE (PORSENNA) : I [126]
PROMÉTHÉE : III [67] [81] [102]
PROSERPINE : I [146] ; III [109]
PROTHEE : Pref 9
PUBLIUS Cornelius (SCIPION) : III [90]
PSYCHÉ : II [429]

QUINTILEN : IV [430n]

RACHEL : III [39]
REBECCA : II [287] ; III [39]
ROSSET : Pref 13

TABLE DES MATIÈRES

Achevé d'imprimer par Corlet Numérique - 14110 Condé-sur-Noireau
N° d'Imprimeur : 66739 - Dépôt légal : janvier 2010 - *Imprimé en France*